W0312298

Diller/Herrmann (Hrsg.)

Handbuch Preispolitik

Hermann Diller/Andreas Herrmann (Hrsg.)

Handbuch Preispolitik

Strategien – Planung – Organisation – Umsetzung

GABLER

Bibliografische Information Der Deutschen Bibliothek
Die Deutsche Bibliothek verzeichnet diese Publikation in der Deutschen Nationalbibliografie; detaillierte bibliografische Daten sind im Internet über <http://dnb.ddb.de> abrufbar.

Prof. Dr. Hermann Diller ist Inhaber des Lehrstuhls für Marketing an der Universität Erlangen - Nürnberg.

Prof. Dr. Andreas Herrmann ist Direktor des Instituts für Medien- und Kommunikationsmanagement an der Universität St. Gallen.

1. Auflage Juli 2003

Alle Rechte vorbehalten
© Betriebswirtschaftlicher Verlag Dr. Th. Gabler/GWV Fachverlage GmbH, Wiesbaden 2003

Lektorat: Barbara Roscher / Jutta Hinrichsen

Der Gabler Verlag ist ein Unternehmen der Fachverlagsgruppe BertelsmannSpringer.
www.gabler.de

Das Werk einschließlich aller seiner Teile ist urheberrechtlich geschützt. Jede Verwertung außerhalb der engen Grenzen des Urheberrechtsgesetzes ist ohne Zustimmung des Verlags unzulässig und strafbar. Das gilt insbesondere für Vervielfältigungen, Übersetzungen, Mikroverfilmungen und die Einspeicherung und Verarbeitung in elektronischen Systemen.

Die Wiedergabe von Gebrauchsnamen, Handelsnamen, Warenbezeichnungen usw. in diesem Werk berechtigt auch ohne besondere Kennzeichnung nicht zu der Annahme, dass solche Namen im Sinne der Warenzeichen- und Markenschutz-Gesetzgebung als frei zu betrachten wären und daher von jedermann benutzt werden dürften.

Umschlaggestaltung: Regine Zimmer, Dipl.-Designerin, Frankfurt/Main
Druck und Buchbinder: Lengericher Handelsdruckerei, Lengerich/Westf.
Gedruckt auf säurefreiem und chlorfrei gebleichtem Papier
Printed in Germany

ISBN 3-409-12285-0

Vorwort

Wie kein anderes marketingpolitisches Instrument wirkt die Preispolitik unmittelbar auf Absatz, Umsatz und Gewinn - und dies in nahezu allen Branchen und Sektoren. Gleichwohl findet sie nicht in allen Unternehmen die ihr gebührende Aufmerksamkeit. Wie sonst ist es zu erklären, dass Preisentscheidungen bei zahlreichen Firmen vom Controlling und dann meist überwiegend auf der Basis von Kostendaten getroffen werden. Andere Ankerpunkte der Preisfestlegung, wie die Zahlungsbereitschaft der Kunden, die Positionierung im Wettbewerb oder die Einpassung in ein preislich stimmiges Sortiment, werden kaum ausgeleuchtet. Darüber hinaus mangelt es vielen Unternehmen an der strategischen Ausrichtung des Pricing, ein Umstand, den auch das Marketing Science Institute in einer kürzlich erschienen Studie hervorhebt.

Vor diesem Hintergrund zielen wir mit dem vorliegenden Handbuch darauf ab, ein umfassendes Verständnis über strategische und taktische Entscheidungen, über markt- und wettbewerbsorientierte Perspektiven sowie über Umsetzungsaspekte preispolitischer Maßnahmen zu vermitteln und praktische Hilfestellungen bei den zahlreichen Einzelentscheidungen anzubieten.

Im konkreten "Doing" der Preismanager tauchen ein Fülle von Fragen auf, die zu beantworten sind. Wie findet man den optimalen Preis für ein Produkt? Wie lassen sich Preisänderungen und Repositionierungen durchführen? Wie nutzt man die Gesetzmäßigkeiten der Preisoptik für sich am besten? Wo ist der von den Kunden gerade noch akzeptierte Preis angesiedelt? Kann man verschiedene Produkte bündeln und zu einem Preis am Markt anbieten? Wie lässt sich der Preis über die Nachfrager differenzieren? Diese Liste der Chancen, Schwierigkeiten und Herausforderungen des Pricing ließe sich beliebig erweitern. Ihre Behandlung ist Inhalt dieses Handbuchs. Es präzisiert, diskutiert und zeigt Lösungen sowohl von strategischen als auch von taktisch-operativen Preisproblemen.

Hierzu weist das Handbuch folgende Struktur mit insgesamt sechs Hauptteilen auf, die dann wiederum z.T. in weitere Unterkapitel untergliedert sind: Nach einem Überblick und einer generellen Charakterisierung der Preispolitik durch die Herausgeber (Teil I) stehen im Teil II zunächst die strategischen Aspekte des Preismanagements im Mittelpunkt der Betrachtung. Hier geht es etwa darum, die preisstrategischen Optionen, die Logik von Preissystemen, das Value Pricing etc. zu erläutern. Der Teil III bietet eine Aufarbeitung einschlägiger Themen rund um das Preisverhalten (Preispsychologie). Dabei interessieren sowohl motivationale Aspekte (z.B. "Warum und wann sind Verbraucher (nicht) preisachtsam?") als auch kognitive Aspekte ("Wie beurteilen Verbraucher die Preise"?). Der vierte Teil ist der Preisbildung gewidmet. Hier geht es zunächst um die Entscheidungsprozesse und -hilfen zur Preisplanung und zum Preiscontrolling (Kap. 1). Darüber hinaus werden dann im Kap. 2 alle wesentlichen Preisinstrumente präsentiert und anhand von Beispielen beurteilt. Im fünften Teil gilt das Augenmerk dem Pricing in ausgewählten Sektoren. Die hier präsentierten Beiträge zielen darauf ab, die Besonderheiten der Preisbildung in einzelnen Branchen aufzudecken. Der sechste Teil umfasst ausgewählte Sonderaspekte des Preismanagements. Hier werden Themen aufgeworfen, die sich an der Schnittstelle zu anderen Disziplinen befinden, wie Preisvergleiche oder das Leistungsangebot der Preisagenten und deren Bedeutung für den Preiswettbewerb.

Ein Werk wie dieses kann angesichts der Breite der Themen und der Vielfalt der dafür jeweils entwickelten Theorien, Konzepte und Methoden nur von einem Team kompetenter Autoren erstellt werden. Wir haben dabei auf eine geeignete Mischung aus renommierten Wissenschaftlern und erfahrenen Praktikern geachtet. Unser ganz besonderer Dank gilt diesen 48 Autoren, ohne deren engagierte Mitwirkung dieses Handbuch nie entstanden wäre. Durch ihre Beiträge gelang es, 38 Themen im Preismanagement kompetent aufzubereiten und Lösungen für die eingangs aufgeworfenen Probleme zu entwickeln. Darüber hinaus möchten wir Frau Doris Häusner (Nürnberg), Veronika Hauser und Herrn Udo Schulz (St. Gallen) danken, die mit Übersicht und Einsatz die im Format unterschiedlichen Aufsätze zu einem Gesamtwerk gossen. Last but not least schulden wir Frau Barbara Roscher vom Gabler Verlag unseren Dank. Sie begleitete dieses Buch mit wertvollen Hinweisen und tatkräftiger Unterstützung. Für jedwede Anregung und Kritik stehen die Herausgeber gerne zur Verfügung:

Diller@wiso.uni-erlangen.de bzw. Andreas.Herrmann@unisg.ch

Nürnberg und St. Gallen HERMANN DILLER UND ANDREAS HERRMANN

Inhaltsverzeichnis

2. Kapitel: Preisinstrumente

Fünfter Teil
Ausgewählte Aspekte des Preismanagements

Sechster Teil
Makroaspekte im Preismanagement

Autorenverzeichnis

Dipl.-Wirtsch.-Ing. Kai Adolphs ist wissenschaftlicher Mitarbeiter und Doktorand bei Prof. Dr. Friedhelm Bliemel am Lehrstuhl für Marketing an der Universität Kaiserslautern.

Prof. Dr. Ingo Balderjahn ist Inhaber des Lehrstuhls für Betriebswirtschaftslehre mit dem Schwerpunkt Marketing an der Universität Potsdam.

Prof. Dr. Friedhelm Bliemel ist Inhaber des Lehrstuhls für Marketing an der Universität Kaiserslautern.

Dr. Robert Bongaerts ist seit März 2002 in einer Beratertätigkeit für die Andreas Krämer Managementberatung AG, Bonn. Schwerpunkt ist die Umsetzung der CRM-Strategie der Bahn und die Implementierung des Vielfahrerprogramms bahn.comfort tätig.

Anna Brunotte verantwortet seit November 1998 das Projekt „Neues Preissystem und Erlösmanagement Personenverkehr" und ist seit Juni 2000 zusätzlich Leiterin des Bereichs Preis- und Erlösmanagement im Unternehmensbereich Personenverkehr der Deutschen Bahn AG.

Prof. Dr. Joachim Büschken ist Inhaber des Lehrstuhls für Allgemeine Betriebswirtschaftslehre, Absatzwirtschaft und Marketing an der Katholischen Universität Eichstätt.

Thomas Capune ist Geschäftsführender Gesellschafter bei dem Bad Homburger Beratungsunternehmen COP Consulting Partners.

Joachim Crones ist Mitglied der Geschäftsleitung bei dem Bad Homburger Beratungsunternehmen COP Consulting Partners.

Prof. Dr. Hermann Diller ist Inhaber des Lehrstuhls für Allgemeine Betriebswirtschaftslehre, insbesondere Marketing an der Friedrich-Alexander-Universität Erlangen-Nürnberg und Präsident der Wissenschaftlichen Gesellschaft für Innovatives Marketing e.V. in Nürnberg.

Prof. Dr. Martin Fassnacht ist Inhaber des Lehrstuhls für Betriebswirtschaftslehre, insbesondere Marketing, an der Universität Paderborn sowie wissenschaftlicher Direktor des Zentrums für marktorientierte Unternehmensführung an der wissenschaftlichen Hochschule für Unternehmensführung (WHU).

Prof. Dr. Jörg Freiling ist Inhaber des Lehrstuhls für Mittelstand, Existenzgründung und Entrepreneurship der Universität Bremen, Fachbereich 7 (Wirtschaftswissenschaft) und Vertragsprofessor an der Freien Universität Bozen.

Prof. Dr. Karen Gedenk ist Inhaberin des Lehrstuhls für Betriebswirtschaftslehre, insbes. Marketing II an der Johann Wolfgang Goethe-Universität Frankfurt am Main.

Prof. Dr. Heribert Gierl ist Vorstand des Wissenschaftlichen Instituts für marktorientierte Unternehmensführung (WIMU e.V.) und Professor für Betriebswirtschaftslehre mit den Schwerpunkten Marketing sowie Informationsmanagement und Marktforschung an der Universität Augsburg.

Dr. Alexander Haas ist Habilitand am Lehrstuhl für Marketing an der Friedrich-Alexander-Universität Erlangen-Nürnberg.

Steffen Hahn, M. Sc. der Chalmers University of Technology, Göteborg/Schweden, ist Nationaler Vorsitzender von MTP – Marketing zwischen Theorie und Praxis e. V. und freier wissenschaftlicher Mitarbeiter am Institut für Marketing und Handel an der Universität St. Gallen.

Prof. Dr. Andreas Herrmann ist Direktor des Instituts für Medien- und Kommunikationsmanagement an der Universität St. Gallen.

Hans Herrmann ist Geschäftsführer der 3hm Automotive GmbH, einer Strategie- und Managementberatungsgesellschaft mit dem Focus auf Unternehmen der Automobilbranche und Mitglied im BVM (Berufsverband der deutschen Marktforscher).

Prof. Dr. Péter Horváth ist Inhaber des Lehrstuhls für Allgemeine Betriebswirtschaftslehre und Controlling an der Universität Stuttgart. Er ist Vorsitzender des Aufsichtsrats der Horváth AG sowie Geschäftsführer des privaten Forschungsinstituts IPRI – International Performance Research Institute GmbH.

Dr. Björn Sven Ivens ist Habilitand und wissenschaftlicher Mitarbeiter am Lehrstuhl für Marketing der Friedrich-Alexander-Universität Erlangen-Nürnberg.

Klaus Kobjoll ist selbständiger Unternehmer und eröffnete mehrere Restaurants und Hotels.

Prof. Dr. Richard Köhler ist Emeritus am Marketing-Seminar der Universität zu Köln sowie Vorstandsmitglied des dortigen Instituts für Messewirtschaft und Distributionsforschung.

Torsten Kronshage ist Abteilungsleiter Modeling & Analytics Retail bei der A.C. Nielsen GmbH, Frankfurt am Main.

Prof. Dr. Alfred Kuß ist Professor für Betriebswirtschaftslehre, insbesondere Marketing, am Fachbereich Wirtschaftswissenschaft der Freien Universität Berlin.

Dr. Andreas Krämer ist Geschäftsführer der Andreas Krämer Managementberatung AG mit Sitz in Bonn. Dr. Krämer ist seit 1999 an der Konzeption und Einführung des neuen Preissystems und des Serviceprogramms bahn.comfort der Bahn beteiligt.

Dr. Alexander Lauer hat am Lehrstuhl von Prof. Dr. Michael Lingenfelder in 2001 promoviert und ist seit Frühjahr 2001 Consultant bei Bain & Co., Inc. in München.

Prof. Dr. Michael Lingenfelder hat den Lehrstuhl für Allgemeine Betriebswirtschaftslehre, insbes. Marketing und Handelsbetriebslehre an der Philipps-Universität Marburg inne und ist Mitherausgeber der Zeitschrift WiSt - Wirtschaftswissenschaftliches Studium.

Dr. Andrea Maessen ist Partner bei Simon, Kucher & Partners, Strategy & Marketing Consultants.

Prof. Dr. Kurt Matzler ist Professor am Institut für Unternehmensführung und Dienstleistungswirtschaft der Universität Innsbruck tätig.

Dr. Klaus Möller ist Habilitand am Lehrstuhl für Allgemeine Betriebswirtschaftslehre und Controlling (Prof. Dr. Péter Horváth) an der Universität Stuttgart sowie Projektleiter verschiedener Forschungsprojekte mit der Industrie.

Prof. Dr. Hans Pechtl ist seit 1998 Inhaber des Lehrstuhls für Marketing an der Ernst-Moritz-Arndt-Universität Greifswald.

Dr. Verena Priemer ist geschäftsführende Gesellschafterin des Wiener Marktforschungs- und Marketingberatungsunternehmens marketmind sowie Lektorin unter anderem an der Universität Wien und der Wirtschaftsuniversität Wien.

Dr. Sven Reinecke ist Dozent für Betriebswirtschaftslehre an der Universität St. Gallen und leitet das Kompetenzzentrum „Marketingplanung & -controlling" am dortigen Institut für Marketing und Handel.

Prof. Dr. Thomas Rudolph ist Inhaber des Gottlieb Duttweiler Lehrstuhls für Internationales Management, Institut für Marketing und Handel der Universität St. Gallen.

Dipl.-Kfm. Dirk Schmidt-Gallas ist Berater im Bonner Büro von Simon, Kucher & Partners, Strategy & Marketing Consultants GmbH.

Prof. Dr. Hans-Otto Schenk war bis zu seiner Pensionierung am 1.3.2002 25 Jahre lang als Universitätsprofessor für Handelsbetriebslehre an der Gerhard-Mercator-Universität Duisburg tätig.

Uwe Schneider ist Geschäftsführer der Diageo Deutschland/Austria GmbH.

Dr. Karl-Heinz Sebastian ist Gründungsmitglied und Senior Partner der Simon, Kucher & Partners Strategy and Marketing Consultants GmbH.

Prof. Dr. Werner Seidenschwarz ist geschäftsführender Gesellschafter der Seidenschwarz & Comp. GmbH, Starnberg und Inhaber des Lehrstuhl Controlling der Technischen Universität München.

Professor Dr. Hermann Simon ist Vorsitzender der Geschäftsführung der Simon, Kucher & Partners Strategy & Marketing Consultants GmbH.

Prof. Dr. Bernd Skiera ist Inhaber des Lehrstuhls für Electronic Commerce, Fachbereich Wirtschaftswissenschaften der Johann Wolfgang Goethe-Universität Frankfurt/M.

Dr. Martin Spann ist wissenschaftlicher Assistent am Lehrstuhl für Betriebswirtschaftslehre, insbesondere Electronic Commerce, Johann Wolfgang Goethe-Universität Frankfurt am Main.

Prof. Dr. Hartwig Steffenhagen ist Inhaber des Lehrstuhls für Unternehmenspolitik und Marketing der RWTH Aachen. Er ist Gesellschafter der team steffenhagen GmbH marketing research & consulting.

Christian Tillmans ist Leiter Netzsteuerung Pricing und Yieldmanagement Deutsche Lufthansa AG.

Prof. Dr. Kai-Ingo Voigt ist Inhaber des Lehrstuhls für Industriebetriebslehre und Leiter des Studienbereichs Unternehmensgründung und Entrepreneurship an der Friedrich-Alexander-Universität Erlangen-Nürnberg sowie Visiting Professor der Tongji Universität, Shanghai.

Tillmann Wagner, MBA, ist wissenschaftlicher Mitarbeiter und Doktorand bei Prof. Dr. Thomas Rudolph am Gottlieb Duttweiler Lehrstuhl für Internationales Handelsmanagement, Institut für Marketing und Handel, Universität St. Gallen.

Armin Weber arbeitet seit 2002 für die DB Reise und Touristik AG als Referent für die Programmstrategie und –entwicklung von bahn.comfort.

Helmut Wölting studiert International Business Studies an der Universität Paderborn und ist Mitarbeiter am dortigen Lehrstuhl.

Dr. Georg Wübker ist Director bei Simon, Kucher & Partners, Strategy & Marketing Consultants GmbH, Leiter des Competence Centers Financial Services sowie Geschäftsführer des Züricher Büros.

Erster Teil

Grundlagen und Perspektiven des Preismanagements

Hermann Diller

Aufgabenfelder, Ziele und Entwicklungstrends der Preispolitik

1. Von der Preiskalkulation zum Preismanagement

In der Preispolitik hat sich im Laufe der letzten Jahrzehnte ein dramatischer Wandel vollzogen. War es ursprünglich „nur" eine Rechenaufgabe, aus entsprechend differenzierten Kosteninformationen Entgelte zu „kalkulieren", so erweist sich Preispolitik heute als eine hoch komplexe Managementaufgabe, ja als umfassender Managementbereich mit einer großen Zahl strategischer und operativer Entscheidungsparameter und mit entsprechend umfassenden Planungs- und Kontrollaufgaben. Zu Recht wird deshalb - auch in diesem Handbuch - synonym zur Preispolitik heute auch vom Preismanagement gesprochen. Es umfasst Analyse- und Planungsaufgaben ebenso wie Entscheidungs- und Durchsetzungs- sowie Kontrollfunktionen, aber auch die Gestaltung der zugehörigen Preisorganisation im Unternehmen.
Maßgeblich für diesen Verständniswandel waren insbesondere

- die zunehmende *Differenzierung der Preise*, die eine stärkere Fokussierung bestimmter Kundengruppen erforderlich macht und die Preispolitik damit auch an strategische Entscheidungen der Positionierung und Preislagenpolitik ankoppelt; gleichzeitig entwickelten sich durch die Preisdifferenzierung ganze *Preissysteme* mit entsprechenden Ausgestaltungsspielräumen (vgl. dazu den Beitrag von Pechtl),
- die permanente *Preisvariation*, sei es in Form von Preisanpassungen an neue Markt- und Wettbewerbsbedingungen (Preisänderungen) oder in Form kurzfristiger Preisaktionen. Preispolitik wird damit von einer jährlichen Routinefunktion zur *ständigen* Managementaufgabe,
- die zunehmenden *Preiswiderstände im Absatzkanal*, die den Preisverhandlungen und der Konditionenpolitik eine zentrale Rolle im Preisgeschehen einräumten und vieler Orts zu einer höchst problematischen Preisspreizung führten, sowie
- eine zunehmende *Professionalisierung* der Preispolitik durch Einsatz moderner Methoden der Marktforschung, der Preisplanung und des Preiscontrolling, wodurch u.U. entscheidende preispolitische Wettbewerbsvorteile erzielbar werden (vgl. dazu den Beitrag von Reinecke).

Die *Hintergründe* der Anreicherung des Aufgabenbereichs der Preispolitik sind vielfältig. Am wichtigsten erscheint die steigende Wettbewerbsintensität auf vielen Absatzmärkten, welche die Durchsetzung der eigenen Preisvorstellungen mehr oder minder drastisch erschwert und eine gewisse „*Preiskultur*" im Unternehmen erforderlich macht (Diller, 2000, S. 432 ff.). Hierzu zählen erstens ein hinreichendes Bewusstsein für die kurz- wie langfristig hohe ökonomische Bedeutung der Preispolitik (vgl. dazu den nachfolgenden Beitrag von Herrmann) als auch ein gewisses Maß an *Preisintelligenz*, d.h.

Wissen über die preispolitisch relevanten Fakten und Zusammenhänge, und Versiertheit im Umgang mit spezifischen Entscheidungstechniken.

Mit der Wettbewerbsintensität stiegen gleichzeitig die *Risiken* der Preispolitik, d.h. die Gefahren, dass man den erwarteten *(subjektives Preisrisiko)* bzw. objektiv realistischen *(objektives Preisrisiko)* Preis nicht realisieren kann. Auf der *Anbieterseite* lassen sich im Wesentlichen fünf Arten von Preisrisiken unterscheiden (vgl. Diller, 2000, S. 399ff.):

(1) Kalkulationsrisiken
Hierbei werden relevante Kosten im Rahmen der Preisfestsetzung nicht als solche erkannt bzw. mit zu niedrigen oder zu hohen Werten angesetzt. Dies hat zur Konsequenz, dass die erwarteten Deckungsbeiträge geringer ausfallen als angenommen. Umgekehrt können Wertansätze und Risikozuschläge auch zu hoch angesetzt werden, so dass der verlangte Preis eine Höhe annimmt, die auf dem Markt nur noch geringe Akzeptanz findet und den gewinnoptimalen Preis verfehlt *(Preiseskalationsrisiko)*. Schließlich entstehen selbst bei objektiver Rechtfertigung hoher Preise über die Kosten u.U. Gefahren für das Preisimage *(Preisimagerisiko)*, weil sich die Unternehmung dem Vorwurf „überhöhter“ Preise ausgesetzt sehen kann.

(2) Marktreaktionsrisiken
Viele preispolitische Entscheidungen sind unter ständig wechselnden und sehr komplexen Rahmenbedingungen zu treffen. Die Reaktion des Marktes auf das jeweils angebotene Entgelt-Leistungs-Bündel ist deshalb nicht mit Sicherheit prognostizierbar. Dadurch entstehen *Marktreaktionsrisiken*, d.h. (Opportunitäts-)Verluste durch andersartige Marktergebnisse als sie bei der Preisstellung erwartet wurden. Sie können in zu hohen, aber auch in zu niedrigen Preisen resultieren, also auch ausgelassene Preischancen betreffen.

(3) Auftragserlangungsrisiken
Preispolitisch relevante Risiken ergeben sich auch im Bereich der *Konditionen*, also der mit dem Abnehmer individuell vereinbarten Lieferungs- und Zahlungsbedingungen. Der Wettbewerb erzwingt hier häufig Zugeständnisse, welche die Rendite der zugrunde liegenden Transaktionen mindern. Gefahr droht insbesondere durch zu leichtfertig und ungeprüft zugesagte Rabatte, Skonti, Boni und Zahlungsziele, was nicht nur Ertragseinbußen, sondern u.U. auch Diskriminierungsvorwürfe zur Folge hat (vgl. hierzu auch den Beitrag von Steffenhagen).

(4) Zahlungsrisiken
Zahlungsrisiken entstehen, wenn der Abnehmer die vereinbarte Gegenleistung nicht erbringt (*Vertragserfüllungsrisiko)*. Ebenso ist denkbar, dass der Abnehmer unter Hinweis auf Mängel nur teilweise zahlt oder dass er die vereinbarte Summe erst später (*Fristenrisiko*) oder in anderer Zahlungsform als vereinbart leistet. Die zur Preispolitik zäh-

lenden Zahlungskonditionen nehmen auf die Höhe dieser Risiken entscheidenden Einfluss.

(5) Dispositions- und Transferrisiko

Im *internationalen Geschäft* ist teilweise die Verfügungsmacht über die von Abnehmern geforderten oder erhaltenen Gegenleistungen eingeschränkt. So ist die Preishoheit der Anbieter in vielen Ländern aus wirtschaftspolitischen Gründen staatlich beschnitten (vgl. hierzu auch den Beitrag von Ivens). Da solche Regelungen zu Beginn der Geschäftstätigkeit nicht immer abzusehen sind oder das Interesse des Staates an Eingriffen wachsen kann, unterliegt die betriebliche Preispolitik einem *Dispositionsrisiko*.

Preisrisiken entstehen freilich nicht nur für den Anbieter, sondern auch für den *Abnehmer*. Rein leistungsbezogene Gefahrenquellen sind etwa die Fehleinschätzung der Einsatzmöglichkeiten des Gutes (*Funktionsrisiko*) oder der Kauf einer Marke mit geringerem sozialem Prestige als angenommen (*soziales Risiko*). Entgeltbezogen entstehen Preisrisiken dadurch, dass der Käufer das Gut u.U. bei anderen Anbietern in gleicher Qualität zu niedrigeren Preisen hätte erwerben können (*Preisgünstigkeitsrisiko*) bzw. hinsichtlich des Preis-Leistungs-Verhältnisses des Gutes in seinen Erwartungen enttäuscht wird (*Preiswürdigkeitsrisiko*). Damit wird bereits deutlich, dass auch das Preismanagement auf *Kundenorientierung* nicht verzichten kann, da diese über die *Preiszufriedenheit* zu einer wichtigen Basis für das akquisitorische Potenzial einer Unternehmung werden kann (vgl. dazu die Beiträge von Matzler sowie Bliemel/Adolphs).

Das Preismanagement hat danach zu trachten, den richtigen Umgang mit diesen Preisrisiken zu finden. Dabei müssen insbesondere die potenziellen Opportunitätsverluste erkannt werden, welche durch die Auslassung von unerkannten oder unerschlossenen *Preischancen* entstehen. Analysiert man die bestehenden Preisunterschiede auf realen Märkten, lassen sich diesbezüglich immer wieder erstaunliche Preisspreizungen feststellen, die weit über die zugehörigen Kostenspreizungen hinaus reichen.

Abbildung 1 zeigt z.B. die Unterschiede zwischen dem jeweils niedrigsten und dem höchsten Preis auf verschiedenen Konsumgütermärkten, wie sie sich bei einer 2001 angestellten Panelanalyse ergaben (vgl. Diller, 2002). In Prozent vom jeweiligen Durchschnittspreis am Markt liegen diese Preise um mehrere 100, in Fall der Bonbons sogar 1728 %-Punkte auseinander. Hochpreisprodukte werden dabei keineswegs nur von Nischenanbietern offeriert, sondern erreichen z.T. erstaunliche Marktanteile.

Abbildung 2 verdeutlicht das am Beispiel von insgesamt 21 Märkten, für die wiederum auf Basis von Paneldaten der GfK auf der Vertikalachse die Marktanteile der jeweils wichtigsten Anbieter (Marktanteil > 1%) und auf der Horizontalachse deren relative Preisposition (Durchschnittspreis = 100%) gegeneinander abgetragen sind. Man erkennt daran sehr gut, wie es den sog. „Preis-Champions" (vgl. Diller/Brambach, 2002) gelingt, trotz relativ hoher Preise beachtliche Marktanteile zu erzielen. Naturgemäß hängen diese Erfolge nicht nur von preispolitischen Instrumenten i.e.S. ab. Vielmehr tragen dazu auch die Sortimentsgestaltung, Markenaura, die Qualität oder das Distributionssystem der jeweiligen Marke bei.

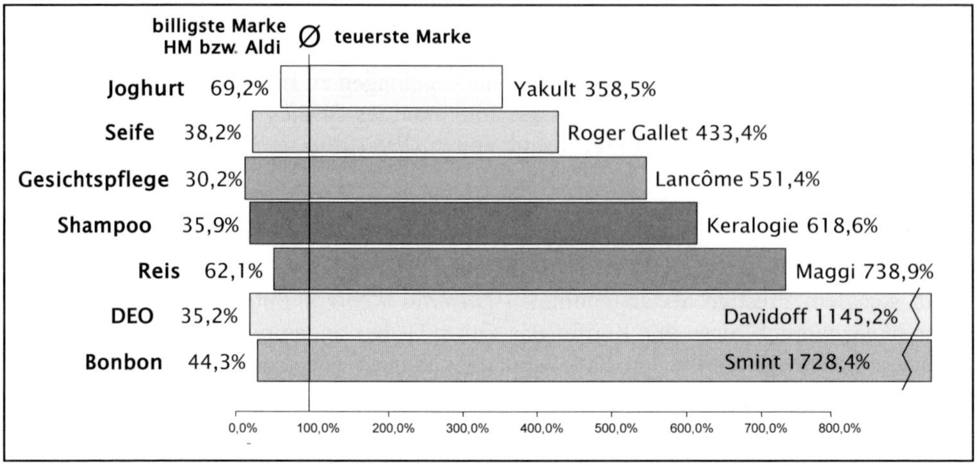

Abbildung 1: Relative Preisspreizung (100% = Durchschnittspreis) zwischen billigster Marke (= Aldi- oder andere Handelsmarke) und teuerster Marke auf verschiedenen Konsumgütermärkten in 2001 auf Basis GfK-Haushaltspanel (Quelle: Diller, 2002)

Damit wird aber auch deutlich, dass es ein auf Preisparameter beschränktes Preismanagement in praxi nicht geben kann, sondern hierbei stets auch Interdependenzen mit anderen Marketing-Mix-Bereichen zu berücksichtigen sind. *Preispolitik* umfasst in diesem Sinne „...alle von den Zielen eines Anbieters geleiteten Aktivitäten zur Suche, Auswahl und Durchsetzung bestimmter Preis-Leistungs-Relationen und damit verbundener Problemlösungen für Kunden“ (vgl. Diller, 2000, S. 27). Solche Problemlösungen können auch in ganz anderen Bereichen als dem eigentlichen Entgelt für die erworbene Leistung liegen, etwa bei der Finanzierung des Kaufpreises, der Schaffung von Preistransparenz durch entsprechende Preisauszeichnung, der Vermittlung von Preiserlebnissen, z.B. durch exquisites Ambiente oder durch „Preisschnäppchen“, oder bei den Reparatur- oder Ersatzteilpreisen, die erst im Laufe des Gebrauchszyklus eines Produktes relevant werden. Insofern ist es im Sinne einer kundenorientierten Preispolitik sinnvoll, *Preise* nicht nur als Entgelte, sondern als „...Summe aller mittelbar oder unmittelbar mit dem Kauf eines Produktes verbundenen Ausgaben eines Käufers zu definieren. Dabei lassen sich negative und positive Preiskomponenten unterscheiden, die sich über den gesamten Gebrauchszyklus eines Produktes hin zum effektiven Gesamtpreis saldieren“ (vgl. Diller, 2000, S. 25).

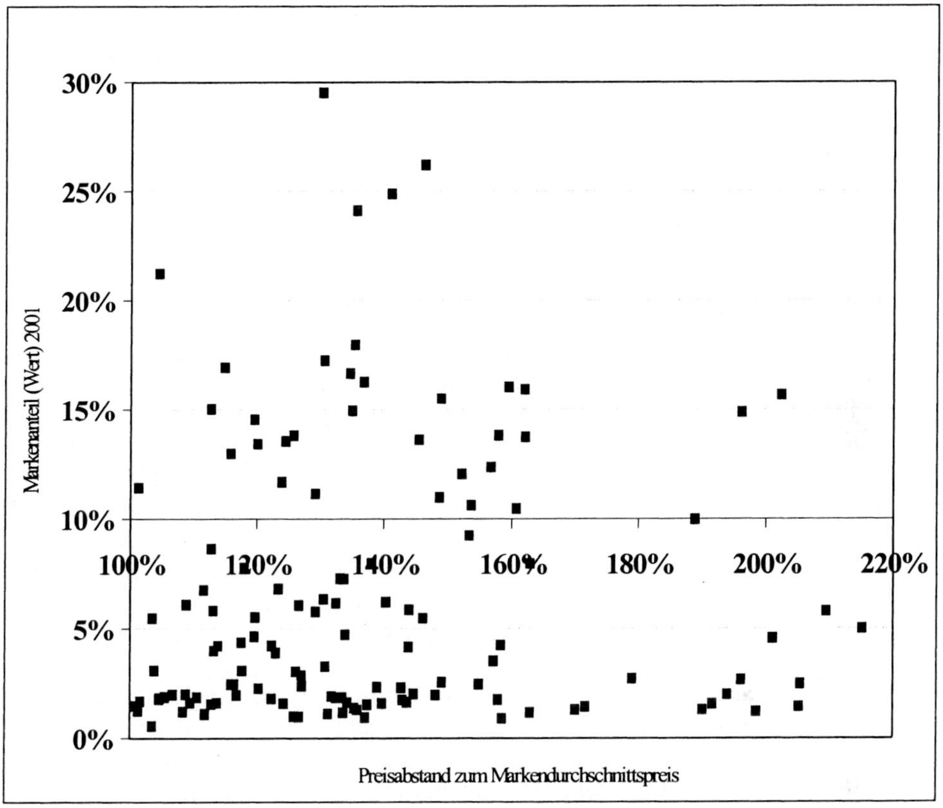

Abbildung 2: Preispositionen und Marktanteile der Anbieter in 21 Konsumgütermärkten (Quelle: Diller, 2002)

In diesem einführenden Beitrag zum Handbuch Preispolitik soll zunächst nur ein erster und zwangsläufig grober Überblick über das Preismanagement geboten werden, der durch die nachfolgenden Spezialbeiträge dann entsprechend vertieft und ergänzt werden wird. Wir orientieren uns dabei konsequent an der *Managementperspektive* und fokussieren deshalb sukzessive Aufgabenstellungen, Ziele und aktuelle Entwicklungstrends in der Preispolitik.

2. Aufgabenfelder und Ziele der Preispolitik

2.1 Überblick

Das mit der Preispolitik in unserem Sinne verbundene *Aktionsfeld* ist erheblich vielfältiger als jenes der Entgeltpolitik oder gar der Preiskalkulation und vereint Instrumente, die in Marketing-Lehrbüchern oft als „Preis-Mix" bezeichnet werden (vgl. Kotler/Bliemel, 1999, S. 757 ff.; Meffert, 1998, S. 467 ff.). Ein *preispolitisches Instrument* ist jeder Aktionsparameter, mit dem Preis-Leistungs-Relationen und Preis-Problemlösungen marktwirksam ausgestaltet werden können. Damit sind auch die Konditionenpolitik, die Absatzfinanzierung und die Preisinformationspolitik in die Preispolitik eingeschlossen. Als *Aktionsparameter* gelten alle isoliert entscheidbaren „Stellgrößen", also Entscheidungsvariablen einer Unternehmung. Es kann sich grundsätzlich um eine artmäßige, zeitliche oder intensitätsmäßige „Verstellung" oder um eine Spezifikation des am Markt gewählten Gültigkeitsbereichs (Zielung) handeln. Viele Preis-Instrumente stellen freilich spezifische *Bündel* von Aktionsparametern dar, deren analytisch getrennte Behandlung nicht mehr sinnvoll ist. Zum Beispiel stellt die räumliche Preisdifferenzierung eine Kombination aus Preishöhe (Art des Parameters), Ausmaß des Preisunterschieds (Intensität) und räumlicher Zielung mit bestimmter zeitlicher Gültigkeit dar.

Unterscheidbar sind taktisch-operative und strategische Instrumente. Bei letzteren spricht man auch von *Preis-Konzepten*, um die Mehrdimensionalität dieser Aktionsmöglichkeiten anzuzeigen (vgl. hierzu den Beitrag von Sebastian / Maessen). Auch die Festlegung der *preispolitischen Ziele* obliegt dem Management und kann deshalb selbst als gesonderter, idealtypisch dem Instrumenteeinsatz vorgelagerter Entscheidungsprozess verstanden werden. Schließlich führt die *prozessuale Sicht* der Preispolitik dazu, auch Informationsentscheidungen bzgl. bestimmter Erhebungsverfahren, Analysemethoden, Entscheidungsmodelle oder Preis-Informationssystemen in den Gegenstandsbereich der Preispolitik mit aufzunehmen. Wir sprechen diesbezüglich von *Informationsinstrumenten* der Preispolitik (vgl. hierzu den Beitrag von Balderjahn). Schließlich ist die Preispolitik zu implementieren, wobei dann *organisatorische Gestaltungsspielräume* existieren, die, soweit sie wiederum Preis-Zielen zuzuordnen sind, ebenfalls in die Preispolitik miteingeschlossen werden sollen. Dabei kann grob zwischen aufbauorganisatorischen, also strukturellen, und ablauforganisatorischen, also prozessualen Lösungen unterschieden werden Vergleiche hierzu den Beitrag von Freiling/Wölting).

Damit ergeben sich zusammenfassend die in Abbildung 3 dargestellten *Entscheidungsbereiche der Preispolitik*, die in den nachfolgenden Unterabschnitten näher erläutert werden.

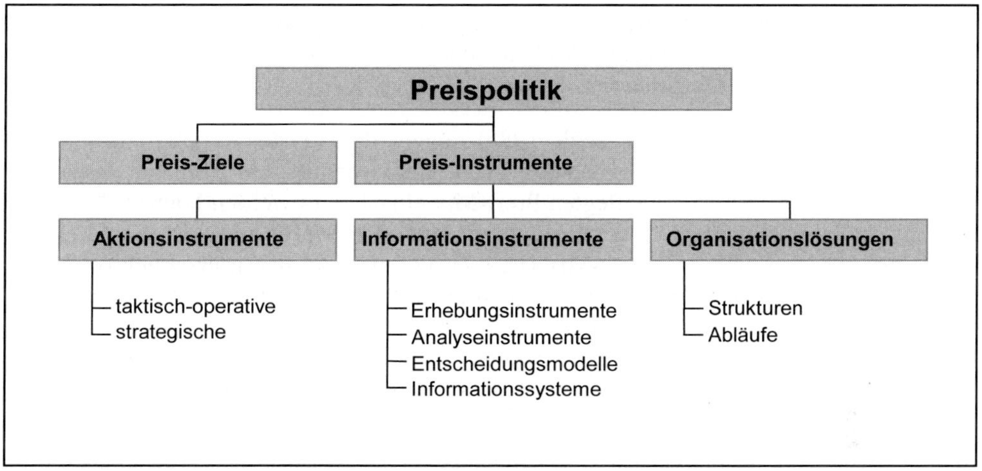

Abbildung 3: Entscheidungsbereiche der Preispolitik

2.2 Instrumentalbereiche der Preispolitik

Auf der *Aktionsseite* der Preispolitik stehen Entscheidungen zur Festsetzung, Differenzierung und Durchsetzung des Preisquotienten „Preis / Leistungsumfang" an. Zum besseren inhaltlichen Verständnis der Preispolitik geben wir nachfolgend zunächst einen Überblick über die diesbezüglich verfügbaren *taktisch-operativen Instrumente* und anschließend über die *strategischen Konzeptdimensionen.* Eine detaillierte Erörterung erfolgt in den späteren Beiträgen dieses Buches.

2.2.1 Operative Instrumente

Es lassen sich grob fünf taktisch-operative Preis-Instrumente unterscheiden (Abbildung 4). Ihr Einsatz erfolgt durch Variation bestimmter Aktionsparameter, die in Abbildung 4 beispielhaft mit aufgelistet sind. Sie überschneiden sich teilweise innerhalb und zwischen den Instrumenten, was aus Gründen der üblichen Instrumentebezeichnungen in Literatur und Praxis aber in Kauf genommen wird.

Als *Anlässe* für den Einsatz dieser Instrumente kommen grundsätzlich nur drei Fälle in Frage:

(1) der Markteintritt eines Unternehmens bzw. Produktes mit *erstmaliger Entscheidung* über das Preis-Mix (vgl. dazu den Beitrag von Voigt)

(2) die aktive *Änderung* der Aktionsinstrumente zur Erhöhung der Effektivität des Preis-Mix (vgl. dazu den Beitrag von Schneider)

(3) die reaktive *Anpassung* der Aktionsinstrumente an Änderungen im Entscheidungsumfeld (Kostensteigerungen, Produkt- und Marketinginnovationen des Wettbewerbs, steigendes Preisinteresse der Nachfrager etc.).

Empirische Untersuchungen von Jacob (1985) zeigten, dass (3) den Regelfall darstellt, es also im Allgemeinen um die Veränderung von Aktionsparametern geht, bei denen die Erfahrungen mit dem bisher gepflegten Preis-Mix eingebracht werden können. In jüngerer Zeit wagen immer mehr Unternehmen aber auch den Schritt zur aktiven und eigenständigen Ausgestaltung des Preis-Mix (Fall 2), um sich die damit erschließbaren Gewinnpotentiale nutzbar zu machen (vgl. Simon/Dolan, 1997, S. 17ff.).

1 **Kurzfristige Preisstellung**	2 **Preis-differenzierung**	3 **Preis-variation**	4 **Preislinien-politik**	5 **Preis-durchsetzung**
➢ Listenpreis ➢ Endverbraucherpreis ➢ Handelsspanne ➢ Grundpreis ➢ Pauschalen ➢ Barter	➢ Rabatte ➢ Konditionen ➢ Nichtlineare Tarife ➢ Preisbaukästen ➢ Kontingentierung (Yield Management) ➢ Pauschalen	➢ zeitliche Preiszonen ➢ kfr. Preisaktionen ➢ dauerhafte Preisänderungen	➢ Preisobergrenzen ➢ Preisabstände zw. Produkten bzw. Packungsgrößen ➢ Preisbündelung	➢ Preisinformation ➢ Preisoptik ➢ Preisgarantien ➢ Preisgleitklauseln ➢ Preisbindung/-empfehlung ➢ Preisverhandlungen ➢ Absatzfinanzierung ➢ Preispflege

Abbildung 4: Taktisch-operative Instrumente der Preispolitik

(1) Bei der *kurzfristigen Preisstellung* geht es im Wesentlichen um die (Neu-) Bestimmung der *Entgelthöhe* (Preiszähler). Man geht dabei zunächst von einem fixierten Preisnenner aus. Dafür muss ein *Ausgangs-, Basis- oder Listenpreis* gefunden werden, der unter normalen Umständen am Markt gefordert werden soll. Auf mehrstufigen Märkten (Vertrieb über Absatzmittler) kann dabei entweder ein *Werksabgabepreis*, d.h. das von den Absatzmittlern zu leistende Entgelt, und/oder die *Handelsspanne* (Differenz des dann als vorgegeben angesehenen Ver- und des Einkaufspreises der Absatzmittler) festgelegt werden. Der sog. *Grundpreis* (*unit price*) stellt das geforderte Entgelt pro Füllmengeneinheit (z.B. 100g) dar. Bei in verschiedene Teilleistungen aufgliederbaren Gütern (z.B. Reisen) kann man ebenso wie für von Fall zu Fall variierende, aber aus Gründen der Vereinfachung undifferenziert berechnete Leistungen (z.B. Autoreparaturen) *Pauschalpreise* definieren, was die Preissicherheit beim Kunden erhöht. Im Falle eines *Barters* wird als Entgelt eine nicht-monetäre Gegenleistung akzeptiert, deren Spezifikation zahlreiche Varianten möglich macht („*Kompensationsgeschäft*").

(2) In der Praxis wird der Listenpreis eines Produktes oft durch Leistungsmodifikation und/oder Entgeltzu- bzw. -abschläge *differenziert* und damit an spezifische Markt- oder Produktionsverhältnisse angepasst (vgl. dazu den Beitrag von Fassnacht). Die relevanten Besonderheiten können abnehmerspezifisch (*personelle Preisdifferenzierung* bzw. *Preis-Segmentierung*), regionalspezifisch (*räumliche Preisdifferenzierung*) oder mengenbezogen (*mengenmäßige Preisdifferenzierung*) sein. Die Differenzierung führt bei jeder dieser Formen dazu, dass gleichzeitig mehrere Preise für die von der Unternehmung angebotenen Leistungen existieren, ohne dass eine entsprechende Leistungsdifferenzierung erfolgt. Im Fall der sog. *zeitlichen Preisdifferenzierung* handelt es sich eigentlich um eine Preisvariation (siehe unten).
Die eigentlichen Aktionsparameter der *Preisdifferenzierung*, auch *Preisstrukturpolitik* genannt, sind vor allem *Rabatte* und andere Preisnachlässe sowie die *Lieferungs- und Zahlungsbedingungen* („*Konditionen*"; vgl. dazu den Beitrag von Steffenhagen). Ferner gibt es bei Gütern mit individuell fixierbaren, differenzierten Kaufmengen, z.B. Strom, Flugleistungen, Telefonnutzung etc., die Möglichkeit *nicht-linearer Tarife*, bei denen Vorabzahlungen (z.B. Bahncard) fällig werden oder der Preis pro Einheit ab Erreichen bestimmter Verbrauchsschwellen sinkt (vgl. dazu den Beitrag von Büschken). In beiden Fällen führt dies mit zunehmender Kauf- bzw. Verbrauchsmenge zu fallenden Durchschnittspreisen. Bei *Preisbaukästen* erfolgt die Preisdifferenzierung durch unterschiedliche Leistungsinanspruchnahme des Kunden auf der Basis eines Leistungsbaukastens, welcher die (früher oft übliche) Gesamtleistung (z.B. Produkt + Beratung + Lieferung + Installation + Garantie etc.) aufsplittet und individuelle Leistungspakete und Preise erlaubt. Damit kommt also der Preisnenner zum Einsatz, ebenso wie beim *Yield Management*, bei dem es um die zeitlich flexible, an die jeweils noch zu erwartende Nachfrage angepasste *Kontingentierung* der Angebotskapazitäten für unterschiedlich profitable Leistungsklassen (z.B. Business- und Tourist-Class bei Fluglinien) geht (vgl. dazu den Beitrag von Tillmanns). Voraussetzung für eine Preisdifferenzierung sind unterschiedliche Verhältnisse auf verschiedenen Teilmärkten des jeweiligen Gutes, insbesondere im Hinblick auf die Preissensitivität, die Verwendungszwecke und die Qualitäts- oder Serviceansprüche der Kunden.

(3) *Preisvariationen* sind kurz- oder langfristige Änderungen der Angebotspreise für einen bestimmten Zeitraum. Dabei geht es im Vergleich zur kurzfristigen Preisstellung um zusätzliche Preisaktivitäten, mit denen der Angebotspreis aus preispolitischen Gründen verändert wird. Da hier nicht mehrere Preise gleichzeitig gültig sind, ist dieser Fall von der Preisdifferenzierung zu unterscheiden und auch vor teilweise anderen Hintergründen zu sehen. Streng genommen kann nur bei der Definition regelmäßiger *zeitlicher Preiszonen* (z.B. Werktage vs. Wochenende) mit unterschiedlichen Preisen auch von *zeitlicher Preisdifferenzierung* gesprochen werden. Sie erfolgt durch kalenderzeit-, bestellzeit- oder saisonbedingte *Zeitrabatte* (z.B. Frühbesteller-Rabatt) bzw. *Preisaufschläge* (z.B. Messepreise bei Hotels). Bei der Preisvariation geht es aber darüber hinaus auch um *unregelmäßige* Preisveränderungen, z.B. sog. *Abschriften* vom Ausgangspreis im Textilhandel mit fortschreitender Saison in Abhängigkeit vom Abverkaufserfolg, und um

Preisaktionen (Sonderangebotspreise), also unregelmäßige und zeitlich befristete Preissenkungen (vgl. dazu den Beitrag von Gedenk). Zum Entscheidungsfeld der Preisvariation zählt schließlich auch das richtige *Timing* und die Aufteilung von (dauerhaften) *Preisanpassungen.*

(4) Nahezu alle Unternehmen bieten am Markt nicht nur ein Produkt, sondern ein mehr oder weniger breites *Sortiment* an. Die Preisentscheidungen für die einzelnen Sortimentsteile können dabei nicht isoliert voneinander getroffen, sondern müssen aufeinander abgestimmt werden. Diese Aufgabenstellung ist Inhalt der sog. *Preislinienpolitik.* Hierbei gilt es vor allem die komplementären und substitutiven Verbundbeziehungen im Sortiment preispolitisch auszunutzen und das optische Preisbild des gesamten Sortiments auch unter psychologischen Gesichtspunkten zu optimieren. Im Einzelnen beinhaltet die Preislinienpolitik Entscheidungen über die *Preisober- und -untergrenzen* des Sortiments, die *Preisabstände* innerhalb des Sortiments und den sog. *kalkulatorischen Ausgleich.* Schließlich ist auch die sog. *Preisbündelung* (vgl. dazu den Beitrag von Priemer) der Preislinienpolitik zuordenbar, weil dabei mehrere Leistungen aus dem Sortiment eines Unternehmens zu einem gemeinsamen, meist im Vergleich zum Einzelverkauf reduzierten “Paketpreis" angeboten werden (Beispiel: PC-Paket mit PC, Programmen und Peripheriegeräten).

(5) Ein letztes Aktionsfeld der Preispolitik ist die *Durchsetzung des geplanten Preises* am Markt, die definitionsgemäß zur Preispolitik gezählt wird, obwohl die hier einsetzbaren Aktionsparameter teilweise auch aus dem Bereich der Distributions- und Kommunikationspolitik stammen. Die Probleme der Preisdurchsetzung entstehen zum einen wegen des unvollkommenen Informationsstandes, unter dem Preisentscheidungen in aller Regel getroffen werden müssen. Daraus resultieren Preisrisiken, gegen die man sich in begrenztem Umfang, z.B. durch *Preisgleitklauseln* oder durch direkte *Preisverhandlungen* mit den Abnehmern, absichern kann (vgl. dazu den Beitrag von Capune/Crones). Zum Zweiten liegt es in der Marketingphilosophie begründet, dass sich ein Unternehmen aktiv darum bemüht, die gewählten Angebotspreise am Markt zu realisieren. Dazu stehen insbesondere Maßnahmen zur *Preisinformation* der Kunden, zur Verbesserung der *Preisoptik* im Rahmen der *Preisauszeichnung* und *Preiswerbung* sowie vertragsrechtliche Regelungen in Form von *Preisgarantien* sowie *Preisbindungen* und *unverbindlichen Preisempfehlungen* zur Verfügung. Da die Finanzierung des Kaufpreises ein v.a. bei hochwertigen Gütern häufiges Preisproblem der Kunden darstellt, ergeben sich mit der *Absatzfinanzierung* (inkl. *Leasing*) weitere preispolitische Spielräume. Die *Preispflege* stellt schließlich ein spezielles Instrument des vertikalen Preismarketing dar, bei der es um eine Harmonisierung der Preise in verschiedenen Absatzkanälen bzw. auf den Gebrauchtwarenmärkten durch entsprechende Beeinflussung der Absatzmittler geht.

Die dargelegten fünf taktisch-operativen Aktionsfelder der Preispolitik sind zwar teilweise interdependent, werden aber im vorliegenden Handbuch getrennt behandelt. Umfassende Modelle zur simultanen Lösung dieser Probleme existieren nämlich nicht und können wegen der Problemkomplexität auch kaum in praktisch brauchbarer Form erwartet werden. Eine zweckmäßige „Portionierung" des Entscheidungsfeldes im Sinne einer heuristischen Problemlösungsstrategie entspricht deshalb durchaus dem Problemcharakter der Preispolitik. Auch in der Praxis wird über die Vielzahl der preispolitischen Aktionsparameter nicht simultan, sondern sukzessiv entschieden. Als Ergebnis stellt sich dann oft erst nach vielen Rückkopplungen das sog. *„Preismix"* ein. Dieser Terminus soll unterstreichen, dass die preispolitischen Teilentscheidungen sowohl untereinander als auch im Hinblick auf das übrige Marketinginstrumentarium *koordinationsbedürftig* sind. Diese Koordination wird nur dann gut gelingen, wenn die Preispolitik strategisch fundiert und von einem stimmigen Zielsystem gelenkt wird. Einen Überblick über dieses Entscheidungsfeld bietet der nachfolgende Unterabschnitt.

2.2.2 Strategische Konzepte

Der Einsatz der operativ-taktischen Instrumente hat in sich koordiniert und im Sinne der strategischen Ziele eines Unternehmens zu erfolgen, um insgesamt möglichst hohe Durchschlagskraft zu erzeugen. Auch die Preispolitik bedarf deshalb einer strategischen Basis, einer *Preisstrategie*. Dafür existieren oft erhebliche Handlungsspielräume, welche die Unternehmung zur Entwicklung solcher *Preis-Konzepte* nutzen können, welche ihrer jeweils spezifischen Unternehmens- und Umfeldsituation am besten entsprechen und deshalb für die höchste Effektivität der Preispolitik sorgen (vgl. dazu den Beitrag von Sebastion/Maessen). Preisstrategien zeichnen sich wie alle Strategien durch vier Merkmale aus:

(1) Strategien besitzen *Grundsatz- und Langfristcharakter*. Deshalb beinhalten Preisstrategien auch ein *preisstrategisches Ziel-Konzept*, durch welches das Preisgeschehen auf langfristige Preiserfolge ausgerichtet werden kann (vgl. Abbildung 5). Von strategischer Bedeutung sind die „Preis-Moral", d.h. Grundsätze zur Fairness des Preisgebarens, der Zeithorizont der Preisentscheidungen (Priorität kurz- bzw. langfristiger Preisziele) und die Berücksichtigung verschiedener Stakeholder-Interessen (z.B. Priorität der Kunden- vs. Anteilseignerinteressen). Angesichts großer Unsicherheiten bei Preisentscheidungen ist darüber hinaus die Risikotoleranz von Bedeutung. So muss grundsätzlich geklärt werden, ob man z.B. Wachstum auch auf Kosten eines Preiskrieges mit Wettbewerbern erzielen will (Beispiel: Texaco-Payback-Rabatt).

(2) Strategien zielen auf die *Erschließung und Sicherung von Erfolgspotentialen*, mit denen der Wettbewerb um die Nachfrager langfristig bestanden werden kann. Auch für den Entwurf von Preisstrategien stellt dabei das sog. *strategische Dreieck* Unternehmung – Kunde – Wettbewerber einen sinnvollen Ausgangspunkt dar. Kundenseitig gilt es, ein *„Kundennutzen-Konzept"* zu entwerfen, durch welches das eigene Preis-Leistungs-Angebot für den Kunden attraktiver wird als entsprechende Konzepte der Wettbewerber. Dabei ist auch grundsätzlich darüber zu bestimmen, wie intensiv der Preis als Marketinginstrument eingesetzt werden soll (*„aktive"* versus *„passive" Preispolitik*). Typische

preispolitische Kundennutzenkonzepte sind das Discounting (vgl. dazu auch den Beitrag von Haas), das Premium-Konzept (vgl. dazu auch den Beitrag von Kobjoll) oder das Preisfairness-Konzept. Da i.d.R. nicht allen Kundenwünschen gleichzeitig Rechnung getragen werden kann, beinhaltet das Kundennutzen-Konzept meist auch eine Segmentierung der Kunden („*Preis-Segmentierung*"; vgl. dazu den Beitrag von Stamer).

(3) Der Wettbewerb mit den Konkurrenten wird langfristig ferner nur dann zu bestehen sein, wenn die Preis-Leistungs-Vorteile auf strategischen Erfolgspotentialen beruhen, welche den Mitbewerbern kurzfristig nicht zur Verfügung stehen und die eine „*Unique Price Proposition*" (UPP) kreieren. Dazu zählen z.B. auch ein günstiges *Preisimage* oder hohes *Preisvertrauen* (vgl. dazu den Beitrag von Rudolph). Von solchen „Preis-Assets" hängt dann wiederum ab, wie preisaggressiv oder -friedlich sich eine Unternehmung verhalten kann. Die diesbezüglichen Planungen sind in einem preispolitischen „*Wettbewerbs-Konzept*" zusammenzufassen. Es beschreibt die spezifische Preispositionierung gegenüber Wettbewerbern, die Reaktionen auf deren Preisänderungen (Preisführer- vs. –folgerschaft), strategische Angriffs- und Verteidigungsfelder im Preiswettbewerb etc.

(4) Preisstrategien sind schließlich *ganzheitliche Konzepte*, bei denen auf den optimalen „Mix", also das synergetische Zusammenwirken möglichst aller Aktionsinstrumente zu achten ist („*Preis-Konzept*"). Dadurch entstehen nicht nur Einspareffekte und Wirkungsverstärkungen, sondern auch eine bessere *Profilierung* im Wettbewerb. Preisstrategien sollten sich deshalb im Optimalfall auf eine prägnante „Formel" für den *Preisauftritt* verdichten lassen. Inhaltlich geht es dabei um die grundsätzliche Ausrichtung der fünf oben bereits beschriebenen operativen Aktionsfelder, die stets auch strategische Aspekte beinhalten. So muss bei der Preisfindung die grundsätzliche Positionierung des Angebots im Preis-Leistungsfeld, bei der Preisdifferenzierung die Tiefe und Breite der Differenzierung, bei der Preisvariation die Alternative einer Dauerniedrigpreis- vs. einer Aktionspolitik und bei der Preislinienpolitik die Abdeckung der Preislagen durch das eigene Sortiment entschieden werden – alles Entscheidungen mit strategischem Charakter (vgl. Abbildung 5).

Preis-Konzept				
Preis-leistungs-konzept	Preis-differenzierungs-konzept	Preis-variations-konzept	Preis-linien-konzept	Preis-durchsetzungs-konzept
▪ Preisdominanz ▪ USP ▪ Preis-positionierung	▪ Ausmass der PD ▪ Art der PD ▪ Preisbaukästen	▪ Ausmass der PV ▪ Art der PV ▪ Preisdynamik im LZ	▪ Preislagenab-deckung ▪ Ausmass der Mischkalkulation	▪ Preisinformations-stil ▪ Preiswerbestil ▪ Preisabsicherung

Kunden-Nutzen-Konzept			
Preis-Segmentierung	Preis-Dominanz	UPP	Preisvertrauen

Wettbewerbs-Konzept		
Preisaggresivität	Preisprofilierung	Preisimage

Strategisches Ziel-Konzept			
Preis-Moral	Zeithorizont	Stakeholder-Interessen	Risikotoleranz

Abbildung 5: Struktur eines strategischen Preiskonzeptes (Quelle: Diller, 2000, S. 37)

2.3 Zielentscheidungen in der Preispolitik

Über den Einsatz der preispolitischen Instrumente und Strategien kann ohne bewusste Abwägung der dafür jeweils relevanten *Ziele* nicht rational entschieden werden. Darüber hinaus müssen auch zur Führung und Kontrolle der mit Preisfragen betrauten Mitarbeiter Preisziele herangezogen werden. Der Entwurf eines *preispolitischen Zielsystems* gehört deshalb zu den grundlegenden Aufgabenfeldern des Preismanagements. Er unterstützt das Bemühen um eine effektive und effiziente Preispolitik und hat deshalb neben den subjektiven Zielprioritäten der Entscheider insb. die vielfältigen *preispolitischen Effekte* zu berücksichtigen. Sie werden deutlich, wenn man die generellen Oberziele Gewinn, Sicherheit und Unabhängigkeit preisspezifisch herunterbricht (vgl. Abbildung 6).

Sichtbar werden dort zum einen die verschiedenen Ebenen einer preispolitischen Zielhierarchie und zum anderen die in Pfeilen und zugehörigen Effekten (nummeriert und nachfolgend erläutert) zum Ausdruck kommenden Effekte, deren Bedeutung der Entscheider nach eigenen Ziel- und Risikopräferenzen abwägen muss. Nachfolgend sollen diese Effekte diskutiert werden, wobei es sich hierbei nur um eine Auswahl möglicher Effekte handelt, die im Einzelfall mehr oder weniger Relevanz besitzen und ggf. durch weitere Effekte ergänzt werden müssen.

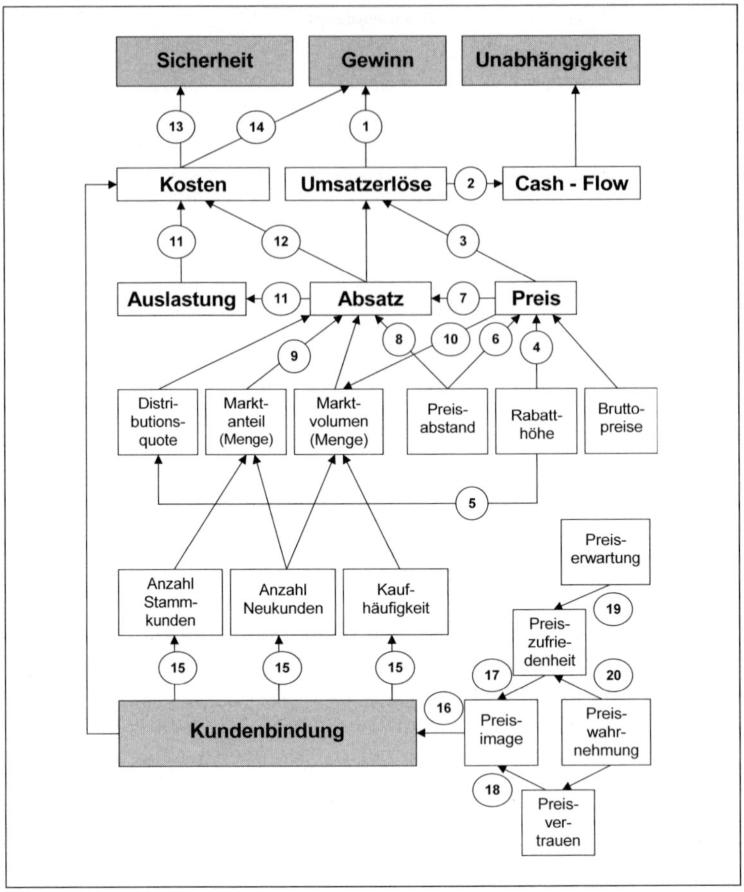

Abbildung 6: Das preispolitische Zielsystem (Quelle: Diller, 2000, S. 45)

2.3.1 Umsatz-, Durchschnittspreis- und Rabatteffekte

Der Gewinn als preispolitisches Oberziel kann definitionsgemäß entweder durch eine Erhöhung der Umsatzerlöse (Effekt 1 in Abbildung 6) oder durch eine Senkung der Kosten (Effekt 14) verbessert werden. Die Preispolitik bietet auf beiden Seiten Ansatzpunkte. Meffert (1998, S. 472) spricht in diesem Zusammenhang von *marktgerichteten* und *betriebsgerichteten Zielen* der Preispolitik.

Der *Umsatzeffekt* (3) des Preises wird in der Preis-Umsatzfunktion abgebildet. Umsatzsteigerungen können danach bei elastischer Marktreaktion je nach Ausgangssituation sowohl durch Preiserhöhungen als auch durch Preissenkungen erzielt werden! Dies liegt daran, dass der Mengeneffekt einer Preisänderung je nach Ausgangslage (prozentual) unterschiedlich ausfällt und deshalb bei niedrigen Preisen (mit relativ hohen Absatzmengen) höher ausfällt als bei hohen Preisen. Wer also bereits ein hohes Absatzniveau erreicht hat, wird durch Preissenkungen seinen Umsatz eher senken als steigern.

Retrospektiv ergeben sich *Mengen- und Preiseffekt* (3) aus dem am Markt tatsächlich erzielten *Durchschnittspreis* über alle Kunden hinweg. Dieser geplante Durchschnittspreis wird auch durch *Rabatteffekte* (4) negativ beeinflusst, die insb. bei Preisverhandlungen auftreten, bei denen der Anbieter seine Preisvorstellungen nicht voll durchsetzen kann, sondern Preisnachlässe und Sonderkonditionen gewährt. Umgekehrt kann durch Abbau solcher Preisnachlässe eine Gewinnverbesserung bewirkt werden.

Besonders virulent sind solche Effekte bei marktmächtigen Abnehmern, etwa beim Vertrieb über große Handelskonzerne. Andererseits reizt der Absatz über diese Konzerne mit oft Tausenden von Verkaufsstellen, weil hierdurch ein *Distributionseffekt* (5) erzielt werden kann, der seinerseits Marktanteil und Absatz positiv beeinflusst. Hier stellt sich dem Management also ein typisches Optimierungsproblem für zwei konfliktäre preispolitische Ziele.

Der Umsatz ist gleichzeitig wesentlicher Treiber des *Cash Flow* (Effekt 2), aber auch des notwendigen *Kapitaleinsatzes* für das mit dem Umsatz steigende Umlaufvermögen, z.B. für Lager- oder Forderungsbestände. Dies kann wiederum Rückwirkungen auf die kapitalmäßige Unabhängigkeit und die Investitionskraft eines Unternehmens besitzen. Der Einfluss preispolitischer Entscheidungen auf Art, Umfang und Kombination der eingesetzten Produktionsfaktoren zieht also auch *kapital- bzw. finanzwirtschaftliche Konsequenzen* nach sich. Aus finanzpolitischen Gründen sind deshalb zusätzlich zu den bereits erörterten Zielen einerseits *Liquiditätsziele* zu berücksichtigen und andererseits *Kapitalkosten* in die preispolitischen Überlegungen mit aufzunehmen. Dies erhöht naturgemäß die Konfliktträchtigkeit des Zielsystems.

2.3.2 Absatz- und Wettbewerbseffekte

Bricht man den Umsatz definitorisch in das Produkt aus Absatzmenge und Durchschnittspreis weiter auf, so kommen weitere wichtige Effekte der Preispolitik zum Vorschein. Auf nicht-monopolistischen Märkten wird der Durchschnittspreis maßgeblich auch vom Preisabstand zum Preis der Wettbewerber beeinflusst (*Preisabstandseffekt* 6). Je nach Wettbewerbsstrategie kann die Unternehmung dabei entweder selbst einen angestrebten Preisabstand definieren und die Preisführerschaft zu übernehmen versuchen oder sich als Preisfolger an die Preise des Wettbewerbs anpassen.

Ein zentraler Zusammenhang im preispolitischen Zielsystem betrifft den Einfluss des Preises auf die *Absatzmenge* des jeweiligen Produktes. Im Normalfall steigt der Absatz mit sinkenden Preisen, wobei sehr unterschiedliche Funktionsverläufe auftreten können.

Der Einfluss der Preishöhe auf den Absatz wird als „*Absatzsresponse*" (7) bezeichnet. Den maßgeblichen Einfluss auf die Stärke des Absatzresponse hat allerdings nicht der absolute, sondern der relative Preis im Vergleich zur Konkurrenz (*Preisrelationseffekt 8*). Hier kann es zu einer spezifischen *Wettbewerbsdynamik* mit preispolitischen Aktionen und Reaktionen der Preisakteure am Markt kommen, die es im Rahmen eines strategischen Wettbewerbskonzeptes grundsätzlich zu fundieren und durch laufende Preisjustierungen operativ auszuführen gilt.

Werden preispolitische Aktivitäten vor allem unter solchen konkurrenzbezogenen Aspekten ergriffen, empfiehlt sich statt des Absatzes der *mengenmäßige* bzw. *wertmäßige Marktanteil* als Zielgröße. Das preispolitische Ziel der *Verdrängung* von Mitwettbewerbern kann auf diese Weise quantitativ formuliert werden. Zum Absatz ergibt sich einerseits eine definitorische Beziehung, weil dieser das Produkt aus Marktvolumen und Marktanteil darstellt, andererseits eine sachlogische Abhängigkeit, wenn bei Marktstagnation (= konstantes Marktvolumen) der Absatz nur durch Verdrängung von Wettbewerbern gesteigert werden kann (*Verdrängungseffekt* 9). Umgekehrt kann man insb. bei neuen Produktgattungen versuchen, mit der Preispolitik das Marktvolumen zu steigern und daraus Absatzwachstum zu generieren (*Marktausweitungseffekt* 10). Auch hierbei wird über den *Lebenszyklus-Effekt* (11) eine *langfristige* Wirkungskette berührt, wenn es um Produkte geht, die nur einmal oder in sehr langen Zeitabständen gekauft werden (TV, Staubsauger etc.). In solchen Fällen bedeutet die Ausweitung des Marktvolumens eines Jahres ein (vorzeitiges) Erschließen eines Teils des im gesamten Produktlebenszyklus vorgegebenen Absatzpotentials, also eine Beschleunigung dieses Lebenszyklus. Ein solches Preisziel bedarf einer sorgfältigen strategischen Abwägung.

2.3.3 Kosten- und Sicherheitseffekte

Neben dem Umsatz und seinen Unterzielen bestimmen definitionsgemäß die *Kosten* die Höhe des Gewinns. Für die Preispolitik stellen sie eher eine Nebenbedingung als eine Zielgröße dar. Allerdings ist der sachlogische Zusammenhang zwischen Preisen und Kosten für die Optimierung der Preisstellung von ganz zentraler Bedeutung. Dies liegt erstens daran, dass die Kosten kurzfristig über den *Auslastungseffekt* (12) maßgeblich von der Absatz- bzw. Produktionsmenge abhängen, die wiederum von der Preishöhe bestimmt wird. Die Mehrerlöse (Mindererlöse) von Preissenkungen (Preiserhöhungen) müssen also mit den dadurch verursachten Mehrkosten (Minderkosten) gegengerechnet werden. Zweitens existiert über den sog. *Erfahrungskurveneffekt* (13) ein preisstrategisch sehr bedeutsamer langfristiger Zusammenhang zwischen der über die Zeit kumulierten Produktionsmenge und dem Kostenniveau, der jenen Firmen einen Kostenvorsprung verleiht, die frühzeitiger ihre Produktionserfahrungen in Kostensenkungen umsetzen. Da auf lange Sicht eine Unternehmung nur dann überleben kann, wenn die Erlöse die Kosten zumindest decken, stellt die Berücksichtigung der Kosten im Rahmen der Preispolitik schließlich drittens auch eine Ausprägung des Strebens nach *Sicherheit* und *Substanzerhaltung* dar. Die Berücksichtigung dieses *Substanzerhaltungseffekts* (14) bei der Preisfestsetzung soll verhindern, dass das Unternehmenspotential durch Unterschreiten von *Preisuntergrenzen* langfristig gemindert wird.

2.3.4 Kundenpolitische Effekte

Die von der volkswirtschaftlichen Preistheorie übernommene aggregierte Betrachtung der Folgen unterschiedlicher Preise auf Absatz, Marktanteile, Kosten und Gewinne verstellte lange Zeit den Blick dafür, dass hinter diesen Erfolgsgrößen individuelle Kundenentscheidungen stehen. Die individuelle Akzeptanz eines Angebotspreises, die Wertschätzung des Preis-Leistungsverhältnisses eines Anbieters oder das wahrgenommene Preisimage eines Discounters wie Aldi sind z.B. allesamt *Verhaltensmerkmale* potentieller oder bereits gewonnener Kunden(gruppen), die als preispolitische Ziele fungieren können, wenn man Preispolitik kundenorientiert ausgestalten will.

Die Verknüpfung solcher kundenpolitischer Ziele mit den bisher behandelten Zielgrößen unseres preispolitischen Zielsystems kann über die *Kundenbindung* erfolgen, der wichtigsten Zielgröße einer kundenorientierten Marketingpolitik. Das Ausmaß der Kundenbindung – gemessen z.B. am Wiederkaufverhalten oder an der positiven Einstellung zum Anbieter - ist maßgeblich für den Umfang des *Kundenstamms* und damit für den Marktanteil, weil dieser letztlich auf den Einkäufen von Kunden beruht. Der entscheidende Zusammenhang zur Preispolitik wird über den *Preisimage-Effekt* (16) hergestellt. Untersuchungen mit Kundenzufriedenheitsumfragen zeigen, dass die Kundenbindung umso höher ist, je besser das Preisimage eines Anbieters ausfällt. Unter dem Preisimage kann dabei eine Einstellung der Kunden hinsichtlich aller subjektiv wahrgenommenen Preis(fehl)leistungen verstanden werden (vgl. hierzu den Beitrag von Rudolph). Sie wird ihrerseits von der (aktuellen) *Preiszufriedenheit* (17) und vom (langfristigen) *Preisvertrauen* (18) bestimmt (vgl. dazu den Beitrag von Matzler).

Mit derartigen Zielen „landet" unser preispolitisches Zielsystem bei konkreten Sachzielen hinsichtlich der Ausgestaltung des preispolitischen Instrumentariums. Gleichzeitig erzwingt es damit eine Einschätzung der Wirkungen dieser Instrumente aus der subjektiven Sicht der Kunden, was ein wesentliches Element der Kundenorientierung darstellt. Welche praktische Bedeutung dies haben kann, zeigt das Beispiel der Deutschen Bahn AG, deren Fahrpreise nach einer Analyse Schneiders (1999, S. 115 ff.) von den Kunden weit überschätzt (z.B. Hamburg-Stuttgart um durchschnittlich 87%) werden (*Preiswahrnehmungseffekt* 20), sodass es zur Absatzsteigerung u.U. sinnvoller ist, die Preisinformationspolitik zu forcieren als die Preise zu senken. In anderen Fällen, z.B. beim Konzept von „who's perfect", eines in München ansässigen Vermarkters leicht beschädigter Designermöbel, mag es dagegen angebracht sein, den *Preiserwartungseffekt* (19) zu benutzen, indem die Beschädigungen als unbedeutend, der dafür gebotene Preisvorteil aber als gewaltig dargestellt wird. Mit einer derartig ausgerichteten Preiswerbung wird Preisunzufriedenheit von vorneherein vermieden und ein positives Preisimage aufgebaut.

Die 20 dargestellten Effekte stellen das preispolitische „Triebwerk“ keineswegs vollständig dar. Für ein Grundverständnis der bei Preisentscheidungen wichtigen Zielgrößen reichen sie jedoch aus.

2.4 Informationsentscheidungen in der Preispolitik

Eine effektive Preispolitik schafft hohen Informationsbedarf. Dieser lässt sich grob in Markt-, Kosten- und Zielinformationen unterteilen. Kann der Informationsbedarf nicht gedeckt werden, so müssen die Entscheidungsträger auf eher unzulängliche Entscheidungsverfahren, wie Kosten-Plus- o. ä. Faustregeln zurückgreifen. Damit werden Preisfehler produziert und Preischancen ungenutzt gelassen. Der Informationsbedarf wird umso größer sein, je differenzierter die Preisstellung ausfällt und je dynamischer sich das Umfeld der Preisentscheider entwickelt. Insbesondere die sich ständig wandelnden Wettbewerbsverhältnisse am Absatzmarkt machen eine volle Deckung des Informationsbedarfs nahezu unmöglich. Allerdings garantiert selbst die Verfügbarkeit der relevanten Preisinformationen nicht deren Nutzung, da u.U. subjektive Nutzungsbarrieren existieren, welche die Akzeptanz solcher Informationen verhindern. Eine ausführliche Analyse dieser Probleme findet man bei Wiltinger (1997, S. 51 ff.). Bei der *Gewinnung* einschlägiger Informationen kann es an fehlender Investitionsbereitschaft und Zeit, aber auch an Methodenkompetenz fehlen, zumal gerade die Preispolitik stark auf Erfahrungswissen der beteiligten Manager basiert. Häufig fehlt es aber auch an Informationen aus dem Controlling über die Resultate vergangener Preisaktivitäten sowie über die einschlägigen Ziele und Zielprioritäten. Bei der Informations*verbreitung* im Unternehmen hindern oft Kulturdifferenzen zwischen technischen und kaufmännischen Abteilungen und hier wiederum zwischen Marketing und Vertrieb einen reibungslosen Informationsfluss.

Abbildung 7 zeigt die *subjektive Bedeutung* verschiedener Informationsquellen, die sich aus einer Befragung von Preisentscheidern, vorwiegend Marketingleiter, Geschäftsführer und Produktmanager sowie Controller aus der deutschen Markenartikelindustrie ergaben. Man erkennt, welche Informationsmacht hier dem Außendienst zukommt, da er wichtige und ansonsten kaum erhältliche Informationen über die Konkurrenz und die Marktverhältnisse bzw. –reaktionen zu liefern vermag.

Dem *Preiscontrolling* kommt hier die Aufgabe zu, den nötigen Informationsfluss der relevanten Preisinformationen zu gewährleisten und das Preismanagement durch Koordination, Planung und Kontrolle zu unterstützen (vgl. hierzu den Beitrag von Köhler). Das spezifische Kernproblem des Preiscontrolling liegt in der Integration von Marktdaten über die Preisreaktion und internen Daten über Kosten und Deckungsbeiträge. Mit ihr soll dem schnittstellenübergreifenden Charakter der Preispolitik Rechnung getragen werden (vgl. Wiltinger 1998, S. 89 ff.).

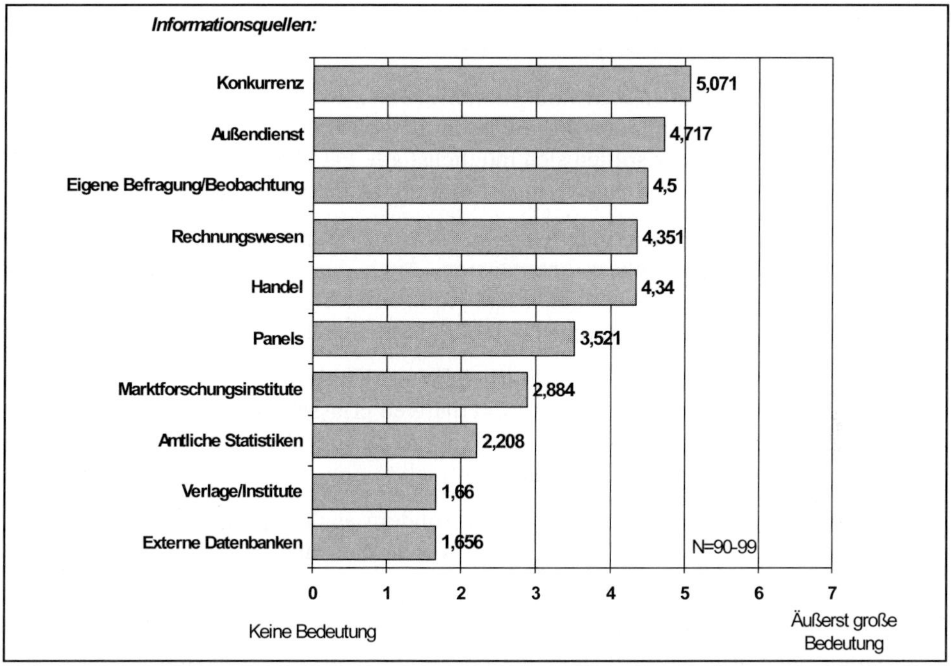

Abbildung 7: Subjektive Bedeutung verschiedener Informationsquellen der Preispolitik (Quelle: Diller/George/Haentsch, 1992, S. 163)

Ein effektives Preiscontrolling erfordert heute die Verfügbarmachung relevanter Preisinformationen in *elektronischer* Form. Eine Reihe empirischer Studien aus Deutschland wie den USA (Überblick bei Wiltinger, 1997, S. 58 ff.) zeigt freilich, dass in der Preisbildungspraxis eine erschreckend schlechte Informationsversorgung, vor allem bezüglich Markt- und Zielinformationen vorliegt. Die Entscheidungen werden vorwiegend auf subjektivem, z.T. widersprüchlichem und unvollständigem Erfahrungswissen getroffen. Je nach Studie führen nur etwa ein Viertel bis ein Drittel der jeweils Befragten Marktanalysen zur Prognose der Preiselastizität durch. Die Konkurrenzreaktion wird noch seltener systematisch untersucht. Relativ gut ist die Informationsversorgung bezüglich der anzustrebenden Ziele, der anfallenden Kosten sowie der jeweils gültigen Wettbewerbspreise. Das größte Informationsproblem scheint also in der Preisreaktionsmessung zu liegen, für die heute jedoch vielfältige Möglichkeiten bestehen (vgl. den Beitrag von Balderjahn). Dem Preiscontrolling kommt hier die Aufgabe zu, solche Möglichkeiten auszuschöpfen und die relevanten Informationen in die Preisentscheidungsprozesse einzuspeisen. Dabei gilt es, die klassischen Fehler von entsprechenden Controllinginformationen zu vermeiden: Ungeeignete Theoriegrundlagen (z.B. Einschluss fixer Kosten in kurzfristige Preiskalküle), unpassende Aufbereitung der Informationen (z.B. eindimensionale statt mehrdimensionale Ergebnisdarstellungen) sowie fehlende Hintergrundinformationen (vgl. Wiltinger, 1997, S. 78 ff.).

Beim Aufbau eines Preis-Informationssystems (PIS) sind folgende, teilweise miteinander konkurrierende *Zielsetzungen* zu berücksichtigen:

1. Das PIS soll die *tatsächlichen Informationsprobleme des* Preismanagements *treffen.* Es kann deshalb nicht allein auf die Ermittlung von Preis-Absatzfunktionen hin ausgerichtet sein. Vielmehr sollten sich möglichst alle Parameter und Ziele der Preispolitik im Informations- und Auswertungsprogramm widerspiegeln.

2. Das PIS sollte *alle Phasen des Preisentscheidungsprozesses* und nicht nur die Bewertungs- und Auswahlphase unterstützen. Auch Anregungsinformationen für erfolgversprechende neue Aktivitäten und Kontrollinformationen über die Ergebnisse bestimmter Maßnahmen sind unverzichtbare Elemente des Informationsprogramms.

3. Das PIS sollte nicht nur die wahrscheinlichen Konsequenzen, sondern auch das *Risiko* preispolitischer Entscheidungsalternativen erfassen und quantifizieren helfen. Dabei sind die praktischen Erfahrungen der preispolitischen Entscheidungsträger in die Risikobewertung mit einzubringen.

4. Das PIS sollte nicht nur die kurzfristige, sondern auch die *mittel- und langfristige Perspektive* der Preispolitik unterstützen und deshalb die Voraussetzungen für eine *dynamische Wirkungsanalyse* schaffen.

5. Die relevanten Informationen sollten in einer möglichst *verdichteten* und *benutzerfreundlichen Form* zur Verfügung gestellt werden. Dafür eignen sich beispielsweise Kennzahlen oder die graphische Darstellung von Wirkungszusammenhängen.

6. Aufbau und Ausgestaltung eines PIS sollten in intensiver *Abstimmung* der späteren Betreiber und potentiellen Nutzer des Systems erfolgen.

7. Das System muss zu *tragbaren Kosten* realisierbar sein.

8. Die vom PIS bereitgestellten Informationen müssen hinreichend *zuverlässig* (reliabel), *valide* und *aktuell* sein, um als Entscheidungsgrundlage dienen zu können.

9. Da bestimmte Auswertungsverfahren einen beträchtlichen Datenumfang voraussetzen und Preisentscheidungen häufig unter besonderem Zeitdruck getroffen werden, ist der *Einsatz elektronischen Datenverwaltungssysteme* im Rahmen von PIS praktisch unverzichtbar.

2.5 Organisationsentscheidungen in der Preispolitik

Bei der Preisorganisation geht es um die optimale *Implementation* der Preispolitik. *Implementationsprobleme* der Preispolitik ergeben sich insbesondere aus folgenden fünf Charakteristika (vgl. Diller, 2000, S. 415 ff.):

(1) Die Preispolitik erfolgt nicht „uno actu“, sondern in einer *Sequenz von Teilentscheidungen*, die miteinander verkettet werden müssen. Abbildung 8 bietet einen groben

Überblick über einschlägige Teilprozesse, die realiter freilich nicht streng sukzessiv ablaufen, sondern Überlappungen aufweisen. Die aufgeführten Teilprozesse lassen sich ohne Schwierigkeiten weiter in feinere Prozessschritte untergliedern. Schon in der vorliegenden Darstellung wird freilich deutlich, dass die Vielzahl der Teilprozesse nicht von einer einzelnen Person geleistet werden kann, sondern im Regelfall auf mehrere Aufgabenträger bzw. Abteilungen zu verteilen ist.

(2) Preispolitische Entscheidungen werden also von *mehreren Personen* getragen, die jeweils unterschiedliche Kompetenzen für die dabei anfallenden Aufgaben besitzen. Im unteren Teil der Abbildung 8 sind die wichtigsten Stellen für die einzelnen Hauptprozesse in der vermutlichen Rangfolge ihrer Bedeutung aufgeführt. Die Verteilung der Kompetenzen für die Preispolitik hat einen *Koordinationsbedarf* zur Folge, der durch *ablauforganisatorische Regelungen* gedeckt werden muss.

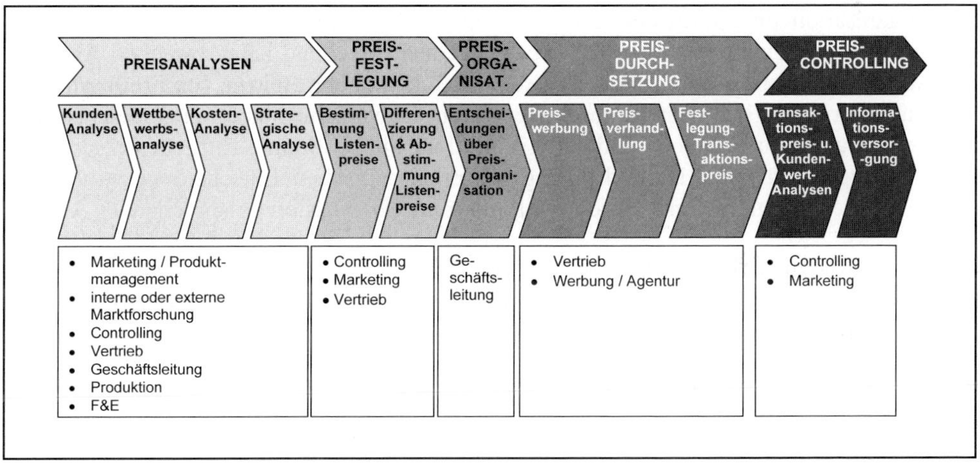

Abbildung 8: Teilprozesse der Preispolitik

(3) Preispolitische Entscheidungen verursachen einen hohen *Informationsbedarf*, wenn den hoch komplexen Wirkungsgefügen hinreichend Rechnung getragen werden soll (s.o.). Daraus entstehen zum einen besondere Ansprüche an das *Preiscontrolling*, andererseits hinsichtlich der *Entscheidungsregeln* für konfliktäre Entscheidungssituationen und Entscheidungen unter Risiko. Hierzu zählen z.B. die Preisspielräume für den Außendienst bei dessen Gesprächen mit den Kunden oder die Vorgabe zulässiger Konditionenarten für bestimmte Kundentypen oder Geschäftsvorfälle.

(4) Besonderer Regelungsbedarf ergibt sich bei den Preisentscheidungen auch durch den oftmals hohen *Differenzierungsgrad*. Die immer intensiver genutzte Preisdifferenzierung erfordert ein stimmiges Preissystem, für dessen Durchsetzung eine entsprechende Kompetenzabgrenzung und Informationsversorgung erforderlich ist. Besonders deutlich wird dies in den letzten Jahren im Zusammenhang mit der internationalen Preiskoordination.

Aber auch am Beispiel der Mineralölindustrie kann man sich veranschaulichen, welcher Organisationsbedarf durch die outletspezifische Differenzierung der Preise entsteht, müssen dort doch in z.T. Tausenden von Tankstellen mehrmals jährlich Preisanpassungen an die jeweilige Wettbewerbssituation zeitgerecht durchgeführt werden, ohne dass es zu einem widersprüchlichem Preisauftritt und einem Verlassen der langfristigen Preisstrategie kommt.

(5) Damit wird gleichzeitig ein fünftes Problem der Preisdurchsetzung offenkundig, nämlich die erforderliche *Preisflexibilität.* Zu späte Preisreaktionen können für ein Unternehmen gefährliche Folgen haben, so dass dafür Sorge zu tragen ist, dass die notwendigen Informationen für Preisveränderungen rasch zu den Entscheidern gelangen und/oder den Vertriebsmitarbeitern entsprechende Preisstellungskompetenz gegeben wird, um vor Ort flexibel auf die Marktbedingungen zu reagieren.

Die Organisation preispolitischer Aufgaben und Entscheidungsprozesse umfasst einen strukturellen und einen prozessualen Aspekt. Dementsprechend kann zwischen Aufbau- und Ablauforganisation unterschieden werden (vgl. hierzu den Beitrag von Freiling).
Die Aufbauorganisation entsteht durch Definition der verschiedenen, mit Preisentscheidungen verbundenen Aufgaben und deren Verteilung auf bestimmte Aufgabenträger bzw. Stellen. Wegen fehlender Durchdringung der preispolitischen Entscheidungsstrukturen fehlt es in vielen Unternehmen an der Definition und Diskussion entsprechender Aufgabenlisten.
Unter Ablauforganisation ist die zeitliche und räumliche Regelung der zur Aufgabenerfüllung notwendigen Arbeitsprozesse im Hinblick auf größtmögliche Effizienz und Effektivität zu verstehen. Für die Preisorganisation gilt es dabei durch entsprechende Regelungen insbesondere sicherzustellen,

- dass die Aufgabenträger, die von der Unternehmensleitung vorzugebenden Zielprioritäten beachten,
- dass die zeitliche Abfolge und der Rhythmus einzelner Teilprozesse der Preispolitik aufeinander abgestimmt werden,
- dass die richtigen Preisfindungs- und Durchsetzungsmethoden angewandt sowie
- dass die dafür erforderlichen Informationen den verantwortlichen Stellen zur Verfügung gestellt werden.

3. Entwicklungstrends der Preispolitik

Blickt man mit größerem Abstand - soz. aus der Vogelperspektive - auf die Entwicklungen innerhalb der Preispolitik, so kann man in der Nachkriegszeit zum einen einen beträchtlichen Bedeutungszuwachs und zum anderen etliche Neuorientierungen feststellen (vgl. Diller, 1999).

(1) Wachsender Stellenwert der Preispolitik

In einem nahezu polypolistischen Nachkriegsmarkt mit ausgeprägtem Kostenwettbewerb und fehlender Kaufkraft war die Preisstellung zunächst erfolgsentscheidend. Dies änderte sich mit dem beginnenden Wandel zum Käufermarkt, wachsendem Wohlstand, raschem Technologiefortschritt und den damit sich ergebenden Möglichkeiten eines ausgeprägten Qualitäts- und Servicewettbewerbs, der auch Zusatznutzenmerkmale mit einschloss. Differenzierung und Profilierung wurden zu Erfolgsstrategien, ja zum Inbegriff des (Markenartikel-) Marketing. Und so war dann auch das "Preis-Mix" bei *Kotlers* oder *Nieschlag/Dichtl/Hörschgen*s frühen Auflagen *ein* Submix unter mehreren und in der Gewichtung höchstens gleichrangig, wenn nicht nachrangig hinter Produkt- und Kommunikations-Mix eingeordnet. Dies änderte sich erneut in den 80er und 90er-Jahren, als deutliche Sättigungstendenzen auf vielen Märkten, technologische Patt-Situationen und Nachfrageschwächen wegen z.T. sinkender Einkommen sowie ausgeschöpfter Kunden- und Umsatzpotentiale einen "Wachstumsnotstand" erzeugten, dem man vielerorts nur mit preispolitischen Mitteln beizukommen glaubte. Den Kostenspielraum hierfür hatte oft die Rationalisierungswelle in Verbindung mit Einführung des Lean Management geschaffen. Zudem emanzipierten sich die Verbraucher und entwickelten sich zu immer clevereren Einkaufsprofis, die als "smart shopper" wie ehedem der homo oeconomicus nach Nutzenmaximierung, d.h. besten Preis-Leistungsrelationen strebten. Nicht selten kam es zur Polarisierung von Märkten und einem Wandel der ehemals pyramidenförmigen Marktschichtung in eine glockenförmige (vgl. *Becker*, 1998, S. 558f.). Im Einzelhandel trat das Discounting zu einem beeindruckenden Siegeszug an und eroberte bis heute jeweils 30 - 50% der Märkte, was dann auch schnell zur Diffusion dieses Marketingkonzepts auf andere Branchen, wie den Flugverkehr, die Finanzdienstleistungen oder die Hotellerie, führte und dem Stellenwert des Preispolitik einen enormen Aufschwung bescherte. Eine "Renaissance" des Stellenwerts des Preises im Marketing-Mix war unverkennbar.

(2) Vertikalisierung

Im Gegensatz zur ersten "Blüte" des Preises in den Vor- und Nachkriegsjahren war hierbei nicht nur der scharfe horizontale, sondern auch und vor allem der enorme *vertikale Wettbewerb* ein prägendes und deshalb stilbildendes Merkmal moderner Preispolitik. Der "Kampf" aller an der Wertkette beteiligter Unternehmen um die Verteilung der beim Endkunden erzeugten Wertschöpfung wurde aus vielerlei Gründen immer heftiger. Zunehmende Konzentration auf der Handelsstufe oder bei industriellen Abnehmern und damit einhergehende Machtverschiebungen, Tendenzen zur Reduzierung der Lieferantenzahl ("single sourcing"), Konditionenwettbewerb und Wettbewerb mit Handelsmarken, verbreitete Untereinstandspreispraktiken sowie rigoroses *Supply-Chain-Management* stellten insb. das Key Account Management vor große preispolitische Herausforderungen (vgl. hierzu Diller, 1989). Neuerdings zeichnet sich hier – offenkundig getrieben von hohen Win-Win-Potentialen im vertikalen Beziehungsmarketing – mit dem *Category Management* ein Wandel in Richtung einer stärker kooperativen Preispolitik und eines „*Efficient Pricing*" i.S. der ECR-Philosophie an (vgl. Zeisel, 1999).

(3) Steigende Kundenorientierung

Der steigende Wettbewerb zwingt die Unternehmen immer stärker zu einem strategischen Marketing i.S. des sog. strategische Dreiecks, nach dem ein Unternehmen einen strategischen Wettbewerbsvorteil gegenüber den Konkurrenten erringen muss, der es ihm ermöglicht, ein in irgendeiner Weise attraktiveres Preis-Leistungsangebot für die potentiellen Kunden bereitzustellen. Eine derartige Fokussierung strategischen Denkens erzwingt eine gewisse Abkehr von der weit verbreiteten Produktorientierung und eine stärkere *Kundenorientierung*. Dies gilt auch für die Preispolitik Die Vorteile eines Produktes gegenüber den Konkurrenten sind nämlich nur dann relevant, wenn sie in vom Kunden wahrnehmbare und substantielle Steigerungen des angebotenen Nutzen („customer value") umsetzbar sind. Damit ist auch beim Preismanagement eine subjektive Perspektive einzunehmen (outside-in-Denken) und auf den erzielbaren customer value zu achten („*Value-Pricing*"; vgl. hierzu den Beitrag von Bliemel/Adolphs).

(4) Stärkere Wettbewerbsorientierung

Kundenorientierung - dies ergibt sich schon aus dem Konzept des strategischen Dreiecks - kann ohne Wettbewerbsorientierung nicht erfolgreich sein. Beide Perspektiven sind zu bündeln, soll Preispolitik erfolgreich sein. Entscheidend ist demnach das am customer value des/der wichtigsten Wettbewerber(s) relativierte Preis-Leistungs-Verhältnis. Da die Preishöhe damit nicht mehr die ausschließliche Bedeutung besitzt, ist Wettbewerbsorientierung auch nicht mehr gleichbedeutend mit Preisunter- oder -überbietung, sondern (auch) eine Frage der Preisprofilierung. Gleichzeitig verliert die Kostenorientierung an Gewicht. Die Basis für einen strategischen Preisvorteil kann nunmehr nämlich nicht nur in einer relativ besseren Kostenposition, sondern auch in einer besseren (preispolitischen) Beziehungsposition zum Kunden liegen.

Gestützt auf die Möglichkeiten der gegenseitigen Verrechnung von Preis- und Qualitätsvor- bzw. -nachteilen im Wege der Conjoint-Analyse (vgl. hierzu den Beitrag von Balderjahn) eröffnet sich ferner die Chance, Wettbewerbsorientierung auch analytisch gestützt auf das Preis-Qualitätsverhältnis zu fokussieren. Vor allem bei Neuprodukten ergibt sich ferner in Verbindung mit den Instrumenten des TQM auch die Möglichkeit zu einer frühzeitiger im Produktentwicklungsprozess stattfindenden und „rückwärtiger" im Unternehmen ansetzenden Wettbewerbsorientierung. Dadurch kann der Preis in umfassendere Wertschöpfungsüberlegungen bis hin zur Einbeziehung der Vorlieferanten integriert werden. Ein Anwendungskonzept dafür stellt das sog. *Target Costing bzw. -Pricing* dar (vgl. hierzu den Beitrag von Seidenschwarz).

(5) Internationalisierung

Die Globalisierung der Märkte macht naturgemäß auch vor der Preispolitik nicht halt, im Gegenteil, sie wird von ihr sogar vorangetrieben, weil kostengünstiger agierende Unternehmen in anderen Kontinenten via Internet selbst in lokale Märkte eingreifen können und vor allem die gewerblichen Kunden ihre Einkaufsentscheidungen zunehmend international ausrichten (*„global sourcing"*). Damit wird auch die Preispolitik zunehmend in das internationale Marketing eingebunden, wo sie einerseits zusätzliche Aufgaben, aber auch Chancen und Risiken vorfindet. Diese werden in dem Beitrag von B. Ivens gesondert behandelt.

(6) Professionalisierung

Eine unübersehbare und für die gesamte Preispolitik eminent bedeutsame Entwicklung ist in der steigenden Professionalisierung der Entscheidungsfindung zu sehen. Erfolgte früher die Preisfindung oft nur intuitiv, imitativ und/oder impulsiv, unterliegt sie heute zunehmend einem analytisch von bestimmten Präferenz- und Marktmodellen geleiteten Prozedere, das zudem durch empirische Daten aus der Marktforschung gestützt werden kann und damit auch Optimierungsversuchen zugänglich wird (vgl. hierzu den Beitrag von Rudolph). Hervorzuheben sind hier insb. das Conjoint Measurement, die Preis-Responsemessung, die Preispsychologie sowie eine strategische und implementationsorientierte Sichtweise des Preismanagements. Zwar zeigen empirische Studien, wie jene der Beratungsfirma Mercuri (vgl. Huckemann, 1997), dass die kostenorientierte Preispolitik insb. in Klein- und Mitttelbetrieben nach wie vor dominiert. Andererseits signalisieren eine steigende Zahl *innovativer Preiskonzepte*, wie die Pauschaltarife bestimmter Online-Provider, die äußerst differenzierten Sockeltarife der Mobilfunkgesellschaften, die Bonusprogramme diverser Anbieter und Bonusplattformen oder das neue Konditionensystem von Procter & Gamble (vgl. Schobert, 1996), dass Bewegung in die Praxis der Preispolitik gekommen ist. Das ehedem für viele "heiße Eisen" Preispolitik wird aktiver und kreativer angegangen. Die Innovationen kommen hierbei oft "schleichend"; z.B. in Verbindung mit Programmen zur stärkeren Kundenorientierung bzw. -bindung. Auch machten weder die Individualisierung noch die Elektronisierung des Marketing vor der Preispolitik halt und führten zu innovativen Preiskonzepten. Viele Anstöße hierfür stammen dabei aus dem *Dienstleistungssektor* (vgl. Schlissel/Chasin, 1991; Meyer/Streich, 1998).

(7) Elektronische Märkte

Der Einbezug des *Internets* in die Informations- und Vertriebskanäle der Unternehmen schreitet in vielen Branchen rasch voran. Daneben finden immer öfter elektronische offline-Medien, wie elektronische Produktkataloge auf CD-ROM oder stationäre elektronische Terminals, im „Electonic Marketing" ihren Einsatz. Davon wird auch die Preispolitik tangiert (vgl. Fritz/Wagner, 2001). Zu erwarten ist erstens eine größere *Preistransparenz.* Sie kommt weniger durch direkte Suche potentieller Kunden zustande, als durch *Zwischenschaltung professioneller Intermediäre*, z.B. Preisagenten, www.compare.net oder www.jango.excite.com (vgl. den Beitrag von Lingenfelder). Insbesondere im gewerblichen Bereich entwickelt sich dadurch zweitens ein zunehmend ungebundeneres Einkaufsverhalten mit entsprechend *steigendem Preiswettbewerb*, dem man sich nur durch *individuellere Leistungsgestaltung* zu entziehen vermag (vgl. Diller 1997). Gleichzeitig erzwingt dieser Wettbewerb eine höhere Kundenbindung, die auch mit den Mitteln der Preispolitik gesucht werden kann. So bieten z.B. Software-Firmen Basisversionen Ihrer Dienste oder erste Ausgaben kostenlos an, um im weiteren Verlauf der so gewonnenen und überzeugten Kunden kostenpflichtige Updates oder leistungsstärkere Versionen zu vermarkten („*Follow the Free-Strategie*“ bzw. „*Versioning*“). Nicht zuletzt dadurch wird drittens mit zunehmenden Online-Marketing auch der Individualisierungsgrad der Preispolitik, also das Ausmaß der Preisdifferenzierung und Preissegmentierung steigen. In die gleiche Richtung wirken *Internet-Auktionen* (vgl. Skiera, 1998) sowie die Pflege elektronischer, individualisierter Geschäftsbeziehungen auf Basis von Database-Management-Systemen (vgl. Link/Hildebrand 1995). Einige Firmen versuchen hier eine *kundengetriebene Preispolitik*, indem Sie den Kunden nach seiner Preisbereitschaft fragen und darauf aufbauend ihre Preisangebote entwickeln. Das riesige „Marktgetöse“ im Internet erfordert viertens besondere Profiliertheit von den Anbietern, um überhaupt wahrgenommen und elektronisch besucht zu werden. Schließlich muss fünftens der *Preisinformationspolitik* (via elektronische Medien) mehr Beachtung geschenkt werden, weil die Nutzer dieser Medien besondere Ansprüche an die Übersichtlichkeit und den Nutzungskomfort stellen. Insgesamt wird die Preispolitik also auch im Zeichen des Online-Marketing mit neuen Chancen, aber auch Herausforderungen konfrontiert sein.

Blickt man zusammenfassend auf die in diesem Einführungsbeitrag skizzierten Themen- und Problemfelder des Preismanagements, so werden der in praxi meist unterschätzte Umfang und Komplexitätsgrad dieses Marketingsektors deutlich. Gerade in den letzten Jahren haben freilich viele Unternehmen erkannt, dass hier noch z.T. Effektivitäts- und Effizienzreserven des Marketing schlummern. Bei millionenhaftem Absatz von Massengütern und Dienstleistungen bedeutet oft schon ein um einen Cent höherer Durchschnittspreis eine erhebliche Umsatz- und Gewinnsteigerung (vgl. dazu den nachfolgenden Beitrag von Herrmann). Insofern lohnt es sich in jedem Fall, über eine professionellere und intelligentere Preispolitik Gedanken zu machen. Dabei entstehen quasi nebenbei ein profunderes Markt- und Wettbewerbsverständnis, kreative Preisideen und effizientere Preisbildungsprozesse. Es lohnt sich also, sich mit den Möglichkeiten besseren Preismanagements auseinander zu setzen!

4. Literatur

BECKER, J., 1998, Marketing-Konzeption, Grundlagen des strategischen Marketing-Managements, 6. Aufl., München.

DILLER, H., 1989, Key-Account-Management als vertikales Marketingkonzept. Theoretische Grundlagen und empirische Befunde aus der deutschen Lebensmittelindustrie, in: Marketing-ZFP, S. 213-223.

DILLER, H., 1992, Preismanagement in der Markenartikelindustrie, in: Zeitschrift für betriebswirtschaftliche Forschung, S. 1109-1125.

DILLER, H., 1997, Veränderung im Marketing durch Online-Medien, in: Bruhn, M.; Steffenhagen, H. (Hrsg.), Marktorientierte Unternehmensführung: Reflexionen - Denkanstöße - Perspektiven, Wiesbaden, S. 513-537.

DILLER, H., 1997A, Preis-Management im Zeichen des Beziehungs-Marketing, in: Die Betriebswirtschaft, S. 749-763.

DILLER, H., 1999, Entwicklungslinien in Preistheorie und -management, in: Marketing-ZFP, S. 39-60.

DILLER, H., 2000, Preispolitik, 3. Aufl., Stuttgart u.a.

DILLER, H., 2002, Hochpreiszahler – Profil eines vernachlässigten Preissegments, Teil 1, in: Markenartikel 64 Jg., 2002, H. 10, S. 34-37; Teil 2: H. 11, S.46-48.

DILLER, H./BRAMBCH, G., 2002, Wie wird man Preis-Champion? Ergebnisse einer explorativen Panelstudie in ausgewählten Konsumgütermärkten, Arbeitspapier Nr. 102 des Lehrstuhls für Marketing an der Universität Erlangen-Nürnberg, Nürnberg.

DILLER, H./GEORGE, G./HAENTSCH, T., 1992, EDV-gestützte Preispolitik in der Markenartikelindustrie – Ergebnisse einer empirischen Erhebung, in: Jahrbuch der Absatz- und Verbrauchsforschung, S. 156-183.

FRITZ, W./WAGNER, U., 2001, Preismanagement im Electronic Commerce, in: Wirtschaftswissenschaftliches Studium, S. 648-652.

HUCKEMANN, M., 1997, Pricing – Gewinnen durch die richtigen Preise. Ergebnisse einer Mercurie International Studie zur aktuellen Preispolitik in Deutschen Industrieunternehmen, in: Thexis, S. 46-48.

JACOB, H., 1985, Preisbildung und Preiswettbewerb in der Industriewirtschaft. Eine empirische Untersuchung, in: FIW-Schriftenreihe, Köln.

KÖHLER, R., 1992, Kosteninformationen für Marketing-Entscheidungen (Marketing-Accounting), in: MÄNNEL, W. (Hrsg.), Handbuch Kostenrechnung, Wiesbaden, S. 837-857.

KOTLER, PH./BLIEMEL, F., 1999, Marketing-Management, 8. Aufl., Stuttgart.

MEFFERT, H., 1998, Marketing, Grundlagen marktorientierter Unternehmensführung, 8. Aufl., Wiesbaden.

MEYER, A./STREICH, K., 1998, Preispolitik für Dienstleistungen, in: MEYER, A. (Hrsg.), Handbuch Dienstleistungs-Marketing, Stuttgart, S. 846-865.

SCHLISSEL, M.R./CHASIN, J., 1991, Pricing of Services: An Interdisciplinary Review, in: The Service Industries Journal, S. 271-286.

SCHNEIDER, H., 1999, Preisbeurteilung als Determinante der Verkehrsmittelwahl, Wiesbaden.

SCHOBERT, F., 1996, Procter & Gamble's "Neuer Weg", in: Marketing Journal, S. 264-270.

SIMON, H./DOLAN, R.J., 1997, Profit durch Power Pricing: Strategien aktiver Preispolitik, Frankfurt/Main/New York.

WILTINGER, K., 1997, Preismanagement in der unternehmerischen Praxis. Probleme in der organisatorischen Implementierung, Wiesbaden.

ZEISEL, S., 1999, Efficient Pricing und Efficient Assortment Planning für große Handels- und Dienstleistungssortimente, Diss., Bochum 1998, Münster.

Andreas Herrmann

Relevanz des Preismanagements für den Unternehmenserfolg

1. Der Preis als Determinante des Unternehmenserfolgs

In der Systematik der Marketinginstrumente steht das Preismanagement grundsätzlich neben anderen Instrumenten zur Marktbearbeitung, zu denen vor allem das Produkt, die Werbung und der Vertrieb gehören, und bildet mit diesen zusammen das Marketing-Mix. Ohne Zweifel kommen alle diese Instrumente, die sich im Dienstleistungsmarketing noch ergänzen lassen, mit dem Anliegen zu Einsatz, den Erfolg eines Unternehmens signifikant und nachhaltig beeinflussen zu wollen. In diesem Licht nimmt jedoch das Preismanagement eine besondere Stellung ein, da eine Veränderung des Preises häufig ohne inhaltliche Abschwächung oder zeitliche Verzögerung auf die finanzwirtschaftlichen Zielgrößen eines Unternehmens, wie Absatz, Umsatz und Gewinn, unmittelbar durchschlägt (Diller, 1999, S. 39 ff.). Diller (2000, S. 14) erläutert zwei Wirkungspfade: Zunächst determiniert der Preis unmittelbar den Umsatz, der als Produkt aus Preis und Menge definiert ist. Zudem beeinflusst er die abgesetzte Menge über die produktspezifische Preisabsatzfunktion. In Abhängigkeit der nachgefragten Menge variieren die Kosten, die zusammen mit dem Umsatz den Unternehmensgewinn bestimmen.

Diese Überlegung lässt sich an einem einfachen Beispiel verdeutlichen (Diller, 2000, S. 14): Volkswagen verkaufte im Jahr 1998 etwa 347.000 Golf/Bora/Vento-Fahrzeuge. Eine Erhöhung des Preises pro Fahrzeug um € 50 hätte den Gewinn um ca. € 17 Mio. gesteigert. Hätte diese Preiserhöhung jedoch den Absatz um 3% vermindert, wären die Kosten pro Fahrzeug um € 45 gestiegen. Diese Preiserhöhung aufgrund der Absatzreduzierung geht auf die Verteilung der Entwicklungskosten in Höhe von etwa € 2,5 Mrd. auf eine geringere Fahrzeugmenge zurück. Dieses Beispiel zeigt die beachtliche Wirkung, die von einer Preisänderung auf den Unternehmenserfolg ausgeht. Im Einzelnen lassen sich die folgenden Effekte ausmachen (Simon, 1992, S. 6 ff.):

- Von einer Preisänderung geht in der Regel ein erheblicher und nachhaltiger Effekt auf den Absatz aus. Empirische Untersuchungen zeigen, dass die Preiselastizität bei Konsumgütern etwa zehn bis zwanzig Mal so hoch ist wie die Werbeelastizität. Folglich hätte eine 10%-ige Änderung des Preises eine zehn- bis zwanzigfache Wirkung einer 10%-igen Änderung des Werbebudgets. Viele Autoren sprechen davon, dass dieser Wirkungsunterschied bei Industriegütern noch größer ist (Noble/Gruca, 1999, S. 440 ff.).
- In vielen Märkten reagieren die Individuen auf preispolitische Maßnahmen schneller als auf andere marketingpolitische Aktivitäten. Alle nichtpreislichen Instrumente wirken zumeist erst mit einer z. T. beachtlichen zeitlichen Verzögerung. Aus der Werbewirkungsforschung ist bekannt, dass bei Kampagnen Wirkungsverzögerungen von mehreren Monaten auftreten können (Ailwadi/Lehmann/Neslin, 2001, S. 46 ff.). Preisänderungen hingegen können innerhalb von Stunden oder Tagen zu erheblichen

Verschiebungen der Marktanteile von Produkten und Diensten führen. Insbesondere bei homogenen Gütern, wie Benzin, oder bei Sonderangeboten (also Kombination der Preis- mit der Werbepolitik) treten durchaus heftige Nachfrageverschiebungen auf.

- Preispolitische Maßnahmen lassen sich ohne allzu großen Zeitverzug umsetzen, wohingegen produkt-, vertriebs- und kommunikationspolitische Aktivitäten häufig lange Vorlaufzeiten erfordern (Keil/Reibstein/Wittink, 2001, S. 71 ff.). Allerdings können die Wettbewerber ebenso schnell mit dem Preis reagieren, so dass sich mit diesem Instrument allein zumeist kein dauerhafter Wettbewerbsvorteil erzielen lässt. Hierzu bedarf es einer Kombination verschiedener absatzwirtschaftlicher Instrumente oder eines deutlichen und nachhaltigen Kostenvorteils, der dazu beiträgt, dass Konkurrenten nur zu höheren Stückpreisen offerieren können.
- Studien verdeutlichen, dass Wettbewerber nicht nur schneller, sondern auch heftiger auf Preisänderungen reagieren als etwa auf eine Modifikation der Werbung oder des Produkts. Reaktionselastizitäten sind für den Preis etwa doppelt so hoch wie für die Werbung. Offenbar sehen sich die Wettbewerber durch preisliche Maßnahmen in besonderer Weise bedroht (Wied-Nebbeling, 1997, S. 139 ff.).
- Der Preis verkörpert jenes Marketinginstrument, für das in aller Regel vorab keine großen Investitionen oder Aufwendungen getätigt werden müssen. Insofern besteht selbst bei einem finanziellen Engpass die Möglichkeit, dieses Instrument ohne Einschränkung einzusetzen. Bei allen anderen Maßnahmen sind zum Teil erhebliche „up front investments“ erforderlich, die erst in späteren Perioden absatz-, umsatz- und gewinnwirksam werden. Allerdings sind auch mit Preisänderungen Kosten verbunden, sofern im Zuge einer umfassenden Kundeninformation erhebliche Kommunikationsaktivitäten vorzunehmen sind (Sudhir, 2001, S. 50 ff.).

2. Wirkung der Preisbildung auf den Konsum

2.1 Absatz und Konsum als Reaktionsvariablen

In der Diskussion mit Wissenschaftlern und Praktikern zeigt sich, dass die voranstehenden Überlegungen zur Wirkung des Preises auf den Unternehmenserfolg unbestritten sind. Der Preis gilt im Vergleich zu anderen Instrumenten als besonders „scharfe und schnell wirkende Waffe“, weshalb dem Preismanagement ein besonders hoher Stellenwert zugemessen wird. Dolan und Simon (1996) berichten, dass die Preisstellung als Herausforderung für das Management an erster Stelle rangiert, deutlich vor der Neuprodukteinführung und der Produktdifferenzierung (Dolan, 1995, S. 179 ff.). Die Auseinandersetzung mit dem Preis lässt sich auch mit den oft ungewissen und kaum einschätzbaren Reaktionen der Nachfrager und Wettbewerber auf Preisreaktionen erklären. Man denke hier etwa an den in vielen Nachfragerpsychen verankerten Preis-Qualitäts-Zusammenhang für ein Produkt (Hoyer/McInnes, 2001) oder die dem Begriff Preisfairness subsumierten Wirkungszusammenhänge (Herrmann/Wricke/Huber, 1998, S. 134 ff.). Darüber hinaus agiert der Preismanager in einem vielschichtigen Umfeld, mit vielen, zumeist interdependenten und zum Teil kaum durchschaubaren Effekten zwischen dem Preis und interessierenden Zielgrößen.

Preismanagement, so verdeutlichen diese Ausführungen, ist chancenreich, aber auch risikoträchtig. Ein zentrales Risiko resultiert aus dem Umstand, dass Wissenschaftler und Praktiker zumeist lediglich die Wirkung des Preises auf die nachgefragte Menge, nicht jedoch auf die tatsächlich konsumierte Menge untersuchen (Emery, 1969, S. 101 ff.). Insbesondere Manager richten ihr Augenmerk auf den Absatz, ohne dabei den Einfluss des Preises auf das Ge- und Verbrauchsverhalten zu analysieren. Gourville und Soman (2002, S. 91) beklagen diesen Umstand eindrucksvoll: „ … ask any executive how pricing policies influence the demand for a product and service, and you`ll get a confident, well-reasoned reply. Ask that same executive how pricing policies affect consumption – the extent to which customers use products and services that they`ve paid for – and you`ll get a muted response at best. We find that managers rarely, if ever, think about consumption when they set prices – and that can be a costly oversight …".

Ein Beispiel verdeutlicht die Notwendigkeit, den Effekt des Preises auf den Konsum zu verstehen: Zwei Personen, A und B, treten einem Fitnessclub bei, indem sie einen Vertrag über eine einjährige Laufzeit unterzeichnen. Person A entscheidet sich dazu, die € 600 Jahresbeitrag unmittelbar bei Vertragsunterzeichnung zu bezahlen. Dagegen entschließt sich B zu einer monatlichen Zahlung von € 50. Wer von den beiden wird wohl häufiger ins Sportstudio gehen? Wer von den beiden wird wohl eher eine Vertragsverlängerung vornehmen? Die mikroökonomische Theorie suggeriert, dass die beiden abgeschlossenen Verträge unter Vernachlässigung von Zinseffekten identisch sind. Schließlich bezahlen beide Individuen den gleichen Gesamtbetrag in Höhe von € 600. Tatsächlich zeigt sich jedoch, dass Person B sehr viel häufiger den Fitnessclub besuchen wird als Person A. Zwar wird A aufgrund der hohen Ausgabe zu Beginn der Vertragslaufzeit den Druck empfinden, möglichst oft ins Sportstudio zu gehen, um auch „etwas vom Geld zu haben und die Ausgabe zu rechtfertigen". Allerdings lässt dieser Druck, so zeigen zahlreiche empirische Untersuchungen, sehr schnell erheblich nach. Dagegen wird Person B bei jeder monatlichen Überweisung daran erinnert, dass sie für die Mitgliedschaft in einem Sportclub Geld ausgibt. Insofern entsteht das permanente Gefühl, diese Mitgliedschaft auch tatsächlich zu nutzen zu müssen.

Wie Gourville und Soman (2002, S. 92 ff.) nachweisen, führt die permanente Nutzung eines Dienstes bzw. eines Produkts dazu, diesem Erzeugnis bzw. Service auch über einen längeren Zeitraum hinweg treu zu bleiben. Insofern lässt sich im Einklang mit vielen Studien dieser Art postulieren, dass Person B eine höhere Wahrscheinlichkeit für die Verlängerung ihrer Mitgliedschaft im Sportclub aufweist als Person A. Dieses Beispiel verdeutlicht einen zentralen Sachverhalt, der in Wissenschaft und Praxis häufig vernachlässigt wird. Der Preis für ein Produkt determiniert nicht nur die Nachfrage nach diesem Erzeugnis, sondern bestimmt auch die Intensität des Ge- und Verbrauchs. Da die Produktverwendung ihrerseits Auswirkungen auf das Wiederkaufverhalten ausübt, liegt die Relevanz der Psychologie des Konsums als Erkenntnisgegenstand auf der Hand. Viele Manager beachten bei der Preisfestlegung lediglich dessen Wirkung auf die Nachfrage, ohne dabei die Effekte auf die Verwendung des Erzeugnisses zu untersuchen.

Ganz generell lässt sich sagen, dass Nachfrager ein Produkt bzw. eine Dienstleistung häufiger konsumieren bzw. gebrauchen, sofern sie die damit verbundenen Geldzahlungen unmittelbar erleben. Das Gefühl, in Anbetracht der vorgenommenen Ausgaben auch etwas erleben zu wollen, ist ein entscheidender Treiber der Produktverwendung. Der marketingpolitischen Verwertung dieser Erkenntnis stehen jedoch vielfältige preisliche Aktivitäten entgegen wie etwa Saisontickets, im Preis gebündelte Produkte oder Vorauszahlungen. Diese Maßnahmen führen dazu, dass sich Zeitpunkt der Zahlung und Zeitpunkt des tatsächlichen Ge- bzw. Verbrauchs voneinander entfernen. Hält man sich vor Augen, dass nur jene Individuen ein Erzeugnis wieder kaufen, die ein permanentes Produkterlebnis erfahren, wird die Relevanz einer Analyse des Ge- bzw. Verbrauchs in Abhängigkeit der Preisstellung deutlich.

2.2 Konsum als Determinante des Wiederkaufs

Eine zentrale Voraussetzung, damit zwischen dem Individuum und einem Produkt eine langfristige Beziehung entsteht, ist das regelmäßige Produkterlebnis (Lemon/White/Winer, 2002, S. 40 ff.). Zahlreiche Resultate empirischer Forschung dokumentieren die Bedeutung der Ge- bzw. Verbrauchsintensität für die Bereitschaft, sich in einer folgenden Periode wieder auf den Kauf eines Erzeugnisses einzulassen. So sind Mitglieder eines Fitnessclubs, die drei- bis viermal pro Woche trainieren, sehr viel eher geneigt, ihre Mitgliedschaft zu verlängern, als Individuen, die lediglich einmal pro Woche den Sportclub besuchen. Aus einer weiteren Studie geht hervor, dass Individuen, die mehrere Stunden pro Tag Filme im Pay-TV sehen, eher bereit sind, ihr Abonnement zu verlängern als jene Nachfrager, die lediglich hin und wieder das Angebot im Pay-TV in Anspruch nehmen.

Offenbar ist der tatsächliche Konsum einer Leistung entscheidend, ob und wieweit es einem Anbieter gelingt, über sein Produkt eine dauerhafte Beziehung zum Nachfrager aufzubauen. Allerdings bedarf es erheblicher Anstrengungen, um Kunden über einen längeren Zeitraum zu binden. Im Zeitungs- und Zeitschriftengeschäft ist bekannt, dass unter 50% der Kunden ihr Abonnement verlängern. Steigt die Anzahl der Alternativen, erhöhen sich die Aquisitionskosten, und die Gefahr des Wechsels eines Kunden zum Wettbewerbsprodukt steigt. Insofern bleibt nur der Weg, die einmal erworbenen Kunden zum regelmäßigen Ge- bzw. Verbrauch des Erzeugnisses zu veranlassen.

Die wiederkehrende Produktverwendung erlaubt zudem den Aufbau von Wechselkosten. Im Softwaregeschäft erzielen die Anbieter ihre Gewinne zumeist durch den Verkauf von Upgrades und weniger mit der Erstinstallation. Hat sich der Kunde einmal für eine bestimmte Applikation entschieden, ist die Gefahr eines mit viel Aufwand verbundenen Wechsels zu einer konkurrierenden Software zumeist gebannt. Darüber hinaus finden sich viele Branchen und Sektoren, die sich durch einen zweistufigen Einzahlungsstrom kennzeichnen lassen. Kinobetreiber, Konzertveranstalter etc. generieren zwar Umsatz durch den Verkauf von Eintrittskarten. Allerdings sind auch Merchandising-Produkte sowie die Verpflegung der Besucher für den Unternehmenserfolg von zentraler Bedeutung. Um diese zusätzlichen Umsätze zu generieren, ist es jedoch erforderlich, dass die Kunden regelmäßig die offerierten Leistungen in Anspruch nehmen.

Dem Sunk Cost-Effekt zufolge sind Individuen dann besonders geneigt, ein Produkt zu ge- bzw. verbrauchen, wenn sie die Kosten für den Erwerb dieses Erzeugnisses vor Augen haben. Dahinter steckt das Gefühl, Geld zu verschwenden, sofern das erworbene Erzeugnis nicht genutzt wird. Es ist ein bekanntes Phänomen, dass Individuen solche Sunk Costs bei der Entscheidung über zukünftige Handlungen berücksichtigen. Thaler berichtet über einen Tennisspieler, der US $ 300 für eine einjährige Mitgliedschaft in einem Tennisclub bezahlte (Gourville/Soman, 2002). Zwei Wochen nach dieser Zahlung erlitt der Spieler einen Tennisarm, verbunden mit erheblichen Schmerzen. Gleichwohl rechtfertigte das Individuum seine weiteren Tennisaktivitäten mit dem Hinweis, die US $ 300 nicht umsonst ausgegeben zu haben.

Zu einer ähnlichen Erkenntnis gelangt Arkes, der in einem Experiment Individuen bat, sich vorzustellen, sie hätten aus Versehen zwei Pauschalarrangements für das gleiche Ski-Wochenende gebucht (Gourville/Soman, 2002). Das eine kostete € 300, während das andere zu einem Preis von € 200 erworben wurde. Zudem erhielten die Individuen die Information, dass das günstigere Arrangement sehr viel mehr Serviceleistungen umfasst. Erstaunlicherweise entschieden sich deutlich mehr als die Hälfte der Auskunftspersonen dazu, das mit weniger Serviceleistungen ausgestattete, aber teurere Pauschalangebot von € 300 in Anspruch zu nehmen. Offenbar haben hier nicht die Leistungsbestandteile, sondern die empfundenen Sunk Costs den Ausschlag für die Wahl eines der beiden Arrangements gegeben.

2.3 Elemente einer konsumorientierte Preisbildung

Geht es bei der Preisstellung darum, nicht nur den Absatz, sondern auch den Konsum zu stimulieren, spielen Elemente eine Rolle, die in der klassischen Preisbildung keine Berücksichtigung finden. Obgleich das weite Feld der konsumorientierten Preisbildung mit allen ihren Antezedenzien und Konsequenzen noch nicht umfassend abgesteckt ist, tauchen in der Literatur immer wieder einige Variablen auf, die offenbar Relevanz besitzen. Hierzu gehören der Zahlungszeitpunkt und die Preisbündelung (Wyner, 2001, S. 34 ff., Hay, 1987).

Zahlungszeitpunkt

Im Hinblick auf den Zeitpunkt der Zahlung finden sich völlig unterschiedliche Modalitäten in der Praxis (DellaVigna/Malmendier, 2001). Einige Unternehmen verlangen die Zahlung zum Zeitpunkt des Produkterlebnisses wie etwa Fast Food-Restaurants oder Kinobetriebe. Andere Firmen verlangen die Zahlung weit vor dem eigentlichen Produktge- bzw. -verbrauch. Hierzu zählen etwa Konzertagenturen, Fitnessclubs, Sportveranstalter etc. Dagegen finden sich auch Anbieter, die gemäß der Überlegung „buy now, pay later" eine Zahlung erst deutlich nach dem ersten Produkterlebnis verlangen. Beispiele hierfür sind Automobilhersteller sowie die Anbieter von Elektroartikeln. Zumeist treffen Unternehmen die Entscheidung über den Zeitpunkt der Zahlung auf Basis finanzieller oder marktlicher Überlegungen. Diese beiden Perspektiven greifen jedoch in vielen Fällen nicht weit genug, da die Wirkung auf den Konsum unberücksichtigt bleibt.

Wie bereits diskutiert, fördern Zahlungen, die unmittelbar mit dem Produkterlebnis einhergehen, die Intensität des Ge- bzw. Verbrauchs. Dagegen führen Zahlungen, die deutlich vor oder deutlich nach dem eigentlichen Produkterlebnis erfolgen, dazu, dass die Aufmerksamkeit für das Produkt und damit die Nutzungsintensität geringer ist. Zur Verdeutlichung dient das folgende Szenario, das 80 Probanden vorgelegt wurde: Vor sechs Monaten sahen sie in ihrer Zeitung eine Anzeige über ein Theaterstück, das heute aufgeführt werden soll. Sie bestellten unmittelbar ein Ticket für € 50 und holten dieses gestern am Ticketbüro zum Preis von € 50 ab. Heute Morgen wachten sie mit Kopfschmerzen und Grippebeschwerden auf. Werden sie heute Abend trotzdem zur Aufführung gehen? Über 60% der Auskunftspersonen beantworteten diese Frage mit einem deutlichen ja. Offenbar sind sie nicht gewillt, die € 50 für den Kauf des Tickets zu verschwenden. Im Anschluss an dieses Experiment wurde 80 anderen Individuen ein geringfügig modifiziertes Szenario präsentiert. Dieser Gruppe teilte man mit, dass sie das Ticket bereits zum Zeitpunkt des Erscheinens der Anzeige (also vor 6 Monaten) bezahlten. Diese geringfügige Änderung hatte erhebliche Auswirkungen auf die Beantwortung der Frage. In diesem Fall antworteten lediglich 30% der Personen, dass sie die Aufführung besuchen. Dieses einfache Beispiel zeigt, dass die Wahl des Zeitpunkts der Zahlung erhebliche Auswirkung auf den Ge- bzw. Verbrauch einer Leistung hat.

Eine tiefergehende Analyse der Auswirkungen des Zahlungszeitpunkts auf den Konsum geht aus einer weiteren Studie hervor. Ein Sportclub offeriert verschiedene Modalitäten zur Bezahlung einer einjährigen Mitgliedschaft. Dabei besteht die Möglichkeit, eine jährliche, halbjährliche, vierteljährliche oder monatliche Vorauszahlung zu leisten. Es zeigt sich, dass Mitglieder, die die jährliche Vorauszahlung leisten, in den ersten Monaten nach der Zahlung die Leistungen des Sportstudios besonders intensiv in Anspruch nehmen. Offenbar wirkt hier der Sunk Cost-Effekt, der den Individuen das Gefühl vermittelt, für das bezahlte Geld auch die Leistung nutzen zu müssen. Im Verlauf der Zeit nimmt jedoch die Wirkung dieses Sunk Cost-Effekts ab, so dass die Motivation zum intensiven Training sinkt. Ein vergleichbares Muster lässt sich für jene Individuen konstatieren, die eine halbjährliche oder vierteljährliche Vorauszahlung leisten. Auch bei ihnen ist die Nutzungsintensität zu Beginn besonders hoch und fällt über die Zeit ab, und zwar solange, bis eine neuerliche Zahlung erfolgt. Im Gegensatz dazu ist das Verhaltensmuster der monatlich zahlenden Individuen dadurch charakterisiert, dass sie zwölfmal pro Jahr eine Zahlung leisten und insofern permanent dem Druck ausgesetzt sind, die Leistung auch erfahren zu müssen.

Preisbündelung
Viele Anbieter offerieren Preisbündel mit dem Ziel, die Nachfrage für ihre Produkte und Dienstleistungen zu erhöhen (Winer, 1988). In der Tat mag eine Marketingaktivität dieser Art in der kurzen Frist die Nachfrage steigern, langfristig wirkt sie jedoch auf eine Reduktion der Ge- und Verbrauchsintensität. Zahlreiche Untersuchungen bestätigen diese Erkenntnis. Hierzu dient folgendes Szenario, das einer Gruppe von 100 Skifahrern präsentiert wurde: Sie befinden sich auf einem 4-tägigen Skiurlaub in den Alpen. Am Tag ihrer Ankunft kauften sie vier Eintages-Lifttickets zu einem Preis von € 40 für jedes Ticket. Sie verbrachten drei beeindruckende Skitage mit Pulverschnee und Sonnenschein. Am vierten Tag ist der Himmel bewölkt, vereinzelt schneit oder regnet es. Zudem teilt ihnen ein Kollege mit, dass man bei einer sofortigen Abreise am Morgen nicht vom erwarteten intensiven Verkehrsaufkommen auf der Heimreise beeinträchtigt wird. Werden sie trotz dieser Umstände an diesem letzten Tag noch Ski fahren? Einer zweiten Gruppe wurde das gleiche Szenario lediglich mit einer geringfügigen Modifikation präsentiert. Anstelle von vier Eintages-Lifttickets zu einem Preis von € 40 pro Ticket wurde ihnen suggeriert, dass sie einen Viertages-Skipass zu einem Preis von € 160 kauften. Wie erwartet, variierten die Antworten der Individuen in den beiden Gruppen erheblich. Auf einer 9er-Skala, die von „ich würde definitiv abreisen" bis „ich würde definitiv Ski fahren" reicht, betragen die durchschnittlichen Antworten in der ersten Gruppe 7,0, während dieser Durchschnitt in der zweiten Gruppe 3,3 beträgt. Obgleich diese beiden Szenarien im Hinblick auf die involvierte Zahlung in Höhe von € 160 völlig identisch sind, weichen die Nennungen der Individuen in den beiden Gruppen erheblich voneinander ab.

Offenbar beeinflusst die Preisbündelung das Ge- und Verbrauchsverhalten der Individuen. Auch in diesem Fall kommt der Sunk Cost-Effekt zum Tragen. Die Loslösung der Zahlung vom Produkterlebnis führt, wie bereits erläutert, zu einer reduzierten Bereitschaft, dieses Produkt bzw. diese Dienstleistung auch zu erfahren. Insofern wirkt sich die Preisbündelung negativ auf die Ge- bzw. Verbrauchsintensität aus. Dieser Einfluss lässt sich durch ein weiteres Experiment verdeutlichen: Für ein Musikfestival, das von Juni bis August stattfindet und insgesamt vier Veranstaltungen umfasst, offerieren die Anbieter unterschiedliche Ticketvarianten. Man kann einzelne Tickets für jede Veranstaltung erwerben aber auch solche Tickets kaufen, die zwei, drei oder sogar alle vier Veranstaltungen beinhalten. Bei der Analyse der Anzahl der Individuen, die bei den Veranstaltungen erscheinen bzw. trotz gekauften Tickets fernbleiben, zeigt sich ein auffälliges Muster. Jene Käufer, die Tickets für eine einzelne Veranstaltung erwarben, erschienen zu 99,4%. Individuen, die ein zwei Veranstaltungen umfassendes Ticket besaßen, nahmen zu 96,5% an den Veranstaltungen teil. Bei Individuen mit Tickets für drei bzw. vier Veranstaltungen sank die Teilnahmebereitschaft auf 85,9% bzw. 78,5%. Während das Ausmaß der Bündelung von zwei über drei bis zu vier Veranstaltungen reichte, reduzierte sich die Wahrscheinlichkeit für die Teilnahme von 99,4% auf 78,5%.

Dies verdeutlicht die beachtliche Wirkung der Preisbündelung auf die Ge- bzw. Verbrauchsintensität. Selbst unter Berücksichtigung von Kontextfaktoren, wie etwa eine mögliche Unzufriedenheit nach der ersten Aufführung, bleibt der identifizierte Effekt bestehen. So gesehen besitzt eine Bündelung den gleichen Einfluss auf das Ge- bzw. Verbrauchsverhalten wie eine Zahlung, die im Vorfeld des Produkterlebnisses geleistet werden muss. Offenbar sind die Nachfrager, die ein vier Veranstaltungen umfassendes Ticket erwarben, im Nachhinein nicht mehr in der Lage, die geleistete Zahlung auf die vier Veranstaltungen zu verteilen, so dass der Sunk Cost-Effekt nicht mehr wirksam ist. Die dritte und vierte Veranstaltung sind in den Augen des Nachfragers nahezu kostenfrei, so dass der Druck, Geld bezahlt zu haben und deshalb auch teilnehmen zu müssen, nicht mehr existiert. Man stelle sich die erheblichen Effekte auf das Wiederkaufverhalten in der nächsten Saison vor. Aufgrund der Preisstellung konnte man nicht alle Ticketkäufer dazu motivieren, zur entsprechenden Veranstaltung zu kommen. Insofern reduziert sich die Anzahl der Besucher, die man als Gäste für die nächste Saison durch eine überzeugende Leistung gewinnen kann. Hier wirkt die Preisbündelung dem Anliegen der entgegen, Kunden zu binden.

3. Implikationen für das Preismanagement

Ohne Zweifel besteht die aus diesen Überlegungen resultierende Handlungsempfehlung nicht darin, jede nachfrageorientierte Preispolitik über Bord zu werfen und lediglich auf die ge- bzw. verbrauchsorientierte Preisstellung zu setzen. Dies liegt schon allein daran, das viele Unternehmen nicht die Möglichkeit zu einer substanziellen Veränderung der Preisstellung besitzen. In einigen Fällen dominieren Industrienormen oder die fest verankerten Vorstellungen der Nachfrager das Preisgebaren der Unternehmen. Allerdings ergeben sich aus den präsentierten Gedanken einige Anregungen, die in jedem Fall zu einer Justierung der Preispolitik führen können (Monroe, 1990, S. 251 ff., Nagle/Holden, 1998, S. 175 ff.). Hierzu einige Beispiele:

Yield Management
Manager können ihr Geschäft wirkungsvoll betreiben, sofern sie ein tieferes Verständnis über den Einfluss der Preisstellung auf das Ge- bzw. Verbrauchsverhalten besitzen (Desiraju/Shugan, 1999, S. 12 ff.). Zur Verdeutlichung dient das folgende Beispiel: Ein Kinobetreiber kann zu der Einschätzung kommen, dass 20% der Ticketbesitzer nicht zu den Vorstellungen erscheinen, sofern sich darunter sehr viele Individuen mit einem Saisonticket befinden. Die Abwesenheitsrate lautet dagegen lediglich 5%, wenn nur wenige Saisontickets verkauft wurden. Auf Basis dieser Erkenntnis, lässt sich etwa ein effektives

Personalmanagement durchführen. Zudem könnte der Manager auf die Idee kommen, das Kino zu überbuchen, um die freibleibenden Sitze entsprechend auszulasten.

Steuerung der Nachfrage

Ein weiterer Aspekt bildet die ge- bzw. verbrauchsorientierte Steuerung der Nachfrage. Manager von Fitnessclubs berichten, dass neue Mitglieder zumeist zum Jahresbeginn eintreten. Aufgrund ihrer Bereitschaft, unmittelbar nach der Zahlung intensiv zu trainieren, sind diese Clubs in diesen Zeiten zumeist sehr frequentiert. Dies mag dazu führen, dass die Mitglieder aufgrund des großen Andrangs unzufrieden werden und sich über die Leistungen beklagen. Die Lösung dieses Problems könnte darin bestehen, dass zehn- oder vierzehnmonatige Verträge angeboten werden mit der Konsequenz, dass sich die besondere Nutzungsintensität nicht auf einen Zeitpunkt wie etwa den Januar richtet. Diese Maßnahme kann dazu führen, dass eine im Zeitverlauf weniger stark schwankende Leistungsnutzung zu verzeichnen ist, was zu positiven Effekten auf die Kundenzufriedenheit führt.

Zeitliche Verteilung der Zahlung

Eine weitere Konsequenz aus dem Gesagten besteht darin, die Zahlungen auf mehrere Perioden zu verteilen. Ein Beispiel verdeutlicht diese Idee: Ein Fußball-Bundesligaclub verkauft einige Wochen vor Saisonbeginn Dauerkarten zu einem bestimmten Preis. Um die Anwesenheit der Fußballbegeisterten für alle 17 Heimspiele zu sichern, könnte der Fußballclub den Käufern eine Ratenzahlung einräumen. Diese verpflichtet sich, den jeweiligen Gesamtbetrag in 17 Raten über den gesamten Verlauf der Fußballsaison zu begleichen. Dies hätte zudem den Vorteil, dass der Fußballfan den Gesamtbetrag für das Saisonticket leichter aufbringen könnte.

Verzahnung von Zahlung und Leistungserlebnis

Viele Entscheidungsträger betrachten die Preisbündelung als notwendiges preispolitisches Instrumentarium, um die Nachfrage zu stimulieren. Sie argumentieren, dass eine Elimination der Preisbündelung mit einer erheblichen Reduktion der Umsätze einhergeht. Was jedoch im Sinne der vorgetragenen Argumente möglich erscheint, ist die gedankliche Endbündelung eines bereits von Individuen erworbenen Preisbündels. Eine Möglichkeit dies zu vollziehen, besteht darin, die Preise der einzelnen Komponenten eines Bündels auszuweisen (und zwar im Anschluss an die eigentliche Kaufhandlung). Einige All inclusive-Reiseveranstalter vergeben Gutscheine für bereits im Vorfeld bezahlte Leistungen. Auf diesen Gutscheinen ist der Preis für die in Anspruch zu nehmende Leistung ausgewiesen, so dass der Kunde eine Vorstellung über die relative Bedeutung der einzelnen Elemente seines erworbenen Paketes erhält. Ebenso könnte ein Restaurantinhaber auf seiner Speisekarte den Preis für das Paket ausweisen und daneben die Preise der einzelnen Elemente präsentieren (mixed bundling).

Steuerung des Ge- und Verbrauchs
Nicht in jedem Fall wünscht ein Anbieter den Ge- und Verbrauch seiner Leistungen zu jedem Zeitpunkt. Betrachtet man etwa knappe Ressourcen, wie etwa einen Golfplatz, so ist dort das Problem zu bewältigen, dass sich an einem sonnigen Sonntagvormittag im Juni besonders viele Golffreunde treffen. Dagegen sind an einem regnerischen Novembertag nur sehr wenige Personen auf dem Golfplatz zu finden. Offenbar ist in diesem Fall das Management der erheblich schwankenden Nachfrage die zentrale Herausforderung. Eine Möglichkeit mit dieser Schwierigkeit umzugehen, besteht darin, die Anzahl der Mitglieder zu begrenzen, um die Zufriedenheit jener sicher zu stellen, die bereits Mitglied in einem solchen Club sind. Diese Maßnahme hat jedoch konkrete Auswirkungen auf den finanziellen Erfolg des Golfclubs. Um solch drastische Maßnahmen zu vermeiden, bietet sich auch eine Steuerung der Leistungsnachfrage durch eine entsprechende Preispolitik an. Beispielsweise könnte man die jährlich zu leistenden Vorauszahlungen zur Beibehaltung der Mitgliedschaft im Januar oder Februar verlangen, um den Sunk Cost-Effekt in der besonders beliebten Periode, also im Juni etwa, bereits abgebaut zu haben. Modalitäten, die hingegen eine Zahlung unmittelbar vor der Hauptsaison vorsehen, verstärken diesen Nachfragezyklus. Ebenso könnte der Manager eines beliebten Skigebiets auf die Idee kommen, lediglich Mehrtagestickets zu vergeben, damit sich die Anzahl der Skifahrer reduziert, die tatsächlich die Liftanlagen und die Piste nutzen.

4. Literatur

AILAWADI, K. L./LEHMANN, D. R./NESLIN, S. A., 2001, Market Response to a Major Policy Change in the Marketing Mix: Learning from Procter & Gamble`s Value Pricing Strategy, in: Journal of Marketing, S. 44-61.

DELLAVIGNA, S./MALMENDIER, U., 2001, Self-Control in the Market, Working Paper, Harvard University, Boston.

DESIRAJU, R./SHUGAN, S. M., 1999, Strategic Pricing and Yield Management, in: Journal of Marketing, S. 9-24.

DILLER, H., 1999, Entwicklungslinien in Preistheorie und –management, in: Marketing ZFP, S. 39-60.

DILLER, H., 2000, Preispolitik, 3., überarb. Aufl., Stuttgart.

DOLAN, R., 1995, How Do You Know When the Price is Right?, in: Harvard Business Review, S. 174-183.

DOLAN, R./SIMON, H., 1996, Power Pricing, New York.

EMERY, F., 1969, Some Psychological Aspects of Price, in: TAYLOR, B./WILLS, G. (Hrsg.): Pricing Strategy, London, S. 98-111.

GOURVILLE, J./SOMAN, D., 2002, Pricing and the Psychology of Consumption, in: Harvard Business Review, S. 96.

HAY, C., 1987, Die Verarbeitung von Preisinformationen durch Konsumenten, Heidelberg.

HERRMANN, A./WRICKE, M./HUBER, F., 1998, Kundenzufriedenheit durch Preisfairness, in: Marketing ZFP, S. 131-143.

HOYER, W./MCINNIS, D., 2001, Consumer Behavior, 2. Aufl., Boston.

MONROE, K., 1990, Pricing – Making Profitable Decisions, 2. Aufl., New York.

KEIL, S. K./REIBSTEIN, D./WITTINK, D., 2001, The Impact of Business Objectives and the Time Horizon of Performance Evaluation on Pricing, in: International Journal of Research in Marketing, S. 67-82.

LEMON, K. N./WHITE, T. B./WINER, R. S., 2002, Dynamic Customer Relationship Management: Incorporating Future Considerations into the Service Retention Decision, in: Journal of Marketing, S. 34-51.

NAGLE, T. T./HOLDEN, R. K., 1998, Pricing, Berlin.

NOBLE, P./GRUCA, T. S., 1999, Industrial Pricing: Theory and managerial Practice, in: Marketing Science, S. 435-454.

SIMON, H., 1992, Preismanagement, 2. Aufl., Wiesbaden.

SUDHIR, K., 2001, Competitive Pricing Behavior in the Auto Market: A structural Analysis, in: Marketing Science, S. 42-60.

WIED-NEBBELING, S., 1997, Markt- und Preistheorie, 3., verb. und erw. Aufl., Berlin.

WINER, R., 1998, Behavioral Perspective on Pricing: A General Framework, in: DEVINNEY, T. (Hrsg.): Issues in Pricing, Lexington, S. 35-57.

WYNER, G., 2001, New Pricing Realities – the Price Variable is Changing in Ways we may not yet fully Understand, in: Research Methods, S. 34-35.

[illegible]

Zweiter Teil

Strategien und Systeme im Preismanagement

Karl-Heinz Sebastian - Andrea Maessen

Optionen im strategischen Preismanagement

1. Optionen im strategischen Preismanagement

Die schwierige Aufgabe, Preise für Produkte und Dienstleistungen festzulegen, hat in den Unternehmen im Rahmen eines zielgerichteten strategischen Preismanagements zu erfolgen, das die Gesamtstrategie des Unternehmens zur Grundlage hat. Bei den meisten Preisdiskussionen stehen aber vor allem die Preise selbst und weniger die strategischen Zielsetzungen und die Ausgestaltung und der Einsatz von Preissystemen im Mittelpunkt, denn Auswirkungen und Möglichkeiten eines professionellen strategischen Preismanagements werden oft unterschätzt. Der Einsatz des Instrumentes Preis wird als rein taktische Maßnahme verstanden, da die Wirkung des Preises auf das Kaufverhalten und damit auf Absatz, Umsatz und Ertrag zumindest kurzfristig deutlich höher ist als Veränderungen im Produkt, Service und Vertrieb. Im taktischen Preisverhalten dominieren deshalb der individuelle Kundenabschluss und die Auslastung von (Über-)Kapazitäten. Im strategischen Preismanagement geht es hingegen darum, Positionen zu schaffen und Märkte zu besetzen. Dazu sind Kunden nicht nur kurzfristig, sondern dauerhaft zu gewinnen und zu binden, die Absatzmittler als Multiplikatoren zu nutzen und die Konkurrenz abzuwehren. Der Einsatz des Instrumentes Preis erfolgt unter dem Primat der aktiven Beeinflussung, Steuerung und Kontrolle von Kapazitäten, Mengen und Erlösen derart, dass der Gewinn nachhaltig maximiert wird. Der folgende Beitrag gibt einen Überblick über Optionen im strategischen Preismanagement und stellt Grundlagen dar, die zu ihrer Ausgestaltung und Auswahl zu berücksichtigen sind.

2. Einleitung: Aufgaben des strategischen Preismanagements

Im Marketing-Mix ist der Preis das Instrument, welches unmittelbar Einkünfte schafft. Die anderen Instrumente – Produkt, Vertrieb, Kommunikation – verursachen Kosten. Deshalb versuchen die Unternehmen, den Preis einerseits so hoch wie möglich anzusetzen, um die Kosten und Gewinnerwartungen zu decken, die gewünschten Kunden zu selektieren und deren Zahlungsbereitschaft maximal abzuschöpfen. Andererseits ist sicherzustellen, dass der Preis so niedrig wie nötig gehalten wird, um die Kapazitäten auszulasten, ausreichend Kunden anzulocken und konkurrierende Firmen abzuwehren. Dieser Spagat in der Festlegung der Preishöhe ist nicht trivial und keinesfalls einfach zu bewerkstelligen.

Für die Unternehmen ist der Preis immer noch vorrangig ein taktisches Instrument, mit dem vor allem kurzfristig der Erlös und Gewinn erhöht und Marktanteile ausgeweitet werden können. Die schnellen Wirkungen von Preismaßnahmen verleiten (zu) viele dazu, den kurzfristigen Aspekt dieser Maßnahmen zu stark zu betonen und die Bedeutung der Preisstrategie bzw. des strategischen Preismanagements zu vernachlässigen. Werden die Preise opportunistisch und ohne System gesetzt und verändert, dann hat das negative Folgen für das Verhalten von Kunden und der Konkurrenz. Bei den Kunden stehen das Preisvertrauen und die Preiszufriedenheit auf dem Spiel. Bei der Konkurrenz führt nicht berechenbares, unkalkulierbares Preisverhalten zu Missverständnissen und Fehlverhalten. Ein „friedlicher" Wettbewerb gerät so schnell außer Kontrolle und mündet in einen Preiskampf, bei dem nur noch Werte und Gewinne vernichtet werden.

Im strategischen Preismanagement stehen verschiedene Optionen langfristig wirkender Preisentscheidungen zur Verfügung, die die Konsequenzen auf das Verhalten von Kunden und der Konkurrenz berücksichtigen. Dabei geht es im Kern um folgende drei Fragenstellungen:

- Welche Preispositionierung strebt das Unternehmen an, d.h. wie hoch sollte der Preis sein, um genügend Kunden anzuziehen und zu binden, die Kosten und die Gewinnerwartungen zu decken und dauerhaft die Kapazitäten zu füllen?
- Welcher Preislogik folgt die Preisstrategie, d.h. soll eine Einheitspreisstrategie Einsatz finden oder eine differenzierte Preisstrategie und welchen Kriterien soll die Preisdifferenzierung folgen?
- Welche Rolle und Funktion soll die Preisfestsetzung im Marketing Mix spielen? In welchem Ausmaß gelten Preise als fixiert bzw. mit welchen Instrumenten sollen die Preise schnell an neue Marktgegebenheiten angepasst werden? Soll das Instrument Preis dabei eher passiv eingesetzt werden, um Preiskämpfe zu vermeiden oder aktiv, um Positionen zu besetzen, auszubauen und zu verteidigen?

Diese Fragestellungen sind nicht mit taktischen Mitteln zu beantworten, sondern unter Berücksichtigung der langfristigen Konsequenzen resultierend aus dem Verhalten aller Marktteilnehmer zu lösen. Den wirtschaftlichen Vorteilen einer Option stehen immer auch Nachteile und Risiken gegenüber. Die jeweiligen Erfolgsvoraussetzungen und Konsequenzen müssen deshalb im Vorfeld genauestens untersucht und bewertet werden. Zu viele Manager glauben, auf der Basis von Erfahrung und Intuition diese Frage beantworten zu können. Sie gehen immer noch davon aus, dass die Preisfestsetzung eine einfach, schnelle und reversible Sache sei. Doch das Management des Preises ist ein schwieriger Prozess, der unterschiedliche Personen mit verschiedenen Zielvorgaben einbezieht. Je mehr dabei aus dem Bauch heraus entschieden wird, desto mehr Geld wird verschenkt. Entweder werden die Preise zu hoch angesetzt, so dass unzureichend Menge realisiert wird, oder aber der Preis ist zu niedrig und es wird Deckungsbeitrag verschenkt.

Entscheidend ist das strategischen Preismanagement bei der Einführung neuer Produkte, da dabei der erstmalig zu setzende Preis maßgeblich über die langfristige Absatz-, Kosten- und Gewinnentwicklung und den Spielraum in Sachen Preisveränderung entscheidet. Aber auch bei der Repositionierung von Produkten im Lebenszyklus wirkt die Preisentscheidung grundlegend und langfristig, in dem die Preislage des Produktes neu festgelegt wird. Im folgenden Beitrag wird daher nicht explizit zwischen Preisstrategien für neue und bestehende Produkte unterschieden.

Zwischenfazit 1: Unternehmen benötigen eine Preisstrategie. Dazu sind klare, konsistente Festlegungen bezüglich der Preishöhe (Preispositionierung), zum Grad der Preisdifferenzierung und zum Preisverhalten ("aktiv" vs. "passiv", "fixiert" vs. "flexibel" und "aggressiv" vs. "friedlich") zu treffen. Mit jeder Festlegung sind Chancen und Risiken im Hinblick auf die vorgegebene Zielsetzung, auf das Kunden- und Konkurrenzverhalten verbunden und gegeneinander abzuwägen.

Bevor die einzelnen Optionen im strategischen Preismanagement näher dargestellt werden, werden zunächst die Grundlagen des strategischen Preismanagements erläutert.

3. Grundlagen des strategischen Preismanagements

Das strategische Preismanagement wird von der Zielsetzung und Strategie des Unternehmens, die jeweils eng mit der derzeitigen bzw. anzustrebenden Position des Unternehmens im Wettbewerbsumfeld verbunden sind, bestimmt. Nachfrageseitig basiert das strategische Preismanagement auf dem Kundenverhalten. Die Zielsetzung eines Unternehmens und das Verhalten seiner Kunden bedingen sich wechselseitig.

3.1 Zielsetzung und Prinzipien

Die spezifischen Zielsetzungen und Prinzipien des strategischen Preismanagements gilt es vor dem Hintergrund der generellen Zielsetzung des Unternehmens (Marktposition, Produkte, Kosten) festzulegen. Dabei sind wenig differenzierte und häufig widersprüchliche Zielsysteme in Unternehmen immer noch die Regel und nicht die Ausnahme. Ein besonderer Konflikt besteht zwischen dem Profitabilitäts- und dem Mengenziel. Die meisten Manager hätten gerne höhere Preise, wollen aber keine Marktanteile verlieren. Viele Unternehmen setzen sich explizite Marktanteils- und Mengenziele, die nicht selten zu einer Ertragsschere führen. Mengenziele sind auch nicht selten an Kapazitätsauslastungen geknüpft. Man kann den Marktanteil steigern oder man kann den Gewinn erhöhen, es ist allerdings schwierig, beides gleichzeitig zu tun. Deshalb müssen die strategischen Zieloptionen einer maximalen Marktabschöpfung und einer schnellen Marktdurchdringung im Vergleich zueinander analysiert, bewertet und eindeutig entschieden werden. Eine "Sowohl-als-auch"-Vorgehensweise ist generell nicht zielführend. Die gleichzeitige Verfolgung von Mengen- und Gewinnsteigerung ist z. B. am ehesten über neue Produkte erreichbar.

Die Entscheidung über Struktur, Elemente und Höhe des Preises, die der Manager zu fällen hat, muss mehrere Bedingungen berücksichtigen, die sich aus den allgemeinen Prinzipien und Funktionen des Preismanagements ableiten.

Sollen sich die Optionen des strategische Preismanagement durch hohe Transparenz und Einfachheit oder durch Differenziertheit und hohe Komplexität zur Erfassung individueller Preisgegebenheiten auszeichnen? Die Praxis zeigt, dass es für einen Marktführer häufig besser ist, komplexe Preismodelle einzusetzen, die individuelle Preisbereitschaften maximal abschöpfen (Skimming-Strategie) und direkte Preisvergleiche erschweren. Dem gegenüber kann es für Herausforderer vorteilhaft sein, die Kunden mit sehr einfachen Preismodellen anzusprechen, vor allem, wenn sie durch eine Niedrigpreisstrategie (Penetration-Strategie) rasch Marktanteile erobern wollen.

Preise haben eine Signal- und eine Selektionsfunktion. Ob "gut und teuer", "vorteilhaft", "preiswert" oder "billig", durch die Preisstellung soll eine ausreichende Anzahl von potenziellen Käufern gewonnen werden (Attraktionseffekt des Preises). Je nach Situation können Strategien generell bzw. selektiv günstiger oder vorteilhafter Preise, vor allem von Schlüsselprodukten, Sonderangebots- und werblich herausgestellten Artikeln dazu herangezogen werden. Inwiefern soll das Selektions- und Attraktionsprinzip des Preises zur Adressierung der avisierten Kundschaft in den Preismodellen berücksichtigt werden?

Das maximale Abschöpfen von Zahlungsbereitschaften wird nur durch eine Strategie der Preisdifferenzierung erreicht. Die Konsistenz wird gewahrt, wenn leistungsstarke Kunden im Vergleich zu leistungsschwachen einen Preisvorteil erhalten. Was auf den ersten Blick als eine Trivialität erscheint, hat sich in der Praxis als zentrales Problem der Umsetzung der Preisstrategie herausgestellt. Welche Bedeutung soll also das Leistungs- und Konsistenzprinzip in den Preismodellen des strategischen Preismanagement spielen?

Mit Hilfe des Instrumentes "Preis" können schwankende Kapazitäten ausgeglichen werden. Hierfür spielt die zeitliche Preisdifferenzierung eine herausragende Rolle. So setzen heute die Reiseveranstalter das sogenannte „Yield Pricing“ ein, das dafür sorgt, dass durch last-minute-Preise auch kurzfristig noch Restkapazitäten ausgelastet werden. Inwiefern soll der Preis als Instrument zur Steuerung der Kapazitätsauslastung eingesetzt werden?

In besonderen Fällen wird der Preis als ein Instrument zur Kundenbindung herangezogen. Einsatz finden dabei Staffelpreise, Rabatte, Boni und zweiteilige Tarife mit fixen Basispreisen und nutzungsabhängigen variablen Preisen. Inwiefern ist das Ziel des

Preismanagements, den Lieferanteil zu erhöhen, die Loyalität des Kunden zu belohnen oder einfach Mehrkonsum zu stimulieren?

Eine Verlagerung des Wettbewerbs von der Produkt- zur Systemebene gelingt am besten, wenn Verknüpfungen über Produktbereiche – in der Praxis im Regelfall äußerst schwierig, insbesondere wenn mehrere Geschäftsbereiche einbezogen sind und Ressortegoismen dominieren – in Form sogenannter „Preisbündel" oder Paketangebote offeriert werden. Inwieweit sollen Preisbündelstrategien zur Verlagerung des Wettbewerbs eingesetzt werden?

Zwischenfazit 2: Die strategischen Ziele im Preismanagement leiten sich ab aus der Zielsetzung und Strategie des Unternehmens, die jeweils eng mit der derzeitigen bzw. anzustrebenden Position im Markt verbunden sind. Die Optionen unterscheiden sich je nachdem, ob Fragen der Marktabschöpfung, der Marktdurchdringung, der Kapazitätsauslastung, der Kundenbindung oder der Verlagerung des Wettbewerbs zu behandeln sind.

3.2 Das Kundenverhalten

Die in der Unternehmensstrategie avisierte "Zielkundschaft" ist durch ein jeweils typisches Verhalten gekennzeichnet. Dem jeweils differenzierten Kundenverhalten ist durch das strategische Preismanagement Rechnung zu tragen ist. Hierfür sind folgende Aspekte wichtig:

Der Kunde möchte - egal ob BtoB oder BtoC - vorteilhaft, im Sinne von preiswürdig und preisgünstig einkaufen. Von diesem Trend im Verbraucherverhalten profitieren aktuell die Discountanbieter in den Branchen Lebensmittelhandel, Flugreisen, Mode und Kosmetik. Für die meisten Unternehmen darf sich diese Strategie jedoch nicht ausschließlich auf den Preis als Bestimmungsgröße des Vorteils beschränken, sondern muss ebenfalls die Produktvorteile und den Nutzen für den Kunden mit umfassen. Der Preis trägt dem Kundennutzen Rechnung, um für den Kunden als vorteilhaft zu gelten ("Value-to-Customer").

Der Kunde möchte aufgrund seines Kaufverhaltens, das sich beispielsweise in einer hohen Menge und/oder hoher Loyalität zum Anbieter zeigt, "belohnt werden". Dies kann sich direkt oder indirekt im Preis niederschlagen und durch Bevorzugungen, Vergünstigungen, Zugaben oder durch nachträgliche Gutschriften erfolgen. Strategisch gelangen dann die Konzepte der Preisstaffelung, der Preisbündelung und Formen der nichtlinearen Preispolitik zum Einsatz.

Der Kunde strebt einen individuellen, d.h. auf die spezifische Situation ausgerichteten Preis an, der notfalls durch geschicktes Verhandeln realisiert werden soll. Zum Einsatz kommen die Optionen der Preisdifferenzierung, die entweder im System erfolgen oder durch eine entsprechende Preiskompetenz an den Verkäufer in der entsprechenden Preisverhandlung delegiert werden können. Voraussetzungen für eine hohe Preiskompetenz im Verkauf sind entsprechende Maßnahmen der Qualifizierung und die Ausgestaltung von entsprechenden Anreiz- und Vergütungssystemen.

Der Kunde möchte durch die Preispolitik des Anbieters fair behandelt werden. Hierbei vergleicht er seinen Preis mit dem anderer und will beim Austausch von Informationen keine "bösen" Überraschungen erleben. Er will nicht feststellen müssen, dass er tags zuvor noch ein Vielfaches des Preises hat zahlen müssen. Das Primat der Preisfairness ist vor allem im zeitlichen und regionalen Preisvergleich kritisch. So können zeitlich befristete Preisaktionen zwar besonders nützlich sein, wenn es darum geht, neue Kunden zu gewinnen, das Lager zu räumen oder Saisonschwankungen auszugleichen. Für einen Kunden jedoch, der zuvor noch zu "regulären" Preisen gekauft hat, kann anderntags das Preisangebot zu einem Bumerang werden mit negativen Auswirkungen auf die Marken- und Einkaufsstättenloyalität.

Dem Kunden ist weiterhin wichtig, dass die Preise im Zeitverlauf berechenbar bleiben. Das gilt besonders, wenn die Produkte nicht direkt, sondern über Distributionspartner an den Endkunden gelangen. Hier führen Strategie und Taktik von Preiserhöhungen regelmäßig zu Spannungen zwischen den Vertriebspartnern. Schlecht vorbereitete, in Teilbereichen überzogene und unzureichend differenzierte Preiserhöhungen führen regelmäßig dazu, dass der Preis in der Zerreißprobe ist und so die oftmals dringend benötigten Preisverbesserungen nicht realisiert werden können.

Der Kunde erwartet, dass Preise konsistent, d.h. widerspruchsfrei sind und nicht mit Schieflagen im Preis-Mengen-Gefüge für Dissonanz und Unruhe sorgen. Gerade in diesem Punkt zeigt die Praxis der Preisrealisierung ein düsteres Bild. In zu vielen Fällen kann von Konsistenz in der Kundenbehandlung keine Rede sein und führen die Vielzahl von Sondervereinbarungen zu einem Konditionendschungel, bei dem am Ende Einkäufer und Verkäufer den Überblick verlieren.

Zwischenfazit 3: Die Entscheidung über Struktur, Elemente und Höhe des Preises ist in Abhängigkeit des jeweils relevanten Kundenverhaltens zu treffen. Als dauerhafte Bestimmungsfaktoren für das Preisverhalten der Kunden gelten die Faktoren der Vorteilhaftigkeit, der Individualität, der Belohnungs- und Anreizfunktion sowie der Fairness und Berechenbarkeit. Welchen Einfluss diese Faktoren auf die konkrete Ausgestaltung der Preisstrategie haben, ist abhängig vom Produkt, von den Kunden und vom Unternehmen.

4. Eckpfeiler und Optionen im strategischen Preismanagement

Ausgehend von der Zielsetzung und Strategie des Unternehmens und dem relevanten Kundenverhalten sind die Optionen im strategischen Preismanagement zu bewerten und auszuwählen. Dabei geht es um die Festlegung der grundlegenden strategischen Stoßrichtung. Diese kann sich in den Extremen zwischen der Positionierung als Niedrigpreis- und Hochpreisanbieter bewegen. Die Optionen des preisstrategischen Verhaltens innerhalb dieses Positionierungsspektrums sind Strategien der Preisdifferenzierung, Preisindividualisierung und Preisattraktion.

4.1 Preispositionierung und Preisimage

Die Festlegung der strategischen Preispositionierung ist die Frage nach der richtigen Kombination von Preis und Qualität auf dem Markt. Sie ist eine langfristige Entscheidung, die den Orientierungsrahmen für die nachgeordneten Preisentscheidungen vorgibt.

Die Preispositionierung erfolgt bezüglich des relativen Preises und der relativen Leistung. Man spricht von einer Positionierung als Hochpreis- oder Premiumanbieter, wenn eine relativ hohe Leistung mit einem relativ hohen Preis einhergeht. Entsprechend umgekehrt findet man die Positionierung als sogenannter Niedrigpreisanbieter, wenn eine relativ geringe Leistung mit einem relativ niedrigem Preis vorliegt. Bei einem ausgewogenen Verhältnis zwischen Preis- und Leistung bestehen drei Positionierungsoptionen: als Niedrigpreis-, als Mittelpreis- und/oder als Hochpreisanbieter (siehe Abbildung 1). In der Realität sind auch Abweichungen anzutreffen. Von sogenannten Übervorteilungsstrategien, bei denen im Verhältnis zur relativen Leistung hohe Preise gefordert werden, ist jedoch abzuraten, da Kunden, die allenfalls aus Zeitnot oder Unkenntnis auf derartige Angebote zugreifen, hinterher das Preisvertrauen verlieren und das Prinzip der Preisfairness verletzt sehen können.

Als besonders günstig im Preis-Leistungsverhältnis gelten die Discounter. Sie bieten gemessen an der relativ hohen Leistung einen besonders günstigen Preis. Bei ihnen spielt der Preis im Marketing-Mix die entscheidende Rolle. Er wird aktiv, zum Teil aggressiv dazu genutzt, um sich im Rahmen einer Preisvorteilsstrategie von der Konkurrenz abzusetzen. Kennzeichen der Discounter sind Dauerniedrigpreise. Auf das Angebot temporäre Preisschnäppchen wird bewusst verzichtet, um die dauerhafte Vorteilhaftigkeit des Produktangebots nicht in Frage zu stellen. Diese finden sich in der als *Jahrmarktstrategie* apostrophierten Strategieoption, da diese dem Verhalten des auf einmalige, nicht dauerhafte Geschäfte und schnelle Gewinne erpichten Jahrmarktverkäufers entspricht.

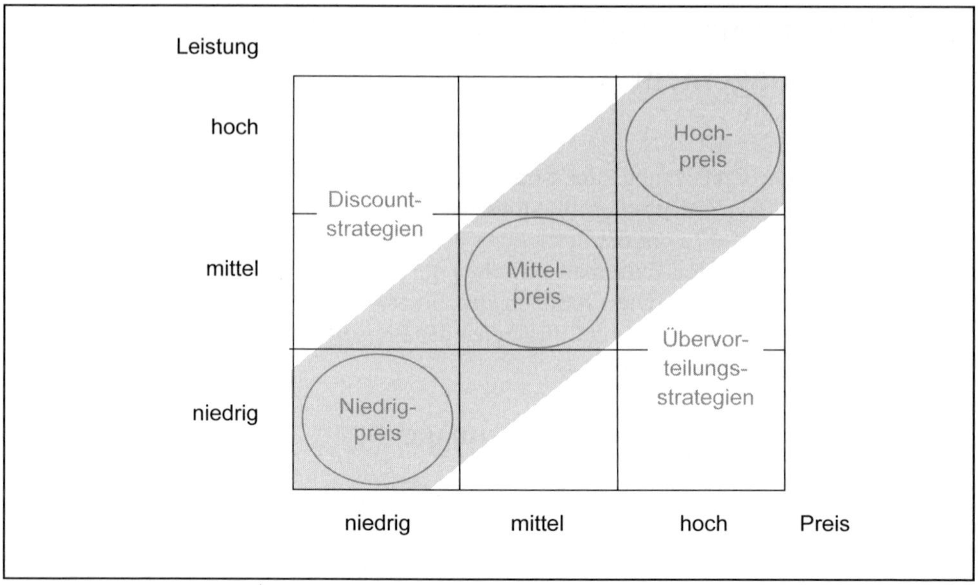

Abbildung 1: Optionen der strategischen Preispositionierung

Um Preise langfristig vorteilhaft anbieten zu können, genügt es nicht, nur niedrigere Preise als der Wettbewerber zu verlangen. Geschäftsprozesse und Betriebsabläufe müssen derart ausgestaltet sein, dass durch die maximale Ausnutzung von Lernkurven-Effekten (erfahrungsbedingter Stückkostendegression) die Kosten im Vergleich zum Wettbewerber reduziert werden, bei gleichzeitigem Erhalt des relativen Qualitätsniveaus. Insgesamt ist der erfolgreiche Einsatz einer Discountstrategie an folgende Voraussetzungen geknüpft (Haas, 2002):

- eine Konzentration auf ein begrenztes Angebotsfeld und die für den Kundennutzen zentralen Leistungskomponenten (Leistungsvereinfachung),
- dauerhafte Preisvorteile, die von den Kunden deutlich als solche wahrgenommen werden (Preisführerschaft) und
- klare Kostenführerschaft.

Darüber hinaus ist zu prüfen, ob der Zielmarkt überhaupt discountgeeignet ist, d.h. die Kunden die Vereinfachungen und Einschränkungen im Leistungsangebot akzeptieren oder der Anteil preissensitiver Kunden groß genug ist, um Kostendegressionen in ausreichendem Maße ausschöpfen zu können. Ein Beispiel für den erfolgreichen Einsatz von Discountstrategien liefert Ryanair. Ryanair verlangt Preise, die deutlich unter den Preisen der Konkurrenz liegen, bietet dabei einen komfortablen Flug mit freundlichem Service, wenn auch ohne Extras und mit nur limitiertem Flugangebote. Ryanair ist als eine der wenigen europäischen Airlines in der Lage, zu wachsen und Gewinne zu erwirtschaften.

Bei Premiumstrategien steht weniger der Preis als vielmehr die Qualität, Kompetenz und Alleinstellung des Leistungsangebots im Vordergrund. Der Preis dient der Abschöpfung des Produktwertes. Der vom Kunden empfundene Wert des Produktes (Value Pricing) ist Basis des Preises. So kann Goretex im Vergleich zur Konkurrenz aufgrund des vom Käufer wahrgenommenen Marken- und Produktnutzens ein deutliches Preispremium realisieren. Ihre preispolitische Bedeutung gewinnt die Premiumstrategie dadurch, dass die Kosten des Produktes in der Regel unter dem wahrgenommenen Wert und den daraus resultierenden Premiumpreis liegen.

In engem Zusammenhang mit der Preispositionierung steht das Preisimage. In der Praxis sind nur wenige Unternehmen mit einem klaren Preisimage profiliert. Prägnante Preisimages haben beispielsweise Mercedes mit hochwertigen Autos zum hohen Preis, Aldi mit angemessener Qualität zum niedrigen Preis, Media Markt mit „... wir können nur billig“ und Sixt mit „Das Wetter kann besser werden, unsere Preise nicht“. Das Preisimage ist aus zwei Gründen von hoher Bedeutung: Erstens hat das Preisimage eine Signalfunktion für den Kunden. Das Preisimage signalisiert dem Kunden, ob es sich um ein teures, vorteilhaftes, preiswertes, preisgünstiges oder billiges Angebot handelt. Je nach Kundensegment und -anforderung wird sich der Kunden von dem Angebot angesprochen fühlen oder nicht. Zweitens dient das Preisimage der Selektion und Steuerung der avisierten Kundschaft. Je nach Situation können Strategien generell bzw. selektiv günstiger oder vorteilhafter Preise vor allem von Schlüsselprodukten (sog. Eckartikeln), Sonderangebots- und werblich herausgestellten Artikeln dazu herangezogen werden.

Zwischenfazit 4: Das Preisimage eines Unternehmens wird durch seine Preispositionierung bestimmt. Die Preispositionierung erfolgt bezüglich des relativen Preises und der relativen Leistung und kann in den Extremen eine Positionierung als Niedrigpreis- oder Hochpreisanbieter sein oder als Sonderform im Rahmen einer Preisvorteilsstrategie eine Positionierung als Discounter. Preispositionierung funktioniert nur dort, wo der Konsument den Preis als ein (eventuell sogar das wesentliche) Kriterium zur Qualitätsbeurteilung und zur Auswahl von Produkten, Marken und Einkaufsstätten heranzieht.

4.2 Preisindividualisierung und Preislogik

Die Preisindividualisierung – und damit die Preisdifferenzierung – trägt dem Umstand Rechnung, dass verschiedene Kunden in der Regel unterschiedliche Zahlungsbereitschaften für eine Leistung haben. Die Optionen der Preisdifferenzierungen werden deshalb durch die Kunden, deren Zahlungsbereitschaften und das Kundenverhalten determiniert. Preissensitive Kunden sind preispolitisch anders zu behandeln als Wertkäufer und wieder anders als die sogenannten „Schnäppchen-Jäger“.

Die Preisdifferenzierungsoptionen umfassen u.a. die unterschiedliche Berücksichtigung von Zahlungsbereitschaften auf der Basis des wahrgenommenen Produktwertes (Value Pricing), die regionale Preisdifferenzierung und die zeitliche Preisdifferenzierung. Je stärker im Preis differenziert wird, desto besser lassen sich die unterschiedlichen Zahlungsbereitschaften abschöpfen. Mit Hilfe einer Preisdifferenzierungsstrategie lässt sich damit im Vergleich zu einer Einheitspreisstrategie den Erlös eines Unternehmens nachhaltig steigern. Den Vorteilen der Preisdifferenzierung stehen auch Nachteile gegenüber. So sind die höhere Komplexität, Kannibalisierungseffekte und Irritationen im Kaufverhalten bei inkonsistenten und zu großen Preisunterschieden in ihren Auswirkungen auf Erlöse und Kosten gegen zu rechnen. Bei der Ausgestaltung der Preisdifferenzierung ist daher genauestens darauf zu achten, dass die Märkte bzw. Marktsegmente, zwischen denen die Preise differenziert werden sollen, voneinander abgeschottet sind und dass die Komplexität der Preisvielfalt kontrollierbar bleibt.

Anknüpfend an die Preispositionierung ergibt sich in Hinblick auf eine produktorientierte Preisdifferenzierung die Forderung einer Preislogik. Für die Wahrnehmung und Beurteilung der Preislogik spielen die Einstiegspreise, die Preisabstufungen innerhalb der Produktlinie und die Anzahl von Preisalternativen eine herausragende Rolle. Im Rahmen der Preislogik sind unterschiedliche Preisstrukturen möglich. Fall B in Abbildung 2 startet mit einem niedrigen Einstiegspreis und deckt mit deutlichen Preisabstufungen sowohl die mittlere Preislage als auch das obere Premiumangebot ab. Eine derartige Preislogik findet sich beispielsweise im TUI Angebot. Mit *12FLY* und *L'tur* wird die Niedrigpreislage belegt, *TUI schöne Ferien* richtet sich an die Mittelpreislage und mit den *Robinson*-Angeboten wird der Hochpreis-Markt bedient. Preisalternativen können aber gleichfalls weniger stark abgestuft sein und sich in einer Preislage bewegen. Mit einer Hochpreis-Positionierung eines Mercedes werden beispielsweise durch geringe Produktvariationen mit Hilfe unterschiedlicher Fahrzeugausstattungen Preisalternativen generiert (Fall A). Die Preisalternativen ermöglichen es, für unterschiedliche Kundensegmente preislich passende Produkte anzubieten und eine konsistente Preispolitik zu praktizieren, ohne in individuelle Sondervereinbarungen abzudriften. Ferner gibt es die Möglichkeit, nur wenige Preisalternativen zu offerieren, um Komplexität zu vermeiden (Fall C). Dies ist insbesondere in der Niedrigpreislage der Fall.

Der Preislogik kommt eine dreifache Funktion zu: Sie zielt darauf ab, den Einstieg des Kunden in eine Preis-Leistungsklasse zu bewerkstelligen, sie erleichtert dem Kunden den Aufstieg (das „upgrading") durch entsprechend gestaffelte Preisstufen und sie liefert die Möglichkeit, den Preisdruck auf hochpreisige Produkte durch das Angebot von preiswerteren Alternativen, den sogenannten Less Expansive Alternatives, zu eliminieren.

Eine Spezialform der Preisdifferenzierung ist die Rabatt- und Bonuspolitik. Im Idealfall kann jedem Kunden sein individuell optimaler Preis offeriert werden, der im jeweiligen Einzelfall die Zahlungsbereitschaften maximal ausschöpft. Leider erfolgt die Rabatt- und Bonusvergabe in der Praxis häufig nicht mit ausreichender Systematik und nur selten mit strategischer Orientierung. Unüberschaubare, historisch gewachsene Rabatt- und Bonusstrukturen mit unklaren Kriterien für die Vergabe kosten die meisten Unternehmen viel Geld. Spätestens mit dem Wegfall des Rabattgesetzes hat die willkürliche Bonus- und

Rabattvergabe auch das BtoC-Geschäft erfasst. Ziel einer strategisch orientierten Rabatt- und Bonuspolitik muss es daher sein, eine auf strikten Grundsätzen basierende kundenindividuelle und leistungsbezogene Preisdifferenzierung zu praktizieren. Als Instrumente kommen Mengenrabatte, Bonuspunkte, Wertgutscheine oder Prämien zum Einsatz. Die damit verbundenen Preisnachlässe sind strikt an Bedingungen und Gegenleistungen zu knüpfen, die sich z.B. in der Menge, Loyalität, Kauf von Produktbündeln/-systemen oder im Gesamtkaufbetrag messen lassen müssen. Die Basis für ein effektives Konditionensystem sind jedoch neben den strukturellen Komponenten klare Richtlinien und Grundsätze, die für die Einhaltung der Strukturen sorgen (vgl. hierzu auch den Beitrag von Steffenhagen).

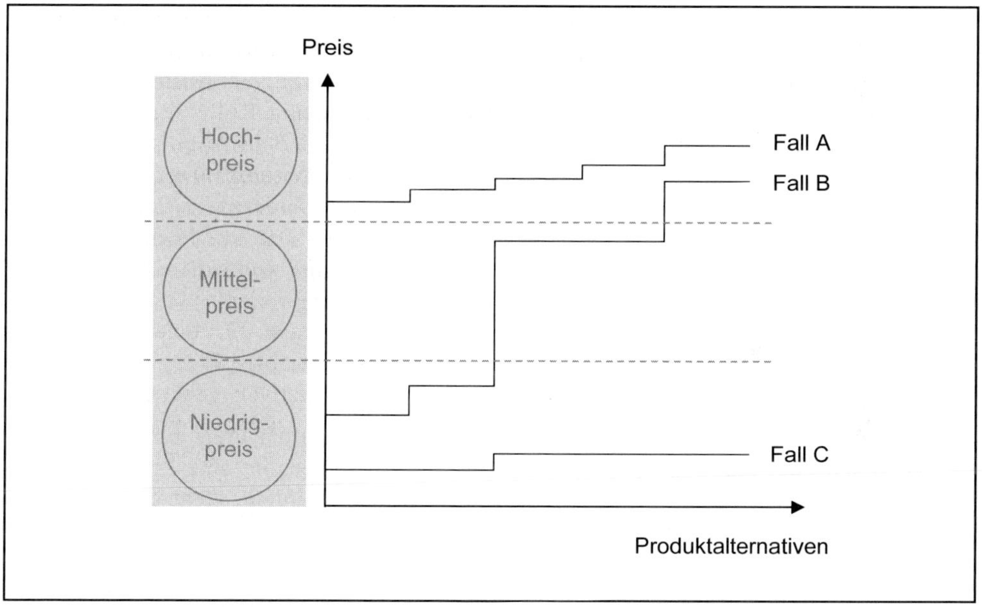

Abbildung 2: Preislogik

Im Folgenden sind beispielhaft die Grundsätze einer Rabatt- und Bonuspolitik aufgeführt:

- Leistung und Gegenleistung: Alle Konditionen sind strikt an Leistungen des Geschäftspartners geknüpft.
- Kontrollierte Komplexität: Konditionensysteme benötigten Komplexität. Differenzieren die Leistungen der Geschäftspartner, dann differenzieren auch die Nachlasselemente.
- Preisbildung im System: Preise und Konditionen sind im System festzulegen, Ergebnis von Bedingungen und Leistungen und nicht Gegenstand von Diskussionen.

- Nachprüfbarkeit der Konditionenelemente: Messbare und nachprüfbare Bezugsgrößen und nicht persönlichen Einschätzungen und Absichtserklärungen sind die Bemessungsgrundlage für die Rabatt- und Bonusvergabe.
- Konsistente Anwendung – ohne Ausnahme.

Die Vorteile der kundenindividuellen und leistungsbezogenen Rabatt- und Bonuspolitik liegen zum einen in der Anreizwirkung, die von ihr ausgeht. Neue Kunden können gewonnen und bestehende Kunden gehalten und dazu animiert werden, mehr als bislang zu kaufen. Zum anderen nimmt in den Fällen, in denen das Erreichen eines avisierten Prämienbudgets oder einer Bonusgrenze die Einkaufsentscheidung steuert, das Preisbewusstsein und die Preissensitivität der Kunden ab. Ferner wird die Preistransparenz und damit die Preisvergleichbarkeit reduziert. Den Vorteilen dieser Preisdifferenzierung stehen wiederum Nachteile gegenüber. So sind auch hier die höhere Komplexität, das Risiko der Kannibalisierung und Irritationen im Kaufverhalten bei inkonsistenten Preisen in ihren Auswirkungen auf Erlöse und Kosten gegen zu rechnen.

Zwischenfazit 5: Im strategischen Preismanagement bergen Preisdifferenzierungsoptionen in all ihren Ausprägungen (regional, produktspezifisch, kundenspezifisch, zeitlich) die größten Chancen aber auch nicht unerhebliche Risiken. Die aus Preisdifferenzierungsstrategien resultierende Komplexität muss steuerbar und kontrollierbar sein, die bearbeiteten Kundensegmente müssen deutlich abgegrenzt sein.

4.3 Preisattraktionen

Unternehmen setzen vorübergehend einen besonders vorteilhaften Preis zur Einführung von Produkten oder zur Verkaufsförderung ein. Sie schaffen damit eine Preisattraktion für Kunden, die günstig und vorteilhaft einkaufen wollen. Dahinter steht die bewusste Strategie, sich durch einen vorübergehenden Preisvorteil gegenüber dem Wettbewerb abzuheben, um eine Position der Vorteilhaftigkeit – zumindest für einen begrenzten Zeitraum - zu besetzen (Preisvorteilsstrategie).

Ein vorteilhafter Preis kann gleichfalls an dem Kundenbestreben ansetzen, mehr zu bekommen und weniger zu zahlen ("Mehr für weniger"). Die Strategie der Preisbündelung zielt genau darauf ab. Mehrere Produkte werden zu einem Paketpreis (Preisbündel) angeboten, der günstiger ist als die Summe der Einzelpreise. Die Automobilindustrie praktiziert diese Preisstrategie mit Paketen der Fahrzeugausstattung sehr erfolgreich. Auch im Textilhandel bieten sich vielfältige Möglichkeiten, Produkte nach Themen und Bedarfsgruppen zu bündeln. Traditionell findet sich dies z.B. bei Business-Kleidung für Frauen, denen häufig Blazer, Hose und Rock in einem Bündel angeboten werden. Oftmals wird das Bündel gekauft, wenngleich bei separatem Angebot im Einzelfall auf Rock oder Hose verzichtet worden wäre. Die Kundin kauft also mehr und ist auch bereit - den Paketnachlass vor Augen - in Summe mehr auszugeben. Gleichzeitig nehmen Preistransparenz und Preissensitivität ab. Die Strategie der Preisbündelung ist nicht an eine zeitliche

Befristung gebunden, da sie aufgrund der reduzierten Preistransparenz die strategische Preispositionierung nicht gefährdet.

Preisattraktionen bilden eine wichtige Facette im Rahmen des strategischen Preismanagements, auch wenn ihr Charakter häufig eher kurzfristiger Natur ist. Sie befriedigen das Kundenbedürfnis, günstig und vorteilhaft einzukaufen, ohne die grundlegende strategische Preis-Leistungs-Positionierung zu beeinträchtigen.

Zwischenfazit 6: Preisattraktionen sind eine Sonderform der Preisdifferenzierung. Sie sind als preisstrategische Optionen in Form einer vorübergehenden Preisvorteilsstrategie oder Preisbündelungsstrategie als Bestandteile des Preismanagement insofern relevant, als dass sie konkrete Kundenbedürfnisse nach Preisvorteilhaftigkeit und Preisgünstigkeit befriedigen.

5. Preisänderungen im Rahmen wechselnder Marktbedingungen

Das Bestreben der Kunden, "bessere" Preise zu realisieren und Angriffe der Konkurrenz führen zu Preisdruck und Preissenkungen. Kostensteigerungen, die nicht durch Produktivitätssteigerungen kompensiert werden können, führen zu Preisdruck mit der Forderung nach Preiserhöhungen. Je nach Stärke der jeweiligen Komponenten sieht sich das Unternehmen in der Abfolge der erstmalig getroffenen Festlegung zur Höhe und zum Grad der Preisdifferenzierung zur Senkung oder Anhebung seiner Preise veranlasst.

5.1 Preissenkungen

Es gibt Gründe, die ein Unternehmen dazu veranlassen, die Preise zu senken: die Auslastung von Überkapazitäten, die Verteidigung von Marktanteilen (bei schrumpfendem Gesamtmarkt) oder die Aussicht auf Kostensenkungen bei entsprechender Ausweitung der eigenen Absatzmengen. Preissenkungen führen in diesen Fällen zur Verdrängung von Konkurrenten und resultieren beim Gegenschlag der Konkurrenz zum Preiswettbewerb und Preisverfall. Preissenkungen können auch zu Imageverlusten führen und dadurch nicht die gewünschte Nachfragesteigerung auslösen. Von Distributionspartnern werden Preissenkungen nicht gern gesehen, da niedrigere Preise für sie geringere Handelsspannen bedeuten. Preissenkungen sind durch kommunikative Maßnahmen zu unterstützen, um entsprechende Mengeneffekte zu erzielen.

Eine Politik der Preissenkung setzt voraus, das die Kosten aufgrund von Skaleneffekten zumindest proportional gesenkt werden oder dass der ehemals festgesetzte Preis hoch genug angesetzt wurde, um in der Folge Preissenkungsspielraum zu bieten (Skimming-

Strategie). Ist nicht gewährleistet, dass die Preissensibilität der Kunden derart hoch ist, dass zusätzliche Nachfrage stimuliert wird und dass die Aussicht auf fallende Preise die Konkurrenz abschreckt, dann sind Preissenkungen strategisch nicht zu empfehlen. Preissenkungen führen schnell zu einem Preiskrieg und in der Folge zur Vernichtung von Werten und Dezimierung der Gewinne.

5.2 Preiserhöhungen

Die Gründe für Preiserhöhungen sind vielfältig. Häufig erkennen Unternehmen die Notwendigkeit, die Preise zu erhöhen an gestiegenen Kosten bei Herstellung oder Vertrieb. Neben dieser rein reaktiven Erhöhung der Preise können Überlegungen zum Gesamtdeckungsbeitrag den Schluss einer Preiserhöhung nahe legen. In Abhängigkeit der Preissensibilität der Kunden kann eine Preiserhöhung trotz eines damit verbundenen Mengenrückgangs zu einer Erhöhung des Deckungsbeitrages führen. Zur Überprüfung, ob sich für ein Unternehmen eine Preiserhöhung aus Sicht des Deckungsbeitrages lohnt, ist eine Analyse der Preis-Absatzbeziehungen notwendig.

Neben den grundsätzlichen Argumenten Deckungsbeitrag und Kostenentwicklung existiert eine Reihe situationsbezogener Gründe, die Preiserhöhungen aus Unternehmenssicht nahe legen. Ein Beispiel sind nicht mehr aufrecht zu erhaltende Preisdifferenzen zwischen einzelnen Ländern infolge der Einführung des Euros. Weiter typische Situationen für Preiserhöhungen ergeben sich bei der Einführung verbesserter Produkte, knapper Kapazitäten, Währungsschwankungen oder eine Preiserhöhung des Wettbewerbs.

Die erfolgreiche Durchsetzung von höheren Preisen gegenüber den Distributionspartnern und gegenüber dem Endkunden im Sinne der Erzielung einer Preisakzeptanz ist eine der großen Herausforderungen der Preispolitik. In der Regel leisten die Kunden gegenüber allen Versuchen, die Preise zu erhöhen, Widerstand. Nur mit entsprechender Vorbereitung und Argumentation ist eine Preiserhöhung erfolgversprechend. Mögliche Vorgehensweisen sind die Anhebung der Preise in mehreren kleinen Schritten, die Einbindung des Produktes in ein Paketangebot, die Veränderung der Metrik (z.B. kleinere Packungen), Rabattsenkung oder die gesonderte Verrechnung von Services und Zusatzleistungen.

Intern richten sich die Bemühungen im Rahmen einer Preiserhöhung auf den Aufbau einer nachvollziehbaren Logik und die Ausbildung der Vertriebsmitarbeiter bei der Argumentation. In diesem Zusammenhang ist auch an eine Kopplung der Außendienstprovision an den durchgesetzten Preis zu denken.

Letztendlich ist auch der Wettbewerb in eine Preiserhöhung einzubeziehen. Die Erfahrung zeigt, dass ein Anbieter alleine selten eine Preiserhöhung durchführen kann. Benötigt werden horizontale und vertikale Unterstützung. Als ungeschriebenes Gesetz gilt, dass der Marktführer Preiserhöhungen zu initiieren hat. In intelligenten Branchen ist dann autonomes Gleichverhalten zu beobachten. Die kleineren Anbieter sollten dem Marktführer folgen. Es wäre ein strategischer Fehler, Preiserhöhungen opportunistisch zum kurzfristigen Vorteil zu nutzen.

5.3 Reaktionen auf Preisänderungen

Jede Preisänderung hat Konsequenzen auf das Verhalten der Kunden und der Konkurrenten (siehe Abbildung 3). Danach gelten folgende Beziehungen: Der eigene Preis beeinflusst direkt das Kundenverhalten und damit die daraus resultierende Absatzmenge. Des weiteren beeinflusst der eigene Preise in Abhängigkeit der Marktposition und Stärke den Preis der Konkurrenz. Von diesem wiederum ist die Absatzmenge indirekt abhängig. Somit beeinflussen der eigene Preis in Verbindung mit den Wettbewerbspreisen die eigene Absatzmenge. Diese wiederum beeinflusst die Kosten. Preis mal Menge ergibt den Umsatz, der - abzüglich der Kosten - zum Gewinn führt, den es dauerhaft zu maximieren gilt. Eine rationale Preisentscheidung kann nur getroffen werden, wenn hinreichend genau bekannt ist, wie die Kunden auf die eigenen und auf die Wettbewerbspreise reagieren und eine valide Vorstellung existiert, wie Preisänderungen das Preisverhalten der Konkurrenten beeinflusst.

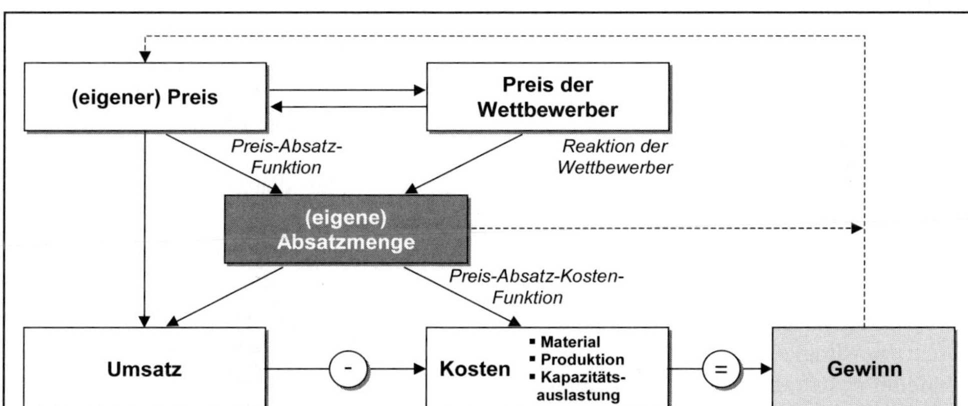

Abbildung 3: Systemzusammenhang zur Preisentscheidung

Um eine Entscheidung über die Höhe, den Differenzierungsgrad und die Änderung des Preises zu treffen, ist der entsprechende Systemzusammenhang zu quantifizieren und zu bewerten. Computermodelle, die die dargestellten Prozesse erfassen und in ihren Konsequenzen auf das Preisverhalten der Wettbewerber und das Kundenverhalten bewerten, liefern dem Management eine Grundlage für diese Entscheidungen. Damit lassen sich alternative Annahmen über das Kunden- und Wettbewerbsverhalten - Szenarien mit best und worst case – simulieren. Mit Hilfe von "Decision Support-Modellen" lassen sich alternative Preispositionierungen, Preisänderungen im Zeitverlauf (Lebenszyklus) basierend auf empirischen Daten untermauern und zu Absatz- und Gewinnprognosen nutzen.

Die Optionen im strategischen Preismanagement können so quantitativ bewertet werden. Die Auswahl der Optionen geschieht somit nicht auf Basis von Intuition, sondern systematisch und nach klaren Regeln.

Zwischenfazit 7: In einem dynamischem Umfeld ändern sich Kunden-, Konkurrenz- und Kostenverhältnisse permanent. Sollen die gewünschten Effekte der Preisstrategie nachhaltig erzielt werden, sind systematische Preisanpassungen unerlässlich. Die Preisänderungen müssen vorausschauend und stringent erfolgen. Dabei gilt es, das Verhalten der Kunden und Konkurrenten ins Kalkül zu ziehen. Modellrechnungen helfen, alternative Optionen des strategischen Management zu bewerten und auszuwählen.

6. Schlussbetrachtung: Das "House of Pricing"

Unternehmen benötigen eine Preisstrategie. Dazu sind klare, konsistente Festlegungen bezüglich der Preishöhe (Preispositionierung) und zum Grad der Preisdifferenzierung zu treffen. Sie sind das Fundament des strategischen Preismanagements. Die Optionen sind mit der derzeitigen bzw. anzustrebenden Position im Markt verbunden. Sie unterscheiden sich danach, ob als Zielsetzung des Unternehmens Fragen der Marktabschöpfung, der Marktdurchdringung, der Kapazitätsauslastung, der Kundenbindung oder der Verlagerung des Wettbewerbs zu behandeln sind.

Die Entscheidung über Struktur, Elemente und Höhe des Preises ist in Abhängigkeit des jeweils relevanten Kundenverhaltens zu treffen. Als dauerhafte Bestimmungsfaktoren für das Preisverhalten der Kunden gelten die Faktoren der Vorteilhaftigkeit, der Individualität, der Belohnungs- und Anreizfunktion sowie der Fairness und Berechenbarkeit.

Ein konsistentes und aufeinander abgestimmtes Vorgehen ist in vier Punkten herbeizuführen: Preisimage, Preislogik, Preisindividualisierung und Preisattraktion gelten als die Eckpfeiler des strategischen Preismanagements.

Das Preisimage eines Unternehmens wird durch seine Preispositionierung bestimmt. Die Preispositionierung kann in den Extremen eine Positionierung als Niedrigpreis- oder Hochpreisanbieter oder als Sonderform eine Positionierung als Discounter sein. Preispositionierung funktioniert nur dort, wo der Konsument den Preis als ein (eventuell sogar das wesentliche) Kriterium zur Qualitätsbeurteilung und zur Auswahl von Produkten, Marken und Einkaufsstätten heranzieht.

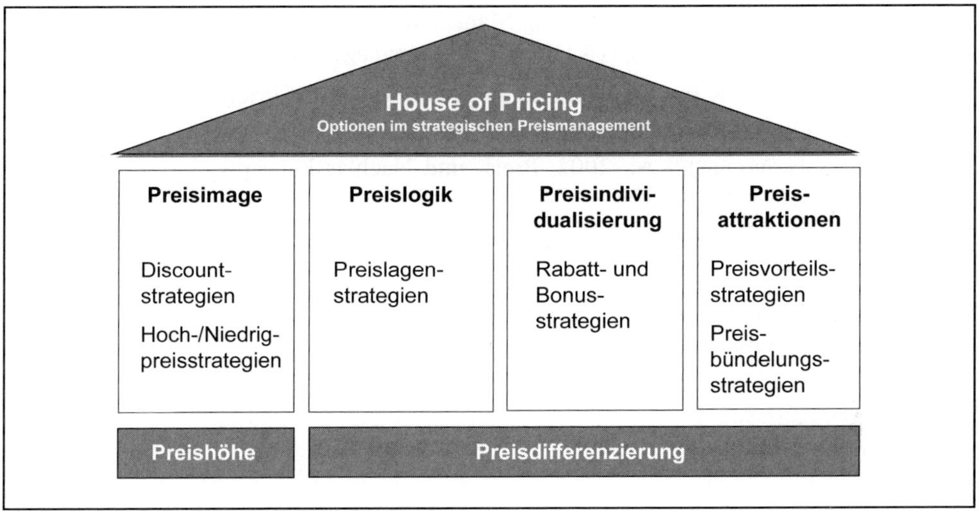

Abbildung 4: Das "House of Pricing"

Die Preislogik basiert auf einer Preislagenstrategie bestehend aus Einstiegspreis, den Preisabstufungen innerhalb der Produktlinie und der Anzahl von Preisalternativen. Die Preisindividualisierung trägt dem Umstand Rechnung, dass verschiedene Kunden in der Regel unterschiedliche Zahlungsbereitschaften für eine Leistung haben. Als Optionen der Preisindividualisierung kommen die unterschiedlichen Formen der Rabatt- und Bonuspolitik zum Einsatz. Preisattraktionen sind eine Sonderform der Preisdifferenzierung. Preisstrategische Optionen stellen eine zeitlich befristete Preisvorteilsstrategie oder eine Preisbündelungsstrategie dar. Diese Optionen sind insofern relevant, als dass sie konkrete Kundenbedürfnisse nach Preisvorteilhaftigkeit und Preisgünstigkeit befriedigen.

Aufgrund wechselnder Marktbedingungen in einem dynamischem Umfeld umfasst das strategische Preismanagement das Management von Preisänderung. Modellrechnungen, die das Verhalten der Kunden und Konkurrenten ins Kalkül ziehen, helfen, alternative Preisoptionen zu bewerten und auszuwählen.

7. Literatur

DILLER, H., 2000, Preispolitik, 3. Aufl., Stuttgart.

HAAS, A., 2000, Discounting. Konzeption und Anwendbarkeit des Discount als Marketingstrategie, Nürnberg.

KOTLER, P./BLIEMEL F., 2001, Marketing Management: Analyse, Planung und Verwirklichung, Stuttgart, 10. Auflage (Kapitel 16: Preismanagement).

NAGEL, T.T./HOLDEN, R.K., 1995, The Strategy and Tactics of Pricing: a Guide to Profitable Decision Making, Englewood Cliffs, NJ, 2. Aufl.

SEBASTIAN, K.-H./MAESSEN A., 2002, Preis- und Nachlasskonzepte, in: Die Betriebswirtschaft, Heft 5, S. 547-553.

SIMON, H., 1992, Preismanagement: Analyse-Strategie-Umsetzung, 2. Auflage, Wiesbaden.

SIMON, H./DOLAN, R.J., 1997, Profit durch Power Pricing: Strategien aktiver Preispolitik, Frankfurt/Main.

Hans Pechtl

Logik von Preissystemen

1. Logik von Preissystemen

Ein Preissystem beinhaltet eine geordnete Menge von Preiselementen, die sich auf die Leistungskomponenten des Anbieters beziehen und den monetären Gegenwert, den der Anbieter für seine Leistungen ansetzt, definieren. Aus allgemeiner Sicht sind wesentlich für ein System die Relationen zwischen den Elementen und ihre Beziehungen zur Umwelt (vgl. bspw. Schiemenz, 1993, Sp. 4128 f.). Bezogen auf ein Preissystem beinhaltet dies die (ordinalen) Abstufungen zwischen den Preiselementen bzw. die Beziehungen der Preiselemente mit den Leistungskomponenten. Im Sinne der Marketingplanung bildet ein Preissystem damit den konzeptionellen Rahmen für die Preiskalkulation. Ein Preissystem darf hierbei als logisch bezeichnet werden („interne Logik"), wenn es ökonomische oder verhaltensorientierte Begründungen für spezifische Relationen der Preiselemente untereinander bzw. zu den Leistungskomponenten gibt. Ein Preissystem muss allerdings auch eine „externe Logik" besitzen, d.h. mit den rechtlichen Rahmenbedingungen in Einklang stehen und von den Nachfragern akzeptiert werden. Interne und externe Logik bilden damit zwei eigenständige Dimensionen der Sinnhaftigkeit eines Preissystems; sie sind folglich notwendige Voraussetzungen für ein erfolgreiches Preismanagement.

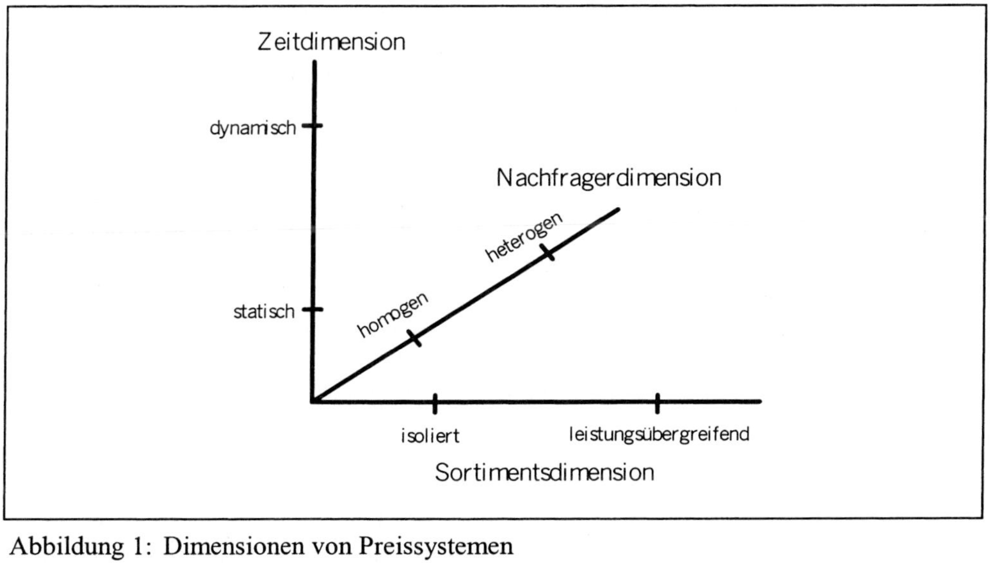

Abbildung 1: Dimensionen von Preissystemen

Ein Preissystem ist dynamisch, wenn Preise für ein Produkt innerhalb eines Planungszeitraums eine systematische, zeitbezogen unterschiedliche Höhe aufweisen. Bei einem statisch geprägten Preissystem unterbleibt die Festlegung einer solchen zeitlichen Struktur, da die Preiskalkulation nur auf die vorliegende Zeitperiode fokussiert ist. Bei der sortimentsbezogenen Dimension ist zu differenzieren, ob die Preise für die verschiedenen

Leistungskomponenten des Anbieters isoliert voneinander oder leistungsübergreifend festgesetzt werden. Leistungsübergreifend impliziert hierbei, dass mehrere Leistungskomponenten des Anbieters in der Preiskalkulation zusammengefasst sind bzw. die ordinale Abstufung der Preise qualitative Unterschiede in den Leistungskomponenten reflektiert. Gelten zu einem Zeitpunkt für Nachfrager des gleichen Produkts verschiedene Preise, liegt ein heterogenes, nachfragerbezogenes Preissystem vor; bei für alle Nachfrager identischen Preisen ist das Preissystem nachfragerbezogen homogen.

Dieser Beitrag stellt in den folgenden drei Abschnitten ausgewählte Preissysteme vor, die gemäß Abbildung 1 als dynamisch, leistungsübergreifend oder nachfragerbezogen heterogen zu kennzeichnen sind. Im Vordergrund der Darstellung steht hierbei vor allem deren interne Logik. Abschnitt 5 greift schließlich mit dem Konzept der Preisfairness einen Aspekt der externen Logik dieser Preissysteme auf.

2. Dynamische Preissysteme

2.1 Preissysteme für die Markteinführung von Innovationen

Drei Preissysteme (vgl. Abbildung 2) werden im Rahmen der Markteinführung von Innovationen diskutiert (vgl. Schmalen, 1995, S. 129-130; Simon, 1992, S. 293-295): Die Skimming-Strategie impliziert in der Einführungsphase des neuen Produkts einen relativ hohen, über dem statisch-gewinnoptimalen Cournotpreis liegenden Preis (p), der in den späteren Perioden gesenkt wird. In der Penetration-Strategie führt man das Produkt mit einem relativ niedrigen Preis in den Markt ein; in den späteren Perioden folgen dann möglicherweise Preiserhöhungen. Eine Extremform hierzu stellt die Strategie des äußerst niedrigen Anfangspreises dar (vgl. Henderson, 1984, S. 61). Diese unterbietet noch den Startpreis der Penetration-Strategie und behält diesen sehr niedrigen Preis bei. Wenngleich der Preis im Zeitablauf unverändert bleibt, darf dennoch von einem dynamischen Preissystem gesprochen werden, da die Preise eine bewusste, zeitlich aufeinander abgestimmte Struktur besitzen.

Die drei Preissysteme implizieren zu einem bestimmten Zeitpunkt nach der Markteinführung (t_1) - ceteris paribus - eine unterschiedliche Marktdurchdringung der Innovation: Die Penetration-Strategie besitzt in t_1 eine höhere kumulierte Absatzmenge als die Skimming-Strategie. Die Strategie des äußerst niedrigen Einführungspreises hat zu diesem Zeitpunkt das Marktpotential noch stärker „abgeräumt". Dies wiederum hat Folgen für die Höhe der variablen Stückkosten (k_v), die dem Erfahrungskurveneffekt unterliegen. Dieser beinhaltet, dass mit steigender kumulierter Absatz- und damit auch Produktionsmenge die variablen Stückkosten sinken (vgl. bspw. Corsten, 1998, S. 206 f.). Daher weist in t_1 die Strategie des äußerst niedrigen Einführungspreises von allen drei Preissystemen die niedrigsten variablen Stückkosten auf (vgl. Abbildung 2). Die interne Logik der Skimming-Strategie basiert auf der zeitlichen Preisdifferenzierung, die ein stärkeres Abschöpfen der Konsumentenrente (Differenz aus maximaler Zahlungsbereitschaft des Nachfragers und dem zu bezahlenden Preis) als ein statisches Preissystem ermöglicht: Zum Startpreis erwerben nur Nachfrager mit hoher Preisbereitschaft das Produkt. Ist dieses Segment abgearbeitet, d.h. deren Konsumentenrente weitgehend abgeschöpft, wird der Preis gesenkt, weshalb das Produkt nunmehr Nachfrager anspricht, die eine etwas geringere Preisbereitschaft besitzen: So bietet im sog. „Versioning", der Internet-Variante der Skimming-Strategie, ein Finanzinformationsdienst Börseninformationen in Echtzeit für monatlich 50 US-$ an, um die hohe Zahlungsbereitschaft professioneller Anwender auszunutzen. Die gleichen Informationen offeriert das Unternehmen mit einer Zeitverzögerung von 20 Minuten für weniger als 10 US-$ pro Monat, um damit private Nutzer mit geringerer Zahlungsbereitschaft anzusprechen (vgl. Fritz/Wagner, 2001, S. 650 f.). Für die Skimming-Strategie spricht ferner, dass ein relativ hoher Startpreis bereits bei der Markteinführung eine Kostendeckung ermöglicht. Ferner assoziieren uninformierte Nachfrager mit einem hohem Preis möglicherweise eine gute Produktqualität der Innovation, was Qualitätsunsicherheiten vor allem bezogen auf Such- und Erfahrungseigenschaften reduziert (vgl. Monroe/Petroshius, 1981, S. 45-46).

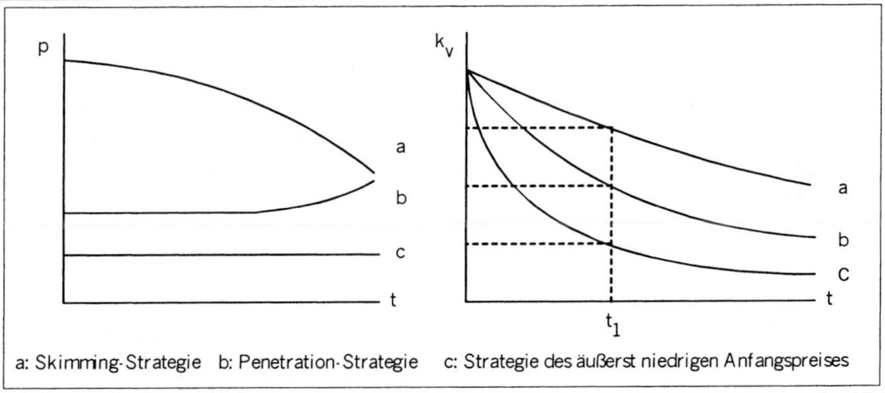

Abbildung 2: Preissysteme für die Markteinführung von Innovationen

Die Penetration-Strategie verfolgt eine andere interne Logik: Durch den niedrigen Einstiegspreis soll das Marktpotential der Innovation schnell erschlossen werden, um insbesondere Nachfrager, die bei ihren Kaufentscheidungen den Marktverbreitungsgrad der Innovation bzw. den Marktanteil eines Anbieters beachten (sog. Imitatoren), wirkungsvoll anzusprechen (vgl. Schmalen et al., 1993, S. 523). Für diese Käufergruppe signalisiert ein hoher Marktanteil Qualitätssicherheit und Reputation. Hat sich ein Unternehmen durch einen hohen Marktanteil ein solches akquisitorisches Potential geschaffen, besitzt es im „Kampf" um das noch freie Marktpotential einen strategischen Wettbewerbsvorteil gegenüber Konkurrenten mit geringeren Marktanteilen. Zudem erlaubt das akquisitorische Potential Preiserhöhungen, ohne nennenswerte Absatzeinbußen hinnehmen zu müssen. Verluste zu Beginn der Diffusion, da der Verkaufspreis unter den variablen Stückkosten liegen dürfte, sind deshalb Investitionen in die Markterschließung. Aufgrund des Erfahrungskurveneffekts sinken die variablen Stückkosten jedoch rasch, so dass trotz des niedrigen Startpreises mittelfristig die Chance zur Kostendeckung bzw. Gewinnerzielung gegeben ist.

Die Strategie des äußerst niedrigen Anfangspreises setzt auf andere Überlegungen: Der sehr niedrige Einheitspreis soll Konkurrenten solange von einem Markteintritt abzuhalten, bis das Produkt eine marktbeherrschende Stellung erreicht hat und dann aufgrund dieser Markteintrittsbarriere Konkurrenten vom Markt fernbleiben. Treten dennoch Konkurrenten auf, vermag der Anbieter seine aufgrund des Erfahrungskurveneffekts deutliche bessere Kostenposition auszuspielen und die Preise auf ein für diesen Konkurrenten kostenmäßig nicht tragbares Niveau zu senken (sog. „entry limit pricing“, vgl. Diller, 2000, S. 374). Um Konkurrenten fernzuhalten, genügt bereits die glaubhafte Androhung eines solchen „Kampfpreises“. Die langfristige Gewinnerzielung wird dadurch zu erreichen gesucht, dass der Anbieter das Marktpotential weitgehend allein abarbeitet und der Erfahrungskurveneffekt langfristig die Produktionskosten unter den Verkaufspreis drückt.

Generelle Aussagen, welches Preissystem überlegen ist, lassen sich nicht treffen: Allerdings bleibt bei raschem technischem Fortschritt und hohem Konkurrenzdruck meist nicht die Zeit für eine schrittweise Marktbearbeitung im Sinne der Skimming-Strategie. Antizipieren Nachfrager Preisreduzierungen, könnten sie zudem den Kauf der Innovation aufschieben, weshalb dann der Diffusionsprozess „stockt“. Diese Aspekte legen eine Penetration-Strategie, die eine schnellere Markterschließung impliziert, nahe. Preissensitive Nachfrager und der Konkurrenzdruck erschweren jedoch häufig eine Preiserhöhung nach dem relativ niedrigen Anfangspreis, was das Erreichen der Gewinnschwelle hinauszögert bzw. den Gesamtgewinn mindert. Die Logik der Strategie des äußerst niedrigen Einführungspreises basiert auf dem Ausschluss der Konkurrenz; allerdings muss ein sehr niedriger Startpreis Konkurrenten nicht von einem Markt abhalten (vgl. Simon, 1992, S. 296). Dann bleibt fraglich, ob das Kalkül der Gewinnerzielung aufgeht.

2.2 Preissysteme bei zeitlich schwankender Nachfrage

Dienstleistungen lassen sich aufgrund ihrer Immaterialität und dem uno-actu-Prinzip von Produktion und Konsum nicht lagern; auch Produkte wie Strom kann ein Anbieter nicht auf Vorrat produzieren. Ist die Nachfrage nach solchen Produkten zeitlichen Schwankungen unterworfen (Tageszeit, Wochentag, Saison), läuft der Anbieter Gefahr, in Spitzenzeiten Kunden aufgrund voll ausgelasteter Kapazitäten abweisen zu müssen, in nachfrageschwachen Zeiten („Flauten“) jedoch unausgelastete Kapazitäten zu haben. Höhere Preise für eine Leistungserbringung in Spitzenzeiten und niedrigere Preisen in bislang nachfrageschwachen Zeitfenstern vermögen jedoch Nachfrage umzulenken (sog. „peak load pricing"; vgl. Diller, 2000, S. 322.; Fassnacht, 1996, S. 65 ff.): So bieten Hotels unterschiedliche Übernachtungspreise für Haupt- und Nebensaison an, Fluglinien je nach Saison oder Wochentag unterschiedliche Tarife oder Gaststätten „happy hours". Es liegt damit eine Preisdifferenzierung zweiten Grades vor, wenn ein Nachfrager durch eigene Entscheidung wählt, in welchem Zeitfenster er die Dienstleistung in Anspruch nimmt. Ein solches dynamisches Preissystem führt zu einer ausgeglicheneren Kapazitätsauslastung, was die Leerkosten reduziert und zugleich zu einer Ertragssteigerung durch ein stärkeres Abschöpfen der Konsumentenrente führt: Zum einen entrichten Nachfrager für eine Leistung in der Spitzenzeit einen höheren Preis, verglichen mit einem über alle Zeitfenster konstanten Preis; zum anderen nehmen Nachfrager „in der Flaute" Leistungen in Anspruch, die sie ansonsten überhaupt nicht gekauft hätten. Dies sind solche Nachfrager, die in der Spitzenzeit aufgrund der Kapazitätsüberlastung nicht „zum Zug" gekommen wären und zu einem höheren Preis in einem anderen Zeitfenster die Dienstleistung nicht gekauft hätten. Für diese Nachfrager stellt der niedrigere Preis (sog. Zeitrabatt) eine Entschädigung bzw. einen Anreiz dar, wenn sie die Dienstleistung in einem Zeitfenster, für das sie keine so hohe Präferenz besitzen, in Anspruch nehmen.

Eine solche zeitliche Preisdifferenzierung führt nur dann zu einer Ertragssteigerung (vgl. Simon, 1992, S. 574 f.), wenn zum einen in anderen Zeitfenstern als der Spitzenzeit tatsächlich Bedarf nach dieser Dienstleistung besteht: Die Nutzeneinbuße der Nachfrager, außerhalb der Spitzenzeit die Leistung in Anspruch zu nehmen, darf deshalb nicht zu groß ausfallen. Zum anderen müssen ausreichend viele Nachfrager trotz des höheren Preises bereit sein, die Dienstleistung in der Spitzenzeit nachzufragen. Insbesondere darf keine sog. Spitzenlast-Umkehr („peak reversal") auftreten. Hier wechseln viele Nachfrager von der Spitzenzeit in das Zeitfenster mit dem günstigen Preis. Dadurch sind die Kapazitäten zum günstigen Tarif überlastet, in der für den Anbieter ökonomisch attraktiven Spitzenzeit aber weitgehend frei.

2.3 Sonderangebote versus Dauerniedrigpreise

Eine im Handelsmarketing diskutierte Frage beinhaltet, ob eine Sonderangebots- oder eine Dauerniedrigpreisstrategie langfristig erfolgreicher ist (vgl. bspw. Bell/Lattin, 1998; Schindler, 1999). Im letzteren Fall bleibt ein niedriges Preisniveau für ausgewählte Produkte über einen längeren Zeitraum hinweg konstant (Dauerniedrigpreisschiene); bei einer Sonderangebotsstrategie treten temporäre Preisreduzierungen für ausgewählte Produkte auf, wobei das Preisniveau in dieser kurzen Spanne dasjenige der Dauerniedrigpreise noch unterschreitet (vgl. Diller, 1999a, S. 369).

Beide Preissysteme wollen das Handelsunternehmen als preisgünstige Einkaufsstätte profilieren: Hierbei gerät die Sonderangebotspolitik zunehmend in die Kritik, da durch Überbeanspruchung („Sonderangebotsaktionitis") eine Abnahme ihrer Absatzwirkung gesehen und ein langfristiges Sinken der Preisbereitschaft oder eine Image-Erosion der in den Aktionen eingesetzten Marken befürchtet wird. Daher gilt die Dauerniedrigpreisstrategie möglicherweise als langfristig erfolgreicher (vgl. Chandon et al., 2000, S. 65, Hoch et al., 1994, S. 16).

Aus Verhaltenssicht sprechen beide Preissysteme unterschiedliche Einkaufsmotive der Nachfrager an: Sonderangebote zielen auf den sog. Schnäppchenkäufer („smart shopper") ab, der neben dem utilitaristischen Ziel eines preisgünstigen Einkaufs auch hedonistische Motive verfolgt. Diese umfassen Aspekte wie Stolz, den Unternehmen „etwas abgeluchst" zu haben, das Gefühl von Einkaufskompetenz oder die Erfüllung eines gesetzten Selbstbildes, wenn man günstig eingekauft hat (vgl. Mano/Elliott, 1997, S. 504 ff.; Schindler, 1989, S. 448 f.). Dauerniedrigpreise heben dagegen den Aspekt der Preistransparenz und -stabilität des Angebots hervor (vgl. Diller, 2000, S. 391). Zugleich reduzieren konstante, niedrige Preise den Einkaufsaufwand, da sich der Nachfrager nicht mit Preisvergleichen „aufhalten" muss, um ein günstiges Produkt zu identifizieren. Ein Preissystem mit Dauerniedrigpreisen könnte daher Käufertypen ansprechen, die Wert auf Preissicherheit und einen effizienten Einkauf legen. Welches der beiden dynamischen Preissysteme erfolgreicher ist, dürfte folglich - unter anderem - davon abhängen, welcher der beiden Käufertypen in der Kundschaft eines Handelsbetriebs überwiegt.

3. Leistungsübergreifende Preissysteme

3.1 Preisbündelung

Bei einer Preisbündelung werden mehrere Einzelprodukte (Sachgüter, Dienstleistungen) zu einem Gesamtpreis (Bündel,- Paket-, Setpreis) angeboten (vgl. bspw. Priemer, 2000, S. 31; Wübker, 1998, S. 12): Beispiele hierfür sind Pauschalreisen, die mehrere Dienstleistungen (Flug; Transfer; Hotelunterbringung) umfassen, Komplettpreise im EDV-Sektor (Hardware und Software) oder die Kombination mehrerer Konsumartikel, die ein Anbieter zu einem Setpreis verkauft (vgl. Diller, 2000, S. 307).

Die Logik eines solches Preissystem ist in der Chance zu sehen, die Konsumentenrente stärker abzuschöpfen, verglichen mit einem sortimentsbezogen isolierten Preissystem aus Einzelpreisstellungen für die betreffenden Produkte. Als Grundregel muss hierfür der Paketpreis niedriger als die Summe der Einzelpreise sein, da ansonsten niemand die betreffenden Produkte als Bündel erwerben würde. Ferner setzt eine Überlegenheit der Preisbündelung gegenüber der isolierten Einzelpreisstellung voraus, dass die Preisbereitschaft der Nachfrager für die einzelnen Produktkomponenten sowohl individuell als auch zwischen den Nachfragern deutlich unterschiedlich ausgeprägt ist: Wählt man in einer Einzelpreisstellung einen relativ niedrigen Preis für beide Komponenten, um sie an beide Nachfragersegmente verkaufen zu können, bleibt viel Konsumentenrente in demjenigen Segment nicht ausgeschöpft, das eine hohe Zahlungsbereitschaft besitzt. Wählt man dagegen einen relativ hohen Preise für beide Produktkomponenten, lässt sich zwar beim jeweiligen Nachfragersegment mit der hohen Zahlungsbereitschaft für eine Komponente dessen Konsumentenrente weitgehend abschöpfen, es entgeht aber vollständig die Konsumentenrente bei derjenigen Produktkomponente, für das ein Nachfragersegment eine nur geringe Preisbereitschaft besitzt, da diese Nachfrager nicht kaufen. Analoge Effekte in beiden Nachfragersegmenten treten auf, wenn eine Produktkomponente einen hohen, die andere einen niedrigen Preis besitzt. Bei einem Bündelpreis („pure bundling") reicht hingegen die hohe Zahlungsbereitschaft für eine Komponente aus, um im Gesamtpaket auch die andere, weniger wertgeschätzte Komponente „mitzunehmen". Es gelingt dem Anbieter damit, „überschüssige" Preisbereitschaft bei einer Leistungskomponente auf eine andere Komponente, bei der die vorhandene Zahlungsbereitschaft eines Nachfragers nicht zum Kauf ausgereicht hätte, zu transferieren (vgl. Wübker, 1998, S. 26).

Eine Verfeinerung des „pure price bundling", bei dem die Einzelleistungen nur als Gesamtpaket erhältlich sind, stellt das sog. „mixed price bundling" dar: Hier werden neben dem Gesamtpaket auch einzelne Komponenten mit ihren Einzelpreisen angeboten. Diese sollen zusätzlich zu den Nachfragersegmenten, die das Produktbündel erwerben, solche Abnehmer ansprechen, die für den Bündelpreis keine ausreichende Preisbereitschaft besitzen, aber für eine einzelne Komponente bereit sind, einen gewissen Preis zu entrichten.

Eine generelle Aussage, ob „pure bundling", „mixed bundling" oder Einzelpreisstellung höhere Umsätze durch ein stärkeres Abschöpfen der Konsumentenrente erzielen, lässt sich nicht treffen (vgl. Wübker, 1998, S. 65), da die spezifischen Zahlungsbereitschaften der Nachfragersegmente entscheidend sind, welches Preissystem überlegen ist. Dies betrifft auch die Frage, welche Produktkomponenten im „mixed bundling" zusätzlich mit Einzelpreisen angeboten werden sollen. Je stärker sich Nachfragersegmente jedoch in ihrer Zahlungsbereitschaft für einzelne Komponenten unterscheiden, desto wahrscheinlicher wird die Überlegenheit der Preisbündelung. Zudem vermindert eine Preisbündelung die Preistransparenz am Markt. Ebenso lassen sich durch Preisbündelung Preissteigerungen bei einer Produktkomponente verschleiern, wenn es anstelle eines Einzelverkaufs zusammen mit weiteren Komponenten als Bündel offeriert wird (vgl. Priemer, 2000, S. 89).

Neben diesen umsatzorientierten Motiven begründen noch weitere Aspekte die interne Logik eines Preissystems mit Preisbündelung: So kann eine vorgegebene begrenzte Anzahl von Gesamtpaketen die Kombinationsmöglichkeiten eines Produkts hinsichtlich Sonderausstattungen verringern und damit die Komplexitätskosten in der Produktion reduzieren (vgl. Eppen et al., 1991, S. 7-8). Aus Nachfragersicht repräsentiert ein Produktbündel häufig eine komplexe Problemlösung. Dies nimmt dem Nachfrager die Mühe, selbständig aus verschiedenen Einzelleistungen ein solches Paket zusammenzustellen, was das wahrgenommene Kaufrisiko zu reduzieren vermag (vgl. Porter, 1986, S. 538) und zugleich dem bequemlichkeitsorientierten Käufer entgegenkommt (vgl. Priemer,

2000, S. 33). Der Gesamtpreis für die einzelnen Leistungskomponenten unterstreicht hierbei den Tatbestand, dass das Produktbündel eine komplexe Problemlösung offeriert. Möglicherweise schaffen Produktbündel auch eine „lock-in“-Situation für den Nachfrager (vgl. Eppen et al., 1991, S. 10), wenn er nicht einzelne Komponenten eines Anbieter austauschen kann, sondern das gesamte Produktpaket erwerben muss. Dies erhöht seine Wechselkosten und damit die Bindung an den Anbieter. Ferner vermag ein Anbieter seine Marktstellung in einem Produktbereichen durch einen Bündelpreis in eine andere Produktkategorie, in der er bislang weniger vertreten war, zu übertragen, da die Nachfrager bei einem Produktbündel die Komponenten aus beiden Produktbereichen erwerben (vgl. Wübker, 1998, S. 189).

3.2 Preisbaukästen

Preisbaukästen implizieren ein Preissystem, das strukturelle Probleme der Preisbündelung vermeiden will. Ein Bündelpreis für mehrere Leistungskomponenten hat sich bisweilen aus Wettbewerbsüberlegungen heraus entwickelt: Um die Attraktivität des „Hauptprodukts“ zu steigern bzw. sich von Konkurrenzangeboten abzuheben, erweitern Anbieter das Hauptprodukt um Zusatzleistungen (z.B. Serviceleistungen), die im Preis für das Hauptprodukt enthalten sind (Komplettpreissystem). Nachfrager nehmen dann diese „Kostenlosangebote“ mit, obwohl ihre Preisbereitschaft hierfür niedrig ist. Der Anbieter muss daher eine höhere Kapazität für die Erbringung der Leistungen vorhalten, als notwendig wäre, wenn Nachfrager explizit einen Preis für diese Zusatzleistungen entrichten müssten. Ferner kann das Produktbündel aus Sicht eines Nachfragers viele uninteressante Leistungskomponenten enthalten, weshalb seine Preisbereitschaft, die nur aus wenigen für ihn attraktiven Leistungskomponenten resultiert, möglicherweise nicht für das Leistungsbündel ausreicht. Dann unterbleibt ein Kauf. Zudem beinhalten Produktbündel eine - am durchschnittlichen Nachfrager - orientierte Zusammenstellung von Leistungen, die dem Individualisierungsanspruch eines Produktangebots nur wenig Rechnung trägt.

Einen Ausweg bieten Preisbaukästen für komplementäre und zugleich standardisierte Teilleistungen (vgl. Diller, 1993, S. 270 f., Diller, 1999b, S. 46): In einem ersten Schritt werden die einzelnen Komponenten eines Leistungsbündels isoliert mit ihren Listenpreisen ausgewiesen, wobei der Nachfrager individuell die jeweiligen Leistungskomponenten wählt. In einem zweiten Schritt setzt der Anbieter für die individuell kombinierten Teilleistungen dann Bündelpreise an, um die hohe Preisbereitschaft für eine Leistungskomponente auf eine andere Leistungskomponente zu transferieren und so die Konsumentenrente stärker abzuschöpfen. Preisbaukästen führen damit zu individuellen Bündelpreisen, die eine geringere Gefahr von bloßen Mitnahmeeffekten beinhalten: Mehrleistungen, die ein Nachfrager in Anspruch nehmen will, stehen entsprechende Aufpreise (höhere Bündelpreise) gegenüber, weshalb die individuellen Leistungsbündel nur solche Komponenten enthalten, für die der Nachfrager eine gewisse Wertschätzung hat. Auch aus Sicht der Preisargumentation besitzen Preisbaukästen einen Vorteil gegenüber einem einfachen Komplettpreissystem. So lassen sich in der Werbung vor allem attraktive Einzelpreise von Komponenten herausstellen und damit das Preisimage des gesamten Pakets positiv beeinflussen (vgl. Müller, 2001, S. 1292). Ferner eröffnen die spezifischen Bündelpreise einen größeren preistaktischen Spielraum gegenüber einem Komplettpreissystem, das nur eine Preisveränderung des gesamten Leistungspakets erlaubt (vgl. Diller, 1993, S. 275). Die Erstellung solcher individueller Bündelpreise erfordert allerdings eine leistungsfähige Preiskalkulation, um den Kunden für ein individuell zusammengestelltes Leistungsmix unmittelbar den korrespondierenden Bündelpreis zu nennen, wobei Nachfrager möglicherweise mehrere Leistungsbündel durchtesten, bevor sie sich für ein spezifisches Mix entscheiden.

3.3 Kopplungsverkäufe

Bei diesen Preissystemen (vgl. Priemer, 2000, S. 45 f.; Wübker, 1998, S. 31 f.) verpflichtet sich der Nachfrager mit dem Kauf eines Produkts bzw. einer Leistung, zugleich weitere Produkte/Leistungen des gleichen Anbieters zu beziehen („tie-in-sales"), oder er erhält spezifische Leistungskomponenten nur dann, wenn er ein bestimmtes Produkt bei diesem Anbieter gekauft hat („add-on-price bundling"). In beiden Fällen kann man ein Hauptprodukt (z.B. Gebrauchsgut) identifizieren, das zum Erwerb von Nebenprodukten (Verbrauchsgüter, Service-Leistungen), die in einem Verwendungszusammenhang mit dem Hauptprodukt stehen, verpflichtet bzw. legitimiert. Im Unterschied zu „tie-in-sales" kann ein Nachfrager beim „add-on-price bundling" das Hauptprodukt auch isoliert erwerben. Eine Sonderform der Kopplungsverkäufe stellt das „follow-the-free"-Preissystem dar, das bspw. im Softwarebereich angewandt wird (vgl. Zerdick et al., 2001, S. 193): Zunächst soll eine kostenlose Abgabe des Software-Programms eine hohe Kundenbasis aufbauen und durch Nutzung des Programms eine Kundenbindung bezogen auf den Anbieter entstehen bzw. ein technischer Standard beim Nachfrager geschaffen werden. Durch Ausnutzung der aufgebauten Kundenbindung bzw. des technischen Standards lassen sich dann Komplementärleistungen oder leistungsfähigere neue Programmversionen entgeltlich verkaufen, um Erlöse zu generieren. Anders als bei „tie-in-sales" und im „add-on-price-bundling" besteht bei einem „follow-the-free"-Preissystem allerdings kein vertraglicher Zwang: Bleiben die „lock-in"-Effekte des technischen Standards oder die Kundenbindung schwach, sind viele Nachfrager nicht bereit, kostenpflichtige Angebote zu ihrem kostenlosen Einstiegsprodukt hinzu zu erwerben (vgl. Fritz/Wagner, 2001, S. 650).

Kopplungsverkäufe gleichen einer Preisbündelung dahingehend, dass in „tie-in-sales"-Preissystemen die hohe Zahlungsbereitschaft der Nachfrager für das Hauptprodukt auf die Nebenleistungen, die die Nachfrager ebenfalls erwerben müssen und möglicherweise keine so hohe Wertschätzung genießen, transferiert wird. Im „add-on-price-bundling" sind die Nebenleistungen so attraktiv, weshalb der Nachfrager auch den Kauf des Hauptprodukts akzeptiert. Ein „add-on-price-bundling"-System eignet sich deshalb dazu, Trittbrettfahrer-Effekte bei der Inanspruchnahme von Nebenleistungen (z.B. Service-Dienstleistungen) auszuschließen. Diese treten auf, wenn Zusatzleistungen preisgünstig offeriert werden, um einen Anreiz für den Kauf des Hauptprodukts zu schaffen: Sind die Nebenleistungen isoliert erhältlich, könnte ein Nachfrager von einem preisgünstigen Anbieter (z.B. „grauer Händler“) das Hauptprodukt erwerben, von einem anderen Anbieter (z.B. Fachhandel) die zusätzlichen Service-Leistungen in Anspruch nehmen. Um dies zu vermeiden, erhält nur derjenige Nachfrager die kostengünstigen Serviceleistungen, der auch das Hauptprodukt bei diesem Anbieter erworben hat. Nachteilig hieran ist aber, dass sich der Anbieter Konsumentenrente bezogen auf die Nebenleistungen bei denjenigen Nachfragern entgehen lässt, die nicht bereit sind, das Hauptprodukt zu kaufen. Daher ist ein „mixed-leader-bundling“ effizienter als das „add-on-price-bundling“ (vgl. Wübker, 1998, S. 30): Im „mixed-leader-bundling“ werden die Nebenleistungen als eigenständige Angebote am Markt verkauft, wobei aber Nachfrager, die das Hauptprodukt bei diesem Anbieter erworben haben, auf die Nebenleistungen einen Rabatt erhalten. Damit bleibt der Anreiz für den Kauf des Hauptprodukts erhalten, zugleich können die Nebenprodukte als eigenständige Leistungen vermarktet werden.

Eine Ähnlichkeit mit Preisbaukästen besitzen Kopplungsverkäufe hinsichtlich der Preisoptik: Möglicherweise konzentrieren sich Nachfrager in ihrer Kaufentscheidung auf das preisattraktive Hauptprodukt (tie-in sales) bzw. Nebenleistungen (add-on-price-bundling) und lassen die weiteren zu beziehenden Leistungen, die aber im Sinne einer Mischkalkulation höher kalkuliert sind, außer Acht.

3.4 Leistungsbezogene Preisdifferenzierung

Ein solches Preissystem ist dadurch charakterisiert, dass ein Anbieter leistungsbezogene Varianten eines Produkts zu unterschiedlichen Preisen offeriert, wobei aber - in Abgrenzung zur Preisbildung in einer Produktlinie - die Leistungsunterschiede bspw. hinsichtlich der Produktqualität nicht derartig ausgeprägt sind, dass Nachfrager die Varianten als eigenständige Produkt-/Marktkombinationen einstufen (vgl. Diller, 2000, S. 300 ff.). Häufig handelt es sich um Zusatzleistungen, die zu differenzierten Leistungen und Preisen führen: Beispiele hierfür sind unterschiedlich ausgestaltete Hotelzimmer oder Sitzplatzkategorien im Theater. Im Unterschied zu den bisher dargestellten leistungsübergreifenden Preissystemen existieren keine expliziten Einzelpreise für die Zusatzleistungen. Deren „Preis“ lässt sich nur rekursiv ermitteln, wenn man die Preiskategorie mit dieser Zusatzleistung derjenigen Preiskategorie, die - ansonsten identisch - diese Zusatzleistung nicht enthält, gegenüberstellt. Ebenso sind diese Zusatzleistungen untrennbar mit der Inanspruchnahme des Hauptprodukts verbunden. Da der Nachfrager die Leistungskategorie frei wählt, liegt eine Preisdifferenzierung zweiten Grades vor (vgl. Fassnacht, 1996, S. 68). Leistungsbezogene Preisdifferenzierung führt hierbei dann zu einer Gewinnsteigerung, wenn die zusätzliche Preisbereitschaft von Nachfragersegmenten für das Hauptprodukt mit dieser Zusatzleistung stärker als die zusätzlichen Produktionskosten für diese Zusatzleistung ansteigen. Es muss sich somit um Zusatzleistungen handeln, die dem

Konsum des Hauptprodukts eine hohe Nutzensteigerung verleihen: So ist der Kunstkenner bereit, einen um 20% höheren Preis zu bezahlen, wenn er einige Sitzreihen näher an der Bühne Platz nehmen darf. Bei der leistungsbezogenen Preisdifferenzierung dürften auch soziale Geltungsmotive eine Rolle spielen: So verschafft bei einer Flugreise der exklusive Besuch der Vip-Lounge einer Person einen Geltungsnutzen, wenn Nachfrager, die eine niedrigere Leistungskategorie erworben haben, diese zusätzliche Serviceleistung nicht in Anspruch nehmen dürfen.

4. Nachfragerbezogene heterogene Preissysteme

4.1 Segmentspezifische Tarife

Nachfrager besitzen in der Regel heterogene Zahlungsbereitschaften für ein Produkt. Lassen sich Kundengruppen mit einer ähnlichen Zahlungsbereitschaft anhand „äußerer" Merkmale identifizieren, eröffnet dies die Möglichkeit zur personenbezogenen Preisdifferenzierung. Für die vorab definierten Marktsegmente gelten dann unterschiedliche Preise gemäß ihrer jeweiligen Zahlungsbereitschaft. Da der Nachfrager - ohne Wahlmöglichkeit - einer Preiskategorie „zugeteilt" wird, liegt eine Preisdifferenzierung dritten Grades vor: Beispiele sind geschlechtsspezifische Preise für Dienstleistungen (z.B. Friseur) oder einkommensspezifische Preise, wofür häufig das Alter als Indikatorvariable dient (z.B. Schüler- oder Rentnertarife). In diesen Kontext kann auch die räumliche Preisdifferenzierung eingeordnet werden: Hier gelten für Absatzgebiete (z.B. Länder) spezifische Preise, wenn sich deren Nachfrager in der durchschnittlichen Zahlungsbereitschaft unterscheiden.

Die interne Logik segmentspezifischer Preissysteme liegt zum einen in einem stärkeren Abschöpfen der Konsumentenrente: Gegenüber einem einheitlichen Preis müssen Nachfrager mit hoher Zahlungsbereitschaft mehr für das Produkt entrichten, was ihre Konsumentenrente reduziert; Nachfrager mit geringer Zahlungsbereitschaft würden bei einem einheitlichen (höheren) Preis überhaupt nicht kaufen. Zum anderen erfordern aber auch segmentspezifische Produktionskosten differenzierte Preise: Dies gilt vor allem bei der räumlichen Preisdifferenzierung, wenn länderspezifische Produktions- und Transportkosten existieren, oder im Versicherungsbereich, wenn Kundengruppen, die niedrige Schadenquoten (z.B. Mitarbeiter des Öffentlichen Dienstes) aufweisen, günstigere Tarife als andere Marktsegmente erhalten (vgl. bspw. Fassnacht, 1996, S. 63). Niedrigere Produktionskosten eröffnen Preisspielräume, die im Wettbewerb an diese Kundengruppe weitergegeben werden können (müssen). Schließlich dient die personenbezogene Preisdifferenzierung bisweilen auch als Instrument zur Mitgliedergewinnung bzw. -bindung bei Organisationen: So erhalten Vereinsmitglieder für bestimmte Leistungen (z.B. Veranstaltungen des Vereins) niedrigere Preise als Nicht-Mitglieder, was zum Vereinsbeitritt anreizen soll.

Ein Preissystem mit segmentspezifischen Tarifen lässt sich am Markt nur duchhalten, wenn keine Arbitrage in großem Umfang auftritt. Eine solche Arbitrage liegt vor, wenn Nachfrager, die definitionsgemäß einer höheren Preisklasse zugehören, dennoch zu günstigeren Tarifen die Leistungen erhalten, weil sie sich gegenüber dem Anbieter als einem anderen Segment zugehörig ausgeben. Um solche Arbitrageprozesse zu unterbinden, muss ein segmentspezifisches Preissystem von einem Monitoring- und möglicherweise einem Sanktionssystem flankiert sein, das solche „Trittbrettfahrer" entdeckt und deren Verhalten unterbindet. Dann aber vermindern die Kosten solcher Überwachungssysteme den (zusätzlichen) Gewinn aus der segmentspezifischen Preisdifferenzierung, sofern eine Identifizierung von Arbitrageuren aus technischen Gründen überhaupt möglich ist.

4.2 Mengenbezogene Preisdifferenzierung

Ein Preissystem mit mengenbezogener Preisdifferenzierung gewährt Nachfragern niedrigere Preise auf Basis von Mengenrabatten oder Boni (vgl. Schulze, 1998, S. 69 ff.). Je nach Abnahmemenge gelten aufgrund der spezifischen Preisnachlässe für die Nachfrager unterschiedliche Durchschnittspreise für eine Leistungseinheit, was damit ein nachfragerbezogen heterogenes Preissystem konstituiert.

Bei Mengenrabatten erhält der Abnehmer je Transaktion einen (prozentualen) Preisnachlass auf die sich - gemäß Listenpreisen - ergebende Rechnungssumme, wobei in der Regel mit höherem Umsatz höhere Rabattsätze einhergehen (Rabattstaffel). Bei Dienstleistungen besteht die „Mengenkomponente" bspw. in der Zeitdauer der Inanspruchnahme der Leistung. Im Handel findet ein Preissystem mit mengenbezogener Preisdifferenzierung auch dahingehend eine Ausprägung, dass größere Gebinde (z.B. Waschmittel, Getränke) niedrigere Preise pro Einheit aufweisen, wenngleich kein expliziter Rabattsatz, sondern lediglich der Endpreis für eine Gebindegröße ausgewiesen wird.

Räumt der Anbieter auf alle Mengeneinheiten den gleichen Rabattsatz ein, liegt ein durchgerechneter Mengenrabatt vor; gilt ein spezifischer Rabattsatz nur für bestimmte, in der Rabattstaffel definierte Mengen- bzw. Umsatzintervalle, ist ein angestoßener Mengenrabatt (Blocktarif) gegeben. Bei Boni gewährt der Anbieter dem Abnehmer auf Basis der kumulierten Umsätze, die dieser in einer Abrechnungsperiode erreicht hat, nachträglich einen Preisnachlass in Form von Gutschriften. In einigen Branchen besteht die Gutschrift aus einem kostenlosen oder stark preisreduzierten Angebot einer weiteren Leistung (z.B. Freiflüge bei „miles-and-more"-Programmen), Sachprämien oder dem „Upgrading" in höhere Leistungsklassen (vgl. Diller, 2000, S. 319 f.).

Logik eines Preissystems mit Mengenrabatten ist, für den Nachfrager einen Anreiz zu setzen, seine Kaufmenge und damit den Umsatz zu erhöhen. Ebenso lässt sich in einem solchen Preissystem wiederum ein stärkeres Abschöpfen der Konsumentenrente, verglichen mit einem mengenbezogenen fixen Preis, sehen (vgl. Büschken, 1997, S. 19): Ausgehend vom Gesetz des fallenden Grenznutzens stiftet jede zusätzliche Einheit eines Produkt dem Nachfrager einen geringeren Nutzenzuwachs, weshalb seine Zahlungsbereitschaft für eine weitere Mengeneinheit sinkt. Daher würde er bei einem mengenunabhängigen Preis weniger Produkteinheiten als bei einer mengenbezogenen Preisdifferenzierung erwerben. Da die Transaktions-, Lager- und Logistikkosten pro verkaufter Mengeneinheit bei einem großen Auftragsvolumen niedriger als bei einem Kleinauftrag sind, hat der Anbieter die notwendige „kostenrechnerische Luft“, einen Preisnachlass zu gewähren.

Rabatte und Boni sind häufig Verhandlungsobjekte zwischen Anbieter und Nachfrager, da „Großabnehmer“ aufgrund ihrer Machtstellung Preisnachlässe in Form von Rabatten oder Boni fordern. Dies ist insbesondere für die Transaktionsverhandlungen zwischen Industrie und Handel kennzeichnend: Neben der Marktmacht gegenüber dem Hersteller durch hohe Abnahmemengen geht der Händler bei Abnahme einer größeren Menge zugleich ein höheres Preis- und Lagerrisiko als bei kleineren Bestellmengen ein. Deshalb stellt der gewährte Rabatt zugleich eine Prämie für die Risikoübernahme durch den Handel dar (vgl. Schulze, 1998, S. 68). Mengenrabatte zwischen Hersteller und Handel bergen allerdings eine Gefahr, wenn sie mit einer Rückvergütung der im Handel nicht erkauften Ware durch den Hersteller verbunden sind (vgl. Schulze, 1998, S. 70): Dann könnte ein Handelsbetrieb große Bestellmengen ordern, um einen hohen Rabattsatz auszuhandeln, und sich nicht verkaufte Ware vom Hersteller rückvergüten lassen. Dieses opportunistische Verhalten vermag ein Preissystem mit Boni besser zu vermeiden, insbesondere wenn am Ende des Abrechnungszeitraums die Gutschriften auf Basis der effektiv verkauften Mengengrößen bestimmt werden. Zudem entfaltet dieses Preissystem eine stärkere Bindungswirkung: Kündigt der Abnehmer bereits innerhalb der Abrechnungsperiode die Geschäftsbeziehung, vermindert er seinen Anspruch auf Boni.

4.3 Zweiteilige Tarife

Diese Preissysteme beinhalten zwei Elemente: einen Grundpreis (Grundgebühr), der unabhängig von Inanspruchnahme der Leistung anfällt, und einen nutzungsabhängigen Preis für die Inanspruchnahme einer Leistungseinheit. Der Endpreis für den Nachfrager setzt sich dann additiv aus der Grundgebühr und der mit dem Preis pro Einheit multiplizierten Leistungsmenge zusammen. Die Grundgebühr wird hierbei bspw. als monatliche Überlassungsgebühr von Infrastruktur durch den Anbieter begründet (z.B. Netzanschluss). Nutzungsabhängige Preise lassen sich mit einer mengenbezogenen Preisdifferenzierung kombinieren; es können aber auch Mindestumsätze definiert sein (vgl. Haase et al., 1998, S. 1055): Bleibt der Nachfrager in der Inanspruchnahme der Leistung unter dieser Grenze, wird dennoch der Mindestumsatz abgerechnet; die Differenz zwischen dem Mindestumsatz und der tatsächlichen Inanspruchnahme verbleibt dem Kunden zwar als Guthaben, der Anbieter erzielt aber für diesen Differenzbetrag einen Zinsgewinn.

Ein nachfragerbezogen heterogenes Preissystem resultiert, wenn der Anbieter mehrere Kombinationen aus Grundpreis und variablen Preisen offeriert, wobei der nutzungsabhängige Preis um so niedriger ist, je höher die Grundgebühr ausfällt. Die Kunden wählen dann im Sinne einer Preisdifferenzierung zweiten Grades die für sie - gemessen an den Gesamtkosten - kostengünstigste Variante, wofür die (erwartete) Höhe der Leistungsinanspruchnahme ausschlaggebend ist. Ein Nachfrager mit geringer (hoher) Leistungsnutzung präferiert hierbei ceteris paribus ein Preissystem mit niedrigerer (höherer) Grundgebühr und höheren (niedrigeren) variablen Kosten. In einer Extremausprägung dieses Preissystems besteht für Intensivnutzer nur noch eine Grundgebühr, der nutzungsabhängige Preis je Leistungseinheit liegt bei 0 („flat rate"). Im Tourismusbereich trifft dies auf „all-inclusive"-Angebote zu, bei denen der Kunde bestimmte Leistungen (z.B. Getränke) in der Hotelanlage unbegrenzt - ohne nutzungsvariables Entgelt - konsumieren kann („all-you-can-eat flat rate").

Preissysteme mit zweiteiligen Tarifen ähneln zum einen Kopplungsverkäufen bzw. Preisbündeln, zum anderen der mengenbezogenen Preisdifferenzierung, weshalb die Ausführungen zur internen Logik dieser Preissysteme auf Preissysteme mit zweiteiligen Tarifen übertragbar sind. Eine Ähnlichkeit mit Kopplungsverkäufen bzw. Preisbündeln besteht, wenn es sich um unterschiedliche Leistungskomponenten, auf die sich Grundgebühr und variable Preise beziehen, handelt: So ist das Handy (Grundgebühr) nur zu erhalten, wenn gleichzeitig ein Providervertrag (variable Gesprächskosten) abgeschlossen wird. Hier bestehen analog zu „tie-in-sales"-Preissystemen preisoptische Vorteile, wenn im Leistungsangebot nur die besonders günstig erscheinende Komponente des zweiteiligen Tarifs herausgestellt wird (vgl. Diller, 2000, S. 318). Ebenso wie bei der Preisbündelung erschweren zweiteilige Tarife den unmittelbaren Anbietervergleich und senken damit die Markttransparenz.

Preissysteme mit zweiteiligen Tarifen sind analog zur mengenbezogenen Preisdifferenzierung zu sehen, da Intensivnutzer einen niedrigeren Durchschnittspreis für eine Leistungseinheit als Nachfrager mit geringer Leistungsinanspruchnahme zahlen (vgl. Faßnacht, 1996, S. 79). Damit kann auch ein Tarif mit nur einer Kombination aus Grundgebühr und variablem Preis als nachfragerbezogen heterogenes Preissystem interpretiert werden. Analog zu den Boni geht von der Grundgebühr ein Kundenbindungseffekt aus, wenn Grundgebühr und nutzungsabhängige Preise zu unterschiedlichen Zeiten anfallen. In dieser Konstellation müsste ein Abnehmer bei Anbieterwechsel von neuem die Grundgebühr entrichten, was zu einer Bindung des Nachfragers an den Anbieter zumindest über die Vertragslaufzeit führt (vgl. Diller, 1999b, S. 47). Die zu entrichtende Grundgebühr besitzt folglich den Charakter einer spezifischen Investition, die einen „lock-in"-Effekt bewirkt.

Ein Problem birgt ein Preissystem mit „flat rates" im Internet-Bereich (vgl. Simon/Kreusch, 2001, S. 23), wenn Nachfrager ihren PC im Netz eingewählt lassen, ohne aber das System ständig aktiv zu nutzen („always-on"-Mentalität). Dies erfordert von den

Anbietern den Aufbau von größer dimensionierten Netzkapazitäten, als sie es aufgrund der tatsächlichen Leistungsnutzung sein müssten. Anders als bei Konsumgütern und ihrer „all-you-can-eat flat rate" ist bei der Nutzung des Internetzugangs offensichtlich kein abnehmender Grenznutzen zu erkennen, was zu einer permanenten Leistungsinanspruchnahme führt.

4.4 Preissysteme zur Honorierung von Abnehmerleistungen

Diese Preissysteme stellen darauf ab, Nachfragern einen Preisnachlass zu gewähren, wenn diese den Leistungserstellungs- oder Transaktionsprozess aus Sicht des Anbieters vereinfachen. Im Gegensatz zur Preisdifferenzierung durch Zusatzleistungen (sachliche Preisdifferenzierung) geht bei diesen Preissystemen der „Impuls zur Leistung" vom Nachfrager aus: Da eine solche Abnehmerleistung aus Sicht des Herstellers vorteilhaft ist, honoriert er dies mit einer Preisvergütung. In diesem Sinn kann auch die mengenbezogene Preisdifferenzierung als Preissystem zur Honorierung von Abnehmerleistungen interpretiert werden, da größere Abnahmemengen für den Hersteller die Transaktions-, Lager- und Logistikkosten pro verkaufter Mengeneinheit senken.

Eine Abnehmerleistung ist auch darin zu sehen, wenn der Nachfrager durch seinen Kaufverhalten das Kapazitätsmanagement des Anbieters erleichtert: So sinkt bei Fluglinien der Preis für das Flugticket, wenn der Nachfrager frühzeitig bucht oder auf Flexibilität bei der Wahl der Flugtermine verzichtet. Der günstigere Preis soll als Anreiz dienen, solche Restriktionen hinzunehmen. Fraglich ist allerdings, ob die Kosteneinsparungen, die ein Frühbucher auslöst, die teilweise großen Preisreduzierungen rechtfertigen. Vielfach sind solche niedrigen Preiskategorien daher als werbewirksame Sonderangebote zu interpretieren, um wenig preisbereite Nachfrager, die ansonsten das Produkt überhaupt nicht gekauft hätten, zu gewinnen, bzw. dem gesamten Preissystem ein günstiges Image zu geben.

Eine Erleichterung des Kapazitätsmanagements ist auch in einem - auf den ersten Blick zum „Frühbucher" - gegensätzlichen Kaufzeitpunkt des Nachfragers zu sehen: Bei einer kurzfristig nicht veränderbaren Kapazität sinkt die Preisuntergrenze eines Anbieters für eine freie Kapazitätseinheit auf die Grenzkosten: Jede freie Kapazitätseinheit (z.B. Sitzplatz in einem Flugzeug), die über den Grenzkosten verkauft werden kann, trägt dann zur Fixkostendeckung bei. Daher wird versucht, durch einen sehr niedrigen Preis kurz vor der Leistungserstellung für die freien Kapazitätseinheiten noch Nachfrage zu mobilisieren. Ausprägungen hierfür sind im Tourismusbereich „last-minute"-Angebote oder bei Fluglinien „stand-by"-Tickets. Die Preisreduzierung darf vor der Leistungserbringung jedoch nicht zu früh erfolgen, um nicht an Nachfrager mit höherer Preisbereitschaft, die ansonsten das „Normalticket" erworben hätten, das „Schnäppchen-Angebot" zu verkaufen.

Fasst man beide Ausprägungen zu einem Preissystem zusammen, erhalten Nachfrager je nach Buchungszeitpunkt die identische Dienstleistung zu unterschiedlichen Preisen: Niedrigere Preise für die Dienstleistung gelten, wenn die Leistungserstellung zeitlich noch weit entfernt ist, und kurz vor der Leistungserstellung. Ein solches nachfragerbezogen heterogenes Preissystem ist in der Praxis zusammen mit einer leistungsbezogenen und zeitlichen Preisdifferenzierung („peak-load-pricing") häufig zu einem integrierten Kapazitäts- und Buchungsmanagement von Dienstleistungen erweitert worden (sog. Yield-Management; vgl. bspw. Fiege, 1996; Diller, 1999b, S. 46 f.).

Eine Vielzahl von Abnehmerleistungen werden in den Transaktionsverhandlungen zwischen Hersteller und Handel spezifiziert, die zu Preisnachlässen gegenüber dem Listenpreis führen (vgl. hierzu bspw. Diller, 2000, S. 305; Schulze, 1998, S. 63ff.; Steffenhagen, 1995, S. 48ff.): So erhält der Handel Kommissionierungs- und Lagerhaltungsrabatte für die Übernahme entsprechender Logistikleistungen oder Inkasso- bzw. Delkrederevergütungen, um in zweistufigen Handelsorganisationen Zahlungseinzug und Übernahme des Kreditausfallrisikos durch die Handelszentrale zu „belohnen". Insbesondere dienen Vergütungen als Anreize, die der Hersteller (Prinzipal) dem Handel (Agent) für eine gesteigerte Absatzmittlertätigkeit setzt: Listungsgebühren entgelten die Aufnahme von Artikeln in den Ordersatz des Handels, Plazierungsrabatte die Zurverfügungstellung exklusiver Regalplätze. Distributionsvergütungen honorieren die physische Präsenz der Herstellerprodukte in einer bestimmten Anzahl von Geschäftsstellen der Handelsorganisation und Werbekostenzuschüsse vergüten die werbliche Herausstellung von Herstellermarken im Handelsmarketing. Logik für Preissysteme mit solchen Funktionsrabatten ist, dass der Hersteller von einer aktiven Vermarktungsleistung des Handels für seine Produkte profitiert und damit kalkulatorischen Spielraum zur Gewährung solcher Vergütungen erhält. Allerdings sind Funktionsrabatte auch Ansatzpunkte, in denen der Handel seine Marktmacht gegenüber dem Hersteller durchsetzt, um unter dem „Deckmantel" der Leistungserbringung günstigere Einstandspreise für die Herstellerprodukte zu fordern.

5. Preisfairness als Determinante der externen Logik eines Preissystems

Die von einem Nachfrager wahrgenommene Preisfairness setzt sich aus mehreren Determinanten zusammen: Zunächst stellt die Preisfairness darauf ab, wie der Nachfrager in einer Transaktion das eigene „Preisopfer" und damit die ihm verbliebene Konsumentenrente im Vergleich zur Gegenleistung und damit der beim Anbieter vermuteten Produzentenrente einschätzt (vgl. Homans, 1961, S. 235; Herrmann et al., 2000, S. 134). Hierbei dürfte auch eine Rolle spielen, welche Entscheidungsfreiheit der Nachfrager bei Abschluss der Transaktion sieht. Darüber hinaus bezieht sich die Preisfairness auf einen Vergleich des Nachfragers mit anderen, ihm ähnlichen Nachfragern, zu welchen Konditionen diese die Leistungskomponenten erhalten haben (vgl. Martins/Monroe, 1994, S. 75). Ferner dürfte die wahrgenommene Transparenz eines Preissystems dahingehend eine Rolle spielen, dass mit steigender Intransparenz eines Preissystemen die wahrgenommene Preisfairness sinkt (vgl. Diller, 1999b, S. 42 und 45).

Wenngleich die Preisfairness vor allem die Höhe des Preises und damit die kardinale Ordnung der Preiselemente eines Preissystem betrifft, kann bereits die Struktur eines Preissystems als „unfair" empfunden werden. Fehlt einem Preissystem die Preisfairness, sinkt die Zufriedenheit des Nachfragers mit der Transaktion und damit auch die Zufriedenheit mit dem Produkt bzw. der Geschäftsbeziehung (vgl. Herrmann et al., 2000, S. 140). Die Preisfairness erscheint damit als wichtige Determinante, ob ein Preissystem am Markt akzeptiert wird, d.h. externe Logik besitzt.

Da die Preisfairness auf das Gleichgewicht von Konsumenten- und Produzentenrente in einer Transaktion abstellt, scheint jedes Preissystem, das auf ein stärkeres Abschöpfen der Konsumentenrente abzielt, die prinzipielle Gefahr zu bergen, von Nachfragern als unfair eingestuft zu werden. Dennoch dürften nicht alle Strukturen, die auf ein stärkeres Abschöpfen der Konsumentenrente fokussieren, Unfairness-Urteile der Nachfrager hervorrufen: Da sich Nachfrager mit ihnen ähnlichen Personen vergleichen, stoßen segmentspezifische Tarife, die weniger preisbereiten (z. B. einkommensschwächeren) Gruppen günstigere Preise gewähren, bei einkommensstärkeren Konsumenten zumeist auf Verständnis (vgl. Diller, 2000, S. 321). Auch eine mengenbezogene Preisdifferenzierung dürfte von denjenigen als fair angesehen werden, die aufgrund kleiner Bestellmengen höhere Preise zu entrichten haben. Diese Nachfrager assoziieren höhere Kosten eines Anbieters mit ihrem Auftrag bzw. sehen selbst eine geringere Verhandlungsmacht.

Wenig problematisch hinsichtlich der wahrgenommen Preisfairness erscheint ferner eine leistungsbezogene Preisdifferenzierung, wenn die Preisunterschiede durch nutzenstiftende Leistungsunterschiede des Anbieters gerechtfertigt wirken (vgl. Fassnacht, 1996, S. 68), so dass Nachfrager die höheren Preiskategorien nicht als „Nepp" und damit als unfair empfinden. Diese Gefahr besteht jedoch in der Penetration-Strategie, wenn der Anbieter im Diffusionsverlauf den Preis anhebt, ohne dass dies - aus Nachfragersicht - durch Kostensteigerungen begründet ist. So zeigen Kahneman et al (1986, S. 732), dass Preiserhöhungen, die der Nachfrager nicht mit Kostensteigerungen beim Anbieter verbindet, als unfair eingeschätzt werden. Das akquisitorische Potential des Anbieters muss daher stark genug sein, diese Preiserhöhungen zu tragen.

Bei einer zeitbezogenen Preisdifferenzierung erscheint es für die Fairness-Beurteilung entscheidend, ob der Kaufzeitpunkt eine ausreichend wahrgenommene Unterschiedlichkeit unter den Nachfragern bewirkt. So könnte es ein Nachfrager bei der Skimming-Strategie oder bei „last-minute"-Angeboten als wenig fair einstufen, wenn eine andere Person die identische Leistung erhält, nur weil diese mit dem Kauf länger gewartet hat.

Problematisch hinsichtlich der Preisfairness sind auch Preissysteme, in denen der Nachfrager das Abschöpfen der Konsumentenrente bzw. den „Transfer“ seiner Preisbereitschaft auf andere Produkte bewusst erlebt: Dies ist vor allem bei der Preisbündelung (pure bundling) oder bei Kopplungsverkäufen der Fall, wenn der Abnehmer sich gezwungen sieht, zusammen mit dem ihn interessierenden Hauptprodukt auch Komponenten zu erwerben, denen er keine so große Wertschätzung entgegenbringt. Hinzu kommt, dass er sich in seiner Entscheidungsfreiheit eingeengt fühlt bzw. die Transaktion möglicherweise sogar als Ausnutzen einer „Notsituation“ empfindet. Preisbaukästen erscheinen deshalb der einfachen Preisbündelung überlegen, da erstere eine nachfragerspezifische Zusammenstellung des Produktbündels erlauben. Eine Unfairness-Einschätzung mag auch beim „peak-load-pricing“ auftreten, wenn der Nachfrager keine Möglichkeit hat, in einem anderen Zeitfenster als der Hauptsaison die Leistung in Anspruch zu nehmen (vgl. Diller, 2000, S. 322).

Bei einer Reihe der dargestellten Preissysteme muss der Anbieter folglich mit produkt- und kommunikationspolitischen Maßnahmen drohenden Unfairness-Urteilen gegensteuern:

Niedrigere Preise im Diffusionsverlauf in der Skimming-Strategie lassen sich mit Kosteneinsparungen begründen, „last-minute“-Preise als Angebote kommunizieren, für deren Erhalt ein Nachfrager eine „Portion Glück“ benötigt. Im Falle leistungsübergreifender Preissysteme sind die Verwendungszusammenhänge der Produktkomponenten herauszustellen und das Preisargument zu betonen, wonach der Bündelpreis günstiger als die Summe der Einzelpreise ist. Bezogen auf eine zeitliche Preisdifferenzierung bewirken in der Hauptsaison Zusatzleistungen des Anbieters bzw. Rahmentatbestände (z.B. Wetter) der Leistungserstellung eine qualitativ höherwertige Anbieterleistung als in der Nebensaison. Das „peak-load-pricing“ ist dann durch eine leistungsbezogene Differenzierung zu flankieren.

Je komplexer ein Preissystem aufgebaut ist, desto geringer dürfte dessen wahrgenommene Transparenz sein. Insbesondere leistungsübergreifende Preissysteme, die zu spezifischen Produkt- und Preisbündeln führen, könnten Nachfrager als „undurchsichtig“, Preissysteme mit vielen leistungsbezogenen Differenzierungen als „kompliziert“ empfinden. Dies gilt ebenso für zweiteilige Tarife oder angestoßene Mengenrabatte hinsichtlich der Berechnung des Gesamtpreises. Damit stehen Preissysteme vor einem Dilemma: Zum einen senken sie durch ihre Struktur die Markttransparenz, zum anderen könnten sie dadurch aber Unfairness-Urteile der Nachfrager „provozieren“. Dies lässt - zumindest konzeptionell - einen optimalen Komplexitätsgrad eines Preissystems vermuten.

6. Zusammenfassung

Dieser Beitrag hat Preissysteme anhand einer zeitbezogenen, sortimentsbezogenen und nachfragerbezogenen Dimension systematisiert. Hinsichtlich der Leistungsfähigkeit eines Preissystems lässt sich eine interne und eine externe Logik abgrenzen: Während die interne Logik auf ökonomische oder verhaltensorientierte Begründungen für die spezifische Ausgestaltung der Relationen zwischen den Preiselementen bzw. zu den Leistungskomponenten abstellt, bezieht sich die externe Logik auf die Akzeptanz eines Preissystems durch die Nachfrager, wofür die wahrgenommene Preisfairness eine wesentliche Determinante darstellen dürfte. Die interne Logik vieler in diesem Beitrag vorgestellter Preissysteme ist in einem stärkeren Abschöpfen der Konsumentenrente verglichen mit einem zeitbezogen statischen, leistungsbezogen isolierten oder nachfragerbezogen homogenen Preissystem zu sehen. Hinzu kommen kommunikationspolitische Aspekte der Preisoptik bzw. des Preisimages, die Steuerung der Nachfrage aufgrund von Produktions- bzw. Kapazitätsüberlegungen, die Schaffung von Kundenbindung durch „lock-in"-Situationen oder die Verminderung der Markttransparenz.

Preissysteme unterscheiden sich hinsichtlich ihrer internen und externen Logik, was eine zumindest begriffliche Unterscheidung in „intelligente" und „weniger intelligente" Preissysteme nahe legt: So erscheinen Preisbaukästen einer einfachen Preisbündelung überlegen, da sie die Wahlfreiheit des Nachfragers weniger einschränken, gleichzeitig aber die Vorteile der Preisbündelung wahren. Das „mixed-leader-bundling" ist effizienter als das „add-on-price-bundling", um Trittbrettfahrer von der Mitnahme attraktiver Zusatzleistungen auszuschließen, die Leistungen aber gleichzeitig eigenständig zu vermarkten. Ebenso vermögen Boni besser als Mengenrabatte opportunistisches Verhalten zu verhindern und eine stärkere Kundenbindung aufzubauen. Dauerniedrigpreise besitzen eine größere Transparenz als Sonderangebotsstrategien. Trotz solcher Einzelaussagen lässt sich aber keine generelle Empfehlung für die Wahl und Ausgestaltung eines Preissystems geben: Die Beurteilung der internen und externen Logik muss sich jeweils am konkreten Produkt, der Marktsituation, dem spezifischen Nachfragerverhalten und den Zielsetzungen des Anbieters orientieren.

7. Literatur

BELL, D. R./LATTIN, J. M., 1998, Shopping Behavior and Consumer Preference for Store Price Format: Why „Large Basket" Shoppers Prefer EDLP, in: Marketing Science, S. 66-88.

BÜSCHKEN, J., 1997, Sequentielle nicht-lineare Tarife: nicht-lineare Preispolitik bei Nachfrageunsicherheit, Wiesbaden.

CHANDON, P./WANSINK, B. / LAURENT, G., 2000, A Benefit Congruency Framework of Sales Promotion Effectiveness, in: Journal of Marketing, S. 65-81.

CORSTEN, H., 1998, Produktionswirtschaft, 7. Auflage, Oldenburg.

DILLER, H., 1993, Preisbaukästen als preispolitische Option, in: Wirtschaftswissenschaftliches Studium, S. 270-275.

DILLER, H., 1999A, Discounting: Erfolgsgeschichte oder Irrweg?, in: BEISHEIM, O. (Hrsg.), Distribution im Aufbruch, München, S. 351-372.

DILLER, H., 1999b, Entwicklungslinien in Preistheorie und -management, in: Marketing ZFP, S. 39-60.

DILLER, H., 2000, Preispolitik, 3. Auflage, Stuttgart.

EEPPEN, G. D./HANSON, W. A./MARTIN, K. R., 1991, Bundling - New Products, New Markets, Low Risk, in: Sloan Management Review, S. 7-14.

FASSNACHT, M., 1996, Preisdifferenzierung bei Dienstleistungen: Implementierungsformen und Determinanten, Wiesbaden.

FIEGE, C., 1996, Yield-Management, in: Wirtschaftswissenschaftliches Studium, S. 616-622.

FRITZ, W./WAGNER, U., 2001, Preismanagement im Electronic Commerce, in: Wirtschaftswissenschaftliches Studium, S. 648-652.

HAASE, K./SALEWSKI, F./SKIERA, B., 1998, Preisdifferenzierung bei Dienstleistungen am Beispiel von „Call-by-Call"-Tarifen, in: Zeitschrift für Betriebswirtschaft, 1053-1071.

HENDERSON, B. D., 1984, Die Erfahrungskurve in der Unternehmensstrategie, 2. Auflage, Frankfurt.

HERRMANN, A./WRICKE, M. / HUBER, F., 2000, Kundenzufriedenheit und Preisfairness, in: Marketing ZFP, S. 131-143.

HOCH, S. J./DRÈZE, X./PURK, M. E., 1994, EDLP, Hi-Lo, and Margin Arithmetic, in: Journal of Marketing, S. 16-27.

HOMANS, G. C., 1961, Social Behavior: Its Elementary Forms, New York.

KAHNEMAN, D./KNETSCH, J. L./THALER, R. H., 1986, Fairness as a Constraint on Profit Seeking: Entitlements in Markets, in: The American Economic Review, 728-741.

MANO, H./ELLIOTT, M. T., 1997, Smart Shopping: The Origins and Consequences of Price Savings, in: Advances in Consumer Research, S. 504-510.

MARTINS, M./MONROE, K. B., 1994, Perceived Price Fairness: A New Look at an Old Construct, in: Advances in Consumer Research, S. 75-78.

MONROE, K. B./PETROSHIUS, S. M., 1981, Buyers' Perception of Price: An Update of the Evidence, in: KASSERJIAN H. H./ROBERTSON, T. S. (Hrsg.), Perspectives in Consumer Behavior, Glenview, S. 43-55.

MÜLLER, S., 2001, Preisargumentation, in: Vahlens Großes Marketing Lexikon, 2. Auflage, München, S. 1291-1293.

PORTER, M. E., 1986, Wettbewerbsvorteile - Spitzenleistungen erreichen und behaupten, Frankfurt a. Main.

PRIEMER, V., 2000, Bundling im Marketing, Frankfurt a. Main.

SCHINDLER, H., 1999, Sonderangebote oder Dauerniedrigpreise?, in: Absatzwirtschaft, S. 84-92.

SCHINDLER, R. M., 1989, The Excitement of Getting a Bargain: Some Hypotheses Concerning the Origins and Effects of Smart-Shopping-Feelings, in: Advances in Consumer Research, S. 447-453.

SCHIEMENZ, B., 1993, Betriebswirtschaftliche Systemtheorie, in: Handwörterbuch der Betriebswirtschaft, Stuttgart, Sp. 4127-4140.

SCHMALEN, H., 1995, Preispolitik, 2. Auflage Stuttgart.

SCHMALEN, H./BINNINGER, F.-M./PECHTL, H., 1993, Diffusionsmodelle als Entscheidungshilfe zur Planung absatzwirtschaftlicher Maßnahmen bei Neuprodukteinführungen, in: Die Betriebswirtschaft, S. 513-527.

SCHULZE, M., 1998, Nachfragemacht im Lebensmitteleinzelhandel: ökonomische und kartellrechtliche Aspekte, Wiesbaden.

SIMON, H., 1992, Preismanagement, 2. Auflage, Wiesbaden.

SIMON, H. / KREUSCH, M., 2001, Die neue Verschwendung im Internet, in: Süddeutsche Zeitung, Nr. 2 (3. 1. 2001), S. 23.

STEFFENHAGEN, H., 1995, Konditionengestaltung zwischen Industrie und Handel, Wien.

WÜBKER, G., 1998, Preisbündelung: Formen, Theorie, Messung und Umsetzung, Wiesbaden.

ZERDICK, A./PICOT A./ARTOPÉ A./GOLDHAMMER, K./LANGE, U. T./VIERKANT, E./LOPÉZ-ECOBAR, E./SILVERSTONE, R., 2001, Die Internet-Ökonomie, 3. Auflage, Berlin et al.

Uwe Schneider

Preisänderung und Repositionierung

1. Preisänderung und Repositionierung

Wie die letzten Jahre gezeigt haben, hat die Bedeutung des Preises deutlich zugenommen (Simon, 1992, S. 7 f.). Zu erkennen ist diese Tendenz auch an der öffentlichen Diskussion über den „Teuro". Für die Unternehmen bedeutet dies, dass sie in einigen Geschäftsfeldern mit einer höheren Preissensitivität der Konsumenten zu kämpfen haben. Zusätzlich belastet die schlechte weltwirtschaftliche Lage. Unternehmen werden hierdurch gezwungen ihre Positionierung zur Aufrechterhaltung ihrer Konkurrenzfähigkeit zu überdenken und in der Preispolitik neue Wege zu gehen.

1.1 Einflussfaktoren von Preisen

Auf den Preis, den ein Produzent für sein hergestelltes Produkt verlangt, wirken eine Vielzahl von Faktoren ein, die exemplarisch den Bereichen Rahmenbedingungen, Branche, Wettbewerb und unternehmensspezifische Faktoren (Berndt/Altobelli/Sander, 1997, S. 23 ff.) zugeordnet werden können.

Von den in Abbildung 1 dargestellten Größen beeinflussen einzelne Faktoren den Preis eines Produktes entsprechend ihrer unternehmens- und produktspezifischen Bedeutung.

Aus der Sicht des Kunden stellen der Preis und der Nutzen, den das Produkt dem Konsumenten stiftet, die Hauptgründe für einen Kauf dar. Durch Image und Werbung kann der Hersteller versuchen den Nutzen des Kunden zu seinen Gunsten zu beeinflussen, mit dem Ergebnis, dass der Käufer nicht mehr primär auf den Preis achtet. Die geplanten Beeinflussungsmaßnahmen haben im Sinne einer konsistenten Positionierung zu erfolgen, wobei relativer Preis und relative Leistung (jeweils auch im Vergleich zur Konkurrenz) einander in etwa entsprechen. Wird beispielsweise ein Premiumprodukt angeboten, so sollte die hohe Qualität zu einem hohen Preis zu erwerben sein.

1.2 Prozess der Umorientierung

Neue Markt- und Umfeldbedingungen bringen Unternehmen dazu, sich und ihre Produktpalette neu zu positionieren. Die heutigen Tage sind geprägt durch schwach wachsende, stagnierende bzw. rückläufige Märkte, die einem starken nationalen und internationalen Verdrängungswettbewerb ausgesetzt sind. Trotz erheblichen Veränderungen im Konsumentenverhalten muss das Unternehmen versuchen, dem Trend zur Individualisierung von Kundenwünschen zu folgen. Zu einer weiteren großen Herausforderung gehört der technologische Fortschritt, dem es zu verdanken ist, dass u.a. eine Auflösung von traditionellen Branchen- und Marktgrenzen zu beobachten ist. In diesem Umfeld von dynamischen Markt- und Wettbewerbsprozessen hat sich das Unternehmen wie ein Schiff durch das Meer zu manövrieren, ohne dass Stürme oder Felsen großen Schaden oder gar ein Sinken hervorrufen könnten.

Rahmenbedingungen	
Ökonomische Faktoren	BSP, Kaufkraft, Zinsen, Inflation
Politisch-rechtliche Faktoren	Steuern, Gesetzgebung, Arbeitskämpfe
Soziokulturelle Faktoren	Bildungsstand, Werte, Normen, Mobilität
Technologischer Fortschritt	Produkt-, Prozessinnovationen
Geographische Faktoren	Klima, Infrastruktur, Ressourcen
Branche und Wettbewerb	
Branchenstruktur	Eintrittsbarrieren, Kapitalintensität
Wettbewerber	Art, Anzahl, Marktanteile, Produkte
Lieferanten	Art, Anzahl, Größe, Verhandlungsmacht
Abnehmer	Endverbraucher, Handel
Unternehmensspezifisch	
Unternehmensziele	Kernkompetenzen, Patente, Philosophie
Finanzkraft	Qualität, Nebenleistungen, Standard
Produktmerkmale	Kapitalstruktur, Kreditwürdigkeit, Liquidität
Personal	Qualität, Motivation
Produktkapazität	Vorhandene Kapazität, Auslastung

Abbildung 1: Einflussfaktoren des Preises

Für das Treffen von wichtigen, richtungsweisenden Entscheidungen bedarf es jedoch in heutiger Zeit der strukturierten Darstellung komplexer Zusammenhänge. Der in Abbildung 2 skizzierte Entscheidungsfindungsprozess veranschaulicht die einzelnen Phasen einer Umorientierung, die zu einer Repositionierung führen kann.

Als erstes erfolgt die Erfassung und Analyse der aktuellen Situation. Hierbei sind sowohl unternehmensexterne als auch unternehmensinterne Informationen zu beschaffen, die sich im Folgenden einer Prognose zu unterziehen haben. Auf dieser Grundlage hat sich das Top-Management des Unternehmens Gedanken zu machen, welches die kurz- und langfristigen Ziele sind. Bei der Festlegung von Zielen, die Antworten auf die Frage „wo wollen wir hin" liefern, ist die ökonomische (Umsatz, Deckungsbeitrag, Marktanteil) als auch die psychologische Ebene (Bekanntheitsgrad, Image) zu berücksichtigen. Damit die Stoßrichtung der Unternehmung klar erkennbar ist, ist eine Entscheidung zu fällen über den Marktausschnitt (Universalist, Spezialist), die Marktabdeckung (national, international) und das Preissegment (oberes, unteres Preis-Leistungsverhältnis). Des Weiteren erfordert eine erfolgreiche Positionierung die Festlegung von Produktnutzen (Zusatz-, Grundnutzenorientierung), Produktrelevanz (High-, Low-Interest-Produkte) und Produktphilosophie (rationale, emotionale Markenwelt).

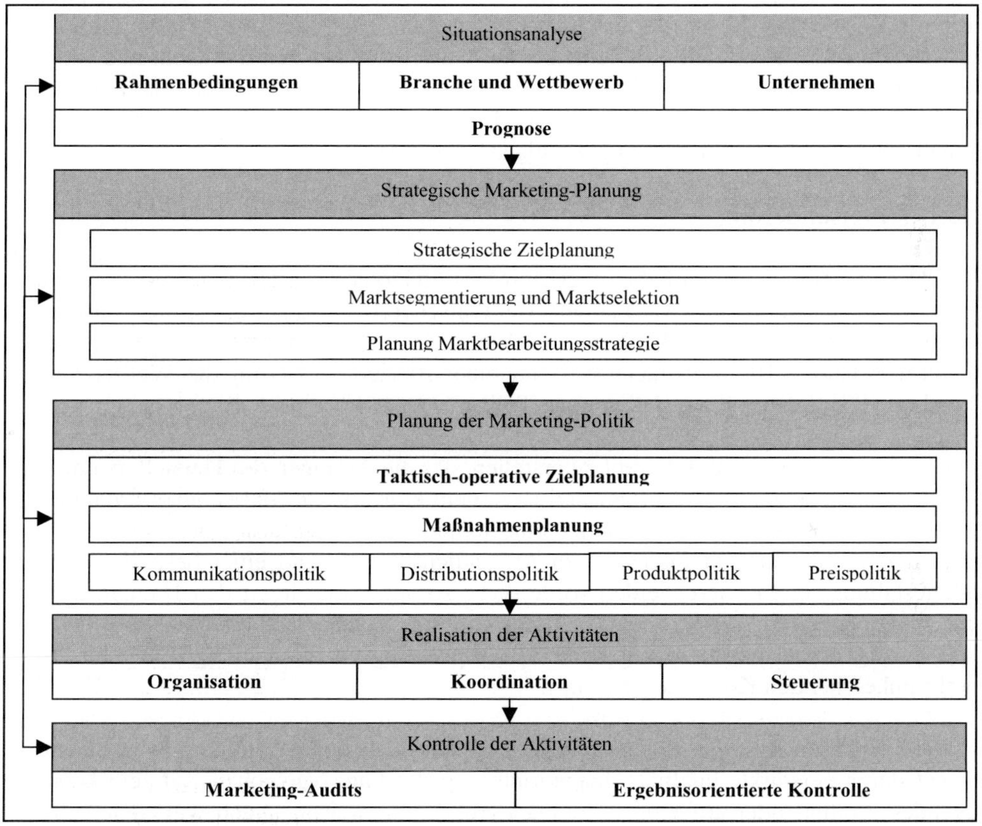

Abbildung 2: Entscheidungsfindungsprozess (Quelle: Berndt/Altobelli/Sander, 1997)

Untersuchungen haben gezeigt, dass ein Erreichen eines befriedigenden ROI, die Aufrechterhaltung des Marktanteils, ein spezifisches Gewinnziel, Gewinnmaximierung (Wied-Nebbeling, 1975, S. 258 / 1985, S. 136 f.) sowie eine Maximierung des Marktanteils im Rahmen von preispolitischen Zielen für Unternehmen eine größere Bedeutung besitzen als beispielsweise hohe Preise (Samiee, 1987, S. 26)

Steht die Zielsetzung, stellt sich die Frage, welche Strategie bzw. Strategien am Besten zum Erreichen der Ziele führen. Hierbei stehen u.a. Marktfeldstrategien (Festlegung der Produkt-Markt-Kombinationen), Marktstimulierungsstrategien (Art und Weise der

Marktbeeinflussung), Marktparzellierungsstrategien (Art und Grad der Differenzierung in der Marktbearbeitung) und Marktrealisierungsstrategien (gebietspolitische Alternativen) zur Verfügung (Becker, 1993). Der Marketing-Mix soll durch den Einsatz seiner Instrumente eine konsequente Ausrichtung an den Zielen und Strategien der Unternehmung gewährleisten. Als strategische Entscheidung hat das Management an dieser Stelle über die Verteilung des Budgets auf die einzelnen ausgewählten Marketing-Instrumente zu befinden. Für die Kontrolle der angestrebten Ziele sind adäquate Messverfahren zu verwenden, damit eventuelle Probleme bei der Umsetzung frühzeitig erkannt und verbessert werden können. Der dargestellte Prozess wiederholt sich im Zeitablauf, da sich Markt- und Umfeldbedingungen ändern und das Unternehmen gegebenenfalls zu einer Neuausrichtung seiner Aktivitäten gezwungen werden kann.

1.2.1 Preisänderung

Wie diverse Studien gezeigt haben, besitzen Preisänderungen i.d.R. eine besonders starke Wirkung auf Absatz und Marktanteil. Bei typischen Konsumgütern ist die Preiselastizität etwa 10 bis 20 Mal so hoch wie die Werbeelastizität, d.h. eine 10%ige Änderung des Preises hat die 10 bis 20-fache Wirkung einer 10%igen Änderung des Werbebudgets (Lambin, 1976, Tellis, 1988, Sethuraman/Tellis, 1991).

Es ist folglich wichtig, ein Konzept zu erstellen, das die Aktionen des Herstellers und die des Handels unter einen Hut bringt und außerdem konzertierte Maßnahmen ermöglicht. Idealerweise unterstützt der Hersteller eine temporäre Preissenkung durch verstärkten Werbeeinsatz gepaart mit intensiverem Außendiensteinsatz und einer besonderen Produktgestaltung. Intensiviert werden sollte diese Aktion dann durch den Handel, indem eine Zweitplatzierung des Produktes erfolgt, die durch offensichtliche Hinweise im Laden hervorgehoben wird und mit Hilfe der Anpreisung von Sonderangeboten für Aufmerksamkeit bei den Konsumenten sorgt.

Im Falle einer langfristigen Preisänderung, beispielsweise einer Erhöhung, wird der Produzent durch verstärkte qualitäts-imageorientierte Werbung versuchen, auf sein herausragendes Produkt oder auf eine Produktänderung hinzuweisen. Auch wird der Außendienst aktiviert, um unterstützend auf den Handel einzuwirken, so dass dieser nicht die Preise für das Produkt senkt. In diesem Falle käme die Preiserhöhung erst gar nicht beim Endverbraucher an. Die Konsequenz wäre, dass der intensivere Werbeeinsatz nicht das angestrebte Ziel, einen höheren Preis bei den Konsumenten zu etablieren, erreichen würde.

Den Zeitpunkt einer Erhöhung der Verkaufspreise wählen die Unternehmen laut der empirischen Studie von Wied-Nebbeling nach einer Tarifrunde bei beträchtlichen Kostensteigerungen oder zu Beginn des Geschäftsjahres bzw. der Saison (Wied-Nebbeling, 1985). Auf Preisänderungen der Konkurrenz und Änderungen im Nachfrageverhalten scheint die Preispolitik in der Praxis der Unternehmen nicht zeitnah zu reagieren. Zu den vorwiegenden Gründen, warum eine Preisänderung stattgefunden hat, gehören jedoch Kostenänderungen, Nachfrageverschiebungen und Konkurrenzpreisänderungen (Berndt, 1995, S. 127). In einem dynamischen Umfeld, bei dem die Reaktionen der Konkurrenz miteinbezogen werden, zeigt sich, dass die Wettbewerber nicht nur schneller, sondern auch stärker auf Preis als auf Werbemaßnahmen reagieren (Lambin, 1976, Leeflang/Wittink, 1990).

Neben den Wechselwirkungen zwischen den einzelnen Marketing-Instrumenten kommt es im Rahmen einer Preisänderung zu Veränderungen im operativen Bereich. So geht eine Veränderung des Preises einher mit Umstellungskosten. Dies bedeutet, dass beispielsweise im Einzelhandel bei manueller Preisauszeichnung sich eine Preiserhöhung nicht lohnen kann, da die Kosten für diese Maßnahme vom Handel als zu hoch empfunden werden können. Genauso kann es zu einer Änderungen von Katalogpreisen während der Gültigkeitsdauer des Katalogs kommen. In diesem Fall entstehen Kosten für den Neudruck.

Für die Umsetzung von Preisänderungen empfiehlt es sich, alle für den Absatz des Produktes erforderlichen Strategien und Maßnahmen einer Überprüfung unterziehen zu lassen. Bei einer Preiserhöhung sollte es zu einer langfristigen Vorbereitung kommen. Hierdurch bestünde die Möglichkeit, Kunden und Abnehmer auf gestiegene Kosten hinzuweisen und auf deren Reaktion zu warten. Somit kann erreicht werden, dass von der Allgemeinheit erwartet wird, dass in absehbarer Zeit die Preise des Produktes steigen werden. Sollte keine negative Reaktion eintreten, werden Kunden und Abnehmer langsam weichgekocht und somit an die neuen Preise gewöhnt. Natürlich kann eine Preiserhöhung auch „stillschweigend" erfolgen. Dies erfordert jedoch eine äußerst loyale Kundschaft, die nicht sehr preissensitiv ist. Unterstützt werden sollte die Steigerung des Preises jedoch auf jeden Fall durch verstärkte vorlaufende und begleitende Werbung, damit der Absatz stimuliert wird. Besonders wichtig in diesem Zusammenhang ist auch die Wahl des Zeitpunktes einer Preiserhöhung. Idealerweise liegen der Zeitpunkt und die Ursache zeitnah. Bei der Anzahl und der Schrittweise von Preiserhöhungen sollte die Maxime verfolgt werden, möglichst selten, aber dann in großen Schritten oder vielen kleine Schritte (Diller, 2000, S. 332). Für die Rechtfertigung einer Preiserhöhung macht es durchaus Sinn, eine Produktänderung vorzunehmen. Als Möglichkeiten stehen u.a. eine verbesserte Qualität, umfangreichere Serviceleitungen oder auch eine veränderte Verpackung zur Verfügung (Potter, 2000).

Alle vorgestellten Maßnahmen können jedoch nur auf Zustimmung stoßen, wenn Vertrauen und Glaubwürdigkeit vorhanden ist und diese auch vermittelt werden können. Ansonsten besteht die Gefahr, dass die Preisbereitschaft der Abnehmer sinkt und zu einem Misserfolg führt, der Absatz- und Umsatzeinbussen nach sich zieht. Besonders beliebt als Begründung für die wirtschaftliche Misere war der Terroranschlag auf das World Trade Center. So galt bei vielen Unternehmen der 11. September 2001 als die Ursache für gestiegene Kosten und daraus resultierenden Stellenabbau gepaart mit Preiserhöhungen. Auch wenn die schlechte wirtschaftliche Lage schon sechs Monate vorher ihren Anfang hatte, fand die von den Gesellschaften propagierte Kausalkette in der Bevölkerung Zustimmung.

1.2.2 Preispolitische Strategien

Zu den möglichen preispolitischen Strategien zählen die Prämien-Preispolitik, die Skimming-Preispolitik, die durchschnittliche Preislage auf Dauer, die Penetrationspreispolitik und die Promotions-Preispolitik.

Bei der Prämien-Preispolitik wird ein hoher Preis auf Dauer etabliert. Lediglich eine Zielgruppe mit entsprechend hoher Zahlungsfähigkeit akzeptiert eine solche Strategie. Die Konsumenten fordern dafür jedoch auch eine hohe Qualität und eine gewisse Exklusivität, damit der Kauf des teuren Produktes einen Vorzeigeeffekt erzielen kann. Für den Anbieter stellt die zielgruppenorientierte Kommunikations- und Distributionspolitik den strategischen Erfolgsfaktor dar. Produktbeispiele sind Ferrari und Porsche.

Mit der Skimming-Preispolitik soll die Zahlungsfähigkeit und -willigkeit des Marktes versucht werden abzuschöpfen. Hierfür erfolgt die Produkteinführung zu einem hohen Preis, der dann im Zeitablauf sukzessive gesenkt wird. Aufgrund der Preisänderung erfolgt auch ein Wechsel von einer exklusiven Zielgruppe zu einer breiteren Konsumentenbasis. Für die Distribution kann der Wechsel der Preise eine Richtungsänderung von Fachgeschäften als Absatzkanäle zu Supermärkten bedeuten. Erfolgsversprechend erscheint eine solche Strategie für neue Technologien, die einen Innovationsvorsprung liefern. Als Beispiele können der Video-Recoder oder der DVD-Recorder genannt werden. Die theoretische Grundlage für diese Strategie bildet das mikroökonomische Gedankengut der Abschöpfung der Konsumentenrente.

Verfügt ein Hersteller über einen nicht-exklusiven Markenartikel, bei dem dauerhaft eine gute Qualität gegeben ist, empfiehlt sich die Strategie einer durchschnittlichen Preislage auf Dauer.

Besteht auf einem Markt eine große Gefahr für den Einstieg potentieller Wettbewerber sollte der Einführungspreis niedrig gewählt werden. Der durch diese Maßnahme gewonnene Schutz vor dem Wettbewerb ermöglicht eine schnelle Durchdringung. Nachdem eine monopolartige Machtstellung erreicht ist, können Preiserhöhungen folgen. Diese sogenannte Penetrationspreispolitik benötigt für die Realisierung hohe freie Kapazitäten. In der Praxis verfolgten die Japaner bei der Einführung ihrer PKWs in die EG diese Politik.

Als die typische Strategie der Discount Märkte gilt die Promotions-Preispolitik. Die Positionierung erfolgt ausschließlich über den Preis. Niedriger Preis auf Dauer lautet die

Devise und eignet sich primär für No-name Produkte, wie JA (TOOM Markt) oder Milfina (Aldi).

1.2.3 Kontrolle der Entwicklung durch ein Messinstrumentarium

Im Rahmen von Überwachungsmechanismen ist insbesondere auf Gefahren zu achten, die bei der Entscheidungsfindung entstehen können. So können willkürliche Entscheidungen, ausgelöst durch die Übertragung von Verantwortung auf einen neuen Marketingleiter, langfristig negative Auswirkungen auf den Erfolg des Unternehmens haben. Gerade neue Manager sind daran interessiert, schnell positiv auf sich aufmerksam zu machen. Ein probates Mittel hierfür sind Promotionsaktivitäten, die den Absatz kurzfristig beflügeln, sich aber langfristig negativ auf die Entwicklung der Marke auswirken können. Des Weiteren kann es aufgrund mangelnder Koordination zwischen Verkauf und Produktmanagement zu zufälligen Entscheidungen kommen. Diese Gefahren können genauso vermieden werden, wie eine Trendorientierung, die an der momentanen Umfeldentwicklung ansetzt, was zu einer Kannibalisierung des einzigartigen Nutzens des Produktes führen kann, so dass der USP dem Kunden nicht mehr kommuniziert werden kann. Ferner sind einseitige, am alten Paradigmen ausgerichtete Marktforschungstests zur Ermittlung des Ist-Zustands der Marktpositionierung durch moderne zu ergänzen. Zur Klärung der Befugnis über die Positionierungsentscheidungen sollte diese Funktion im Top-Management angesiedelt sein, anstatt auf Managerebene mit hoher Wechselhäufigkeit. Genauso sollte ein Anreiz- und Entlohungssystem vorhanden sein, dass sich an einer langfristigen und positionierungsadäquaten Provisionsfestlegung orientiert, anstatt an kurzfristigen Zielen. Bei der Umsetzung der Positionierungsstrategien ist immer auf eine systematische an den Marktbedingungen ausgerichtete Positionierung zu achten.

2. Fallstudie Baileys

2.1 Ausgangssituation

Als im Jahre 1974 Baileys auf dem Markt gebracht wurde, hätte sich der Erfinder David Dand nie träumen lassen, dass innerhalb der folgenden fünf Jahre eine Millionen Cases verkauft werden konnten. Baileys entpuppte sich als die weltweit erfolgreichste Produkteinführung der letzten 30 Jahre und etablierte sich als die weltweite Nummer eins der Likörmarken (Impact Magazine, Feb. 2002). Trotz der großen Erfolgsgeschichte kam Baileys in der Vergangenheit an eine Stelle, an der eine Neuorientierung im Form einer Repositionierung eingeschlagen wurde. Der Grund für diesen Schritt stellten die Rahmenbedingungen dar.

Baileys befand sich in einem Umfeld, in dem es mit rückläufiger Verbrauchernachfrage zu kämpfen hatte, aber auf der anderen Seite über Überkapazitäten verfügte. Schließlich wurde versucht, über niedrigere Preise den Absatz zu erhöhen, was jedoch nicht gelang. Vielmehr sank die Nachfrage sogar noch weiter. Als Konsequenz wurden die Werbeausgaben gekürzt, was die Nachfrage noch stärker reduzierte. Die neue Kostensituation Baileys stellte sich als kontraproduktiv für Absatz und Umsatz heraus. Für den Handel bedeutet dies, dass er aufgrund der Preissenkungen fast keine Marge mehr verdienen konnte und somit ein Desinteresse am Produkt Baileys und dem Segment des Creamlikörs im Allgemeinen entwickelte.

An dieser Stelle war ein Umdenken erforderlich. Baileys stand nun vor dem Problem, Wachstum zu generieren, um dem Strudel des negativen Umfeldes zu entkommen. Das Kernziel bildete das Generieren von Verbraucher-Pull (Nachfrage). Es sollte versucht werden, mehr Verbrauchern mehr Gründe zu liefern, Baileys öfters zu trinken. Im Vordergrund stand folglich der einzigartige Nutzen Baileys, der mit einem verstärkten Einsatz von Werbung wieder in das Gedächtnis der Konsumenten gebracht werden und gleichzeitig einen neuen Kreis von Verbrauchern hinzugewinnen sollte. Für die Finanzierung dieses Vorhabens war es erforderlich, die Preise zu erhöhen.

Ein Teil des Preisanstiegs wurde verwendet, um dem Handel eine höhere Marge zu gewähren, ein weiterer Teil wurde in die Werbung investiert und ein weiterer Teil verbliebt Baileys in Form einer gestiegenen Wertschöpfung. Da sich jedoch der erwartete positive Effekt nicht sofort mit der Umsetzung amortisiert, da bis die Konsumenten auf die erhöhte Werbepräsenz reagieren eine Zeit vergeht (Time lag), lastete auf Baileys ein enormer Erfolgsdruck. Diesem wurde eindrucksvoll standgehalten und die Repositionierung entwickelte sich zu einer Erfolgsgeschichte, die im Folgenden näher betrachtet wird.

2.2 Zielgruppe

Zu den Baileys-Genießern gehörten 2001 4,75 Mio. Deutsche, die sich unterschiedlich häufig einen Schluck des cremigbraunfarbenen Premiumgetränkes gönnten. Als einer der wichtigsten Kaufgründe für die Konsumenten gilt der herausragende Geschmack von Baileys. Bei einer genaueren Analyse der Baileys-Trinker wurde eine Unterscheidung zwischen Adorer, Adopter, Accepter und Available vorgenommen werden (vgl. Abbildung 3). Ein Adorer konsumiert Baileys mindestens einmal pro Woche, ein Adopter einmal in den letzten vierzehn Tagen, ein Acceptor einmal im letzten Monat und Available bedeutet, dass Baileys seltener als einmal im Monat getrunken wird, aber in den letzten drei Monaten mindestens einmal verzehrt wurde. Zu den Heavy Usern gehören all diejenigen, die einmal im Monat sich mit Baileys entspannen (Adorer, Adopter und Acceptor).

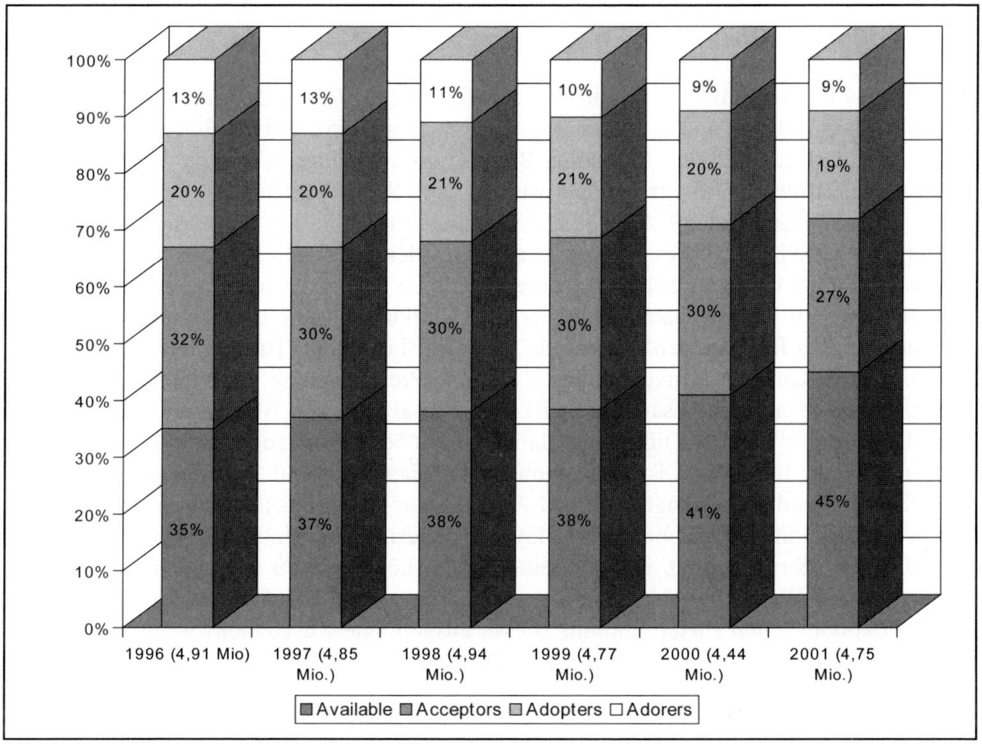

Abbildung 3: Entwicklung der Verwender von Baileys (1996-2001)

Bei einem Vergleich dieser Zielgruppen im Zeitablauf von 1996 bis 2001 etabliert sich der Trend von Adorer hin zu Available. Der Anteil der Adopter und Acceptor an der Gesamtgruppe der Baileys Konsumenten blieb über die Zeit relativ konstant. Auch die Heavy User sind zwar rückläufig, aber prozentual gleichbleibend. Auffallend bei der Intension der Käufer ist, dass die Heavy User es bevorzugen, die Flasche Baileys zu Hause zu konsumieren, während bei der Gruppe der Acceptor das Geschenkmotiv überwiegt. Baileys schaffte es jedoch im Gegensatz zum Gesamtmarkt der Creamliköre die Anzahl der Verwender zu steigern. Verantwortlich hierfür ist die Erweiterung der Zielgruppe um jüngere Konsumenten. Richtete sich noch früher das Hauptaugenmerk auf die 25 bis 35- jährigen Frauen und Männer, so konnten durch den erhöhten Werbeaufwand vermehrt Käufer unter 25 Jahren gewonnen werden. Besonders interessant ist die Entwicklung, dass der Anteil der männlichen Konsumenten in der Zeit nach der Neupositionierung kontinuierlich steigt. Ein möglicher Grund hierfür scheint das Werbemedium Radio zu sein. Aufgrund des tendenziell häufigeren Aufenthalt der Männer in ihrem Fahrzeug hat der Einsatz der Radio-Werbung das männliche Geschlecht speziell zu Weihnachten dazu gebracht, verstärkt als Käufer von Baileys in den Vordergrund zu treten. Der Erfolgsfaktor für diese Entwicklung ist die breitere Streuung der Kommunikationsmittel.

2.3 Konkurrenz

Der Markt von Creamlikören war in den Jahren 2001/2002 geprägt von Preissteigerungen, Absatzrückgängen und Umsatzsteigerungen. Besondere Entwicklungen können in der steigenden Bedeutung der Economy Brands sowie in einer Festigung der Machtstellung des Marktführers Baileys gesehen werden (vgl. Abbildungen 4-8). Durch eine dem Markt gegenläufige Strategie der sinkenden Preise erreichten die Economy Brands eine Steigerung des Absatzes, des Umsatzes als auch des Marktanteils. Die Wettbewerber Grossmutter und Carolans sehen schwere Probleme auf sich zukommen, da sie trotz Preissteigerungen über Absatz-, Umsatz- und Marktanteilseinbußen zu klagen haben. Positiver sieht es für Sheridan's, Amarula und den Marktführer Baileys aus. Baileys, die Marke, die im Konkurrentenvergleich die stärkste Preiserhöhung vorgenommen hat, hat es trotz leicht negativem Absatz geschafft, den Umsatz und den Marktanteil zu erhöhen. Den Mitstreitern Sheridan's und Amarula ist es darüber hinaus sogar gelungen, den Absatz zu steigern. Interessant ist dies insoweit, da Sheridan's mit Abstand den höchsten Preis für sein Produkt verlangt, während Amarula auf dem Preisniveau von Baileys, vor dessen Preiserhöhung, geblieben ist. Baileys und Sheridan verdeutlichen den Wettbewerbern, dass es erforderlich ist, im Falle einer Preiserhöhung mehr als seinen Marktanteil (Absatz) in die Werbung zu investieren, damit es zu positiven Effekten bei den angestrebten ökonomischen Zielen kommt. Dieses ausgeprägte Zusammenwirken von Preispolitik und Kommunikationspolitik wird im Folgenden analysiert.

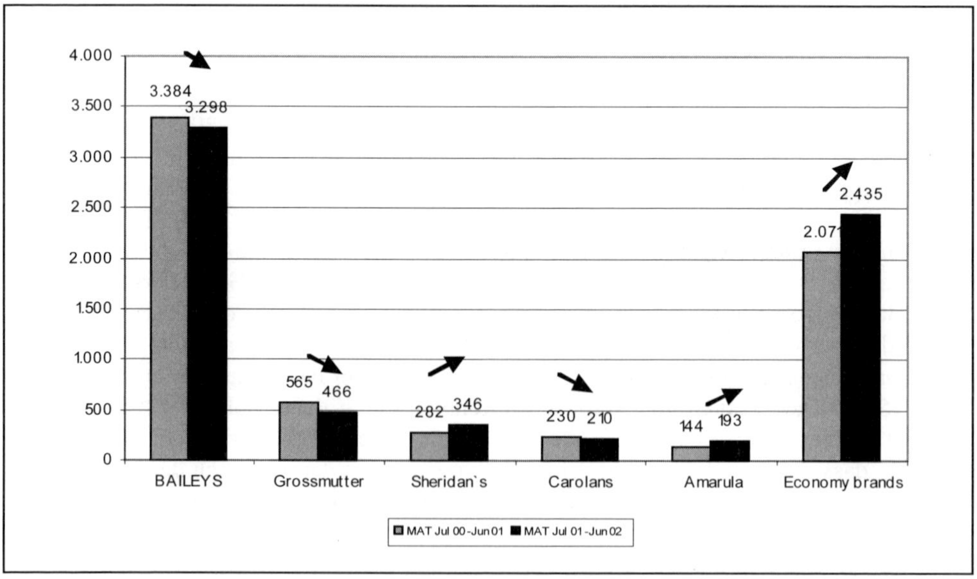

Abbildung 4: Absatzentwicklung in TSD Stück (Quelle: Nielsen)

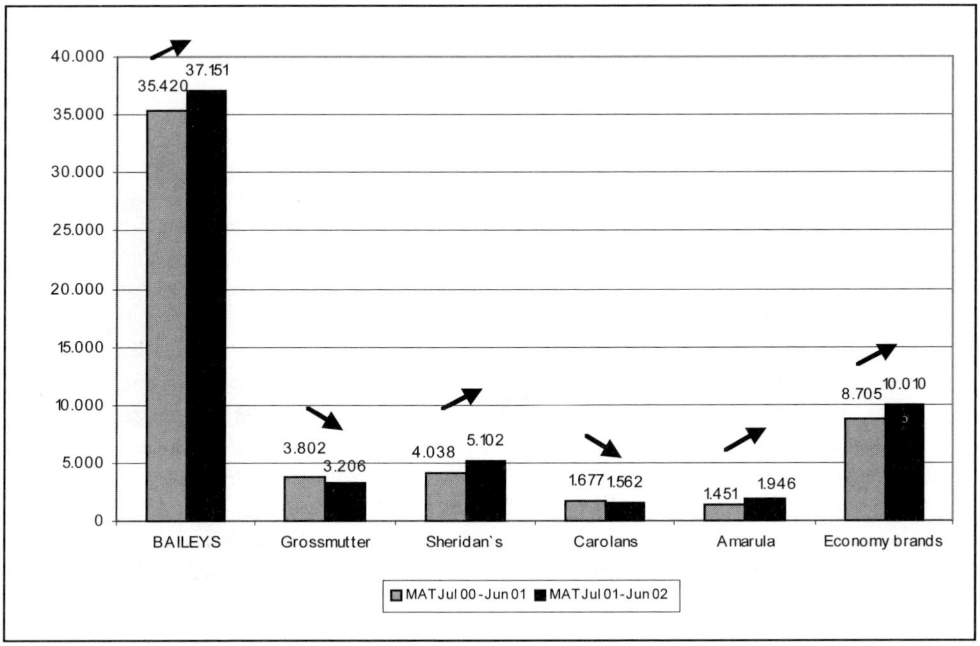

Abbildung 5: Umsatzentwicklung in TSD Euro (Quelle: Nielsen)

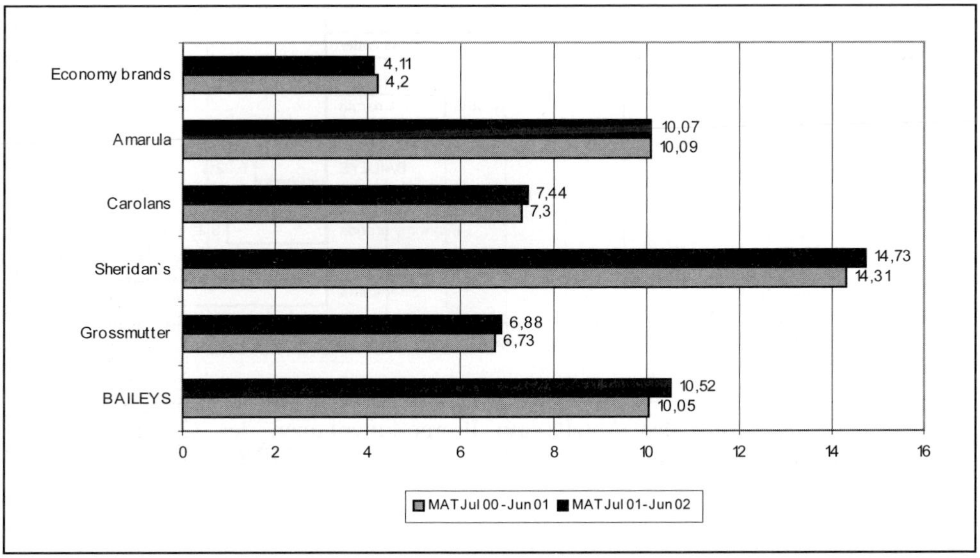

Abbildung 6: Durchschnittliche Preisentwicklung in Euro (Quelle: Nielsen)

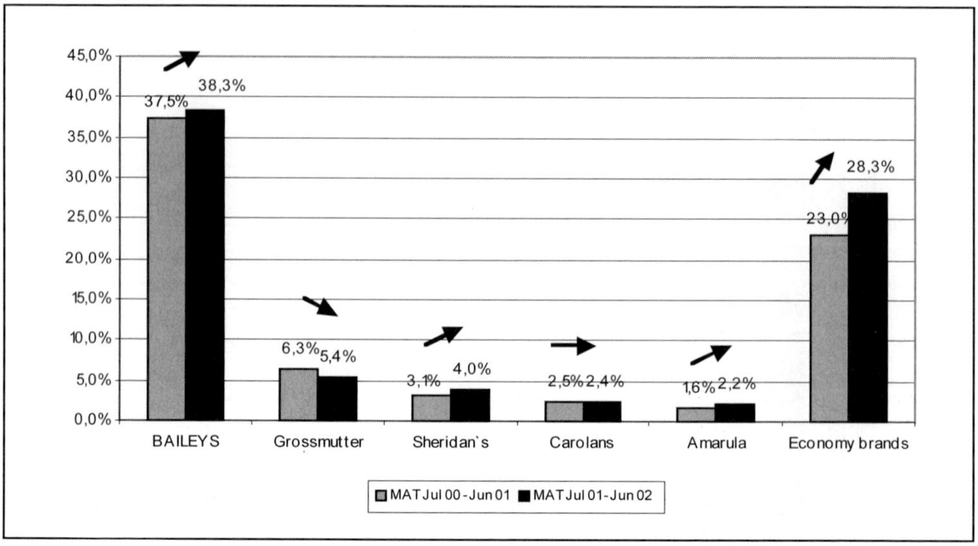

Abbildung 7: Marktanteile (Absatz) am Cream-Markt in Prozent (Quelle: Nielsen)

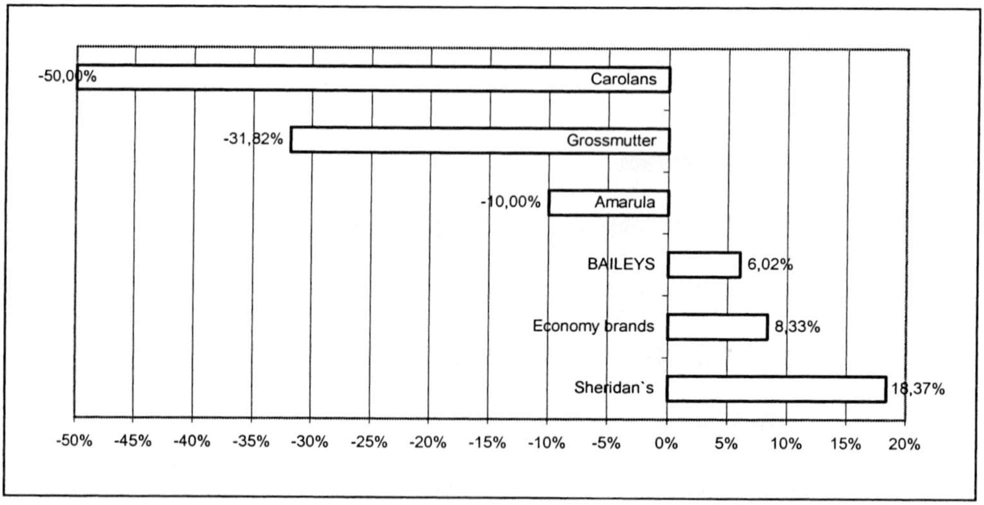

Abbildung 8: Veränderung des Anteils am Promotionvolumen des Cream Marktes (Quelle: Nielsen)

2.4 Produkt

Der einzigartige Geschmack des Likörs, der ursprünglich für den Erfolg der Marke Baileys verantwortlich ist, konnte in seiner herausragenden Qualität beibehalten werden.

Dies geschah einerseits durch eine Beibehaltung des hochwertigen Produktionsverfahrens, das es erlaubt, Sahne und Whiskey in einem Getränk zu vereinen, und andererseits durch das Aufrechterhalten und das Verfeinern der Qualitätskontrolle der gelieferten Rohstoffe. Als Zutaten für Baileys werden nach wie vor Sahne (50%), Zucker (20%), Alkohol (17%), Zusatzstoffe und Wasser (13%) verwendet. Besonders interessant ist, dass Baileys immer noch aus Irland in die ganze Welt exportiert wird. Alleine 1.400 Bauern stehen bei Baileys unter Vertrag, damit eine ausreichende Versorgung mit qualitativ hochwertiger Milch gewährleistet werden kann.

An dem Produkt Baileys hat in den vergangenen Jahren keine Veränderung hinsichtlich seiner Gestaltung stattgefunden. Lediglich durch Marketingkampagnen getrieben fand sich die Baileys Flasche verziert durch diverse Added Value Artikel für den Konsumenten in den Regalen der Einkaufsmärkte wieder. Gekauft werden kann Baileys im Einzelhandel in der 0,7 Liter und im Cash-und-Carry Markt in der 1,0 Liter Flasche. Eine Erweiterung des Produktprogramms vollzog sich im Oktober 2002. Durch einen erfolgversprechenden Co-Branding-Auftritt im Trüffelsortiment von Ritter Sport versucht Baileys die Zielgruppe zu erweitern. Eine solche Strategie ermöglicht es, die Positionierung als Super-Premium-Marke zu festigen und eine höhere Markenawareness zu erreichen. Inwiefern hierdurch auch steigende Absatzzahlen für Baileys zu erwarten sind, kann nicht gesagt werden. Auf jeden Fall verspricht die Erweiterung des Sortiments der Trüffelschokolade um den Geschmack Baileys für Ritter Sport ein Erfolg zu werden. Die Marken Cointreaux und Amaretto haben dies bereits gezeigt.

2.5 Absatzkanäle

Durch die Fokussierung auf eine Super-Premium Strategie kam es bei Baileys zu einer Neugestaltung der Absatzkanäle. Discounter-Märkte verschwanden fast vollständig von der Liste der Vertriebspartner. Der Hauptgrund für diese Entscheidung lag in den unterschiedlichen Zielen des Herstellers Baileys auf der einen und den Discountern auf der anderen Seite. Da die Discounter sich vornehmlich durch einen niedrigen Preis positionieren und häufig Preissenkungen als Werbestrategie verwenden, besteht für ein Produkt wie Baileys die Gefahr anstatt einer angestrebten Preissteigerung in den Strudel einer Preisspirale nach untern zu gelangen. Eine konsequente Aussortierung von Handelspartnern, die gegenläufige Ziele verfolgen, stellte einen wichtigen Beitrag zur Repositionierung der Marke Baileys dar.

Die verbliebenen Vertriebspartner sehen sich in der äußerst attraktiven Lage durch die steigenden Preise des Produktes Baileys bei gleichbleibender Nachfrage eine Verbesserung ihrer Marge erreichen zu können. Zusätzliche Aufmerksamkeit kann zudem durch POS-Aktionen, wie beispielsweise eine auffällige Zweitplatzierung des Produktes unterstützt durch ausgestrahlte Werbung generiert werden. Da der Handel aufgrund der intensiven Positionierung von Baileys durch den Hersteller weniger Anreize hat, durch Preissenkung einen größeren Umsatz zu erzielen, steigt auch die Gewinnmarge des

Unternehmens Baileys. Es gestaltet sich eine Win-Win-Situation zwischen Handel und Produzenten.

Im Rahmen der Repositionierung wurde mit dem Handel ein intensiver Kontakt gepflegt, damit dieser sich auch mit der geplanten Umsetzung identifizieren kann. Im Verlauf der diversen Gespräche gelang es, den Handel von der Super-Premium-Marke Baileys zu überzeugen. Dies hatte zur Konsequenz, dass vorläufig keine Preissenkungen im Einzelhandel zu beobachten waren. Somit konnten die Ziele Baileys hinsichtlich der Aufstellung der Distributionskanäle erreicht werden.

2.6 Preispolitik

Die Erhöhung des Preises stellt das zentrale Element der Strategie für eine Neupositionierung von einem Premium-Produkt zu einem Super-Premium-Produkt dar. Im Zeitablauf stieg der Preis für eine Flasche Baileys von durchschnittlichen 9,69 € (18,95 DM) im Jahr 1999 auf 11,30 € (22,10 DM) im Jahr 2002. Dies entspricht einer Anhebung des Preises um ungefähr 17% und einer Überschreitung von zwei Preisschwellen (von unter 20 DM auf über 20 DM und von unter 10 € auf über 10 €). Verstärkte vorlaufende und begleitende Werbung unterstützte die Preiserhöhung, die aus Sicht des Konsumenten vornehmlich stillschweigend erfolgte (vgl. Abbildungen 9 und 10).

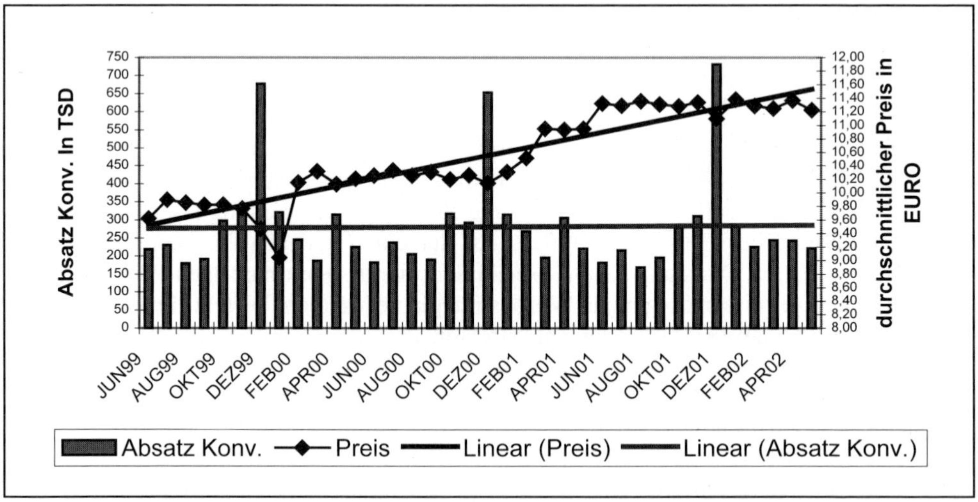

Abbildung 9: Absatz und Preis von Baileys im Zeitablauf in Euro (Quelle: Nielsen)

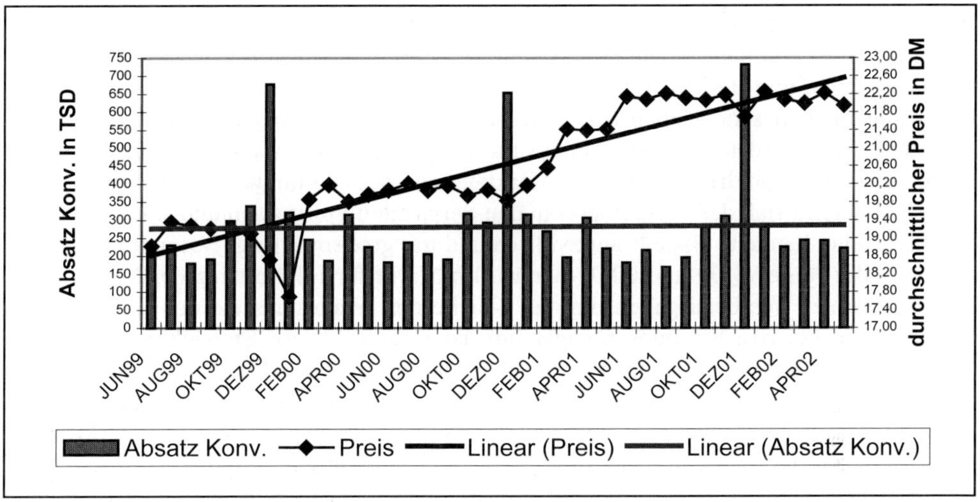

Abbildung 10: Absatz und Preis von Baileys im Zeitablauf in DM (Quelle: Nielsen)

Bei der Entwicklung des Preises ist deutlich zu erkennen, dass eine schrittweise Erhöhung vorgenommen wurde, die gekennzeichnet war durch drei große Preisschritte nach oben. Als Zeitpunkt für eine Preiserhöhung stellten sich die Monate nach dem erfolgreichen Weihnachtsgeschäft als ideal heraus. Gerade in der Wintersaison entwickelten sich die Preise rückläufig, so dass davon auszugehen war, dass eine Erhöhung der Preise im Anschluss an den umsatzträchtigsten Monat vom Verbraucher als allgemein üblich eingestuft werden würde. Wie sich herausstellte, lag Baileys mit dieser Strategie goldrichtig. Ein Absatzrückgang im Vergleich zu den Vorjahresmonaten war trotz gestiegener Preise nicht eingetreten. Dies verdeutlicht einmal mehr die geringe Preissensitivität und hohe Loyalität der Baileys-Trinker auf der einen Seite und die offensichtlich bestehende Einzigartigkeit und fehlende Substitutionsbeziehung zu einem anderen Getränk auf der anderen Seite.

2.7 Werbeausgaben

Im Rahmen der Repositionierung war neben der Preiserhöhung die Steigerung der Werbeausgaben eine der wichtigsten Säulen bei der Umsetzung der Strategie. In einem ersten Schritt erfolgte ein Anstieg der Werbausgaben, wobei speziell Advertising Media verdoppelt und die restlichen Bereiche reduziert wurden. Im weiteren Verlauf fand eine weiterhin überproportionale Steigerung der Advertising Media Ausgaben statt, wobei sich die anderen Bereiche mit der Erhöhung der Marketingausgaben entwickelten. Ihr proportionaler Anteil am Gesamtbudget blieb im Zeitverlauf relativ konstant. Lediglich Brand Building Promotions erfuhren eine deutliche Reduktion.

Interessant zu wissen ist, wie sich die Werbeausgaben im Vergleich zu denen der Konkurrenten entwickelt haben. Wie der Abbildung 11 zu entnehmen ist, offenbart sich eine dominante Rolle von Baileys in seinem Kernmarkt Likör und eine zunehmend bedeutendere Rolle in dem sehr großen Spirituosenmarkt. Seit der Repositionierung im Jahre 1999 zeigt sich überdeutlich, dass Baileys im Gegensatz zu den Wettbewerbern die Marketingausgaben erhöht hat und stark an Marktanteilen der Gesamtwerbeausgaben gewonnen hat. Während sich der Werbemarkt in den Segmenten Spirituosen und Likör rückläufig entwickelte, handelte Baileys antizyklisch und mit großem Erfolg. Besonders ragt der Vergleich der Jahre 99/00 und 00/01 heraus. Im Markt für Liköre stieg der Marktanteil an den gesamten Werbeausgaben um das 5-fache der Wachstumsrate der eigenen Medienausgaben, bei den Spirituosen sogar um das 6-fache. Diese Entwicklung trieb die Konkurrenz des Likörgeschäftes dazu, in dem darauffolgenden Fiskaljahr 01/02 ihrerseits die Kommunikationsausgaben drastisch zu erhöhen. Dies lässt sich an der Tatsache erkennen, dass Baileys zwar sein Werbebudget verdoppelt, aber dennoch an Marktanteilen verliert. Hierin kann ein erstes Indiz dafür gesehen werden, dass die Wettbewerber erkannt haben, dass sie ihre Kommunikationspolitik zu stark vernachlässigt haben und für die Aufrechterhaltung der weiteren Wettbewerbsfähigkeit mehr Geld in das Marketing investieren müssen. Für die Zukunft kann auf diesem Markt mit intensiveren Kampagnen gerechnet werden, die hin zu einer Marketingschlacht führen können.

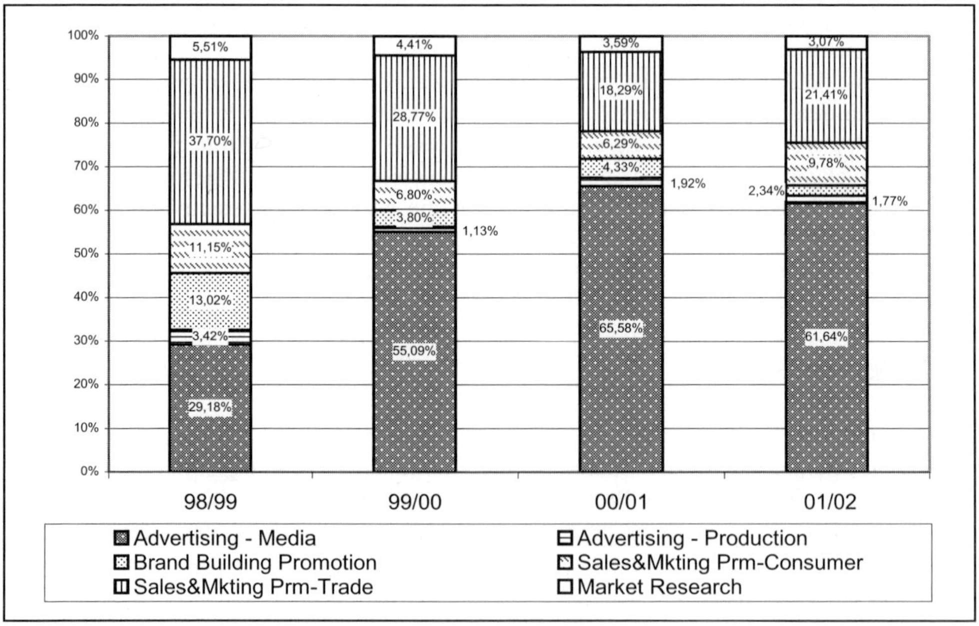

Abbildung 11: Anteile von A&P am Gesamtbudget in %

2.8 Mediaplan

Neben der Erhöhung der Werbeausgaben gehört eine Diversifizierung des Mediaplanes zu den Erfolgsfaktoren der Neupositionierung von Baileys. Auf den vier Ebenen der Kommunikationsmittel, deren Intensität, deren Frequenz sowie deren prozentualem Anteil am Media-Mix, erfolgten bedeutende Veränderungen im Zeitablauf. Bevor die Strategieänderung bei Baileys umgesetzt wurde, bestand der Mediaplan nur aus Fernsehwerbung speziell für die Anlässe Weihnachten und Ostern. Diese strikte Fokussierung auf nur ein Kommunikationsmittel veränderte sich in den folgenden Jahren drastisch. Als erstes neues Element dienten die Printmedien der Unterstützung der Weihnachtsfernsehspots. Der Schwerpunkt lag mit 98% jedoch weiterhin auf der TV Werbung. Im Fiskaljahr 00/01 erfolgte dann eine Ausweitung der Printadvertising Aktivitäten auf die Unterstützung der TV-Osterkampagne und der Herausgabe eines Restaurantführers. Erst ein Jahr später reduzierte sich der TV-Werbeanteil drastisch auf 75%. Das zweitgrößte Medium des Mediaplanes ist nunmehr die Radiowerbung (9%), die speziell im Rahmen der Weihnachtsaktion eingesetzt wurde.

Als erstes ist zu erkennen, dass mit der Strategieänderung eine Streuung der Medienaktivitäten einsetzte und zwar auf einer breiten Ebene. Zweitens hat sich die Dominanzstellung des Fernsehens als Kommunikationsmedium deutlich verringert zu Gunsten eines Ansatzes, der mehr Wert auf eine flächendeckende Information der Konsumenten legt. Drittens zeigt sich, dass nach anfänglichem Einsatz von alternativen Marketingmitteln zur Unterstützung von Promotions der Fokus auf eine zeitlich vollständige Abdeckung mit sequentiell intensivierenden Elementen gesetzt wurde. Print-Werbung dient heute der ständigen Präsenz der Marke Baileys im Jahresablauf, TV-Werbung soll verstärkt auf die Anlässe Weihnachten und Ostern aufmerksam machen und schon im Vorfeld Interesse wecken, während die Radio-Werbung zur intensiveren Aufmerksamkeit der Konsumenten auf die Weihnachtsaktion von Baileys eingesetzt wird. Die Sommermonate Juni, Juli und August bleiben für den Konsumenten vorerst werbefrei. Viertens verfolgte Baileys das Ziel einer flexibleren Gestaltung des Mediaplanes mit mehreren Werbefrequenzen, die mit zeitlichen Pausen gespickt sind. Dies führt für den Konsumenten zu einer besseren Informationsverarbeitung auf der einen Seite und zu einer größeren Effizienz der Werbung auf der anderen Seite.

2.9 Wirkung von Advertising und Promotion Aktivitäten

Wie Untersuchungen am POS gezeigt haben, wirkt die Kommunikation der Marke Baileys einerseits und unterstützt andererseits den geplanten Kauf. Aufgrund der extrem hohen Werbeerinnerung der Verbraucher, 83% kennen die TV- und 26% die Radio-Werbung, findet ein hoher Vorverkauf des Produktes Baileys statt. Die durchgeführte Diversifikation des Mediaplans entpuppt sich als äußerst erfolgreich. Gerade die Radiowerbung hat einen höheren Wiedererkennungseffekt als der prozentuale Anteil am Gesamtwerbebudget, was auf eine effektive Erweiterung der Marketingaktivitäten schließen lässt.

Im Rahmen der Weihnachtsaktion 2001 konnten Konsumenten die Baileys Flasche mit einer attraktiven Geschenkbox erwerben. Es stellte sich heraus, dass die, von den Käufern als besonders positiv bewertete, Geschenkbox der Auslöser für Impulskäufe war. Hauptsächlich kauften die Spontankäufer Baileys mit der Geschenkpackung aus der Zweitplatzierung. Obwohl zu vermuten wäre, dass Baileys als Weihnachtsgeschenk gekauft wird, zeigt sich, dass immerhin ein Drittel die Flasche für ein anderes Ereignis, überwiegend zum Geburtstag, erworben haben.

Beispielhaft für den Erfolg der einzelnen Promotionaktivitäten steht die im Frühjahr 2002 durchgeführte Diamantenaktion, die unter dem Motto lief: „Baileys schenkt unvergessliche Augenblicke". Aufgrund der Begehrlichkeit und der Einzigartigkeit von Diamanten sollte eine Penetration des hochwertigen und exklusiven Charakters Baileys erreicht werden. Im Rahmen dieser Aktion wurde eine Zweitplatzierung im Handel vorgenommen, bei der Baileys Flaschen durch Neckanhänger mit funkelnden Body Tattoo (4-Motive) verziert wurden. Bei einem Gewinnspiel konnten Diamanten im Wert von ca. 7.000 € gewonnen werden. Parallel wurde die Kampagne durch TV-Werbespots sowie durch die Nutzung von Synergieeffekten der diversen Distributionskanäle unterstützt.

Das Ergebnis übertraf die Zielsetzung bei weitem. Von Seiten des Handels erfolgte eine durchweg positive Aufnahme aufgrund der offensichtlichen Hochwertigkeit der Aktion. Auch die Verkaufszahlen konnten mit plus 38,5% im Vergleich zum Vorjahr (2001) stärker als geplant gesteigert werden und darüber hinaus konnte eine Imagesteigerung beobachtet werden. Besonders beachtlich ist die hohe Rücklaufquote des Gewinnspiels. Anstatt der erwarteten 2% lag diese bei 9,28% oder 24.121 Teilnehmern. Doch das Bemerkenswerte liegt in der Akzeptanz der Konsumenten, die eine Preiserhöhung nicht als belastend empfinden und den exklusiven Charakter Baileys schätzen und dies durch die Einsendung kreativ gestalteter Gewinnspielteilnahmekarten zum Ausdruck bringen. Es kann hier von einer besonders starken Identifikation mit dem Produkt gesprochen werden.

2.10 Erkenntnisse

Wie am Beispiel der Repositionierung von Baileys zu sehen ist, kann ein Unternehmen in einem Umfeld von fallenden Absatzzahlen gepaart mit Preissenkungen durch eine Neuaufstellung der Marke wieder das Interesse der Käufer wecken. Voraussetzung für eine erfolgreiche Umsetzung ist jedoch der Besitz einer herausragenden Produktqualität in Verbindung mit einem einzigartigen Nutzen für den Konsumenten. Es sollten weiterhin keine direkten Komplementärgüter vorhanden sein. In einem solchen Falle kann eine Repositionierung, wie es bei Baileys geschehen ist, zu einem Erfolg werden. Hierbei ist es jedoch unbedingt erforderlich, die Werbeausgaben zu steigern und sie in adäquater Form für die Gewinnung neuer Verbraucher einzusetzen. Des weiteren bedarf es für die Finanzierung der Werbemaßnahmen einer Preiserhöhung über einen Zeitraum von 3 bis 4 Jahren, an der die zur Verfolgung der Strategie benötigten Handelspartner in Form einer gestiegenen Marge zu beteiligen sind.

3. Literatur

ABELL, D., 1980, Defining the Business: The Starting Point of Strategy Planning, Englewood Clifs.

ABELL, D./HAMMOND, J., 1979, Strategic Market Planning: Problems and Analytical Approaches, Englewood Cliffs.

ANDERSON, E./FORNELL, C./LEHMANN, D., 1994, Customer Satisfaction, Market Share, and Profitability: Findings from Sweden, in: Journal of Marketing, S. 53-66.

BECKER, J., 1993, Marketing-Konzeption, Grundlagen des strategischen Marketing-Managements, 5. Aufl., München.

BERNDT, R., 1995, Marketing 2: Marketing-Politik, 3. Aufl., Berlin.

BERNDT, R./ ALTOBELLI, C.F./SANDER, M., 1997, Internationale Marketing-Politik, Stuttgart.

BUZZELL, R./GALE, B., 1987, The PIMS Principles-Linking Strategy to Performance, New York.

BUZZELL, R./GALE, B./SULTAN, R., 1975, Market Share – a Key to Profitability, Harvard Business Review, S. 24-37.

DILLER, H., 2000, Preispolitik, 3. Aufl., Stuttgart.

HAEDRICH, G./TOMCZAK, T., 1990, Strategische Marktführung, Bern/Stuttgart.

HOMBURG, C., 2000, Quantitative Betriebswirtschaftslehre. Entscheidungsunterstützung durch Modelle, 3. überarbeitete Aufl., Wiesbaden.

KÜHN, R., 1995, Marketing – Analyse und Strategie, Zürich.

LAMBIN, J.J., 1976, Advertising, Competition and Market Conduct in Oligopoly Over Time, Amsterdam, North Holland.

LEEFLANG, P.H./WITTINK, D. R., 1990, Diagnosing Competetive Reactions Using (Aggregated) Scanner Data, Working Paper, Universität Groningen.

LUCHS, R./MÜLLER, R., 1985, Das PIMS-Programm – Strategien empirisch fundieren, in: HANSSMANN, F./RUHLAND, J./WILDE, K. (Hrsg.), Strategische Planung, Berlin, S. 79-98.

NEUBAUER, F., 1980, Das PIMS-Programm und Portfolio-Management, in: Hahn, D./Taylor, B. (Hrsg.), Strategische Unternehmensplanung, Würzburg.

PHILLIPS, L./CHANG, D./BUZZELL, R., 1983, Product Quality, Cost Position and Business Performance: A Test of Some Key Hypotheses, Journal of Marketing, S. 26-43.

PORTER, M., 1980, Competitive Strategy, New York.

POTTER, D.V., 2000, Discovering Hidden Pricing Power, Business Horizons, S. 41-48.

REUTTERER, T., 1994, Analytische Modelle zur Unterstützung von Positionierungsentscheidungen, in: Der Markt, S. 88-109.

RIES, A./TROUT, J., 1986, Positionierung: Die neue Werbestrategie, Hamburg.

RUDOLPH, TH., 1993, Positionierungs- und Profilierungsstrategien im Europäischen Einzelhandel, St. Gallen.

RUDOLPH, TH./WEINHOLD, H., 1993, Erfolgreiche Einzelhandelskonzepte für den Einzelhandel in Europa, Management zwischen Effizienz und Vision, GDI-Schrift Nr. 85, S. 89-103.

SAMIEE, S., 1987, Pricing in Marketing Strategies of US –and Foreign-Based Companies, in: Journal of Business Research, S. 17-30.

SETHURAMAN, R./TELLIS, G.J., 1991, An Analysis of the Tradeoff Between Advertising and Price Discounting, Journal of Marketing Research, S. 160-174.

SIMON, H., 1992, Preismanagement, 2. Aufl., Wiesbaden.

TELLIS, G.J., 1988, The Price Elasticity of Selected Demand: A Meta-Analysis of Econometric Models of Sales, in: Journal of Marketing Research, S. 331-341.

TOMCZAK, T./REINECKE, S., 1995, Die Rolle der Positionierung im strategischen Marketing, in: THOMMEN, J.-P. (Hrsg.), Management-Kompetenz, Zürich.

VENOHR, B., 1988, Marktgesetze und strategische Unternehmensführung, Wiesbaden.

WIED-NEBBELING, S., 1975, Industrielle Preissetzung, Tübingen.

WIED-NEBBELING, S., 1985, Das Preisverhalten in der Industrie, Tübingen.

WOO, C./COOPER, A., 1981, Strategies of Effective Low Share Businesses, in: Strategic Management Journal, S. 301-318.

WOO, C./COOPER, A., 1982, The Surprising Case for Low Market Share, in: Harvard Business Review, S. 106-113.

Heribert Gierl

Preislagenpolitik

1. Einleitung

Eine Produktkategorie besteht aus Produkten, die im Prinzip substituierbar sind (z. B. verschiedene Waschmittelmarken aus der Produktkategorie Vollwaschmittel oder unterschiedliche Pkw-Fabrikate aus der Produktkategorie Pkw). Innerhalb einer Produktkategorie bieten mehrere Hersteller verschiedene Produkte an. Diese Produkte können normalerweise verschiedenen Preislagen zugeordnet werden, z. B. in Produkte mit niedrigen Preisen, in solche mit mittleren Preisen und solche mit hohen Preisen eingeteilt werden (Sabel/Tacke, 1994, S. 911). Die in Tabelle 1 enthaltene beispielhafte Zuordnung verschiedener Marken zu Preislagen in Anlehnung an Diller (2001, S. 124) verdeutlicht, was unter Preislagen verstanden wird.

	Niedrigpreisige Marken	Mittelpreisige Marken	Hochpreisige Marken
Beispiele	Seat, Ibis-Hotels, Chantré	VW-Golf, Sony, Nivea, Milka	Mövenpick, Lexus, Boss
Typische Merkmale aus Sicht der Nachfrager	günstiger Preis, hinreichende Qualität, breite Distribution, aktiver Marktauftritt	überdurchschnittliche Qualität, hohe Preiswürdigkeit, breite Anerkennung am Markt	Prestigenutzen, Spitzenqualität, neueste Technik, Seriosität, Designanspruch

Tabelle 1: Klassifikation von Produkten aus verschiedenen Preislagen und typische Beschreibungen

Innerhalb einer Produktkategorie werden oftmals Produkte aus unterschiedlichen Preislagen angeboten, weil die Kunden, zu Recht oder zu Unrecht, überzeugt sind, dass die Angebote eine unterschiedliche Produktqualität besitzen (Diller, 2000, S. 394) und folglich auch verschiedene Preise rechtfertigen, wobei der höchste Preis oft ein Vielfaches des geringsten Preises sein kann (z. B. bei Pkw oder Parfum). Um die hohe Preisbereitschaft mancher Kunden für eine hohe Produktqualität abzuschöpfen, ist es daher für manche Hersteller ökonomisch sinnvoll, Produkte in der oberen Preislage anzusiedeln.

In diesem Beitrag werden drei Fragen behandelt, wobei sich die Ausführungen auf den Bereich der Konsumgüter beschränken werden.

- Welche Produkte sollen in welchen Preislagen zu welchen Preisen angeboten werden? Diese Thematik ist strategischer Natur, da solche Festlegungen in aller Regel schwer bzw. nur unter Inkaufnahme hoher Kosten revidiert werden können. Die Antwort auf diese Frage hängt von den eigenen Ressourcen ab, das heißt von den Fähigkeiten des betreffenden Unternehmens, die Entwicklung eines Produkts, welches in einer bestimmten Preislage angeboten werden kann, erfolgreich abzuschließen und von den Möglichkeiten einer erfolgreichen Marktbearbeitung. In diesem

Beitrag werden Verfahren vorgestellt, die in der Literatur empfohlen werden, um das angesprochene Entscheidungsproblem zu lösen.

- Wie sind die Nachfrager zu beschreiben, die Produkte aus bestimmten Preislagen nachfragen? Die naheliegende These, dass Haushalte mit hohem Einkommen teure Produkte und Haushalte mit geringem Einkommen billige Produkte erwerben, ist empirisch nicht gut gestützt, im Gegenteil: viele Haushalte mit hohem Einkommen „leisten" sich oftmals geringpreisige Produkte, und aufgrund des vergleichsweise hohen Wohlstandes in der Bevölkerung besteht auch für Haushalte mit geringem Einkommen die Möglichkeit, partiell teure Produkte zu kaufen.
- Welche Preispolitik soll man für ein Produkt betreiben, das in einer bestimmten Preislage angeboten wird? Hierbei könnten vielfältige Parameter der Preispolitik betrachtet werden, zum Beispiel Preisgarantien, preisvergleichende Werbung, Preisbündel, Sonderpreise oder Rabattprogramme und vieles andere mehr (vgl. Überblick bei Diller, 1995 und 2001; Vishwanath/Mark, 1997). In diesem Beitrag werden exemplarisch zwei Parameter der Preispolitik, geteilte Preise und Preisbündel, ausgewählt, und es wird diskutiert, welche Rolle sie für die Preispolitik für hochpreisige Güter spielen könnten.

2. Product Line Pricing und Kontrolle der Preislagen

2.1 Problemstellung

Angenommen, ein Hersteller oder Händler beabsichtige, Produkte aus einer Produktkategorie anzubieten. Eine wichtige Entscheidung, die im Rahmen der Preislagenpolitik zu fällen ist, betrifft die Frage, in welchen Preislagen Produkte angeboten, welche konkreten Produkte offeriert und welche Preise für sie gefordert werden sollen. Diese Thematik wird in der Literatur unter den weitgehend synonym verwendeten Stichworten Product Line Pricing, Category Pricing, Efficient Pricing oder sortimentsoptimale Preise behandelt (vgl. z. B. Vilcassim/Chintagunta, 1995; Zeisel, 1998, S. 127; Diller, 2000, S. 473). Zum Teil werden im Kontext dieser Entscheidungen in Handelsunternehmen auch gleichzeitig die Fragen thematisiert, welche Regelflächen einer Produktkategorie zugewiesen werden und welche Rolle Handelsmarken einnehmen sollten.

Die angesprochene Fragestellung ist interessant, wenn ein Hersteller mehrere Modelle anbietet (z. B. ein Pkw-Hersteller mehrere Pkw-Fabrikate) oder ein Produkt in mehreren Packungsgrößen (etwa ein Nahrungsmittelhersteller) offeriert. Auch für Händler stellt sich diese Aufgabe, denn sie bieten ebenfalls in aller Regel aus einer Produktkategorie mehrere substituierbare Produkte an. Dabei tritt das Problem auf, dass die anzubietenden Produkte und ihre Preise nicht unabhängig von Produkt zu Produkt geplant werden können, da Kannibalisierungseffekte zu erwarten sind. Ein Kunde, für den man etwa das teure Produkt A anbietet, könnte beispielsweise das billigere Produkt B kaufen, obwohl er zu dessen Zielgruppe nicht gehört; denn ihn könnte die Preiswürdigkeit des Kaufs von B überzeugen.

Zu dieser Thematik sind in der Literatur einige Vorschläge erarbeitet worden, die grob in drei Bereiche zu klassifizieren sind (vgl. z. B. Ansätze von Urban, 1969; Monroe/Della Bitta, 1978; Hill, 1982; Katz, 1984; Moorthy, 1984).

- Eine Forschungsrichtung widmet sich der Frage, wie man aus von den Nachfragern erfragten Daten zu oberen Preislimits (so genannten reservation prices) auf die optimale Produkt- und Preispolitik folgern kann. Man geht hier davon aus, dass die möglichen anzubietenden Produkte bereits fix sind (z. B. könnte ein Händler zehn Varianten aus einer Kategorie anbieten wollen), aber daraus eine Submenge ausgewählt werden soll und ihre konkreten Preise festgelegt werden sollen. Es wird zudem angenommen, dass eine Situation gegeben ist, in der solche reservation prices von den Nachfragern valide erfragt werden können.
- Eine zweite Richtung unterstellt, dass aus dem bisherigen Marktgeschehen Preis- und Kreuzpreiselastizitäten der konkurrierenden Produkte bekannt sind, so dass sich im Wege eine Kalküls der Gewinnoptimierung eine Entscheidung fundieren lässt. Diese Vorgehensweise gestattet jedoch nur, über bereits im Markt eingeführte Produkte zu entscheiden (am Markt belassen: ja/nein) und eventuell deren Preise zu korrigieren.
- Eine dritte Richtung schließt zusätzlich die Frage mit ein, wie die anzubietenden Produkte gestaltet sein sollten, wobei die diesbezüglichen a-priori Vorstellungen noch sehr vage sein können.

Dies Ansätze werden nachfolgend erläutert.

2.2 Planung auf der Grundlage von Reservation Prices

Der reservation price einer Person variiert innerhalb einer Produktkategorie von Produkt zu Produkt und gibt an, welche Bedürfnisbefriedigung sich die Person vom Produkt verspricht (McIntyre/Miller, 1999, S. 301). Dieser Preise gleichen dem oberen Preislimit der Person für das betreffende Produkt (McIntyre/Miller, 1999, S. 305). In Abhängigkeit von Verhaltensannahmen über die Rolle eines reservation price auf das Kaufverhalten wurden unterschiedliche Operations Research-Algorithmen entwickelt, die zu einer Selektion anzubietender Produkte und zur Festlegung ihrer Preislagen und Preise führen können. Zwei dieser Ansätze sind nachfolgend kurz aufgezeigt, ohne die mathematischen Details zu vertiefen. Anschließend werden komplexere Situationen, die dieser Thematik ebenfalls zugeordnet werden, angesprochen.

- **Das Verfahren von McIntyre/Miller**

Ausgangspunkt der Methode von McIntyre/Miller (1999) sind folgende zwei Annahmen. (1) Eine Person kauft von mehreren substituierbaren Produkten, deren Preise unter den reservation prices für die Produkte liegen, das am meisten präferierte Produkt; wird ihr kein Produkt angeboten, dessen Preis unter dem reservation price für dieses Produkt liegt, so erwirbt sie kein Produkt. (2) Eine Person präferiert ein Produkt um so mehr, je höher der reservation price für dieses Produkt ist. Wie unter diesen Annahmen Entscheidungen gefällt werden können, wird anhand eines fiktiven Zahlenbeispiels erörtert.

Für sechs Personen (a bis f) wird angenommen, dass sie für zwölf Produkte aus einer Produktkategorie ihren reservation price nennen, wobei unter Umständen bereits vorab eine Einteilung der Kaufalternativen in Preislagen, etwa anhand der Qualitätsniveaus, möglich ist. Im Rahmen einer Simulation müssen dann unterschiedliche Konstellationen (anzubietende Produkte, hierfür geforderte Preise) bewertet werden. In Tabelle 2 sind von sehr vielen derartigen Kombinationsmöglichkeiten drei exemplarische Optionen aufgeführt. In Option 1 werden zum Beispiel annahmegemäß die drei Produkte E, F und G zum Preis von 60 GE (GE=Geldeinheiten) angeboten. Person a würde dann auf einen Kauf verzichten, da diese Preise über ihren reservation prices liegen (E: 60>50, F: 60>45, G: 60>50). Person b würde die Alternativen E und G als kaufwürdig erachten (E: 65≥60, F: 55<60, G: 60≥ 60) und E als die präferierte Alternative kaufen. Entsprechend könnte unter den zwei oben getroffenen Annahmen festgestellt werden, ob und welche Produkte die weiteren Nachfrager voraussichtlich. erwerben. Aus der Anzahl der Käufer pro Produkt, dem Produktpreis sowie unter Annahmen über die Kosten pro Einheit des Produkt könnte schließlich der voraussichtliche Gewinn, der mit jeder Option verbunden ist, quantifiziert werden. Somit ließe sich die Alternative (Produkte, Preise) wählen, für die der Gewinn möglichst hoch ist.

	Person	mögliche Produkte aus der unteren Preislage				mögliche Produkte aus der mittleren Preislage				mögliche Produkte aus der oberen Preislage				Gewinn
		A	B	C	D	E	F	G	H	I	J	K	L	
obere Preislimits	a	-	-	-	-	50	45	50	40	-	-	-	-	
	b	-	-	-	20	65	55	60	50	-	-	-	-	
	c	-	-	-	-	-	70	60	50	80	-	-	-	
	d	-	-	-	-	70	50	50	45	-	90	-	-	
	e	-	-	-	-	-	60	50	40	100	-	-	-	
	f	-	-	20	30	50	55	60	-	-	-	-	-	
Simulationsrechnung	Preis					60	60	60						G1
	Käufer					b,d	c,e	f						
	Preis				30	50	60							G2
	Käufer					a,b,d,f	c,e							
	Preis					55	70							G3
	Käufer					b,d	c							

Tabelle 2: Zahlenbeispiel zur Verdeutlichung des Verfahrens von McIntyre/Miller

- **Das Verfahren von Dobson/Kalish**

Dobson/Kalish (1988) unterstellen eine andere Verhaltensannahme über die Reaktion von Nachfragern auf Preise verschiedener substituierbarer Produkte aus einer Produktkategorie. Sie argumentieren auf der Basis folgender zwei Annahmen. (1) Jeder Nachfrager kauft ein Produkt. (2) Ein Nachfrager kauft das Produkt, dessen value for money größtmöglich ist. Den value for money definieren sie als die Differenz „reservation price minus gefordertem Preis". Diese Differenz gibt an, um wie viel der Nutzen eines bestimmten Produkts (gemessen als oberes Preislimit für dieses Produkt) dessen geforderten Preis übersteigt. Sie verdeutlichen die Analyse dieser Daten an einem Zahlenbeispiel, in welchem zwei Nachfragern (bzw. Nachfragersegmenten) zwei Produkte angeboten werden. Angenommen, der Anbieter möchte die Preisbereitschaft der zwei Nachfrager abschöpfen und will Produkt A zum Preis von 10 GE für Nachfrager 1 und B zum Preis von 15 GE für Nachfrager 2 anbieten (vgl. Daten in Tabelle 3). In diesem Fall würden sich beide für die Alternative A entscheiden, da dessen value for money für beide Nachfrager höher als der von B ist, und die unterschiedliche Preisbereitschaft wäre nicht abgeschöpft. Dagegen würde ein Preis von 10 GE für A und ein Preis knapp unter 13 GE für B einen im Zahlenbeispiel möglichst hohen Umsatz für den Anbieter bedeuten.

Produkt	reservation price r		inital price p	value for money r-p		optimal price p	value for money r-p	
	Nachfrager 1	Nachfrager 2		Nachfrager 1	Nachfrager 2		Nachfrager 1	Nachfrager 2
A	10 GE	12 GE	10 GE	0 GE	2 GE	10 GE	0 GE	2 GE
B	8 GE	15 GE	15 GE	-7 GE	0 GE	12,9 GE	-4,9 GE	2,1 GE
max.				0 -> A	2 -> A		0 -> A	2,1 -> B

Tabelle 3: Zahlenbeispiel zur Verdeutlichung des Verfahrens von Dobson/Kalish

- **Komplexere Fälle nach Tellis**

Die in realen Situationen erforderlichen Erweiterungen dieses in der Literatur mehrfach behandelten Problems, aus bekannten reservation prices zu ermitteln, welche Produkte zu welchen Preisen angeboten werden sollen, stellt Tellis (1986) dar. Er unterscheidet hierbei in Price Bundling, Premium Pricing und Image Pricing.

Price Bundling (in der Definition von Tellis) kann eine Möglichkeit der Preisfestsetzung darstellen, wenn die Kunden bereit sind, mehrere verschiedene, sich dennoch substituierende Produkte zu kaufen. Für ein einfaches, verdeutlichendes Beispiel sei nach Tellis angenommen, dass ein Filmverleiher zwei Filme (A und B) an zwei Kinos (Nachfrager 1 und 2) verleihen und die Verleihgebühr optimieren möchte. Es sei dabei jedoch nicht zulässig, von verschiedenen Kunden für ein und dieselbe Leistung unterschiedliche Preise zu verlangen. Im Zahlenbeispiel wird gezeigt, dass es im Zwei-Kunden-Fall sinnvoll ist, mehrere Preissetzungen für die zwei Produkte miteinander zu vergleichen, so etwa den Preis, den alle Nachfrager mindestens zu zahlen bereit sind, den Preis, den mindestens ein Kunde bereit ist zu entrichten, und den Preis, bei dem mehrere Produkte gekauft werden, um das Preisoptimum erkennen zu können (Tabelle 4).

Produkt	reservation price (erfragt)		penetration price	pure component strategy	price bundling
	Nachfrager 1	Nachfrager 2			
A	12 GE	18 GE	12 GE	18 GE	-
B	25 GE	10 GE	10 GE	25 GE	-
A und B	37 GE	28 GE	-	-	28 GE
Umsatz			2x(12+10)	18+25 GE	2x28 GE

Tabelle 4: Zahlenbeispiel zur Verdeutlichung der Vorteile von Price Bundling

Premium-Pricing liegt vor, wenn die Kosten der anzubietenden, substituierbaren Produkte miteinander verbunden sind und Verluste bei einem Produkt durch Gewinne durch ein anderes Produkt mehr als kompensiert werden können. Tellis (1986) konstruiert hierzu folgendes Beispiel. Es sei angenommen, dass das Angebot einer einfacheren Variante pro Stück Kosten in der Höhe von 50 GE (GE=Geldeinheit) verursacht, wenn 20 ME (ME=Mengeneinheit) angeboten werden, und diese Stückkosten auf 35 GE sinken, wenn die Menge auf 40 ME erhöht wird. Falls eine teuere Variante angeboten wird, sollen die Kosten pro Einheit unabhängig von der abzusetzenden Menge um 10 GE höher sein als die der billigeren Variante. Ferner wird angenommen, dass zwei Nachfragersegmente, bestehend als jeweils 20 Kunden, existieren, wobei das eine Segment die billigere Variante und das andere Segment die teuere Variante bevorzugt; ihre Preislimits seien 30 GE bzw. 50 GE. Dies führt zu dem in Tabelle 5 aufgestellten Kalkül. Der Verlust, der durch das Angebot der billigen Variante A entsteht, wird im Zahlenbeispiel durch den Gewinn mit der teuren Variante B kompensiert.

Produkt	reservation price		optimales Angebot		Stückkosten	Gewinn
	Nachfragersegment 1 (20 Kunden)	Nachfragersegment 2 (20 Kunden)	Menge	Preis		
A	30 GE	-	20	30	35 GE	(30-35)x20
B	-	50 GE	20	50	35+10 GE	(50-45)x20

Tabelle 5: Zahlenbeispiel zur Verdeutlichung der Vorteile von Premium Pricing

Dieses idealtypische Beispiel zeigt, dass der optimale Preis für ein Produkt aufgrund des Kostenverbundes auch davon abhängt, welche Preise für die anderen Produkte gefordert werden. Würde im Zahlenbeispiel nur Variante A angeboten, so wäre dies auf Grund des negativen Gewinns als ökonomisch nicht sinnvoll zu bewerten.

Image Pricing: Eine Preisbildung dieser Art liegt vor, wenn praktisch ein und dasselbe Produkt zu verschiedenen Preisen angeboten wird. Wenn beispielsweise nur der Name (z. B. Markenbezeichnung) oder die Verpackung variiert werden, könnten hierüber uninformierte Konsumenten bereit sein, auf Grund von Preis-Qualitäts-Anmutungen den höheren Preis zu akzeptieren. Tellis sieht Anwendungen dieser Idee in den Produktkategorien Kosmetika, Seifen, Wein oder Bekleidung.

Die Einsatzmöglichkeiten der in diesem Abschnitt beschriebenen Verfahren sind gegeben, wenn eine überschaubare Anzahl von Produkten vorliegt und valide gemessene reservation prices bekannt sind. Allerdings sind die mathematischen Algorithmen zur Optimierung der Zielgrößen sehr komplex (vgl. McIntyre/Miller, 1999; Dobson/Kalish, 1988; Oren/Smith/Wilson, 1984). Zudem hängen die Verfahren davon ab, welche Verhaltensannahme für die Nachfrager unterstellt wird (vgl. die exemplarisch die unterschiedlichen Prämissen in den eingangs vorgestellten zwei Verfahren). Dennoch erscheinen die Verfahren für den Praxiseinsatz interessant zu sein, zumal verschiedene Autoren in Fallstudien belegten, dass die erzielten Lösungen die Gewinnsituation der betreffenden Anbieter verbessern konnten.

2.3 Planung auf der Grundlage von Preis- und Kreuzpreiselastizitäten

Eine andere Vorgehensweise zu entscheiden, welche Produkte zu welchen Preisen aus einer Produktkategorie angeboten werden sollen, besteht darin, auf Preiselastizitäten zurückzugreifen. Preiselastizitäten und Kreuzpreiselastizitäten können unter Umständen aus Vergangenheitsdaten (z. B. aus Scannerdaten) geschätzt werden. Die Preiselastizität bzw. Kreuzpreiselastizität gibt an, um wie viel Prozent die Absatzmenge sich verändert, wenn sich der Preis der eigenen Produkte bzw. der Wettbewerberprodukte um ein Prozent verändert. Im so genannten multiplikativen Modell sind die Elastizitäten die Koeffizienten ß der Marktreaktionsfunktion:

$$s_{it} = ß_{i0} \prod_{j=1}^{J} p_{jt}^{ß_{ij}} \text{ für } j = 1,\ldots,J, i \in j$$

wobei: s_{it}: Absatzmenge von Produkt i in Zeitperiode t
p_{jt}: Preis von Produkt j in Zeitperiode t
$ß_{ii}$: Preiselastizität von Produkt i ($ß_{ii}<0$)
$ß_{ij}$: Kreuzpreiselastizität des Preises von Produkt j auf den Absatz von Produkt i ($ß_{ij}>0$)

Auf dieser Grundlage kann ein Gewinnkalkül maximiert werden (I': Anzahl der selbst angebotenen Produkte):

$$\sum_{i=1}^{I'} (p_i - k_i) s_i \to \max_{p_i}$$

Ein überschaubares Anwendungsbeispiel für dieses Kalkül findet sich bei Reibstein/Gatignon (1984), welche mit einem Verfahren dieser Art die Preise für verschiedene Eier, die in einem Einzelhandelsunternehmen angeboten werden (etwa: extra groß, groß, 20-er Gebinde etc.) optimierten. Valcassim/Chintagunta (1995) zeigen Ergebnisse einer derartigen Analyse an der Produktkategorie Joghurt auf. Kadiyali/Vilcassim/Chintagunta (1996) erweitern diese Ansätze um spieltheoretische Überlegungen. Dies erscheint vorteilhaft zu sein, da anzunehmen ist, dass nicht nur die Nachfrager, sondern auch die Konkurrenten auf Preisfestsetzungen reagieren. Vorschläge, wie die Preisbildung der Produkte innerhalb einer Produktkategorie simultan für Herstellerpreise und Händlerpreise vorgenommen werden kann, unterbreitet schließlich Zenor (1994). Der Einsatz derartiger Verfahrens ist allerdings nur möglich, wenn die Preise und die Konkurrenzpreise im Zeitablauf deutlich variierten und untereinander nicht allzu hoch korreliert sind, um die Funktionsparameter bestimmen zu können. Diese Bedingung ist in der Praxis freilich häufig nicht gegeben.

2.4 Planung auf der Grundlage von Conjoint-Analysen

Ein dritter Ansatz besteht schließlich darin, auf der Grundlage von Conjoint-Analysen in Kombination mit Gewinnmodellen zu entscheiden, welche Produkte zu welchen Preisen angeboten werden sollen (vgl. Bauer/Herrmann/Mengen, 1994). Die Anwender dieser Verfahren gehen von Eigenschaften aus, die mögliche neue Produkte aufweisen könnten, und sie unterstellen, dass die Kosten, die die Entwicklung dieser Eigenschaften verursacht, und die Kosten, die für die Herstellung von Produkten mit diesen Eigenschaften anfallen, bekannt sind. Die Conjoint-Analysen liefern sodann Aussagen, wie viele Personen für bestimmte Produkte (Kombinationen von Eigenschaften) bestimmte Preise akzeptieren würden (vgl. z. B. Müller/Kesselmann, 1995). Dies lässt es zu, simultan die anzubietenden Produkte (d. h. die Produkteigenschaften) und deren Preise zu planen. Eine mathematische Darstellung dieser Verfahren und Anwendungsbeispiele finden sich beispielsweise bei Aust (1995) oder Gaul/Aust/Baier (1995).

2.5 Kontrolle der Preislagen der Produkte

Im Folgenden wird unterstellt, dass ein Hersteller oder ein Händler Produkte aus einer Produktkategorie anbietet und untersuchen möchte, ob er innerhalb der Preislagen in einem angemessenen Umfang mit Produkten vertreten ist. Diese Frage legt zwei Vorgehensweisen nahe, zum einen könnten Befragungen von Kunden zum Preisimage der angebotenen Produkte durchgeführt werden, und zum anderen bietet sich der Einsatz von Verfahren aus der Erfolgsrechnung an.

Preisimage: Eine Produktkategorie sollte bei den Nachfragern aus der Zielgruppe des Unternehmens den Eindruck erwecken, dass die Angebote preisgünstig und preiswürdig sind (vgl. Simon, 1992, S.595; Diller, 2000, S. 153). Das Pkw-Angebot eines Automobilherstellers sollte beispielsweise ein für die Zielgruppe preisgünstiges Einstiegsmodell einschließen, und bei der Preisfestsetzung der einzelnen Produkte sollten mögliche Preisschwellen beachtet werden. Ferner sollte geprüft werden, ob die Reputation bzw. das Qualitätsimage des Unternehmens von den Nachfragern als ausreichend empfunden wird, um dem Unternehmen akzeptable Angebote in der oberen Preislage zuzutrauen (z. B. M-Fabrikate von BMW). Erkenntnisse zu Fragestellungen dieser Art könnten Befragungen von Nachfragern aus den Zielgruppen eines Unternehmens liefern.

Preisstrukturanalyse: Es erscheint auch sinnvoll, die Absatzmengen, die Umsätze oder die Deckungsbeiträge mit Produkten aus der Produktkategorie auf die Preislagen, in denen die Produkte angeboten werden, prozentual aufzuteilen, so dass ein Histogramm resultiert, welches angibt, welche Erfolgsbeiträge die (im Beispiel sechs) Produkte aus verschiedenen Preislagen zum Erfolg aller Produkte aus einer Kategorie liefern. Dieses Histogramm kann einem Histogramm verglichen werden, welches die entsprechenden Erfolgsbeiträge des gesamtes Marktes (alle Anbieter einschließlich des eigenen Unternehmens) aufzeigt. Ein mögliches Ergebnis einer derartigen Analyse ist in Abbildung 1 dargestellt.

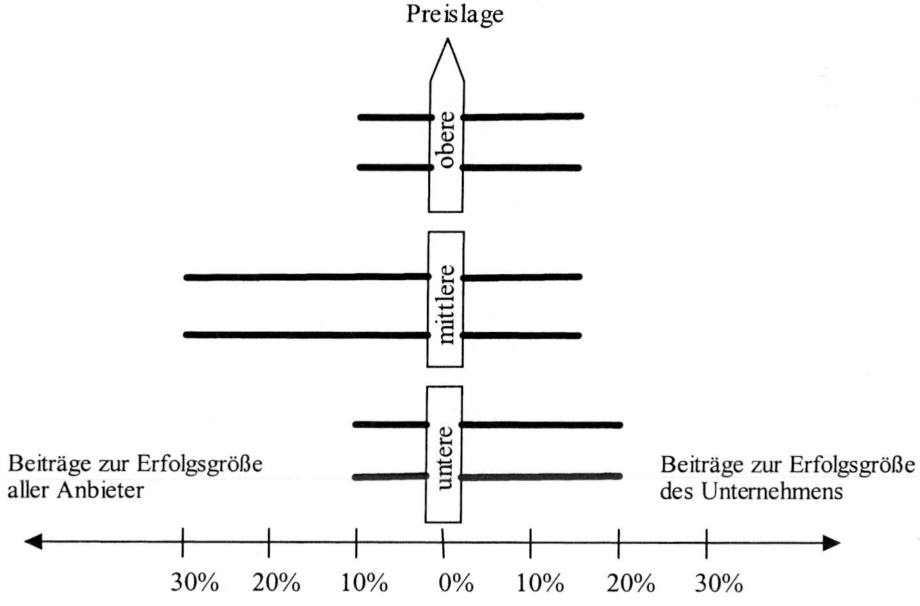

Abbildung 1: Mögliches Ergebnis einer Preisstrukturanalyse

Im skizzierten Beispiel müsste das Unternehmen erkennen, dass es mit Produkten aus der mittleren Preislage eine geringere Marktbedeutung besitzt als die Wettbewerber. Verwendet man unterschiedliche Erfolgsgrößen (z. B. Absätze und Produkt-Deckungsbeiträge) zur Erstellung solcher Vergleiche, so ließe sich auch folgern, ob ein stärkeres Engagement in einer bestimmten Preislage erfolgversprechend ist.

3. Zielgruppen für Produkte aus unterschiedlichen Preislagen

Im folgenden Abschnitt wird die Perspektive des Nachfragers eingenommen. Es steht nun die Frage im Vordergrund, aus welchen Preislagen der Nachfrager Produkte kaufen möchte und warum es sich für eben diese Preislagen entscheidet. Informationen hierzu sind für den Anbieter wichtig, um die Marktanteile, die mit Produkten aus bestimmten Preislagen verbunden sein könnten, schätzen zu können und auch Zielgruppen für Produkte aus einer bestimmten Preislage abgrenzen zu können.

Eine weit verbreitete Meinung lautet: Wer über hohe Kaufkraft verfügt, kann sich teure Produkte leisten, wer weniger Geld hat, muss entsprechend billigere Produkte kaufen. Untersuchungen zum Zusammenhang zwischen den Preisen, die Haushalte bezahlen, und der Kaufkraft bestätigten über lange Zeit die Gültigkeit dieser Erklärung der Preislagenwahl von Nachfragern. So konnte schon, 1937 in England festgestellt werden, dass in größeren Familien ein um so billigerer Tee gekauft wurde, je geringer das Pro-Kopf-Einkommen dieser Familien war.

Seit den späten siebziger Jahren versagte diese Erklärung zunehmend. Ausgedehnte Untersuchungen, zuerst in Nordamerika und dann auch in Deutschland, zu Lebensmitteln und anderen häufig gekauften Konsumgütern belegten oftmals keinen Zusammenhang mehr zwischen dem bezahlten Preis und der Kaufkraft des Haushalts, auch nicht bei Beachtung der Konsumintensität der Produkte und weiterer Einflussgrößen. Allenfalls für absolut hochpreisige Produkte wie Spirituosen oder Pkw bestehen weiterhin positive Zusammenhänge zwischen der gewählten Preislage und der Kaufkraft eines Haushaltes.

3.1 Ursachen für die Preislagenwahl durch Nachfrager

Eine Ursache, warum das Kaufkraftargument an Aussagekraft verlor, ist in der so genannten Individualisierung zu suchen. Individualisierung (oder Singularisierung) bedeutet, dass das Konsumverhalten der Konsumenten unterschiedlicher wird. Würden sich Personen bei ihrer Preislagenwahl in den einzelnen Produktkategorien nur an ihrer Kaufkraft orientieren, so müssten sie in allen Kategorien durchgehend gering-, mittel- oder hochpreisige Produkte kaufen. Müller (2001, S. 42; vgl. auch Diller/Gentner/Müller, 2000) schätzt den Anteil der Konsumenten, die in verschiedenen Produktkategorien (Güter des täglichen Bedarfs) Produkte aus unterschiedlichen Preislagen kaufen (zum Beispiel: Bier billig, Zahncreme teuer), zwar nur auf 20%; diese Studie konzentriert sich aber stark auf Produkte aus dem Bereich Lebensmittel. Bezieht man einerseits auch absolute hochpreisige Kosmetika und Parfums sowie andererseits diverse Körperpflegeprodukte mit ein, so zeichnen sich erheblich höhere Anteile von Haushalten ab, die in verschiedenen Produktkategorien unterschiedliche Preislagen wählen, das heißt in Kategorie

A (z. B. Lebensmittel) teure Produkte und in Kategorie B (z. B. Körperpflegeartikel) billige Produkte erwerben oder umgekehrt (vgl. Gierl, 1991, S. 58).

Ungeachtet der wahren Prozentwerte besteht die bemerkenswerte Tendenz, dass Konsumenten Konsumschwerpunkte bilden (vgl. Gierl, 1991). Freie Kaufkraft, das heißt der Betrag, der dem einzelnen Haushalt über die Befriedigung des Lebensnotwendigen hinausgehend zur freien Verfügung steht, wird so verwendet, dass in möglichst vielen Kategorien auch teure Produkte erworben werden. Man stelle sich – zum Vergleich – Töpfe (Produktkategorien) vor, auf die Wasser (Geld) verteilt wird. Falls mehr Wasser verfügbar ist, wird es *seltener* gleichmäßig auf alle Töpfe aufgeteilt, sondern es wird *häufiger* ein Topf nach dem anderen aufgefüllt, so lange das Wasser reicht. Dabei kann die höchste Preislage, in der eingekauft wird, bei manchen Haushalten auch nur die mittlere Preislage sein (vgl. Gierl, 1992). Dieser Verhaltenstrend kann erklären, warum es zu Polarisierungen (z. B. der Handelslandschaft) gekommen ist. Polarisierung beschreibt das Phänomen, dass die Marktanteile von mittelpreisigen Anbietern zugunsten von Verschiebungen der Marktanteile der billigen Anbieter (z. B. im Handel: Aldi, Lidl) und zuweilen auch zugunsten der Marktanteile der teueren Anbieter sinken.

3.2 Preislagentreue

Man könnte argumentieren, dass die Entscheidung von Konsumenten über die Preislage vom Verwendungszweck der Produkte abhängt, zum Beispiel teurer Wein oder Kaffee, falls Besuch bewirtet wird, billiger für den Alltagskonsum, oder billige Eiscreme wochentags, Premiumeiscreme sonntags. Aussagen der Art „Es gibt Haushalte, die je nach Verwendungszweck parallel billige und teure Produkte aus einem Produktbereich erwerben, wird man auch nicht widerlegen können. Die Größenordnungen, in welchen es zu Überschneidungen kommt, können aus Daten von Verbraucheranalysen und aus Haushaltspaneldaten geschätzt werden.

In einer Studie auf der Basis von Daten aus Verbraucheranalysen gegen Ende der achtziger Jahre in Westdeutschland waren die Überschneidungen anteilig gering So kauften von den Verwendern von Persil (hochpreisiges Waschmittel) nur 4% auch Tandil (geringpreisiges Waschmittel von Aldi). Unter den Verwendern des Röstkaffee von Jacobs fanden sich nur 4%, die parallel auch Kaffee von Aldi (Marke Albrecht) im Haushalt vorrätig hatten (vgl. Gierl, 1992, S. 84). In anderen Produktkategorien waren die Überschneidungen in Haushalten jedoch höher (vor allem bei Körperpflegeprodukten), was sich aber damit erklären lässt, dass diese Artikel oft nur von einem Haushaltsmitglieder genutzt werden. Bei der überwiegenden Mehrzahl der Haushalte lag Preislagentreue innerhalb einer Produktkategorie vor. Unabhängig davon wechselte innerhalb einer Preislage ein beträchtlicher Teil der Konsumenten von Kauf zu Kauf die Marke.

Ende der 90-er Jahre führten auch Diller/Gentner/Müller (2000) eine Analyse zu den Überschneidungen der Preislagenwahl auf der Basis von Haushaltspaneldaten, ebenfalls differenziert nach einzelnen Produktkategorien, durch. Sie bezeichnen Konsumenten bzw. Haushalte als „intra-hybride", wenn mindestens 15% ihrer Kaufakte (aus einer Kategorie) niedrigpreisig und gleichzeitig 15% als hochpreisig zu bezeichnen sind. Im Durchschnitt von 15 Produktkategorien von Gütern des täglichen Bedarfs ermitteln sie einen Anteil von „intra-hybriden" Haushalten von etwa 13% (zum Vergleich mit der oben skizzierten Studie: bei Waschmitteln 17%, bei Kaffee 11%; vgl. Müller, 2001).

Auch wenn die Operationalisierungen der Preislagentreue in den beiden hier referierten Studien nicht ganz übereinstimmen, so kann man doch die Tendenz vermuten, dass die Preislagentreue sinkt, d. h. ein zunehmender Anteil von Haushalten aus einer Produktkategorie simultan Produkte aus verschiedenen Preislagen erwirbt, auch wenn diese Anteile noch vergleichsweise gering ausfallen.

Dies bedeutet, dass es aus Herstellerperspektive zunehmend wichtiger erscheint, mehrere Preislagen mit eigenen Produkten zu besetzten.

3.3 Wertorientierungen und Werte

Warum Konsumenten innerhalb einer Produktkategorie Produkte aus einer bestimmte Preislage erwerben, lässt sich durch die Kaufkraft des Haushaltes und die Wertorientierungen und Werte dieser Personen erklären. Dabei ist es nötig, auf die beiden letztgenannten Begriffe etwas näher einzugehen.

Wertorientierungen und Werte sind in der Literatur nicht einheitlich definiert. Zudem existieren viele Abwandlungen wie Werthaltungen, Wertvorstellungen usw. und ähnlich bzw. synonym verwendete Begriffe wie Lebensstil, Selbstimage oder Persönlichkeit. Inhaltlich aber besteht bei vielen Autoren in den Sozialwissenschaften die Einigkeit, dass sich Personen in ähnlichen Lebenssituationen auch ähnlich verhalten, z. B. gegenüber Mitmenschen, im Umgang mit der Zeit, in Bezug auf neue Situationen, im Verhältnis zu materiellem Besitz oder hinsichtlich der natürlichen Umwelt. Wertorientierungen bezeichnen im Folgenden die von der Person angestrebten Ausprägungen solcher Verhaltensmerkmale. So kann beispielsweise eine Person ein dominantes, eine andere Person ein eher kooperatives Verhältnis zu ihren Mitmenschen anstreben. Manche Personen sind mehr an immateriellen Gütern interessiert (z. B. Bildung, Urlaub), andere mehr an materiellen Gütern (Wohnung, Pkw). Manche Ehefrauen wollen lieber ein gleichberechtigtes Verhältnis gegenüber ihrem Ehemann in allen Belangen, andere bevorzugen es, wenn der Ehemann wichtige Angelegenheiten entscheidet.

Personen können aber aufgrund von Beschränkungen, die ihr Einkommen, die Zeit, die Bildung, das soziale Umfeld usw. setzen, nicht all ihre Wertorientierungen erreichen, so dass Konfliktsituationen auftreten, die durch Werte entschieden werden. Der Wunsch nach einer modischen, gepflegten Wohnungseinrichtung beispielsweise wird nicht plötzlich aufgegeben, wenn eine junge Familie ein Kind bekommt; die bevorzugte Einrichtung zu haben, ist den Eltern aber nicht mehr so wichtig. Werte sagen hier also etwas darüber aus, wie wichtig einer Person das Erreichen oder das Beibehalten ihrer Wertorientierung ist.

Diese These lässt sich auch empirisch untermauern. Auf der Basis von Daten der VerbraucherAnalyse, 1985/86 des Axel Springer Verlags und Heinrich Bauer Verlags, die eine Gesamtstichprobe von N=10.767 Konsumenten umfasste, wurden die Frauen ausgewählt, die sowohl eine Wertorientierung zugunsten des Konsums natürlicher Produkte (Ökologie war in dieser Zeit ein gesellschaftlich sehr wichtiges Thema) als auch eine positive Wertorientierung zugunsten von Narzissmus (starker Wunsch, sich intensiv mit Details des eigenen äußeren Erscheinungsbildes zu beschäftigen) aufwiesen. Denn sie stimmten Statements der folgenden Art in besonders starkem Maße zu:

- „Für naturreine Produkte gebe ich gerne mehr aus."
- „Es macht mir Spaß, mich im Spiegel zu betrachten."

Somit sind in Haushalten, deren Einkommen nicht in allen betroffenen Produktkategorien (im Beispiel: Lebensmittel, Kosmetika/Bekleidung) teure Käufe zulässt, Konfliktsituationen zu erwarten, das heißt, sie werden sich ihre Konsumwünsche nicht vollständig erfüllen können und entweder im Bereich der gesunden Ernährung oder im Bereich des äußeren Erscheinungsbildes (oder in beiden) sparen müssen. Diese Frauen waren aber auch nach ihren Werten gefragt worden, also danach, was ihnen wichtiger wäre, so etwa zu Zustimmungen zu:

- „Ich achte sehr auf gesunde Ernährung."
- „Ich lege großen Wert darauf, gut auszusehen."

Man kann nun erwarten, dass das ausgewählte Segment der Frauen, die an sich beides möchten (teure gesunde Lebensmittel, teure Kosmetika/Bekleidung), in Abhängigkeit davon, ob einer Frau das erste oder das zweite Konsumfeld wichtiger ist, auch in diesem Bereich teure Produkte erwirbt. Empirisch ergab sich der in Tabelle 6 dargestellte Befund, wenn als eine Gesundheits-relevante Produktkategorie exemplarisch Margarine und als eine Erscheinungsbild-bezogene Kategorie stellvertretend Parfum betrachtet wird.

Es wird ersichtlich, dass Werte den Zusammenhang zwischen den Wertorientierungen (Idealvorstellungen) der Nachfrager und ihrer Preislagenwahl moderieren. In Konfliktsituationen entscheiden sich Nachfrager tendenziell dafür, in denjenigen Produktkategorien hochpreisige Produkte zu erwerben, die ihnen besonders wichtig sind. Auch solche Ergebnisse stützen die These, wonach Konsumenten zur Bildung von Konsumschwerpunkten (Kategorien, in denen sie teure Produkte kaufen) tendieren. Eine ähnliche Interpretation für die beschriebenen Phänomene liefert Schmalen (1994). Er vermutet, dass Konsumenten einen „Teuerkauf" vornehmen, wenn „dem Käufer ein Produkt als wichtig und ihm gleichzeitig sein Erwerb als risikobehaftet" erscheint. Die Ergebnisse einer Studie (vgl. Gierl, 1992) auf der Basis der Daten der VerbraucherAnalyse, 1985/1986 stützen insgesamt folgende Beziehungen, die in Abbildung 2 enthalten sind.

Wertorientierungen eines ausgewählten Frauensegments	Werte	Anteil der Personen, die ... Produkte kaufen			Summe
		geringpreisige	mittelpreisige	hochpreisige	
Frauen, die sich sowohl natürlich ernähren wollen als auch ein einwandfreies äußeres Erscheinungsbild ihrer Person anstreben		Kategorie: Deodorant			
	natürliche Ernährung wichtiger	35%	36%	29%	100%
	äußeres Erscheinungsbild wichtiger	23%	33%	43%	100%
		Kategorie: Margarine			
	natürliche Ernährung wichtiger	15%	29%	56%	100%
	äußeres Erscheinungsbild wichtiger	37%	33%	30%	100%

Tabelle 6: Preislagenwahl in Abhängigkeit von Wertorientierungen und Werten

Einflussgröße		Konsumverhalten
Wertorientierungen	→	Neigung zu teuren Produkten innerhalb einer Produktkategorie
		↓
Kaufkraft	→	Anzahl der Produktkategorien, in denen Produkte aus der oberen Preislage gekauft werden (können)
		↓
Werte	→	Art der Produktkategorien, in denen die Neigung für teure Produkte realisiert werden kann

Abbildung 2: Theorie der Preislagenwahl von Konsumenten

Derartige Erkenntnisse können von Anbietern von Konsumgütern aus einer bestimmten Produktkategorie genutzt werden, Konsumenten als Zielgruppen für ihre Absatzpolitik zu identifizieren. Denn je Produktkategorie lassen sich die Verbraucher anhand ihrer Kaufkraft und mittels erklärungskräftiger Wertorientierungen und Werte zu Gruppen zusammenfassen, die sich gegenüber billigen und teuren Produkten aus einer Produktkategorie unterschiedlich verhalten. Solche Marktsegmentierungen können eine Grundlage für Neuproduktentwicklungen und Produktdifferenzierungen sowie für die Entwicklung zielgruppenorientierter Werbebotschaften bilden.

4. Preistaktische Entscheidungen

Im diesem Kapitel schließlich wird diskutiert, ob und welche preispolitischen Aspekte existieren, die besonders zu beachten sind, wenn ein Produkt in einer bestimmten Preislage angeboten wird. Es stellt sich zum Beispiel die Frage, welche Preispolitik betrieben werden soll, wenn ein Produkt in der unteren Preislage angesiedelt ist (vgl. die Diskussionen bei Vishwanath/Mark, 1997; Buro, 1996; Diller, 1995 und 2001). Insbesondere dürften folgende preisbezognen Fragestellungen (vgl. z. B. Diller, 1995 und 2001) in Abhängigkeit von der Preislage eines Produkts relevant sein (Tabelle 7).

Produkte aus der unteren Preislage	Produkte aus der mittleren Preislage	Produkte aus der obern Preislage
Nehmen die Kunden das Produkt als preisgünstig wahr? Wie kann ein (weiterer) Preisverfall vermieden werden?	Nehmen die Kunden das Produkt als preiswürdig wahr? Wie können die Preise gegenüber den Kunden gerechtfertigt werden?	Welche Innovationen bewahren das sehr gute Produktimage? Wie lassen sich Preiskämpfe vermeiden?

Tabelle 7: Typische preispolitische Problemstellungen aus Sicht der Anbieter von Produkten aus unterschiedlichen Preislagen

Preispolitische Gestaltungselemente, mit denen solche Ziele verfolgt werden können, ergeben sich etwa aus der preisvergleichenden Werbung (vgl. Grewal/Monroe/Krishnan, 1998), aus Preisgarantien (ein Anbieter garantiert, ein bestimmtes Produkt am billigsten anzubieten; vgl. Gierl/Helm, 1999; Srivastava/Lurie, 2001), aus der Möglichkeit, den Preis in Preiselemente aufzuspalten (vgl. Morvitz/Greenleaf/Johnson, 1998), aus der Sonderpreispolitik für ein Produkt aus einer Kategorie (vgl. Pechtl/Schmalen/Schweitzer, 1992), aus der Beachtung von Preisschwellen, aus dem Absatz von Produktbündeln usw. Naturgemäß ist dabei auch zu beachten, welche Preispolitik die Wettbewerber, die ebenfalls Produkte in dieser Preislage anbieten, betreiben, vor allem im Falle eines intensiven Wettbewerbs um die Kunden.

Da eine ausführliche Diskussion all dieser Detail-Marketingprobleme für Produkte in einer bestimmten Preislage und ihrer Lösungsmöglichkeiten durch diverse preispolitische Gestaltungselemente hier zu umfangreich wäre, werden im Folgenden exemplarisch zwei ausgewählte preispolitische Parameter (geteilte Preise und Preisbündel) im Hinblick auf ihre Gestaltung im Falle des Angebotes von Produkten aus der oberen Preislage eingehender diskutiert.

4.1 Geteilte Preise für teure Produkte

Morvitz/Greenleaf/Johnson (1998) erörtern die Frage, ob es sinnvoll ist, den Preis für ein Produkt als *einen* Preis festzusetzen oder ihn in mehrere Teilpreise aufzuspalten. In ihrem Experiment stellten sie Auskunftspersonen vor das Problem, sich aus zwei Alternativen (Telefongeräte) für ein Produkt zu entscheiden, wobei der Preis für eine Alternative in einer Experimentalgruppe als Komplettpreis, in einer zweiten Gruppe als Preis plus $-Aufschlag für den Versand zum Kunden und in einer dritten Gruppe als Preis plus prozentualer Aufschlag auf den Produktpreis für den Versand festgesetzt wurde (die absolute Höhe der drei Preise war in den drei Experimentalgruppen identisch). Die Autoren entdeckten, dass sich die Personen, denen geteilte Preise vorgelegt wurden, teilweise nur an den Basispreis (also nicht an die Zuschläge), insbesondere wenn ein Preisbestandteil als Prozentwert eines anderen Preisbestandteils angegeben war, erinnerten und nur diesen heranzogen, um die Kaufwürdigkeit dieses Produkts in Relation zu dem anderen Produkt zu bewerten. Die Autoren bringen die abzuleitende Preispolitik auf die Formel „divide and prosper“.

Dieses Ergebnis deutet darauf hin, dass es besonders für Produkte in der oberen Preislage vorteilhaft sein müsste, geteilte Preise zu erheben, anstatt „all inclusive“-Preise zu fordern, da sich die Ignorierung von Preisbestandteilen durch die Nachfrager gerade bei Produkten in dieser Preislage vergleichsweise vorteilhaft auswirken müsste. Denn der vernachlässigte Preisbestandteil wäre in diesem Fall besonders hoch. Ein teurer Herrenanzug müsste diesen Überlegungen folgende also zu zwei Preisen (Preis für Hose und Preis für Jackett) angeboten werden, die Miete für eine teure Wohnung in eine Grundmiete und in Mietzuschläge, eine teure Stereoanlage in Preise für Einzelkomponenten und ein teurer Pauschalurlaub in Preise für den Flug, das Hotel und für die Verpflegung aufgespaltet werden.

4.2 Preisbündel für teure Produkte

Soman/Gourville (2001) vertreten die These, dass Personen, die für mehrere Einzelleistungen einen Pauschalpreis entrichten, eher bereit sind, auf die Inanspruchnahme einer Einzelleistung zu verzichten als Personen, die pro Einzelleistung einen Preis bezahlen. Die Autoren verdeutlichen dies am Beispiel Skilift-Karten und Theatervorführungen. Wenn eine Person *eine* Leistung erwirbt, welche mehrere Teilleistungen beinhaltet (z. B. fünf Tage Skiliftnutzung), dann verzichtet sie häufiger auf die Nutzung einer Einzelleistung (z. B. am letzten Tag noch Lift-Nutzung), als dies eine andere Person zu tun bereit ist, die mehrere Preise für Teilleistungen (z. B. fünf einzelne Tagestickets) entrichtet hat.

Solche Ergebnisse sind für hochpreisige Anbieter von Produkten, wie beispielsweise für Anbieter teurer Pauschalurlaube, Betreiber teurer Fitness-Center oder Anbieter hochpreisiger Weiterbildungsmaßnahmen von Interesse. Denn wenn ihre Kunden ein Preisbündel erwerben, so ist die Wahrscheinlichkeit vergleichsweise hoch, dass sie einige darin enthaltene wertvolle Einzelleistungen nicht in Anspruch nehmen werden. Dies bedeutet, dass andere Kunden die Angebote intensiver nutzen können. Für das hochpreisige Weiterbildungsangebot, welches annahmegemäß aus mehreren Kursen besteht, würde dies z. B. bedeuten, dass die Teilnehmeranzahl pro Kurs vergleichsweise gering und die Betreuungsqualität besonders hoch ist. Dies könnte zu hoher Kundenzufriedenheit und -bindung führen. Auch ein geringpreisiger Anbieter könnte zwar ebenso vom beschriebenen Effekt (Bereitschaft mancher Kunden, auf die Nutzung mancher Einzelleistungen im Falle eines Preisbündels zu verzichten) profitieren, der Effekt auf die Kundenzufriedenheit und -bindung der Personen, die die Leistung aus diesem Grund intensiver in Anspruch nehmen können (z. B. im Liftbeispiel: geringere Wartezeiten), wird aufgrund der geringeren Qualität der geringpreisigeren Leistung aber geringer ausfallen.

Diese Beispiele zeigen, dass diverse Ansatzpunkte, die aus der Konsumpsychologie resultieren, bestehen, sinnvolle preistaktische Gestaltungen für ein Produkt in Abhängigkeit von seiner Preislage zu wählen. Ähnliche Überlegungen sind auch für andere preispolitische Parameter anzustellen. Beispielsweise sollte eine Werbung, in welcher eigene Preise mit Preisen von Wettbewerbern verglichen werden, nur sinnvoll sein, wenn der Anbieter das Risiko eines Preiskampfes eingehen möchte. Für einen Hersteller von Produkten aus verschiedenen Preislagen kann es sinnvoll sein, das billigere Produkt zum Sonderpreis anzubieten; denn auch das hochpreisige Produkt könnte dann vom Preisgünstigkeitsimage der Produkte dieses Herstellers profitieren (Pechtl/Schmalen/Schweitzer, 1992).

5. Zusammenfassung

Im ersten Teil dieses Beitrags stand die Frage im Mittelpunkt, welche Produkte in welchen Preislagen zu welchen Preisen angeboten werden sollen. Hierzu wurden die Ansätze des Product Line Pricing (auch Category Pricing oder Efficient Pricing genannt) dargestellt, die auf Daten zu reservation prices der Nachfrager basieren. Ferner wurde auf Analysen auf der Basis von Preis- und Kreuzpreiselastizitäten und von Conjoint-Analysen verwiesen. Als Instrumente, die sich eignen, die Besetzung verschiedener Preislagen mit eigenen Produkten zu kontrollieren, waren die Befragungen von Nachfragern zum Preisimage der eigenen Produkte und die Preisstrukturanalyse aufgeführt worden. Diese hier dargestellten Methoden können der Praxis für die Planung und Kontrolle von Preislagen und Preisen für einzelne Produkte empfohlen werden.

Der zweite Teil behandelte das Thema, warum Konsumenten sich dafür entscheiden, Produkte aus einer bestimmten Preislage zu erwerben. In diesem Abschnitt wurden Befunde präsentiert, wonach die Preislagentreue (regelmäßiger Kauf von Produkten aus *einer* Preislage) innerhalb einer Produktkategorie vergleichsweise hoch, aber in der Tendenz abnehmend ist und die Bereitschaft, aus verschiedenen Produktkategorien Produkte in unterschiedlichen Preislagen zu kaufen, vergleichsweise höher ist. Daraus wurde für die Praxis die Empfehlung abgeleitet, die verschiedenen Preislagen mit eigenen Produkten zu besetzen, soweit dies die Ressourcen des Unternehmens gestatten und das Qualitätsimage des Unternehmens dadurch nicht gefährdet ist.

Im dritten Teil wurde auf das Problem verwiesen, dass für Produkte aus der oberen Preislage andere preispolitische Instrumente einzusetzen sind als für Produkte aus der unteren Preislage. Dass dies für Instrumente wie für die preisvergleichende Werbung, für Sonderpreise oder für Tiefstpreisgarantien zutrifft, entspricht auch der gängigen Praxis. Daher wurde an zwei etwas weniger verbreiteten Instrumenten, „geteilten Preisen“ und „Preisbündeln“, gezeigt, welche Vorteile sich aus ihren Einsatz für den Absatz von hochpreisigen Produkten ergeben können.

6. Literatur

AUST, E., 1995, Simultane Conjoint-Analyse, Benefitsegmentierung, Produktlinien- und Preisgestaltung, Frankfurt am Main.

BAUER, H.H./HERRMANN, A./MENGEN, A., 1994, Eine Methode zur gewinnmaximalen Produktgestaltung auf der Basis des Conjoint Measurement, in: Zeitschrift für Betriebswirtschaft, S. 81-94.

BURO, H.F., 1996, Zwei Marken aus einem Unternehmen, in: Markenartikel, S. 48-50.

DILLER, H., 1995, Tiefpreispolitik: Aktuelle Entwicklungen und Erfolgsaussichten, Arbeitspapier Nr. 38 am Lehrstuhl für Marketing der Universität Nürnberg-Erlangen.

DILLER, H., 2000, Preispolitik, 3. Aufl., Stuttgart.

DILLER, H./GENTNER, J./MÜLLER, I., 2000, Hybrides Kaufverhalten: Empirische Analyse anhand von Haushaltspaneldaten, Arbeitspapier Nr. 85 am Lehrstuhl für Marketing der Universität Nürnberg-Erlangen.

DILLER, H., 2001, Preis- und Distributionspolitik starker Marken vor dem Hintergrund fortschreitender Handelskonzentration, in: KÖHLER, R./MAJER, W./WIEZOREK, H. (Hrsg.), Erfolgsfaktor Marke. Neue Strategien des Markenmanagements, München, S. 117-133.

DOBSON, G./KALISH, S., 1988, Positioning and Pricing a Product Line, in: Marketing Science, S. 107-125.

GAUL, W./AUST, E./BAIER D., 1995, Gewinnorientierte Produktliniengestaltung unter Berücksichtigung des Kundennutzens, in: Zeitschrift für Betriebswirtschaft, S. 835-855.

GIERL, H., 1991, Marktsegmentierung auf der Basis der Preislagenwahl, in: Jahrbuch der Absatz- und Verbrauchsforschung, S. 48-70.

GIERL, H., 1992, Eine Erklärung der Preislagenwahl bei Konsumgütern, Berlin.

GIERL, H./HELM, R., 1999, Preisgarantien als Marketinginstrument des Handels, in: BEISHEIM, O. (Hrsg.): Distribution im Aufbruch: Bestandsaufnahme und Perspektiven, München, S. 823-842.

GREWAL, D./MONROE, K.B./KRISHNAN, R., 1998, The Effects of Price-Comparison Advertising on Buyers' Perception of Acquistion Value, Transaction Value, and Behavioral Intentions, in: Journal of Marketing, S. 46-59.

HILL, S., 1982, The Multi Product Firm: Demand Relationships and Decision Making, in: Managerial and Decision Economics, S. 90-94.

KADIYALI, V./VILCASSIM, N.J./CHINTAGUNTA, P.K., 1996, Empirical Analysis of Competitive Product Line Pricing Decisions: Lead, Follow, or Move Together?, in: Journal of Business, S.459-487.

KATZ, M.L., 1984, Firm Specific Differentiation and Competition among Multiproduct Firms, in: Journal for Business, S. 149-166.

MCINTYRE, S.H./MILLER, CH.M., 1999, The Selection and Pricing of Retail Assortments: An Empirical Approach, in: Journal of Retailing, No. 3, S. 295-318.

MONROE, K.B./DELLA BITTA, A.J., 1978, Models for Pricing Decisions, in: Journal of Marketing Research, S. 413-428.

MOORTHY, K.S., 1984, Market Segmentation, Self Selection, and Product Line Decisions, in: Marketing Science, S. 262-282.

MORVITZ, V.G./GREENLEAF, E.A./JOHNSON, E.J., 1998, Divide and Prosper: Consumers' Reactions to Partitioned Prices, in: Journal of Consumer Research, S. 453-463.

MÜLLER, I., 2000, Der hybride Verbraucher: Ende der Segmentierungsmöglichkeiten im Konsumgütermarketing? in: DILLER, H. (Hrsg.), Der moderne Verbraucher – Neue Befunde zum Einkaufsverhalten, Nürnberg, GIM Gesellschaft für Innovatives Marketing e.V., S. 30-51.

MÜLLER, ST./KESSELMANN, P., 1995, Der Markenwert in Abhängigkeit von der Preislage, in: Markenartikel, S.463-465.

OREN, S./SMITH, S./WILSON, R., 1984, Pricing a Product Line, in: Journal of Business, S. 73-99.

PECHTL, M./SCHMALEN, H./SCHWEITZER, W., 1992, Sonderangebote und ihre Ausstrahlung auf die Markenfamilien, in: TROMMSDORFF. V. (Hrsg.), Handelsforschung, 1991, Wiesbaden, S. 225-240.

REIBSTEIN, D.J.; GATIGNON, H., 1984, Optimal Product Line Pricing: The Influence of Elasticities and Cross-Elasticities, in: Journal of Marketing Research, S. 259-267.

SABEL, H./TACKE, G., 1994, Preislagenpolitik, in: DILLER, H. (Hrsg.), Vahlens Großes Marketing Lexikon, München, S. 911.

SCHMALEN, H., 1994, Das hybride Kaufverhalten und seine Konsequenzen für den Handel, in: Zeitschrift für Betriebswirtschaft, S.1221-1240.

SIMON, H., 1992, Preismanagement, 2. Aufl., Wiesbaden.

SOMAN, D./GOURVILLE, J.T., 2001, Transaction Decoupling: How Price Bundling Affects the Decision to Consume, in: Journal of Marketing Research, S. 30-44.

SRIVASTAVA J./LURIE, N., 2001, A Consumer Perspective on Price-Matching Refund Policies: Effect on Price Perception and Search Behavior, in: Journal of Consumer Research, S. 296-307.

TELLIS, G.J., 1986, Beyond the Many Faces of Price: An Integration of Pricing Strategies, in: Journal of Marketing, S. 146-160.

URBAN, G.L., 1969, A Mathematical Modeling Approach to Product Line Decisions, in: Journal of Marketing Research, S. 40-47.

VILCASSIM, N.J./CHINTAGUNTA, P.K., 1995, Investigating Retailer Product Category Pricing form Household Scanner Panel Data, in: Journal of Retailing, S. 103-128.

VISHWANATH, V./MARK, J., 1997, Premiummarken richtig führen, in: Harvard Business Manager, S. 31-38.

ZEISEL, S., 1998, Efficient Pricing und Efficient Assortment Planning für große Handels- und Dienstleistungssortimente, Münster.

ZENOR, M.J., 1994, The Profit Benefits of Category Management, in: Journal of Marketing Research, S. 202-213.

Friedhelm Bliemel - Kai Adolphs

Wertorientierte Preisstrategien

1. Von der Produkt- zur Kundenorientierung

Viele Unternehmen sind produktorientiert. Sie arbeiten mit großer Systematik an ihren Entscheidungen zur Produktpolitik, während die Preispolitik vernachlässigt wird (vgl. Lancioni/Gattorna, 1992, S. 24). Die Findung des optimalen Preises eröffnet den Unternehmen jedoch ein erhebliches Profitabilitätspotenzial (vgl. Dutta et. al, 2002, S. 61 oder Simon/Dolan, 1997). Die Auswirkungen der Preispolitik können die Wettbewerbsfähigkeit von Unternehmen nachhaltig verändern. Daher sind Preisentscheidungen kritisch und schwerwiegend (vgl. Kijewski/Yoon, 1990, S. 11).

Bei Industrie- und auch Konsumgütern orientieren viele Unternehmen ihre Preispolitik in erster Linie an den Kosten der Produkte oder am Wettbewerb statt am Wert ihrer Produkte für den Kunden (vgl. z.B. Kortge/Okonkwo, 1993, S. 133; Homburg/Beutin, 2000, S. 1, Reinecke, 1997a, S. 54). Dies verwundert nicht, da sie die Kosten für Produkte, Produktmerkmale und Serviceleistungen sowie auch die Preise und auch Kosten der Konkurrenten leichter in Erfahrung bringen können als den Wert von Produkten und Produktmerkmalen für den Kunden (vgl. Homburg/Beutin, 2000, S. 1). Sie zeigen damit eine Produktorientierung in der Denkweise „make, price and sell".

Eine (anzustrebende) Kundenorientierung beinhaltet zu erfassen, was der Kunde wertschätzt, Angebote von Wert für den Kunden zu machen sowie die Preispolitik am vom Kunden wahrgenommenen Wert eines Produktes ausrichten. Mit der Kundenorientierung erhält die Preispolitik einen höheren Stellenwert im Marketing-Mix (vgl. Diller, 1999, S. 40) und stellt zusammen mit der Produktpolitik eine integrierte Angebotspolitik dar in der Denkweise „sense and respond" (vgl. Kotler/Jain/Maesincee, 2002, S. 7).

Zur Renaissance der Preispolitik trägt auch die Diskussion um die Chancen und Risiken durch den Electronic Commerce bei. So besteht die Befürchtung, dass der Electronic Commerce bei vergleichbaren Angeboten zu einer höheren Preistransparenz führt, die negative Auswirkungen auf die maximal erzielbaren Preise haben könnte (vgl. Bliemel/Eggert/Adolphs, 2000, S. 206 ff.). Der hieraus resultierende Preisdruck erfordert seitens der Unternehmen neue innovative Ansätze zur Preisgestaltung. Dazu gehört auch die Angebots- und Preisbildung am Wert für den Kunden.

Der Einsatz wertorientierter Preisstrategien erfordert durchdachte Kombinationen und Variationen von Angebotswert und Preis und beruht auf der Hypothese, dass sich dadurch komparative Wettbewerbsvorteile gegenüber solchen Konkurrenten erzielen lassen, die ihre Preisbildung primär an den eigenen Kosten ausrichten (vgl. z.B. Thompson/Lewis, 1994, S. 30). Ein komparativer Wettbewerbsvorteil kann aufgebaut werden, indem das eigene Wertangebot durch besondere Wertkomponenten ausgestattet wird, so dass der Kunde weg vom direkten Preisvergleich mit anderen Anbieter und hin zum Wertvergleich geführt wird (vgl. Reinecke, 1997a, S. 59). Vor allem in Branchen mit schnellem technologischen Fortschritt, wie z.B. in der Software-Industrie, haben Anbieter bemerkt, dass Kunden die Produktangebote einem Wertvergleich unterziehen. Im Fokus des Vergleichs steht dann der Wert für den Kunden des Angebots und nicht der Preis (vgl. van der Haar/Kemp/Omta, 2001, S. 627).

Bei so einem Ansatz wird die Kundenorientierung durch Angebote operationalisiert, die im Sinne des „sense and respond“ die Preis- und Produktpolitik integrieren. Hierdurch rücken der von Kunden wahrgenommene Wert des Angebots und Folgerungen für die Preisbildung in den Vordergrund und müssen explizit behandelt werden.

2. Traditionelle Ansätze der Preispolitik

Bei der Preisbildung traditioneller Art können die Kosten des Anbieters, die Preise der Wettbewerber oder die Nachfragemenge dominieren, die der Anbieter unter Alleinstellungsmerkmalen erhofft (siehe Abbildung 1). Es besteht in der Regel ein Preisspielraum.

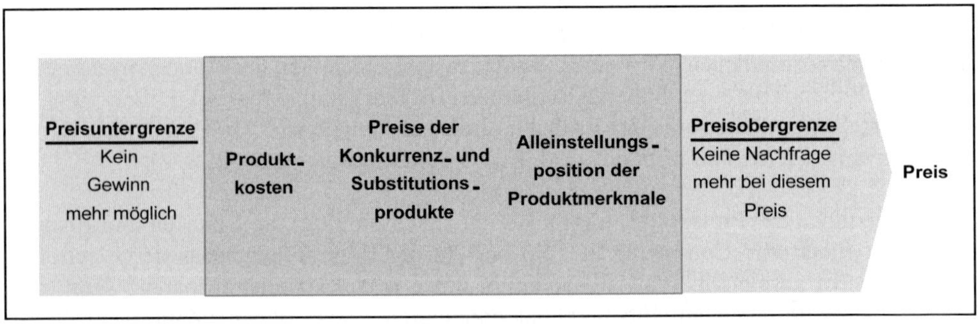

Abbildung 1: Preisspielraum und Determinanten der Preisbildung aus der klassischen Perspektive (vgl. Kotler/Bliemel, 2001, S. 834)

Der Preisspielraum reicht von einer Preisuntergrenze, bei der kein Gewinn mehr möglich ist, bis zu einer Preisobergrenze, bei der keine Nachfrage mehr besteht. Dazwischen liegen die Preise von Substitutionsprodukten der Konkurrenz.

Eine kostenorientierte Preispolitik beginnt mit den Kosten des Anbieters als Preisuntergrenze. Dies wissend, bestimmt der Anbieter die Preise nach seinen Kosten plus angestrebtem Gewinn.

Aus Nachfragesicht besteht eine Preisobergrenze. Sie wird durch den Grad der Alleinstellungsposition der Produktmerkmale und deren Wert für den Kunden bestimmt. Die absolute Preisobergrenze ist ein Preis, bei dem keine Nachfrage nach dem Produkt mehr besteht. Die nachfrageorientierte Preispolitik beginnt mit dem höchsten Wert für den zahlungswilligsten Kunden und verläuft mental nach unten auf der Suche nach einer angestrebten Nachfragemenge für die angebotenen Alleinstellungsmerkmale im Sinne der Nachfragefunktion der Mikroökonomie.

Bei der wettbewerbsorientierten Preispolitik ist das Bestreben einen Preis zu finden, der sich in Konkurrenz durchsetzen lässt.

Die drei traditionellen Ansätze sind somit:

- Kostenorientierte,
- wettbewerbsorientierte und
- nachfrageorientierte Preisbildung.

Diese Ansätze stehen in der Kritik, wenn einseitig verfolgt.

Kritik der kostenorientierten Preispolitik

Der für Industriegüter oft übliche Preisbildungsansatz ist die kostenorientierte Preisbildung (vgl. Noble/Gruca, 1999, S. 439). Hier wird zu den Stück- oder Vollkosten eines Produktes ein Preisaufschlag addiert, der branchenüblich ist oder sich aus der gewünschten Umsatzrendite oder Kapitalrendite ableitet. Die große Schwäche der kostenorientierten Preisbildung ist die Vernachlässigung von Informationen über die Kunden und den Wettbewerb (vgl. Noble/Gruca, 1999, S. 439). Kostenorientierte Preisentscheidungen erfolgen im Allgemeinen mit eher willkürlichen Aufschlägen auf die Kosten und nur aus einer unternehmensinternen Perspektive heraus. Unter genauen Bedingungen kann diese Politik durchaus erfolgreich sein, wenn z.B. das Unternehmen gegenüber allen Wettbewerbern die Position des „Kostenführers" einnimmt, mit den niedrigsten Kosten den niedrigsten Preis macht und die Kunden kaum auf Produktunterschiede der Wettbewerber reagieren, sondern nach dem Preis kaufen. Diese Preispolitik ist jedoch unreflektiert gegenüber den Bedürfnissen der Kunden und unflexibel in der Fähigkeit auf veränderliche Marktchancen zu reagieren (vgl. Kortge/Okonokwo, 1993, S. 134). Sie kann z.B. dazu führen, dass in Zeiten hoher Nachfrage Gewinnpotenzial vergeudet wird und auf stagnierenden Märkten bei hohem Wettbewerb die auf einer kostenorientierten Preisstrategie beruhenden Aufschläge nicht gehalten werden können (vgl. Diller, 2000, S. 221). Eine Gewinnmaximierung kann unter dieser Politik nicht das Ziel sein. Lilien und Kotler weisen daraufhin, dass nur eine einzige Konstellation existiert, in der die kostenorientierte Preisbildung zu einer Maximierung des Gewinns über den Produktlebenszyklus führen kann, und zwar wenn die Stückkosten über die Lebenszykluszeit und an jedem Punkt der Nachfragekurve konstant sind. Wegen „economies of scale" und Erfahrungskurveneffekten ist diese Situation in den meisten Branchen nicht der Fall (vgl. Lilien/Kotler, 1983, S. 405 ff.).

Kritik der wettbewerbsorientierten Preispolitik
Hier leiten die Preise der Konkurrenten die Preisentscheidung des Unternehmens. Wenn ein Unternehmen die eigenen Kosten nur ungenau oder schwer ermitteln kann oder es auf eigenständige Preise unangenehme Wettbewerbsreaktionen fürchtet, kann die wettbewerbsorientierte Preisbildung zweckmäßig sein (vgl. Kotler/Bliemel, 2001, S. 846). Eine Sonderform der wettbewerbsorientierten Preisbildung wird bei Ausschreibungen verfolgt. Der Anbieter orientiert sich im Preis an vermuteten Preisen der Wettbewerber und an der Wahrscheinlichkeit, mit seinem Angebot die Ausschreibung zu gewinnen. Es besteht eine Aura, dass der niedrigste Preis gewinnt. Das trifft jedoch nur dann zu, wenn die Ausschreibung so eng ist, dass alle Angebote eine gleich gute Leistung darstellen und der Preis das einzige Unterscheidungsmerkmal wird. Diese Bedingung trifft jedoch bis auf „commodities" fast nie zu. Selbst bei „commodities" bestehen Unterschiede in der Bonität des Anbieters, wobei „commodities" selbst nur selten in Ausschreibungen gehandelt werden, sondern nach dem „Marktpreis", der erst durch eine Vielzahl von Marktteilnehmern bestimmt wird. In empirischen Untersuchungen wurde herausgefunden, dass bei der Mehrzahl aller Ausschreibungen gerade nicht der Bieter mit dem niedrigsten Preis den Zuschlag erhalten hat (vgl. z.B. Kelly/Coaker, 1976, S. 290 ff.). Wenn Unternehmen einer Branche Überkapazitäten haben, besteht bei der wettbewerbsorientierten Preispolitik das latente Risiko eines „ruinösen Preiskampfes", vorausgesetzt, die Konkurrenten und ihre Produkte unterscheiden sich kaum.

Kritik der nachfrageorientierten Preispolitik
Ausgangspunkt der nachfrageorientierten Preisbildung ist der Zusammenhang zwischen Preis und Nachfrage, ausgedrückt durch die Nachfragefunktion, auch Preis-Absatzfunktionen genannt. Nachfragefunktionen modellieren die wahrscheinliche Gesamtreaktion des Marktes auf unterschiedlich hohe Preise (vgl. z.B. Kotler/Bliemel, 2001, S. 820 ff. oder Diller, 2000, S. 80 ff.). Sie beinhalten als aggregierte Größe die Kaufakte aller Nachfrager, unter denen eine unterschiedliche Zahlungsbereitschaft herrscht. Je nach Ausprägung der (oft hypothetischen) Nachfragefunktion wird der Preis festgelegt mit dem Ziel der Gewinnmaximierung. Theoretisch hervorragend, lässt sich in den meisten Fällen der Praxis die Nachfragefunktion weder für eine Produktkategorie noch für die speziellen Produkte eines Unternehmens zuverlässig genug bestimmen, um operabel zu sein.

Nach Kortge und Okonkwo setzen jedoch viele Marketing-Manager für die Bestimmung wettbewerbsfähiger Preise großes Vertrauen in das Funktionieren des Nachfragefunktions-Konzepts. Sie sehen ihr Produktangebot weitgehend als homogen mit der Produktkategorie an - statt eine vorteilhafte Differenzierung oder Nischenposition gegenüber dem Wettbewerb anzustreben – und setzen ihre Preise den Preisen der Konkurrenten gleich (vgl. Kortge/Okonkwo, 1993, S. 134). D.h. in Wirklichkeit verfolgen sie wettbewerbsorientierte Preise im Vertrauen auf die kollektive Weisheit aller Anbieter, den richtigen Preispunkt auf der Nachfragekurve zu finden.

Die vorgestellten klassischen Preisbildungsansätze setzen voraus, dass das angebotene Austauschobjekt den Kunden mehr wert ist als der gefragte Preis. Sie behandeln die Differenz zwischen Wert und Preis jedoch nicht oder nur rudimentär. Diese Ansätze können auch unter heutigen Wettbewerbsbedingungen nützlich sein. Welcher der Ansätze zu empfehlen ist, hängt von Wettbewerbs- und Marktbedingungen ab. In vielen Branchen sind bei kontinuierlich steigenden Wünschen seitens der Kunden, z.B. nach produktbegleitenden Serviceleistungen, jedoch innovative Ansätze der Preisbildung erforderlich. Die Strategie, den Preis am tatsächlichen Wert des Produktangebots für den Kunden auszurichten, ist ein solcher innovativer Ansatz zur Preisbildung. Er kann helfen, die Wettbewerbsfähigkeit des Unternehmens langfristig sicherzustellen (vgl. Kortge/Okonkwo, 1993, S. 134).

3. Wertorientierte Preispolitik

Wertorientierte Preisbildung, insbesondere im angelsächsischen Sprachraum unter dem Begriff „value pricing" diskutiert, wird häufig missverstanden als Synonym für niedrige Preise oder Preisbündelung (vgl. Leszinski/Marn, 1997, S. 100). Es handelt sich jedoch um einen Ansatz der Preisbildung, der sich am Wert eines Produktangebotes für den Kunden orientiert. Daher wird in Abschnitt 3.1 zunächst behandelt, was wir in diesem Aufsatz unter „Wert" eines Angebots verstehen wollen. Wir lehnen uns dabei an die Sichtweise von Anderson und Narus (1999, S. 5 ff.) an. (Eine gute Übersicht zu anderen Definitionen von „Wert" ist zu finden in Eggert/Ulaga, 2002, S. 28)

3.1 Wert und Anreiz eines Austauschangebots

Im Mittelpunkt wertorientierter Preisstrategien stehen der Wert und der Anreiz eines Austauschangebots für den Kunden. Unsere Konzeption und die dazu genutzten Begriffe sind in Abbildung 2 zusammengefasst und im Folgenden erläutert.

Bei der Erläuterung holen wir etwas weiter aus und beginnen mit dem Leitbild für das Marketing, wie von Bliemel (2001, S. 5) formuliert: Marketing beinhaltet einen Austausch in freier Wahl bei fairen Bedingungen unter geschäftsfähigen Partnern zum Wertgewinn beider. Die vorliegende Konzeption behandelt aus Sicht des Kunden den Wertgewinn, der als Anreiz gegeben werden muss, damit ein Austausch stattfindet. Der Wertgewinn des Anbieters im vorzunehmenden Austausch wird hier nicht behandelt. Es wird vorausgesetzt, dass er vorliegt, sonst würde der Anbieter das Angebot nicht unterbreiten.

Dem Kunden wird ein Austauschobjekt (Produkt) angeboten, das für ihn einen (maximalen) geldlichen Wert besitzt. Dafür soll er den Kaufpreis zahlen. Der angebotene geldliche Wert wird vom Kunden subjektiv und aus seinen Umständen heraus bestimmt. Offensichtlich findet ein Austausch nur statt, wenn der Geldwert des Objekts für den Kunden über dem Kaufpreis liegt, so dass der Kunde einen Wertgewinn erzielen kann. Je höher der gebotene Wertgewinn, desto stärker der Anreiz zum Austausch.

Der Wert des Austauschobjektes für den Kunden setzt sich zusammen aus den Leistungen, die für den Kunden mit dem Austauschobjekt verbunden sind und dem Aufwand, der den Kunden mit dem Austauschobjekt entsteht (mit Ausnahme des Kaufpreises) übersetzt in geldwerte Form. Die Gesamtleistung und der Gesamtaufwand bestehen aus den vielen Angebotskomponenten, die der Anbieter zusammenstellt. Deren Wertbeitrag für den Kunden kann und sollte der Anbieter analysieren, um sowohl das Wertangebot wie auch den Preis vorteilhaft zu gestalten.

Abbildung 2 zeigt die geläufigsten wertprägenden Angebotskomponenten. Die Leistung, die das Produkt an sich dem Kunden bietet, gereichen diesem zum Nutzen und werden von ihm bewertet. Sie können wirtschaftlicher, technisch funktioneller, sozialer oder psychologischer Art sein. Das gleiche gilt für produktbegleitende Dienstleistungen, z.B. Garantie, Finanzierung, Schulung usw. Die Serviceleistungen sollten so gestaltet werden, dass der Kunde sie als wertvoll empfindet. Wert für den Kunden entsteht auch durch Leistungen der Mitarbeiter, z.B. durch hohe Beratungskompetenz, leichte Erreichbarkeit der Service-Mitarbeiter, Freundlichkeit und taktvoller Umgang mit dem Kunden. Insbesondere bei Konsumgütern leistet das Markenimage für die Kunden merkliche Wertbeiträge (vgl. Dodds/Monroe/Grewal, 1991, S. 317). Der Mehrwert durch die Marke beruht auf einer emotionalen und sozialen Leistung (vgl. Sweeney/Soutar, S. 211).

Das Angebot beinhaltet in der Regel auch Komponenten, die vom Kunden als Aufwand empfunden werden und bei der Akquisition oder Nutzung des Austauschobjektes für ihn anfallen. In der geldwerten Bilanzierung sind diese Angebotskomponenten von negativem Wert. Zu diesen Komponenten gehört der monetäre Aufwand (außerhalb des Kaufpreises), etwa für Folgekosten, wie Wartung und Reparatur oder Betriebskosten, wie z.B. der Treibstoff für ein Auto. Dazu gehört auch der Zeitaufwand für die Akquisition, z.B. für die Suche nach Produktangeboten, die Entscheidungsfindung oder die Wartezeit (vgl. z.B. Leclerc/Schmitt/Dube, 1995, S. 117). Physischer und psychischer Aufwand, die mit dem Erwerb eines Produktangebotes verbunden sind, wirken sich ebenfalls auf die Wertwahrnehmung durch den Konsumenten aus (vgl. Nayler/Frank, 2001, S. 272). Physischer Aufwand entsteht z.B. durch persönliches Aufsuchen eines Geschäftes oder durch selbstdurchgeführte Installationsarbeiten. Psychischer Aufwand kann z.B. der mit der Kaufintention verbundene Stress darstellen, z.B. durch das wahrgenommene soziale Risiko, das mit dem Erwerb und Besitz eines Produktes verbunden sein kann.

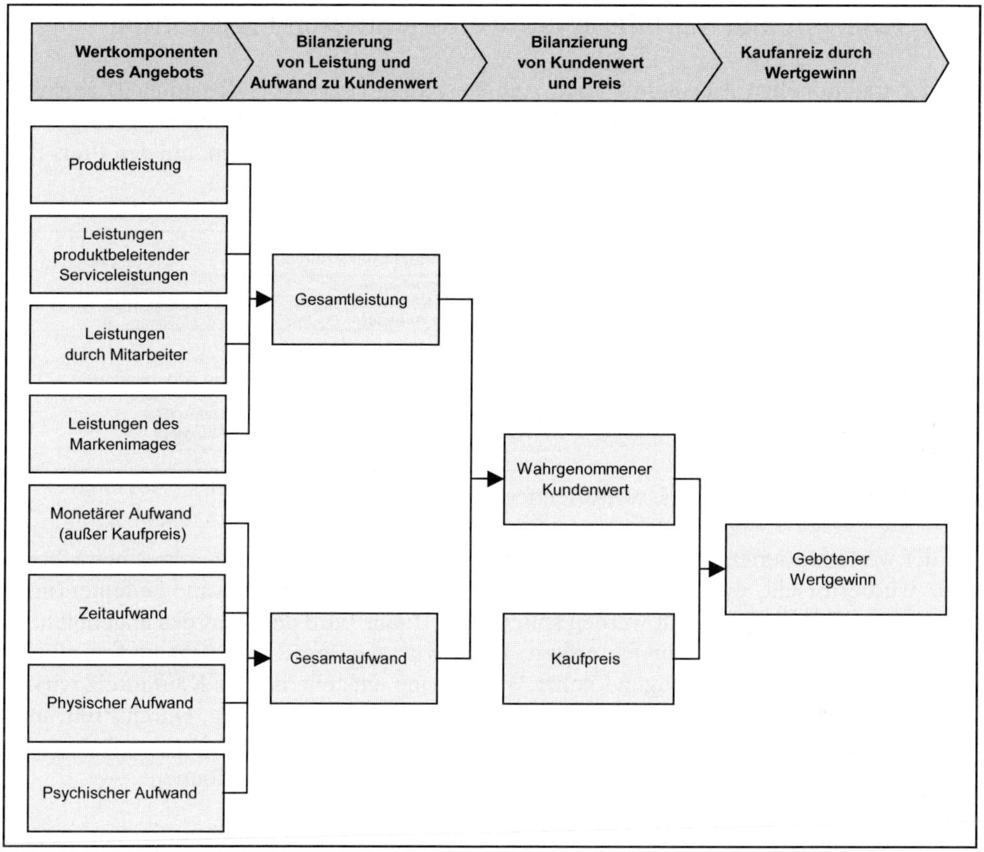

Abbildung 2: Der Weg zum Wert des Austauschangebots für den Kunden

Über die Wertbeurteilung der einzelnen Leistungs- und Aufwandskomponenten hinaus können Kunden auch eine vorbestimmte Werterwartung an spezifische Formen von Angeboten haben, ohne das Produktangebot im Detail zu kennen. Wird z.B. ein Produkt unter der Bezeichnung All-Inclusive angeboten, erwarten die Kunden im Allgemeinen, dass das gesamte Leistungsversprechen mit dem zu zahlenden Preis abgegolten ist. Wird dem Kunden jedoch offensichtlich, dass bestimmte Leistungen nicht Bestandteil des All-Inclusive-Angebots sind, wirkt sich dies negativ auf den wahrgenommen Kundenwert des Produktangebots aus (vgl. Naylor/Frank, 2001, S. 277). Für Marketing-Manager bedeutet dies zum einen, dass wertbehaftete Bezeichnungen nur für Produktangebote verwendet werden sollten, die eine hieran gebundene Erwartungshaltung auch erfüllen können, und zum anderen, dass den Kunden deutlich kommuniziert werden muss, welches Wertangebot er tatsächlich für einen bestimmten Preis erhält.

3.2 Konzept und Verfahren der wertorientierten Preispolitik

Bei der traditionellen Preispolitik nach Anbieterkosten (vgl. auch Abschnitt 2) entsteht das Angebot an den Kunden nach Festlegung der Merkmale eines Produkts, gefolgt von der Kostenkalkulation und Hinzufügen eines Aufschlags auf die Kosten, um den Preis für den Kunden zu bestimmen (vgl. Abbildung 3).

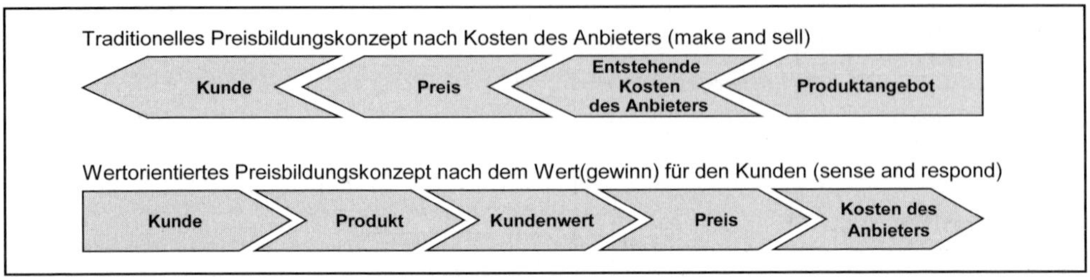

Abbildung 3: Traditionelle vs. wertorientierte Preispolitik

Bei der wertorientierten Preispolitik wird zunächst der Kunde des Zielmarktes betrachtet. Dann wird erforscht, was das Produkt für ihn an Leistungen und Aufwand bedeutet (und wie diese im Detail dargestellt werden sollen). Per Bilanz wird der Wert des angebotenen Austauschobjekts für den Kunden erfasst. Dann wird der Preis festgelegt und zwar so, dass für den Kunden ein genügend hoher Wertgewinn entsteht, der als Kaufanreiz wirkt. Durch Wert und Preis wird also der Wertgewinn des Kunden bestimmt. Durch Preis und Kosten des Anbieters wird der (hier nicht näher betrachtete) Wertgewinn des Anbieters bestimmt, so dass beide Austauschpartner einen Wertgewinn erzielen können.

Empfohlen wird oft eine sogenannte „Win-Win"-Situation (vgl. Lauszus/Sebastian, 1997, S. 2). Dies bedeutet, dass bei einer Leistungsverbesserung eines Produkts die Zahlungsbereitschaft des Kunden nicht vollständig mit einem höheren Preis abgeschöpft werden sollte. Stattdessen sollte der Preis lediglich um einen Teil der zusätzlichen Zahlungsbereitschaft für die Verbesserung erhöht werden.

Der Preis auf Basis des wahrgenommenen Kundenwerts sollte niedriger sein als der Maximalpreis des kaufbereiten Kunden und ihm einen geldwerten Kaufanreiz geben, nämlich den gebotenen Wertgewinn.

Die bisherige Betrachtung bezieht sich auf „den Kunden" als ob alle Kunden gleich wären. Das sind sie natürlich nicht und „One-on-One-Marketing" ist als Idealmodell zu betrachten, das in vielen Fällen etwa auf Segmentierung hinausläuft. Der Prozess der wertorientierten Preisbildung kann in der Praxis über viele Kunden hinweg durch fünf Phasen vollzogen werden, die in der Abbildung 4 dargestellt sind.

1. Identifikation und Segmentierung des Zielmarktes nach vermuteten oder belegten Wertindikatoren
2. Identifikation und Gewichtung von Wertkomponenten für Angebote für jedes Marktsegment
3. Ermittlung des wahrgenommenen Kundenwerts
4. Analyse des zu bietenden Wertgewinnes als Kaufanreiz unter Einbeziehung der Wettbewerbsangebote
5. Festlegung des Preises unter Berücksichtigung der Marktanteils- und Profitabilitätsziele

Abbildung 4: Phasen der wertorientierten Preisbildung

In einer ersten Phase erfolgt zunächst die Identifikation und Segmentierung des Zielmarktes nach Wertindikatoren. Zur Minimierung des latenten Risikos, die falschen Kunden anzusprechen, muss hierbei ein umfassendes Verständnis für ihre Bedürfnisse, Wünsche und Verhaltensweisen aufgebaut werden (vgl. van der Haar/Kemp/Omta, 2001, S. 630). Die zweite und wichtigste Phase besteht darin, die Wertkomponenten zu evaluieren, anhand derer Kunden die Wertbeurteilung von Angeboten in einer bestimmten Produktkategorie vornehmen (vgl. Kijewski/Yoon, 1990, S. 13). Die Wichtigkeit der Wertkomponenten für die Kunden kann aufgrund der Subjektivität der Wertbeurteilung unterschiedlich sein. Daher müssen die Komponenten gemäß ihrer Wichtigkeit in jedem Kundensegment unterschiedlich gewichtet werden. Entsprechend der Wichtigkeit ist die Ausprägung der Komponenten vorzunehmen. In einer dritten Phase wird der wahrgenommene Wert des angebotenen Austauschobjekts mit allem Drum und Dran aus Sicht der Kunden ermittelt. In der vierten Phase wird analysiert, wie hoch die Differenz zwischen dem wahrgenommenen Wert und dem wahrgenommenen Preis, also der vom Kunden wahrgenommene Wertgewinn, angeboten werden soll. Hierzu muss zunächst überdacht werden, was den wahrgenommenen Preis eines Produktangebots darstellt. Der Listenpreis eines Produktes ist hierfür nur bedingt geeignet, da Verkaufsförderungsmaßnahmen während des Produktlebenszyklus die Preiswahrnehmung durch den Kunden beeinflussen. Daher schlagen Kijewski und Yoon die Prognose eines wahrgenommenen Durchschnittspreises vor, der sowohl management- als auch marktinduzierte Preisveränderungen eines Produktes berücksichtigt (vgl. Kijewski/Yoon, 1990, S. 16). Hierzu muss festgelegt werden, in welchem Umfang temporäre Preissenkungen durchgeführt werden sollen, wenn sich das Kunden- und Wettbewerbsverhalten ändert. Anschließend muss analysiert werden, welche Kombinationen von Preisen und Kundenwerten den gleichen Wertgewinn für den Kunden ergeben. In der fünften Phase wird aufbauend auf der Preis-Wertbeziehung der Preis unter Einbeziehung der Marktanteils- und Profitabilitätsziele festgelegt.

In der Literatur und Unternehmenspraxis existieren zahlreiche Verfahren, die für die wertorientierte Preisbildung angewendet werden können. Untersuchungen zur Erfolgswirksamkeit des Einsatzes der einzelnen Verfahren haben gezeigt, dass vor allem das Conjoint Measurement erfolgreich bei Entscheidungen zu Variation des Leistungswertes und Preises eingesetzt werden kann, wenngleich auch diese Methode aufgrund ihrer Komplexität nur selten angewendet wird (vgl. Anderson/Dipak/Chintagunta, 1993, S. 15 ff. oder Kucher/Hilleke, 1993 S. 285).

Beim Conjoint Measurement werden die Kunden bezüglich ihrer Präferenz für Varianten eines Produktes (z.B. Fahrräder) befragt, die sich aus Variationen von Attributsausprägungen (z.B. Reifengröße, Rahmenmaterial) ergeben. Für jede Attributsausprägung werden einzelne Teilleistungswerte berechnet. Die Teilleistungswerte ermöglichen eine Schätzung des relativen Beitrags jedes untersuchten Attributs. Durch die Einbeziehung des Preises können die einzelnen Teilleistungswerte monetär bewertet werden. Dann wird die optimale Kombination und Ausprägung der Leistungsattribute eines Produktangebots ermittelt (vgl. Anderson/Narus, 1999, S. 60). Es wird dabei unterstellt, dass die so berechneten Teilleistungswerte, wenn für eine bestimmte Kombination von Attributsausprägungen aufsummiert, gegenüber anderen Kombinationen den relativen Unterschied im Wertgewinn für den Kunden anzeigen.

Ein anderes Verfahren, das für die wertorientierte Preisbildung eingesetzt werden kann, beruht auf einem zweidimensionalen Vektormodell auf Basis der Multidimensionalen Skalierung (MDS), mit dem der Kundenwert von Produktangeboten evaluiert werden kann (vgl. Sinha/DeSarbo, 1998, S. 236 ff.). Der Preis gehört in diesem Modell in die Reihe der zu bewertenden Attribute. Laut Modell bewerten die Kunden die einzelnen Leistungs- und Aufwandsattribute nicht absolut, sondern relativ zu ihren Erwartungen. Aus den bewerteten Attributen werden zwei Vektoren abgeleitet, die einen zweidimensionalen Raum aufspannen in dem die Positionen unterschiedlicher Wertangebote dargestellt werden können. Jeder Position kann ein bestimmte Höhe des wahrgenommenen Kundenwerts zugewiesen werden. Der wesentliche Vorteil dieses Modells ist, dass die einzelnen Vektoren flexibel festgelegt werden. Die Zuordnung der einzelnen Leistungs- und Aufwandsattribute zu den Vektoren muss somit nicht vordefiniert werden.

4. Wertorientierte Preisstrategien

Unter dem wertorientierten Marketingkonzept sollte die gesamte Marktbearbeitung konsequent am Wert für den Kunden ausgerichtet sein. Angefangen bei der Identifikation der Wert- und Aufwandskomponenten von Produktangeboten über die Identifizierung und Umsetzung von wertsteigernden und aufwandssenkenden Instrumenten beinhaltet dies auch eine Neuausrichtung der Kundenkommunikation und des Marketingcontrollings (vgl. Homburg/Beutin, 2000, S. 16 ff.). Das wertorientierte Marketing setzt die Fähigkeit voraus, von den Kunden lernen und ihre sich stetig wechselnden Bedürfnisse verstehen zu können (vgl. Slater, 1997, S. 164). Wertorientierte Preisstrategien sind elementarer Bestandteil eines wertorientierten Marketingkonzepts. Theoretisch ist es möglich, für verschiedene Situationen, in der sich jeder einzelne Kunde befinden kann, eine optimale Kaufanreizfunktion zu bestimmen (vgl. Reinecke, 1997b, S. 64). Aufgrund der dadurch entstehenden Komplexität des Preismanagements ist dies jedoch unwirtschaftlich für ein Unternehmen. Zunächst werden daher zwei idealtypische Preisstrategien für den Markteintritt von neuen Produkten vorgestellt. Da wertorientierte Preisstrategien in aller Regel dynamisch sind, werden anschließend kurz die Möglichkeiten zur Preisanpassung und -veränderung erläutert.

Preisstrategien für den Markteintritt

Das Konzept der wertorientierten Preisbildung eignet sich in erster Linie für die Markteinführung von neuen Produkten (vgl. Kijewski/Yoon, 1990, S. 17). Als Ausgangspunkt für die Überlegungen zur wertorientierten Preisstrategie dient uns ein Modell von Anderson und Narus, das in Abbildung 5 dargestellt ist. Bei Anderson und Narus besteht der Wert eines Angebots wie bei uns aus der Bilanzierung aller Leistungs- und Aufwandskomponenten (außer dem Kaufpreis), die damit verbunden sind (vgl. Anderson/Narus, 1999, S. 5 f.).

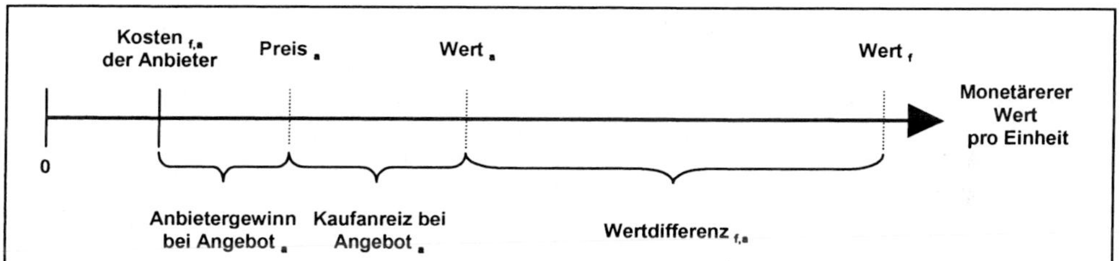

Abbildung 5: Bezugsrahmen wertorientierter Preispositionierung (vgl. Anderson/Narus, 1999, S. 188)

Die Firma$_f$ macht ein Angebot vom Wert$_f$. Die beste Alternative ist ein Angebot vom Wert$_a$ zu einem Preis$_a$. Der Wertgewinn und damit der Kaufanreiz des Kunden, sich für Angebot$_a$ zu entscheiden, resultiert aus der Differenz zwischen Wert$_a$ und Preis$_a$. Wert$_f$ sei höher als Wert$_a$. Die Frage ist, welcher Preis$_f$ für Angebot$_f$ erhoben werden soll.

Anderson und Narus nutzen hierfür eine einfache Wert(un)gleichung, die ausdrückt, dass der Kaufanreiz für Angebot$_f$ höher sein muss als für Angebot$_a$, nämlich

$$(\text{Wert}_f - \text{Preis}_f) > (\text{Wert}_a - \text{Preis}_a).$$

Oder anders ausgedrückt, der Preis$_f$ muss so gewählt werden, dass der Wertgewinn für den Kunden bei Angebot$_f$ größer ist als der Wertgewinn bei Angebot$_a$.

Sie meinen, dass Käufer jedoch in ihrem Prozess der Auswahlentscheidung eher Wertdifferenzen und Preisdifferenzen bilden und diese untereinander vergleichen, als dass sie Wertgewinne vergleichen. Daraus ergibt sich die Vergleichsformel:

$$(\text{Wert}_f - \text{Wert}_a) > (\text{Preis}_f - \text{Preis}_a) \text{ oder umformuliert,}$$
$$\text{Wertdifferenz}_{f,a} > (\text{Preis}_f - \text{Preis}_a).$$

D. h. die Kunden präferieren Angebot_f, wenn die $\text{Wertdifferenz}_{f,a}$ größer ist als die Differenz zwischen Preis_f und Preis_a.

Noch anders ausgedrückt, die $\text{Wertdifferenz}_{f,a}$ kann zwischen Kunden und Firma_f aufgeteilt werden, um eine „Win-Win"-Situation herzustellen, bei der der Kunde einen höheren Wertgewinn als bei Angebot_a erhält und auch Firma_f einen höheren Gewinn macht.

Die Obergrenze ist ein Preis_f, bei dem der Kunde von der $\text{Wertdifferenz}_{f,a}$ einen Anteil erhält, dem Kaufanreiz für das Angebot_a entspricht. Nach der Wert(un)gleichung von *Anderson* und *Narus* würde der Kunde hier indifferent zwischen den Angeboten.

Bei Anwendung auf Kundensegmente ist es notwendig, für jedes Segment eine am Wert für die Kunden ausgerichtete Preisstrategie festzulegen. Der preisstrategische Spielraum für den Markteintritt von neuen Produkten, die davon existieren, dass sie einen höheren Wert haben als alte Produkte, ergibt sich aus der Wertdifferenz zur besten Produktalternative der Konkurrenz. Abbildung 6 zeigt, wie zwei Idealtypen von Preisstrategien für den Markteintritt und die Aufteilung der Wertdifferenz zusammenhängen.

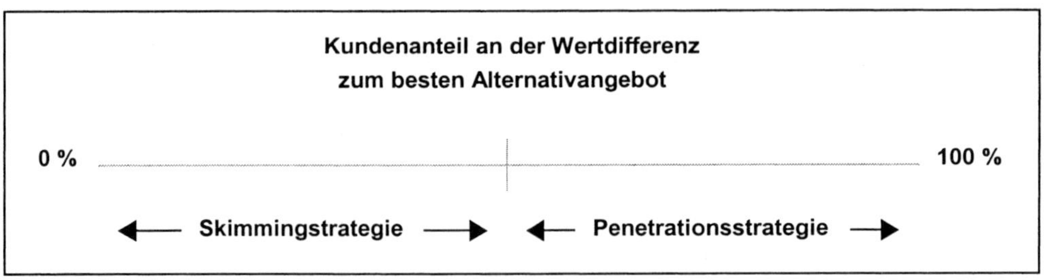

Abbildung 6: Preisstrategien für den Markteintritt

Bei der Skimmingstrategie wird das Neuprodukt zunächst zu einem Preis in den Markt eingeführt, der dem Kunden nur einen minimalen Anteil an der Wertdifferenz bietet. Der Kaufanreiz für das eigene Angebot ist hierbei nur marginal höher als der Kaufanreiz für die Angebote der Konkurrenz. Mit dieser „hochpreisigen" Strategie versucht das Unternehmen, seinen Gewinn pro Produkteinheit zu maximieren, da es den größten Teil der Wertdifferenz für sich behält (vgl. Anderson/Narus, 1999, S. 189). Die Skimmingstrategie eignet sich insbesondere für Produkte mit einem hohen Neuheitsgrad und einer niedrigen kurzfristigen Preiselastizität (vgl. Simon, 1992, S. 294). Wesentliches Merkmal der

Skimmingstrategie ist, dass mit der Ausschöpfung der hochpreisunempfindlichen Marktsegmente der Preis im Zeitablauf gesenkt wird, um auch die preisempfindlicheren Marktsegmente schrittweise mit zu erschließen (vgl. Bliemel, 1995, S. 24).

Bei der Penetrationsstrategie wird das Produkt zu einem Preis in den Markt eingeführt, bei dem die Kunden den größten Anteil an der Wertdifferenz erhalten, also der Kaufanreiz für das eigene Angebot maximiert wird. Hierdurch soll in einer kurzen Zeit eine schnelle Marktdurchdringung und ein hoher Marktanteil erreicht werden (vgl. Bliemel, 1995, S. 25). Durch eine schnelle Erhöhung der kumulierten Verkaufsmenge versucht das Unternehmen, Skalen- und Erfahrungskurveneffekte zu nutzen, um einen schnellen Kostenvorsprung gegenüber den Konkurrenten zu erreichen (vgl. Simon, 1992, S. 295). Das Unternehmen strebt demnach nicht eine Optimierung des Gewinns pro Produkteinheit an, sondern es versucht, seine Gesamtgewinnziele über den Produktlebenszyklus durch ein hohes Verkaufsvolumen zu realisieren (vgl. Anderson/Narus, 1999, S. 189).

Strategieoptionen zur Preisanpassung und –veränderung
Preisstrategien nach dem Wert eines Angebots sind in aller Regel dynamisch, da die Wertwahrnehmung durch den Kunden veränderlich sein kann (vgl. z.B. van der Haar/Kemp/Omta, 2001, S. 628 oder Parasuraman, 1997, S. 156). Daher müssen Unternehmen den Kundenwert ihrer Angebote wiederholt evaluieren und eventuell Maßnahmen zur Anpassung des sich aus der Bilanzierung von Kundenwert und Kaufpreis ergebenden gebotenen Wertgewinns durchführen.

Zur Anpassung des Wertgewinns kann der Anbieter ein Produktangebot hinsichtlich Kundenwert und/oder Kaufpreis variieren. Untersuchungen in Industriegütermärkten hierzu haben gezeigt, dass bei verschiedenen Produktangeboten mit gleichem Wertgewinn diejenigen Angebote seitens der Kunden bevorzugt werden, die einen etwas niedrigeren Kundenwert und auch einen niedrigeren Kaufpreis aufweisen (vgl. Anderson/Thomson/Wynstra, 2000, S. 325). Sollten demnach konkurrierende Produktangebote mit einem höheren Wertgewinn existieren, bedeutet dies, dass ein Wettbewerbsvorteil am erfolgswirksamsten durch eine Senkung des Kaufpreises anstatt einer Erhöhung des Kundenwertes wiederhergestellt werden kann.

5. Zusammenfassung

Dieser Beitrag beschreibt einen Ansatz zur Entwicklung von Preisstrategien nach dem Wert eines Produktangebots für den Kunden. Hierzu wurden zunächst die traditionellen preispolitischen Ansätze kritisch betrachtet und die Notwendigkeit einer wertorientierten Sichtweise in der Preispolitik aufgezeigt. Es wurde beschrieben, was unter dem Begriff Wert eines Austauschangebots für den Kunden zu verstehen ist. Der Wert für den Kunden ergibt sich durch die Bilanzierung von Gesamtleistung und Gesamtaufwand des

Produktangebots für den Kunden, welche als aggregierte Größen die Wertkomponenten des Angebots beinhalten. Die Bilanzierung von Kundenwert und Kaufpreis bestimmt den Wertgewinn für den Kunden. Ziel der wertorientierten Preispolitik ist es, für ein Produktangebot einen Preis zu finden, der dem Kunden einen genügend großen Wertgewinn bietet, der dann als Kaufanreiz wirkt. Hierzu wurde ein fünf Phasen umfassender Ansatz zu wertorientierten Preisbildung vorgeschlagen.

Der von Anderson und Narus (1999, S. 188) beschriebene Bezugsrahmen zur wertorientierten Preispositionierung diente uns als Ausgangspunkt für Überlegungen zur wertorientierten Preisstrategie. Kunden bilden in ihrer Auswahlentscheidung Wertdifferenzen und Preisdifferenzen zwischen konkurrierenden Produktangeboten. Sie präferieren das Angebot eines Anbieters, wenn die Wertdifferenz zwischen dem Wert dieses Angebots und dem Wert des nächstbesten Alternativangebots der Konkurrenz größer ist als die Differenz der Kaufpreise der beiden Angebote. Die Wertdifferenz wird zwischen Anbieter und Kunden aufgeteilt. Abhängig vom Kundenanteil an der Wertdifferenz wurden die beiden idealtypischen Strategien Skimmingstrategie und Penetrationsstrategie vorgestellt. Da wertorientierte Preisstrategien über den Zeitablauf in aller Regel dynamisch sind, wurden abschließend Möglichkeiten zur Anpassung des Wertgewinns für den Kunden aufgezeigt.

6. Literatur

ANDERSON, J.C./DIPAK, C.J./CHINTAGUNTA, P., 1993, Customer Value Assessment in Business Markets – A State-of-Practice Study, in: Journal of Business-to-Business Marketing, S. 3-29.

ANDERSON, J.C./NARUS, J.A., 1999, Business Market Management – Understanding, Creating, and Delivering Value., Prentice Hall, New Jersey.

ANDERSON, J.C./THOMSON, B.L./WYNSTRA, F., 2000, Combining value and price to make purchase decisions in business markets, in: International Journal of Research in Marketing, S. 307-329.

BLIEMEL, F., 1995, Marketingstrategien – Konzepte für die Unternehmensführung vom Markt her, in: BLIEMEL, F. (Hrsg.), Mehr Markt in der Unternehmensführung – Praxisbeispiele und Konzepte, Berlin, S. 5-27.

BLIEMEL, F./EGGERT, A./ADOLPHS, K., 2000, Preispolitik mit Electronic Commerce, in: BLIEMEL, F./FASSOTT, G./THEOBALD, A. (Hrsg.), Electronic Commerce, 3. Auflage Wiesbaden, S. 205-217.

DILLER, H., 1999, Entwicklungslinien in Preistheorie und –management, in: Marketing ZFP, S. 39-60.

DILLER, H., 2000, Preispolitik, 3. Auflage, Kohlhammer, Stuttgart, Berlin, Köln.

DODDS, W.B./MONROE, K.B./GREWAL, D., 1991, Effects of Price, Brand, and Store Information on Buyer' Product Evaluations, in: Journal of Marketing Research, S. 307-319.

DUTTA, SH./BERGEN, M./LEVY, D./RITSON, M./ZBARACKI, M., 2002, Pricing as a Strategic Capability, in: MIT Sloan Management Review, S. 61-66.

EGGERT, A./ULAGA, W., 2002, Customer perceived value – a substitute for satisfaction in business markets, in: Journal of Business and Industrial Marketing, S. 107-118.

HOMBURG, CH./BEUTIN, N., 2000, Value-Based Marketing – Die Ausrichtung der Marktbearbeitung am Kundennutzen. Institut für Marktorientierte Unternehmensführung. Reihe, Management Know-How, Nr. M 49, Mannheim.

KELLY, J.P.; COAKER, J.W., 1976, The Importance of Price as a Choice Criterion for Industrial Purchasing Decisions, in: Industrial Marketing Management, S. 281-293.

KIJEWSKI, V./YOON, E., 1990, Market-Based Pricing, Beyond Price-Performance Curves, in: Industrial Marketing Management, S. 11-19.

KORTGE, G.D./OKONOWO, P.A., 1993, Perceived Value Approach to Pricing, in: Industrial Marketing Management, S. 133-140.

KOTLER, PH./BLIEMEL, F., 2001, Marketing-Management – Analyse, Planung und Verwirklichung, 10. Auflage, Stuttgart.

KOTLER, PH./JAIN, D.C./MAESINCEE, S., 2002, Marketing Moves – A New Approach to Profits, Growth and Renewal, Harvard Business School Press.

KUCHER, E./HILLEKE, K., 1993, Value Pricing Through Conjoint Measurement – A Practical Approach, in: European Management Journal, S. 283-290.

LANCIONI, R./GATTORNA, J.L., 1992, Strategic Value Pricing – Its Role in International Business, in: International Journal of Physical Distribution & Logistics Management, S. 24-27.

LAUSZUS, D./SEBASTIAN, K.H., 1997, Value based-Pricing, in: Aktives Preismanagement, Thexis – Fachzeitschrift für Marketing, S. 2-8.

LECLERC, F./SCHMITT, B.H./DUBE, L., 1995, Waiting time and decision making – is time like money?, in: Journal of Consumer Research, S. 110-119.

LESZINSKI, R./MARN, M.V., 1997, Setting value, not price, in: The McKinsey Quarterly, S. 98-115.

LILIEN, G.L/KOTLER, PH., 1983, Marketing Decision Making – A Model Building Approach, New York.

MONROE, K.B., 1990, Pricing – Making Profitable Decisions, McGraw Hill, New York.

NAYLER, G./FRANK, K.E., 2001, The effect of price bundling on consumer perceptions of value, in: Journal of Services Marketing, S. 270-281.

NOBLE, P.M./GRUCA, TH.S., 1999, Industrial Pricing – Theory and Managerial Practise, in: Marketing Science, S. 435-454.

PARASURAMAN, A., 1997, Reflections on Gaining Competitive Advantage Through Customer Value, in: Journal of the Academy of Marketing, S. 154-161.

REINECKE, S., 1997A, Nutzenorientierte Preisgestaltung, in: BELZ, CH. (Hrsg.), Leistungs- und Kundensysteme – Kompetenz für Marketing-Innovationen, St. Gallen, S. 54-71.

REINECKE, S., 1997B, Preis am Kundennutzen orientieren, in: Aktives Preismanagement. Thexis – Fachzeitschrift für Marketing, S. 40-45.

SIMON, H., 1992, Preismanagement – Analyse, Strategie, Umsetzung, 2. Auflage, Wiesbaden.

SIMON, H./DOLAN, R.J., 1997, Profit durch Power Pricing - Strategien aktiver Preispolitik, Frankfurt/New York.

SINHA, I./DESARBO, W., 1998, An Integrated Approach Toward the Spatial Modeling of Perceived Customer Value, in: Journal of Marketing Research, S. 236-249.

SLATER, S.F., 1997, Developing a Customer Value-Based Theory of the Firm, in: Journal of the Acadamy of Marketing Science, S. 162-167.

SWEENEY, J.C./SOUTAR, G.N., 2001, Consumer perceived value – The development of a multiple item scale, in: Journal of Retailing, S. 203-220.

THOMPSON, B.J.C./LEWIS, J.R., 1994, Gauging the Value of Suppliers' Products – Buyer-side Applications of Economic Value Pricing Models, in: Journal of Business and Industrial Marketing, S. 29-40.

VAN DER HAAR, J.W./KEMP, R.G.M/OMTA, O.S.W.F., 2001, Creating Value that Cannot be Copied, in: Industrial Marketing Management, S. 627-636.

Björn Sven Ivens

Internationales Preismanagement

1. Einleitung

Die Bedeutung internationaler Aspekte im Marketing wird in der Literatur uneinheitlich beurteilt. Eine Gruppe von Autoren sieht in Aufgaben der Internationalisierung keine eigenständigen Gestaltungsbereiche und Methoden, sondern lediglich Sonderfälle nationaler Problemstellungen. Eine andere Strömung fordert hingegen für die Zukunft eine Betriebswirtschaftslehre mit grundsätzlich internationalem Spektrum, da nationale Probleme nur um viele Variablen vereinfachte Sonderfälle der Marketingtheorie seien (vgl. Meffert/Bolz, 1994, S. 22; Ivens, 1997a; Backhaus/Büschken/Voeth, 1998, S. 67; Bukhari, 1999, S. 9f.).

Unabhängig davon, welche Position man in diesem Disput vertritt, erfordert bereits die große praktische Bedeutung grenzüberschreitender Geschäftstätigkeit (vom Exportgeschäft bis hin zur umfassend leistenden Auslandsgesellschaft) für die deutsche Wirtschaft eine Auseinandersetzung mit Fragen der internationalen Preispolitik. Dabei sind zum einen Problemstellungen zu behandeln, die ausschließlich im internationalen Marketing auftreten, wie etwa die Berücksichtigung von Währungskursen. Zum anderen sollen hier aber auch Themenfelder aufgegriffen werden, die zwar nicht ausschließlich, aber doch vorrangig im internationalen Kontext relevant sind, und deshalb in einem entsprechenden Kapitel ihren Platz haben. Hierunter fallen u.a. Gegengeschäfte (Barter) und Transferpreise.

Die internationale Preispolitik lässt sich dabei, in Parallelität zu den Kennzeichen des internationalen Marketings, durch vier Aspekte charakterisieren (vgl. Backhaus/Büschken/Voeth, 1998, S. 69): Die Bearbeitung mehrerer Ländermärkte erzeugt erstens einen erhöhten Preisinformationsbedarf bezüglich der Zielmärkte. Zweitens steigt das unternehmerische Preisrisiko im Auslandsgeschäft. Drittens nimmt aufgrund von Rückkoppelungseffekten zwischen den nationalen Märkten der Koordinationsbedarf der Preisaktivitäten zu. Als Konsequenz aus diesen Punkten ergibt sich viertens eine gesteigerte Komplexität und Differenziertheit der Preismanagementaufgabe im internationalen Kontext.

2. Internationale Preiskalkulation

Die internationale Preispolitik kann grundsätzlich auf dieselben kalkulatorischen Methoden zurückgreifen, wie im nationalen Geschäft. Verbreitet sind in der Praxis der Exportwirtschaft jedoch insbesondere kostenorientierte (im Gegensatz zu marktorientierten) Schemata. Gründe hierfür liegen einerseits in dem somit möglichen Verzicht auf aufwendige Preismarktforschung in Auslandsmärkten und den damit verbundenen Kosteneinsparungen, andererseits in der einfachen unternehmensinternen Vertretbarkeit und Durchsetzbarkeit kostendeckender Preise gegenüber dem Controlling und der Geschäftsleitung (vgl. Diller/Köhler/Kneer, 1991, S. 5 ff.; Hanson, 1992, S. 149).

Erschwert wird die internationale Preiskalkulation hingegen dadurch, daß zusätzliche Kosten anfallen und zudem Risiken entstehen, die im nationalen Geschäft nicht zu berücksichtigen sind. Besonders bedeutsam sind hier (vgl. Becker, 1991, S. 1247):

- Beschaffungs- bzw. absatzakquisitorische Zusatzkosten zur Überwindung von Außenhandelsbarrieren, etwa für die Ausstellung von Ausfuhrlizenzen, für die Einhaltung länderspezifischer Qualitätsbestimmungen, für die Ausstellung erforderlicher Begleitpapiere etc.
- Kosten der Auftragsbearbeitung und –abwicklung von Auslandsgeschäften, etwa für den Einsatz besonders qualifizierter Mitarbeiter.
- Kosten aus speziellen logistischen und vertraglichen Erfordernissen, z.B. besondere Verpackungen, Verkehrsmittel etc.
- Kosten aus speziellen güterwirtschaftlichen Risiken, insbesondere durch Abschluss von Transport- und Lagerversicherungen
- Kosten aus speziellen finanzwirtschaftlichen Risiken, zu deren Deckung zum einen die kurzfristige (Dokumenteninkasso, Dokumentenakzept, Letter of Credit), zum anderen die mittel- bis langfristige Außenhandelsfinanzierung (Lieferanten- und Bestellerkredite) herangezogen wird. Hinzu kommen Kurssicherungskosten bei Währungsrisiken.

Durch die Vielzahl der zusätzlichen Kostenquellen sowie durch deren Unbestimmtheit entstehen im internationalen Marketing Kalkulationsrisiken. Zusätzliche Kosten können bspw. durch unerwarteten Informationsbedarf, erforderliche Produktmodifikationen oder Reisespesen entstehen. Prognoseprobleme ergeben sich im Auslandsgeschäft aufgrund einer häufig schlechten Informationslage. So führen hohe Inflationsraten im Bestimmungsland, Lieferverzögerungen oder Haftungs- und Gewährleistungsansprüche leicht zu Kostenüberschreitungen. Das Management wird durch diese Risiken verleitet, im Zweifel zu hohe Wertansätze zu wählen und Risikozuschläge zu berücksichtigen, wodurch andererseits die Marktakzeptanz der angebotenen Güter und Leistungen gefährdet wird (vgl. Diller, 1987, S. 271).

Andererseits existieren international weit verbreitete Usancen. Deren auch vertragswirksame Regelung ist in den International Commercial Terms (INCOTERMS) kodifiziert, die erstmals 1936 von der Pariser Internationalen Handelskammer niedergelegt und zuletzt 1990 an heutige Gegebenheiten angepasst wurden. Die INCOTERMS sind prinzipiell dem jeweiligen nationalen Recht übergeordnet und sehen ein spezielles Schiedsverfahren vor, bevor der ordentliche Gerichtsweg beschritten wird. Abbildung 1 zeigt diese im Überblick.

Die INCOTERMS können im Rahmen der internationalen Preispolitik dazu herangezogen werden, die Außenhandelskalkulation zu gliedern. Ausgehend von dem für den Inlandsmarkt ermittelten Verkaufswert eines Gutes ab Werk kann für einen abgegrenzten Auftrag dann progressiv, je nach erbrachtem Leistungsumfang, stufenweise der entsprechende Verkaufswert ermittelt werden. „Dies ist nicht zuletzt deshalb besonders zweckmäßig, weil die vertragswirksame Vereinbarung bestimmter INCOTERM-Klauseln zur definitiven Regelung der Kosten und des Gefahrenübergangs führt und insofern auch für preispolitische Entscheidungen und entsprechende Offerten an die Geschäftspartner Bedeutung erlangt" (Becker, 1991, S. 1260).

Die aufgezeigten Risiken der internationalen Preiskalkulation zwingen im Prinzip jedes Unternehmen, den für ein Produkt und für einen Ländermarkt kostenorientiert (also durch Zuschlagskalkulation) ermittelten Preis zunächst auf seine Wettbewerbsfähigkeit auf dem jeweiligen Ländermarkt zu prüfen. Zeigt sich, daß der so ermittelte Preis nicht konkurrenzfähig ist, so ist zu prüfen, inwiefern durch Anwendung einer Ausgleichskalkulation Preisnachteile abgemildert werden können. Dabei stehen zwei Ansätze zur Verfügung. Im Rahmen des intertemporalen Ausgleichs kann in frühen Perioden der Auslandsmarktbearbeitung auf eine Deckung bestimmter Kostenblöcke verzichtet werden. Zu denken wäre hier z.B. an außergewöhnliche Aufwendungen, wie etwa die Aufbaukosten für eine Exportabteilung, oder aber periodenübergreifende Gemeinkosten. Der Verzicht auf zeitnahe Deckungsbeiträge erfolgt dabei unter der Erwartung höherer späterer Erträge. So könnte das eigene Produkt mit der Zeit eine Marktstellung (Marktanteil, Bekanntheit, Qualitätsimage etc.) erreichen, welche bei den Abnehmern auf dem Ländermarkt zu einer höheren Preisbereitschaft führt oder zumindest durch den Produktlebenszyklus bedingte Preisverfälle geringer ausfallen lässt, als bei Konkurrenzprodukten.

Kommt eine intertemporale Ausgleichskalkulation nicht in Betracht, so kann alternativ ein internationaler Ausgleich erfolgen. Dabei werden niedrige Produktpreise auf einem Auslandsmarkt durch auf einem anderen Ländermarkt erzielte hohe Deckungsbeiträge „quersubventioniert". Voraussetzung ist hierbei, daß entsprechende Ausgleichsgeber zur Verfügung stehen. In Frage kommt hierfür zum einen der Heimatmarkt des Unternehmens, da dort i.d.R. die Sonderkosten des Exports eben nicht anfallen, zum anderen können solche Märkte, auf denen ein hohes Preisniveau herrscht, die Wettbewerbsfähigkeit des Unternehmens auf Niedrigpreismärkten sichern.

International Commercial Terms (INCOTERMS)		
E-Term	Die gehandelten Güter werden dem Käufer, der alle weiteren Kosten und Risiken zu tragen hat, im eigenen Bereich des Verkäufers bereitgestellt	**EXW:** ex works
F-Terms	Die gehandelten Güter werden vom Verkäufer, der die Kosten dafür trägt, einem verantwortlichen Frachtführer übergegeben	**FCA:** free carrier, named place
		FAS: free alongside ship, named port of shipment
		FOB: free on board, named port of shipment
C-Terms	Die gehandelten Güter, werden vom Verkäufer, der in Abhängigkeit von der jeweils vereinbaren Klausel Kosten und Risiken zu tragen hat, im Gebiet des Käufers bereitgestellt	**CFR:** cost and freight, named port of destination
		CIF: cost, insurance an dfreight, named port of estination
		CPT: carriage paid to,named place of destination
		CIP: carriage and insurance aid to, named place of destination
D-Terms	Die gehandelten Güter werden dem Käufer, der alle Kosten und Risiken zu tragen hat, im Gebiet des Käufers bereitgestellt	**DAF:** delivered at frontier, named place
		DES: delivered ex ship, named port of destination
		DEQ: delivered ex quay (duty paid), named port of destination
		DDU: delivered duty unpaid, named place of destination
		DDP: delivered duty paid, named place of destination

Abbildung 1: Überblick über die INCOTERMS, Stand 1990
(Die INCOTERMS wurden von der International Chamber of Commerce zum Jahr 2000 überarbeitet und den aktuellen Anforderungen des internationalen Handels angepasst. Die Grundstruktur der insgesamt 13 Klauseln bleibt jedoch unberührt. Quelle: Becker, 1991, S. 1249)

Sowohl bei Rückgriff auf den intemporalen Ausgleich als auch bei Anwendung des internationalen Ausgleichs muss sich das Management die Frage nach der Sinnhaftigkeit der Ausgleichskalkulation stellen. Eine Entscheidung zugunsten der Preissubventionierung kann letztlich nur strategisch motiviert sein, da stets ein sicherer aktueller Nachteil (Aufgabe von Deckungsbeiträgen in einer Absatzperiode oder auf einem Absatzmarkt) in Erwartung eines unsicheren künftigen Vorteils (Erwirtschaftung zusätzlicher Deckungsbeiträge auf einem bestimmten Ländermarkt) in Kauf genommen wird.

Vor diesem Hintergrund können gerade im internationalen Marketing die Vorteile einer bereits im Vorfeld des Markteintritts eines Unternehmens bzw. der Produkteinführung auf einem Ländermarkt durchgeführten retrograden Preiskalkulation nicht stark genug hervorgehoben werden. Dabei wird ein Produktpreis, der auf einem Markt wettbewerbsfähig ist, durch Rückrechnung auf seine Erfolgswirkung hin geprüft. Im Ergebnis kann beurteilt werden, ob durch Kosteneinsparungen nicht konkurrenzfähige Preise noch senkbar sind (vgl. Diller, 2000, S. 226). Die Grenzen des Kostenmanagements im Rahmen der internationalen Preispolitik (also der retrograden Kalkulation, aber insbesondere auch der Ausgleichskalkulation) werden im Rahmen des der Dumpingproblematik gewidmeten Abschnitts noch einmal anzusprechen sein.

3. Wechselkurse und internationale Preispolitik

Die Bestimmung der Währung, in der eine Transaktion mit einem ausländischen Geschäftspartner abgewickelt werden soll, ist grundsätzlich der Regelung der Vertragsparteien unterworfen. Wird vereinbart, daß das Geschäft in ausländischer Währung abzuwickeln ist, entsteht dem inländischen Anbieter einer Ware oder einer Leistung durch das Auseinanderfallen von Vertragsdatum und Durchführung der Zahlungsvorgänge ein Wechselkursrisiko.

Bsp.: Ein deutscher Exportmanager verkauft einem Unternehmen in den USA eine Maschine. Bei Vertragsunterzeichnung wird ein Kaufpreis von 10.000 US-$ vereinbart (Kurs 1 EUR = 0,85 $) und ein Zahlungsziel von 30 Tagen festgelegt. Der Wert der Forderung beträgt also ursprünglich (zum Termin des Abschlusses) 11.764,71 EUR. Bei einem Kursverfall des US-$ innerhalb der Zahlungsfrist auf 1 EUR = 0,90 $ beträgt der Wert der Forderung am Stichtag nur noch 11.111,11 EUR. Der deutsche Anbieter erleidet einen Verlust von ca. 5,5 %.

Die Höhe des Wechselkursrisikos ist davon abhängig, wie frei die Wechselkurse der betroffenen Währungen schwanken können. Die Tauschkurse können zum einen fest oder zumindest weitgehend fixiert sein, zweitens kann innerhalb einer Währungsgruppe durch deren politische und ökonomische Repräsentanten eine Schwankungsbandbreite vereinbart worden sein, drittens können die Kurse frei schwanken und lediglich durch zeitweise Eingriffe der nationalen Notenbanken gestützt werden (vgl. Dieckheuer, 1990, S. 323). Die Staaten der Europäischen Union gründeten 1979 das Europäische Währungssystem (EWS), welches für die Wechselkurse zwischen den vertretenen nationalen Währungen

Schwankungsbandbreiten von grundsätzlich +/-2,25 um die fixierten Leitkurse vorsah. Seit 1.1.1999 sind aufgrund des Übergangs zur Europäischen Währungsunion (EWU) alle Schwankungen zwischen den Währungen der 11 EWU-Mitgliedsstaaten ausgeschaltet. Bei Transaktionen innerhalb dieses „Eurolandes" besteht für Unternehmen mithin keinerlei Währungsrisiko mehr (vgl. Ivens, 1997b, S. 7)

Die Konsequenzen von Wechselkursveränderungen für die internationale Preispolitik lassen sich anhand des folgenden Beispiels (vgl. Simon, 1992, S. 468ff.) darstellen. Eine deutsche Firma exportiere in die USA und verein bare ihre Preise in US-\$. Es fallen weder Steuern, noch Zölle oder weitere Exportkosten an. Bei linearer Preis-Absatz- und Kostenfunktion (alle Kosten fallen in DM an) ergeben sich folgende Gleichungen:

(1.1) $$q = a - bp_{\$}$$ mit

q	Absatzmenge in USA
$p_{\$}$	Preis in \$
a,b	Parameter

(1.2) $$K_{DM} = K_f + k_v q$$ mit

K_{DM}	Gesamtkosten in DM
K_f	fixe Kosten
k_v	variable Stückkosten

Bei Berücksichtigung des DM/\$-Wechselkurses w ergibt sich als DM-Gewinnfunktion:

(1.3) $$G_{DM} = (a - bp)(wp_{\$} - k_v) - K_f$$

Der gewinnoptimale Preis beträgt folglich

(1.4) $$p_{\$}^{*} = \frac{1}{2}\left(\frac{a}{b} + \frac{k}{w}\right)$$

Leitet man den optimalen Preis nach dem Wechselkurs w ab, ergibt sich des weiteren

(1.5) $$\frac{dp_{\$}^{*}}{dw} = -\frac{k}{2}w^{-2}$$

Aus den vorstehenden Gleichungen lassen sich folgende Schlüsse ziehen:

- der optimale Preis in der Zielwährung, in diesem Fall also der optimale \$-Preis $p_{\$}^{*}$, sinkt mit steigendem Wechselkurs w (1.4).
- das Absinken des gewinnoptimalen \$-Preises bei steigendem Wechselkurs w ist dabei aufgrund des Exponenten –2 unterproportional (1.5).

- es läßt sich zudem zeigen, daß bei steigendem $-Kurs der Gewinn in DM überproportional, der Gewinn in $ unterproportional ansteigt. Verantwortlich hierfür sind gleichgerichtete Mengen- und Stückdeckungsbeitragseffekte.

Zur Vermeidung oder Abschwächung negativer Effekte aus Wechselkursänderungen stehen international tätigen Unternehmen verschiedene Maßnahmen zur Verfügung: Zunächst besteht die Möglichkeit, in einer Währung zu fakturieren, die für Wechselkursschwankungen nicht bzw. wenig anfällig ist. In ähnlicher Weise kann eine Kurssicherungsklausel oder aber ein Währungsoptionsrecht, das eine Wahlmöglichkeit zum Fälligkeitstag sichert, vertraglich festgeschrieben werden. Des weiteren können Wechselkursrisiken durch Abschluss einer staatlichen oder privaten Versicherung (z.B. HERMES-Deckung, COFACE-Versicherung), durch Export-Factoring oder durch Forfaitierung von Auslandsforderungen gesenkt bzw. ausgeschaltet werden (vgl. Dülfer, 1991, S. 153 f.).

Eine weitere Alternative der Absicherung bieten Termingeschäfte. Hierbei bietet ein Unternehmen, das einen Liefervertrag in ausländischer Währung abschließt, die Zahlung aber erst zu einem späteren Termin y erwartet, seine Devisenforderung heute (Termin x) auf dem Terminmarkt an. Bei Zahlungseingang an Termin y kann es dann die Devisenforderung zu dem an Termin x vereinbarten Kurs (Terminkurs) in die inländische Währung konvertieren. Diese Form der Kurssicherung ist im Außenhandel verbreitet. Bei Verzicht auf Termingeschäfte oder vergleichbare Sicherungsmechanismen wird das Unternehmen zum Devisenspekulanten (vgl. Dieckheuer, 1990, S. 323).

Insgesamt wird deutlich, daß die Verwendung von Auslandswährung im internationalen Marketing Risiken mit sich bringt. Allerdings unterliegt die Wahl der Fakturierungswährung ebenso der Regelungsfreiheit der Vertragsparteien, wie etwa die Preishöhe oder die Konditionen. Um ihrerseits Währungsrisiken zu vermeiden und zudem internationale Einkaufspreise vergleichbar zu machen, haben aber auch die ausländischen Abnehmer ein Interesse daran, in ihrer jeweiligen Währung zu zahlen. Das Verfolgen einer kundenorientierten Strategie macht es daher vielfach erforderlich, auf Währungswünsche der Abnehmer einzugehen. Ergebnisse einer empirischen Studie (vgl. Samiee/Anckar, 1998, S. 125) zeigen, daß in Fremdwährung fakturierende Unternehmen einerseits geringere Deckungsbeiträge in Kauf nehmen müssen. Andererseits weisen sie aber ein höheres Exportvolumen als ihre in nationaler Währung abrechnenden Konkurrenten auf. Insbesondere in frühen Phasen von internationalen Geschäftsbeziehungen muss auf Währungswünsche von Kunden eingegangen werden, um diese zunächst an das Unternehmen zu binden. Es zeigt sich, daß die Wahl der Währung in internationalen Preisverhandlungen ein wichtiger Platz einzuräumen ist.

4. Internationale Preisdifferenzierung und die Arbitrageproblematik

Der Frage, inwiefern Marketingstrategien und -instrumente international übertragbar, also standardisiert einsetzbar sind, stellt ein Hauptforschungsfeld im internationalen Marketing dar. Standardisierungsstrategien zielen u.a. auf Vorteile durch eine erleichterte Koordination zwischen Tochter- und Muttergesellschaft oder aber auf die Förderung eines einheitlichen Unternehmensimages ab. Andererseits kann aber auf länderspezifische Anforderungen und Determinanten nur unzureichend eingegangen werden. Eine vollständige Standardisierung scheint jedoch in dem hier betrachteten Instrumentalbereich, wie noch zu zeigen sein wird, ohnehin kaum durchsetzbar. Letztlich determiniert insbesondere die allgemeine Internationalisierungsstrategie das Ausmaß der Preisdifferenzierung. Multinationale Strategien erfordern differenzierte Preis-Mixes während globale Strategien eine weitgehend standardisierte Preispolitik implizieren. In der Praxis zeichnet sich die Preispolitik dabei durch einen im Vergleich zur Produkt- oder auch zur Kommunikationspolitik relativ geringen Standardisierungsgrad aus. Insbesondere die Konditionenpolitik wird noch immer sehr stark nationalen Gegebenheiten angepasst. Gleichzeitig praktizieren aber auch nur wenige Unternehmen eine vollkommene Differenzierung ihrer Preise (vgl. Kreutzer, 1989, S. 340 f.; Bolz, 1992, S. 66; Brielmaier, 1998, S. 244 ff.).

Bei der internationalen Preisdifferenzierung handelt es sich um eine Form der vertikalen Preisdifferenzierung. In verschiedenen geographischen Märkten existieren unterschiedliche Preis-Absatzfunktionen. Für Unternehmen ergibt sich hieraus die Möglichkeit, im Sinne einer aktiven Preispolitik den geforderten Preis in jedem geographischen Teilmarkt gewinnmaximal zu setzen. Aufgrund der im internationalen Kontext in der Regel divergierenden Determinanten des Preisverhaltens der Abnehmer kann davon ausgegangen werden, daß *in praxi* das Vorliegen unterschiedlicher nationaler Preis-Absatzfunktionen der typische Fall ist. Da entsprechend auch die nationalen gewinnoptimalen Preise unterschiedlich hoch sind, maximiert ein Unternehmen seinen Gewinn, indem es eine Preisdifferenzierung betreibt.

Welche Bedeutung der internationalen Preisdifferenzierung in der Praxis zukommt, zeigen zahlreiche Studien. So ermittelte die portugiesische Fachzeitschrift *Distribuição hoje* bspw. im April 2002 folgende Preisindizes für die jeweils 10 meistverkauften Produkte einer Warengattung in Frankreich, Belgien, Spanien, Italien und Portugal (Der Durchschnittspreis über alle betrachteten Länder wird als Vergleichsstandard bei 100 fixiert).

Voraussetzung für eine solche Politik ist allerdings, daß die bearbeiteten Märkte voneinander isoliert sind. Andernfalls ergibt sich für die Abnehmer die Möglichkeit, Arbitragehandel zwischen Ländermärkten durchzuführen. Dies bedeutet, daß die Abnehmer Preisdifferenzen zu ihren Gunsten nutzen. Unter der Bedingung, daß die Preisunterschiede höher sind, als die mit der Arbitragetransaktion verbundenen Kosten, kommt es zu vom Anbieter nicht intendierten Warenströmen und zu u.U. erheblichen Erlöseinbußen (Bukhari/Cordes, 1994, S. 12 ff.).

	Durchschnittspreise je Land für 10 führende Marken der Warengruppe (Durchschnittspreis über alle Länder = 100)				
Produkt	**F**	**B**	**E**	**I**	**P**
Erfrischungsgetränke	112,7	105,8	80,4	99,7	96,3
Mineralwasser	90,0	124,6	83,5	k.A.	96,3
Gemüsekonserven	83,2	96,1	100,0	106,2	116,2
Gewürze	99,0	93,5	99,6	111,1	102,0
Tiefkühl-Fertiggerichte	84,8	104,7	90,7	118,6	102,9

Tabelle 1: Preise für ausgewählte Konsumgüter in Europa im Vergleich (Quelle: Lebensmittel Praxis / LP international 11 und 12/2002

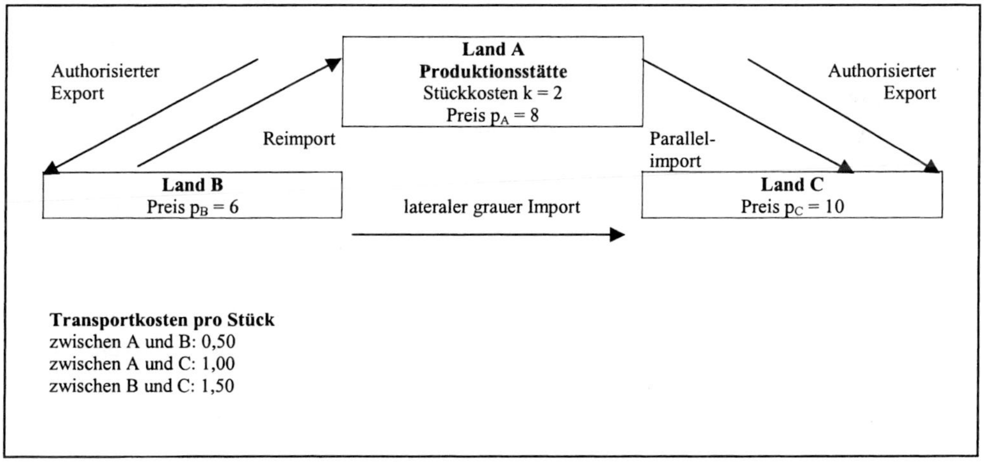

Abbildung 2: Formen grauer Märkte (Quelle: Simon/Wiese, 1995, S. 245)

Durch Arbitragehandel entstehen graue Märkte (Abbildung 2). In der Literatur wird zwischen Reimporten, Parallelimporten sowie lateralen grauen Importen unterschieden. Erstere (Zweitere) treten auf, wenn im Exportland (Ursprungsland) ein niedrigerer Preis verlangt wird, als im Ursprungsland (Exportland). Laterale graue Importe sind am schwersten zu aufzudecken. Sie entstehen zwischen zwei Exportmärkten mit entsprechend hohen Preisunterschieden.

Für den Grad der internationalen Preisdifferenzierung existieren folglich Grenzen. Diese werden durch verschiedene Umfeldfaktoren bestimmt. Es lassen sich Differenzierungstreiber und Differenzierungsbarrieren der internationalen Preispolitik unterscheiden.

- Zunächst ist die Homogenität der Nachfrageverhältnisse in den Zielmärkten von Bedeutung. Hierzu zählt bspw. die Kaufkraft. In Ländern mit relativ geringem Kaufkraftniveau kann sich insbesondere die Durchsetzung eines hohen internationalen Standardpreises als schwierig erweisen, wenn dieser weit oberhalb des nationalen gewinnmaximalen Preises liegt. Weiterhin müssen Preissegmente auf ihre strukturelle Vergleichbarkeit geprüft werden.

- Der Grad der wirtschaftlichen Integration zwischen den bearbeiteten Ländermärkten bestimmt, inwiefern Handelsbarrieren Arbitragegeschäften entgegenstehen. In einem gemeinsamen Markt, wie etwa der Europäischen Union, in dem Waren-, Dienstleistungs- und Kapitalverkehr liberalisiert sind, sind diese Barrieren geringer ausgeprägt als zwischen zwei nicht-integrierten Märkten.

- Die moderne Telekommunikation trägt einen entscheidenden Teil dazu bei, daß eine zentrale Voraussetzung für Arbitrage, nämlich die grenzüberschreitende Preistransparenz, zunimmt. So stellt etwa das Internet zahlreiche Preisinformationen weltweit zur Verfügung. Spezielle Serviceanbieter, sogenannte Preisagenturen, haben sich zudem darauf spezialisiert, Nachfragern europa- oder auch weltweit das günstigste Angebot für ein gesuchtes Produkt zu ermitteln. Zudem verbessert sich das Preiswissen der Konsumenten durch Tourismus und Geschäftsreisen.

- Analog zu erleichterten Informationsströmen verhält es sich auch mit den Warenströmen. Je besser die Transportinfrastruktur (Straßen, Logistikunternehmen, Versandhandel) und je niedriger die Transportkosten, desto geringer die Differenzierungsmöglichkeiten.

- Die Währungstransparenz zwischen zwei Märkten ist eng mit der Arbitrageneigung der Abnehmer verbunden. Je leichter die Umrechnung von Preisen einer Währung in die andere fällt, desto geringer die Arbitragebarrieren. Deshalb ist auch die Einführung der Europäischen Währung Euro als ein Faktor zu interpretieren, der innerhalb der Mitgliedsstaaten („Euroland") eine Politik der Preisdifferenzierung ein weiteres Stück erschwert.

- Auch die Stabilität des Wechselkurses bestimmt, inwiefern eine internationale Harmonisierung der Preise möglich ist. Je instabiler der Kurs, desto häufiger wird es zu *de facto* differenzierten Preisen kommen. Bei sehr volatilen Währungen ist es in zahlreichen Branchen schlechterdings unmöglich, die in der entsprechenden Währung geforderten Preise systematisch an die Wertänderungen anzupassen und somit stets zu harmonisieren.

- Auch die Vergleichbarkeit nationaler Steuersysteme determiniert den Differenzierungsgrad. Selbst in der Europäischen Union ist die Harmonisierung der Steuersysteme noch immer wenig vorangeschritten. So variieren bspw. die Mehrwertsteuersätze in den Mitgliedsstataten erheblich.
- Die Situation des Handels in den Zielmärkten ist ein weiterer Einflussfaktor. So bestimmen die Höhen der national üblichen Margen ebenso über die Standardisierbarkeit des Preises, wie etwa die Verhandlungsmacht der Handelskunden. Je weniger homogen diese Daten in den einzelnen Märkten sind, desto weniger wird eine Preisharmonisierung realisierbar sein. In diesem Zusammenhang wirkt insbesondere die zunehmende Internationalisierung der Beschaffung im Handel durch Einkaufsgemeinschaften und große international präsente Handelsketten auf eine Preisvereinheitlichung hin, da diese Großabnehmer zu hohe Preisunterschiede zu ihren Gunsten nutzen (Brielmaier, 1998).

Diese Faktoren führen dazu, daß aktuell, trotz einer Zunahme der Differenzierungsbarrieren, den Differenzierungstreibern weiterhin große Bedeutung zukommt. Der reale Standardisierungsdruck auf den Preis eines Produktes muss dabei unter Berücksichtigung des vorliegenden wirtschaftlichen, politischen und rechtlichen Integrationsgrades der bearbeiteten Zielmärkte analysiert werden.

Zur Durchsetzung international differenzierter Preise in Märkten, zwischen denen nur geringe Arbitrageschranken bestehen, sind verschiedene Vorgehensweisen denkbar. Ein preispolitischer Lösungsansatz liegt in der Einführung eines entsprechenden Preiskorridors (vgl. Simon, 1992, S. 476 ff.) für die Zielländer, der festlegt, in welchem Ausmaß die Preise voneinander abweichen dürfen. Dieses Konzept sucht gewissermaßen den Mittelweg zwischen Einheitspreisen und unabhängigen Landespreisen, um ein langfristiges Absinken auf das Niveau der Niedrigpreismärkte zu verhindern. Es wird davon ausgegangen, daß, durch eine teilweise Absenkung der relativ hohen Preise und eine Erhöhung der niedrigen Preise, die mit einer Preisstandardisierung einhergehenden Gewinneinbußen reduziert werden können. Der Korridor muss dabei so bemessen sein, daß Arbitrage gerade unterbunden wird, d.h. daß die Preisdifferenz zwischen zwei Märkten knapp geringer ist als die Arbitragekosten.

Neben der Modifikation des Preiszählers als Reaktion auf Arbitrage stehen Unternehmen zahlreiche weitere Maßnahmen der Arbitragevermeidung zur Verfügung. So kann bei der Gestaltung des Preisnenners etwa das betroffene Produkt international differenziert werden (Markierung, Ingredienzen etc.), Garantien, Service und Produktgewährleistung können für ausländische Produkte eingeschränkt oder aber Händlerbindungsmaßnahmen entwickelt werden. Dabei ist allerdings jeweils ein ökonomisches Kalkül, das Kosten und Nutzen derartiger Maßnahmen gegenüberstellt, anzustellen (vgl. Simon, 1992, S. 481).

5. Dumping

Ist der geforderte Preis für ein bestimmtes Gut im Ausland niedriger als im Inland, so spricht man von Dumping. Grundsätzlich handelt es sich dabei um einen Fall der geographischen Preisdifferenzierung. Diese kann, wie in dem vorstehenden Abschnitt dargestellt, durch unterschiedliche Wettbewerbsbedingungen auf zwei Märkten gerechtfertigt sein. Die faire Konkurrenz auf einem ausländischen Wettbewerbsmarkt muss hierdurch nicht zwingend beeinträchtigt werden. Jedoch hat die Dumping-Problematik insbesondere im Handel zwischen westlichen Industriestaaten und Entwicklungsländern eine politische Dimension erhalten. Sie impliziert dann eine Unterbietung des Marktpreises im Einfuhrstaat, die dem Exporteur keine Kostendeckung mehr gewährleistet (vgl. Koch, 1989, S. 17).

Ein Unternehmen kann Dumping betreiben, wenn es zumindest teilweise Kontrolle über die Preise seiner Produkte auf Auslandsmärkten ausübt, es die Arbitragegefahr entsprechend ausschließen kann und die Preiselastizität auf Auslandsmärkten höher als auf dem Inlandsmarkt ist. Die Motive für Dumping können der zyklische Ausgleich von Nachfragerückgängen (cyclical dumping), der schnelle Eintritt in einen Auslandsmarkt (penetration dumping), die Abschreckung potentieller Konkurrenten auf bestimmten Märkten (defensive dumping) oder die Verdrängung bestehender Wettbewerber (predatory dumping) sein (vgl. Kostecki, 1991, S. 7 f.).

Zur Feststellung von Dumpingfällen existieren internationale Richtlinien. Nach diesen wird bei Dumpingklagen der Vergleich angestellt, ob der Ausfuhrpreis einer Ware niedriger ist als ihr normaler Wert (GATT, Art. VI, Abs.1). Als normaler Wert wird dabei grundsätzlich der Preis einer Ware auf dem Markt ihres Ursprungslandes herangezogen. Ist ein solcher Preis nicht zu ermitteln, wird der Ausfuhrpreis der selben Ware in ein Drittland betrachtet. Kann auch darauf nicht zugegriffen werden, dienen die Herstellkosten der Ware im Exportland als Basis. Diesen wird eine angemessene Spanne für Marketingkosten und Gewinn zugeschlagen (vgl. Landsittel, 1987, S. 17 f).

Unternehmen müssen keine aktive Dumpingpolitik betreiben, um sich entsprechenden Vorwürfen auszusetzen. So ist ein Unternehmen, das eine differenzierte, den jeweiligen Marktverhältnissen angepasste internationale Preispolitik verfolgt, quasi ständig dem Risiko ausgesetzt, daß der Auslandspreis den Inlandspreis unterschreitet. Viele Unternehmen gehen zudem auf Exportgeschäfte ein, bevor die Nachfragebedingungen im Zielmarkt oder die Wechselkurse bekannt sind. Dies ist nicht zuletzt bei der gleichzeitigen internationalen Markteinführung neuer Produkte der Fall, bei der die Preiserfahrung des Anbieters naturgemäß zunächst gering ist (vgl. Kostecki, 1991, S. 9). Wird andererseits das Dumping vom Hersteller aktiv betrieben, muss es nicht zwangsläufig offen zu Tage treten. Entspricht etwa der dem Importeur vom Exporteur in Rechnung gestellte Preis dem Inlandspreisniveau, verkauft der Importeur die Ware aber zu einem niedrigeren, den Dumpingtatbestand erfüllenden Preis, und vergütet schließlich der Exporteur dem Importeur die entgangenen Erträge, so handelt es sich um verstecktes Dumping (vgl. Galinski, 1981, S. 42).

Zur Abwehr von Dumping haben die großen Industrienationen weitgehend vergleichbare juristische Systeme entwickelt. Auch die Staaten Osteuropas sowie zahlreiche Entwicklungsländer arbeiten an derartigen Verfahrenswerken. In der Regel werden Dumpingverfahren aufgenommen, wenn ein Unternehmen, ein Wirtschaftszweig oder eine staatliche Stelle Nachteile durch niedrige Preise ausländischer Wettbewerber erleidet, sich benachteiligt fühlt und eine entsprechende Klage bei den zuständigen nationalen Behörden einreicht. Innerhalb der EU ist Dumping durch die Verordnung Nr. 2176/84 (ABI EG, 1984 Nr. L 201/1 und L 227/35) vom 23. Juli 1984 geregelt. Sie ersetzt die bis dahin bestehenden nationalen Regelungen. Antragstelle ist die EU-Kommission in Brüssel. Kommen die Instanzen zu dem Ergebnis, daß ein Dumpingfall vorliegt, so wird ein provisorischer Antidumping-Zoll, maximal in der Höhe der Dumpingspanne, erhoben (vgl. Senti, 1990, S. 8 f.).

Angesichts der heute existierenden rechtlichen Bestimmungen ist es aus Unternehmenssicht einer eingehenden Prüfung auszusetzen, ob bewusst eine Dumping-Preisstrategie verfolgt werden soll. Die möglichen Vorteile einer solchen Praxis sind mit den Kosten monetären und außermonetären Nachteilen eventueller Antidumping-Sanktionen abzugleichen.

6. Transferpreise

Unternehmen, die ausländische Märkte nicht ausschließlich über Exporte bearbeiten, sondern über Niederlassungen, Joint Ventures, Lizenzabkommen und vergleichbare Marktbearbeitungsformen direkt im Zielmarkt tätig sind, müssen neben der auf externe Leistungsabnehmer ausgerichteten Preispolitik auch Transferpreise gestalten. Hierbei sind Preise für solche Güter und Dienstleistungen zu bestimmen, die im Unternehmensverbund („intracorporate pricing“), also etwa von der Zentrale an ausländische Lizenznehmer oder zwischen zwei Tochtergesellschaften, erbracht werden (vgl. Terpstra/Sarathy, 1997, S. 741).

Ziel der Transferpreispolitik ist es, das globale Konzernergebnis zu optimieren. Dabei werden suboptimale Situationen in einzelnen (z.B. nationalen) Unternehmensbereichen in Kauf genommen. Transferpreise dienen dazu,

- hohe Steuern in bestimmten nationalen Märkten dadurch zu umgehen, daß die dort angesiedelten Firmenteile für erhaltene Güter und Leistungen hohe Transferpreise zu entrichten haben, die den vor Ort anfallenden Ertrag mindern;

- Barrieren der Gewinnrepatriierung zu umgehen. Durch hohe Transferpreise wird der Gewinn verdeckt in das leistende Land gelenkt;
- mit Joint Venture Partnern zu teilende Gewinne möglichst niedrig zu halten und diese im eigenen Unternehmen anfallen zu lassen;
- Importrestriktionen zu umgehen. Durch niedrige Transferpreise können bei wertmäßigen Importquoten größere Mengen eingeführt werden;
- Zollbelastungen niedrig zu halten. Dies ist dann möglich, wenn es sich um einen Wertzoll handelt;
- in einzelnen Ländern die Substanz des Unternehmens bedrohende hohe Inflationsraten in ihrer Wirkung abzuschwächen;
- die Kreditwürdigkeit von Auslandsgesellschaften durch Erhöhung der vor Ort anfallenden Erträge zu steigern.

Bei der Festsetzung internationaler Transferpreise verfügt das Unternehmen über einen gewissen Spielraum, es wird jedoch von (zunehmend kooperierenden) nationalen Finanzbehörden überwacht. Preisuntergrenze sind die Herstellkosten, auf die ein angemessener Gewinnaufschlag zu berechnen ist. Daneben sind „Arm‘s Length“-Preise, also Entgelte, die von unabhängigen Dritten für die betroffenen Waren oder Leistungen zu entrichten wären, gebräuchlich (vgl. Tietz, 1990, S. 304). Sind Transferpreise einerseits, vom ökonomischen Standpunkt aus gesehen, legitim, so kommt es andererseits in der Praxis immer wieder zu Konflikten mit Regierungen in Gastländern. Sie werfen transnationalen Unternehmen Manipulation vor und ergreifen zunehmend Maßnahmen, um durch Sondersteuern, durch die Einführung von Kontingenten, durch Devisenbeschränkungen und verstärkte Kontrollen ihre nationalen wirtschaftspolitischen Interessen durchzusetzen (vgl. Kulhavy, 1981, S. 213 f.).

Neben externen Effekten kann die Transferpreispolitik auch im Unternehmen Spannungen erzeugen. So können einer Auslandstochter gegenüber zu hoch gestaltete Transferpreise deren Wettbewerbsfähigkeit beeinträchtigen, das lokale Management und die Mitarbeiter demotivieren, Spannungen zwischen Tochtergesellschaften erzeugen und damit letztlich kontraproduktiv wirken. Daher müssen Transferpreise sowohl kosten-, als auch leistungsorientiert bestimmt werden (vgl. Berekoven, 1985, S. 192).

7. Kompensationsgeschäfte

Das Kompensationsgeschäft (engl.: Countertrade) ist eine Transaktionsform, die zwar nicht ausschließlich, jedoch vorwiegend im Auslandsgeschäft vorkommt. Es handelt sich dabei um einen Vertrag, bei dem das Entgelt (Preiszähler) für ein Gut oder eine Leistung (Preisnenner) nicht in Devisen, sondern teilweise oder vollständig in Gütern oder Leistungen erbracht wird. Besondere Bedeutung kommt diesem Geschäftstyp im Handel mit Abnehmern in devisenarmen Staaten (Osteuropa, Entwicklungsländer) zu. Doch werden auch Großgeschäfte in den Industriestaaten, wie etwa Flugzeugverkäufe, teils nach diesem Modus abgewickelt. Ziele, die durch einen entsprechenden Verzicht auf monetäre Leistungen verfolgt werden, sind dabei u.a. die Penetrierung neuer Märkte, die Erschließung langfristiger Bezugsquellen, die Umgehung staatlicher Währungskontrollnormen oder auch der Absatz von Produkten, die im Heimatmarkt das Ende ihres Lebenszyklus erreicht haben. Zudem ist vielfach ist die Bereitschaft des Herstellers, Güter anstatt Geld entgegen zu nehmen, aus Kundensicht Grundvoraussetzung für einen Geschäftsabschluss, so daß aus Anbieterperspektive zunächst eine Ja/Nein-Entscheidung zu fällen ist (vgl. Fletcher, 1998, S. 513).

Die Preispolitik wird, akzeptiert man als Anbieter diesen Modus, durch Kompensationsgeschäfte vor eine ungewohnte Aufgabe gestellt. Die Bestimmung der für das eigene Angebot zu fordernden Gegenleistung erhält einen neuen Charakter, wird komplexer und risikoreicher (vgl. Weigand, 1993, S. 65 ff.; Meffert/Bolz, 1994, S. 229 f.):

- Es sind Kosten zu berücksichtigen, die erst durch die Durchführung von Countertrade entstehen, wie etwa Transport- und Lagerkosten für die eingetauschten Güter, Zölle sowie Steuern.
- Es muss die Kontrolle der Qualität der Kompensationsleistung gewährleistet werden, für die der Anbieter häufig kein Expertenwissen besitzt. Bei verderblichen Waren entsteht zudem ein Verfallsrisiko
- Entstehende Risiken sind nur begrenzt versicherbar, da z.B. Hermes-Deckungen entsprechende Geldforderungen aus Lieferungen und Leistungen voraussetzen.
- Durch schwankende Weltmarktpreise für häufig als Kompensation gelieferte Rohstoffe entsteht, analog zum Wechselkursrisiko bei monetären Transaktion, eine Verlustgefahr.
- Der Wert akzeptierter Fertigwaren ist aufgrund beschränkter Markttransparenz sowie unterschiedlicher technischer Standards schwer feststellbar. Zudem ist die Frage eventuell anfallender Serviceleistungen für diese Güter zu berücksichtigen.
- Die Lieferzuverlässigkeit der Kunden insbesondere in Entwicklungsländern erweist sich im Rahmen von Kompensationsgeschäften häufig als unbefriedigend.

Die Erträge aus Countertrade-Geschäften sind zudem schwer ermittelbar. So müssen verschiedene Posten getrennt werden. Von dem bei Vertragsabschluß kalkulierten monetären Wert der Kompensationswaren oder –leistungen müssen Zinsen auf in Lagern gebundenes Kapital, Kommissionen für zu Hilfe gezogene Dritte (Broker, Clearingstellen, Barter-Clubs etc.), Vertriebskosten für die betreffenden Güter sowie Verluste aus Kursschwankungen abgezogen werden. Empirische Studien zeigen entsprechend, daß die kurzfristigen Erträge aus Kompensationsgeschäften häufig geringer sind, als in monetären Transaktionen. Doch ist hier auf den strategischen Aspekt hinzuweisen. Die Opportunitätskosten des Countertrade können als strategisches Investment in langfristige Geschäftsbeziehungen betrachtet werden (vgl. Terpstra/Sarathy, 1997, S. 786 f.).

8. Die relative Bedeutung des Preises im internationalen Marketing

Die Diskussion der einzelnen Fragenkomplexe der internationalen Preispolitik hat gezeigt, daß es sich um ein vielschichtiges und anspruchsvolles Aufgabengebiet handelt. Dabei blieb bislang außer Acht, daß die Bedeutung, die dem Preis durch die Abnehmer im Rahmen der Kaufentscheidung beigemessen wird, nicht notwendigerweise in allen Zielmärkten vergleichbar ist. Vielmehr zeigen verschiedene Studien, die dem Comparative Management zuzurechnen sind, daß in Abhängigkeit von dem jeweiligen Kulturkreis Preisaspekte teils im Fokus stehen, teils hinter andere Determinanten zurücktreten.

So haben etwa in asiatischen Staaten, in denen im industriellen Bereich eher ein beziehungs- statt ein transaktionsorientiertes Einkaufsverhalten dominiert, gute persönliche Verhältnisse zwischen den betroffenen Einkäufern und Verkäufern einen hohen Stellenwert. Häufig sind entsprechende *Guanxi*-Beziehungen gar Voraussetzung und nicht Konsequenz einer Geschäftsbeziehung. Verfügt ein Anbieter über entsprechende Beziehungen zu bestimmten Kunden, so kann (zumindest in einem gewissen Rahmen) dadurch ein Preisnachteil gegenüber Konkurrenten ausgeglichen werden (vgl. Diller/Ivens, 1998, S. 20; Chang/Ding, 1995, S. 283).

Doch nicht nur im Business-to-Business-Marketing lassen sich international unterschiedliche Preispraktiken beobachten. So haben sich in den letzten 20 Jahren auf den großen Ländermärkten der Europäischen Union unterschiedliche Handelstypen ausgebildet. Während in Deutschland etwa die starke Marktstellung der Hard-Discounter zu einer intensiven Fokussierung des Einzelhandels auf den Preis geführt hat, stehen in Frankreich und Großbritannien, wo Hypermärkte bzw. Supermärkte die Handelslandschaft in weit stärkerem Maße prägen, Serviceleistungen und Sortimentspolitik wesentlich stärker im Mittelpunkt des Wettbewerbs. Dieser Sachverhalt lässt sich u.a. an der relativ hohen Bedeutung von Preisen mit 9er-Endung, ja allgemein an der intensiven Verwendung gebrochener Preise in deutschen Handelsgeschäften ablesen.

Der jeweiligen kulturspezifischen Bedeutung des Preises ist folglich im Rahmen der internationalen Preismarktforschung Aufmerksamkeit zu widmen, um bspw. im Rahmen von Verkaufsverhandlungen die Argumentation anzupassen oder aber die Wirksamkeit von Instrumenten der Preispolitik abschätzen zu können. Dabei interessieren alle Aspekte des Preisverhaltens der Abnehmer auf einem Ländermarkt, etwa deren Preisinteresse,

Preisbeurteilung oder deren Preisvertrauen (vgl hierzu ausführlich Diller, 2000, S. 105 ff.).

9. Chancen einer aktiven internationalen Preispolitik

Angesichts der offenbaren Komplexität sowie der Dynamik der internationalen Preisumwelt verbietet sich ein reaktiver Umgang mit dem Preisinstrumentarium. Eine aktive, d.h. sorgfältig geplante und zielgeleitete internationale Preispolitik hingegen, dies wird aus den vorstehenden Ausführungen deutlich, bietet Unternehmen erhebliche Chancen. Diese Chancen gründen auf folgenden, durch preispolitische Maßnahmen zu aktivierenden Effekte (vgl. Diller, 1987, S. 270):

- Der Marktdifferenzeffekt bewirkt höhere, kurzfristig realisierbare Gewinne. Er tritt auf, wenn die Marktverhältnisse auf gewissen Auslandsmärkten höhere Gewinnchancen ermöglichen als im Inland. Aufgrund der hohen Wettbewerbsintensität in vielen deutschen Branchen ist dieser Effekt nicht selten. Ausschlaggebend für den Effekt können alle marktlichen Umfeldfaktoren der Preispolitik im Ausland, also etwa ungünstigere Kostensituationen der nationalen Konkurrenten, geringere Preiselastizitäten, unterlegene Produkttechnik der Konkurrenten etc.
- Ein Kostendegressionseffekt kann erzielt werden, wenn das Unternehmen durch die Bearbeitung ausländischer Märkte die Gesamtabsatzmenge ausweitet. Der Mehrabsatz führt zu einer höheren Kapazitätsauslastung. Soweit die Auslandstätigkeit keine zusätzlichen Fixkosten bedingt, verteilen sich diese auf mehr Einheiten. Die Stückkosten sinken. Hinzu können größenbedingte Einsparungen bei den variablen Kosten, etwa wegen günstigerer Einkaufspreise, kommen. Die Kostendegression durch zusätzlichen ausländischen Absatz senkt auch die inländischen Kosten und sichert selbstverstärkend Kapazitätsauslastung und Beschäftigung.
- Eng mit dem Kostendegressionseffekt verbunden ist der Erfahrungskurveneffekt, der Kostensenkungen aufgrund zunehmender Erfahrung der Unternehmung in Produktion, Vertrieb, Organisation und Management verspricht. Die (potentiellen) Kostensenkungen sind dabei nach empirischen Befunden logarithmisch linear mit den im Zeitablauf kumulierten Produktionsmengen verknüpft.
- Eine Niedrigpreisstrategie im Ausland kann auch Innovationseffekte auslösen, wenn für die dafür benötigten (global vermarkteten) Absatzmengen neue Fabrikationsanlagen mit jeweils modernster Fertigungstechnologie erstellt werden.
- Durch besonders hohe Auslandspreise hingegen kann dagegen der Pioniereffekt wirksam werden, wenn der Lebenszyklus eines Produktes in verschiedenen Ländern unterschiedlich weit fortgeschritten ist. In diesem Fall kann aus einem technologisch hochentwickelten Land ein hier schon in intensivem Wettbewerb stehendes Produkt

zu sehr viel höheren Preisen in ein weniger entwickeltes Land abgesetzt werden. Die ersten Anbieter auf diesem Markt schöpfen dann eine Art Innovationsprämie oder Pionierrente ab. Die Veringerung des Gaps zwischen nationalen Produktlebenszyklen reduziert allerdings zunehmend die Bedeutung dieses Effekts.

- Eine flexible internationale Preispolitik kann ferner einen Absicherungseffekt für die Unternehmung erbringen, der sie unabhängig von nationalen oder kontinentalen Konjunkturverläufen sowie von saisonalen Faktoren macht. Durch ein entsprechendes aktives Preisverhalten können Absatzmengen und somit Ertragsströme stabilisiert werden.
- Der geschickte Einsatz von Transferpreisen bringt zudem, wie aufgezeigt wurde, einen Steuereffekt, der ebenfalls eine nicht zu unterschätzende Wirkung auf die Ertragslage der Unternehmung ausübt.

Insgesamt verspricht eine aktive, auf klar definierte Ziele ausgerichtete internationale Preispolitik also reizvolle Erfolgschancen. Angesichts der zunehmenden Sättigung auf vielen Inlandsmärkten kann sie sogar zu einer zentralen Herausforderung für die Wettbewerbsfähigkeit der Unternehmen werden. Hierzu bedarf es allerdings eines leistungsfähigen Preisinformationssystems, das die Determinanten der Preispolitik auf den jeweiligen nationalen Märkten systematisch erfaßt und somit das Treffen fundierter Preisentscheidungen erlaubt.

10. Literatur

BACKHAUS, K./BÜSCHKEN, J./VOETH, M., 1998, Internationales Marketing, 2.Aufl., Stuttgart.

BECKER, J., 1991, Besonderheiten der Kalkulation von Außenhandelsaufträgen, in: Zeitschrift für Betriebswirtschaft, S. 1243-1265.

BEREKHOVEN, L., 1985, Internationales Marketing, Berlin, 1985.

BOLZ, J., 1992, Wettbewerbsorientierte Standardisierung der internationalen Marktbearbeitung, Darmstadt, 1992.

BRIELMAIER, A., 1998, Euro Key Account Management. Konzeptionelle und organisatorische Gestaltung des Vertriebsmanagements im Konsumgütergeschäft mit internationalen Key Accounts, Nürnberg, 1998.

BUKHARI, I., 1999, Europäisches Brand-Management: Entwicklung und Umsetzung erfolgreicher europäischer Marketingkonzepte, Wiesbaden, 1999.

BUKHARI, I./CORDES, C., 1994, Ein Modell zur Prognose des Schadenspotentials von Arbitragehandel für einen Gebrauchsgüterhersteller, Arbeitspapier Nr. 29 des Lehrstuhls für Marketing der Universität Erlangen-Nürnberg, Nürnberg, 1994.

CHANG, K./DING, C.G., 1995, The Influence of Culture on Industrial Buying Selection Criteria in Taiwan and Mainland China, in: Industrial Marketing Management, S. 277-284.

DIECKHEUE, G., 1990, Internationale Wirtschaftsbeziehungen, München 1990.

DILLER, H., 1987, Die Preispolitik der internationalen Unternehmung, in: Wirtschaftswissenschaftliches Studium, S. 269-275.

DILLER, H./IVENS, B.S., 1998, Deutsch-chinesische Geschäftsbeziehungen, Arbeitspapier Nr.69 des Lehrstuhls für Marketing, Universität Erlangen-Nürnberg, Nürnberg 1998.

DILLER, H., 2000, Preispolitik, Stuttgart.

DILLER H./KÖHLER, L./KNEER, A., 1991, Preismanagement im Exportgeschäft. Eine empirische Analyse, Arbeitspapier Nr. 5 des Lehrstuhls für Marketing der Universität Erlangen-Nürnberg, Nürnberg, 1991.

DÜLFER, E., 1991, Internationales Management in unterschiedlichen Kulturbereichen, München Wien, 1991.

FLECHTER, R., 1998, A Holistic Approach to Countertrade, in: Industrial Marketing Management, S. 511-528.

GALINSKI, B., 1981, Theoretische Grundlagen der Handelspolitik gegenüber Dumpingeinfuhren, in: Volkswirtschaftliche Schriften, Bd. 9, Düsseldorf, 1981.

HANSON, W., 1992, The Dynamics of Cost-Plus Pricing, in: Managerial and Decision Economics, S. 149-162.

IVENS, B.S., 1997a, Aktuelle Forschungsfelder im internationalen Marketing. Eine Analyse betriebswirtschaftlicher Zeitschriften der Jahrgänge 1992 bis 1996, Arbeitspapier Nr.55 des Lehrstuhls für Marketing der Universität Erlangen-Nürnberg, Nürnberg, 1997.

IVENS, B.S., 1997b, Der Euro – ein Marketingthema? Überlegungen zu den Auswirkungen der europäischen Währungsunion auf das Marketing, Arbeitspapier Nr.57 des Lehrstuhls für Marketing der Universität Erlangen-Nürnberg, Nürnberg.

KOCH, S., 1989, Die Abwehr von Dumping – Das Beispiel des amerikanischen Rechts, in: Sandrock, O. (Hrsg.): Abhandlung zum Recht der internationalen Wirtschaft, Bd.11, Heidelberg 1989.

KOSTECKI, M.M., 1991, Marketing Strategies between Dumping and Anti-Dumping Action, in: European Journal of Marketing, S. 7-19.

KREUTZER, R., 1989, Global-Marketing – Konzeption eines länderübergreifenden Marketing: Erfolgsbedingungen, Analysekonzepte, Gestaltungs- und Implementierungsansätze, Wiesbaden, 1989.

KULHAVY, E., 1981, Internationales Marketing, Linz, 1981.

LANDSITTEL, R., 1987, Dumping im Außenhandels- und Wettbewerbsrecht, Saarbrücken, 1987.

MEFFERT, H./BOLZ, J., 1994, Internationales Marketing-Management, 2. Aufl., Kohlhammer, Stuttgart, 1994.

SAMIEE, S./ANCKAR, P., 1998, Currency Choice in Industrial Pricing: A Cross-National Evaluation, in: Journal of Marketing, S. 112-127.

SENTI, R., 1990, Dumping und Subventionen im internationalen Handel, Zürich.

SIMON, H., 1992, Preismanagement: Analyse, Strategie, Umsetzung, 2. Aufl., Wiesbaden, 1992.

SIMON, H./WIESE. C., 1995, Internationale Preispolitik, in: Hermanns, A.; Wissmeier, U.K. (Hrsg.): Internationales Marketing Management, München 1995, S. 245-263.

TERPSTRA, V./SARATHY, R., 1997, International Marketing, 7.Aufl., Orlando, 1997.

TIETZ, B., 1990, Euro-Marketing: Unternehmensstrategien für den Binnenmarkt, 2. Aufl., Landsberg/Lech, 1990.

WEIGAND, R., 1993, Reciprocal Trading. Putting Numbers to Prices, in: Columbia Journal of World Business, S. 62-75.

Thomas Rudolph - Tillmann Wagner

Preisimage-Politik im Handel

1. Der Faktor Preis als kritische Entscheidungsgröße des Konsumenten

Im deutschsprachigen Markt stellen extrem preissensible Kunden nationale und internationale Handelsunternehmen vor große Herausforderungen. Der Preis bestimmt maßgeblich die Wahl einer Einkaufsstätte und hat im Wettbewerb zwischen konkurrierenden Händlern mittlerweile eine Vormachtstellung eingenommen (vgl. Michael et al., 2002, S. 7 ff.). Ein Ende dieser Entwicklung ist nicht abzusehen, zumal neben dem gewohnt preisorientierten Nachfrageverhalten niedriger Einkommensschichten eine neue und Verbrauchersegment übergreifende Cleverness beim Einkaufsverhalten zutage tritt. Der preisorientierte Einkauf hat sich längst zum Massenphänomen entwickelt und beschränkt sich nicht mehr nur auf Vertreter der einkommensschwachen Bevölkerungsschichten (vgl. Horx/Wohlgensinger, 2001, S. 31). War der Einkauf bei Billiganbietern vor einigen Jahren noch in weiten Teilen der Bevölkerung verpönt, so haben sich die Einkaufstüten vieler Discounter heute bis hin zum Statussymbol entwickelt.

Die Handelsbranche reagiert auf die gestiegene Preissensitivität der Verbraucher häufig mit einer Niedrigpreis- bzw. Sonderangebotspolitik sowie einer zunehmenden Verbreitung von Betriebstypen, die sich primär über den Preis profilieren (vgl. Levy/Weitz 2001, S. 455). Im Lebensmitteleinzelhandel nehmen infolgedessen Discountketten wie Aldi oder Lidl eine starke Marktposition ein und im Non-Food-Bereich vertreiben Off-Price Stores und Factory Outlets Markenprodukte zu Niedrigpreisen (vgl. Liebmann/Zentes, 2001, S. 382 ff.). Gelingt es, die Preiswahrnehmung von Verbrauchern nachhaltig zu beeinflussen, so wird eine entsprechende Wirkungen auf das Kaufverhalten erzeugt.

Allerdings erfolgt die Einkaufsstättenwahl oft nicht nur anhand der Preiskenntnis einzelner Produkte, sondern basiert auf Vorstellungen über das allgemeine Preisniveau eines Händlers, dem Preisimage. Ob der Händler tatsächlich zu objektiv günstigsten Preisen verkauft, ist hierbei nicht bestimmend, vielmehr ist die Wahrnehmung des Verbrauchers ausschlaggebend (vgl. Gröppel-Klein, 1998, S. 148). Das Preisimage ist stark subjektiv geprägt und geht mit Wissen, Wahrnehmungen, Gefühlen (z.B. Sympathie und Antipathie) sowie Urteilen bezüglich des Preisniveaus eines bestimmten Anbieters oder Betriebstyps einher (vgl. Diller, 1993, S. 2). Weil die kaum mehr überschaubare Artikelzahl dem Käufer den Vergleich aller für ihn relevanten Produktpreise unmöglich macht, erhält das Preisimage für das Management im Handel einen hohen Stellenwert (vgl. Simon, 1992, S. 534, Boulding, 1956, S. 110). Der Konsument vereinfacht seine Einkaufsstättenwahl, indem er sich auf das Preisimage der in Betracht gezogenen Händlern bezieht, um so nicht bei jeder Wahlentscheidung Informationen über tatsächliche Preise beschaffen zu müssen (vgl. Gierl/Helm, 1999, S. 827). Das Management besitzt die Möglichkeit, das vom Kunden wahrgenommene Erscheinungsbild einer Verkaufsstelle sowohl unter Beizug von Preis- als auch anderen Imagefaktoren zu beeinflussen (vgl. Doyle/Fenwick, 1974, S. 40 ff.). In Anbetracht der hohen Relevanz dieser Thematik für die Unternehmenspraxis stellt sich somit die Frage, wie ein Händler gezielt ein positives Preisimage im Bewusstsein der Verbraucher aufbauen und langfristig aufrechterhalten kann.

Ziel dieses Artikels ist es, zu einem besseren Verständnis der Relevanz und des Zustandekommens von Preisimages beizutragen sowie Handlungsmöglichkeiten zur Gestaltung von derselbigen durch das Handelsmanagement aufzuzeigen. Dabei verdeutlicht Kapitel zwei, warum das Preisimage einen hohen Stellenwert im Entscheidungsprozess des Verbrauchers einnimmt und weshalb sich das Handelsmanagement mit der gezielten Beeinflussung des Preisimages auseinandersetzen muss. Kapitel drei erklärt, wie Konsumenten Preisinformationen wahrnehmen und wie sich Preisimages im Bewusstsein festigen. Auf dieser Grundlage liefert das vierte Kapitel Ansatzpunkte zur gezielten Gestaltung von Preisimages. Hierbei wird veranschaulicht, welchen Einfluss preisstrategische Entscheidungen auf das Preisimage ausüben und welche Aktionsparameter einer aktiven Preisimage-Politik zur Verfügung stehen. Kapitel fünf fasst zentrale Erkenntnisse zusammen und liefert Impulse für eine effiziente Preisimage-Politik durch das Handelsmanagement.

Im Folgenden steht das Preisimage von Einkaufsstätten (Händlern) und nicht von einzelnen Produkten oder Produktgruppen im Zentrum der Betrachtung. In diesem Sinne ist entscheidend, nach welchem Muster und nach welchen Kriterien Verbraucher eine bestimmte Verkaufsstelle wählen.

2. Einkaufsstättenwahl und Preisimage

Um das verhaltenssteuernde Potenzial von Preisimages im Handel zu erfassen, ist es notwendig, die mit der Wahl einer Einkaufsstätte verbundenen Entscheidungsprozesse genauer zu betrachten. Es gilt zu verdeutlichen, wann und auf welche Weise das Preisimage die Wahl für oder gegen einen Händler maßgeblich beeinflussen kann. In der Literatur zum Handelsmanagement wird der Prozess der Einkaufsstättenwahl von Konsumenten meist anhand von fünf Schritten modellhaft dargestellt (vgl. Schmitz/Kölzer, 1996, S. 57, Levy/Weitz, 2000, S. 142 und Heinemann, 1974, S. 109 ff.). Solche Prozessmodelle beruhen weniger auf empirischen Ergebnissen, sondern finden ihren Ursprung in didaktischen Lehrbüchern (s. Engel/Blackwell) und haben vornehmlich einen erklärenden Charakter. Hiervon kann das Kundenverhalten im Einkaufsalltag erheblich abweichen. Dennoch verleiht die idealtypische Darstellung ein analytisches Verständnis darüber, welche Phasen beim Einkaufsverhalten der Konsumenten von Bedeutung sind. Dies erlaubt es, bestehende Zusammenhänge zwischen Einflußgrössen aufzuzeigen, was wiederum einen gezielteren Einsatz der Instrumente des Handelsmarketings ermöglicht. Abbildung 1 verdeutlicht den Prozess der Einkaufsstättenwahl.

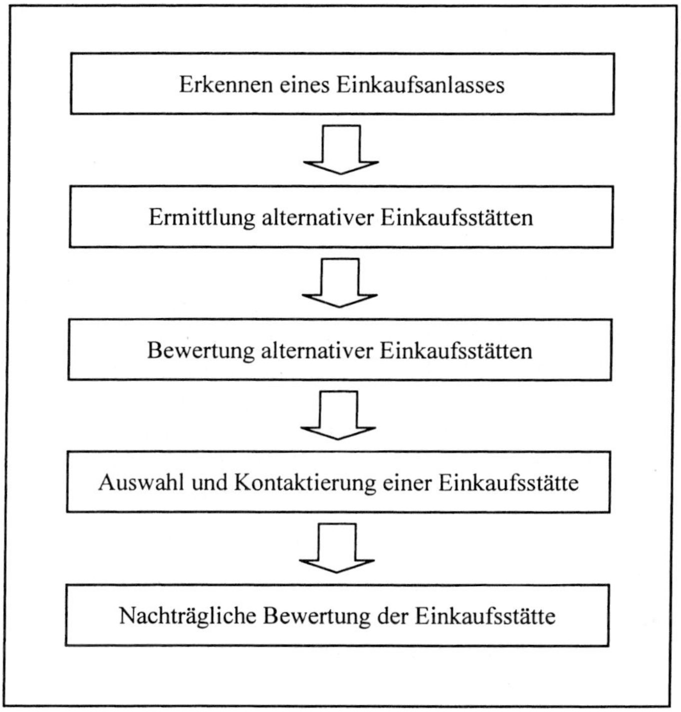

Abbildung 1: Prozess der Einkaufsstättenwahl (Quelle: in Anlehnung an Heinemann, 1974, S. 112, Engel et al., 1968)

Der dargestellte Prozessablauf muss nicht immer linear erfolgen. Es ist möglich, dass einzelne Phasen nur sehr kurz durchlaufen oder übersprungen werden. Neben persönlichkeitsbedingten Einflussfaktoren bestimmen Komplexität, Bedeutung und Neuheit des Entscheidungsproblems, ob ein Konsument sämtliche oder nur Teile dieses Prozesses durchläuft (vgl. Heinemann, 1974, S. 111, Schmitz/Kölzer, 1996, S. 56). Außerdem ist hervorzuheben, dass Konsumenten nicht immer anhand rationaler Überlegungen versuchen, die objektiv beste Einkaufsstätte auszuwählen, sondern dem Einfluss reaktiver und emotionaler Prozesse unterliegen und oft spontan bestimmte Geschäfte aufsuchen.

1. Ausgangspunkt des Entscheidungsprozesses zur Wahl einer Einkaufsstätte ist das Empfinden eines Mangels. Der Konsument realisiert eine Differenz zwischen dem Ist-Zustand und einem angestrebten Idealzustand (vgl. Bänsch, 1996, S. 135). Damit wird ein Problemlösungsverhalten initiiert, welches zum Ziel hat, das empfundene Bedürfnis zu befriedigen. Die Problemerkennung kann hierbei durch interne (unan-

genehm empfundene Zustände wie z.B. Hunger oder Langeweile) oder externe Stimuli (wahrgenommenes Umfeld) ausgelöst werden (vgl. Sheth et al., 1998, S. 520).

2. Als nächstes ermittelt der Konsument alternative Verkaufsstellen und sucht konkret nach Informationen, die zur Entscheidungsgrundlage der Einkaufsstättenwahl dienen sollen. Hierbei kann die Suche nach Informationen sowohl intern als auch extern erfolgen. Bei der internen Suche bedient sich der Konsument der Informationen über bestimmte Händler, die er bereits im Gedächtnis gespeichert hat. Demgegenüber werden bei einer externen Suche Informationen über Einkaufsstätten entweder durch passive Wahrnehmungsprozesse oder durch eine aktive und gezielte Informationssuche beschafft (vgl. Kroeber-Riel/Weinberg, 1999, S. 242 ff.).

3. Im Anschluss an die Informationssuche bewerten Konsumenten alternative Einkaufsstätten anhand von individuellen Anforderungen. In dieser, unter Marketinggesichtspunkten kritischen Phase des Wahlprozesses, vergleicht der Konsument seine individuellen Anforderungen mit den wahrgenommenen Leistungen verschiedener Geschäfte (vgl. Oppewal/Timmermans, 1997, S. 42). Unter den konkurrierenden Einkaufsstätten wird die subjektiv beste Alternative ausgewählt. Ergebnis dieses Vergleichsprozesses ist eine nach individuellen Präferenzen erstellte Rangfolge von Einkaufsstätten (vgl. Theis, 1999, S. 353 ff., Büttner, 1986, S. 61).

4. Auf Grundlage der kognitiven Bewertung wählt der Konsument sein am stärksten präferierte Geschäft aus und führt den Einkauf in der Verkaufsstelle durch.

5. Der Prozess der Einkaufsstättenwahl schließt mit einer Bewertung der Einkaufsstätte nach dem Kauf. Ein postumer Vergleich der Erwartungen mit der tatsächlichen Leistung (vgl. Lilien et al., 1992, S. 28) löst beim Konsumenten Zufriedenheit oder Unzufriedenheit aus. (Un-)Zufriedenheit beeinflusst künftige Prozesse der Einkaufsstättenwahl (vgl. Bloemer/de Ruyter, 1998, S. 510).

Das subjektive Einstellungsbild, das sich ein Konsument durch einen individuellen Wahrnehmungsprozess von einem Objekt (Einkaufsstätte) gebildet hat, wird auch als Image bezeichnet (vgl. Henseler, 1977, S. 45). Das Image einer Einkaufsstätte ist ein subjektives Phänomen, das durch die Aufnahme von Informationen über einen Händler im Vergleich zu anderen Alternativen beim Konsumenten entsteht (vgl. Hirschman, 1981, S. 19). Es ist das Ergebnis eines ständigen Interaktionsprozesses zwischen den Leistungen einer Verkaufsstelle und den individuellen Bedürfnissen eines Kunden (vgl. Berry 1969, S. 3 ff.). Das Einkaufsstättenimage hat einen umfassenden Charakter und ist durch das Zusammenwirken verschiedener Elemente mehr als die Summe seiner Teile (vgl. Mazursky/Jacoby, 1986, S.147, Oxenfeldt, 1974, S. 9). Ein bestimmtes Image entsteht beim Konsumenten binnen kurzer Zeit, es verändert sich jedoch trotzt des permanenten Einflusses neuer Wahrnehmungen nur langsam (vgl. Doyle/Fenwick, 1974, Oxenfeldt, 1974, S. 8). Dabei sind Images bei den Konsumenten nicht nur kognitiv, sondern stark emotional, erlebnisbezogen und wertend geprägt (vgl. Trommsdorff, 2002, S. 159). Das ganzheitliche Image einer Einkaufsstätte setzt sich aus verschiedenen Image-Dimensionen (wie z.B. Preis, Waren oder Ladengestaltung) zusammen. Das Gesamtimage eines Geschäftes ist konkret davon abhängig, welchen Wert ein Konsument einzelnen Image-Komponenten beimisst (vgl. Rudolph, 1993, S. 131 ff.). Das Preisimage ist hierbei ein sehr zentraler Bestandteil des Gesamtimages einer Einkaufsstätte (vgl. Doyle/Fenwick, 1974, S. 39 ff., Bearden, 1977, S. 15 ff., Ghosh, 1990) und kann sich dabei nicht nur auf bestimmte Verkaufsstellen, sondern auch auf Teilsortimente oder ganze Betriebsformen des Handels beziehen (vgl. Müller, 2001, S. 7).

3. Preisimage in der Wahrnehmung der Konsumenten

Wie bereits erwähnt definieren sich Preisimages aus der subjektiven Beurteilung. Daher stellt sich die Frage, was die Preiswahrnehmung beeinflusst. Preiswahrnehmung kann als sensorische Aufnahme von Preisinformationen verstanden werden, bei der Konsumenten objektive Preise in subjektive Preiseindrücke „enkodieren" (vgl. Diller, 2000, S. 128). Abbildung 2 verdeutlicht die damit verbundenen emotionalen und kognitiven Prozesse der Preiswahrnehmung.

Auslöser im Prozess der Preiswahrnehmung sind Preisinformationen. Diese Informationen können dem Verbraucher vor, während und nach dem Kauf (z.B. durch Preisauszeichnung, Preiswerbung oder persönliche Kontakte) kommuniziert werden. Der Konsument nimmt diese Informationen über seine Sinne wahr und nutzt sie als Input. Die daraus resultierenden sinnlichen Eindrücke werden anschließend durch kognitive Prozesse im Organismus des Verbrauchers interpretiert und in einen für ihn verständlichen Kontext gestellt. So begreift ein Konsument z.B. die Bedeutung eines bestimmten Preissymbols erst aufgrund vorhergehender Erfahrungen und Lerneffekte.

Im nächsten Schritt integriert der Konsument die Preisinformation in sein System vorhandener Preisvorstellungen und bildet sich ein Preisurteil (Peter/Olson 2001, S. 467). Das Preisbeurteilungsverhalten wird als eine kognitiv kontrollierte (bewusste) Bewertung von Preisen verstanden (vgl. Diller, 2000, S. 152). In der Integrationsphase vergleicht der Konsument sodann die neu gewonnene Preisinformation mit den eigenen konkreten Preisvorstellungen oder mit dem Leistungsangebot der besuchten Einkaufsstätte. Je nachdem, ob ein Konsument diese Preisvergleiche im Zusammenhang mit einer Bewertung der gebotenen Leistung durchführt oder nicht, wird entweder von Preiswürdigkeits- oder Preisgünstigkeitsurteilen gesprochen (vgl. Gröppel-Klein, 1998, S. 151). Im Folgenden erhalten diese zwei Konstrukte ein detailliertes Augenmerk.

Ergebnis dieses Informationsverarbeitungsprozesses ist die Begründung eines neuen respektive die Bestätigung/Korrektur eines vorhandenen Preisimages. Im Sinne von Gröppel-Klein ist der Begriff Preisimage hierbei als Oberbegriff für Preisgünstigkeits- und Preiswürdigkeitsimages zu verstehen (1998, S. 155). Es bleibt hervorzuheben, dass aufgrund des Partialcharakters ein verändertes Preisimage stets auch eine Auswirkung auf andere Bestandteile des Gesamtimages einer Einkaufsstätte hat (vgl. Mazursky/Jacoby, 1986, S. 163).

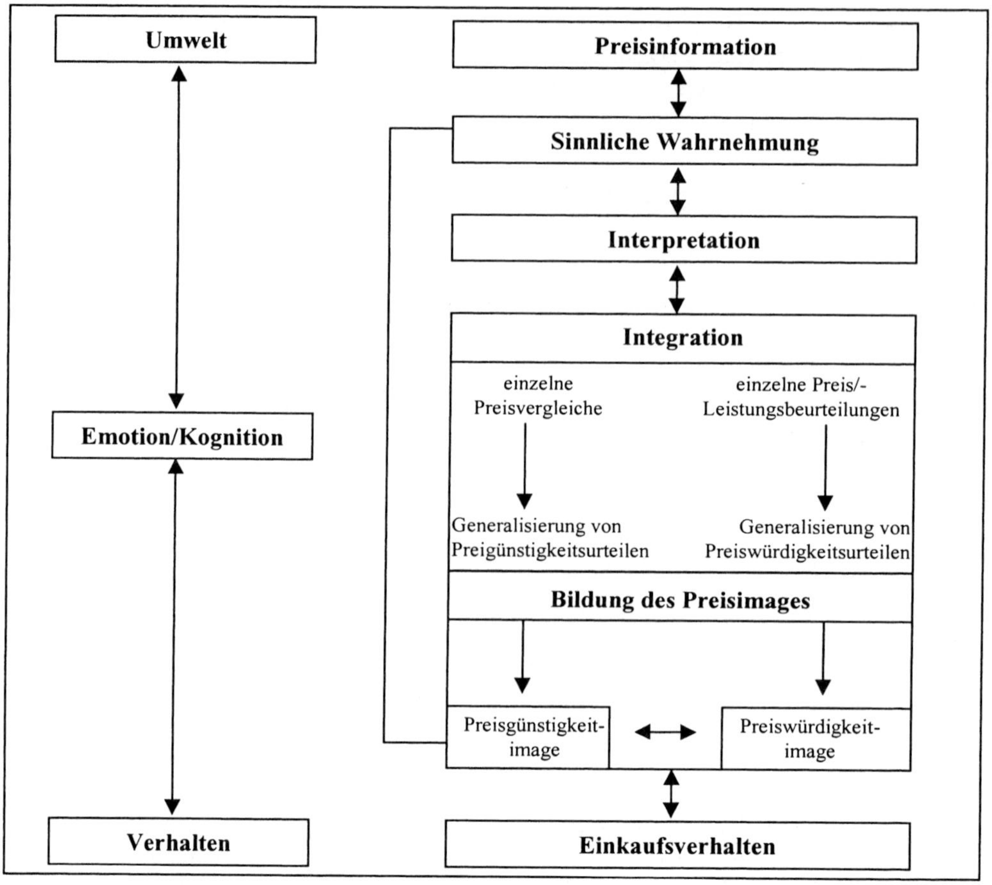

Abbildung 2: Prozess der Preiswahrnehmung (Quelle: in Anlehnung an Peter/Olson, 2001, S. 467, Gröppel-Klein, 1998, S. 156)

3.1 Urteile der Preisgünstigkeit

Wie aus obigem Modell hervorgeht, urteilen Verbraucher anhand von Preisvergleichen über die Preisgünstigkeit einer Verkaufsstelle. Preisgünstigkeitsurteile sind subjektiv geprägt. Durch sie entscheidet ein Konsument zu welchem Maße bewusst oder unbewusst wahrgenommene Preise als günstig oder ungünstig zu betrachten sind. Der Konsument beurteilt hierbei ausschließlich den zu zahlenden Preis und stellt keinen Vergleich zu der Qualität oder Beschaffenheit der gebotenen Handelsleistung an.

Für den Verbraucher stellt die Preisgünstigkeit eine gelernte und zeitpunktbezogene Größe dar, die langfristig veränderbar ist und einen wesentlichen Einfluss auf das Einkaufsverhalten ausübt. Unter der Preisgünstigkeit wird die Preisbeurteilung des Sortiments subsummiert. Demnach werden letztendlich nicht nur die Preise vereinzelter Artikel, sondern die Gesamtheit der Preise einer Verkaufsstelle durch den Konsumenten beurteilt (vgl. Lenzen, 1984, 36 ff.). Der Faktor Preis ist nicht zuletzt deshalb von immenser Bedeutung für den Konsumenten, weil monetäre Größen im Gegensatz zu anderen Leistungsindikatoren (wie z.B. Waren- oder Dienstleistungsqualität) konkreter und messbarer erscheinen (vgl. Shapiro, 1968, S. 22).

Bei einem Preisvergleich fragt sich der Konsument, ob der zu beurteilende Preis einer niedrigen, hohen oder mittleren Preislage zugeteilt werden kann (vgl. Lenzen 1984, S. 36). Dabei vergleicht der Konsument den wahrgenommenen Preis mit seiner subjektiven Preisvorstellung, dem sogenannten internen Referenzpreis. Der interne Referenzpreis entspricht dem vom Konsumenten als einen angemessen, historisch oder als üblich betrachteten Markpreis. Der Vergleich mit dem Referenzpreis führt zu einer Beurteilung der Höhe des neu wahrgenommenen Preises und entscheidet, ob der Preis für den Konsumenten akzeptabel ist oder nicht (vgl. Peter/Olson, 2001, S. 467 ff., Niedrich et al., 2001, S. 339).

3.2 Urteile der Preiswürdigkeit

Wie aus den obigen Ausführungen hervorgeht, bezieht sich der Konsument bei seinen Preisvergleichen auf konkrete Preisvorstellungen in Bezug auf bestimmte Güter oder Sortimente. Dies setzt jedoch eine direkte Vergleichbarkeit der Produkte voraus, da unverzerrte Preisvergleiche nur dann möglich sind, wenn die Leistungen alternativer Händler hinsichtlich ihrer Nicht-Preis-Faktoren (wie z.B. Produktqualität, Sortimentsauswahl) durch den Konsumenten gleich beurteilt werden können (vgl. Lenzen 1984, S. 34). Ist diese Vergleichbarkeit aufgrund heterogener Handelsleistungen nicht gegeben, wird der Konsument die Preisniveaus einzelner Artikel aufgrund derer Preis-/Leistungsattributen bewerten und sich somit ein Preiswürdigkeitsurteil bilden. Das Preiswürdigkeitsimage festigt sich anschließend, sobald der Konsument die einzelnen Preis-/Leistungsbeurteilungen auf die Gesamtheit des Warenangebotes eines Händlers überträgt (vgl. Gröppel-Klein, 1998, S. 155). Hierbei basiert die Leistungsbeurteilung nicht nur auf der Qualitätswahrnehmung der angebotenen Ware (vgl. Bruhn/Stefanovszky, 1986, S. 59), sondern auch auf der Umwelt in einer Verkaufsstelle. Diese Umwelt, wie z.B. die Gestaltung der Verkaufsräume oder die Nutzung einer Kundenkarte, wird im Wesentlichen durch Maßnahmen des Handelsmarketing gestaltet und ist wichtiger Bestandteil der Gesamtleistung, welche das Preiswürdigkeitsimage mitbestimmt.

3.3 Einflussfaktoren der individuellen Preiswahrnehmung

Die bisherigen Ausführungen haben veranschaulicht, wie Konsumenten Preisinformationen wahrnehmen und wie sich durch kognitive und emotionale Vorgänge ein bestimmtes Preisimage im Organismus bildet. Dass die Ausgestaltung und das dieses Informationsverarbeitungsprozesses in der Regel von Person zu Person unterschiedlich ausfällt, ist auf verschiedene Einflussfaktoren der Preiswahrnehmung und -beurteilung zurückzuführen. Tabelle 1 gibt einen Überblick über diese flankierenden Größen und unterscheidet zwischen motivationalen, kognitiven und situativen Faktoren.

Motivationale Faktoren	**Kognitive Faktoren**	**Situative Faktoren**
Persönliche Beteiligung (involvement) Streben nach: ▪ sozialer Anerkennung ▪ Qualität ▪ kognitiver Konsistenz ▪ Bequemlichkeit beim Einkauf ▪ Sparsamkeit	Gedächtniskapazität (Preiskenntnis, Preiserinnerung) geistige Fähigkeiten (z.B. Preisvergleiche, Umrechnungen) Konsum- und Einkaufserfahrungen Selbstvertrauen Anwendung vereinfachter Entscheidungsregeln (z.B. Markentreue)	Art der Preisdarbietung (z.B. Form, Preisstruktur, Mengenbezug) Zahlungsmodalitäten Zeitdruck Konkurrenzangebot und –preise Komplexität der Einkaufsaufgabe Preisauszeichnung (z.B. Sonderpreis) Verwendungszweck der Ware

Tabelle 1: Einflussfaktoren der Preiswahrnehmung (Quelle: In Anlehnung an Simon, 1992, S. 595)

Die motivationalen und kognitiven Faktoren werden als personenbezogene Einflussgrößen bezeichnet. Sie sind durch individuell unterschiedliche Charakteristika von Konsumenten gekennzeichnet. Dabei können die motivationalen Faktoren als Antriebskräfte des menschlichen Handelns verstanden werden (vgl. Sheth et al., 1998, S. 342, Liebmann/Zentes, 2001, S. 508). Durch eine weitgehend kognitiv gesteuerte Zielorientierung bestimmter Motive (vgl. Kuss/Tomczak, 2000, S. 42) verfolgt der Konsument hierbei ein konkretes Streben (z.B. die Absicht, besonders sparsam oder bequem einzukaufen). Zudem beeinflusst die individuelle Bedeutung der Wahlentscheidung für den Konsumenten (Involvement) - als ein weiterer motivationaler Faktor wie Preisinformationen wahrgenommen und beurteilt werden (vgl. Stone, 1984, S. 213).

Kognitive Einflussfaktoren des Preiswahrnehmungs- und -beurteilungsprozesses sind mentale Fähigkeiten und vorhandenes Wissen von Konsumenten. So ist beispielsweise entscheidend, inwieweit ein Konsument dazu in der Lage ist, verschiedene Preise mehr oder weniger genau im Gedächtnis zu speichern, diverse Preisinformationen miteinander zu vergleichen oder in verschiedene Währungen umzurechnen. Auch hat die Art und Weise, nach welchen gedanklichen Entscheidungsregeln der Konsument Produkte und

Einkaufsstätten auswählt, eine entscheidende Bedeutung für die Beurteilung von Preisinformationen.

Wie aus Tabelle 1 hervorgeht, sind Unterschiede in der individuellen Preiswahrnehmung nicht nur von persönlichen Eigenschaften der Konsumenten abhängig, sondern unterliegen auch verschiedenen situativen Einflüssen. Diese situativen Faktoren resultieren entweder aus der konkreten Einkaufssituation (z.B. Zeitknappheit, Groß- resp. Zusatzeinkauf) oder aus der Umwelt des Verbrauchers (z.B. geographische Lage bestimmter Verkaufsstellen, Auszeichnung von Preisen). Unterschiedliche käuferindividuelle Einkaufssituationen üben oftmals einen erheblichen Einfluss auf die Wahl einer Einkaufsstätte aus (vgl. Stoltman et al., 1999, S. 145 ff., Mattson, 1982, S. 55). So sucht beispielsweise ein und derselbe Konsument in verschiedenen Situationen (z.B. wöchentlicher Großeinkauf am Samstag oder Zusatzeinkauf nach Feierabend), andersartige Verkaufsstellen auf (z.B. Supermarkt resp. Tankstellenshop).

4. Gestaltung des Preisimages

Wie die bisherigen Ausführungen verdeutlicht haben, ist das Preisimage aus der Verbraucherperspektive eng mit anderen Imagekomponenten und dem Gesamtimage einer Verkaufsstelle verwoben. Gleichwohl erfordert der Preis auf Seiten des Handelsmanagements eine ganzheitliche Betrachtung. Preispolitische Entscheidungen und Maßnahmen sind stets im Zusammenhang mit der strategischen Positionierung eines Händlers im Markt zu betrachten. Eine bestimmte Preispositionierung erfolgt also niemals isoliert, sondern in Abhängigkeit der jeweiligen Wettbewerbsstrategie, relevanten Zielgruppen, angebotenen Servicedienstleistungen sowie Sortiments- und Betriebstypenpolitik (vgl. Hanna/Dodge, 1995, S. 142, Barth, 1999, S. 193, Tietz, 1993, S. 357).

In der Literatur wird bezüglich der Ausgestaltung von Preisstrategien des Handels zwischen Dauerniedrigpreisen (EDLP = Every Day Low Price) und Aktions- bzw. Sonderangebotspolitik (High/Low Pricing) unterschieden (vgl. Hoch/Dreze, 1994, S. 16, Ho/Tang, 1998, S. 145, Leszczyc et al., 2000, S. 323). Beide Strategien beeinflussen das Preisimage eines Händlers auf unterschiedliche Art und Weise. Wie aus Abbildung 3 hervorgeht, sind Dauerniedrigpreise und der Einsatz von Sonderangeboten/Aktionen als gegensätzliche Pole eines Kontinuums zu betrachten (vgl. Tang et al., 2001, S. 56).

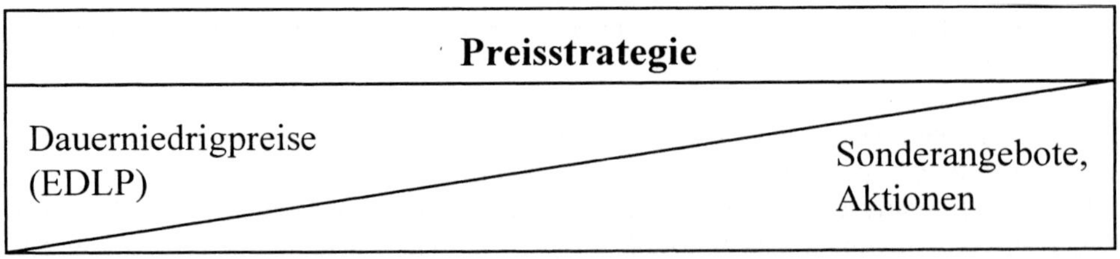

Abbildung 3: Ausgestaltung der Preisstrategie, Quelle: Eigene Darstellung

Obwohl sich viele Händler gezielt auf eine der beiden strategischen Prinzipien konzentrieren, schließen sich diese jedoch keinesfalls aus. Auch Mischformen sind sehr verbreitet. Verkaufsstellen, welche langfristig eine Dauerniedrigpreis-Strategie verfolgen, locken Kunden mit kurzfristigen Verkaufsaktionen an (z.B. Aldi). Händler, welche einen starken Fokus auf Sonderangebote besitzen, stabilisieren ausschweifende Preisunterschiede innerhalb des Sortiments durch vermehrte Dauerniedrigpreise (z.B. Edeka). Das Handelsmanagement steht dabei vor der Herausforderung, die Preisstrategie derart zu gestalten, dass sowohl der bekannte „Lockvogeleffekt“ als auch eine nachhaltige Kundenbindung entstehen (vgl. Levy/Weitz, 2001, S. 458, Bruhn/Stefanovszky, 1986, S. 57 ff.).

4.1 Strategie der Dauerniedrigpreise

In seiner reinsten Form verzichtet die Strategie der Dauerniedrigpreise (EDLP) bewusst auf Sonderpreisaktionen und senkt stattdessen die Preise eines Gesamt- oder Teilsortiments dauerhaft (vgl. Diller, 2000, S. 472). Dabei betont EDLP die Kontinuität der Verkaufspreise auf einem Niveau zwischen den regulären Marktdurchschnittspreisen und aktuellen extrem niedrigen Sonderangeboten konkurrierender Händler. EDLP ist demnach nicht zwingend mit einer Strategie der niedrigsten Marktpreisen gleichzusetzen. Obwohl EDLP langfristig nach den günstigsten Preisen strebt, können sich Aktionen und Sonderangebote der Wettbewerber durchaus auf einem niedrigeren Niveau befinden (vgl. Levy/Weitz, 2001, S. 456). Gradzeichen und Erfolgsrezept ist die langfristige Stabilität der Dauerniedrigpreise (vgl. Tang et al., 2001, S. 56).

Die Erfolgswirksamkeit dieser Strategie verdeutlichen in Europa Discounter wie Aldi und Lidl und in den USA Handelsunternehmen wie Home Depot, Toys ‘R‘ Us und vor allem Wal-Mart, der als Pionier des EDLP-Prinzips gilt. Dabei setzt der Handelsriese im amerikanischen Markt erfolgreich auf die Mund-zu-Mund-Propaganda zufriedener Kunden und setzt im relativen Vergleich zur Konkurrenz weniger Werbemittel ein (vgl. Hirn, 1998, S. 71 ff.). EDLP erzeugt keinen temporären Kundenandrang aufgrund verschiedener Preisaktionen, sondern führt zu einer vergleichsweise gleichmäßigen sowie zeit- und mengenmäßig stabilen Verbrauchernachfrage (vgl. Stalk et al., 1992, S. 58).

Vor dem Hintergrund, dass die ausufernde Vielfalt an Aktionen und Sonderangeboten des Handels auf Seiten der Verbraucher vermehrt Misstrauen und Verwirrung verursacht (vgl. Suri et al., 2000, S. 205, S. 3, Ortmeyer et al., 1991, S. 55), gewinnt die Strategie der Dauerniedrigpreise zunehmend an Bedeutung. Wie empirische Erhebungen verdeutlichen, bevorzugen Konsumenten in Deutschland und in der Schweiz eine ehrliche und auf Dauerniedrigpreisen basierende Preisgestaltung gegenüber ständig wechselnden Sonderangeboten (vgl. Rudolph, 1995, S. 5). Dies ist verständlich, denn das EDLP-Prinzip bringt für Verbraucher und Händler gleichermaßen einschlägige Vorzüge mit sich. Dauerniedrigpreise (vgl. Suri et al., 2000, S. 205, Schindler, 1998, S. 207, Liebmann/Zentes, 2001, S. 519):

- erlösen den Konsumenten aus der Schnäppchenhysterie,
- kommen der privaten Haushaltsplanung entgegen,
- ersparen dem Verbraucher zeitaufwändige Preisvergleiche,
- ermöglichen einen günstigen Gesamteinkauf,
- lassen dem Kunden statt vereinzelten Aktionsprodukten die Wahl zwischen verschiedenen Produktalternativen einer Warenkategorie,
- erhöhen die Glaubwürdigkeit der Preisstrategie des Geschäftes,
- geben dem Verbraucher Sicherheit und
- erhöhen die Kundenloyalität.

Bei einer reinen Dauerniedrigpreis-Strategie gehen die emotionalen Preisanreize von Sonderangeboten, an die sich der Kundegewöhnt hat, verloren (vgl. Diller, 2000, S. 472). Allerdings lockt EDLP eher *Large Basket Shopper* (Käufer größerer Einkaufsmengen) in die Verkaufsstelle (vgl. Bell/Lattin, 1998, S. 66), was sich wiederum positiv auf den Gesamtumsatz einer Verkaufsstelle auswirkt.

Wie aus Abschnitt 3.2 hervorgeht, nimmt das Preiswürdigkeitsimage einen hohen Stellenwert im Prozess der Einkaufsstättenwahl ein. Die Dauerniedrigpreis-Strategie kann sich hier als äußerst effektvolle Maßnahme des Handelsmanagements erweisen, da diese insbesondere auf die Entstehung des Preiswürdigkeitsimages einen starken Einfluss ausübt (vgl. Bruhn/ Stefanovszky, 1986, S. 62) und somit die Verbrauchernachfrage zu steigern vermag.

4.2 Strategie der Aktions- und Sonderangebotspolitik

Im Rahmen einer Aktions- oder Sonderangebotspolitik werden bestimmte Waren oder Warengruppen mit einer zeitlich begrenzten Preisreduktion angeboten. Aktionen und Sonderangebote fördern hierbei einerseits den Abverkauf bestimmter Artikel und demonstrieren andererseits die preisliche Leistungsfähigkeit eines Händlers. Dabei fungieren Sonderangebote vor allem als „Lockvogelofferte“ und sollen dadurch den Gesamtumsatz einer Verkaufsstelle durch eine Steigerung der Kundenfrequenz erhöhen (vgl. Zentes/Swoboda, 2001, S. 491 ff.). Sonderangebote gehen oft mit einschlägigen Werbemaßnahmen (z.B. Anzeigen in regionalen Tageszeitungen) einher, um die Aufmerksamkeit der Verbraucher auf sich zu ziehen. Auch spielt eine auffällige und ansprechende Platzierung der Aktionen innerhalb der Verkaufsstelle eine wichtige Rolle.

Sonderangebotspolitik hat sich in der Handelspraxis über mehrere Jahre hinweg als ein kraftvolles Instrument zur Erzeugung von Verbraucheraufmerksamkeit bewährt (vgl. Merrilees/Fam, 1999, S. 81). Insbesondere Käufer kleinerer Einkaufsmengen (*Small Basket Shopper*) entscheiden sich für eine Einkaufsstätte aufgrund günstiger Sonderangebote (vgl. Bell/Lattin, 1998, S. 66). Eine differenzierte Sonderangebotspolitik kann dabei zu folgenden Vorteilen führen (vgl. Schindler, 1998, S. 207, Liebmann/Zentes, 2001, S. 519, Mulhern/Padgett, 1995, S. 83):

- Der Kunde kauft das subjektiv günstigste Produkt und kann durch Preisvergleiche zwischen den Geschäften zusätzlich Geld sparen.
- Die Suche nach dem günstigsten Sonderangebot kann für den Konsumenten ein emotionales Erlebnis darstellen.
- Verschiedene Aktionen erzeugen beim Verbraucher jede Woche neue und interessante Stimuli.
- Für attraktive Sonderangebote werden Konsumenten ihren Stammgeschäften untreu.
- Preisaggressive Sonderangebote suggerieren dem Kunden eine hohe Leistungsfähigkeit der Geschäfts.
- Regelmäßige Aktionen fördern die Treue zu einem Geschäft.
- Konsumenten, die eine Verkaufsstelle aufgrund eines bestimmten Sonderangebotes aufsuchen, geben letztlich mehr Geld für Waren aus dem nicht reduzieren Sortiment aus.
- Sonderangebots getriebene Konsumenten sind in gleichem Maße profitabel wie die übrige Kundschaft eines Händlers.

Im Wahrnehmungsprozess beurteilen Verbraucher meist nicht die Preisaktionen einzelner Artikel, sondern ziehen vielmehr Rückschlüsse auf die gesamtheitliche Sonderangebotspolitik einer Verkaufsstelle (vgl. Bruhn/Stefanovszky, 1986, S. 60). Bezogen auf das Preisimage einer Einkaufsstätte, besitzen Sonderangebote eher einen Einfluss auf das Preisgünstigkeitsimage als auf die Preiswürdigkeit. Über die Stärke dieses Einflusses herrscht jedoch in der Literatur Uneinigkeit. Da Konsumenten beim Einkauf vermehrt auf Dauerniedrigpreise achten und der inflationären Verbreitung diverser Angebotsaktionen zusehends skeptischer gegenüber stehen, ist von einer schwindenden Imagewirkung von Sonderangeboten auszugehen. Außerdem sind die Verbraucher durchaus in der Lage, den temporären Charakter kurzfristiger Angebote zu erkennen. Deshalb sollte das Handelsmanagement den Einfluss der Sonderangebote auf das Preisimage nicht überschätzen.

4.3 Instrumente der Preisimage-Politik

Obwohl der Preis im Handelswettbewerb eine zentrale Funktion einnimmt, generiert dieser nur für wenige Unternehmen einen nachhaltigen Wettbewerbsvorteil (vgl. Rudolph, 1995, S. 6). Entscheidungen betreffend Preismanagement sollten daher im Zusammenhang mit anderen Instrumenten wie beispielsweise dem Sortiment, der Kommunikation und dem Ladenlayout getroffen werden. Bei den Aktionsparametern der Preisimage-Politik lässt sich im Handel zwischen Preisfestlegung, Preiskommunikation und Leistungsharmonisierung unterscheiden. Diese drei Elemente sind als Kernaufgaben der Preisimage-Politik zu verstehen. Um das Preisimage zu beeinflussen, müssen nicht nur die tatsächlichen Preise bestimmt (Preisfestlegung) und effiziente kommunikative Maßnahmen festgelegt (Preiskommunikation) werden, das Management muss auch gewährleisten, dass sich preispolitische Entscheidungen stets im Einklang mit der gebotenen Handelsleistung befinden (Leistungsharmonisierung). Tabelle 2 verdeutlicht die zugehörigen Maßnahmen sowie deren Wirkung auf die Imagekomponenten Preisgünstigkeit und Preiswürdigkeit.

Preisimage-Gestaltung	**Preisfestlegung**	**Preiskommunikation**	**Leistungsharmonisierung**
Maßnahmen	▪ Preiskalkulation ▪ Referenzprodukte ▪ Preisbündelung ▪ Preisdifferenzierung ▪ Preislagenmanagement ▪ etc.	▪ In-Store-Kommuniktion ▪ Out-Store-Kommunikation	Harmonisierung von: ▪ Sortiment ▪ Verkaufsraum-gestaltung ▪ Service-Dienstleistungen ▪ Personal ▪ etc.
Auswirkung	Preisgünstigkeitsimage		
	Preiswürdigkeitsimage		

Tabelle 2: Aktionsparameter der Preisimage-Politik (Quelle: Eigene Darstellung)

4.3.1 Preisfestlegung

Die Preisfestlegung beschäftigt sich mit der Preiskalkulation, das heißt mit der Bestimmung von Preisen unter Berücksichtigung entstehender Kosten (z.B. Wareneinstandspreis), vorhandener Marktpreise (z.B. Preise des Hauptkonkurrenten) sowie rechtlicher Rahmenbedingungen. Der Preisfestlegung kommt *per se* bei der Gestaltung des Preisimages eine dominante Rolle zuteil. Die grundlegende Entscheidung der Preisfestlegung ist die Bestimmung der Preisstruktur bzw. der verschiedenen Preislagen. Damit geht die

Einordnung in eine jeweilige Marktpreislage (vgl. Tietz, 1993, S. 359) und die Berücksichtigung der verfolgten Preisstrategie der Handelsunternehmung einher.

Entscheidungen über die Preisstruktur eines Händlers sind eng mit der verfolgten Betriebstypen-, Standort- und Sortimentspolitik verbunden. Die Preisstrukturpolitik umfasst sowohl das Kernsortiment eines Händlers als auch neu oder kurzfristig in das Angebot aufgenommene Waren (vgl. Zentes/Swoboda, 2001, S. 440). Dabei kann eine gezielte Preisfestlegung bestimmter Referenzprodukte eine einschlägige Wirkung auf das Preisimage ausüben. Verbraucher verfügen nämlich über eine weit überdurchschnittliche Preiskenntnis bei Referenzprodukten., da diese einer starken Nachfrage unterliegen. Referenzprodukte werden vom Handel meist intensiv beworben und besitzen aufgrund der standardisierten Leistung (z.B. bei Markenartikeln) eine hohe Vergleichbarkeit (vgl. Schindler, 1998, S. 221).

Als weitere relevante Instrumente der Preisfestlegung sind Preisbündelung, Preisdifferenzierung sowie die Verwendung gebrochener Preise zu erwähnen. Letztere Maßnahme nimmt seit langem eine dominante Stellung in der Handelspraxis ein. Um den Verbrauchern günstige Preise zu signalisieren, zeichnen Händler ihre Waren überwiegend mit gebrochenen (z.B. € 0,99) statt ganzen (z.B. € 1,00) Preisen aus. Obwohl verschiedene empirische Befunde zu unterschiedlichen Ergebnissen über die Wirkung von gebrochenen Preisen auf die Wahrnehmung der Konsumenten führten, ist diese Methode aus der Unternehmenspraxis kaum mehr wegzudenken. Bei der Preisdifferenzierung wird ein bestimmtes Produkt an verschiedene Kunden zu unterschiedlichen Preisen verkauft (vgl. Simon, 1992, S. 391 f.). Überwiegend verbreitet ist hierbei die Preisdifferenzierung nach Ort (z.B. Großstadt vs. ländliche Umgebung), Zeit (z.B. saisonale Preisunterschiede bei Frischwaren), Zielgruppen (z.B. Mitarbeiter-, Studentenrabatt) und Verwendungszweck (z.B. Endverbraucher vs. Gastronom). Des weiteren gelingt es Händlern, ihr Sortiment durch Preisbündelung mit zusätzlichen Angebote zu erweitern. Dem Verbraucher werden dabei zwei oder mehrere Produkte zu einem kombinierten Preis angeboten. Es können sowohl verschiedene Waren (z.B. PC und Drucker) als auch Waren und Dienstleistungen (z.B. Handy und Abonnement) dem Konsumenten als eine Einheit angeboten werden. Seitens des Konsumenten werden solche Preisbündelungen oft als günstiges „Schnäppchen" interpretiert. Maßnahmen der Preisfestlegung üben sowohl auf das Preisgünstigkeitsimage als auch auf das Preiswürdigkeitsimage einen starken Einfluss aus.

4.3.2 Preiskommunikation

Die Preiskommunikation des Handels erfolgt sowohl durch In-Store- als auch durch externe Out-Store-Maßnahmen. Mittels In-Store-Kommunikation wird versucht, die Preisfestlegung anhand bestimmter Maßnahmen innerhalb der Verkaufsstelle gezielt zu unterstützen. Die simpelste und gesetzlich vorgeschriebene Form der In-Store-Kommunikation ist die Preisauszeichnung. Die Auszeichnung von Preisen erfolgt entweder direkt am bzw. auf dem Artikel anhand entsprechender Preisetiketten oder durch

Auszeichnungen neben der Ware (z.B. Regalschiene, Plakate oder Schilder). Große Plakate und Hinweisschilder werden insbesondere zur Erzeugung von erhöhter Aufmerksamkeit bei Sonderangeboten eingesetzt. Weiterhin stützt sich die In-Store-Kommunikation eines Händlers vor allem auf preisoptische Maßnahmen wie sprachliche Etikettierung (z.B. „Sonderangebot"), plakative grafische Aufmachung sowie durch eine differenzierte Warenpräsentation und -platzierung (vgl. Diller, 2000, S. 404). Hierbei wird auch von Preisvergleichen Gebrauch gemacht, indem Händler alte/neue Preise sowie eigene und Konkurrenzpreise gegenüber stellen oder auf pauschale Preisreduzierungen (z.B. „30% billiger") aufmerksam machen. Ferner können Coupons am Warenregal oder gezielte Hinweise in Verkaufsgesprächen dem Konsumenten einschlägige Preisinformationen vermitteln.

Ausserhalb der Verkaufsräumlichkeiten kann ein Händler durch den Einsatz von Maßnahmen der Out-Store-Kommunikation Einfluss auf das Preisimage nehmen. Allerdings ist hervorzuheben, dass aufgrund der steigenden Informationsflut, Kunden Informationen aus der Umwelt zunehmend selektiver wahrnehmen. Auch Werbemaßnahmen werden immer weniger bewusst wahrgenommen und gehen zudem meist mit beachtlichen Kosten für den Händler einher. Dennoch befindet sich der Handel in Bezug auf das Preisimage nicht nur in einem Preis- sondern vor allem auch in einem Kommunikationswettbewerb, der insbesondere von grösseren Händlern ein bestimmtes Maß an Werbemaßnahmen erfordert (vgl. Schindler, 1998, S. 253). Ausserdem kann Out-Store-Kommunikation dazu genutzt werden, auch Nicht- oder Gelegenheitskunden eines Händlers zum Besuch einer Verkaufsstelle zu bewegen. Im Gegensatz zu Herstellern von Markenprodukten spielen überregionale Werbemaßnahmen in TV und Radio für die Handelsbranche eine untergeordnete Rolle. Gedruckte Werbung ist das bei weitem wichtigste Instrument der Out-Store-Kommunikation. Anzeigen in lokalen Tageszeitungen sowie lose Beilagen und verteilte Prospekte informieren darüber, zu welchem Preis ein Händler bestimmte Waren anbietet. Sie werden sowohl für eine Sonderangebotspolitik als auch Dauerniedrigpreis-Strategien oft und wirkungsvoll eingesetzt. Auch werden gegebenenfalls Coupons in Werbeanzeigen integriert oder an Konsumenten per Direct-Mail versendet.

Bei der Gestaltung des Preisimages kommt der Preiskommunikation somit eine Hilfsfunktion zuteil. Die Kommunikation hat zum Ziel, bestimmte Preisinformationen zu vermitteln und somit ein bestimmtes Preisimage im Bewusstsein des Konsumenten zu kreieren.

4.3.3 Leistungsharmonisierung

Verbraucher führen häufig Preis-/Leistungsvergleiche durch, um zwischen verschiedenen Verkaufsstellen zu wählen. Folglich stellen Preisfestlegung und Preiskommunikation essentielle, jedoch nicht hinreichende Maßnahmen dar, um das Preisimage optimal zu gestalten. Die Leistung eines Händlers setzt sich aus vielen Komponenten wie Sortiment, Personal, Service- und Dienstleistungen, dem Standort usw. zusammen (vgl. Rudolph,

1993, S. 275). Bei der Einkaufsstättenwahl vergleicht der Kunden seine Preiseindrücke mit den gebotenen Leistungen eines Händlers. Ein maßgeblicher Bestandteil der Handelsleistung ist das Sortiment, welches der Konsument anhand der Auswahl, Qualität, Verfügbarkeit und Präsentation beurteilt. Ausserdem spielt für Konsumenten die Abwicklung des Einkaufsprozesses eine wichtige Rolle. Dass ein Händler seinen Kunden einen reibungslosen und angenehmen Einkauf ermöglicht, ist Teil der Handelsleistung. Ergänzende Serviceleistungen (z.B. ansprechende Bedienungstheken oder Multimedia-Terminals) sowie ausreichende Parkmöglichkeiten und kurze Wartezeiten an der Kasse erleichtern dem Konsumenten das Einkaufen. Eine angenehme Verkaufsraumgestaltung und freundliches Fachpersonal machen den Aufenthalt in der Verkaufsstelle für den Konsumenten zu einem emotional ansprechenden Erlebnis. Das Zusammenwirken von Warenangebot und Einkaufsprozess verdeutlicht den ganzheitlichen Aspekt der Handelsleistung. Die Leistungsharmonisierung ist somit als Grundbaustein für die Gestaltung des Preis-/Leistungsverhältnisses anzusehen. Sie bringt preispolitische Entscheidungen in Einklang mit weiteren Profilierungsmaßnahmen des Handels und versucht somit den vielschichtigen Wahrnehmungsmustern der Konsumenten besser gerecht zu werden.

5. Ausblick: Konsequenzen für das Handelsmanagement

Seitens der Verbraucher entscheidet der Preis in hohem Maße über die Wahl einer Einkaufsstätte. Da objektive Preisvergleiche mit hohem Aufwand verbunden sind, vergleicht der Kunde alternative Einkaufsstätten anhand subjektiver Imagevorstellungen. Dem Preisimage kommt dabei im Wahlprozess eine dominante Rolle zuteil.

Das Preisimage ist ganzheitlich als integraler Bestandteil des Gesamtimages einer Einkaufsstätte zu betrachten. Obwohl dem Preisimage eine überdurchschnittlich hohe Bedeutung zukommt, steht es in wechselseitiger Abhängigkeit zu anderen Imagekomponenten eines Händlers. Preispolitische Entscheidungen sollten stets unter Berücksichtigung der Instrumente des Handelsmarketings getroffen werden. Die EDLP-Strategie übt einen starken und nachhaltigen Einfluss auf das Preisimage aus, was auch in ihrer langfristigen Orientierung begründet liegt. Da Verbraucher das zahlreiche Angebot an Aktionen zunehmend kritischer beurteilen, ist von einer steigenden Bedeutung von Dauerniedrigpreisen auszugehen. Diese Aussage muss in Zeiten der Rezession jedoch relativiert werden.

Eine aktive Sonderangebotspolitik wirkt für Konsumenten anziehend. Trotzt des großen Potenzials zur Erzeugung von Verbraucheraufmerksamkeit, sollte die Auswirkung der Sonderangebotspolitik auf das Preisimage nicht überschätzt werden. Konsumenten sind sich des kurzfristigen Charakters von Sonderangeboten bewusst und ziehen nicht zwingend Rückschlüsse auf die Beurteilung des allgemeinen Preisniveaus eines Händlers. Dennoch bilden sich die Verbraucher durchaus ein Urteil darüber, ob und mit welcher

Regelmäßigkeit ein Händler Aktionen durchführt und erwarten regelmäßig ein gewisses Maß an Sonderangeboten.

Das Preisimage einer Einkaufsstätte lässt sich ganzheitlich durch drei Aktionsparameter der Preisimage-Politik steuern. Hierbei stellt die Preisfestlegung durch die Bestimmung der tatsächlichen objektiven Preise das Fundament dar. Verschiedene Preise und Preislagen sollten derart ausgelegt werden, dass sie dem Verbraucher in Anbetracht der verwendeten Preiskommunikation angebracht und glaubwürdig erscheinen. Mittels der Preiskommunikation werden durch Maßnahmen innerhalb und außerhalb der Verkaufsstelle Preisinformationen ausgesendet. Diesen Botschaften dürfen anderen Profilierungsinstrumenten des Handels nicht widersprechen. Bei der Steuerung des Preisimages muss daher der Leistungsharmonisierung eine große Aufmerksamkeit zukommen.

6. Literatur

BÄNSCH, A., 1995, Käuferverhalten, München.

BARTH, K., 1999, Betriebswirtschaftslehre des Handels, 4. Aufl., Wiesbaden.

BELL, D./LATTIN, J., 1998, Shopping Behavior and Consumer Preference for Store Price Format: Why „Large Basket" Shoppers Prefer EDLP, in: Marketing Science, S. 66-88.

BERRY, L., 1969, The Components of Department Store Image: A Theoretical and Empirical Analysis, in: Journal of Retailing, S. 3-20.

BLOEMER, J./DE RUYTER, K., 1998, On the relationshiop between store image, store satisfaction and store loyalty, in: European Journal of Marketing, S. 499-513.

BOULDING, K., 1956, The Image, Ann Arbor.

BRUHN, M./STEFANOVSZKY, A., 1986, Niedrig-Preis-Strategien des Handels im Wettbewerb, in: Harvard Manager, S. 57-63.

BÜTTNER, H., 1986, Die Segmentorientierte Marketingplanung im Einzelhandelsbetrieb, Göttingen.

DILLER, H., 1993, Preisimage und Preiswerbung im Reifenhandel, Arbeitspapier Nr. 18, Nürnberg.

DILLER, H., 2000, Preispolitik, 3. Aufl., Stuttgart.

DOYLE, P./FENWICK, I., 1974, How Store Image Affects Shopping Habits in Grocery Chains, in: Journal of Retailing, S. 39-52.

ENGEL, J.F./KOLLAT, D./BLACKWELL, R.D., 1968, Consumer Behavior, 1. Aufl., Chicago.

GIERL, H./HELM, R., 1999, Preisgarantien als Marketinginstrument des Handels, in: BEISHEIM, O. (Hrsg.): Distribution im Aufbruch, München, S. 823-841.

GRÖPPEL-KLEIN, 1998, Wettbewerbsstrategien im Einzelhandel, Wiesbaden.

HANNA, N./DODGE, H., 1995, Pricing – Policies and Procedures, London.

HEINEMANN, M., 1974, Einkaufsstättenwahl und Firmentreue des Konsumenten, Wiesbaden.

HENSELER, R., 1977, Image und Imagepolitik im Facheinzelhandel, Frankfurt.

HIRN, W., 1998, Uncle Sams Erben, in: Manager Magazin, S. 70-77.

HOCH, S./DREZE, X., 1994, EDLP, Hi-Lo, and margin arithmetic, in: Journal of Marketing, S. 16-28.

HOCH, T./TANG, C., 1998, Rational Shopping Behavior and the Option Value of Variable Pricing, in: Management Science, S. 145-161.

HORX, M./WOHLGENSINGER, E., 2001, Lebenswelten im Jahr 2010 – und die Konsumtypologien dazu, in: INDEX, S. 30-33.

KROEBER-RIEL, W./WEINBERG, P., 1999, Konsumentenverhalten, München.

KUSS, A./TOMCZAK, T., 2000, Käuferverhalten, Stuttgart.

LENZEN, W., 1984, Die Verarbeitung von Preisen durch die Konsumenten, Frankfurt.

LESZCZYC, P./SINHA, A./TIMMERMANS, H., 2000, Consumer Store Choice Dynamics: An Analysis of the Competitive Market Structure for Grocery Stores, in: Journal of Retailing, S. 323-345.

LEVY, M./WEITZ B., 2002, Retailing Management, 4. Aufl., New York.

LIEBMANN, H./ZENTES, J., 2001, Handelsmanagement, München.

LILIEN, G./KOTLER, P./MOORTHY, K., 1992, Marketing Models, New Jersey.

MATTSON, B., 1982, Situational Influences on Store Choice, in: Journal of Retailing, S. 46-58.

MAZURSKY, D./JACOBY, J., 1986, Exploring the Development of Store Image, in: Journal of Retailing, S. 145-165.

MERRILEES, B./FAM, K., 1999, Effective methods of managing retial 'sales', in: International Review of Retail, Distribution and Consumer Research, S. 81-92.

MICHAEL, J./FUNDER, J./HUPPERTZ, S., 2002, Konsumgüter 2010: Handel-Macht-Marken, Studie der Unternehmensberatung Accenture, Deutschland, Österreich, Schweiz.

MULHERN, F./PADGETT, D., 1995, The Relationship Between Retail Price Promotions and Regular Price Purchases, in: Journal of Markting, S. 83-90.

MÜLLER, I., 2001, Preisimage im Handel – State of the Art, Arbeitspapier Nr. 88, Nürnberg.

MÜLLER, S./BEESKOW, W., 1982, Einkaufsstättenimage und Einkaufsstättenwahl, in: Jahrbuch der Absatz- und Verbrauchsforschung, S. 400-427.

NIEDRICH, R./SHARMA, S./WEDELL, D., 2001, Reference Price and Price Perceptions: A Comparison of Alternative Models, in: Journal of Consumer Research, S. 339-354.

OPPEWAL, H./TIMMERMANS, H., 1997, Retailer self-perceived store image and competitive position, in: The International Review of Retail, Distribution and Consumer Research, S. 41-59.

ORTMEYER, G./QUELCH, J./SALMON, W., 1991, Restoring Credibility to Retail Pricing, in: Sloan Management Review, Fall, S. 55-66.

OXENFELDT, A., 1968, How Housewifes form Price Impressions, in: Journal of Advertising Research, S. 9-17.

OXENFELDT, A., 1974, Developing a Favorable Price-Quality Image, in: Journal of Retailing, Winter, S. 8-115.

PETER, P./OLSON, J., 2001, Consumer Behaviour and Marketing Strategy, 6. Aufl., Boston.

RUDOLPH, T., 1993, Positionierungs- und Profilierungsstrategien im Europäischen Einzelhandel, St. Gallen.

RUDOLPH, T., 1995, In diabolischen Preiskämpfen bestehen, in: Thexis, S. 2-9.

SCHMITZ, C./KÖLZER, B., 1996, Einkaufsverhalten im Handel, München.

SCHINDLER, H., 1998, Marktorientiertes Preismanagement, Bamberg.

SHAPIRO, B., 1986, The psychology of pricing, in: Harvard Business Review, S. 14-160.

SHETH, J./MITTAL, B./NEWMAN, B., 1998, Consumer Behaviour: Consumer Behaviour and Beyond, New York.

SIMON, H., 1992, Preismanagement: Analyse, Strategie, Umsetzung, 2. Aufl., Wiesbaden.

STONE, R., 1984, The Marketing Characteristics of Involvement, in: Advances in Consumer Research, S. 210-215.

STOLTMAN, J./MORGAN, F./ANGLIN, L., 1999, An investigation of retail shopping situations, in: International Journal of Retail & Distribution Management, S. 145-153.

SURI, R./MANCHANDA, R./KOHLI, C., 2000, Brand evaluations: a comparison of fixed price and discounted price offers, in: Journal of Product & Brand Management, S. 193-206.

TANG, C./BELL, D./HO, T., 2001, Store Choice and Shopping Behavior: How Price Format Works, in: California Management Review, S. 56-74.

THEIS, H., 1999, Handels-Marketing: Analyse- und Planungskonzepte für den Einzelhandel, Frankfurt.

TIETZ, B., 1993, Der Handelsbetrieb, 2. Aufl., München.

TROMMSDORFF, V., 2002, Konsumentenverhalten, Stuttgart.

ZENTES, J./SWOBODA, B., 2001, Grundbegriffe des Marketing, Stuttgart.

Klaus Kobjoll

Premiumpreis-Strategie am Beispiel des Hotelleriemarktes

1. Das Unternehmen

1.1 Das Produkt

Der Schindlerhof entstand aus einem denkmalgeschützten, 300 Jahre altem, fast baufälligen Bauernhof. Nach liebevoller Renovierung und einer Investition von rund DM 9,0 Mio.(inkl. der Inneneinrichtung, davon mussten DM 6,6 Mio. als Kredit aufgenommen werden, was fast einer gewerblichen Vollfinanzierung gleichkommt) wurde der Urkern des heutigen Unternehmens mit einem Restaurant und 37 Hotelzimmern im Jahr 1984 eröffnet. 1990 fand die erste Unternehmensvergrößerung statt. Weitere Hotelzimmer und erstmalig auch drei Tagungsräume ergänzten nun das ursprüngliche Schindlerhof-Bild.

„Wachstum ist der reine Sauerstoff für ein Unternehmen"
Dieser strategischen Ausrichtung blieben wir auch in den folgenden Jahren treu.
1998 wurde erneut gebaut, und es entstanden 400m² zusätzlicher Tagungsfläche, ein Bistro und ein japanischer Garten. Die vorerst letzte Baustufe erfolgte im Jahr 2000 mit weiteren 24 neuen Hotelzimmern. Heute ist der Schindlerhof ein Spannungsfeld zwischen Tradition und Innovation. Tradition steht für das Restaurant, das in dem liebevoll renovierten Bauernhaus untergebracht ist. Tradition steht aber auch für einen Teil der Hotelzimmer im gemütlichen Landhausstil. Innovation steht für die neuen Bauabschnitte, die im Geist des Feng Shui erbaut eine genussvolle Spannung zu den historischen Gebäuden erzeugen. Heute verfügt der Schindlerhof über 95 Hotelzimmer, 8 Tagungsräume und rund 200 Sitzplätze in der Gastronomie. Die Mitarbeiteranzahl stieg analog zum Unternehmenswachstum von anfänglich 20 auf nunmehr 76 Mitarbeiter.

1.2 Die Philosophie

Die Unternehmens- und Marketingphilosophie des Schindlerhofs lässt sich an folgenden Unternehmensgrundsätzen festmachen:

- Wir konzentrieren uns darauf, in einem wichtigen Geschäftsbereich die S p i t z e - "state of the art" zu sein!
- Wir erfüllen die hohen Ansprüche unserer Zielgruppen o h n e Einschränkungen. Aufmerksame Freundlichkeit mit Herz bestimmt die Einmaligkeit unseres Service.
- Unser Unternehmen ist der Ort für leistungsorientierte, karrierebewusste und unternehmerisch denkende Menschen, denen wir sehr viel Freiheit einräumen.
- Spaß bei der Arbeit und Freude an den Ergebnissen beflügeln unser Tun.
- Das persönliche Wachstum unserer Mitarbeiterinnen, Mitarbeiter und das aller an unseren Kernprozessen Beteiligten liegt uns am Herzen.

- Unsere Vision von Harmonie lässt uns immer liebevoll miteinander umgehen – wohl wissend, dass eine kreative Spannung förderlich ist.
- Die ständige Herausforderung, uns selbst zu führen und unsere Fähigkeiten zu erweitern, lässt uns hochgesteckte Ziele erreichen.
- Der Aufbau einer lernenden Organisation verpflichtet uns zu außergewöhnlichem Engagement und Innovation.
- Wir verfolgen hohe Ziele für den Schindlerhof und unsere Familie.
- Unsere Vision von Freiheit verlangt auch finanziell größtmögliche Unabhängigkeit, die wir als Verantwortung begreifen.
- Der Schindlerhof ist unser gemeinsames Lebenswerk und bleibt Eigentum unserer Familie.

1.3 Die Grob- und Feinpositionierung

Grundsätzlich gibt es dreierlei Arten sich gegenüber dem Kunden zu positionieren durch sachliche Leistungsmerkmale, durch emotionale Leistungsmerkmale oder einer Mischung aus beidem. Der Schindlerhof positioniert sich, indem er vom Kundennutzen ausgeht. Welchen Nutzen können wir welchen Zielgruppen bieten? Mit welchen tragenden Marketingideen können wir die Grobpositionierungen stützen?

Entstanden ist ein Packet an „benefits“:

Für die Hotelgäste: *„Das Gefühl nach Hause zu kommen“*. Gestützt durch die 95 individuell eingerichteten Hotelzimmer ist für jeden Geschmack etwas dabei. Die Einteilung der Zimmer erfolgt auf den Kunden zugeschnitten. Lieblingszimmer werden erfragt, in der Datenbank erfasst und im Vorfeld für die Stammgäste reserviert.

Für die Tagungsgäste: *„Tagen im Gleichklang von Geist und Gefühl“*. Getragen durch ein Farb-, Musik- und Duftkonzept, den Blick in die Natur, ergonomisch geformte Stühle, einer lustvoll-gesunden Naturküche, einer Top-Technik und die liebevolle Betreuung unserer Mitarbeiter.

Für die Restaurantgäste: *“Alle Sinne werden satt“*. Regelmäßig wechselndes Ambiente am Puls der Zeit, frische Produkte von hochwertiger Qualität, betreut von herzlichen Gastgebern, die sich dazu berufen fühlen.

Für den gesamten Schindlerhof: *„Anders, - nicht artig“*
Anders steht für die Spannung aus Tradition und Innovation, die Individualität des Hoteldorfes. – *nicht artig* steht für die selbstbewussten Mitarbeiter, die freche Preispolitik und die Arbeit ohne Pauschalen.

1.4 Die Preispolitik

Bedingt durch die finanziellen Ausgangssituation des Unternehmens und die Einstellung der Eigentümer Klaus und Renate Kobjoll, wurde die Entscheidung über die Preisstrategie bereits bei Eröffnung des Schindlerhofs festgelegt. Am besten lässt sich diese Entscheidung in einer vereinfachten Matrix darstellen:

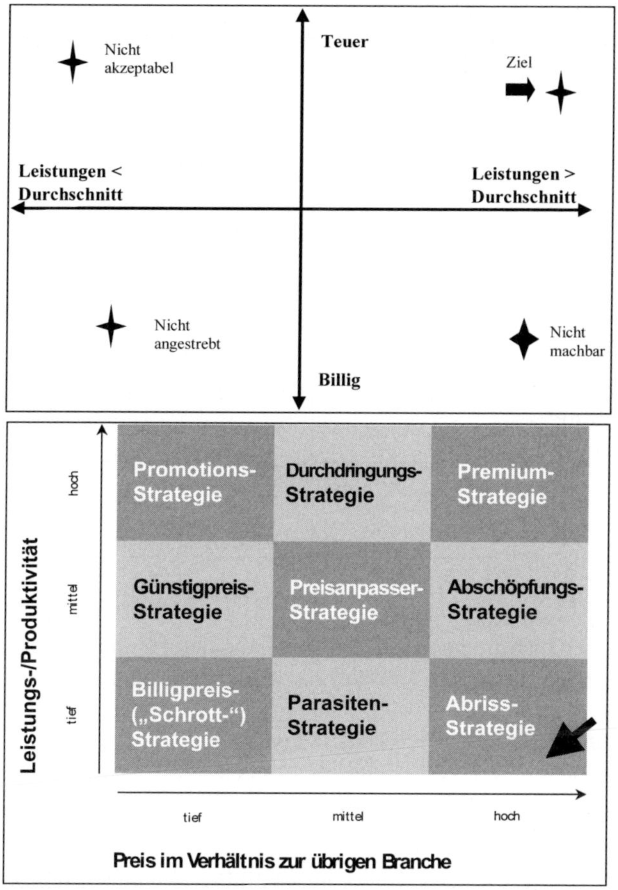

Abbildung 1: Preisstrategie-Entscheidungsmatrix

Das Ziel der Positionierung war es, Leistungen auf einem hohen Niveau zu bieten und für diese auch den entsprechenden Preis durchzusetzen. Dahinter stand und steht die Überzeugung, dass zum einen genug Geld im Land ist und zum anderen der Marktanteil an zahlungswilligen Gästen für unsere Nischenstruktur groß genug ist.

2. Der Marketing Mix

Die im Schindlerhof angewendeten Marketinginstrumente, neben dem Preis, werden jährlich nach den 4 P´s des Marketing geordnet. Die Zuordnung der einzelnen Instrumente ist wie folgt:

product steht für ▪ Produkt Zusatzleistungen ▪ Ambiente Qualität und Sortiment ▪ Design Marken ▪ Service & Garantie Rückgabemöglichkeiten	promotion steht für ▪ Werbung ▪ Persönlicher Verkauf ▪ Verkaufsförderung ▪ PR ▪ Sponsoring ▪ Events
price steht für: ▪ Listenpreis	place steht für ▪ einen Standort

Tabelle 1: Die 4 P´s des Marketing Mix

Gezielter Einsatz der Instrumente (fett markiert) aus den Bereichen Produkt und Promotion haben es uns ermöglicht, den Verkauf bis heute nicht über den Preis führen zu müssen.
„Rabatt ist eine Stadt in Marokko" (Zitat: Klaus Kobjoll)

2.1 Der Stellenwert des Preises

Das Marketing Instrument „Preis" findet leider immer noch bei den meisten Unternehmen großen Anklang. Blicken wir einmal in die Lebensmittel Branche so kann man sagen, dass sie die Geister die sie riefen (heute ist die Butter bereits billiger zu haben als vor 40 Jahren), so leicht nun nicht mehr loswerden. Nicht so bei uns . Die Entscheidung für eine transparente und ehrliche Preispolitik steht seit Eröffnung des Unternehmens im Jahr 1984. Schriftlich manifestiert und an die Kunden kommuniziert wurde sie im Jahr 1990.

„Liebe Gäste und Freunde unseres Hauses! Wir garantieren Ihnen, dass niemand unsere Gastfreundschaft zu einem anderen Preis erhält als SIE!"

Natürlich wird diese Entscheidung jedes Jahr erneut auf den Prüfstand gestellt. Bisher stand jedoch unter dem Stichwort „Preispolitik" ganz locker : „Wir halten an unserer Preispolitik fest"! Kontinuität ist langfristig auch in der Ebene der Preisgestaltung wichtiger als eine vorübergehende Einbusse, auch wenn diese kurzfristig ziemlich schmerzhaft ist. Nun verkaufen wir diese Entscheidung an unsere Gäste. Man kann gar nicht genug betonen, wie wichtig es ist, gegenüber seinen Gästen zum eigenen Preis zu stehen; und dies gilt besonders in Zeiten der Rezession, wo der „Preis" für 80% aller Entscheidungen als Ausschlussfaktor angesehen wird.

Gerade die Gastronomie und Hotellerie haben es bis heute nicht gelernt, den richtigen Preis für das hohe Maß an Dienstleistungen überhaupt anzudenken, geschweige denn zu verlangen. Jeder Handwerker macht es besser. Sind doch gerade deren Stundensätze endlich bei einem Niveau angelangt, von dem wir im Dienstleistungsbereich nur träumen können. Welcher Gast würde schon für die Zubereitungszeit von Speisen einen Stundenlohn von Euro 35,-- zusätzlich zu den Waren kosten bezahlen? Wir kommunizieren an allen Standorten, an denen je ein Verkaufsgespräch stattfinden könnte unsere Preisgarantie. Neukunden bekommen sie mit jedem Angebot zugeschickt. Somit werden „Schnäppchenjäger" abgeschreckt. Das Zitat eines englischen Sozialreformers John Ruskin untermauert seit 1997 unsere Preispolitik:

»Das Gesetz der Wirtschaft«
John Ruskin, engl. Sozialreformer (1819-1900)

»Es gibt kaum etwas auf dieser Welt, das nicht irgend jemand ein wenig schlechter machen und etwas billiger verkaufen könnte, und die Menschen, die sich nur am Preis orientieren, werden die gerechte Beute solcher Machenschaften.
Es ist unklug, zu viel zu bezahlen, aber es ist noch schlechter, zu wenig zu bezahlen. Wenn Sie zu viel bezahlen, verlieren Sie etwas Geld, das ist alles.
Wenn Sie dagegen zu wenig bezahlen, verlieren Sie manchmal alles, da der gekaufte Gegenstand die ihm zugedachte Aufgabe nicht erfüllen kann.
Das Gesetz der Wirtschaft verbietet es, für wenig Geld viel Wert zu erhalten. Nehmen Sie das niedrigste Angebot an, müssen Sie für das Risiko, das Sie eingehen, etwas hinzurechnen. Und wenn Sie das tun, dann haben Sie auch genug Geld, um für etwas Besseres zu bezahlen.«

Abbildung 2: Das Gesetz der Wirtschaft (John Ruskin)

Der Kunde versucht erfahrungsgemäß nur zu verhandeln, wenn er von einem Spielraum ausgeht.

2.2 Den Preis gut verpacken

Es lohnt sich jedoch, den Preis in den Leistungen gut zu verpacken. Die Kommunikation des Zusatznutzens, den der Kunde bei einem erhält, kann „fast schamlos“ erfolgen. Die Preisliste im Schindlerhof ist das Medium hierfür.

Lieber Gast, Ihr Aufenthalt wird zum Erlebnis, wenn Sie die Angebote nutzen, die in unseren Preisen enthalten sind	
Ihre Ankunft feiern Sie mit einem spritzigen Welcome-Drink, dessen Zusammensetzung mit den Jahreszeiten wechselt und der Sie auf kommende Genüsse vorbereiten soll.	Für die Gestaltung Ihres Wunsch-Programms steht Ihnen ein Videorecorder sowie die Hotel Videothek mit einer großen Filmauswahl zur Verfügung.
Bei uns können Sie nach Herzenslust genießen – für Ausgleich ist gesorgt. Ob Sie sich nun lieber gemütlich in unserer Sauna fit schwitzen oder in unserem Mini-Fitness-Center dank Home-Trainer und Ruderbank auf den nächsten Triathlon vorbereiten wollen.	Zu Shakespeare dann vielleicht eine Klaviersonate von Beethoven – oder lieber die Rolling Stones? Ihre hochwertige Zimmer HiFi-Anlage mit CD-Player und einem ausgewählten Angebot an CD´s macht´s möglich.
Mit den hauseigenen Fahrrädern können Sie natürlich ganz geruhsam durch die umliegenden fränkischen Dörfer radeln.	Ihre individuellen Sonderwünsche betrachten wir als Herausforderung, um Ihnen zu zeigen, dass es sich immer lohnt, dem Besonderen Vorrang zu geben.

Tabelle 2: Auszug aus der aktuellen Preisliste

2.3 Abstand von Pauschalen

Im Schindlerhof werden keine Pauschalen angeboten. Weder gibt es die Übernachtung inklusive Halb- bzw. Vollpension noch die hochgeschätzten Tagungspauschalen. Der Kunde entscheidet, welche Bausteine er in Anspruch nehmen möchte und nur diese werden berechnet. Unsere Gäste sind erwachsen und durchaus in der Lage, die Entscheidung für oder gegen ein Produkt eine Leistung zu treffen. Pauschalen auf der anderen Seite diktieren Leistungen. Und wer lässt sich schon gerne bevormunden?

3. Der Ausfluss einer klaren Preispolitik

3.1 Auf die strategische Planung

Eine klare Preispolitik wirkt sich automatisch auf die strategische Planung aus. Alle Entscheidungen bzw. Zielsetzungen, egal ob qualitativer oder quantitativer Art, werden hinsichtlich ihrer Auswirkungen auf die Preispolitik untersucht und erst dann verabschiedet, wenn sie keine Widersprüche in sich tragen. So haben wir bis jetzt in jedem Jahresplan davon abgesehen, die Zielgruppe Reiseveranstalter in unser Portfolio aufzunehmen. Der Schwerpunkt der strategischen Planung liegt darauf, den Kundennutzen immer wieder auf den Prüfstand zu stellen und entsprechend der Premium-Preis-Strategie ständig zu erhöhen.

Unser Motto:

„Je höher der Nutzen ist, den wir dem Kunden bieten,
desto weniger fällt der Preis ins Gewicht."

Aber auch Entscheidungen im Alltag sind von der Preispolitik betroffen.

Ein Beispiel hierfür:
Im konjunkturell schwach beginnenden Jahr 2002 erhielten wir eine Anfrage über 50 Hotelzimmer für ein Wochenende, an dem abzusehen war, dass wir die Zimmer nur schwer an unsere normalen Zielgruppen verkaufen würden können (Ferienzeit in Bayern). Die Organisatoren waren jedoch nur bereit einen Betrag zu bezahlen der um 50% tiefer lag als unser aktueller Zimmerpreis. Wir gestehen, die Versuchung war groß! Trotz allem wurde die Anfrage abgelehnt mit dem Hinweis auf unsere Preisstrategie.

3.2 Auf die Werbung, die Verkaufsförderung und auf Public Relations

„ Gute Kommunikation kostet im Vergleich zur Werbung fast nichts"
Das Instrument der klassischen Werbung wird im Schindlerhof kaum genutzt. Anzeigen in den lokalen Tageszeitungen oder in Printmedien der Fachpresse werden nicht geschaltet. Das Budget für diese klassische Art der Werbung beträgt seit Jahren Euro 0,--.

Anders sieht es dagegen im Bereich der Events aus. Hier steht jedes Jahr ein ansehnliches Budget zur Verfügung. Aus diesem Budget resultieren Veranstaltungen für Trainer, Mittler und Stammkunden. Diese Veranstaltungen haben zum Ziel, die Kunden und Mittler stärker und langfristiger an das Unternehmen zu binden. Somit steht ganz klar das „Verwöhnen" und nicht das „Verkaufen" im Vordergrund der Aktionen. *„Freundschaft heißt, in Verbindung bleiben und gemeinsam etwas unternehmen".*

Einige Beispiele aus der Umsetzung:

- Die Sekretärinnenparty immer im September eines jeden Jahres
- Alle 3-4 Jahre ein Event für rund 1000 Gäste aus den unterschiedlichen Zielgruppen, um Danke zu sagen für die Treue zum Unternehmen
- Die Trainerparty, die die Möglichkeit zu einem Erfahrungsaustausch bietet

Public Relations heißt für den Schindlerhof, in der Presse präsent zu sein und zwar mit Veröffentlichungen, die etwas mit der Leistung des Unternehmens zu tun haben. Das heißt nichts anderes, als dass es die Aufgabe des Unternehmers ist, Themen zu finden, diese zu gestalten – und zwar konzeptionell bis ins I-Tüpfelchen – und erst dann zu kommunizieren.

Letztendlich hat es den Vorteil, dass der Kunde jeder Fremdaussage mehr Glauben schenkt als dem in Prospekten und Flyern geäußertem Eigenlob. Vergessen wir auch nicht die gute alte Mund zu Ohr Propaganda. „Hast Du schon gehört.....?“, „Kennst Du das Unternehmen schon ......?“, „Lass’ uns doch einmal schauen gehen!“.

Dank dieser Art, den direkten Weg zum Kunden zu wählen, sind wir bisher gut ohne aktiven Verkauf ausgekommen. Bis zum heutigen Zeitpunkt hat es im Schindlerhof weder eine Marketing- noch eine Verkaufsabteilung gegeben.

3.3 Auf die Leistungen

Eins darf bei alledem natürlich nicht übersehen werden.

„Wer keine deutlichen, schwer kopierbaren und dauernd beweisbaren Wettbewerbsvorteile aufweist, kann den Wettbewerb nur über den Preis führen.“

oder

„Je austauschbarer die Leistungen sind, desto niedriger wird automatisch der Schwellenwert beim Preisempfinden des Kunden“

Eine stetige Arbeit an den eigenen Wettbewerbsvorteilen ist somit Bedingung. Der Schindlerhof bedient sich seit dem Jahr 1989 erfolgreich folgendem Modell:

Das Torten-Modell

Tortenstreusel
kleine „Ja's", kleine „Ah's & Oh's"

Sahnehauben
Kernfähigkeiten; 30 % Vorteile

Tortenboden
Basisfähigkeiten (was der Kunde voraussetzt) wird immer dicker...

Der Tortenboden steht für die Basisprodukte, Basisleistungen. Diese müssen gepflegt und in Ordnung sein, sind aber kaum ausschlaggebend für die Kaufentscheidung des Kunden. Die Sahnehauben entsprechen den Kernfähigkeiten eines Unternehmens; im Schindlerhof sind es: „Die Herzlichkeit der Mitarbeiter", „Das Ambiente" und „Die große Anzahl an kleinen Tortenstreuseln". Wenn die Basisfähigkeiten in Ordnung sind, die Sahnehauben einen deutlichen Wettbewerbsvorteil erbringen, so ist es die Liebe im und zum Detail, die den Erstkunden mit Erstaunen erfüllen und somit die Basis schaffen, ihn zum Stammkunden zu machen.
Einige Beispiele zu den unterschiedlichsten Leistungsbereichen:

Im Bereich Tagung:

Brillenputztücher im Tagungsraum	Original Firmenlogo zur Ausschilderung	Eigene Mischung „Kreativtee
Staubericht vom ADAC	Sonnenbrillen im Sommer	Heiße Maroni im Winter

Im Bereich Hotel

Schwimmentchen im Badezimmer	Erkältungsbad im Winter	Bügeleisen und Bügelbrett
Eigene Videothek	Joggingstrecke durchs Knoblauchland	Begrüßungspacket für den Hund

Im Bereich Restaurant:

Lesebrillen	Hundespeisekarte	Blitzberich
Musikkarte	Kindergärtnerin am Sonn	Geburtstagsrituale am Tisch

Lässt sich jedoch der Erstgast mit diesen ah´s und oh´s noch überraschen, sind sie für den Stammgast bald Basisfähigkeiten, die er als selbstverständlich hinnimmt. Aus diesem Grund wurde im Jahr 2000 das Projekt „One to one Marketing" ins Leben gerufen. Im Rahmen des KVP (kontinuierlichen Verbesserungsprozesses) ist jeder Mitarbeiter dafür verantwortlich, dass er/sie pro Monat eine kleine Vorliebe unserer Stammgäste erspürt und diese in die Datenbank einspielt. Die Datenblätter sind mit einer digitalisiertem Foto des Stammgastes versehen und stehen für jeden Mitarbeiter griffbereit zur Verfügung.

Es ist also ein leichtes, ein auf den Kunden zugeschnittenes Leistungspaket zu erstellen.

„Wer fragt noch nach dem Preis, wenn er bereits bei der Anreise das Buch auf dem Kopfkissen vorfindet, welches er das letzte Mal vergessen hat?“

oder

„Bei der Ankunft im Restaurant bereits der Wein kalt steht, den der selbe Gast bei seinem letzten Besuch auf der Weinkarte vermisst hat!“

Die enorme Dynamik eines Dienstleistungsunternehmens begründet sich im Wesentlichen in der erfolgreichen Kundenorientierung. Dazu gehört auch, die Kundenzufriedenheit ständig zu messen, alle Gastbemerkungen systematisch zu erfassen und auszuwerten und ein gut funktionierendes Reklamationswesen.

Im Schindlerhof sind derzeit drei Instrumente im Einsatz:

1. Die Beurteilungskärtchen seit 1988
2. Das persönlich geführte Kundenzufriedenheitsgespräch seit 1994
3. Die persönlich geführten Stammkundenzufriedenheitsgespräche seit 1995

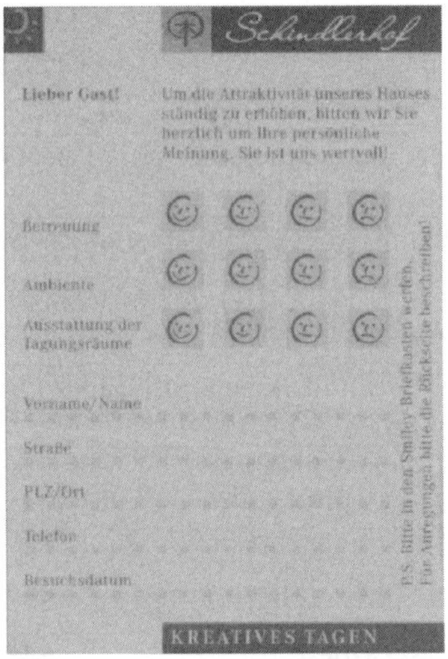

Jede Kundenäußerung wird erfasst, monatlich ausgewertet und dient als Grundlage für zukünftige Entscheidungen. Jede Reklamation, wird am Tage des Erhaltes beantwortet. Der Wert an Wiedergutmachung (vom Gutschein über einen Aperitif bis hin zur Rückzahlung des Rechnungsbetrages) richtet sich nach dem Schweregrad der Reklamation.

„Ein Gast der sich beschwert, bietet die größte Möglichkeit, einen Stammgast zu gewinnen."

3.4 Auf die Mitarbeiter

Jede strategische Entscheidung bedingt, die entsprechenden Mitarbeiter zur Ausführung im Unternehmen zu haben. Die Premium-Preis-Strategie fordert Mitarbeiter, die eine hohe Identifikation zum Unternehmen entwickeln, die mit Stolz über angebotene Produkte und Dienstleistungen sprechen und, die für jedes Verkaufsgespräch das nötige Vertrauen in die eigenen Leistungen in sich tragen.

Die Auswahl und Einstellung von Mitarbeitern hat somit oberste Priorität und muss systematisch und konsequent erfolgen.

Anschließend ist es Aufgabe des Unternehmens den Mitarbeitern nötige Informationen zu vermitteln, um sie zu kompetenten, selbstbewussten und hochmotivierten UnternehmerInnen auszubilden.

Folgende Kenntnisse sind in unseren Augen unabdingbar:

- die Unternehmensphilosophie
- strategische Grundsatzentscheidungen (wie die Premium-Preis-Strategie)
- die lang-, mittel- und kurzfristigen Unternehmensziele
- die Produkt und Leistungspalette
- die hohen qualitativen Ansprüche des Unternehmens
- den Grad der eigenen Kompetenz
- die Freude, an den gemeinsam erreichten und noch zu erreichenden Zielen

... die quantitativ, in einem engen Zusammenhang zu den verlangten Preisen stehen!

Fazit:
Wenn ein Kunde sich beschwert, so tut er dies über die Leistungen und nicht über den Preis! Wer also regelmäßig an der stetigen Verbesserung seiner Leistungen arbeitet hat die größte Chance, dem Marketing Instrument Preis zukünftig einen neuen Stellenwert geben zu können.

Alexander Haas

Discounting als strategische Konzeption

1. Discounting als marktübergreifende Erfolgsstrategie

Der Einzug des Discount in den deutschen Lebensmitteleinzelhandel liegt nunmehr über 30 Jahre zurück. Seitdem hat sich die damit verbundene Art der Marktbearbeitung als bemerkenswert erfolgreich herausgestellt. Dies gilt nicht nur für Aldi, den man geradezu als das Discount-Unternehmen schlechthin auffasst und der seit jeher überdurchschnittliches Umsatz- und Gewinnwachstum realisiert. Vielmehr macht der kumulierte (wertmäßige) Marktanteil der Discounter inzwischen über 30 Prozent aus. Dass die zugrunde liegende strategische Konzeption dabei keineswegs in die Jahre gekommen ist, zeigen auch die aktuellen Entwicklungen im deutschen Lebensmittelhandel: Insbesondere die Discounter haben von der Umstellung auf den Euro profitiert und konnten ihren Marktanteil seit Anfang 2002 deutlich ausbauen (vgl. Diller, 1999).

Discount ist allerdings weder ein länderspezifisches - sprich: rein deutsches - Phänomen noch auf die Lebensmittelbranche beschränkt. Vielmehr tritt Discount marktübergreifend auf - wenn auch in unterschiedlichen, dem jeweiligen Markt entsprechenden Ausprägungen. So kann man Discounter beispielsweise auch im Textil- oder Computerhandel identifizieren. Selbst jenseits des Handels, also bei Herstellern und Dienstleistern, greift Discount: Unternehmen mit „Discount-typischem“ Marktauftritt existieren etwa in den Bereichen Telekommunikation, Werbung, Bank, Computer und Flugverkehr.

Wie erfolgreich „Discount-Unternehmen“ auch jenseits des Handels agieren, lässt sich am Beispiel des Flugverkehrs zeigen: Die amerikanische „Discount-Fluglinie” Southwest Airlines arbeitet seit 1973 durchgehend profitabel und hat selbst im Jahr 2001, das für Fluglinien äußerst schwierig war, mit einem Gewinn abgeschlossen – als einzige der größeren amerikanischen Fluglinien. In Europa lassen sich dagegen zwar erst in jüngerer Vergangenheit Versuche identifizieren, derartige Strategien zu etablieren. Die Beispiele Ryanair und Easyjet zeigen aber bereits, wie erfolgsträchtig „Discount-Strategien“ auch im innereuropäischen Flugverkehr sein können. Entsprechend geht eine aktuelle Studie von Mercer Management Consulting davon aus, dass der Marktanteil der „Billig-Airlines“ auf diesem Markt bis zum Jahr 2010 auf 25 Prozent ansteigen wird.

Aus dem Überblick ergibt sich, dass Discount-Strategien sowohl länder- als auch marktübergreifend sehr erfolgreich sind. Was aber genau sind „Discount-Strategien? Diese Frage zu beantworten, ist Ziel dieses Artikels, der dazu zunächst die strategische Struktur „Discount-typischer“ Strategien bestimmt. Diese eher theoretischen Ausführungen werden danach anhand der Strategien ausgewählter „Discount-Unternehmen“ illustriert.

2. Discounting als preisbetonte Marketingstrategie

2.1 Strategische Struktur des Discounting

Obwohl man das Geschäftsgebaren der Discounter gemeinhin als eine „Preispolitik des Unterbietens“ (Schenk, 1965, S. 3) auffasst, hat man in der Wissenschaft schon früh erkannt, dass es „unzulänglich [ist; Anm. d. Verf.], nur die Verbilligung als systembildend zu sehen“ (Theuer, 1967, S. 6). Vielmehr muss man Discount als Strategie auffassen (= Discounting), also als einen grundsätzlichen, umfassenden Verhaltensplan, der durch eine in sich schlüssige Kombination mehrerer, inhaltlich unterschiedlicher Handlungsanweisungen ein stimmiges, Discount-spezifisches Agieren des Unternehmens bewirkt. Insofern erscheint es zweckmäßig, Discounting als einen „preispolitisch verfeinerten Stil der Unternehmensführung“ (Theuer, 1967, S. 5) - also als preisbetonte Marketingstrategie - zu definieren, die damit nicht nur Handelsunternehmen offen steht. Aus dieser Überlegung folgt, dass sich all diejenigen Unternehmen, die Discounting systematisch und ständig verfolgen, durch den Begriff „Discounter“ kennzeichnen lassen. Discounter sind also nicht auf den Handel beschränkt (vgl. Diller/Haas/Hausruckinger, 1998).

Für die nähere inhaltliche Konzeption des Discounting kann man auf das strategische Dreieck als das grundlegende Denkraster des Strategischen Marketing zurückgreifen (s. Abbildung 1). Es drückt aus, dass man sowohl an den Bedürfnissen des Marktes (Kunden) als auch an den Stärken und Schwächen der Konkurrenz ansetzen muss, wenn man mit einer daran relativierten Leistung bzw. dem zugehörigen Leistungserstellungsprozess strategische Wettbewerbsvorteile erreichen will; erst die Kenntnis der drei Eckpunkte Kunde, Konkurrenz und eigenes Unternehmen sowie der zwischen diesen Elementen bestehenden Relationen ermöglicht die Formulierung einer in sich schlüssigen, vollständigen Marketingstrategie (vgl. Simon, 1988, S. 4).

Dabei bilden die Relationen den zweckmäßigen Ansatzpunkt für die inhaltliche Konzeption des Discounting: Aus einer Handlungsperspektive kann man die Relationen des strategischen Dreiecks als Gesamtheit der zwischen den verschiedenen Elementen stattfindenden Aktivitäten auffassen. Entsprechend handelt es sich unternehmensbezogen um entweder primär auf die Kunden oder aber primär auf die Konkurrenten gerichtete Tätigkeiten. Da es gerade diese Tätigkeiten sind, die es durch Marketingstrategien auf das Effektivitätskriterium hin auszurichten gilt, muss infolgedessen die zu entwickelnde Konzeption inhaltlich das Verhalten sowohl gegenüber den Kunden als auch gegenüber den Konkurrenten in für das Discounting spezifischer Art fixieren.

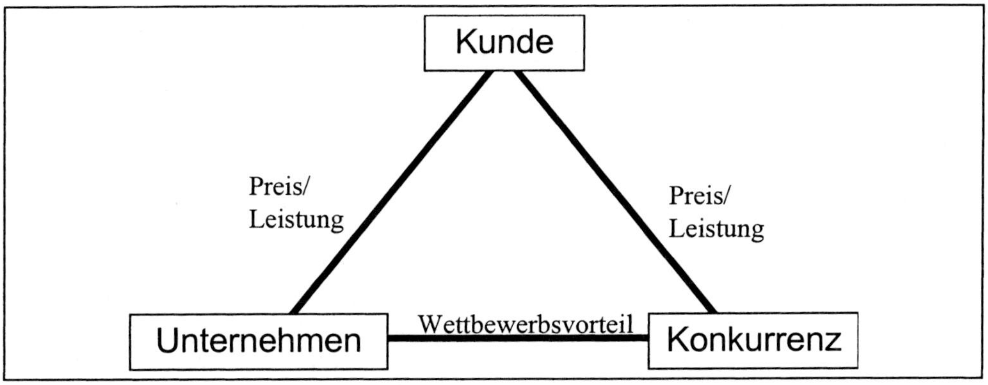

Abbildung 1: Das strategische Dreieck (Quelle: In Anlehnung an Simon, 1988, S. 3.)

Das durch Marketingstrategien koordinierte Handeln muss in Richtung Kunden zu einem Nutzen führen, der sich wiederum aus den Bestandteilen Preis und Leistung zusammensetzt, während es in Richtung Konkurrenz Wettbewerbsvorteile ermöglichen muss, die dann das jeweilige Nutzenangebot absichern, indem sie direkt oder über Wirkungsketten als Kundenvorteile finalisiert werden. Als Konsequenz hat eine vollständige Konzeption des Discounting sowohl die preis- als auch die leistungsbezogenen sowie die direkt auf Wettbewerbsvorteile abzielenden Verhaltensmuster in grundsätzlicher Weise vorzugeben. Deren Präzisierung lässt sich in Verbindung mit den Erkenntnissen der Discount-Forschung vornehmen (s. Abbildung 2).

Mit Blick auf das preisbezogene Verhaltensmuster hält die Discount-Forschung insbesondere den Anbieter, der im Rahmen seiner Marktbearbeitung die (mit Abstand) niedrigsten Preise fordert, für Discount-typisch (vgl. z.B. Schenk, 1965, S. 3). Handlungsleitend formuliert, geht es also darum, das preispolitische Verhalten auf dem jeweiligen Zielmarkt auf das Erreichen und Erhalten der im Vergleich zur Konkurrenz niedrigsten Preise auszurichten. Dieses Verhalten bezeichnet man gemeinhin als Preisführerschaft, die damit die preisbezogene Komponente des Discounting darstellt.

Hinsichtlich des leistungsbezogenen Verhaltensmusters findet sich nicht selten die Ansicht, im Rahmen einer Discount-spezifischen Marktbearbeitung ginge es um die Reduktion oder gar Minimierung der angebotenen Leistung. Allein: Eine derartiges Handeln beinhaltet zum einen kein Nutzenangebot an die Kunden; zum anderen kann eine konsequente Reduktion bzw. Minimierung des Leistungsangebots dazu führen, dass dieses aus Kundensicht obsolet wird. Als Konsequenz wird in der Discount-Forschung darauf hingewiesen, dass Leistungsreduzierung nur einem vordergründigen, wenngleich häufigen Symptom der dahinter stehenden strategischen Vorgabe gleich kommt. Den eigentlichen Wert für die Kunden erzeugt man indes, indem man sich konsequent auf die wesentlichen Leistungsbestandteile beschränkt und den Kunden das effiziente Durchlaufen des gesamten Prozesses der Leistungsinanspruchnahme - von der Vorkauf- bis zur Nachkaufphase -

ermöglicht (vgl. Haas, 1993, S. 1149-1150; Hörschgen u.a., 1993, S. 79-80). Aus Sicht der Kunden wird die Leistungsinanspruchnahme vereinfacht. Die Leitlinie, die das leistungspolitische Handeln entsprechend kanalisiert, wird daher im folgenden als Leistungsvereinfachung bezeichnet; sie stellt die leistungsbezogene Komponente des Discounting dar.

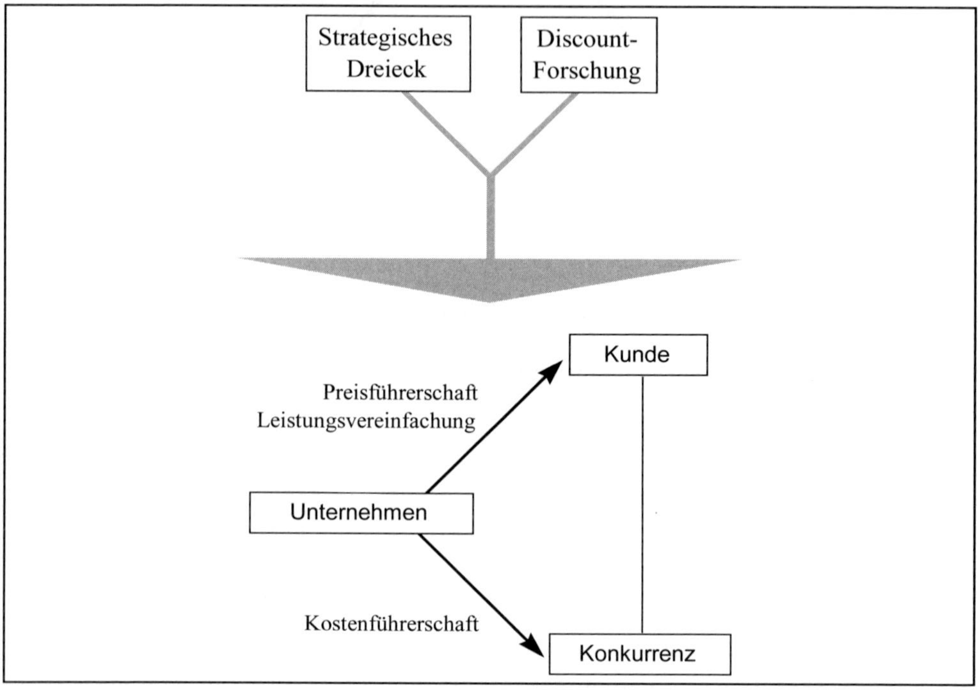

Abbildung 2: Vom Strategischen Dreieck zum Discounting

Abschließend bleiben diejenigen Discount-typischen Verhaltensmuster zu klären, die direkt konkurrenzgerichtet sind. Diesbezüglich herrscht in der Discount-Forschung hohe Einigkeit: Discount-spezifische Marktbearbeitung basiert auf Kostenvorteilen gegenüber den Wettbewerbern. Als Handlungsaufforderung formuliert, gilt es, alle Aktivitäten des Unternehmens darauf auszurichten, eine bessere Kostenposition, insbesondere niedrigere Gesamtkosten, als die Konkurrenz zu erreichen. Die dazu korrespondierende grundsätzliche Leitlinie lässt sich als Kostenführerschaft definieren. Sie ist gleichzeitig die auf direkte Wettbewerbsvorteile abzielende Komponente des Discounting.

Um aus den einzelnen Komponenten Preisführerschaft, Leistungsvereinfachung und Kostenführerschaft eine in sich schlüssige mehrdimensionale Marketingstrategie zu formen, bedarf es einer konzeptionellen Verbindung der drei Bausteine. Diese Verbindung muss dabei sowohl auf der Ziel- als auch auf der Mittelebene erfolgen (vgl. Haas, 2000).

Da die Konzeption des Discounting im Hinblick auf den Einsatz in marktwirtschaftlichen Systemen erfolgt und man in solchen die dauerhafte Bestandssicherung von Unternehmen im Allgemeinen über die Orientierung des unternehmerischen Handelns am Gewinnprinzip zu erreichen trachtet, wird auf der Zielebene Gewinnwachstum zur Koordination der drei strategischen Bausteine herangezogen. Auf der Mittelebene gilt es dagegen, die Bausteine konzeptionell zu integrieren, indem man das Wissen um ihre spezifischen Wirkungsweisen und -zusammenhänge entwickelt, in der organisatorischen Wissensbasis verankert und für zukünftige Problemlösungserfordernisse hin organisiert, d.h. durch adäquate Transferprozesse unternehmensweit nutzbar macht. Man spricht bei dieser Art des Wissensaufbaus sowie -transfers von (organisationalem) Lernen.

Insgesamt liegt damit die strategische Struktur des Discounting in geschlossener Weise vor. Diese Konzeption gilt es nunmehr im Bereich der einzelnen Strategieelemente weiter zu präzisieren.

2.2 Strategischer Baustein Preisführerschaft

Bei der Preisführerschaft im strategischen Sinne geht es darum, durch die Gesamtheit des preispolitischen Handelns die Wahrnehmung als preisgünstigster Anbieter auf dem Markt zu etablieren. Preisimages bilden und verändern sich dabei als Folge von Wahrnehmungs- und Lernprozessen im Laufe der Zeit. In diesem Sinne führen (neu) wahrgenommene preisimagerelevante Informationen zu einer Restrukturierung des Wissensbestandes der Kunden (Lernen), indem sie in das vorhandene Image integriert werden, das sich dadurch entweder verfestigt oder aber in mehr oder weniger großem Umfang an die neuen Informationen anpasst (vgl. dazu Nyström, 1970, S. 174-177; Diller, 1984, S. 244).

Daneben laufen gleichzeitig Lernprozesse ab, welche die Konsistenz der gesamten im Laufe der Zeit gemachten preislich relevanten und verarbeiteten Wahrnehmungen zum Gegenstand haben. Die sich als Ergebnis dieser Lernprozesse bei den Kunden herausbildende Erwartung, dass sich der Anbieter hinsichtlich seines preispolitischen Verhaltens zumindest nicht opportunistisch verhält bzw. verhalten wird, kann man als Preisvertrauen auffassen (vgl. Diller, 2000, S. 181). Ansetzend an den beiden Komponenten Preiswahrnehmung und Preisvertrauen lassen sich die Prinzipien ableiten, die es im Rahmen des Preisimagemanagements zu beachten gilt, um letztlich die Preisführerschaft zu erreichen (s. Abbildung 3).

Preisvorteil vor Gewinnabschöpfung als Grundprinzip
Das Grundprinzip der Preisführerschaft setzt an den beiden Handlungsoptionen an, die einem Unternehmen grundsätzlich offen stehen, sobald ein Spielraum für Preissenkungen vorhanden ist: Eine Verbesserung der Kostenposition kann entweder als Gewinn abgeschöpft oder in Form einer entsprechenden Preisanpassung an die Kunden weitergegeben werden. Einen Preisvorteil für die Kunden schafft man dabei lediglich durch die Preisre-

duktion, die insofern das markstimulierungsstrategische Handlungsmuster der Preisführerschaft darstellt.

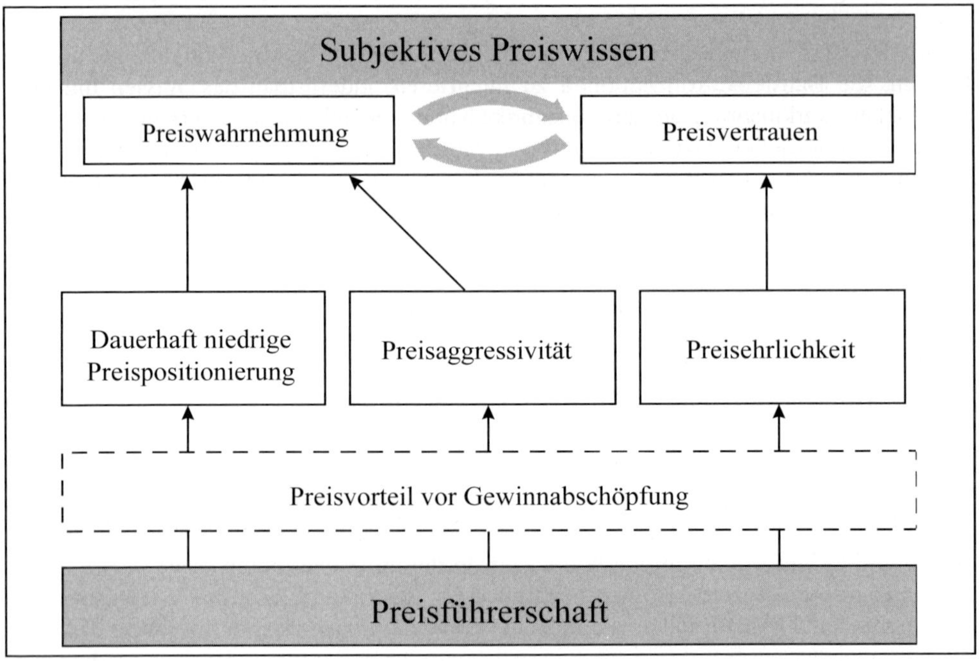

Abbildung 3: Prinzipien der Preisführerschaft

Besitzt ein Unternehmen das Image des Preisführers, besteht die Möglichkeit, den potentiellen Gewinn in mehr oder minder großem Umfang abzuschöpfen, ohne dass sich die von den Kunden empfundene Preisgünstigkeit unmittelbar auflösen muss (vgl. Simon/ Tacke, 1991, S. 171). Ein Preisimage, das einzig auf dem geschickten Einsatz nichtpreislicher Instrumente basiert, stellt im Grunde jedoch eine bewusste Täuschung der Kunden dar und birgt als Folge die Gefahr, dass die Konsumenten die Diskrepanz zwischen wahrgenommener und faktischer Preisgünstigkeit bemerken. Insbesondere wenn die Kunden die Diskrepanz als das Ergebnis planvollen Unternehmenshandelns auffassen, stellt sich neben der Erosion des Preisimages gleichzeitig ein Vertrauensverlust ein. Der insgesamt daraus resultierende Schaden kann durchaus erheblich sein (vgl. dazu Simon/Pohl, 1996, S. 170).

Sieht man also von einem kurzfristigen Ausnutzen des Preisimages aufgrund taktischer Zwänge ab, gilt es als Preisführer daher, dem Einräumen eines Preisvorteils Priorität vor dem Abschöpfen des Gewinnes einzuräumen. Da gerade die Preisführerschaft auf das Argument des niedrigsten Preises abstellt, gefährdet man ansonsten den langfristigen

Erfolg zugunsten eines rein kurzfristigen Ausnutzens des vorhandenen Wettbewerbsvorteils (vgl. Treacy/Wiersema, 1995, S. 58).

Dauerhaft niedrige Preispositionierung

Bei der Preispositionierung im Sinne der Preisführerschaft geht es aus wahrnehmungstheoretischer Sicht darum, dass die Kunden als Ergebnis ihrer Informationsaufnahme- und -transformationsprozesse das spezifische Unternehmen als das Preisgünstigste einstufen. Die grundsätzliche Möglichkeit, alle preisbezogenen Informationen objektiv zu vergleichen, stellt allerdings ein für den Verbraucher überaus komplexes Verhalten dar. Insofern erlangt insbesondere die Urteilsgeneralisierung als Vereinfachungsstrategie praktische Bedeutung. Kunden schließen dabei von wenigen Eindrücken, die sowohl preislicher als auch nichtpreislicher Natur sein können, auf die Preisgünstigkeit des gesamten Unternehmens (vgl. Diller, 1978, S. 112; Lenzen, 1984, S. 85, S. 93).

Mit Blick auf die Urteilsgeneralisierung lassen sich Leistungen identifizieren, bei denen das Preisinteresse der Konsumenten überdurchschnittlich groß ist und die dementsprechend für das Preisimage der Unternehmen eine besonders bedeutsame Rolle spielen. Dies sind zum einen die sog. „Eckartikel"; zum anderen die preisgünstigsten („ersten") und teuersten („letzten") Produkte von Produktlinien bzw. Sortimenten. Derartige Leistungen treten in der Wahrnehmung der Konsumenten hervor und üben daher einen besonderen Einfluss auf das Preisimage aus (vgl. Monroe, 1990, S. 304).

Daneben wird häufig unterstellt, dass sich das Preisimage der Verbraucher an den Preisen weniger Artikel, vor allem an Schlüsselprodukten, Sonderangebots- und werblich herausgestellten Artikeln orientiert. Selektiv günstige Preise setzen allerdings voraus, dass eine gewisse Homogenität der „Orientierungsartikel" bei den Verbrauchern besteht. Ist dem nicht so, entfaltet sich nur bei einem Teil der Kunden die volle Imagewirkung. Zudem besteht die Gefahr, dass sich ein Subimage für Sonderangebote bildet und somit Sonderangebots- und Normalpreisimage auseinanderfallen (vgl. Diller, 2000, S. 471), was dem Anstreben der Preisführerschaft entgegenliefe. Ein ganzheitlicher, umfassender Imageaufbau lässt sich in beiden Fällen erst durch generell günstige Preise erreichen.

Abschließend ist aufgrund der Dynamik von Preisimages zu gewährleisten, dass Konsumenten die Preise nicht nur während abgegrenzter Perioden, sondern permanent als außergewöhnlich niedrig wahrnehmen. Mithin können Preisänderungen notwendig werden, sobald sich die Kundenwahrnehmung ändert - ausgelöst beispielsweise durch Preissenkungen der Konkurrenz. In analoger Weise kann „Preiskonstanz" das eigene Preisimage stärken, wenn man Preiserhöhungen der Konkurrenten erst mit zeitlicher Verzögerung folgt.

Preisaggressivität

Mit dem Prinzip der Preisaggressivität zielt man darauf ab, den Verbrauchern zu vermitteln, dass das entsprechende Unternehmen das Preisgeschehen auf dem Markt bestimmt, indem es kontinuierlich und konsequent nach tieferen Preisen strebt. Daraus folgt die Bereitschaft, sich die Rolle des Initiators von Preisänderungen notfalls zu erkämpfen, also Preissenkungen auch - oder gerade - dann durchzuführen, wenn sie Mitbewerbern schaden könnten oder tatsächlich schaden (vgl. dazu Lücking, 1995, S. 36-37).

Durch ein derartiges preisaggressives Verhalten erfolgt eine Disziplinierung des Preisauftritts der anderen Wettbewerber: Indem man permanent versucht, die Preise der Konkurrenten zu unterbieten, wird eine Art preislicher Benchmark immer wieder neu konstituiert. Dadurch zwingt man die Wettbewerber zu entsprechenden Korrekturen ihrer Preisforderungen - auch wenn ein solches Nachziehen bei diesen strategisch nicht vorgesehen oder gar (kosten)strukturbedingt nicht möglich ist. Des weiteren kommt Unternehmen bei preisinitiativem Verhalten, also zeitlichem Vorangehen bei Preissenkungen, die Rolle des Gestalters der marktlichen Preisstruktur zu. Schließlich führt Preisflexibilität - sprich: eine schnelle Anpassung der eigenen Preise an veränderte Marktgegebenheiten - dazu, dass die Weitergabe von Preisvorteilen als Folge neuer Umweltkonstellationen in effizienter Weise geschieht. Insgesamt weckt ein solches preispolitisches Verhalten Aufmerksamkeit. Darüber hinaus kann sich das Preisimage mit positiven Gefühlen aufladen und damit an Anziehungskraft gewinnen – insbesondere, wenn es gelingt, die Vorteile kundenseitig zu (emotional geprägten) Preiserlebnissen werden zu lassen (vgl. Diller, 2000, S. 106).

Aus wahrnehmungstheoretischer Sicht ist das aggressive Preisverhalten sowohl im Ausmaß und in der Häufigkeit der Preisveränderungen als auch hinsichtlich des Umfangs der davon betroffenen Leistungen auf die Fühlbarkeitsschwelle der Abnehmer auszurichten. Dabei führt eine hohe Frequenz an (wahrgenommenen) Preisreduktionen zur Verfestigung eines positiven Preisimages. Als Konsequenz ist es zweckmäßig, anstehende Preisreduktionen nicht gleichzeitig, sondern zeitlich verteilt vorzunehmen - allerdings unter der Voraussetzung, dass sich die jeweiligen Preisänderungen auch nach einer solchen Aufteilung noch wahrnehmen lassen. In diesem Zusammenhang stellt speziell der massive, auf Aufmerksamkeit zielende Einsatz preisbetonter kommunikationspolitischer Maßnahmen ein probates Mittel dar, um das Preisimage positiv zu beeinflussen.

Preisehrlichkeit

Durch das Prinzip der Preisehrlichkeit will der Anbieter das Vertrauen der Kunden in seine Preispolitik aufbauen. Im Kern geht es darum, dass die Kunden das preispolitische Verhalten des Anbieters als ehrlich wahrnehmen und als Folge von der Fairness und damit ebenfalls von der Vorteilhaftigkeit der Preisforderungen überzeugt sind (vgl. Diller, 2000, S. 183-185). Die Bedeutung der von den Kunden wahrgenommenen Preisehrlichkeit als Komponente des Preisimages liegt in der Ergänzung mehr oder minder - im Extremfall gar nicht - vorhandener Preisinformationen durch das Preisvertrauen. Eigenständig daneben steht zudem ein gewisser Entlastungseffekt, da die Kunden durch das an den Tag gelegt Preisverhalten des Anbieters nicht ständig darauf achten müssen, Fehler zu machen, indem sie z.B. besondere Angebote verpassen oder Preisunterschiede zu machen, indem sie z.B. besondere Angebote verpassen oder Preisunterschiede übersehen (vgl. Diller, 1997, S. 17; Simon/Pohl, 1996, S. 172).

Preisehrliches Verhalten bedeutet dabei zum einen, dass man die Kunden mit allen subjektiv benötigten Preisinformationen versorgen muss: Preise müssen klar und übersichtlich, Preisangaben korrekt und nicht durch preisoptische „Tricks" geschönt sowie Preisunterschiede und Preisänderungen nachvollziehbar sein, was insbesondere die Erläuterung von Preiserhöhungen impliziert. Um die Kunden von der Preisfairness zu überzeugen, gilt es zum anderen zu verdeutlichen, dass neben dem Unternehmensinteresse die Belange des Käufers gleichwertig und in gerechter Weise in die Preisfindung eingehen (Prinzip der Solidarität und der Preisgerechtigkeit). Dazu muss man alle Leistungen in einem aus Kundensicht durchgängig günstigen Preis-Leistungsverhältnis anbieten sowie durch Preisflexibilität die Angemessenheit der Preise unverzüglich wiederherstellen, sobald man Kostenvorteile erzielt oder die Konkurrenz Preisänderungen vollzogen hat (Prinzip der Konsistenz und der Preiszuverlässigkeit), damit im Laufe der Zeit der vertrauensvolle Umgang mit dem Kunden für diesen auch anhand seiner konkreten Einkaufserfahrungen deutlich wird. Darüber hinaus ist (preis)faires Auftreten durch kulanten Umgang mit Kundenbeschwerden abzusichern (vgl. Diller, 2000, S. 184-186; Diller, 1997, S. 18-20).

2.3 Strategischer Baustein Leistungsvereinfachung

Kundenseitiger Anknüpfungspunkt für den strategischen Baustein Leistungsvereinfachung stellen auf zahlreichen Märkten beobachtbare kaufverhaltensrelevante Entwicklungen dar. So ermöglichen die in vielen Produktbereichen durch Erfahrung und Informationen vorhandenen (guten) produkt- bzw. leistungsbezogenen Kenntnisse den Kunden eine genaue Prüfung und Beurteilung des Angebots und führen zu einem stärker rationalen, am Preis-Leistungsverhältnis ausgerichteten Kaufverhalten. Ein weiterer kundenseitiger Trend besteht in der zunehmenden Wertschätzung der Verbraucher eines für sie „bequemen" Einkaufens. Daneben bemühen sich viele Konsumenten, bestimmte Einkäufe möglichst schnell zu erledigen. Insgesamt führen die verschiedenen Ursachen bei immer mehr Konsumenten zu einem effizienten, auf den Kernnutzen ausgerichteten Kaufverhalten (Lean Consumption).

Als Folge gilt es, das jeweilige Unternehmensangebot verstärkt auf den tatsächlich für die Kunden geschaffenen Wert zu hinterfragen. Ansatzpunkte dafür bietet die Wertkette der Abnehmer: Die von einem Unternehmen erbrachte Leistung generiert aus Kundensicht zunächst einen Nutzen, der sich aus ihrer Inanspruchnahme ergibt. Dagegen geht die unternehmensspezifische Wertkette als Preis in diejenige der Abnehmer ein und bildet damit einen den Kundennutzen schmälernden Bestandteil. Ein weiterer Nutzenverlust entsteht durch den mehr oder minder großen Aufwand, der im Zusammenhang mit dem Kauf sowie der Inanspruchnahme der Leistung anfällt. Der eigentliche Wert für den

Kunden („value“) ergibt sich damit aus der Differenz von leistungsinduziertem Nutzen und Aufwand (s. Abbildung 4 sowie den Beitrag von Bliemel/Adolphs in diesem Band).

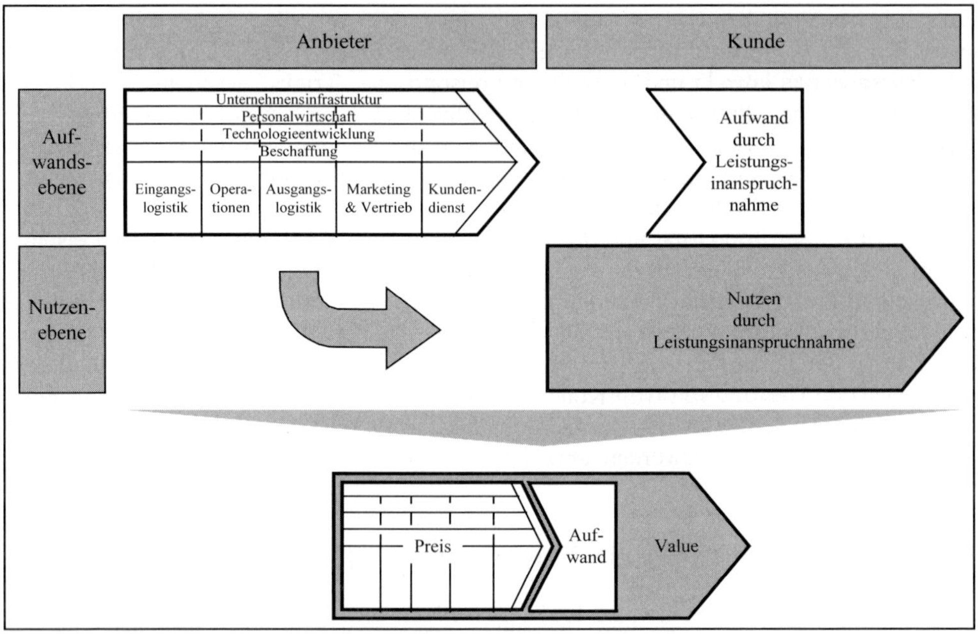

Abbildung 4: Die Wertkette der Abnehmer

Aus dem Konzept der Wertkette der Abnehmer lassen sich die *Prinzipien* ableiten, die den strategischen Baustein Leistungsvereinfachung ausmachen:

Effizienz für den Kunden als Grundprinzip
Leistungsvereinfachung setzt kundenseitig an Lean Consumption an, welche es angebotsseitig zu ermöglichen gilt. Will man den insgesamt resultierenden leistungsspezifischen Wert für die Kunden erhöhen, kann man zum einen eine Problemlösung anbieten, die den Vorstellungen der Kunden möglichst genau entspricht (Effektivitätsaspekt); zum anderen gilt es, diese Problemlösung so anbieten, dass sich der mit dem Kauf zusammenhängende Kundenaufwand weitestgehend reduziert (Effizienzaspekt).

Mit Blick auf die Effektivität des Kaufverhaltens richten die Konsumenten ihr Kaufverhalten im Falle der Lean Consumption auf den Grundnutzen aus. Daher besteht die optimale Leistung aus einigen wenigen, fundamentalen Eigenschaften („Leistungskern“). Daneben meint Effizienz des Kaufverhaltens, also „richtig“ einzukaufen, dass in bezug auf den Wert für den Kunden nicht nur dem Leistungsergebnis, sondern auch dem Prozess der Leistungsinanspruchnahme eine Relevanz zukommt. Denn der Aufwand für die Konsumenten besteht neben dem zu entrichtenden Preis in den diversen Aktivitäten, die sie im Verlaufe des Kaufprozesses entfalten müssen, um in den Genuss des mit der Leistung zusammenhängenden Nutzens zu kommen. Insofern wird das möglichst „reibungslose“ Durchlaufen des gesamten Kaufprozesses zu einem eigenständigen, nutzenstiftenden Leistungsbestandteil (vgl. Diller/ Haas/ Hausruckinger, 1997, S. 23).

Konzentration auf das Wesentliche

Das Prinzip der Konzentration auf das Wesentliche setzt am Effektivitätsaspekt des Leistungsangebots an: Das Ziel besteht darin, genau die Leistungseigenschaften im „Produkt“ zu vereinen, die für eine optimale Problemlösung der Kunden ausreichen. Insofern folgt Leistungsvereinfachung der für Anbieter wie Abnehmer gleichermaßen attraktiven Idee, aus weniger mehr zu machen, indem man die Komplexität der Marketingsysteme auf die wesentlichen Komponenten zurückführt. Neben der konkreten Umsetzung einer solchen Leistung im Rahmen der Produktpolitik gilt es darüber hinaus, der Wahrnehmung der Abnehmer durch eine entsprechende Produktpositionierung Rechnung zu tragen, so dass die Kunden das Leistungsangebot als konsequent auf die substantiellen Bestandteile konzentriert erkennen, ohne dass sie aber mit den derartigen Reduktionen eine wirkliche Leistungseinbuße verbinden. Zur (Weiter)Entwicklung der Leistung in einer für das Lean Consumption adäquaten Weise geht es konzeptionell zunächst darum, das eigentliche Problem zu identifizieren, das es aus Kundensicht zu lösen gilt; aus dieser fundamentalen Produktleistung ergibt sich der Kernnutzen. Diesen muss man dann in eine Grundversion der anzubietenden Leistung transformieren und durch diejenigen Eigenschaften ergänzen, die dazu führen, dass die Angebotsleistung mit den Erwartungen der Käufer korrespondiert. Dabei reichen im Falle der Lean Consumption bereits wenige zusätzliche Eigenschaften aus; die erwartete Leistung entspricht zum größten Teil dem generischen Produkt (s. Abbildung 5).

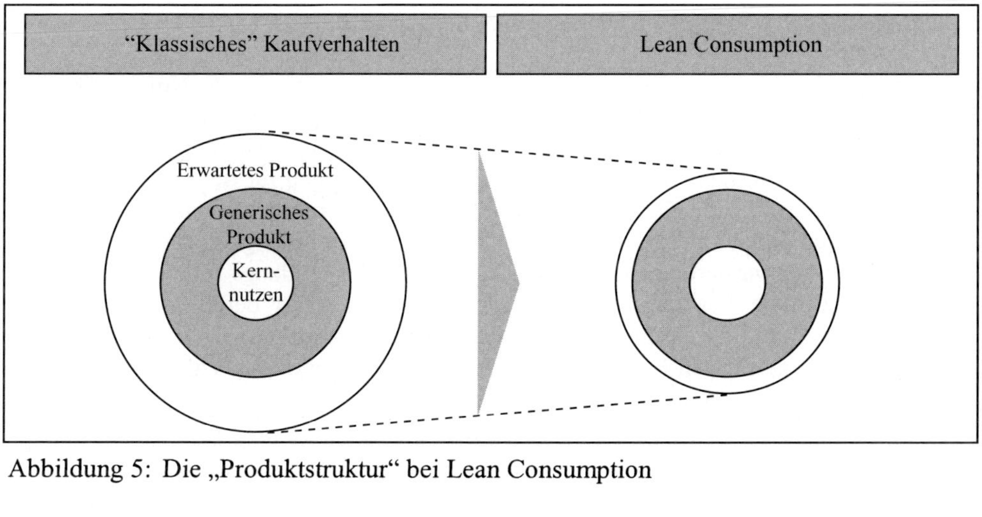

Abbildung 5: Die „Produktstruktur“ bei Lean Consumption

Insgesamt werden die aus Sicht des „durchschnittlichen Kunden“ eines Marktes für den Wert der Leistung zentralen Teilaspekte wettbewerbsfähig gestaltet; die übrigen Elemente erfüllen lediglich die nötigen Mindeststandards - sofern sie sich nicht sogar aus dem Leistungsangebot entfernen lassen. Daneben ist eine Leistungsvereinfachung auch räumlich oder zeitlich möglich, indem man geeignete Leistungsbestandteile nur an den Orten bzw. in der Zeitspanne ihrer primären Nachfrage in das Leistungsangebot integriert.

Kundenintegration

Das Prinzip der Kundenintegration entspricht der Handlungsaufforderung, „das Problem des Kunden zusammen mit dem Kunden zu lösen“ (Kleinaltenkamp, 1996, S. 23). Denn die Reduktion des leistungsinduzierten Aufwands für die Abnehmer erfolgt erst dann in optimaler Weise, wenn man die unternehmens- und kundenseitigen Prozesse gemeinsam betrachtet: Eine ausschließlich an der unternehmensinternen Effizienz orientierte Prozessgestaltung führt quasi zwangsläufig zu kundenseitigen Ineffizienzen. Dagegen zieht eine rein an der effizienten Inanspruchnahme durch die Kunden ausgerichtete Leistung ineffiziente Unternehmensabläufe nach sich, die - z.B. über den Preis - einen Anstieg des Kundenaufwands bedingen können. Aus Unternehmenssicht geht es folglich darum, die zu erbringende Gesamtleistung in (eigenständige) Teilleistungen zu zerlegen und den Kunden einige davon selbst ausführen zu lassen (vgl. Treacy/Wiersema, 1995, S. 57).

Das Ziel besteht nun zum einen in der optimalen Aufteilung des Leistungserstellungsprozesses auf Unternehmen und Kunden; in gewissem Umfang erfolgt also eine Delegation von (originären) Leistungsbestandteilen. Zum anderen gilt es, in geeigneter Weise dafür zu sorgen, dass die Kunden autonom diejenige Leistungsinanspruchnahme wählen können, die ihnen den geringsten Aufwand bereitet; dabei findet insofern eine Selektion statt, als der Kunde selbst darüber entscheidet, ob und wie er bestimmte Leistungskomponenten übernimmt (vgl. Meyer/Blümelhuber, 1995, S. 32, S. 38).

Insgesamt ist Kundenintegration sinnvoll, wenn der dabei entstehende Nutzen für die Kunden größer als der zusätzliche Aufwand ist. Aus Sicht des Anbieters sind daher zum einen solche Leistungsbestandteile zu übertragen, die nicht die Erstellung der Kernleistung betreffen, aber Kosten verursachen oder zu Verzögerungen für die Kunden führen, zum anderen solche, die die Kunden nicht als Mehraufwand wahrnehmen oder auf die sie gar zu verzichten bereit sind, schließlich solche, deren Vorteilhaftigkeit für die Kunden je nach Ausführung variiert, um ihnen so selbst die Art des Vollzugs freizustellen. Sind allerdings spezifische Leistungselemente einmal übergeben, ist deren „schleichender Rückübertragung“ auf die Anbieter konsequent entgegenzuwirken, da andernfalls die Grundlage für die gewährten Preisvorteile nach und nach wegbräche (Vgl. Berry/Yadav, 1997, S. 65; Diller/Haas/Hausruckinger, 1997, S. 23).

Reduktion des Kundenrisikos

Das Prinzip der Reduktion des Kundenrisikos setzt am von den Kunden wahrgenommenen Kaufrisiko an, das sich als eine Art Vor-Entscheidungsdissonanz interpretieren lässt.

Aufgrund der situativ verfügbaren Informationen nimmt der Konsument Abweichungen zwischen seinen mit dem Kauf verbundenen Erwartungen und den voraussehbaren Folgen seines Kaufs wahr. Da das wahrgenommene Kaufrisiko das Verhalten beeinflussen kann, zielt man mit dem hier angesprochenen Prinzip darauf ab, dass dieses Risiko eine käuferindividuelle, einen Kauf verhindernde Toleranzschwelle nicht übersteigt.

Die in Zusammenhang mit einem Kauf erwarteten negativen Konsequenzen können unterschiedlicher Art sein, lassen sich aber im Zusammenhang mit Discounting zu einem wesentlichen Teil auf das funktionale Risiko zurückführen – also auf die kundenseitige Unsicherheit bezüglich der Problemlösungskraft der Leistung, die man in Anspruch zu nehmen beabsichtigt. Dieses zu verringern, steht insofern im Zentrum der produktpolitischen Bemühungen.

Das Empfinden von Risiko beruht stets auf der (subjektiven) Wahrnehmung der Konsumenten, die von der (objektiven) Realität abweichen kann. Als Folge dieser Überlegung ergeben sich zwei Ansatzpunkte, um das Kundenrisiko zu reduzieren. So kann man sich einerseits auf ein Leistungsspektrum konzentrieren, dessen Qualität respektive Funktionalität sich garantieren lässt: Während man sich im Rahmen der Leistungserstellung auf beherrschbare Prozesse verlegt, legt man leistungsbezogen den Schwerpunkt auf unproblematische, ausgereifte Komponenten. Andererseits gilt es, den Kunden sowohl den genauen Inhalt der Leistung zu vermitteln als auch deren (zumindest angemessene) Qualität mittels geeigneter „Absicherungsleistungen“, z.B. Garantien, sowie entsprechender Kommunikation transparent zu machen (vgl. Treacy/Wiersema, 1995, S. 48-50).

2.4 Strategischer Baustein Kostenführerschaft

Mit Kostenführerschaft verfolgt man das Ziel, alle existierenden Kostensenkungspotentiale zu identifizieren sowie diese durch strategisches Kostenmanagement zu realisieren, um einen strategischen Kostenvorsprung gegenüber den Konkurrenten zu erlangen, also dauerhaft der kostengünstigste Anbieter des entsprechenden Marktes zu werden.

Zur Identifikation der Kostensenkungspotentiale kann man sich der strategischen Kostenanalyse bedienen. Hat man die Kostensenkungspotentiale identifiziert, muss man diese in einem nächsten Schritt durch strategisches Kostenmanagement möglichst vollständig zu realisieren versuchen, indem man durch das Aufdecken und die gezielte Einflussnahme auf die den Kostenanfall ursächlich determinierenden Faktoren das Kostenniveau, die Kostenstrukturen, die Kostenflexibilität, das Kostenverhalten und die Komplexitätskosten beeinflusst, Kostentransparenz schafft sowie - als Folge - das Kostenbewusstsein im gesamten Unternehmen verstärkt.

Sieht man von einer machtbedingten Reduktion der Beschaffungskosten ab, vollzieht sich die Kostenbeeinflussung primär in der Leistungssphäre von Unternehmen: Den Ansatzpunkt bietet der aus Potentialen, Prozessen und Ergebnissen bestehende spezifische Beziehungszusammenhang, auf dem das Leistungsangebot der Unternehmen gründet. Diesen mehrstufigen Beziehungszusammenhang gilt es, unter besonderer Berücksichtigung der Kostenbestimmungsfaktoren so zu gestalten, dass eine Optimierung der Strukturen und Abläufe - und somit letztlich der Kostenposition - erfolgt. Hier setzen denn auch die Prinzipien der Kostenführerschaft an:

Vermeidung von Verschwendung als Grundprinzip

Der handlungsleitende Gedanke der Kostenführerschaft lässt sich als das Vermeiden von Verschwendung formulieren. Denn bei der Kostenführerschaft handelt es sich zwar um eine kostenorientierte, nicht aber um eine eindimensionale - und damit einseitige - strategische Stoßrichtung: Das Ziel besteht keineswegs allein in der immer weiteren Reduktion der unternehmensspezifischen Kosten, da auf diese Weise die angebotene Leistung die von den Kunden gewünschte Problemlösungsfähigkeit teilweise oder gar ganz verlieren kann und dann im Vergleich zum Konkurrenzangebot als inakzeptabel empfunden wird. Insofern definiert sich Kostenführerschaft problemlösungsorientiert: Es geht um die niedrigsten Kosten für das Erstellen und Anbieten einer bestimmten, zu dieser Problemlösung geeigneten Leistung.

Die Ursachen für Verschwendung können qualitativer, quantitativer, zeitlicher und räumlicher Natur sein. So führen Aktivitäten aus qualitativer Sicht zu Verschwendung, wenn sie nicht zieladäquat sind, während mit Abweichungen vom erforderlichen Ergebnisumfang, also mit dessen mengenmäßiger Unter- oder Übererfüllung, quantitative Ursachen vorliegen. Daneben kann sich zeitlich induzierte Verschwendung daraus ergeben, dass Aktivitäten zu langsam ausgeführt werden oder nicht aufeinander abgestimmt sind. Schließlich kann man räumlich bedingte Verschwendung auf zu große Distanzen infolge nicht optimierter Strecken zurückführen (vgl. Pfeiffer/Weiß, 1994, S. 70).

Letztlich umfasst das dauerhafte Vermeiden von Verschwendung zwei Aufgaben: Zum einen gilt es, Abweichungen von der optimalen Gestaltung des unternehmensspezifischen Aktivitätengeflechts entschlossen zu korrigieren; zum anderen muss man die optimale Kostenposition, hat man sie einmal erreicht, auf Dauer gewährleisten - auch indem man aktiv nach kostensenkenden Innovationen sucht (vgl. dazu Meffert/Siefke, 1994, S. 29-30). Dafür ist es nötig, im Rahmen des Kostenmanagements unternehmensweit und in geeigneter Weise für einen ständigen, intensiven Druck zu aggressiver Kostenreduktion zu sorgen, der auf allen Ebenen des Unternehmens, d.h. von jeder Person, spürbar ist. Insofern ist Kostenführerschaft kein punktuelles Handeln, sondern ein permanenter Prozess.

Vereinfachung

Unter Vereinfachung lässt sich der Prozess verstehen, die jeweils bestehende Art und Weise, eine spezifische Funktion zu erfüllen, durch eine einfachere, d.h. weniger komplexe, zu ersetzen (vgl. Rommel u.a., 1993, S. 2). Den Ansatzpunkt sowie die kostenmäßige Begründung für ein solches unternehmensweites, grundsätzliches Streben nach Vereinfachung bietet das in der Vergangenheit häufig verfolgte Ziel, individuelle, sich rasch wandelnde Kundenwünsche perfekt, qualitätssicher und reaktionsschnell zu befriedigen. Im Zuge der dadurch anwachsenden Teile-, Varianten- und Prozessvielfalt steigt die Komplexität des „Systems Unternehmen" an, was tendenziell nicht nur zu einer höheren Fehleranfälligkeit und langsameren Prozessen, sondern auch zu einem überproportionalen (Komplexitäts)Kostenverlauf führt (vgl. Pfeiffer/Weiß, 1994, S. 61-62, S. 108-111; Homburg/Daum, 1997, S. 153).

Vereinfachung kann auf drei verschiedene, sich gegenseitig ergänzende Arten erfolgen: durch Selektion, Reduktion und Gestaltung. Selektion verweist darauf, dass Vereinfachung nicht erst mit der Umsetzung beginnt, sondern auch vorgelagerte Entscheidungen beinhaltet. So stellt die Auswahl derjenigen Funktionen, die es überhaupt zu erfüllen gilt, den eigentlichen Startpunkt der Vereinfachung dar: Statt alles zu machen, was man kann, gilt es, sich bei der Leistungserstellung auf die besonders leistungsstarken Stufen der eigenen Wertschöpfungskette zu konzentrieren (vgl. Treacy/Wiersema, 1995, S. 60).

Hat man die auszuübenden Funktionen selektiert, gilt es, die Strukturen und Prozesse des Unternehmens um die Elemente zu reduzieren, die dafür nicht zwingend erforderlich sind. Neben solchen, die als Folge der weggefallenen Funktionen obsolet geworden sind, handelt es sich hier primär um kostenverursachende Redundanzen. Daneben lassen sich z.B. Überqualitäten auf das Maß absenken, das eine Erfüllung der spezifischen Funktion eben noch gewährleistet (vgl. Meyer/Blümelhuber, 1995, S. 34, S. 36). Als Folge verringern sich auch die Anforderungen an die entsprechende Qualitätsprüfung, die man dann vereinfachen, wenn nicht sogar ganz eliminieren kann.

Schließlich lässt sich Vereinfachung durch die intelligente Gestaltung von Strukturen, Prozessen und Schnittstellen erreichen. Dazu muss man die jeweilige Funktion konsequent in das Zentrum der Betrachtungen stellen und die entsprechende Problemlösung systematisch auf Vereinfachungsmöglichkeiten hin untersuchen (vgl. dazu Pfeiffer/Weiß, 1994, S. 90-98). So lassen sich z.B. komplexe Produktteile immer wieder durch geeignet konstruierte Integralteile substituieren.

Ganzheitlichkeit
Das Prinzip der Ganzheitlichkeit meint, in Wirkungszusammenhängen zu denken. Es geht darum, alle durchzuführenden Veränderungen nicht isoliert, sondern systematisch aus einer übergeordneten, d.h. umfassenden und integrierten Perspektive zu analysieren. Denn die angestrebten Änderungen vollziehen sich in einem spezifischen strukturellen und prozessualen Kontext, der ihre Ergebnisse - durchaus wesentlich - beeinflussen kann. Insofern muss man primär den gesamten Zusammenhang strukturieren. Erst wenn man ebenfalls in den betroffenen Bereichen die adäquaten Voraussetzungen schafft, können Veränderungen ihre größtmögliche Wirkung entfalten (vgl. Meffert/Siefke, 1994, S. 29-30).

Damit soll keineswegs in Abrede gestellt werden, dass auch partielle Verbesserungen zu einer mitunter gar bedeutenden Verringerung der Kosten beitragen können. Aber die kostensenkenden Effekte solcher Veränderungen lassen sich häufig noch steigern, wenn man den Analysezusammenhang ausweitet. Denn der kostenbezogene „Hebeleffekt" steigt, je grundsätzlicher die Veränderungen ausfallen. Das heißt auch, auftretende Fehler äußerst konsequent zurückzuverfolgen: Es gilt, deren tieferliegende Ursachen aufzudecken und zu beseitigen. Erst dadurch schafft man die Voraussetzung für eine dauerhafte Fehlerbeseitigung und Kostensenkung (vgl. Pfeiffer/Weiß, 1994, S. 149).

Aus der zeitlichen Perspektive vergrößert sich der kostenbezogene Beeinflussungshebel, je weiter man die Optimierungsmaßnahmen an den Beginn des Lebenszyklus eines Produktes, Prozesses oder - allgemein - eines Projektes vorverlagert, da zu einem solch frühen Zeitpunkt noch keine oder nur geringe (kosteninduzierende) „Fakten" geschaffen sind. Je später die Optimierungsmaßnahmen einsetzen, um so mehr werden sie dagegen von den bis dahin getroffenen Festlegungen behindert. Dadurch verbleibt entweder ein geringerer kostenpolitischer Gestaltungsspielraum, oder es fallen Kosten zur Rücknahme vorheriger Fehlentscheidungen an. Diese Kosten sind damit in den frühen Phasen sehr gering, nehmen aber parallel zum Projektfortschritt zu.

Umsetzungsorientierung

Das strategische Prinzip der Umsetzungsorientierung bedeutet, im gesamten Unternehmen permanent und konsequent danach zu trachten, möglichst umgehend sowohl auftretende Probleme zu beheben als auch identifizierte Verbesserungen zu realisieren (Primat des Handelns).

Vor dem Hintergrund der Probleme, die entlang von Entscheidungsprozessen entstehen können (s. Abbildung 6), beinhaltet Umsetzungsorientierung dreierlei: Erstens müssen trivialerweise überhaupt Entscheidungen getroffen werden. Ansonsten besteht die Gefahr einer „Paralyse durch Analyse" (Pfeiffer/Weiß, 1994, S. 68). Zweitens meint Umsetzungsorientierung, die getroffenen Entscheidungen auch tatsächlich und konsequent zu realisieren - selbst wenn das Gesamtproblem nicht in jedem Fall vollständig analytisch durchdrungen und mittels eines umfassenden Plans strukturiert ist. Denn zielgerichtete, gleichwohl tentative Handlungsfolgen i.S. des *trial and error* lassen verschiedene, trotz Planung unvorhergesehene Probleme erst erkennen sowie dafür geeignete Lösungen entwickeln.

Drittens gilt es, dafür zu sorgen, dass Entscheidungen nicht nur möglichst schnell, sondern auch möglichst gut getroffen und ausgeführt werden, da fehlerhafte Entscheidungen Kosten nach sich ziehen. Dazu sind die unternehmenseigene Kommunikations- und Entscheidungsstruktur in geeigneter Weise zu gestalten. In vertikaler Perspektive ist dies möglich, indem man Aufgaben und Kompetenzen so weit wie möglich auf die direkt zur Wertschöpfung beitragenden Personen überträgt. Aus horizontaler Perspektive ist es im Falle von Entscheidungsinterdependenzen dagegen zweckmäßig, hoch arbeitsteilig organisierte Strukturen und Prozesse in geeigneter Weise aufzulösen - beispielsweise durch die Erweiterung des Handlungsspielraums der einzelnen Mitarbeiter und/ oder durch die Bildung von Teams (vgl. Pfeiffer/Weiß, 1994, S. 131-134).

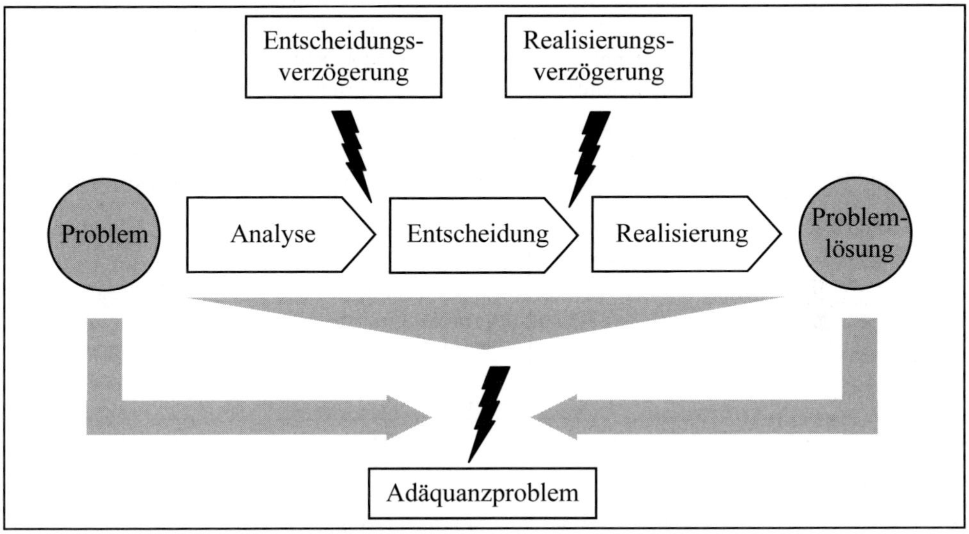

Abbildung 6: Kritische Bereiche der Umsetzungsorientierung

3. Discounting in der Praxis

Da sich die Überlegungen zur Konzeption des Discounting nicht in einer Klärung der theoretischen Grundlagen erschöpfen sollen, werden die zuvor eher abstrakten Ausführungen nunmehr anhand ausgewählter Discounting-Strategien illustriert.

Unternehmen können die strategische Konzeption des Discounting für sich nutzen, indem sie die vorgestellten Bausteine und Prinzipien im Hinblick auf ihren Zielmarkt und das eigene Unternehmen konkretisieren. Dabei zeigt sich wirksames Discounting daran, wie konsequent ein Unternehmen die oben dargestellten Hauptelemente dieser strategischen Konzeption umsetzt. Wie dies in der Praxis aussehen kann, demonstrieren in komprimierter Form die Tabellen 1a und 1b am Beispiel aktueller Discounting-Konzeptionen.

Prinzip	**Dell (Computer)**	**Aldi (Lebensmitteleinzelhandel)**	**Charles Schwab (Bank/ Brokerage)**
Dauerhaft niedrige Preispositionierung	▪ Sehr niedrige Preise für gesamtes Produktangebot ▪ Keine regional unterschiedlichen Preise	▪ Dauerniedrigpreise ▪ Filialübergreifend einheitliche Preise ▪ Z.T. jahrelang keine Änderung von Preisen	▪ Sehr günstige Konditionen und sehr niedrige Gebühren für das gesamte Angebot
Preisaggressivität	▪ Immer wieder Initiator von Preissenkungen ▪ Preissenkungen von bis zu über 40%	▪ Durchführung von Preisattacken wie z.B. gegen Lidl (Ende 1994) ▪ Werbung mit Markenhersteller und Preis (bis zu 40% unter der Konkurrenz) der Eigenmarken	▪ Orientierung der Verkaufspreise primär an der eigenen, sehr niedrigen Kostensituation statt am Marktniveau (Preise z.T. 50% unter der Konkurrenz)
Preisehrlichkeit	▪ Umfangreiche Informationen der Kunden über die Produktpreise ▪ „Preis-Hotline“ ▪ Schnelles Weitergeben von Kostenvorteilen	▪ Ankündigung von Preiserhöhungen ▪ Nutzung gängiger Füllmengen und Hinweis auf Packungsgrößenunterschiede	▪ Einfache Preisstrukturen ▪ Klares Koppeln der Preise an Leistungskomponenten ▪ Schnelles Weitergeben von Kostenvorteilen
Konzentration auf das Wesentliche	▪ Angebot mit jeweils bestem Preis-Leistungsverhältnis für „typische“ Leistungs- bzw. Anwendungsklassen ▪ Aber auch: Built-to-Customer	▪ Begrenztes Sortiment (ALDI Süd: ca. 550; ALDI Nord: ca. 800) ▪ Fast nur Eigenmarken (ca. 95%) ▪ (Sehr) schneller Check-out	▪ Fokus auf Auftragsabwicklung ▪ Keine Aktien-Analysen ▪ 24-Stunden-Service an 7 Tagen in der Woche ▪ Aber (optional): unterschiedl. Service-Grade
Kundenintegration	▪ Konzentration auf den "buy-it-yourself-Kunden", der - den Computer selbst zusammenstellt; - Inbetriebnahme und Installation durchführt	▪ Konsequente Selbstbedienung von Beginn an ▪ Z.T.: Auspacken der Ware aus den Umverpackungen durch den Kunden ▪ Bei Servicebedarf (Partieware):	▪ Information ist Kundensache („Selbstberatung“) ▪ Erteilen der Aufträge via Computer, Telefon oder in Filialen möglich

		Direktkontakt der Kunden mit Herstellern	
Reduktion des Kundenrisikos	▪ Umfangreiche Qualitätssicherung inkl. Systemtest vor Auslieferung ▪ Bei Problemen: - kostenlose Hot-Line - Vor-Ort-Service innerhalb von 24 Stunden	▪ Produkt- und Preisinformationen vor Ort ▪ Umgehende Beseitigung von Produkten bzw. Marken mit Qualitätsmängeln ▪ Kompromisslose Geldrückgabe-Garantie	▪ Umgehende telefonische Bestätigung ausgeführter Aufträge ▪ Keine (tendenziell fehlerbehaftete) Beratung ▪ Fixgehalt für optionale Berater

Tabelle 1a: Ausgewählte Discounting-Konzeptionen im Überblick (III)

Betrachtet man - unter Berücksichtigung der jeweiligen marktspezifischen Besonderheiten - die vorgestellten Discounting-Konzeptionen, zeigt sich, dass alle drei Discounter die beiden Prinzipien der Preisehrlichkeit und der Ganzheitlichkeit besonders konsequent verfolgen. Ansonsten bestehen allerdings durchaus Unterschiede: Dell legt den Fokus beispielsweise auf die Preisaggressivität; Aldi verbindet dagegen eine außerordentliche Konzentration auf das Wesentliche mit der Vereinfachung seiner Strukturen und Prozesse; Charles Schwab zeichnet sich schließlich speziell durch seine strikte Kundenintegration und seine Lernorientierung aus.

Das entwickelte Prinzipiensystem lässt sich ebenfalls als Strukturierungshilfe nutzen, um die gerade im Discounting besonders wichtige Abstimmung zwischen den verschiedenen betrieblichen Aktivitäten eines Unternehmens graphisch zu veranschaulichen. Abbildung 7 zeigt am Beispiel der amerikanischen Discount-Fluglinie Southwest Airlines, wie sich die Strategie in einer Reihe daran ausgerichteter Tätigkeiten niederschlägt: Die drei Bausteine des Discounting lassen sich - in marktspezifischer Ausformung - als vorrangige strategische Aufgaben feststellen, die über eine Reihe eng verknüpfter Tätigkeiten erfüllt werden. Auf Basis einer solchen Darstellung kann man dann nicht nur die strategische Abstimmung zwischen den einzelnen Aktivitäten ganzheitlich und systematisch überprüfen, sondern auch Ansatzpunkte für Verbesserungen des Gesamtsystems identifizieren.

Prinzip	Dell	Aldi	Charles Schwab
Vereinfachung	▪ Prozessorientierte Organisation ▪ Kein Rückgriff auf Handel ▪ Aber: Umfangreiches Produkt- und Serviceangebot	▪ Einheitliches Layout der Filialen ▪ Begrenztes Sortiment ▪ Nur 45 verschiedene Preise (ALDI Süd)	▪ Direkteingabe der Aufträge in das Computersystem seitens der Kunden zur unmittelbaren Verarbeitung ▪ Aber: Umfangreiches Produkt- und Leistungsangebot
Ganzheitlichkeit	▪ Abstimmung aller Prozesse des Unternehmens auf den Direktvertrieb („Direct Business Model") ▪ Konsequente Systemoptimierung durch kostenminimale Materialwirtschaft, flexible Produktionsprozesse und effiziente Informationstechnologie	▪ Entwickeln und konsequentes Umsetzen eines völlig neuen Konzepts: - Reduktion der Betriebskosten pro Filiale auf 4,4% des Umsatzes - Erhöhung der Stundenproduktivität von EUR 380 auf EUR 750	▪ Prüfung, Standardisierung und konsequente Automatisierung aller angebotenen Finanzdienstleistungen mittels modernster, eigens entwickelter (Computer)Technologie
Umsetzungsorientierung	▪ Hoher Grad an Mitarbeiterverbundenheit und -engagement ▪ Stark dezentralisierte Entscheidungsverantwortung ("Empowerment")	▪ Konsequente Erschließung regionaler Märkte (auch i.S. des trial and error) ▪ Dezentralisierte Kompetenzen	▪ Bei Problemen: Ausführung der Kundenaufträge besitzt grundsätzlich höchste Priorität
Lernen	▪ Innovationsorientierte Unternehmenskultur ▪ Information aller Mitarbeiter bei neuen Ideen/ Verbesserungsvorschlägen ▪ Systematische Beteiligung der Mitarbeiter an der Diskussion über Verbesserungen	▪ Regelmäßige Prüfungen zur Systemverbesserung ▪ Schnelles unternehmensweites Einführen von Verbesserungen ▪ Ansporn der Mitarbeiter durch hohes Grundgehalt plus Prämie bereits ab Filial-Ebene	▪ Systematisches Testen und Beurteilen des Leistungsangebotes und des Services durch die Mitarbeiter i.S. des mystery shopping ▪ Innerbetriebliches Vorschlagswesen ▪ Leistungsprämien

Tabelle 1b: Ausgewählte Discounting-Konzeptionen im Überblick (III)

4. Zusammenfassung

Marktbearbeitung, die man mit Discount verbindet, hat in der Unternehmenspraxis heute eine große Bedeutung: Auf den verschiedensten Märkten führen die Versuche, Kundenbedürfnissen auf entsprechende Art zu begegnen, zu einer hohen kundenseitigen Akzeptanz, die sich wiederum sowohl im Erfolg der jeweiligen Unternehmen als auch durch den Umfang des von ihnen bedienten Teilmarktes manifestiert.

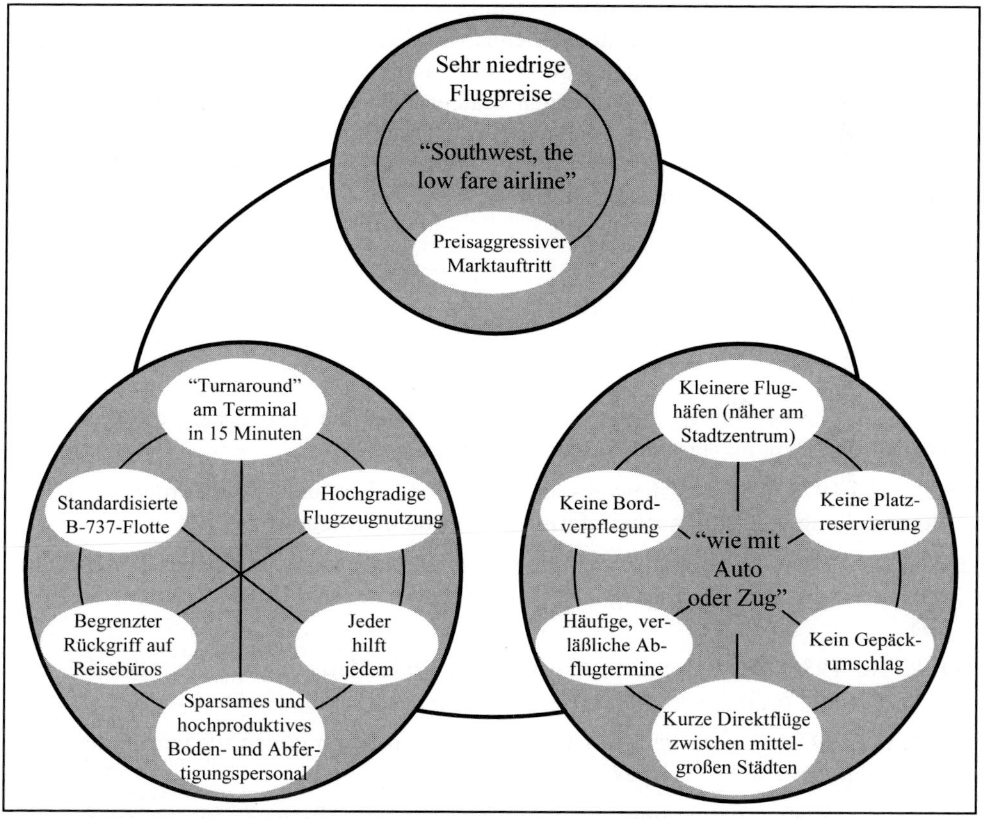

Abbildung 7: Die Discounting-Strategie von Southwest Airlines

Setzt man auf dem Begriffsverständnis des Discount als preisbetonter Marketingstrategie auf, lässt sich Discounting inhaltlich als mehrdimensionale Strategie - bestehend aus den strategischen Bausteinen Preisführerschaft, Leistungsvereinfachung und Kostenführerschaft - konzeptualisieren.

Um die isoliert nebeneinander stehenden strategischen Bausteine des Discounting konzeptionell zu verbinden, muss man auf der Mittelebene das Wissen um ihre spezifischen Wirkungsweisen und -zusammenhänge entwickeln, in der organisatorischen Wissensbasis verankern und für zukünftige Problemlösungserfordernisse hin organisieren - also lernen. Auf der Zielebene orientiert sich das unternehmerische Handeln in marktwirtschaftlichen Systemen am Gewinnprinzip; die Koordination der drei Bausteine erfolgt damit im Rahmen des Discounting durch Gewinnwachstum. Zieht man das theoretisch entwickelte Prinzipiensystem zur Analyse unternehmenspraktischer Erscheinungsformen des Discounting heran, zeigt sich, dass einzelne Unternehmen bereits in Zeiten, in denen das vorrangige Ziel in der konsequenten Reduktion der Kosten bestand, einen Schritt in die Zukunft gegangen sind. Statt ausschließlich in den operativen Kategorien der Effizienzverbesserung zu denken, haben sie Kostenführerschaft als nur einen - wenn auch wichtigen - Bestandteil der übergeordneten strategischen Konzeption Discounting aufgefasst. Der Erfolg gibt diesen Unternehmen recht: Durch geschickte Bündelung der drei strategischen Bausteine Kosten- und Preisführerschaft sowie Leistungsvereinfachung ließen sich auf diese Weise einzigartige strategische Positionen besetzen.

5. Literatur

BERRY, L. L./YADAV, M. S., 1997, Oft falsch berechnet und verwirrend - die Preise für Dienstleistungen, in: Harvard Business Manager, S. 57-67.

DILLER, H., 1978, Das Preisbewußtsein der Verbraucher und seine Förderung durch Bereitstellung von Verbraucherinformationen, Habil., Mannheim, 1978.

DILLER, H., 1978A, Theoretische und empirische Grundlagen zur Erfassung der Irreführung über die Preisbemessung, in: Wirtschaftswissenschaftliches Studium, S. 249-255.

DILLER, H., 1984, Strategische Grundlagen des Preis-Marketing im Einzelhandel, in: HASITSCHKA, W./HRUSCHKA, H. (Hrsg.): Handelsmarketing, Berlin usw., S. 237-250.

DILLER, H., 1997B, Preisehrlichkeit - Eine neue Zielgröße im Preismanagement des Einzelhandels, in: Thexis, S. 16-21.

DILLER, H., 1999, Discounting: Erfolgsgeschichte oder Irrweg?, in: BEISHEIM, O. (Hrsg.): Distribution im Aufbruch. Bestandsaufnahme und Perspektiven, München, S. 351-372.

DILLER, H., 2000, Preispolitik, 3., vollst. überarb. und erw. Aufl., Stuttgart.

DILLER, H./HAAS, A./HAUSRUCKINGER, G., 1997, Discounting - erfolgreich nicht nur im Handel, in: Harvard Business Manager, S. 19-28.

DILLER, H./HAAS, A./HAUSRUCKINGER, G., 1998, Mit Discounting in die Zukunft, in: Lebensmittelzeitung vom 16.1.98, S. 57-59.

HAAS, A., 2000, Discounting. Konzeption und Anwendbarkeit des Discount als Marketingstrategie, Nürnberg.

HAAS, H.-L., 1993, Was produziert ein Handelsbetrieb?, in: Zeitschrift für Betriebswirtschaft, S. 1137-1155.

HOMBURG, CH./DAUM, D., 1997, Marktorientiertes Kostenmanagement, Frankfurt/ M.

HÖRSCHGEN, H. U.A., 1993, Marketing-Strategien. Konzepte zur Strategienbildung im Marketing, 2. Aufl., Berlin.

KLEINALTENKAMP, M., 1996, Customer Integration - Kundenintegration als Leitbild für das Business-to-Business-Marketing, in: KLEINALTENKAMP, M./FLIEẞ, S./JACOB, F. (Hrsg.): Customer Integration. Von der Kundenorientierung zur Kundenintegration, Wiesbaden 1996, S. 13-24.

LENZEN, W., 1984, Die Beurteilung von Preisinformationen durch Konsumenten. Eine empirische Studie zur Verarbeitung von Preisinformationen des LEH, Frankfurt/ M.

LÜCKING, J., 1995, Marktaggressivität und Unternehmenserfolg. Theoretische Ansätze und empirische Untersuchung in Märkten für technische Gebrauchsgüter, Berlin.

MEFFERT, H./SIEFKE, A., 1994, Lean Marketing - mehr als ein Schlagwort?, AP Nr. 88 der Wissenschaftlichen Gesellschaft für Marketing und Unternehmensführung, Münster.

MEYER, A./BLÜMELHUBER, CH., 1995, No Frills! Service-Konzepte ohne Wildwuchs und Schnickschnack, in: Absatzwirtschaft, S. 30-40.

MONROE, K. B., 1990, Pricing. Making Profitable Decisions, 2. Aufl., New York.

NYSTRÖM, H., 1970, Retail Pricing. An Integrated Economic and Psychological Approach, Stockholm.

PFEIFFER, W./ WEIẞ, E., 1994, Lean Management, 2., überarb. Aufl., Berlin.

ROMMEL, G. U.A., 1993, Einfach überlegen, Stuttgart.

SCHENK, H.-O., 1965, Die Assimilation der deutschen Discounter, in: FfH-Mitteilungen, Nr. VI/ 2, Berlin, S. 1-4.

SIMON, H., 1988, Management strategischer Wettbewerbsvorteile, in: SIMON, H. (Hrsg.): Wettbewerbsvorteile und Wettbewerbsfähigkeit, Stuttgart, S. 1-17.

SIMON, H./POHL, A., 1996, Vertrauen wächst mit dem Pricing, in: Absatzwirtschaft, S. 168-172.

SIMON, H./TACKE, G., 1991, Lernen von Kunden und Konkurrenz, in: Sattelberger, Th. (Hrsg.): Die lernende Organisation, Wiesbaden, S. 167-181.

THEUER, G., 1967, Discounting. Versuch einer Absatzwirtschaftlichen Diagnose, in: Discount Informationen, 9/ 1967, S. 5-8.

TREACY , M./WIERSEMA, F., 1995, The Discipline of Market Leaders, Reading.

Dritter Teil

Preisverhalten

Hermann Diller

Preisinteresse und hybrider Kunde

1. Charakterisierung des Preisinteresses

Ebenso, wie man die Produktpolitik auf die Qualitätsinteressen oder die Vertriebspolitik auf die Serviceinteressen der Kunden ausrichtet, gilt es auch die Preispolitik entsprechend den Preisinteressen der jeweiligen Zielgruppe auszugestalten. Wer nicht weiß, ob, wie stark und in welcher Weise seine Kunden auf den Preis achten, kann über die Attraktivität seiner Preispolitik nichts aussagen. Ein kundenorientiertes Preismanagement muss sich also mit dem Preisinteresse der Nachfrager intensiv auseinandersetzen.

Das Preisinteresse bezieht sich auf die *motivationalen* Aspekte des Preisverhaltens und wird als das Bedürfnis eines Nachfragers definiert, nach Preisinformationen zu suchen und diese bei den Einkaufsentscheidungen zu berücksichtigen (vgl. Diller, 2000, S. 113). Man fokussiert mit diesem Konstrukt also das umgangssprachlich auch als „Preisbewusstsein" deklarierte Käuferverhalten. Je stärker das Preisinteresse ausfällt, umso geringer ist die Bereitschaft, für ein Gut bestimmter Leistung einen höheren Preis zu bezahlen bzw. bei Überschreitung einer Preisobergrenze das Produkt überhaupt zu kaufen.

Bei genauerer Betrachtung lässt sich das Konstrukt mit drei, allerdings nicht ganz überschneidungsfreien *Indikatoren* „einfangen":

1. Die *Preisgewichtung* spiegelt die grundsätzliche relative Bedeutung wider, welche dem Preis innerhalb aller Kaufentscheidungskriterien eines Kunden zukommt. Sind z.B. für einen Konsumenten Bequemlichkeit, Schnelligkeit, hohe Qualität der Ware und günstige Preise vier gleichberechtigt relevante Bedürfnisse beim Einkauf von Bekleidung, so besitzt der Preis ein Gewicht von 0,25 oder 25%. Zieht man eine kundenorientierte Definition des Preises heran, so bezieht sich die Preisgewichtung freilich auf alle relevanten Preisbestandteile (Preishöhe, Rabatte, Finanzierungskosten etc.) und kann damit an der Summe der entsprechenden Teilgewichte gemessen werden (vgl. Diller, 2000, S. 24ff.). Eine solche Betrachtung korrespondiert mit der in der Mental Accounting-Theorie (Thaler, 1985) entwickelten Unterscheidung zwischen *„acquisition utility"* für die Bewertung des Preis-Leistungs-Verhältnisses („Preiswürdigkeitsinteresse") und der *„transaction utility"* („Preisgünstigkeitsinteresse") als Bewertung der Einsparungen bei einem bestimmten Einkauf, z.B. durch Wahl eines preisgünstigeren Händlers, eines Bündel- oder Sonderangebots etc.. Darüber hinaus lässt sich mit dieser verfeinerten Betrachtung auch das als *„Schnäppchenjägersyndrom"* (vgl. Diller, 2000, S. 159) bezeichnete Verhalten erfassen, dass manchen Verbrauchern der Umstand, eine Preisgelegenheit („Schnäppchen") wahrzunehmen, wichtiger als das Preis-Leistungsverhältnis eines Gutes ist. Das Preisgünstigkeitsbedürfnis hat sich hier soz. verselbständigt, was motivational erklärt werden kann (s.u.)

2. Das *Alternativenbewusstsein* kennzeichnet das (inter- und intrapersonell unterschiedlich starke) Bedürfnis, alle verfügbaren Kaufalternativen in eine Kaufentscheidung einzubeziehen. Es betrifft damit einen von der grundsätzlichen Preisbedeutung separierbaren Aspekt des Preisinteresses. Je weiter der Alternativenraum einer Kaufentscheidung ausgeschöpft wird, umso wahrscheinlicher wird eine preisoptimale Entscheidung. Im einen Extremfall, z.B. bei vollständiger Habitualisierung der Markenwahl, ist es auf eine Alternative reduziert, die gewohnheitsmäßig erworben wird. Dabei kann es sich durchaus um eine besonders preiswerte Alternative handeln, die aus Gründen einer hohen Preisgewichtung gewählt wird. Im anderen Extremfall ist es dagegen so breit, dass der Nachfrager keine auch noch so unbekannte Kaufalternative auslassen möchte. Das Alternativenbewusstsein erfasst damit indirekt auch die *Einkaufsmobilität* von Nachfragern. Diese wird wiederum stark von anderen Determinanten (mit-) bestimmt, etwa der Verfügbarkeit eines *Pkw*, der *Preistransparenz* auf dem jeweiligen Markt oder dem *Abwechslungsbedürfnis („variety seeking")*.

3. Die *Preisachtsamkeit* als dritte Unterkomponente des Preisinteresses ist als das *tatsächliche* Ausmaß an preisbezogenen Informationsaktivitäten bei Kaufentscheidungen, also die Suche, Wahrnehmung und Verarbeitung von Preisinformationen („Preissuche") definiert. Diese *Intensität der Informationssuche* (Beachtung von Wurfzetteln, Preisrecherchen vor Ort oder im Internet etc.) unterliegt eigenständigen Einflüssen und kann damit die Preisgewichtung u.U. überdecken. Erst bei Betrachtung beider Größen wird Preisinteresse damit ganz verständlich. Insb. die Aussicht auf Erfolg bzw. Misserfolg einschlägiger Informationsbemühungen treibt bzw. bremst die Preisachtsamkeit. Insofern kann man z.B. durch ein stark differenziertes Preissystem (Beispiel: Mobilfunk- oder Luftfahrttarife) die Preistransparenz und damit die Preisachtsamkeit senken, obwohl vordergründig Preisvorteile angepriesen werden. Umgekehrt kann ein Anbieter mit besonders klaren Preisstrukturen oder guter Preisauszeichnung u.U. die Präferenz der Nachfrager gewinnen, obwohl er nicht die niedrigsten Preise am Markt fordert.

2. Einflussfaktoren des Preisinteresses

Wer das Preisinteresse von Kunden wecken, dämpfen oder lenken will, muss wissen, welche „Treiber" bzw. „Bremser" es beeinflussen. Sowohl hohe als auch niedrige Preise müssen nämlich kommunikativ vermittelt, sozusagen „schmackhaft" gemacht werden. Außerdem kann man dann die Preissysteme strategisch auf die speziellen Preisinteressen der Zielgruppe besser ausrichten. Die einschlägigen Wirkungspfade sind freilich äußerst komplex und bisher noch nicht vollständig durchleuchtet.

2.1 Motivationale Einflussfaktoren

Nützlich ist zu nächst der Rückgriff auf allgemeinere motivationale Wurzeln im Verhalten von Kunden, denn das Preisinteresse ist kein angeborenes (primäres), sondern ein *sekundäres* Bedürfnis. Es steht deshalb in einem komplexen Beziehungsgeflecht zu anderen Bedürfnissen und unterliegt zudem ständigen Lernprozessen. Versucht man trotz der theoretischen Probleme eine Einordnung des Preisinteresse in das menschliche Motivationssystem, so lassen sich *vier Motivationswurzeln* nennen (vgl. *Abbildung1*).

(1) Die Beachtung des Preises bei Kaufentscheidungen dient erstens den *Konsumbedürfnissen* der Verbraucher. Preisgünstige Einkäufe können bei gegebenem Einkommen nämlich den Versorgungsgrad der Haushalte verbessern. Je schlechter der Versorgungsgrad eines Haushalts, desto größer wird also das Preisinteresse ausfallen. Auf diese Weise kommen indirekt das Einkommen und die Haushaltsgröße als Einflussfaktoren ins Spiel, die allerdings durch andere Faktoren wieder moderiert werden. So hat sich in empirischen Studien immer wieder ein umgekehrt u-förmiger Zusammenhang zwischen Einkommen und Preisinteresse gezeigt, vermutlich weil die *Leistungsmotivation* bei der Mittelschicht am stärksten ausgeprägt ist (vgl. unten).

Der Versorgungsgrad besitzt allerdings nicht nur eine quantitative, sondern auch eine *qualitative Dimension*. Dem Käufer liegt nicht nur daran, für eine bestimmte Geldsumme möglichst viele Gütereinheiten zu kaufen, sondern auch seine Qualitätsansprüche zu befriedigen. Wenn qualitativ bessere Güter zu höheren Preisen angeboten werden, führt dies bei begrenztem Haushaltsbudget zu einem *Preis-Qualitätskonflikt.* Bei gegebenem Budget muss man sich zwischen weniger, aber besseren oder mehr, aber qualitativ schlechteren Gütern entscheiden. Je höher sein Qualitätsinteresse ausfällt, um so intensiver wird sich der Käufer darum bemühen, durch Suche nach besonders preiswürdigen Alternativen (Alternativenbewusstsein!) und/oder durch Suche nach preisgünstigen Beschaffungsquellen (Preissuche!) diesen Konflikt zu entschärfen. Dies ist z.B. die Ursache für die große Attraktivität von Preisaktionen bei hochwertigen Markenwaren oder entsprechenden Angeboten in Fabrikverkaufsläden. Als eine Variante der Versorgungsqualität kann die Abwechslung beim Einkauf bestimmter Güter angesehen werden, die in manchen Märkten (z.B. Mode, Restaurants, Reisen) stark ausgeprägt ist und deshalb das Preisinteresse mindert. Man spricht hier vom „variety seeking“ der Verbraucher (Helmig, 1997).

Falls eine genaue Qualitätsbeurteilung für den Käufer schwierig ist, entsteht darüber hinaus ein finanzielles *Kaufrisiko*. Dann werden höhere Preise sozusagen als Risikoprämie für hinreichende Qualität eher in Kauf genommen, d.h. die Preisgewichtung tritt hinter die Qualitätsgewichtung zurück. Der Preis übernimmt dabei nicht selten selbst die Rolle eines *Qualitätsindikators*, d.h. man vertraut darauf, dass teurere Produkte auch qualitativ besser sind (vgl. Diller, 1977). Dies ist wiederum auf eine *kostenorientierte*

Preisethik der Verbraucher zurückführbar, nach der sich die Preise von Gütern am ehesten durch deren Produktionskosten rechtfertigen, so dass höhere Preise höhere Kosten und damit bessere Qualität signalisieren.

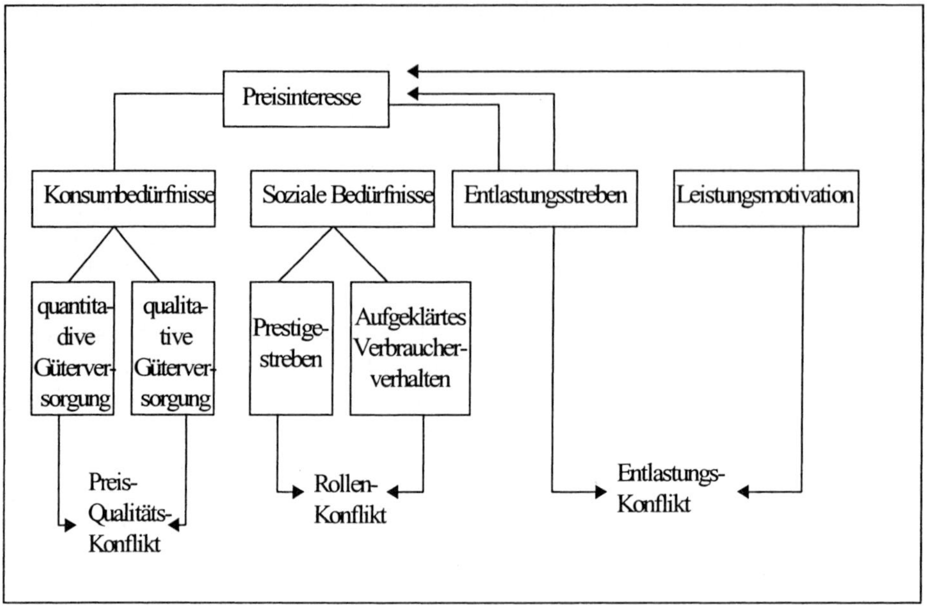

Abbildung 1: Motivationsgrundlagen und Konfliktfelder des Preisinteresses

(2) Eine zweite mit dem Preisinteresse verknüpfte Bedürfniskategorie umfasst *soziale Bedürfnisse.* Insbesondere das *Sozialprestige* kann durch eine reichhaltige und/oder luxuriöse Güterversorgung des Haushalts verbessert werden. Das (produktbezogene) Preisinteresse wird dadurch tendenziell abgeschwächt bzw. auf die preisgünstige Einkaufsstättenwahl verlagert (vgl. dazu die empirischen Befunde bei Diller, 2002). Ein schon in der Mikroökonomie beschriebener Fall dieser Art wird als *Snob-Effekt* bezeichnet. Dort kauft der Kunde trotz fallender Preise weniger, weil er sich ansonsten in seiner Exklusivität beeinträchtigt sieht. Umgekehrt wird vom *Veblen-Effekt* gesprochen, wenn die Nachfrage aus gleichem Grund trotz steigender Preise zunimmt. Andererseits kann die soziale Akzeptanz aber auch durch preisinteressiertes Verhalten gesteigert werden, etwa wenn man wegen seiner Preis-Expertise im Freundes- oder Nachbarschaftskreis als besonders geschätzt wird. Im Motiv des schlauen Fuchs wird dies immer wieder werblich umzusetzen versucht, um Preisinteresse zu wecken bzw. anzusprechen. Soziale Motive können das Preisinteresse also ebenso bremsen wie befördern. Insofern kommt es auch zwischen ihnen zu Konflikten, die man als soziale Rollenkonflikte interpretieren kann (vgl. Abbildung 1).

(3) Das *Entlastungsstreben* als dritte Hauptwurzel des Preisinteresses steht insb. in Konkurrenz zur Preisachtsamkeit. Das Konstrukt stammt aus der Anthropologie und kennzeichnet das Streben, neben der ökonomischen Lebensbewältigung auch andere, z.B. ethische Wertvorstellungen zu verwirklichen, seine Freizeit „sinnvoll" zu nutzen oder schlicht zu faulenzen. Hier wird die Nähe zum *Bequemlichkeitsinteresse* deutlich, das heute eine immer größere Bedeutung erlangt, wie der Aufstieg des sog. Convenience-Handels (Tankstellen, Versand- und Internethandel etc.) deutlich macht. Dahinter steht häufig keine Faulheit, sondern im Gegenteil stressbedingte Zeitnot, die viel beschäftigte Kunden dazu veranlasst, das Preisinteresse zu Gunsten eines schnellen und einfachen Einkaufs zurückzustellen. So werden von über 90% der Konsumenten in Tankstellen 30-50 % höhere Preise akzeptiert als im „normalen" Lebensmittelhandel (vgl. Zentes/Swoboda, 1998). Da die Befriedigung des Preisinteresses mit physischen und psychischen Belastungen verbunden ist (Einholen von Angeboten, Preisvergleiche, Einschätzung der zukünftigen Preisentwicklung usw.), wird ein – aus welchen Gründen auch immer - stark ausgeprägtes Entlastungsstreben das Preisinteresse also abschwächen.

(4) Andererseits postuliert die Motivationstheorie aber auch eine autonome *Leistungsmotivation* des Menschen, die *Atkinson* als „Fähigkeit, für erbrachte Leistungen Stolz zu erleben" definiert. Aus diesem Motiv heraus kann das Preisinteresse also auch nicht als belastendes, sondern als persönlich lohnenswertes Verhalten empfunden werden. Manche Verbraucher sind beispielsweise *stolz* auf ihre Preiskenntnisse, es macht ihnen *Spaß,* sich gegenüber den scheinbar übermächtigen Anbietern zu behaupten. Sie machen es deshalb zu einer Art sportlicher Betätigung, die Preisunterschiede am Markt zu ihren Gunsten auszunutzen. Das *Schnäppchenjägersyndrom* lässt sich auf dies Weise gut erklären. Von Beraterseite wird hier auch vom „Smart Shopper" gesprochen (vgl. o.V., 1996) Da das Entlastungsstreben mit der Leistungsmotivation konkurriert, entsteht jedoch auch hier u.U. ein Motivkonflikt, der in *Abbildung 1* als *Entlastungskonflikt* bezeichnet wird. Problemlösungen für diesen Konflikt (z.B. Preisagenten im Internet) gewinnen deshalb hohe Attraktivität.

2.2 Andere Einflussfaktoren

Neben den motivationalen Einflussfaktoren bzw. mit diesen indirekt verknüpft existieren eine Vielzahl anderer Determinanten des Preisinteresses. Wegen ihrer guten Zugänglichkeit besonders interessant sind hierbei *soziodemographische* und *produktspezifische* Merkmale. Allerdings sind die diesbezüglichen empirischen Befunde nicht immer eindeutig. Tendenziell zeigen sich Personen der *sozialen Mittelschicht* häufig besonders preisinteressiert, was sowohl auf das Prestigemotiv als auch auf die besondere Leistungsmotivation dieser Schicht zurückgeführt werden kann. *Ältere und sozial schwache Verbraucher* sind dagegen weit weniger preisorientiert, obwohl ihre Einkommenslage ein entgegengesetztes Verhalten erwarten ließe („poor pay more"). Jedenfalls besteht zwischen Einkommen und Preisinteresse kein linearer, sondern ein umgekehrt-u-förmiger Zusammenhang. Gleiches gilt oft auch für das *Alter*. Dies mag auch mit der mangelnden

Leistungsmotivation, u.U. aber auch mit der örtlichen Versorgungssituation und der Verfügbarkeit eines Pkw zu Einkaufszwecken zusammenhängen.

In Produktbereichen, bei denen die Kaufentscheidungsprozesse eine hohe *Ich-Beteiligung* (Involvement) aufweisen, weil sie z.B. das Selbstwertgefühl tangieren, ist die Preisgewichtung relativ niedrig. Andererseits können das Alternativenbewusstsein und die Preisachtsamkeit vom Involvement gesteigert werden, weil sich damit im Fall hoher Ich-Beteiligung u.U. auch Freude verbindet. Mit dem (produktspezifischen) Involvement lässt sich auch das Paradoxon auflösen, dass sich viele Verbraucher bei eher luxuriösen Produkten (z.B. Delikatessen, Fernreisen, Phonogeräten) relativ preisdesinteressiert verhalten, während sie gleichzeitig bei anderen Gütern (z.B. Grundnahrungsmitteln) keine Mühen scheuen, um auch nur geringe Preisunterschiede am Markt auszunutzen (hybrider Käufer, s.u.).

Die jeweilige *Informationssituation* auf einem Markt beeinflusst das Preisinteresse ebenfalls. Auf Märkten mit relativ hoher Preistransparenz (z.B. Kaffee, Automobile) ist das Preisinteresse in der Regel höher als auf intransparenten Märkten (z.B. Frischfisch, Autoreparaturen). Dabei kommt es nicht nur auf die Menge der verfügbaren Informationen, sondern auch auf deren leichte Erhältlichkeit und Nutzbarkeit (Verständlichkeit, unmittelbare Verwendbarkeit etc.) an.

2.3 Hybrider Verbraucher

Empirische Untersuchungen zeigen seit vielen Jahren einen Trend hin zu stärkerem Preisinteresse. Er kommt z.B. im zunehmenden Markterfolg vieler Handelsmarken, in den steigenden Marktanteilen preisaggressiver Handelsbetriebsformen (Discounter, Fabrikverkaufsläden, Postengeschäfte etc.), im Wachstum bestimmter Do-it-yourself-Märkte oder in der Renaissance von Second-Hand-Shops zum Ausdruck. Auch die Verbraucher selbst schätzen sich verschiedenen Umfragen zufolge heute preiskritischer und -interessierter ein als in früheren Jahren. Andererseits lässt sich aber auch eine zunehmende Tendenz zum Luxus-Konsum und zur Akzeptanz von Premium-Produkten, also Gütern mit besonders hoher Qualität und entsprechendem Preisaufschlag, beobachten. Zudem behindert der zunehmende subjektive Zeitstress bestimmter Bevölkerungsschichten das Preisinteresse und macht die Kunden für Convenience-Angebote aufgeschlossen. Insofern kann von einer Polarisierung des Preisinteresses sprechen. Diese ist freilich nicht nur interpersonell, sondern auch intrapersonell zu verstehen, weil viele Verbraucher in verschiedenen Warengruppen bzw. Konsumsituationen gleichermaßen sowohl stark preisinteressiert als auch preisdesinteressiert agieren. Man spricht diesbezüglich vom hybriden Verbraucher.

Zur genaueren Definition dieses hybriden Kaufverhaltens empfiehlt es sich, zwischen *Intrawarengruppen-* und *Interwarengruppen-Hybridität* zu unterschieden (vgl. Müller, 2001). Erstere bezeichnet das Einkaufsverhalten eines Konsumenten bzw. Haushalts *innerhalb* einer in jeweils drei Preiszonen aufgeteilten Warengruppe, in der während eines bestimmten Zeitraums sowohl tiefpreisige als auch hochpreisige Marken erworben werden (Toleranzgrenze: 15% Kaufanteil). *Interwarengruppen-Hybridität* bezeichnet dagegen ein Einkaufsverhalten, bei dem in *verschiedenen* Warengruppen (z.B. Sekt und Schokolade) in unterschiedlichen Preislagen gekauft wird (z.B. nur teure Sekt-, aber billige Schokoladenmarken). Entscheidend ist, ob ein Käufer innerhalb eines bestimmten Zeitraums in verschiedenen Warengruppen überwiegend niedrig- bzw. hochpreisige Produkte erwirbt (Toleranzgrenze: 15%).

I. Müller (2001) hat auf Basis dieser Definition und unter Verwendung von GfK-Paneldaten aus den Jahren 1999/2000 empirisch untersucht, wie verbreitet hybrides Kaufverhalten im Bereich schnell drehende Konsumgüter (FMCG) ausfällt. *Tabelle 1* zeigt das Ergebnis. Man kann daraus die Anteile der (überwiegenden) Hochpreis-, Mittelpreis-, Niedrigpreis- und intrawarengruppen-hybride Käufer ersehen. Nach dem 15%-Kriterium kaufen danach je nach Produktgattung zwischen 1,32% und 20,81% der Haushalte intrawarengruppen-hybride. Alle anderen Haushalte kaufen dagegen vorwiegend in einer der drei Preisklassen. Im Durchschnitt aller Warengruppen kaufen 13,05% der Haushalte intrawarengruppen-hybride. Die anderen Fälle werden folgendermaßen eingeteilt: Kauft ein Haushalt zumindest in 50% der Fälle billig (mittelpreisig, teuer) so ist er Niedrigpreiskäufer (Mittel-, Hochpreiskäufer). Haushalte, die in keiner der beiden Randklassen 50% oder mehr kaufen, aber nicht hybride sind, werden ebenfalls als Mittelpreiskäufer eingestuft (Bsp. 13% unten, 42% in der Mitte, 45% oben).

Dieses Ergebnis zeigt, dass die Intrawarengruppen-Hybridität bei FMCG noch keine allzu großen Ausmaße angenommen hat. Hybrides Kaufverhalten in diesem Sinne erreicht nur in wenigen Warengruppen (Marmelade, Geschirrspülmittel, Joghurt) eine Verbreitungsschwelle von 20 %. Bezüglich einer Marktsegmentierung durch Hersteller in diesen Warengruppen erscheint deshalb nach wie vor eine Segmentierung nach der Preislagenwahl möglich. Die gelegentlich beschworene *Polarisierung des Preislagenwahlverhaltens* lässt sich bei den überprüften Warengruppen *nicht* feststellen.

*Inter*warengruppen-Hybridität wurde oben definiert als Kaufverhalten, bei dem ein Haushalt in *unterschiedlichen* Warengruppen Marken in verschiedenen Preisklassen kauft, was wiederum an der Markenwahl festgemacht wird. Die Einteilung für das gesamte Einkaufsverhalten eines Haushaltes erfolgte in der Studie Müllers in analoger Weise wie beim der Intrawarengruppen-Hybridität. Um einheitlich kaufende Haushalte nicht als hybride einzustufen, wird auch hier das *15%-Kriterium* verwendet: Nur wenn ein Haushalt in mindestens 15% der Warengruppen, in denen er einkauft, billig und in mindestens 15% der Warengruppen teuer kauft sowie in maximal 60% der Warengruppen mittelpreisig einkauft, wird er als hybride eingestuft. Zur Ermittlung des Anteils wurde immer die Anzahl der Warengruppen herangezogen, in denen der Haushalt auch tatsächlich dreimal oder öfter gekauft hat.

Nr.	Warengruppe	niedrigpreisig	mittelpreisig	hochpreisig	intra-hybride
1	**Bier**	11,17%	57,05%	23,63%	8,15%
2	**Deo (nur Aerosol)**	7,83%	64,15%	20,76%	7,26%
3	**Geschirrspülmittel**	29,20%	19,45%	31,03%	20,32%
4	**Joghurt**	17,78%	43,16%	18,55%	20,51%
5	**Kaffee**	23,50%	47,66%	18,17%	10,67%
6	**Margarine**	34,13%	46,71%	9,48%	9,68%
7	**Marmelade**	25,47%	35,28%	18,45%	20,81%
8	**Mineralwasser**	25,84%	38,08%	26,76%	9,32%
9	**Reis**	31,46%	37,63%	17,82%	13,10%
10	**Schokolade**	20,24%	60,78%	4,80%	14,17%
11	**Sekt**	18,27%	43,58%	22,06%	16,09%
12	**Speiseeis**	24,98%	38,79%	20,04%	16,18%
13	**Waschmittel**	21,75%	28,44%	33,00%	16,80%
14	**Weinbrand**	6,92%	81,29%	10,47%	1,32%
15	**Zahncreme**	12,55%	50,76%	25,36%	11,33%
	Durchschnitt	20,74%	46,19%	20,03%	13,05%

Tabelle 1: Einteilung in vorwiegend hybride, niedrig-, mittel- und hochpreisig kaufende Haushalte für die untersuchten Warengruppen (Quelle: Müller, 2001, S.40)

Die nach dieser Definition nicht-hybriden Haushalte werden wiederum danach eingeteilt, in welcher Preisklasse sie vorwiegend kaufen. Es ergeben sich damit fünf Gruppen (Käufertypen) von Haushalten: Vorwiegend hoch-, mittel- oder niedrigpreisig kaufende Haushalte, überwiegend intrawarengruppen-hybrid kaufende Haushalte und interwarengruppen-hybride Haushalte. Aufgrund des Ausschlusses verschiedener Haushalte, die entweder in weniger als 5 Warengruppen gekauft haben (9,61%) oder in zwei Warengruppen exakt gleich viele Einkäufe tätigen und wo daher eine Einteilung nicht möglich war (0,61% der Haushalte), verblieben insgesamt 10.759 Haushalte oder 89,7% in der Analyse, deren Verteilung in *Tabelle 2* dargestellt ist.

Käufertyp...	Anzahl HH	Prozent	kumuliert
..kauft hochpreisig	896	8,33%	8,33%
..kauft mittelpreisig	5866	54,53%	62,85%
..kauft niedrigpreisig	1493	13,88%	76,74%
..kauft inter-hybride	2192	20,37%	97,11%
..kauft intra-hybride	311	2,89%	100,00%
Summe	10.759	100,00%	

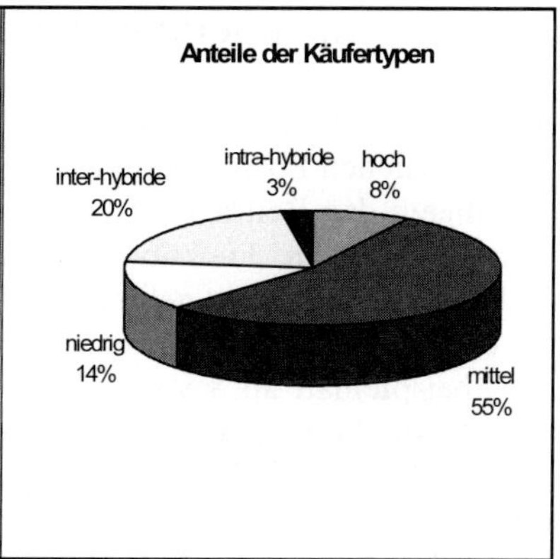

Tabelle 2: Inter-Warengruppenhybridität für die untersuchten Warengruppen (Quelle: Müller, 2001, S. 42)

Demnach hat zumindest im untersuchten Bereich der FMCG auch das interwarengruppen-hybride Kaufverhalten noch keine allzu großen Ausmaße angenommen. Von der Hälfte aller Haushalte, die hybride kaufen würden, wie in manchen Publikationen behauptet wird, kann keine Rede sein. Nur ein gutes Fünftel aller deutschen Haushalte zeigt im Bereich der FMCG ein interwarengruppen-hybrides Kaufmuster. Dazu kommen noch einmal knapp drei Prozent vorwiegend intrawarengruppen-hybrid kaufende Haushalte. Mehr als die Hälfte der Haushalte kaufen vorwiegend in mittleren Preislagen. Ein „Verlust der Mitte" ist also nicht festzustellen. Dies mag auch damit zusammenhängen, dass immer mehr Handelsmarken in mittleren bis oberen Preisbereichen positioniert sind und dort die Rolle der früheren Mittelpreismarken übernehmen.

Hybrides Verhalten ist im übrigen über das produktspezifische Involvement der Kunden und das jeweilige Kaufrisiko gut erklärbar (vgl. Schmalen, 2001). Immer dann, wenn einem Kunden eine Produktgattung aus subjektiven Gründen (Präferenzen, Selbstimage, Interessen etc.) wichtig ist, d.h. hohes Produktinvolvement vorliegt, tendiert er zur Wahl höherpreisiger Güter (Akquisitionsnutzen), wobei freilich eine betonte Preisachtsamkeit (Suche nach preisgünstigen Einkaufsstätten) nicht ausgeschlossen ist (Transaktionsnutzen). Das gleiche gilt dann, wenn das subjektive Kaufrisiko hoch ausfällt. Ist beides nicht der Fall, werden auch niedrigpreisige Güter gekauft.

3. Preispolitische Umsetzung

Die Kenntnis der Preisinteressen der Kunden kann vielfältig in preispolitische Maßnahmen umgesetzt werden, was hier nur beispielhaft verdeutlicht werden kann.

3.1 Preissegmentierung und differenzierte Preissysteme

Die Kenntnis der *Preisgewichtung* hilft insbesondere bei der Segmentierung des Marktes und der preislichen Positionierung des eigenen Angebotes sowie bei der Preislinienpolitik (vgl. hierzu den Beitrag von Gierl). Beispielsweise können Kunden mit ausgeprägter Präferenz für Design, Funktionalität oder Modernität spezifische Angebote mit hoher preislicher Positionierung geboten werden. Die Ausleuchtung der Motivationshintergründe erbringt dafür die notwendige Nutzenargumentation. Die Abbildungen 2 bis 5 soll dies beispielhaft an 8 von uns in einer Repräsentativstudie (vgl. Diller, 2002) betrachteten Produktgruppen des kurz- und langfristigen Bedarfs untermauern. Dargestellt sind die Zustimmungs- (linke Balkenabschnitte) bzw. Ablehnungsquoten (rechte Balkenabschnitte) zu einschlägigen Statements (5-stufige Skala). Man erkennt, wie stark viele Verbraucher z.B. auf die Innovationskraft der „techniklastigen" Produkte mit hoher Preisbereitschaft reagieren (Abbildung 2), wie wichtig das Prestige und der Lifestyle von Marken für die Preisbereitschaft in bestimmten Warengruppen ausfällt (Abbildung 3 und 4) und welche große Rolle das generelle Markenvertrauen darüber entscheidet, ob man im Zweifel etwas mehr für den Kauf bestimmter Güter zahlt (Abbildung 5).

Auch die Kenntnis des *Alternativenbewusstseins* unterstützt die Preispolitik: Sie fundiert die preispolitische Wettbewerbsstrategie (welche Gefahr geht von Preisangriffen bestimmter Wettbewerber aus?), schärft das Bewusstsein für die relevanten Wettbewerber (auf welche Preisaktivitäten des Wettbewerbs muss man reagieren?) und ggf. für die Notwendigkeit einer stärkeren Kundenbindung (wie stark ist die Treue unserer Kunden?), etwa im Wege von Bonusprogrammen, nicht-linearen Rabatt- oder Sockelpreissystemen.

Die Kenntnis der *Preisachtsamkeit* unterstützt schließlich z.B. die Entscheidungen zur Präsenz der eigenen Angebote und deren Darstellung im *Internet* oder zur Intensität und Art der *Preiswerbung* und *Preisauszeichnung*. Ist etwa bekannt, dass der eigentliche Preisvergleich erst am Regal des Einzelhandels erfolgt, verspricht (bei eigenen Preisvorteilen) eine Preisauszeichnung pro Mengeneinheit (Unit-Price) Präferenzvorteile beim Kunden.

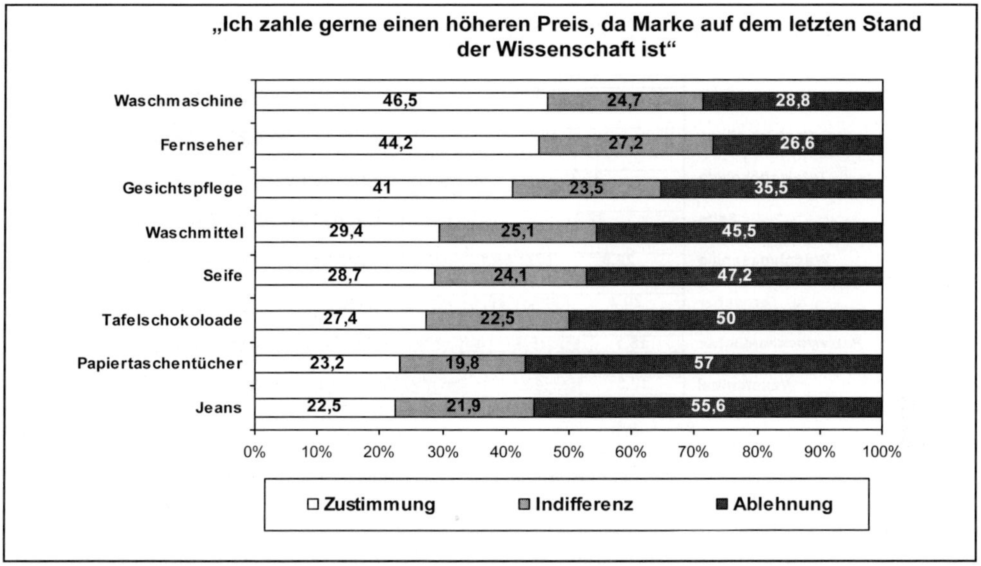

Abbildung 2: Innovationskraft von Marken als Triebfeder der Hochpreisbereitschaft (Antworthäufigkeiten auf einer ursprünglich 5-stufigen Zustimmungsskala)

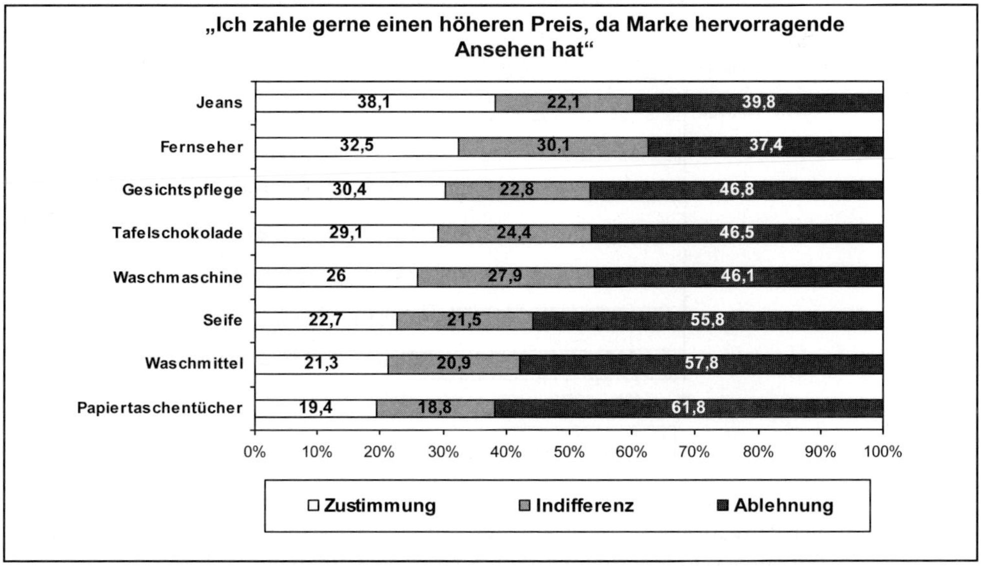

Abbildung 3: Ansehen der Marke als Triebfeder der Hochpreisbereitschaft (Antworthäufigkeiten auf einer ursprünglich 5-stufigen Zustimmungsskala)

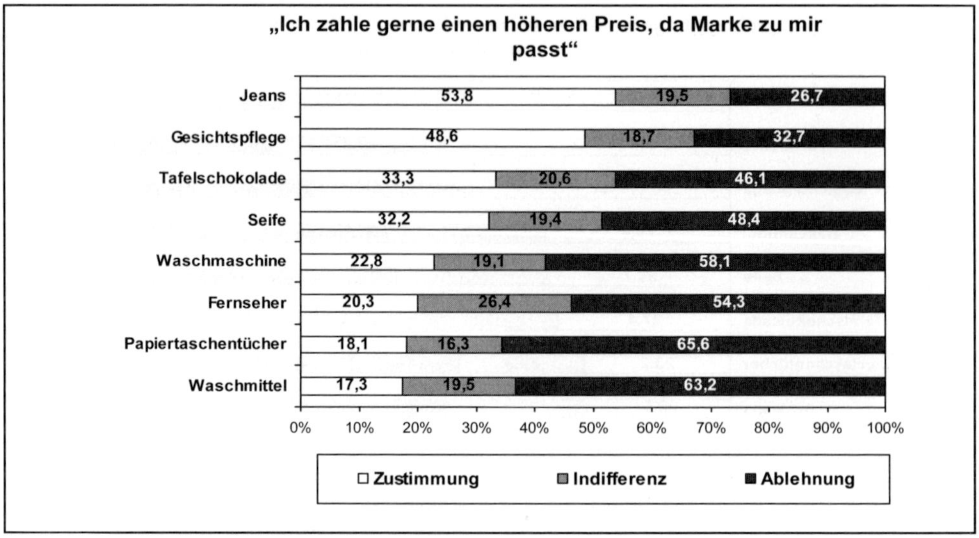

Abbildung 4: Image / Life-Style der Marke als Triebfeder der Hochpreisbereitschaft (Antworthäufigkeiten auf einer ursprünglich 5-stufigen Zustimmungsskala)

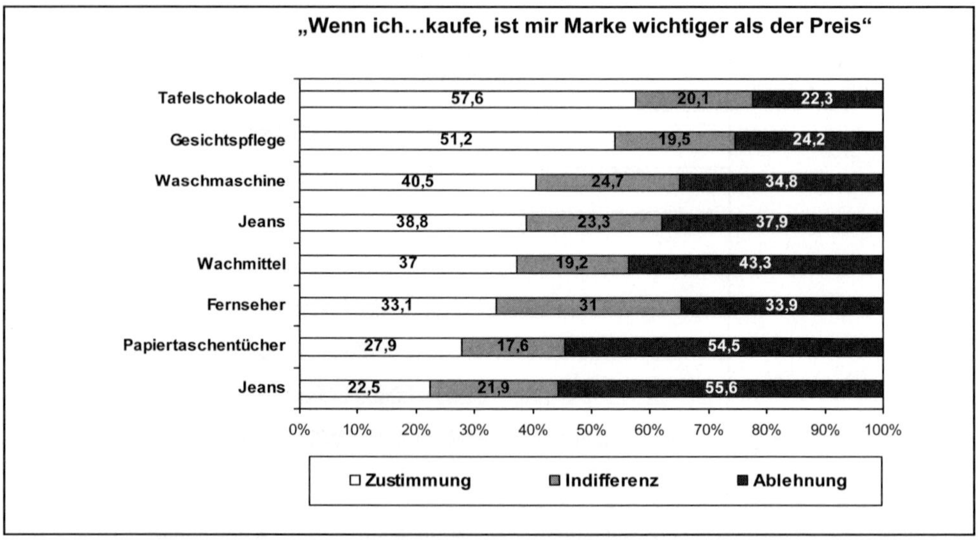

Abbildung 5: Markenvertrauen als Triebfeder der Hochpreisbereitschaft (Antworthäufigkeiten auf einer ursprünglich 5-stufigen Zustimmungsskala)

3.2 Selektive Preispolitik

Wie das tatsächliche Preisgebaren von Handel und Industrie zeigt, ist es für die Preispolitik wichtig, nicht nur über die Stärke des Preisinteresses, sondern auch über dessen *Ausrichtung* informiert zu sein. Eine erste Differenzierung wird hier möglich, wenn man das jeweilige *Preisinteresse bei verschiedenen Konsumentscheidungen* untersucht. Grundsätzlich ist der Preis für folgende Teilentscheidungen relevant:

- *Markenwahl* (Ausnutzung von Preisunterschieden verschiedener Marken),
- *Mengenentscheidung / Packungsgrößenwahl* (Ausnutzung von Preisunterschieden verschiedener Packungsgrößen),
- *Einkaufsstättenwahl* (Ausnutzung von Preisunterschieden für bestimmte Produkte bei verschiedenen Anbietern),
- Wahl des *Einkaufszeitpunktes* (Ausnutzung zeitlicher Preisunterschiede).

Erfahrungsgemäß richtet sich das Preisinteresse nicht auf alle diese Entscheidungen im gleichen Maße. Manche werden nahezu ohne, andere unter dominanter Berücksichtigung des Preises getroffen. Man kann deshalb von einem *selektiven Preisinteresse* sprechen. Einen zweiten Ansatzpunkt zur selektiven Preispolitik bietet die Berücksichtigung der oft sehr unterschiedlichen Preisgewichtung bei verschiedenen *Preisbestandteilen* (Verkaufspreis, Rabatte, Kreditierungs- und Lieferkosten etc.) seitens der Kunden. Hiermit ist das *Zusatzkostenbewusstsein* der Kunden angesprochen. Vom Kfz-Markt her ist z.B. bekannt, welch große Rolle dort die Finanzierungs- und die Unterhaltskosten spielen. Der Mehrpreis für einen Dieselmotor wird oft selbst dann in Kauf genommen, wenn die Treibstoffeinsparungen dies eigentlich nicht rechtfertigen. Auch das „Schnäppchenjagen" kann als spezielle Ausrichtung des Preisinteresses interpretiert werden. Schließlich kann durch eine Mischkalkulation zwischen Geräte- und Zubehörpreisen bzw. Folgekäufen (z.B. für Druckerpatronen bei Druckern) eine bessere Preisoptik erzielt werden, weil sich das Preisinteresse vordringlich auf die Gerätepreise konzentriert (vgl. dazu den Beitrag von Diller zur Preiswahrnehmung und Preisoptik).

3.3 Preisoptische Maßnahmen

Aus der Theorie des Käuferverhaltens ist bekannt, dass die Verbraucher ihre Konsumentscheidungen generell gerne vereinfachen. Es kann deshalb nicht verwundern, wenn sich auch das Preisinteresse nicht (nur) in extensiven Kaufentscheidungsprozessen der Art niederschlägt, dass sich der Nachfrager vor dem Einkauf durch vielfältige Aktivitäten Preistranzparenz verschafft und alle relevanten Preisverteilungen kennt. Vier generelle *Vereinfachungsstrategien* sind bzgl. des Preisinteresses hervorzuheben: Erstens tendieren die Verbraucher zur zeitlichen *Verlagerung der Informationsaktivitäten von der Kaufvorbereitungs- in die Kaufdurchführungsphase.* Dadurch wird der PoS zum wichtigsten Informationspunkt – auch für Preisinformationen! Damit verbunden ist zweitens eine Tendenz zur *passiven* anstelle einer *aktiven Preissuche.* Der Verbraucher begnügt sich insbesondere beim Einkauf von Gütern des kurzfristigen Bedarfs oft mit jenen Preisinformationen, die er auch ohne aktive Bemühungen erhalten kann. Den Anbietern erwächst daraus sozusagen eine „Bringschuld“ für Preisinformationen. Da ein Teil der Konsumenten damit nicht mehr seine Informationswünsche am Bedarf, sondern umgekehrt den Bedarf an den gebotenen Preisinformationen ausrichtet, resultiert daraus eine dritte vereinfachte Äußerungsform des Preisinteresses: *Gekauft wird, was vom Händler als besonders preisgünstig angepriesen wird.* Eine vierte, mit der dritten kompatible Strategie stellt die *Nutzung generalisierender Einkaufsregeln* dar. Z.B. gelten Großpackungen generell als preisgünstiger als Kleinpackungen oder Handelsmarken als billiger als Herstellermarken. Dies kann preispolitisch im Rahmen der Preisfairness durch unterproportionale Preisabschläge ausgenutzt werden.

3.4 Steuerung des Preisinteresses

Schon die bisher genannten Beispiele machen deutlich, dass die Kenntnis der Preisinteressen von Kunden eine gewisse Steuerung des Preisinteresses durch die Anbieter ermöglicht:

1. Man kann bei hinreichender eigener Preiswürdigkeit bzw. –günstigkeit das Preisinteresse der Kunden erstens *fördern*, etwa durch intensive Argumentation mit den Preisvorteilen in der Preiswerbung, durch wiederholte Preisaktionen oder Rabattanreize, Internet-Auktionen etc. Ein anderer Weg zur Akzeptanz billiger Angebote führt über die Minderung des Preisrisikos beim Kunden, etwa durch Qualitäts- oder Preisgarantien.

2. Man kann zweitens aber auch umgekehrt das Preisinteresse *dämpfen*, indem konsequent die Qualitäts- und Servicevorteile in den Vordergrund des Markt- und Werbeauftritts sowie der Preisargumentation gestellt werden. Durch Erschwerung der Preistransparenz, etwa durch unübliche oder wechselnde Packungsgrößen, können ferner Preisachtsamkeit und Alternativenbewusstsein gemindert werden. In ähnliche Richtung wirkt eine werbliche Unterstreichung der Risiken beim Kauf billiger bzw. der Sicherheit beim Kauf teurer Produkte.

3. Schließlich lässt sich das Preisinteresse *artmäßig lenken*, indem z.B. Bündelpreise oder Sockeltarife geboten werden, welche das Kaufverhalten in der Folge verändern. Ähnliche Wirkungen erzeugt eine Preisdifferenzierung zweiten Grades, bei welcher sich die Kunden selbst für ganz bestimmte Leistung- und Preisklassen entscheiden und damit je nach Interesse des Anbieters z.T. in höhere („Upselling“), z.T. in niedrigere Preiszonen (z.B. billigere Zweitmarken) geführt werden können (vgl. dazu den Beitrag von Fassnacht).

Insgesamt erweisen sich damit die Kosten für die Erforschung des Preisinteresses als oft äußerst wertvolle Investitionen, die eine differenziertere und damit effektivere, aber auch effizientere Preispolitik erlauben.

4. Literatur

DILLER, H., 1977, Der Preis als Qualitätsindikator, in: Die Betriebswirtschaft, S. 219-234.

DILLER, H., 2000, Preispolitik, 3. Aufl., Stuttgart u.a.

DILLER, H., 2002, Hochpreiszahler – Profil eines vernachlässigten Preissegments, Teil 1, in: Markenartikel, 64. Jg. (2002), H. 10, S. 34 – 37; Teil 2: H. 11, S.46 – 48.

HELMIG, B., 1997, Variety-seeking-behavoir im Konsumgüterbereich. Beeinflussungsmöglichkeiten durch Marketinginstrumente, Wiesbaden.

MÜLLER, I., 2001, Der hybride Verbraucher: Ende der Segmentierungsmöglichkeiten im Konsumgütermarketing?, in: DILLER, H. (Hrsg.): Der moderne Verbraucher. Neue Befunde zum Verbraucherverhalten, Nürnberg, S. 29-51.

O.V., 1996, Smart Shopper, die neue Konsumgeneration, in: Absatzwirtschaf, S. 21.

SCHMALEN, H., 2001, Hybrider Käufer, in: DILLER, H. (Hrsg.): Vahlens Großes Marketinglexikon, 2. Aufl., München, S. 621-622.

THALER, R., 1985, Mental Accounting and Consumer Choice, in: Marketing Science, S. 199-214.

ZENTES, J./SWOBODA, B., 1998, Profilierungsdimension des Tankstellen-Shopping, Lekkerland Studie in Zusammenarbeit mit Institut f. Handel und Int. Marketing der Universität des Saarlandes, Saarbrücken / Frechen.

Hermann Diller

Preiswahrnehmung und Preisoptik

1. Begriffsabgrenzung und praktische Bedeutung

Die Wahrnehmung des Menschen ist bekanntlich äußerst subjektiv. Sie selektiert bestimmte Reize und blendet andere aus, sie akzentuiert, verfärbt objektive Verhältnisse auf Grund subjektiver Erwartungen und vergröbert die Wahrnehmungen zur Vereinfachung der Reaktionen. So kommt es, dass mehrere Personen den gleichen Gegenstand z.T. diametral entgegengesetzt wahrnehmen. Deutlich wird dies etwa bei einem Fußballspiel, wo man über ein Foulspiel oder einen Spielzug ganz unterschiedliche Eindrücke haben kann (nicht zuletzt abhängig davon, für welchen Verein man voreingenommen ist).

All dies gilt auch für die Wahrnehmung von Preisen. Auch dort *selektiert* der Kunde im Regelfall z.B. aus dem Gesamtsortiment eines Anbieters einzelne Artikel, um sich ein Gesamtbild zu verschaffen, *über-* oder *untertreibt* die Preishöhe bei Über- bzw. Unterschreiten bestimmter Preisschwellen, lässt sich durch die preislobenden Worte eines Verkäufers oder die auffällige Preisauszeichnung in seinem Preisempfinden *beeinflussen* usw. Auch wenn der mathematisch-rationale Charakter von Preisen dagegen sprechen mag: Preiswahrnehmungen sind in hohem Maße subjektiv und damit mehr oder minder weit von der objektiven Realität entfernt. Unter *Preiswahrnehmung* ist dabei ganz allgemein die sensorische Aufnahme von Preisinformationen zu verstehen, bei der objektive Preise oder andere Preissignale in subjektive Preiseindrücke „enkodiert", d.h. in ein subjektives Kategoriensystem des Beurteilers eingeordnet werden (vgl. Diller, 2000, S. 128ff.). Ergebnis einer solchen Enkodierung sind (in Unterscheidung zu Preisurteilen) *„Preisempfindungen"*. Ihr subjektiver Charakter führt dazu, dass objektiv gleiche Preise bei unterschiedlichen Personen unterschiedlich hoch empfunden werden und deshalb auch die Preisbereitschaft differiert.

Eine strenge Abgrenzung der Preiswahrnehmung zur Preisbeurteilung (vgl. dazu den Beitrag von Kuss) ist nicht möglich. Auch im Rahmen der Preiswahrnehmung finden nämlich bereits erste Bewertungen, z.B. in Form vorläufiger Kategorisierungen statt; trotzdem macht dieses preispsychologische Konstrukt Sinn, weil während der Wahrnehmung durch Filterung, Akzentuierungen oder andere „Verzerrungen" bereits maßgebliche (unbewusste oder bewusste) Vorentscheidungen für die weitere Bewertung getroffen werden. *Praktische Bedeutung* besitzt das Verständnis der Preiswahrnehmung insb. für die Frage der Über- oder Unterschreitung von Preisschwellen, für die Preisauszeichnung und die Preiswerbung, aber auch für die Ausgestaltung des Preissystems, etwa die Entwicklung von Preisbaukästen, bei denen statt Komplettpreisen Einzelleistungen mit jeweils eigenen Preisen offeriert werden. Letztlich geht es also um *preistaktische Entscheidungen*, mit denen die *Preisoptik* des Marktauftritts bestimmt wird.

Unter *„Preisoptik"* sind ganz allgemein alle Versuche der Anbieter zu verstehen, im Rahmen der Preisstellung, der Preiswerbung oder bei Preisverhandlungen die geforderten Preise in der Wahrnehmung der Kunden in gewisser Weise zu färben. Meist sollen sie als relativ günstig erscheinen, denkbar ist aber z.B. auch eine Färbung in Richtung fair, kundenfreundlich oder transparent. Bei der Preisauszeichnung geschieht die Färbung z.B. durch sprachliche Etikettierungen (z.B. "Knüllerpreis", "Sonderangebot"), auffällige (z.B. plakative) graphische Aufmachung und optische Präsentation, Preisgegenüberstellungen oder hervorgehobene Platzierung (z.B. auf Paletten) bzw. Darbietung des jeweiligen Artikels im Handel. Grundsätzlich kann man dabei als Anbieter entweder versuchen, die Wahrnehmungseffekte seitens der Verbraucher zu seinen Gunsten auszunutzen, was bis hin zur – rechtlich allerdings in den §§ 1 und 3 des UWG sanktionierten - Irreführung über den Preis reichen mag (vgl. dazu auch den Beitrag von Schenk), oder ganz im Gegensatz dazu eine auf Preisvertrauen ausgerichtete Politik der Preisehrlichkeit zu betreiben, wie sie im Einzelhandel tendenziell von den Discountern verfolgt wird.

Zum vollen Verständnis der Preiswahrnehmung stellen wir nachfolgend zunächst einige Basistheoreme aus der Psychologie vor, bevor wir dann konkret auf einzelne Effekte zu sprechen kommen, die im Rahmen der Preispolitik ausgenutzt werden können, um die Preiswahrnehmung zu beeinflussen.

2. Theoretische Grundlagen

2.1 Psychophysik

Die Psychophysik ist ein Teilgebiet der experimentellen Wahrnehmungspsychologie, in dem es um die subjektive Transformation physikalischer Reize (Licht, Töne, Gewichte etc.) in subjektive Empfindungsstärken geht. Die Übertragung dort gewonnener Erkenntnisse auf die Preiswahrnehmung ist umstritten, weil Preise eben keine physischen Reize darstellen, die absolute Urteile erlauben, und weil mit Preiswahrnehmungen immer schon Bewertungen einhergehen. Trotzdem hat sich z.B. das in der Psychophysik entwickelte *„Weber-Fechnersche Gesetz"* einer logarithmischen Transformation objektiver Reizintensitäten in subjektive Empfindungsstärken auch für die Preiswahrnehmung empirisch bewährt. Danach hängt die Einstufung eines Preisunterschiedes vom Ausgangsniveau der Wahrnehmung ab, d.h. die *Preiswahrnehmung ist relativ*. Mit zunehmender absoluter Preishöhe wächst das subjektive Empfinden für gleich große *Preisdifferenzen* also nur unterproportional. Ein Mehrpreis von 5 € für einen Blumenstrauß bei einem Preisniveau um 10 € wird deshalb als wesentlich betrachtet und in die Bewertung zweier Sträuße einbezogen, während er bei einem Hochzeitsgesteck für 80 € eher als vernachlässigbar erscheint. Preisunterschiede werden also bewusst oder unbewusst *prozentual* enkodiert.

Allerdings handelt es hierbei nicht im engeren Sinne um Wahrnehmungs-, sondern um Bewertungsprozesse.

2.2 Adaptionsniveautheorie

Die Relativierung von Wahrnehmungen gehört zu den grundlegenden psychischen Prozessen, erlaubt sie doch dem Menschen, Neues von Altem, Gefährliches von Ungefährlichem oder Wichtiges von Unwichtigem zu unterscheiden. Welches aber sind die Referenzgrößen oder Urteilsanker, an denen man seine Relativierungen festmacht? Im Rahmen seiner *Adaptionsniveautheorie* hat der Psychophysiker Helson (1964) dafür eine Antwort gesucht. Seine Kernthese lautete, dass die Wahrnehmung eines Stimulus nicht unabhängig vom Kontext erfolgt, in den er eingebettet ist, sondern dass er daran adaptiert (angepasst) wird. Dabei werden alle relevant erscheinenden Begleitwahrnehmungen zu einem sog. Adaptionsniveau komprimiert, einer Sammelgröße, die dann als Referenzpunkt für die Stimuluseinstufung dient.

Helson teilte die in den Urteilsprozess einfließenden Größen in drei Kategorien ein:

1. Stimuli, mit denen das Individuum zwecks Urteilsabgabe unmittelbar konfrontiert wird *(„Fokalstimuli")*, bei Preiswahrnehmungen wäre dies der zu beurteilende Preis,
2. Stimuli, weiche den „Reizhintergrund" bilden, d.h. zusammen mit den Fokalstimuli wahrgenommen werden *(„Kontextstimuli"*, z.B. Preise von Konkurrenzprodukten) und
3. sonstige (experimentell von Helson nur als Restgröße erfasste) Stimuli, welche ebenfalls als Urteilsanker fungieren *(„Residualstimuli")*. Zu ihnen zählen insbesondere die intern gespeicherten Erfahrungen und Einstellungen, die im Rahmen des Urteilsprozesses aktiviert werden. Residualreize üben i.d.R. starken Einfluss auf das Preisurteil aus, weil sie oft die glaubwürdigsten Referenzgrößen enthalten.

Die Lage des Adaptionsniveaus ist eine Funktion der Häufigkeit bestimmter Reizintensitäten und deren Verteilung auf der Reizskala, wobei Helson (für physikalische Reize!) das geometrische Mittel als besten Lageparameter herausfand, was auch dem logarithmischem Preisempfinden am besten entspricht. Das *Wahrnehmungsfeld* erstreckt sich nach der Adaptionsniveautheorie bei Preisurteilen also nicht nur auf den eigentlichen Preis selbst, sondern auf ein u.U. sehr vielgestaltiges Feld von metrischen, verbalen, nonverbalen (visuellen) u.a. Eindrücken, das auch anbieterseitig im Rahmen der Preisauszeichnung und -werbung, aber auch bei der Ladengestaltung oder bei Preisverhandlungen weidlich genutzt werden kann (s.u.). Im Umfeld anderer teurer Produkte erscheint z.B. auch ein hochpreisiger Artikel noch relativ günstig, wenn er deren Preisniveau nicht erreicht.

2.3 Assimilations-Kontrast-Theorie

Im Rahmen der Kategorisierung von Stimuli stellt sich die Frage, wie weit entfernt ein Stimulus noch vom gegenwärtigen Adaptationsniveau sein darf, um tatsächlich adaptiert, d.h. zu dieser Klasse zugehörig gezählt zu werden (*Assimilation*), bzw. ab wann er zu einer anderen Klasse gezählt wird (*Kontrastierung*). Sherif und Hovland postulierten schon 1958, dass die Adaptation auch von der Häufigkeit abhängt, mit welcher ein Reiz in dieser Größe auftritt. Besteht eine große Streuung der Reize, werden auch weiter vom Adaptationsniveau entfernte Reize noch adaptiert. Je ungewöhnlicher dagegen eine bestimmte Reizintensität ist, umso eher wird sie kontrastiert (vgl. Sherif, 1963; Irle, 1975, S. 67 ff.). Dabei treten (wie eine Art innere Rechtfertigung dafür) *Wahrnehmungsverzerrungen* derart auf, dass die objektiven Reizunterschiede zum vorhandenen Adaptionsniveau bei Assimilation unterschätzt und bei Kontrastierung überschätzt werden. Mit Kontrasteffekten schützt sich das Individuum vor falschen Verschiebungen des Adaptionsniveaus (inkrementale Adaptation). Das Ausmaß solcher Wahrnehmungsverzerrung ist u.U. auch persönlichkeitsbedingt und durch *kognitive Stile* charakterisierbar (vgl. Coney, 1975). Manche Menschen neigen zur Übertreibung („Sharpeners"), manche zum Herunterspielen von Unterschieden („Levelers").

Assimiliations-Kontrast-Effekte spielen z.B. bei Aktionspreisen eine Rolle, deren Wirkung auf das mittlere Preisempfinden (Adaptionsniveau) in Frage steht. Liegen sie innerhalb einer Spanne „üblicher" Preise, so senken sie das Adaptionsniveau, sind sie „sensationell" niedrig, werden sie u.U. kontrastiert (vgl. Lichtenstein/Bearden, 1989). Jedenfalls scheint für die Preiswahrnehmung in einem bestimmten Kontext eine akzeptierte Spannweite der Preise zu existieren, was eine wichtige Grundlage für die Theorie der *Preisschwellen* und der *gebrochenen Preise* darstellt (vgl. unten).

2.4 Prospect-Theorie

Seit Beginn der 90er-Jahre wird in einschlägigen empirischen Studien immer häufiger die *Prospect-Theorie* zur Erklärung von Preisurteilen herangezogenen. Der Name (prospect = Aussicht) zeigt schon an, dass es hierbei um die Bewertung von (positiven oder negativen) Folgen von Kaufentscheidungen geht, die es auch bei Preisvergleichen abzuwägen gilt. Günstigere Preise als erwartet stellen in der Terminologie der Prospect-Theorie Gewinne (gains), ungünstigere Verluste (losses) dar.

Die Prospect-Theorie steht dabei durchaus in der Tradition der Helson´schen Adaptationsniveau-Theorie, hat sie doch mit ihr mehrere Elemente gemeinsam und zwar

- die Verankerung der Bewertung an einem Referenzpunkt,
- die Beeinflussbarkeit des Referenzpunktes durch Kontextreize,
- die nicht an objektive Wahrscheinlichkeiten gebundene Gewichtung der Abweichungen des Beurteilungsgegenstandes vom Referenzpunkt.

Allerdings richtet sie ihr Augenmerk stark auf die *Bewertung* bestimmter risikobehafteter Alternativen und nicht auf pure Sinneswahrnehmungen. Im Zentrum stehen subjektive *Nutzenfunktionen* (value functions), die im Hinblick auf Preisurteile Preisgünstigkeits- bzw. Preiswürdigkeitsurteilsfunktionen entsprechen.

Trotz oder vielleicht gerade wegen ihres komplizierten Gefüges mit zahlreichen, z.T. gegenläufigen Einzeleffekten und noch manchen ungeklärten Fragen haben sich die Prospect-Theorie und die darauf aufbauende Theorie des *Mental Accounting* bewährt und zählen deshalb heute zu Recht zum Kern der preispsychologischen Theorie, aber auch anderer Bereiche der Betriebswirtschaftslehre (vgl. v. Nitzsch, 1998).

Die für die Preiswahrnehmung und -beurteilung wichtigsten Hypothesen der Prospect-Theorie lassen sich wie folgt zusammenfassen:

1. Preiswahrnehmungen bzw. –urteile lassen sich als *Nutzenfunktionen* N (x) abbilden, in denen der subjektiv empfundene Zugewinn (gain) bzw. Verlust (loss) einer Alternative im Vergleich zum Ausgangsniveau (Bezugspunkt) dargestellt wird (vgl. Abbildung 1).

2. *Editierphase*: Vor der eigentlichen Bewertung von Entscheidungsalternativen werden diese gesichtet und einer subjektiven Transformation unterzogen, was vor allem der *Vereinfachung* der Bewertung dient. Es laufen hier also typische Wahrnehmungsprozesse ab, wie sie z.T. schon aus der Adaptionsniveau- bzw. Assimilations-Kontrasttheorie bekannt sind.

   (2a) Insbesondere erfolgt eine Relativierung von Preisunterschieden an einem Referenzpreis („*Coding*"). Nicht die absolute Höhe ist für die Nutzeneinschätzung relevant, sondern die Differenz zu einem Referenzpreisniveau. Die Nutzenfunktion nimmt von dort und nicht von einem Nullpunkt ihren Ausgang (vgl. Abbildung 1). Oberhalb des Referenzpunktes (relativ niedrige Preise) existiert ein Zugewinn (gain), darunter ein Verlust (loss). Alle Preisurteile, auch Vergleiche zwischen zwei Preisen, orientieren sich an diesem Referenzpunkt (relative Preiswahrnehmung, s.o.).

   (2b) Beim Vergleich mancher Alternativen versteckt sich hinter bestimmten Alternativen eine sichere Komponente, die deshalb ausgesondert wird („Segregation"). Wenn z.B. zwei Anbieter von Schuhen im Schlussverkauf 30% bzw. 20% Preisnachlass auf alle Waren offerieren, sind 20% Nachlass sicher, sodass sich die vergleichende Beurteilung auf die restlichen 10% beschränkt. Von Segregation wird aber auch gesprochen, wenn mehrer Preiskomponenten getrennt statt als Preisbündel bewertet werden (z.B. Alt- und Neuwagenpreis beim Autokauf).

   (2c) Schließlich finden weitere Vereinfachungen der Bewertungssituation statt, z.B. durch Rundung von Preisen oder Unterdrückung unwahrscheinlicher oder unerwünschter (!) Ereignisse (z.B. spätere Reparaturkosten). Nicht selten lässt sich eine Tendenz zum „Schönrechnen" gewünschter oder bereits gewählter Alternativen feststellen. Die Wahrnehmung dient hier auch der eigenen Bestätigung i.S. der Dissonanztheorie bzw. dem Wunschdenken auf der Suche nach (Preis-)Erlebnissen.

3. *Sinkender Grenznutzen bzw. –schaden:* Die subjektive Nutzenfunktion N (x) verläuft nicht linear, sondern im positiven (oberen) Bereich streng konkav, im negativen (unteren) Bereich streng konvex. Dies bedeutet, dass absolut gleich große Zugewinne mit wachsendem Abstand zum Referenzpunkt – ähnlich der logarithmischen Preisempfindungsfunktion – immer geringer bewertet werden. Der Beurteiler verhält sich damit bei Zugewinnen so, wie es nach dem 1. Gossen'schen Gesetz des fallenden Grenznutzens postuliert wird. Im Falle von Verlusten (Preisnachteilen) urteilt er dagegen „fatalistisch“: Je größer der Verlust, desto geringer zählt eine weitere Zunahme, soz. nach dem Motto: „Jetzt kommt es auf diesen Zusatzverlust auch nicht mehr an“. Daraus ergibt sich insgesamt eine S-förmige Nutzenfunktion. Es gilt also z.B. (vgl. Abbildung 1):

(1) $N(300) - N(100) > N(1200) - N(1000)$ bzw.

(2) $|N(-300) - N(-100)| > |N(-1200) - N(-1000)|$

Insgesamt spiegelt sich hier also tendenziell eine stärkere Diskriminierung mittlerer Leistungsangebote wider, was i.S. der Assimilations-Kontrasttheorie auch Folge des häufigeren Auftretens entsprechender Stimuli innerhalb dieses Bereiches um den Referenzpunkt herum sein mag.

Damit wird auch die Zahlung mehrerer Einzelpreise (z.B. beim Kauf einer Kücheneinrichtung) insgesamt als unangenehmer empfunden als die Zahlung eines einzigen Komplettpreises in Höhe der Summe der Einzelpreise, vorausgesetzt, dass hierbei absolute Preisobergrenzen nicht durchbrochen werden (siehe unten).

Es gilt demnach z.B. (vgl. Abbildung 1):

(3) $|N(-300) + N(-100)| > |N(-400)|$

Umgekehrt wird der Zugewinn, der z.B. durch zwei Preisnachlässe auf Einzelteile entsteht, höher empfunden als ein in der Summe gleich großer Gesamtrabatt. Es gilt demnach z.B.:

(4) $N(300) + N(100) > N(400)$

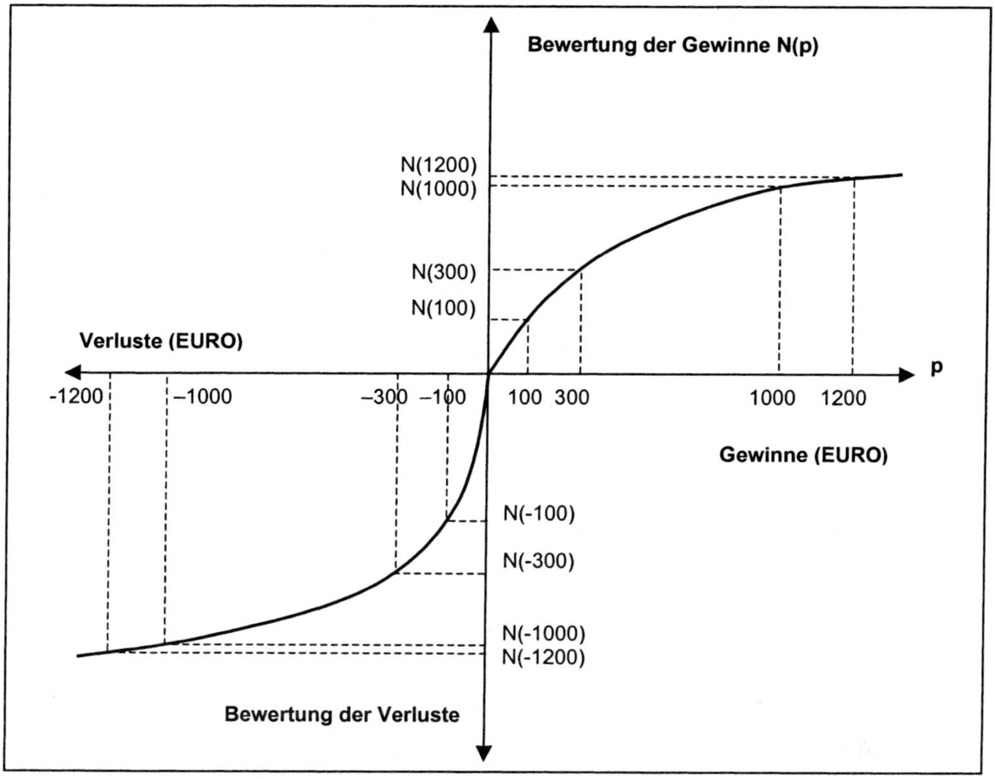

Abbildung 1: Wertfunktion der Prospect-Theorie (Quelle: Priemer, 2000, S. 97; v. Nitsch, 1998, S. 629)

4. *Verlustaversion:* N (x) verläuft im Verlustbereich steiler als im Gewinnbereich und hat damit im Referenzpunkt eine Knickstelle. Die entsprechenden Tangentenunterschiede der oberen und unteren Äste an diesem Punkt geben die sog. Verlustaversion des Beurteilers wieder. Erklärbar wird dieses Phänomen mit einem *„Besitzstandseffekt"* (Weber, 1993): Menschen neigen stärker dazu, das einmal Erreichte zu verteidigen als um Zugewinne zu kämpfen. In zahlreichen entsprechenden Experimenten forderten die Probanden bis zu 200-mal so viel, um sich von bestimmten Gütern zu trennen, als sie bereit sind, dafür zu bezahlen. Der „Schmerz" über Verluste ist also deutlich größer als die Freude über Zugewinne. Es gilt demnach (vgl. Abbildung 1):

(5) $| N(-100) | > N(100)$

Ein derartiges Verhalten ist im Rahmen der Preisreaktionsforschung bereits häufig direkt (in Experimenten) oder indirekt (via Kaufverhalten) bestätigt worden. Die Reaktion auf Preissteigerungen (Nutzenverluste) fiel dabei stets stärker aus als jene auf gleich große Preissenkungen (Nutzengewinne). Analog dazu unterscheiden sich oft die Preisbereitschaften, je nachdem, ob man kauft oder verkauft, etwa wenn es um den Kauf bzw. Verkauf von Gebrauchtwagen geht. Als Verkäufer (Auto-Verlust) setzt man den Preis entsprechend dem eigenen Wertempfinden meist zu hoch an, als Käufer (Auto-Zugewinn) eher zu gering (vgl. Hartmann et al., 1991). Thaler (1985) spricht hier von „Endowment Effekt".

Ein ähnlicher Effekt – von uns „Cash-Effekt" genannt - liegt vor, wenn es um die Bewertung von Liquiditätsabflüssen (pagatorische Kosten) bzw. nicht (sofort) zahlungswirksamer Opportunitätskosten geht. Letztere werden als weniger schmerzhaft empfunden als „out-of-pocket-costs". Dies kann hohe praktische Bedeutung erlangen, etwa beim Leasing von Pkw's, wo die kalkulatorischen Zinsen bzw. Annuitäten für viele Käufer oft weit weniger bedeutsam sind als die monatlichen Zahlungsraten (vgl. Herrmann/Wricke, 1998).

2.5 Mental Accounting

Der schon erwähnte Fall des Autokaufs mit An- und Verkaufspreisen deutet darauf hin, dass Konsumenten möglicherweise für unterschiedliche Teilaspekte eines Preisurteils *Teilurteile* fällen und diese dann integrieren. Thaler (1985) weitet die Prospect-Theorie auf solche Fälle mit gemischten Teilergebnissen aus. Dazu kann man z.B. mehrere Qualitätsaspekte oder – wie beim Leasingkauf – unterschiedliche Preisbestandteile (Anzahlung, Monatsraten, Rücknahmepreis) zählen. Für derartige Teilbewertungen verfügen Menschen nach Thalers Theorie des *Mental Accounting* – ähnlich wie in der Buchhaltung – über Unterkonten, auf denen sie Gewinne und Verluste „verbuchen", wobei sowohl eine zeitpunktbezogene als auch eine zeitraumübergreifende Betrachtung eingenommen werden kann.

Die „Buchung" erfolgt allerdings nicht nach den rationalen Regeln der kaufmännischen Buchführung, sondern mit unterschiedlichen Gewichtungen, Verrechnungsmodi und insb. in einer hedonistisch verzerrten Art. Dies geschieht auf die Weise, dass die (möglicherweise) gewählten Alternativen den Menschen möglichst attraktiv bzw. möglichst wenig unangenehm erscheinen. Thaler/Johnson (1990) sprechen von der *„hedonic editing – Hypothese"*, betonen aber, dass auch die Präsentationsform der zu bewertenden Teilaspekte einen erheblichen Einfluss auf die Codierung ausüben kann.

Bei Vorliegen mehrerer Teilurteile können diese *integriert*, d.h. als Einheit wahrgenommen, oder *segregiert*, d.h. getrennt bewertet und erst danach zu einem Gesamturteil zusammengefügt werden. Formal dargestellt bedeutet also N (x + y) eine Integration und N (x) + N (y) eine Segregation zweier Teilaspekte x und y. Beispiel: Ein Anbieter offeriert ein Haushaltsgerät zu 400 € und einen Ausverkaufsrabatt von 50 €. Beide Preisbestandteile werden nach dem Mental Accounting getrennt „verbucht" (Segregation). Im Beispiel ergibt sich ein *„mixed loss"*, weil ein Verlust (Kaufpreis) mit einem (Opportuni-

täts-)Gewinn (Rabatt) zusammentrifft, wobei der Verlust überwiegt. Andere mögliche Konstellationen sind „multiple gains", „multiple losses" sowie „mixed gains".
Wegen des sinkenden Grenznutzens der subjektiven Nutzenfunktion gilt für *multiple gains*: N (x) + N (y) > N (x+y). Eine hedonistische Codierung wird also beide Teilaspekte segregieren. Umgekehrt lässt die Integration multipler Verluste diese weniger unangenehm erscheinen: |N (-x) + N (-y)| > |N -(x+y)|. Thaler verweist hier auf das Beispiel der Kreditkartengesellschaften, die mehrere Ausgaben im Zeitablauf in einer gemeinsamen Abrechnung abbuchen.

Bei gemischten Verlusten und Gewinnen mit Gewinnüberhang (*„mixed gains"*) führt eine Integration wegen der Verlustaversion, d.h. des steileren Verlaufs der Verlustfunktion, zum besseren Ergebnis: |N(y) + N(-x)| < |N (y-x)|. Bei simultaner Preiserhöhung und –senkung in einem Telefontarif mit einer deutlichen Netto-Besserstellung des Kunden sollte man also den Nettoeffekt hervorheben.

Für den Fall der *„mixed losses"* lassen sich keine generellen Aussagen machen, da es hier sowohl auf die relative Höhe der Teilverluste als auch auf den individuellen Verlauf der Nutzenfunktion ankommt, ob eine segregierte oder integrierte Verrechnung vorteilhaftere Ergebnisse erbringt. Je größer der Verlust im Vergleich zum Gewinn, desto eher wird eine Nutzensegregation in Frage kommen, also gelten:
|N (-y) + N (x)| > |N (x-y)|. Thaler nennt N (x) den „Silberstreifen am Horizont" für den Bewerter angesichts des Ausmaßes von N (-y). Ein Beispiel für derartige Effekte ist die kostenlose Zugabe (Autowäsche, Fußmatten o. Ä..) eines Autohändlers beim Gebrauchtwagenverkauf, die den Käufer über den „Schmerz" des Kaufpreises etwas hinweghelfen soll.

Mental Accounting-Hypothesen können auch für *zeitraumübergreifende Teilbewertungen* Anwendung finden. Dies betrifft z.B. das zeitliche Auseinanderklaffen von Produktkauf, -nutzung und –bezahlung. Eine grundsätzliche Abneigung vieler Verbraucher gegenüber Schuldenaufbau führt hier, wie Prelec/Loewenstein (1998) auch empirisch am Beispiel von Urlaubsreisen aufzeigen, dazu, dass bereits bezahlte Leistungen mit mehr Vergnügen konsumiert werden und damit höheren hedonischen Nutzen erzeugen als noch zu bezahlende Leistungen. Nach den Vorstellungen der Autoren erfolgt die Verbindung von empfundenem Nutzen und Kosten sowie der Umfang und der zeitlichen Anfall des Konsums durch eine mentale Kontoführungsregel, nach der zukünftige Zahlungen voll berücksichtigt, in der Vergangenheit geleistete dagegen weitgehend „abgeschrieben" werden (*„Prospectiv Accounting"*). Im Voraus bezahlter Konsum kann also genossen werden, als ob er quasi kostenlos sei; bei nachträglichen Zahlungen fühlt man sich zum Zahlungszeitpunkt so, als ob man quasi für nichts zahle. Bei Konsum- und Zahlungsströmen, die über eine Periode hinausgehen, werden die noch ausstehenden Zahlungen dem entsprechenden „Restnutzen" pro verbleibender Nutzungsdauer zugeordnet und vice versa (*„Prorating"*). Die empfundenen Nutzen und Kosten aus Konsum und Bezahlung ergeben sich in der Realität nicht aus einer hundertprozentigen Konversion der Zahlungen bzw. des Konsums, sondern fallen geringer aus je nach Stärke, in welcher der Konsum an die entsprechenden Zahlungen denken lässt und vice versa. Dabei existieren situative und persönlichkeitsbedingte Einflussfaktoren. Gourville/Soman (1998) bestätigen in einer analogen Studie diese „Entwertungseffekte" bereits bezahlter Preise, die z.B. für nicht-lineare Preismodelle mit „Einstiegszahlungen" (Beispiel: Bahncard der DB), aber auch für Preisstaffeln bei Mengenrabatten oder Abonnement-Geschäften eine wichtige Rolle spielen.

3. Beeinflussungsmöglichkeiten der Preiswahrnehmung

3.1 Die Vereinfachung von Preisen

An vielerlei Punkten der Wahrnehmungstheorie wurde deutlich, dass sich Menschen um die *Vereinfachung* von Wahrnehmungsaufgaben bemühen. Dies wird – abhängig vom Preisinteresse, insb. vom Entlastungsstreben – ganz besonders für die Preiswahrnehmung gelten, bei welcher der Konsument angesichts Tausender von relevanten Preisen rasch überfordert ist, will er vollständig rational urteilen. Er hat deshalb verschiedene *Heuristiken* der Preisenkodierung entwickelt, denen er vermutlich zumindest zum Teil nicht mehr voll bewusst ist. Sie führen zu mehreren Preiswahrnehmungseffekten, deren Kenntnis für eine wirkungsvolle Preispolitik wichtig ist. Wir unterscheiden nachfolgend fünf solcher Effekte, nämlich den

1. Preisschwelleneffekt,
2. Preisrundungseffekt,
3. Preisfigureneffekt,
4. Eckartikeleffekt und
5. Preisfärbungseffekt.

3.1.1 Preisschwelleneffekt

Eine für die Preiswahrnehmung sehr effektive Heuristik besteht in der Vergröberung der Wahrnehmung durch Orientierung an *Wahrnehmungskategorien*. Statt zu exakten und für den praktischen Gebrauch oft unnötig feinen Einstufungen von Preisen auf einer (bis auf Zehntel- oder gar Hundertstel Cent diskriminierbaren) metrischen Preisskala greifen Käufer häufig zu kategoriellen Preisskalen, die nur noch einige wenige Einstufungsklassen (z.B. „teuer"/„normal"/„billig") besitzen. An den Schnittstellen der Kategorien entstehen dadurch Preisempfindungssprünge, sog. *Preisschwellen*. Preisschwellen lassen sich demnach als solche Preispunkte definieren, bei denen sich die Preisbewertung sprunghaft verändert. Sie sind immer schon mit gewissen Reaktionsbereitschaften (z.B. „würde ich (vielleicht) kaufen“) verbunden (Kaas/Hay, 1984). Man kann dabei *absolute* und *relative* Preisschwellen unterscheiden. Überschreitet der Preis die *absolute Preisobergrenze*, so wird der Nachfrager nicht kaufen, weil ansonsten sein (Teil-) Budget für die jeweilige Warengruppe überschritten wird (Einkommensrestriktion). Die individuelle Kaufwahrscheinlichkeit ist nahe Null. Bei aggregierter Betrachtung streuen diese Preisobergrenzen über einen bestimmten Wertebereich. Deshalb definiert man die absolute Preisobergrenze unter Bezugnahme auf einen bestimmten Käufer*anteil* (z.B. 50 %), der zum jeweiligen Preis keine Kaufbereitschaft mehr zeigt. *Absolute Preisuntergrenzen* können im Gegensatz zu Sinneswahrnehmungen nicht mit Wahrnehmungseffekten, sondern nur mit *preisbedingten Qualitätszweifeln* begründet werden. Im Ergebnis führen sie dazu, dass der Kunde trotz extrem niedriger Preise ebenfalls nicht mehr kauft. Ein solches Verhalten ist freilich an bestimmte Bedingungen, insb. das Vorliegen subjektiv empfundener Kaufrisiken geknüpft (vgl. dazu den Beitrag von Diller zum Preisinteresse).

Relative Preisschwellen stellen Diskontinuitäten der Preisbewertungsfunktion innerhalb des akzeptierten Preisbereichs dar. Die Bewertung verschlechtert sich dort bei steigendem Preis sprunghaft. Man spricht dann von *kategorialen Preisgünstigkeitsurteilen (PGU)*. Abbildung 2 eine solche Funktion exemplarisch dar. Die relativen Preisschwellen liegen hier bei p_1, p_2, p_3 und p_4, die Benennungen sind tentativ zu verstehen. Die gestrichelte Linie zeigt die dahinter stehende, doppelt gekrümmte kontinuierliche Funktion.

Preisschwellen besitzen vor allem für *Preiserhöhungen* eine wichtige Rolle. Oft fürchten die Anbieter bei deren Überschreitung einen überproportionalen Absatzrückgang. Andererseits empfehlen Kaas/Hay (1984) für den Fall des Überschreitens statt eines ängstlichen und zögernden Vorgehens eine „forsches“ und merkliches Überspringen der Preisschwelle. Bei Gültigkeit der in Abbildung 2 dargestellten Funktion macht es nämlich in der Tat keinen Unterschied, ob die Preisschwelle nur gering oder wesentlich überschritten wird, solange die nächste Preisschwelle damit noch nicht erreicht wird.

Entscheidend für die Preispolitik ist die Kenntnis der Preispunkte, an denen Preisschwellen liegen. Ihre Position ist aber nicht generell bestimmbar. Sie wird vielmehr vor allem von folgenden, teilweise gegeneinander wirkenden Größen beeinflusst:

1. *Objektive Preisverteilung:* setzten Anbieter ihre Preise immer wieder an bestimmten Preispunkten (z.B. kurz unter runden Preisen), so wird sich die Preiskategorisierung tendenziell darauf einstellen.
2. *Anzahl der Angebote und deren Preisspanne:* nach der range-frequency-Theorie von Parducci (1974) besteht die Verhaltenstendenz, eine Reihe von Reizen in ähnlich breite und dicht besetzte Klassen auf dem Reaktionskontinuum einzuordnen. Bei großer Preisspannweite und vielfältiger Auswahl (z.B. Oberbekleidung) sind deshalb mehr Preisschwellen zu erwarten als bei geringer Preisspreizung und geringer Auswahl (z.B. Bananen). Dies hat Auswirkungen auf die Anzahl relevanter *Preisklassen*.

3. *Stärke des Preisinteresses und Produktinvolvements:* mit zunehmendem Preisinteresse und Produktinvolvement wird die Unterscheidungsbereitschaft steigen. Damit nimmt die Anzahl der relevanten Preisurteilskategorien zu. Allerdings korreliert die Spannweite der akzeptierten Preise negativ mit dem Preisinteresse (Lichtenstein et al., 1988).

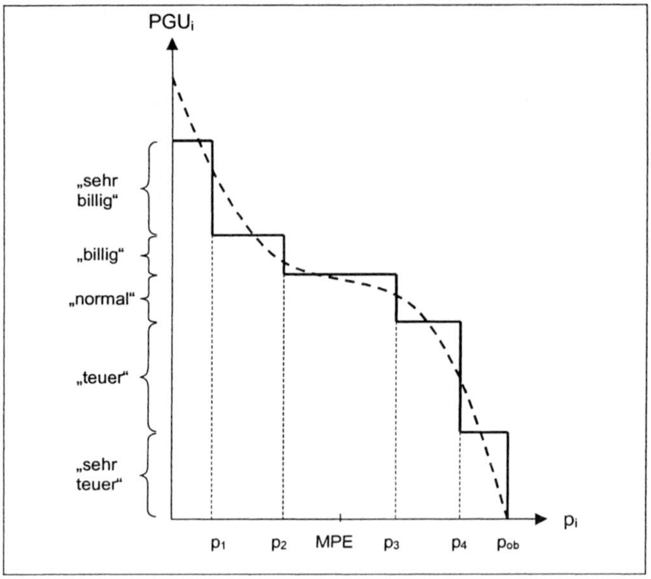

Abbildung 2: Relative Preisschwellen und Kategorisierung des Preisurteils

Vermutlich gibt es starke und schwache Preisschwellen. Erstere dürften nur bei sog. Glattpreisen (vollen €/DM bzw. 10 €/DM bzw. 100 €/DM) liegen, Letztere bei „halben" (0,5 €/DM) oder anderen runden Preisen (z.B. 0, 80 €/DM) dazwischen (Diller/Brielmaier, 1996).

3.1.2 Preisrundungseffekt

Die 10 im Lebensmittel-Einzelhandel am häufigsten eingescannten Preise enden alle auf die Endziffer 9 auf und vereinen zusammen 73,2% aller verkauften Artikel auf sich (Twardawa, 1998, S. 24f.; ähnlich: Müller-Hagedorn/Zielke, 1998). Daran hat sich auch nach Einführung des Euro nur wenig geändert (Diller/Brambach, 2002). Insbesondere der Lebensmitteleinzelhandel scheut also die Auspreisung mit runden Preisen (volle €-Beträge), weil er knapp darunter Preisschwellen vermutet (*„gebrochene Preise"*; z.B. 0,99 €, 99 € etc.). Ob eine solche Preistaktik tatsächlich zu eigenständigen Wahrnehmungseffekten führt, ist umstritten. In empirischen Untersuchungen konnte die Schwellenwirkung gebrochener Preise nicht durchgehend bestätigt werden.

Kaas/Hay (1984) bestätigten eine Preisschwelle für Waschmittel (3kg) bei 9,99 DM. Eine empirische Studie von *Diller/Brielmaier* (1996) im Drogeriewarenmarkt machte aber deutlich, dass weit weniger gebrochene Preise Wirksamkeit erzielen, als dies gemeinhin vermutet wird. Die Aufrundung aller Preise aus zwei Teilsortimenten auf jeweils volle 10 Pfennig- oder Markbeträge wurde zunächst lediglich von 9,9% der am Regalbefragten Verbraucher überhaupt bemerkt. Insofern verwundert es auch nicht, dass damit keine wesentlichen Absatzeinbußen verbunden waren. Lediglich bei sog. *Glattpreisen* (volle €-Beträge) und an manchen 50-Pfennig-Schwellen ließen sich „echte" Preisschwellen feststellen. Allerdings existieren diesbezüglich auch widersprüchliche Befunde. Es spricht deshalb viel dafür, dass der Einfluss erst dann wirksam wird, wenn viele Anbieter längere Zeit mit einem bestimmten gebrochenen Preis operieren und sich deshalb eine (u.U. kategoriespezifisches) Preisschwelle bei diesem Preis herausgebildet hat (s.o.). Insofern „ ... ist das Phänomen der Preisschwelle vielleicht das Ergebnis einer self fulfilling prophecy" (Kaas/Hay, 1984, S. 345). Auch *Gedenk/Sattler* (1997) konstatieren auf Basis von Simulationsstudien mit Marktreaktionen unterschiedlicher Preiselastizität (also ohne wahrnehmungstheoretische Fundierung), dass eine generelle Preisaufrundung gebrochener Preise theoretisch nicht empfehlenswert sei. Diller/Brielmaier (1996, S. 696) hatten damit für eine Drogeriemarktkette überschlägig immerhin einen Mehrgewinn von DM 1,7 Mio. p.a. berechnet.

3.1.3 Preisfigureneffekt

Die absatzfördernde Wirkung gebrochener Preise könnte auch auf eine sukzessive und u.U. lexikalisch geordnete Reihenfolge von Preisziffern „von links (€) nach rechts (Cent)" beruhen. Eine einschlägige neuere Studie hierzu stammt von Stiving/Winer (1997). Ihr *„Level-Effekt"* betrifft den Umstand, dass gebrochene Preise zu einer besseren Preisanmutung führen. Theoretisch könnte dieser Effekt nach ihrer Meinung erstens dadurch erklärt werden, dass Verbraucher dazu neigen, gebrochene Preise abzurunden. Eine zweite Erklärung bietet der *„Von-Links-nach-Rechts-Vergleich"*, der besagt, dass Konsumenten den Preis ziffernweise vergleichen und dabei mit der linken Ziffer beginnen. Sind diese Ziffern gleich, dann gehen sie eine Stufe weiter nach rechts – sind die Ziffern ungleich, dann wird bereits hier die Wahlentscheidung getroffen und die dahinterstehenden Ziffern werden ignoriert (lexikalische Rangordnung). Drittens könnte ein *„Erinnerungs-Effekt"* dahingehend auftreten, dass sich Konsumenten bei gebrochenen Preise aufgrund ihrer limitierten Erinnerungsfähigkeit meist nur an die linke Ziffer der Preisfigur erinnern können. Stiving/Winer sprechen auch vom *Image-Effekt* aufgrund von Preisendungen. Zum einen wird vermutet, dass Produkte mit gebrochenen Preisen, die zudem mit einer neun enden, den Anschein erwecken, es seinen „Schnäppchen". Allerdings leidet darunter – so Stiving/Winer - das Qualitätsimage, d.h. es wird mindere Qualität vermutet. Runde Preise erwecken hingegen das Image qualitativ hochwertiger Produkte.

3.1.4 Eckartikeleffekt

Eine weitere Preiswahrnehmungsheuristik liegt darin, seine Preisachtsamkeit auf bestimmte *Artikel* zu beschränken, also bestimmte Preise zu selektieren, statt alle bei einem Einkauf relevanten Preise zu prüfen. Insbesondere für die Geschäftswahl ist eine solche selektive Preiswahrnehmung beinahe zwingend, weil ein vollständiger Preisvergleich zwischen Geschäften schnell ausufert (vgl. Diller, 1988). Einzelhändler greifen diese Wahrnehmungsselektion auf, indem sie in der Preiswerbung solche sog. *Eck- oder Schlüsselartikel* als besonders günstig kalkuliert herausstellen, von denen sie annehmen, dass der Verbraucher sie selektiv wahrnimmt. Sie werden mit unterdurchschnittlichen Kalkulationsaufschlägen belegt (Mischkalkulation), häufig in Preisaktionen offeriert und werblich hervorgehoben (vgl. dazu den Beitrag zum Preisimage von Rudolf).

3.1.5 Preisfärbungseffekt

Wer sich nicht auf sein eigenes Urteil verlassen will oder kann, wird bei der Preiswahrnehmung nach anderen Indikatoren für die Preisgünstigkeit Ausschau halten, die dann auf die Preiseinstufung „abfärben". Verhaltenstheoretisch handelt es sich hierbei um *Generalisierungen* früher gelernter Zusammenhänge (z.B. rotes Preisschild = Sonderpreis). In der Praxis ist dies als „Preisoptik" bekannt und vielfach ausgenutzt – bis hin zur Irreführung über den tatsächlichen Preis (vgl. Diller, 1978a). Grundlage für ein solches Verhalten sind Kontextinformationen i.S. der Adaptionsniveautheorie, die den Fokalreiz Angebotspreis in ein günstigeres Licht tauchen. Hierzu zählen die *Optik, Gestik* oder *verbale Etikettierung* einer Preisangabe durch den Anbieter (Schriftgröße, Platzierung der Preisangabe, Preisurteil des Verkäufers, Kennzeichnung als „Sonderangebot", „Traumpreis" o. Ä..). Zum Teil reichen bereits Sonderplatzierungen für eine günstige Preisanmutung aus, weil der Verbraucher gelernt hat, dass sonderplatzierte Artikel (häufig) preisreduziert sind.

Die dabei erzeugten *preisoptischen Wirkungen* wurden bereits häufig nachgewiesen. Bspw. findet sich ein empirischer Nachweis für eine um mehr als 10% verbesserte Preisbeurteilung allein auf Grund einer veränderten *Schriftgröße* bei Preisanzeigen bei Diller (1982a). *Gröppel-Klein* (1998) überprüfte die Wirkung von verschiedenen Formen der erlebnisbetonten *Ladengestaltung* auf das Preisimage. *Grewal et al.* (1994) entdeckten die wachsende Wirkung *verbaler Preisetikettierung* mit steigendem Preisabschlag bei Sonderpreisen. *Inman et al.* (1997) bestätigten die positive preisoptische Wirkung von *Abverkaufsbeschränkungen* und Lichtenstein/Bearden (1989) fanden ebenfalls gewisse Bestätigung für die Wirkung bestimmter *semantischer Preisetikettierungen.* Aus Scannerauswertungen im Handel sind die abverkaufsfördernden Wirkungen von Sonderplatzierungen und/oder Preisdisplays wohl bekannt (vgl. Günther/Vossbein/Wildner, 1998, S. 264 ff.).

Vielfältige Möglichkeiten der färbenden *Preisargumentation* ergeben sich auch in *Verkaufsgesprächen*, auch wenn die in der Praxis immer noch stark propagierten *preispsychologischen Gesprächstechniken* (vgl. z.B. Detroy, 1990) angesichts der machtpolitischen Situation in vielen Preisverhandlungen und des vom Markt erzeugten Preisdrucks immer stärker an Durchschlagskraft verlieren. Von der „Preiseloquenz" des Verkäufers lassen sich immer weniger Kunden zu Preisnachgiebigkeit bewegen. Gegenüber unerfahrenen Käufern und insbesondere Endverbrauchern kann der Einsatz folgender Argumentationstechniken zur Begründung der Verkaufspreise freilich durchaus Wirkung zeigen (vgl. Bänsch, 1993, S. 80f.):

- *Preiszerlegung*: Aufsplittung des Gesamtpreises in für sich jeweils relativ niedrig erscheinende Preise für Teilleistungen. Diese Taktik widerspricht allerdings dem in der der Prospect-Theorie postulierten Segregationseffekt.
- *Preisverkleinerung*: Argumentation mit Preisen pro Mengeneinheit anstelle des Gesamtpreises für übliche Abnahmemengen. Dadurch relativieren sich die Geldausgaben beim Kauf.
- *Subtraktionsmethode*: Argumentation mit dem effektiven Zahlungsaufwand des Kunden bei Inzahlungnahme von Altgeräten bzw. Einrechnung der Ersparnisse des Kunden bei Gebrauch des neuen Produktes (mixed loss).
- *Gleichnismethode*: Vergleich des Verkaufspreises mit gewohnten, sich wiederholenden Kleinausgaben („Pennies-a-Day-Taktik, vgl. Gourville, 1998), etwa durch Berechnung von Tagespreisen für die Nutzung eines Kosmetikproduktes.
- *Vergleichsmethode*: Vergleich des Verkaufspreises mit erheblich teureren Produktvarianten (Referenzpreisbeeinflussung).
- *Bagatellisierungsmethode*: Herunterspielen absoluter Preisunterschiede zu Konkurrenzpreisen in Relation zur absoluten Preishöhe oder anderen Referenzgrößen bzw. zur Produktleistung oder zum Kaufrisiko.
- *Kompensationsmethode*: Ausführliche und detaillierte Auflistung, Erläuterung und u.U. auch Demonstration aller Produktvorteile, vor allem solcher, die Konkurrenzprodukte nicht bieten.
- *Positionierungsmethode*: Rückstellung des Preisthemas bis zu einem Zeitpunkt der Verhandlungen, in dem der Wert des Produktes bereits deutlich vor Augen steht.
- *Ausgrenzung*: Kritische Themen, wozu in aller Regel auch der Verkaufspreis zählt, werden zurückgestellt, bis andere Verhandlungsgegenstände befriedigend gelöst sind. Auf diese Weise steigt die Zielnähe des Verhandlungsabschlusses und damit die Bereitschaft zum Entgegenkommen.

3.2 Preisverankerungseffekte

Mit der Verankerung einer Wahrnehmung an einem Adaptionsniveau in Helson's Adaptionsniveautheorie war die Basis für eine Theorie der Referenzpreise, d.h. der Preisverankerung, gelegt. Maßgeblich wurde sie von Monroe (1973) entwickelt und in vielen empirischen Studien überprüft und weitgehend bestätigt. Sie hat einen breiten Strom von Forschungsarbeiten ausgelöst, der bis heute anhält. Einen Überblick bietet der Aufsatz von Kalyanaram/Winer (1995).

Kern der Referenzpreistheorie ist die These, dass die Reaktion des Kunden auf einen Preis nicht (nur) von dessen absoluter Höhe, sondern von der Differenz zu einem Preisanker, der als Referenzgröße dient, abhängt. Dies entspricht der in der Prospect-Theorie postulierten Justierung der Nutzenfunktion auf ein Referenzpreisniveau. Für die praktische Verwertung dieser These stellen sich zwei grundlegende Fragen, nämlich

1. Wie bildet sich der Referenzpreis, d.h., welches sind die relevanten Preisanker?
2. Wie gestaltet sich die Nutzenfunktion in Abhängigkeit von der Differenz aus dem zu beurteilendem Preis („Fokalpreis“) und dem Referenzpreis?

Im nachfolgenden Unterabschnitt gehen wir auf die erste, im darauf folgenden auf die zweite Fragestellung ein.

3.2.1 Relevante Preisanker

Zunächst ist zu klären, welche Preisanker überhaupt für die Preiswahrnehmung eine Rolle spielen. Überträgt man die Helson'schen Reizkategorien auf Preisgünstigkeitsurteile, so lassen sich folgende *Preisreize* unterscheiden (vgl. Diller, 1978):

1. Zu *Fokalpreisen* können, wie bereits erwähnt, nicht nur der zu beurteilende Angebotspreis selbst, sondern auch die *Optik, Gestik* oder *verbale Etikettierung* dieser Preisangabe durch den Anbieter gezählt werden.
2. Als relevante *Kontextpreise* können alle Preisinformationen angesehen werden, die während der Preiswahrnehmung (meist im Geschäft) zusammen mit dem zu beurteilenden Preis wahrgenommen werden. Dazu zählen insbesondere Preise qualitativ gleichartiger Produkte, Preisempfehlungen des Herstellers auf der Verpackung oder Preisgegenüberstellungen auf Preisschildern.
3. Zu den *Residualreizen* sind schließlich die *Preiserfahrungen* und *Preiskenntnisse* des Beurteilers zu zählen, also etwa früher bezahlte Preise gleicher oder ähnlicher Waren, soweit sie im Gedächtnis der Verbraucher verfügbar sind, derzeitige Preise desselben Produktes bei anderen Anbietern (z.B. aus der Preiswerbung) oder Preisinformationen von Bekannten oder anderen Referenzpersonen und Institutionen (z.B. Preisspiegel der Verbraucherberatungsstellen). Empirisch bestätigt ist auch, dass auch absolute untere und obere Preisschwellen in die Preisverankerung einfließen (Lichtenstein et

al., 1988). Auch allgemeine Preiserfahrungen über die sonstige Preispolitik des Anbieters (Preisimage) zählen zu den Residualreizen.

Besonderen Einfluss auf den Referenzpreis mag auch *die Erwartung künftiger Preisaktionen* mit entsprechend abgesenkten Preisen besitzen. Insb. in Warengruppen mit regelmäßigen Preisaktionen (z.B. Bohnenkaffee, Fleisch) wurde verschiedentlich festgestellt, dass der „Normalpreis" an Bedeutung verliert und die Aktionspreise das mittlere Preisempfinden dominieren.

3.2.2 Verknüpfung der Preisanker

Bei der Vielzahl möglicher Bezugsgrößen im Wahrnehmungsfeld von Preisen stellt sich als nächstes die Frage, wie der Verbraucher diese Eindrücke miteinander verknüpft und welche relative Bedeutung dabei den einzelnen Stimuli zukommt. Da die genannten Referenzgrößen für das Preisurteil teilweise nur nominales oder ordinales Skalenniveau aufweisen, sind diese Fragen besonders schwierig und bis heute nicht endgültig zu beantworten.

Empirische Studien benutzen meist nur verschiede Preise und vernachlässigen nonverbale und kategoriale Preissignale. Frühe Studien von Nwokoye (1975) und Anttila (1977) bestätigten eine weitere Hypothese der Helson´schen Adaptionsniveautheorie: Der Mittelpunkt eines zusammenfassenden, eindimensionalen Kontinuums („weder billig noch teuer"), auf dem dann später auch Preisgünstigkeitsurteile gefällt werden können, lag übereinstimmend etwa beim *geometrischen Mittelwert* aller wahrgenommenen Preisstimuli. Dieser Wert entspricht dem sog. *Adaptionsniveau* bei Helson, an dem das Urteil zusammenfassend verankert wird. Die geometrische Mittelung entspricht auch dem logarithmischen Preisempfinden, werden hierbei doch die auf der Log-Skala verkleinerten Teilreize wieder „gestreckt" und damit für eine Mittelung brauchbar gemacht. Auch eine *exponentielle Glättung* der zuletzt gezahlten Preise brachte bei häufig gekauften Produkten gute Werte (vgl. Briesch et al., 1997; Kialyanaram/Winer, 1995). Janiszewski/Lichten-stein (1999) belegen ferner in diversen Preisexperimenten, dass zusätzlich zum Adaptionsniveau auch die *Endpunkte der jeweiligen Preisverteilung* besonderen Einfluss auf das Preisurteil nehmen, selbst wenn das MPE davon unberührt bleibt.

Diller (1978, S. 169) bezeichnete das Adaptionsiveau bei Preisurteilen als *„mittleres Preisempfinden" (MPE).* Mit ihm kann ein konkreter Preis (Fokalpreis) verglichen und darauf aufbauend ein Preisurteil gefällt werden (vgl. 4.6.2). Das MPE kann auch leicht *direkt erfragt* werden (Beispiel: „Welchen Preis empfinden Sie beim Kauf eines Herrenfahrrades als normal, d.h. weder besonders billig noch besonders teuer?"). Es wird nämlich bevorzugt im Gedächtnis der Konsumenten abgespeichert. Ersatzweise kann u.U. sogar der geometrische Mittelwert bekannter *objektiver* Preisverteilungen auf bestimmten Märkten herangezogen werden, wenn man von der Prämisse ausgeht, dass diese die „Preiswelt" der Kunden hinreichend abbilden.

Die Preisverankerung bietet Anbietern grundsätzlich zahlreiche Möglichkeiten, durch eigene Verankerungsreize in der Werbung bzw. im Verkaufsgespräch die Preiswahrnehmung positiv zu färben. Allerdings gibt es diesbezüglich deshalb auch durchaus berechtigte wettbewerbsrechtliche Begrenzungen.

- Preisauslobungsseffekt:
  Aus der relativen Enkodierung von Preisen ergeben sich wichtige Implikationen für die Auslobung von Preisen, z.B. von Preisnachlässen: Handelt es sich um niedrigpreisige Produkte, so empfiehlt sich hier eher eine relative (prozentuale) Auslobung des Preisdiscounts, während in höheren Preiszonen die Angabe der absoluten Preisabsenkung zu positiveren Preisanmutungen führt. Chen/Monroe/Lou (1998) haben dies anhand eines Experiments mit Preisreduktionen bei PCs bzw. Disketten empirisch nachgewiesen. Der Effekt dürfte auch vom Umfang der Preisabsenkung beeinflusst werden. Ist diese relativ groß (im erwähnten Experiment waren es 10%), könnte auch bei niedrigpreisigen Produkten die Angabe der absoluten Preisabsenkung zu positiven Anmutungen führen.

- Mondpreiseffekt:
  Durch Angabe eines überhöhten Normalpreises (sog. „Mondpreis") wird ein hoher Referenzpreis gesetzt, der den Angebotspreis in ein günstigeres Licht rückt. Der Effekt kann z.B. bei überhöhten Preisempfehlungen auftreten.

- Preisgegenüberstellungseffekt:
  Viele Anbieter arbeiten mit „durchgestrichenen Preisen", d.h. (angeblich) früher üblichen Preisen, die vom aktuellen Preis dann mehr oder weniger unterschritten werden und beim Kunden Preisgelegenheiten anzeigen sollen. Eine analoge Möglichkeit sind „Phantomalternativen", die im aktuellen Entscheidungszusammenhang gar nicht vorhanden sind. Ein Beispiel dafür sind vom Verkäufer genannte Wettbewerberpreise, die weit über den eigenen liegen und eine Erhöhung des Referenzpreises bewirken sollen.
  Beispielsweise legt es die Prospect-Theorie bei geringen Preiskenntnissen der Kunden (interne Referenzpunkte) nahe, den Preis von 3.000€ für einen Orientteppich nicht zu 3.000€, sondern zu z.B. 3.300€ anzubieten und gleichzeitig einen Preisnachlass von 300€ zu gewähren (vgl. v. Nitzsch, 1998, S.625). Dadurch werden zwei (externe) Referenzpreise definiert, einmal für den Teppich (3.300€) und zum anderen für den Preisnachlass (300€). Im Ergebnis verbessert sich die Bewertung also doppelt: einmal durch einen höheren Referenzpreis für den Teppich, an dem die letztlich zu zahlenden 3.000€ gemessen werden, und zum anderen durch den Preisnachlass, der (objektiv zu Unrecht) als zusätzliches Entgegenkommen interpretiert wird, was in der Mental Accounting-Theorie als Eröffnung eines zusätzlichen Nutzenkontos interpretiert wird.

- Besitztumseffekt:
  Eine andere Nutzung der Referenzpunktbildung findet man bei jenen Fällen, wo die Anbieter dem Kunden ein Produkt probeweise oder zum sog. Mietkauf überlassen,

wie dies z.B. bei Klavieren oder bei Photoabzügen mit Rückgaberecht der Fall ist. Die Kunden erhöhen damit ihren Besitzstand, d.h. auch das Referenzpunktniveau, und beurteilen den Kaufpreis nach einer solchen Probephase anders als zuvor (vgl. v. Nitzsch, 1998, S. 628).

- Nettopreiseffekt:
  Beliebt bei vielen Anbietern ist auch die Argumentation mit Nettozahlungen des Kunden bei Inzahlungnahme von Altgeräten, durch die der Preis im Vergleich zum ursprünglichen Referenzpunkt (ohne Rücknahmepreis) optisch verkleinert wird (Herrmann/Bauer/Huber 1997, S. 8).

- Preisplatzierungseffekte:
  Da Kontextreize in das mittlere Preisempfinden einfließen, kann durch Platzierung höherpreisiger Artikel in der Regalnachbarschaft eines Artikels dessen Preisanmutung positiv gefärbt werden. Diese Preistaktik wird vom Handel z.B. bei eigenen Handelsmarken oft versucht.

3.3 Bewertung des Preisnutzens

Wie oben dargelegt, verläuft die in der Prospect-Theorie postulierte Nutzenfunktion degressiv, d.h. das Preisurteil verbessert (verschlechtert) sich mit zunehmenden „Gewinnen" („Verlusten") im Vergleich zum Referenzpreis nur unterproportional (vgl. Abbildung 1). Der degressive Verlauf lässt folgende preispolitischen Effekte erwarten:

- Komplettpreiseffekt:
  Bei Ausweisung eines Komplettpreises wird eine bessere Preisbewertung (geringeres Verlustempfinden) erzielt als bei Ausweis verschiedener Preisbestandteile.

- Rabattsplittungseffekt:
  Bei Aufteilung verschiedener Preisnachlässe wird eine bessere Preisbewertung (höheres Gewinnempfinden) erzielt als bei Ausweis eines Gesamtrabattes. Allerdings muss das System überschaubar bleiben, um die „subjektive Kontenführung" nicht zu überfordern.

- Produktbaukasteneffekt:
  Bei Einzelausweis aller Leistungskomponenten wird eine höhere Wertanmutung erzielt als bei Leistungspaketen.

- Preiserhöhungseffekt:
  Preiserhöhungen in großen Schritten und geringerer Häufigkeit (evt. in Verbindung mit Steuererhöhungen) sind eher zu empfehlen als viele kleine Preiserhöhungen, weil sie als weniger schmerzvoll empfunden werden und das Referenzpreisniveau jeweils „mitwächst". Allerdings konnte dieser Effekt von Mazumdar/Jun (1994) nicht bestätigt werden. Möglicherweise hängt dies mit dem zeitlichen Abstand der Preisänderungen zusammen.

- Preisabsenkungseffekt:
  Mehrere kleine Preisabsenkungen wirken positiver als wenige große.

Neben dem degressiven Verlauf der Nutzenfunktion kann auch die *Verrechnung* verschiedener Preisbestandteile und die *Verlustaversion*, d.h. der im Vergleich zum Gewinnbereich steilere Verlauf der Funktion im Verlustbereich, preispolitische Effekte erzeugen. Wir haben sie oben z.T. bereits angesprochen:

- Preisbesänftigungseffekt:
  Hohe Preise können durch kleine Geschenke günstiger gefärbt werden, weil der Kunde darin soz. einen „Silberstreifen am Horizont" seines Verlustes erkennt (Thaler 1985). Ähnliches gilt, wenn man Preiserhöhungen mit gleichzeitigen Preissenkungen bei anderen Preisbestandteilen verknüpft.

- Endowment-Effekt:
  Die „Gegenrechnung" eines entsprechend höheren Abgabepreises mit einer höheren Gutschrift (z.B. für ein Altgerät) führt zu einer besseren Kaufanmutung als ein in der Summe gleicher Betrag mit niedrigerer Gutschrift und höherem Abgabepreis. Herrmann/Bauer (1996) konnten dies am Beispiel von Pkw-Preisen belegen.

- Cash-Effect:
  Barausgaben („out-of-pocket-costs") werden überbewertet. Deshalb empfehlen sich bei kredit- oder leasingfinanzierten Verkäufen Modelle mit niedrigen monatlichen Zahlungsraten und entsprechend höheren Anzahlungen bzw. Abschlusszahlungen.

- Sunk-Cost-Effekt:
  Was bezahlt ist, wird mit größerer Freude und Zufriedenheit konsumiert. Deshalb empfehlen sich unter bestimmten Bedingungen Voraus- bzw. Anzahlungen.

Die Anwendungsfelder für diese Effekte liegen insb. bei der Ausgestaltung des Preissystems, das um so mehr „Spielmöglichkeiten" für derartige Effekte bietet, je differenzierter es ausgestaltet wird, der Preisbündelung sowie der Preisargumentation im Verkaufsgespräch.

4. Literatur

ANTTILA, M., 1977, Consumer Price Perception, Diss., Helsinki.

BÄNSCH, A., 1993, Verkaufspsychologie und Verkaufstechnik, 5. Aufl., Oldenburg.

BRIESCH, R.A./KRISHNAMURTHI, L./MAZUMDAR, T./RAJ, S., 1997, A Comparative Analysis of Reference Price Models, in: Journal of Consumer Research, S.202-214.

CHEN, S.S./MONROE, K.B./LOU, Y., 1998, The Effects of Framing Price Promotion Messages on Consumers′ Perceptions and Purchase Intentions, in: Journal of Retailing, S. 353-372.

CONEY, K.A., 1975, Levelling - Sharpening: a Cognitive Control Approach to Consumer Information Recall, in: MAZZE, E.M. (Hrsg.), Combined Proceedings, AMA, Chicago 1975, S. 162-166.

DETROY, E.N., 1990, Sich Durchsetzen in Preisgesprächen und –verhandlungen, Zürich.

DILLER, H., 1978, Das Preisbewußtsein der Verbraucher und seine Förderung durch Bereitstellung von Verbraucherinformationen, Habilitationsschrift, Mannheim.

DILLER, H., 1978A, Theoretische und empirische Grundlagen zur Erfassung der Irreführung über die Preisbemessung, in: Wirtschaftliches Studium, Heft 6, S. 249-255.

DILLER, H., 1982A, Die Wirkung von Hervorhebungen in der Preiswerbung des Lebensmitteleinzelhandels - Ergebnisse eines Feldexperiments, in: FfH-Mitteilungen, S. 1-10.

DILLER, H., 1988A, Das Preiswissen von Konsumenten. Neue Ansatzpunkte und empirische Befunde, in: Marketing-ZFP, S.17-24.

DILLER, H., 2000, Preispolitik, 3. Aufl., Stuttgart u.a.

DILLER, H./BRAMBACH, G., 2002, Die Entwicklung der Preise und Preisfiguren nach der Euro-Einführung im Konsumgüter-Einzelhandel, in: Mitteilungen des Instituts für Handelsforschung, Heft 2/2002.

DILLER, H./BRIELMAIER, 1996, Die Wirkung gebrochener und runder Preise, in: Zeitschrift für betriebswirtschaftliche Forschung, S. 695-710.

GEDENK, K./SATTLER H., 1997, Preisschwellen und Deckungsbeitrag – Verschenkt der Handel große Potentiale?, in: Zeitschrift für betriebswirtschaftliche Forschung, S. 35-59.

GOURVILLE, J.T./SOMAN, D., 1998, Payment Deprecistion: The Behavioral Effects of Temporally Separating Payments from Consumption, in: Journal of Consumer Research, S. 160-174.

GREWAL, D./MARMORSTEIN, H., 1994, Market Price Variation, Perceived Price Variation, and Consumers‘ Price Search Decisions for Durable Goods, in: Journal of Consumer Research, S. 453-460.

GRÖPPEL-KLEIN, A., 1998, Wettbewerbsstrategien im Einzelhandel. Chancen und Risiken von Preisführerschaft und Differenzierung, Wiesbaden.

GÜNTHER, M./VOSSBEIN, U./WILDNER, R., 1998, Marktforschung mit Panels, Wiesbaden.

HARTMANN, R.S./DOANE, M.J./WOO, C.-K., 1991, Consumer Rationality and the Status Quo, in: Quaterly Journal of Economics, S. 141-162.

HELSON, H., 1964, Adaptation Level Theory, New York.

HERRMANN, A./BAUER, H.H., 1996, Ein Ansatz zur Preisbündelung auf der Basis der "prospect"-Theorie, in: Zeitschrift für betriebswirtschaftliche Forschung, S. 675-694.

HERRMANN, A./BAUER, H.H./HUBER, F., 1997, Wenn Käufer auch verkaufen. Preispolitische Implikationen der "prospect"-Theorie, in: Marketing-ZFP, S. 5-14.

HERRMANN, A./WRICKE, M., 1998, Evaluating multidimensional prices, in: Journal of Product & Brand Management, S. 161-169.

INMAN, J.J./PETER, A.C./RAGHUBIR, P., 1997, Framing the Deal: The Role of Restrictions in Accentuating Deal Value, in: Journal of Consumer Research, S. 68-79.

IRLE, M., 1975, Lehrbuch der Sozialpsychologie, Göttingen.

JACOBSON, R./OBERMILLER, C., 1990, The formation of expected future price, in: Journal of Consumer Research, S. 420-432.

JANISZEWSKI, C./LICHTENSTEIN, D.R., 1999, A Range Theory Account of Price Perception, in: Journal of Consumer Research, S. 353-368.

KAAS, K.P./HAY, C., 1984, Preisschwellen bei Konsumgütern - eine theoretische und empirische Analyse, in: Zeitschrift für betriebswirtschaftliche Forschung, S. 333-346.

KALWANI, M.U./YIM, C./RINNE, H./SUJITA, Y., 1990, A Price Expectation Model of Consumer Brand Choice, in: Journal of Marketing Research, S. 251-262.

KALYANARAM, G./WINER, R.S., 1995, Empirical Generalizations from Reference Price Research, in: Marketing Science, S. G161-G169.

LICHTENSTEIN, D. R./BLOCH, P. H./BLACK, W. C.(1988, Correlates of Price Acceptability, in: Journal of Consumer Research, S. 243-252.

LICHTENSTEIN, D.R./BEARDEN, W.O., 1989, Contextual influences on perceptions of merchant-supplied reference prices, in: Journal of Consumer Research, S. 55-66.

MAZUMDAR, T./JUN, S. Y., 1994, Consumer Evaluations of Multiple versus Single Price Change, in: Journal of Consumer Research, S. 441-450.

MONROE, K.B., 1973, Buyers' Subjective Perception of Price, in: Journal of Marketing Research, S. 73-80.

MONROE, K.B., 1977, Contextual Influences on Subjective Price Perceptions, in: Journal of Business Research, S. 277-291.

MÜLLER-HAGEDORN, L./ZIELKE, S., 1998, Das Preissetzungsverhalten von Handelsbetrieben im Zuge der Währungsumstellung auf den Euro, in: Zeitschrift für betriebswirtschaftliche Forschung, S. 946-965.

NITZSCH V., R., 1998, Prospect Theory und Käuferverhalten, in: Die Betriebswirtschaft, S. 622-634.

NWOKOYE, N.G., 1975, Subjective Judgements of Price: the Effects of Price Parameters on Adaption Levels, in: MAZZE, E.M., Combined Proceedings of AMA, Chicago, S. 545-548.

PARDUCCI, A., 1974, Contextual Effects. A Range-Frequency Analysis, in: CANERETTE, E.C./FRIEDMAN, M.P. (Hrsg.), Handbook of Perception, Psychological judgement and Measurement, New York, S. 127-141.

PRELEC, D./LOEWENSTEIN, G., 1998, The Red and the Black: Mental Accounting of Savings and Depts, in: Marketing Science, S. 4-28.

SHERIF, C., 1963, Social Categorization as a Function of Latitudes of Acceptance and Series Range, in: Journal of Abnormal and Social Psychology, S. 148-156.

STIVING, M./WINER, R.S., 1997, An Empirical Analysis of Price Endings with Scanner Data, in: Journal of Consumer Research, S. 57-67.

THALER, R., 1985, Mental Accounting and Consumer Choice, in: Marketing Science, S. 199-214.

THALER, R./JOHNSON, E.J., 1990, Gambling with the house money and trying to break even: the effects of prior outcomes on risky choice, in: Management Science, S. 643-660.

TWARDAWA, W., 1998, Zwischen Zweifel und Zuversicht: Die Antwort des Verbrauchers, in: GfK-Nürnberg e.V. (Hrg.): Europa vor dem Euro - Neue Chancen für Marketing und Vertrieb, Nürnberg, S. 15-27.

WEBER, M., 1993, Besitztumseffekte: eine theoretische und empirische Analyse, in: Die Betriebswirtschaft, S. 479-490.

WINER, R.S., 1986, A Reference Price Model of Brand Choice for Frequently Purchased Products, in: Journal of Consumer Research, S. 250-256.

Alfred Kuß

Subjektive Preiskalküle und Nutzenpreise

1. Einführung

Im Mittelpunkt des Marketing steht die Initiierung und Gestaltung von Austauschprozessen, typischerweise von Austauschprozessen zwischen einem Anbieter von Waren oder Dienstleistungen und Kunden, die bestimmte Preise dafür zahlen (sollen). Für den Anbieter stellt sich - bei gegebener Leistung (Produkt) – die Frage, wie der Preis zu setzen ist,

- damit ein potenzieller Kunde mit diesem Anbieter und nicht mit einem Konkurrenten einen Austausch (Kauf) tätigt und
- damit die erzielbaren Erlöse möglichst hoch sind und die Zahlungsbereitschaft des Kunden möglichst weitgehend ausgeschöpft wird.

Es gilt also einzuschätzen, welchen Nutzen die angebotene Leistung für den Kunden hat. Im vorliegenden Beitrag soll es vor allem darum gehen, die Abwägung des Kunden hinsichtlich Nutzen und Preis eines Produkts zu analysieren und u.a. Ansatzpunkte für die Messung des seitens des Kunden wahrgenommenen Nutzens eines Produkts aufzuzeigen.

2. Grundlagen

Die Abwägung zwischen Nutzen und Preis eines Angebots (bzw. verschiedener Angebote) beim Kunden lässt sich leicht nachvollziehen, wenn man an ganz elementare Überlegungen zum *Zustandekommen eines Austauschs* anknüpft. Alderson (1965, S. 84) hat in allgemeiner Form Voraussetzungen für einen Austausch formuliert, an die hier angeknüpft werden kann. Im einfachsten Fall kann man davon ausgehen, dass sich vor einem Austausch zwei Personen oder Organisationen A und B mit jeweils einem Vermögen VA und VB gegenüber stehen. Bei Personen würde es sich um Privatvermögen, bei Organisationen um Betriebs-, Vereinsvermögen etc. handeln. Zu den Vermögen gehören diverse Güter und Geldeinheiten, u.a. sei a ein Element von VA und b ein Element von VB. Die Eigentümer A und B werden einen Austausch ihrer Vermögensteile a und b typischerweise vornehmen, wenn folgende Bedingungen erfüllt sind:

- a unterscheidet sich von b (sonst wäre ein Austausch ja sinnlos)
- Der vom Eigentümer A wahrgenommene Wert seines Vermögens VA steigt dadurch, dass das Element a durch das Element b ersetzt wird.
- Der vom Eigentümer B wahrgenommene Wert seines Vermögens VB steigt dadurch, dass das Element b durch das Element a ersetzt wird.

Formal lässt sich dieser Sachverhalt folgendermaßen ausdrücken:

$$a \neq b$$
$$\text{Wert}(VA-a+b) > \text{Wert}(VA)$$
$$\text{Wert}(VB-b+a) > \text{Wert}(VB)$$

Ein solcher *Wertzuwachs auf beiden Seiten* wird offenkundig dadurch verursacht, dass jeweils der Nutzen (von b für A bzw. von a für B) größer ist als die damit verbundenen Kosten (u.a. Weggabe von a bei A bzw. von b bei B), wobei nachfolgend ein deutlich über den in der Betriebswirtschaftslehre üblichen hinaus gehender Kostenbegriff zu Grunde gelegt wird, der neben dem durch die Weggabe von a bzw. b verursachten Nutzenentgang auch die mit dem Austausch verbundenen Anstrengungen (physisch und psychisch), den Zeitaufwand etc. umfasst (vgl. Plinke, 2000, S. 13). Das Wirtschaftsleben bietet ein Fülle entsprechender Beispiele, die vom Austausch eines Hemds gegen € 59,- im Bekleidungsgeschäft, bei dem der Nutzen des Käufers größer ist (bzw. sein sollte) als € 59,- (zzgl. Anstrengungen, Fahrtkosten, Parkgebühr im Einkaufszentrum etc.), bis zum Austausch eines Betrages von vielen Millionen € gegen ein Kraftwerk, bei dem der Nutzen des Käufers durch die Produktion wiederum verkäuflichen Stroms größer ist (sein soll) als der Kaufpreis (zzgl. möglicher Zinserlöse bei der Anlage dieses Geldbetrags am Kapitalmarkt), reicht. Im Hinblick auf den Wert-Begriff in der Konsumentenforschung sei hier auch auf Zeithaml (1988, S. 13 ff.) verwiesen.

Nun ist es heutzutage für die meisten Märkte typisch, dass ein potenzieller Käufer insofern in einer starken Position ist, als er unter einer größeren Zahl vergleichbarer Angebote wählen kann bzw. als verschiedene Anbieter sich darum bemühen, mit einem Kunden einen Austausch herbei zu führen (vgl. Czepiel, 1992, S. 35 ff.). Ohne Beschränkung der Allgemeinheit können die oben skizzierten Bedingungen für einen Austausch auf die Auswahl eines Kunden zwischen zwei Angeboten übertragen werden, wenn ein Nachfrager B sich zwischen zwei Anbietern A1 und A2 entscheiden muss, bei denen durch die Angebote a_1 bzw. a_2 ein möglicherweise unterschiedlicher Nutzen beim Kunden und gleichzeitig unterschiedliche Kosten durch die Gegenleistungen b_1 bzw. b_2 (Preis, Anstrengungen und Zeitaufwand beim Kauf) entstehen können. Ein Kunde B wird sich normalerweise für den Anbieter A1 entscheiden, wenn gilt

$$\text{Wert}(VB-b_1+a_1) > \text{Wert}(VB-b_2+a_2) > \text{Wert}(VB),$$

für den Anbieter A2, wenn gilt

$$\text{Wert}(VB-b_2+a_2) > \text{Wert}(VB-b_1+a_1) > \text{Wert}(VB).$$

Allgemein gilt also, dass ein Kunde mit dem Anbieter X einen Austausch durchführt, für den gegenüber allen anderen Anbietern Y gilt

$(a_x-b_x) > (a_y-b_y)$.

Dabei wird vorausgesetzt, dass überhaupt ein Austausch stattfindet, weil der Kunde durch mindestens eines der Angebote einen Wertzuwachs erwartet, und dass die Kosten für den Kunden tragbar sind. Abbildung 1 illustriert zwei Entscheidungssituationen des Kunden, die zu einem Austausch mit dem Anbieter X führen.

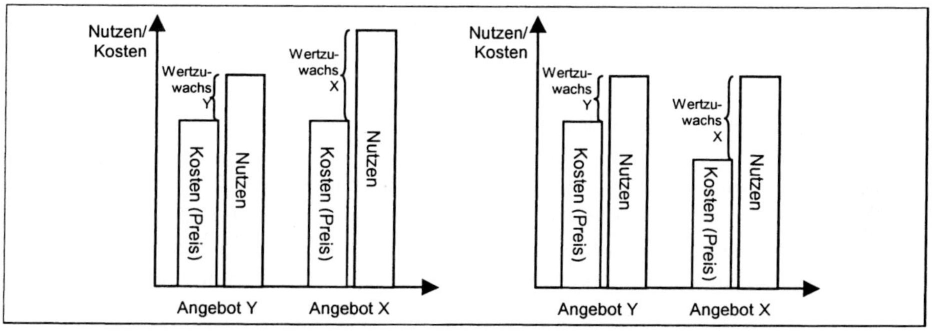

Abbildung 1: Wertzuwachs bei unterschiedlichen Differenzen von Kosten und Nutzen verschiedener Angebote

Wenn man von einem solchen Kalkül beim Nachfrager ausgeht, dann stellen sich für den Anbieter, der einen Austausch initiieren und in Konkurrenz zu anderen Anbietern erfolgreich sein will, folgende Fragen:

- Wie groß ist der wahrgenommene Nutzen des eigenen Angebots und der Konkurrenzangebote beim Kunden?
- Wie groß sind die Kosten (Preis und Anstrengungen, Zeitaufwand) für die verschiedenen Angebote beim Kunden?

Wenn diese beiden Größen gemessen bzw. abgeschätzt werden können, dann kann der Anbieter versuchen, den Nutzen (insbesondere durch Gestaltung der Produktleistung) und die Kosten (insbesondere den Preis) des Angebots so zu beeinflussen, dass

- die Differenz zwischen wahrgenommenem Nutzen und Kosten bei seinem Angebot größer ist als bei den Konkurrenzangeboten und
- der Vorsprung im Nutzen-Kosten-Verhältnis nicht zu groß wird, damit nicht Leistungen gewissermaßen „verschenkt" werden bzw. Erlöspotenziale unausgeschöpft bleiben.

Deswegen werden sich die Ausführungen im vorliegenden Beitrag in den folgenden Abschnitten auf die *Abschätzung von Nutzen und Kosten eines Angebots* für den Kunden konzentrieren. Ein wesentliches Problem dabei besteht darin, die verschiedenen Nutzen- und Kostenkomponenten in monetären Größen zu erfassen, um diese vergleichbar zu machen und eine Korrespondenz zur monetären Entscheidungsgröße Preis herzustellen.

Das bringt bei Faktoren wie geringeren Unterhaltskosten oder längerer Lebensdauer von Produkten relativ geringe Probleme, ist aber bei manchen qualitativen Faktoren, wie z.B. der Prestigeträchtigkeit einer Marke oder dem wahrgenommenen Komfort eines Autos, oftmals nur sehr grob oder gar nicht realisierbar.

3. Abschätzung des Kundennutzens

3.1 Kundennutzenrechnung

Der Begriff der *Kundennutzenrechnung* ist von Diller (2000, S. 229) geprägt worden. Dem liegt ein Konzept zu Grunde, das insbesondere von Anderson/Narus (1999a; 1999b, S. 65 ff.) konkretisiert und auf praktische Probleme angewandt worden ist. Anderson/Narus sprechen in diesem Zusammenhang von „Kundenwertmodellen“, weil sie die im vorliegenden Beitrag neben dem Nutzenzuwachs getrennt erörterte zweite Komponente der Wertentstehung, die damit verbundenen Kosten (im weiteren Sinne, s.o.), nicht separat betrachten. Der Schwerpunkt der Anwendungen der Kundennutzenrechnung liegt im Business-to-Business-Sektor, da dort am ehesten eine Quantifizierung von einzelnen Nutzenkomponenten möglich ist. Typisch für solche Anwendungen ist die Kooperation von Anbieter und Kunden bei der Bestimmung und Quantifizierung der verschiedenen Nutzenkomponenten. Anderson/Narus (1999 a, b) schlagen eine Vorgehensweise in sechs Schritten vor, die in der folgenden Abbildung 2 überblicksartig dargestellt wird.
Am Beginn steht beim Anbieter die *Zusammenstellung eines Teams* für den gesamten Analyseprozess einer Kundennutzenrechnung. Darin müssen Mitarbeiter mit ausgeprägten Kompetenzen hinsichtlich des angebotenen Produkts (insbesondere seiner technischen Eigenschaften und Qualitätsmerkmale), des Kundendiensts und des Marketing (z.B. ein Produktmanager) sowie erfahrene und aufgeschlossene Vertriebsmitarbeiter vertreten sein. Letztere kennen am ehesten Art und Bedingungen der Produktnutzung bei Kunden und können Verbindungen zu ausgewählten Kunden herstellen, die bei den folgenden Analyseschritten kooperieren sollen.

Nun wird eine Kundennutzenrechnung in verschiedenen Marktsegmenten oftmals zu deutlich unterschiedlichen Ergebnissen führen. So kann man sich z.B. leicht vorstellen, dass Einsatzbedingungen und Kundennutzen eines Gabelstaplers im Großhandel und in einem produzierenden Großunternehmen recht verschieden sind. Der zweite Schritt bei der Kundennutzenrechnung besteht demzufolge in der *Auswahl der Marktsegmente*, für die diese Rechnung durchgeführt werden soll. Empfohlen wird (Anderson/Narus, 1999 a, b), mit einem Segment zu beginnen, wo viele Kontakte und Informationen zu bzw. über Kunden existieren und wo die Anwendung des angebotenen Produkts beim Kunden besonders einfach überschaubar ist, weil hier die Erfolgschancen für ein erstes Projekt der

Kundennutzenrechnung besonders groß sind. Die gewonnenen Erfahrungen und Fähigkeiten können dann später auf Marktsegmente mit schwierigeren Bedingungen übertragen werden.

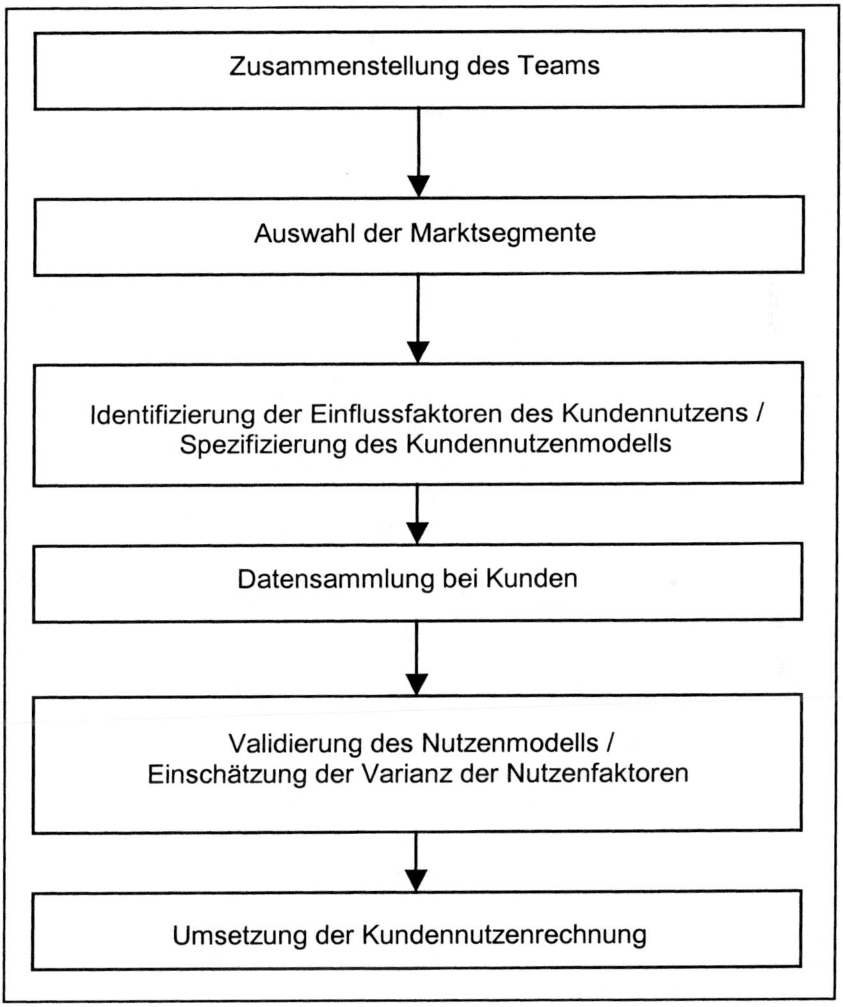

Abbildung 2: Ablauf einer Kundenutzenrechnung (nach Anderson/Narus 1999a)

Im Mittelpunkt der Kundennutzenrechnung (3. Schritt) stehen die *Identifizierung der Einflussfaktoren des Kundennutzens* und die *Spezifizierung des Kundennutzenmodells*, das das Zusammenwirken der verschiedenen Nutzenkomponenten abbildet. Zunächst zur Bestimmung der relevanten Komponenten. Dabei geht es um eine breit angelegte Erfassung dieser Faktoren unter Berücksichtigung

- aller Phasen von der Beschaffung und Installation über die Nutzung bis zur Entsorgung (z.B. durch Weiterverkauf) des zu beschaffenden Produkts (z.B. einer Maschine),
- aller technischen (z.B. Laufzeiten, Energieverbrauch), betriebswirtschaftlichen (z.B. Kostensenkungspotenziale im Produktionsprozess des Abnehmers) und qualitativen (z.B. Image-Effekte, Flexibilität) Nutzenelemente sowie
- von Vor- und Nachteilen des angebotenen Produkts im Interesse der Glaubwürdigkeit der Untersuchung.

Einige Beispiele mögen die Integration und (monetäre) Quantifizierung unterschiedlicher Nutzenelemente in ein Kundennutzenmodell illustrieren:

- Geringere Wartungsdauer und / oder größere Wartungsintervalle verringern entsprechend die Stillstandszeiten einer Anlage, was zu leicht abschätzbaren Steigerungen des Outputs und der Erlöse führt.
- Geringerer Energieverbrauch ist direkt kostenwirksam.
- Leichtere Bedienbarkeit, geringere Lärmbelastung etc. bei einer Anlage führt wohl zu größerer Arbeitszufriedenheit der betroffenen Mitarbeiter. Hier ist eine Quantifizierung besonders schwierig. Unter Berücksichtigung verringerten Krankenstandes oder sinkender Fluktuationsrate kann man vielleicht zu einem groben Schätzwert für eine mögliche Kostensenkung kommen.
- Höhere Genauigkeit oder geringere Ausschussquoten einer Maschine führen zu einer relativ gut bestimmbaren Steigerung des Outputs.

An diesen Beispielen ist schon erkennbar, dass die entsprechenden Daten nur in enger Kooperation mit den betreffenden Kunden zu ermitteln sind. Weiterhin wird deutlich, dass oftmals der Nutzen einzelner Merkmale eines zu beschaffenden Produkts am ehesten im Vergleich zur bisherigen Situation (z.B. „Wartungsintervalle bei einer neuen Anlage sind 20 % größer“) abgeschätzt werden können. Die einzelnen Faktoren können dann für bestimmte Perioden (z.B. ein Jahr) und letztendlich für die gesamte Nutzungsdauer eines zu beschaffenden Produkts aggregiert werden (z.B. „Kostensenkung über die gesamte Lebensdauer durch verringerten Energieverbrauch“). Dabei lassen sich auch Aspekte der zeitlichen Verteilung von Kostensenkungen und Erlössteigerungen durch die entsprechenden betriebswirtschaftlichen Kalküle der Investitionsrechnung (vgl. z.B. Bitz/Ewert/Terstege, 2002) berücksichtigen.

Die *Datensammlung* für die Kundennutzenrechnung bildet den vierten Schritt des Prozesses. Hier wird es ganz offenkundig, dass eine enge Zusammenarbeit mit Kunden, beispielsweise durch Entsendung von Mitarbeitern ins Kundenunternehmen, notwendig wird. Informationsquellen und Methoden der Datenerhebung sind natürlich stark unternehmens- oder segmentspezifisch. Ein typisches und wesentliches Problem ist dabei die „Übersetzung“ qualitativer Faktoren (z.B. größere Arbeitszufriedenheit) in monetäre

Größen. Anderson/Narus (1999 a, b) empfehlen, bei Nutzenfaktoren, deren Quantifizierung als unmöglich erscheint, diese wenigstens als „Platzhalter" in der Analyse zu belassen (natürlich ohne Einbeziehung in die Kundennutzenrechnung), um auf diese Weise dem Kunden den entsprechenden Beitrag zu seinem Nutzen zu verdeutlichen.

Nach der Datensammlung folgt als fünfter Schritt die *Validierung des Nutzenmodells* und die *Einschätzung der Varianz der Nutzenfaktoren* über verschiedene Kunden bzw. verschiedene Marktsegmente. Es geht also darum, ein erstes auf einen Kunden bezogenes Modell auf seine Gültigkeit für andere Kunden und Segmente zu überprüfen. Dabei zeigt sich, welche Nutzenfaktoren mehr oder weniger generell bedeutsam sind, und es wird erkennbar, wie unterschiedlich der Nutzen eines Angebots von Kunde zu Kunde bzw. von Segment zu Segment ist.

Am Ende (6. Schritt) steht die *Umsetzung der Kundennutzenrechnung im Verkauf*. Zentrale Bedeutung hat hier natürlich die Verwendung der Einschätzungen des Kundennutzens für die Festsetzung des Angebotspreises. Ein Anbieter, dessen Produkt einen bestimmten quantifizierten Nutzen hat, hat eben (siehe Abschnitt 2) gegenüber Wettbewerbern einen Vorteil, wenn die Nutzendifferenz im Vergleich zu deren Angeboten größer ist als die Kostendifferenz, wobei wieder zu beachten ist, dass sich diese nicht nur auf den Preis, sondern auf alle mit dem Erwerb und Einsatz eines Produkts (z.B. einer Werkzeugmaschine) verbundenen Kosten bezieht (siehe Abschnitt 4). Wenn man sich bei der Festlegung des Angebotspreises maßgeblich am geschätzten Kundennutzen orientiert, spricht man von einem *Nutzenpreis*. Die Anwendung und Verfeinerung der Kundennutzenrechnung und die Dokumentation ihrer Ergebnisse liefern Daten, die eine Kundenbeziehung festigen und den Aufbau neuer Kundenbeziehungen erleichtern können. Über den Vertriebsbereich hinaus können die gewonnenen Informationen und Einsichten auch der Entwicklung verbesserter oder neuer Produkte dienen, weil besser abschätzbar wird, welche Produkteigenschaften welchen Nutzenbeitrag liefern.

Die Kundennutzenrechnung hat erhebliches Potenzial für eine Preispolitik, bei der der Anbieter Vorteile gegenüber Wettbewerbern erringen und seinen Kunden verdeutlichen und gleichzeitig seiner Leistung entsprechende Erlöse erzielen will. Es dürfte aber deutlich geworden sein, dass der ganze Prozess der Analyse und Datensammlung recht aufwendig ist. Weiterhin wird der Anwendungsbereich der Kundennutzenrechnung im Wesentlichen auf den Business-to-Business-Sektor beschränkt bleiben, weil im Business-to-Consumer-Bereich die einzelnen Nutzenkomponenten (z.B. ästhetische Merkmale eines Kleidungsstücks) noch viel schwieriger durch monetäre Größen darstellbar sind.

3.2 Bestimmung des relativen Kundennutzens

Auf ähnlichen Grundideen wie die Kundennutzenrechnung basiert eine Vorgehensweise, die von Nagle/Holden/Larsen (1998, S. 86 ff.) vorgeschlagen wurde und hier in modifizierter Form vorgestellt und als „Bestimmung des relativen Kundennutzens" bezeichnet wird. Nagle/Holden/Larsen (1998) verwenden in diesem Zusammenhang den Wert-, nicht den Nutzenbegriff, was angesichts der im Abschnitt 2 („Grundlagen") gekennzeichneten Perspektive im Zusammenhang des vorliegenden Beitrages eher irreführend wäre.

Durch den Begriff des „relativen Kundennutzens" wird schon angedeutet, dass es sich um eine Betrachtung handelt, bei der der Vergleich – hier zu dem aus Kundensicht am ehesten in Frage kommenden Konkurrenzprodukt – im Mittelpunkt steht. Nagle/Holden/Larsen (1998) skizzieren eine Vorgehensweise in vier Schritten, die in der folgenden Abbildung 3 zum Überblick dargestellt wird.

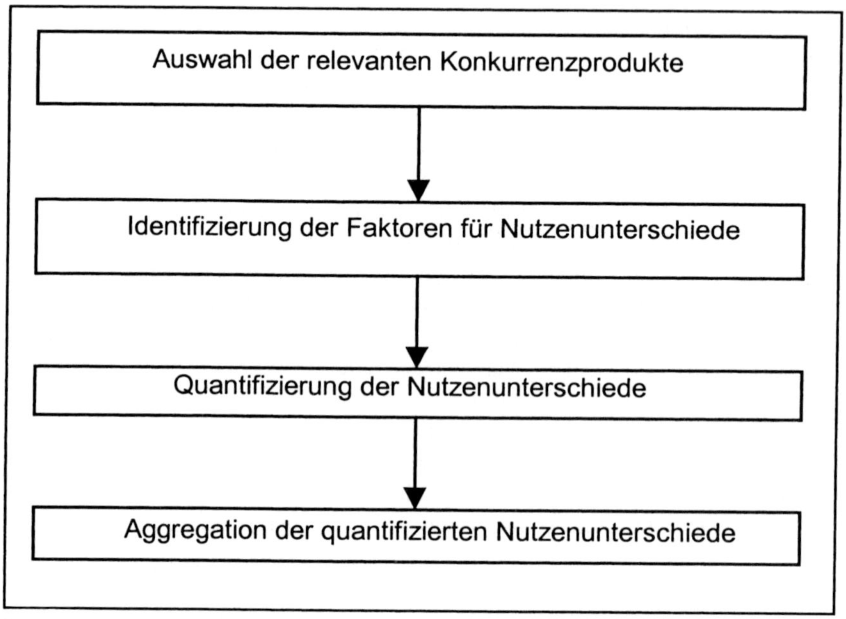

Abbildung 3: Ablauf der Bestimmung des relevanten Kundennutzens (nach Nagle/Holden/Larsen, 1998)

Am Beginn steht die *Ermittlung des Konkurrenzprodukts*, das für den Kunden die beste Alternative zum eigenen Angebot darstellt. Informationen über ein solches Referenzprodukt kann man bei direkten Kundenkontakten dort ermitteln, ansonsten helfen Daten aus der Marktforschung zu den wichtigsten Wettbewerbern im jeweiligen Marktsegment. Anschließend folgt die *Identifizierung der Faktoren*, die zu Nutzenunterschieden bei den beiden Alternativen führen. Nagle/Holden/Larsen (1998, S. 90) nennen einige Beispiele für solche Faktoren, bei denen sich schon andeutet, dass auch dieser Ansatz am ehesten im Business-to-Business-Sektor angewendet werden kann:

„Bessere / geringere Leistung
Höhere / geringere Zuverlässigkeit
Zusätzliche / weniger Funktionen
.........etc."

Im dritten Schritt stellt sich wieder das schon aus der Kundennutzenrechnung bekannte Problem der *Quantifizierung* (möglichst in monetären Größen) *der Nutzenunterschiede*. Deswegen kann auf die entsprechenden Überlegungen im Abschnitt 3.1 verwiesen werden. An manchen Stellen mag es leichter sein, Nutzenunterschiede (z.B. in %) abzuschätzen als die Höhe des Nutzens einer Eigenschaft (z.B. in €) zu quantifizieren. In dieser Phase kann auch das „Internal Engineering Assessment" (Anderson/Jain/Chintagunta, 1993, S. 7) hilfreich sein, bei dem es darum geht, den Kundennutzen durch Analysen in der FuE-Abteilung des Anbieters abzuschätzen.

Letztlich werden die einzelnen (quantifizierten) *Nutzenunterschiede aggregiert*. Der entsprechende Saldo stellt die Nutzendifferenz des eigenen Angebots im Vergleich zum relevanten Konkurrenzangebot dar. Ein auf dieser Basis festgelegter „*Nutzenpreis*" müsste sich ebenfalls auf den entsprechenden Konkurrenzpreis beziehen. Bei positivem Nutzenunterschied gegenüber dem alternativen Angebot müsste der Preisunterschied geringer sein als dieser Nutzenunterschied, damit aus der Sicht der Kunden ein hinreichend deutlicher Anreiz („viel höherer Nutzen bei etwas höherem Preis") für eine entsprechende Kaufentscheidung existiert. Ein detailliertes Beispiel für die Bestimmung des relativen Kundennutzens findet sich bei Backhaus (1999, S. 514 ff.).

Der Aufwand für Datensammlung und -analyse bei der Bestimmung des relativen Kundennutzens dürfte erheblich geringer sein als bei der viel umfassenderen Kundennutzenrechnung, nicht zuletzt wegen der Beschränkung auf den Vergleich zu ausgewählten Wettbewerbern. Der Schwerpunkt der Anwendung liegt wegen der erforderlichen Quantifizierung der Maßgrößen ebenfalls im Business-to-Busines-Bereich.

3.3 Weitere Ansätze zur Nutzenschätzung

In der Literatur (vgl. Anderson/Jain/Chintagunta, 1993) werden noch diverse andere Methoden diskutiert, bei denen der Aufwand für Datenerhebung und -analyse zumindest deutlich geringer ist als bei der Kundennutzenrechnung. Davon seien hier Kundenfokusgruppen, Befragungen und die Conjoint-Analyse kurz vorgestellt und diskutiert.

Kundenfokusgruppen
Die Bezeichnung „Kundenfokusgruppe" lässt schon die Grundidee des Ansatzes erkennen. Potenziellen Kunden werden Produkte und ihre Eigenschaften vorgestellt – z.B. durch Präsentation von Prototypen oder entsprechende Beschreibungen – und anschließend sollen in diesem Kreis Vor- und Nachteile der Produkteigenschaften erörtert und vor allem im Hinblick auf ihren Nutzen bewertet werden, nach Möglichkeit in monetären

Größen („Wieviel würden Sie für den Produktvorteil X zusätzlich bezahlen ?"). Etwa 3 bis 5 solcher Gespräche in Fokusgruppen mit 5 bis 8 Teilnehmern sollen zu einer zumindest groben Einschätzung führen, welcher Nutzen einem Produkt und seinen wichtigsten Eigenschaften zugeordnet wird. Anderson/Narus (1999a, S. 98) weisen auf die Möglichkeit hin, Nutzeneinschätzungen zu Beginn und zum Ende solcher Gespräche miteinander zu vergleichen. Aus einem derartigen Vergleich lassen sich Anhaltspunkte dafür gewinnen, ob der Nutzen eines Produkts sofort deutlich wird oder ob es näherer Erläuterung und Begründung bedarf (Nutzenschätzung am Ende höher als am Anfang) bzw. ob die Nutzenerwartung bei näherer Betrachtung des Produkts enttäuscht wird (Nutzenschätzung am Ende niedriger als am Anfang).

Kundenfokusgruppen lassen sich recht schnell und mit begrenztem Aufwand realisieren, führen aber nur zu recht groben Ergebnissen mit begrenzter Validität (mangelnde Repräsentativität und eingeschränkte Auskunftsfähigkeit der Gesprächsteilnehmer; systematische Verzerrung der Angaben, weil Gesprächsteilnehmer von Kundenunternehmen die künftigen Angebotspreise in ihrem Sinne beeinflussen wollen).

Befragungsverfahren

Befragungsverfahren im hier gemeinten Sinne unterscheiden sich von den vorstehend skizzierten Kundenfokusgruppen vor allem dadurch, dass eine größere Zahl möglichst repräsentativ ausgewählter Auskunftspersonen weitgehend standardisiert befragt wird und dass diese Befragung individuell – also ohne Diskussion untereinander – erfolgt. Anderson/Jain/Chintagunta (1993) kennzeichnen drei verschiedene Ansätze zur Abschätzung des Kundennutzens:

- *Indirekte Befragungen*: Auskunftspersonen werden gefragt, welche Auswirkungen bestimmte Änderungen von Produkteigenschaften bei ihnen hätten, woraus man wiederum auf entsprechende Nutzenunterschiede schließt.
- *Direkte Befragungen*: Auskunftspersonen (aus dem Kundenkreis) werden nach der Vorstellung oder Beschreibung eines Produkts und seiner Eigenschaften (eben direkt) befragt, wie groß der in Geldeinheiten geschätzte Nutzen bei ihnen wäre. Dieser Ansatz lässt sich von der Erfassung der Preisbereitschaft (siehe dazu den Beitrag von I. Balderjahn im vorliegenden Band) kaum abgrenzen.
- *Benchmark-Befragungen*: Dabei werden Eigenschaften, die für die jeweilige Produktkategorie den Standard darstellen, als Bezugspunkt für die Befragung verwendet. Die Fragen gelten dann dem (monetär gemessenen) größeren / kleineren Nutzen von positiven / negativen Abweichungen von den Standard-Abweichungen.

Befragungen lassen sich mit mittlerem Aufwand (größer als bei Fokusgruppen, geringer als bei der Kundennutzenrechnung) durchführen. Die Differenziertheit und Genauigkeit der Ergebnisse einer Kundennutzenrechnung lassen sich damit aber wohl kaum erzielen. Ferner wird die begrenzte Validität von solchen Befragungsergebnissen kritisiert (vgl. Wricke/Herrmann, 2002). Es stellt sich in diesem Zusammenhang vor allem die Frage, ob die Auskunftspersonen in der Befragungssituation realistische Angaben machen können (und wollen).

Conjoint-Analyse
Die Anwendung der Conjoint-Analyse zur Nutzenschätzung lässt sich als eine Form von Befragungsverfahren auffassen, allerdings mit speziellen Anforderungen an die Anlage der Untersuchung und besonderen (eher aufwendigen) Methoden der Datenanalyse (vgl. dazu den Beitrag von I. Balderjahn in diesem Band). Die Grundidee besteht darin, den Auskunftspersonen Beschreibungen einer größeren Zahl von Produkten vorzulegen, bei denen die Eigenschaften systematisch variieren (z.B. „Airbag vorhanden / nicht vorhanden"; „Marke VW/Opel/Ford"). Die Befragten geben für diese verschiedenen „hypothetischen" Produkte ihre Präferenzen an, meist in Form einer Reihenfolge vom am stärksten bis zum am wenigsten präferierten Produkt. Wenn sich – in einem sehr einfachen Beispiel – zeigt, dass ein Konsument (fast) alle Autos mit einem Airbag stark präferiert und Autos ohne Airbag durchgehend ablehnt, dann wird man daraus schließen können, dass ein Airbag für diesen Konsumenten wichtig ist bzw. großen Nutzen hat. Wenn dagegen z.B. das Vorhandensein eines Schiebedachs keine erkennbare Wirkung auf die Präferenzen von Kunden hat, dann ist dieses Merkmal wohl eher unwichtig und hat geringen wahrgenommenen Nutzen. Einzelheiten der Methode werden im Beitrag von I. Balderjahn („Erfassung der Preisbereitschaft") sowie von Backhaus/Erichson/Plinke/Weiber (2000, S. 564 ff.), Simon (1995, S. 40 ff.) und Dolan/Simon (1996, S. 54 ff.) näher erläutert.

Wie ist nun die Eignung der Conjoint-Analyse für die Nutzenschätzung zu beurteilen? Ein wesentlicher Vorzug der Methode besteht darin, dass der Beitrag einzelner Produktmerkmale zum Gesamtnutzen eines Produkts quantitativ ermittelt werden kann. Allerdings muss man sich dabei auf relativ wenige Eigenschaften mit einer sehr begrenzten Zahl von Ausprägungen beschränken, weil ansonsten der Erhebungsaufwand so groß wird, dass Auskunftspersonen überfordert wären. Ein besonderer Vorzug der Conjoint-Analyse neben ihrer schon umfassenden praktischen Bewährung ist ihre Eignung für die Nutzenmessung auch bei Konsumenten. Diese ergibt sich daraus, dass es nicht notwendig ist, den Nutzenbeitrag einzelner Produktmerkmale quantitativ anzugeben. Die Nutzenbeiträge werden vielmehr auf Basis der Präferenzen für die verschiedenen Produktalternativen mit Hilfe des zu Grunde gelegten statistischen Modells geschätzt.

3.4 Zusammenfassung

Vorstehend sind verschiedene Ansätze zur Abschätzung des Kundennutzens vorgestellt und kurz diskutiert worden. Die entsprechenden Ergebnisse werden in der folgenden Tabelle 1 überblicksartig (und natürlich etwas vereinfachend) zusammengefasst.

Methode / Kriterien	Kundennutzen-rechnung	Bestimmung relativer Kundennutzen	Kunden-fokus-gruppen	Befragungs-verfahren	Conjoint-Analyse
Eignung für B-to-B-Bereich	gut	gut	gut	gut	gut
Eignung für B-to-C-Bereich	gering	gering	gut	gut	gut
Aufwand	groß	mittel / groß	gering	mittel	mittel
Genauigkeit / Validität der Ergebnisse	groß	groß	mittel	mittel	mittel / groß

Tabelle 1: Beurteilung verschiedener Methoden zur Nutzenschätzung

Im Hinblick auf die praktische Berechnung und Verwertung der verschiedenen Methoden zur Nutzenschätzung ist das Ergebnis einer empirischen Untersuchung (Befragung) von Anderson/Jain/Chintagunta (1993) bei 80 Mitarbeitern großer amerikanischer Industrieunternehmen, die im Business-to-Business-Bereich (B-to-B) tätig sind, von Interesse. In der folgenden Tabelle 2 ist angegeben, mit welchen Häufigkeiten die Befragten angaben, einige der in Abschnitt 3 skizzierten Methoden anzuwenden. Mehrfachnennungen waren möglich.

Methode	Anwendung der Methode
Kundennutzenrechnung	36,3 %
Kundenfokusgruppen	60,0 %
Befragung	
Indirekt	26,2 %
Direkt	48,8 %
Benchmark	27,5 %
Conjoint-Analyse	28,8 %

Tabelle 2: Anwendungshäufigkeiten verschiedener Methoden der Nutzenschätzung in der Untersuchung von Anderson/Jain/Chintagunta (1993)

4. Abschätzung der Kosten eines Angebots

Im Abschnitt 2 („Grundlagen") ist das Zustandekommen eines Austauschs durch einen Wertzuwachs erklärt worden, der entsteht, wenn ein sich aus diesem Austausch ergebender Nutzenzuwachs größer ist als die damit verbundenen Kosten (im weiteren Sinne). Nachdem vorstehend Möglichkeiten zur Abschätzung des (wahrgenommenen) Nutzens skizziert worden sind, geht es jetzt also um die gegenüber zu stellenden Kosten. Auch hierbei sind die *wahrgenommenen* Kosten ausschlaggebend, weil Kostenfaktoren, die nicht wahrgenommen werden (z.B. der Benzinverbrauch bei der Fahrt zum Einkaufszentrum), die Abwägung bei der Kaufentscheidung eben nicht beeinflussen.

Peter/Olson (1999, S. 431 ff.; vgl. dazu auch Zeithaml, 1988, S. 11) diskutieren vier verschiedene Arten von Kosten beim Kauf eines Produkts, wobei sie den schon im Abschnitt 2 dieses Beitrages gekennzeichneten erweiterten Kostenbegriff zu Grunde legen:

- Geld
- Zeit
- Kognitive Anstrengungen
- Physische Anstrengungen

Andere Autoren (z.B. Sheth/Mittal/Newman, 1999, S. 67 f., oder Weiber/Krämer, 2000, S. 166 f.) erweitern diese Perspektive und betrachten alle mit dem Erwerb und Gebrauch (im Zeitablauf) verbundenen Kosten. Dafür werden die Begriffe „Lebenszykluskosten" („Life Cycle Costs") und „Total Cost of Ownership" synonym verwendet.

Zunächst zur „*Geldkomponente*" der Kosten. Im Mittelpunkt dabei steht natürlich der zu zahlende Preis eines Produkts. Auch der zentrale Kostenbestandteil „Preis" kann unterschiedlich wahrgenommen werden. So werden oftmals Preise vereinfacht wahrgenommen und in Abhängigkeit von der Unter- oder Überschreitung bestimmter Preisschwellen gewissen Kategorien (z.B. „billig", „normal", „teuer") zugeordnet. Dazu sei auf den Beitrag von H. Diller „Preiswahrnehmung und Preisoptik" im vorliegenden Handbuch verwiesen. Neben der Zahlung des Kaufpreises können z.B. folgende in Geld messbaren Kosten entstehen: Fahrtkosten für den Weg zur Einkaufsstätte und Parkgebühren, Kosten für Transport und Auslieferung des Produkts, Bank-Gebühren für Geldabhebung oder Überweisung. Gerade die Fahrtkosten wirken sich als Barriere bei der Wahrnehmung von Preisvorteilen entfernter liegender Anbieter aus.

Typischerweise sind Käufe mit *zeitlichem Aufwand* verbunden: Der Weg zum Einkaufsort oder der Messebesuch (im B-to-B-Sektor) dauern eine gewisse Zeit, die Auswahl von Produkten sowie der Einkaufsvorgang nehmen Zeit in Anspruch und nicht zuletzt entstehen Wartezeiten. In diesem Zusammenhang haben Anbieter beispielsweise auch die Möglichkeit, Wettbewerbsvorteile zu gewinnen, indem sie kundennahe Standorte wählen, einen Lieferservice anbieten oder Auswahl und Bestellung über das Internet ermöglichen. Allerdings gibt es bei Konsumenten auch Fälle, in denen dieser zeitliche Einsatz keineswegs den „Kosten" zugerechnet wird, weil Einkaufen („Shopping") auch als Freizeitbeschäftigung angesehen wird (vgl. z.B. Tauber, 1972).

Kognitive Anstrengungen beim Kauf werden durch Informationssammlung über Produkte, Entwicklung von Entscheidungskriterien, Vergleich von Alternativen und letztendlich die Entscheidung über Produkte und Einkaufsquellen verursacht. Weil diese Anstrengungen oftmals erheblich sind, neigen viele Konsumenten dazu, sich Kaufentscheidungen zu vereinfachen, z.B. durch wiederholten Kauf der gleichen Marke. Andererseits kann in manchen Fällen – insbesondere bei Produkten, die für den jeweiligen Lebensstil eine positive Bedeutung haben (z.B. Hobby-Artikel, Mode, Sportgeräte) – die gedankliche Vorbereitung eines Kaufs auch eher ein „Vergnügen" als eine Anstrengung sein, was wiederum dazu führt, dass diese wahrgenommenen Kosten hier keine Bedeutung haben.

Typische Beispiele für *physische Anstrengungen* beim Kauf von Produkten sind lange Wege im Supermarkt oder der Transport von Produkten. Man denke hier nur an das, was IKEA-Kunden gelegentlich zugemutet wird.

Die Bedeutung von *Lebenszykluskosten* wird schnell deutlich, wenn man sich vor Augen führt, dass z.B. bei Kühlschränken oder Klimageräten die Energiekosten beim (jahrelangen) Gebrauch solcher Geräte den Kaufpreis deutlich übersteigen. Weiber/Krämer (2000) berichten über eine Studie, in der gezeigt wurde, dass bei Netz-PC`s in einem Drei-Jahres-Zeitraum die Kosten für Anwendung, Verwaltung und technische Betreuung etwa 80 % und die Kosten für die Anschaffung (und deren Finanzierung) nur etwa 20 % der Gesamtkosten ausmachten. Differenzen bei Lebenszykluskosten verschiedener Produkte können also erhebliche Relevanz haben, müssen aber oftmals den Kunden besonders verdeutlicht („vorgerechnet") werden. Natürlich ist zu beachten, dass man sich dabei entscheiden muss, ob man diese Kosten bei einer Abschätzung von Nutzen und Kosten des Kunden eher der Kostenseite *oder* – bei Betrachtung der entstehenden Einsparmöglichkeiten – der Nutzenseite zurechnet.

5. Subjektive Preiskalküle

Wenn man die Kaufentscheidung von Kunden in der hier dargestellten Perspektive verstehen will, um den Angebotspreis fest zu legen, kann man die im Abschnitt 2 dargestellte Grundidee in Verbindung bringen mit den Überlegungen zu Nutzen und Kosten eines Produkts, die in den Abschnitten 3 und 4 skizziert wurden. Dabei ist erneut zu betonen, dass es bei beiden Aspekten auf *wahrgenommenen* Nutzen und *wahrgenommene* Kosten (Preis etc.) ankommt. Weil Wahrnehmung und Gewichtung dieser Faktoren stark subjektiv geprägt sein können, wird deren Gegenüberstellung und Abwägung hier als *subjektives Preiskalkül* bezeichnet. So kann z.B. die mehr oder weniger starke Berücksichtigung der Kosten des Energieverbrauchs bei einem Klimagerät den Preis eines bestimmten Geräts aus der Sicht verschiedener Kunden als mehr oder weniger vorteilhaft erscheinen lassen.

Grundsätzlich gilt, dass die Differenz zwischen Nutzen und Kosten eines Angebots A (in der Sichtweise des Kunden) größer sein muss als bei anderen Angeboten B bis X, damit sich der Kunde für A entscheidet. Je größer diese Differenz ist, desto größer ist die Anziehungskraft des Angebots. Allerdings können dann auch Erlöspotenziale des Anbieters gewissermaßen „verschenkt" werden (vgl. Lehmann/Winer, 1997, S. 280 ff.).

Im Zusammenhang mit den Überlegungen zur Abschätzung der Kosten eines Angebots ist schon angeklungen, dass auch situative Faktoren eine Rolle spielen können. So kann der Nutzen eines mehr oder weniger dringend benötigten Erstatzteils (B-to-B) oder eines Glases Bier (B-to-C) in verschiedenen Situationen höchst unterschiedlich sein. Ebenso wird die Einschätzung der Kosten eines Angebots vielfach situativ beeinflusst. Jeder Käufer einer (teuren) Dose Coca Cola an einem Flughafen wird leicht nachvollziehen können, dass die alternativen (billigen) Angebote in einem weit entfernt liegenden Supermarkt für ihn wenig Relevanz haben bzw. mit anderen Kosten (im erweiterten Sinn) verbunden sind.

Bisher ist unterstellt worden, dass Nutzen und Kosten eines Angebots gedanklich gegenüber gestellt werden. In diesem Zusammenhang gibt es beim Konsumentenverhalten eine relativ stark beachtete Ausnahme: Die Nutzung des Preises als Qualitätsindikator (vgl. z.B. Zeithaml, 1988, S. 11 f.). Der typische Grund dafür besteht darin, dass sich Konsumenten die Mühe einer genauen Qualitätsbeurteilung ersparen und vom hohen / niedrigen Preis auf größere / geringere Qualität schließen. In solchen Fällen ist die Abschätzung des Wertes eines Angebotes durch Gegenüberstellung von Nutzen und Kosten natürlich wenig aussagekräftig.

6. Literatur

ALDERSON, W., 1965, Dynamic Marketing Behavior – A Functionalist Theory of Marketing, Homewood.

ANDERSON, J./JAIN, D./CHINTAGUNTA, P., 1993, Customer Value Assessment in Business Markets – A State-of-Practice Study, in: Journal of Business-to-Business Marketing, S. 3 – 29.

ANDERSON, J./NARUS, J., 1999A, Welchen Wert hat Ihr Angebot für den Kunden?, in: Harvard Business Manager, S. 97-107.

ANDERSON, J./NARUS, J., 1999B, Business Market Management, Upper Saddle River.

BACKHAUS, K., 1999, Industriegütermarketing, 6. Aufl., München.

BACKHAUS, K./ERICHSON, B./PLINKE, W./WEIBER, R., 2000, Multivariate Analysemethoden, 9. Aufl., Berlin.

BITZ, M./EWERT, J./TERSTEGE, U., 2002, Investition, Wiesbaden.

CZEPIEL, J., 1992, Competitive Marketing Strategy, Englewood Cliffs.

DILLER, H., 2000, Preispolitik, 3. Aufl., Stuttgart.

DOLAN, R./ SIMON, H., 1996, Power Pricing, New York.

LEHMANN, D./WINER, R., 1997, Product Management, 2. Aufl., Chicago.

NAGLE, T./HOLDEN, R./LARSEN, G., 1998, Pricing – Praxis der optimalen Preisfindung, Berlin.

PETER, J./OLSON, J., 1999, Consumer Behavior and Marketing Strategy, 5. Aufl., Boston.

PLINKE, W., 2000:Grundlagen des Marktprozesses, in: KLEINALTENKAMP, M./PLINKE, W. (Hrsg.), Technischer Vertrieb, 2. Aufl., Berlin, S. 3-98.

SHETH, J./MITTAL, B./NEWMAN, B., 1999, Customer Behavior, Fort Worth.

SIMON, H., 1995, Preismanagement kompakt,Wiesbaden.

TAUBER, E., 1972, Why Do People Shop?, Journal of Marketing, S. 46-59.

WEIBER, R./KRÄMER, T., 2000, Paradoxien des Electronic Business, in: WEIBER, R. (Hrsg.), Handbuch Electronic Business, Wiesbaden, S. 149-177.

WRICKE, M./HERRMANN, A., 2002, Ansätze zur Erfassung der individuellen Zahlungsbereitschaft, in: Wirtschaftswissenschaftliches Studium, S. 573-578.

ZEITHAML, V., 1988, Consumer Perceptions of Price, Quality, and Value: A Means-End Model and Synthesis of Evidence, in: Journal of Marketing, S. 2-22.

Kurt Matzler

Preiszufriedenheit

1. Einleitung

Kundenzufriedenheit ist eines der zentralen Marketingziele. Sie führt zu Loyalität, Weiterempfehlungen, zu Cross-Buying, Up-Grading und zu niedriger Preissensibilität. Daher gilt sie als wesentliche Determinante für den Unternehmenserfolg: Eine höhere Kundenzufriedenheit führt zu einer Steigerung des Unternehmenswertes (vgl. Matzler/Stahl, 2000). Daher überrascht es auch kaum, dass sich die Wissenschaft intensiv darum bemüht, die Entstehung und Auswirkungen des Konstruktes zu untersuchen und entsprechende Methoden zum Management der Kundenzufriedenheit zu entwickeln. Die Literatur dazu ist bereits unüberschaubar.

Betrachtet man Theorie und Praxis zur Messung der Kundenzufriedenheit, fällt auf, dass die Leistungsdimensionen im Vordergrund stehen. Während in einer multiattributiven Betrachtungsweise Zufriedenheitsurteile über die einzelnen Dimensionen der Produkt- bzw. Dienstleistungsqualität erfasst werden, erfährt der Preis als zufriedenheitsrelevantes Kriterium kaum Beachtung. Bestenfalls taucht in Messskalen ein Preisurteil als eine von vielen Produkteigenschaften auf. Angesichts der zentralen Bedeutung des Preises für die Kaufentscheidung und für das Nachkaufverhalten ist diese Vernachlässigung mehr als verwunderlich. Die Entstehung und die Folgen von Preiszufriedenheit sind in der Marketing-Theorie – abgesehen von Dillers (1997, 2000a und 2000b) Arbeiten – kaum untersucht. Ebenso scheint sich die Praxis zu sehr auf die Leistungsdimension zu konzentrieren und die Preisdimension zu vernachlässigen (vgl. Herrmann/Wricke/Huber, 2000).

Hier gibt es erheblichen Forschungsbedarf. Vor allem folgende Fragen scheinen für Theorie und Praxis gleichsam bedeutend zu sein: Kann Preiszufriedenheit ähnlich der Produkt- bzw. Dienstleistungszufriedenheit als multiattributives Konstrukt verstanden werden? Wenn ja, wie wirken einzelne Preisattribute auf die globale Preiszufriedenheit? Sind die Zusammenhänge symmetrisch oder asymmetrisch im Sinne des Kano-Modells (vgl. Bailom et al., 1996)? Wie beeinflusst die Preiszufriedenheit das Nachkaufverhalten des Kunden? Und: Welche Implikationen für die Praxis haben die Antworten auf diese Fragen?

Ausgehend von Dillers (1997, 2000a und 2000b) Arbeiten zur Preiszufriedenheit werden in diesem Beitrag Antworten auf diese Fragen gesucht. Im ersten Teil werden die theoretischen Grundlagen diskutiert, im zweiten Teil zeigt eine empirische Studie über die Preiszufriedenheit mit einer Kfz-Reparaturwerkstätte wie Preiszufriedenheit entsteht, welche Folgen sie hat und welche praktischen Implikationen daraus abgeleitet werden können.

2. Entstehung von Preiszufriedenheit

Die seit Anfang der 80er Jahre zu beobachtende verhaltenswissenschaftliche Auseinandersetzung mit der Kundenzufriedenheit hat zu zahlreichen theoretischen und empirischen Arbeiten geführt. Zur Erklärung und Entstehung des Konstruktes werden vor allem das Erwartungs-Diskonfirmations-Paradigma, die Attributionstheorie und die Equity-Theorie herangezogen (für einen Überblick vgl. z.B. Matzler, 1997, Oliver, 1997, Stauss, 1999). Die größte Unterstützung erhielt dabei das Erwartungs-Diskonfirmations-Paradigma (vgl. Oliver, 1980). Es besteht als prozessorientiertes Modell aus den Komponenten Erwartung, wahrgenommene Qualität, Diskonfirmation oder Konfirmation der Erwartungen und Zufriedenheit. Zufriedenheit ist das Ergebnis eines kognitiven Vergleichs von wahrgenommener Qualität mit den Erwartungen. Dieses Modell lässt sich mühelos auch auf die Entstehung von Preiszufriedenheit übertragen (vgl. Abbildung 1).

Es lassen sich somit drei Phasen unterscheiden:

- „Erwartungsbildung“: Kunden entwickeln hinsichtlich des Preises und dessen Komponenten Erwartungen, die durch frühere Erfahrungen, Wünsche und Bedürfnisse, die Anbieterkommunikation und durch Mundwerbung geprägt werden. Erwartungen können dabei weiter in normative (Wünsche und Idealvorstellungen) und antizipatorische (vom Kunden vermutete Wahrscheinlichkeit des Auftretens) Erwartungen unterschieden werden (vgl. Diller/That, 2000).

- „Vergleichsprozess“: Im Rahmen des Kaufprozesses nimmt der Kunde die Ausprägungen der einzelnen Preisattribute wahr. Die wahrgenommenen Preisleistungen werden dann mit den Erwartungen verglichen. Fällt dieser Vergleich schlechter aus als erwartet, entsteht Diskonfirmation und damit Preisunzufriedenheit. Werden die Erwartungen übertroffen, entsteht Preiszufriedenheit. Ein Erfüllen der Erwartungen erzeugt nur ein Gefühl der Indifferenz.

- „Folgen der Preiszufriedenheit“: Das Enttäuschen, Erfüllen oder Übertreffen der Preiserwartungen wirkt sich mehrfach aus. Preiszufriedenheit beeinflusst in direkter Weise die Zufriedenheit mit der Transaktion bzw. der Beziehung, das Beschwerdeverhalten, die Mundwerbung und die Wiederkaufabsichten.

Die zentrale Rolle des Preises als Determinante von Kaufentscheidungen und Nachkaufprozessen ist unbestritten und war Gegenstand zahlreicher theoretischer und empirischer Arbeiten. Fornell et al. (1996) beispielsweise untersuchen den Einfluss von Preis und Qualität auf die Gesamtzufriedenheit. In jeder der untersuchten Branchen spielt der Preis eine wichtige Rolle, in zwei von sieben ist er sogar wichtiger als die wahrgenommene Qualität. Voss/Parasuraman/Grewal (1998) kommen in ihrer Arbeit über die Rolle des Preises bei Dienstleistungen zum Ergebnis, dass die wahrgenommene Qualität dann wichtiger ist als der Preis, wenn Preis und Leistung im ausgewogenen Verhältnis zueinander stehen. Sind Preis und Leistung aus Sicht des Kunden in einem ungünstigen Verhältnis, beeinflusst der Preis die Gesamtzufriedenheit stärker als die Qualität.

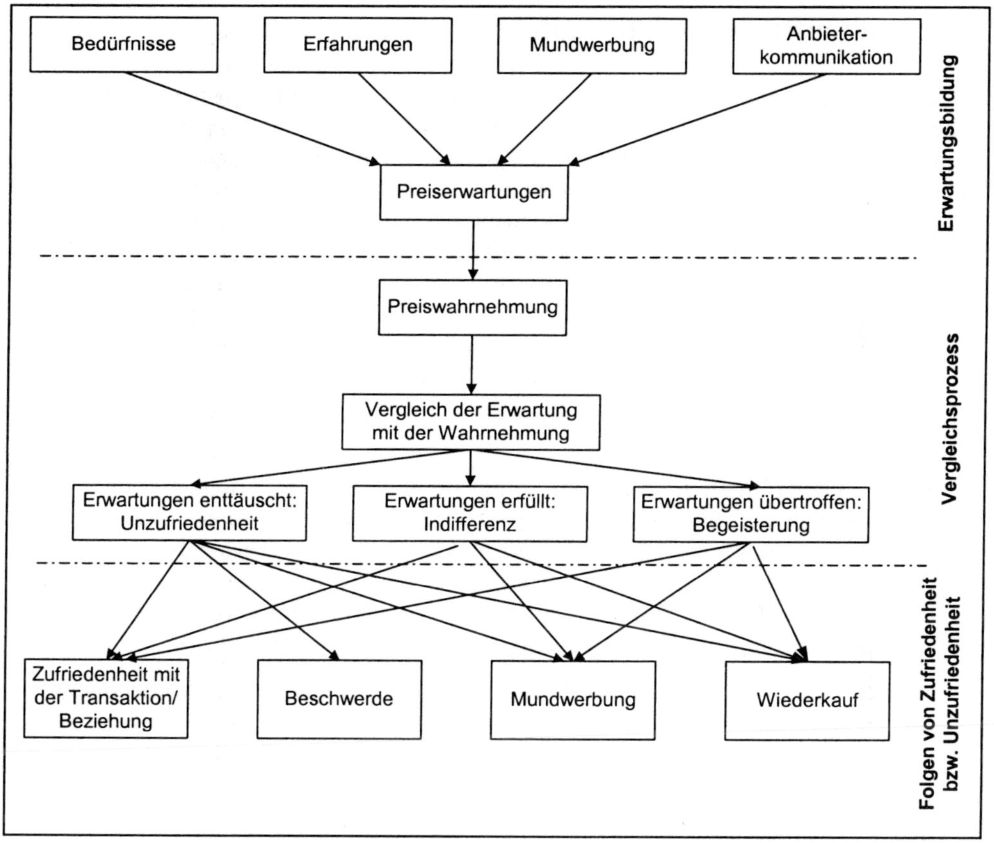

Abbildung 1: Entstehung und Folgen von Preiszufriedenheit

Andere Arbeiten finden, dass Preiswahrnehmungen in direkter Weise das Verhalten beeinflussen. In einer qualitativen Studie zum Wechselverhalten bei Dienstleistungen stellt Keaveny (1995) beispielsweise fest, dass mehr als die Hälfte der befragten Kunden schlechte Preisbeurteilungen (im Vergleich zu den Konkurrenten) als Wechselgrund angeben. Zu ähnlichen Ergebnissen kommen Varki/Colgate (2001): Preiswahrnehmungen haben einen direkten Einfluss auf die Kundenzufriedenheit, Wechselbereitschaft und Mundwerbung.

Den meisten dieser und ähnlicher Arbeiten ist gemeinsam, dass Preiswahrnehmung oder Preiszufriedenheit als eindimensionales Konstrukt verstanden wird. Es werden entweder Preiswahrnehmungen (z.B. Varki/Colgate, 2001) oder Preisattraktivität (z.B. Niedrich/

Sharma/Wedell, 2001) gemessen oder ein Preis-Leistungsverhältnis (z.B. Fornell et al., 1996) berechnet.

2.1 Preiszufriedenheit als multiattributives Konstrukt

Dieser eindimensionalen Sichtweise des Konstruktes Preiszufriedenheit widerspricht Diller (1997, 2000a, 2000b). Ähnlich wie die Zufriedenheit mit einem Produkt oder einer Dienstleistung eine Funktion mehrerer „Teilzufriedenheiten" sei, könne man sich Preiszufriedenheit als mehrdimensionales Konstrukt vorstellen. Es wirken mehrere „Preisattribute" auf die Preiszufriedenheit. Aus Sicht des Kunden sind Preisfunktionen bzw. Preisprobleme in einzelnen Phasen des Kaufprozesses äußerst vielschichtig (siehe z.B. Diller, 1997), daher ist eine differenziertere Betrachtung notwendig.

Es lässt sich eine Reihe von Argumenten anführen, die dafür sprechen, das Konstrukt der Preiszufriedenheit als multiattributives Konstrukt zu betrachten und die Wirkung einzelner Preisattribute zu untersuchen (siehe auch Mittal/Ross/Baldasare, 1998, Matzler/Pramhas, 2002):

- Wenn Kunden Produkte beurteilen, so tun sie dies nicht nur auf einer Globalebene, sondern auch auf Attributebene. Sie bewerten einzelne Attribute, die mit unterschiedlicher Stärke die Gesamtzufriedenheit beeinflussen. Dies gilt auch für die Preiszufriedenheit. Wenn Kunden die Zufriedenheit mit einem Preis ausdrücken, dann beziehen sie sich in ihrem Gesamturteil vermutlich auf einzelne Preisattribute wie Preis-Leistungsverhältnis, Preistransparenz, Preisstabilität usw.;

- Kunden können mit einem Preisattribut zufrieden, zugleich mit einem anderen unzufrieden sein. Ein Globalurteil über die Preiszufriedenheit kann diese Unterschiede nicht erfassen;

- Daher liefert eine differenzierte Messung der Preiszufriedenheit spezifischere Informationen und hat einen höheren diagnostischen Wert als Globalurteile. Das hat vor allem praktische Bedeutung, wenn es um die gezielte Beeinflussung der Preiszufriedenheit geht;

- Zufriedenheit auf Attributebene und Gesamtzufriedenheit scheinen unterschiedliche Konstrukte zu sein, wie Oliva/Oliver/Bearden (1995, S. 26) festhalten: „ ... it may be that global measures capture other aspects of the use occasion" und „... global consumer satisfaction responses may mask more specific product issues." Dies kann auch für Preiszufriedenheit gelten.

Geht man von einem multiattributiven Verständnis der Preiszufriedenheit aus, gilt es zunächst die möglichen Preiserwartungen, die Kunden an einen Anbieter haben, zu identifizieren. Diese werden sich von Branche zu Branche, von Produkt zu Produkt und vielleicht auch von Anbieter zu Anbieter unterscheiden.

Eine systematische Vorgehensweise stammt von Diller (1997, 2000). Er schlägt vor, die einzelnen Phasen des Kaufentscheidungsprozesses heranzuziehen und zu untersuchen, welche Preisattribute jeweils auf die globale Preiszufriedenheit wirken.

Aus Sicht des Kunden sind Preisfunktionen bzw. Preisprobleme in den einzelnen Phasen äußerst vielschichtig (siehe z.B. Diller, 1997). Während beispielsweise in der Orientierungs- und Suchphase *Preisleistungs-Transparenz* und *Preisinformationszufriedenheit* wichtig sein können, kann in der Bewertungsphase die *Preisberatung* von Bedeutung sein. In der Entscheidungsphase mag *Preisoffenheit und -ehrlichkeit* des Anbieters wichtig sein und in der Nachkaufphase können *Nachkaufkosten* eine Rolle spielen. In langfristigen Kundenbeziehungen kann die *Preiskonstanz* zu einem wesentlichen Faktor werden (siehe hierzu und zu weiteren Überlegungen Diller, 2000).

Diller (2000) identifiziert insgesamt fünf Teildimensionen der Preiszufriedenheit, die hier durch die Dimension Preisfairness ergänzt werden:

- Preistransparenz,
- Preiswürdigkeit,
- Preisgünstigkeit,
- Preissicherheit,
- Preiszuverlässigkeit,
- Preisfairness.

Diese sechs Dimensionen lassen sich weiter inhaltlich präzisieren und in einzelne Preisattribute zerlegen. Einzelne Instrumente der Preispolitik können schließlich den einzelnen Dimensionen zugeordnet und zur Steigerung der Preiszufriedenheit eingesetzt werden.

2.1.1 Preistransparenz

Eine hohe Preistransparenz ist dann gegeben, wenn es dem Kunden leicht fällt, einen „klaren, vollständigen, aktuellen und leicht erfassbaren Überblick“ (Diller, 1997, S. 756) über die Angebotspreise eines Unternehmens zu erhalten. Eine hohe Preistransparenz führt zu höherer Preiszufriedenheit, da Kunden niedrigere Such- und Bewertungskosten bei der Entscheidungsfindung haben. Preistransparenz ist vor allem dann ein zufriedenheitsstiftendes Kriterium, wenn sowohl die Preise als auch der Nutzen eines Produktes oder einer Dienstleistung zwischen Anbietern vergleichbar sind (siehe Abbildung 2). Allerdings ist hier abzuwägen, ob durch eine höhere Preistransparenz die Preiszufriedenheit gesteigert werden soll, oder ob die schwer durchschaubaren Leistungs- und Preisstrukturen dazu genutzt werden sollen, die deshalb vorliegenden Preisspielräume zu nutzen. Daher sind vier Situationen zu berücksichtigen:

- Hohe Nutzentransparenz/niedrige Preistransparenz: Bei Angeboten, deren Nutzen leicht bewertbar und die Preise eines Anbieters für den Kunden schwer verständlich und unübersichtlich sind, kann sich das Unternehmen in einem Nachteil befinden.

Vor allem dann, wenn die Konkurrenten eine höhere Preistransparenz aufweisen. Kunden können dann andere Anbieter, deren Preise übersichtlicher und leichter verständlich sind, vorziehen, da sie dort eine höhere Preissicherheit empfinden. Mit anderen Worten: Bei einer klar definierten Leistung hat der Kunde keinen Überblick über den Preis. Bei homogenen Produkten oder Dienstleistungen kann daher eine Erhöhung der Preistransparenz empfehlenswert sein.

- Hohe Nutzentransparenz/hohe Preistransparenz: Beispiele dafür sind der Flugverkehr oder Pauschalreisen, es gibt einen Gesamtpreis für ein klar definiertes Angebot. In dieser Situation führt eine hohe Nutzen- und Preistransparenz dazu, dass eine Preisdifferenz, die nicht der Nutzendifferenz entspricht, auf Dauer nicht haltbar ist.
- Niedrige Nutzentransparenz/hohe Preistransparenz: Dies kann eine gefährliche Situation sein, da für den Kunden nicht leicht nachvollziehbar ist, für welche Leistungen er einen klar definierten Preis bezahlt, vor allem dann, wenn die Nutzen- und Preistransparenz der Konkurrenten höher ist.

- Niedrige Nutzentransparenz/niedrige Preistransparenz: In dieser Situation kann eine Erhöhung der Preistransparenz kontraproduktiv sein, wenn auch die Nutzen- und Preistransparenz der Konkurrenten niedrig sind. Eine niedrige Transparenz von Nutzen und Preisen kann erhebliche Preisspielräume eröffnen, die in der Praxis auch genutzt werden. Bankdienstleistungen sind ein gutes Beispiel dafür. Die Komplexität einzelner Leistungs- und Preisstrukturen führt dazu, dass zum Teil erhebliche Preisdifferenzen vom Kunden nicht wahrgenommen erden.

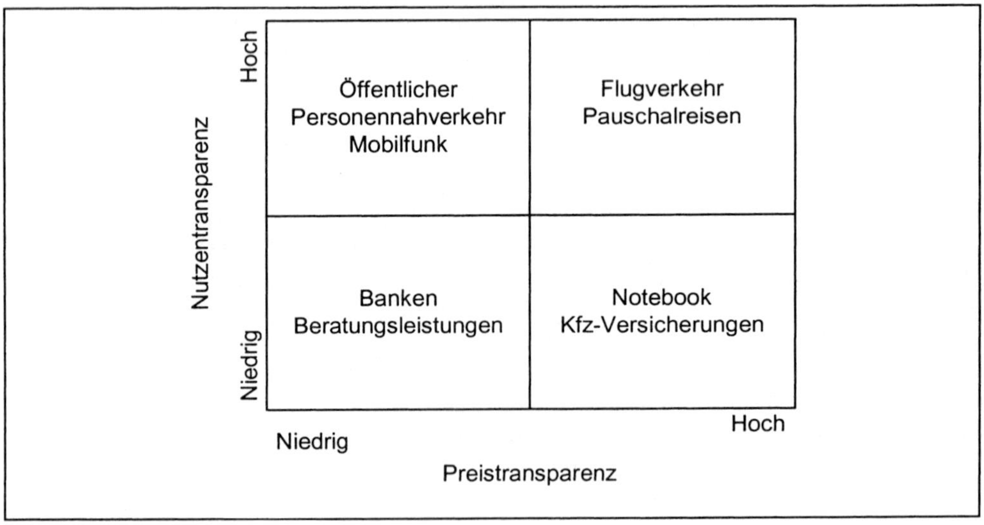

Abbildung 2: Preis- und Nutzentransparenz (Quelle: in Anlehnung an Simon, 1992, S. 567)

Die Preistransparenz kann durch eine Fülle von Maßnahmen erhöht werden. Dazu zählen vor allem *Preise pro Füllmengeneinheit, individuelle Preisberatungen, Preisübersichten, Preisberechnungsbeispiele, Verzicht auf Preisbündelung, hohe Preisstabilität* oder *Dauerniedrigpreise.*

2.1.2 Preiswürdigkeit

Die Preiswürdigkeit des Angebots betrifft das Preis-Leistungsverhältnis der Produkte und Dienstleistungen. Der vom Kunden einem Produkt oder einer Dienstleistung zugeschriebene Wert resultiert aus der Wahrnehmung zweier Faktoren: der wahrgenommenen Qualität und dem wahrgenommenen Preis, mit anderen Worten: das Preis-Leistungsverhältnis. Kunden haben sowohl hinsichtlich Preis als auch Qualität Erwartungen vor dem Kauf. Werden diese besser erfüllt als durch Konkurrenzangebote, entstehen Zonen mit unterschiedlichem Preis-Leistungsverhältnis (siehe Abbildung 3). Die Gerade stellt eine Gleichgewichtslinie dar, bei der das Preis-Leistungsverhältnis immer gleich hoch ist. Unternehmungen bzw. Angebote, die links der Geraden positioniert sind, bieten ein schlechtes Preis-Leistungsverhältnis, Unternehmungen rechts der Geraden ein gutes Preis-Leistungsverhältnis.

Anbieter positionieren sich auf der Gleichgewichtslinie auf unterschiedliche Weise Es wird Qualitätsführer am oberen Ende und Preisführer am unteren Ende geben. Auch kann es sein, dass einzelne Anbieter sich zwischen diesen Extremen positionieren. In Zeiten zunehmender Wettbewerbsintensität unterliegen diese Positionen einer besonderen Dynamik. Der Eintritt eines neuen Wettbewerbers oder eine neue Strategie eines Anbieters führt zwangsläufig zu Reaktionen bei den anderen. Längerfristig gesehen werden die Maßnahmen zur Verbesserung des Preis-Leistungsverhältnisses dazu führen, dass sich alle Anbieter in der „Customer Value Map“ sukzessive nach rechts bewegen (D'Aveni, 1994).

Um das Preis-Leistungsverhältnis zu verbessern, kann beispielsweise ein Anbieter der versuchen, bei gleich bleibendem Preis die Qualität zu erhöhen oder bei gleich bleibender Qualität den Preis senken. Auch eine Kombination dieser Strategien (*Customer Value Strategien*) ist denkbar. Andere Anbieter, die sich in der Nähe positioniert haben, müssen unmittelbar nachziehen, da sie sonst ihre Kunden verlieren. Als Ergebnis bewegt sich längerfristig das gesamte Angebot nach rechts. Dadurch bildet sich eine neue Gleichgewichtslinie, die solange Bestand hat, bis dieses Wettbewerbsspiel wiederholt wird. Es entsteht ein Customer-Value-Wettbewerb (D'Aveni, 1994), der jene Anbieter vom Markt eliminiert, die nicht beständig den Customer Value erhöhen (Abbildung 3).

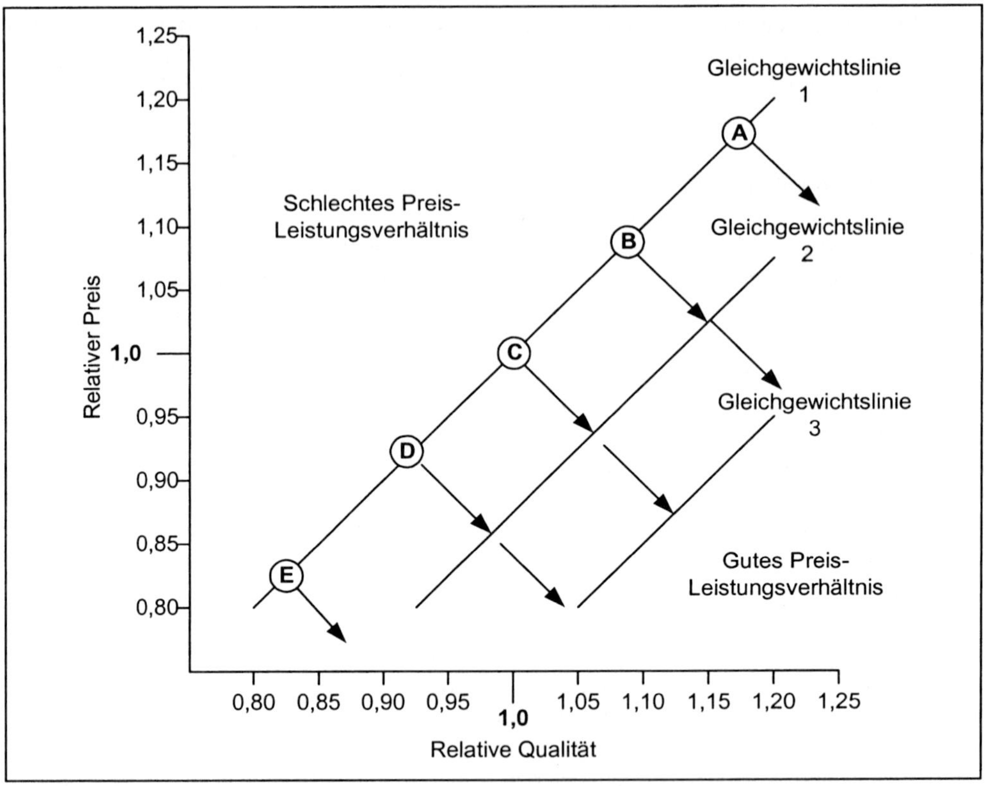

Abbildung 3: Die Verschiebung der Gleichgewichtslinie (D'Aveni, 1994)

Für einzelne Anbieter bedeutet dies, dass die kontinuierliche Verbesserung des Preis-Leistungsverhältnisses Voraussetzung für das Bestehen im Wettbewerb ist. Dies erfordert entweder die Fähigkeit laufender Vorwegnahme künftiger Bedürfnisse und Innovation oder schnelle Imitation und Reaktion auf neue Wettbewerbsbedingungen. Der Gewinner dieses Wettbewerbs ist schließlich der Kunde, dessen Nutzen laufend erhöht wird.

Je besser das Preis-Leistungsverhältnis beurteilt wird, umso höher wird die Preiszufriedenheit des Kunden sein (Diller, 1997). Daher ist eine kontinuierliche Preis-Leistungs-Analyse notwendig. Die Schwierigkeit für den Anbieter besteht nun darin, die aus Sicht des Kunden relevanten Angeboteskomponenten und deren Wichtigkeit zu ermitteln (vgl. Matzler, 2000). Denn nicht jede Produkteigenschaft stiftet Nutzen, aber jede Produkteigenschaft verursacht Kosten.

Zur Verbesserung Preis-Leistungsverhältnisses gilt es daher im ersten Schritt durch *Target Costing* (vgl. Reichmann, 2001, S. 198 ff) die Preisbereitschaft des Kunden zu ermitteln. Dieser Zielpreis (Target Price) ist die Basis für die Budgetierung der Produktgesamtkosten und der einzelnen Produktkomponenten. Vom Zielpreis wird der gewünschte Gewinn abgezogen. Daraus ergeben sie die Zielkosten. Werden die Zielkosten gespalten in Baugruppen, Komponenten und Teile, kann entschieden werden, mit welchen Modellvarianten und/oder Servicekomponenten der Marktpreis erzielt werden kann. Werden schließlich *Preisbaukästen* angeboten, bei denen für bestimmte Teilleistungen im Gesamtangebot separate Preise kalkuliert werden (z.B. für Sonderausstattungen, etc.), wird das Produkt mit seinem Preis besser den Erwartungen und Bedürfnissen angepasst. Da nur jene Komponenten enthalten sind, die sich die einzelnen Kunden wünschen, sinken die Kosten und der Preis, das Preis-Leistungsverhältnis verbessert sich.

2.1.3 Preisgünstigkeit

Die Preisgünstigkeit bezeichnet die relative Höhe des Verkaufspreises, d.h. den vom Kunden wahrgenommenen Preis im Vergleich zu den Konkurrenzangeboten. Hier gibt es mehrere Möglichkeiten, die Preiszufriedenheit zu steigern.

Ein erster Ansatzpunkt liegt in *tatsächlich niedrigeren Preis* in Form von *Sonderpreisaktionen*, *Dauerniedrigpreisen* oder durch *Rabatte und Preisnachlässe*. Bei tatsächlich niedrigeren Preisen wird die Preisgünstigkeit häufig durch *Bestpreisgarantien* kommuniziert. Der Spielraum ist aufgrund der hohen Wettbewerbsintensität eher begrenzt und es bieten sich diesbezüglich wenige Möglichkeiten für eine innovative und attraktive Preispolitik (Diller, 1997). Preissenkungen münden leicht in Preiskämpfen.

Eine zweite Möglichkeit Preisgünstigkeitsurteile zu verbessern besteht in der *Beeinflussung der Preiswahrnehmung*. Hier sind vor allem die *Wahrnehmung von Preisunterschieden*, *Wahrnehmungsschwellen*, *gebrochene Preise* und *Referenzpreise* ausschlaggebend.

Nach den Prinzipien des Weber'schen Gesetzes werden absolute Preisunterschiede stärker wahrgenommen, wenn der Vergleichspreis relativ niedrig ist. Beispielsweise werden die 400 € Preisdifferenz zwischen Produkt A um 1.000 € und Produkt B um 600 € wesentlich stärker wahrgenommen, als die 400 € Unterschied wenn Produkt X 20.000 € kostet und Produkt Y 19.600 €. Daraus ergibt sich eine wichtige Konsequenz für die Preispolitik: Preisunterschiede werden nicht absolut wahrgenommen und es gibt *Wahrnehmungsschwellen*. Eine Reihe von relativ kleinen Preiserhöhungen wird erfolgreicher sein, als eine große Erhöhung. Sinngemäß umgekehrt gilt es bei Preissenkungen.

Vor allem im Lebensmitteleinzelhandel werden runde Preise vermieden und statt dessen *„gebrochene" Preise* verwendet, weil knapp unter den runden Preisen Schwelleneffekte vermutet werden (Diller, 2000b, S. 138). Es wird davon ausgegangen, dass ein Überschreiten dieser Preisschwellen mit starken Absatzverlusten verbunden ist. Gebrochene Preise werden vom Kunden in der Regel günstiger eingestuft, als sie es tatsächlich sind. Weitere Möglichkeiten zur Beeinflussung der Preiswahrnehmung liegen im „Preisfigureneffekt“ (Preise werden von links nach rechts gelesen, deshalb hat das Ansteigen oder Absteigen der Ziffernfolge einen Einfluss), „Echtartikeleffekt“ (im Sortiment werden jene Produkte besonders günstig herausgestellt, deren Preise von den Kunden selektiv wahrgenommen werden) und im „Preisfärbungseffekt“ (z.B. rotes Preisschild = Sonderpreis).

Ein dritter wesentlicher Ansatzpunkt, die Preisgünstigkeit zu unterstreichen, liegt in der Beeinflussung von *Referenzpreisen*. Kunden beurteilen Preise nicht nach ihrer absoluten Höhe, sondern in Bezug auf einen Referenzpreis (vgl. Diller, 2000b, Nagle/Holden, 1995). Diese Referenzpreise werden von den tatsächlichen Preisen, von Preiserinnerungen, dem Kontext einer Preiswahrnehmung (z.B. unverbindliche Preisempfehlungen) oder der zukünftig erwarteten Preise beeinflusst. Auch hier gibt es zahlreiche Ansatzpunkte, die Preisgünstigkeit des eigenen Angebotes zu unterstreichen, z.B. Preisauslobungseffekt (prozentuale Auslobung von Nachlässen bei niedrigpreisigen Produkten, absolute Auslobung bei hochpreisigen Produkten), Preisplatzierungseffekt (Platzierung höherpreisiger Artikel in der Regalnachbarschaft), u.ä.

2.1.4 Preissicherheit

Preissicherheit drückt aus, inwiefern Kunden davon überzeugt sind, dass ein Angebotspreis auch tatsächlich vorteilhaft ist (vgl. Diller, 1997). Die Preissicherheit bezieht sich somit nicht nur auf die Preiswürdigkeit, sondern auch auf die Preisgünstigkeit. Daher gibt es hier zwei Ansatzpunkte, die Zufriedenheit zu erhöhen.

Erstens, durch Maßnahmen, die die *Qualität* der Produkte und Dienstleistungen, *überzeugend kommunizieren*. Neben *Informationsangeboten* (z.B. Beratungen, Produktbeschreibungen) zählen auch beispielsweise *Qualitäts- und Zufriedenheitsgarantien* (z.B. Geld-zurück-Garantien), *Qualitätssiegel und –zertifikate*, freiwillige und die über die formale Pflichtgarantie hinausgehenden *Garantieleistungen* dazu.

Zweitens kann die Preissicherheit dadurch erreicht werden, dass die *Preisgünstigkeit und –würdigkeit* herausgestellt werden. Die Preistransparenz spielt hier eine wesentliche Rolle. Mit Preissicherheit ist auch die *Preiskonstanz* verbunden. Mit anderen Worten schafft man bei Konsumenten schnell Verunsicherung über die Vorteilhaftigkeit der Preise, wenn diese sich rasch ändern. Insofern kann das Bemühen *Preise relativ konstant* zu halten, *Preiserhöhungen rechtzeitig anzukünden* oder *Preisgleitklauseln* einzuführen durch höhere Preissicherheit und damit –zufriedenheit belohnt werden.

2.1.5 Preiszuverlässigkeit

Während Preissicherheit die Überzeugung des Kunden über die Vorteilhaftigkeit bezeichnet, versteht sich Preiszuverlässigkeit als das Erfüllen der geweckten Preiserwartungen und die Vermeidung von negativen „Preisüberraschungen“ (Diller, 1997). Die

Konstanz der Preise, das *Einhalten der Preisversprechen* – z.B. bei Kostenvoranschlägen – und der *Verzicht auf versteckte Zusatzkosten* sind die zentralen Kriterien. Preiszuverlässigkeit kann durch Verwendung von *Pauschalpreisen* (z.B. einer All-Inclusive Urlaubsreise), *Preisgleitklauseln* und durch *rechtzeitige Ankündigungen von Preisänderungen* (evtl. mit ausreichender Begründung) erreicht werden. Weiter zählen in den Preis eingebundene *Garantie- und Wartungsverträge* und *Garantieversicherungen* zu Maßnahmen, die Kunden vor unerwarteten Folgekosten schützen.

2.1.6 Preisfairness

Herrmann/Wricke/Huber (2000) unterscheiden zwei Aspekte der Preisfairness: 1) das vom Kunden erlebte Preis-Leistungsverhältnis und 2) der Zusammenhang zwischen dem tatsächlichen Preis eines Gutes und dem sozial akzeptierten. Nutzt ein Anbieter seine Machtposition oder eine Notsituation des Kunden aus, verstößt er gegen soziale Normen, sein Verhalten gilt als unfair. Preisfairness als Dimension der Preiszufriedenheit definieren wir hier mit Diller (1997, S. 760) als „Verzicht auf die Übervorteilung des Kunden" und wir beschränken uns auf diesen zweiten Aspekt der Preisfairness, da das Preis-Leistungsverhältnis bereits als eigenständige Dimension berücksichtigt wurde. Beispiele für empfundene Preisunfairness sind überhöhte Benzinpreissteigerungen bei einem Anstieg des Rohölpreises oder der Verzicht der Banken auf Zinsreduktion bei sinkendem Marktzinssatz. Ein anschauliches Beispiel für Preisfairness bietet eine US-amerikanische Autovermietung, die Kunden einen besonders günstigen Tarif anbietet, wenn sich diese in Notsituationen, z.B. wenn deren Auto in Reparatur ist, befinden (vgl. Herrmann/Wricke/Huber, 2000). Um die wahrgenommene Preisfairness zu erhöhen gilt es daher, die *soziale Norm bei der Preisgestaltung zu berücksichtigen* und die *Marktmacht oder die Notsituation eines Kunden nicht auszunutzen*. In diesem Zusammenhang sind Preisdifferenzierungen und Yield Management vorsichtig zu handhaben.

Tabelle 1 enthält einen Überblick über die 6 Preisdimensionen, deren Definitionen, einzelnen Attributen und über die Instrumente zur Erhöhung der Preiszufriedenheit. Insgesamt ergibt sich also eine Fülle von einzelnen Preisattributen. Freilich werden nicht in jeder Situation all diese Preisattribute auf das Konstrukt Preiszufriedenheit wirken. Je komplexer das Produkt oder die Dienstleistung und je komplexer die Preise dafür sind, umso mehr Attribute werden hinsichtlich der Preiszufriedenheit eine Rolle spielen. Auch wird das Involvement des Kunden eine zentrale Bedeutung haben. Verspürt der Kunde ein hohes Kaufrisiko und trifft er komplexe Kaufentscheidungen, werden mehr Preisattribute relevant sein als bei limitierten oder habitualisierten Entscheidungen.

Preis-dimension	Definition	Einzelne Attribute	Instrumente
Preis-transparenz	Klarer, vollständiger, aktueller und leicht erfassbarer Überblick über die Angebotspreise eines Unternehmens	▪ Transparenz von Leistung und Preis ▪ Preisberatung ▪ Vollständigkeit, Richtigkeit und Offenheit der Preisinformation ▪ Übersichtlichkeit/ Verständlichkeit der Preisinformationen ▪ Nachvollziehbarkeit der Preisstellung	▪ Preise pro Füllmengeneinheit ▪ Individuelle Preisberatung ▪ Preisübersichten ▪ Preisberechnungsbeispiele ▪ Verzicht auf Preisbündelung ▪ Höhe Preisstabilität ▪ Dauerniedrigpreise
Preis-würdigkeit	Preis-Leistungsverhältnis des Angebots	▪ Preis-Leistungsverhältnis	▪ Customer Value Strategien ▪ Target Costing ▪ Preisbaukästen
Preis-günstigkeit	Höhe des Preises im Vergleich zu Konkurrenzangeboten	▪ Preishöhe ▪ Preisnachlässe ▪ Höhe der Folgekosten	▪ Tatsächlich niedrige Preise ▪ Bestpreisgarantien ▪ Rabatte und Preisnachlässe ▪ Sonderpreisaktionen ▪ Preisvergleiche ▪ Beeinflussung der Preiswahrnehmung (Preisschwellen, gebrochene Preise, Referenzpreise)
Preis-sicherheit	Gewissheit des Kunden über die Vorteilhaftigkeit des Angebots	▪ Transparenz von Leistung und Preis ▪ Preiskonstanz	▪ Kommunikation der Qualität (Information u. Beratung, Qualitäts- und Zufriedenheitsgarantien, Qualitätszertifikate, freiwillige Garantien) ▪ Preisgünstigkeit und –würdigkeit herausstellen und Preiskonstanz zusichern
Preis-zuverlässig-keit	Erfüllung von geweckten Preiserwartungen und Vermeidung von „Preisüberraschungen"	▪ Preiskonstanz ▪ Einhaltung von Preisversprechen (z.B. Kostenvoranschlägen) ▪ Verzicht auf versteckte Nebenkosten	▪ Pauschalpreise ▪ Preisgleitklauseln ▪ Rechtzeitige Ankündigung von Preisänderungen ▪ Garantie- und Wartungsverträge in Preis einbinden ▪ Garantieversicherungen
Preis-fairness	Verzicht auf Übervorteilung der Kunden	▪ Keine überhöhten Preise aufgrund der Marktmacht ▪ Keine Ausnutzung von Notsituationen des Kunden	▪ Berücksichtigung der „sozialen" Norm bei der Preisgestaltung ▪ Keine Ausnutzung der Marktmacht ▪ Keine Ausnutzung von Notsituation ▪ Vorsicht bei Preisdifferenzierung und Yield Management

Tabelle 1: Preisdimensionen, Attribute und Instrumente zur Steigerung der Preiszufriedenheit

2.2 Preiszufriedenheit und Kano-Modell

Preiszufriedenheit entsteht, wie oben angeführt, wenn die Preiserwartungen erfüllt oder übertroffen werden. Im Hinblick auf diesen Soll-Ist-Vergleich der Preiserwartungen und -wahrnehmungen erhebt sich die Frage nach der Beziehung zwischen den einzelnen Preisattributen und der globalen Preiszufriedenheit (vgl. Diller, 1999). Überträgt man das Kano-Modell der Kundenzufriedenheit (vgl. Bailom et al., 1996) auf die Preiszufriedenheit, können verschiedene Typen von Erwartungen unterschieden werden, deren Erfüllung die globale Preiszufriedenheit in unterschiedlichem Maße beeinflussen (Abbildung 4).

- „Basiseigenschaften“: Diese umfassen jene Preisattribute, die Unzufriedenheit auslösen, wenn sie nicht den Erwartungen entsprechend wahrgenommen werden. Wenn die Erwartungen erfüllt oder übertroffen werden, führt dies nicht zu Zufriedenheit, sondern lediglich zu „Nichtunzufriedenheit“. Die Basisfaktoren sind Mindestanforderungen. Die Erfüllung von Mindestanforderungen ist für die Entstehung von Preiszufriedenheit zwar notwendig, reicht aber hierfür nicht aus.
- „Leistungseigenschaften“: Dies sind jene Preiseigenschaften, die sowohl zu Zufriedenheit führen, wenn die Erwartungen des Kunden übertroffen werden, als auch zu Unzufriedenheit, wenn die Erwartungen des Kunden nicht erfüllt werden. Sie bilden damit ein Kontinuum ohne Schwellenwerte.
- „Begeisterungseigenschaften“: Werden sie angeboten, so lösen sie Zufriedenheit aus, verursachen aber nicht notwendigerweise Unzufriedenheit, wenn sie nicht vorhanden sind. Begeisterungsattribute werden vom Kunden nicht ausdrücklich erwartet und erhöhen deshalb die globale Preiszufriedenheit. Sie können jedoch nicht gegen fehlende oder unzureichende Basiseigenschaften aufgerechnet werden. Begeisterungsattribute stellen einen Ansatzpunkt für die Differenzierung im Wettbewerb dar.

Aus dem Modell ergibt sich eine wesentliche Erkenntnis für das Management der Preiszufriedenheit. Die Wichtigkeit eines Preisattributes ist eine Funktion der Zufriedenheit mit dem Attribut. Ändert sich die Zufriedenheit, dann kann sich auch die Wichtigkeit ändern. Basisattribute sind dann entscheidend, wenn sie nicht den Erwartungen entsprechend wahrgenommen werden, spielen aber keine Rolle, wenn Kunden damit zufrieden sind. Das Gegenteil gilt für Begeisterungseigenschaften: Sie sind unwichtig, wenn sie nicht angeboten werden, haben aber einen starken Einfluss auf die Gesamtzufriedenheit, bietet man sie an.

Diese Zusammenhänge bedeuten, dass das in der Praxis viel verwendete Zufriedenheitsportfolio (die sog. "Importance-Performance"-Analyse) zur Formulierung von Prioritäten im Zufriedenheitsmanagement zu falschen Empfehlungen führen muss. In diesem Portfolio werden auf einer Achse die Wichtigkeit des Attributs und auf der anderen Achse die Zufriedenheit aufgetragen. Je nach Positionierung der einzelnen Attribute ergeben sich unterschiedliche Empfehlungen: „Hohe Priorität“ bei niedriger Zufriedenheit und hoher

Wichtigkeit, „niedrige Priorität" bei niedriger Zufriedenheit und niedriger Wichtigkeit, „Halten/Ausbauen" bei hoher Zufriedenheit und hoher Wichtigkeit und „Irrelevante Vorteile" bei hoher Zufriedenheit und niedriger Wichtigkeit.

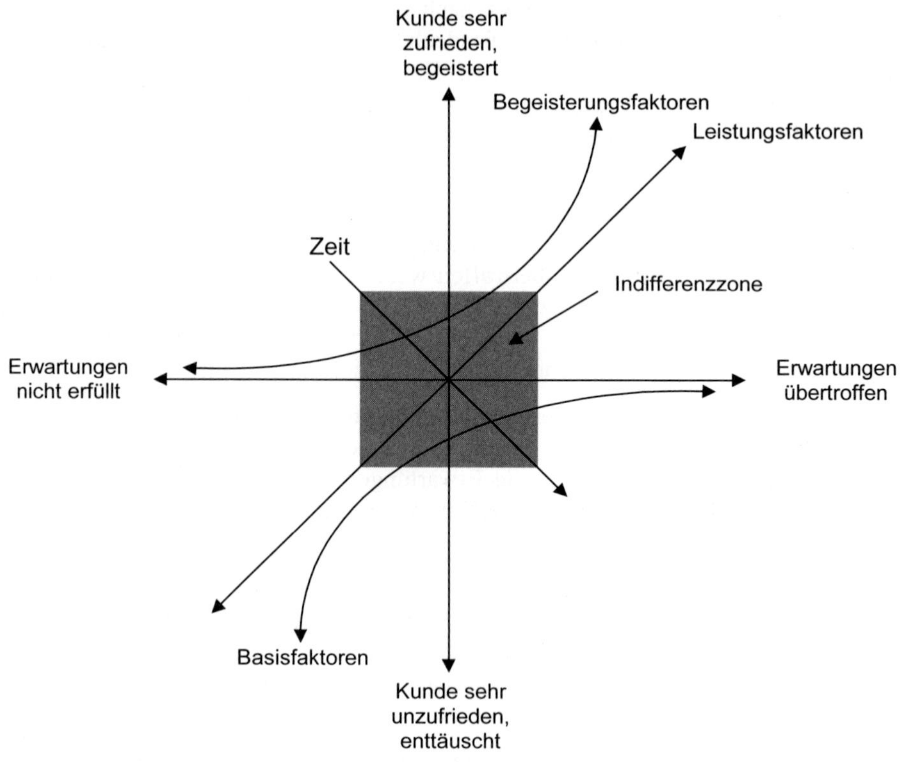

Abbildung 4: Kano-Modell der Preiszufriedenheit (in Anlehnung an Kano, 1984)

Immer dann aber (mit Ausnahme der Leistungseigenschaften), wenn sich die Zufriedenheit mit einem Preisattribut ändert, ändert sich zugleich auch die Wichtigkeit dieses Attributs. Die Rolle von Begeisterungseigenschaften wird unterschätzt, wenn die Zufriedenheit damit niedrig ist (unwichtig/unzufrieden). Deren Einfluss steigt mit der Zufriedenheit mit diesem Attribut. Bei Basiseigenschaften ist es genau umgekehrt. Sie sind wichtig, wenn sie nicht erfüllt sind, werden aber unwichtig, wenn sie gut erfüllt sind. Die Bedeutung von Basiseigenschaften wird damit tendenziell überschätzt. Eine Verbesserung der Zufriedenheit führt zu abnehmender Wichtigkeit. Abbildung 5 zeigt diese Zusammenhänge.

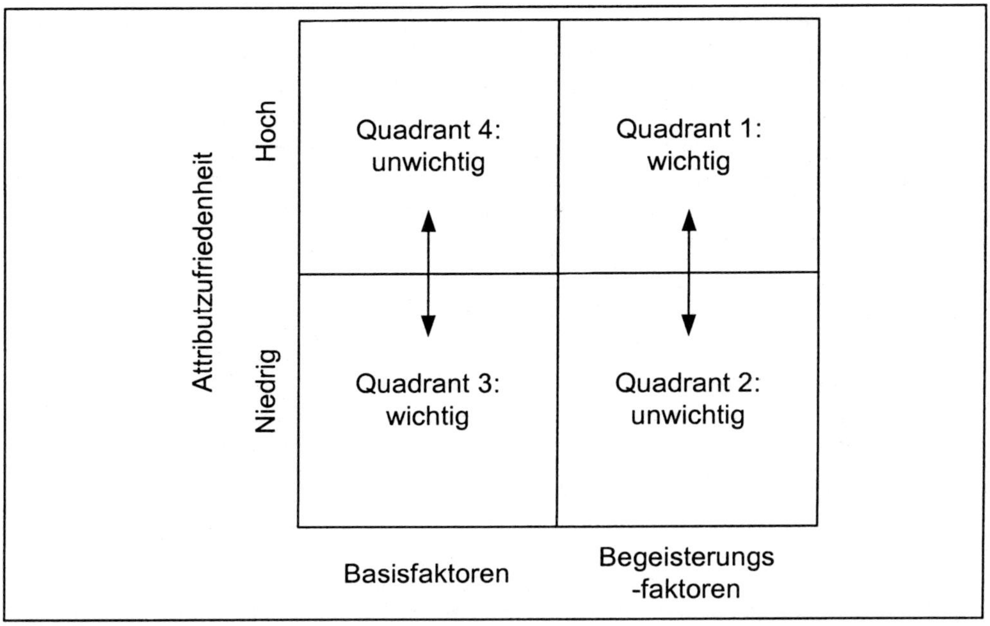

Abbildung 5: Konsequenzen aus dem Kano-Modell für Attributwichtigkeit (Quelle: Matzler/Sauerwein, 2002, S. 330)

Im folgenden Abschnitt wird anhand einer empirischen Studie über die Preiszufriedenheit mit Kfz-Werkstätten gezeigt, wie Preiszufriedenheit gemessen und die Rolle einzelner Preisattribute bestimmt werden können. Es wird auch empirisch gezeigt, wie Preiszufriedenheit auf Wiederkauf, Weiterempfehlung und Gesamtzufriedenheit einwirkt.

3. Messung und Management von Preiszufriedenheit

Das Management der Preiszufriedenheit erfordert im ersten Schritt, sich mit den vielschichtigen Preisproblemen der Kunden auseinander zu setzen und deren Erwartungen an die Preispolitik zu ermitteln. Dazu eignen sich zahlreiche Methoden der qualitativen Marktforschung, die allgemein in der Kundenzufriedenheitsmessung Anwendung finden (für einen Überblick siehe Matzler/Bailom, 2002).

Zur Messung der Preiszufriedenheit – auf Attribut- und Globalebene – kann man sich der zahlreichen Skalen bedienen, die für die Messung der Kundenzufriedenheit entwickelt worden sind (siehe z.B. Hausknecht, 1990, Matzler/Bailom, 2002). Die relative Wichtigkeit der einzelnen Preisattribute lässt sich beispielsweise über multiple Regressionsanalysen ermitteln, bei denen die globale Preiszufriedenheit die abhängige und die Attributzufriedenheiten die unabhängigen Variablen darstellen. Dichotomisiert man die unabhängigen Variabeln, lässt sich der Einfluss der einzelnen Preisattribute auf die globale Preiszufriedenheit einmal bei hohem und einmal bei niedrigem Erfüllungsgrad ermitteln. So kann man Basis-, Leistungs- und Begeisterungseigenschaften bestimmen. Anhand der Gegenüberstellung von Attributzufriedenheit und -wichtigkeit kann man schließlich Implikationen für die Beeinflussung der globalen Preiszufriedenheit ableiten. Von Bedeutung dabei ist, dass man Attributwichtigkeit nicht als absoluten Punktwert auf einer Skala, sondern in Abhängigkeit der Attributzufriedenheit als veränderlich betrachtet.

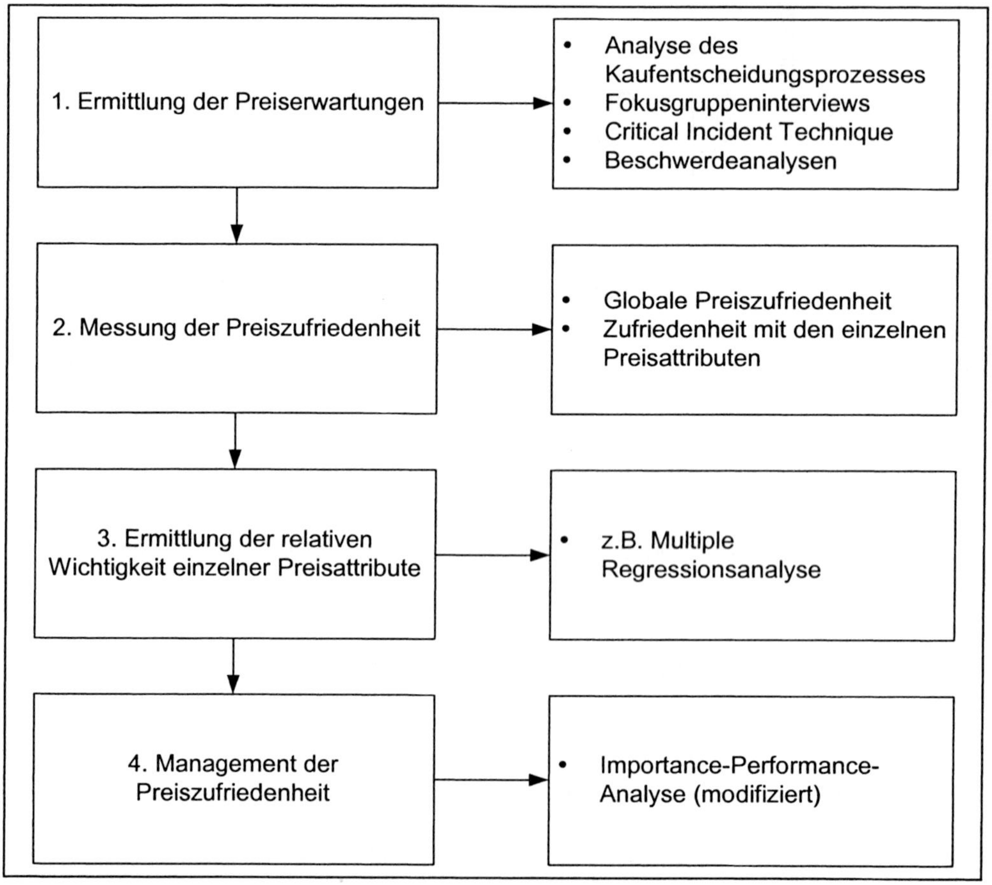

Abbildung 6: Messung und Management von Preiszufriedenheit

3.1 Zufriedenheit mit den Preisattributen

Im Rahmen einer empirischen Studie wurden 316 Studenten der Universität Innsbruck zur Preiszufriedenheit mit ihrer Kfz-Reparaturwerkstätte befragt. In einer qualitativen Vorphase wurden sechs mögliche Preisattribute identifiziert (angebotene Kosteninformation, Kosten-/Preisberatung, Preis-Leistungsverhältnis, Transparenz der Preise, Nachvollziehbarkeit des Preises, Preis-Gerechtigkeit/-Fairness), die einen Einfluss auf die globale Preiszufriedenheit haben.

Die Zufriedenheit mit den einzelnen Preisattributen sowie die globale Preiszufriedenheit wurden anhand einer 7-Punkte-Rating Skala in einem standardisierten schriftlichen Fragebogen erhoben. Der Fragebogen enthielt zudem Fragen zur Gesamtzufriedenheit mit der Kfz-Werkstätte sowie Wechsel- und Weiterempfehlungsabsicht (jeweils gemessen anhand einer 7-Punkte-Skala). Durch eine schrittweise Regressionsanalyse wurden vier Preisattribute mit einem signifikanten Einfluss auf die Gesamtbeurteilung ermittelt (Tabelle 2).

Die Zufriedenheit mit den einzelnen Preisattributen ist in Tabelle 2 dargestellt. Sie ist am höchsten bei der Preisberatung und am niedrigsten bei der Preisfairness.

Attribute	Mittelwert Zufriedenheit	Standard-abweichung
1. Preisfairness	2,96	1,59
2. Preis-Leistungsverhältnis	3,14	1,68
3. Preisberatung	3,53	1,48
4. Preisnachvollziehbarkeit	3,08	1,59

(1=Sehr unzufrieden, 7= sehr zufrieden)

Tabelle 2: Zufriedenheit mit einzelnen Preisattributen

3.2 Relative Wichtigkeit der Preisattribute

Zur Ableitung von Maßnahmen zur Steigerung der Preiszufriedenheit ist es notwendig, die Zufriedenheit mit den einzelnen Preisattributen in Zusammenhang mit der Wichtigkeit dieser Preisattribute zu betrachten.

Die Ergebnisse einer Regressionsanalyse mit der Preiszufriedenheit als abhängige Variable und den einzelnen Teilzufriedenheiten als unabhängige Variablen sind in Tabelle 3 dargestellt. Vier Attribute haben einen signifikanten Einfluss auf die globale Preiszufriedenheit. Das Bestimmtheitsmaß mit R^2 0,765 kann als hoch eingestuft werden.

Geht man vom Kano-Modell der Kundenzufriedenheit aus, unterstellt man, dass die Wichtigkeit eines Attributes von dessen Zufriedenheit abhängen kann. Um dies zu überprüfen, kann eine multiple Regressionsanalyse, bei der die unabhängigen Variablen dichotomisiert werden, durchgeführt werden. Mit Hilfe der so erhaltenen Dummy-Variablen erhält man für jedes Attribut zwei Regressionskoeffizienten: Einen, der seine Wichtigkeit bei hoher Zufriedenheit und einen, der den Einfluss bei niedriger Zufriedenheit mit dem entsprechenden Attribut anzeigt (vgl. z.B. Mittal/Ross/Baldasare, 1998; Matzler/Sauerwein, 2002).

Attribute	Regressionskoeffizient
1. Preisfairness	0,473***
2. Preis-Leistungsverhältnis	0,317***
3. Preisberatung	0,115**
4. Preisnachvollziehbarkeit	0,075*
R^2 0,765; *** p < 0,001, **p<0,01, *p<0,05	

Tabelle 3: Die Wichtigkeit von Preisattributen bei Kfz-Werkstätten

Tabelle 4 und Abbildung 7 zeigen die Ergebnisse dieser Regressionsanalyse.

	Regressionskoeffizienten bei ...	
Attribute	niedriger Zufriedenheit	hoher Zufriedenheit
1. Preisfairness	-0,216***	0,204***
2. Preis-Leistungsverhältnis	-0,162***	0,139**
2. Preisberatung	-0,027 $^{n.s.}$	0,157***
3. Preisnachvollziehbarkeit	-0,085*	0,102*
R^2 0,693; ***p < 0,001, ** p < 0,01, * p <0,05, n.s. = nicht signifikant		

Tabelle 4: Asymmetrischer Zusammenhang zwischen Attributzufriedenheiten und globaler Preiszufriedenheit einer Kfz-Reparaturwerkstätte

Auch wenn die Zuordnung der einzelnen Attribute entsprechend den drei Faktoren aus dem Kano-Modell nicht so eindeutig möglich ist, kann man die asymmetrischen Effekte klar erkennen. Die Preisfairness und das Preis-Leistungsverhältnis haben einen stärkeren Einfluss auf die Gesamtzufriedenheit mit dem Preis, wenn die Zufriedenheit mit diesen Kriterien niedrig ist. Bei der Preisberatung und der Preisnachvollziehbarkeit verhält es sich genau umgekehrt, dies entspricht den Begeisterungsfaktoren im Kano-Modell.

Ob und wie stark die Zufriedenheit mit einzelnen Kriterien verändert werden sollte, hängt von zwei Größen ab: Von der Zufriedenheit mit dem Attribut und von dessen Wichtigkeit. Zur Visualisierung verwendet man häufig ein Zufriedenheitsportfolio wie es bereits angesprochen wurde ist. Allerdings führt ein solches Zufriedenheitsportfolio – wie erwähnt – zu falschen Empfehlungen, da es nicht den funktionalen Zusammenhang zwischen Wichtigkeit und Zufriedenheit eines Attributs berücksichtigt.

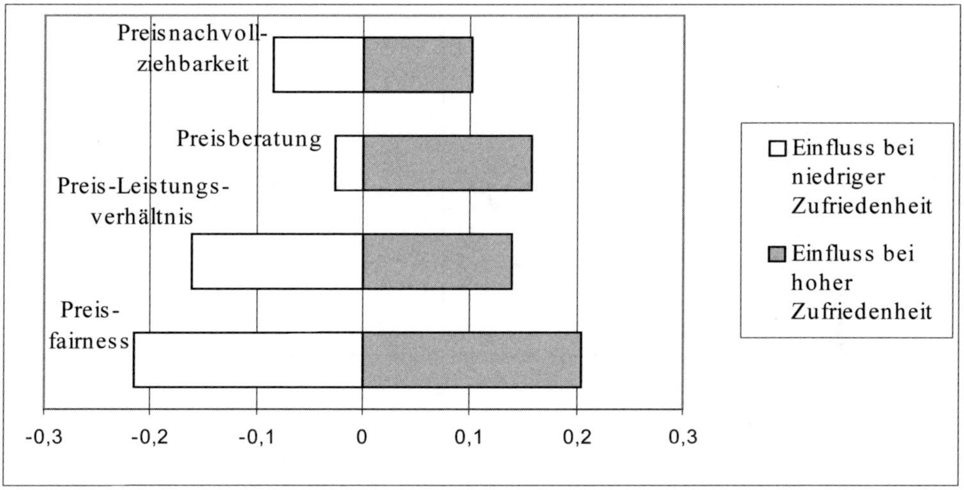

Abbildung 7: Asymmetrische Effekte der Preisbeurteilung ($R^2 = 0{,}693$)

Um dennoch Entscheidungen treffen zu können, ist daher die Veränderung der Wichtigkeit in Abhängigkeit der Veränderung der Zufriedenheit abzuschätzen.

Um zu zeigen, dass die Importance-Performance Analyse zu falschen Empfehlungen führen kann, verwenden wir die Beta-Werte der Regressionsanalyse mit den Dummy-Variablen als Indikator für die Attributwichtigkeit. Die Preisberatung ist demnach eine Begeisterungseigenschaft. Ist ihre Zufriedenheit niedrig, findet sich das Attribut in Quadrant III (niedrige Priorität), da es relativ unwichtig ist. Eine Erhöhung der Zufriedenheit wird nicht angestrebt. Damit vergibt man allerdings die Chance die globale Preiszufriedenheit zu steigern, denn mit der Erhöhung der Zufriedenheit steigen auch die Bedeutung der Preisberatung und die Preiszufriedenheit. Ähnlich verhält es sich mit der Preisnachvollziehbarkeit. Die Prioritäten würde man bei der Preisfairness und beim Preis-Leistungsverhältnis setzen. Durch ihre Verbesserung wird ein starkes Ansteigen der globalen Preiszufriedenheit erwartet. In beiden Fällen aber sinkt ihr Einfluss mit dem Ansteigen der Zufriedenheit. Abbildung 8 zeigt die Veränderungen der Wichtigkeit in Abhängigkeit von der Zufriedenheit.

Diese modifizierte Importance-Performance Analyse ermöglicht es also Prioritäten für das Management der Preiszufriedenheit zu formulieren.

Maßnahmen zur Steigerung dieser wird man allerdings erst dann ergreifen, wenn sie erkennbare Auswirkungen zeigen. Daher ist die Frage zu beantworten, ob und wie stark die Preiszufriedenheit relevante Größen wie Gesamtzufriedenheit, Wiederkauf oder Weiterempfehlungen beeinflusst. Dies geschieht im nächsten Abschnitt.

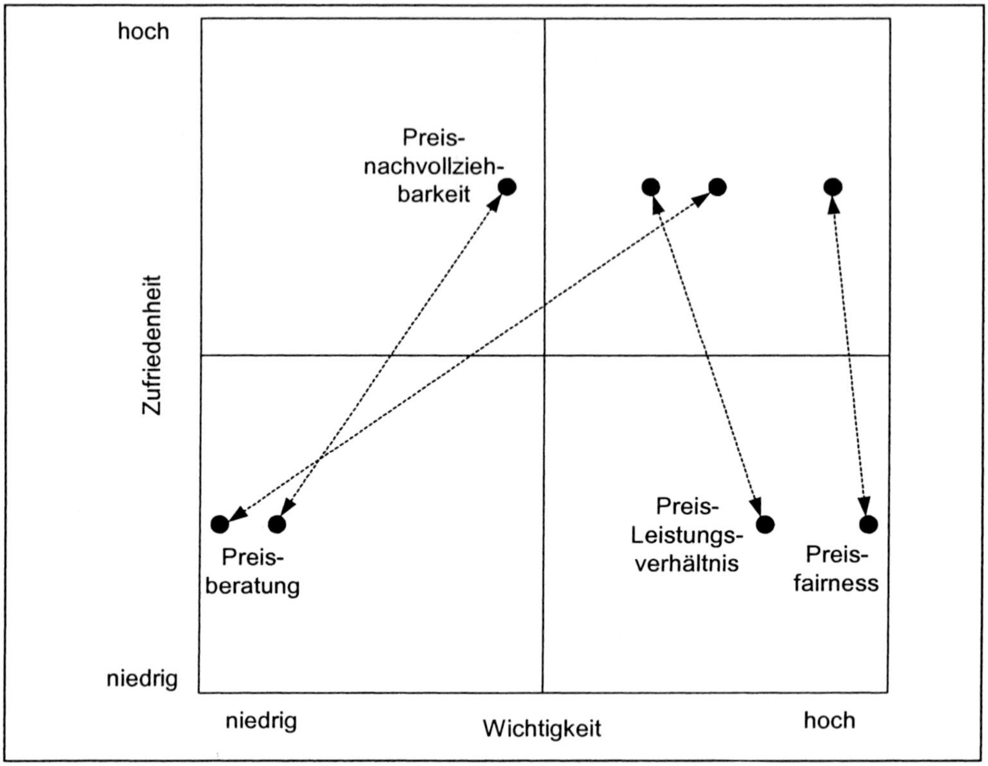

Abbildung 8: Importance-Performance Analyse mit Änderung der Attributwichtigkeit

3.3 Auswirkungen der Preiszufriedenheit

In Abbildung 1 sind – in Anlehnung an die Literatur zur Kundenzufriedenheit und -bindung (vgl. z.B. Diller, 1996, Hinterhuber/Handlbauer/Matzler, 1996) – die Auswirkungen der Preiszufriedenheit dargestellt. Preiszufriedenheit wirkt sich demnach auf die Zufriedenheit mit der Transaktion bzw. der gesamten Beziehung mit dem Anbieter aus, beeinflusst das Weiterempfehlungs- und Wiederkaufverhalten sowie die Beschwerdetätigkeit.

In der vorliegenden Studie wurde die Auswirkung der Preiszufriedenheit auf diese drei Größen durch bivariate Regressionsanalysen berechnet. Tabelle 5 zeigt die Ergebnisse. Die Preiszufriedenheit hat einen höchst signifikanten Einfluss auf alle drei untersuchten Größen, wobei er bei der Wechselabsicht am niedrigsten ist. Dies deutet auf relativ hohe

Wechselbarrieren hin. Geht man von asymmetrischen Zusammenhängen auf Attributebene aus, stellt sich nun die Frage, ob solche Zusammenhänge auch auf aggregierter Ebene zu finden sind. Um dies zu überprüfen, wurden weiteren Regressionsanalysen mit der Preiszufriedenheit als unabhängige Variable und Gesamtzufriedenheit mit der Kfz-Werkstätte, Wechsel- und Weiterempfehlungsabsicht als abhängige Variablen durchgeführt. Die unabhängigen Variablen wurden – so wie im vorhergehenden Abschnitt – dichotomisiert. Die Ergebnisse sind in Tabelle 6 und Abbildung 9 dargestellt.

Abhängige Variablen	Einfluss von Preiszufriedenheit (R^2)
1. Gesamtzufriedenheit	0,442***
2. Weiterempfehlung	0,429***
3. Wechselabsicht	0,154***

*** p < 0,001

Tabelle 5: Auswirkungen der Preiszufriedenheit

	Regressionskoeffizienten		
Abhängige Variable	Niedrige Zufriedenheit	Hohe Zufriedenheit	R^2
1. Gesamtzufriedenheit	-0,379***	0,297***	0,371
2. Wechselabsicht	-0,292***	0,107*	0,136
3. Weiterempfehlungsabsicht	-0,406***	0,255***	0,357

***p < 0,001, ** p < 0,01, * p<0,05

Tabelle 6: Asymmetrische Effekte der Preiszufriedenheit

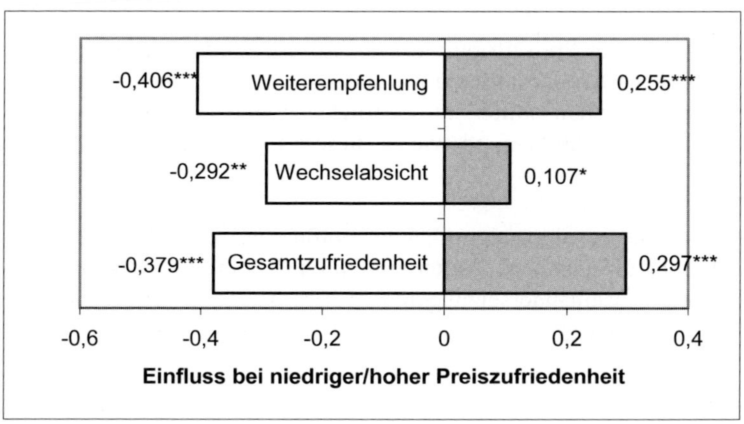

Abbildung 9: Asymmetrische Wirkungen der Preiszufriedenheit

Die Ergebnisse zeigen, dass in allen drei Fällen asymmetrische Effekte im Sinne der Basiseigenschaften gefunden werden konnten. Mit anderen Worten hat eine niedrige globale Preiszufriedenheit einen stärkeren Einfluss auf die einzelnen Variablen als eine hohe.

4. Zusammenfassung

Trotz der zentralen Rolle, die der Preis für das Vor- und Nachkaufverhalten der Kunden spielt, wurde sowohl in Theorie als auch in der Praxis das Thema Preiszufriedenheit stark vernachlässigt. Preiszufriedenheit kann – so wie das Konstrukt Kundenzufriedenheit – entsprechend dem Erwartungs-Diskonfirmations-Paradigma konzeptualisiert werden. Kunden entwickeln hinsichtlich des Preises und seiner Komponenten Erwartungen, die dann mit den Wahrnehmungen verglichen werden. Es spricht vieles dafür – sowohl aus theoretischer als auch aus praktischer Sicht – Preiszufriedenheit als multiattributives Konstrukt zu verstehen. Dabei können einzelne Preiseigenschaften in Basis-, Leistungs- und Begeisterungseigenschaften mit unterschiedlichem Einfluss auf die globale Preiszufriedenheit unterschieden werden.

Messung und Management von Preiszufriedenheit erfordert zunächst ein Verständnis der Preiserwartungen, die sich aus den vielschichtigen Preisproblemen entlang des Kaufprozesses ergeben. Zu deren Ermittlung eignen sich die typischen qualitativen Methoden, die im Rahmen der Kundenzufriedenheitsmessung eingesetzt werden. Auch bei der Messung der Preiszufriedenheit kann man sich der unterschiedlichen Skalen aus der Literatur zur Kundenzufriedenheit bedienen.

Die Wichtigkeit einzelner Preisattribute für die globale Preiszufriedenheit hängt – außer bei Leistungseigenschaften – von deren Zufriedenheit ab. Entscheidungen zum Management von Preiszufriedenheit sollten dies berücksichtigen und aus einer modifizierten Importance-Performance Analyse, so wie in diesem Beitrag dargestellt, abgeleitet werden.

Die Preiszufriedenheit hat einen signifikanten Einfluss auf zentrale Zielgrößen des Marketings wie Gesamtzufriedenheit, Weiterempfehlungs- und Wechselbereitschaft. Daher ist eine intensivere Auseinandersetzung mit diesem Thema sowohl in der Theorie als auch in der Praxis notwendig.

5. Literatur

BAILOM, F./HINTERHUBER H. H./MATZLER, K./SAUERWEIN E., 1996, Das Kano-Modell der Kundenzufriedenheit, in: Marketing ZFP, S. 177- 126.

D'AVENI, R. A., 1994, Hypercompetition. Managing the Dynamics of Strategic Maneuvering, New York.

DILLER, H., 1996, Kundenbindung als Marketingziel, in: Marketing ZFP, S. 81-94.

DILLER, H., 1997, Preis-Management im Zeichen des Beziehungsmarketing, in: Die Betriebswirtschaft, S. 749-762.

DILLER, H., 1999, Entwicklungslinien in Preistheorie und –management, in Marketing ZFP, S. 39-60.

DILLER, H., 2000a, Preiszufriedenheit bei Dienstleistungen. Konzeptionalisierung und explorative empirische Befunde, in: Die Betriebswirtschaft, S. 570-587.

DILLER, H., 2000b, Preispolitik, 3. Aufl., Stuttgart.

DILLER, H./THAT, D., 1999, Die Preiszufriedenheit bei Dienstleistungen, Arbeitspapier Nr. 79 des Lehrstuhls für Marketing an der Universität Erlangen-Nürnberg, Nürnberg.

FORNELL, C. ET AL., 1996, The American Customer Satisfaction Index: Nature, Purpose, and Findings, in: Journal of Marketing, S. 7-18.

GALE, B. D., 1994, Managing Customer Value, New York.

HAUSKNECHT, D. R., 1990, Measurement Scales in Consumer Satisfaction/Dissatisfaction, in: Journal of Consumer Satisfaction/Dissatisfaction and Complaining Behavior, S. 1- 11.

HERRMANN, A./WRICKE, M./HUBER, F., 2000, Kundenzufriedenheit durch Preisfairness, in: Marketing ZFP, S. 131-143.

HINTERHUBER, H.H./HANDLBAUER, G./MATZLER, K., 1997, Kundenzufriedenheit durch Kernkompetenzen, München.

KANO, N., 1984, Attractive Quality and Must-be Quality, in: Hinshitsu: The Journal of the Japanese Society for Quality Control, S. 39 – 48 (in Japanese).

KEAVENY, S. M., 1995, Customer Behavior in Service Industries: An Exploratory Study, in: Journal of Marketing, S. 71-82.

MATZLER, K., 1997, Kundenzufriedenheit und Involvement, Wiesbaden.

MATZLER, K., 2000, Customer Value Management, in: Die Unternehmung, S. 289-308.

MATZLER, K./BAILOM, F., 2002, Messung der Kundenzufriedenheit, in: HINTERHUBER, H. H./MATZLER, K. (Hrsg.): Kundenorientierte Unternehmensführung, 3. Auf., Wiesbaden, S. 213-244.

MATZLER, K./PRAMHAS, N., 2002, Preiszufriedenheit: Prospect Theory oder Kano-Modell, in: HINTERHUBER, H. H./MATZLER, K. (Hrsg.): Kundenorientierte Unternehmensführung, 3. Aufl., Wiesbaden, S. 177-189.

MATZLER, K./SAUERWEIN, E., 2002, The Factor Structure of Customer Satisfaction: An Empirical Test of the Importance Grid and the Penalty-Reward-Contrast Analysis, in: International Journal of Service Industry Management, S. 314-332.

MATZLER, K./STAHL, H. K., 2000, Kundenzufriedenheit und Unternehmenswertsteigerung, in: Die Betriebswirtschaft, S. 626-640.

MITTAL, V./ROSS, W. T./BALDASARE, P. M., 1998, The Asymmetric Impact of Negative and Positive Attribute-Level Performance on Overall Satisfaction and Repurchase Intentions, in: Journal of Marketing, S. 33-47.

NAGLE, T. T./HOLDEN R. K., 1995, the Strategy and Tactics of Pricing, Englewood Cliffs.

NIEDRICH, R. W./SHARMA, S./WEDELL D. H., 2001, Reference Price and Price Perceptions: A Comparison of Alternative Models, in: Journal of Consumer Research, S. 339-354.

OLIVA, T. A./OLIVER, R. L./BEARDEN, W. O., 1995, The Relationship among Consumer Satisfaction, Involvement, and Product Performance, in: Behavioral Science, S. 104-132.

OLIVER, R. L., 1980, A Cognitive Model of the Antecedents and Consequences of Satisfaction Decisions, in: Journal of Marketing Research, S. 460 – 469.

OLIVER, R. L., 1997, Satisfaction: A Behavioral Perspective on the Customer, New York.

REICHMANN, TH., 2001, Controlling mit Kennzahlen und Managementberichten, 6. Aufl., München.

SIMON, H., 1992, Preismangement. Analyse – Strategie – Umsetzung, 2. Aufl., Wiesbaden.

STAUSS, B., 1999, Kundenzufriedenheit, in: Marketing ZFP, S. 5-24.

VARKI, S./COLGATE, M., 2001, The Role of Price Perceptions in an Integrated Model of Behavioral Intentions, in: Journal of Service Research, S. 232-240.

VOSS, G. B./PARASURAMAN, A./GREWAL, D., 1998, The Roles of Price, Performance, and Expectations in Determining Satisfaction in Service Exchanges, in: Journal of Marketing, 46-61.

Vierter Teil

Preisbildung

1. Kapitel

Preisforschung, -planung und -controlling

Sven Reinecke - Steffen Hahn

Preisplanung

1. Einleitung

Preise werden häufig aus dem Bauch heraus und somit intuitiv entschieden (vgl. z.B. Oxenfeldt, 1973; Ross 1984; Diller, 2000), obwohl dem Preis als dritter Determinante des Gewinns (neben Kosten und Absatzmenge) eine erhebliche Bedeutung zukommt.

Urbany (2001) erklärt den häufig beklagten Mangel an langfristig gewinnsteigernden Preissetzungen mit zwei Phänomenen: Erstens nennt er den (vielfach falschen) Glauben an Hysterese – der langfristigen Profitabilitätserhöhung durch vorübergehende Preissenkungen, die aus einer positiven, nachhaltigen Preisimagewirkung resultieren – und zweitens die Tendenz von Managern, ihre Entscheidungen objektiv begründen zu können. Bei Letzterem wird der Mangel an Informationen über den tatsächlichen vom Kunden empfundenen Nutzen einer Leistung evident und führt mit „rich, unambiguous information on costs, sales, market share, and competitors' prices" (vgl. Urbany, 2001, S. 27) zu der traditionellen, primär kosten- oder konkurrenzpreisgetriebenen Preissetzung und weniger zu einer am Kundennutzen orientierten (vgl. Shapiro/Jackson, 1978 und Reinecke, 1997).

Aus Planungssicht wird der Preis stark vernachlässigt, weil er im Marketingmix eine Sonderrolle einnimmt: Er bestimmt direkt die Gegenleistung des Kunden, wirkt sofort und wird, anders als die anderen Marketinginstrumente, nicht in gleicher Weise budgetiert (obwohl er dies sollte, da beim Preis zwar keine direkten Kosten entstehen, wohl aber Opportunitätskosten in Form entgangener Gewinne). Trotz seiner schnellen und direkten Wirkung ist der Preis jedoch keineswegs ein taktisches, sondern vielmehr ein strategisches Instrument, wie sich aus der mikroökonomischen Forderung einer langfristig möglichst maximalen Abschöpfung der Konsumentenrente ergibt.

Die Planung von Preisen ist nur dann sinnvoll, wenn man deren Festsetzung auch beeinflussen kann. Kaum möglich ist dies bei der Marktpreisbildung an einer Börse, zum Beispiel für Rohstoffe. Auch bei einer indirekten Distribution über Zwischenhändler ist es für den Hersteller häufig nicht möglich, die Endkundenpreise direkt, sondern lediglich indirekt über die Handelspreise zu beeinflussen. Somit stellt sich zunächst die Frage nach dem richtigen Ausmaß an Preisplanung. Planung kann definiert werden als ein „systematisches, zukunftsbezogenes Durchdenken und Festlegen von Zielen, Maßnahmen, Mitteln und Wegen zur künftigen Zielerreichung" (vgl. Wild, 1974, S. 13). Sie „stellt eine Vorwegnahme von Handlungen unter Unsicherheit bei unvollkommener Information dar" (vgl. Staehle, 1999, S. 539).

Der Planungsprozess im Marketing beruht – zumindest in der Theorie – in der Regel auf Marketingkonzepten: „Eine Marketing-Konzeption kann aufgefasst werden als ein schlüssiger, ganzheitlicher Handlungsplan („Fahrplan"), der sich an angestrebten Zielen

(„Wunschorten") orientiert, für ihre Realisierung geeignete Strategien („Route") wählt und auf ihrer Grundlage die adäquaten Marketinginstrumente („Beförderungsmittel") festlegt" (vgl. Becker, 2001, S. 5). Marketingkonzepte sind somit Grundentscheidungsraster (vgl. Weinhold-Stünzi, 1991, S. 109). Angewandt auf die Preisplanung werden auf der Basis von Stärken-Schwächen- und Chancen-Gefahren-Analysen Preisziele definiert und Strategien abgeleitet, die mit Hilfe von Instrumenten der Preisgestaltung umgesetzt werden. Solche Konzepte basieren in der Regel auf einer wohldurchdachten Systematik, die die Reflexion im Rahmen der Willensbildung erhöht. Außerdem führen sie dazu, dass wichtige Entscheide getroffen und in angemessener Form kommuniziert werden.

Die Bestimmung optimaler Preise ist letztlich allerdings kein linearer, sondern ein hochkomplexer, iterativer und interaktiver Entscheidungsprozess (vgl. Duke, 1994, S. 15). Ein Preiskonzept weist somit immer idealtypischen Charakter auf.

Preisplanung kann definiert werden als

- systematische Erarbeitung eines dynamischen Preissystems für Kunden(gruppen) und Marktleistungen
- unter Berücksichtigung gegebener und antizipierter Markt-, Konkurrenz- und Umfeldgegebenheiten
- zur Erfüllung des übergeordneten Positionierungs- und Marketingzielsystems sowie
- als Beitrag zur Umsetzung der Marketingstrategie.

Die Preisplanung bildet mit der Preisrealisierung und dem Preiscontrolling das Marketingmixinstrument der Preisgestaltung (siehe Abbildung 1).

2. Preisplanung als Teilbereich der Marketingplanung

Die Preisplanung sollte immer im Kontext des gesamten Marketingmix erfolgen; letztlich steht in der Marketingplanung immer eine günstige Mittelkombination und nicht die Optimierung einzelner Instrumente im Vordergrund (vgl. Kuß/Tomczak, 2001, S. 183). Deshalb knüpft eine sinnvolle Preisplanung an den Zielen und Vorgaben aus der Gesamtmarketingplanung an.

Der Preis allein führt nicht zum Kauf. Er sollte daher immer (als Gegenleistung des Kunden) im Bezug zu der dafür gebotenen Leistung gesehen werden. Somit liegt die Ursache eines aus Unternehmenssicht nicht zufriedenstellenden Absatzes einer Leistung häufig nicht im Preis, sondern in einer anderen Komponente des Marketingmix begründet, häufig vor allem in der Leistung selbst (vgl. Simon, 1992, S. 4). Teilweise wird daher die Marktleistungs- und Preisgestaltung sogar unter dem Begriff der Angebotspolitik als ein Marketinginstrument zusammengefasst (vgl. u. a. Haedrich/Berger, 1982; Becker 2001).

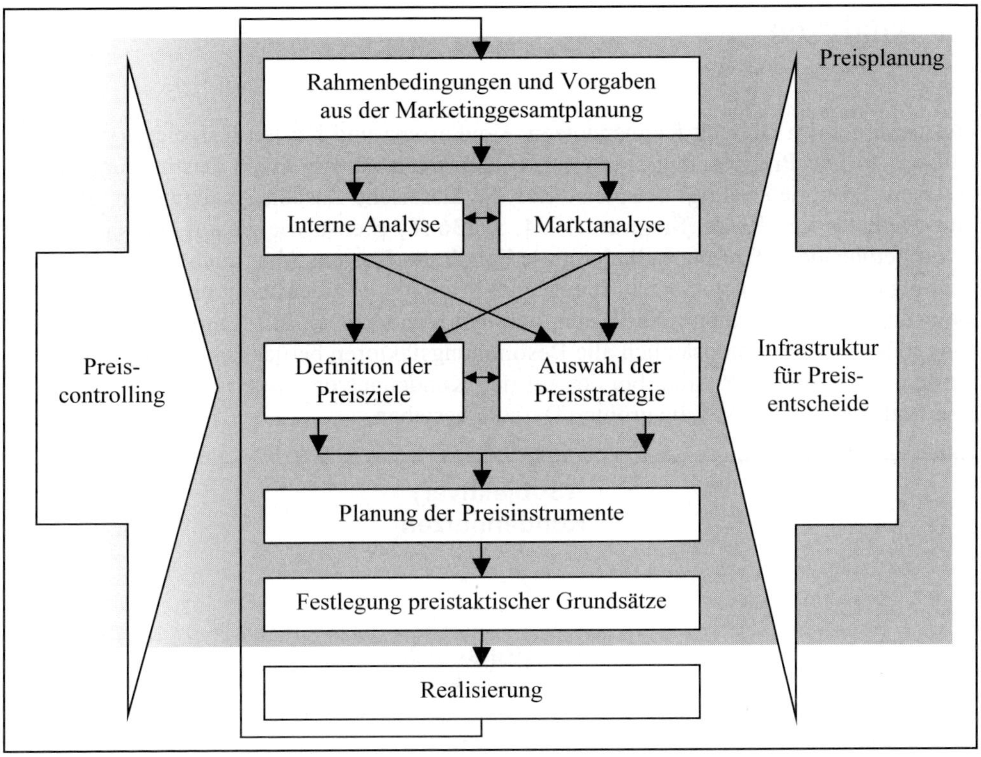

Abbildung 1: Konzept für die Preisplanung im Rahmen der Preisgestaltung (in Anlehnung an Belz, 1998, S. 682 f.)

Dennoch sollten auch wesentliche Interaktionen des Preises mit anderen Instrumenten des Marketingmix berücksichtigt werden, beispielsweise der Einfluss von Werbung auf die Preiselastizität. So fanden Logman und Pauwels (1998) unter Anwendung des Dorfman-Steiner-Theorems (vgl. Dorfman/Steiner, 1954) heraus, dass Imagewerbung tendenziell zu verringerten Preiselastizitäten, vergleichende Werbung zu erhöhten Preiselastizitäten führt – Effekte, die im Sinne der eigenen Strategie ausgenutzt werden können.

Empirische Untersuchungen zur Preis-Werbe-Konsistenz von Farris und Reibstein (1979) bestätigen den Erfolg eines konsistenten Marketingmix, wobei die Konsistenz jedoch keine Erfolgsgarantie ist. Bei Produktneueinführungen werden abhängig von der gewählten Strategie Preise und Kommunikation eventuell sogar erfolgreich gegenläufig gesetzt (vgl. Farris/Reibstein, 1979, S. 178). Die Ausprägung der Marketingmixinstrumente ist also situativ anzupassen (vgl. Haedrich/Tomczak, 1990, S. 142 ff.). Letztlich gilt somit der bekannte Grundsatz: „All of marketing comes to focus in the pricing decision." Preis- und Marketingplanung müssen daher eng aufeinander abgestimmt sein.

3. Analysen

Preise werden im Dreieck Kundennutzen, Konkurrenz und Kosten festgelegt (siehe Abbildung 2). Die Preisplanung sollte daher auch nicht nur an einem Bestimmungsfaktor ansetzen: So berücksichtigt beispielsweise die klassische Zuschlagskalkulation (Kosten-Plus-Methode, vgl. Rieder/Siegwart, 1994, S. 136 ff.) ebenso wie die auf der Nachkalkulation beruhende Erfahrungskalkulation lediglich die Kosten. Aber auch eine reine Ausrichtung an Konkurrenzpreisen („Street-level-Pricing“) ist zu einseitig und vernachlässigt die anderen Determinanten: die Kosten und den Kundenutzen. Im Rahmen der Preisplanung müssen daher grundsätzlich alle Bestimmungsfaktoren berücksichtigt und analysiert werden, wobei in der Realität bei der auf den Kundennutzen ausgerichteten Preisgestaltung (vgl. Reinecke 1997) die größten Defizite bestehen.

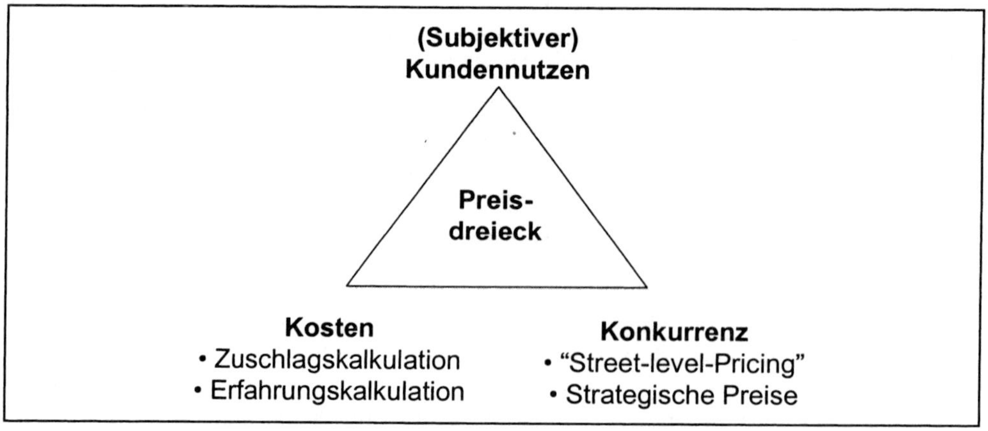

Abbildung 2: Preisdreieck (angelehnt an Reinecke, 1996, S. 156, aufbauend auf Ohmae, 1985)

Um erfolgversprechende Preisstrategien entsprechend der Unternehmensmöglichkeiten und Marktgegebenheiten (insbesondere der Kunden- und Konkurrenzsituation) entwickeln zu können, müssen detaillierte Erkenntnisse über diese Grundgrößen vorliegen.

3.1 Interne Analysen

Bei der internen Analyse sind vor allem die Kostenstruktur und die vorhandenen Ressourcen und Fähigkeiten für Preisentscheide zu untersuchen. Ferner ist zu überprüfen, ob sich die bisherigen Preisentscheide auch situationsadäquat am Wert der jeweiligen Kunden orientieren.

Analyse der Kostenstruktur

Die Kenntnis der genauen Kostenstruktur ist erforderlich, um über Kontrollgrößen für die Wirtschaftlichkeit von Preisentscheiden zu verfügen. Zur Bestimmung von Deckungsbeiträgen bietet sich beispielsweise die Deckungsbeitragsflussrechnung (vgl. Link 1979) an, die auch die Wirkungen von Preis- und Mengenänderungen auf den Deckungsbeitrag berücksichtigt und sinnvoll mit einer Transaktionspreisanalyse (vgl. Marn/Rosiello, 1992) verknüpft werden kann und sollte, da die tatsächlichen Kosten einer Leistung neben den Erstellungskosten auch Transaktionskosten (und andere, vgl. dazu Shapiro, 1977) einschließen. Absatzsegmentrechnungen analysieren und kontrollieren den wirtschaftlichen Erfolg in einzelnen Segmenten auf Absatzmittler- oder Endkundenebene, wobei sich eine absatzkanalbezogene Deckungsbeitragsrechnung anbietet, um die Distributionskosten explizit im Rechnungswesen des Unternehmens zu berücksichtigen (vgl. dazu Köhler, 1993; Schögel, 2001). Neben Produkt- sind insbesondere mehrstufige Kundendeckungsbeitragsrechnungen eine notwendige Bedingung für eine effektive Preisplanung, auch wenn viele Unternehmen auf diese Analysen immer noch verzichten (vgl. Reinecke/Tomczak, 2001, S. 83) Die Erlösabweichungsanalyse (entgangene Erlöse = Kosten) eignet sich in modifizierter Form (vgl. Albers, 1988), um unter Berücksichtigung von Preis-Mengen-Interaktionen Anhaltspunkte für Erlösabweichungen zu ermitteln und Schlussfolgerungen für eine verbesserte Preisgestaltung zu ziehen.

Analyse der Ausrichtung am Kundenwert

Hierbei ist zu analysieren, ob sich eine etwaige Preisdifferenzierung auch am Kundenwert. Beispielsweise sollte überprüft werden, ob bestimmte Kundengruppen durch andere subventioniert werden. Des weiteren ist zu überprüfen, ob etwaige Kundenwert- und -portfolioanalysen (vgl. Rudolf-Sipötz/Tomczak, 2001) bei konkreten Preismaßnahmen tatsächlich Berücksichtigung finden.

Analyse der Ressourcen und Fähigkeiten im Bereich der Preisgestaltung

Hierbei steht ein kritisches Hinterfragen der unternehmensspezifischen Kompetenz hinsichtlich der Preisgestaltung im Zentrum: Kennen alle an der Preisfestlegung Beteiligten die relevanten Kostendaten und Konkurrenzleistungen? Können sie den jeweiligen Kundennutzen abschätzen? Wissen alle am Verkauf Beteiligten, welcher Kunde zu welchem Preis welche Leistung in welcher Menge bisher beim eigenen Unternehmen bezogen hat (Stichwort: interne Preistransparenz)? Verfügen alle an der Preisfestlegung Beteiligten über die notwendigen Analyse-, Interpretations- und Verhandlungsfähigkeiten und werden sie kontinuierlich entsprechend geschult? Gibt es klare Strukturen, Aufgabenverteilungen und Entscheidungsgewalten im Rahmen der Preisfestlegung?

3.2 Marktanalyse

Neben der Umfeldanalyse (Stichworte: gesetztliche Rahmenbedingungen wie Wettbewerbs- und Kartellgesetze, Preisbindung, Rabattgesetze; vgl. auch Kuß/Tomczak, 2001, S. 35 ff.) besteht eine wesentliche Aufgabe der Marktanalyse im Kontext der Preisplanung darin, Kunden- und Konkurrenzreaktionen auf eigene Preismaßnahmen einschätzbar zu machen. So ermöglichen beispielsweise Kenntnis und Verständnis von Konkurrenzpreisbildungen oder Preisbewertungsschemata von Einkäufern eine proaktive Preisgestaltung, die mit relativ geringem Einsatz hohe Profitabilitätssteigerungen bewirken kann (vgl. Ross, 1984, S. 155). Nachfolgend steht insbesondere die Analyse horizontaler und vertikaler Beziehungen im Mittelpunkt (vgl. Porter, 1992). Da sich Preisgefüge unter Umständen sehr schnell verändern können, sind die Anforderungen an Aktualität und Genauigkeit der Marktinformationen bei Preisanalysen besonders hoch.

Horizontalanalyse (Konkurrenzanalyse)
Zunächst müssen möglichst bedürfnis- und somit marktpotenzialorientiert alle relevanten Wettbewerber identifiziert werden. Porters (1992, S. 72 ff.) vier Elemente einer Konkurrenzanalyse lassen sich auf den Preis anwenden und ergeben ein „Preisreaktionsprofil“:

1. Einschätzung der insbesondere durch die Hauptkonkurrenten verfolgten Ziele,
2. Analyse der bisherigen Konkurrenzpreisstrategien,
3. Identifikation von zugrunde liegenden Annahmen der Konkurrenzpreisstrategie sowie
4. Fähigkeiteneinschätzung der Wettbewerber (Kostenstruktur, Leistungsqualität usw.).

Als Informationsquellen für die Konkurrenzanalyse bieten sich insbesondere Produktbroschüren, Messen, Geschäftsberichte, Beobachtungen des Außendienstes, das Internet und die Marktforschung an (vgl. ausführlich Wolfrum, 1994).

Vertikalanalyse (Zulieferer- und Abnehmeranalyse)
Im Fokus der Vertikalanalyse stehen die Machtpositionen von Zulieferern, dem eigenen Unternehmen, Absatzmittlern und Endkunden. Daraus ergibt sich der eigene „Spielraum“ für die Preisfestlegung. Das zu erwartende (Mengen-)Verhalten auf eine relative Veränderung des eigenen Preises drückt sich in Preiselastizitäten der Abnehmer aus. Da die Preiselastizität eine zentrale Determinante der Preisbildung, sollte sie im Rahmen der Vertikalanalyse möglichst genau ermittelt werden (vgl. hierzu Neslin/Shoemaker, 1983 und Driver, 1979). Die Preisbereitschaft basiert auf dem vom Kunden empfundenen Gesamtwert der Leistung, die neben den Produkteigenschaften und -leistungen auch weitere Nutzenfaktoren (Verfügbarkeit, Prestige, Servicefreundlichkeit, persönliche Beziehungen) und Kostenkomponenten (Wartungs- und Betriebskosten, Kontroll- und Opportunitätskosten) berücksichtigt (vgl. Garda, 1984, S. 52 sowie Shapiro/Jackson, 1978). Um sie zu ermitteln, empfiehlt sich beispielsweise ein Rückgriff auf die Conjoint Analyse (vgl. den nachfolgenden Beitrag von Balderjahn). Ebenso sollte die Preiskenntnis der Kunden analysiert werden, weil diese den Preisgestaltungsspielraum maßgeblich beeinflusst: Je höher die Preiskenntnis (beispielsweise bei hinsichtlich des Preises besonders im Fokus stehenden sogenannten Eckartikeln wie CDs), desto stärker steht der Preis im Mittelpunkt (vgl. Shapiro, 1968; Belz/Schindler, 1994).

Um innovative Preisgestaltungssysteme für die eigene Branche zu entwickeln, bietet sich unter Umständen auch ein bewusst branchenübergreifend durchzuführendes Benchmarking an (vgl. Camp, 1994). Preissysteme in anderen Märkten werden analysiert und gegebenenfalls in modifizierter oder weiterentwickelter Form übernommen.

4. Planung des Preisziel- und Preisstrategiesystems

4.1 Definition der Preisziele

Das Zielsystem umfasst die Steuergrößen für Preisentscheide und dient der Führung und Koordination (vgl. Kuß/Tomczak, 2001, S. 109 ff.). Preisziele sind Derivate übergeordneter Ziele und müssen sich entsprechend übergeordneter Einsatzgrundsätze (vgl. Weinhold, 1988, S. 153ff.) inhaltlich und zeitlich in das Gesamtzielsystem einfügen. Als zentrale Leitplanke dient dabei die Marketingstrategie, in der nicht nur festgestellt wird, mit welchen Kunden und welchen Leistungen welche Wachstums- und Gewinnziele erreicht werden sollen, sondern auch die grundsätzliche Positionierung konkretisiert wird. Je nach Gewichtung der vier zentralen Kernaufgaben Kundenakquisition, Kundenbindung, Leistungsinnovation und Leistungspflege (vgl. Tomczak/Reinecke/Mühlmeier, 2002) werden andere Anforderungen an die Preisgestaltung gestellt. Bezüglich der Preisgestaltung lassen sich daraus quantitative und qualitative Ziele ableiten.

Quantitative Preisziele
Bewährt hat sich in der Marketingwissenschaft die Unterscheidung der Zielkategorien Gewinn bzw. Profitabilität (langfristig, kurzfristig), Wachstum (Umsatz, Marktanteil) und Sicherheit bzw. Risikominimierung (vgl. Oxenfeldt, 1973, S. 50; Becker, 2001, S. 53 ff.). Die Gewichtung hängt dabei insbesondere von der Unternehmenssituation und dem Risikoprofil der Eigentümer ab, wobei in der Realität in der Regel Gewinnziele am stärksten priorisiert werden (vgl. Tomczak et al., 1998). Je nach Lebenszyklus der Branche, des Unternehmens und seiner Marktleistungen werden die drei Ziele unterschiedlich gewichtet, was sich maßgeblich in der Preisgestaltung niederschlägt. In relativ neuen Märkten wie beispielsweise der Telekommunikationsbranche kommt dem Wachstum und damit dem Umsatz eine relativ höhere Bedeutung zu, während in reifen Branchen die Profitabilität stärker im Mittelpunkt steht. Der Zielkonflikt zwischen (kurzfristigem) Wachstum und (langfristiger) Gewinnmaximierung wird bei börsennotierten Unternehmen durch eine stark wachstumsgetriebene Shareholder-Value-Orientierung häufig verschärft.

Im Rahmen der Preisplanung ist differenziert festzulegen, mit welchen Marktleistungen bei welchen Kunden welche Umsätze und Deckungsbeiträge erwirtschaftet werden sollen.

Qualitative Ziele der Preisgestaltung
Da allein der subjektiv wahrgenommene und nicht der objektive Preis kaufentscheidend ist und oft erhebliche Unterschiede zwischen empfundenem und objektivem Preisniveau vorliegen (vgl. Schindler, 1998, S. 3), sind neben den quantitativen Zielen im Rahmen der Preisplanung insbesondere auch qualitative Preisziele festzuhalten. Bei der Preisplanung muss das Unternehmen für die verschiedenen Marktleistungen und Kundengruppen somit Entscheidungen treffen, in welchem Außmaß insbesondere die folgenden Preisziele angestrebt werden (siehe hierzu insbesondere Diller, 1997, S. 16 ff. und 2000, S. 158 ff.): Preisgünstigkeit (Einschätzung des absoluten Preises), Preiswürdigkeit (Einschätzung des Preis-Leistungsverhältnisses), Preistransparenz, Preissicherheit und langfristige Preiszuverlässigkeit. Diese Größen schlagen sich letztlich in den zwei eher übergeordneten qualitativen Zielen, der Preiszufriedenheit und dem Preisvertrauen, nieder (Diller, 2000, S. 45 und 173 ff.; Oxenfeldt, 1973, S. 50; Luhmann, 1973, S. 23).

Bei Beziehungsgeschäften kommt der Preiszufriedenheit und dem Preisvertrauen eine besondere Bedeutung zu; bei Transaktionsgeschäften ist es aber durchaus möglich, kurzfristig Gewinn- und Wachstumsziele mit Hilfe einer vom Kunden wahrgenommenen (subjektiven) Preisgünstigkeit zu erreichen, die durch bewusst verursachte Preisintransparenz hervorgerufen wurde.

Beispiele aus der Telekommunikations- und Luftverkehrsbranche belegen, dass die qualitativen Ziele Preiszufriedenheit, Preisgünstigkeit und Preistranparenz keinesfalls unabhängig voneinander sind. Die Planung und Sicherstellung eines konsistenten Zielsystems ist daher eine der größten Herausforderungen der Preisplanung.

Ergänzende qualitative Preisziele können darin bestehen, Signale der Kampfbereitschaft an Konkurrenten zu senden (vgl. Belz/Schindler, 1994) oder potentielle Wettbewerber vom Markteintritt abzuhalten.

Sowohl die qualitativen als auch die quantitativen Preisziele müssen eindeutig und klar operationalisiert und priorisiert sein, so dass sie allen an der Preisentscheidung Beteiligten bekannt sind und von ihnen verstanden werden (vgl. Monroe, 1979, S. 277 f.).

4.2 Planung der Preisstrategie für die Zielverwirklichung

Mit Hilfe von Preisstrategien wird das grundsätzliche Vorgehen festgelegt, um die definierten qualitativen und quantitativen Ziele zu erreichen (vgl. den Beitrag von Sebastian/Maessen). Preisstrategien und -ziele stehen zueinander in einem Abhängigkeitsverhältnis und werden daher in der Regel eher simultan-iterativ als sequentiell geplant (vgl. Duke, 1994).

Kotler (1999, S. 59 ff.) differenziert zur eindeutigen Preis-Leistungs-Positionierung („Value Positioning") fünf wettbewerbsrelevante Ausprägungen:

- *More for More* (mehr Leistung zu einem höheren Preis, beispielsweise bei Luxusprodukten),
- *More for the Same* (mehr Leistung zum marktüblichen Preis, beispielsweise bei Markenartiklern),
- *The Same for Less* (die marktübliche Leistung für einen geringeren Preis, beispielsweise bei Discountern),
- *Less for much Less* (marktunterdurchschnittliche Leistung zu einem weit unterdurchschnittlichen Preis, beispielsweise bei Billig-Fluggesellschaften) und
- *More for Less* (mehr Leistung zu einem niedrigeren Preis).

Seiner Meinung nach ließen sich im Markt damit erfolgreich Wettbewerbsvorteile aufbauen. Diese Positionierungen lassen sich mit Ausnahme der langfristig schwer zu realisierenden „More for Less"-Strategie letztlich auf eine leistungsfokussierte und eine preisfokussierte strategische Grundstrategie zurückführen. Die leistungsfokussierte wird dabei als Präferenzstrategie (häufig auch Premiumstrategie), die preisfokussierte als Preis-/Mengenstrategie (häufig auch Promotionsstrategie) bezeichnet (vgl. zur ausführlichen Erläuterung der Strategien Becker, 2001, S. 182ff.).

Die *Präferenzstrategie* basiert auf dem Prinzip des höheren Kundennutzens in funktionaler, qualitativer, modischer, ästhetischer, convenience-, erlebnis- oder prestigemäßiger oder sonstiger Hinsicht, relativ zur Konkurrenz. Mit der Nutzenüberlegenheit kann – je nach gewähltem Value-Positioning – gelegentlich ein überproportional hoher Preis einher gehen. Hedonismus, Selbstbestätigung, Prestigegewinn und Ausdruck der eigenen Konsumfreude motivieren die Kunden zur Zahlung dieses Preispremiums.

Bei der *Preis-/Mengenstrategie* wird versucht, einen konkurrenzgleichen bzw. marktüblichen Nutzen zu einem geringeren Preis anzubieten. Im Gegensatz zur Präferenzstrategie kann sie letztlich nur von wenigen Marktteilnehmern (üblicherweise dem Kostenführer) erfolgreich angewendet werden, weil es aufgrund der Eindimensionalität des Preises deutlich weniger Möglichkeiten zur profitablen Preisreduzierung als zur profitablen Nutzensteigerung gibt. Außerdem erfordert diese Strategie in der Regel ein insgesamt hohes Marktvolumen sowie einen im Vergleich zur Konkurrenz hohen eigenen Marktanteil.

Liegen homogene Preis-Leistungs-Bedürfnisse im Markt vor, bietet sich die nichtdifferenzierte Marktbearbeitungsstrategie (Preisharmonisierung/Einproduktpolitik) mit der Chance auf Gewinnmöglichkeiten durch Größenvorteile an, häufig verbunden mit einer Preis-/Mengenstrategie (vgl. Kuß/Tomczak, 2001, S. 60ff; Diller, 2000, S. 393ff.). Bei heterogenen Preis-Leistungs-Bedürfnissen im Gesamtmarkt, aber Segmenten mit relativ homogenen Bedürfnissen, empfiehlt sich eine Marktsegmentierung, bei der neben der Marktleistung auch die Preisgestaltung auf die Bedürfnisse der Kundensegmente und deren Zahlungsbereitschaft abgestimmt werden (Stichworte: Produkt- und Preisdifferenzierung, Mehrproduktpolitik). Während aus Unternehmenssicht eine weitgehende personen-, leistungs-, zeit- oder regionenbezogene Preisdifferenzierung das Ziel einer Optimierung der Produzentenrente am ehesten gewährleistet, so sind dieser Strategie aufgrund der qualitativen Preisziele häufig Grenzen gesetzt (Stichworte: Diskriminierung von Kunden mit entsprechender Auswirkung auf die Preiszufriedenheit, Preisintransparenz, wettbewerbspolitische Rahmenbedingungen, Arbitrage, ungenügende Möglichkeiten der Produktdifferenzierung). Im Rahmen der Preisplanung sind dabei verschiedene Optionen auf dem Kontinuum zwischen Preisdifferenzierung und -harmonisierung gegeneinander abzuwägen (vgl. auch Mühlmeyer, 2001); hierzu benötigt sie aktuelle Informationen über die jeweilige Preissituation und das Kundenverhalten.

Preise sind nicht nur statisch, sondern auch dynamisch zu planen. Zu den wichtigsten Problemen des dynamischen Preismanagements gehört die Preisbildung für neue Produkte (vgl. Simon, 1992, S. 293ff.). Bereits während der Entwicklung muss durch das sogenannte „Target Pricing“ (vgl. Seidenschwarz, 1997) sichergestellt werden, dass das Produkt zu einem im Markt akzeptablen Preis angeboten werden kann. Dean (1951; 1976) stellte dazu erstmals die dynamischen Konzepte der Skimming- und der Penetrationspreisstrategie vor.

Bei der *Skimmingstrategie* wird ein neues Produkt zu einem relativ hohen Preis eingeführt, der dann im Zeitablauf gesenkt wird (beispielsweise Junghans Funkuhren). Dadurch können anfangs relativ schnell die F&E-Kosten des neuen Produkts durch Abschöpfen der erhöhten Preisbereitschaft bei Innovatoren gedeckt werden. Nachteilig wirken sich bei der Skimmingstrategie die erhöhte Attraktivität des Marktes für den Eintritt von Konkurrenten sowie mögliche Adoptionsprobleme der angebotenen Leistung aufgrund des hohen Preises aus.

Die *Penetrationsstrategie* beruht auf der Produktneueinführung zu einem anfänglich niedrigeren Preis (beispielsweise im Softwaremarkt). Dadurch soll ein schnelles Absatzwachstum und ein Kostenstrukturvorteil durch Lernkurveneffekte erreicht werden. Potenzielle Konkurrenten werden durch den niedrigen Preis eher vom Markteintritt abgehalten. Das Risiko dieser Strategie liegt unter anderem in der möglicherweise nicht gelingenden Deckung der F&E-Kosten, wenn dennoch Konkurrenten in den Markt eintreten und der Preis dadurch nicht erhöht, bzw. der Absatz nicht genügend gesteigert werden kann.

Im Rahmen der Preisplanung ist es wichtig, unterschiedliche Preisstrategien zu entwickeln und gegeneinander abzuwägen. Wie die Value-Positioning-Strategien nach Kotler gezeigt haben, sind dabei durchaus Kombinationen oder auch Strategiewechsel (vgl. Gilbert/Strebel, 1987) möglich.

5. Operative Preisplanung

5.1 Planung der Preisinstrumente

Die Preisinstrumente dienen dazu, die gewählte Preisstrategie umzusetzen, um die gesetzten qualitativen und quantitativen Preisziele zu erreichen. Wurde beispielsweise im Rahmen der Preisstrategie festgelegt, dass eine Preisdifferenzierung erfolgen sollte, so ist darauf aufbauend zu planen, wie dies konkret erfolgen soll.

Preisdifferenzierungsoptionen
Preise lassen sich hinsichtlich Menge, Leistung, Kunde, Raum und Zeit differenzieren (vgl. beispielsweise Mühlmeyer, 2001, S. 297 ff.; Skiera, 1998; Simon, 1992, S. 391ff.). *Mengenmäßige Preisdifferenzierungen* in Form von Bonusprogrammen, Preisstufen und Mengenrabatten tragen der erhöhten Preiselastizität von Großabnehmern Rechnung (vgl. Büschken 1997). Die gewählte Strategie bezüglich der Marktsegmentierung (siehe 5.2) wird durch (Nicht-)Anwendung der Instrumente der *leistungsmäßigen Preisdifferenzierung* fortgesetzt. Der vom Kunden empfundene Nutzen kann unter anderem durch Produkt-, Verpackungs-, Informations-, Servicedifferenzierungen (vgl. Koppelmann, 1997, S. 126ff.) variiert werden, umso stärker, je elastischer das Wertempfinden des Kunden bezüglich der Differenzierungen ist.

Bei der *personellen Preisdifferenzierung* werden Kundengruppen vor allem nach soziodemographischen, sozialen oder kaufverhaltensbezogenen Merkmalen differenziert. Der Eindruck der Diskriminierung muss dabei durch gute Begründbarkeit der Differenzierung vermieden werden (Preisfairness).

Preisunterschiede an verschiedenen Absatzorten für die gleiche Leistung (*räumliche Preisdifferenzierung*) sind möglich, wenn „Arbitragekosten für ausreichend viele Käufer höher als die Preisunterschiede" (vgl. Simon, 1992, S. 391) sind. Die bestehenden, erheblichen Preisdifferenzen im internationalen Vergleich werden aus diesem Grund auf Dauer keinen Bestand haben können (vgl. Mühlmeyer, 2001). Dies bedeutet aber nicht, dass die Preise unverzüglich harmonisiert werden sollten; vielmehr empfiehlt sich ein nach Kundengruppen und Marktleistungen differenziert geplantes Vorgehen (vgl. Belz 1997). Besonders bei nicht oder nur schwer lagerfähigen Leistungen (vor allem Dienstleistungen) bietet sich eine *zeitliche Preisdifferenzierung* im Sinne des „Peak-Load-Pricing" (vgl. Williamson, 1966) an. Nachfragespitzen werden durch zeitliche Umschichtung (Tageszeit, Wochentag, Saison etc.) der Nachfrage geglättet.

Zahlungs- und Lieferkonditionen
Abhängig von der gewählten Preisstrategie können Leistungen bezüglich maximaler Entfernung und Schnelligkeit der Lieferungen angeboten werden. Gerade im Premiumbereich gilt aber, dass schneller nicht unbedingt besser ist. Bestellt der Kunde etwas, dass

auf seinen Wunsch angefertigt wird und bekommt er es bereits 24 Stunden später, könnte er das Empfinden haben, dass seine Sonderanfertigung vielleicht schon vorgefertigt auf den Versand wartete und nicht speziell für ihn erstellt wurde. Rückgaberecht, Frachtkostenübernahme, Leasing- und Mietangebote, Zahlungsfristen, Ratenzahlungsmöglichkeiten und Skonti bieten weitere Möglichkeit zur Steigerung des Nutzenempfindens beim Kunden.

Verrechnung von Vor- und Nebenleistungen
Da durch ähnliche Qualitäts- und Technologieniveaus die Austauschbarkeit der Produkte zunimmt, müssen Anbieter die Frage nach Mehrleistung oder Minderpreis mit passenderer Leistung bei besserer Marge durch an der Wertschöpfung des Kunden orientierte Zusatz- und Nebenleistungen beantworten (vgl. den Beitrag von Steffenhagen sowie Belz et al., 1997; Müller, 1998). Üblicherweise sind dies Dienstleistungen (Leistungsversicherungen, Rücknahmegarantien oder Wartungsleistungen), die ein höheres Wertschöpfungspotenzial bieten als technische Leistungssteigerungen. Um dem Risiko eines zu großen Entgegenkommens mit zukünftig entsprechend überzogenen Forderungen zu begegnen (vor allem im Bereich der Vorleistungen), muss stets eine angemessene Gegenleistung durch getrennte Verrechnung, ein Preispremium oder die Realisierung von Goodwill erreicht werden (vgl. Trachsler, 1996, S. 25), um die Profitabilität jeder Geschäftsbeziehung zu sichern (vgl. Shapiro, et al. 1987). Zur Verrechnung von Vor- und Nebenleistungen existieren unterschiedliche Möglichkeiten (vgl. Belz et al., 1997): Erhöhen der Nutzentransparenz von Dienstleistungen (und damit der Preisbereitschaft) durch einen wirtschaftlichkeitsbezogenen Erklärungswettbewerb, qualitative Aufwertung bisher kostenloser Standarddienstleistungen und gleichzeitige Einführung einer Verrechnung oder kundenbezogene Modularisierung von Dienstleistungen mit Schaffen von Wahlmöglichkeiten für Kunden.

Preiskommunikation und Preisargumente
Im Rahmen der Preisplanung muss die Vorgehensweise für die spätere Durchsetzung der Preise am Markt festgelegt werden. Bei der Preiskommunikation ist entsprechend der gewählten Preisstrategie der Einfluss auf die Preiselastizität zu betrachten. Berücksichtigt werden sollte der vom Kunden wahrgenommene Referenzpreis, dessen Verhältnis zu den eigenen Preisen unter Berücksichtigung des Verhältnisses „Nutzen aus eigener Leistung zu Nutzen aus der Referenzleistung" einen starken Einfluss auf die Kaufentscheidungswahrscheinlichkeit ausübt (vgl. Grewal/Monroe/Krishnan 1998, S. 46ff.). Zur *Preisargumentation* kommen unter anderen Techniken wie Preiszerlegung, Preisverkleinerung, Vergleichsmethode, Bagatellisierungsmethode oder Kompensationsmethode (vgl. Bänsch, 1996, S. 81ff.) in Frage. Durch zunehmende Macht der Nachfrager verlieren diese psychologischen „Tricks" jedoch an Wirkung, weshalb sich häufig eher umfassende Strategien des Key-Account- und Supply-Management (vgl. Belz, 1999, S. 146) empfehlen, um Win-Win-Situationen zu schaffen und eigene Preisvorstellungen durchzusetzen.

Da die Wahl und Ausgestaltung der Preisinstrumente der Operationalisierung der Preisstrategie dient, müssen sie harmonisch aufeinander abgestimmt sein, um die gewählte Preisstrategie stringent umzusetzen. Sie sind bei der Planung insbesondere auf die Konsistenz mit den quantitativen Preiszielen sowie den qualitativen Preisimagezielen zu überprüfen.

5.2 Festlegung preistaktischer Grundsätze

Bei der Planung der Preistaktik werden die Grundsätze für die Preisfestlegung im Tagesgeschäft definiert. Hierzu sind detaillierte Kenntnisse der spezifischen Rahmenbedingungen im Sinne des Preisdreiecks (vgl. Abbildung 2) und der Möglichkeiten zur Zielerreichung erforderlich (vgl. Garda, 1984, S. 49).

Temporäre Preisänderungen
Temporäre Preisänderungen können zum Abbau von Lagerbeständen, kurzfristiger Liquiditätsbeschaffung, Motivierung zur Lageraufstockung und Vergrößerung des Distributionsgrades bei Absatzmittlern oder zur Markenwechselstimulierung bei (End-) Kunden eingesetzt werden. Mit temporären Preisänderungen (in der Regel Preisreduktionen) gehen verschiedene Risiken, wie Förderung der Markenuntreue und Preissensitivität, Imagegefährdung bei Prestigeprodukten oder Referenzpreisabsenkung einher (vgl. Grewal, Monroe und Krishnan, 1998), denen durch eine möglichst schlechte Vorhersehbarkeit und eindeutige Begrenzung des Aktionszeitraumes begegnet werden sollte.

Dauerhafte Preisänderungen (aktiv und reaktiv)
Die wichtigsten Überlegungen der Preistaktik betreffen das Timing, das Ausmaß und die Häufigkeit von Preisveränderungen (vgl. Garda, 1984, S. 58 ff; Oxenfeld, 1973, S. 52 ff.). Bei Preisänderungen ist selektives Vorgehen wichtig, um bei Preiserhöhungen die Kunden und bei Preissenkungen die Konkurrenten nicht zu kontraproduktiven Reaktionen zu motivieren (Kundenabwanderung oder Preiskrieg). Diese Gefahr kann reduziert werden, indem gleichzeitig Veränderungen an anderer Stelle im Marketingmix vorgenommen werden (beispielsweise Kommunikations-, Verpackungs- oder Serviceänderung). Selektive und differenzierte Preisänderungen sind daher in der Regel pauschalen Routinepreiserhöhungen vorzuziehen.

Um *Konkurrenzreaktionen* auf eigene Preisänderungen zu antizipieren, sollten mit Hilfe der Szenariotechnik (vgl. Reibnitz, 1992) Reaktionsszenarien ermittelt werden aus: der Kostenstruktur der Konkurrenten, deren Preisverhalten, der Marktnachfragesituation, der Beziehung der Konkurrenzprodukte zu anderen Produkten in den Produktlinien der Konkurrenzen (vgl. Oxenfeldt, 1966) und ihrer Kapazitätsauslastung (vgl. Garda, 1984; 1991) sowie der Transparenz eigener Preisänderungen für die Konkurrenz (vgl. Ross, 1984, S. 153). Sie bilden die Grundlage der eigenen (proaktiven) Preistaktikplanung.

Abnehmerreaktionen werden durch den Einfluss von Preisänderungen auf die Fähigkeit zu kaufen (Budget- oder Kompetenzrestriktionen), das Markenimage, die Qualitätsbewertung durch den Abnehmer, den Lagerbestandswert von Absatzmittlern, die Bereitschaft zur zukünftigen Lagerhaltung, die Preissicherheit (vgl. Oxenfeldt, 1973, S. 52), sowie Preisbewertungsroutinen von Abnehmern (vor allem bei Großkunden reaktionsrelevant – vgl. Ross, 1984, S. 153) bestimmt. Auch hier kann die Szenariotechnik helfen.

Die Implikationen auf die eigene Gewinn-, Marktanteils- und Cash-flow-Situation und die Kongruenz mit der gewählten Marketing- und Preisstrategie sind für die preistaktischen Entscheidungen gegeneinander kalkulatorisch abzuwägen. Die Möglichkeit von Zusatz- oder Andersleistungen sollte überprüft werden, um im Sinne einer passenderen Leistung (siehe 6.) die Übereinstimmung von Bedürfnis und Leistung zu erhöhen (vgl. Belz et al., 1997; Weinhold, 1988, S. 190 ff.) und damit unter Preisabwärtsdruck entgegen der Option des Preiszugeständnisses die Marge eventuell sogar zu verbessern.

Eine gute Preistaktik kann allerdings niemals eines fundierte Preisstrategie ersetzen; mit Hilfe der Preisplanung ist daher sicherzustellen, dass Grundsatzentscheide beispielsweise nicht „taktisch" an die Verkäufer delegiert werden.

6. Infrastruktur für Preisentscheide

„Operating in imperfect markets, pricing is an information intensive process in which ambiguous cost projections are balanced with elusive estimates of demand in an attempt to satisfy conflicting stakeholders" (vgl. Breath/Ives, 1986, S. 86). Um unter diesen Bedingungen optimale Preise planen und umsetzten zu können, bedarf es einer leistungsfähigen Infrastruktur, die nachfolgend kurz spezifiziert wird.

Rechnungswesen
Das Rechnungswesen muss in der Lage sein, detaillierte Informationen über Kosten, Absatzmengen, Umsatz, Deckungsbeiträge, Cash-Flow und Kundenaufkommen bereitzustellen, damit daraus beispielsweise Kostenfunktionen, Transaktionskosten, Preis-Absatzfunktionen/Preiselastizitäten ermittelt bzw. zumindest möglichst gut geschätzt werden können. Weitere Anwendungmöglichkeiten der Daten bestehen in der Szenariobildung zur Verständniserweiterung für Marktreaktionen bzw. zur Prognose zukünftiger Verläufe der genannten Variablen (vgl. Schroiff, 2001, S. 687; Reibnitz, 1992).

Marktforschung
Monroe (1979) empfiehlt die intensive Beteiligung von Marktforschern im Preisplanungsprozess. Die zu beschaffenden Informationen umfassen Wissen über die Konkurrenz (Preise, Leistungen, Kostenstrukturen, Stärken, Schwächen), über die Marktstruktur und Trends sowie über Käufereinstellungen und -verhalten (vgl. dazu auch 2. und 3.).

Eine herausragende Stellung nimmt die Ermittlung des vom Kunden empfunden Nutzens aus der eigenen Leistung, sowie das Preis-/Nutzenverhältnis von Konkurrenzleistungen ein. Aus den ermittelten Informationen wird nur dann ein Wettbewerbsvorteil generiert, wenn sie intelligent verknüpft und genügend verdichtet werden und in operationale Konsequenzen münden (vgl. Schroiff, 2001, S. 688).

Informations- und Kontrollsysteme
Informationssysteme müssen allen beteiligten Einheiten die Ergebnisse übergeordneter Preisentscheidungen sowie die notwendigen Informationen (Kaufvolumen und -häufigkeit, Zufriedenheit des Kunden, Konkurrenzpreise und interne Preisvorgaben usw. – vgl. Garda, 1984, S. 61) vermitteln, da nur so eine korrekte Grundlage für Analysen, Bewertungen und Entscheidungen gegeben ist (vgl. Hannig, 2001, S. 721; siehe auch Diller, 1975). Grundsätzlich muss die in der Praxis zu beobachtende Tatsache vermieden werden, dass der Kunde einen besseren Überblick über Preisunterschiede und -differenzierungen hat als der Anbieter selber. Dabei ist sicherzustellen, dass die Mitarbeiter die Komplexität des Systems bewältigen und die Möglichkeiten der angebotenen Systeme (vgl. Breath/Ives, 1986; Porter/Millar, 1985) sinnvoll nutzen können.

Personal: Preiskompetenz und Preisverhandlungen
Die Aufgaben aller beteiligten Stellen (Geschäftsleitung, Verkaufsleitung, Außendienst, Marketing usw.) bei der Preisplanung und die Personalkapazität für die Preisplanung müssen klar festgelegt und eingegrenzt sein. Wichtig ist eine eindeutige Festlegung der Entscheidungsspielräume. Zielpreise sollten vor allem im Entlohnungsystem des Außendienstes verankert werden (ein Steuerungsinstrument, das vielfach vernachlässigt wird) und regelmäßige Schulungen zur Qualifikation des Personals für Preisentscheide geplant und durchgeführt werden (vgl. Huckemann, 1997).

Die Preisplanung erfordert ebenso wie die anderen Elemente des Marketingmix ein Kosten- und Leistungsbudget, um systematisch die Aufgaben der optimalen Preisgestaltung zu bewältigen und das im Preis liegende Gewinnpotential auszuschöpfen.

7. Preisrealisierung/Preiscontrolling

Um *geplante Preise* zu *realisieren*, muss der Kunde von der Überlegenheit der eigenen Preis-Leistungskombination überzeugt werden. Gute strategische und taktische Planung (vgl. Garda, 1984; 1991), Überzeugungskraft und Verhandlungsgeschick (vgl. Bänsch 1996) werden dabei durch Preiswerbung und vertragliche Preisvereinbarungen ergänzt.

Marketingcontrolling kann als Sicherstellen der Rationalität einer marktorientierten Unternehmensführung (vgl. Weber/Schäffer, 2001) verstanden werden. Das *Preiscontrolling* als Teil des Marketingcontrolling verfolgt dabei das Ziel, fortlaufend die Anpassung des gesamten Preismanagements an sich ändernde Unternehmens-, Wettbewerbs- und sonstige Umweltbedingungen zu ermöglichen; dadurch sollen Effektivität und Effizienz des Preismanagements optimiert werden. Dazu müssen im Rahmen des Preiscontrollings quantitative und qualitative Informationen ermittelt, analysiert und (je nach Aggregationsbedarf) verdichtet werden, um Preisentscheidungshilfen zur Verfügung zu stellen. Verbesserungen im Preisplanungsprozess gehören ebenso zum Aufgabenumfang wie die Beobachtung und Steuerung der tatsächlich erzielten Marktpreise (vgl. Lauszus/Kalka, 2001, S. 393).

Grundsätzlich stellen bei Planung und Controlling korrespondierende Elemente einer Einheit dar (vgl. Becker, 2001, S. 861). Teilweise wird sogar festgestellt, dass von Controlling eigentlich nur dann gesprochen werden sollte, wenn es soziale Systeme betrifft, die dominant durch Pläne koordiniert werden (vgl. Weber, 1995, S. 45 ff.). Deshalb dürfen Preisplanung und -controlling nicht losgelöst voneinander betrachtet werden. Controlling als Führungsgestaltung ist an der Planung maßgeblich beteiligt, aber die Planfestlegung selbst (= Entscheidungen) erfolgt durch das Management.

Fazit:„In pricing strategy, the key to success is the ability to seize and hold the initiative through advance planning." (vgl. Garda, 1984, S. 49) In diesem Artikel wurde hierzu ein Grobentscheidungsraster zur Preisplanung für Führungskräfte dargestellt; Tabelle 1 fasst den Inhalt prägnant zusammen.

1. Rahmenbedingungen und Vorgaben aus der Marketinggesamtplanung für die Preisgestaltung

- Ziele und Vorgaben aus der Gesamtmarketingplanung
- Einsatz, Gewichtung und Synergien der Marketinginstrumente

2. Interne Analysen

- Kostenstruktur: Deckungsbeitrags- und Transaktionskostenanalysen, Distributionskosten, Erlösabweichungen, preisliche Konkurrenzfähigkeit
- Kundenwertanalysen: Preisdifferenzierung, Kundengruppensubvention, Kundenportfolioanalysen
- Ressourcen und Fähigkeiten im Bereich der Preisgestaltung: Kostenbewusstsein, Informationsfluss, Verhandlungskompetenz, Aufgabenverteilung, Entscheidungsgewalten

3. Marktanalysen

- Umfeldanalysen (insbesondere Gesetzgebung: u.a. Preisbindung, Rabattgesetze, Preiswerbung)
- horizontal: Ziele, Stärken, Schwächen, Basisannahmen der Konkurrenz bezüglich der Preisgestaltung
- vertikal: Machtsituation gegenüber Zulieferer/Nachfrager, Preiselastizität und -kenntnis, Preisbewertungsschema, Nutzenanalysen
- Benchmarking: innovative Preissysteme (auch aus anderen Märkten)

4. Definition von Preiszielen

- quantitative Ziele: Gewinn/Profitabilität, Wachstum, Sicherheit/Risikominimierung
- qualitative Ziele: Preisgünstigkeit, -würdigkeit, -transparenz, -sicherheit, -zuverlässigkeit; Preiszufriedenheit und Preisvertrauen; Preisdesensibilisierung, Markteintrittsbarrieren

(wichtig: eindeutige Operationalisierung und Priorisierung, inhaltliche und zeitliche Konsistenz)

5. Planung der Preisstrategie für die Zielverwirklichung

- Value-Positioning (More for More, More for the Same, The Same for Less, Less for much Less, More for Less) als Konkretisierung von Präferenz- bzw. Preis-/Mengenstrategie
- dynamische Preisstrategien: Skimming-, Penetrations- und Outpacing-Strategie
- Preisdifferenzierung versus –harmonisierung

(wichtig: Planung/Evaluation mehrerer Alternativen; begründete Auswahl; Konsistenz mit Preiszielen)

6. Planung der Preisinstrumente

- Preisdifferenzierung nach Menge, Leistung, Kunde, Raum und Zeit
- Zahlungs- und Lieferkonditionen
- Verrechnung von Vor- und Nebenleistungen
- Preiskommunikation und Preisargumente

7. Festlegung preistaktischer Grundsätze

- temporäre und dauerhafte Preisänderungen: Risiken, Timing, Ausmaß und Häufigkeit von Preisänderungen, Konkurrenz- und Abnehmerreaktionen
- Preiszugständnisse vs. Zusatz-/Andersleistungen
- Preisszenarien

8. Infrastruktur für Preisentscheide

- Rechnungswesen, Marktforschung, Informations- und Kontrollsysteme, Personal, Kultur

9. Preisrealisierung/Preiscontrolling

- Preisrealisierung: Arbeitsschritte der Preisumsetzung, Stufenpläne
- Preiscontrolling zur Sicherstellung von Effektivität und Effizienz der Preisgestaltung: Informationsermittlung, -analyse und -verdichtung; Prozessoptimierung; Preisbeobachtung und -steuerung

Tabelle 1: Preisplanungskonzept (Quelle: angelehnt an Belz, 1998, S. 682 f.)

8. Literaturverzeichnis

ALBERS, S., 1988, Ein System zur IST-SOLL-Abweichungs-Ursachenanalyse von Erloesen, Arbeitsbericht Nr. 46, Lüneburg.

BÄNSCH, A., 1996, Verkaufspsychologie und Verkaufstechnik, 6. Aufl., München.

BECKER, J., 2001, Marketing-Konzeption, Grundlagen des zielstrategischen und operativen Marketing-Managements, 7. Auflage, München.

BELZ, C., 1997, Internationale Preisharmonisierung, in: Thexis, S. 26-30.

BELZ, C., 1998, Akzente im innovativen Marketing, St. Gallen.

BELZ, C., 1999, Verkaufskompetenz, Wien/St. Gallen.

BELZ, C./SCHINDLER, H., 1994, Markteintritt des Mediamarkts in die Schweiz, in: BELZ, C./TOMCZAK, T. (Hrsg.): Preisaggressive Fachmärkte – Revolution im schweizerischen Einzelhandel, St. Gallen, S. 14-39.

BELZ, C. ET AL., 1997, Erfolgreiche Leistungssysteme in der Industrie, in: Belz, C. et al. (Hrsg.), Industrie als Dienstleister, St. Gallen, S. 14-107.

BREATH, C. M./IVES, B., 1986, Competitive Information Systems in Support of Pricing, in: MIS Quarterly, S. 84-96.

BÜSCHKEN, J., 1994, Conjoint-Analyse – Methodische Grundlagen und Anwendungen in der Marktforschungspraxis, in: TOMCZAK, T./REINECKE, S. (Hrsg.), Marktforschung, St. Gallen, S. 72-89.

BÜSCHKEN, J., 1997, Sequentielle nicht-lineare Preise, Habilitation, Wiesbaden.

CAMP, R. C., 1994, Benchmarking, München/Wien.

DEAN, J., 1951, Managerial Economics, Englewood Cliffs.

DEAN, J., 1976, Pricing Policies for New Products, in: Harvard Business Review, S. 141-153.

DORFMAN, R./STEINER, P. O., 1954, Optimal Advertising and Optimal Quality, in: American Economic Review, S. 826-836.

DILLER, H., 1975, Produkt-Management und Marketing-Informationssysteme, Berlin.

DILLER, H., 1997, Preisehrlichkeit – Eine neue Zielgrösse im Preismanagement des Einzelhandels, in: Thexis, S. 16-21.

DILLER, H., 2000, Preispolitik, 3. Aufl., Stuttgart.

DUKE, C. R., 1994, Matching Appropriate Pricing Strategy with Markets and Objectives, in: Journal of Product & Brand Management, S. 15-27.

DRIVER, J.C., 1979, Price Elasticity Estimates by Quasi-Experiment, in: Applied Economics, S. 147-155.

FARRIS, P. W./REIBSTEIN, D. J., 1979, How Prices, Ad Expenditures, and Profits are Linked, in: Harvard Business Review, S. 173-184.

GARDA, R. A., 1984, Industrial pricing: strategy vs. tactics, in: McKinsey Quarterly, S. 49-63.

GARDA, R. A., 1991, Use Tactical Pricing to Uncover Hidden Profits, in: The Journal of Business Strategy, S. 17-23.

GILBERT, X./STREBEL, P., 1987, Strategies to Outpace the Competition, in: Journal of Business Strategy, S. 28-36.

GREWAL, D./MONROE, K. B./KRISHNAN, R., 1998, The effects of price-comparison advertising on buyers', in: Journal of Marketing, S. 46-59.

HAEDRICH, G./BERGER, R., 1982, Angebotspolitik, Berlin/New York.

HAEDRICH, G./TOMCZAK, T., 1990, Strategische Markenführung: Planung und Realisierung von Marketingstrategien für eingeführte Produkte, Bern/Stuttgart.

HANNIG, U., 2001, Einsatz von Mangementinformationssystemen in Marketing und Vertrieb, in: REINECKE, S./TOMCZAK, T./GEIS, G. (Hrsg.), Handbuch Marketingcontrolling: Marketing als Motor von Wachstum und Erfolg, S. 720-733.

HUCKEMANN, M, 1997, Pricing: Gewinnen durch die richtigen Preise, in: Thexis – Fachzeitschrift für Marketing, S. 46-48.

KÖHLER, R., 1993, Beiträge zum Marketingmanagement. Planung, Organisation, Controlling, 3. Aufl., Stuttgart.

KOPPELMANN, U., 1997, Beschaffungsmarketing für die Praxis – Ein strategisches Handlungskonzept, Berlin.

KOTLER, P., 1999, Kotler on Marketing: How to Create, Win and Dominate Markets, New York.

KUß, A./TOMCZAK, T., 2001, Marketingplanung: Einführung in die marktorientierte Unternehmens- und Geschäftsfeldplanung, 2. Aufl., Wiesbaden.

LAUSZUS, D./KALKA, R., 2001, Preiscontrolling, in: REINECKE, S./TOMCZAK, T./GEIS, G. (Hrsg.), Handbuch Marketingcontrolling: Marketing als Motor für Wachstum und Erfolg, St. Gallen/Wien, S. 392-412.

LINK, J., 1979, Die automatisierte Deckungsbeitragsflußrechnung als Instrument der Unternehmensführung, in: Zeitschrift für Betriebswirtschaftslehre, S. 267-280.

LOGMAN, M./PAUWELS, W., 1998, Analysis of Marketing Mix Interaction Effects and Interdependencies: A Normative Approach, in: Managerial and Decision Economics, S. 343-353.

LUHMANN, N., 1973, Vertrauen, Ein Mechanismus der Reduktion sozialer Komplexität, 2. Aufl., Stuttgart.

MARN, M. V./ROSIELLO, R. L., 1992, Managing price, gaining profit, in: Harvard Business Review, S. 84-94.

MÜHLMEYER, J., 2001, Internationale Preisharmonisierung im Business-to-Business-Geschäft, Diss., St. Gallen.

MÜLLER, R., 1998, Kommerzialisierung industrieller Dienstleistungen – dargestellt am Beispiel der Schweizer Werkzeugmaschinenindustrie, Diss., St. Gallen.

NESLIN, S. A./SHOEMAKER, R. W., 1983, Using a Natural Experiment to Estimate Price Elasticity: The 1974 Sugar Shortage and the Ready-to-Eat Cereal Market, in: Journal of Marketing, S. 44-57.

OHMAE, K., 1985, Triad Power: The coming shape of global competition, New York.

OXENFELDT, A. R., 1966, Product Line Pricing, in: Harvard Business Review, S. 137-144.

OXENFELDT, A. R., 1973, A Decision-making Structure for Price Decisions, in: Journal of Marketing, S. 48-53.

PORTER, M. E., 1992, Wettbewerbsstrategie, 7. Aufl., Frankfurt a. M.

PORTER, M. E./MILLAR, V. E., 1985, How information gives you competitive advantage, in: Harvard Business Review, S. 149-174.

REIBNITZ, U. VON, 1992, Szenario-Technik: Instrumente für die unternehmerische und persönliche Erfolgsplanung, Wiesbaden.

REINECKE, S., 1996, Marketing für komplexe Informationstechnologie-Dienstleistungen, Diss., St. Gallen.

REINECKE, S., 1997, Preise am Kundennutzen orientieren, in: Thexis, S. 40-45.

REINECKE, S./TOMCZAK, T., 2001, Einsatz von Instrumenten und Verfahren des Marketingcontrollings in der Praxis, in: REINECKE, S./TOMCZAK, T./GEIS, G. (Hrsg.), Handbuch Marketingcontrolling: Marketing als Motor von Wachstum und Erfolg, St. Gallen/Wien, S. 76-88.

RIEDER, L./SIEGWART, H., 1994, Neues Brevier des Rechnungswesens, 2. Aufl., Bern.

ROSS, E. B., 1984, Making money with proactive pricing, in: Harvard Business Review, S. 145-156.

RUDOLF-SIPÖTZ, E./TOMCZAK, T., 2001, Thexis – Fachbericht für Marketing: Kundenwert in Forschung und Praxis, St. Gallen.

SCHINDLER, H., 1998, Marktorientiertes Preismanagement: Eine Methodik zur Verbesserung des Preisimages am Beispiel des Elektronik- und des Sportfachhandels, Diss., St. Gallen.

SCHÖGEL, M., 2001, Distributionscontrolling, in: REINECKE, S./TOMCZAK, T./GEIS, G. (Hrsg.): Handbuch Marketing Controlling – Marketing als Treiber von Wachstum und Erfolg, St. Gallen, S. 544-567.

SCHROIFF, H.-W., 2001, Marketingcontrolling durch Marktforschung, in: REINECKE, S./ TOMCZAK, T./GEIS, G. (Hrsg.), Handbuch Marketingcontrolling – Marketing als Treiber von Wachstum und Erfolg, St. Gallen, S. 678-689.

SEIDENSCHWARZ, W., 1997, Nie wieder zu teuer! 10 Schritte zum marktorientierten Kostenmanagement, Stuttgart.

SHAPIRO, B. P., 1968, The Psychology of Pricing, in: Harvard Business Review, S. 17-18.

SHAPIRO, B. P./JACKSON, B. B., 1978, Industrial Pricing to Meet Customer Needs, in: Harvard Business Review, S. 119-127.

SHAPIRO, B. P. ET AL., 1987, Manage customers for profits (not just sales), in: Harvard Business Review, S. 101-108.

SIMON, H., 1992, Preismanagement, 2. Aufl., Wiesbaden.

SKIERA, B., 1998, Preisdifferenzierung, in: ALBERS, S./CLEMENT, M./PETERS, K. (Hrsg.), Marketing mit Interaktiven Medien, Strategien zum Markterfolg, Frankfurt, S. 283-296.

STAEHLE, W. H., 1999, Management, 8. Auflage, München.

THEUERKAUF, I., 1989, Kundennutzenmessung mit Conjoint, in: Zeitschrift für Betriebswirtschaftslehre, S. 1179-1192.

TOMCZAK, T. ET AL., 1998, Best Practice in Marketing: Empirische Erfolgsstudie zum aufgabenorientierten Ansatz, St. Gallen.

TRACHSLER, S., 1996, Verrechenbarkeit industrieller Dienstleistungen, Diss., St. Gallen.

URBANY, J. E., 2001, Are Your Prices Too Low, in: Harvard Business Review, S. 26-27.

WEBER, J., 1995, Einführung in das Controlling, 5. Auflage, Stuttgart.

WEBER, J./SCHÄFFER, U., 2001, Marketingcontrolling: Sicherstellung der Rationalität in einer marktorientierten Unternehmensführung, in: REINECKE, S./TOMCZAK, T./GEIS, G. (Hrsg.), Handbuch Marketingcontrolling, St. Gallen, S. 32-49.

WEINHOLD-STÜNZI, H., 1991, Marketing in 20 Lektionen, 21. Auflage, St. Gallen.

WILD, J., 1974, Grundlagen der Unternehmungsplanung, Hamburg.

WILLIAMSON, O. E., 1966, Peak Load pricing and optimal capacity under indivisibility constraints, in: American Economic Review, S. 810-827.

WOLFRUM, B., 1994, Grundlagen der Konkurrenzforschung, in: TOMCZAK, T./REINECKE, S. (Hrsg.), Marktforschung, St. Gallen, S. 136-149.

Richard Köhler

Preis-Controlling

1. Aufgabengebiete des Preis-Controlling

Im Rahmen des absatzpolitischen Instrumentariums ist die Preispolitik ein sehr wichtiger, aber auch besonders sensibler Entscheidungsbereich. Fehler bei der Preisgestaltung wirken sich – im Gesamtzusammenhang von Nachfragerreaktionen, Konkurrentenverhalten und betrieblichen Kosten – spürbar negativ auf den Unternehmenserfolg aus. Einfache Rezepte für die Wahl der Preisforderung sind dabei nicht hilfreich. So lässt sich der "richtige" Preis nicht allein durch bestimmte Kalkulationsroutinen ermitteln. Auch Faustregeln wie die folgende Feststellung helfen nicht wirklich weiter: "Man vergleiche nur einmal, wie eine einprozentige Umsatzerhöhung und eine ebenso große Preisanhebung den Gewinn beeinflussen. In einem durchschnittlich produktiven Unternehmen führt das eine Prozent mehr Umsatz bei unverändertem Preis zu einer Erhöhung des Betriebsgewinns um 3,3 Prozent; dagegen steigert eine Preiserhöhung von ein Prozent bei gleichem Umsatz den Gewinn um 11,1 Prozent" (Marn/Rosiello, 1993, S. 46). Vielmehr wird durch solche suggestiven Hinweise umso deutlicher, dass für das Preismanagement differenzierte, der jeweiligen Situation entsprechende Informationen erforderlich sind. Die koordinierte Deckung dieses Informationsbedarfs ist Aufgabe des *Preis-Controlling* (vgl. Diller, 2000, S. 424), das einen Teilbereich des Marketing-Controlling darstellt.

Allerdings ist ein systematisches Preis-Controlling in Wissenschaft und Praxis noch wenig entwickelt. Es gibt kaum Veröffentlichungen, die sich diesem Themengebiet ausdrücklich widmen, so wie auch in der Praxis andere Controllinginhalte dominieren (vgl. Lauszus/Kalka, 2001, S. 393). Dies verwundert angesichts der Tatsache, "dass die Unterstützung des Marketing-Management in preispolitischen Fragestellungen sicherlich zu den herausragendsten Aufgaben des Marketing-Controllings zählt" (Link/Gerth/Voßbeck, 2000, S. 269). Im Folgenden werden die wesentlichen Teilgebiete des Preis-Controlling zunächst kurz überblicksweise dargestellt und anschließend im Einzelnen erläutert.

1.1 Überblick

Controlling bedeutet generell eine Steuerungshilfe für das Management durch eine aufgabengerechte, koordinierte Informationsversorgung (vgl. Köhler, 2001a, S. 12). Da zu den Managementfunktionen nicht nur die Planung und Kontrolle zählen, sondern auch die Organisation und Mitarbeiterführung, geht es beim Controlling grundsätzlich um die informatorische Unterstützung aller vier genannten Tätigkeitsfelder (vgl. Küpper, 2001, S. 15; Köhler, 2001b, S. 967; Köhler, 2002, Sp. 1244 f.). Für das *Preis-Controlling* ergeben sich hieraus folgende Gegenstandsbereiche:

- Preisplanung:

Hierzu werden im Wesentlichen Informationen über das Marktumfeld (vor allem über das Preisverhalten der Konkurrenten) sowie nachfragerbezogene Preis-Response-Schätzungen, betriebliche Kostendaten und Angaben über preispolitische Ziele benötigt. Kernstück der Preisplanung sind Erwartungen zum Preis-Response, d.h. hinsichtlich der qualitativen und quantitativen Reaktionsweise von Nachfragern auf bestimmte Preisstellungen. In quantitativer Hinsicht handelt es sich dabei um preisabhängige Absatzmengen (im Sinne von Preis-Absatz-Funktionen) bzw. Umsatzwerte und somit um Grundlagen für die Erlösplanung. Kostendaten sind – zusammen mit der Erlösplanung – erforderlich, um Anhaltspunkte für die voraussichtlichen Erfolgskonsequenzen von Preismaßnahmen zu gewinnen. Aufgrund kalkulatorischer Vorgaben allein, d.h. ohne Berücksichtigung von Response-Annahmen, lassen sich aber in marktwirtschaftlichen Systemen keine adäquaten Preisentscheidungen treffen. Dem Preis-Controlling obliegt es, auf die hinreichend vollständige Bereitstellung der Planungsgrundlagen sowie die Wahl geeigneter Marktforschungsmethoden und Kalkulationsverfahren zu achten (vgl. hierzu auch den Beitrag von Reinecke).

- Preisüberwachung:

Der Begriff "Überwachung" schließt Wirkungs- und Ergebnis-*Kontrollen* sowie *Audits* ein. Bei den Kontrollen stehen Abweichungsanalysen im Mittelpunkt, die sich auf den Preis-Response und die resultierenden Erfolgsgrößen (im Vergleich zur Preisplanung) beziehen. Das Preis-Audit "betrachtet den Prozess der Preisfindung und -umsetzung im Detail und sucht nach Verbesserungsmöglichkeiten" (Lauszus/Kalka, 2001, S. 394). Während Kontrollen eine Feedback-Funktion besitzen, sollen Audits – eher vorsteuernd – zu angemessenen Rahmenbedingungen für künftige Entscheidungsabläufe beitragen. Das Preis-Controlling hat auf die Verwendung aussagefähiger Informationen und Kalküle für Überwachungszwecke zu achten.

- Organisation der preispolitischen Zuständigkeiten:

Es gehört zu den grundlegenden Managementaufgaben, Regelungen zu treffen, inwieweit preispolitische Entscheidungen zentralisiert oder stärker auf nachgeordnete Ebenen delegiert werden (vgl. Diller, 2000, S. 419). Um hierüber befinden zu können, werden Einschätzungen benötigt, welche vorwiegend strategische oder operative Bedeutung bestimmte Arten von Preisentscheidungen haben und wie stark sie sich auf das Unternehmensergebnis auswirken können. Die Steuerungshilfe durch das Controlling besteht darin, entsprechend differenzierte Informationen über das unternehmenspolitische Gewicht verschiedener Typen von Preismaßnahmen zu liefern. Insoweit besteht eine enge Verbindung zu den oben bei der Überwachung erwähnten Audits. Darüber hinaus kommt es – wenn die Festlegung der Preiszuständigkeiten getroffen worden ist – darauf an, den beauftragten Organisationseinheiten genau die Informationen verfügbar zu machen, die sie im Rahmen ihres Kompetenzspielraums für fundierte Preismaßnahmen benötigen.

- Preisbezogene Mitarbeiterführung:

Je mehr innerhalb der Unternehmensorganisation eine Delegation von Preisbefugnissen erfolgt, desto unentbehrlicher werden Anreizinformationen, die eine mit den Unternehmenszielen vereinbare Verhaltensweise der beauftragten Mitarbeiter fördern. Hieraus ergibt sich eine nicht zu unterschätzende Aufgabe des Preis-Controlling, nämlich die Auswahl der Anreizinhalte und -präsentation. So kann das Controlling auch für die Managementfunktion der Personalführung eine wichtige Unterstützung leisten.

Die Abbildung 1 zeigt zusammenfassend die Gegenstände der Informationskoordination durch das Preis-Controlling.

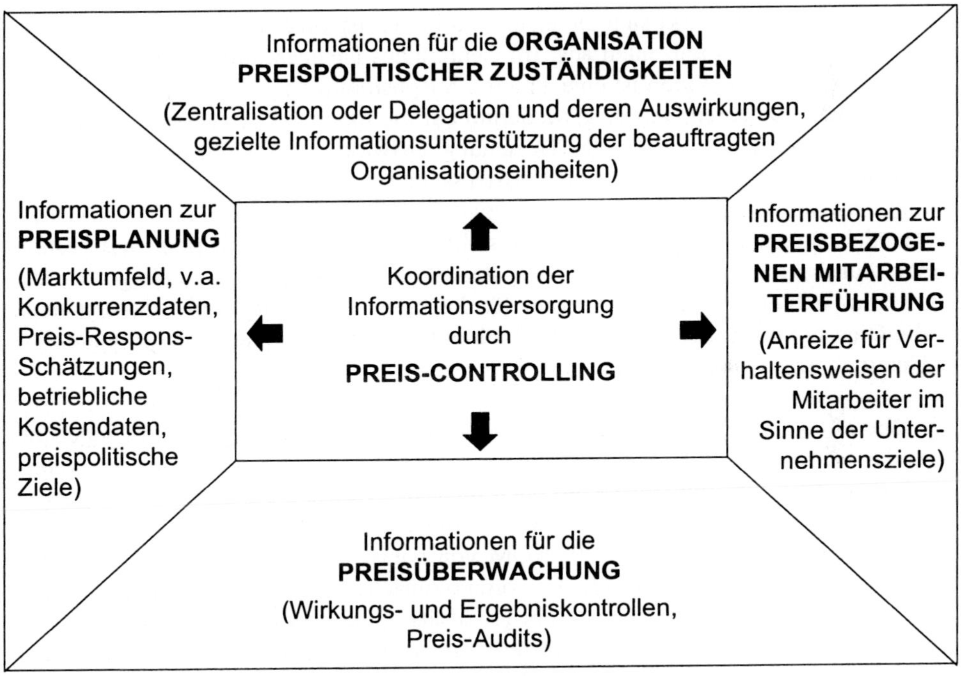

Abbildung 1: Aufgabenbereiche des Preis-Controlling

1.2 Informationen für die Preisplanung

1.2.1 Marktumfeld, insbesondere Konkurrenzdaten

Preisentscheider benötigen Kenntnisse über Situationsgegebenheiten, die die Konsequenzen preispolitischer Maßnahmen beeinflussen. Dabei ist grundsätzlich zwischen dem betriebsinternen Umfeldsystem (u.a. der Kostenstruktur) und dem *Marktumfeld* zu unterscheiden (vgl. Diller, 2000, S. 52 ff.). Wesentliche Marktfaktoren sind die Nachfrager, Absatzmittler und Konkurrenten, die in einem durch Rechtsvorschriften geregelten Wettbewerbsrahmen agieren.

Auf die *Nachfrager* wird an späterer Stelle unter dem Stichwort "Response-Schätzungen" eingegangen. Hinsichtlich der übrigen Marktfaktoren muss das Preiscontrolling eine Auslese wichtiger *Schlüsselinformationen* treffen, die dem Preismanagement regelmäßig zur Verfügung zu stellen sind. Dies betrifft etwa Hinweise auf neue *Rechtsbestimmungen*, wie sie in jüngerer Zeit z.B. durch Änderungen bei Rabatt- und Zugabemöglichkeiten gelten.

Bei indirektem Absatz wirkt sich die eigenständige Preispolitik der *Absatzmittler* auf die Preisspielräume von Produzenten aus: Im Genre eines Fachgeschäftes mit ausgewählten Qualitätsstandards der Waren ist eine andere Preispositionierung des Herstellers möglich als in Discountgeschäften, was sich wiederum auf die mögliche Preis- und Konditionengestaltung in der Hersteller-Handel-Beziehung auswirkt. Dieses Problem wird umso vielschichtiger, je mehr verschiedene Vertriebsschienen eine große Handelsorganisation parallel einsetzt. Auch das Preisverhältnis zwischen Herstellermarken und Eigenmarken des Handels muss unter Positionierungsgesichtspunkten bewusst überlegt und gestaltet werden. Für diese Entscheidungen ist eine stets aktuelle Informationsgrundlage erforderlich, woraus sich eine besondere Aufgabe für das Preis-Controlling ergibt, das seinerseits auf die Dienste von Handelspanels oder auch auf Berichte von Außendienstmitarbeitern des Unternehmens zurückgreifen kann.

Eine "überaus wichtige Umfeldbedingung stellen die Konkurrenten auf einem gegebenen Markt dar" (Diller, 2000, S. 62). Bemerkenswerterweise kommt der *Konkurrentenanalyse* in bisherigen Controllingkonzepten noch nicht das Gewicht zu, das sachlich geboten erscheint, obgleich speziell in preisbezogener Hinsicht seit langem manche einschlägigen Informationen verfügbar sind, wie PAKOM von Nielsen oder die Preisabstandsanalyse der GfK (vgl. Köhler, 1998, S. 37). Es kommt zunächst einmal darauf an, die Wettbewerber zu identifizieren und nach ihrem grundsätzlichen preispolitischen *Verhalten* zu kennzeichnen, wobei sich unterschiedliche *strategische Gruppen* ergeben können (z.B. in- und ausländische Konkurrenten, Anbieter von Substitutionsprodukten auf neuerer technologischer Basis). Sodann ist es aufschlussreich, die konkurrierenden Unternehmen näher nach ihrer *Zielgruppenorientierung* zu charakterisieren, denn gegenüber verschiedenen Marktsegmenten werden möglicherweise jeweils andere Preispositionierungen gewählt, auf die sich das eigene Unternehmen einzustellen hat. Preisabstandsanalysen, die den Zusammenhang zwischen Differenzen im Endverkaufspreis und den Absatzanteilen von zwei konkurrierenden Marken aufzeigen, gewinnen an Aussagegehalt, wenn sie segmentspezifisch (statt für einen Gesamtmarkt) durchgeführt werden.

Aufmerksamkeit verdient auch die Preispolitik der Wettbewerber in Abhängigkeit von mehreren Vertriebswegen, die sie möglicherweise nebeneinander wählen, z.B. bei indirektem Vertrieb über den Handel einerseits und Direktvertrieb im Internet andererseits. Das eigene Unternehmen muss sich in seiner Preispolitik auf solche differenzierten Vorgehensweisen der Konkurrenten einstellen. Eng damit verwandt ist die Frage, welche *Konditionengestaltung* die Wettbewerber wählen, um das Verhältnis zwischen Listenpreis und Nettopreis je nach Abnehmergruppe flexibel zu gestalten.

Über diese Konditionendifferenzierung hinaus ist genau zu beobachten, welche Formen der nichtlinearen Preisbildung, der Preisbündelung oder Mischkalkulation die Wettbewerber praktizieren, um besondere *Kaufanreize* zu bieten, die das eigene Unternehmen vielleicht zu sehr vernachlässigt. Nicht zuletzt sind Informationen über die *Preisreagibilität* der wesentlichen Mitanbieter wichtig, aus denen sich Erwartungen ableiten lassen, wie sich diese Konkurrenten vermutlich bei einer geplanten Preisänderung des eigenen Unternehmens verhalten werden.

Im Rahmen eines *Preisinformationssystems* kommt diesen wettbewerbsbezogenen Daten, auf deren Bereitstellung das Preis-Controlling achten sollte, hohe Bedeutung zu. Die Abbildung 2 fasst das Gesagte, ohne Anspruch auf Vollständigkeit, überblicksweise zusammen.

Art des preisbezogenen Konkurrenzaspekts	Informationsinhalte
Identifikation verschiedener strategischer Gruppen	Unterschiedliches Preisverhalten z.B. in- und ausländischer Wettbewerber oder der Anbieter technologisch neuer Substitutionsprodukte
Zielgruppenorientierung	Verschiedenartige Preispositionierungen der Konkurrenten je nach Marktsegment; segmentspezifisch unterschiedliche Auswirkungen von Preisabständen
Vertriebswege	Differenzierte Preispolitik der Wettbewerber z.B. bei indirektem Absatz über den Handel oder bei Direktabsatz über das Internet
Konditionengestaltung	Verhältnis zwischen Listenpreis und Nettopreis je nach Abnehmertyp (z.B. Handel oder direkt belieferte Produktverwender); Art der von Konkurrenten eingesetzten Konditionenbausteine
Kaufanreize durch besondere Preisbildungsformen	z.B. nichtlineare Preisbildung, Preisbündelung, Mischkalkulation der Wettbewerber
Preisreagibilität	Empfindlichkeit der Konkurrenten gegen Preisänderungen des eigenen Unternehmens; Schnelligkeit und Ausmaß von Reaktionen

Abbildung 2: Beispiele für die preisbezogene Konkurrentenanalyse

1.2.2 Preis-Response-Schätzungen

Preisentscheidungen werden oft einseitig kostenorientiert getroffen (z.B.: "Aufgrund gestiegener Kosten müssen unsere Preisforderungen erhöht werden"), oder sie kommen vorwiegend in Anlehnung an Preisaktivitäten der Wettbewerber zustande (z.B: "Zur Anpassung an Preissenkungen der Konkurrenz müssen auch wir unsere Preisforderungen reduzieren"). So wichtig Kosten- und Wettbewerbsaspekte sind, so unabdingbar ist aber auch die Schätzung der *Nachfragerreaktionen*, um zu einer fundierten Preisplanung zu kommen. Solche Response-Vorhersagen sind allerdings meist recht unsicher, und hierin liegt ein wesentlicher Grund dafür, dass stattdessen konkret greifbare Ist-Größen (wie Kostendaten) als Anhaltspunkte dienen.

Es ist im Rahmen der Preisplanung eine wichtige *Controllingaufgabe*, auf die ausdrückliche Einbeziehung von Responseüberlegungen hinzuwirken und auf die Bereitstellung entsprechender Informationen zu achten, damit die voraussichtlichen Konsequenzen von Preismaßnahmen bedacht werden. Dabei ist *Response* in einem weiten Sinne zu verstehen:

- Gemeint ist zum einen die Absatzmenge, die bei einer bestimmten Preishöhe realisiert werden kann. Entsprechende Erwartungen lassen sich in konjekturalen *Preis-Absatz-Funktionen* abbilden.
- Zum Response gehören aber auch *qualitative Reaktionsgrößen*, wie z.B. die Preiszufriedenheit der Nachfrager oder das zustande kommende Preisimage, das letztlich zur Preispositionierung beiträgt, d.h. zum subjektiv wahrgenommenen Preis-Qualitätsverhältnis eines Produktangebots (vgl. Diller, 2000, S. 173 ff., S. 150 ff., S. 393 f.).

Qualitative und quantitative Reaktionsgrößen hängen miteinander zusammen, da Preiswahrnehmung und –zufriedenheit (gemeinsam mit den nichtpreislichen Marketing-Mix-Instrumenten) zur Präferenzbildung führen können. Solche Präferenzen schlagen sich im sog. autonomen Bereich einer doppelt geknickten Preis-Absatz-Funktion im Sinne Erich Gutenbergs nieder, d.h. in einem Intervall mit geringer Preisempfindlichkeit der Nachfrager (hierzu empirisch Hruschka, 1999, S. 354 ff.).

Empirische Untersuchungen zeigen, dass Unternehmen häufig Gewinnmöglichkeiten verschenken, wenn sie ihre Preisentscheidungen auf Kalkulationsroutinen wie z.B. die "Kosten-plus-Methode" stützen, ohne die voraussichtlichen Auswirkungen von Preisforderungen auf die Absatzmenge in den Kalkül einzubeziehen (vgl. Tull/Köhler/Silver, 1986, S. 225 ff.). Insofern ist das *Preis-Controlling* gefordert, auf die Anwendung verfügbarer Methoden zur Vorhersage von Preis-Mengen-Beziehungen zu drängen.

Wenig aufwändig ist es dabei, hausinterne und ggf. auch externe *Experten* hinsichtlich ihrer Einschätzungen zu befragen. Zwar kommen so nur subjektive – aber immerhin erfahrungsgestützte – Angaben zustande; aber damit wird jedenfalls die Frage der Absatzwirkung von Preisen ausdrücklich problematisiert, so dass auf dieses Vorgehen nicht verzichtet werden sollte. Anspruchsvoller sind manche Methoden der *Kundenbefragung* sowie *Preisexperimente* und die statistische Analyse bisheriger tatsächlicher Marktdaten (vgl. zum Überblick Simon/Kucher, 1988, S. 175 ff.). Direkte Interviews mit Nachfragern hinsichtlich der Kaufbereitschaft bei unterschiedlich hohen Preisen bergen die Gefahr in sich, dass es zu sehr hypothetischen, nicht der tatsächlichen Kaufsituation entsprechenden Aussagen kommt. Dies gilt jedenfalls für Konsumentenbefragungen. Sind die Interviewpartner gewerbliche Abnehmer, so dass die Befragung schon eher einem Verhandlungsgespräch nahe kommt, dürfte der gewonnene Aussagegehalt höher sein. In indirekter Weise werden Kunden nach ihrer (Präferenz-)Reaktion auf unterschiedliche Preishöhen befragt, wenn das Untersuchungsdesign der Conjoint-Analyse herangezogen wird (kritisch dazu Balderjahn, 1991, S. 34). Allerdings beschäftigt sich dieser Untersuchungsansatz gleichzeitig mit Preisalternativen und mit variierenden Ausprägungen von Qualitätseigenschaften des Produktangebots, wie dies übrigens für Verfahren zur Ermittlung hedonischer Preisfunktionen aufgrund tatsächlich realisierter Marktdaten ebenfalls zutrifft (hierzu Diller, 2000, S. 200 f.).

Feldexperimente, bei denen unterschiedliche Preishöhen für ein und dasselbe Produkt in vergleichbaren Scanner-Geschäften auf ihre Absatzwirkung überprüft werden, liefern verhältnismäßig valide Schätzdaten, sind in der Anwendbarkeit aber vorwiegend auf FMCG (Fast Moving Consumer Goods) beschränkt.

Die *Güterart* kann sich im Übrigen auf die grundsätzliche Verlaufsform von Preis-Absatz-Funktionen auswirken, was zu recht unterschiedlichen Problemen der Response-Schätzung führt. In der Fachliteratur vernachlässigt ist der Fall der auftragsabhängigen Einzelfertigung, z.B. einer individuellen Spezialanlage oder eines Bauwerks. Hier "degeneriert", wie aus der Abbildung 3 ersichtlich, die Preis-Absatz-Funktion zu einer Ja-Nein-Alternative: Oberhalb eines kritischen Preises ist der Absatz 0; genau zum kritischen Preis – aber auch darunter – ist der Absatz 1, d.h. der Auftrag über das Individualobjekt wird erteilt (ähnlich, aber in etwas anderem Zusammenhang, die Darstellung bei Simon, 1992, S. 91). Hier benötigt die Preisplanung Informationen über diesen sensiblen Schwellenwert, wie sie (außer bei Submissionen) durch Vorverhandlungen gewonnen werden können. Bei Serien- oder Massengütern kommt es darauf an, erfahrungsgestützte Vorstellungen über die Preiselastizität der Nachfrage in der erwogenen Preislage zu entwickeln. Sofern bei ausgeprägter Präferenzbildung von einem autonomen Bereich auszugehen ist, interessiert dessen Lage, insbesondere der sog. obere und untere Grenzpreis.

Besondere Probleme der Response-Schätzung entstehen bei *nichtlinearer Preisbildung* (wie z.B. Mengenrabatten, zweiteiligen Tarifen mit fester Grundgebühr und variablen Gebühren, Bonusprogrammen) sowie bei *Preisbündelungen* im Mehrproduktfall. Hier werden für die Preisplanung Informationen benötigt, wie die Nachfrager auf unterschiedliche Anreize dieser Art reagieren. Dazu werden spezielle Befragungsmethoden, Conjoint-Analysen und Preisexperimente zur Messung von Preis- bzw. Zahlungsbereitschaften sowie der akzeptierten Maximalpreise für Produktbündel vorgeschlagen (vgl. Tacke, 1989, S. 163 ff.; Wübker, 1998, S. 95 ff.).

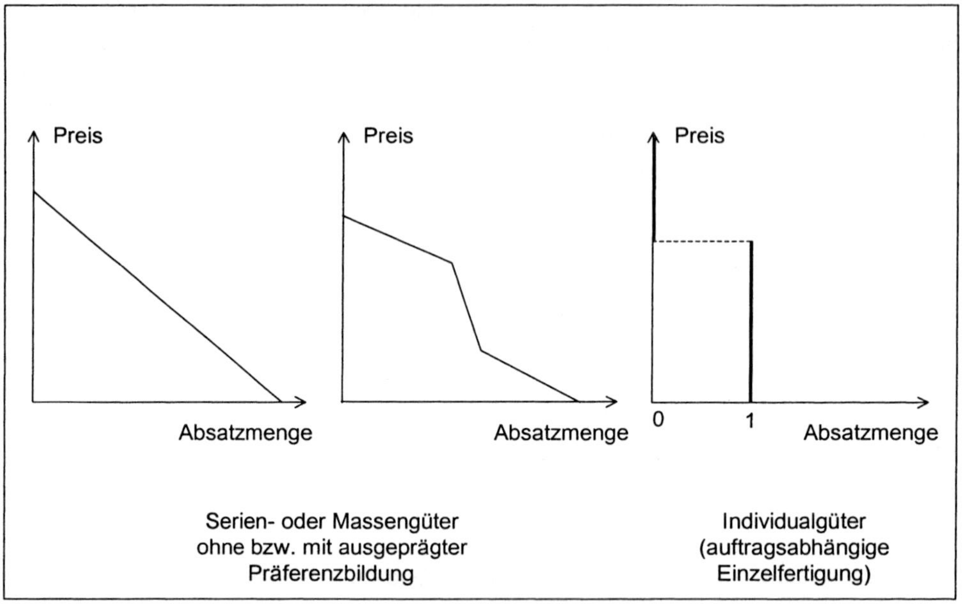

Abbildung 3: Güterart und Verlauf von Preis-Absatz-Funktionen

Preis-Response-Schätzungen betreffen, wie oben schon erwähnt, nicht nur quantitative Zusammenhänge, sondern "ebenfalls qualitative Informationen über Auswirkungen zukünftig zu treffender Preisänderungen" (Kehl, 2000, S. 294). Bei jeder Preisentscheidung ist neben der erreichbaren kurzfristigen Absatzänderung auch die strategische Konsequenz für das *Preisimage*, die damit zusammenhängende *Preispositionierung* und die *Preiszufriedenheit* der Nachfrager zu bedenken. Es handelt sich insoweit um psychologische Größen, die in der weiteren Zukunft das Kaufverhalten mit beeinflussen. Ihre Ermittlung stützt sich auf Verfahren, die im Grundaufbau der Einstellungsmessung ähnlich sind. Allerdings ist es problematisch, anlässlich einer Preisentscheidung im Voraus durch Befragungen abschätzen zu wollen, welcher qualitative Effekt der geplanten Preismaßnahme zu erwarten ist. Denn die genannten psychologischen Wirkungen bilden sich im Laufe der Zeit aufgrund komplexerer Wahrnehmungen heraus. So gilt beispielsweise: "Im Gegensatz zu einem punktuellen Preisurteil entsteht Preiszufriedenheit im Zeitablauf" (Diller, 2000, S. 174).

Wichtig erscheint es aber in jedem Fall, dass solche strategisch bedeutsamen Folgen unternehmensintern in Expertenrunden erörtert und gedanklich abgewogen werden.

Bei allen Überlegungen zum voraussichtlichen Preis-Response sind Informationen aus der unter 1.2.1 angesprochenen *Konkurrenzanalyse* einzubeziehen. Sowohl die quantitativen als auch die qualitativen Preiswirkungen ergeben sich aus vergleichenden Nachfrageurteilen im Wettbewerbsumfeld und aus dem Preisverhalten der Konkurrenten. Die klassische Preistheorie hat z.B. Preissenkungen von Wettbewerbern als Antwort auf eine vorhergehende Preisreduktion des betrachteten Unternehmens durch eine Verschiebung der betriebsindividuellen Preis-Absatz-Kurve "nach unten" abgebildet. Das Konzept des "strategischen Dreiecks" (das Wettbewerbsvorteile auf Preis-Leistungs- und Nutzenvergleiche zurückführt) macht deutlich, dass Veränderungen des Preis-Response umfassender, nämlich unter Einbeziehung qualitativer Nachfragerreaktionen auf die Maßnahmen anderer Abnehmer, zu sehen sind (vgl. Diller, 1999, S. 42 f.).

1.2.3 Betriebliche Kostendaten

Die quantitativen Preis-Response-Schätzungen dienen der *Erlösplanung*, die als "Teil und Ergebnis der Absatzplanung" (Engelhardt, 1977, S. 22) eine wichtige Steuerungsfunktion hat. Sie ist aber um Informationen aus der Kostenrechnung zu ergänzen, um zu preisabhängigen Plangrößen für Deckungsbeiträge und Gewinne zu gelangen. Die Abbildung 4 weist auf die entsprechenden Zusammenhänge hin, wobei auch der Einfluss der Konkurrenzpreise angedeutet ist.

Für die *Preisplanung* ist folgender *Grundsatz* ausschlaggebend: Erfolg versprechende Preisforderungen kann man nur dann durch bloße Kostenkalkulationen festlegen, wenn bindende Vereinbarungen bestehen, dass die Kalkulationsergebnisse und ein für "angemessen" gehaltener Gewinnaufschlag vom Auftraggeber als Preisbestimmung anerkannt werden. Dies ist eher für zentral verwaltete Wirtschaftssysteme typisch als für marktwirtschaftliche Wettbewerbssysteme. Im Bereich öffentlicher Aufträge sind die 1938 festgelegten "Leitsätze für die Preisermittlung auf Grund der Selbstkosten ..." (LSÖ) ein Beispiel. Sie fanden 1953 eine modifizierte Fortsetzung durch die LSP ("Leitsätze für die Preisermittlung auf Grund von Selbstkosten").

Immer dann, wenn sich die Preisakzeptanz seitens der Nachfrager nach deren Nutzenvorstellungen und dem Vergleich mit Wettbewerbsangeboten richtet, ist der Preis-Response und nicht der unternehmensinterne Kalkulationsansatz für die Durchsetzbarkeit von Preisforderungen ausschlaggebend.

Dennoch haben die *Kostendaten* ohne Zweifel eine wesentliche Informationsfunktion für Preisentscheidungen: Von den Kosten einer angebotenen Leistung hängt, je nach der realisierbaren Preishöhe, der Gewinn oder Verlust aus einer Transaktion ab. Das Denkschema, das von der Selbstkostenkalkulation zur Preisfestlegung kommen will, muss dann aber sinnvollerweise ersetzt werden durch *retrograde Rechnungen*, die darauf hinauslaufen, verschiedene Preisvorstellungen und Response-Erwartungen "in einer *Rückrechnung* auf ihre Erfolgswirkungen hin zu überprüfen" (Diller, 2000, S. 226). Riebel kennzeichnet diese Sichtweise als "Denken in Alternativen", und dieses "setzt unumgänglich die Einbeziehung des Marktes, der Reaktionsmöglichkeiten der Kunden und der Konkurrenten voraus" (Riebel, 1994, S. 587).

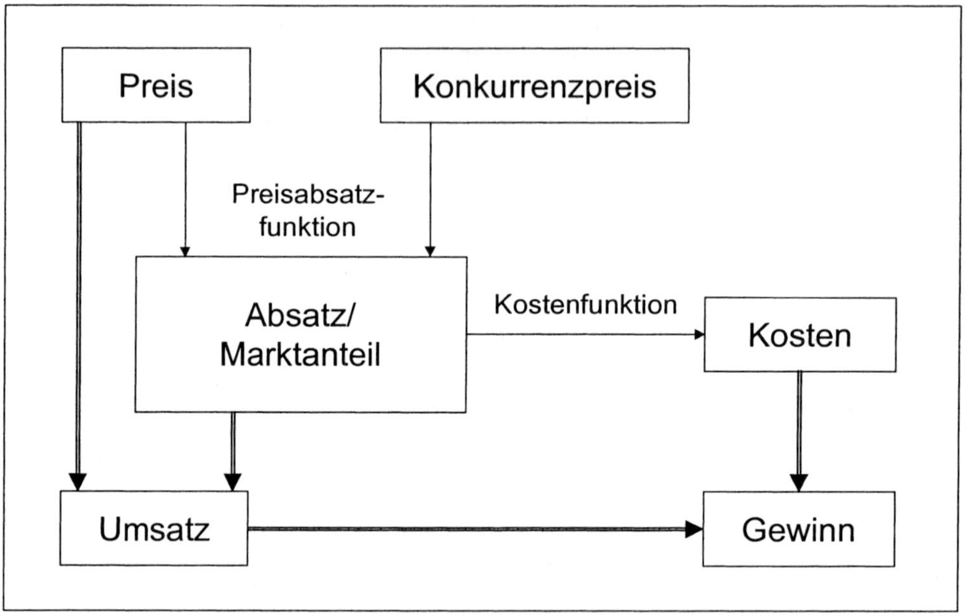

Abbildung 4: Der Systemzusammenhang der Preisentscheidung, Quelle: Simon/Kucher, 1988, S. 172

Die Abbildung 5 skizziert die jeweilige Bedeutung von *Kostendaten* bei den beiden verschiedenen Denkansätzen. In dieser Abbildung ist das Schema der retrograden Rechnungen im Hinblick auf die "zurechenbaren Kosten" bewusst sehr allgemein gehalten. Wesentlich ist die Berücksichtigung der Nachfragerreaktion auf die Preisforderung (Auftragserteilung oder nicht; bei Serien- oder Massengütern: absetzbare Menge). Diese Response-Einbeziehung in den Kalkül fehlt ja bei der Kostenüberwälzungsrechnung. *Welche* Kosten aber dem Angebotsobjekt (Auftragsgegenstand oder Produkteinheit) zuzurechnen sind, wird durchaus kontrovers gesehen. Hierfür spielen u.a. die *zeitliche Reichweite* der Entscheidung und die *Branche* des Anbieters eine Rolle.

Kostenüberwälzungs-rechnung	Retrograde Rechnungen		
Einzelkosten des Angebotsobjekts	Erwogene Preisalternative 1	Erwogene Preisalternative 2	... usw.
+ Durch Schlüsselung verteilte Gemeinkosten	./. Dem Angebotsobjekt zurechenbare Kosten	./. Dem Angebotsobjekt zurechenbare Kosten	
= Selbstkosten	= Rechnerischer Bruttoüberschuss pro Angebotsobjekt	= Rechnerischer Bruttoüberschuss pro Angebotsobjekt	
	mal	mal	
+ Kalkulatorischer Gewinnaufschlag	Erwarteter Preis-Respons (1 oder 0 bzw. absetzbare Menge)	Erwarteter Preis-Respons (1 oder 0 bzw. absetzbare Menge)	
= "Selbstkostenpreis"	= Erwarteter gesamter Bruttoüberschuss	= Erwarteter gesamter Bruttoüberschuss	

Abbildung 5: Unterschiedliche Konzepte der Kostenrechnung für die Preisplanung

Zur Debatte stehen verschiedene Verfahren der *Vollkostenrechnung* und der *Teilkostenrechnung*. Grundsätzlich ist auch bei Preisentscheidungen das *Prinzip der Veränderungsrechnung* zu beachten (vgl. Köhler, 1992, S. 842). Es besagt, dass in den Entscheidungskalkül diejenigen Größen einzubeziehen sind, die sich durch die Wahl der Handlungsalternative ändern werden. Bei kurzfristiger Betrachtung sind dies die Erlöse und die variablen Kosten pro Angebotsobjekt, multipliziert mit dem erwarteten mengenmäßigen Preis-Response. Dies läuft auf eine *Deckungsbeitragsrechnung* im Sinne des Direct Costing hinaus. Daraus darf keineswegs gefolgert werden, dass hiermit einer nachgiebigen Preisstellung nur in Höhe der variablen Kosten das Wort geredet würde (vgl. zu dieser kritischen Vermutung Plinke, 1982, S. 246). Vielmehr geht es darum, verschiedene marktorientiert erwogene Preismöglichkeiten - u.U. auch sehr hohe Preisforderungen - auf ihren vermutlichen, letztlich vom Preis-Response abhängigen Gesamt-(nicht Stück)Deckungsbeitrag zu prüfen *und die Alternative mit dem höchsten Bruttoüberschuss auszuwählen* (vgl. zu diesem retrograden Ansatz auch Link/Gerth/Voßbeck, 2000, S. 280 ff.). In *Engpass-Situationen* sind außer den variablen Kosten auch *Opportunitätskosten* entscheidungsrelevant.

Je längerfristig und strategischer der Planungshorizont für Preisentscheidungen ausfällt, desto mehr Kosten sind durch die Alternativenwahl veränderbar. Ist ein sehr günstiger Preis-Response zu erwarten, werden möglicherweise zusätzliche Kapazitäten mit entsprechendem Fixkostenzuwachs erforderlich. Umgekehrt mag es sein, dass eine relativ hohe Preisstellung eine Abwanderung von Kunden mit geringer Preisbereitschaft bewirken würde, was aber dann im Laufe der Zeit zu einem Abbau fixer Kosten führen könnte, die gerade durch diese problematischen Kunden bedingt waren. In beiden Fällen lässt sich im Alternativenvergleich der Abbildung 5 die voraussichtliche Fixkostendifferenz vom erwarteten gesamten Bruttoüberschuss abziehen bzw. hinzuaddieren.

Problematisch ist es, preisbedingte längerfristige Möglichkeiten der *Fixkostenänderung* in die Kosten *pro Mengeneinheit* des Angebotsobjekts hineinzurechnen. Ziemlich unbestritten ist es inzwischen, dass dabei die klassische Zuschlagskalkulation mit ihren letztlich willkürlichen Fixkostenverteilungen keine zuverlässigen Anhaltspunkte erbringt.

Einen höheren Anspruch kann die *Prozesskostenrechnung* erheben, da sie nicht einfach Fixkosten durch fragwürdige Zuschläge rechnerisch proportionalisiert, sondern die Inanspruchnahme von Ressourcen durch bestimmte Prozesse – hier: der Produktherstellung und des Produktvertriebs – näher analysiert. So werden die fixen Kosten für unmittelbar in einem Prozess eingesetzte Kapazitäten durch Maßgrößen der gesamten Prozessmenge im Betrachtungszeitraum dividiert (z.B. Anzahl bestimmter Bearbeitungsvorgänge oder Bearbeitungsstunden insgesamt), um zu Prozesskostensätzen zu kommen. Jedes Kalkulationsobjekt bekommt dann genau so oft den Prozesskostensatz zugerechnet, wie es der von ihm benötigten Zahl an Bearbeitungsvorgängen oder -stunden entspricht. Im Grunde findet sich dieser Ansatz schon bei der altbekannten Verrechnung von Maschinenstundensätzen. Variable Kosten werden auch in der Prozesskostenrechnung nach dem *Verursachungsprinzip* zugeordnet, anteilige Kosten der prozessbedingten Kapazitätsnutzung hingegen nach dem *Beanspruchungsprinzip* (vgl. Kloock/Dierkes, 2002, S. 175).

Besonders im Dienstleistungsbereich, wo der Anteil der variablen Kosten an den Gesamtkosten gering ist (vgl. Meyer/Streich, 1998, S. 848), wird die Prozesskostenrechnung als hilfreiches Kalkulationsverfahren gesehen (vgl. Reckenfelderbäumer, 1995, S. 78 ff.). Wenn man Prozesskosten für eine Produkteinheit oder einen Auftrag gemäß dem Beanspruchungsprinzip in die "dem Angebotsobjekt zurechenbaren Kosten" lt. Abbildung 5 einbezieht, muss man aber Folgendes bedenken: Es wird damit beim Vergleich der Preisalternativen so getan, als ob die vorgehaltenen Prozesskapazitäten mit der absetzbaren Menge an Angebotsobjekten *veränderbar* wären. Klarer ist es, zu prüfen, ob bei einer erwogenen Preis-Response-Alternative ein Fixkostenzuwachs oder -abbau in Betracht kommt und (wie oben schon gesagt) diese voraussichtliche Fixkostendifferenz vom "erwarteten gesamten Bruttoüberschuss" abzuziehen oder sie zu addieren.
Wenn bei kurzfristiger Betrachtung keine Änderbarkeit der Fixkosten besteht, ist auch im Dienstleistungsbereich diejenige Preisalternative die ergiebigste, die nach Abzug der (geringen) variablen Kosten und unter Berücksichtigung der Responsebedingten Absatzmenge den höchsten gesamten Bruttoüberschuss verspricht. Im Extremfall läuft dies darauf hinaus, einen möglichst hohen Umsatz zur Deckung der gegebenen Fixkostenlast anzustreben, "denn bekanntlich fallen bei Grenzkosten von Null umsatz- und gewinnmaximaler Preis zusammen" (Simon, 1995, S. 185).

Für das *Preis-Controlling* ergeben sich aus den angesprochenen Zusammenhängen besondere Aufgaben. Es kommt darauf an, das Denken in Preisalternativen und den Vergleich erzielbarer Bruttoüberschüsse unter ausdrücklicher Schätzung des Preis-Response zu fördern, statt davon auszugehen, dass sich Erfolg versprechende Preise von der Kostenrechnung her nach festen Kalkulationsschemata bestimmen lassen.

1.2.4 Preispolitische Ziele

In den Ausführungen unter 1.2.3 ist vereinfachend davon ausgegangen worden, dass *Gewinnziele* im Vordergrund der Preispolitik stehen. Tatsächlich ist das preispolitische Zielsystem wesentlich komplexer (vgl. Diller, 2000, S. 45). Beispielsweise können Absatzmengen- bzw. Umsatzziele in besonderen Situationen dominieren, wenn es darum geht, mengen- oder wertmäßige Marktanteile aus Gründen der Marktdurchdringung und Wettbewerbsstrategie zu erhöhen sowie Kapazitäten besser auszulasten. Marktanteilsziele wiederum hängen mit Zielen der Neukundengewinnung und der Intensivierung bestehender Kundenbeziehungen zusammen. Dabei ist es allerdings oft zu kurzfristig gedacht, "auf Preissenkungen zu setzen, um Beziehungen anzuknüpfen. Das ist leicht zu bewerkstelligen, wirkt attraktiv, ist aber von der Konkurrenz auch am leichtesten zu imitieren. Folge: Die so begonnenen Beziehungen lösen sich bald wieder in Luft auf" (Berry/Yadav, 1997, S. 64).

Mit Blick auf den qualitativen Preis-Response (s. unter 1.2.2) sind Preiszufriedenheits-, Preisimage- und Preispositionierungsziele zu beachten.

Das Gewinnziel lässt sich in einem solchen System von Mehrfachzielsetzungen zwar grundsätzlich aus längerfristigen Sicherheits- und Unabhängigkeitsgründen als *Oberziel* betrachten. Die angestrebten sonstigen Sollgrößen können aber im Vergleich zu einer uneingeschränkten Gewinnmaximierung *limitierend* wirken. Bei Betriebstypen, die vorrangig einen öffentlichen Versorgungsauftrag oder soziale bzw. kulturelle Zwecke zu erfüllen haben, verliert der Gewinn seine Eigenschaft als Oberziel. Vielmehr werden hier, neben dem andersartigen Hauptziel, Mindestgewinnziele oder Defizithöchstgrenzen formuliert.
Das *Preis-Controlling* muss in allen genannten Fällen den bei erwogenen Preisstellungen erwarteten Preis-Response sowohl auf seine erfolgsrechnerischen Konsequenzen als auch auf die prospektive Wirkung hinsichtlich der anderen Ziele prüfen, um eine befriedigende Alternativenwahl zu ermöglichen.

1.3 Informationen für die Preisüberwachung

1.3.1 Wirkungs- und Ergebniskontrollen

Die Preisüberwachung bezieht sich nicht nur auf erfolgsrechnerische Ergebnisse, sondern auch auf den Erfüllungsgrad *qualitativer Ziele*, die nicht in monetären Größen ausgedrückt werden. Wenn angestrebt worden ist, die Preiszufriedenheit von Kunden zu verbessern, so lässt sich die erreichte Wirkung grundsätzlich in (Stichproben-) Befragungen zu einem früheren und dem jetzigen Zeitpunkt ermitteln. Anhand von Ratingskalen wird dabei entweder direkt nach der empfundenen Preiszufriedenheit gefragt oder nach Differenzen zwischen Erwartungen und tatsächlichen Wahrnehmungen im Hinblick auf Merkmale wie Preisgünstigkeit, Preiswürdigkeit und Preiszuverlässigkeit (dazu näher Diller, 2000, S. 176 ff.; Diller, 1997, S. 757 ff.).

Mit Methoden ähnlich der Einstellungsmessung können Preisimages sowie daraus entstehende konkurrenzbezogene Preispositionierungen festgestellt und mit Planvorstellungen verglichen werden. Positionierungsziele (z.B. Discountstrategie vs. Premiumstrategie) sind stets in ihrer Bedeutung für das erforderliche bzw. zu erwartende Kosten- und Erlösniveau zu sehen. Es "zeigt sich somit ein enger Beziehungszusammenhang zwischen Preispositionierungsentscheidung und Kosten- und Erlösrechnung" (Schmidt, 1997, S. 205).

Erfolgsrechnerische Ergebniskontrollen beinhalten im Wesentlichen eine *Erlös-Abweichungsanalyse* (vgl. Albers, 2001, S. 428 f.) und eine *Kosten-Abweichungsanalyse* (vgl. Köhler, 2001c, S. 831 f.). Im Rahmen der Preisüberwachung stellt sich zunächst die Frage, ob der tatsächliche quantitative *Preis-Response* (d.h. die Absatzmenge) den Erwartungen im Sinne der retrograden Rechnung lt. Abbildung 5 entsprochen hat. Falls der geplante eigene Preis realisiert worden ist, das Preisverhalten der Konkurrenten mit den Annahmen bei der Planung übereinstimmt, die sonstigen Marketing-Mix-Einflüsse plangemäß zum Zuge gekommen sind und keine unerwarteten externen Einwirkungen (z.B. politischer Art) auf das Marktvolumen stattgefunden haben, geht eine Abweichung beim mengenmäßigen Preis-Response auf Fehleinschätzungen der Preis-Absatz-Funktion zurück. Aus dieser Erfahrung ergeben sich Lerneffekte für die künftige Einschätzung des Nachfragerverhaltens.

Die vielen eben genannten Bedingungen weisen aber darauf hin, dass sich die Analyse der Response-Abweichung wesentlich komplizierter gestalten kann. Ein *Preiseffekt* liegt dabei vor, wenn im Referenzzeitraum die geplante Preisforderung über- oder unterschritten worden ist. Eine Überschreitung, z.B. aufgrund von Informationen über zwischenzeitlich eingetretene Kostensteigerungen, kann zu einem Rückgang der Absatzmenge geführt haben.

Unterschreitungen des Planpreises kommen leicht zustande, wenn im Laufe der Planperiode Preisverhandlungen zu führen sind und dabei von der Abnehmerseite – eventuell mit Verweis auf Konkurrenzangebote – Druck ausgeübt wird. So verringert sich der geplante (Listen-)Preis möglicherweise in mehreren Stufen durch verschiedene Sonderkonditionen bis auf einen Nettopreis, der bei Multiplikation mit der absetzbaren Menge längst nicht den erwarteten Erlöszufluss erbringt (vgl. Engelhardt, 1977, S. 16; Marn/Rosiello, 1993, S. 48 ff., sprechen von der "Preistreppe" und deren Auswirkungen). Es ist eine wesentliche Aufgabe des Preis-Controlling, diese Konditionenzugeständnisse transparent und die Erfolgskonsequenzen bewusst zu machen.

Konkurrenzeffekte liegen vor, wenn Abweichungen vom geplanten Preis-Response auf nicht erwartete Änderungen der Preise von Wettbewerbern zurückgehen. In der Sprache der Theorie: Die Preis-Absatz-Funktion verschiebt sich, z.B. nach "unten" bei Preisreduktionen wichtiger Konkurrenten. Dieser Konkurrenzeffekt vermischt sich allerdings mit dem zuvor erwähnten Preiseffekt, wenn während des Betrachtungszeitraums auf Preisaktionen der anderen Anbieter mit ursprünglich nicht geplanten eigenen Preisänderungen reagiert worden ist.

Nicht vernachlässigt werden darf die Tatsache, dass die realisierte Absatzmenge ja nicht allein einen Preis-Response darstellt, sondern durch die übrigen *Marketing-Mix-Instrumente* mit verursacht wird. Finden diese Maßnahmen anders als geplant statt (z.B. bei merklicher Kürzung der eigentlich vorgesehenen Werbebudgets), so dürfte ein Teil der Absatzmengen-Differenzen hierauf zurückgehen. Insofern ist der in Abbildung 4 gezeigte Zusammenhang vereinfacht dargestellt, da dort allein auf Preise abgestellt wird. Schließlich gibt es eine ganze Reihe von Einflussfaktoren, die das gesamte *Marktvolumen*, an dem das eigene Unternehmen partizipieren will, mitbestimmen. Wenn beispielsweise aufgrund politischer Entwicklungen, technologischen Wandels oder konjunktureller Zyklen die gesamte Absatzmenge einer Branche unvorhergesehene Änderungen aufweist, kann dies auf den Preis-Response für das einzelne Unternehmen durchschlagen.

Es ist schwierig, diese verschiedenen Einflüsse auf den mengenmäßigen Preis-Response rechnerisch eindeutig zu separieren. Zu ungenau ist der erreichbare Kenntnisstand über die exakten Wirkungsbeziehungen. Dennoch übt das Preis-Controlling schon dadurch eine hilfreiche Funktion aus, dass es grundsätzlich auf die verschiedenen eingetretenen Ursachen für Planabweichungen hinweist und damit den Blick für künftig zu bedenkende Situationsgegebenheiten schärft. Auch Albers erwähnt in einem stärker detaillierten und formalisierten Zusammenhang der Erlöskontrolle, „daß nur *Anhaltspunkte* für Fehlerursachen gefunden werden können" (Albers, 1989, S. 652).

Die nachträgliche Überprüfung von Ist-Preisen und Ist-Absatzmengen, einschließlich der dahinter stehenden Ursachen etwaiger Abweichungen, ist Gegenstand der *Erlöskontrolle.* Die erfolgsrechnerische Gesamtüberwachung verlangt außerdem eine Kontrolle der dem Angebotsobjekt zurechenbaren *Kosten* (s. dazu Kapitel 1.2.3). Dies sind in jedem Fall die auf eine Produkteinheit oder einen Auftrag entfallenden variablen Kosten. Abweichungen gegenüber dem Planansatz können hierbei durch Marketing/Vertrieb veranlasst sein, z.B. bei einer Veränderung des Umsatz-Provisionssatzes für Außendienstmitarbeiter oder aufgrund einer so nicht geplanten Versandart bei der vertriebstechnischen Abwicklung eines Auftrags. Die Höhe der variablen Kosten hängt zum Teil aber auch von Dispositionen in anderen Tätigkeitsbereichen des Unternehmens ab, z.B. im Materialeinkauf oder in der Fertigung. "Diese Kosten sind von den nicht-marketingbedingten Kostenabweichungen zu trennen" (Albers, 1992, S. 208). Die Verantwortlichkeit für Kostenabweichungen ist allerdings durch Hinweis auf den beteiligten Funktionsbereich nicht ohne weiteres eindeutig geklärt. So können höhere Material- oder Fertigungskosten durch Sonderwünsche bedingt sein, die von kundennahen Organisationseinheiten mit Blick auf spezifische Bedarfsmerkmale geäußert worden sind. Dies aufzuklären ist ein besonderes Controllingproblem.

Wenn in die dem Angebotsobjekt zurechenbaren Kosten *Prozesskosten* über die variablen Kosten hinaus einbezogen worden sind, richten sich Abweichungsanalysen auch hierauf. Dabei ist zu unterscheiden, ob und warum sich bestimmte Prozesskosten insgesamt in der Betrachtungsperiode geändert haben (z.B. durch Kapazitätsaufbau oder -abbau) und/oder ob die geplante Prozessmenge im Referenzzeitraum Unterschiede zum Plan aufweist. Dies bedeutet Differenzen beim Prozesskostensatz. Außerdem ist zu prüfen, ob Abweichungen bei der Prozessinanspruchnahme durch das betrachtete Produkt vorgelegen haben.

Sofern bei der Preisplanung davon ausgegangen wird, dass durch preisbedingte Änderungen der Absatzmenge ein Zuwachs oder eine Verringerung von Kapazitäten bzw. fixen Kosten entsteht, lassen sich diese Fixkostendifferenzen vom erwarteten gesamten Bruttoüberschuss lt. Abbildung 5 abziehen oder hinzuaddieren (wie im Kapitel 1.2.3 ausgeführt, ohne dass dieser Rechenschritt in der Abbildung ausdrücklich ausgewiesen ist). In solchen Fällen gelten die späteren Analysen von Kostenabweichungen auch der Plan-Ist-Gegenüberstellung dieser Fixkostensprünge.
Immer handelt es sich bei diesen Kontrollen um die Analyse von Bruttoüberschüssen, die durch preispolitische Entscheidungen ausgelöst werden und zur (Über-)Kompensation sonstiger fester Kostenbelastungen des Unternehmens dienen sollen. In der Literatur werden solche Soll-Ist-Vergleiche, die Erfolgsentwicklungen im Zeitablauf aufdecken, mitunter als *Deckungsbeitragsflussrechnungen* bezeichnet (vgl. Link/Gerth/Voßbeck, 2000, S. 235 ff.; Diller, 2000, S. 426 ff.). Diese sind aber in der Regel nicht auf das Preis-Controlling allein begrenzt, sondern gehören zu einem umfassender angelegten Marketing-Controlling.

1.3.2 Preis-Audits

Beim Preis-Audit werden keine rückwärts blickenden Soll-Ist-Vergleiche vorgenommen, sondern es erfolgt eine Bestandsaufnahme der gegenwärtigen Zuständigkeiten und Verfahrensweisen bei der Preisfindung, um daraus zukunftsgerichtete Hinweise auf ein zweckmäßigeres Vorgehen zu gewinnen. Hierzu gehört beispielsweise auch die kritische Überprüfung, ob angemessene Rechenverfahren für die Preisfindung angewandt werden, die erforderlichen Informationen (etwa über den zu erwartenden Preis-Response) Berücksichtigung finden und strategisch wichtige Preisentscheidungen bei Instanzen mit übergreifender Verantwortung (z.B. Marketing-Vorstand) angesiedelt sind. Damit stellt das Preis-Audit wie alle zum Marketing-Controlling gehörenden Audits fest, ob die Voraussetzungen für markt- und erfolgsorientiertes Handeln stimmen.

Die Abbildung 6 zeigt einen exemplarischen Ausschnitt aus dem Aufgabenspektrum von Preis-Audits, wobei der Erfüllungsgrad bestimmter Anforderungen und die subjektiv eingeschätzte Wichtigkeit der Aufgaben beurteilt werden sollen.

Maßnahmen im Preisfindungsprozess	**Wichtigkeit** (1 = wenig wichtig, 5 = sehr wichtig)	**Derzeitiger Erfüllungsgrad** (1 = wenig gut, 5 = sehr gut)
• Schätzung des Kundennutzens für die Produkte/Dienstleistungen		
• Bestimmung des Preis-Absatz-Zusammenhangs		
• Berücksichtigung von Konkurrenzreaktionen		
• Systematische Erhebung von Informationen für die Preisfindung		
• Kenntnis des Verhandlungsspielraums (in Prozent des Preises) der einzelnen vertrieblichen Ebenen bzw. Vertriebsmitarbeiter		
• Kontrolle von Rabatten und Konditionen		
• Definition und Einführung eines systematischen Preis-Info-Systems (inkl. Aufwand-/Ertrags-Bewertung der einzelnen Kunden)		
• ... etc.		

Abbildung 6: Beispiele für Fragestellungen im Rahmen des Preis-Audit (Quelle: Ebel/Simon, 1996, S. 24)

1.4 Informationen für die Organisation preispolitischer Zuständigkeiten

Die Organisation als ein System von Regelungen zur möglichst zielentsprechenden Aufgabenerfüllung betrifft auch die Frage, bei welchen Aufgabenträgern die "*Preishoheit*" anzusiedeln ist. Zum Controlling gehören solche Überlegungen insofern, als im Rahmen von *Audits*, die schon im Kapitel 1.3.2 angesprochen worden sind, Kenntnisse über den Kontext und die Wichtigkeit bestimmter Arten von Preisentscheidungen sowie über die Auswirkungen einer Entscheidungszentralisation oder -delegation bereitzustellen sind. Historisch entstandene (u.U. gar nicht bewusst bedachte) Gepflogenheiten werden also hinterfragt, wobei die Durchführung derartiger Audits auch unternehmensexternen Beratern anvertraut werden kann.

Bemerkenswert ist, dass Organisationsstrukturen primär meist mit Bezug auf andere Aufgabeninhalte als die Preisfindung und -durchsetzung gebildet werden; etwa für die Funktionen Marktforschung oder Verkauf bzw. nach Objektbereichen wie beim Produkt- oder Kundenmanagement. "Das Preismanagement muß dann als *sekundäre* Organisation in die bereits existierende *primäre* Organisation eingepaßt werden" (Wiltinger, 1998, S. 190). Es ist eher eine Seltenheit, dass Unternehmen z.B. spezialisierte *Preisanalyseabteilungen* einrichten, wofür Simon als Beispiele "IBM, Mercedes-Benz, NCR, Schering, Fluggesellschaften" nennt (Simon, 1992, S. 649).

Die Vorstellung, dass alle Preisentscheidungen – wegen des grundsätzlich hohen Stellenwertes der Preispolitik – auf der Ebene des Top Managements zu treffen sind, mag für kleinere Anbieter zutreffen, ist aber in Großunternehmen realitätsfremd (vgl. Wiltinger, 1998, S. 32 f.). Hier müssen manche Befugnisse auf nachgelagerte Ebenen, z.B. Vertriebseinheiten, *delegiert* werden. Aufgabe des Controlling im Rahmen von Audits ist es nun, Anhaltspunkte für erforderliche Zentralisationen und mögliche Dezentralisationen zu liefern.

Dazu bietet es sich an, Preisentscheidungen nach ihrer *strategisch-grundlegenden* oder nur taktischen Bedeutung zu klassifizieren. Grundlegend mit längerfristiger Auswirkung sind beispielsweise Überlegungen zur dynamischen Preisentwicklung über mehrere Jahre, wie sie etwa bei *Neuprodukteinführungen* anzustellen sind (z.B. Wahl zwischen einer Skimming- oder einer Penetrationsstrategie). Hier empfiehlt es sich, letztlich die Preiszuständigkeit beim *Top Management* des Unternehmens oder zumindest bei der Marketing-Leitung zu verankern. Dies bedeutet allerdings nicht, dass auf dieser Ebene "einsame Entscheidungen" zu treffen wären, denn hierbei würden erhebliche Informationsdefizite bestehen. "Die organisatorische Gestaltung der Pricing-Prozesse muß daher ein aktives Informationsmanagement gewährleisten" (Wiltinger, 1998, S. 31).

Zweckmäßig erscheint es, bei strategischen Preismaßnahmen wie auch bei einer kürzerfristig sehr erfolgsrelevanten Wahl zwischen Preisalternativen *Teams* aus Experten verschiedener Sach- und Hierarchiebereiche mit der Analyse, Beratung (und evtl. auch Konfliktaustragung) zu betrauen, wobei das Top Management auf dieser Grundlage die abschließende Preisverantwortung hat (vgl. Simon, 1995, S. 196; Diller, 1999, S. 54). Wenn es darauf ankommt, in Gesprächs- und Verhandlungssituationen den Preis-Response eines Kunden einzuschätzen und unter Zeitdruck kurzfristig darauf einzugehen, wird die Delegation gewisser Preisbefugnisse auf kundennahe Mitarbeiter – z.B. einen Key Account Manager – erforderlich. Allerdings müssen hier, wie noch im Kapitel 1.5 auszuführen ist, Begrenzungen für den Entscheidungsspielraum festgesetzt werden, damit es nicht zu Preiszugeständnissen ohne hinreichende Beachtung der Erfolgskonsequenzen kommt. Simon weist auf empirische Befunde hin, wonach für "*alle* Erfolgsmaße außer dem 'Umsatz pro Verkäufer' ... eine *negative* Beziehung zwischen dem Ausmaß der Preiskompetenz des Außendienstes und dem Abschneiden der jeweiligen Unternehmen" erkennbar war (Simon, 1992, S. 653).

Im Rahmen des *Preis-Controlling* können organisatorische Steuerungshilfen angeboten werden, indem Typen von Preisentscheidungen und die dafür angemessenen Zentralisations- bzw. Delegationsgrade beschrieben werden (zu einem sehr allgemeinen Kontingenzmodell dieser Art vgl. Wiltinger, 1998, S. 175).

Wenn die Preiszuständigkeiten geregelt sind, ist es eine Kernaufgabe des Controlling, auf die gezielte *Informationsversorgung* der jeweiligen Organisationseinheiten zu achten. Das Top Management oder die Marketing- bzw. Vertriebsleitung sind ganz besonders auf fundierte Response-Schätzungen sowie auf Kostendaten, die den Grundsätzen der Veränderungsrechnung und des retrograden Alternativenvergleichs entsprechen, angewiesen. Denn auf dieser Organisationsebene sollen die voraussichtlichen Erfolgskonsequenzen von Preisentscheidungen grundlegend erwogen werden. Der Informationsbedarf umfasst auch Hinweise auf das Konkurrentenverhalten und auf sonstige wesentliche Einflüsse aus dem Marktumfeld.

Die obersten Leitungsebenen benötigen aufgrund ihrer Gesamtverantwortung auch Angaben über die vermutlichen Auswirkungen eines bestimmten Produktpreises auf die Preis-Absatz-Entwicklung anderer Angebotsobjekte aus dem Produktprogramm. Es sind also Verbundbeziehungen zu beachten. Ebenso ist vorauszubedenken, was z.B. Preiszugeständnisse gegenüber einem Auftraggeber für die künftigen Preismöglichkeiten bei anderen Kunden bedeuten dürften. Für strategische Preisentscheidungen sind im Übrigen, über Vorhersagen zum unmittelbaren Preis-Response hinaus, auch Schätzangaben hinsichtlich der Nachfrageentwicklungen und nötigen Preisanpassungen in künftigen Perioden erforderlich. Hierfür ist die Prognosesicherheit recht gering, so dass nur mit Eventualplänen – etwa auf der Grundlage von Szenarien – gearbeitet werden kann.

Verglichen mit dem Top Management ist beim mittleren Management und beim Außendienst der *Informationsbedarf* anders fokussiert und enger. Sofern Produkt- oder Kundenmanagern begrenzte Preiskompetenzen oder jedenfalls Preisvorschlagsrechte übertragen werden, sind sie auf Response- und Kosteninformationen für genau ihre Produkte oder ihre Schlüsselkunden angewiesen. Kundennahe Organisationseinheiten haben dabei oft selbst den unmittelbarsten Einblick in die preisbezogenen Nachfragerreaktionen, wissen aber ohne Controllinghilfe zu wenig über die Kostensituation und die Erfolgskonsequenzen von Preisen.

Außendienstmitarbeiter, denen ein gewisser preislicher Verhandlungsspielraum "vor Ort" eingeräumt wird, müssen durch geeignete Informationen zugleich Anreize für ein Handeln im Sinne der Unternehmensziele erhalten. Damit ist bereits eine Frage der Mitarbeiterführung angesprochen.

1.5 Informationen zur preisbezogenen Mitarbeiterführung

Um im Personalbereich eine gemeinsame Orientierung an Unternehmenszielen zu erreichen, sind Informationen bereitzustellen, die den Betroffenen die nötige Sachkenntnis vermitteln und zielentsprechende Handlungsweisen fördern. Soweit Preiszuständigkeiten delegiert werden, soll möglichst sichergestellt sein, dass dieser Spielraum nicht dazu genutzt wird, Preiszugeständnisse zu machen, die im Vergleich zu anderen realisierbaren Alternativen erfolgsschmälernd wirken. Ebenso soll aber vermieden werden, dass zu hoch angesetzte Preisforderungen einen für den Erfolg ungünstigen Response bewirken.

Nahe liegend wäre es eigentlich, Mitarbeiter speziell für ihr Tätigkeitsfeld mit denselben Preis-Absatz-Schätzungen und Kostendaten auszustatten, wie sie (wenn auch in größerer Anwendungsbreite) dem Top Management zur Verfügung stehen. Dies wird in praxi häufig durch das Misstrauen verhindert, dass Mitarbeiter diese Informationen nicht sachgerecht deuten könnten und preisliche Fehlentscheidungen treffen würden (z.B. in der irrigen Annahme, man könne die Preisforderung ohne Bedenken bis auf die variablen Stückkosten zurückschrauben).

Mitunter wird vorgeschlagen, Mitarbeitern zur Einengung ihres Preisspielraums *Preiskorridore* zu nennen, d.h. Ober- und Untergrenzen für die Preisforderung festzulegen. "Die Problematik liegt dabei in der Festlegung dieser Korridore, da hierbei nicht alle Faktoren im Voraus bedacht werden können, die für den letztendlichen Transaktionspreis von Bedeutung sind" (Diller, 2000, S. 423).

Eine besondere Art der Korridorbestimmung liegt vor, wenn Mitarbeitern für Preisverhandlungen über einen potenziellen Auftrag sog. *Deckungsbudgets* an die Hand gegeben werden. Ganz allgemein sind Deckungsbudgets mehrstufige Rechnungen. Sie verdeutlichen in einem ersten Schritt, welche in der Stückkalkulation nicht verrechneten Kosten, die in der Periode insgesamt auf das betreffende Produkt entfallen, durch die Summe der Stückdeckungsbeiträge auszugleichen sind. In der nächsten Stufe wird betrachtet, welche in der periodischen Produktrechnung nicht verteilten Kosten einer Produkt*gruppe* durch die Bruttoüberschüsse der zur Gruppe gehörenden Erzeugnisse kompensiert werden sollten. Die anschließende Deckungsstufe kann sich auf die Sparte (Division) beziehen, zu der mehrere Produktgruppen gehören usw., bis man zur Ebene des Gesamtunternehmens kommt (vgl. Diller, 2000, S. 243; Männel, 2001, S. 272).

Aus dieser letztlich perioden- und unternehmensbezogenen Betrachtung werden aber auch, als Orientierungshilfe für Mitarbeiter im Verhandlungsgespräch mit Kunden, Vorgaben abgeleitet, für die der Ausdruck "Deckungssätze" Verwendung findet. Unter diesem Blickwinkel "handelt es sich bei den Deckungssätzen um spezifische, auf Leistungseinheiten oder Aufträge bezogene Deckungsvorgaben" (Fischer/Rogalski, 1993, S. 246). Dabei reicht der Preiskorridor von einer Preisuntergrenze (unterhalb deren die Auftragsannahme aus Sicht der Unternehmensziele eine Verschlechterung im Vergleich zur Auftragsablehnung bringen würde) bis zu einer Obergrenze, bei der ein erwünschter Beitrag zur Gesamtkostendeckung und Gewinnerzielung des Unternehmens gesichert erscheint. Solche Deckungsvorgaben haben gegenüber unkommentierten Korridornennungen im Prinzip den Vorzug, dass sie den flexibel verhandelnden Mitarbeitern nähere Informationen über die Erfolgskonsequenzen verschiedener Preishöhen vermitteln. Nicht zu übersehen ist dabei aber das Problem, dass die stück- oder auftragsbezogene Bemessung der Deckungssätze im Grunde ein genaues Vorwissen über die in der Planungsperiode insgesamt entstehende Auftragslage voraussetzt. Denn u.a. von der Kapazitätsauslastung und den zu erwartenden Überschüssen aus anderen Aufträgen hängen die Deckungssätze und die einzuräumende Flexibilität für den einzelnen Mitarbeiter ab. Beim Fehlen dieser Informationen ist es keineswegs sicher, dass die Vorgabe abgestufter Deckungs-Solls zu optimalen Preisentscheidungen führt.

Besonders wichtig ist es, dass bei den durch Deckungsbudgets geführten Mitarbeitern das richtige Verständnis für die Bedeutung der *Preisuntergrenze* geschaffen wird. Es darf nicht der Eindruck erweckt werden, dass die kurzfristige – im einfachsten Fall in Höhe der Grenzkosten anzusetzende – Preisuntergrenze (vgl. Raffée, 1996, S. 591 f.) ein Betrag sei, auf den man sich bei schwierigen Preisverhandlungen ohne Schaden einigen könne. Vielmehr ist zu betonen, dass eine Vereinbarung in Höhe der Preisuntergrenze in der kurzfristigen Erfolgsrechnung lediglich zum selben Ergebnis führt, als wenn auf die Annahme des Auftrags überhaupt verzichtet worden wäre. Die Grenzkosten sind also ein Limit, das möglichst weit überschritten werden sollte, um zur Fixkostendeckung und Gewinnerzielung beizutragen.

Dienen *Provisionssysteme* als Anreiz für Außendienstmitarbeiter mit (begrenzten) Preisbefugnissen, so ist das Controlling gefordert, diese Mitarbeiterinformation kritisch auf ihre Auswirkungen zu überprüfen. Unbestritten ist es, dass reine Umsatzprovisionen den Außendienst eher zur Preisnachgiebigkeit veranlassen können, da er dann einen möglichst hohen Umsatz ohne Beachtung der erfolgsrechnerischen Ergebnisse anstrebt (vgl. Diller, 2000, S. 424). Sachlich angemessener wären Provisionen, die sich in ihrer Höhe an den erzielten Deckungsbeiträgen orientieren. Die praktische Umsetzung dieses Gedankens wirft aber – abgesehen von der zunehmenden Komplexität – das Problem auf, dass dann ein mit Preisbefugnissen ausgestatteter Außendienst nähere Einblicke in die Kostenstruktur benötigen würde, was vielfach auf Bedenken stößt (vgl. Lauszus/Kalka, 2001, S. 409). Deshalb erscheint es angebrachter, dass höhere Managementebenen Preisvorstellungen nach den in Kapitel 1.2 erläuterten Grundsätzen entwickeln und dem Außendienst *Prämienanreize* dafür geben, dass er z.B. im Rahmen eines zu seiner Disposition stehenden Rabattrahmens (vgl. Simon, 1995, S. 199) diese Zielpreise einhält (zur kombinierten Vorgabe von Soll-Preisen und -Besuchshäufigkeiten durch das Verkaufsmanagement vgl. Albers, 1985, S. 912 ff.).

Ein Instrument der Mitarbeiterführung unter Mitbeteiligung des Preis-Controlling ist schließlich auch das *Target Pricing* und *Target Costing* (vgl. hierzu auch den Beitrag von Seidenschwarz im vorliegenden Band). In diesem Verfahrensansatz schlägt sich der Grundgedanke einer marktorientierten Preispolitik nieder, dass bei Preisentscheidungen vorrangig darauf zu achten ist, wie die Nachfrager in ihrem Kaufverhalten auf bestimmte Preisniveaus reagieren. Der geplante Preis ist die Entgelthöhe, bei der ein angestrebter Auftrag gerade erlangt oder ein gewollter mengenmäßiger Absatz/Marktanteil realisiert werden kann. Zieht man von diesem Preis einen Soll-Gewinn ab, verbleibt die Summe der zulässigen Kosten. Soweit die aktuellen Kosten noch darüber liegen, wird nach Einsparmöglichkeiten durch Wertanalysen für den Einkauf und durch interne Rationalisierungen gesucht, woraus sich konkrete Mitarbeiter-Vorgaben ableiten lassen.

Betroffen sind hiervon keineswegs nur Mitarbeiter aus dem kundennahen Bereich Marketing/Vertrieb. Aber das Preis-Controlling bringt in diese auf die ganze betriebliche Wertkette bezogenen Überlegungen die Angaben zum erwarteten Preis-Response und Anregungen hinsichtlich der dem Angebotsobjekt zurechenbaren Kosten ein (vgl. Lauszus/Kalka, 2001, S. 398 f.).

2. Preis-Controlling, Marktforschung und Marketing-Accounting

Aus den Aufgaben des Preis-Controlling ergibt sich, dass als Steuerungshilfe für das Preismanagement vor allem Informationen über Marktbedingungen und Marktreaktionen sowie über Erlös- und Kostengrößen bedeutsam sind. Eine enge Zusammenarbeit mit der Marktforschung und dem Rechnungswesen ist deshalb unabdingbar.

Preis-Response-Schätzungen, denen für die Preispolitik ein zentraler Stellenwert zukommt, stützen sich - soweit nicht lediglich Expertenurteile des Managements oder des Außendienstes zugrunde liegen - auf die unternehmenseigene oder die Instituts-*Marktforschung* (zu den Methoden s. Kapitel 1.2.2). Von Seiten der Institute sind für Branchen des Konsumgütersektors Informationen verfügbar, die auf Panelerhebungen beruhen, wobei "Scanner-Daten die Möglichkeiten der Zuordnung von Marketingvariablen und Absatzveränderungen stark verbessert" haben (Kucher, 1985, S. 15). Aber auch Simulationsstudien wie der sog. Price Challenger der GfK (vgl. Diller, 2000, S. 198 f.) führen auf methodisch anspruchsvoller Grundlage zu Anhaltspunkten über die Preisbereitschaft von Konsumenten und die Verlaufsform von Preis-Absatz-Funktionen.

Nur ansatzweise gelöst sind bisher die Probleme einer vorausschauenden Schätzung *dynamischer* Preis-Absatz-Funktionen, deren Kenntnis für eine längerfristig-strategische Preispolitik hilfreich wäre. In der strategischen Preispolitik ist darauf zu achten, wie spätere Preissetzungsmöglichkeiten durch frühere Preisentscheidungen beeinflusst werden, wie sich die Wettbewerbssituation verändern kann und welche Entwicklungspfade die Nachfrage z.B. im Rahmen von Produkt-Lebenszyklen durchläuft. Entsprechende *Preis-Adaptionen* (vgl. Hammann/Erichson, 1977, S. 250 ff.) sind bereits vorweg ins Auge zu fassen. Die entsprechenden Annahmen unterliegen erheblichen Ungewissheiten. Simulationsstudien dienen zum "Durchspielen" verschiedener Marktbedingungen und ihrer Konsequenzen, um den Möglichkeitsraum für das eigene Vorgehen einzugrenzen und die im Eventualfall nötigen Anpassungsschritte im Voraus zu bedenken (vgl. ein praktisches Beispiel bei Backhaus/Späth, 1995, S. 109 ff.).

Das *Marketing-Accounting* soll aus dem Rechnungswesen Informationen bereitstellen, die gezielt auf die Erfordernisse des Marketing-Managements zugeschnitten sind. Das Marketing- und auch speziell das Preis-Controlling sind aufgefordert, diesen Informationsbedarf zu verdeutlichen.

Die grundsätzliche Art der benötigten Kosten- und Erlösdaten sowie ihre rechnerische Aufbereitung sind bereits im Abschnitt über die Preisplanung angesprochen worden. Darüber hinaus können durch das Marketing-Accounting tiefer gehende Analysen anhand von *Absatzsegmentrechnungen* erstellt werden. Dabei handelt es sich um die Zuordnung von Kosten und Erlösen auf näher definierte absatzwirtschaftliche Erfolgsquellen wie Produkte, Kunden, Aufträge, Verkaufsregionen, Absatzwege. Durch diese Erfolgsaufspaltung sollen gezieltere Steuerungsmaßnahmen des Marketing-Managements ermöglicht werden (vgl. Köhler, 1993, Sp. 7 ff.).

Dass die Erfolgsbeiträge der verschiedenen Produkte pro Periode interessieren, liegt ohnehin auf der Hand. In einem nächsten Schritt ist es aber aufschlussreich zu wissen, ob ein bestimmtes Produkt in unterschiedlichen Absatzwegen oder Verkaufsregionen deutliche Erfolgsdifferenzen aufweist, die möglicherweise durch Unterschiede in der eigenen Preispolitik und/oder im Preis-Response zu erklären sind.

Für das Kundenmanagement ist die Erfolgsaufspaltung nach Kundenbeziehungen und Aufträgen informativ. Daraus ergeben sich nämlich Anregungen für Kundengespräche, wenn sich zeigt, dass der Nettoumsatz mit dem Abnehmer wegen besonderer Preis- und Konditionenzugeständnisse unbefriedigend ausfällt. Auch besonderes Entgegenkommen gegenüber einem Kunden, das rechnerisch als Kosten ausgewiesen wird, kann im Grunde den Charakter von Preisminderungen haben, wenn es mit größeren Aufträgen oder der Aufrechterhaltung der Kundenbeziehung zu tun hat; z.B. Werbekostenzuschüsse und Listungsgebühren, die ein Hersteller an einen Großkunden auf der Handelsstufe zahlt, oder nicht in Rechnung gestellte Engineering-Hilfen. Das Preis-Controlling wird sich auch mit der Frage befassen, ob bei einem Kunden in den variablen Stückkosten lt. Produktkalkulation, den Besuchs- oder den Auftragskosten Beträge enthalten sind, die erst durch das Eingehen auf besondere Kundenwünsche entstanden sind, ohne im Preis angemessen abgegolten zu werden.

Die Abbildung 7 gibt den Grundaufbau einer *Kundendeckungsbeitragsrechnung* wieder, wobei durchgezogene Pfeile auf Erfolgsbestandteile hinweisen, die direkt oder indirekt preispolitisch bedingt sind, während gestrichelte Pfeile Kosten betreffen, deren Höhe Anlass geben könnte, mit dem Kunden über Preisanpassungen zu diskutieren.

	Kunden-Bruttoerlöse pro Periode	⟵
-	Erlösschmälerungen	⟵
=	**Kunden-Nettoerlöse pro Periode**	
-	Kosten der vom Kunden bezogenen Produkte (variable Stückkosten lt. Produktkalkulation, multipliziert mit den Kaufmengen)	←······
=	**Kundendeckungsbeitrag I**	
-	Eindeutig kundenbedingte Auftragskosten (z.B. Vorrichtungen, Versandkosten)	←······
=	**Kundendeckungsbeitrag II**	
-	Eindeutig kundenbedingte Besuchskosten (z.B. Kosten der Anreise zum Kunden)	←······
-	Sonstige relative Einzelkosten des Kunden pro Periode (z.B. Engineering-Hilfen; bei Kunden auf der Handelsstufe: Werbekostenzuschüsse, Listungsgebühren und ähnliche Vergütungen)	⟵
=	**Kundendeckungsbeitrag III**	

⟵ = *Direkt oder indirekt preispolitisch bedingte Erfolgsbestandteile*
←······ = *Kosten, die Anlass für Preisanpassungen geben könnten*

Abbildung 7: Die preispolitische Relevanz einer Kundendeckungsbeitragsrechnung (Quelle: Köhler, 2000, S. 424, mit geringfügigen Kürzungen)

Für *strategische* Preisentscheidungen können aus dem Rechnungswesen Daten kommen, die die künftige *Kostendynamik* über mehrere Perioden betreffen. Ein bekanntes Beispiel sind Erfahrungskurveneffekte, d.h. deutliche Senkungen der inflationsbereinigten Stückkosten im Zeitablauf, die mit zunehmender kumulierter Produktions- und Absatzmenge auf Lern- und Erfahrungszuwächse in den Wertschöpfungsprozessen zurückgehen. Eine Penetrationsstrategie gründet sich oft auf diese Erwartung künftiger Kostensenkungen, wobei Anfangsverluste aufgrund niedriger Penetrationspreise in Kauf genommen werden, um den Markt rasch zu durchdringen und dann später nach erfahrungsbedingter Verringerung der Stückkosten umso mehr in die Gewinnzone zu kommen.

Marktforschungsergebnisse, einschließlich der unter 1.2.1 erwähnten Konkurrenz- und sonstigen Umfeldanalysen, sowie problemspezifisch aufbereitete Größen des Rechnungswesens gehen in *Preisinformationssysteme* ein, deren Pflege in den Aufgabenbereich eines Preis-Controlling fällt. Mit wachsenden Fortschritten in der elektronischen Informationstechnik nimmt die Leistungsfähigkeit solcher Preisinformationssysteme zu (vgl. Diller, 1983, S. 273 ff.; Kehl, 2000, S. 309 f.).

3. Zur institutionellen Verankerung des Preis-Controlling

Das Preis-Controlling gehört von der Sache her zum weiter gefassten Marketing- und Vertriebscontrolling, für das heutzutage in nicht wenigen Unternehmen spezielle Stellen eingerichtet sind (vgl. mit Zahlenangaben Köhler, 2001a, S. 26). Im Einzelnen wird deren organisatorische Eingliederung allerdings recht unterschiedlich gehandhabt. Wird der Controller der Marketing-Leitung unterstellt, ist die Gefahr von Abhängigkeiten (die unbeeinflusste Analysen und Kritik hemmen) nicht auszuschließen. Eine alleinige Zuordnung zum Zentralcontrolling des Unternehmens kann eine zu große Problemferne hinsichtlich der besonderen absatzwirtschaftlichen Entscheidungsfragen nach sich ziehen. Praktiziert wird deshalb öfter das sog. *Dotted-Line-Prinzip*, wonach zwar die fachliche Unterstellung beim Zentralcontrolling erfolgt, aber dennoch eine enge personelle Einbindung in den Marketing- bzw. Vertriebsbereich stattfindet.

Der Preis-Controller ist nicht selbst Entscheidungsinstanz. "Das Preiscontrolling belässt die Preisentscheidung bei den jeweiligen Entscheidungsträgern und bietet lediglich Entscheidungshilfen beziehungsweise sorgt für eine übersichtlichere Gestaltung des Entscheidungsprozesses" (Lauszus/Kalka, 2001, S. 411).

4. Literatur

ALBERS, S., 1985, Die Planung der Preis- und Besuchspolitik eines Verkaufsaußendienstes, in: Zeitschrift für Betriebswirtschaft, S. 899-923.

ALBERS, S., 1989, Ein System zur IST-SOLL-Abweichungs-Ursachenanalye von Erlösen, in: Zeitschrift für Betriebswirtschaft, S. 637-654.

ALBERS, S., 1992, Ursachenanalyse von marketingbedingten IST-SOLL-Deckungsbeitragsabweichungen, in: Zeitschrift für Betriebswirtschaft, S. 199-223.

ALBERS, S., 2001, Erlös-Abweichungsanalyse, in: DILLER, H. (Hrsg), Vahlens Großes Marketinglexikon, 2. Aufl., München, S. 428-429.

BACKHAUS, K./SPÄTH, G.-M., 1995, Dynamische Preisplanung auf mehrdimensionalen Märkten, in: ALBACH, H./DELFMANN, W. (Hrsg.), Dynamik und Risikofreude in der Unternehmensführung, Wiesbaden, S. 97-122.

BALDERJAHN, I., 1991, Ein Verfahren zur empirischen Bestimmung von Preisresponsefunktionen, in: Marketing ZFP, S. 33-42.

BERRY, L.L./YADAV, M.S., 1997, Oft falsch berechnet und verwirrend – die Preise für Dienstleistungen, in: Harvard Business Manager, S. 57-67.

DILLER, H., 1983, Informationssysteme für die Preispolitik, in: Marketing ZFP, S. 273-279.

DILLER, H., 1997, Preismanagement im Zeichen des Beziehungsmarketing, in: Die Betriebswirtschaft, S. 749-763.

DILLER, H., 1999, Entwicklungslinien in Preistheorie und –management, in: Marketing ZFP, S. 39-60.

DILLER, H., 2000, Preispolitik, 3. Aufl., Stuttgart/Berlin/Köln.

EBEL, B./SIMON, H., 1996, Erfolgreiches Preismanagement, in: Signale aus der WHU Koblenz, S. 15-24.

ENGELHARDT, W.H., 1977, Erlösplanung und Erlöskontrolle als Instrument der Absatzpolitik, in: Zeitschrift für betriebswirtschaftliche Forschung, S. 10-26.

FISCHER, R./ROGALSKI, M., 1993, Preispolitik auf Grundlage eines entscheidungsorientierten Kosten- und Erlöscontrolling, in: Zeitschrift für Betriebswirtschaft, S. 235-252.

HAMMANN, P./ERICHSON, B., 1977, Ansätze zu einer adaptiven Preispolitik, in: Köhler, R./Zimmermann, H.-J. (Hrsg.), Entscheidungshilfen im Marketing, Stuttgart, S. 250-271.

HRUSCHKA, H., 1999, Spezifikation, Schätzung und empirische Bewährung der Gutenberg Preis-Absatz-Funktion, in: ALBACH, H./EYMANN, E./LUHMER, A./STEVEN, M. (Hrsg.), Die Theorie der Unternehmung in Forschung und Praxis, Berlin u.a., S. 353-373.

KEHL, R.E., 2000, Controlling mit Database Marketing. Effizienzmessung absatzpolitischer Instrumente, Ettlingen.

KLOOCK, J./DIERKES, S., 2002, Neuere Entwicklungen im Marketing-Controlling, in: Zeitschrift für Betriebswirtschaft, Ergänzungsheft, S. 169-190.

KÖHLER, R., 1992, Kosteninformationen für Marketing-Entscheidungen (Marketing-Accounting), in: MÄNNEL, W. (Hrsg.), Handbuch Kostenrechnung, Wiesbaden, S. 837-857.

KÖHLER, R., 1993, Absatzsegmentrechnung, in: CHMIELEWICZ, K./SCHWEITZER, M. (Hrsg.), Handwörterbuch des Rechnungswesens, 3. Aufl., Stuttgart, Sp. 7-15.

KÖHLER, R., 1998, Methoden und Marktforschungsdaten für die Konkurrentenanalyse, in: ERICHSON, B./HILDEBRANDT, L. (Hrsg.), Probleme und Trends in der Marketing-Forschung, Stuttgart, S. 25-48.

KÖHLER, R., 2000, Kundenorientiertes Rechnungswesen als Voraussetzung des Kundenbindungsmanagements, in: BRUHN, M./HOMBURG, CH. (Hrsg.), Handbuch Kundenbindungsmanagement, 3. Aufl, Wiesbaden, S. 415-444.

KÖHLER, R., 2001a, Marketing-Controlling, Konzepte und Methoden, in: REINECKE, S./TOMCZAK, T./GEIS, G. (Hrsg.), Handbuch Marketingcontrolling, Frankfurt am Main/Wien, S. 12-31.

KÖHLER, R., 2001b, Marketing-Controlling, in: DILLER, H. (Hrsg.), Vahlens Großes Marketinglexikon, 2. Aufl., München, S. 967-969.

KÖHLER, R., 2001c, Kostenkontrolle, in: DILLER, H. (Hrsg.), Vahlens Großes Marketinglexikon, 2. Aufl., München, S. 831-832.

KÖHLER, R., 2002, Marketingcontrolling, in: KÜPPER, H.-U./WAGENHOFER, A. (Hrsg.), Handwörterbuch Unternehmensrechnung und Controlling, 4. Aufl., Stuttgart, Sp. 1243-1254.

KUCHER, E., 1985, Scannerdaten und Preissensitivität bei Konsumgütern, Wiesbaden.

KÜPPER, H.-U., 2001, Controlling, 3. Aufl., Stuttgart.

LAUSZUS, D./KALKA, R., 2001, Preiscontrolling, in: REINECKE, S./TOMCZAK, T./GEIS, G. (Hrsg.), Handbuch Marketingcontrolling, Frankfurt am Main/Wien, S. 392-412.

LINK, J./GERTH, N./VOßBECK, E., 2000, Marketing-Controlling, München.

MÄNNEL, W., 2001, Deckungsbudget, in: DILLER, H. (Hrsg.), Vahlens Großes Marketinglexikon, 2. Aufl., München, S. 270-272.

MARN, M.V./ROSIELLO, R.L., 1993, Balanceakt auf der Preistreppe, in: Harvard Business Manager, S. 46-56.

MEYER, A./STREICH, K., 1998, Preispolitik für Dienstleistungen, in: MEYER, A. (Hrsg.), Handbuch Dienstleistungs-Marketing, Band 1, Stuttgart, S. 846-865.

PLINKE, W., 1982, Der Einfluß von Kosteninformationen auf Preisentscheidungen, in: Marketing ZFP, S. 246-254.

RAFFÉE, H., 1996, Preisuntergrenzencontrolling, in: SCHULTE, CH. (Hrsg.), Lexikon des Controlling, München/Wien, S. 589-593.

RECKENFELDERBÄUMER, M., 1995, Marketing-Accounting im Dienstleistungsbereich. Konzeption eines prozeßkostengestützten Instrumentariums, Wiesbaden.

RIEBEL, P., 1994, Einzelkosten- und Deckungsbeitragsrechnung, 7. Aufl., Wiesbaden.

SCHMIDT, R.W., 1997, Strategisches Marketing-Accounting, Wiesbaden.

SIMON, H., 1992, Preismanagement, 2. Aufl., Wiesbaden.

SIMON, H., 1995, Preismanagement kompakt. Probleme und Methoden des modernen Pricing, Wiesbaden.

SIMON, H./KUCHER, E., 1988, Die Bestimmung empirischer Preisabsatzfunktionen, in: Zeitschrift für Betriebswirtschaft, S. 171-183.

TACKE, G., 1989, Nichtlineare Preisbildung, Wiesbaden.

TULL, D.S./KÖHLER, R./SILVER, M.S., 1986, Nachfrageerwartungen und Preisverhalten deutscher Unternehmen. Eine empirische Studie, in: Marketing ZFP, S. 225-232.

WILTINGER, K., 1998, Preismanagement in der unternehmerischen Praxis. Probleme der organisatorischen Implementierung, Wiesbaden.

WÜBKER, G., 1998, Preisbündelung, Wiesbaden.

Ingo Balderjahn

Erfassung der Preisbereitschaft

1. Preisbereitschaft und Kaufverhalten

Nach Diller (2000, S. 168) ist die Preisbereitschaft, auch Zahlungsbereitschaft (*willingness to pay*) oder Reservationspreis (*reservation price*) genannt, eine Preisintention und dient der Charakterisierung der grundsätzlichen Bereitschaft eines Nachfragers, in einer zukünftigen Kaufsituation für eine Leistung höchstens einen bestimmten maximalen Preis zu zahlen. Nach dieser Definition stellt die Preisbereitschaft die individuelle *Preisobergrenze* bzw. absolute obere *Preisschwelle* dar. Ist die Preisbereitschaft höher als der aktuell für eine Leistung geforderte Preis, so bezieht der Nachfrager in Höhe dieser Differenz eine so genannte *Konsumentenrente* (*consumer surplus*). Preise oberhalb der persönlichen Preisbereitschaft werden vom Nachfrager dagegen nicht akzeptiert. Im Gegensatz dazu ist die *Preisbereitschaft eines Anbieters* der minimalste Preis, den ein Verkäufer gerade noch als Kaufangebot akzeptieren will. Der maximale Preis, den ein Konsument bereit ist, für ein Produkt zu zahlen (Preisbereitschaft), korrespondiert unmittelbar mit dem wahrgenommenen Wert (*perceived value*), den dieses Produkt für den Konsumenten hat (vgl. Kalish/Nelson, 1991, S. 328). Die Preisbereitschaft kann somit als monetärer Ausdruck des wahrgenommenen Wertes des Produkts aufgefasst werden (vgl. Kalish/Nelson, 1991, S. 328).

Die Preisbereitschaft wird von *kognitiven Prozessen* der Verarbeitung von Preisinformationen (z. B. Preiswissen, Preislernen) beeinflusst, stellt aber keinen festen kognitiven Standard dar und variiert zwischen unterschiedlichen Kauf- bzw. Konsumsituationen (z. B. Kauf desselben Erfrischungsgetränks im Supermarkt einerseits oder an einem Bahnhofskiosk andererseits). Aber auch ohne objektive Preiskenntnisse verfügen Konsumenten oft über Vorstellungen, wie hoch der Preis für ein Produkt maximal sein darf (vgl. Trommsdorff, 2002, S. 100).

Die Kenntnis von Preis- bzw. Zahlungsbereitschaften ist eine Schlüsselinformation zur optimalen Preisgestaltung im Unternehmen. Aus der Preisbereitschaft lassen sich *Preisreaktions- bzw. Preiswirkungsfunktionen* ableiten (z. B. *Preis-Absatz-Funktionen*), die für eine Festlegung optimaler Preise unablässig sind (vgl. Balderjahn, 1993, S. 40 ff.). Darüber hinaus kann die Ermittlung der Preisbereitschaft im *Target Costs-Ansatz* der Bestimmung von Zielkosten, die bei der Herstellung und im Vertrieb eines Produktes nicht überschritten werden dürfen, dienen (vgl. den Beitrag von Seidenschwarz sowie Woratschek, 1996, S. 153).

In Abbildung 1 wird die Preisbereitschaft in einem theoretischen Kontext konzeptionell dargestellt. Angenommen wird, dass der wahrgenommene Wert eines Produkts sich einerseits aus der *wahrgenommenen Qualität* (Bruttonutzen) und andererseits aus den erwarteten *Beschaffungskosten* (z. B. Zeitkosten, kognitive Aktivitäten und Kaufanstrengungen) ergibt (vgl. Balderjahn, 1993, S. 29; Monroe, 1990, S. 54; Peter et al., 1999, S. 395, Zeithaml 1988). Die erwarteten Beschaffungskosten enthalten nach diesem Konzept nicht den aktuell geforderten Preis (vgl. Kalish/Nelson, 1991, S. 328). Sie können im weitesten Sinne auch als *Transaktionskosten* aufgefasst werden. Die Hypothese von der Preisbereitschaft besagt, dass Konsumenten den wahrgenommenen Wert eines Produkts in Geldeinheiten bewerten und diesen in einer spezifischen Kaufsituation am POS mit dem aktuell geforderten Preis für das Produkt vergleichen. Wird rationales Verhalten unterstellt, dann wählt der Konsument aus dem aktuellen Angebot das Produkt bzw. die Marke mit der größten positiven Differenz zwischen Preisbereitschaft und aktuellem Preis aus (Ziel der Maximierung der Konsumentenrente).

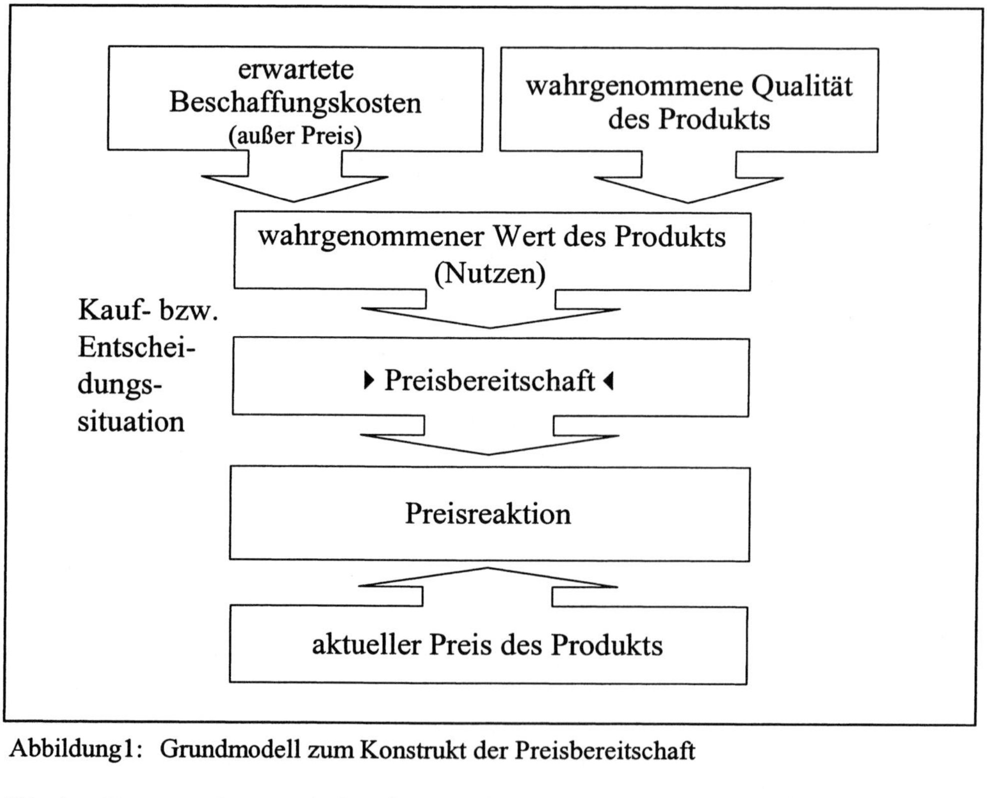

Abbildung 1: Grundmodell zum Konstrukt der Preisbereitschaft

Für den Zusammenhang zwischen der Preisbereitschaft und der Nachfrage gibt es zahlreiche Erklärungsmodelle (vgl. Lilien et al., 1992, S. 204 f.). Dennoch sind genaue Kenntnisse dazu, wie der Preis die Kaufentscheidung beeinflusst, nach Meinung von Olshavsky et al. (1995, S. 207) immer noch unzureichend. Die Wirkung des Preises auf die Kaufentscheidung kann innerhalb von zwei theoretischen Meta-Ansätzen erfasst werden: (1) Nach der *rational choice theory* besitzen Konsumenten (Entscheider) stabile Präferenzen. Sie können jeder Kaufalternative (*choice set*) einen festen Nutzen bzw.

Wert zuweisen und diesen auch monetär bewerten. Weiterhin sind sie in der Lage, exakt festzustellen, welche Kaufalternative den persönlichen Nutzen maximiert. Demgegenüber geht der *Informationsverarbeitungsansatz* (information-processing approach) von einer begrenzten Informationsverarbeitungskapazität und Entscheidungsrationalität (*bounded rationality*) bei den Konsumenten aus (vgl. Bettman et al., 1998, S. 187). Konsumenten „konstruieren“ nach dieser Theorie erst dann Präferenzen für Produkte, wenn diese in einer aktuellen Kaufsituation beschafft werden sollen. Deshalb sind Präferenzen häufig stark von der jeweiligen Situation am POS abhängig. Zudem variiert der Konsument auch seine Entscheidungsstrategien, so dass nicht von einer einheitlichen Wirkung von Preisbereitschaft und Preis auf den Produktkauf ausgegangen werden kann (vgl. Olshavsky et al., 1995, S. 207 f.).

Zur Bestimmung der Preisbereitschaft können einerseits Methoden herangezogen werden, die Preisbereitschaften auf individueller Ebene messen, und andererseits solche, die die Preisbereitschaft aus der Messung von Kauf- und Entscheidungsdaten (näherungsweise) ableiten und somit Preisbereitschaften auf aggregiertem, gruppenspezifischem Niveau ermitteln. Zur ersten Gruppe gehören Methoden der direkten Befragung von Konsumenten, Auktionen und die Conjoint-Analyse. Die zweite Gruppe enthält Methoden zur Analyse von Marktdaten (ökonometrische Analysen) sowie die Diskrete Entscheidungsanalyse (*discrete choice-Ansatz*). Da die Validität von Expertenbefragungen zur Messung der Preisbereitschaft sehr gering ist, wird diese Methode hier weder empfohlen und noch behandelt.

2. Methoden zur Erfassung persönlicher Preisbereitschaften

2.1 Direkte Befragung von Konsumenten

Direkte Befragungsmethoden zielen darauf, für ein spezifisches Produkt unmittelbar die persönliche Preis- bzw. Zahlungsbereitschaft der Nachfrager zu ermitteln (*contingent valuation techniques*). Im einfachsten Fall (Grundform) wird den Probanden nur die Frage gestellt, wie viel sie für ein bestimmtes, genau beschriebenes Produkt maximal zahlen würden (vgl. Woratschek, 2001, S. 615). Nach dem *buy-response-Ansatz* werden durch direkte Befragungen nicht nur absolute obere Preisbereitschaftsschwellen, sondern auch untere Preisbereitschaftsschwellen erhoben, um Kaufverweigerungen aufgrund auftretender Qualitätszweifel bei zu geringem Preis mit zu berücksichtigen (vgl. Diller, 2000, S. 169).

Für die *direkte Preisabfrage* haben sich inzwischen zahlreiche *Varianten* etabliert. So schlagen Kotler/Bliemel (1999, S. 780 f.) vor, dass Konsumenten entsprechend ihrem persönlich empfundenen Nutzen insgesamt 100 Punkte entweder global auf Alternativprodukte oder auf einzelne Produktattribute verteilen, diese dann gewichten, um nachfolgend einen gewichteten Punktwert für jedes Alternativprodukt zu bestimmen. Die Punktwerte, die Maße für den wahrgenommenen Nutzen darstellen, werden abschließend durch aktuelle Marktpreise kalibriert und in Geldeinheiten ausgedrückt.

Direkte Abfragen der Preis- bzw. Zahlungsbereitschaft werden oft als Teil oder als Ergänzung von *Testmarkt-Studien* eingesetzt. Beim *BASES Price Advisor* von ACNielsen, der als Instrument für eine optimale Preisgestaltung kommerziell angeboten wird, werden ca. 200 Probanden typische Produktkonzepte *ohne* Preisangabe vorgestellt. Dann werden die Probanden gefragt, zu welchem Preis das Produkt sehr preisgünstig („a very good value"), durchschnittlich teuer („an average value") oder zu teuer („a somewhat poor value") wäre. Zu jedem der drei genannten Preise werden nachfolgend individuelle Kaufwahrscheinlichkeiten abgeleitet, aggregiert und als repräsentative Preis-Absatz-Funktionen dargestellt (vgl. Punkt 3.2). Die letzte Preiseinschätzung („a somewhat poor value") könnte als maximale Preisschwelle, also als Preisbereitschaft, interpretiert werden. Das Instrument eignet sich sowohl für Produktkonzepte als auch für marktfähige Produkte.

Auf Cameron/James (1987, S. 389 ff.) geht der Vorschlag zurück, Produkte, die hinsichtlich kaufrelevanter Merkmale vollständig beschrieben werden, einer Zufallsstichprobe von Probanden vorzulegen. Die Preise für diese Produkte werden experimentell oder nach einem Zufallsverfahren, das sich am Marktpreis orientiert, festgelegt. Jeder Proband wird dann gefragt, ob er bereit ist, für das jeweilige Produkt den *vorgegebenen* Preis zu zahlen. Diese Methode kann Preisschwellen nur auf Gruppenniveau ermitteln. Um auch individuelle Preisbereitschaften zu bestimmen, kann sie durch *mehrere Produkt-Preis-Szenarien*, die jeder Proband zu bewerten hat, erweitert werden. Bei einer ersten Kaufentscheidung sollte der Preis sukzessive in kleinen Schritten bis zur oberen Preisschwelle angehoben und bei einer Kaufablehnung entsprechend stufenweise bis zur Akzeptanz (Preisbereitschaft) verringert werden (vgl. auch Punkt 3.2).

Methoden der direkten Abfrage der Preisbereitschaft sind sowohl für noch nicht verfügbare Produkte (Produktkonzepte) als auch für marktgängige Produkte geeignet und relativ einfach durchführbar. Um repräsentative Aussagen machen zu können, sollte für die Befragung eine Zufallsstichprobe aus einer wohldefinierten Zielgruppe vorliegen. Allerdings wird in der Literatur mehrfach darauf hingewiesen, dass Preisbereitschaften mit einer direkten Befragung nicht valide erhoben werden können, da die Aufmerksamkeit der Probanden auf den Preis gelenkt wird. Dadurch erhöht sich künstlich die Preissensibilität bzw. das Preisbewusstsein der Probanden mit der Folge verzerrter Messungen.

Wertenbroch und Skiera (2002) stellen ein Verfahren vor, das trotz direkter Preisabfrage valide die Preisbereitschaft messen soll. Zur Erhebung wird dazu ein *„Lotterie-Design"* verwendet, das dem Probanden einen Anreiz geben soll, seine Zahlungsbereitschaft wahrheitsgetreu anzugeben. Nach dieser Methode müssen Probanden zuerst direkt ihre Preisbereitschaft für ein genau bestimmtes Produkt angeben. Dann wird ihnen ein Preis aus einer spezifizierten Verteilung (z. B. Gleichverteilung), die das reale Preisspektrum abbildet, „zugelost". Die Regel legt fest, dass die Probanden das Produkt zu dem „zugelosten" Preis kaufen müssen, falls dieser gleich oder kleiner ist als die vorher angegebene Zahlungsbereitschaft. Ist der Preis höher, dann dürfen die Probanden das Produkt nicht kaufen (vgl. Wertenbroch/Skiera, 2002, S. 230). Die Lotteriesituation, so wird vermutet, dient als Anreiz, die persönliche Zahlungsbereitschaft korrekt anzugeben, da einerseits der tatsächlich zu zahlende Preis die angegebene Preisbereitschaft nie überschreitet (keine Verlustgefahr) und andererseits die Möglichkeit besteht, das Produkt (deutlich) günstiger als die persönliche Zahlungsbereitschaft zu erhalten (Gewinnerwartung). Vorteilhaft ist, dass mit diesem Verfahren die Preisbereitschaft in typischen Kaufsituationen direkt am POS gemessen werden kann. Es soll sich für geringpreisige Produkte, für deren Kauf sich keine Finanzprobleme ergeben, eignen. Nachteilig kann sich auswirken, dass die Art „Lotteriespiel" dieser Methode viel Raum für ein strategisches Antwortverhalten der Probanden mit dem Ziel erwarten lässt, ein Produkt möglichst unterhalb des (bekannten) Marktpreises zu bekommen. Dafür spricht auch die Beobachtung, dass im Vergleich zu einer direkten Abfrage der Zahlungsbereitschaft die so ermittelten Preisbereitschaften signifikant geringer ausfallen (vgl. Wertenbroch/Skiera, 2002, S. 231 f.). Darüber hinaus kann dieses Messverfahren nur für existierende Produkte bzw. Prototypen und nicht für Konzepte im Produktentwicklungsprozess angewendet werden. Zudem bleibt letztlich das Problem, dass auch mit dieser Methode das Preisbewusstsein der Probanden künstlich erhöht wird. Weiterhin wird nur *ein* Produkt und keine Konkurrenzsituation erfasst.

Eine Variante der Methode von Wertenbroch und Skiera (2002) kommt bei der Internet-Firma IhrPreis.de AG zum Einsatz (vgl. Bilstein/Bieker, 2000). Konsumenten geben auf der Webseite des Unternehmens für *ein* genau spezifiziertes Produkt ein *verbindliches* Kaufangebot in Höhe der Preisbereitschaft ab. Aus den kumulierten Preisangeboten kann dann eine Nachfragekurve generiert werden (vgl. Bilstein/Bieker, 2000, S. 64). Im Unterschied zum Verfahren von Wertenbroch/Skiera (2002) sind dem Nachfrager die Regeln nicht bekannt, die festlegen, wann ein Nachfrager das Produkt zum gewünschten Preis erhält und wann nicht. Wird anstelle eines verbindlichen ein nur unverbindliches Preisangebot abverlangt, steigt die geäußerte Preisbereitschaft deutlich.

2.2 Auktionen

Mit der Ausbreitung des Internets gewinnen Auktionen als Instrumente der Preisfindung insbesondere auf elektronischen Märkten zunehmend an Bedeutung (vgl. Reichwald et al., 2000, S. 542). Als Methode zur Erhebung von Zahlungsbereitschaften werden Auktionen von Skiera/Revenstorff (1999) vorgeschlagen. Bei Auktionen wird der tatsächlich zustande kommende Preis für ein bestimmtes (knappes) Produkt durch die verschiedenen Preisangebote konkurrierender Nachfrager ermittelt. Zur Beschreibung von Auktionen werden zwei theoretische Modelle unterschieden (vgl. Reichwald et al., 2000, S. 544 f.):

Nach dem *independent-private-values-model* schätzt jeder Bieter, unabhängig von anderen Bietern, den Wert des angebotenen Produkts ein. Diese persönliche Einschätzung bleibt den anderen Bietern verborgen. Dagegen hat ein Produkt nach dem *common-value-model* einen für alle Bieter gleichen (objektiven) Wert, der jedoch für alle unbekannt ist und erst durch Schätzungen einzelner Bieter ermittelt wird. Von den verschiedenen Auktionstypen soll die Vickrey-Auktion (*second-price-sealed-bid-auktion*) am besten geeignet sein, Preisbereitschaften zu ermitteln. Bei einer *Vickrey-Auktion* bieten alle Nachfrager gleichzeitig in verdeckter Form. Den Zuschlag für das Produkt erhält dann derjenige Bieter, der das höchste Kaufangebot gemacht hat. Es wird argumentiert, dass diese Auktion so angelegt ist, dass es für Bieter die beste Strategie ist, Gebote in Höhe der wahren Zahlungsbereitschaft abzugeben, da im Falle des Zuschlags der Bieter das Gut zum Preis des zweithöchsten Gebots bzw. des ersten zurückgewiesenen Gebots *erwerben muss* (vgl. Reichwald et al., 2000, S. 548; Skiera/Revenstorff, 1999, S. 226). Im Vergleich zu einer direkten Abfrage der Preisbereitschaft sind die mit einer Vickrey-Auktion ermittelten Zahlungsbereitschaften geringer (vgl. Skiera/Revenstorff, 1999, S. 238). Dennoch konnte festgestellt werden, dass auch Gebote oberhalb des objektiven Werts des Produkts abgegeben wurden (vgl. Wertenbroch/Skiera, 2002, S. 229). Nachteilig ist, dass die Bietersituation nicht realen Kaufsituationen entspricht, denn Bieter treten in einen Wettbewerb um ein knappes Gut. Zudem bleibt auch hier das Problem des erhöhten Preisbewusstseins durch die direkte Preisabgabe.

2.3 Conjoint-Analyse

Die Conjoint-Analyse (*CONsidered JOINTly,* auch als *Conjoint Measurement* bezeichnet) ist in der Markt- und Marketingforschung eine der am häufigsten angewandten quantitativen Methoden zur Schätzung von individuellen Nutzenstrukturen, die insbesondere bei der Neuproduktplanung und zur Preisoptimierung eingesetzt wird (vgl. Cattin/Wittink, 1982; Wittink/Cattin, 1989; Witting et al., 1994, S. 44 f.; Voeth, 1999, S. 159). Wegen der besonderen Bedeutung der Conjoint-Analyse zur Ermittlung von individuellen Preisbereitschaften wird dieses Verfahren hier ausführlicher behandelt.

Zur Conjoint-Analyse gehören alle Verfahren, die dekompositionell aus *geäußerten globalen Präferenzurteilen* von Konsumenten bezüglich einer Anzahl alternativer Produkte bzw. Produktprofile individuell gültige und intervallskalierte Nutzenwerte einzelner Merkmalsausprägungen dieser Produkte schätzen (vgl. Balderjahn, 1994, S. 13). Als *dekompositionelles Verfahren* zielt die Conjoint-Analyse darauf, aus Präferenzurteilen bezüglich einer Anzahl von Produkten bzw. Produktprofilen, die diesen Urteilen zugrunde liegende individuelle Präferenzstruktur zu rekonstruieren. Die Conjoint-Analyse wird insbesondere wegen ihres dekompositionellen Charakters als valides Instrument zur Erfassung von Preisbereitschaften angesehen. Der Preis ist nur eines von mehreren Produktmerkmalen, das der Proband im *Trade-off-Vergleich* zu bewerten hat. Eine hervorgehobene Bedeutung wird dem Preis nicht beigemessen, so dass sich auch kein erhöhtes Preisbewusstsein einstellen wird. Probleme der erhöhten Preissensibilität und -rationalität, wie sie sich bei einer direkten (kompositionellen) Abfrage der Preisbereitschaft ergeben können, werden somit vermieden. Darüber hinaus entspricht die Bewertungsaufgabe eher realen Kaufentscheidungssituationen, da zwischen Preis und Qualitätsaspekten Abwägungen (Trade-offs) vorgenommen werden müssen. Im Rahmen der Conjoint-Analyse kann anstelle der Präferenz auch direkt die Preisbereitschaft je Produktprofil abgefragt werden (vgl. Kalish/Nelson, 1991, S. 328). Allerdings ergebe sich dann im Vergleich zur direkten Befragung kein Vorteil mehr.

Die Conjoint-Analyse setzt voraus, dass Produkte und Dienstleistungen als Kombination einzelner Merkmalsausprägungen aufgefasst und dargestellt werden können. Weiterhin wird angenommen, dass sich die geäußerten Gesamtpräferenzen für ein Produkt aus der Summe der Präferenzbeiträge (*Teilnutzenwerte*) einzelner Merkmalsausprägungen ergeben. *Präferenzmodelle*, wie das Teilnutzenfunktionsmodell sowie das Vektor- und Idealpunktmodell, spezifizieren den Zusammenhang zwischen Teilnutzenwerten und Merkmalsausprägungen. Auf den Preis bezogen, wird nach dem Teilnutzenfunktionsmodell für jede vorgegebene Preisstufe ein Nutzenwert bestimmt. Das *Vektormodell* unterstellt dagegen einen linearen Zusammenhang zwischen Preis und Teilnutzen. Geschätzt wird der Preisparameter, der die Stärke des linearen Zusammenhangs angibt. Demgegenüber unterstellt das *Idealpunktmodell* die Existenz eines optimalen Preises, dessen Über- bzw. Unterscheidung Nutzeneinbußen zur Folge hat. Für dieses Präferenzmodell müssen zwei, ein linearer und ein quadratischer Preisparameter, geschätzt werden (vgl. Balderjahn, 1994, S. 14 ff.). Auch wenn für die Preiswirkung das Teilnutzenfunktionsmodell einsetzbar ist, so soll dennoch empfohlen werden, das Vektor- bzw. Idealpunktmodell zu verwenden.

Zur Durchführung einer Conjoint-Analyse werden die folgenden Phasen unterschieden: Festlegung kaufentscheidender Produktmerkmale (inklusive Preis) und die jeweiligen diskreten Merkmalsausprägungen, Festlegung der in der Erhebung verwendeten Produkte bzw. Produktprofile (Design), globale Bewertung der Produktprofile durch die Probanden, Berechnung der individuellen Teilnutzenwerte bzw. Nutzenparameter und gegebenenfalls Aggregation der Nutzenwerte (vgl. Backhaus et al., 2000, Kap. 10). Auf der Basis der geschätzten individuellen Nutzenwerte können nachfolgend Preisresponsefunktionen abgeleitet (vgl. Balderjahn, 1993, S. 97 ff.; 1994, S. 15 ff.) sowie Cluster-Analysen zur *Benefit-Segmentierung* durchgeführt werden. Als Schätzverfahren kommen lineare Regression (OLS), monotone Varianzanalyse (MONANOVA) und die Lineare Optimierung in Frage. Inzwischen werden zahlreiche Computerprogramme angeboten, die auch eine akustische und visuelle Präsentation der Produkte ermöglichen.

Es können fünf *Arten der Conjoint-Analyse* unterschieden werden:

- *Die full-profile Conjoint-Analyse (Profilmethode)*: Hiernach beurteilen Probanden vollständig beschriebene Produkte bzw. Produktkonzepte, die sich aus der Kombination aller Merkmalsausprägungen ergeben. Die Bewertung kann über eine Präferenzordnung (*Ranking*) oder durch Präferenzbewertungen (*Rating*) erfolgen. Um die

Anzahl der zu bewertenden Profile gering zu halten, werden so genannte fraktionierte faktorielle Designs eingesetzt. Die full-profil Conjoint-Analyse sollte nur dann zur Schätzung individueller Preisbewertungen herangezogen werden, wenn keine Interaktionen zwischen Produktmerkmalen erwartet werden. Wird allerdings neben dem Preis auch die Marke bzw. der Markenname in das Design aufgenommen, ist ein Interaktionseffekt zwischen Marke und Preis aufgrund des *Preis-Qualitäts-Zusammenhangs* wahrscheinlich. Dieser Effekt kann durch zusätzliche Qualitätsmerkmale im Design reduziert werden. Weiterhin ist bekannt, dass die wahrgenommene Wichtigkeit des Preises mit der Anzahl der vorgegebenen Preisstufen steigt. Die Preiswirkung wird also dann systematisch überschätzt, wenn die Anzahl der Preisstufen höher ist, als die Anzahl der Ausprägungen anderer Merkmale (vgl. Brice, 1997, S. 262).

- *Die Trade-Off-Methode (Zwei-Faktoren-Methode)*: Hier werden den Probanden Trade-off-Matrizen vorgelegt, die jeweils die Ausprägungen von je zwei Merkmalen vollständig kombinieren. Die paarweisen Merkmalskombinationen werden hinsichtlich der Präferenz von den Probanden geordnet. Da die Durchführung sich sehr aufwendig gestalten kann und zudem nicht eindeutig ist, was die Probanden jeweils über die nicht innerhalb der Trade-off-Matrix spezifizierten anderen Merkmale annehmen, wird dieses Verfahren der Conjoint-Analyse heute zurecht kaum noch angewendet.

- *Die Hybride Conjoint-Analyse*: Bei sehr großen Designs mit vielen Merkmalen und Merkmalsausprägungen wird der Einsatz der Profilmethode problematisch, da die Anzahl der von den Probanden zu bewertenden Profile exponentiell ansteigt. Deshalb wurde vorgeschlagen (vgl. z. B. Green, 1984), die Conjoint-Analyse (dekompositioneller Teil) durch direkte Einschätzungen (kompositioneller Teil) zu ergänzen. Allerdings können mit diesem Verfahren nur gruppenspezifische Nutzenwerte bestimmt werden (vgl. Weiber/Rosendahl, 1997, S. 110). Zudem ist zu erwarten, dass eine vor der Conjoint-Analyse durchgeführte direkte Abfrage der Preisbewertung das Preisbewusstsein bei den Probanden künstlich erhöht und damit die eigentlichen Vorteile der Conjoint-Analyse untergraben werden.

- *Die Adaptive Conjoint-Analyse (ACA)*: Auch die adaptive Conjoint-Analyse ist ein hybrider Ansatz und kombiniert kompositionelle (direkte Fragen zur Bewertung von Merkmalen und Merkmalsausprägungen) mit dekompositionellen (Paarvergleiche) Bewertungen. Die im Paarvergleich vorgelegten Alternativkonzepte werden aufgrund der vorher erfragten Wichtigkeiten von Merkmalen und Merkmalsausprägungen (kompositioneller Teil) gebildet und im Verlauf der Analyse ständig angepasst (vgl. Weiber/Rosendahl, 1997, S. 110). Dieses Verfahren wird computergestützt eingesetzt und eignet sich gut bei einer großen Anzahl von Attributen und Ausprägungen. Im Vergleich zur klassischen hybriden Analyse hat die ACA den Vorteil, individuelle Nutzendaten zu ermitteln. Gegen den Einsatz der ACA zur Preiswirkungsanalyse spricht allerdings, dass die vorab erfragten Einschätzungen zu den Preisen das Preisbewusstsein erhöhen und das Antwortverhalten verzerren.

- *Die Choice-based Conjoint-Analyse*: Genau genommen handelt es sich hier nicht um eine Conjoint-Analyse, sondern um eine Analyse nach dem *Discrete-Choice-Ansatz* (vgl. Punkt 3.2). Die Bezeichnung entspringt eher einer marketingpolitischen Strategie der Brand Extension der anbietenden Softwarefirmen, als theoretische und methodische Gemeinsamkeiten der beiden Verfahren. Probanden müssen aus einer Anzahl vollständig beschriebener Produktalternativen eine auswählen, wobei auch die „Nichtkauf-Alternative" darunter sein kann. Spezifikation und Schätzung erfolgen im Modell der multinomialen Logit-Analyse. Als Ergebnis liegen für vorab definierte Gruppen repräsentative Nutzenparameter vor, so dass die Preisbereitschaft *nur* für Gruppen und nicht auf individuellem Niveau ermittelt werden kann (vgl. Punkt 3.2). Dieses Verfahren eignet sich ausgesprochen gut zur Analyse gruppenspezifischer Preiswirkungen.

Zur Messung der Preisbereitschaft mittels der Conjoint-Analyse wird der Preis als ein Produktattribut in das Design aufgenommen und im Vektormodell spezifiziert. So ist es möglich, von der Conjoint-Analyse geschätzte Nutzenwerte monetär, d. h. in Geldeinheiten, auszudrücken. Angenommen, der „Nettonutzen" U eines Produkts ergibt sich aus dem wahrgenommenen Wert Q, der jetzt als *Qualitätsnutzen* bezeichnet werden soll, abzüglich der Nutzeneinbuße durch den zu zahlenden Produktpreis P, d. h. $U = Q - \beta \; P$, so berechnet sich die Preisbereitschaft aus dem Qualitätsnutzen Q dividiert durch den Preisparameter β (vgl. Kalish/Nelson, 1991, S. 328). Der wahrgenommene Nutzen wird so in Geldeinheiten reskaliert und kann als Ausdruck der Preisbereitschaft aufgefasst werden. Die Vorgehensweise soll am folgenden einfachen *Beispiel* illustriert werden.

Den Probanden wurde die folgende Aufgabe gestellt:

> Sie gehen in ein Reisebüro und wollen eine Urlaubsreise für 2 Wochen buchen. Das Reisebüro unterbreitet Ihnen genau 9 Angebote, die sich hinsichtlich des Reiselandes (England, Spanien, Türkei), der Unterkunft (3-Sterne Hotel, Pension, Zeltplatz) und des Preises (500 €, 750 €, 1000 €) unterscheiden. Geben Sie bitte für jedes Angebot Ihre Präferenz an. Sie können zwischen 1 (geringste Präferenz) bis 10 (höchste Präferenz) differenzieren.

Das fraktionierte faktorielle Design für das Beispiel umfasst 9 von insgesamt 27 möglichen Reiseangeboten. Zur Schätzung der Teilnutzenwerte wurde das Programm CONJOINT ANALYZER von Bretton Clark verwendet (full-profile Conjoint-Analyse). Urlaubsland und Unterbringung sind als Teilnutzenfunktionsmodelle und der Preis als Vektormodell spezifiziert. Geantwortet haben 71 Studenten der Vorlesung „Marktforschung" im Sommersemester 2002 an der Universität Potsdam. Die durchschnittliche Anpassungsgüte beträgt 81,3 %. Die relativen Wichtigkeiten, auf die *aggregierten* Gruppenwerte bezogen, sind für die Unterbringung 50,8%, für das Urlaubsland 25,1 % und für den Preis 24,1 %. Die aggregierten Teilnutzenwerte für die Urlaubsorte und die Unterbringungen sind der Abbildung 2 zu entnehmen. Der Preisparameter des Vektormodells wurde auf $\beta = -3{,}306$ [1/1000 €] geschätzt.

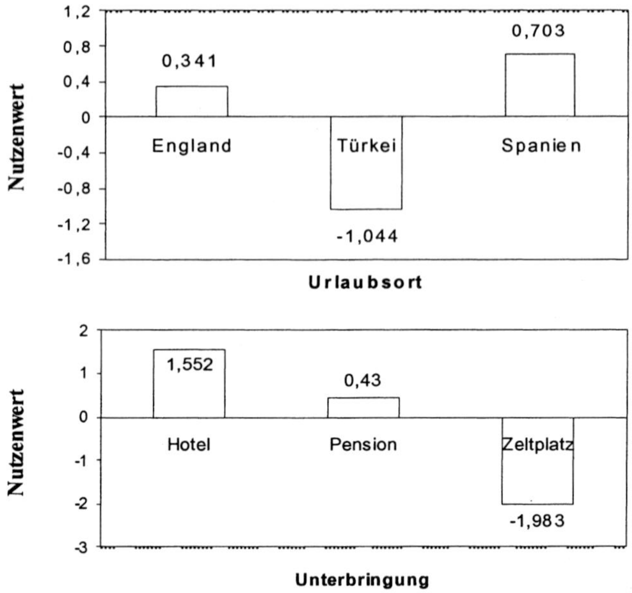

Abbildung 2: Teilnutzenwerte für die Merkmale Urlaubsort und Unterbringung

Aus dem Kehrwert des Preisparameters ergibt sich der monetäre Wert je Nutzeneinheit. Für das Beispiel sind das 302,48 € je Nutzeneinheit. Für einen Urlaub in Spanien im Hotel beträgt z. B. die Preisbereitschaft 682,09 € (2,255 x 302,48), für das Hotel in der Türkei wird dagegen nur 153,67 € (0,508 x 302,48) maximal bezahlt. Wird ein Preis exakt in Höhe der Preisbereitschaft verlangt, sinkt der Nettonutzen bzw. wahrgenommene Wert auf Null. Alle Preise unterhalb der Preisbereitschaft liefern einen positiven Nettonutzen, alle Preise darüber einen negativen Nettonutzen. Diese Berechnungen können selbstverständlich auch auf individuellem Niveau durchgeführt werden.

3. Methoden zur Erfassung aggregierter Preisbereitschaften

3.1 Analyse von Marktdaten

Marktdaten stellen im Zeitablauf (Längsschnittanalysen, Panels) erhobene Angaben zu Absatzmengen bzw. Marktanteilen und Preisen von bestimmten Produkten dar. Soweit über die Beobachtungsperiode hinweg genügend große Preisänderungen festzustellen sind, können mit Hilfe regressionsanalytischer Methoden Preis-Absatz-Funktionen ermittelt werden (vgl. Simon, 1995, S. 50 ff.). Auch Preisexperimente auf *experimentellen Testmärkten* können unter Einsatz der *Scanner-Technologie* Preis-Absatz-Daten liefern (z. B. GfK-BehaviourScan®) (vgl. Simon, 1995, S. 48 ff.). Preisbereitschaften können mit dieser Methode nicht exakt ermittelt werden, da einerseits keine individuellen Kaufentscheidungen der Analyse vorliegen, sondern nur aggregierte Absatzzahlen, und andererseits nur die Reaktion auf feste, vorgegebene Preise beobachtet wird. Wird zu einem bestimmten Preis ein bestimmter Absatz beobachtet, so kann daraus nur gefolgert werden, dass die individuellen Preisbereitschaften der Käufer höher waren als der geforderte Marktpreis. Bei denjenigen potenziellen Käufern, die zu diesem Preis vom Kauf des Produkts Abstand genommen haben, hat der Marktpreis ihre individuellen Preisschwellen überschritten. Die hinter einer Preis-Absatz-Funktion liegenden Preisbereitschaften der Nachfrager können somit nur annäherungsweise geschätzt werden.

3.2 Diskrete Entscheidungsanalyse

Die Diskrete Entscheidungsanalyse ist ein ökonometrischer Ansatz, der insbesondere auf Arbeiten von McFadden (vgl. z. B. McFadden, 1980) zurückgeht (vgl. auch Balderjahn, 1991, S. 34 f.; Balderjahn, 1993, S. 117 ff.). Vorausgesetzt wird, dass ein abgrenzbarer Markt definierter Produkte bzw. eine definierte Entscheidungssituation (so genanntes Alternativen-Set bzw. *choice set*) vorliegt. Jedes Produkt kann vollständig durch eine bestimmte, nicht zwingend identische Anzahl kaufrelevanter Merkmale beschrieben werden. Nach diesem Ansatz äußern sich *latente Präferenzen* in Auswahlentscheidungen zwischen den vorgegebenen Entscheidungsalternativen (*theory of revealed preferences*). Mit dieser Methode können auch individuelle Auswahl- bzw. Kaufentscheidungen analysiert werden.

Im Gegensatz zur Conjoint-Analyse, die Präferenzen direkt abfragt, geht die Diskrete Entscheidungsanalyse davon aus, dass Präferenzen latent sind und nur indirekt über das Entscheidungs- bzw. Kaufverhalten messbar sind. Entscheidungen werden ausschließlich rational getroffen, d. h. mit dem Ziel der Nutzenmaximierung. Der Nutzen allerdings wird als Zufallsgröße (*random utility model*) spezifiziert, mit einer deterministischen Komponente, die den Einfluss der Produktmerkmale auf den Nutzen und gegebenenfalls gruppenspezifische Nutzendifferenzen erfasst, und einer stochastischen Komponente, die den Zufallseinfluss beschreibt (vgl. Balderjahn, 1993, S. 134 ff.). Für den Zufallseinfluss wird häufig die Normalverteilung (*Probit-Modell*) oder die logistische Verteilung (*Logit-Modell*) unterstellt.

Zur Messung von Preisbewertung und -reaktion im Rahmen der Discrete Choice-Analyse werden einer Zufallsstichprobe von Probanden aus einer wohldefinierten Grundgesamtheit von Konsumenten verschiedene *Entscheidungsszenarien* mit vollständig beschriebenen Produkten eines *Alternativen-Sets* (choice sets) vorgelegt. Die Produktbeschreibungen enthalten auch Preisangaben, die im Rahmen experimenteller oder zufallsgesteuerter Designs zwischen den Probanden variieren. Soweit Marktpreise existieren, sollten diese als Basis der Preissimulation dienen. Die Probanden werden sodann gebeten, die Alternative aus ihrem choice set auszuwählen, welche ihnen am besten gefällt bzw. welche sie kaufen würden. Jeder Proband wird also genau einem bestimmten *Produkt-Preis-Szenario* zugeordnet und seine Entscheidung wird protokolliert (vgl. auch Balderjahn, 1991, S. 37 ff.). Entscheidungsszenarien können den Probanden einmalig oder als wiederholte Auswahl aus dem Alternativen-Set zur Bewertung vorgelegt werden (vgl. Weiber/Rosendahl, 1997, S. 109). Wie viele Produktkonzepte je Auswahlsituation gezeigt werden (häufig 2 bis 5) und wieviel Auswahlsituationen insgesamt vom Probanden zu bewerten sind (oft zwischen 6 bis 20 choice sets), hängt von der Komplexität der Produkte (Anzahl der Merkmale und Merkmalsausprägungen) ab (vgl. Scharf et al., 1997, S. 24). Auch die Nicht-Wahl eines Produkts kann als Entscheidungsalternative berücksichtigt werden. Die Schätzung der Nutzenparameter erfolgt mittels einer *multinomialen Logit-Analyse* (vgl. Balderjahn, 1993, S. 139 ff.).

Der von der GfK Marktforschung, Nürnberg, kommerziellen Kunden angebotene *GfK Price Challenger* verfährt nach der beschriebenen Methode. Im Rahmen computergestützter Interviews werden den ca. 300-400 Probanden Bewertungsszenarien, bestehend aus Namen und Preisangaben von Test- und Konkurrenzmarken, vorgelegt. Die Preise werden zufällig in mehreren Bewertungsrunden variiert, wobei ein Preisspektrum gewählt wird, das etwas oberhalb und unterhalb des durchschnittlichen Marktpreises liegt (so genanntes *random price model*). Den Probanden wird zu jedem Szenario die folgende Frage gestellt: „Wählen Sie bitte die Marken aus, die sie zum angegebenen Preis tatsächlich kaufen würden". Es folgt danach noch die Frage, wieviele Einheiten dieses Produkts sie zu dem jeweiligen Preis kaufen würden. Mittels eines Logit-Modells werden dann individuelle Preisschwellen und Kaufwahrscheinlichkeiten für einzelne Produkte geschätzt.

Als Ergebnis liefert die Diskrete Entscheidungsanalyse für Populationen bzw. Gruppen repräsentative Nutzenstrukturen bzw. Nutzenparameter. Zwar bilden individuelle Entscheidungen die Basis der Analyse (die Analyse von Marktanteilen ist auch möglich), da aber angenommen wird, dass sich die Probanden nur hinsichtlich des Zufallseinflusses in ihrer Preisbewertung unterscheiden, können auch nur für Gruppen bzw. Marktsegmente gültige (*relative*) Preisbereitschaften ermittelt werden.

Am Beispiel der von Balderjahn (1991, S. 37 ff.; 1993, S. 189 ff.) mit Hilfe der Diskreten Entscheidungsanalyse ermittelten Preisresponsefunktionen für Personalcomputer soll das Vorgehen kurz dargestellt werden: Studenten wurden 1989 in einem Entscheidungsszenario fünf zu dieser Zeit käufliche Personalcomputer vorgestellt. Das Entscheidungsszenario enthielt für alle Computer Angaben zur Leistung sowie einen Preis. Die Preise variierten zufallsgesteuert zwischen den den Studenten vorgelegten Entscheidungsszenarien. Protokolliert wurden jeweils die individuellen Entscheidungen der Studenten. Für die deterministische Komponente wurde u. a. ein lineares Nutzenmodell der Form $U_i = \mu_{ij} - \beta P_i$ unterstellt. U_i und P_i sind Ausdrücke für den Nutzen bzw. für den Preis von Computer i, μ_{ij} gibt den Nutzen- bzw. Qualitätsunterschied zwischen dem i-ten und dem j-ten Computer (Bezugsalternative) an und β ist ein Maß für die marginale Preiswirkung. Der Nutzenunterschied $\Delta\mu$ zwischen einem IBM-Computer und einem Compaq-Computer wurde auf 4,512 Nutzeneinheiten geschätzt (vgl. Balderjahn, 1993, S. 194). Wird diese Differenz durch den – für beide Computer identischen – Preisparameter β dividiert, so erhält man den Geldbetrag ΔP_{max}, den Angehörige der Gruppe maximal *mehr* für einen IBM-Computer zahlen würden im Vergleich zum Compaq-PC ($\Delta P_{max} = \Delta\mu/\beta$ und $\Delta U=0$). Der Preisparameter wurde auf einen Wert von 1,1354 geschätzt. Die *relative Preisbereitschaft* beträgt somit 3.974 DM, d. h. Gruppenmitglieder sind unter sonst gleichen Bedingungen (c.p.) bereit, maximal 3.974 DM mehr für einen IBM-Computer zu zahlen als für einen PC von Compaq.

Die Diskrete Entscheidungsanalyse kann mit Hilfe einschlägiger Softwareprogramme durchgeführt werden (vgl. z. B. Greene, 1995). Häufig werden in der Marktforschung Programme der so genannten *Choice-based Conjoint-Analyse* eingesetzt (vgl. Scharf et al., 1997). Die Zuordnung der Diskreten Entscheidungsanalyse zur Conjoint-Analyse mag darin begründet sein, dass beide Methoden in der Lage sind, dekompositionell Nutzenparameter für Produktausprägungen zu schätzen. Allerdings sind die theoretischen und methodischen Unterschiede zwischen beiden Methoden m. E. zu groß, um eine gemeinsame Bezeichnung zu rechtfertigen. So ermittelt die Conjoint-Analyse individuelle, die Diskrete Entscheidungsanalyse für Gruppen bzw. Marktsegmente repräsentative Nutzenstrukturen. Zudem werden nicht gemessene Präferenzen analysiert, sondern Entscheidungsdaten. Allerdings gibt es Entwicklungen, die auch im Rahmen der Diskreten Entscheidungsanalyse die Schätzung individueller Nutzenwerte ermöglichen (vgl. Deal, 2001).

Da Interaktionen zwischen Preis und Marke mittels der Diskreten Entscheidungsanalyse unproblematisch berücksichtigt werden können, wird diese Methode oft als geeigneter zur Preisanalyse angesehen als die Conjoint-Analyse, die Unabhängigkeit zwischen den Merkmalen voraussetzt (vgl. Brice, 1997, S. 261 f.; Voeth, 1999, S. 163; Weiber/Rosendahl, 1997, S. 108). Eine Schätzung *markenspezifischer Preiseinflüsse* ist nur mit der Diskreten Entscheidungsanalyse möglich. Die Conjoint-Analyse lässt demgegenüber nur eine für alle Marken identische Preisbewertung zu (vgl. Johnson/Olberts, 1996; Pinnell/Olson, 1996). Möglichkeiten, auch im Rahmen der traditionellen Conjoint-Analyse durch den Einsatz von so genannten *„compound attributes"* (ein Attribut erfasst gemeinsame Ausprägungen von Preis und Marke) Interaktionen zu berücksichtigen, sind nicht sehr empfehlenswert, da sich die Aufgabenkomplexität für die Probanden sehr stark erhöht (vgl. Johnson/Olberts, 1996).

Einschränkend muss bei der Anwendung der Diskreten Entscheidungsanalyse beachtet werden, dass diese auf Auswahlszenarien mit nur relativ wenigen Produktmerkmalen beschränkt ist (vgl. auch Skiera/Revenstorff, 1999, S. 224).

4. Schlussbemerkung

Die Ausführungen zur Messung der Preisbereitschaft haben ergeben, dass insbesondere die full-profile Conjoint-Analyse das Verfahren der Wahl ist, wenn es darum geht, individuelle Preisbereitschaften zu ermitteln. Allerdings müssen die Beschränkungen der Conjoint-Analyse berücksichtigt werden, insbesondere die Schwäche der Conjoint-Analyse, markenspezifische Preiseffekte zu schätzen. Als Alternative bietet sich die Diskrete Entscheidungsanalyse bzw. die Choice-based Conjoint-Analyse an, die zur Analyse von Preiswirkungen insgesamt besser geeignet ist (vgl. Balderjahn, 1991, S. 40f.). Eine auf individuellem Niveau zu bestimmende Preisbereitschaft ist allerdings mit dieser Methode nicht möglich, sondern nur die Schätzung repräsentativer relativer Preisbereitschaften für Gruppen. Direkte Abfragen zur Preisbereitschaft sind wegen der möglichen verzerrenden Effekte nicht zu empfehlen. Aus diesem Grund scheiden auch hybride Verfahren der Conjoint-Analyse (z. B. ACA) für diesen Zweck m. E. aus. Inwieweit Auktionen oder auktionsähnliche Methoden geeignet sind, in realen Kauf- bzw. Auswahlsituationen, d. h. bei mehreren konkurrierenden Alternativen, valide Messungen zur Preisbereitschaft zu liefern, muss m. E. noch weiter geprüft werden. Auf jeden Fall handelt es sich hier um eine interessante Methode für diesen Zweck.

Für alle Methoden gleichermaßen gilt, dass die Ergebnisse davon abhängig sind, wie nach den Präferenzen bzw. Entscheidungen gefragt wird. Je nach Messmethode können sich deutliche Unterschiede in den gemessenen Preisbereitschaften ergeben (vgl. Bettman et al., 1998, S. 188; Skiera/Revenstorff, 1999, S. 238). Darüber hinaus sind Entscheidungen davon abhängig, wie die zur Entscheidung stehenden Alternativen dargestellt werden (so genannter *Framing-Effekt*) (vgl. Bettman et al., 1998, S. 188).

5. Literatur

BACKHAUS, K./ERICHSON, B./PLINKE, W./WEIBER, R., 2000, Multivariate Analysemethoden, 9. Aufl., Berlin u.a.

BALDERJAHN, I., 1991, Empirische Bestimmung von Preisresponsefunktionen, in: Marketing ZFP, S. 33-42.

BALDERJAHN, I., 1993, Marktreaktionen von Konsumenten, Berlin.

BALDERJAHN, I., 1994, Der Einsatz der Conjoint-Analyse zur empirischen Bestimmung von Preisresponsefunktionen, in: Marketing ZFP, S. 12-20.

BETTMANN, J.R./LUCE, M.F./PAYNE, J.W., 1998, Constructive Consumer Choice Processes, in: Journal of Consumer Research, S. 187-217.

BILSTEIN, F.F./BIEKER, K.J., 2000, Die erste „richtige" Nachfragekurve in der Marketingforschung, in: Absatzwirtschaft, S. 62-68.

BRICE, R., 1997, Conjoint Analysis. A review of conjoint paradigms and discussion of the outstanding design issues, in: Marketing and Research Today, S. 260-266.

CAMERON, T.A./JAMES, M.D., 1987, Estimating Willingness to Pay from Survey Data. An Alternative Pre-Test-Market Evaluation Procedure, in: Journal of Marketing Research, S. 389-395.

CATTIN, P./WITTINK, D.R., 1982, Commercial use of conjoint analysis: A survey, in: Journal of Marketing, S. 44.53.

DEAL, K., 2001, Individual Level Discrete-Choice Conjoint Using CBC/HB, in: Marketing Research, S. 31-33.

DILLER, H., 2000, Preispolitik, 3. Aufl., Stuttgart.

GREEN, P.E., 1984, Hybrid Models for Conjoint Analysis: An Expository Review, in: Journal of Marketing Research, S. 155-169.

GREENE, W.H., 1995, LIMDEP, Version 7.0, Econometric Software Inc., New York.

JOHNSON, R.M./OLBERTS, K.A. ,1996, Using Conjoint Analysis in Pricing Studies: Is One Price Variable Enough, Research Paper Series, Sawtooth Software.

KALISH, S./NELSON, P., 1991, A Comparison of Ranking, Rating, and Reservation Price Measurement in Conjoint Analysis, in: Marketing Letters, S. 327-335.

KOTLER, PH./BLIEMEL, F., 1999, Marketing-Management, 9. Aufl., Wiesbaden.

LILIEN, G.L./KOTLER, PH./MOORTHY, K.S., 1992, Marketing Models, Englewood Cliffs, New Jersey.

MCFADDEN, 1980, Econometric Models for Probabilistic Choice among Products, in: Journal of Business, S. S13-S29.

MONROE, K.B., 1990, Pricing-Making Profitable Decisions, New York.

OLSHAVSKY, R.W./AYLESWORTH, A.B./KEMPF, D.S., 1995, The Price-Choice Relationship: A Contingent Processing Approach, in: Journal of Business Research, S. 207-218.

PETER, J.P./OLSON, J.C./GRUNERT, K.G., 1999, Consumer Behaviour and Marketing Strategy, London u.a.

PINNELL, J./OLSON, P., 1996, Using Coice Based Conjoint to Assess Brand Stregth and Price Sensitivity, Research Paper Series, Sawtooth Software.

REICHWALD, R./HERMANN, M./BIEBERBACH, F., 2000, Auktionen im Internet, in: Wirtschaftswissenschaftliches Studium, S. 542-552.

SCHARF, A./SCHUBERT, B./VOLKMER, H.-P., 1997, Konzepttests mittels bildgestützter Choice-Based Conjointanalyse, in: planung & analyse, S. 24-28.

SIMON, H., 1995, Preismanagement kompakt, Wiesbaden.

SKIERA, B./REVENSTORFF, I., 1999, Auktionen als Instrument zur Erhebung von Zahlungsbereitschaften, in: Zeitschrift für betriebswirtschaftliche Forschung, S. 224-242.

TROMMSDORFF, V., 2002, Konsumentenverhalten, 4. Aufl., Stuttgart.

VOETH, M., 1999, 25 conjointanalytische Forschung in Deutschland, in: Albach, H. (Hrsg.) Innovation und Absatz, Ergänzungsheft, S. 153-176.

WEIBER, R./ROSENDAHL, TH., 1997, Anwendungsprobleme der Conjoint-Analyse, in: Marketing ZFP, S. 107-118.

WERTENBROCH, K./SKIERA, B., 2002, Measuring Consumers´ Willingness to Pay at the Point of Purchase, in: Journal of Marketing Research, S. 228-241.

WITTINK, D.R./CATTIN, P., 1989, Commercial use of conjoint analysis: An update, in: Journal of Marketing, S. 91-96.

WITTINK, D.R./VRIENS, M./BURHENNE, 1994, Commercial use of conjoint analysis in Europe: Results and critical reflections, in: International Journal of Research in Marketing, S. 41-52.

WORATSCHEK, H., 1996, Die Preisforschung als Informationsgrundlage für das Marketing, in: TROMMSDORFF, V. (Hrsg.) Handelsforschung 1995/96, Wiesbaden, S. 153-171.

WORATSCHEK, H., 2001, Preisbildung im Dienstleistungsbereich auf der Basis von Marktinformationen, in: BRUHN, M./MEFFERT, H. (Hrsg.), Handbuch Dienstleistungsmanagement, Wiesbaden, S. 607-625.

ZEITHAML, V.A., 1988, Consumer Perceptions of Price, Quality, and Value: A Means-End Model and Synthesis of Evidence, in: Journal of Marketing, S. 2-22.

Torsten Kronshage

Preistests

1. Fragestellung

Preistests werden in verschiedenen Phasen des Produktlebenszyklusses durchgeführt. Die Fragestellung ist in jeder Phase unterschiedlich. Vor dem Launch eines neuen Produktes stellt sich die Frage nach dem Einführungspreis mit dem höchsten Erfolgspotenzial. Konzepttests und Testmarktsimulationen bieten bereits in diesem frühen Stadium Lösungsmöglichkeiten.

Bei etablierten Produkten ist das Ziel von Preistests, vor einer preispolitischen Entscheidung, wie z.B. einer Änderung der Regalpreise im Rahmen einer Neupositionierung (Produkt-Relaunch) oder im Zusammenhang mit der Optimierung des Preis-Promotion-Mixes, Nachfragereaktionen abschätzen zu können. Es gilt, Risiken im Zusammenhang mit Preiserhöhungen oder Erfolg im Zusammenhang mit Preisreduktionen zu quantifizieren. Aus den beiden genannten Situationen wird bereits deutlich, dass man bei dieser Aufgabenstellung zwischen kurz- und langfristigen Effekten, also zwischen taktischen und strategischen Preisentscheidungen, unterscheiden muss. Darüber hinaus ist zu berücksichtigen, dass das Marketing Preisentscheidungen nicht isoliert von anderen Instrumenten des Marketing-Mix fällt, sondern die Instrumente gezielt kombiniert, um Synergien und Katalysatoreffekte zu nutzen (z.B. die Kommunikation einer Preisaktion via Handzettelwerbung). Im Folgenden sollen verschiedene Verfahren vorgestellt werden, die bei der beschriebenen Problemstellung zur Anwendung kommen können.

2. Messen des Preis-Response

Der Preis ist eine der wirksamsten Maßnahmen um eine Marktreaktion zu provozieren, dies gilt aber gleichermaßen für Verbraucher und Wettbewerb! Preisänderungen sind leicht kommunizierbar und erzielen oft starke Absatzwirkungen, lassen damit folglich eine messbare Absatzwirkung erwarten („Preis-Response") (vgl. Diller, H., 2000). Laut Lambin ist die Preiselastizität um ein Vielfaches höher als die der Werbung (Lambin, 1976). Um aber eine trennscharfe Messung zu gewährleisten, nutzen die Verfahren, die im Folgenden exemplarisch beschrieben werden sollen, als Datenbasis ausschließlich wochengenaue Abverkaufsdaten aus mit Scanner-Kassen ausgestatteten Einzelhandelsgeschäften. Diese Datenbasis bietet die genaueste zeitliche Abgrenzung der zu testenden Variablen. Höher aggregierte Daten würden Absatzausschläge, die aus dem Einsatz des Variablensets resultieren, so stark verwischen, dass eine valide Messung des Response nicht mehr möglich wäre. Saisonalitäten und andere „Störgrößen" sowie Kreuzeffekte zwischen den erklärenden Variablen lassen sich bestmöglich abbilden.

Neben einer geeigneten Datenbasis sollten bei der Messung verschiedene weitere Variablen überprüft werden (vgl. Abbildung 1). Der Preis ist nur eine Variable des Marketing-Mix und wird, wie bereits oben erwähnt, selten von anderen Marketingmaßnahmen zum Einsatz kommen. Preisänderungen werden dem Verbraucher kommuniziert, Wettbewerber reagieren auf Preisänderungen und Verbraucher vergleichen wiederum Preise ihres Relevant Set.

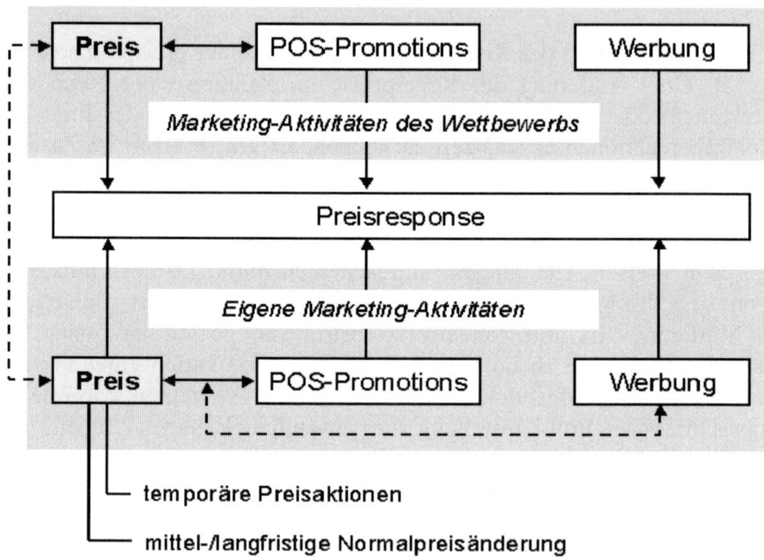

Abbildung 1: Interaktion von Variablen des Marketing-Mix

2.1 Store Test

Der Testingansatz soll hier an einem Beispiel eines klassischen Modells, des Vorher-Nachher-Tests, erläutert werden. Bei dieser Art von Tests handelt es sich um eine sehr realitätsnahe Lösung, da die zu testende Situation (z.B. Änderung des Regalpreises) in einem kleinen Sample von Einzelhandelsgeschäften durchgeführt wird. Der Test erfolgt unter idealtypischen Bedingungen, da die Situation in den Testgeschäften kontinuierlich durch die Mitarbeiter des durchführenden Marktforschungsunternehmens kontrolliert wird (vgl. Burke, 1996, S. 108). Das bedeutet, dass das durchführende Marktforschungsunternehmen u.a. die Lieferung und die Regalpflege für den Testzeitraum übernimmt. Ziel dieses Vorgehens ist es, den Einfluss von Störgrößen, wie Out-of-Stock-Situationen des zu untersuchenden Produktes oder Promotionaktionen des relevanten Wettbewerbsumfeldes, zu minimieren. Durch simultanen Vergleich mit einer Kontrollgruppe werden saisonale Einflüsse vom Einfluss der Testmaßnahme isoliert. Anhand eines einfachen Beispiels soll die Methode verdeutlicht werden: Ein Hersteller eines schnell drehenden Konsumgutes beabsichtigt den Preis seines Produktes von € 1,99 auf € 2,09 anzuheben. Da ein Schwellenpreis überschritten werden soll, erscheint das Risiko von Absatzverlusten relativ hoch. Um die Auswirkungen auf das Absatzniveau des Produktes quantifizieren zu können und somit das Risiko zu minimieren, wurde in 20 Einzelhandelsgeschäften ein Test durchgeführt. Die Stichprobe wurde in zwei Gruppen strukturgleicher Geschäfte unterteilt, wobei als Auswahlkriterien i.d.R. Handelsorganisation, Geschäftstyp und geografische Region zugrundegelegt wurden.

In der Testgruppe wurde der Regalpreis des Produktes ab der 6. Woche von € 1,99 auf € 2,09 angehoben. In der Kontrollgruppe wurde das Produkt durchgängig zum Regalpreis von € 1,99 angeboten (siehe Tabelle 1).

Regalpreis Marke A	Null-Phase					Test-Phase				
Woche	1	2	3	4	5	6	7	8	9	10
Testgruppe	1,99	1,99	1,99	1,99	1,99	**2,09**	**2,09**	**2,09**	**2,09**	**2,09**
Kontrollgruppe	1,99	1,99	1,99	1,99	1,99	1,99	1,99	1,99	1,99	1,99

Tabelle 1: Testdesign

Nach Durchführung des Tests zeigte sich folgendes Bild: Der Absatz der Kontrollgruppe hatte sich in der Test-Phase saisonbedingt um ca. 20 % im Vergleich zur Null-Phase erhöht. In der Testgruppe zeigte sich ein anderes Bild. Hier bricht der Absatz um ca. 30 % im Mittel ein, saisonbereinigt (Netto-Index) sogar um ca. 40 % (Abbildung 2). Es konnte folglich nachgewiesen werden, dass es sich bei dem Preis von € 2,00 um eine Preisschwelle handelt, deren Überschreiten einen hohen Absatzrückgang vermuten lässt.

Die statistische Signifikanz dieses Ergebnisses kann durch eine Varianzanalyse überprüft werden.

Der Vorteil dieser hier dargestellten Lösung ist, dass der Einfluss von Maßnahmen, für die keine empirische Basis vorliegt, geschätzt und der Erfolg oder Misserfolg einer Maßnahme prognostiziert werden kann. Der Test findet in einem Handelspanel statt und grenzt sich damit von „Labortests" durch die realitätsnahen Testbedingungen ab. Die beschriebene Methode unterliegt allerdings auch verschiedenen Restriktionen:

- keine Repräsentativität der Stichprobe (vgl. Berekoven/Eckert/Ellenrieder, 1993, S. 166),
- mögliche Überzeichnung der Ergebnisse aufgrund idealtypischer Regalpflege und dadurch Ausschluss von Out-of-Stock Situationen,

- die Kontrolle von mehreren Variablen und Störgrößen ist schwierig (z.B. Promotions und Preisänderungen von Wettbewerbsprodukten) relativ großer Ressourcenbedarf (Personal, Logistik, Rekrutierung der Stichprobengeschäfte),
- lange Testdauer.

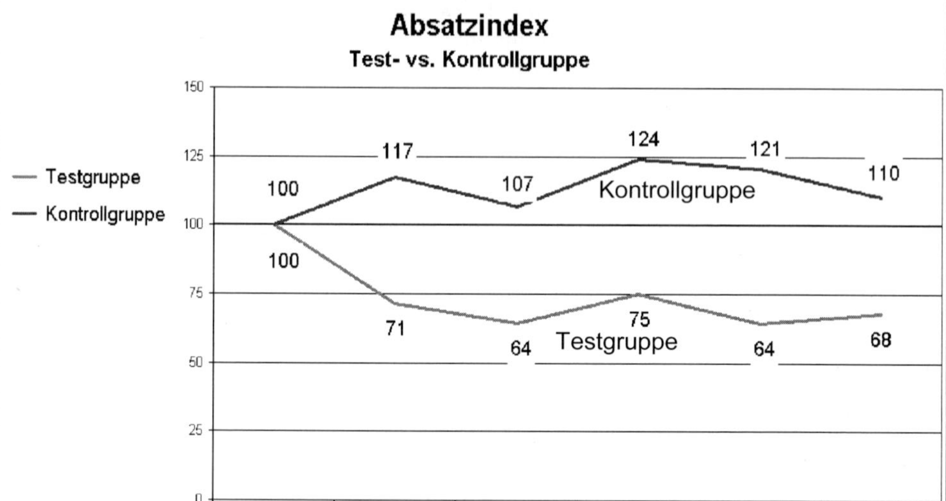

	Nullphase	T1	T2	T3	T4	T5
Testgruppe	100	71	64	75	64	68
Kontrollgruppe	100	117	107	124	121	110
Nettoindex	100	61	60	60	53	61

Abbildung 2: Absatzindizes im Preistest

2.2 Univariater Ansatz (Pakom)

Die wesentlichen Determinanten bei der Preisbildung sind:

- Kosten,
- Spielraum zwischen einer Unter- (keine Kostendeckung) und einer Obergrenze (keine Konsumentennachfrage),
- Produktpositionierung,
- Preisstellung im Wettbewerb und Preispolitik des Wettbewerbs.

Eine Änderung der Regalpreise kann also u.a. aufgrund von veränderten Kostensituationen, z. B. einem Anstieg der Rohstoffpreise, oder aufgrund einer veränderten Wettbewerbssituation, notwendig werden. Die Preisänderungen erfolgen also oftmals nicht isoliert, sondern werden von mehreren Wettbewerbern zeitgleich durchgeführt. Auch wenn ein Hersteller allein die Preise neu definiert und damit die Preisrelationen im Markt ändert, muss er Reaktionen des Wettbewerbs erwarten. Dies kann beispielsweise der Fall sein, wenn die Hauptwettbewerber im Ausland produzieren und von den Kostensteigerungen (z.B. Tariferhöhungen etc.) nicht betroffen sind. Eine zentrale Frage, die sich bei einer geplanten Regalpreisänderung stellt, unabhängig von Kostengrößen und anderen Restriktionen, ist also, inwieweit die Preisstellung zum Wettbewerb in der Entscheidung berücksichtigt werden muss, ob Reaktionen des Wettbewerbs zu erwarten sind und ob diese die eigenen Preisentscheidungen konterkarieren können.

In einem duopolistischen Markt oder einem Marktsegment, in dem wenige Produkte aufgrund ihrer Produkteigenschaften für den Verbraucher substituierbare Alternativen darstellen und damit in direktem Wettbewerb stehen, lässt sich der Einfluss des Preisabstandes zwischen zwei Produkten quantifizieren. Im Pakom-Modell („Preisabstand konkurrierender Marken") von ACNielsen wird der Zusammenhang zwischen dem Preisabstand zweier direkter Wettbewerber und deren relativem Marktanteil quantifiziert. D.h., bei diesem Ansatz wird das Total beider Marken als „künstlicher" Markt definiert, die Summe beider Absatzmengen wird also gleich 100 % gesetzt. Als Datengrundlage für dieses Modell fungieren wochengenaue Preis- und Absatzdaten aus Scanner-Geschäften. Da im Pakom-Modell aber nur eine erklärende Variable im Fokus der Analyse steht und verfälschende Einflüsse von POS-Promotions zu erwarten wären, wird die Datenbasis auf Normalwochen eingegrenzt. D.h., es fließen nur solche Geschäftswochen in die Analyse ein, in denen keine der beiden Marken durch Werbung im Geschäft wie beispielsweise Display-Platzierungen, Handzettelwerbung und insbesondere Preisaktionen unterstützt wurde. Um eine reale Wettbewerbssituation abzubilden, werden nur solche Kalenderwochen analysiert, in denen beide Marken im selben Geschäft gleichzeitig verkauft wurden (Paarverkäufe). Um weitere Störgrößen zu eliminieren, die auf Unterschiede in den Geschäftstypen (Geschäftsgröße, Umsatzleistung, Sortiment, Preisniveau etc.) zurückzuführen sein könnten, sollte das Pakom Modell nur innerhalb „homogener" Geschäftstypen angewandt werden. I.d.R. empfiehlt sich eine Trennung nach

- SB-Warenhäusern,
- großen und kleinen Verbrauchermärkten,
- Supermärkten,
- Discountern,
- ggf. Drogeriemärkten.

(vgl. Henze, 1994, S. 43).

Im Beispiel der Marken A und B wurde die Analyse für zwei Halbjahreszeiträume durchgeführt, 1. Halbjahr 2002 vs. 1. Halbjahr 2001 (siehe Abbildung 3). Ziel des Herstellers der Marke A war es, nach der Euro-Umstellung die Risiken einer Preisänderung abzuschätzen. Schon im Jahr 2001 reagierte der Verbraucher relativ stark auf die Preisstellung der beiden Wettbewerber. Bei einem Preis der Marke A, der umgerechnet um 10 Cent über dem der Marke B lag, waren beide in einer gleichgewichtigen Situation (relative Marktanteile = 50 %). Bei einer Erhöhung des Preisabstandes um 5 Cent auf 15 Cent hätte Marke A 6 %-Punkte relativen Marktanteil an B verloren. Beide Marken haben ein

Jahresabsatzvolumen von ca. 6.500 t. Die Preiserhöhung hätte zur Folge, dass Marke A an B etwa 800 t Absatz verlieren würde, was einem Absatzverlust von ca. 12 % entspräche. Die Preiserhöhung könnte den Absatzverlust nicht vollständig kompensieren, so dass bei einer alten Preisstellung von durchschnittlich € 2,50 immer noch ein ca. 7%-iger Umsatzverlust zu erwarten gewesen wäre. Nach der Euro-Einführung haben sich noch keine wesentlichen Änderungen im Preisgefüge ergeben, der Verbraucher scheint bei seiner Kaufentscheidung aber noch genauer die Preise der beiden Wettbewerber zu vergleichen.

Dabei ist aber das Risiko nicht über alle Preisabstandskonstellationen gleich, vielmehr ist das Risiko im Bereich € 0,10 Preisabstand bis zur Preisgleichheit beider Marken relativ unverändert. Mit steigendem positivem Preisabstand nimmt allerdings das Risiko, Absatz an den Wettbewerber zu verlieren, deutlich zu! In dieser Phase ist es für den Hersteller ratsam, nur sehr moderat die Regalpreise zu ändern. Da die Preisstellung aber auch vom Wettbewerber beeinflusst werden kann, ist eine genaue Beobachtung der Wettbewerbsaktivitäten unbedingt ratsam!

2.3 Multivariater Ansatz

Die Ansprüche bzgl. Zahl der getesteten Variablen, Antwortzeiten sowie Aufwand und Kosten der Durchführung sind in den letzten Jahren enorm gestiegen. Im Zuge dieser Entwicklung haben multivariate Lösungsansätze immer mehr an Bedeutung gewonnen. Am Beispiel des Scan*Pro® Modelers von ACNielsen sollen die Möglichkeiten dieser Lösungsansätze dargestellt werden.

Kurzfristige Effekte
Insbesondere im Bereich der schnell drehenden Konsumgüter sind bei der Betrachtung von kurzfristigen Absatzeffekten nicht nur Preisaktionen, sondern auch „qualitative" POS-Promotions relevant. Nicht zuletzt mit dem Fall des deutschen Rabattgesetzes und der Zugabeverordnung im Jahr 2001 gewinnen solche taktischen Absatzinstrumente immer mehr an Bedeutung. D. h. aber auch, dass das Instrument „Preis" nicht isoliert bewertet werden darf und kann! So stellen Sondergrößen ("+30% mehr Inhalt") und Multibuy-Aktionen („Buy 2, get one free") indirekte Preisaktionen dar. Es sind folglich Instrumente gefordert, die Störgrößen (wie z.B. Promotions im oben beschriebenen „univariaten" Testingansatz) nicht ausschließen, sondern vielmehr in der Lage sind, auch deren Absatzhebel explizit zu messen und darüber hinaus die Effekte der unterschiedlichen Maßnahmen zu isolieren.

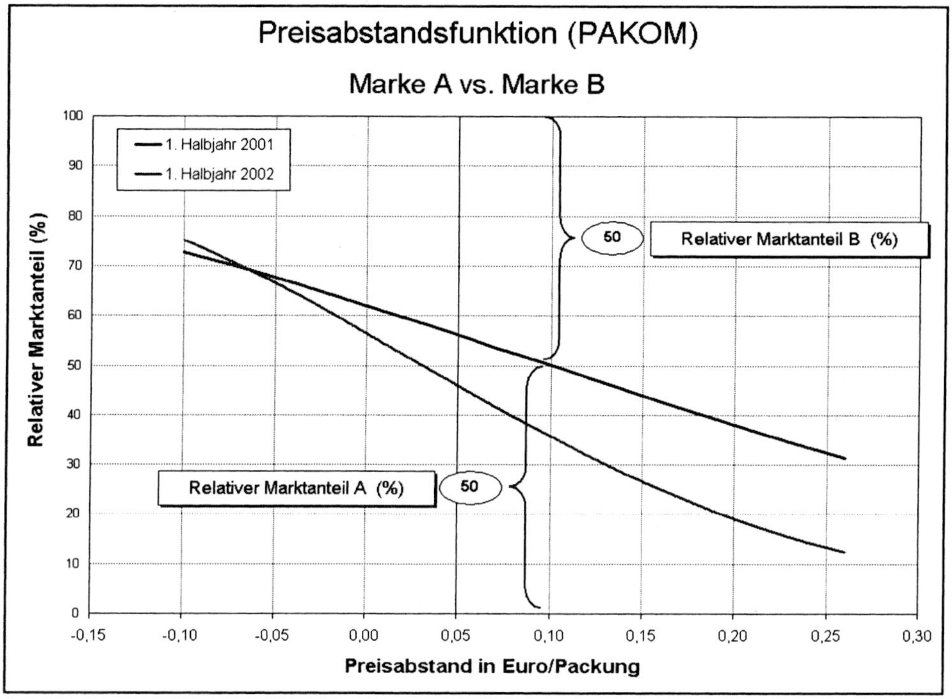

Abbildung 3: Preisabstandsfunktion (Pakom)

Des Weiteren ist es unumgänglich, in einem Ansatz Effekte von Preisaktionen mit sehr kurzfristigem Charakter von denen lang-/mittelfristiger Normalpreisänderungen zu trennen!

Typische Effekte auf Store-Level zeigt die Abbildung 4: Während Preisaktionen temporäre Absatzpeaks bewirken, haben Normalpreisänderungen i.d.R. einen Einfluss auf das Absatzniveau. Bei solchen Aufgabenstellungen kommen multivariate Modelle zum Einsatz. In der praktischen Anwendung haben sich multiplikative Modelle wie der Scan*Pro®-Ansatz von Wittink bewährt, der von einer asymmetrischen Preis-Response ausgeht (vgl. Wittink et al., 1987 und Greene, 1990, S. 464 - 480). Die Asymmetrie zeigt sich in der Eigenschaft, dass Preissenkungen eine stärkere Wirkung haben als Preiserhöhungen (vgl. Abbildung 5). Diese Eigenschaft ist realistisch, wenn man davon ausgeht, dass Preiserhöhungen eher Stammkäufer einer Marke, Preissenkungen eher die Mehrheit der Nichtkäufer tangieren (vgl. Simon, 1982).

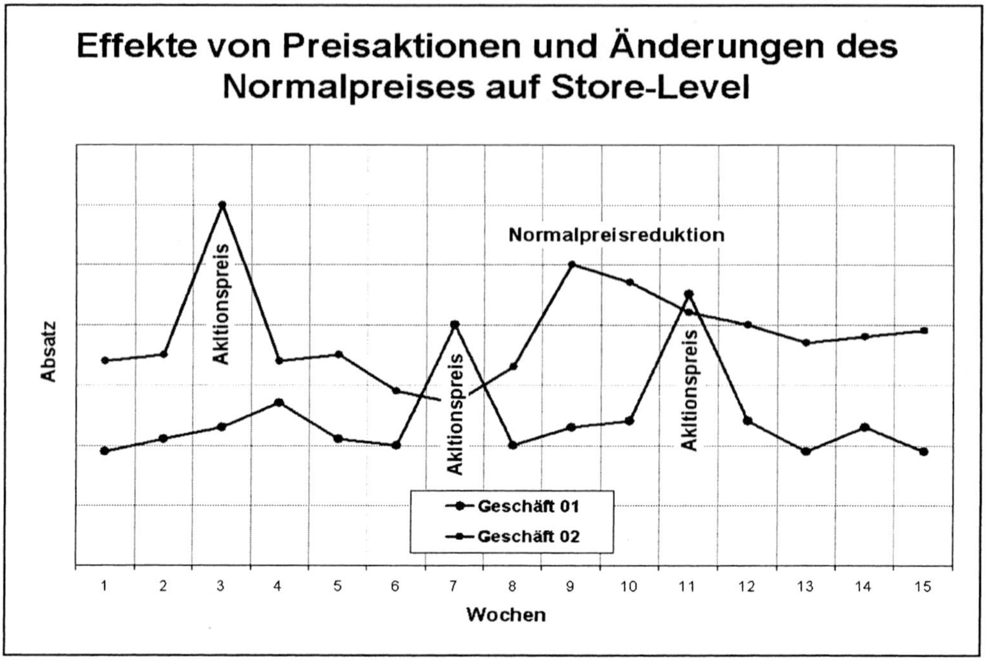

Abbildung 4: Kurz- und mittelfristige Effekte von Preisänderungen

Basierend auf Wochenabsätzen eines Handels-Panels können mit dem beschriebenen Modell unter Hinzuspielen von Kausalinformationen (eigener Preis, Preis der Wettbewerber, Instore-Maßnahmen) folgende Größen geschätzt werden:

- (Kreuz-)Preis-Responsekoeffizienten von kurz und mittel- bzw. langfristigen Preisänderungen
- (Kreuz-)Promotionkoeffizienten
- Impact auf die Umsatzleistung der Warengruppe

Langfristige Effekte

Da bei Preistests Entscheidungen der Preispositionierung, also Entscheidungen über das mittel- oder langfristige Preisniveau eines Produktes, im Vordergrund stehen, soll im Folgenden ein Beispiel aus diesem Anwendungsbereich näher beschrieben werden. Während im Fall von kurzfristigen Preisaktionen davon ausgegangen werden kann, dass der Verbraucher den reduzierten Preis an dem ihm bekannten Normalpreis des Aktionsproduktes misst und somit den Preisvorteil quantifiziert, wird er außerhalb von Aktionen den Preis verschiedener Wettbewerber seines Relevant Set vergleichen.

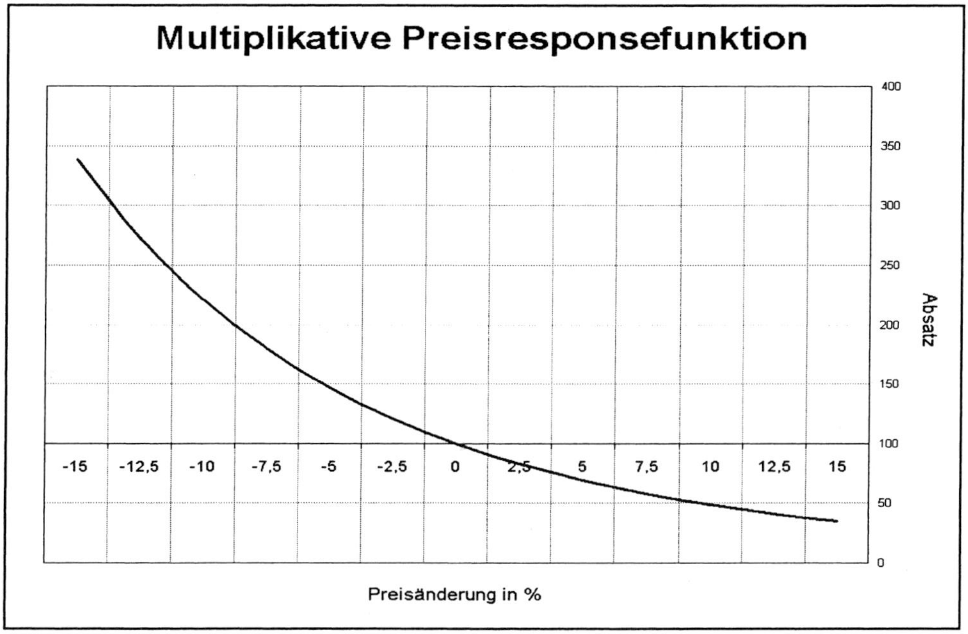

Abbildung 5: Preisresponsefunktion

Oligopole mit inhomogenen Produkten sind typisch für viele Konsumgütermärkte. In dieser Marktform ist es entscheidend, als wie ähnlich der Konsument Produkte aus seinem Relevant Set wahrnimmt und daraus resultierend die Frage, inwieweit Preisvergleiche zwischen Wettbewerbsprodukten in einem Marktsegment angestellt werden. Daraus resultieren folgende Fragestellungen, die vor der Preisänderung beantwortet werden sollten:

- Welche Auswirkungen haben Normalpreisänderungen auf den Absatz?
- Wie wirken Normalpreisänderungen auf den Absatz der Wettbewerber?
- Was passiert, wenn mehrere Wettbewerber gleichzeitig die Regalpreise ändern?
- Was kann ein Hersteller selbst durch Normalpreisänderung bewegen, unabhängig von der Preisstellung zum Wettbewerb?
- Wie stark wird der Preis eines Produktes an denen des Wettbewerbs gemessen?
- Zu welchen Produkten besteht eine besondere „Nähe", so dass der Konsument zwischen diesen Preisvergleiche anstellt?

Eine typische Situation verdeutlicht das Beispiel der Abbildung 6: Der Preis für Marke A wurde um 8,5 % erhöht, was einen Absatzverlust erwarten lässt. Zeitgleich wurde aber auch der Preis von Wettbewerber B um ca. 6 % angehoben. Mindert das vielleicht den Absatzverlust der Marke A? Ein dritter Wettbewerber C hat den Regalpreis gesenkt! Die Preisrelationen haben sich zu Ungunsten von A und B geändert! Ist das überhaupt relevant für A und B? Welche Auswirkungen wird dieses neue Preisgefüge auf den Absatz der einzelnen Wettbewerber haben?

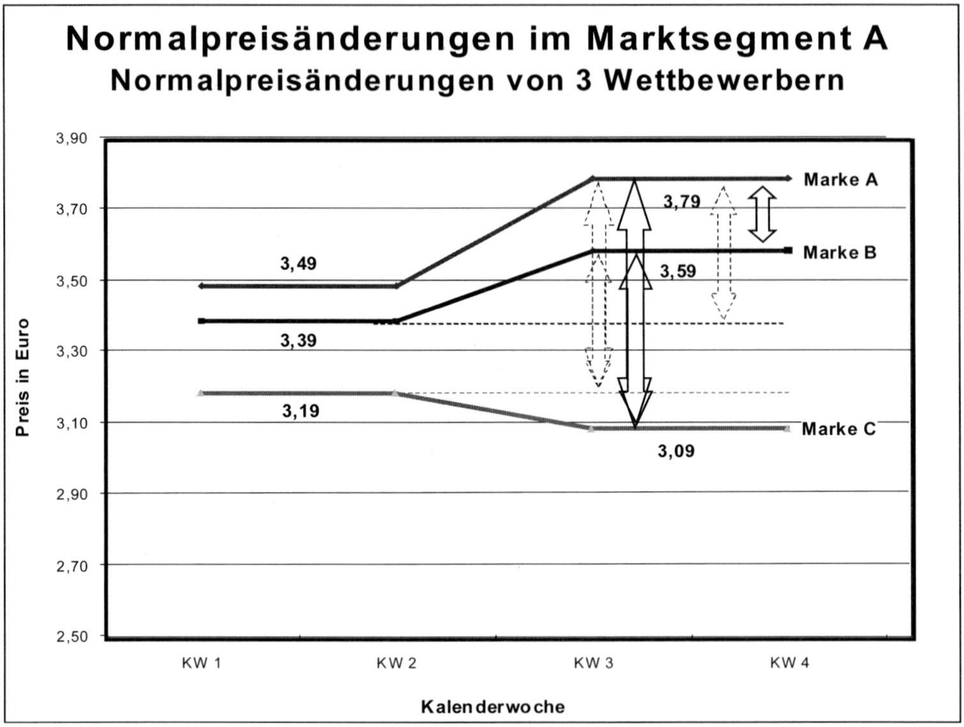

Abbildung 6: Kurz- und mittelfristige Effekte von Preisänderungen

In vielen Ansätzen der oben beschriebenen Modellform gelten die geschätzten (Kreuz-) Preis-Responsekoeffizienten insbesondere von mittel- bzw. langfristigen Preisänderungen nur unter der Einschränkung, dass kein Wettbewerber auf eine Preisänderung reagiert. Um realitätsnahe Szenarien abbilden und damit Chancen und Risiken einer Normalpreisänderung abschätzen zu können, kann das Set der erklärenden Variablen um relative Preise ergänzt werden. Dabei werden die Preis-Responsekoeffizienten in zwei Komponenten zerlegt: zum einen in einen „absoluten" Koeffizienten, der wiederspiegelt, was der Hersteller als Absatzänderung zu erwarten hat, unabhängig davon, wie seine Wettbewerber reagieren. Zum anderen in einen „relativen" Koeffizienten, der den Teil der Absatzreaktion quantifiziert, der aus Preisvergleichen resultiert. D.h. mit Hilfe dieser Parameter kann simuliert werden, welche Absatzreaktion unter verschiedenen Bedingungen erwartet werden kann. Denkbare Szenarien sind:

1. Marke A ändert den Preis und Wettbewerb reagiert nicht: neue Preisrelationen.
2. Wettbewerb reagiert in gleicher Höhe (%): Preisrelationen konstant.

3. Wettbewerb reagiert (alle Preise sind frei wählbar): neue Preisrelationen.

Abbildung 7 zeigt ein Beispiel für die Szenarien 1. und 2. Falls der Preis für Marke A gesenkt wird und die Preise der Wettbewerber konstant bleiben, ist ein 31%-iger Anstieg des Absatzniveaus von A zu erwarten (Szenario (1). Gleiches gilt in diesem Fall für Marke B. Ein anderes Bild zeigt sich für den Fall, dass alle Wettbewerber nachziehen (Szenario (2). Hier stellt sich die Situation für Marke A wesentlich ungünstiger dar als für Marke B. Während Marke B nahezu den gleichen Absatzzuwachs erwarten kann, da der Verbraucher keine Preisvergleiche mit anderen Marken anstellt, wird Marke A das Absatzniveau nur noch um 19% anheben können. Der Hersteller der Marke B kann in seiner Preispolitik folglich wesentlich freier agieren als der Wettbewerber.

Die Ergebnisse solcher Modelle bekommen dann besondere Relevanz, wenn Hersteller und Handel in ihren Verhandlungen die Regalpreise definieren. In dieser Situation liefern die oben beschriebenen Modellansätze der Industrie wertvolle Argumente zur Durchsetzung von Preispositionierungen.

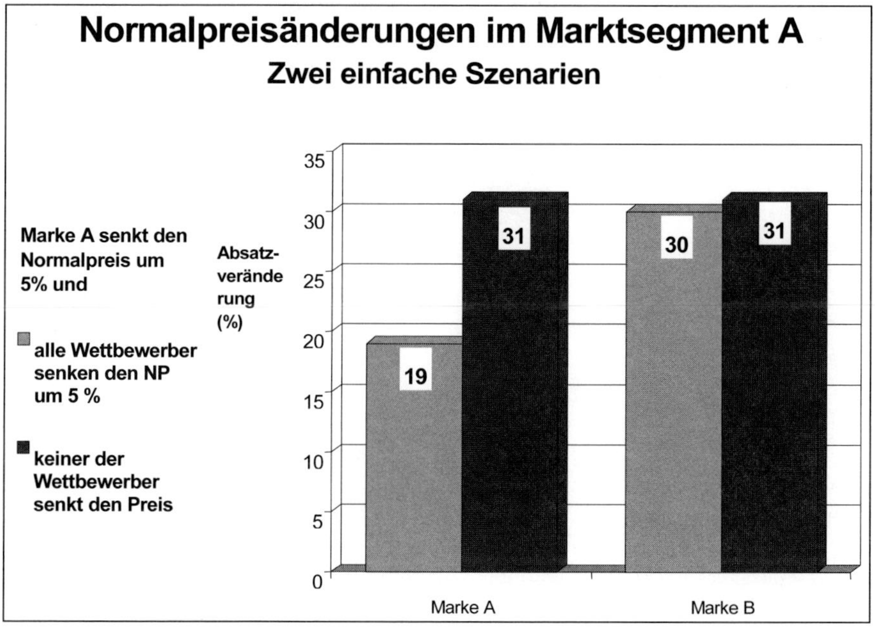

Abbildung 7: Preisszenarien

3. Literatur

BEREKOVEN, L./ECKERT, W./ELLENRIEDER P., 1993, Marktforschung: Methodische Grundlagen und praktische Anwendung, 6Aufl., Wiesbaden.

BURKE, R. R., 1996, Der virtuelle Laden - Testmarkt der Zukunft?, in: Harvard Business Manager.

DILLER, H., 2000, Preispolitik, 3. Aufl., Stuttgart.

GREENE, W., 1990, Econometric Analysis, New York.

HENZE, A., 1994, Marktforschung: Grundlage für Marketing und Marktpolitik, Stuttgart.

LAMBIN, J.-J., 1976, Advertising, competition and market conduct in oligopoly over time: an econometric investigation in Western European countries, Amsterdam

SIMON, H., 1982, Preismanagement, Wiesbaden.

WITTINK, D. R./ADONNA, M. J./HAWKES, W. J./PORTER, J. C., 1987, Scan*Pro®: a model to measure short-term effects of promotional activities on brand sales, based on store-level scanner data, working paper, Johnson Graduate School of Management, Cornell University, Ithaka.

Jörg Freiling - Helmut Wölting

Organisation des Preismanagements

1. Mängel in der Organisation des Preismanagements und deren Konsequenzen

In der Literatur zum Preismanagement finden sich nur sporadische Hinweise auf die Notwendigkeit zur Organisation des Preismanagements (vgl. Diller, 2000, S. 415 ff., Simon, 1992, S. 56 f., S. 647 ff.). Noch seltener sind Vorschläge oder sogar allgemeine Bezugsrahmen zur konkreten Ausgestaltung. Es lässt sich anhand von Beispielen aus der Praxis jedoch gut erkennen, welche Auswirkungen entstehen, wenn auf eine systematische Organisation des Preismanagements verzichtet oder aber eine solche nur halbherzig betrieben wird.

Fallbeispiel 1: Nahezu regelmäßig zu Beginn der Ferienzeit oder aber direkt vor „langen Wochenenden" steigen die Benzinpreise oftmals sprunghaft an. Die preisliche Vorgehensweise der Mineralölindustrie ist dabei nahezu perfekt organisiert. Es wird die zeitliche Staffelung von Feier- und Ferientagen in den einzelnen Bundesländern genau berücksichtigt. Ferner werden nicht selten etwaige Ausweichmöglichkeiten potenzieller Kunden an den Landesgrenzen in die Preissetzung miteinbezogen. Die Preisplanung erfolgt in aller Regel zentral und ist so detailliert geregelt, dass den Tankstellenpächtern exakte Uhrzeiten für Preiserhöhungen vorgegeben werden. Die Einhaltung der Vorgaben wird regelmäßig kontrolliert, was eine nahezu vollständige Umsetzung ermöglicht. Ein solches System kann nur dann wirkungsvoll arbeiten, wenn eine regelmäßige und möglichst vollständige Bereitstellung preislich relevanter Informationen erfolgt, wobei vor allem die Preisbereitschaft der Nachfrage und die Preissetzung der Konkurrenz erhoben wird. Eine derartige Vorgehensweise ermöglicht den Betrieben der Mineralölindustrie eine sehr weitreichende Ausschöpfung vorhandener Erlöspotenziale. Wie wichtig eine Nutzung dieser Spielräume ist, haben führende Manager bereits mehrfach zum Ausdruck gebracht (vgl. z.B. Thurow, 1990), in dem darauf verwiesen wurde, dass oftmals Bruchteile eines Cents den Ausschlag geben, ob der jeweilige Betrieb noch rentabel arbeitet. Anders formuliert, ist festzustellen: *Ohne eine detaillierte und informationsgestützte Organisation des Preismanagements bleiben möglicherweise überlebenskritische Erlöspotenziale ungenutzt.*

Fallbeispiel 2: In Anbetracht der Terroranschläge vom 11. September 2001 und der daraus resultierenden Krise der Luftfahrt haben einige Billiganbieter von Flugreisen für großes Aufsehen gesorgt. Allen voran Betriebe wie die Firma Ryanair haben auf bestimmten Strecken Preisangebote etabliert, die bislang für die Luftfahrt als unerreichbar galten. So wird etwa ein Flug von Frankfurt-Hahn nach London-Stanstead für 15 Euro angeboten. Besonders überraschend an diesem Fallbeispiel ist die Tatsache, dass einige Discounter, darunter auch Ryanair, trotz dieser Preissetzung rentabel arbeiten (o.V., 2002, S. 11). Erneut ist das Interesse auf die Organisation des Preismanagements zu richten: Offenbar gelingt es Anbietern wie Ryanair, Easyjet, MyTravel oder BMI ein

Preismanagement zu praktizieren, welches erstens zusätzliche Erlöspotenziale aktiviert, die mit „traditionellen" Preisansätzen nicht zu erschließen wären. Zweitens wird die Erlösoptimierung auf die Erreichung wichtiger Marktanteilsziele abgestimmt. Ein derartiger Erfolg wäre undenkbar, wenn nicht ein Yield Management (vgl. Vollmar, 1994, Fassnacht/Homburg, 1998) die Preissetzung flankieren würde. Mit der Umsetzung eines Yield Managements werden jedoch in wesentlichem Umfang Fragen der Preisorganisation tangiert. Als Erkenntnis bleibt festzuhalten: *Ohne eine Organisation des Preismanagements besteht die Gefahr, wichtige operative Entscheidungen nicht in strategiekonformer Weise treffen zu können, ferner wichtige koordinative Weichenstellungen zu vernachlässigen und dadurch marktliche Potenziale nicht ausschöpfen zu können.*

Fallbeispiel 3: Ein Sonderfahrzeugbauer aus dem norddeutschen Raum praktiziert eine Preisbildung nach der klassischen „Kosten-Plus"-Methode. Die verschiedenen Bauteile werden nach einem internen Katalog, der von der Geschäftsführung vorgegeben ist, mit Preisen versehen. Die Einzelpreise werden zuzüglich diverser Einzelaufschläge summiert und ergeben einen auf einzelnen Listenpreisen beruhenden Gesamtpreis. Durch die zentral gesteuerte und auf die höchste Hierarchieebene konzentrierte Organisation des Preismanagements gelingt es, im relevanten Markt ein weitgehend vereinheitlichtes und gegenüber den Kunden verlässliches Preisniveau umzusetzen. Der betreffende Vertriebsmitarbeiter hat – der Grundausrichtung entsprechend – in den jeweiligen Preisverhandlungen wenig bis gar keinen Spielraum bezüglich der Fixierung des Preisniveaus. Kundenindividuelle Anpassungen bedürfen der Genehmigung durch die Vertriebsleitung. Im Einzelfall – und vor allem bei Vertragsmodifikationen nach Kaufabschluss – sind Zugeständnisse aber denkbar. Eine derartige Organisation des Preismanagements bewirkt zwar eine einheitliche preisliche Vorgehensweise im Markt, nimmt allerdings durch die kostenorientierte Preissetzung auch in weitgehender Weise die Möglichkeit, auf die unterschiedliche Preisbereitschaft von Kunden im Zielmarkt einzugehen und sich den marktlichen Verhältnissen anzupassen. Dadurch werden wichtige Erlösspielräume nicht wahrgenommen. Der Situation zu geringer Flexibilität vor der Transaktion steht im Übrigen der Fall zu großer Flexibilität nach Vertragsabschluss gegenüber. Der Fall verdeutlicht, *dass Entscheidungen zur Preisorganisation teils implizit, teils explizit erfolgen und nicht selten mit unzweckmäßigen Weichenstellungen bezüglich der Entscheidungswege, der Entscheidungsverantwortung und der Abstimmung zwischen Strategie und operativem Handeln einhergehen können. Ein Einfluss der Preisorganisation auf die Erreichung von nachhaltigen Wettbewerbsvorteilen lässt sich dadurch erkennen.*

Vor allem die Gefahr, durch unzweckmäßige Weichenstellungen mehr oder weniger unbewusst marktliche Potenziale einzubüßen, eröffnet die nun zu diskutierende Anschlussfrage nach den Grundlagen und Grundproblemen der Preisorganisation.

2. Grundlagen und grundlegende Probleme der Organisation des Preismanagements

Fast alle Autoren, die sich mit dem Thema des Preismanagement beschäftigen, stellen fest, dass zwischen der Bedeutung für den betrieblichen Erfolg und dem Stellenwert in der Praxis eine gewaltige Lücke klafft (vgl. Dolan/Simon, 1997, S. 7 ff., S. 13 ff., Huckemann, 1997, S. 46, Nagle et al., S. 1 ff., Wiltinger, 1998). Die Diskrepanz lässt sich auch daran erkennen, dass von der Logik und Stringenz der in der Forschung entwickelten Modelle und Instrumente in der betrieblichen Praxis allenfalls spärlich Gebrauch gemacht wird. Dieser Eindruck gilt auch in Anbetracht der Tatsache, dass die Bedeutung des Preismanagements in jüngster Zeit wieder zunimmt (vgl. Diller, 2000, S. 16 ff., Diller, 1999, S. 39 ff., Simon, 1992, S. 7 ff.).

Die oben bereits beschriebene Thematik der Organisation des Preismanagements ist in gewisser Hinsicht eine Ausnahme: Wie die Beispiele haben deutlich werden lassen, so müssen in der betrieblichen Praxis organisatorische Ansätze entwickelt worden sein, da sich ansonsten eine bestimmte Geschäftstätigkeit gar nicht rentabel betreiben lässt. Insofern müssen auch gestaltungsrelevante Erkenntnisse in dezentraler Form vorliegen. Allerdings ist auch davon auszugehen, dass in vielen Bereichen der Praxis die vorhandenen Lösungen noch unausgereift, unvollständig und unausgewogen sind. Dies abschließend zu beurteilen, fällt jedoch unter dem Gesichtspunkt der Informationsbeschaffung schwer, weil gerade Fragen zur innerbetrieblichen Preisorganisation aus Sicht der betroffenen Unternehmungen unter Wettbewerbsgesichtspunkten als sensibel gelten. Mit Blick auf die wissenschaftliche Forschung ist festzustellen, dass Fragen der Organisation des Preismanagements bislang eher am Rande und vorwiegend implizit behandelt worden sind. Eine Ausnahme stellt die Arbeit von Wiltinger (1998) dar, welche in die bestehende Forschungslücke gestoßen ist und bezüglich einiger ausgewählter Probleme zu wichtigen Erkenntnissen geführt hat. Insgesamt ist jedoch mit Diller (2000, S. 418) festzustellen, dass das vorliegende Thema vor allem mit Blick auf die Erarbeitung handlungsorientierter Lösungen noch viele Entfaltungsspielräume bietet.

Terminologisch werden zur Organisation des Preismanagements in der Literatur im Wesentlichen folgende Auffassungen vertreten: Nahezu allen Definitionen zum Themenbereich der Preisorganisation ist die Unterscheidung in ein strukturelles und ein prozessuales Element gemein (vgl. Diller, 2000, S. 419 ff., Simon, 1992, S. 643 ff., Wiltinger, 1998, S. 20 ff.). Diller (2000, S. 419 ff.) definiert Preisorganisation als ein Unterelement unternehmungsinterner Regelungen zur Preisdurchsetzung, wo nach Aufbau- und Ablauforganisation zu differenzieren ist. Simon (1992, S. 643 ff.) versteht dies ähnlich, betont dabei aber vor allem den Prozess der Preisfindung und stellt darüber hinaus nicht nur auf die unternehmungsinterne, sondern auch auf die -externe Umsetzung ab. Wiltinger (1998, S. 14 ff.) berücksichtigt zwar auch die strukturelle und die prozessuale Dimension der Preisorganisation, fasst das Problemfeld aber weiter. Er bevorzugt weiterhin eine andere Schnittlegung, die vor allem prozessbezogenen Aspekten der Preisorganisation Rechnung trägt und dabei in folgende Problem- und Gestaltungsbereiche unterteilt ist: Information, Entscheidung und Koordination.

Unter Berücksichtigung der o.g. Fallbeispiele, der dabei angesprochenen Probleme der Preisorganisation, der vorliegenden terminologischen Vorschläge sowie der Ergebnisse der Organisationsforschung ist festzuhalten:

1. Der Organisationsbegriff bezieht sich in Anlehnung an Frese (2000) erstens auf den Prozess der organisatorischen Gestaltung und zweitens auf das Ergebnis dieser Gestaltungsmaßnahmen, vor allem repräsentiert durch die Organisationsstruktur. Die Organisationsstruktur stellt ein System von Regelungen dar, die das Verhalten der Mitarbeiter kanalisieren. Gerade im Kontext der Organisation des Preismanagements ist die strategiekonforme Gestaltung in den Vordergrund zu rücken. Zur Konkretisierung der Gestaltungsmaßnahmen ist zwischen solchen primärer und sekundärer Art zu unterscheiden. Erstere konstituieren den Handlungsrahmen für bestimmte betriebliche Prozesse, und zwar hier diejenigen, die das Preismanagement betreffen. Bestimmte Details von Stellenbeschreibungen, Ablaufregelungen, Grundsätze kollektiven Handelns und Entscheidungskompetenzen sind diesem Bereich zuzuordnen. Sekundäre Gestaltungsmaßnahmen betreffen die Ausgestaltung des o.g. Handlungsrahmens anhand von Anreizsystemen, welche das individuelle Handeln in der Unternehmung auf die Oberziele der Organisation abstimmen sollen. Vor allem Fragen der Preisdisziplin relevanter Entscheidungsträger sind davon betroffen und schlagen sich unter anderem in der Steuerung von Vertriebsmitarbeitern nieder.

2. Darüber hinaus ist festzustellen: (a) Die Organisation des Preismanagements beinhaltet die Identifizierung aller unternehmungsinternen sowie -externen strukturellen und prozessualen Elemente, die für das Preismanagement und damit für die Erreichung strategiekonformer preislicher Ziele relevant sind. (b) Der Identifikation dieser organisationsrelevanten Elemente folgt die strategiekonforme Anordnung und Gestaltung, die ebenfalls über eine strukturelle und eine prozessuale Dimension verfügt. (c) Die Organisation des Preismanagements ist nicht zeitpunktbezogen, sondern zeitraumbezogen zu betrachten und schließt Maßnahmen des Change Managements mit ein.

3. Eine Trennung in einen ablauf- und einen aufbauorganisatorischen oder auch in einen unternehmungsinternen und einen unternehmungsexternen Bereich der Preisorganisation ist zu Vereinfachungszwecken und mit Blick auf eine Identifizierung konkreter Gestaltungsfelder möglich. Allerdings ist dann zu betonen, dass die Trennung nicht unwillkürlich ist und zusammenhängende Aufgaben auseinander reißen kann. Eine integrierte Betrachtung ist daher vorzuziehen.

4. Mit Blick auf die grundlegenden Handlungsfelder im Bereich der Preisorganisation sind mit Wiltinger (1998, S. 30 ff.) die Bereiche Information, Entscheidung und Koordination zu identifizieren. Es erscheint zweckmäßig, die Bereiche der allgemeinen

Koordination, der Entscheidungsvorbereitung und der Entscheidungsfindung auf Grund zahlreicher Zusammenhänge geschlossen zu behandeln (Kapitel 3). Davon zu trennen sind die Fragen einer für das Preismanagement adäquaten Organisation der informationstechnischen Infrastruktur, welche für ein effektives Preismanagement benötigt wird und welche wiederum von einem umfassenden Wissensmanagement nicht getrennt werden sollte. Folglich werden beide Aspekte innerhalb von Kapitel 4 zu thematisieren sein.

3. Dispositiv-koordinative Aspekte der Preisorganisation

3.1 Das Spannungsfeld dispositiv-koordinativer Preisorganisation

In Abgrenzung zu den infrastrukturellen Fragen, die sich auf die Bereitstellung von Informationen und die Verfügbarkeit von Wissen beziehen, sind die Probleme der Preisorganisation im dispositiv-koordinativen Bereich insoweit grundsätzlicher, als sie das Zusammenspiel zwischen dem Preismanagement und der Preisorganisation entscheidend lenken. In diesem Kontext lässt sich erkennen, dass die Organisation ein Spannungsfeld zu überbrücken hat, welches sich wie folgt konstituiert:

1. Es muss eine Überbrückung zwischen strategischer Planung und operativem Handeln erfolgen, da ansonsten z.B. durch Preiszugeständnisse im operativen Geschäft die strategische Linie verwässert werden kann.

2. Im Bereich der Preisorganisation müssen Entscheidungen über die *Zentralisation bzw. Dezentralisierung von Preisentscheidungen* getroffen werden. Es liegt auf der Hand, dass diese Diskussion in enger Verbindung zur Aufbauorganisation steht. Im Falle einer Divisionalisierung mit starker Betonung der Eigenständigkeit einzelner Geschäftseinheiten sind Weichenstellungen vorhanden, die bereits eine deutliche Dezentralisation erkennen lassen.

3. Bezüglich des Prozesses der Preisfindung ist zwischen einer „top-down"- und einer „bottom-up"-orientierten Vorgehensweise bezüglich der Preisfixierung zu trennen. Nicht zwangsläufig müssen nämlich die preislichen Weichenstellungen von der Marketingleitung bzw. sogar von der Geschäftsführung vorgegeben sein. Im industriellen Projektgeschäft ist es z.B. keinesfalls unüblich, dass die dezentralen Einheiten wichtige preisrelevante Informationen (vor allem Preisbereitschaft der Nachfrager, ungefähre Konkurrenzpreise, abschätzbare Kosten) sammeln und verdichten, diese zur weiteren Abstimmung mit oberen Führungsebenen besprechen und dann zu preislichen Rahmen- und Detailentscheidungen gelangen.

4. Ein besonderes Spannungsfeld ergibt sich mit Blick auf die Flexibilität bezüglich des Detailpreises in einzelnen Transaktionen. Nicht erst durch die zunehmende Gewäh-

rung von Rabatten im Konsumgüterbereich ist deutlich geworden, dass ohne eine Mindestflexibilität die Gefahr besteht, wichtige Erlöspotenziale nicht erschließen zu können. Im Investitionsgüter- und Dienstleistungsbereich ist die Schaffung preislicher Flexibilitätskorridore, die durch die strategische Grundausrichtung begrenzt werden, nicht nur üblich, sondern für bestimmte Geschäftstypen unerlässlich. Dann aber muss sich die Preisorganisation der schwierigen Aufgabe stellen, zwischen situationsbezogener Flexibilität und genereller preislicher Verlässlichkeit zur Wahrung und Untermauerung der Strategischen Positionierung zu vermitteln.

3.2 Preisliche Disposition und Koordination im Kontext der Handlungsebenen des Marketing

Marketingentscheidungen im Allgemeinen wie auch Preisentscheidungen im Besonderen lassen sich nach Handlungsebenen strukturieren, auf welche sie sich beziehen. Diese Handlungsebenen sind hierarchisch strukturiert, so dass die jeweils höhere Ebene den Rahmen für die darunter liegende Ebene vorgibt. Fragen der hierarchischen Koordination werden dabei ebenso abgedeckt wie solche, die sich auf die Dezentralisierung von Entscheidungskompetenz beziehen. Da ferner sowohl strategische als auch operative Entscheidungen auf den einzelnen Handlungsebenen angesiedelt sind und die Flexibilität der Preissetzung durch die Entscheidungen determiniert wird, werden alle der innerhalb von Abschnitt 3.1. genannten Faktoren erfasst, die das Spannungsfeld preisorganisatorischer Maßnahmen in dispositiv-koordinativer Hinsicht betreffen. Im Folgenden wird die von Freiling und Reckenfelderbäumer (1996, S. 30) vorgeschlagene Systematisierung der Handlungsebenen im Marketing aufgegriffen und auf das o.g. Spannungsfeld der Preisorganisation bezogen. In Abbildung 1 finden sich vier Handlungsebenen. Ausgangspunkt ist zunächst die Definition des für die Unternehmung relevanten Gesamtmarktes. In Anbetracht einer zunehmenden Differenzierung der Nachfragerwünsche ist es – nicht zuletzt zur Schaffung von Kundennähe – in den meisten Fällen unerlässlich, den Gesamtmarkt zu segmentieren. Diese zweite mögliche Handlungsebene bezieht sich dann auf Abnehmer mit ähnlichem, aber nicht gleichem Kaufverhalten, weswegen im Marketing schon frühzeitig (vgl. Diller/Kusterer, 1988) auf die Notwendigkeit eines Managements von Geschäftsbeziehungen hingewiesen wurde. Auch auf dieser relationalen Ebene lassen sich bei Weitem nicht alle Detailfragen klären, die kaufabschlussrelevant sind. Daher tritt als weitere Handlungsebene die der Einzeltransaktion hinzu. Hervorzuheben ist, dass die transaktionale und die relationale Ebene durch die Interaktion eines Anbieters mit *einem* Nachfrager gekennzeichnet ist. Auch auf Konsumgütermärkten sind – vor allem unterstützt durch das Direktmarketing sowie durch das elektronische Marketing – zunehmend Möglichkeiten erwachsen, die Marketingmaßnahmen auf diesen Ebenen zu konkretisieren.

Entscheidungen auf der Gesamtmarktebene betreffen die grundlegende Positionierung von Leistungen und beinhalten damit auch wesentliche Teile der Preisniveauentscheidung. Insbesondere bei der Einführung neuer Produktkonzepte in den Zielmarkt, aber keinesfalls nur dort, werden preispolitische Positionierungsentscheidungen vor allem auf dieser Ebene zu treffen sein. Dabei ist festzustellen, dass entsprechende Weichenstellungen einer gründlichen Vorbereitung bedürfen, was die Bereitstellung wichtiger externer und interner Informationen mit einschließt. Allein schon deswegen sind in derartige Entscheidungen zumeist mehrere Personen aus höheren Hierarchieebenen und aus unterschiedlichen Abteilungen einbezogen. Je kompakter und je stärker die damit verbundenen Aufgaben in sich geschlossen sind, um so eher bietet es sich an, die Entscheidungen innerhalb einer Projektorganisation zu treffen. Festzuhalten ist auf dieser Handlungsebene, dass innerhalb der Organisation des Preismanagements entsprechende Weichenstellungen vorzunehmen sind und Entscheidungskompetenzen ebenso zugewiesen werden müssen wie Entscheidungsregelungen einer wie auch immer gearteten Festlegung bedürfen. Je stärker Entscheidungen auf der Gesamtmarktebene getroffen werden, um so allgemeingültiger sind sie zu halten und um so geringer sind die dispositiven Spielräume auf den nachgelagerten Handlungsebenen, wie dies Abbildung 1 erkennen lässt.

Da sich bei Weitem nicht alle Preisentscheidungen auf der Gesamtmarktebene treffen lassen, sind die Handlungsspielräume zu definieren, die der Segment-, der Geschäftsbeziehungs- und der Transaktionsebene zugewiesen werden. Vor allem die preisliche Detailentscheidung wird im Schwerpunkt auf diesen Ebenen anzusiedeln sein. Eine für das Preismanagement wesentliche Frage ist die der Preisdifferenzierung. Je stärker eine etwaige Preisdifferenzierung auf bestimmte homogene Kundengruppen ausgerichtet ist, um so mehr bietet es sich an, die damit verbundenen Entscheidungen auf der Segmentebene anzusiedeln. Dies schließt nicht aus, dass bestimmte Korridore der Preisdifferenzierung bereits auf der Gesamtmarktebene definiert worden sind. Auch ist es in den meisten Fällen zweckmäßig, bestimmte Varianten der preislichen Differenzierung auf die Beziehungs- und Transaktionsebene zu verlagern. Dabei ist allerdings darauf zu achten, dass die grundlegende strategische Ausrichtung nicht durch konterkarierende Maßnahmen auf operativer Ebene unterlaufen wird. Daher bietet es sich bei der Ausarbeitung geschäftsfeldbezogener Strategien auf der Segmentebene an, den preislichen Rahmen für die nachgelagerten Ebenen weiter auszufüllen, ohne dabei die Flexibilität im operativen Geschäft übermäßig einzuengen.

Sofern eine solche Flexibilität demnach gegeben ist, besteht Raum für ein relationales bzw. transaktionales Pricing. Derartige Spielräume sind oftmals unerlässlich, um erstens wichtige Kunden erstmalig zu gewinnen bzw. deren Bindungsintensität zielgerecht zu gestalten und zweitens um – auch strategisch – wichtige Transaktionen durchführen zu können. Gerade das Anlagen- bzw. Projektgeschäft des Industriegütermarketings (vgl. Backhaus, 1999, S. 38 f., S. 451 ff., S. 645 ff.) zeigt, wie wichtig die Durchführung einzelner Transaktionen sein kann, um einen Kunden zu gewinnen bzw. um durch Referenzen die Durchdringung eines gesamten Marktes zu fördern. Dies verlangt oftmals erhebliche preisliche Zugeständnisse, die nur möglich sind, wenn hierzu entsprechende Flexibilitätspotenziale aufgebaut worden sind. Dieses Beispiel lässt im Übrigen auch erkennen, dass zum Teil preisliche Impulse aus dem operativen Geschäft auf dem „bottom-up"-Weg Einfluss auf grundsätzliche Preisentscheidungen nehmen können.

Bezugsebene für die Preissetzung	**preisorganisatorisch relevante Entscheidungen**	**Charakteristika / Bemerkungen**	dispositive Spielräume
Gesamtmarkt ➔	gesamtmarktorientierte Generalpreissetzung, v.a. bei Produktinnovationen ➔	▪ multifunktionale Entscheidung ▪ Projektorganisation zur Preisfindung ▪ finale Entscheidung auf hoher ▪ Hierarchieebene ▪ zahlreiche Entscheider	↑ ↓
Marktsegment ➔	segmentbezogene Preisniveau-entscheidung ➔	Festlegung von „Standardpreisen" sowie von Grundsätzen der Preisdifferenzierung	
Geschäftsbeziehung ➔	„relational pricing" ➔	Berücksichtigung preislicher Konzessionen zur Kundenbindung	
Transaktion ➔	„transactional pricing" ➔	Marginaladaptionen des vorgegebenen Rahmens zum Kaufabschluss	Konkretisierungsgrad

Abbildung 1: Handlungsebenen im Marketing, Preismanagement und Preisorganisation

Zusammenfassend ist festzustellen, dass der Bezugsrahmen der Handlungsebenen im Marketing eine Möglichkeit darstellt, die oben genannten Kräfte des Spannungsfeldes der Preisorganisation zusammenzuführen und integriert zu betrachten. Damit ist im dispositiv-koordinativen Bereich der Organisation des Preismanagements ein wesentliches Aufgabenbündel behandelt worden. Es stellt sich nunmehr die Frage nach einem Organisationssystem der Preisorganisation, welches die diskutierten Aspekte aufgreift und in einen Gesamtzusammenhang überführt.

3.3 Einrichtung und Umgestaltung eines preisbezogenen Organisationssystems

Mit Blick auf die betriebliche Praxis lassen sich auch ohne eine explizite empirische Untersuchung folgende Problemkonstellationen identifizieren:

- Preismanagement ohne erkennbare Preisorganisation,

- Preismanagement mit eher impliziter, unsystematischer und damit insgesamt unzureichender Preisorganisation,
- Preismanagement mit vorhandener, aber unpassender Preisorganisation.

Für die beiden erstgenannten Konstellationen gilt, dass die organisatorischen Belange des Preismanagements unterschätzt werden, was zu Koordinationsdefiziten führt. In beiden Fällen muss eine koordinative Infrastruktur entweder erstmalig geschaffen bzw. systematisch erweitert werden, die es erlaubt, zielgerechte Entscheidungen innerhalb des Preismanagements zu treffen. Vor allem bei einer fehlenden Organisation des Preismanagements wiegen die damit verbundenen Probleme schwer, weil innerbetrieblich kaum Erfahrungen bezüglich relevanter Handlungsfelder und zweckmäßiger Vorgehensweisen sowie organisatorischer Regelungen vorliegen. Um so eher ist die betreffende Unternehmung in derartigen Situationen darauf angewiesen, durch Hilfe von außen – z.B. durch die Beauftragung spezialisierter Beratungsgesellschaften oder durch Kooperation mit geeigneten Benchmark-Partnern – das Organisations- und Orientierungsdefizit zu beseitigen. Dieses Problem tritt im zweiten der o.g. Fälle etwas, aber in nicht nennenswertem Umfang zurück, da zwar organisatorische Regelungen bestehen, diese aber weitgehend ungeplant entstanden sind. Um die inhaltlichen Probleme der beiden Konstellationen der Sache nach zu erfassen, wird auf Tabelle 1 verwiesen.

Mit Blick auf die institutionelle Verankerung des Preismanagements droht in zahlreichen Fällen ein Koordinationsdefizit. Dies kann im Extremfall zu dem Schluss führen, dass eine eigenständige Abteilung einzurichten ist, welche diese Koordinationstätigkeit wahrnimmt und damit die Prozesse externer, aber auch interner Preisbildung (Verrechnungs- und Transferpreise) begleitet und beratend unterstützt (vgl. Kotler et al. 2001, S. 576). Hierbei wäre dann zu entscheiden, ob eine derartige Abteilung eher dem Marketing oder der Unternehmungsführung zu unterstellen ist. In der Praxis dürfte diese Frage weitaus weniger von Belang sein, da mit der Schaffung einer solchen Institution erhebliche Organisationskosten einhergehen, die der Einrichtung in vielen Fällen entgegenstehen. Daher wird eher über organisatorische Lösungen zu befinden sein, bei denen die Preisorganisation als Aufgabe in einer entsprechenden Abteilung mehr oder weniger gleichberechtigt neben anderen Aufgaben wahrgenommen wird. Dies ermöglicht zudem im Gegensatz zu einem Zentralbereich eine Dezentralisation, die vor allem dann sinnvoll sein kann, wenn z.B. viele unterschiedliche Ländermärkte bearbeitet werden, die weitgehend unabhängig voneinander geführt werden. In diesen Fällen müssen dann aber explizite Vorkehrungen getroffen werden, welche die koordinierte Wahrnehmung der o.g. Aufgaben bezüglich der Organisation des Preismanagements ermöglichen. Dies wird oftmals ebenso versäumt wie eine Veränderung einmal geschaffener Organisationsstrukturen für das Preismanagement.

Die bereits thematisierten Koordinationsprobleme zur Kanalisierung von Preisniveau- und Preisdetailentscheidung gemäß Tabelle 1 ähneln sich in ihrer Grundstruktur. Vor allem besteht die Gefahr, dass bei beiden Preisentscheidungstatbeständen Abweichungen vom vorgegebenen Korridor der Marketing- bzw. Managementstrategie entstehen. Durch die Vorgabe von Preiskalkulationsverfahren, die oftmals in der betrieblichen Praxis fehlen oder aber unzweckmäßig ausgerichtet sind, wird eine organisatorische Leitlinie erlassen, welche die Flexibilität *in strategiekonformer Weise* einzuschränken versucht. Die Wirksamkeit derartiger Rahmenregelungen hängt allerdings von einem weiteren unterstützenden Faktor ab, nämlich von der Verteilung preisbezogener Entscheidungsverantwortung. Dies setzt voraus, dass Art und Umfang zu verteilender Entscheidungskompetenzen ebenso geregelt werden wie die Anzahl preispolitischer Entscheidungsträger. Auch hier gilt es, bestehende Koordinationsdefizite zu beseitigen.

Organisationsrelevante Problembereiche des Preismanagements	**Schwerpunktprobleme der Preisorganisation**
Institutionelle Verankerung der Preisorganisation	▪ Schaffung einer geeigneten Koordinationsinstanz ▪ Etablierung von organisatorischen Regelungen innerhalb der Koordinationsinstanz ▪ Vollzug organisatorischer Änderungen im Zeitablauf
Organisationsprobleme der Preisniveauentscheidung	▪ Festlegung von Regelungen zur Bestimmung des Preisniveaus ▪ Verteilung von Entscheidungsverantwortung und Aufgaben
Organisationsprobleme der Preisdetailentscheidung	▪ Etablierung von Rahmenregelungen zur Preisanpassung in einzelnen Entscheidungssituationen ▪ Verteilung der Entscheidungskompetenz
Organisationsprobleme bei preislichen Umpositionierungen	▪ Vorbereitung der Entscheidungsträger ▪ Schaffung und nachhaltige Etablierung neuer Handlungsabläufe

Tabelle 1: Typische Problemfelder im Falle unzureichender Maßnahmen der Preisorganisation

Innerhalb von Abbildung 2 findet sich ein typisches Beispiel von organisatorischen Rahmenrichtlinien zum Zwecke der Preisfindung im Falle eines möglichen Konkurrenzangriffs (vgl. auch Rao/Bergen/Davis, 2000). Das Beispiel lässt Vor- und Nachteile derartiger Regelungen erkennen: Wenngleich ein Abweichen von der strategischen Grundausrichtung bei entsprechender Kommunikation und Verbindlichkeit der Regelung vermieden werden kann, so lässt sich kaum für die Vielfalt sämtlicher Entscheidungssituationen ein auch nur halbwegs vollständiger und situationsadäquater Rahmen entwickeln. Weiterhin ist bei der Etablierung derartiger Regelungen die Frage nach der erforderlichen Flexibilität der Entscheidungsträger zu beantworten.

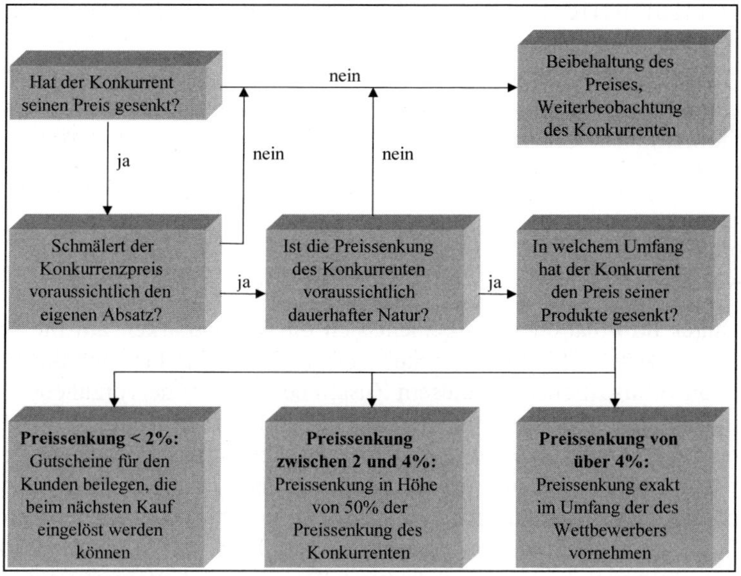

Abbildung 2: Preisreaktionsregelung (Quelle: Kotler, 2003, S. 499; Übers. d.V.)

Ein vielfach ungelöstes Problem der Organisation des Preismanagements stellen die Fragen der Reorganisation dar. Sie betreffen erstens preisliche Umpositionierungen, wie sie in der letzten Zeile von Tabelle 1 genannt sind, und zweitens die eingangs beschriebene Problemstellung eines Preismanagements mit vorhandener, aber unpassender Preisorganisation (3. Problemkonstellation). Ähnlich wie in der Organisationslehre das Change Management vernachlässigt worden ist, liegen auch für die Reorganisation des Preismanagements bislang so gut wie keine verwertbaren Erkenntnisse vor. In Zeiten hochdynamischer Märkte sind organisatorische Änderungen jedoch erstens häufiger vonnöten und gehen zweitens zumeist mit intensiveren Änderungen einher. Dies gilt analog für die Preisorganisation. Unter den zahlreichen damit in Verbindung stehenden Teilaufgaben, die hier nicht im Einzelnen thematisiert werden sollen, ragt die Vorbereitung der Entscheidungsträger auf die veränderten Weichenstellungen heraus. Es lässt sich leicht anhand des Vertriebsmanagements zeigen, wie wichtig es ist, das Vertriebspersonal auf neue preislich relevante Weichenstellungen vorzubereiten, da ansonsten traditionelle Denkweisen (z.B. dominante Umsatzorientierung im Falle einer neu vorgegebenen Deckungsbeitrags-gestützten Steuerung) die Verkaufsgespräche überlagern und die veränderte strategische Grundausrichtung konterkarieren. Ein Change Management muss hier teilweise so umfassend angelegt sein, dass intensive Schulungen Verhaltensänderungen unterstützen (vgl. Huckemann, 1997).

4. Informationelle und infrastrukturelle Probleme

Grundvoraussetzung für ein effektives Preismanagement ist die Verfügbarkeit von relevanten Informationen. Unterteilt man die Informationsprozesse mit Wiltinger (1998, S. 64 ff.) in die

- Gewinnung,
- Verbreitung und
- Verwendung

preisrelevanter Informationen, so bezieht sich die Verfügbarkeit auf die beiden erstgenannten Teilprozesse. Die Verfügbarkeit selbst nimmt Einfluss auf die faktische Verwendung von Informationen. In diesem Zusammenhang ist hervorzuheben, dass sowohl Informationsdefizite, aber auch ein Überangebot an Informationen negativen Einfluss auf die Verwendung nimmt. Im Bereich von Preisentscheidungen überlagern sich die beiden Probleme oftmals: Die Versorgung mit Informationen über bestimmte externe Größen (vor allem Nachfrage, Konkurrenz) sind oftmals bruchstückhaft, während nicht selten ein quantitatives Überangebot an Kosteninformationen besteht. Mit Blick auf die kostenbezogenen Informationen ist allerdings festzustellen, dass die Informationsmenge nicht auf die Qualität schließen lässt. Was mit Blick auf die Erfassung von Kosten festgestellt werden kann, ist die Vergangenheitsorientierung der Informationen sowie die unter dem Gesichtspunkt der Verursachungsgerechtigkeit oftmals äußerst fragwürdige Berechnung produktbezogener Kosten. Unabhängig davon betrifft das aus der Kaufverhaltensforschung bekannte Problem des „Information Overload" auch das Verhalten innerbetrieblicher Entscheidungsträger im Falle preislicher Koordination, was im Rahmen der Bereitstellung von Informationen berücksichtigt werden muss. Aus den genannten Problemen ergeben sich beträchtliche Herausforderungen für die Preisorganisation, die wie folgt zu konkretisieren sind:

1. Es muss eine ausgewogene und auf die Bedürfnisse der preisbezogenen Entscheidungsträger bezogene Informationsbereitstellung erfolgen. Durch Asymmetrien dominieren nahezu zwangsläufig bestimmte Formen der Preiskalkulation (vor allem die kostenorientierte Preissetzung), während marktorientierte Verfahren (konkurrenz- bzw. nutzenorientierte Preissetzung) allein schon deswegen zurücktreten (müssen), weil es an der Bereitstellung geeigneter Informationen mangelt (vgl. Wiltinger, 1998, S. 58 ff.).

2. Die Preisorganisation muss in der Lage sein, aktuelle Informationen bereitzustellen. Wie die eingangs in Kapitel 1 genannten Beispiele aus der Mineralölindustrie und aus der Luftfahrt erkennen lassen, führen veraltete Informationen zu falschen Preisentscheidungen, was zumeist mit der unzureichenden Erschließung von Erlöspotenzialen verbunden ist.

3. Preisentscheidungen sind auch unter langfristigen Gesichtspunkten zu treffen. „Trading-up“-Prozesse sind z.B. oftmals sehr langwierig und bedürfen einer permanenten Überwachung der Preisbereitschaft der Nachfrage und des Verhaltens der Konkurrenz. Daher ist es wichtig, Informationen der Vergangenheit so zu konservieren, dass sie für solche und ähnliche Analysezwecke abrufbar sind und im Verbund mit aktuellen Informationen zu fundierteren Preisentscheidungen führen können.

4. Die vorgetragenen Überlegungen münden in die Schaffung einer für Preisentscheidung geeigneten Infrastruktur, welche sich auf die Informations- und Kommunikationssysteme bezieht. Die in jüngerer Vergangenheit sprunghaft gestiegenen Möglichkeiten, welche die moderne Datenverarbeitung bietet, eröffnet die Aussicht auf die Bewältigung der oben genannten Anforderungen. So ist es z.B. durch netzbasierte Lösungen nicht nur möglich, größere Datenbestände bereitzuhalten, sondern sie auch mit Blick auf unterschiedliche Auswertungszwecke vorzustrukturieren, was eine schnellere und gezieltere Entscheidungsfindung fördert. Weiterhin lassen Intranetbasierte Lösungen durch Aktivierung von Suchfunktionen auch mittels des Entscheidungsträgers einen oftmals unmittelbaren Zugang zu.

Auf Basis der genannten Punkte wird deutlich, dass Informationsgewinnung, -verbreitung und –verwertung bei der Organisation der preisbezogenen Informationswirtschaft integriert betrachtet werden müssen. So wichtig indes die Schaffung informationstechnisch gestützter Lösungen auch sein mag, so wenig darf die Preisorganisation einen Bereich ausblenden, der sowohl in der Forschung als auch in der Praxis oft übersehen wird: Es handelt sich hierbei um den Bereich des Managements impliziten Wissens. Implizites Wissen, teilweise auch als „tacit knowledge“ bezeichnet (vgl. Polanyi, 1962, S. 49), beschreibt der Sache nach Hintergrundwissen, welches Personen unbewusst verwenden und gegenüber Dritten auf Grund des impliziten Charakters nicht vermitteln können. Die Fähigkeit eines Vertriebsmitarbeiters, Äußerungen seitens des Kunden so zu deuten, dass daraus ein fundierter Eindruck bezüglich dessen Preisbereitschaft entsteht, beruht auf implizitem Wissen und auf Routinen - im Sinne von (oftmals gedanklich) vorstrukturierten Handlungsabläufen -, welche das implizite Wissen speichern. Es gehört mit zu den Aufgaben der Preisorganisation, dass dieses Wissen nicht nur aktiviert wird, sondern auch innerhalb des Betriebs weitergegeben wird. Dies erfordert Lernprozesse zwischen preislichen Entscheidungsträgern, um nicht Gefahr zu laufen, dass wichtiges Wissen mit dem Ausscheiden bestimmter Personen aus dem Betrieb verloren geht. Weiterhin kann im Zuge von Lernprozessen auch auf die Entstehung, Verbesserung und die innerbetriebliche Verbreitung von Routinen Einfluss genommen werden. Es ist daher zu betonen, dass nur dann ein umfassendes Wissensmanagement betrieben werden kann, wenn sowohl das über Informations- und Kommunikationssysteme speicherbare explizite Wissen sowie das personell gebundene implizite Wissen berücksichtigt wird. Der letztgenannte Punkt wird oftmals zu Unrecht vernachlässigt.

5. Ausblick

Die systematische Aufarbeitung von Fragen der Organisation des Preismanagements steht noch am Anfang. Ziel dieses Beitrags war es, erstens die Relevanz der Preisorganisation als Aufgabe im Preismanagement zu betonen, zweitens wesentliche Herausforderungen zu identifizieren, drittens die Handlungsfelder zu strukturieren und viertens sie mit ausgewählten Weichenstellungen auszufüllen. Daran anknüpfend sind folgende Punkte unter Berücksichtigung zukünftiger Entwicklungen hervorzuheben:

Dutta et al. (2002) haben in ihrem Beitrag darauf verwiesen, dass die Preissetzung eines Betriebs für den Markterfolg so wichtig werden kann, dass sich durch die Beherrschung des Preisbildungsprozesses eine strategisch relevante Fähigkeit („strategic capability“) herausbilden kann. Angesichts der vielfältigen Koordinationsprobleme, die mit dem Preismanagement verbunden sind und die im Rahmen des vorliegenden Beitrags thematisiert wurden, ist dieser Auffassung zuzustimmen. Wie die einführenden Beispiele gezeigt haben, ist die Beherrschung preispolitisch relevanter Prozesse zum Teil für das Überleben im Wettbewerb unerlässlich, zum Teil wird gerade durch eine geschickte Form des Preismanagements die Grundlage zur Schaffung nachhaltiger Wettbewerbsvorteile gelegt, weil es z.B. gelingt, akquisitorische Potenziale des Marktes besser als die Konkurrenz zu erkennen und zu erschließen. Es ist deutlich geworden, dass dies nur möglich ist, wenn das Preismanagement durch systematische und strategiekonforme Organisationsregelungen unterstützt wird. Die Vielfalt dispositiv-koordinativer sowie infrastruktureller Voraussetzungen im Bereich der Informationswirtschaft lässt unmittelbar erkennen, dass Unternehmungen hier eine Grundlage schaffen können, um im Wettbewerb effektivere und/oder effizientere Prozesse zu etablieren, die nicht unmittelbar imitiert bzw. substituiert werden können. Auch die Aktivierung impliziten Wissens ist – wie in Kapitel 4 beschrieben – hierfür grundlegend. Der Aufbau bestimmter Kernkompetenzen hängt daher auch von der Unterstützung durch flankierende Kompetenzen im Bereich der Preisorganisation ab.

Weiterhin werden Fragen der Preisorganisation auch vor einem anders gelagerten Hintergrund immer wichtiger. Damit Betriebe im härter werdenden Wettbewerb überstehen können, ist eine Zusammenarbeit in Netzwerken unterschiedlichster Ausprägungsform oftmals unerlässlich. Vor allem innerhalb von strategisch koordinierten Netzwerken (vgl. Sydow, 1992) wird es erforderlich, die einzelnen Prozesse der beteiligten Unternehmungen aufeinander abzustimmen. Davon sind in aller Regel auch preisorganisatorische Maßnahmen betroffen. Wie die Durchführung von Großprojekten zeigt, besteht bezüglich der Zusammenarbeit oftmals ein latenter Verteilungskonflikt: Verschiedene Parteien müssen ein gemeinschaftliches Angebot ausarbeiten, welches z.B. auch eine gemeinsame Preissetzung vorsieht. Wie aber z.B. netzwerkintern die Erlöse verteilt werden, kann zu Spannungen führen, welche die Existenz des gesamten Netzwerkes leicht in Frage stellen können, wenn es an begleitenden Regelungen im Bereich der Preisorganisation mangelt.

Auf Grund zunehmender Bedeutung von Netzwerken ist daher auch von dieser Seite davon auszugehen, dass Fragen der Preisorganisation an Stellenwert gewinnen. Wichtig dabei ist allerdings, dass die entsprechenden Weichenstellungen bewusst geplant werden und nicht das Ergebnis von Zufällen darstellen.

6. Literatur

BACKHAUS, K., 1999, Industriegütermarketing, 6. Aufl., München.

DIERICKX, I./COOL, K., 1989, Asset Stock Accumulation and Sustainability of Competitive Advantage, in: Management Science, S. 1504-1510.

DILLWE, H., 1999, Entwicklungslinien in Preistheorie und –management, in: Marketing ZFP, S. 39-60.

DILLER, H., 2000, Preispolitik, 3. Aufl., Stuttgart et al.

DILLER, H./KUSTERER, M., 1988, Beziehungsmanagement. Theoretische Grundlagen und explorative Befunde, in: Marketing ZFP, S. 211-220.

DOLAN, R. J./SIMON, H., 1997, Profit durch Power Pricing, Frankfurt/M. et al.

DUTTA, S./BERGEN, M./LEVY, D./RITSON, M./ZBARACKI, M., 2002, Pricing as a Strategic Capability, in: Sloan Management Review, Spring 2002, S. 61-66.

DUTTA, S./ZBARACKI, M./BERGEN, M., 2001, Pricing Process as a Capability: A Case Study, Working Paper No. 01-117 of the Marketing Science Institute, Cambridge MA.

FASSNACHT, M./HOMBURG, C., 1998, Preisdifferenzierung und Yield Management bei Dienstleistungsanbietern, in: MEYER, A. (Hrsg.), Handbuch Dienstleistungs-Marketing, Stuttgart, S. 866-879.

FREILING, J./RECKENFELDERBÄUMER, M., 1996, Integrative und autonome Prozeßkonstellationen als Basis und Herausforderung eines auf Handlungsebenen bezogenen Marketing, in: MEYER, A. (Hrsg.), Grundsatzfragen und Herausforderungen des Dienstleistungsmarketing, Wiesbaden, S. 21-67.

FRESE, E., 2000, Grundlagen der Organisation, 8. Aufl., Wiesbaden.

HUCKEMANN, M., 1997, Pricing – Gewinnen durch die richtigen Preise, in: Thexis, S. 46-48.

KOTLER, P., 2003, Marketing Management, 11. Aufl., Upper Saddle River/N.J.

KOTLER, P./ARMSTRONG, G./SAUNDERS, J./WONG, V., 2001, Priciples of Marketing, 3. Aufl., London et al.

NAGLE, T./HOLDEN, REED K./LARSEN, G.M., 1998, Pricing, Berlin et al. o.V., 2002, Ryanair im Höhenflug, in: Handelsblatt, Nr. 150, 7.8.2002, S. 11.

PASHIGIAN, B. P., 1998, Price Theory and Applications, 2. Aufl., Boston et al.

POLANYI, M., 1962, Personal Knowledge, London.

RAO, A.R./BERGEN, M. E./DAVIS, S., 2000, How to fight a Price War, in: Harvard Business Review, S. 107 – 116.

SIMON, H., 1992, Preismanagement, 2. Aufl., Wiesbaden.

SYDOW, J., 1992, Strategische Netzwerke, Wiesbaden.

THUROW, W., 1990, Strukturwandel im deutschen Kraftstoffvertrieb an Beispiel der Aral AG, Arbeitsbericht des Instituts für Unternehmungsführung und Unternehmensforschung Nr. 48, Ruhr-Universität Bochum, Bochum.

VOLLMAR, T., 1994, Yield-Management – Begriff, Inhalt und Einsatzmöglichkeiten im Dienstleistungsbereich, Arbeitspapiere zum Marketing Nr. 28 des Seminars für Angewandte Wirtschaftslehre der Ruhr-Universität Bochum, Bochum.

WILTINGER, K., 1998, Preismanagement in der unternehmerischen Praxis, Wiesbaden.

Werner Seidenschwarz

Target Costing

1. Grundverständnis Target Costing und Target Pricing

Target Costing und Target Pricing sind zwei Seiten einer Medaille im Rahmen der kundenorientierten Entwicklung von neuen Produkten und Dienstleistungen.

Beide Ansätze werden von einer zentralen Fragestellung dominiert: „Welchen Betrag ist der Kunde für welche Produktausprägungen bereit zu bezahlen?“ Ausgehend von Zielpreisen und Zielfeatures werden in Folge Zielkosten für Funktionen bzw. Komponenten von Wertangeboten abgeleitet. Obschon die beiden Konzepte in ihrer zugrundeliegenden Philosophie übereinstimmen, gibt es Unterschiede.

Beim Target Pricing steht die Frage nach der optimalen Festlegung von Preispunkten für die Wertangebote des Unternehmens, unter Berücksichtigung von gewinnmaximalen Konstellationen der Kundennutzen-Kostenfunktion in den Phasen unmittelbar vor der Markteinführung im Vordergrund. Für einzelne Merkmale von Produkten und Dienstleistungen sind Leistungsniveaus zu bestimmen, bei denen die Differenz zwischen Kundennutzen und Kosten am größten ist. Diese Leistungsniveaus sind möglichst exakt zu bepreisen.

Die Basis für diese exakte Festlegung der Preise einzelner Produkt- und Dienstleistungsfeatures wird im Rahmen des Target Costing (marktorientiertes Zielkostenmanagement) gelegt. Der Schwerpunkt dieses Konzepts liegt nicht alleine in der exakten Preisfestlegung eines Produktes. Vielmehr zielt Target Costing auf eine integrierende Betrachtungsweise von Zielpreisbandbreiten, daraus ableitbaren Zielkosten, sowie Zeit- und Qualitätszielen in der frühen Phase der Entwicklung von Wertangeboten ab.

Im Rahmen der kunden- und kostenorientierten Neuentwicklung von Wertangeboten ergänzen die beide Konzepte einander wirkungsvoll, denn einerseits werden im Rahmen des Target Costing aus dem strategischen Pricing heraus die Bandbreiten für die spätere exakte Preis- und Zielkostenfestlegung erarbeitet. In der Entwicklungsphase werden Preisbereitschaften und dazugehörige Features in iterativen Prozessen immer weiter konkretisiert und münden nach der Phase der Alternativengenerierung und –bewertung in ein Produktkonzept. Für dieses Produktkonzept werden dann exakte Preise und die Ausgestaltung des Marketingmix im Rahmen des Target Pricing festgelegt.

Andererseits werden im Target Costing vorhandene preispolitische Spielräume oftmals relativ geringer als das Kostensenkungspotenzial ausgeschöpft. Nur beides zusammen gewährleistet eine möglichst maximale Wertgenerierung für die Wertangebote des Unternehmens.

Für ein erfolgreiches Anwenden beider Konzepte ist deren Einbettung in strategische Überlegungen des Unternehmens notwendig. Ausgangspunkt ist dabei die Unternehmensstrategie, von der sich kaskadenartig immer detailliertere Ziele für strategische Geschäftsfelder, Marken, Produktsortimente, Produktfamilien und einzelne Produkte ableiten. Durch die Konzepte des Target Costing und Target Pricing werden Produktstrategien zielgerichtet im Untenehmen verankert (siehe Abbildung 1).

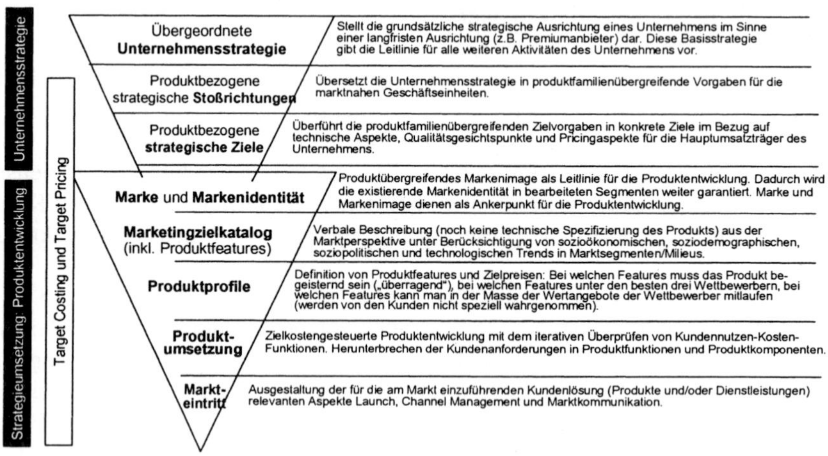

Abbildung 1: Ineinandergreifen von Target Costing und Target Pricing im Rahmen strategischer Überlegungen

2. Zum Ursprung und zur Grundphilosophie des Target Costing

Zu Beginn der 70er Jahre in der japanischen Automobilindustrie (vgl. die umfassenden Darstellungen im Sammelwerk Monden/Sakurai, 1989) mit ihrer stark westliche Modelle imitierenden, aber preis- und kostenaggressiv unterbietenden Mentalität entstanden, hat sich die Methodik in der Zwischenzeit in unterschiedlichen Varianten europäisiert und amerikanisiert. Allen Ansätzen liegen jedoch die japanischen Ursprungsquellen zugrunde (vgl. Cooper, Slagmulder, 1997; Seidenschwarz, 1991, S. 198 ff.). Im Ursprung für Serien- und Massenprodukte konzipiert, haben sich die Anwendungsgebiete heute auch auf das Systemgeschäft, das Dienstleistungsgeschäft und das Anlagengeschäft schrittweise ausgeweitet. Es ist aber festzustellen, dass nachgenannte Geschäftsarten in ihrem Reifegrad des Konzepts und in dem Durchdringungsgrad der jeweiligen Branchen noch Chancen zum Erweitern und Vertiefen besitzen.

Im deutschsprachigen Sprachraum liegt dem Konzept des Target Costing (vgl. Seidenschwarz, 1997) heute üblicherweise ein Grundverständnis zugrunde, das streng marktorientiert, durchgängig über die geschäfts- und unternehmensspezifisch zu bestimmenden Elemente der Wertkette, interdisziplinär integrierend und mit einer Betonung der Aktivitäten in den frühen Phasen im Produktentstehungsprozess ausgestattet ist.

Marktorientierung: Wurden bis in die 80er Jahre in Deutschland Produktentwicklungen primär nach der Frage „Was wird uns ein Produkt kosten?“ und „Wie können wir die aus der Produktbereitstellung anfallenden Kosten cost-plus an die Kunden weiter geben?“ (unternehmensgetriebener Ansatz) gestaltet, hat das Target Costing diesen Blickwinkel grundlegend verändert: Es fragt vor dem Beginn der Produktentstehung „Was darf uns ein Produkt respektive eine Kundenlösung kosten?“ und vertieft diese Fragestellung, ausgehend von der Gesamtproduktebene und in die frühen Phasen der Produktentstehung hinein, mit dem Fragenblock „Was dürfen uns einzelne Merkmale, Funktionen, Komponenten und Prozesse eines Produktes respektive einer Kundenlösung kosten?“ (marktorientierter Ansatz). Entsprechend ist das Gestaltungsobjekt des Target Costing nicht allein das physische Produkt, sondern auch die industrielle Dienstleistung respektive die Dienstleistung (im Falle reiner Dienstleistungen) an sich. Die Beschreibung der Anforderungen wiederum bezieht sich infolge nicht allein auf die technischen Gestaltungsparameter, sondern im Ausgangspunkt auf die Sprache und die Erwartungen der Kunden („nur die Wahrheit des Kunden zählt“).

Betonung der Gestaltungsaktivitäten in den frühen Phasen: Entsprechend der Erkenntnisse der 80/20-Regel („80% der später tatsächlich anfallenden Kosten werden bereits in den ersten 20% des Produkt- und Prozessentstehungsprozesses determiniert.“) setzt das Target Costing seine Schwerpunkte auf die frühen Phasen der Produkt- und Prozessentstehung.

Integration der interdisziplinären Vertreter in den Produktenstehungsprozess: Mit Beginn des ersten Gedankens zur Realisierung einer Produktidee (üblicherweise mit dem Marktvorbau) ist ein Team (integriertes Marktteam, das sich von Simultaneous Engineering-Teams davon unterscheidet, dass die Teamkonstituierung bereits mit dem Start des Marktvorbaus erfolgt) zu benennen, das in interdisziplinärer Arbeit dann auch die Kundenlösung entwickelt und bis zur Markteinführung begleitet. Aus den geschäftsspezifischen Gegebenheiten heraus, welche Prozess- oder Funktionsbereiche in einem Unternehmen zur Realisierung der Kundenlösung beitragen, ist dieses Team in seiner Zusammensetzung zu benennen.

Durchgängigkeit: In diesen Phasen von der Produktidee bis zur Markteinführung zielt das Target Costing darauf ab, Struktur- und Verantwortungsbrüche über diesen Zeitraum hinweg zu vermeiden, um einen hohen Selbstverpflichtungsgrad aller Beteiligten über den gesamten Prozess hinweg aufrecht erhalten zu können (vgl. Abbildung 2).

Im Sinne dieses Grundverständnisses ist das Target Costing als eine Managementtechnik zu interpretieren, die sich nicht nur auf die Toolunterstützung konzentriert, sondern gleichrangig eine Gestaltung/Anpassung der aufbau- und ablauforganisatorischen Komponente (inklusive der unternehmensübergreifenden Gestaltung der Wertkette zur Realisierung der Kundenlösung) sowie der Anreizsysteme erfordert.

<table>
<tr><th>Komponenten / Grundsätze</th><th>Organisatorisch</th><th colspan="3">Toolseitig</th><th>Anreizseitig</th></tr>
<tr><td>Marktorientierung</td><td>starker Projektleiter
im Zweifel "Projekt vor Funktion"
Konstituierung des Projektteams mit Start des Marktvorbaus</td><td rowspan="3">Marktvorbau, Kundenbegeisterungsmodell, retrograde Kalkulation und durchgängige Produktzielspaltung bis auf Maßnahmenebene</td><td rowspan="3">Konzeptgenerierung, integrierter Produktbaum und Alternativenbewertung</td><td rowspan="3">Zielcontrolling und Kostenforechecking</td><td rowspan="3">Personifizierte Verantwortung für Zielerreichung

Selbstkontrolle

Anreizsysteme auf Erfolgssicherung über den Produktlebenszyklus ausgerichtet

durchgängige Controllingregelkreise

disziplinarische Zuordnung des Kernteams zu starkem Projektleiter</td></tr>
<tr><td>Teamorientierung</td><td>interdiziplinäres Team
klares Teamcommitment
Kostenklausuren/-workshops als Standardkomponente der Teamarbeit
Projektleiter ist Beliebtheitsführer, nicht unbedingt der fachlich Beste</td></tr>
<tr><td>Durchgängigkeit</td><td>klare Zielverantwortlichkeiten über die gesamte Prozeßkette bzw. den Produktlebenszyklus
Richtliniendurchgängigkeit
Zielerreichungskultur</td></tr>
</table>

Abbildung 2: Grundverständnis des Target Costing

Abbildung 3 gibt einen Überblick über den Gesamtprozess des Target Costing, der im Weiteren nicht vertieft, aber der Einrahmung der weiteren Erläuterungen zum rechnerischen Teil des Target Costing dienen soll. Ein Target Costing-Prozess im beschriebenen Sinne erfolgt üblicherweise nicht für jede Produktentwicklung, sondern für die „goldenen“ Produkte, also die Kernprodukte und Fundamentalvarianten zukünftiger Hauptumsatzträger.

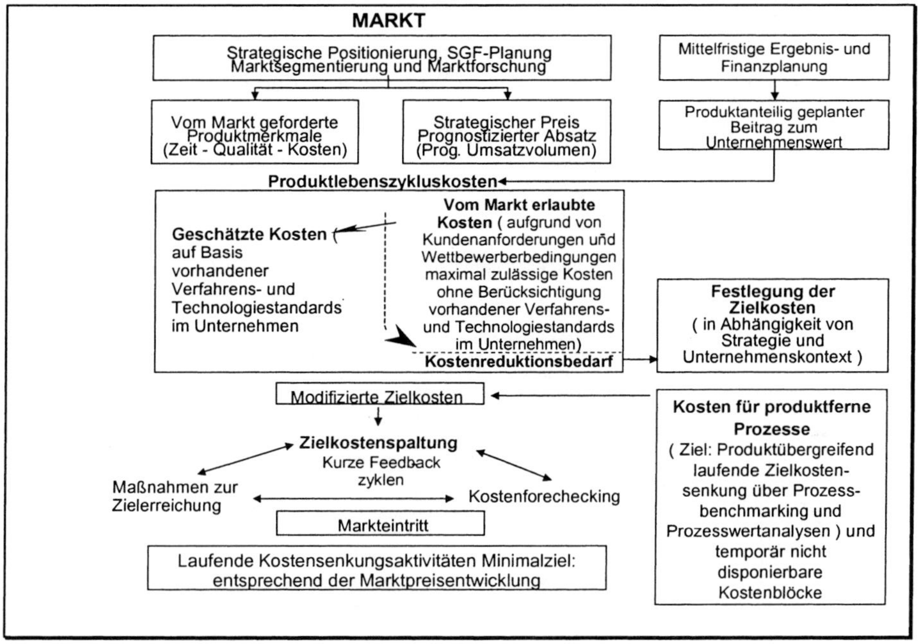

Abbildung 3: Prozess des Target Costing

3. Instrumente von Target Costing und Target Pricing

Das Target Costing-Toolset beinhaltet wesentliche Elemente und Instrumente des Target Pricing, deshalb werden in den nachfolgenden Ausführungen wesentliche Target Costing Instrumente und die Bedeutung unterschiedlicher Pricing-Aspekte beleuchtet.

3.1 Marktvorbau

Der Marktvorbau im Target Costing steht für das gezielte Eingrenzen, Sammeln, Analysieren und Aufbereiten von Marktdaten und -erfahrungen im Ausgangspunkt einer Produktentstehung. Er stellt die Instrumente der Marktforschung in den für das Target Costing spezifischen Dienst der Zielbestimmung und -absicherung für Produkt- und Prozessentwicklungen. Logischer Ausgangspunkt des Marktvorbaus ist die Zielmarktdefinition.

Der Marktvorbau dient u. a. dazu, den Input für das Festlegen der Preisbandbreiten in der retrograden Kalkulation und für die Gewichtung der Kundenanforderungen in der Produktzielspaltung 1 bereit zu stellen. Für das Festlegen des Zielpreiskorridors liefert das strategische Pricing einen besonders wichtigen Beitrag. (vgl. Seidenschwarz/Horváth, 2000, S. 375 ff.). Dies charakterisiert sich im Wesentlichen durch folgende Punkte:

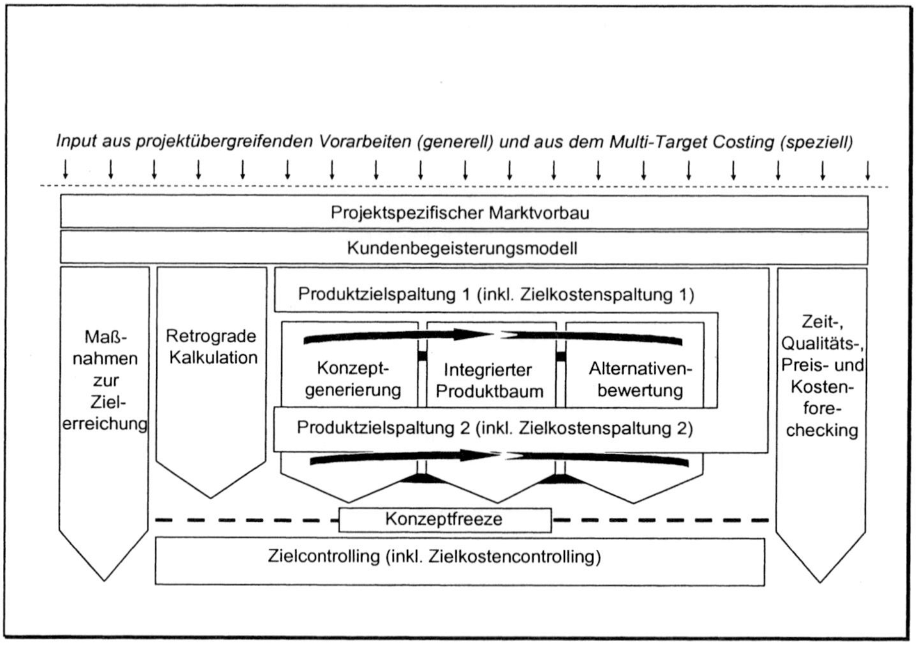

Abbildung 4: Das Toolset des Target Costing

Anmerkungen zur Standardisierung: Es handelt sich hierbei um eine Toolbox - folglich wird kein Ablaufsche (Target-Costing-Prozess) wiedergegeben. Der Marktvorbau beschreibt sicherlich eine Phase, kann aber im Verständnis dieser Abbildung auch als ein Instrument/Tool des Target Costing definiert werden. Das Kundenbegeisterungsmodell bleibt als eigenständiges Tool bestehen und ist wesentliches Instrument der Produktpositionierung. Retrograde Kalkulation, PZS 1 und 2, Konzeptgenerierung, Integrierter Produktbaum und Alternativenbewertung laufen mehr oder weniger parallel. Detaillierte Beschreibung des Prozesses (vgl. Produktentstehungsprozess) Produktzielspaltung umfasst neben der Zielkostenspaltung auch die „Produktwertspaltung", also das Herunterbrechen der Funktions- und Komponentenzielwerte. Das Zielcontrolling umfasst vergleichbar neben dem Zielkostencontrolling (Zielkostenkontrolldiagramm) ein ganzheitliches Projekt(ziel)controlling.

- Es fundiert auf einem in sich schlüssigen, langfristig orientierten Zielsystem. Dieses zeichnet sich aus Marketingsicht primär durch die Formulierung entsprechender

Imagepositionen, Zufriedenheitsniveaus oder Kundenwertpotenziale sowie den proaktiven Einbezug von Kosten-, Wettbewerbs- und Lebenszyklusdynamik aus.

- Es legt die Bandbreiten fest, innerhalb derer im Zuge der Produktentwicklung Preis-Feature-Kombinationen diskutiert und bewertet werden. Im Rahmen der Zielpreiskorridore werden Spielräume ausgelotet. Ein Ausbrechen aus den strategischen Vorgaben kann in Ausnahmefällen möglichen werden, wenn:
  - dadurch kein anderes Preissegment des Unternehmens kannibalisiert wird,
  - sowie der wahrgenommene Produktnutzen über dem Korridor liegt („vom Kunden wahrgenommene substantielle Besserstellung" des Produktes).
- Es fokussiert sich auf bestimmte Preissegmente des Marktes, die mit der Unternehmensstrategie konform sind.
- Es integriert im Sinne der Ganzheitlichkeit die verschiedenen Preiskonzepte zu einem kreativen und profilierenden Preiskonzept.
- Es sorgt für einen preisstrategischen Fit, indem es gleichwertig die Marktgegebenheiten und -entwicklungen mit den vorhandenen respektive aufbaubaren preispolitischen Fähigkeiten und Stärken des Unternehmens abgleicht.
- Es ist auf die praktische Umsetzbarkeit hinsichtlich der Zielregionen, -vertriebskanäle und -kunden bedacht.

Aufbauend auf diesen strategischen Preisinformationen werden im Target Pricing die exakten, endgültigen Zielpreise operationalisiert. Ein zentrales Instrument zur Gewinnung von Preisinformationen bzw. zur Gewichtung von Kundenanforderungen im Rahmen des Marktvorbaus ist die Conjoint-Analyse, im Rahmen derer unterschiedliche Produktmerkmalsausprägungen von potenziellen Kunden zu bewerten sind und so Teilnutzenwerte ermittelt werden können.

Anzumerken bleibt, dass aus einer prozessualen Betrachtung koordinierte Preisfindungsprozesse mit ihrem ebenfalls interdisziplinären Charakter keine Selbstverständlichkeit in der Unternehmenspraxis sind. Dies liegt nicht selten in der fehlenden Transparenz tatsächlich erzielbarer Preise aus den Erfahrungen der Vergangenheit und Gegenwart begründet.

3.2 Kundenbegeisterungsmodell

Das Kundenbegeisterungsmodell (vgl. Kano, 1993, S. 12 ff., Bailom/Hinterhuber/Matzler/Sauerwein, 1996, S. 177 ff.) unterstützt den Target Costing-Prozess bei der ersten robusten Überlegung zu sowie der Integration von Marktbearbeitungs- und Kostenmanagementstrategien. Es erlaubt eine Kategorisierung von potenziellen Kundenanforderungen in Basis-, Leistungs- und Begeisterungsanforderungen und verbindet die angesprochenen Strategien mit der übergeordneten Einbindung in Produkt-Markt-, Ressourcen-

und FuE-Portfolios. Vor allem hinsichtlich der Leistungs- und Basisanforderungen ist in diesem frühen Stadium eine unterstützende Funktion durch das Instrument des Benchmarking (v. a. im Sinne des Product Reverse Engineering aus Produktsicht und im Sinne des Prozessbenchmarking aus Sicht der Kernprozesse) zu sehen.

Neben der Festlegung der Produktfeatures ist das Kundenbegeisterungsmodell auch im Rahmen des Target Pricing von Bedeutung. Ausgehend von den Zielvorgaben aus dem strategischen Pricing für die Produktentwicklung müssen Preise für Basis-, Leistungs- und Begeisterungsfeatures des Produktes bestimmt werden. Man kann in diesem Zusammenhang auch von Basis-, Leistungs- und Begeisterungspricing sprechen. Ein Beispiel aus der Automobilindustrie kann dies verdeutlichen: Bei der Preisfestlegung für einen BMW (vgl. *Nitschke*, 1998) wird zunächst eine Basisversion entworfen und bepreist, die nur über die nötigsten Eigenschaften eines Autos verfügt und gerade noch ein BMW ist. Auf diesem Basispreis kommen dann BMW-spezifische Leistungsfeatures, die aus dem Marktvorbau für die entsprechenden Zielsegmente ermittelt worden sind. Auch diese werden entsprechend der Kundennutzen-Kostenfunktion bepreist. Nach der Bepreisung der Begeisterungsfeatures liegt der Gesamt-Target Price fest. In der Regel müssen die gewählten Preise dabei in den vorgegebenen Bandbreiten aus dem strategischen Pricing bleiben, um die Markenidentität nicht zu untergraben. Bei der Festlegung des Zielpreises für die Begeisterungsfeatures können zumeist keine Preisbereitschaften vom Markt ermittelt werden, so dass dafür ein hohes Maß an unternehmensinterner Kompetenz zur Abschätzung des zusätzlich generierten Kundennutzens notwendig ist.

3.3 Retrograde Kalkulation

Die retrograde Kalkulation (vgl. Seidenschwarz, 1995, S. 109 ff.) ist – neben der Produktzielspaltung – eines der rechnerischen Kernstücke des Target Costing. Sie berücksichtigt den Produktlebenszyklus eines Produktes und entspricht damit einer Mehrperiodenrechnung, in der Unternehmenspraxis in der Regel aus pragmatischen Gründen bezogen auf einen Zeitraum von maximal drei bis fünf Jahren.

Die Struktur einer retrograden Kalkulation wird aus Abbildung 5 ersichtlich.

Zentrale Erläuterungsstränge sind:

Das prognostizierte Umsatzvolumen errechnet sich über den Produktlebenszyklus vorrangig aus den strategischen Preisen multipliziert mit dem erzielbaren Stückvolumen in den jeweiligen Regionen über die jeweiligen Vertriebskanäle an die jeweiligen Kundengruppen. Der produktanteilige Zielgewinn errechnet sich üblicherweise aus den (mit Kapitalmarktbezug) abgeleiteten Vorgaben aus übergeordneten Unternehmenswertvorgaben und mit entsprechendem Portfoliobezug. Bezugsrahmen für die nachfolgend beschriebenen Element der retrograden Kalkulation ist der Zielumsatz. Dies macht die Bedeutung des prognostizierten Target Price für die Aussagefähigkeit der weiteren

Schritte deutlich. Werden im Rahmen des Marktvorbaus belastbare Zielstückzahlen und Target Prices ermittelt, ist eine realistische Bezugsbasis für das Ableiten von Zielkosten gegeben.

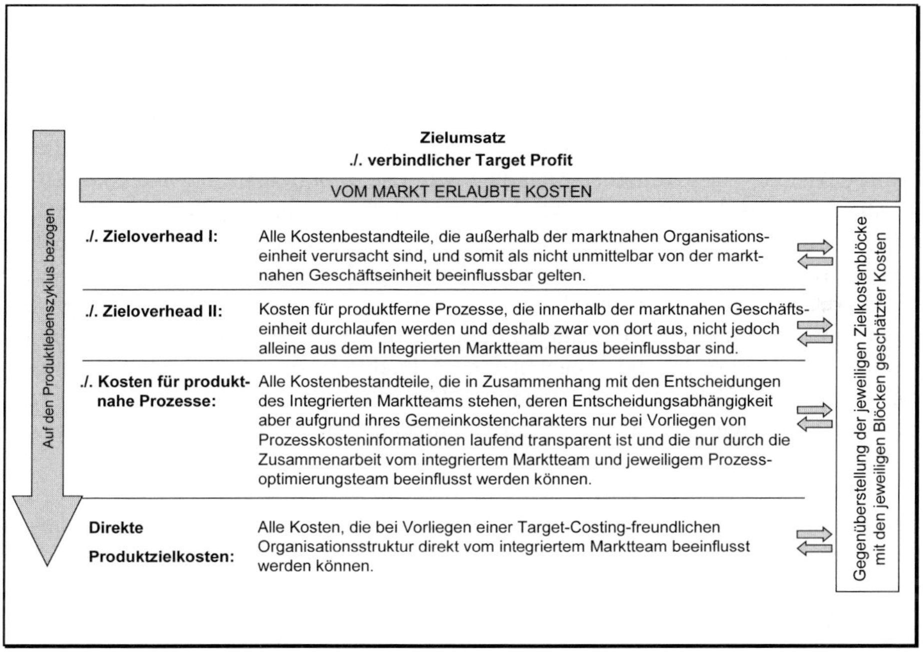

Abbildung 5: Struktur der retrograden Kalkulation

Bei den vom Markt erlaubten Kosten handelt es sich um direkt vom Markt abgeleitete Zielkosten. Sie sind definiert als die aufgrund von Kundenanforderungen und Wettbewerberbedingungen (primär abgeleitet aus dem Marktvorbau und der Kundenbegeisterungsstrategie) maximal zulässigen Kosten, ohne Berücksichtigung der eigenen Verfahrens- und Technologiestandards im Unternehmen.

Die vom Markt erlaubten Kosten werden in einem Parallelkalkül den sogenannten geschätzten Kosten gegenübergestellt, woraus sich die Kostenlücke aus Gesamtproduktsicht ergibt. Die geschätzten Kosten wiederum sind die auf Basis vorhandener Technologie- und Verfahrensstandards erzielbaren Kosten.

Aus der Struktur der retrograden Kalkulation wird ersichtlich, welcher Anteil an den Gesamtkosten direkt vom integrierten Marktteam beeinflusst und verantwortet werden kann oder umgekehrt, welcher Kostenanteil aus der Entwicklung heraus nicht direkt beeinflusst werden kann. Im günstigsten Fall (bspw. eines Automobilzulieferers) lässt sich dieser Anteil direkt beeinflussbarer Kosten auf bis zu 90% benennen, in ungünstigeren Fällen (bspw. einem Dienstleistungsunternehmen) auf 30 bis 35%. Ein Faustregelziel ist es, 80% der vom Markt erlaubten Kosten respektive der geschätzten Kosten beeinflussbar zu haben.

Die Struktur der retrograden Kalkulation in diesem Sinne bedeutet nicht, dass nur das integrierte Marktteam der Aufgabe der Kostenbeeinflussung ausgesetzt ist, sondern weist – ganz im Gegenteil – die Verantwortlichkeiten für entsprechende Kostenblöcke den jeweiligen Managementebenen explizit zu. Nach oben hin nimmt logischerweise die Multiproduktsicht zur Kostenbeeinflussung zu. Die produktnahen Prozesskosten, die nicht alleine durch das integrierte Marktteam beeinflusst werden können, bedürfen der unmittelbaren Unterstützung von Prozesskosteninformationen und den dazu gehörigen Instrumenten zur Kostenbeeinflussung. Die retrograde Kalkulation ist aus mehreren Gründen keine einfache statische Rechnung: Erwartete Preisbewegungen und geplante Kostenreduktionen über die betrachteten Perioden hinweg sind Bestandteil der Rechnung (hinterlegt mit konkreten und eingeleiteten Maßnahmen zur Zielerreichung). Darüber hinaus besitzt die Rechnung einen iterativen Charakter, da sie über den Entwicklungsprozess hinweg mitgeführt wird, auch zur Dokumentation des Schließens der Zielkostenlücke.

Zusammenfassend bleibt nochmals auf die zentrale Bedeutung des Target Pricing im Rahmen der retrograden Kalkulation hinzuweisen. Nur wenn zuverlässige Preisbandbreiten definiert sind, können auch marktgerechte Zielkosten zur Steuerung der Produktentwicklung abgeleitet werden.

3.4 Produktzielspaltung

Mit Hilfe der Produktzielspaltung erfolgt das Herunterbrechen der Zielkosten und des Zielpreises auf Produktmerkmale, Produktfunktionen, Produkthauptkomponenten und Hauptprozessgruppen. Mit der Produktzielspaltung 1 erfolgt dabei der Weg von den Marktanforderungen auf die Produktfunktionen, mit der Produktzielspaltung 2 von den Produktfunktionen auf Produkthauptkomponenten und Hauptprozessgrupppen.

Mit Hilfe der Produktzielspaltung wird neben dem Herunterbrechen auf entsprechende Zielkosten- und Zielpreisvorgaben für Komponenten und Prozesse vor allem Transparenz über Produktfunktionen und dazu gehörige technische Zielwerte geschaffen. Die technischen Zielwerte sind innerhalb der Produktzielspaltung aus zwei Perspektiven zu betrachten:

Zum einen wird durch technische Zielwerte bzw. Bündel von technischen Zielwerten Kundennutzen beschrieben und konkretisiert. Zum anderen stellen diese gleichzeitig elementare Kostentreiber aus der internen Kostenperspektive dar. Vor dem Hintergrund dieses Spannungsfeldes müssen im Rahmen der Produktzielspaltung Überlegungen zur optimalen Gestaltung der Kundennutzen-Kosten-Funktion angestellt werden. Die Produktzielspaltung bietet somit die Plattform für die produktstrukturelle Optimierung aus Produktwert- und Produktkostensicht, die später zu integren Produkten führt. Overengineering wird vor Realisierung ersichtlich und damit vermeidbar. Die Struktur der Produktzielspaltung wird aus Abbildung 6 ersichtlich.

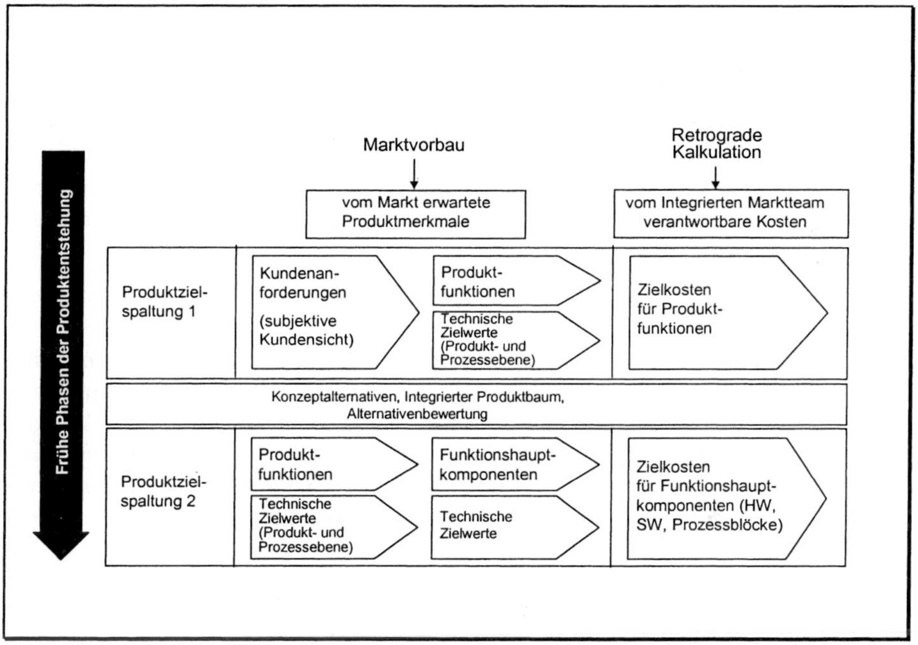

Abbildung 6: Struktur der Produktzielspaltung

Der Weg über die Produktfunktionen – man könnte theoretisch ja auch versuchen, von den Produktmerkmalen direkt auf die Hauptkomponenten zu spalten - eröffnet den Anwendern des Target Costing durch das Abgehen von der phänomenologischen Lösung und das Suchen auf Basis der neutralen Funktionssicht einen geöffneten Horizont bei der Suche nach alternativen Lösungsmöglichkeiten zur Realisierung der jeweiligen Funktion. Zum Einsatz im Rahmen der Produktzielspaltung kommen neben einem modifizierten Quality Function Depolyment-Prozess üblicherweise das Product Reverse Engineering, also die produktbezogene Variante des Benchmarking, die strategische Produktzielspaltung mit ihrer robusten Ableitung von Zielen für die übernächste Entwicklungsgeneration, Vergleiche mit Vorgängerprodukten oder ähnlichen Produkten. Je nach Anwendungsart des Target Costing ist ein entsprechender Mix von Methoden auszuwählen, um neben der erstgenannten Methode sogenannte Zielkostenvergleichsbasen zum Plausibilisieren zu besitzen, die üblicherweise bei der Erstanwendung des Target Costing eine Bedeutung zum „Kalibrieren" des Produktzielspaltungsprozesses haben.

3.5 Alternativengenerierung und -bewertung

Zwischen Produktzielspaltung 1 und 2 erfolgt das Generieren möglicher Lösungsalternativen zum Erreichen der für eine erfolgreiche Marktbearbeitung notwendigen Kundenlösung und die entsprechende Auswahl des vielversprechendsten Konzepts. Dazu werden Alternativen entwickelt und dann mit entsprechenden Gemeinkostenkalkülen bewertet, die die Auswirkungen des Konzepts nicht nur auf die direkt beeinflussbaren Kosten zeigen sollen, sondern auch deren Wirkungen in die Gemeinkostenbereiche hinein. Diese Gemeinkostenkalküle können sowohl detaillierte Einrechnungen von Prozesskostenkalkülen auf der Basis von ermittelten Prozesskosten als auch robuste Gemeinkostencheck-listen (vgl. Seidenschwarz, 1997, S. 91 ff.), die eher qualitativer Natur sind und entsprechend robust bewertet werden, sein. Zur vorauseilenden Ideengenerierung kommen vor allem Kreativitätstechniken zum Einsatz, bei der Transparenzmachung der Alternativen sogenannte integrierte Produktbäume.

Hierbei besitzen Pricing-Aspekte eine zentrale Bedeutung:

Zum einen müssen bei der Alternativengenerierung die Vorgaben des strategischen Pricings berücksichtigt werden. Nicht alle potenziellen Ideen sind vor dem Hintergrund der Preisstrategie und des Markenimages realisierbar. So kann beispielsweise ein Anbieter in einem Low-End-Segment keine Extra-Prämien für besondere Innovationen durchsetzen. Zum anderen ist es auch im Sinne der Markenidentität, die vom Pricing zu einem hohen Grad beeinflusst wird, unerlässlich, die strategischen Preisbandbreiten nicht zu verlassen, um die Markenidentität nicht zu verwässern.

Im Rahmen der Alternativenbewertung ist ein zentrales Bewertungskriterium, in welchen Maße mit dem erarbeiteten Konzept die Traget Prices getroffen werden können.

3.6 Zielcontrolling

Mit der Festlegung auf ein Konzept zur Kundenlösung sind üblicherweise die oben angesprochenen ersten 20% der Produktentstehung abgeschlossen. Danach verbleibt aber üblicherweise ein sehr anspruchsvoller „Spießrutenlauf" durch die weiteren Phasen der Produktentstehung, der das ausgewählte Konzept über die Ziellinie der Markteinführung bringen soll. Drei der wichtigsten Varianten sollen dabei kurz genannt werden:

Produktseitig: Das Zielkostenkontrolldiagramm sorgt dafür, dass ersichtlich wird, ob bei einzelnen Funktionshauptgruppen (noch) Produktwertsteigerungsbedarf oder Kostenreduktionsbedarf besteht, um in die Zielkostenzone zu kommen, die entsprechend ein integres Produkt ausweist. In diesem Rahmen ist auch das gezielte Ausloten bzw. Ausnutzen von preispolitischen Spielräumen von Bedeutung. Features, die einen hohen Kundennutzen stiften und einen im Vergleich zu ihrem Kundennutzenbeitrag geringeren Kostenanteil haben, können entweder höher bepreist werden, oder dazu beitragen, Produktfeatures mit umgekehrten Kundennutzen-Kostenanteilsrelationen entsprechend zu subventionieren (vgl. Abbildung 7).

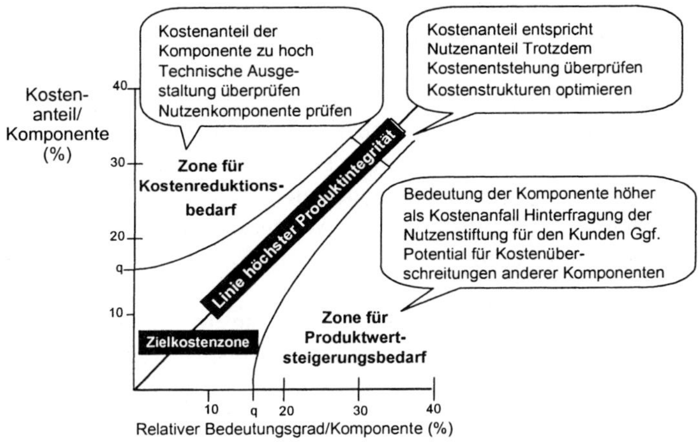

Abbildung 7: Zielkostenkontrolldiagramm

Prozessseitig: Das Prozesscontrolling sorgt über eine entsprechende Bewertung der im Rahmen der Produktentstehung ablaufenden Target Costing-Prozesse für ein Hinterfragen, ob die Muss-Komponenten im Produktentstehungsprozess entsprechend verankert sind. In diesem Fall gilt die begleitende Maxime „Wenn der Weg der richtige ist, dann erfolgt auch die Zielausrichtung im gewünschten Sinne“. Zu einem solchen Prozesscontrolling zählen auch sogenannte Change Requests, die Änderungswünsche, die nach Konzeptfreeze in den Produktentstehungsprozess eingebracht werden, soweit wie möglich vermeiden sollen und nur noch im absolut unvermeidbaren Fall Änderungen zulassen. Änderungen werden – je näher man dem Fertigungsstart kommt – zunehmend teurer. Durch die Tatsache, dass im Target Costing der Aktionsschwerpunkt vor allem in den frühen Phasen liegt, sollten in der Produktentstehung allerdings bereits aus dieser Tatsache heraus weitaus weniger Änderungen anfallen, als dies im traditionellen Prozess der Fall ist.

Geschäftsseitig: Mit Projekt-Balanced Scorecards werden die umfassenden Wirkungen – vor allem bei Großprojekten – aus Sicht der finanziellen, der Markt-, der Performance- und der infrastrukturellen Perspektive im Sinne eines mehrdimensionalen Controlling begleitet. Im Rahmen des Preiscontrolling soll zum einen die Preisqualität gewahrt werden und gleichzeitig das Verbleiben in den definierten strategischen Preisbandbreiten sichergestellt werden, um die Markenidentität zu schützen.

3.7 Zielerreichung

Im Rahmen der Zielkostenerreichung, die sich – wie das nachfolgend beschriebene Kostenforechecking – über alle Phasen des Target Costing-Prozesses zieht, gibt es sowohl im Rahmen vorhandener Strukturen optimierende als auch strukturverändernde Maßnahmen, die sich sowohl auf das Produkt, die Prozesse im Unternehmen oder auch auf unternehmensübergreifende Aspekte beziehen können. Die wichtigsten Maßnahmenkomplexe zur Zielkostenerreichung sind – neben der Optimierung von Produktfunktionen und technischen Zielwerten sowie des Vermeidens von Overengineering beim Produktaufbau – Maßnahmen des präventiven Qualitätsmanagements, des kostengünstigen Konstruierens, des Zulieferer Cost Engineering, der Wertgestaltung, der Prozessoptimierung respektive des Prozessreengineering.

Neben der Zielkostenerreichung von gleicher Bedeutung im Produktentstehungsprozess sind die Maßnahmen zur Preiszielerreichung speziell respektive des Marketing-Mixes generell sowie die Maßnahmen zur Zeitziel- und Qualitätszielerreichung.

3.8 Kostenforechecking

Ziel des Kostenforechecking im Target Costing-Prozess ist es, die jeweiligen Maßnahmen in den jeweiligen Phasen des Prozesses im kurzen Regelkreis auf ihre Zielkostenadäquanz zu überprüfen und im Falle des Nichterreichens sofortige nachbessernde oder ersetzende Maßnahmen einzuklagen.

4. Literatur

BAILOM, F./HINTERHUBER, H./MATZLER, K., 1996, Das Kano-Modell der Kundenzufriedenheit, in: Marketing - ZFP, S. 117-126.

COOPER, R./SLAGMULDER, R., 1997, Target Costing and Value Engineering, Portland, Oregon.

KANO, N., 1982, A perspective on quality activities in American firms, in: California Management Review, S. 12-31.

MONDEN, Y./SAKURAI, M. (HRSG.), 1989, Japanese Management Accounting. A World Class Approach to Profit Management, Cambridge, Norwalk.

NITSCHKE, F., 1998, Markt- und prozessorientiertes Kostenmanagement von Entwicklungsvorhaben im Automobilbau, Hamburg.

SEIDENSCHWARZ, W./HORVÁTH, P., 2000, Produktgestaltung im Spannungsfeld zwischen Zielpreisen und Zielkosten, in: HERRMANN, A./HERTL, G./VIRT, W. (Hrsg.), Kundenorientierte Produktgestaltung, München, S. 371-388.

SEIDENSCHWARZ, W., 1991, Target Costing - Ein japanischer Ansatz für das Kostenmanagement, in: Controlling, S. 198-203.

SEIDENSCHWARZ, W., 1993, Target Costing – Marktorientiertes Zielkostenmanagement, München.

SEIDENSCHWARZ, W., 1995, Target Costing und die Rolle des Controlling darin, in: HORVÁTH, P. (Hrsg), Controllingprozesse optimieren, Stuttgart, S. 107-131.

SEIDENSCHWARZ, W., 1997, Nie wieder zu teuer!, Stuttgart.

Péter Horváth - Klaus Möller

Target Pricing und Profit Planning

1. Die Eindimensionalitätsfalle

Innovationen im betriebswirtschaftlichen Instrumentarium sind in den allermeisten Fällen Antworten auf aktuelle, drängende Fragstellungen der Praxis. Ein prägnantes Beispiel hierfür ist das Aufkommen und die Verbreitung des Target Costing in Deutschland – und in den USA – seit Anfang der 90er Jahre (vgl. dazu die empirische Untersuchung von Arnaout, 2001). Die Erkenntnis, dass man im Vergleich zu den fernöstlichen Wettbewerbern zu teuer ist, führte zur Adaption des in Japan bereits seit Jahrzehnten eingesetzten Instruments des Target Costing.

Der häufig betriebswirtschaftlich unreflektierte Einsatz führte in eine „Eindimensionalitätsfalle". Die isolierte Fokussierung auf die Zielkosten einer Produkteinheit vernachlässigt wichtige Aspekte des Pricing und der Ergebnisplanung. Dies ist eine typische Situation bei der Umsetzung neuer Instrumente: Man konzentriert sich auf eine Dimension der Unternehmenswertgestaltung und vernachlässigt die anderen. Die Zielsetzung unseres Beitrages ist, der „Eindimensionalitätsfalle" zu entkommen, indem wir einen integrierten Einsatz von Target Costing, Preismanagement und Ergebnisplanung vorschlagen.

2. Nutzen und Gefahren des Target Costing

Target Costing basiert auf dem recht einfachen Prinzip, Produktpreis, -struktur und -kosten aus den Marktbedingungen und -anforderungen abzuleiten und nicht mehr durch eine Cost-plus-Kalkulation zu ermitteln. Ursprünge dieses Prinzips finden sich in allen Industrienationen besonders in Zeiten hoher Ressourcenknappheit: Zu nennen ist hier insbesondere das in den 40er Jahren bei General Electric entwickelte Konzept des Value Engineering, das in Deutschland unter dem Begriff der Wertanalyse in der DIN 69910 spezifiziert wurde. Die systematische Entwicklung des Target Costing erfolgte aus der betrieblichen Praxis heraus in Japan in den 60er Jahren unter dem Namen „Genka Kikaku", wesentlich vorangetrieben durch die Automobilhersteller, insbesondere Toyota (vgl. Horváth/Seidenschwarz, 1992, S. 142; Buggert/Wielpütz, 1995, S. 41). Die ersten Erwähnungen in der japanischen Literatur finden sich in den 70er Jahren, eine Diskussion der Methodik in der englischsprachigen Literatur erfolgte in den 80er Jahren, angestoßen durch Monden/Sakurai (1989). Seit Ende der 80er Jahre fand die Systematik im Rahmen der verstärkten Marktorientierung des Kostenmanagements und einer generellen Verschärfung der Kostensituation auch im deutschen Sprachraum Eingang und große Verbreitung (vgl. Horváth/Seidenschwarz, 1992; Arnaout, 2001; Franz/Kajüter, 1997, S. 487 ff.). In Abhängigkeit vom wissenschaftlichen und unternehmerischen Kontext werden unterschiedliche Konzepte mit divergierenden Schwerpunktsetzungen (verhaltensbezogen, kostenbezogen, branchenbezogen, technikbezogen etc.) und unterschiedlichen Abläufen beschrieben.

Die an das englische „Costing“ = Kostenrechnung angelehnte Begrifflichkeit ist eigentlich irreführend, hat sich allerdings in Praxis und Wissenschaft weitgehend durchgesetzt (vgl. zu einer Begriffsdiskussion Arnaout, 2001, S. 21). Die deutsche Übersetzung „Marktorientiertes Zielkostenmanagement“ trägt der Komplexität der Konzeption insofern besser Rechnung. Die Anwendung von Target Costing geht dabei über eine rein instrumentelle Unterstützung der Kostenrechnung hinaus, es handelt sich vielmehr „... um einen umfassenden Kostenplanungs-, Steuerungs- und Kontrollprozess, eingebettet in den Gesamtprozess der Produktentstehung“ (vgl. Horváth/Seidenschwarz, 1992, S. 143).

2.1 Das Grundprinzip

Die Grundidee des Target Costing-Konzepts besteht darin, bereits in den frühen Phasen der Produkt- und Prozessgestaltung die Kostenstrukturen dahingehend zu beeinflussen, dass sie den Marktanforderungen und damit den von den Kunden gewünschten Produktmerkmalen gerecht werden. Die Marktorientierung wird durch ein zentrales Merkmal, die retrograde produktlebenszyklusorientierte Kalkulation, realisiert. Im Gegensatz zur klassischen progressiven „Cost-plus-Kalkulation“, die den Verkaufspreis über die Selbstkosten und einen Gewinnzuschlag ermittelt, geht die retrograde „Preis-minus-Kalkulation“ vom Zielumsatz aus, subtrahiert davon den Zielgewinn und erhält dadurch die „vom Markt erlaubten Kosten“. Ausgangspunkt der retrograden Kalkulation ist folglich eine nach außen auf den Markt und die Kundenanforderungen gerichtete Betrachtungsweise („Was darf ein Produkt kosten?“), während die traditionelle Kalkulation den Blick zuerst auf das „Innere des Unternehmens“ lenkt („Was wird ein Produkt kosten?“, vgl. Abbildung 1).

Als produkt- und branchenspezifische Einsatzmöglichkeiten des Target Costing werden Unternehmen mit hoher Variantenzahl, kurzen Produktlebenszyklen und rationalisierter Produktion genannt, die auf wettbewerbsintensiven Märkten mit einem hohen Innovations- und Preisdruck agieren (vgl. Horváth, 2001, S. 550; Franz, 1993, S. 126). Den Produkten wird eine hohe Wertigkeit und Komplexität zugesprochen, um die (verhältnismäßig aufwändige) Implementierung des Target Costing zu amortisieren und genügend Gestaltungsfreiheit zu besitzen.

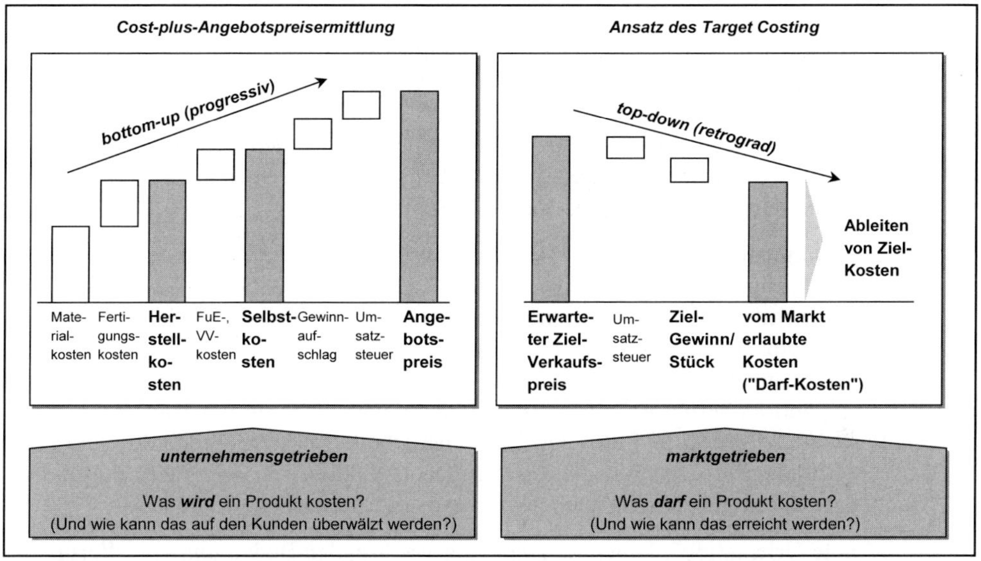

Abbildung 1: Traditionelle Cost-Plus-Kalkulation versus Retrograde Kalkulation im Target Costing

2.2 Charakteristika

In Anlehnung an die verbreitete Target Costing-Definition von CAM-I kann das Target Costing durch sechs Grundprinzipien als kunden- und kostenfokussierten Planungs- und Steuerungsprozess der Produktentwicklung beschrieben werden (vgl. im Folgenden Ansari/Bell, 1997, S. 11 ff.; Arnaout, 2001, S. 67 ff.):

1. „Price led Costing“: Da sich ein Wandel zu einer Dominanz der Käufermärkte (mit den Attributen hohe Wettbewerbsintensität und Preissensibilität) vollzogen hat, kommt einer intensiven Markt- und Kundenorientierung eine enorme Bedeutung zu (Auf eine Unterscheidung von Kundenwünschen und Marktentwicklung wird hier verzichtet, gleichwohl erscheint eben dieser Sachverhalt für ein erfolgreiches Target Costing wichtig). Der Marktpreis sollte daher Ausgangspunkt einer retrograden Kalkulation für Produkt- und Kostenplanung sein. Die herkömmliche Entscheidungskette zur Ressourcenbeschaffung wird daher umgekehrt.

2. „Focus on Customers”: Das gesamte Produkt und seine Teilfunktionen werden kundenorientiert gestaltet mit dem Ziel, durch jedes Leistungsangebot einen Erfolgsbeitrag zu leisten. Daher sind die Kosten am erzielbaren Preis auszurichten. Target Costing exponiert das Endprodukt dazu in intensiver Weise dem Wettbewerb.

3. „Focus on Design": Das Attribut konstruktionsbegleitend impliziert sowohl eine Konzentration auf den Prozess der Produktentwicklung wie auch die Möglichkeit, hier gestaltend tätig sein zu können. Gerade auf wettbewerbs- und preisintensiven Märkten können etwaige Gestaltungsfehler mit Kostenwirkungen während der Produktionsphase oder gar später kaum mehr kompensiert werden. Kurze Lebenszyklen lassen für etwaige Korrekturschleifen kaum Zeit. Eine Konzentration auf die kostendeterminierenden frühen Phasen ist daher unabdingbar.

4. „Cross-Functional Involvement": Die abteilungsübergreifende Zusammenarbeit stellt die Berücksichtigung sämtlicher Aspekte bei der Produktentwicklung sicher und trägt zur Marktorientierung aller Unternehmensbereiche bei. Dies bedeutet eine Abkehr von einer rein ingenieurgetriebenen Produktentwicklung hin zu einer multidisziplinären Teamstruktur (Die kulturellen Rahmenbedingungen in Japan mit einer stark gruppenorientierten Arbeitsweise und einem humanzentrierten Managementverständnis begünstigen diese Form der Zusammenarbeit). Dies ermöglicht kürzere Prozesszeiten und eröffnet durch die verschiedenen Sichtweisen von Ingenieuren und Nicht-Ingenieuren gleichzeitig auch neues Innovationspotenzial.

5. „Life Cycle Orientation": Unter Annahme der wachsenden Bedeutung von Wartungs-, Reparatur-, Garantie- sowie anderer Dienst- und Serviceleistungen darf sich ein Kostenmanagement nicht allein auf den Zeitpunkt des Verkaufs konzentrieren. Die Produkt- und Kostengestaltung muss vielmehr lebenszyklusbezogen arbeiten.

6. „Value Chain Involvement": Zur effizienten Anwendung des Target Costing ist die enge Zusammenarbeit mit Kunden und Lieferanten notwendig, um Produkt und Prozesse im Interesse der gesamten Wertschöpfungskette zu optimieren. Dies kann durch eine Integration aller Glieder der Wertschöpfungskette im Target-Costing-Team erreicht werden.

Ergänzend soll noch auf motivatorische Aspekte des Target Costing hingewiesen werden. Durch die enge Verknüpfung von gewünschten Kundenfunktionen, diese Funktionen erfüllende Komponenten und den Komponentenkosten schafft das Target Costing ein hohes Maß an Kosten-Nutzen-Transparenz. Das Verhalten jedes Mitarbeiters wird somit nicht mehr durch anonyme Unternehmensvorgaben gesteuert, sondern durch konkrete Markterfordernisse. Diese Motivationsfunktion sollte durch eine Anbindung an effektive Anreizsysteme auch institutionalisiert werden (vgl. Buggert/Wielpütz, 1995, S. 192; Ewert, 1997, S. 300; Riegler, 1996).

2.3 Prozess

Für die folgende detailliertere Darstellung des traditionellen Target Costing wird der Ablauf in drei Zyklen zerlegt: Zielkostenfindungszyklus, Zielkostenspaltungszyklus und Zielkostenerreichungszyklus.

2.3.1 Zielkostenfindungszyklus

Die Ausgangsbasis des Zielkostenfindungszyklus ist die Sammlung aller relevanten Marktdaten (sog. Marktvorbau). Dies ist nicht nur Aufgabe der Marktforschung allein, sondern fordert bereits in diesem Stadium die Bildung eines interdisziplinären Teams. In der Literatur werden mehrere Methoden zur Bestimmung der Gesamtproduktzielkosten diskutiert, die sich in fünf Methoden zur Findung von Zielkosten unterscheiden lassen (vgl. Seidenschwarz, 1993, S. 116ff.; Buggert/Wielpütz, 1995, S. 80ff.):

- Market into Company: Ausgangspunkt der Zielkostenbestimmung ist der am Markt erzielbare Preis und der geplante Gewinn.
- Out of Company: Die Zielkosten werden aus den technischen und betriebswirtschaftlichen Fähigkeiten, dem Erfahrungsschatz und den Potentialen des Unternehmens abgeleitet.
- Into and out of Company: Dieses Verfahren stellt eine Kombination der oberen zwei Verfahren dar.
- Out of Competitor: Die Zielkosten werden aus den Kosten der Konkurrenz abgeleitet.
- Out of Standard Costs: Ableitung der Zielkosten aus den eigenen Standardkosten und Senkungsabschlägen.

Dabei herrscht Einigkeit darüber, dass die erst genannte Findungsmethodik das Target Costing-Konzept am besten umsetzt, da nur dann die Zielkosten so nahe wie möglich an die vom Markt erlaubten Kosten angenähert sind. Bei den anderen Formen der Zielkostenfestlegung ist eine Marktorientierung nur indirekt (z. B. über Wettbewerbsprodukte) möglich. Allerdings darf der Marktpreis nicht generell mit den Zielkosten gleichgesetzt werden. Denn zunächst gilt es zu klären, welches der adäquate Marktpreis für ein Unternehmen ist (vgl. Simon/Dahlhoff, 1998, S. 93). Ein Marktneuling wird sich kaum durchsetzen können, wenn er seine Produkte lediglich zum selben Preis wie die etablierten Hersteller anbietet. Des weiteren muss der Preis unter langfristigen Überlegungen ausgewählt werden, da Preisniveau, -dynamik und Markteintrittszeitpunkt eine wichtige Rolle spielen. Die Bedeutung des Marktpreises gründet darin, dass von ihm die Zielkosten abgeleitet werden – wird der Marktpreis falsch gewählt, sind damit auch die Target Costs obsolet geworden. Im Folgenden wird daher die „Market into Company-Methode“ näher beschrieben.

Ausgangspunkt des „Market-into-Company-Process“ ist der mit Hilfe der Marktforschung ermittelte „am Markt erzielbare Preis“ für ein Produkt (vgl. Horváth/Seidenschwarz, 1992, S. 144). Durch Subtraktion der angestrebten Gewinnspanne erhält man die „vom Markt erlaubten Kosten“ (Allowable Costs). Sie stellen die “als maximal zulässig erachteten Kosten” (Coenenberg/Fischer/Schmitz, 1994, S. 5) dar. Diese werden den sogenannten „Drifting Costs“ gegenübergestellt. Als Drifting Costs werden die Kosten bezeichnet, die das Produkt bei Aufrechterhaltung vorhandener Technologie- und Verfahrensstandards im Unternehmen verursachen würde (vgl. Seidenschwarz, 1993, S. 117.). Sie werden auf Basis bisheriger oder geschätzter eigener Standardkosten durch eine progressive Kalkulation ermittelt (vgl. Hahn, 1993, S. 110). Diese Berechnung sollte sich - wie auch das gesamte Target Costing - auf Vollkosten beziehen. In der Unternehmenspraxis werden allerdings häufig nur einzelne Kostenbestandteile (variable Kosten, Herstellkosten, Materialkosten) herangezogen (vgl. Arnaout, 2001, S. 46.). Zwischen den Drifting Costs und den Allowable Costs werden die Zielkosten (Target Costs) festgelegt. Die Unterscheidung zwischen den Allowable Costs und den Target Costs resultiert daraus, dass unter motivationalen Gesichtspunkten die Zielkosten nicht zwingend mit den Allowable Costs gleichzusetzen sind (vgl. Buggert/Wielpütz, 1995, S. 89). Die Zielkosten sollten auf jeden Fall realistisch und erreichbar sein. Sie werden daher letztlich innerhalb der Spanne zwischen den Allowable Costs und den Drifting Costs fixiert. Wie nah sie an den Allowable Costs festgelegt werden, ist jeweils nach Situation des Marktes, des Unternehmenskontextes und nach der strategischen Position zu bestimmen. Je höher die Wettbewerbsintensität und der Kostendruck sind, desto näher sollten die Zielkosten an den vom Markt erlaubten Kosten positioniert sein (vgl. Abbildung 2).

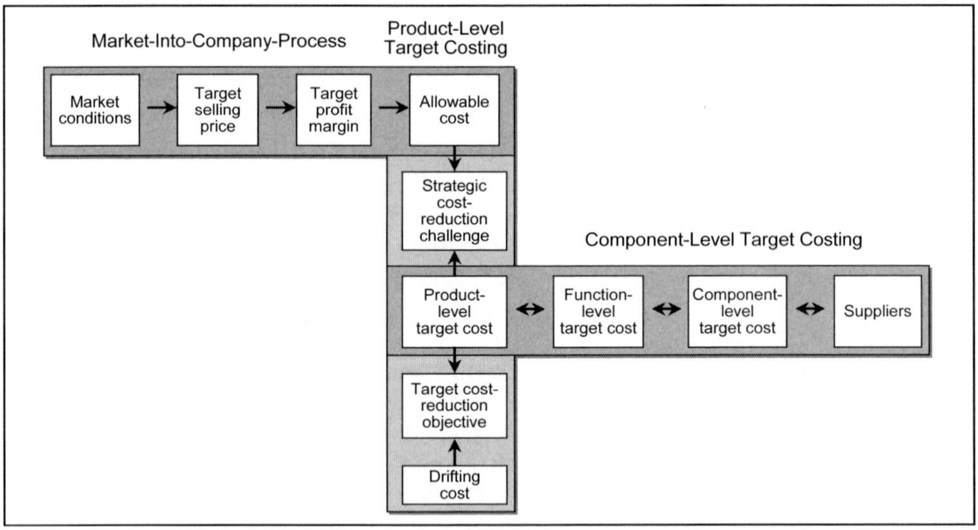

Abbildung 2: Prozess des Target Costing (in Anlehnung an Cooper/Slagmulder, 1997, S. 11)

2.3.2 Zielkostenspaltungzyklus

Eine monetäre Bewertung wurde bisher nur auf der Gesamtproduktebene sichtbar. Um diese Bewertung weiter zu detaillieren und spezielle Maßnahmen zur Kostensenkung einleiten zu können, bedarf es der weiteren Aufspaltung der Zielkosten auf einzelne Komponenten, Baugruppen und Prozesse. Hintergrund der Zielkostenspaltung ist die Anforderung des Kunden, ein umfassendes Leistungsbündel zu kaufen, dessen Bedarf sich nicht auf ein Problem reduzieren lässt, sondern dazu verschiedene Funktionen erfüllen muss. Diese Funktionen sind Eigenschaften des Leistungsbündels, die zu einer Bedürfnisbefriedigung beim Nachfrager führen. Im Rahmen der Zielkostenspaltung erfolgt eine „Übersetzung" der Funktionen aus der Kundensprache in Komponenten und Prozesse aus der Unternehmenssprache, die diese Leistungsbündel generieren. Dafür haben sich zwei Ansätze etabliert:

- Die relativ einfach konzipierte Komponentenmethode geht von der Annahme aus, dass genau eine Komponente eine Funktion erfüllt. Als Anhaltspunkt für die Zielkostenspaltung dienen die Kostenstrukturen von Vorgängermodellen, ähnlichen Produkten oder Konkurrenzprodukten. Der Nachteil der Komponentenmethode liegt darin, dass Kundenwünsche nicht explizit berücksichtigt werden und eine „Einfrierung" der bestehenden Kosten- und Prozessstruktur vorgenommen wird (vgl. Buggert/Wielpütz, 1995, S. 89 ff.). Daher wird sie besonders für Produkte mit einem geringen Innovationsgrad und für primär material- und technologieorientierte Entwicklungen verwendet.
- Die Funktionsmethode orientiert sich direkt an den Wünschen des Kunden und ist damit prädestiniert für den Einsatz bei komplexen und umfangreichen Neuproduktentwicklungen. Ein Produkt wird dazu als eine Kombination von Funktionen definiert, die wiederum durch technische Komponenten (und ggf. dazugehörige Dienstleistungen) erfüllt werden (vgl. Horváth/Niemand/Wolbold, 1993, S. 13). Die Verbindung von Funktionen und technischen Komponenten erfolgt anschließend über eine Funktionen-Komponenten-Matrix, in der eine komponentenbezogene Zuordnung zur Funktionserfüllung erfolgt (vgl. Seidenschwarz, 1993, S. 178).
- Alternativ wurde auch eine auf der Erfahrungskurve basierende Form der Zielkostenspaltung vorgeschlagen (vgl. Betz, 1998, S. 256). Allerdings ist dabei die Marktorientierung vergleichsweise geringer ausgeprägt.

Am Ende der Zielkostenspaltung liegen für alle spezifizierten Bestandteile/Teilleistungen des Gesamtprodukts eigene Zielkosten vor, die einen Einzelkostencharakter aufweisen und daher separat hinsichtlich der drei Dimensionen Kostenstruktur, -verlauf und -niveau beeinflussbar sind. Mit den (Kunden- bzw. Funktions-)Anforderungen im Hintergrund kann dann die konkrete Ausgestaltung der Leistungsbestandteile erfolgen.

2.3.3 Zielkostenerreichungszyklus

Zur besseren Steuerung und Visualisierung kritischer Bereiche bei der Umsetzung der Zielkostenerreichung werden Zielkostenindices und das Zielkostenkontrolldiagramm verwendet. Ausgehend von der Idealform, dass der Ressourceneinsatz für eine Komponente genau der Gewichtung durch den Kunden für diese Komponente entspricht, errechnet sich der Zielkostenindex aus der Division von prozentualem Nutzenteilgewicht und prozentualem Kostenanteil. Das Zielkostenkontrolldiagramm visualisiert diesen Sachverhalt übersichtlich für alle Komponenten bzw. Zielkostenindices. Hierbei wird auf der x-Achse das Nutzenteilgewicht einer Komponente abgetragen, auf der y-Achse deren Kostenanteil (vgl. Abbildung 3; grundsätzlich zu Zielkostenindices und –kontrolldiagramm Coenenberg/Fischer/Schmitz, 1994). Eine Erweiterung schlägt Paul vor, indem die Größe der Komponentenpunkte entsprechend der Gewichtung der Nachfrager dimensioniert wird (vgl. Paul, 1998, S. 285).Gleichwohl besteht die Gefahr der Fehlinterpretation. So muss immer beachtet werden, auf welche Bezugsgröße sich der Kostenanteil richtet – rechnet man auf der Basis der Drifting Costs, ergeben sich im Regelfall günstigere Zielkostenindices als auf Basis der Allowable Costs (vgl. Coenenberg, 1999, S. 473).

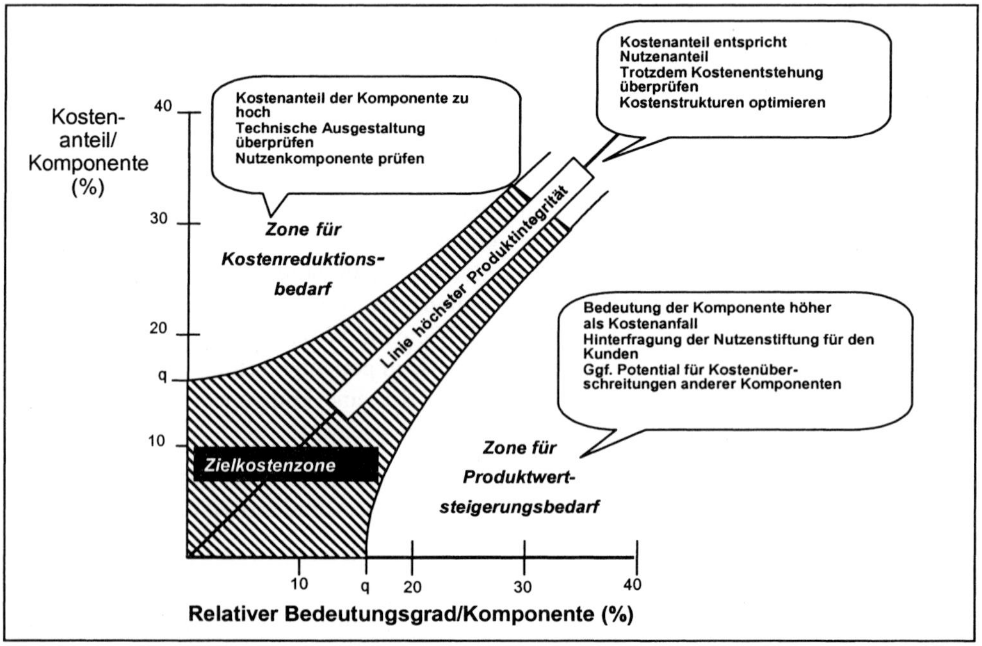

Abbildung 3: Zielkostenkontrolldiagramm

Nach der Verabschiedung der Zielkosten beginnt die Umsetzungsphase, in der die angestrebten Zielkosten durch Kostensenkungsmaßnahmen realisiert werden müssen. Die Entwicklungsingenieure sind gefordert ein Produktkonzept zu entwickeln, das unter Berücksichtigung der Zielkosten alle Kunden- bzw. Marktanforderungen erfüllt (vgl. Horváth/Niemand/Wolbold, 1993, S. 13.). Die (Kostensenkungs-) Maßnahmen beziehen sich auf den gesamten Produktlebenszyklus, sie setzen aber insbesondere in der Entwicklungs- und Produktionsplanungsphase an, um Gestaltungsspielräume zu nutzen. Für den eigentlichen Prozess der Zielkostenerreichung existiert eine Vielzahl von Instrumenten und Maßnahmen zur Aufdeckung und anschließenden Umsetzung von Kostensenkungspotenzialen. In Abhängigkeit vom theoretischen Hintergrund können zwei Schwerpunkte zur Einteilung von Verfahren zur Zielkostenerreichung identifiziert werden (vgl. Abbildung 4).

Ingenieurorientierte Verfahren	Managementorientierte Verfahren
▪ Entwicklungs-/konstruktionsbegleitende (Vor-) Kalkulation ▪ Simultaneous Engineering ▪ Reverse Engineering ▪ Wertanalyse ▪ Design-to-Cost ▪ Design for Manufacture and Assembly (DFMA) ▪ Rapid Prototyping	▪ Benchmarking ▪ Zero Base Budgeting ▪ Prozesskostenmanagement ▪ Life Cycle Costing ▪ Cost Tables ▪ Kaizen / Kontinuierlicher Verbesserungsprozess (KVP) ▪ Zulieferermanagement

Abbildung 4: Übersicht der ingenieur- und managementorientierten Verfahren zur Zielkostenerreichung

2.4 Gefahren der isolierten Sicht

Die bisherigen Ausführungen – und damit die verbreitete Sichtweise des Target Costing – spiegelt sowohl hinsichtlich Target Costing-Praxis aber auch bzgl. wissenschaftlicher Literatur eine gewisse Einseitigkeit wieder. Dies liegt stark in der auf *eine* Produkteinheit fokussierten Sicht begründet, die Programm- und Lebenszyklusinformationen vernachlässigt. In der klassischen Gleichung

$$\text{Target Costs} = \text{Target Price} - \text{Target Profit}$$

wird die rechte Seite zu wenig thematisiert. Entweder beschäftigt man sich ausschließlich mit der Kostenseite – ganz besonders die Veröffentlichungen aus dem deutschsprachigen Raum tendieren hier noch spezieller zur kosten*rechnerischen* Seite (vgl. z.B. Serfling/Schultze, 1997) – oder man weitet das Thema etwas undifferenziert zu einer Art Unternehmensphilosophie aus (vgl. z.B. Seidenschwarz et al., 2002).

Es fehlt an Darstellungen, die sowohl Target Costing als auch Target Pricing und Ergebnisplanung ("Profit Planning") ganzheitlich differenziert behandeln. Teilansätze dazu finden sich vereinzelt in der Literatur, meist handelt es sich hier allerdings um Adaptionen des Target Costing aus der Perspektive einer anderen Forschungs- und Denkrichtung, die entsprechend eigene Ideen mit einbringt. Dadurch konnten Weiterentwicklungen von Teilbereichen des Target Cost Management realisiert werden. Zu nennen ist hier die Integration von Marketingaspekten (vgl. Kucher/Simon, 2002, S. 187) oder von investitionsrechnerischen Kalkülen mit den entsprechenden Gewinnerwartungen (vgl. Claassen/Ellssel, 2002, S. 173). Eine systematische Integration dieser Sichtweisen fehlt bisher allerdings. Eine gewisse Ausnahme bildet die Darstellung bei Ansari und Bell (vgl. Ansari/Bell, 1997 S. 29 ff.), wo dies ansatzweise geschieht, jedoch nicht ausreichend vertieft wird (vgl. Abbildung 5).

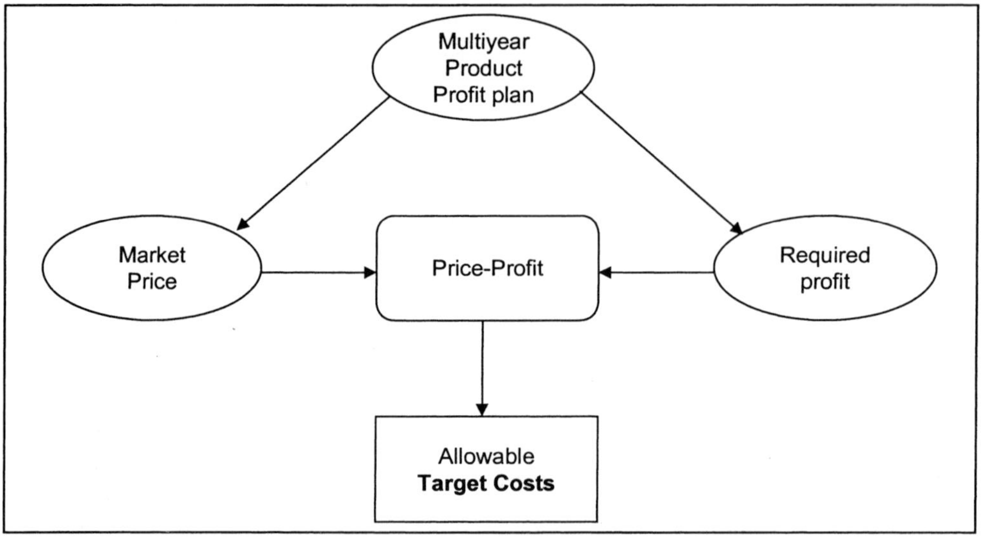

Abbildung 5: Die Target Costs in ganzheitlicher Sicht (in Anlehnung an Ansari/Bell, 1997, S. 30)

Eine derartig isolierte und auf den Kostenaspekt fokussierte Sicht der Target Costs ist in zweierlei Hinsicht gefährlich:

- Die Gestaltungsoptionen des Preismanagements werden nicht in Ihrer Wirkung auf die Zielkosten analysiert. Die undifferenzierte Annahme eines einheitlichen, im Zeitablauf nicht veränderten Preises lässt dynamische Wettbewerbsseinflüsse außer Acht. Kostenanpassungsnotwendigkeiten werden nicht erkannt und damit Kundenerwartungen vernachlässigt.
- Die Definition des Target Profit über eine Zielumsatzrendite – wie dies üblicherweise geschieht – lässt den Kapitaleinsatz bei der Ergebniserzielung unberücksichtigt. Die Ergebniserwartungen der Anteilseigner werden nur ungenügend abgebildet.

2.5 Entwicklungen

Die Entwicklung des Target Costing erfolgte in Japan und den USA stark praxisorientiert, während wesentliche Impulse in Deutschland von der wissenschaftlichen Diskussion und Darstellung ausgingen. Es findet sich international eine kaum überschaubare

Anzahl von Veröffentlichungen zum Thema (vgl. den Überblick bei Arnaout, 2001, S. 73ff.). Neben einer Vielzahl von praxisorientierten Fallbeispielen erfolgten theoretische Weiterentwicklungen zur methodisch-konzeptionellen Weiterentwicklung einzelner Aspekte des Target Costing sowie die Analyse im Rahmen von empirischen Studien. Die Weiterentwicklung lässt sich in drei wesentliche Bereiche differenzieren (vgl. Möller, 2002, S. 45):

- Weiterentwicklung in instrumenteller Hinsicht:
  Quality Function Deployment, Conjoint Analyse, konstruktionsbegleitende Kalkulation und Zuliefererintegration etc.
- Kombination mit anderen Instrumenten des Kostenmanagements bzw. der Kostenrechnung:
  Prozesskostenrechnung, Investitionsrechung, Rapid Prototyping, Make-or-buy-Entscheidungen etc.
- Anpassung auf spezifische Umfeldbedingungen
  und Branchenkontexte („Target Costing für ...“):
  Automobil, Software, Banken, öffentliche Verwaltungen, Rundfunkanstalten, Anwendertypen etc.

Von besonderem Interesse für methodische Weiterentwicklungen sind die Kombinationen mit anderen Instrumenten des Kostenmanagement, da sie das Potenzial bieten, die dargestellten Gefahren einer isolierten Sicht schrittweise abzubauen: Die Verbindung mit der Investitionsrechnung zu einem Target Investment bietet bei einer dynamischen Betrachtung die Möglichkeit, die zeitliche Perspektive zu integrieren; die Berücksichtigung von Gemeinkosten (Target Budgeting) erweitert die Kostensicht etc.

Aber dies ist nicht ausreichend, da sich alle bisherigen Ansätze selektiv auf einzelne Aspekte konzentrieren und diese in den Mittelpunkt der Betrachtung stellen. Notwendig ist aber eine ganzheitliche Sicht, d.h. die Integration von Target Pricing, Profit Planning und Target Costing, wie sie im Zentrum der folgenden Ausführungen steht.

3. Target Pricing, Profit Planning und Target Costing integrieren

Um eine ganzheitliche Sichtweise eines marktorientierten Zielkostenmanagement zu realisieren, ist es daher notwendig, alle drei Elemente der Grundgleichung integrativ zu berücksichtigen.

3.1 Das magische Dreieck aufbauen

Der Kunde bezahlt einen Preis, um Nutzen aus einem Produkt oder einer Dienstleistung zu ziehen. Daher muss ein Gleichgewicht aus den Größen Preis, Nutzen und Produkt (-kosten) hergestellt werden. Abgeleitet aus dem strategischen Dreieck des Marketing (company, competitor und customer) konstituieren sie ein „magisches Dreieck“ bzw. bilden durch ihre Abhängigkeiten einen „Triple Constraint“, in dessen Spannungsfeld eine Entscheidung getroffen werden muss. Ein integratives Preis-, Ergebnis- und Kostenmanagement steht daher vor der dreifachen Optimierungsaufgabe:

- Was ist der Kunde für einen erwarteten Nutzen bereit, zu bezahlen?
  (→ Target Price)
- Welche Profiterwartungen gegenüber den Anteilseignern sind zu realisieren?
  (→ Target Profit)
- Was darf das Produkt unter Berücksichtigung von Target Price und Target Profit kosten?
  (→ Target Costs)

Eine Optimierungslösung kann in der Realität nur iterativ gemeistert werden. Zuerst ist es daher Aufgabe der Marktforschung, den Kundennutzen in Preiserwartungen zu transformieren. Im nächsten Schritt müssen unternehmensintern (und in Abhängigkeit der Interessen der Anteilseigner) die Ergebniserwartungen festgelegt werden. Aufbauend auf diesen beiden Informationen können im letzten Schritt die Zielkosten festgelegt werden und eine Entscheidung über eine Produktion bzw. Marktbearbeitung getroffen werden. Bei einer Produktionsentscheidung gilt es dann, die Umsetzung der Ziele und Planungen in das Produkt zu vollziehen (Target Cost Management). Allen Entscheidungen muss dabei eine dynamische Sicht zugrundegelegt werden. Damit ergibt sich für jede Abhängigkeitsbeziehung der drei Ausgangsgrößen konsequenterweise ein Untersuchungs- und Gestaltungsinstrumentarium (vgl. Abbildung 6).

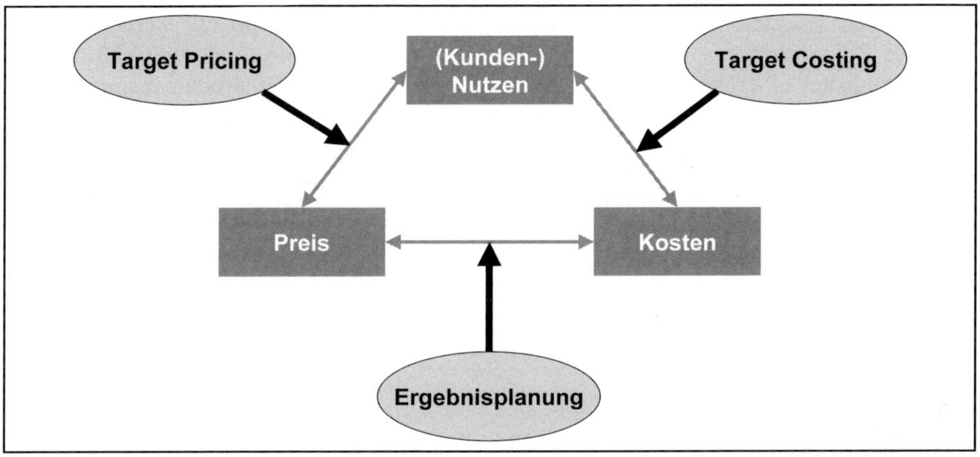

Abbildung 6: Das „magische“ Dreieck des integrierten Preis-, Ergebnis- und Kostenmanagements

Im Folgenden sollen die einzelnen Phasen hinsichtlich Anforderungen und Ausgestaltung näher erläutert werden.

3.2 Target Pricing: Preis und Nutzen koordinieren

Der Kunde kauft ein Produkt nur dann, wenn der Nettonutzen, also die Differenz Nutzen minus Preis für ihn positiv ist. Der Preis reflektiert seinerseits verschiedene Parameter, weshalb sich zur Erklärung einer Kaufentscheidung der „Marketing-Mix“ bestehend aus den vier „P“ Price, Product, Promotion und Placement etabliert hat. Eine Preisentscheidung muss sich daher im Spannungsfeld dieser Größen abspielen. Wie auch bei allen folgenden Entscheidungen, handelt sich hier um aktiv beeinflussbare Tatbestände mit zum Teil erheblichen und langfristigen Folgewirkungen.

Im traditionellen Target Costing wird üblicherweise der Preis eines Produktes nicht weiter differenziert und problematisiert. Es ist daher als erstes erforderlich, dass Preiskategorien und Preisbestandteile klar herausgearbeitet werden. Erste Ansätze dazu finden sich in den investitionsrechnerischen Weiterentwicklungen durch eine Aufspaltung des Gesamtzielpreises bzw. der Gesamtzielkosten im Rahmen der Kostenmethode des von Claassen/Hilbert entwickelten Target Budgeting (vgl. Abbildung 7).

Den Ausgangspunkt eines solchen Pricing bildet eine genaue Kunden- und Marktanalyse. Beides ist ggf. voneinander zu trennen, wenn z.B. an (Zwischen-)Händler geliefert wird. Zur Produktgestaltung sollten dann die Anforderungen und Nutzenerwartungen der Endkunden und ihre Wahrnehmung herangezogen werden, während bei der Preisgestaltung auch die Erwartungen des Handels miteinbezogen werden sollten. Entsprechend müssen

Zielsegmente (Regionen, Anwendungen etc.) für das Produkt festgelegt werden. Innerhalb der Zielsegmente sollte darüber hinaus auch eine Zielpositionierung stattfinden. Diese beinhaltet Überlegungen hinsichtlich Produktimage und Unternehmensimage, um einen stimmigen Marktauftritt sicherzustellen.

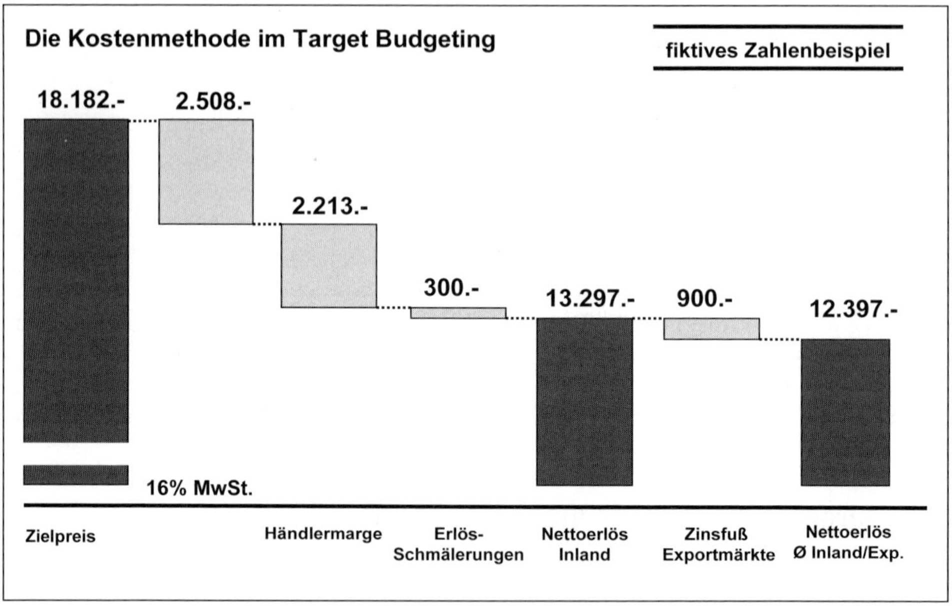

Abbildung 7: Die Kostenmethode im Target Budgeting zur Differenzierung des Verkaufspreises (in Anlehnung an Hilbert, 1995, S. 359)

Um differenzierte Preis- und Produktgestaltungsmaßnahmen durchführen zu können, ist es notwendig, das Gesamtprodukt und seinen Nutzen zu zerlegen. Nur wenn einzelne Abhängigkeiten bekannt sind, können auch wirksame Maßnahmen zur Steigerung des Kundennutzens ergriffen werden. Das Produkt ist daher in einzelne Teilfunktionen zu zerlegen, die von potentiellen Kunden im Rahmen von Marktuntersuchungen hinsichtlich ihres Teilnutzens quantifiziert werden müssen. Instrumentell liefert hier insbesondere das Conjoint-Measurement gute Ergebnisse. Grundsätzlich ist eine Preis-Nutzenrelation von > 1 anzustreben, d.h. der (Zusatz-)Preis wird durch den Nutzen überkompensiert. Spätestens an dieser Stelle kommen explizit zeitabhängige Größe mit ins Kalkül: Die Preis-Nutzenrelation steht nämlich in enger Interaktion mit Preiselastizität und Preisabsatzfunktion, die beide eine dynamische Komponente aufweisen. Konsequenterweise muss also der Preis in Abhängigkeit vom Nutzen und der wiederum in Abhängigkeit u.a. von der Zeit variiert werden. Dies ist bei Preisgestaltung und -berücksichtigung im Rahmen des Target Pricing mit ins Kalkül zu ziehen. Damit müssen Lebenszyklusaspekte nicht nur bei der Produkt-, sondern bereits bei der Preissetzung mit einbezogen werden. Zu berücksichtigen ist dabei sowohl die eigene Position im Produkt-, Branchen- und Marktlebenszyklus als auch die Positionierung von Konkurrenzanbietern. Eine entsprechende Wettbewerbsanalyse ist daher ebenfalls unumgänglich. Den üblicherweise degressiven Preisverlauf können andererseits Instrumente des Kostenmanagement wie z.B. Kaizen kompensieren. Notwendig ist daher ein Abgleich von Erfahrungskurven aus dem Preis- wie auch dem Kostenmanagement, um eine bereinigte Preis-Kosten-Erfahrungskurve produkt- oder technologiebezogen zu generieren. Neben dynamischen Aspekten sollten auch regionale Marktgegebenheiten berücksichtigt werden, um optimale Preis-Nutzenrelationen erreichen zu können. Die länderspezifischen Preisdifferenzierungsstrategien der Automobilhersteller seien hier als Beispiel angeführt: Aufgrund abweichender Besteuerungen weisen die Bruttopreise für den Kunden (auch nach Bereinigung der Kaufkraft) in verschiedenen Ländern z.T. erheblich Abweichungen auf. Um dennoch den Markt zu bedienen, werden als Reaktion die Nettopreise regionenspezifisch angepasst. Im internationalen Kontext werden diese Faktoren noch durch Währungsschwankungen in ihrer Komplexität verschärft. Auch diese Parameter gilt es, entsprechend bei einem marktorientierten Zielkostenmanagement zu berücksichtigen, z.B. indem relative Werte Verwendung finden. Das Ergebnis der Target Pricing-Phase ist eine differenzierte Preis- und Nutzenstruktur, in der eine Vielzahl von Informationen enthalten sind (vgl. Abbildung 8).

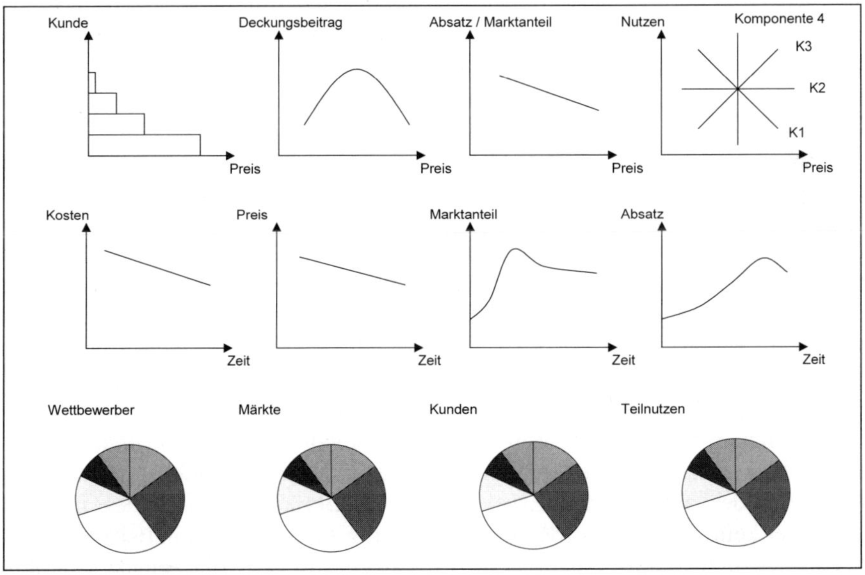

Abbildung 8: Informationsstand am Ende der Target Pricing-Phase (schematische Darstellung)

Zusammenfassend muss das Target Pricing (als Input für den integrierten Gesamtprozess) die folgenden Fragen beantworten:

- Welchen Preis ist der Kunde bereit, für ein Produkt mit welchen Eigenschaften zu bezahlen?
- Wie ist der Preis zu differenzieren?
- Wie sind die Volumenerwartungen?
- Wie ist der zeitliche Preis- und Kostenverlauf zu schätzen?
- Welcher Lebenszyklus (Marktanteil, Absatzvolumen, Lebensdauer) ist prognostiziert?
- Welche Positionierung (Markt, Wettbewerb, Kunde) wird angestrebt?

3.3 Profit Planning: Ergebnisziel bestimmen

Der entscheidende Unterschied des Target Costing zur herkömmlichen Produktentwicklung liegt in seiner Kunden-, Markt- und Kostenorientierung. Nachdem eine differenzierte Kunden- und Marktanalyse durchgeführt wurde, gilt es daher in der Phase des Profit Planning, retrograd die Profiterwartungen gegenüber den Anteilseignern (d.h. die Höhe des Target Profit - vgl. die Grundgleichung in Abschnitt 2.4) festzulegen, um Vorgaben für die eigentliche Produktentwicklung zu haben.

Zu entscheiden ist hier in erster Linie die Art und Weise der Profit-Festlegung, da die Vorgaben der Anteilseigner in der Regel nicht bei jedem Produkt neu festgelegt werden. Das klassische Target Costing geht von einer für die Ergebnisplanung ungeeigneten Größe aus: Zur Operationalisierung dieser Profit-Erwartung fanden bisher sowohl relative Ziele (meist Umsatz- oder Kapitalrentabilitäten) als auch absolute Ergebnisbeiträge Anwendung, die produktbezogen vorgegeben werden. Die Umsatzrentabilität wurde beim Target Costing aus zwei Gründen bevorzugt: Erstens muss das in den Produkten gebundene Kapital gegenüber der Kapitalrendite (Return on Investment) nicht ermittelt bzw. zugerechnet und in der Rechnung berücksichtigt werden und zweitens ist die Vergleichbarkeit zwischen einzelnen Produkten so deutlich verbessert. Beide Möglichkeiten weisen allerdings Schwächen auf: Eine Ziel-Rentabilitätsziffer wird nur bei Umsetzung der Umsatzplanung erreicht; die Vorgabe absoluter Werte berücksichtigt nicht die zeitliche Verteilung der angestrebten Ergebnisse. Eine Berücksichtigung des investierten Kapitals leistet keine der beiden Methoden. Ebenfalls werden „Kannibalisierungseffekte" zwischen neuen und bereits eingeführten Produkten aufgrund der reinen Produktsicht nicht abgebildet. Daraus sich ergebende Erlösschmälerungen werden nicht berücksichtigt. Die Problematik und die Folgen sind ähnlich bei Kapazitätsengpässen und daraus sich ergebenden unternehmensinternen Verdrängungseffekten (vgl. Coenenberg, 1999, S. 472). Wie bereits angedeutet, werden darüber hinaus auch die Kapitalkosten und der Kapitalumschlag nicht berücksichtigt. Eine solche umsatzrendite- und produktbezogene

Basis des Profit Planning ist insofern vom Grundsatz her unbefriedigend, da sie dynamische und wertorientierte Aspekte außer Acht lässt.

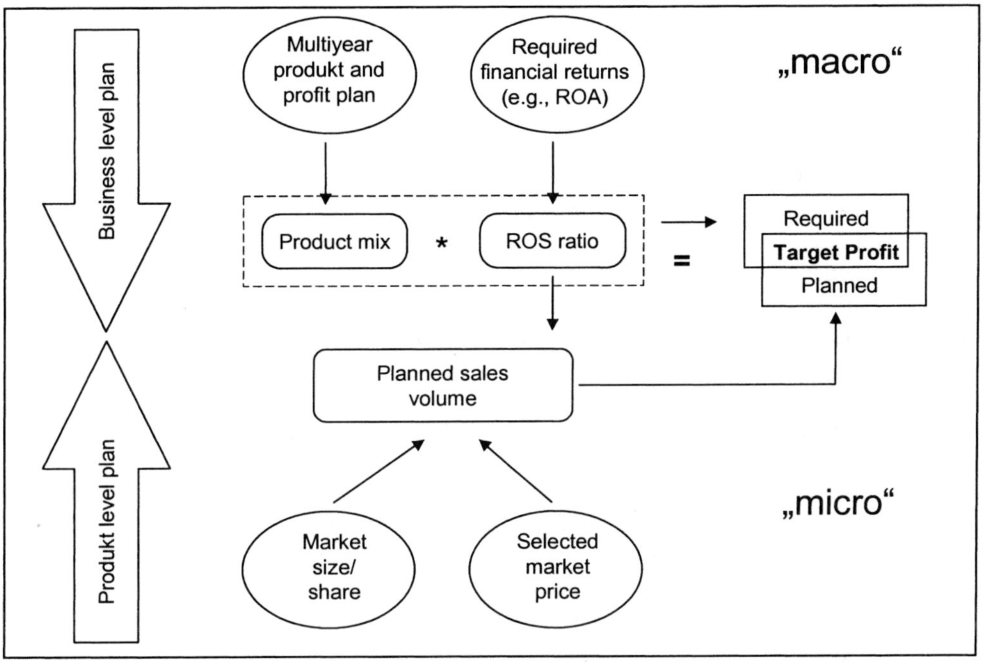

Abbildung 9: Bestimmung des Target Profit (in Anlehnung an Ansari/Bell, 1997, S. 37)

Die zentrale Aufgabe des Profit Planning besteht aber gerade darin, Target Costing und Target Pricing in das Profit Planning sowohl für das jeweilige Produkt – aber ganz besonders auch in das gesamte unternehmerische Erfolgsplanungssystem – einzubinden. Erste Ansätze zu einer solchen Verbindung der Micro- mit der Macro-Ebene finden sich bereits bei Ansari/Bell (vgl. Abbildung 9). Die Umsatzrentabilität ist jedoch sowohl eine recht operative als auch eine statische Maßgröße, die in dem heutigen von hoher Dynamik geprägten Umfeld nicht mehr zeitgemäß ist. Notwendig ist daher eine rechnerische Verknüpfung zwischen Umsatzrentabilität und ausgewähltem Ergebnisziel für das Target Costing-Projekt/Produkt. Heute geht es dabei in der Regel um ein unternehmenswertorientiertes Ergebnisziel. Dieses muss dynamischer Effekte berücksichtigen und daher eine lebenszyklusorientierte Berücksichtigung von Zielpreis, Zielgewinn und Zielkosten leisten (vgl. Coenenberg/Fischer/Schmitz, 1994, S. 11, Brühl, 1996, S. 319, Mussnig, 2001, S. 140.). Durch die Festsetzung eines solchen dynamischen Zielwertes können die wertorientierten Ergebnisziele eines Unternehmens explizit berücksichtigt werden. Realisierbar wäre dies durch einen „Zielkapitalwert“ als Oberziel des Target Costing-Projektes im Sinne eines Lifetime-Value, z.B. in der Ausprägung des CFROI oder EVA. Seine Höhe leitet sich direkt aus den von den Anteilseignern vorgegebenen bzw. marktüblichen Kapitalkostensätzen plus Risikozuschlägen ab (vgl. zu ersten Vorschlägen Klatt, 1997, S. 117; Paul, 1998, S. 245). Der sich an dieser Stelle ergebende Perspektivenwechsel von der (wertorientierten) Kosten- und Erlösbetrachtung zu einer Zahlungsbetrachtung und damit die Problematik eines Übergangs von kalkulatorischen zu pagatorischen Größen ist derzeit – nicht nur für das Target Costing – noch nicht abschließend gelöst.

In eine ähnliche Richtung gehen die Weiterentwicklungen von Claassen u.a., die die Methodik des Target Costing auf Investitionsvorhaben erweitern (vgl. Claassen/Ellßel, 2002, S. 173). Dabei kommen verschiedene Methoden zur Ableitung der kunden- und produktorientierten Investitionen zum Einsatz, die hinsichtlich der Ausgangsgrößen für die Zielableitung variieren (Ertrags-, Kosten-, Benchmark-, Verzinsungsmethode). Die auf der internen Kapitalverzinsung basierende Verzinsungsmethode bezieht zwar dynamische Aspekte und Kostenstrukturaspekte mit ein und ist damit am genauesten, allerdings wird auch hier eine (im Konzept nicht weiter thematisierte) Überleitungsrechnung notwendig.

Grundsätzlich handelt es sich hier um eine noch vernachlässigte Thematik im Rahmen der Target Costing-Forschung und es ist ein entsprechender Forschungsbedarf zu konstatieren (ähnlich: Freidank/Zaeh, 1997, S. 240ff.; Coeneberg/Fischer/Schmitz, 1994, S. 26; Franz, 1993, S. 127). Auch die Integration wertorientierter Konzepte in das Target Costing (oder umgekehrt) stellt eine vielversprechende Fragestellung dar, die eine Vielzahl an noch ungelösten Teilproblemen aufwirft (Berücksichtigung von Mindestkapitalverzinsung, Kapitalmarktdynamik, Risikoberücksichtigung etc.).

Zusammenfassend lässt sich für die Ergebnisse aus der Phase des Profit Planning festhalten, dass ein Mehrjahresergebnisplan erstellt werden muss, der die Wertbeiträge des Produktes und seiner einzelnen Komponenten (deren Detaillierung durch die Preis-Nutzenrelationen des Target Pricing festgelegt ist) ausweist und damit eine verbindliche mehrperiodige Aussage zum Wertzuwachs durch das Neuprodukt enthält.

Zusammenfassend muss das Profit Planning (als Input für den integrierten Gesamtprozess) die folgenden Fragen beantworten:

- Welche Profiterwartungen haben die Anteilseigner?
- Auf welche Ergebniszielgrößenkategorie ist die Ergebnisplanung abgestellt?
- Welche Rahmenbedingungen (Marktentwicklungen etc.) werden für die Ergebnisplanung angenommen/vorausgesetzt?
- Welches Zielergebnis wird erwartet (für das Unternehmen als Ganzes; für das einzelne Produkt)?
- Welche Art und Weise der Profit-Festlegung wird im konkreten Projekt gewählt?
- Wie sind die Profiterwartungen im Lebenszyklus verteilt?

3.4 Target Costing: Kundennutzen realisieren

In der Phase des eigentlichen Target Costing werden nun die Ergebnisse aus den beiden Vorphasen zueinander in Beziehung gesetzt, um im Rahmen der Produktentwicklung die ermittelten Nutzenerwartungen in Produktkomponenten umzusetzen. Dazu wird auf die bereits beschriebenen traditionellen Target Costing-Methoden (Retrograde Kalkulation, Funktionen- Komponentenanalyse etc.) zurückgegriffen. Kernstück ist die Transformation der Preis-Nutzenrelationen in Kosten-Komponentenrelationen, also ein zweifacher Übergang von Funktionen auf Komponenten und von Preisen auf Kosten. Durch die Berücksichtigung dynamischer Komponenten in den beiden vorangegangenen Phasen können nun lebenszyklusorientierte Vorgabewerte gesetzt werden. Dies verbessert einerseits die Verursachungsgerechtigkeit der Kalkulation, und ermöglicht bzw. erfordert andererseits auch die Setzung weiterer Targets. Dies betrifft insbesondere die Behandlung von Gemeinkosten (Target Budgets), Investitionen (Target Investment), Erfahrungseffekten („Target Kaizen“) und Lieferantenbeziehungen (Target Relationship Value/ Target Supplier Value).

Eine dezidierte Aufteilung der Zielwerte und –kosten auf Perioden und Komponenten ist unvereinbar mit einer pauschalen Verrechnung der Gemeinkosten. Dies gilt umso mehr, als die funktionsbezogenen Gemeinkosten im Zeitablauf eines Target Costing-Projektes erheblich schwanken. So werden anfangs die F&E-Kosten den größten Anteil haben, während sich dieser Anteil in der Markteinführungsphase zugunsten des Marketings verschiebt. Die Setzung verbindlicher Vorgaben im Rahmen eines Target Budgeting für die Gemeinkostenbereiche ist daher notwendig. Auch bei den Investitionen können durch die Berücksichtigung dynamischer Effekte Szenariorechnung zur Ermittlung der optimalen Alternative durchgeführt werden (vgl. Claassen/Ellßel, 2002). Dies wird erleichtert durch die bereits vorliegenden Vorgabewerte der Anteilseigner hinsichtlich Erwartungen und Rahmenbedingungen der Wertentwicklung. Bereits in der Profit Planning-Phase wurde die Berücksichtigung von Erfahrungskurveneffekten angesprochen. Diese gilt es, in der Target Costing-Phase z.B. durch Kaizen zu realisieren. Durch die verstärkte Reduzierung der Fertigungstiefe in den letzten Jahren gewinnt der Komplex des Lieferantenmanagements eine immer größere Bedeutung. Bei einem durchaus üblichen Wert von über 50% Fremdbezugsanteil sollten auch die Lieferantenbeziehungen in das Target Costing einbezogen werden. Bei einem einfachen Teilebezug kann hier die Verfahrensweise des „internen“ Target Costing auf die entsprechenden Komponenten übertragen werden. Da aber gerade bei Neuproduktentwicklungen häufig die Lieferanten inzwischen substantielle Entwicklungsleistungen übernehmen, sollten für die Koordinationsprozesse ähnlich wie bei den internen Budgets ebenfalls Zielwerte gesetzt werden. Dies kann für ausgewählte wichtige Lieferanten oder im Rahmen einer systematischen Zuliefererintegration erfolgen (vgl. Möller, 2002).

Zusammenfassend muss das Target Costing (als Input für den integrierten Gesamtprozess) die folgenden Fragen beantworten:

- Wie können die Preis-Nutzenerwartungen der Kunden in Kosten-Komponentenrelationen für die Produktentwicklung transformiert werden?
- Welche Randbedingungen sind für den Übergang von (dynamischen) zahlungsorientierten Preisgrößen zu Kosten- bzw. Budgetgrößen zu setzen?
- Wie können die Ergebniszielgrößen beim Produkt (und auf Komponentenebene) realisiert werden?
- Wie können die Ergebniszielgrößen in den beteiligten Gemeinkostenbereichen realisiert werden?
- Wie können die Ergebniszielgrößen bei den beteiligten Zulieferern realisiert werden?

4. Den Optimierungsprozess managen

Ein wesentlicher Aspekt bei der Ausgestaltung des Target Pricing/Profit Planning/Target Costing-Gesamtprozesses besteht darin, dem richtigen Benutzer die relevanten Informationen zum richtigen Zeitpunkt zur Verfügung zu stellen. Im einem solch komplexen Prozess sind die Interessen mehrerer Funktionsbereiche eines Unternehmens tangiert. Um die Akzeptanz zu erhöhen, sollten Betroffene zu Beteiligten gemacht werden, was den Aufbau einer Teamorganisation erfordert. Funktional sollte dazu ein multidisziplinäres Team etabliert werden (vgl. Abbildung 10), dessen Mitglieder im Ablauf des Gesamtprozesses zu unterschiedlichen Zeitpunkten und mit unterschiedlicher Intensität involviert sind (vgl. dazu auch den Beitrag von Freiling/Wölting).

Es existiert keine generelle Empfehlung, wer der Träger oder „Process Owner" des Target Costing sein sollte. Innerhalb der Team-Aufbauorganisation erscheint eine Differenzierung im Sinne eines hierarchischen Ansatzes als vorteilhaft, um der inhaltlichen Komplexität und dem Aufgabenwandel im Projektverlauf zu begegnen. Grundsätzlich sollte der organisatorische Formalisierungs- und Institutionalisierungsgrad des Target Costing allerdings in Abhängigkeit von Unternehmensumfeld und Projekt gestaltet werden. Institutional findet meist ein Mehrebenenkonzept Anwendung, das neben dem Projektleiter durch eine zweistufige Systematik gekennzeichnet ist:

Der übergeordnete Target Costing-Projektausschuss verantwortet das Target Costing-Gesamtprojekt im Hinblick auf die zeitliche und inhaltliche Zielerreichung (Inhaltsbereiche sind hier Wettbewerb(er), Teametablierung, Reverse Engineering, Zielkostenfestlegung (hinsichtlich Target Profit und Wettbewerbsfähigkeit), Zeitplan, Fertigung, Produkteinführung, Marktpositionierung). Er hat die Aufgabe, die Aktivitäten der einzelnen

Teams hinsichtlich Funktionalität und Kompatibilität zu koordinieren und zu kanalisieren, um eine hohe Projekt-Performance sicherzustellen.

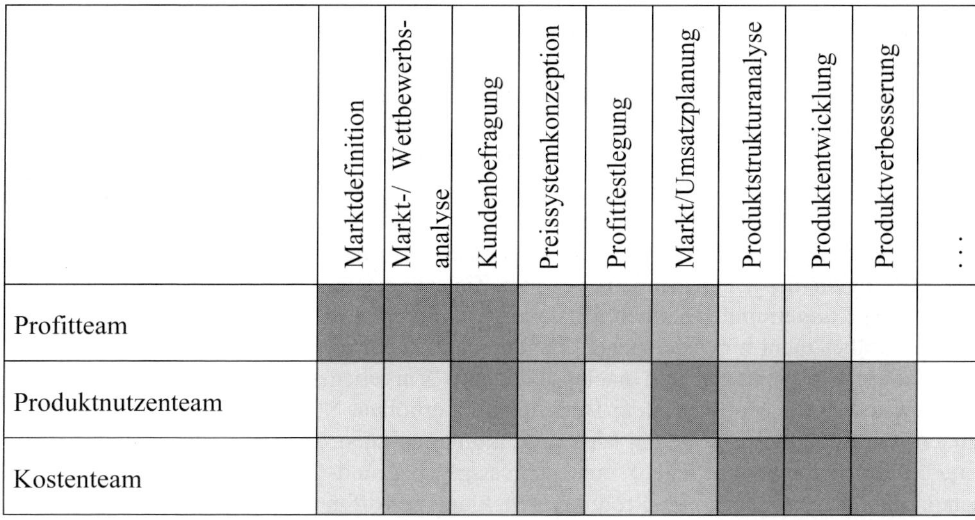

Abbildung 10: Aufspaltung und Aufgabenstruktur der Target Costing-Teilteams (die Intensität der Einbindung wird durch den Grad der Einfärbung repräsentiert)

Auf einer zweiten Stufe agieren verschiedene Target Costing-Teilteams, die sich im Gesamtprozess schwerpunktmäßig einzelnen Aufgabenstellungen widmen. Vorgeschlagen wird hier u.a.

- ein „Profitteam“ zur Wettbewerbsanalyse und Marktforschung, das primär die Erhebung der Marktdaten und Kundenanforderungen für die Erstellung eines Lastenheftes übernimmt;
- ein eher konstruktiv orientiertes „Produktnutzenteam“, das produkt- und teilebezogene Aspekte bearbeitet (Lösungs-/Wirkprinzipien, Gleichteileverwendung etc.) und die grundlegenden Entwicklungsziele und -umfänge festlegt sowie
- ein „Kostenteam“, das durch eine prozessübergreifende Verbesserung des kostenmäßigen Verständnisses die Zielkostenerreichung in allen Bereichen sicherstellt.

Weitere Teilteams sind in Abhängigkeit des Projekt- und Unternehmenskontextes zu etablieren. Die Teams arbeiten permanent an den jeweiligen Belangen und treffen sich in regelmäßigen Abständen (in Abhängigkeit von Projektfortschritt und -komplexität) zur Präsentation der Ergebnisse und Abstimmung der weiteren Aktivitäten mit dem Target Costing-Projektausschuss. Dieser stimmt Ergebnisse und Maßnahmen mit der Geschäftsleitung ab.

5. Fazit: Es ist Management, keine Rechentechnik!

Die Strukturiertheit des Target Costing-Ansatzes allgemein und der hier vorgestellten Erweiterungen darf nicht zu der Annahme verleiten, es handle sich um eine Rechenmethodik, deren Anwendung gleichzeitig die gewünschten Ergebnisse bedeute. Die Effektivität des Target Costing liegt vielmehr im Verständnis und der Adaption der zugrunde liegenden Prinzipien durch die beteiligten Mitarbeiter im Unternehmen. So weist bereits Kato darauf hin, dass Target Costing eine Kombination altbekannter Techniken darstellt, „...but reinforced by the target costing philosophy.“ (Kato, 1993, S. 42). Die erfolgreiche Implementierung eines effektiven Target Costing ist primär an die Fähigkeit geknüpft, alle Mitarbeiter des Unternehmens von der Zielsetzung und den Erwartungen der Anteilseigner, Kunden und Unternehmensleitung zu überzeugen. Die quantitativen Ansätze dürfen darüber nicht hinwegtäuschen, bieten aber auf der anderen Seite die Möglichkeit, durch klare Zielsetzungen und nachvollziehbare Vorgehensweisen die Transparenz zu steigern und so die Motivation der Beteiligten zu erhöhen. Nur so kann auch bei Restriktionen (wie sie üblicherweise bei Mehrproduktunternehmen, knappen Budgets und hohen Ergebniserwartungen vorliegen) eine schlüssige, begründ- und kommunzierbare Entscheidung für bzw. gegen eine Produktentwicklung getroffen werden. Denn nur wenn wir sowohl einen Nutzen schaffen als auch ausreichenden Profit sicherstellen, lohnt sich die Entwicklung und Produktion eines neuen Produktes.

Die integrative Sichtweise erlaubt eine differenzierte Betrachtung und Verbindung von Unternehmenssicht und Produktsicht. Notwendig ist dazu eine Integration verschiedener Vorgabeparameter, die die wertorientierte Sichtweise aus der Unternehmensplanung mit der Produktebene (Funktionen, Nutzen etc.) verbindet. Dabei muss auch den jeweils unterschiedlichen Komplexitäten Rechnung getragen werden, die allerdings über die Dualität Unternehmen-Produkt hinausgehen sollte. So weisen Lebenszyklus, Sortiment, Absatzvolumina(schwankungen), Erfahrungskurve und Preisdynamik verschiedene Komplexitäten auf.

Durch die hier vorgestellte Integration der drei Systeme Target Pricing, Profit Planning und Target Costing kann unter der Berücksichtigung einer Verbindung von Produkt und Unternehmenssicht der Gesamtprozess einer zielkosten-, zielpreis- und zielprofitorientierten Produktentwicklung strukturiert werden. Dabei muss immer das Verständnis im Vordergrund stehen, dass dieser Gesamtprozess nicht zu einer Rechentechnik degenerieren darf, sondern eine Managementaufgabe darstellt!

6. Literatur

ANSARI, S. L./BELL, J./CAM-I TARGET COST CORE GROUP, 1997, Target Costing: The Next Frontier in Strategic Cost Management, Chicago.

ARNAOUT, A., 2001, Target Costing in der deutschen Unternehmenspraxis: eine empirische Untersuchung, München.

BETZ, S., 1998, Zielkostenplanung und -kontrolle auf Basis der Erfahrungskurve, in: Zeitschrift für Planung, S. 249-268.

BRÜHL, R., 1996, Die Produktlebenszyklusrechnung zur Informationsversorgung des Zielkostenmanagements, in: Zeitschrift für Planung, S. 319-335.

BUGGERT, W./WIELPÜTZ, A., 1995, Target Costing - Grundlagen und Umsetzung des Zielkostenmanagements, München.

CLAASSEN, U./ELLßEL, R., 2002, Produkt Business Pläne als operative Umsetzung von Target Costing und Target Investment, in: FRANZ, K.-P./KAJÜTER, P., Kostenmanagement – Wertsteigerung durch systematische Kostensteuerung, 2. Aufl., Stuttgart, S. 173-186.

COENENBERG, A., 1999, Kostenrechnung und Kostenanalyse, 4. Aufl., Landsberg/Lech.

COENENBERG, A.G./FISCHER, T./SCHMITZ, J., 1994, Target Costing und Product Life Cycle Costing als Instrumente des Kostenmanagements, in: Zeitschrift für Planung, S. 1-38.

COOPER, R./SLAGMULDER, R., 1997, Target Costing and Value Engineering, Portland.

EWERT, R., 1997, Target Costing und Verhaltenssteuerung, in: FREIDANK, C.-C. U.A. (Hrsg.), Kostenmanagement - Neuere Konzepte und Anwendungen. Berlin, S. 299-321.

FRANZ, K.-P., 1993, Target Costing - Konzept und kritische Bereiche, in: Controlling, S. 124-130.

FRANZ, K.-P./KAJÜTER, P., 1997, Kostenmanagement in Deutschland - Ergebnisse einer empirischen Untersuchung in deutschen Großunternehmen, in: FRANZ, K.-P./KAJÜTER, P. (Hrsg.): Kostenmanagement, Wettbewerbsvorteile durch systematische Kostensteuerung, Stuttgart, S. 481-502.

FREIDANK, C.-C./ZAEH, P., 1997, Spezialfragen des Target Costing und des Kostenmanagements. Aus: FREIDANK, C.-C. U.A. (Hrsg.): Kostenmanagement - Neuere Konzepte und Anwendungen. Berlin, S. 233-274.

HAHN, D., 1993, Target Costing - ein überlebenswichtiges Konzept, in: Controlling, S. 110-111.

HILBERT, H., 1995, Target Budgeting in Forschung und Entwicklung bei Volkswagen, in: Controlling, S. 354-364.

HORVÁTH, P., 2001, Controlling, 8. Aufl., München.

HORVÁTH, P./SEIDENSCHWARZ, W., 1992, Zielkostenmanagement in: Controlling, S. 142-150.

KATO, Y., 1993, Target Costing support systems: lessons from the leading Japanese companies, in: Management Accounting Research S. 33-47.

KLATT, W., 1997, Target Costing und das betriebswirtschaftliche Entscheidungsproblem Eigenfertigung und/oder Fremdbezug von Vorprodukten in der Fertigung komplexer Produkte, Giessen.

KUCHER, E./SIMON, H., 2002, Market Pricing als Basis des Target Costing, in: FRANZ, K.-P./KAJÜTER, P. (Hrsg.), Kostenmanagement – Wertsteigerung durch systematische Kostensteuerung, 2. Aufl., Stuttgart, S. 187-206.

MÖLLER, K., 2002, Zuliefererintegration in das Target Costing auf Basis der Transaktionskostentheorie, München.

MONDEN, Y./SAKURAI, M., 1989, Japanese Management Accounting. A world class approach to profit management, Cambridge.

MUSSNIG, W., 2001, Dynamisches Zielkostenmanagement, in: Controlling, S. 139-148.

PAUL, M., 1998, Preis- und Kostenmanagement von Dienstleistungen im Business-to-Business-Bereich, Wiesbaden.

RIEGLER, C., 1996, Verhaltenssteuerung durch Target Costing: Analyse anhand ausgewählter Organisationsformen, Stuttgart.

SEIDENSCHWARZ, W., 1993, Target Costing: Marktorientiertes Zielkostenmanagement, Stuttgart.

SEIDENSCHWARZ, W./HUBER, C./NIEMAND, S./RAUCH, M., 2002, Target Costing: Auf dem Weg zum marktorientierten Unternehmen, in: FRANZ, K.-P./KAJÜTER, P. (Hrsg.), Kostenmanagement – Wertsteigerung durch systematische Kostensteuerung, 2. Aufl., Stuttgart, S. 135-172.

SERFLING, K./SCHULTZE, R., 1997, Target Costing - Kundenorientierung in Kostenmanagement und Preiskalkulation, in: MÄNNEL, W. (Hrsg.): Frühzeitiges Kostenmanagement, Wiesbaden, S. 55-76.

SIMON, H./DAHLHOFF, D., 1998, Target Pricing und Target Costing mit Conjoint Measurement. Wege zum Preiskonsens zwischen Controlling und Marketing, in: Controlling, S. 92-96.

2. Kapitel

Preisinstrumente

Martin Fassnacht

Preisdifferenzierung

1. Motivation und Aufbau

Der für ein Unternehmen relevante Gesamtmarkt besteht in der Regel aus Nachfragern, die sich hinsichtlich des wahrgenommenen Nutzens, der Kaufkraft für ein Sachgut oder eine Dienstleistung und damit bezüglich ihres Maximalpreises (Preis, den ein Nachfrager höchstens zu zahlen bereit ist) unterscheiden. Preisdifferenzierung ist das bedeutendste preispolitische Instrument, mittels dem sich Unternehmen die beschriebene Verschiedenartigkeit der Nachfrager zu Nutze machen können.

Man spricht - vereinfacht ausgedrückt - von Preisdifferenzierung, wenn ein Anbieter unterschiedlichen Kundensegmenten ein annähernd gleiches Produkt (Sachgut oder Dienstleistung) zu verschiedenen Preisen offeriert. Demzufolge stellt die Preisdifferenzierung eine auf die Preispolitik fokussierte Marktsegmentierung dar, die dem Gebiet des Preismanagements zuzurechnen ist (vgl. Tacke, 1989, S. 9). Charakteristisch für die Preisdifferenzierung sind Angebote, bei denen

- Hotels die Übernachtungskosten am Wochenende reduzieren,
- Schwimmbäder, Freizeitparks, Museen etc. Kindern einen niedrigeren Eintrittspreis gewähren,
- Einzelhandelsunternehmen beim Absatz von zwölf Flaschen Wein nur den Preis für elf Flaschen verlangen und
- Pharmaunternehmen in verschiedenen Ländern unterschiedliche Preise für dasselbe Medikament setzen.

Vor diesem Hintergrund werden in Abschnitt 2 die Grundlagen der Preisdifferenzierung erörtert. Im Rahmen dieses Abschnitts wird auf den Begriff und die Einordnung der Preisdifferenzierung eingegangen (vgl. Abschnitt 2.1). Dem schließen sich die Diskussion der Voraussetzungen für die Anwendung der Preisdifferenzierung (vgl. Abschnitt 2.2) und der von Unternehmen mit dem Einsatz der Preisdifferenzierung verfolgten Ziele an (vgl. Abschnitt 2.3). Darauf aufbauend wird in Abschnitt 3 auf die Implementationsformen der Preisdifferenzierung eingegangen. Im Kontext dieses Abschnitts wird ein Überblick über das gesamte Spektrum der Implementationsformen gegeben (vgl. Abschnitte 3.1 bis 3.3). Die Mehrzahl der angesprochenen Implementationsformen wird von anderen Autoren im Rahmen dieses Buchkapitels („2. Kapitel: Preisinstrumente“) ausführlich dargestellt. Insofern hat dieser Beitrag eher einen Überblickscharakter. Eine Kosten-Nutzen-Analyse der Preisdifferenzierung erfolgt in Abschnitt 4. Das Resümee in Abschnitt 5 rundet den Beitrag ab.

2. Grundlagen der Preisdifferenzierung

2.1 Begriff und Einordnung der Preisdifferenzierung

Eine Durchsicht der relevanten Literatur zum Begriff der Preisdifferenzierung verdeutlicht die Heterogenität dieses Terminus (vgl. Fassnacht, 1996, S. 14-20 und die dort zitierte Literatur sowie Fassnacht/Homburg, 1997, S. 139 f. und Fassnacht/Homburg, 1998, S. 868 f.). Varian (1989, S. 598) führt sehr treffend an: „Given the prevalence of price discrimination as an economic phenomenon, it is surprisingly difficult to come up with an entirely satisfactory definition“. Es wird hier der Auffassung von Fassnacht (1996, S. 25 f.) gefolgt. Somit liegt Preisdifferenzierung vor, wenn

- ein Anbieter ein Produkt, welches hinsichtlich der räumlichen, zeitlichen, leistungs- und mengenbezogenen Dimensionen identisch ist, zu unterschiedlichen Preisen verkauft oder
- ein Anbieter Varianten eines Produkts, die sich mindestens in einer der vier genannten Dimensionen unterscheiden, ohne dass dabei andere Produkte entstehen, zu verschiedenen Preisen verkauft.

Im Gegensatz zu anderen Definitionen wird bei dieser der Begriff Produktvariation weit ausgelegt. Ein Produkt kann räumlich, zeitlich, leistungs- und mengenbezogen und nicht nur leistungsbezogen verschieden sein. Wenn eine Dienstleistung oder ein Sachgut produktbezogene Unterschiede aufweist, ohne dass dadurch aus der Sicht des Kunden andere Güter vorliegen, ist eine leistungsmäßige Unterscheidung gegeben. Falls ein leistungsmäßig identisches Produkt in unterschiedlichen Gebieten angeboten wird, existiert eine Differenzierung hinsichtlich des Raums. Das Anbieten eines leistungsmäßig identischen Gutes zu verschiedenen Preisen im Verlauf einer bestimmten zeitlichen Periode (z.B. Wochentage) stellt eine zeitliche Differenzierung dar. Das Variieren des durchschnittlichen Preises pro Einheit eines leistungsmäßig identischen Produkts mit der Abnahmemenge repräsentiert eine mengenbezogene Differenzierung. Somit unterscheiden sich Produktvarianten in mindestens einer der vier folgenden Dimensionen: Raum, Zeit, Leistung oder Menge.

Der Ausdruck „ohne dass dabei andere Produkte entstehen“ hat einen gewissen Interpretationsspielraum zur Folge, da nur die Wahrnehmung des Kunden als Maßstab dafür dienen kann, ob ein anderes oder lediglich ein verändertes Produkt vorliegt. Dennoch werden Produktvarianten bei der Preisdifferenzierung berücksichtigt, weil zwischen ihnen aus Nachfragerperspektive enge Substitutionsbeziehungen bestehen (vgl. Simon, 1992, S. 394). Es würden viele wichtige Fälle der Preisdifferenzierung ausgeschlossen werden, wenn man ausschließlich Produkte einbezöge, die in allen vier Dimensionen identisch sind. Zwei Beispiele sollen diese Auffassung erklären. Einige Hotels bieten zusätzlich zu Übernachtungen in diversen Zimmertypen auch Übernachtungen in Suiten an. Das Offerieren von Übernachtungen in Suiten stellt eine andere Dienstleistung dar. Ebenfalls liegt eine andere Dienstleistung für den Fall vor, dass eine Fluggesellschaft auf einer bestimmten Strecke neben der Beförderung in den üblichen Klassen (Economy Class, Business und First Class) das Chartern eines Flugzeugs anbietet.

Als Maß für die Existenz von Preisdifferenzierung werden Preisunterschiede für das gleiche Produkt oder zwischen Produktvarianten verwendet. Dieses Kriterium wird gegenüber dem anderen in der Literatur benutzten Kriterium der Kosten-Preis-Beziehung (Vergleich von Preis- zu Kostenunterschieden) präferiert, da die Bestimmung der Preisdifferenzen im Gegensatz zur Festlegung der Kostenunterschiede zwischen Produktvarianten erheblich einfacher ist. Außerdem wird so bei der Preisdifferenzierung, die eine preisliche Diskriminierung der Kunden durch einen Anbieter impliziert, die Nachfragersicht stärker zum Ausdruck gebracht.

Bei der Preisdifferenzierung als eine auf die Preispolitik konzentrierte Marktsegmentierung sind zwei Aufgaben zu bewältigen (vgl. Simon, 1992, S. 363 f.):

1. Die Identifikation von Marktsegmenten.
2. Die Bearbeitung jedes identifizierten Marktsegments, bei der man zwischen
   - der Bestimmung (normativer Aspekt) und
   - der Umsetzung (operationaler Aspekt)

   segmentspezifischer (Preis-)Strategien unterscheidet.

Obwohl Interdependenzen zwischen den beiden Aufgaben existieren, liegt der Schwerpunkt dieses Beitrags auf der Umsetzung der Preisdifferenzierung, die im dritten Abschnitt diskutiert wird.

2.2 Voraussetzungen der Preisdifferenzierung

Damit Unternehmen Preisdifferenzierung anwenden können, müssen folgende Voraussetzungen gegeben sein (vgl. Philips, 1989, S. 14-16):

1. Die Nachfrager müssen unterschiedliche Maximalpreise und Preiselastizitäten aufweisen.

2. Es muss möglich sein, die „preispolitisch“ verschiedenen Nachfrager in mindestens zwei Segmente zu unterteilen.

3. Die gebildeten Segmente der Nachfrager müssen zumindest in einem gewissen Ausmaß trennbar sein. Zum einen soll damit erreicht werden, dass die Sachgut- bzw. Dienstleistungsvarianten möglichst nicht zwischen den Segmenten transferiert werden. Zum anderen sind Interdependenzen zwischen den Segmenten zu vermeiden, um sicherzustellen, dass die Nachfrager in ihren Segmenten verbleiben und nicht zwischen den Segmenten wechseln.

4. Der Anbieter, der die Strategie der Preisdifferenzierung betreibt, muss über einen gewissen monopolistischen Spielraum verfügen, der nur auf unvollkommenen Märkten existieren kann, da sonst keine Konsumentenrenten existieren, die er abschöpfen kann (vgl. dazu auch Abschnitt 2.3 und Michalski, 1932, S. 22-32). Die Preisabsatzfunktion muss folglich geneigt sein. Der monopolistische Spielraum des Anbieters impliziert nicht die in der Literatur zur Preisdifferenzierung oft angenommene Monopolsituation des Anbieters (vgl. dazu auch Cassady, 1946a, S. 15, Fantapié Altobelli, 1992, S. 8 und Gutenberg, 1979, S. 353).

Im Gegensatz zu den beiden ersten Bedingungen, die in der Regel erfüllt sind, müssen Unternehmen teilweise umfangreiche Maßnahmen ergreifen, damit die letzten beiden Bedingungen gegeben sind. Vor diesem Hintergrund müssen Unternehmen, die Preisdifferenzierung anwenden, Aktivitäten durchführen, um die gebildeten Segmente zu trennen. Dies kann etwa durch eine konsequente Überprüfung der Bedingungen sein, an die niedrige Preise geknüpft sind (beispielsweise überprüft die Deutsche Bahn AG meiner Beobachtung nach erheblich intensiver als vor einigen Jahren, ob Kunden tatsächlich, wie auf der „ermäßigten" Fahrkarte vermerkt, eine BahnCard mit sich führen). Außerdem sollten Unternehmen versuchen, gegenüber der Konkurrenz zumindest ansatzweise Alleinstellungsmerkmale aus Kundensicht zu haben (beispielsweise durch leistungsbezogene Merkmale), damit sie einen gewissen monopolistischen Spielraum nutzen können.

2.3 Ziele der Preisdifferenzierung

Die Gewinnsteigerung stellt das in der relevanten Literatur am häufigsten diskutierte Ziel der Anwendung von Preisdifferenzierung dar. Fehl (1981, S. 161) bemerkt in diesem Kontext: „Man hat in der ökonomischen Theorie schon verhältnismäßig früh erkannt, dass die unternehmerische Strategie der Preisdifferenzierung auf das Motiv der Gewinnsteigerung zurückgeführt werden kann...". Zu einem Überblick über andere Zielsetzungen der Preisdifferenzierung (wie beispielsweise erhöhte Kapazitätsauslastung und erhöhte Kundenbindung) sei auf Cassady (1946b, S. 144-150), Diller (2000, S. 295), Michalski (1932, S. 10-16) und Simon/Tacke/Woscidlo (1998) verwiesen.

Die Erhöhung des Gewinns durch die Anwendung der Preisdifferenzierung resultiert aus einer besseren Abschöpfung der Konsumentenrenten (vgl. z.B. Fantapié Altobelli, 1992, S. 2 und Fassnacht, 1996, S. 30-34). Die Konsumentenrente ist die Differenz zwischen dem Maximalpreis und dem zu zahlenden Preis. Der Anbieter erreicht durch die Anwendung der Preisdifferenzierung einen höheren Gesamtgewinn als im Fall des Setzens eines Einheitspreises für dasselbe Produkt (vgl. z.B. Cassady, 1946a, S. 13). Im letzteren Fall würde der Anbieter die (preisliche) Heterogenität der Nachfrager zu wenig erfassen und folglich gegenüber der Anwendung der Preisdifferenzierung weniger Konsumentenrenten abschöpfen. Dieser Sachverhalt wird in Abbildung 1 illustriert (in Anlehnung an Michalski, 1932, S. 69-74).

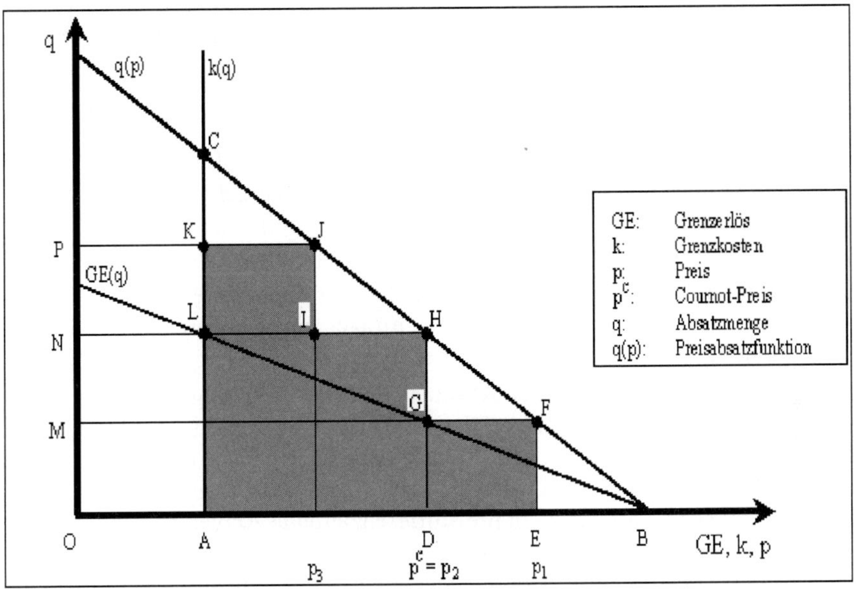

Abbildung 1: Klassisches Modell der Preisdifferenzierung

Die Fläche des gesamten Dreiecks ABC entspricht dem maximalen Gewinnpotenzial des Anbieters. Dabei werden die Monopolsituation, konstante Grenzkosten, keine Kosten der Anwendung der Preisdifferenzierung und eine lineare (aggregierte) Preisabsatzfunktion für ein Produkt unterstellt. Der (gewinn)optimale Preis (Cournot-Preis) eines Monopolisten, der einen einheitlichen Preis setzt und somit die Preise nicht differenziert, liegt bekanntlich dort, wo sich Grenzerlös- und Grenzkostenkurve bezüglich der Absatzmenge (oder des Preises) schneiden. Der nicht preisdifferenzierende Monopolist erzielt lediglich einen Gewinn in Höhe der Fläche des Rechtecks ADHL. Die Fläche des Dreiecks DBH entspricht den Konsumentenrenten, die die Konsumenten realisieren. Eine Anwendung der Preisdifferenzierung mit den drei (optimalen) Preisen p_1, p_2 (= p^c) und p_3 bewirkt im Vergleich zur Setzung des (einheitlichen) Cournot-Preises einen Mehrgewinn des Monopolisten in Höhe der Flächen der Rechtecke DEFG und LIJK. Dabei wird angenommen, dass die (drei) Segmente trennbar sind und sich die lineare (aggregierte) Preisabsatzfunktion durch die Anwendung der Preisdifferenzierung nicht verändert (vgl. dazu Ott, 1959 und Weber, 1956). Die den Konsumenten bei der Anwendung der Preisdifferenzierung verbleibenden Konsumentenrenten werden durch die Flächen der drei Dreiecke IHJ, GFH und EBF repräsentiert. Es wird deutlich, dass die Konsumenten bei der Anwendung der Preisdifferenzierung durch den Monopolisten über weniger Konsumentenrenten verfügen als im Fall der Festlegung des Cournot-Preises.

Der durch die Anwendung der Preisdifferenzierung bewirkte Mehrgewinn gegenüber der Setzung des Cournot-Preises ist auf zwei Ursachen zurückzuführen (vgl. Michalski, 1932, S. 71 f.): zum einen die Erhöhung des Preises (von p^c auf p_1) für diejenigen Käufer, denen der Cournot-Preis Konsumentenrenten lässt, zum anderen die Herabsetzung des Preises (von p^c auf p_3) für diejenigen Nachfrager, denen der Cournot-Preis zu hoch ist, die aber einen über den Grenzkosten liegenden Preis zu zahlen bereit sind. Anders formuliert: Die Preiserhöhung führt dazu, dass der Monopolist die Menge MN weiterhin zum Cournot-Preis verkauft, aber für die Menge OM nun den höheren Preis p_1 verlangen kann. Dem Monopolisten gelingt es also gegenüber der Nichtanwendung der Preisdifferenzierung, von einem Teil der bisherigen Nachfrager einen höheren Preis zu erhalten. Die Preissenkung auf p_3 hat zur Folge, dass der Monopolist im Vergleich zum Setzen des Cournot-Preises eine Erweiterung der Absatzmenge um die Menge NP erreicht. Diese kann er für einen über den Grenzkosten liegenden Preis verkaufen. Der Monopolist gewinnt also zusätzliche Nachfrager, die er bisher nicht erreichte, da der Cournot-Preis über deren Maximalpreisen lag. Dadurch setzt der preisdifferenzierende Monopolist insgesamt mehr Menge ab als der nicht preisdifferenzierende Anbieter.

Der Verfasser beschränkt sich in dem vorliegenden Beitrag auf die graphische Darstellung dieser Zusammenhänge (vgl. Ott, 1959, S. 470 f.). Die gemachten Aussagen zur Gewinnsteigerung für den Monopolisten durch die Anwendung der Preisdifferenzierung lassen sich auch mathematisch belegen. Der interessierte Leser sei dazu auf Fehl (1981, S. 162 f.), Jacob/Jacob (1962, insbesondere S. 3-11), Ott (1959) und Stackelberg (1939) verwiesen. Der Verfasser hat graphisch den Fall einer Anwendung der Preisdifferenzierung mit drei optimalen Preisen gewählt, da dieser besonders gut den Sachverhalt illustriert. Hier entspricht der zweite optimale Preis bei einer linear aggregierten Preisabsatzfunktion und konstanten Grenzkosten immer dem Cournot-Preis (vgl. Fehl, 1981, S. 163, Gleichung (9) für i=2 und n=3; zu einer Verallgemeinerung des Sachverhalts vgl. Jacob/Jacob, 1962, S. 9).

Mathematisch lässt sich zeigen, was die Graphik nahe legt: Unter den erwähnten Annahmen - Monopolsituation, konstante Grenzkosten (ohne Einschränkung der Allgemeingültigkeit), keine Kosten der Anwendung der Preisdifferenzierung, Trennbarkeit der Segmente, linear aggregierte Preisabsatzfunktion (ohne Einschränkung der Allgemeingültigkeit) und keine Veränderung der aggregierten Preisabsatzfunktion durch die Anwendung der Preisdifferenzierung - erzielt der Monopolist bei Anwendung einer (optimalen) Preisdifferenzierung immer einen höheren Gewinn als bei Setzen des (einheitlichen) Cournot-Preises.

Der Mehrgewinn des preisdifferenzierenden Monopolisten gegenüber dem, der den Cournot-Preis festlegt, steigt mit abnehmender Rate bei wachsender Anzahl der Preise (Segmente). Bei einer linear aggregierten Preisabsatzfunktion, konstanten Grenzkosten und der Vernachlässigung von Fixkosten erhöht sich der Gewinn (Umsatz) des preisdifferenzierenden Monopolisten bei zwei (optimalen) Preisen um ein Drittel, bei drei (optimalen) Preisen um die Hälfte, bei vier (optimalen) Preisen um 60 Prozent, bei fünf (optimalen) Preisen um zwei Drittel usw. (vgl. Jacob/Jacob, 1962, S. 10 f.). Der preisdifferenzierende Monopolist benötigt also wenige Preise, um seinen Gewinn (Umsatz) relativ schnell zu steigern.

Außerdem zeigt sich, dass bei der Anwendung der Preisdifferenzierung mit unendlich vielen (optimalen) Preisen der Monopolist die gesamten Konsumentenrenten - in Abbildung 1 die Fläche des Dreiecks ABC - abschöpft. Folglich verbleiben den Konsumenten keine Konsumentenrenten, und der preisdifferenzierende Monopolist hat den maximal möglichen Gewinn erzielt. Man spricht dann von vollkommener Preisdifferenzierung (vgl. z.B. Ott, 1959, S. 471 und Abschnitt 3.1). Während sie als Grenzfall monopolistischer Preisdifferenzierung „nach oben“ aufgefasst werden kann, stellt die Setzung des Cournot-Preises den Grenzfall „nach unten“ dar: nämlich dann, wenn der Monopolist die Preise nicht differenziert (vgl. z.B. Ott, 1959, S. 473).

3. Implementationsformen der Preisdifferenzierung

Bevor auf die typischerweise in der relevanten Literatur unterschiedenen Implementationsformen eingegangen wird (vgl. Abschnitte 3.2 und 3.3), diskutiert der Verfasser eine sehr „klassische“ Unterteilung verschiedener Typen der Preisdifferenzierung (vgl. Abschnitt 3.1). Auf die Zusammenhänge zwischen Typen und Implementationsformen der Preisdifferenzierung wird nach der Darstellung der verschiedenen Implementationsformen eingegangen (vgl. Abschnitt 3.2).

3.1 Typen der Preisdifferenzierung nach Pigou

In Abhängigkeit des Ausmaßes der Abschöpfung von Konsumentenrenten führt Pigou (1960, S. 279) drei Typen der Preisdifferenzierung an: Preisdifferenzierung ersten, zweiten und dritten Grades (vgl. auch Fehl, 1981, S. 161 und Tacke, 1989, S. 12-16).

Bei der Preisdifferenzierung ersten Grades wird von jedem Nachfrager für jede Einheit des Produkts exakt der Preis gefordert, den er höchstens zu zahlen bereit ist (Maximalpreis). Dadurch werden durch den Monopolisten die gesamten Konsumentenrenten abgeschöpft, und der Monopolist erzielt den maximal möglichen Gewinn. Der Monopolist betreibt somit eine vollkommene Preisdifferenzierung (vgl. Abschnitt 2.3). Die Preisdifferenzierung ersten Grades hat in erster Linie theoretische Bedeutung. Zum einen ist die Ermittlung des Preises, den jeder Nachfrager höchstens zu zahlen bereit ist, des so genannten individuellen Maximalpreises, extrem schwierig (vgl. dazu Simon, 1992, S. 90-92). Zum anderen ist es selbst bei der Kenntnis der individuellen Maximalpreise aller Nachfrager aus organisatorischen und juristischen Gründen kaum möglich, diese von jedem Nachfrager zu verlangen. Am ehesten liegt die Preisdifferenzierung ersten Grades bei Auktionen (vgl. den Beitrag von Skiera in diesem Buch) und bei Preisverhandlungen vor (vgl. den Beitrag von Capone in diesem Buch).

Die Preisdifferenzierung zweiten Grades ist gegeben, wenn der Anbieter es schafft, die Gruppe der Nachfrager in Segmente mit verschiedenen Maximalpreisen einzuteilen und auf die Segmente ausgerichtete Preise zu verlangen (vgl. auch Simon, 1992, S. 381). Selbstredend wird für jedes Segment ein anderer Preis verlangt, aber für alle Nachfrager eines Segments gilt derselbe Preis. Wichtig ist festzuhalten, dass die vom Anbieter geforderten unterschiedlichen Preise allen Nachfragern angeboten werden. Die Nachfrager entscheiden sich demzufolge frei, welchem Segment sie angehören und damit auch zu welchem Preis sie kaufen. Für den Erfolg der Preisdifferenzierung zweiten Grades ist es entscheidend, dass der Anbieter sicherstellt, dass sich Segmente mit einem höheren Maximalpreis auch für höhere Preise entscheiden et vice versa. Die Nachfrager können also zwischen den Segmenten wechseln (vgl. dazu Abschnitt 2.2) und segmentieren sich selbst, da sie nicht aufgrund irgendwelcher Kriterien einem Segment zugeordnet werden. Somit entfällt die Operationalisierung der Marktsegmente (vgl. dazu auch Abschnitt 2.1). Bedingt durch die in den einzelnen Segmenten enthaltene Heterogenität der Nachfrager, werden Nachfrager mit gegenüber dem Segmentdurchschnitt sehr hohen individuellen Maximalpreisen Konsumentenrenten realisieren. Demzufolge werden nicht wie bei der Preisdifferenzierung ersten Grades die gesamten Konsumentenrenten abgeschöpft.

Bei der Preisdifferenzierung dritten Grades muss der Anbieter, wie bei der Preisdifferenzierung zweiten Grades, fähig sein, die Nachfrager in Marktsegmente mit unterschiedlichen Maximalpreisen zu zerlegen. Die Segmente sind mit Hilfe von beobachtbaren und ansprechbaren Kriterien identifiziert und operationalisiert worden. Für jedes Segment wird vom Anbieter der optimale Preis gesetzt. Der Unterschied zur Preisdifferenzierung ersten und zweiten Grades liegt darin, dass hier Segmente anhand bestimmter Kriterien identifiziert werden. Somit können die Nachfrager in der Regel nicht wie bei der Preisdifferenzierung zweiten Grades zwischen den Segmenten wechseln. Eine eventuell mögliche Wanderung eines Nachfragers zu einem anderen Segment impliziert Kosten, da die Preise an die jeweiligen Segmentierungskriterien geknüpft sind. Der Erfolg der Preisdifferenzierung dritten Grades ist in erster Linie davon abhängig, wie gut es gelingt, die Segmente zu definieren und zu trennen.

In institutioneller Hinsicht haben es insbesondere Dienstleister einfacher, die oben erörterten Bedingungen zu erfüllen, um einen höheren Gewinn als bei Einheitspreissetzung zu erzielen (vgl. Abschnitt 2.3). Dies hängt insbesondere mit zwei für Dienstleistungen typischen Merkmalen zusammen. Durch die so genannte Integration des externen Faktors, also die häufig persönlich stattfindenden Interaktionen zwischen Kunden und Mitarbeitern im Rahmen der Dienstleistungserstellung, ist es für Dienstleister einfacher, die Bedingungen zu überprüfen, an die niedrigere Preise geknüpft sind (beispielsweise das Alter, das ausschlaggebend für den Erhalt einer ermäßigten Eintrittskarte für ein Fußballspiel sein kann). Zudem erfolgen Erstellung und Konsum von Dienstleistungen oft (zumindest teilweise) simultan, sodass die Gefahr einer Arbitrage zwischen Personen ausgeschlossen werden kann (vgl. hierzu Fassnacht, 1996). Vor diesem Hintergrund werden im Folgenden viele Beispiele aus dem Dienstleistungssektor angeführt.

3.2 Einzelne Implementationsformen

Eine Übersicht über die Möglichkeiten der Umsetzung der Preisdifferenzierung, die so genannten Implementationsformen der Preisdifferenzierung, wird in Tabelle 1 vermittelt. Die in Tabelle 2 angeführten Definitionen der Implementationsformen lehnen sich an den in Abschnitt 2.1 diskutierten Begriff der Preisdifferenzierung an.

Art der Preisdifferenzierung	**Nach Nachfragern/ Marktsegmenten**	**Nach Menge (mengenbezogene Preisdifferenzierung)**	**Nach Produkten**
Basis	Unterschiede in dem individuellen Nutzen / den Maximalpreisen / Preiselastizitäten	Unterschiede in dem Grenznutzen der 1., 2., ..., n-ten Einheit	Unterschiede in Nutzen / Maximalpreisen verschiedener Produkte desselben Anbieters
Implementationsformen der Preisdifferenzierung	- personenbezogene - Mehr-Personen-Preisbildung - räumliche - zeitliche - leistungsbezogene	- Mengenrabatt ▪ durchgerechnet ▪ angestoßen - Bonusprogramm - zweiteiliger Tarif - Blocktarif - Preispunkte	Preisbündelung

Tabelle 1: Arten und Implementationsformen der Preisdifferenzierung

Das Produkt ist bei der personenbezogenen Preisdifferenzierung in allen vier Dimensionen - Raum, Zeit, Leistung und Menge - identisch. Dasselbe gilt auch für den Regelfall (Variante 1) der Mehr-Personen-Preisbildung (vgl. Simon/Wübker, 2000, S. 732). Bei den vier Implementationsformen der räumlichen, zeitlichen, leistungs- und mengenbezogenen Preisdifferenzierung weisen die Produktvarianten jeweils in einer der vier Dimensionen Unterschiede auf, während sie in den drei anderen Dimensionen identisch sind.

Implementationsform	Definition der Implementationsform
Personenbezogene Preisdifferenzierung	Sie ist dann gegeben, wenn ein Anbieter ein Produkt, das bezüglich der räumlichen, zeitlichen, leistungs- und mengenbezogenen Dimensionen identisch ist, unterschiedlichen Nachfragern oder Nachfragergruppen aufgrund personenbezogener Merkmale zu verschiedenen Preisen offeriert.
Mehr-Personen-Preisbildung	„1. Mehr-Personen-Preisbildung ist gegeben, wenn ein Anbieter den durchschnittlichen Preis pro Einheit eines Produktes, die hinsichtlich der Dimensionen Raum, Zeit, Leistung und Menge identisch ist, von der Anzahl der Personen abhängig macht. (Regelfall) 2. Mehr-Personen-Preisbildung ist gegeben, wenn ein Anbieter den durchschnittlichen Preis pro Einheit von Varianten eines Produktes, die sich zumindest in einer der vier Dimensionen unterscheiden, ohne dass dabei andere Produkte entstehen, von der Anzahl der Personen abhängig macht.“ (Simon/Wübker, 2000, S. 732)
Räumliche Preisdifferenzierung	Sie liegt vor, wenn für Varianten eines Produkts, die hinsichtlich der zeitlichen, leistungs- und mengenbezogenen Dimensionen identisch sind, von einem Anbieter in verschiedenen Gebieten (Segmenten) unterschiedliche Preise gefordert werden.
Zeitliche Preisdifferenzierung	Man spricht von ihr, wenn ein Anbieter für Varianten eines Produkts, die bezüglich der räumlichen, leistungs- und mengenbezogenen Dimensionen identisch sind, im Verlauf einer bestimmten zeitlichen Periode verschiedene Preise fordert.
Leistungsbezogene Preisdifferenzierung	Sie ist gegeben, wenn ein Anbieter Varianten eines Produkts, die hinsichtlich der räumlichen, zeitlichen und mengenbezogenen Dimensionen identisch sind, aber leistungsmäßige (produktpolitische) Unterschiede aufweisen, zu verschiedenen Preisen offeriert. Die leistungsmäßigen Differenzen dürfen nicht so groß sein, dass aus der Sicht der Nachfrager andere Produkte entstehen.
Mengenbezogene Preisdifferenzierung	Sie liegt vor, wenn ein Anbieter den durchschnittlichen Preis pro Einheit von Varianten eines Produkts, die bezüglich der räumlichen, zeitlichen und leistungsbezogenen Dimensionen identisch sind, mit der Abnahmemenge variiert.
Preisbündelung	Sie ist gegeben, wenn ein Anbieter mehrere Produkte zu einem Bündel (Paket) zusammenfasst und dieses zu einem Gesamtpreis verkauft.

Tabelle 2: Definitionen von Implementationsformen der Preisdifferenzierung

Persönliche Merkmale wie die Einkommenshöhe, der Ausbildungsstatus, das Geschlecht, die Berufszugehörigkeit, das Alter und die Zugehörigkeit zu bestimmten Nachfragergruppen fungieren bei der personenbezogenen Preisdifferenzierung als Kriterien für unterschiedliche individuelle Maximalpreise der Nachfrager. Ein typisches Beispiel hierfür ist die kostenlose Führung des Girokontos bei Banken für Studenten. Dabei wird das persönliche Merkmal des Ausbildungsstatus herangezogen.

Mehr-Personen-Preisbildung bezeichnet den Verkauf von Produkten an Gruppen bzw. an mehrere Personen zu einzelnen Preisen oder einem Gesamtpreis, die mit der Anzahl der Personen variieren. Sie stellt somit eine auf die Personenzahl bezogene Rabattierung dar (vgl. den Beitrag von Wübker in diesem Buch). Für eine bestimmte Zahl von Personen werden also ermäßigte Preise bzw. ein Gesamtpreis für eine Leistung gefordert. In der Regel ist der Durchschnittspreis pro Person niedriger als der Preis, den eine einzelne Person für diese Leistung bezahlen muss. Typisch hierfür sind die „Ehepartner-Tarife" von Fluggesellschaften (beispielsweise kann einer der beiden Partner zum halben Preis mitfliegen) oder das Gewähren von Rabatten durch Hotels, für den Fall, dass mehrere Teilnehmer eines Unternehmens bei Konferenzen in ihrem Haus übernachten (vgl. Simon/Wübker, 2000, S. 729 f.).

Bei der räumlichen Preisdifferenzierung stellen die Gebiete Anhaltspunkte für unterschiedliche individuelle Maximalpreise der Nachfrager dar. Einen Spezialfall bildet die internationale Preisdifferenzierung, bei der die verschiedenen Gebiete mit den einzelnen Ländern übereinstimmen (vgl. den Beitrag von Ivens in diesem Buch). Bekanntermaßen weisen die Preise für ein und denselben Autotyp innerhalb von Europa oft erhebliche Preisunterschiede auf.

Die zeitliche Preisdifferenzierung wird oft nach Tageszeit, Wochentag oder Saison vorgenommen. Diese zeitlichen Kriterien repräsentieren Anhaltspunkte für verschiedene individuelle Maximalpreise der Nachfrager zu unterschiedlichen Zeitpunkten. Das so genannte Peak-Load Pricing (Spitzenlast-Preisbildung), welches vor allem von Elektrizitätsversorgungsunternehmen angewendet wird, bildet einen Spezialfall (vgl. Philips, 1989). Ein charakteristisches Beispiel der zeitlichen Preisdifferenzierung findet sich im Verhalten von vielen Kinos. Diese offerieren an bestimmten Wochentagen (beispielsweise Montags und Dienstags) einen niedrigeren Eintrittspreis als an den anderen Tagen.

Der Anbieter nimmt bei der leistungsbezogenen Preisdifferenzierung eine Unterteilung der Gruppe der Nachfrager in Segmente mit voneinander abweichenden Maximalpreisen vor und richtet die verschiedenen produktpolitischen Varianten unter preislichen Aspekten auf die Segmente aus. Typisch hierfür sind die Preisunterschiede zwischen verschiedenen Sitzklassen bei der Deutsche Bahn AG (1. und 2. Klasse) und bei Fluggesellschaften (Economy, Business und First Class).

Das Charakteristikum der mengenbezogenen Preisdifferenzierung liegt in der Nichtlinearität des vom Nachfrager zu entrichtenden Gesamtpreises bezüglich der Abnahmemenge (vgl. Tacke, 1989 und den Beitrag von Büschken in diesem Buch). Danach ist beispielsweise der Stückpreis bei einer Kaufmenge von zehn Einheiten niedriger als bei dem

Erwerb von einer Einheit. Den theoretischen Ansatzpunkt hierfür liefert das Erste Gossensche Gesetz (vgl. Gossen, 1889). Dieses besagt, dass mit zunehmendem Verbrauch eines Produkts der Grenznutzen geringer wird. Somit stiftet jede zusätzliche Einheit eines Produkts einem Nachfrager einen niedrigeren Nutzenzuwachs. Der individuelle Maximalpreis des Nachfragers pro Einheit eines Produkts wird durch den jeweiligen Grenznutzen bestimmt. Der Anbieter setzt den mengenbezogenen Preis so, dass dieser der Kurve des sinkenden Grenznutzens folgt (vgl. Tacke, 1989).

Sechs Formen der mengenbezogenen Preisdifferenzierung werden üblicherweise unterschieden: 1. durchgerechneter Mengenrabatt, 2. angestoßener Mengenrabatt, 3. Bonusprogramm, 4. zweiteiliger Tarif, 5. Blocktarif und 6. Preispunkte. Beim zweiteiligen Tarif besteht der vom Nachfrager zu entrichtende Preis aus einer einmalig pro Periode zu zahlenden Grundgebühr und einem festen Preis pro Einheit (zu den anderen Formen vgl. Fassnacht, 1996). Also zahlt der Kunde einen umso niedrigeren Preis pro Einheit (Durchschnittspreis), je mehr er abnimmt. Ein Beispiel für die Anwendung eines zweiteiligen Tarifs und damit der mengenbezogenen Preisdifferenzierung stellt die Preispolitik vieler Telekommunikationsanbieter dar. Diese verlangen häufig neben „Minutenpreisen“ auch eine verbrauchsunabhängige Grundgebühr.

Bei der Preisbündelung ist in der Regel der Gesamtpreis für das Bündel (Paket) geringer als die Summe der Einzelpreise der Produkte. Preisbündelung tritt in zwei Formen auf (vgl. Wübker, 1998 und den Beitrag von Priemer in diesem Buch):

1. Reine Bündelung (Pure Bundling, Block Booking): Der Nachfrager kann vom Anbieter lediglich das Bündel kaufen, nicht aber die einzelnen Produkte.
2. Gemischte Bündelung (Mixed Bundling): Der Anbieter bietet dem Nachfrager sowohl die einzelnen Produkte als auch das Bündel an.

Trotz einiger Ähnlichkeiten weisen Preisbündelung und mengenbezogene Preisdifferenzierung zwei Unterschiede auf. Zum einen bezieht sich die Preisbündelung in erster Linie auf jeweils eine Einheit von verschiedenen einzelnen Produkten bzw. auf eine Einheit eines Bündels, im Gegensatz dazu gilt die mengenbezogene Preisdifferenzierung lediglich für mehrere Einheiten eines Produkts (vgl. Simon, 1992). Zum anderen macht die Preisbündelung nur bei Heterogenität der Nachfrager Sinn. Dagegen kann die mengenbezogene Preisdifferenzierung sowohl bei homogenen als auch bei heterogenen Nachfragern vorteilhaft sein (vgl. Simon, 1992).

In Branchen wie EDV, Maschinenbau, Automobil etc. werden oft ganze Systeme (wie beispielsweise Zentraleinheit, Bildschirm, Drucker, Software oder Aggregat plus Elektronik inklusive Installation, Autos mit Komplettausstattung) zu einem „Systempreis“ offeriert (vgl. Simon, 1992, S. 442). Oder Fast-Food-Restaurants bieten neben einzelnen Menübestandteilen auch das gesamte Menü „komplett“ an.

In Abbildung 2 sind die Zusammenhänge zwischen den Typen der Preisdifferenzierung nach Pigou und den einzelnen oben diskutierten Implementationsformen hergestellt. Vier Implementationsformen (Mehr-Personen-Preisbildung, leistungsbezogene, mengenbezogene Preisdifferenzierung und Preisbündelung) sind der Preisdifferenzierung zweiten Grades und drei Implementationsformen (personenbezogene, räumliche und zeitliche Preisdifferenzierung) der Preisdifferenzierung dritten Grades zuzuordnen.

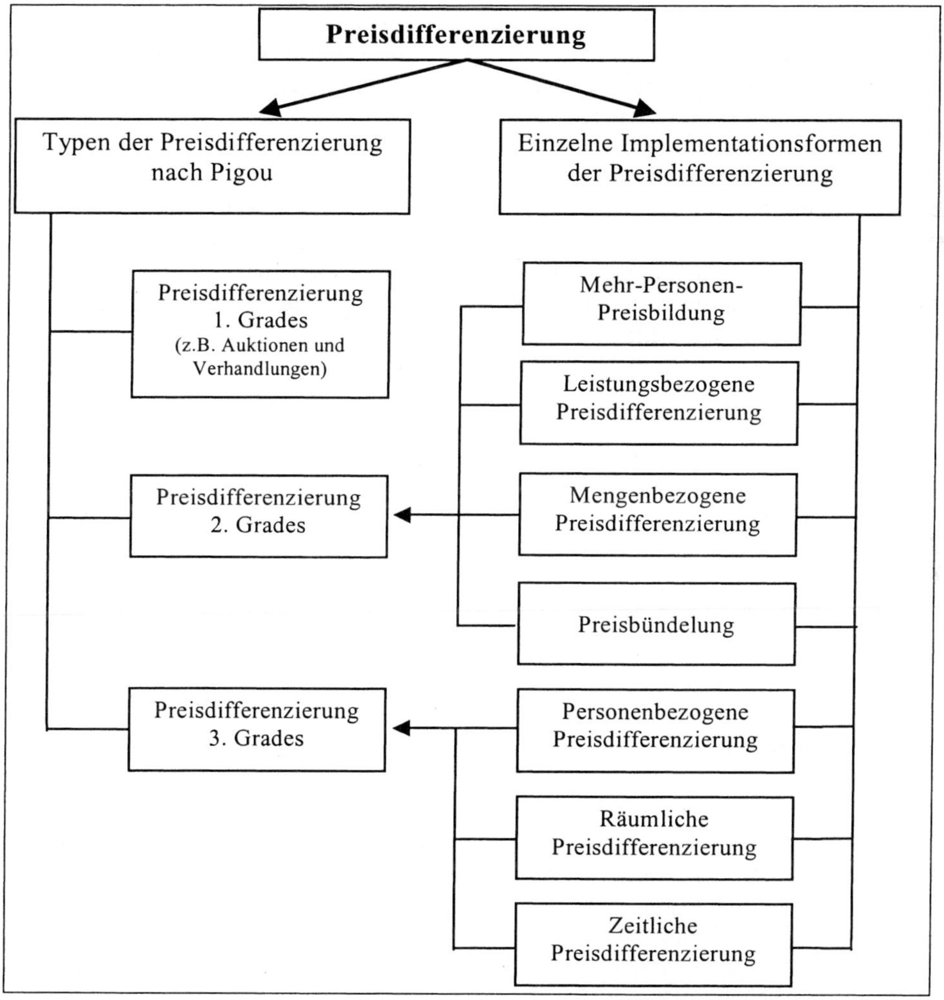

Abbildung 2: Zusammenhänge zwischen Typen und Implementationsformen der Preisdifferenzierung

3.3 Kombinationen einzelner Implementationsformen

Im letzten Abschnitt wurde jede der sieben Implementationsformen der Preisdifferenzierung isoliert dargestellt und jeweils an Beispielen illustriert. Aber auch schon bei einigen dieser Beispiele wurde angedeutet, dass für Produkte bzw. deren Varianten von einem Anbieter oft mehrere Implementationsformen gleichzeitig angewandt werden (vgl. Fassnacht, 1996). Beispielsweise setzen Hotels oft simultan eine zeitliche und mengenbezogene Preisdifferenzierung ein. So nimmt der Preis pro Übernachtung mit der Anzahl in Anspruch genommener Übernachtungen ab (mengenbezogene Preisdifferenzierung). Da solche Angebote häufiger nur in nachfrageschwachen Zeiten gelten, liegt gleichzeitig auch eine zeitliche Preisdifferenzierung vor.

Generell werden bei den Kombinationen einzelner Implementationsformen von Anbietern Preise nicht nur auf der Basis der Ausprägung einer Dimension (wie beispielsweise der Menge oder der Person) differenziert, sondern gleichzeitig auf der Grundlage mehrerer Dimensionen. Beispielsweise werden auch Mobilfunktarife nach Menge, Zeit, Person und weiteren Merkmalen differenziert. Man spricht dann auch von mehrdimensionaler Preisdifferenzierung (vgl. Skiera, 2000, S. 124 f.). Fassnacht (1996) zeigt empirisch die hohe Bedeutung der mehrdimensionalen Preisdifferenzierung im Dienstleistungssektor auf.

Unternehmen erhoffen sich durch die mehrdimensionale Preisdifferenzierung eine noch feinere Segmentierung der Nachfrager im Vergleich zum Einsatz einer einzelnen Implementationsform. Die vorhandenen Zahlungsbereitschaften der Nachfrager sollen noch besser abgeschöpft werden, um das mit der Anwendung der Preisdifferenzierung verfolgte Ziel der Gewinnsteigerung in höherem Ausmaß zu erreichen (vgl. Abschnitt 2.3). Allerdings entstehen hier auch gewisse Nachteile (insbesondere Kosten) für preisdifferenzierende Unternehmen, die im nächsten Abschnitt erörtert werden sollen.

4. Kosten-Nutzen-Analyse der Preisdifferenzierung

Wie bei den Zielen der Preisdifferenzierung dargelegt (vgl. Abschnitt 2.3), erhoffen sich Unternehmen durch den Einsatz der Preisdifferenzierung einen höheren Gewinn als bei Festlegung eines Einheitspreises. Dabei ist zu beachten, dass die Preisdifferenzierung für den Anbieter Kosten verursacht. Zum einen sind hier interne Kosten der Preisdifferenzierung zu berücksichtigen (intern, da sie im Unternehmen entstehen). Dieses sind beispielsweise Kosten für differenzierte Preislisten und für Marktforschung (vgl. Simon, 1992, S. 389). Zum anderen sind externe Kosten der Preisdifferenzierung aufzuführen. Diese unterteilen sich in Kosten der Verärgerung von Kunden und in Arbitragekosten. Unter Kosten der Verärgerung von Kunden für ein Unternehmen sind Kosten von Kundenbeschwerden und Opportunitätskosten durch entgangene Umsätze zu subsumieren, die in der Einschränkung der Produktnutzung bzw. in der Abwanderung unzufriedener Kunden begründet sind. Die Arbitragekosten für einen Anbieter sind darauf zurückzuführen, dass die für die Gewinnerhöhung notwendige Trennung der Kundensegmente nicht in vollem Umfang gewährleistet ist. Ein Teil der Kunden führt aus der Sicht des Unternehmens unerwünschte Wechsel zwischen den Segmenten durch und verursacht dadurch Arbitragekosten. Im Gegensatz zu internen Kosten der Preisdifferenzierung, die zumindest partiell für Unternehmen sichtbar sind (vgl. Homburg/Daum, 1997, Kapitel 5), entziehen sich die externen Kosten oft der Erfassbarkeit für Unternehmen. Dies ist in ihrer Entstehung begründet.

Eine Folge des Einsatzes mehrerer Implementationsformen der Preisdifferenzierung durch einen oder mehrere Anbieter kann sein, dass aus Kundenperspektive eine intransparente Preispolitik vorliegt (vgl. auch Skiera, 2000, S. 125). Es existieren viele Differenzierungsarten für ein Produkt und damit einhergehend eine hohe Zahl von Preisen für ein annähernd identisches Produkt. Die externen Kosten der Preisdifferenzierung sind also zum einen darauf zurückzuführen, dass Kunden sich beim Anbieter über eine nicht nachvollziehbare Preispolitik beschweren und als Konsequenz ihrer Unzufriedenheit abwandern bzw. die Produktnutzung einschränken. Zum anderen entstehen externe Kosten der Preisdifferenzierung, da seitens der Nachfrager Arbitrage zwischen den Segmenten stattfindet.

Eine Kosten-Nutzen-Analyse der Preisdifferenzierung unter der Zielsetzung der Gewinnmaximierung macht eine Auseinandersetzung mit diesen drei Begriffen notwendig. Der Gewinn ergibt sich als Differenz aus dem Nutzen, der durch die Anwendungen der Implementationsformen erzielt wird, und den Gesamtkosten der Anwendungen der Implementationsformen. Vereinfachend wird im Folgenden von Nutzen und Gesamtkosten der Preisdifferenzierung gesprochen.

Unter Nutzen der Preisdifferenzierung wird der durch die Anwendung der Preisdifferenzierung erreichte Mehr-Umsatz gegenüber der Einheitspreissetzung und die durch den Einsatz der Preisdifferenzierung erzielte Mehr-Kapazitätsauslastung im Vergleich zur Einheitspreissetzung verstanden. Die Gesamtkosten der Preisdifferenzierung unterteilen sich in die oben beschriebenen internen und externen Kosten.

Der Nutzen, die internen sowie die externen Kosten und damit die Gesamtkosten der Preisdifferenzierung hängen von der Zahl angewandter Implementationsformen der Preisdifferenzierung ab (vgl. Fassnacht, 1996 und 1998). Ausgehend von den mathematischen Ausführungen von Jacob/Jacob (1962, S. 10 f.) und den empirischen Resultaten von Elrod/Winer (1982) wird unterstellt, dass der Nutzenzuwachs der Preisdifferenzierung mit steigender Zahl angewandter Implementationsformen abnimmt, aber stets positiv ist (vgl. auch Abschnitt 2.3). Folglich wird der Verlauf zwischen der Zahl angewandter Implementationsformen und dem Nutzen der Preisdifferenzierung durch eine konkave Funktion beschrieben. Dagegen steigen in Übereinstimmung mit Diller (1991, S. 222) sowie Freter (1983, S. 166) die Gesamtkosten der Preisdifferenzierung überproportional mit der Zahl angewandter Implementationsformen. Also wird zwischen der Zahl angewandter Implementationsformen und den Gesamtkosten der Preisdifferenzierung ein konvexer Verlauf unterstellt.

Somit ergibt sich der in Abbildung 3 beschriebene Verlauf zwischen Nutzen und Gesamtkosten der Preisdifferenzierung in Abhängigkeit von der Zahl angewandter Implementationsformen. Der Nutzen bei keiner angewandten Implementationsform repräsentiert den bei der Einheitspreissetzung erreichten Umsatz und die bei der Einheitspreissetzung erzielte Kapazitätsauslastung. Demzufolge hat der Nutzen hier den Wert Null. Es ist erkennbar, dass eine (gewinn-)optimale Zahl angewandter Implementationsformen der Preisdifferenzierung existiert (vgl. Fassnacht, 1998). Somit gilt bei der Anwendung der Preisdifferenzierung nicht: „Je mehr, desto besser“.

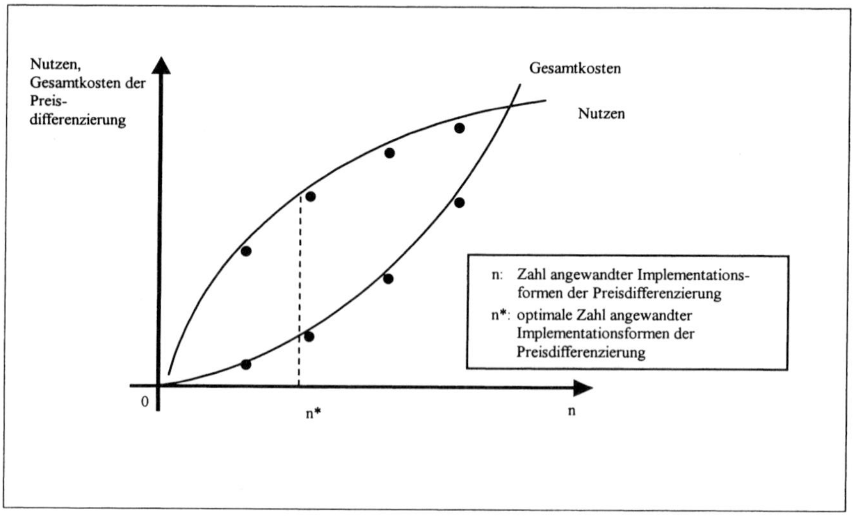

Abbildung 3: Nutzen und Gesamtkosten der Preisdifferenzierung in Abhängigkeit von der Zahl angewandter Implementationsformen

5. Resümee

Preisdifferenzierung eröffnet Unternehmen die Chance, höhere Gewinne als bei Bildung eines Einheitspreises zu erreichen. Umgesetzt wird die Preisdifferenzierung sowohl durch die separate Anwendung sieben einzelner Implementationsformen der Preisdifferenzierung (die personenbezogene, räumliche, zeitliche, leistungs- und mengenbezogene

Preisdifferenzierung sowie die Preisbündelung und Mehr-Personen-Preisbildung) als auch durch die gleichzeitige Anwendung mehrerer dieser sieben Implementationsformen. Preisdifferenzierung bietet Unternehmen nicht nur Chancen, sondern beinhaltet auch Risiken. Dies trifft insbesondere dann zu, wenn die Preisdifferenzierung zu hohen (internen) Kosten im Unternehmen führt und wenn die mit ihr manchmal einhergehende intransparente Preispolitik Kosten der Verärgerung von Kunden - Kosten von Kundenbeschwerden und Opportunitätskosten in Form entgangener Umsätze aufgrund der Abwanderung unzufriedener Kunden - zur Folge hat. Eine weniger intensive Preisdifferenzierung kann hier unter Gewinngesichtspunkten angesagt sein. Vor diesem Hintergrund ist ein sorgfältiger Einsatz dieses Instrumentariums zu empfehlen.

6. Literatur

CASSADY, R., JR., 1946A, Some Economic Aspects of Price Discrimination under Non-Perfect Market Conditions, in: Journal of Marketing, S. 7-20.

CASSADY, R., JR., 1946B, Techniques and Purposes of Price Discrimination, in: Journal of Marketing, S. 135-150.

DILLER, H., 1991, Preispolitik, 2. Aufl., Stuttgart et al.

DILLER, H., 2000, Preispolitik, 3. Aufl., Stuttgart et.al.

ELROD, T./WINER, R.S., 1982, An Empirical Evaluation of Aggregation Approaches for Developing Market Segments, in: Journal of Marketing, S. 65-74.

FANTAPIE ALTOBELLI, C., 1992, Preisdifferenzierung, in: Wirtschaftswissenschaftliches Studium, S. 2-8.

FASSNACHT, M., 1996, Preisdifferenzierung bei Dienstleistungen: Implementationsformen und Determinanten, Wiesbaden.

FASSNACHT, M., 1998, Preisdifferenzierungsintensität bei Dienstleistern: ein ökonomischer Erklärungsansatz, in: Zeitschrift für Betriebswirtschaft, S. 719-743.

FASSNACHT, M./HOMBURG, CH., 1997, Preisdifferenzierung als Instrument eines Kapazitätsmanagement, in: CORSTEN, H./STUHLMANN, S. (Hrsg.), Kapazitätsmanagement in Dienstleistungsunternehmungen: Grundlagen und Gestaltungsmöglichkeiten, Wiesbaden, S. 137-152.

FASSNACHT, M./HOMBURG, CH., 1998, Preisdifferenzierung und Yield Management bei Dienstleistungs-Anbietern, in: MEYER, A. (Hrsg.), Handbuch Dienstleistungs-Marketing, Band 1, Stuttgart, S. 866-879.

FEHL, U., 1981, Preisdifferenzierung (Preisdiskriminierung), in: ALBERS, W. ET AL. (Hrsg.), Handwörterbuch der Wirtschaftswissenschaft (HdWW), Stuttgart et al., S. 160-172.

FRETER, H., 1983, Marktsegmentierung, Stuttgart et al.

GOSSEN, H.H., 1889, Entwicklung der Gesetze des menschlichen Verkehrs und der daraus fließenden Regeln für menschliches Handeln, Neue Ausgabe, Berlin.

GUTENBERG, E., 1979, Grundlagen der Betriebswirtschaftslehre, Band II, Der Absatz, 16. Aufl., Berlin et al.

HOMBURG, CH./DAUM, D., 1997, Marktorientiertes Kostenmanagement, Frankfurt a.M.

JACOB, H./JACOB, M., 1962, Preisdifferenzierung bei willkürlicher Teilung des Marktes und ihre Verwirklichung mit Hilfe der Produktdifferenzierung, in: Jahrbücher für Nationalökonomie und Statistik, S. 1-46.

MICHALSKI, K., 1932, Das Prinzip der Preisdifferenzierung, Leipzig.

OTT, A.E., 1959, Zum Problem der Preisdifferenzierung, in: Schweizerische Zeitschrift für Volkswirtschaft und Statistik, S. 465-477.

PHILIPS, L., 1989, The Economics of Price Discrimination, Cambridge.

PIGOU, A.C., 1960, The Economics of Welfare, 4. Aufl., London et al.

SKIERA, B., 2000, Preispolitik und Electronic Commerce – Preisdifferenzierung im Internet, in: WAMSER, C. (Hrsg.), Electronic Commerce: Grundlagen und Perspektiven, München, S. 117-130.

SIMON, H., 1992, Preismanagement, 2. Aufl., Wiesbaden.

SIMON, H./TACKE, G./WOSCIDLO, B., 1998, Mit einfallsreicher Preispolitik die Kunden binden, in: Harvard Business Manager, S. 94-103.

Verena Priemer

Preisbündelung

1. Einführung

Häufig ist es nicht ein einzelnes Produkt, dessen Preis festzusetzen ist, sondern es handelt sich um ein Bündel, also das kombinierte Angebot mehrerer Produkte oder Dienstleistungen. Das Angebot von Produkt- oder Leistungsbündeln, also das "Bundling" nimmt einen wichtigen Stellenwert im Marketing ein. Dies kann man sich anhand der Vielfalt an Ausdrücken vergegenwärtigen, die Bündel kennzeichnen: Bundle, Package, Paket, Pauschalangebot, Doppelpack, On-Pack-Offer, Set, Abonnement, Menü, Jahreskarte, Familien- oder Vorratspackung, "2-teilig", "8-fach", "nimm zwei, zahl eins" und viele mehr. Auch was auf den ersten Blick wie ein einzelnes Produkt oder eine Dienstleistung aussieht, kann sich bei näherem Hinsehen als Bündel entpuppen, wie etwa der mit einer bestimmten Sonderausstattung versehene PKW oder die Krankenversicherung.

Genauso vielfältig wie die Erscheinungsformen sind auch die Ziele, die man mit Hilfe von Bundling verwirklichen kann. Sie reichen von Preisdifferenzierung über eine Stimulierung des Konsums, Kostensenkungen in der Produktion, die Unterstützung von Produktneueinführungen bis hin zur Markenstärkung durch Nutzung von Imagetransferwirkungen zwischen gebündelten Produkten. Nicht zu vergessen ist auch das kommunikative Potenzial gelungener Bundling-Maßnahmen.

Dieser Beitrag wird sich mit den strategischen Möglichkeiten und dem Nutzen des Bundling im Rahmen des Preismanagement beschäftigen:

- In Abschnitt 2 werden die möglichen Formen von Preisbündeln vorgestellt.
- Abschnitt 3 zeigt, welche preispolitischen Ziele sich durch den Einsatz von Bundling verwirklichen lassen. Dabei wird auch auf Vor- und Nachteile von Bundling gegenüber dem Angebot von Einzelprodukten sowie auf die Frage der Preisdarstellung für ein Bündelangebot (Einzelpreise vs. Gesamtpreis) eingegangen.

Um es gleich vorwegzunehmen: Was Sie hier nicht finden werden, sind einfache Entscheidungsregeln für oder gegen Bundling bzw. für eine bestimmte Bundling-Form. Bundling-Entscheidungen lassen sich nicht anhand von Faustregeln fällen. Die nachfolgenden Ausführungen werden dem Marketing-Experten aber eine Reihe von Informationen für die Analyse konkreter Entscheidungssituationen liefern und können dadurch den Ausgangspunkt für eine fundierte Bündelungsstrategie darstellen.

2. Strategische Optionen im Rahmen der Preisbündelung

In diesem Abschnitt werden die strategischen Optionen, also die verschiedenen Formen von Preisbündeln vorgestellt. Dabei geht es um die Basis-Strategien des Bundling und die Höhe des Bündelpreises im Vergleich zum Gesamtpreis.

2.1 Basis-Strategien

Als Basis-Strategien stehen folgende vier Bundling-Formen zur Wahl (vgl. Adams/Yellen, 1976):

(a) Pure Components
Bei dieser Strategie werden die Produkte nur einzeln angeboten – hier findet also keine Produktbündelung statt. In der Regel kann der Kunde allerdings mehrere dieser Einzelprodukte kaufen und sich somit praktisch selber ein Bündel zusammenstellen.

(b) Pure Bundling oder Koppelungsverkauf:
Im Pure Bundling-Fall werden die Produkte oder Services nur im Komplettpaket auf den Markt gebracht. Für den potenziellen Käufer handelt es sich damit um eine "alles-oder-nichts"-Entscheidung: Entweder er akzeptiert das vorgegebene Gesamtangebot oder er verzichtet auf den Kauf.

Ein Versicherungsunternehmen bietet z.B. eine Haushaltsversicherung an, die Schäden durch Feuer, Diebstahl, Leitungswasser und Naturereignisse abdeckt – die Versicherung gegen nur eines dieser Risiken ist nicht möglich. Ein wichtiger Vorteil für das Versicherungsunternehmen ist die Risikostreuung, von der letztlich auch der (seriöse) Kunde profitiert, denn das Versicherungsbündel kann – durch die Vermeidung einer Negativauslese – günstiger angeboten werden, als es bei der Versicherung eines einzelnen Risikos möglich wäre.

Ein Beispiel aus dem Sporthandel: Hier werden häufig die Vorjahresmodelle von Skibrettern und Bindungen als fixe Bündel zu einem Sonderpreis angeboten. So sollen nicht nur die Kunden durch das günstige Preis-Leistungs-Verhältnis zum Kauf motiviert werden, sondern der Handel erschwert auch den unmittelbaren Preisvergleich zwischen altem und neuem Skimodell, um den Absatz des oft erheblich teureren neuen Modells nicht unnötig zu erschweren.

(c) Mixed Bundling:
Mixed Bundling bedeutet, dass sowohl die Einzelprodukte/-leistungen als auch Angebotspakete vermarktet werden. Diese Strategie-Form wird von Nagle (1987) auch Optional Bundling genannt, weil dem Kunden hier die Entscheidung zwischen dem Kauf eines Einzelprodukts und dem Produktbündel freigestellt wird: Der Konsument wählt eine oder

mehrere einzelne Theaterkarten aus oder er kauft ein Abonnement, er isst à la carte oder er bestellt das Menü. Bei dieser Strategieform eröffnet sich dem Kunden der größte Handlungsspielraum: Er ist nicht zum Kauf mehrerer Leistungen verpflichtet, kann aber durch den Bündelkauf zusätzliche Vorteile lukrieren (z.B. wenn der Kauf des Bündels durch einen Preisvorteil honoriert wird). Ziel dieser Mixed Bundling Strategie ist zum einen eine Stimulierung des Konsums; im Restaurant-Beispiel: Der Gast kauft nicht nur den Hauptgang, sondern für einen relativ niedrigen Aufpreis auch Vorspeise und Dessert. Zum anderen lässt sich Konsumentenrente dadurch abschöpfen, dass der preisbewusste Restaurant-Besucher das günstigere Menü wählt, während der wenig preissensible Gourmet sich sein Menü selber zusammenstellen kann und dafür den entsprechend höheren Preis zahlt.
Die Mixed Bundling Strategie erlaubt es in besonderem Maße, Preisvorteile werblich hervorzustreichen. Der Computer-Anbieter VOBIS verdankte seine starke Position auf dem deutschen Markt vor allem seinen Bundles, deren günstiger Preis jeweils der deutlich höheren Summe aus den Komponentenpreisen gegenübergestellt wird (vgl. Simon, 1997).

(d) Mixed Components:
Bei dieser Strategievariante besteht wie beim Mixed Bundling die Möglichkeit eines Bündel- und eines Einzelkaufes, jedoch wird nicht jede der Bündelkomponenten getrennt angeboten (vgl. Philips, 1979). In einem typischen Seminarhotel kann man ein Essen einnehmen oder ein Zimmer mieten, auch ohne Seminargast zu sein; die Miete eines Seminarraums setzt aber eine festgelegte Mindestverköstigung (Speisen, Seminargetränke) pro Veranstaltungsteilnehmer voraus.

Das Add-on Bundling ist eine spezielle Ausprägung der Mixed Components-Strategie: In diesem Fall ist die gesondert erhältliche Bündelkomponente ein Basisprodukt bzw. eine Grundleistung, die andere Komponente ein Zusatzprodukt bzw. eine Zusatzleistung, die nur in Verbindung mit dem Basisgut verkauft wird (Guiltinan, 1987). Die beiden Bündelbestandteile sind also nicht gleichgewichtig, sondern es handelt sich gleichsam um ein Produkt, das in zwei verschiedenen Qualitätsstufen angeboten wird, nämlich einmal ohne und einmal mit der betreffenden Zusatzleistung; das Add-on Bundling wird so als Mittel zur Product Augmentation genutzt. Interessante Bundling-Maßnahmen finden sich etwa beim BMW Compact: In Österreich kann man als Sonderausstattung das "Österreich Paket", bestellen, das ein spezielles CD-Radio, einen Bordcomputer, eine Basis-Klimaanlage, Nebelscheinwerfer und ein Sportlenkrad beinhaltet. Die Vorteile: Der Kunde bestellt so auch Optionen, die er einzeln vielleicht nicht gekauft hätte, BMW kann Konsumentenrente abschöpfen (zur genaueren Erklärung siehe unten) und eine Standardisierung in der Produktion erlaubt Kostensenkungen, die teilweise an den Käufer weitergegeben werden – auch der Konsument profitiert also bei diesem Paket. Aus Kundensicht dagegen kaum nachvollziehbar und daher leicht als unlautere Geschäftspraxis anzusehen: Das Navigationssystem wird nur im Bündel mit einer (ebenfalls extra zu zahlenden) Klimaautomatik verkauft.

Add-on Bundling ist somit ein geeignetes Instrument zum kostengünstigen Aufbau einer Produktlinie: Neben dem Basisprodukt werden unterschiedliche Bündel (Basisprodukt plus diverse Zuatzleistungen/Zusatzleistungsbündel) angeboten, so dass sich letztlich eine Palette aus Produkten unterschiedlicher Leistungsniveaus ergibt.

2.2 Festsetzung der Preishöhe

Auch wenn Bundling viel mehr ist als eine Preisstrategie (siehe Priemer, 2000), so ist doch die Festlegung des Bündelpreises eine der wichtigsten Entscheidungen im Rahmen der Bündelung. Abhängig von der Höhe des Bündelpreises im Vergleich zu den Einzelpreisen lassen sich drei Arten von Bündeln unterscheiden:

(a) Additive Bundles:
Hier entspricht der Bündelpreis genau der Summe der Einzelpreise: ein Kasten Mineralwasser, ein Blumenstrauß, ein Hosenanzug, bei dem Jackett und Hose einzeln ausgezeichnet sind.

(b) Superadditive Bundles:
Superadditivität bedeutet, dass der Kunde für das vorgefertigte Bündel einen Aufpreis zahlen muss. Dieser in der Praxis seltene Fall des sogenannten Premium Bundling (Cready, 1991) ist dann plausibel, wenn der Wert eines Bündels gerade in seiner selten realisierbaren Vollständigkeit besteht (z. B. vollständige Briefmarkensammlung) oder wenn die Zusammenstellung für den Kunden mit einem hohen Zeit- und Arbeitsaufwand verbunden ist bzw. spezielle Fachkenntnis erfordert.

Führen die Leistung der Zusammenstellung bzw. Beratung zu einem Aufpreis, so ist es für den Anbieter wichtig, auf diesen zusätzlichen Bestandteil seines Angebots hinzuweisen, um preislich konkurrenzfähig zu sein. Dementsprechend bewirbt beispielsweise ein lokaler Sporthändler seine Mountainbikes: "Unsere Räder sind fertig montiert und fahrbereit. Bitte berücksichtigen Sie diesen Vorteil bei Preisvergleichen."

(c) Subadditive Bundles:
Das typische Bündel ist subadditiv – das Komplettangebot kostet weniger als die Summe der Einzelpreise – denn oft ist es erst diese Ersparnismöglichkeit, die den Kunden zum Bündelkauf veranlasst. Dabei kommt es nicht darauf an, ob die Bündelkomponenten tatsächlich auch einzeln erhältlich sind, oder ob es sich nur um dem Kunden kommunizierte theoretische Einzelpreise handelt.

Je nach der Darstellungsweise der Preisreduktion lassen sich unterschiedliche Formen von subadditiven Bündeln unterscheiden.
Beim Joint Bundle Pricing wird zusätzlich zu den Einzelpreisen ein einheitlicher Bündelpreis angegeben, der einen Preisnachlass auf das Komplettangebot gewährt, d. h. unter

der Summe der Einzelpreise liegt ("Vorspeise: 9 €, Hauptspeise: 20 €, Nachspeise: 10 €, 3-Gang-Menü: 32 €").

Beim Leader Bundle Pricing dagegen bekommt der Kunde das Leader-Produkt zum regulären Preis und etwaige weitere Bündelbestandteile zu einem Sonderpreis oder als Gratis-Zugabe. So zum Beispiel bei einem Wiener Wäschegeschäft, wo man beim Kauf eines Daunenbetts für nur einen zusätzlichen Euro ein Kopfkissen erwerben konnte. Inhaltlich gleichwertig wäre ein Angebot von Daunenbett und Kissen zu einem Gesamtpreis, bei dem man dem Kunden einfach den entsprechenden Preisnachlass gewährt. Wichtig ist bei einem Vergleich beider Maßnahmen jedoch die Wahrnehmung des Kunden, und dieser bewertet den beigefügten Artikel oft höher als die Preisreduktion. Die hier gewählte Darstellungsform sticht auch sicher mehr ins Auge als ein "alltäglicher" Preisnachlass. Zum Leader Bundle Pricing zählen nicht zuletzt auch die Aktionen vom Typ "zwei für den Preis von einem": Der zweite Artikel wird gewissermaßen gratis dazugegeben.

Beim Composite Bundle Pricing schließlich erhält der Kunde im Fall eines Bündelkaufs jede einzelne Komponente zu einem günstigeren Preis. Ein Beispiel: Eine Paket Kaffee kostet 6 €; beim Kauf von zwei Paketen erhält man jedes für 5 €.

Alle drei Darstellungsmethoden für subadditive Bündelpreise sind inhaltlich identisch, denn sie drücken letztlich denselben Kaufpreis nur unterschiedlich aus. Aber die Darstellungsmethode kann, wie sich weiter unten noch zeigen wird, Unterschiede in der Bündelwahrnehmung durch die Kunden hervorrufen und damit das Kaufverhalten beeinflussen.

3. Potenziale von Preisbündelung

Die vorangegangenen Ausführungen haben bereits einige Chancen aufgezeigt, die sich durch den Einsatz von Bundling eröffnen. Abbildung 1 führt diejenigen Motive auf, die preisstrategischer Natur sind.

3.1 Preisdifferenzierung

Preisdifferenzierung bedeutet, dass das gleiche Produkt an verschiedene Käufer zu unterschiedlichen Preisen verkauft wird, ohne dass dafür eine kostenseitige Rechtfertigung vorläge. Im für das anbietende Unternehmen günstigsten Extremfall würde es von jedem Kunden dessen Vorbehaltspreis verlangen, d. h. den Preis, den dieser für das betreffende Produkt höchstens zu zahlen bereit wäre. Diese vollständige Abschöpfung der Konsumentenrente (als der Differenz zwischen dem Vorbehaltspreis jedes einzelnen Käufers und dem von ihm tatsächlich bezahlten Preis) ist jedoch in der Praxis aus mehreren Gründen kaum möglich. Für den Anbieter wäre es zunächst einmal erforderlich, Kenntnis über die Vorbehaltspreise aller Konsumenten zu gewinnen, was zusätzlich dadurch erschwert wird, dass die Kunden verständlicherweise einen Anreiz haben, ihren wahren Vorbehaltspreis geheim zu halten, um sich ihre Konsumentenrente zu sichern. Hinzu kommt die Gefahr, dass ein durch diskriminierende Preisfestsetzung benachteiligter Kunde verärgert reagiert und infolgedessen vom Kauf zurücksteht. Nicht zuletzt verbieten in der Regel rechtliche Vorschriften, von verschiedenen Kunden unterschiedliche Preise für identische Leistungen zu verlangen (vgl. Stremersch/Tellis, 2002). Folglich sind konventionelle Formen der Preisdifferenzierung in der Praxis fast immer ausgeschlossen.

Motive für Preisbündelung

① Preisdifferenzierung
② Preissegmentierung
③ Senken der Preiselastizität
④ Beherrschen von Spitzennachfragen
⑤ Verschleierung der tatsächlichen Einzelpreise
⑥ Verdecken von Preissteigerungen
⑦ Vermeidung bildlicher Preisänderungen
⑧ Ausnutzen psychologischer Preisbeurteilungsprozesse

Abbildung 1: Motive für Preisbündelung

Mit Bundling steht dem Praktiker jedoch eine subtile Strategie zur Verfügung, die eine Preisdiskriminierung ohne die oben aufgeworfenen Probleme erlaubt, indem sie weniger detaillierte Informationen über die Preisbereitschaft der Kunden erfordert, alle Kunden letztlich gleich behandelt und damit auch keine rechtlichen Grundsätze verletzt. Diese Fähigkeit zur impliziten Preisdifferenzierung stellt eines der anerkannt wichtigsten Potenziale des Bundling dar und soll daher anhand des Beispiels eines Angebots von Skibrettern und Bindung illustriert werden.

Betrachten wir zunächst die obere absolute Preisschwelle (das ist die maximale Zahlungsbereitschaft) zweier fiktiver Kunden für das in der Tabelle 1 vorgestellte Angebot. Wenn die beiden Leistungen separat angeboten werden *(Pure Components)*, kann der Anbieter für die Ski maximal € 300 und für die Bindung höchstens € 150 verlangen. Bei diesen Preisen wird sein Umsatz maximiert, denn anderenfalls würde einer der beiden Kunden auf den Kauf verzichten. Eine explizite Preisdifferenzierung in der Form, dass beide Kunden ihre jeweiligen Vorbehaltspreise zahlen, wäre beim Angebot einer qualitativ einheitlichen Leistung nicht durchsetzbar.

Preisdifferenzierung durch Bundling (Preise in €)			
a) Vorbehaltspreise für Ski und Bindung			
	Ski	Bindung	Bündel
Kunde A	300	200	500
Kunde B	450	150	600
b) Explizite Preise (P) und Konsumentenrente (KR) bei **Pure Components**			
	Ski	Bindung	Bündel
Kunde A	P: 300; KR: 0	P: 150; KR: 50	P: 450; KR: 50
Kunde B	P: 300; KR: 150	P: 150; KR: 0	P: 450; KR: 150
c) Implizite Preise (P) und Konsumentenrente (KR) bei **Pure Bundling**			
	Ski	Bindung	Bündel
Kunde A	P: 300; KR: 0	P: 200; KR: 0	P: 500; KR: 0
Kunde B	P: 450; KR: 0	P: 50; KR: 100	P: 500; KR: 100

Tabelle 1: Preisdifferenzierung durch Bundling am Beispiel von Ski und Bindung

Die Situation verbessert sich dagegen für den Anbieter, wenn er beide Produkte im Bündel *(Pure Bundling)* auf den Markt bringt. Während er beim Verkauf beider Einzelprodukte von jedem Kunden nur € 450 einnimmt, kann er bei einer Pure Bundling-Strategie den Bündelpreis auf € 500 festsetzen, ohne einen der beiden Kunden zu verlieren. Das bedeutet, er realisiert Mehreinnahmen von € 50 pro verkauftem Bündel.

Dieser Effekt lässt sich damit erklären, dass durch die Bündelung Preisdifferenzierung betrieben wird. Es handelt sich dabei nicht um eine explizite Preisdifferenzierung, denn die Kunden A und B zahlen beide denselben Preis von € 500 für das Produktbündel. Vielmehr liegt hier eine implizite Preisdifferenzierung vor: Die beiden Kunden zahlen gemäß ihren Vorbehaltspreisen implizit unterschiedliche Preise für die beiden im Bündel enthaltenen Komponenten: Kunde A zahlt € 300 für den Ski und € 200 für die Bindung und somit für letztere Leistung einen Aufschlag von € 50 gegenüber der Pure Components-Strategie. Da er so für beide Komponenten jeweils seinen Vorbehaltspreis zahlt, wird seine Konsumentenrente vollständig abgeschöpft. Kunde B ist bereit, € 450 für die Ski zu zahlen; somit entrichtet er implizit für diese Leistung € 450 und erhält die Bindung für € 50; ihm bleibt eine Konsumentenrente von € 100 erhalten.

Abbildung 2 illustriert den Unterschied zwischen Einzel- und Bündelangebot grafisch. Der Kauf jeder einzelnen Leistung (bzw. des Bündels) findet genau dann statt, wenn die

Preisbereitschaft für das Produkt (bzw. das Bündel) über dem verlangten Einzelprodukt- (bzw. Bündel-) Preis liegt. Jeden Konsumenten kann man theoretisch nach der Kombination seiner Vorbehaltspreise in das Diagramm eintragen und dadurch seine Kaufakte prognostizieren. Die Abbildung zeigt, dass bei Pure Bundling zwar auch Käufer verloren gehen können, vor allem aber Kaufausweitungen durch den Kauf des Bündels anstelle eines Einzelproduktes stattfinden.

Hier wird auch ein weiterer Vorteil von Bundling ersichtlich: Das preisoptimierende Unternehmen muss lediglich die Bündelvorbehaltspreise seiner potentiellen Kunden kennen, nicht deren Vorbehaltspreise für alle Einzelprodukte. Dies bedeutet auch insofern eine Erleichterung, als so die ursprüngliche Heterogenität der Käufer reduziert wird.

3.2 Preissegmentierung

Preissegmentierung ist die Aufteilung von Käufern in verschiedene Marktsegmente, die sich unter anderem durch ihre Zahlungsbereitschaft voneinander unterscheiden, und die Bearbeitung dieser Segmente mit unterschiedlichen Angeboten. Beispiele hierfür wurden bereits angesprochen: das Add-on Bundling in der Automobilindustrie oder à la carte- und Menü-Angebote in der Gastronomie. Der letztgenannte Fall beispielsweise führt zu einer Selbstsegmentierung der Kunden in die Segmente der "Genießer" (die ihre Speisenfolge selber zusammenstellen möchten und dafür einen höheren Preis zu zahlen bereit sind), der "Preisbewussten" (die von der mit dem Menü verbundenen Preisreduktion profitieren möchten) und der "Sparsamen" (die nur einen Gang konsumieren).

Aber auch preisgünstige Mehrfachpackungen (sogenannte Multiple Bundles) ermöglichen eine Preissegmentierung: Heavy Users werden begünstigt, indem sie für eine Einheit des Produktes weniger zahlen müssen als die Kleinkunden (vgl. Biswas, 1989a).

Preissegmentierung durch Bundling wird auch von Fluggesellschaften praktiziert, die für Hin- und Rückflug weniger verlangen als die Summe der Preise für beide Einzeltickets, teilweise sogar weniger als ein Hinflug allein kosten würde. Der Grund: eine Segmentierung der Fluggäste nach privaten Passagieren und Geschäftsreisenden. Die preissensiblen Touristen buchen in der Regel Tickets für Hin- und Rückflug, während die weniger preisinteressierten Geschäftsreisenden beide Flüge kurzfristig bzw. ohne vorherige Reservierung antreten möchten und häufig nicht zum Ausgangsort zurückreisen, sondern einen dritten Bestimmungsort anfliegen.

3.3 Senken der Preiselastizität

Die Preiselastizitäten der Nachfrage nach verschiedenen Gütern können deutlich voneinander abweichen. Eine Reduzierung der Preiselastizität, also eine weniger sensible Reaktion der Kunden auf eine Preissteigerung oder der Verzicht auf eine Preissenkung, lässt sich durch die Bündelung mit einem Produkt erreichen, für das die Preiselastizität der

Nachfrage geringer ist. Die Bündelnachfragekurve wird eine geringere Preiselastizität aufweisen als die Nachfragekurve für das ursprünglich betrachtete Gut.

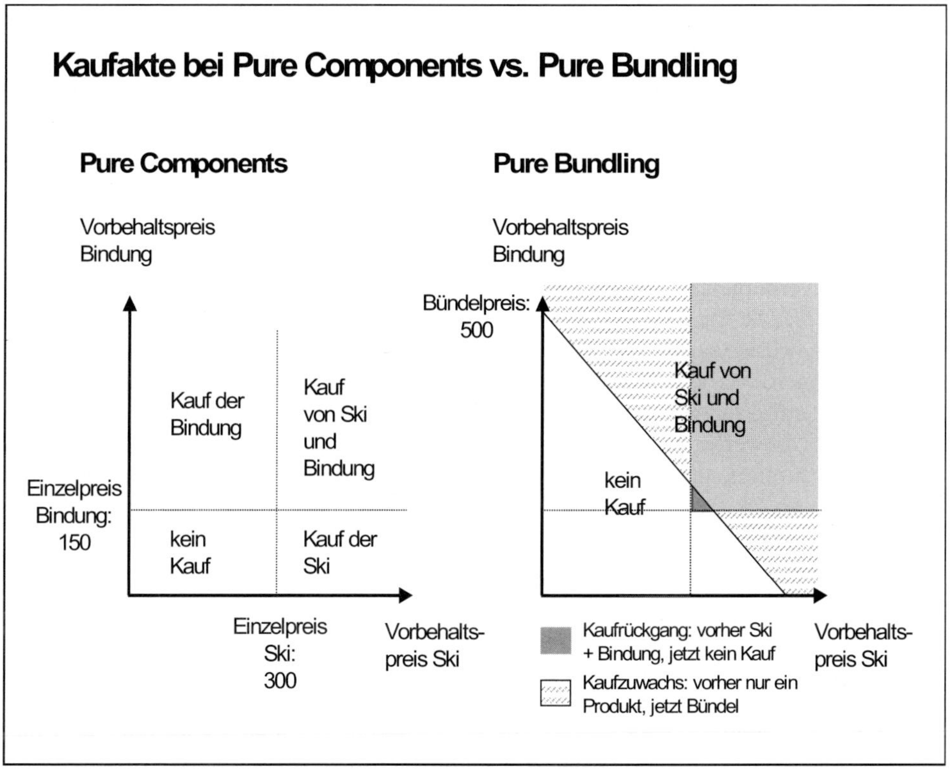

Abbildung 2: Absatz bei Pure Components vs. Pure Bundling

3.4 Beherrschen von Spitzennachfragen

Bei nicht lagerbaren Gütern, also insbesondere bei Dienstleistungen, sind Kapazitätsgrenzen gegeben, die im Falle variablen Kaufinteresses zu einer Überschussnachfrage führen können. Ein anschauliches Beispiel dafür sind kulturelle Veranstaltungen, wie Konzerte, Theaterstücke, Sportveranstaltungen etc., die je nach ihrer Attraktivität für das Publikum zu einem stärkeren oder schwächeren Andrang führen. Bündelt man ein Konzert-Highlight in ein Konzertabonnement, so müssen diejenigen Konsumenten, die eigentlich nur am besonderen Ereignis teilnehmen möchten, trotzdem das Bündel kaufen. Dadurch zahlen sie implizit einen höheren Preis (nämlich den Bündelpreis) für das eine Konzert als die treuen Besucher, die auch an den übrigen Abonnement-Veranstaltungen interessiert sind. Übersteigt der Bündelpreis den Vorbehaltspreis für das besondere Konzert, so werden diese Konsumenten vom Kauf Abstand nehmen, was wiederum zu einer Senkung der Nachfrage nach diesem Konzert führt.

Diese Strategie kann man mit Phlips (1983) auch als Peak-Load Pricing auslegen: Bei einer Preisrationierung (Einzelangebot) müssten alle Besucher den höheren Preis zahlen, während Bundling dazu führt, dass man nur den gelegentlichen Besuchern höhere Kosten auferlegt, die ja für die Überschussnachfrage verantwortlich sind.

3.5 Verschleierung der tatsächlichen Einzelpreise

Ein Anbieter kann das Ziel verfolgen, die Einzelpreise für seine Produkte bzw. Dienstleistungen zu verbergen. Manch einem Hotelbesucher werden 86 € für Nächtigung mit Frühstück in einer deutschen Stadt nicht zu teuer vorkommen. Aber seine Meinung könnte sich ändern, wüsste er, dass darin 16 € für das Frühstück enthalten sind. Auch Beratungsunternehmen, Marktforschungsinstitute oder Werbeagenturen weisen ungern Einzelpreise für Teilleistungen aus, da der Kunde oft den Aufwand für einzelne Positionen über- oder unterbewertet, wobei er im ersteren Fall gerne den als günstig empfundenen Einzelpreis akzeptiert, den teuer erscheinenden Einzelpreis aber herunterzuverhandeln sucht.

3.6 Verdecken von Preissteigerungen

Durch Bundling kann der Anbieter Preissteigerungen verdecken. Die Fitness-Jahreskarte verteuert sich, weil jetzt auch der "kostenlose" Saunabesuch inkludiert ist. Möglicherweise interessiert sich das Clubmitglied nicht für diese Leistung und wird sie nicht in Anspruch nehmen – implizit zahlt es also für die bisherige Leistung einen höheren Preis, und das, ohne dass er sich unfair behandelt fühlt (die Preiserhöhung erscheint grundsätzlich aufgrund der Leistungsausweitung gerechtfertigt).

3.7 Vermeidung bildlicher Preisänderungen

Zeiten allgemeiner Rezession sowie schrumpfende Märkte sind in aller Regel durch aggressive Kampfstrategien der Mitbewerber geprägt. Oft genug sind derartige Preiskämpfe aber langfristig für die gesamte Branche schädlich, da sie häufig zu einer erheblichen Reduzierung des globalen Preisniveaus führen, dessen Steigerung gegenüber den Kunden später nur mehr schwer durchsetzbar sein wird. Ein Beispiel dafür ist der Zigarettenmarkt: Die 13-prozentige Preissenkung der Marke West im Jahre 1983, die den Marktanteil dieser Marke von 0,6 auf 10 Prozent hochschnellen ließ, zwang die Konkurrenten nach fünf Monaten zu ähnlichen Preisreduktionen, und es dauerte etwa vier Jahre, bis dieser Preiseinbruch überwunden war (Simon 1994). Dies lässt sich damit erklären, dass erstens das Preisbewusstsein der Kunden gesteigert wird (in dem Sinne, dass beim Kauf der betreffenden Produktkategorie mehr auf den Preis geachtet wird als früher) und zweitens für die angebotenen Produkte und Leistungen ein neuer - niedrigerer - Referenzpreis gebildet wird. Bündelt man demgegenüber die Produkte und bietet das Paket zu einem günstigen Gesamtpreis an, so wird zwar auch das Preis-Leistungs-Verhältnis des Angebots verbessert, dennoch wird dies weniger Auswirkungen auf die Preisurteilsanker der Kunden haben, weil die Zurechnung des Preisabschlages auf einzelne Leistungen für sie schwieriger oder unmöglich ist. Wenn außerdem verschiedenartig zusammengesetzte Bündel auf dem Markt sind, fällt dem Kunden der unmittelbare Preisvergleich schwerer, was die Preiskämpfe entschärfen kann (vgl. Meffert, 1994).

Auch Daewoo machte sich diesen Effekt zu Nutze. Die PKW, mit denen der Konzern im Jahr 1995 in den europäischen Automobilmarkt eintrat, basierten auf alten General Motors-Modellen – um diese Produkte verkaufen zu können, waren preisgünstige Angebote notwendig. Die künftigen neuen Modelle sollten aber preislich höher positioniert werden. Eine schwierige Aufgabe, denn hat sich der Markt erst einmal an (absolut) niedrige Preise für Daewoo-PKW gewöhnt, wird eine Preissteigerung kaum akzeptiert werden. Die Lösung war das Hinzubündeln und spätere Entbündeln von Sonderausstattungen, wodurch jetzt das notwendige günstige Preis-Leistungs-Verhältnis erzeugt werden konnte und später keine Erhöhung des bildlichen Preises notwendig war.

3.8 Ausnutzen psychologischer Preisbeurteilungsprozesse

Die Wahrnehmung und Beurteilung von Bündeln bzw. Einzelprodukten und deren Preisen unterliegt psychologischen Prozessen, die den Vorstellungen der ökonomischen Theorie zuwiderlaufen. Die Kenntnis der Bewertungsprozesse des Kunden kann dem Anbieter wertvolle Hinweise liefern, unter welchen Umständen eine Bündelung vorteilhaft ist. Erkenntnisse lassen sich aus der Prospect Theory (Kahneman und Tversky, 1984; Biswas, 1989b) sowie ihrer Weiterentwicklung, der Theory of Mental Accounting (Thaler, 1985) ziehen.

In ihren Grundzügen besagt die Prospect Theory, dass das Ergebnis einer jeden Handlung, also auch das eines Kaufaktes, als Gewinn oder Verlust gegenüber einem vorher gebildeten Referenzpunkt bewertet wird. Die Form der Bewertung wird durch die sogenannte Value Function abgebildet (vgl. Abbildung 3). "Losses" oder "Verluste" sind dabei als der zu zahlende Preis zu interpretieren. Je weiter entfernt die Bewertung eines Preises vom Nullpunkt entfernt ist, desto unangenehmer wird der Verlust durch Zahlung dieses Preises empfunden.

Aus dieser Funktion lässt sich eine Vielfalt an Schlussfolgerungen über die Preiswahrnehmung ziehen. Hier seien nur zwei angeführt: Die S-förmige Krümmung der Value Function in der Verlustzone bedeutet, dass die Konsumenten dieselbe absolute Preisdifferenz im Bereich niedriger Preise als größer wahrnehmen als im Bereich hoher Preise. Was unmittelbar einleuchtet: Ob ein Auto 100 € mehr oder weniger kostet, spielt subjektiv keine Rolle, im Falle eines Fahrrades ist eine Preisdifferenz von 100 € aber sehr wohl relevant.

Aus der Value Function lässt sich weiterhin ableiten, dass die Zahlung mehrerer Einzelpreise (segregierte Preisdarstellung) vom Kunden als unangenehmer empfunden wird als die Zahlung eines einzigen Bündelpreises in Höhe der Summe dieser Einzelpreise (integrierte Preisdarstellung). (Aber Achtung: Ist der Bündelpreis extrem hoch und überschreitet er die obere absolute Preisschwelle des Kunden, kann es durchaus empfehlenswerter sein, Einzelpreise auszuweisen.)

Dass der Ausweis eines Bündelpreises ein Angebot attraktiver erscheinen lässt als die Angabe von Einzelpreisen, zeigte auch eine empirische Studie bei spanischen Automobilkäufern (vgl. Abbildung 4 und 5; Priemer, 2000), in der – rein inhaltlich identische – Angebotsvarianten als unterschiedlich attraktiv eingestuft wurden (Unterschied statistisch signifikant; p<0,001).

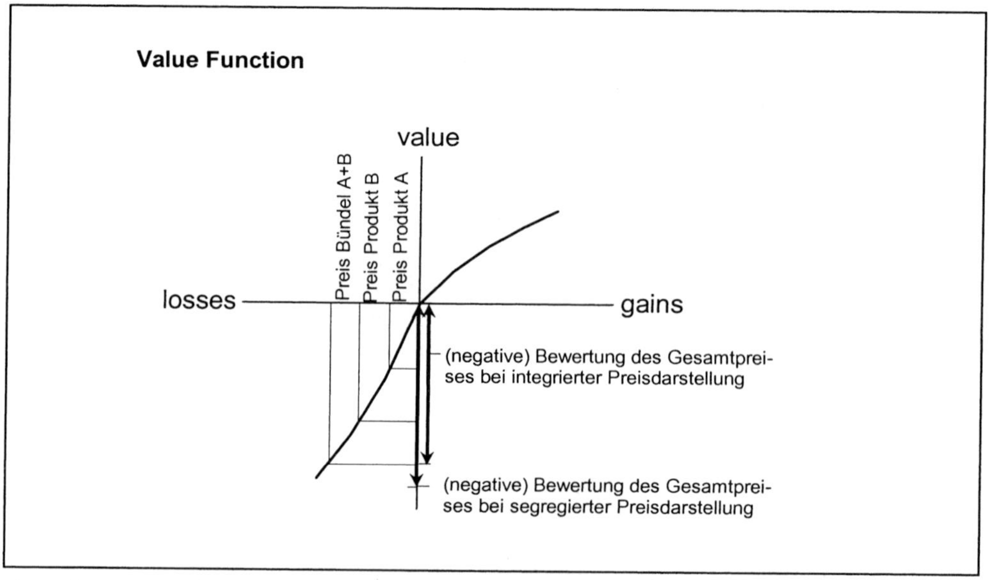

Abbildung 3: Value Function

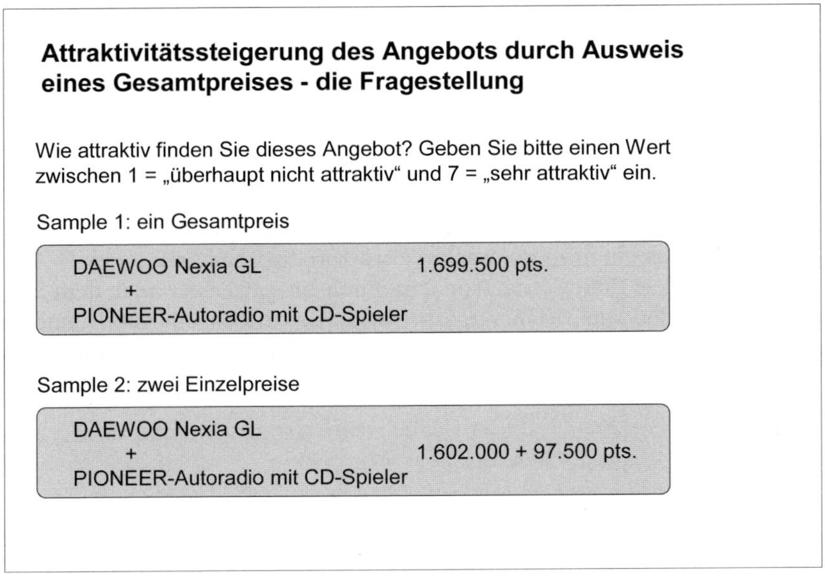

Abbildung 4: Empirische Studie DAEWOO Motor Iberia – an die Auskunftspersonen gerichtete Fragestellung

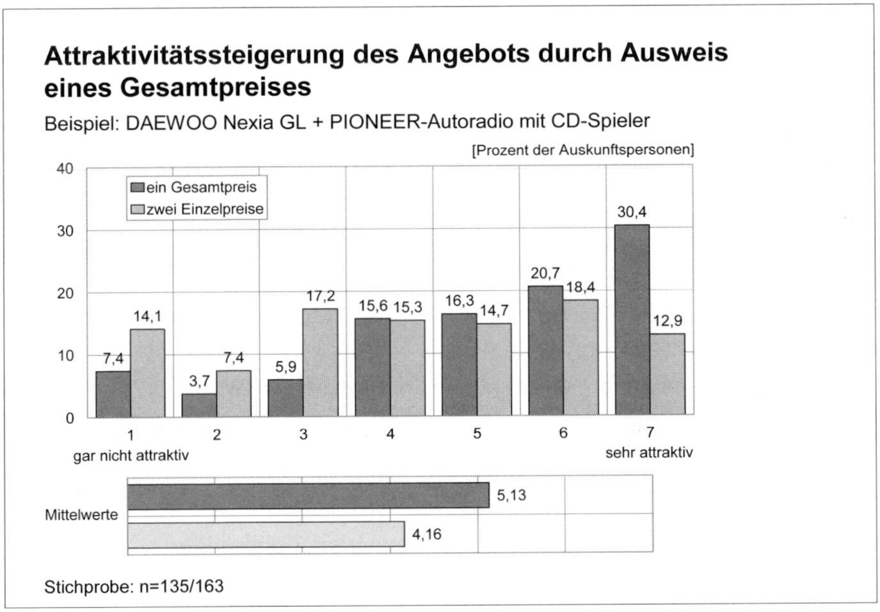

Abbildung 5: Empirische Studie DAEWOO Motor Iberia – Ergebnis

4. Schlusswort

Die Ausführungen haben gezeigt, dass der gut durchdachte Einsatz von Bundling viele Chancen eröffnet. Aber Bundling birgt auch Risiken. Diese liegen nicht nur in preisstrategischen Fehlern (wie etwa der falschen Einschätzung von Vorbehaltspreisen), denn die Implikationen von Bundling reichen weit über rein preispolitische Aspekte hinaus. Erwähnt sei hier nur, dass ein imageschwaches Zusatzprodukt nicht nur zu einer Attraktivitätssenkung des Bündels führen kann, sondern durch Imagetransfer auch dem Image des Hauptproduktes schaden kann. Daher empfiehlt es sich, die angedachte Bündelstrategie mittels geeigneter Marktforschungsmethoden auf ihre Wirkung hin überprüfen.

5. Literatur

ADAMS, W. J./YELLEN, J. L., 1976, Commodity Bundling and the Burden of Monopoly, in: Quarterly Journal of Economics, S. 475-498.

BISWAS, A., 1989A, An Overview of the Bundling Literature, Working Paper, Krannert Graduate School of Management, Purdue University, West Lafayette, IN.

BISWAS, A., 1989B, Bundling in Marketing, Ph.D.-Dissertation, Krannert Graduate School of Management, Purdue University, West Lafayette, IN.

CREADY, W. M., 1991, Premium Bundling, in: Economic Inquiry, S. 173-179.

GUILTINAN, J. P., 1987, The Price Bundling of Services: A Normative Framework, in: Journal of Marketing, S. 74-85.

HERRMANN, A./BAUER, H. H., 1996, Ein Ansatz zur Preisbündelung auf der Basis der "prospect"-Theory, in: Zeitschrift für betriebswirtschaftliche Forschung, S.675-694.

KAHNEMAN, D. UND TVERSKY, A., 1984, Choices, Values, and Frames, in: American Psychologist, S. 341-350.

MEFFERT, H., 1994, Erfolgreiches Marketing in der Rezession, Wien.

NAGLE, T. T., 1987, The Strategy and Tactics of Pricing, Englewood Cliffs, NJ.

PHILLIPS, O. R., 1979, Product Bundling and Optimal Selling Strategies for a Two-Product Firm, Stanford University.

PHLIPS, L., 1983, The Economics of Price Discrimination, Cambridge.

PRIEMER, V., 1995, Bundling: Begriff, Formen und Zielsetzungen einer Strategie in Theorie und Praxis, Forschungsbericht No. 3 des Instituts für Betriebswirtschaftslehre der Universität Wien.

PRIEMER, V., 1999, Bundling. Eine Marketingstrategie mit Durchschlagskraft, in: Absatzwirtschaft, S. 62-67.

PRIEMER, V., 1999, Der Einsatz von Bundling als Marketingstrategie, in: transfer - Werbeforschung und Praxis, S. 2-6.

PRIEMER, V., 2000, Bundling im Marketing. Potentiale – Strategien – Käuferverhalten, Frankfurt am Main.

SIMON, H., 1994, Preismanagement. Profit durch Pricing, Brüssel.

SIMON, H./DOLAN, R. J., 1997, Profit durch power pricing: Strategien aktiver Preispolitik, Frankfurt am Main.

STREMERSCH, S./TELLIS, G. J., 2002, Strategic bundling of products and prices: A new synthesis for marketing, in: Journal of Marketing, S. 55-72.

THALER, R., 1985, Mental Accounting and Consumer Choice, in: Marketing Science, S. 199-214.

YADAV, M. S./MONROE, K. B., 1993, How Buyers Perceive Savings in a Bundle Price: An Examination of a Bundle's Transaction Value, in: Journal of Marketing Research, S. 350-358.

Joachim Büschken

Nicht-lineare Tarife

1. Grundprinzipien nicht-linearer Tarife

Bei der Gestaltung von Preisen in Abhängigkeit einer kundenindividuellen Absatzmenge kann ein Anbieter für ein von ihm angebotenes Produkt grundsätzlich zwischen zwei Gestaltungsalternativen wählen. Zum einen kann der Erlös für eine bestimmte Menge dieses Produktes *proportional* an die Abnahmemenge geknüpft werden. In diesem Fall existiert ein linearer Zusammenhang zwischen Erlös und Abnahmemenge. Die durchschnittlichen Kosten für den Erwerb des Produktes sind dann konstant. Im Gegensatz dazu beruhen *nicht-lineare Tarife* (NLT) auf einem entsprechend *nicht proportionalen* Zusammenhang zwischen Abnahmemenge eines Produktes durch einen Nachfrager und dem Erlös. Der Durchschnittspreis je Einheit ist in diesem Fall nicht konstant und *sinkt* typischerweise mit der Abnahmemenge. NLT sind zu den Verfahren der Preisdifferenzierung zu zählen, da sie bestimmte Mengenintervalle für den Kauf eines Produktes unterschiedlich bepreisen.

NLT fallen unter die Kategorie zweier identischer Produkte, die zu unterschiedlichen Preisen verkauft werden, da die einzelnen Einheiten der Gesamtabnahmemenge eines Produktes identisch sind. Die betreffenden identischen Produkte (1. Einheit, 2. Einheit, 3. Einheit etc. eines bestimmten Produktes) werden an *ein und denselben Kunden* zu unterschiedlichen Preisen verkauft. Die Bildung von Nachfragersegmenten erfolgt nicht nach dem Kriterium der Zugehörigkeit zu einer bestimmten Gruppe homogener Nachfrager wie im Fall der Preisdifferenzierung zwischen verschiedenen Nachfragertypen. Im Gegensatz dazu erfolgt die Differenzierung des Preises im Rahmen NLT über eine mengenbezogene Unterscheidung (Beschaffungsvolumen). Damit sind sie ein Instrument zur *quantitativen Preisdifferenzierung (vgl. Beitrag Fassnacht).*

Ein zentrales Kriterium bei der Unterscheidung alternativer NLT ist die Frage der Definition der „Abnahmemenge". Ein in der Praxis umsetzbarer NLT bedarf der Festlegung, nach welchem *Maßstab* der preisrelevante Umfang eines oder mehrerer Kaufereignisse zur Festlegung des Erlöses bemessen wird. Hierzu sind mehrere Alternativen denkbar. Zunächst kann die Zahl der Einheiten als Maßstab herangezogen werden. Dies setzt entsprechende Zählbarkeit und deren ökonomische Sinnhaftigkeit voraus. Da dies nicht in jedem Fall gegeben sein muß, können auch andere Maßstäbe, z.B. das Gesamtgewicht aller Käufe eines bestimmten Produktes oder deren wertmäßiges Volumen (Geldeinheiten), verwendet werden.

2. Systematik und Gestaltungsalternativen nicht-linearer Tarife

NLT treten in der Praxis in sehr vielfältigen Formen auf. Sie lassen sich durch folgende *Grundform* beschreiben:

$$T(p_1, p_2, \ldots, p_n, E)$$

mit:

p_1-p_n	=	(typischerweise) sinkende marginale Preise für steigende Nachfragemengen
E	=	mengenunabhängige oder mengenabhängige (positive oder negative) Grundgebühr

Ein NLT besteht stets aus sinkenden marginalen Preisen („Grenzpreisen") für aufeinanderfolgende Intervalle von Nachfragemengen, wobei die Mindestgröße dieser Intervalle eine Einheit des betrachteten Gutes beträgt. Neben den marginalen Preisen wird eine mengenabhängige oder mengenunabhängige Grundgebühr erhoben, wobei bezüglich der Grundgebühr grundsätzlich zwei *Ausgestaltungsmöglichkeiten* auftreten:

E=0: Der Tarif besteht ausschließlich aus sinkenden marginalen Preisen (Blocktarif, Mengenrabatt).

$E \neq 0$: Neben den sinkenden marginalen Preisen wird zusätzlich eine mengenabhängige oder mengenunabhängige positive Grundgebühr erhoben bzw. eine mengenabhängige oder mengenunabhängige negative Grundgebühr (Bonustarif) erstattet (n-teiliger Tarif).

Ein anderer Systematisierungsansatz bezieht sich auf die Frage, ob die Nachfrageentscheidungen der Konsumenten, die die durch NLT erzielten Erlöse eines Anbieters beeinflussen, simultan oder nacheinander getroffen werden: Bei *zeitpunktbezogenen NLT* handelt es sich um solche Tarife, bei denen alle *erlösbeeinflussenden Entscheidungen* eines Nachfragers zu einem Zeitpunkt (simultan) getroffen werden. Bei *sequentiellen NLT* handelt es sich um solche Tarife, bei denen alle *erlösbeeinflussenden Entscheidungen* eines Nachfragers innerhalb eines durch den Tarif bestimmten Zeitraums (nacheinander) getroffen werden.

Zeitpunktbezogene NLT (vgl. Abbildung 1) zeichnen sich dadurch aus, dass alle für den Erlös des Anbieters relevanten Entscheidungen eines Nachfragers zu einem Zeitpunkt fallen. Wenn es sich um einen Tarif mit (positiver) Grundgebühr handelt, beziehen sich die erlösrelevanten Entscheidungen eines Nachfragers auf die Zahlung eben dieser Grundgebühr *und* die Entscheidung über die Nachfragemenge. Bei einem Tarif ohne

Grundgebühr ist die Entscheidung über die Nachfragemenge die einzige für den Erlös des Anbieters relevante/n Entscheidung/en eines Nachfragers.

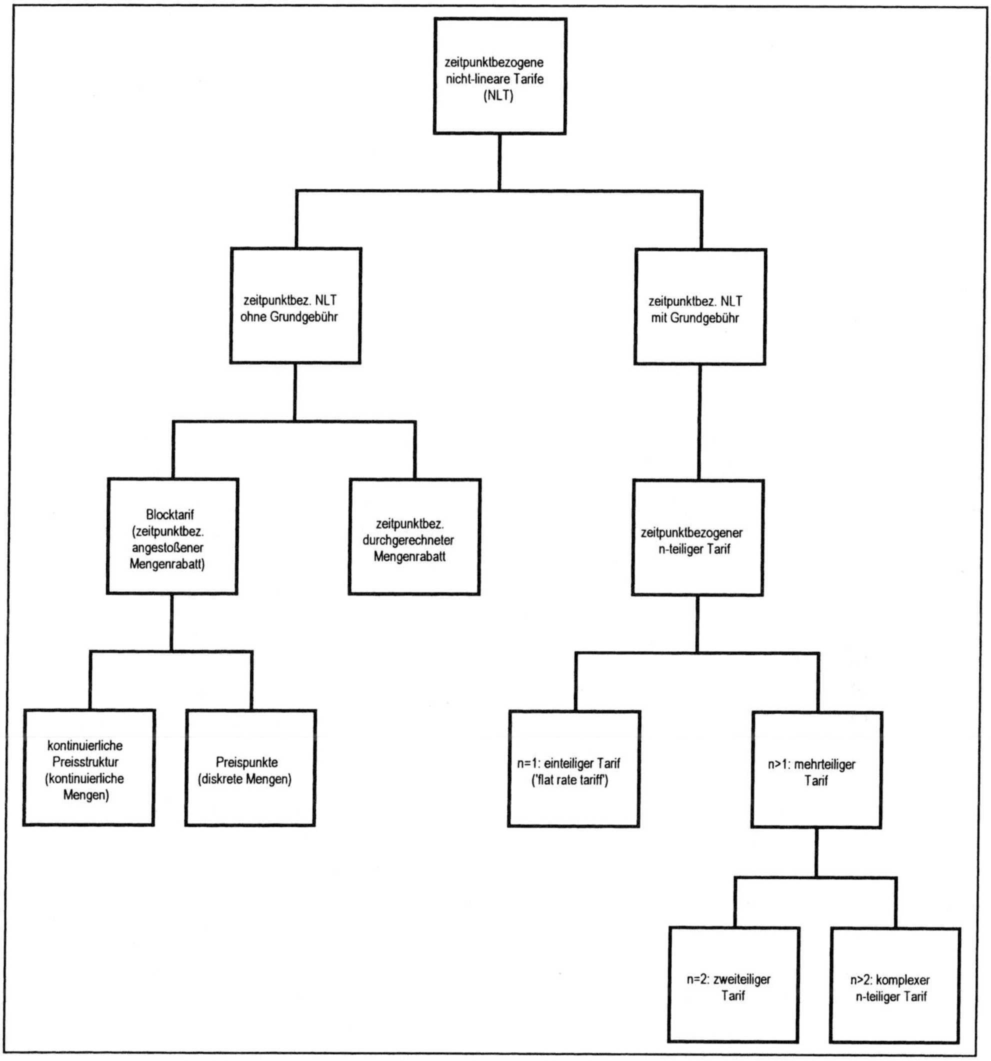

Abbildung 1: Systematik zeitpunktbezogener NLT

In den meisten praktischen Anwendungsfällen werden die verschiedenen marginalen Preise für aufeinanderfolgende *Intervalle* von Kaufmengen oder Nutzungsintensitäten definiert. Es liegt dann eine abschnittsweise lineare Preisfunktion vor (vgl. Abbildung 2 für das Beispiel einer positiven und mengenunabhängigen Grundgebühr).

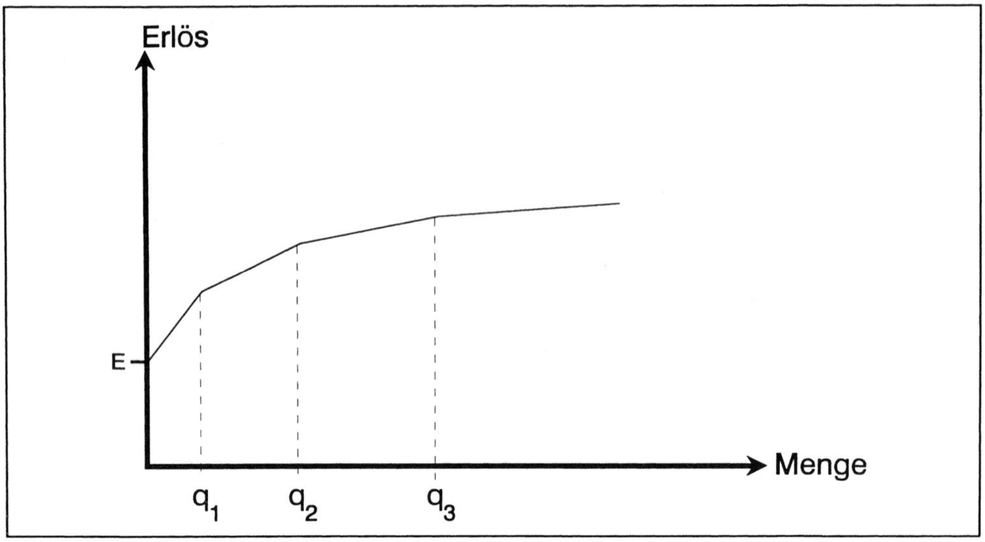

Abbildung 2: Beispiel für einen 5-teiligen Tarif bei sinkenden marginalen Preisen

In diesem Beispiel werden neben einer mengenunabhängigen, positiven Grundgebühr vier sinkende marginale Preise für aufeinanderfolgende Mengenintervalle definiert [T(p_1, p_2, p_3, p_4, E>0)], die die Steigungen der linearen Abschnitte der Erlösfunktion bestimmen. Neben der Grundgebühr ist bei einem solchen Tarif für eine Menge $q \leq q_1$ der Preis p_1 je Einheit, für eine Menge $q \leq q_2$ der Preis p_2 je Einheit usw. zu zahlen. Neben der Frage, welche Höhe die einzelnen Preiselemente annehmen sollen, stellt sich daher für einen Anbieter bei mehr als einem marginalen Preis die Frage, für welche Mengenintervalle die verschiedenen marginalen Preise gelten sollen. Neben der Festlegung der Preiselemente sind daher n-teilige Tarife dadurch gekennzeichnet, dass (n-2) „kritische" Abnahmemengen (für das Beispiel: q_1, q_2, q_3) festzulegen sind, die den Wechsel zwischen den marginalen Preisen markieren. N-teilige Tarife mit einer mengenunabhängigen Grundgebühr und *einem* konstanten marginalen Preis, der über alle relevanten Kaufmengen oder Nutzungsintensitäten gilt, stellen zweiteilige Tarife (two-part tariffs) dar. Diese haben in der Literatur vor allem hinsichtlich ihrer effizienzsteigernden Wirkung starke Beachtung erfahren. Wird lediglich eine Grundgebühr erhoben und auf einen mengenabhängigen Preis verzichtet, liegt ein sog. 'flat rate tariff' (einteiliger NLT) vor.

Die mittlerweile weit verbreitete Bepreisung eines Buffetfrühstücks in Hotels mit einer mengenunabhängigen Pauschale ('all you can eat') stellt einen zeitpunktbezogenen, einteiligen Tarif dar, sofern ein Konsument zum Zeitpunkt seiner Entscheidung über die Akzeptanz dieses Tarifs auch über den Umfang seines Frühstücks entscheidet. Gleiches gilt auch für ähnliche Bewirtungsarrangements.

N-teilige Tarife können mit positiven oder negativen Grundgebühren ausgestattet sein. Diese Unterscheidung ist vor allem dann von Bedeutung, wenn alternativ ein linearer Preis für die gleiche Leistung zur Verfügung steht. Positive Grundgebühren stellen für den Nachfrager im Vergleich zu alternativen linearen Preisen einen beim Zutritt realisierten, wirtschaftlichen Nachteil dar, der durch den Zugang zu einem - gegenüber dem linearen Preis verbilligten - marginalen Preis kompensiert werden kann. Der Zugang - und damit die Zahlung der Grundgebühr - ist immer dann ökonomisch sinnvoll, wenn das Ausmaß der Inanspruchnahme der betreffenden Leistung (Abnahmemenge) zu einem entsprechenden Kompensationseffekt *für den Nachfrager* führt. Negative Grundgebühren stellen demgegenüber vom Nachfrager realisierte Boni (wirtschaftliche Vorteile) für den Zugang zu einem bestimmten Gut dar.

Beispiele hierfür finden sich bei Zuwendungen an Neu-Abonnenten von Zeitungen oder Zeitschriften. Boni werden dabei in Form von Werbegeschenken gewährt. Das Beispiel zeigt, dass es von Bedeutung ist, zeitpunktbezogene NLT in bezug auf die *Zeitpunkte der die Erlöse des Anbieters beeinflussenden Entscheidungen eines Nachfragers* zu definieren, nicht aber in bezug auf die Zeitpunkte der tatsächlichen Nachfrage. Denn eine monatlich erscheinende Zeitschrift wird von einem Abonnenten über längere Zeit konsumiert (z.B. ein Jahr). Der Abonnent hat sich aber bereits beim Zutritt zum Tarif für alle nachfolgenden Konsumentscheidungen innerhalb der Bindefrist des Abonnements und damit den Erlös des Anbieters festgelegt.

Tarife mit Boni (negative Grundgebühr) weisen insofern Besonderheiten auf, als dass eine *zwangsweise Kompensation des Anbieters* durch das Kaufverhalten des Nachfragers erfolgen muss, wenn die reine „Mitnahme" des Bonus für die Nachfrager ökonomisch gegenüber dem Konsum vorteilhaft ist. NLT mit Boni lassen sich daher häufig in solchen Anwendungsfällen finden, in denen den Nachfragern eine Mindest-Abnahmemenge oder ein Mindestumsatz vorgeschrieben wird. Irrelevant ist das Problem der Implementierung solcher Zwangsmittel dann, wenn es für die Nachfrager nutzensteigernd ist, neben dem Erhalt des Bonus auch zu konsumieren.

Zeitpunktbezogene NLT *ohne Grundgebühr* sind in der Literatur als Mengenrabatte und Blocktarife (tapered tariff) bekannt. Ein Blocktarif besteht aus einer bestimmten Anzahl marginaler Preise für bestimmte Mengenintervalle (vgl. Abbildung 3). Die Mengenintervalle werden als „Blöcke" bezeichnet.

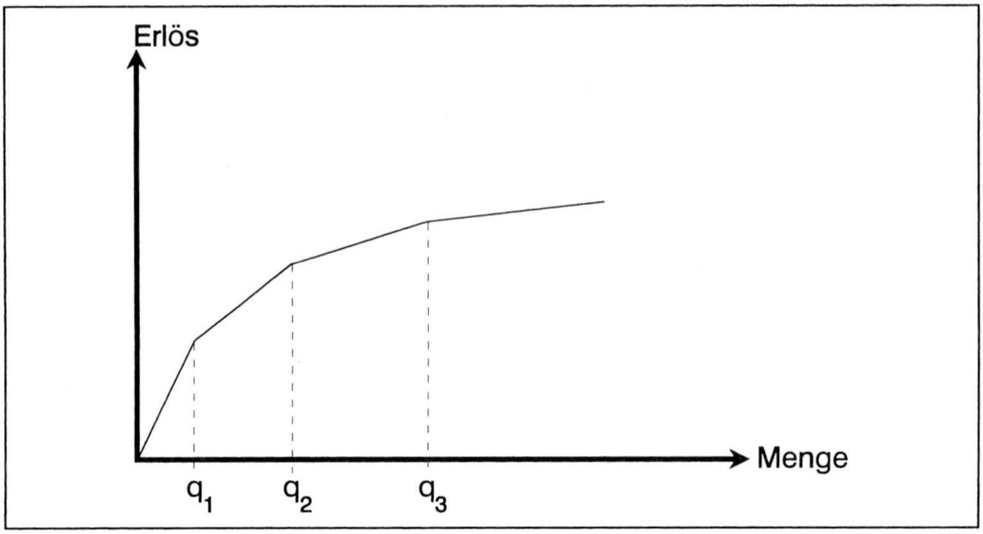

Abbildung 3: Beispiel für einen Blocktarif bestehend aus 4 Blöcken bei sinkenden marginalen Preisen

Wird nur ein Block definiert, handelt es sich um einen linearen Preis. Eine weitere Alternative aus Anbietersicht besteht darin, nur bestimmte Ausprägungen von Nachfragemengen zuzulassen, so dass in diesem Fall ein Nachfrager nur zwischen diskreten Mengenalternativen wählen kann.

Typische Beispiele hierfür sind unterschiedliche Gebindegrößen für Konsumgüter. So können z.B. Wegwerfwindeln oder Waschmittel in unterschiedlichen Verpackungsgrößen erworben werden. Flaschenbier (0,33-Liter-Flasche) ist in Einzelflaschen, Pappgebinden zu 6 bzw. 12 Flaschen oder in 24er-Pfandkästen erhältlich. Der Preis pro Einheit sinkt dabei oft mit zunehmender Gebindegröße. Einem Nachfrager stehen i.d.R. nur diskrete Ausprägungen alternativer Gebindegrößen zur Auswahl. Eine solche diskrete Struktur von Abnahmemengen mit sinkenden marginalen Preisen wird von Tacke als Preispunkte bezeichnet.

Blocktarife und Mengenrabatte weisen hohe Ähnlichkeit auf. Mengenrabatte sind allgemein Preisnachlässe, die auf größere Abnahmemengen aufgrund der damit verbundenen Produktions- und Distributionskostenvorteile gewährt werden. Die zunehmenden Preisnachlässe eines Mengenrabattes beziehen sich i.d.R. auf bestimmte Intervalle möglicher Abnahmemengen und können zum einen nur intervallspezifisch gelten (angestoßener Mengenrabatt). Alternativ können geringere marginale Preise bei Überschreiten einer Intervallgrenze auch für die Gesamtabnahmemenge gelten (durchgerechneter Mengenrabatt). Der Fall des angestoßenen Mengenrabattes ist formal mit dem Blocktarif identisch. Neben der Tatsache, dass beide Formen von NLT auf unterschiedlichen marginalen Preisen für bestimmte Nutzungsintervalle beruhen, gilt, dass sie keine mengenunabhängigen Preisbestandteile beinhalten, was als besonderes Kennzeichen n-teiliger Tarife anzusehen ist. Auch die funktionale Gestalt ist identisch (vgl. Abbildung 3). Im Unterschied zum angestoßenen Mengenrabatt wird der für das Mengenintervall, in das die Abnahmemenge fällt, geltende marginale Preis beim durchgerechneten Mengenrabatt (‚all units discount') auf die Gesamtabnahmemenge bezogen. Damit ergibt sich eine andere funktionale Struktur dieses Typs nicht-linearer Preise (vgl. Abbildung 4).

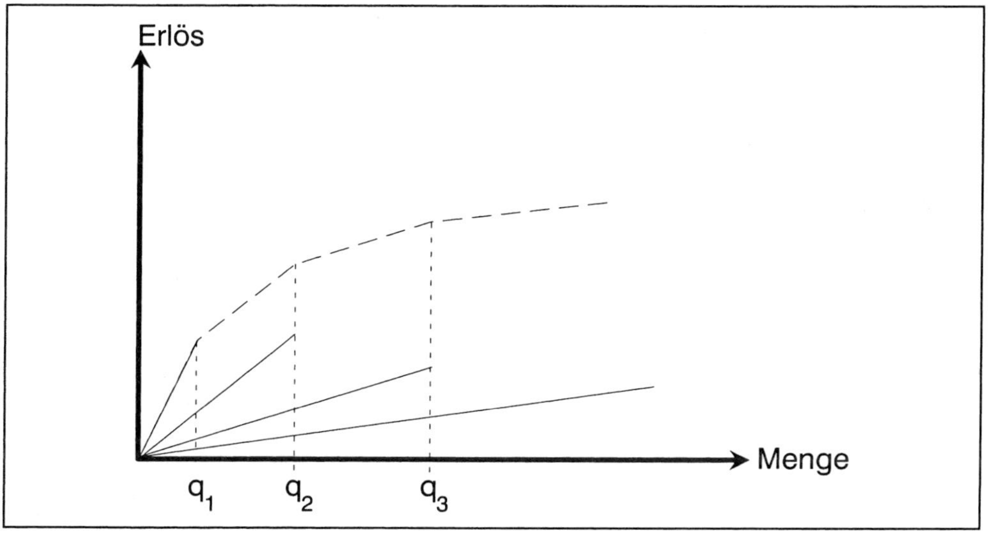

Abbildung 4: Beispiel für einen durchgerechneten Mengenrabatt im Vergleich zu einem angestoßenen Mengenrabatt (Blocktarif)

Bei diesem Rabattyp werden erheblich größere Preisnachlässe beim „Überspringen" von Intervallgrenzen realisiert. Diese größeren Preisnachlässe führen dazu, dass bestimmte Ausprägungen von Nachfragemengen oder Nutzungsintensitäten ökonomisch unsinnig werden können. Das in Abbildung 4 dargestellte Beispiel zeigt, dass bei einem bestimmten Erlös unterschiedliche Mengen realisiert werden können. Kann angenommen werden, dass der Grenznutzen zusätzlicher Einheiten stets positiv ist, hängt es davon ab, ob mit höheren Abnahmemengen verbundene zusätzlichen Kosten (Lager- oder Vernichtungskosten) existieren. Sind diese Kosten relativ gering, können durchgerechnete Mengenrabatte einen erheblichen Nachfragesog auslösen.

Sequentielle NLT zeichnen sich dadurch aus, dass die erlösbeeinflussenden *Entscheidungen* eines Nachfragers *nacheinander* und innerhalb eines durch den Tarif bestimmten Zeitraums getroffen werden. Derartige Tarife kennzeichnet stets, dass die Entscheidung bezüglich des Tarifzugangs und die Entscheidung/en über die Nachfragemenge/n zeitlich auseinanderfallen und damit die Nachfragemenge zum Zeitpunkt des Tarifzugangs unsicher sein kann. Der Tarifzugang entspricht dabei zunächst der *Auswahl eines bestimmten Tarifs*, der die Kosten des nachfolgenden Konsums bestimmt. Die Nachfrageunsicherheit beim Tarifzugang hat erheblichen Einfluss auf die optimale Gestaltung solcher Tarife.

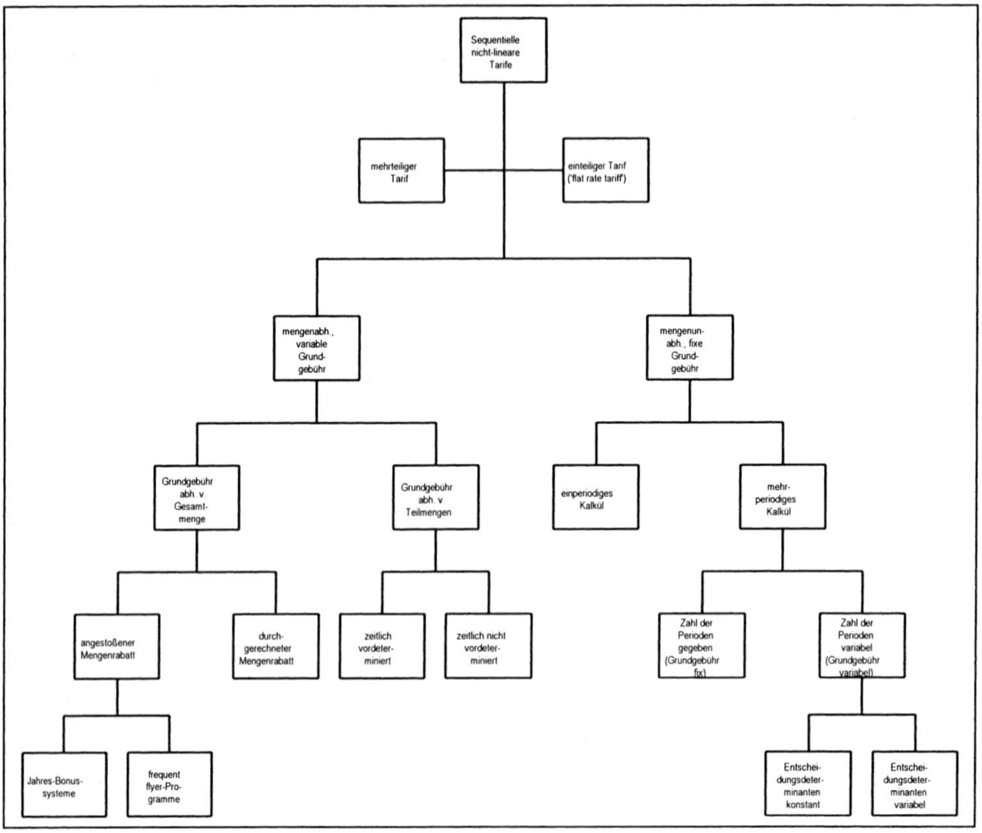

Abbildung 5: Systematik sequentieller NLT

Ein typisches Beispiel für einen sequentiellen zweiteiligen Tarif mit mengenunabhängiger Grundgebühr ist die Bahncard der Deutsche Bahn AG. In aller Regel ist davon auszugehen, dass eine Bahncard mehrmals benutzt wird. Es werden also Nachfrageentscheidungen getroffen, die der Entscheidung des Tarifzugangs (Beschaffung der Bahncard) zeitlich - z.T. mit mehrmonatigem Abstand - folgen. Beispiele für mengenunabhängige einteilige Tarife ('flat rate tariff'), die nicht mit ebenfalls stets einteiligen linearen Preisen zu verwechseln sind, finden sich im Dienstleistungsbereich. So beraten einige Consulting-Unternehmen ihre Kunden bei a priori vereinbarter Festgebühr (= Grundgebühr) „bis zur Zufriedenheit des Kunden". D.h., dass u.U. die Nachfragemenge (Beratungsumfang) nicht separat bepreist wird. Dabei werden Beratungsleistungen erbracht, die zeitlich dem Vertragsabschluß folgen. Analog dazu bieten Reiseveranstalter ihren Kunden -

wie im Beispiel einiger Club-Anbieter - sog. „all included"-Reisen an, bei denen sämtliche Leistungen, die vor Ort in Anspruch genommen werden können, in einem fixen Reisepreis pro Person enthalten sind. Ein Urlauber bucht eine solche Reise (= Tarifzugang) z.T. Monate vor dem Reiseantritt und der Inanspruchnahme der Leistungen vor Ort.

Fraglich ist, auf welchen Zeitraum sich das Vorteilhaftigkeitskalkül des Nachfragers bei der Bewertung sequentieller Tarife mit periodenfixer Grundgebühr gegenüber einem alternativen linearen Preis bezieht: Ein einperiodiges Vorteilhaftigkeitskalkül liegt vor, wenn sich der Planungshorizont des Nachfragers genau auf den Bezugszeitraum des Tarifs und damit die kürzeste Bindefrist bezieht. Im Rahmen eines einperiodigen Vorteilhaftigkeitskalküls wird eine singuläre Zugangsentscheidung betrachtet. Ein mehrperiodiges Vorteilhaftigkeitskalkül erstreckt sich über den Bezugszeitraum des Tarifs hinaus. Hier betrachtet ein Konsument eine Folge von Tarifzugangsentscheidungen, die nicht identisch sein müssen. Ein mehrperiodiges Vorteilhaftigkeitskalkül ist danach zu differenzieren, ob der Planungshorizont des Nachfragers gegeben oder variabel ist:

- Ist die Zahl der Perioden des Planungshorizonts des Nachfragers gegeben, ist die gesamtzeitraumbezogene Grundgebühr ebenso fix wie die Grundgebühr im Rahmen eines einperiodigen Vorteilhaftigkeitskalküls.
  Ein mehrperiodiges Vorteilhaftigkeitskalkül mit gegebener Zahl von Perioden liegt z.B. dann vor, wenn ein Kunde die Bewertung der Vorteilhaftigkeit einer Zugangsentscheidung zu einem der Mobilfunknetze bei Anschaffung eines vom Service-Anbieter subventionierten Mobiltelefons auf der Grundlage der dann geltenden Bindefrist vollzieht. Solche stark verbilligten Mobilfunkgeräte sind nur dann erhältlich, wenn ein Kunde einen 12-monatigen Liefervertrag mit einem bestimmten Anbieter abschließt, der nicht vorzeitig kündbar ist. Der Bezugszeitraum des Tarifs ist ein Monat, die Zahl der Perioden ist länger und über die vertragliche Bindung gegeben.

- Ist die Zahl der Perioden des Planungshorizonts des Nachfragers variabel, ist auch die gesamtzeitraumbezogene Grundgebühr variabel.
  Ein mehrperiodiges Vorteilhaftigkeitskalkül mit variabler Zahl von Perioden liegt dann vor, wenn ein Mobilfunk-Kunde bereits ein Telefon angeschafft hat und dann eine Anbieter- bzw. Tarifbewertung vollzieht. Dieser kann einen Vertrag mit kürzerer oder nicht vorhandener Bindefrist abschließen, obwohl sein Planungshorizont darüber hinausgeht.

Im Falle einer mengenabhängigen Grundgebühr eines sequentiellen NLT ist die Grundgebühr eine Funktion der Nachfragemenge und damit variabel. Die Grundgebühr kann mit steigender Nachfragemenge zunehmen (z.B. herkömmlicher Stromtarif) oder sinken (z.B. Jahresumsatzbonus). Die Grundgebühr kann dabei entweder von der gesamten Nachfragemenge eines Konsumenten oder von Teilmengen abhängig sein. Eine von der Gesamtmenge abhängige Grundgebühr liegt typischerweise bei sequentiellen Mengenrabatten vor, bei denen ein Preisnachlass in Form eines Bonus ausgeschüttet wird. Die zugrundeliegenden Mengenrabatte können angestoßen oder durchgerechnet sein. Die

Höhe des Bonus liegt erst nach Ablauf des Bezugszeitraums und der innerhalb dieses Zeitraums realisierten Nachfragemenge fest.

Jahres-Bonussysteme sind typische Beispiele für einen sequentiellen n-teiligen Tarif in Form eines Mengenrabatts. Dessen Bonus ist erst ex post bestimmbar. Im Unterschied dazu sind Vielflieger-Programme der Luftverkehrsgesellschaften ('miles and more') zeitlich nicht vorbestimmt; es existiert kein definierter Bezugszeitraum für die in Form kostenloser Flugreisen ausgeschütteten Boni. Die kumulierten Meilen können nach Bedarf in einen Bonus umgewandelt werden. Der Bezugszeitraum ist quasi unendlich bzw. erstreckt sich bis zur Beendigung des Programms.

Die Grundgebühr eines mengenabhängigen Tarifs kann alternativ auch von Teilnachfragemengen abhängig sein, wobei deren Realisierung zeitlich vorbestimmt oder zeitlich nicht vorbestimmt sein kann.

Herkömmliche Stromtarife sind Beispiele für sequentielle n-teilige Tarife mit von Teilmengen abhängiger, variabler Grundgebühr. Der Kapazitätspreis solcher Stromtarife (= Grundgebühr) ist davon abhängig, wie hoch die maximale Stromnachfrage pro Zeiteinheit innerhalb eines bestimmten, aber nicht vordeterminierten Zeitintervalls als Element eines (größeren) Abrechnungszeitraumes ist. Die größte Nachfragemenge bestimmt dann die Grundgebühr. Alternativ wäre es vorstellbar, dass die Nachfrage in vorher festgelegten Zeitintervallen als Maßstab für die Bemessung der Grundgebühr dient.

3. Zielsetzungen nicht-linearer Tarife

Mit der Implementierung von NLT werden unterschiedliche Zielsetzungen verbunden. Entsprechend dem Ziel der Preisdifferenzierung dienen NLT *aus einzelwirtschaftlicher Sicht* zum einen dazu, die von einem Anbieter (bei Sicherheit) erzielten Gewinne zu vergrößern. Dies kann auf der Grundlage *höherer Erlöse* oder *verringerter Kosten* erfolgen. Zum anderen werden NLT hinsichtlich ihrer Wirkung zur *Reduktion des Kostenstrukturrisikos* (bei Unsicherheit) diskutiert. Neben den einzelwirtschaftlichen Zielen können mit NLT auch *gesamtwirtschaftliche Ziele* verfolgt werden. Gewinnsteigerungen können durch die Berücksichtigung der Heterogenität *eines* Nachfragers bezüglich der Zahlungsbereitschaft für zusätzliche Einheiten eines Produktes erzielt werden. Die Steigerung des Gewinns durch NLT ist auf diese Weise möglich, wenn der Grenznutzen zusätzlicher Einheiten eines Konsumenten positiv bleibt (Nichtsättigung), aber sinkt (1. Gossen'sches Gesetz: konkave Nutzenfunktion). Ist die Zahlungsbereitschaft des Konsumenten an den Nutzen, den ein Gut stiftet, direkt gekoppelt, folgt daraus, dass die Zahlungsbereitschaft für zusätzliche Einheiten dieses Gutes grundsätzlich positiv ist, aber ebenfalls sinkt. Wenn dies der Fall ist, sind lineare Preise nicht in der Lage, entstehende

Konsumentenrenten vollständig abzuschöpfen und damit - bei konstanten Grenzkosten - den Anbietergewinn zu maximieren.

Existieren z.B. *bestellfixe Kosten* auf Seiten des Anbieters und sind die Lagerkosten des Anbieters höher als die des Abnehmers, können NLT dazu verwendet werden, den Nachfrager zu einer geringeren Zahl von Bestellungen mit höheren Einzelbestellmengen bei konstanter Gesamtbestellmenge pro Periode zu bewegen, die anteilige Lagerkosten des Anbieters senken.

In der Theorie zur nicht-linearen Preisbildung wird die Risikoreduktionsfunktion von NLT im Zusammenhang mit fixen Kosten der Bedienung *individueller Nachfrager* diskutiert. Wilson nennt als bedeutendstes Beispiel *Kosten der Kapazitätsvorhaltung*; denkbar sind aber auch nachfragerindividuelle fixe Kosten wie z.B. Kosten der Aufnahme und Verwaltung eines zusätzlichen Kunden in einer Datenbank, die unabhängig vom jeweiligen Bestellvolumen sind. So können neben bestellfixen Kosten auch *Kosten vorgehaltener Kapazitäten* mit Hilfe von NLT gedeckt werden. Sofern die Deckung dieser Kosten risikobehaftet ist, kann dieses Ziel der Risikoreduktion subsumiert werden. Die Erhebung periodenfixer Preisbestandteile hat eine Reduktion des Unternehmensrisikos zur Folge, da die durch diese „fixen Erlöse" gedeckten Fixkosten dem aus den Beschäftigungsschwankungen resultierenden Deckungsrisiko entzogen sind.

4. Literatur

BÜSCHKEN, J., 1997, Sequentielle nicht-lineare Tarife, Wiesbaden.

MEFFERT, H./BREITUNG, A., 1977, Mengenrabattpolitik - Ein Ansatz zur quantitativen Analyse rabattpolitischer Verhandlungen, in: KÖHLER, R./ZIMMERMANN, H.-J. (Hrsg.), Entscheidungshilfen im Marketing, Stuttgart, S. 272-318.

TACKE, G., 1989, Nichtlineare Preisbildung, Wiesbaden.

WILSON, R., 1993, Nonlinear Pricing, New York.

Christian Tillmans

Revenue Management in der Airlinebranche

1. Bedeutung des Revenue Managements für den Unternehmenserfolg
   1.1 Die zentralen Parameter Durchschnittsertrag pro Passagier und Sitzladefaktor
   1.2 Kaufentscheidende Faktoren von Flugdienstleistungen nach Kundengruppen
   1.3 Parallelen zu anderen Branchen
2. Die drei Säulen des Revenue Managements
   2.1 Preishöhe
   2.2 Preiskonditionen
   2.3 Kapazitäts- und Buchungssteuerung
3. Preisbildung
   3.1 Aktives Pricing
   3.2 Reaktives Pricing
   3.3 Signaling
4. Preisdistribution (CRS, Inhousesysteme, Papierpreislisten)
5. Exkurs: Revenuemanagement von No Frills Airlines

1. Bedeutung des Revenue Managements für den Unternehmenserfolg

1.1 Die zentralen Parameter Durchschnittsertrag pro Passagier und Sitzladefaktor

Die beiden zentralen Parameter des Revenue Managements sind

- der Sitzladefaktor (= prozentualer Anteil verkaufter Plätze bei gegebener Kapazität).
- der Durchschnittserlös (= Yield) pro Passagier

Mit Veränderungen dieser beiden Parameter wird die Erlösmaximierung pro Flug angestrebt. Die Luftfahrtunternehmen sind gekennzeichnet von sehr hoher, kurzfristig fixer Kapitalbindung. Ein bei Abflug unverkaufter Platz bringt dem Unternehmen keinen Deckungsbeitrag. Ein entscheidender Erfolgsfaktor in der Industrie ist daher eine möglichst konstant hohe Auslastung der gegebenen Kapazität. Die kurzfristige Preisuntergrenze bildet dabei die Summe der sogenannten beförderungsabhängigen Kosten (passagierbezogene Gebühren, zusätzliche Treibstoffkosten, Bordverpflegung etc.), die i.d.R. recht niedrig sind.

Die zweite zentrale Erfolgsgröße ist die Höhe des durchschnittlich pro Passagier erzielten Erlöses. Den Yield beeinflussen u.a.

- der Passagiermix (= prozentualer Anteil von Economy, Business- und Firstclass Gästen)
- die Mischung der Passagierherkunft nach hochpreisigen und niedrigpreisigen Märkten
- die Höhe der gewährten Provisionen und Rabatte

Dem Revenue Management kommt im Zusammenspiel mit dem Vertrieb die Aufgabe zu, die gegebene Sitzkapazität bei möglichst hohem Durchschnittserlös möglichst hoch auszulasten.

Selbstverständlich wirken die anderen Marketinginstrumente (Vertrieb, Kundenbindungsprogramme, Marketingkommunikation etc.) möglichst gleichgerichtet mit den Instrumenten des Revenue Managements zusammen.

Kurzfristig ist das Instrument „Pricing“ allerdings das am schnellsten zu variierende und bei vielen Kundengruppen das wirkungsvollste Marketinginstrument einer Airline.

1.2 Kaufentscheidende Faktoren von Flugdienstleistungen nach Kundengruppen

Je nach Reiseanlass bzw. Kundengruppe rangiert der Preis in Verbindung mit den Buchungsbedingungen unter den ersten drei kaufentscheidenden Faktoren. Selbst unter Geschäftsreisenden, deren Kaufentscheidung durch Flugplangüte, Reisezeit, Umsteigequalität und Vielfalt der Reisealternativen dominiert wird, ist der Preis von wachsender Bedeutung. Bei privaten Reiseanlässen (Urlaub, Besuchsreisen etc.) liegt der Preis vor allen anderen Entscheidungsfaktoren an erster Stelle.

1.3 Parallelen zu anderen Branchen

Die Rahmenbedingungen des Revenue Managements in der Luftfahrtindustrie gelten meist auch in anderen Dienstleistungsbranchen. Sie kämpfen meistens mit dem Phänomen der schwankenden Nachfrage bei (kurzfristig) nicht zu variierendem Angebot bzw. fixer Kapazität. So verfolgen auch Autovermietungen, Reedereien, Hotels aber auch Solarien, Friseure oder Opernhäuser mehr oder weniger verfeinerte Ansätze des Revenue Managements. Begründer und Treiber der Weiterentwicklung des Revenue Managements – vor allem auch der technischen Unterstützungstools - waren und sind jedoch die Airlines.

2. Die drei Säulen des Revenue Managements

2.1 Preishöhe

In der Luftfahrtindustrie ist die reine Preishöhe praktisch ohne Aussagewert. Ein Preis ist bei traditionellen Airlines immer in Verbindung mit den Konditionen (Siehe 2.2.) zu betrachten. Betrachtet man die bloße Preishöhe, so erkennt man bei Fluggesellschaften die extremen Preisspreizungen für eine (vermeintlich) sehr ähnliche Dienstleistung. So kann eine Rückflugticket Berlin-Los Angeles zwischen einigen Hundert Euro und mehreren Tausend Euro kosten. Diese zunächst absurde Vielfalt von Preisen wird jedoch erst nachvollziehbar, wenn man die jeweils zum Preis gehörenden Konditionen und die unterschiedliche Platzverfügbarkeit pro Preis mitberücksichtigt.

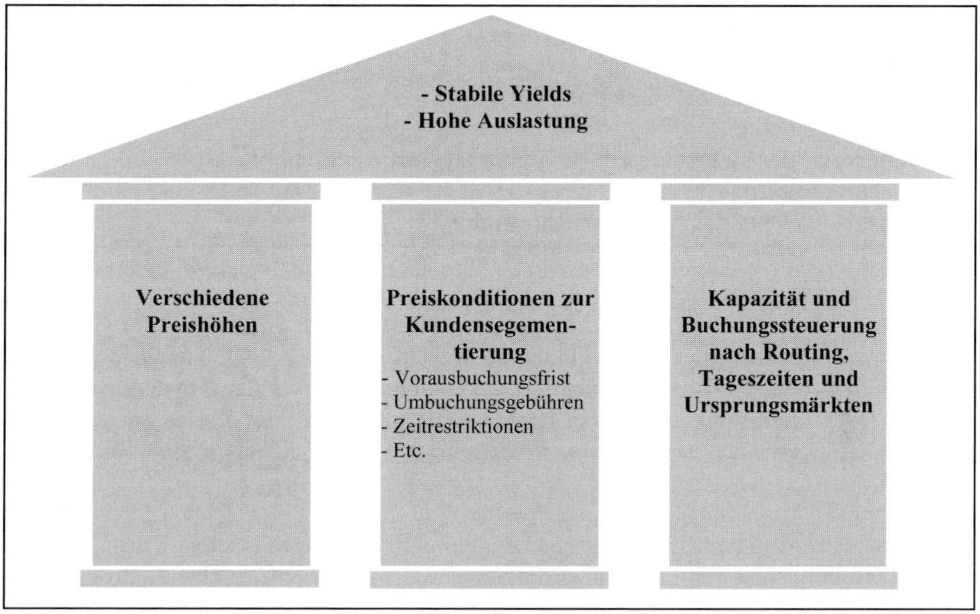

Abbildung 1: Die drei Säulen des Revenue Managements

- **Preise und Tarife**
  Häufig liest man den Terminus „(Flug-)Tarif" bzw. Tarifbedingungen. Dieser Begriff kommt aus den Anfangszeiten der kommerziellen Luftfahrt, als Preise offiziell von den verschiedenen Länderbehörden genehmigt werden mussten. Ein Tarif ist somit ein behördlich genehmigter Preis. Zwischenzeitlich haben sich teils offiziell, teils durch liberalisierte Verkehrsabkommen die genehmigenden Behörden ganz oder teilweise aus dem Preisgenehmigungsprozess zurückgezogen. Auch in Märkten, in denen die Preise offiziell noch behördlicher Genehmigung bedürfen, haben sich Graumärkte entwickelt, auf denen Preise verlangt werden, die i.d.R. unterhalb der genehmigten Tarife liegen.

- **Gebühren, Steuern**
  Neben der auch auf andere Güter und Leistungen erhobenen Mehrwertsteuer lasten auf Flugpreisen mittlerweile verschiedene Steuern und Gebühren. Diese sind i.d.R. nicht durch die Airline zu beeinflussen und sind für diese ein durchlaufender Posten. Problematisch wird dies für Airlines dann, wenn mit Kundenendpreisen geworben wird. Teile der Steuern und Gebühren bei grenzüberschreitenden Flugreisen wird in Fremdwährung erhoben. In Landeswährung ergibt sich somit fast täglich ein anderer Endpreis. Ein nicht unerheblicher Teil des Kundenendpreises wird abgeführt. Nachfolgende, vereinfachte Darstellung verdeutlicht dies.

Kundenendpreis ./. Abflug/Ankunftssteuern ./. Mehrwertsteuer (bei innerdeutschen Flügen) ./. Sicherheitsgebühren = „Bruttopreis“ der im Computerreservierungssystem veröffentlicht ist ./. Reisebüroprovision = Nettopreis, welcher der Airline effektiv verbleibt.

- **Provisions- und Rabattpolitik**
  Nicht eindeutig dem Pricing zuzuordnen sind Rabatte und Provisionen für Großkunden und Absatzmittler. Preismindernde Rabatte (Upfront oder Backend-Rabatte) werden Großabnehmern gewährt. Bei Upfrontrabatten muss der Kunde a priori nur den reduzierten Preis zahlen, bei Backend-Rabatten erhält der Kunde bei Abnahme von X-Flügen oder nach erreichen bestimmter Umsatzschwellen eine Rückvergütung.

  Auch den Absatzmittlern (Reisebüros aller Art, Reiseveranstalter, Consolidators) werden in bestimmten Fällen über die Standardprovision hinausgehende Provisionen gezahlt, oder es werden bestimmten Reisebüros mittels niedrigerer „Nettopreise“ Einkaufsvorteile gewährt. Die Entscheidung über Art und Höhe der gewährten Provisionen und Rabatte betrifft einerseits die Preispolitik, zum anderen jedoch auch die Kundenbindungs- bzw. Vertriebspolitik. In jüngster Zeit beobachtet man in einigen Märkten eine sogenannte „Zero commission“ Politik der Airlines gegenüber den Absatzmittlern. Dabei kalkuliert die Airline provisionsfreie „Nettopreise“ und der Absatzmittler schlägt nach individuellen Erfordernissen Bearbeitungsgebühren auf den Ticketpreis, die vom Kunden zusätzlich zu entrichten sind.

2.2 Preiskonditionen

- **Kundensegmentierung durch Preiskonditionen**
  Die Airlines segmentieren die verschiedenen Kundengruppen mittels Preiskonditionen, die sich an den jeweiligen (Reise-)Bedürfnissen orientieren. Diese sind Bestandteil eines spezifischen Preises. Als Faustregel gilt, je weniger Konditionen vorhanden bzw. je flexibler diese gestaltet sind, desto höher ist der Preis. Dies korreliert zudem noch i.d.R. mit der Platzverfügbarkeit. Die Airlines machen sich hier die unterschiedlich hohe Zahlungsbereitschaft der Kundengruppen zu nutze. Bestimmte Kundengruppen sind bereit, für hohe Flexibilität eine Preisprämie zu zahlen. Umgekehrt werden mit niedrigen Preisen und Konditionen weniger zahlungsbereite Kundengruppen angesprochen, die auf ganz bestimmte Hin- und Rückflugkombinationen festlegt sind. Durch diese Vorgehensweise gelingt es den Airlines Nachfrage auf niedriger ausgelastete Flüge oder auch ungünstigere Umsteigeverbindungen zu lenken.

- **Konditionsarten**
  Es gibt eine Fülle von Konditionen, die sich im Wesentlichen in folgende Typen zusammenfassen lassen:

  - Zeitrestriktionen
  - Vorausbuchungsfristen
  - Umbuchungs- /Erstattungsbedingungen
  - Flugwegbezogene Einschränkungen
  - Ticketausstellungsfristen
  - Zeitrestriktionen sind im Einzelnen:
  - Minimaler Aufenthalt zwischen Hin- und Rückflug
  - Maximaler Aufenthalt am Zielort
  - Einschluss eines Samstags/Sonntags am Zielort
  - Verpflichtung, nur Flüge in bestimmten Tageszeitenlagen zu nutzen
  - Ausschluss bestimmter Perioden (Feiertage, Messen, Ferien o.ä.) bei der Anwendbarkeit eines Preises

  Vorausbuchungsfristen besagen, dass ein Flugschein zu einem bestimmten Preis bis X-Tage vor Abflug gebucht sein muss. Nach Ablauf der Frist bzw. bei Unterschreitung derselben ist dieser Preis nicht mehr anwendbar. Umbuchungsbedingungen regeln die Möglichkeiten von Umbuchungen vor und nach Reiseantritt sowie die – falls gestattet - dafür erhobenen Gebühren. Erstattungsbedingungen regeln die Möglichkeit, Teile oder den ganzen Flugpreis bei Nicht- oder Teilnutzung erstattet zu bekommen. Flugwegbezogene Bedingungen regeln den Ort des Umsteigens oder die Möglichkeiten Zwischenstops während der Reise einzulegen.

2.3 Kapazitäts- und Buchungssteuerung

Neben der Ansprache der Nachfrageseite durch verschiedene Preis-/Konditionskombinationen steuert das Revenue Management auch im Kurzfristbereich die verfügbaren Sitzplätze pro angebotenem Preis. Die Entscheidung, wie viele Plätze zu welchem Preis in welchem Markt angeboten werden, wird im Revenue Management getroffen. In Situationen mit Übernachfrage wird die vorhandene Sitzkapazität, mit Hilfe von Optimierungsmodellen, unter der Zielsetzung der Erlösmaximierung der relativ höchstwertigen Nachfrage zur Verfügung gestellt. Diese Platzkontingente werden bei großen Fluggesellschaften permanent, dynamisch angepasst. Ausschlaggebende Faktoren sind u.a. die Buchungseingangsentwicklung, die prognostizierte Nachfrage etc. Diese Steuerung der Angebotsseite ist im heutigen Umfeld ebenso ein kritischer Erfolgsfaktor wie die Preis- und Konditionsseite. Das Zusammenspiel beider Faktoren steuert das „Sortiment", welches zu einem Zeitpunkt verfügbar ist.

- **Marktdifferenzierung**
  Zur Erzielung optimaler Durchschnittserträge ist es - bei voraussichtlich hoch ausgelasteten Flügen – wichtig, die knappen Plätze in den Märkten anzubieten, in denen

die höchsten Preise zu erzielen sind. Besonders bei interkontinentalen Flügen (z.B. zwischen Europa und Afrika) aber auch bei Flügen innerhalb eines Kontinents kann es zu erheblichen Preisniveauunterschieden kommen. Seltener sind diese innerhalb eines Landes. So kostet ein Flug Hamburg-München dasselbe wie ein Flug München-Hamburg. Im Rahmen der wirtschaftlichen Annäherung innerhalb der Euro-Zone gleichen sich die unterschiedlichen Preisniveaus sukzessive an. Eine vollkommene Gleichheit wird aber sicherlich aufgrund der unterschiedlichen Markenstärke, Kaufkraft und anderer Faktoren noch lange auf sich warten lassen.

Um innerhalb des Revenue Managements die unterschiedlichen absoluten Preisniveaus der Märkte auszunutzen, sind aufwendige Steuerungssysteme im Zusammenspiel mit den Computerreservierungssystemen (CRS) erforderlich. Diese kann man sich z.B. wie Versteigerungsmechanismen vorstellen. Der „meistbietende" Markt (= der Kunde im hochpreisigsten Markt) bekommt den letzten freien Sitz. Je mehr die einzelnen Flüge über Drehscheiben (Hubs) verbunden sind und somit Teil sinnvoller Umsteigeverbindungen werden, desto relevanter wird diese marktbezogene Differenzierung, denn umso mehr Märkte greifen potenziell auf einen bestimmten, hoch ausgelasteten Flug zu.

- **Nachfrageschwankung**

  Eine permanente Herausforderung ist die zum Teil schwer zu prognostizierende Schwankung der Nachfragemenge. Diese variiert über die Monate (Saison), die einzelnen Werktage sowie die Tageszeiten zum Teil erheblich.

  Dazu kommen noch mehr oder weniger planbare Sonderereignisse aller Art wie

  - Messen
  - Großereignisse (Fußball WM, Heiliges Jahr, Expo etc.)
  - Feiertage
  - Ferienzeiten
  - Politische Unruhen wie Kriege, Putsch, Streiks etc.
  - Eratische wirtschaftliche Veränderungen wie drastische Währungsabwertungen
  - Naturkatastrophen
  - Wettbewerberverhalten (Preis-/Angebotsveränderungen)

  Durch diese Faktoren schwankt die Nachfrage über die bekannten Monats-, Werktags- und Tagestunden-Muster hinaus.

- **Prognose und Buchungsverhalten**

  Jedes Revenue Management benötigt mehr oder weniger differenzierte Prognosesysteme, um die Angebotssteuerung („Wieviel Plätze für welchen Preis in welchem Markt") bei der großen Menge an einzelnen Flügen, die wiederum meist 360 Tage vor Abflug buchbar sind, optimal zu bewerkstelligen.

Diese Prognosesysteme verarbeiten zum einen Vergangenheitsdaten historischer Buchungseingangsverläufe vergleichbarer, früherer Flüge, aber auch aufgrund von Experteneinschätzungen vorgenommene Adjustierungen bez. zuvor genannter Sonderereignisse. Daraus ergibt sich ein erwarteter Buchungseingang im Zeitverlauf, der permanent mit dem tatsächlichen Buchungseingang abgeglichen wird. Kommen mehr/weniger oder früher/später Buchungen als prognostiziert, passen moderne Steuerungssysteme automatisch die Verteilung der verbliebenen freien Sitze des Fluges auf die Buchungsklassen und Märkte an.

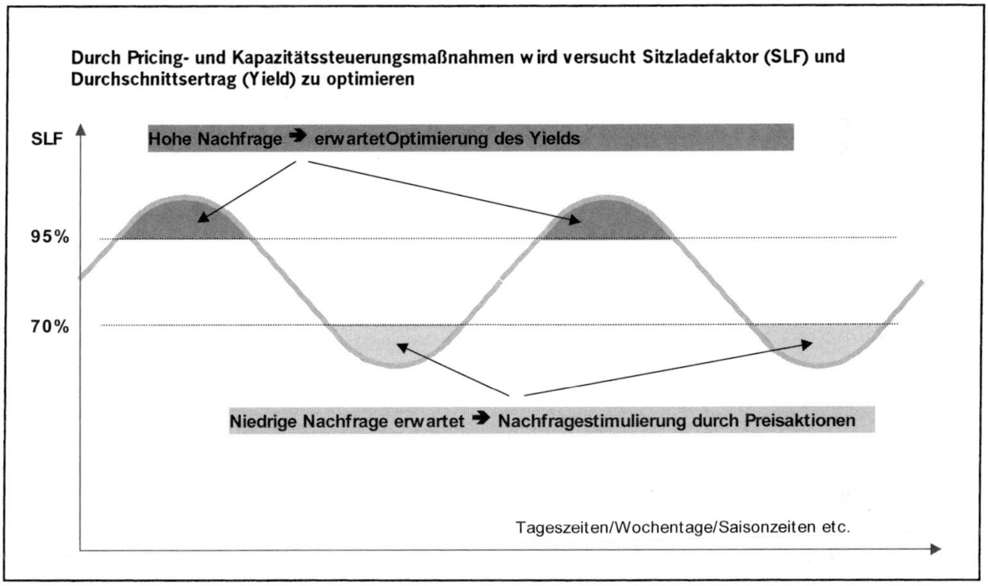

Abbildung 2: Herausforderung des Revenue Managements - Schwankende Nachfrage

3. Preisbildung

Die Preisbildung erfolgt differenziert nach Märkten und innerhalb eines Marktes nach Faktoren wie Markenstärke, Wettbewerbsintensität, Angebotsqualität, Verfügbarkeit von Plätzen etc.

Die Kosten werden hingegen meist nicht explizit als Basis für die Preisbildung herangezogen. Als kurzfristige Preisuntergrenze kann man die direkt zuzuordnenden, passagierbezogenen Beförderungskosten ansetzen. Wird diese Grenze unterschritten, wäre es ökonomisch sinnvoller, diesen Platz frei zu lassen.

3.1 Aktives Pricing

Unter aktivem Pricing ist die eigeninitiative Veränderung von Preishöhen und/oder Konditionen zu verstehen. Auslöser ist nicht eine Wettbewerberpreismaßnahme auf die reagiert wird.

- **Determinanten der langfristigen Preisbildung**

  Relative Angebots- und Wettbewerbssituation
  In den meisten Luftverkehrsmärkten bzw. auf den meisten Verbindungen (von A nach B – über C) herrscht mehr oder weniger intensiver Wettbewerb zwischen mehreren Airlines oder bei Kurz- und Mittelstrecken durch Bodenverkehrsmittel (Auto, Bus, Bahn).

  Hierbei bedeutet eine hohe Anzahl von Anbietern nicht automatisch einen intensiveren Wettbewerb, wenngleich dies i.d.R. korreliert ist.

  Die Preisbildung hängt vom Grad der Professionalität und Rationalität der Wettbewerber sowie von der Transparenz des Marktes ab. Selbst bei hoher Wettbewerbsintensität gibt es Märkte, bei denen die Gefahr von irrationalen Preiskriegen gering ist, weil die relevanten Marktteilnehmer ihre Positionen kennen und gewissermaßen respektieren.

  Stabile Wettbewerbs-(Preis-)situationen geraten aus dem Gleichgewicht, wenn neue Spieler aggressiv in den Markt eintreten (z.B. No-FrillsAirline tritt ein, Attraktive neue Umsteigeverbindung wird durch einen Wettbewerber geschaffen), wenn Anbieter austreten (z.B. durch Streckenaufgabe) oder wenn etablierte Marktteilnehmer kundenrelevante Angebotsbestandteile (z.B. Erhöhung von Verbindungen, Einführung eines Kundenbindungsprogramms, Umstellung von Propellerflugzeug auf Jets, Eröffnung eines neuen Eisenbahnabschnitts mit deutlicher Reisezeitverkürzung etc.) verändern.

  Zahlungsbereitschaft der Zielgruppen
  Eine weitere Determinate neben der Angebotsstärke relativ zu Wettbewerbern ist die unterschiedliche Zahlungsbereitschaft der potenziellen Kunden.

  Die Zielgruppen lassen sich auf vielfältige Art und Weise clustern. Häufig ist die Zahlungsbereitschaft jeder einzelnen Zielgruppe unterschiedlich. Die Airlines versuchen diese durch starke Preis- und Konditionsdifferenzierung auszunutzen.

  Grundsätzlich wird die Zahlungsbereitschaft einer Zielgruppe von Faktoren wie der Konjunktur, Einkommenssituation, Dringlichkeit des Reisewunsches, Relevanz von Zeitersparnis, Substitutionsmöglichkeiten etc. beeinflusst.

Es ist jedoch auch möglich, dass einzelne oder mehrere Anbieter die Zahlungsbereitschaft nachhaltig verändern. Preiskriege oder längerfristige Dumpingangebote führen i.d.R. zu einem dauerhaften Absinken des Durchschnittspreisniveaus, soweit sie nicht zu massiven Marktaustritten führen. Mit dem Absinken des Preisniveaus geht zum Teil eine nachhaltige Marktstimulierung bzw. -erweiterung einher, sodass die Anbieter teilweise die gesunkenen Durchschnittserlöse durch bessere Kapazitätsauslastung und erhöhte Produktivität kompensieren können.

Unternehmensziele
Neben den Faktoren Zahlungsbereitschaft und Wettbewerbssituation spielen spezifische Unternehmensziele eine Rolle bei der Preissetzung. Marktanteilsziele in strategischen Märkten, oder Positionierungsziele um in bestimmten Vertriebskanälen präsent zu sein, können die Preissetzung beeinflussen. In der Airlinebranche spielen bei der Preissetzung - soweit kartellrechtlich freigestellt bzw. genehmigt - auch Allianz- und Kooperationsziele eine wichtige Rolle.

Rechtliche Faktoren
Schließlich bestimmen rechtliche Rahmenbedingungen zum Schutz von bestimmten Marktteilnehmern oder Nachfragegruppen bis zu einem gewissen Grad die Preissetzung. Hierbei werden die Gestaltungsspielräume in bestimmten Fällen durch Vorschriften zu Preisunter- oder -obergrenzen bzw. Mindestpreisabständen eingeschränkt.

- **Preisstrukturen**
  Preisstrukturen müssen komplett oder partiell überarbeitet werden, wenn folgende Situationen eintreten:

  - Permanente Erfordernis von Preispromotions, um die Kapazitäten auszulasten
  - Starke Ballung der verkauften Tickets in nur einer Buchungsklasse
  - Nachhaltig zurückgehende Verkaufsmengen
  - dauerhaft absinkende Wirtschaftlichkeit einer Strecke wegen Yieldverfalls

  Das Beispiel in Abbildung 3 zeigt Auszüge der traditionellen Preisstruktur und deren Weiterentwicklung im innerdeutschen Verkehr.

- **Preispromotions**
  Preispromotions sind im Gegensatz zu Änderungen einer kompletten Preisstruktur meist wesentlich häufiger. Kennzeichen einer Preispromotion sind:

  - Zeitlich begrenzte Aktion
  - Meist verbunden mit anderen Marketingmaßnahmen, wie z.B. Werbekommunikation
  - Meist eine Absenkung eines Preislevels – seltener ist die Flexibilisierung von Tarifen und Konditionen
  - Begrenzte Kapazität zu der der Preis anwendbar ist

- Zum Teil auf bestimmte Vertriebskanäle und/oder Kundengruppen begrenzt

Grundsätzlich ist es die Absicht, mittels Preispromotions die verkaufte Menge, den Sitzladefaktor oder den Marktanteil zu erhöhen, ohne die zu erwartende Nachfrage lediglich zu einem günstigeren Preis zu befriedigen (Kannibalisierung). Die Abwägung zwischen Kannibalisierung und erwarteter Zusatzmenge ist Gegenstand von Risikoanalysen und Simulationen in der Entscheidungsphase.

Innerdeutsche Preisstruktur bis OKT 2002

Buchungsklassen

	Preis	Voraus-buchung	min. Stay.	Sonst	Preise in € Return
C	Business Return				399
C	Business oneway			Oneway Preis	212
Y	Vollflexibler Economy				379
B	Economy 1		Sa auf So		267
M	Economy 2	7 Tage	3 Tage		200
M	Economy 3	7 Tage	Sa auf So		200
H	Economy 4	2 Tage		Off-Peak-Zeiten	195
H	Economy 5	14 Tage	Sa auf So		134
Q	Economy 6	7 Tage	Sa auf So	Off-Peak Zeiten	92
Q	Economy 7			Nur Sa/So nutzbar	92

Innerdeutsche Preisstruktur ab NOV 2002

Buchungsklassen

	Preis	Voraus-buchung	min. Stay.	Sonst	Preise in € Return
C	Business Return				399
C	Business oneway				212
Y	Vollflexibler Economy				379
Y	KOMBI 1			kombinierbar mit anderen Kombis	370
B	KOMBI 2	7 Tage		kombinierbar mit anderen Kombis	340
M	KOMBI 3	7 Tage		kombinierbar mit anderen Kombis	210
H	Eco-Kalssik	7 Tage	Sa auf So	auch Transfer	134
Q	Eco-Klassik	7 Tage	3 Tage	Off-Peak Zeiten	92
Q	Jugendtarif		Sa auf So	Alter 12-24 J.	70
G	KOMBI 4	Variabel		Kombierbar mit anderen Kombis	250
K	KOMBI 5	Variabel		kombinierbar mit anderen Kombis	160
L	KOMBI 6	Variabel		kombinierbar mit anderen Kombis	100
T	KOMBI 7	Variabel		kombinierbar mit anderen Kombis	47
T	Economy	Variabel		One-Way!	35

Alle Preise ohne Steuern und Gebühren
stand September 2002

Abbildung 3: Entwicklung der innerdeutschen Tarifstruktur (am Beispiel München-Frankfurt vv.)

Eine IT-Entscheidungsunterstützung, ob eine Preispromotion tatsächlich erfolgreich sein wird oder nicht (d.h. eine treffgenaue Abschätzung der jeweiligen Preiselastizität der Nachfrage), ist bisher wegen der Vielzahl der einzubeziehenden und sich permanent ändernden Faktoren (Reaktion der Nachfrager, Reaktion der Wettbewerber, Situationsspezifisches Set von Markt-/Angebotsmerkmalen) nicht gelungen. Insofern kommt es bis dato trotz stark verbesserter Basisdaten und Analysetools wesentlich auf unternehmerisches Gespür bei der Preispromotion an.

Als generelle Regel gilt, dass Preispromotions dann erfolgreich sind, wenn sich Zusatznachfrage generieren lässt. Dies kann geschehen durch

- die Schaffung zusätzlicher Reiseanlässe
- das Umverteilen von Nachfrage zu Gunsten des Preisaktiven

Wenn im Wesentlichen nur ein Umverteilen realistisch möglich ist (z.B. bei geschäftlich motivierten Reisen, die nicht deutlich häufiger unternommen werden, wenn die Preise befristet abgesenkt werden), steckt in Verbindung mit der großen Transparenz und Reaktionsgeschwindigkeit im Airlinepricing die Gefahr von destruktiven Preiskriegen. Nach kurzer Zeit kann das gesamte Preisniveau in einem Produkt-/Marktsegment nachhaltig abgesenkt werden und alle Anbieter stehen vor erheblichen Yield und Umsatzverlusten. Es empfiehlt sich daher grundsätzlich Preispromotions nur dann zu starten, wenn man eine Markterweiterung bzw. Zusatznachfrage zu kreieren glaubt.

- **Last-Minute-Politik vs. Hochpreispolitik kurz vor Abflug**
  Ein in verschiedenen Dienstleistungsbranchen übliches Phänomen quasi institutionalisierter Preispromotions sind „Last Minute" Angebote. Hier werden i.d.R. kurz vor Vollzug der Dienstleistung (Abflug, Opernbeginn etc.) Restplätze zu sehr günstigen Leveln für kurzentschlossene Nachfrager abgegeben.

  Wenn die Verbraucher davon ausgehen können, dass es verlässlich und planbar z.B. aufgrund von Überkapazitäten, immer derartige Angebote gibt, geraten die Dienstleistungsanbieter unter Druck, dass auch die Kunden, die bereit wären sich zum normalen Preis frühzeitig zu entscheiden, zum Spätbuchen und „Schnäppchenjagen" erzogen werden. Ähnliches gilt auch für die sogenannten „Stand by" Angebote. Wenn diese planbar immer oder häufig angeboten werden, sinkt die Zahlungsbereitschaft der Kernzielgruppe mit fatalen Folgen für die Wirtschaftlichkeit.

  In den Preisstrukturen von traditionellen Airlines, aber auch in den Preismodellen von
  No-Frills-Airlines, ist dagegen normalerweise genau eine dem Last Minute entgegengesetzte Grundstruktur verankert. Je näher das Abflugdatum rückt, umso teurer werden die angebotenen (Rest-)Plätze. Dieser Struktur liegt die Annahme zugrunde, dass kurzentschlossene Nachfrager oftmals reisen müssen, nicht mehr zeitlich flexibel sind und daher eine hohe Zahlungsbereitschaft haben.

  Operationalisiert wird dieses umgekehrte Last Minute-Prinzip „je kürzer vor Abflug, desto teurer" entweder durch Tarifkonditionen (Vorausbuchungsfristen, Umbuchungsrestriktionen) oder durch Nichtverfügbarkeit günstiger Tarifklassen kurz vor Abflug.

3.2 Reaktives Pricing

Von reaktivem Pricing spricht man dann, wenn Auslöser der eigenen Preismaßnahme die eines anderen Anbieters ist. Airlines haben aufgrund der hohen Transparenz des Preisgeschehens mittels Computer-Reservierungssystemen (CRS) häufig das reaktive Pricing teilautomatisiert. Man spricht vom Matching, wenn eine Preismaßnahme 1:1 nachvollzogen wird. Dieses schnelle Reagieren bzw. „matchen" führt dazu, dass der preisinitiative Anbieter meist nur wenige Stunden bis Tage einen zeitlichen Vorsprung im Markt hat. Die Abschätzung, ob eine Preisabsenkung/Preispromotion nachhaltig zu Zusatzpassagieren führt, muss unter dem o.g. Aspekt jeweils situativ bewertet und entschieden werden.

Ob ein Anbieter einen anderen „matcht", hängt u.a. ab von Faktoren wie

- generelle Guidelines („Nie teurer als Anbieter XY")
- relativer Marktanteilsstärke
- Bedrohungspotenzial durch den Preisabsenker
- Stärke anderer Angebotselemente neben dem Preis etc.

Je nach Wichtigkeit eines Marktes empfiehlt es sich auch beim reaktiven Pricing, nicht automatisch ohne weitere Prüfung zu matchen, sondern, wie bei der eigeninitiativen Preissetzung beschrieben, eine Risiko- bzw. Sensitivitätsanalyse durchzuführen.

3.3 Signaling

Unter Signaling versteht man das Aussenden einer Preisbotschaft an einen oder mehrere Wettbewerber, ein bestimmtes Verhalten zu unterlassen oder umzusetzen. Diese Signale können sowohl in Preissenkungen als auch in Anhebungen bestehen. Wenn ein Anbieter auf einer für einen Wettbewerber sehr wichtigen Strecke eine Preispromotion initiiert, kann das Signal des Angegriffenen z.B. in der Absenkung auf einer Kernstrecke des Angreifers liegen. Preiserhöhungen werden andererseits auch oft quasi als „Versuchsballon" lautlos im CRS vollzogen. Wenn einige Schlüsselanbieter in dem Markt nicht innerhalb weniger Tage nachgezogen sind, senkt der preiserhöhende Anbieter ebenfalls wieder auf das Ursprungsniveau ab. Die verschiedenen Formen des Signalings werden dadurch erleichtert, dass i.d.R. über CRSe oder auch mit Einschränkungen via Internetseiten eine extrem große Preistransparenz existiert. Konkurrenzpreisinformationen können vor allem automatisch beobachtet und verarbeitet werden. Dies ist sicherlich ein Hauptgrund für die durchschnittlich vielen Tausend täglichen Preisänderungen in der Airlinebranche weltweit.

4. Preisdistribution (CRS, Inhousesysteme, Papierpreislisten)

Unter der Preisdistribution versteht man die der eigentlichen Preisentscheidung nachgelagerten Prozesse. Die wie auch immer ermittelten und gesetzten Preisstrukturen/Preise müssen für Absatzmittler und/oder reiseinteressierte Nachfrager z.B. im Internet abruf- und lesbar sein.

Je nach Entwicklungsstand eines Marktes oder beabsichtigter Zielgruppeneinschränkung werden Preise - mehr oder weniger - weltweit öffentlich elektronisch distributiert, d.h. als Tarife im CRS veröffentlicht.

Die Airlines haben hier in den vergangenen Jahrzehnten die Entwicklung von neutralen CRSen maßgeblich beeinflusst und vorangetrieben. Alle CRSe unterliegen strengen Verhaltenscodices, welche die neutrale Informationsdarstellung genau regeln. Technisch sind diese CRSe stetig weiterentwickelt worden und finanzieren sich durch verschiedene fixe und variable Gebühren, die von den Airlines und anderen Leistungsanbietern (Hotels, Veranstaltern, Bahn etc.) zu zahlen sind.

Ein alternativer bzw. ergänzender Weg der Preisdistribution ist die Nutzung sogenannter Inhousesysteme von Veranstaltern und Consolidators. Diese Systeme sind i.d.R. nicht öffentlich abrufbar (Ausnahme Internetseiten dieser Absatzmittler). Preisvergleiche von Wettbewerbern sind, wenn überhaupt, wesentlich zeitaufwendiger und mühsamer. Die Preistransparenz ist stark eingeschränkt, und das oben beschriebene Preismatching ist automatisiert schwer oder gar nicht möglich.

In wenig entwickelten Märkten gibt es häufig noch allgemein verbreitete, gedruckte Preislisten, anhand derer Absatzmittler die Ticketpreise ermitteln. Nicht zuletzt aufgrund der fehlenden oder extrem zeitverzögerten Reaktionsmöglichkeiten auf Markt- oder Wettbewerbsveränderungen im Pricing wird seitens der Airlines diese Form der Preisdistribution immer weiter reduziert.

5. Exkurs: Revenuemanagement von No Frills Airlines

Das in Teil 2 beschriebene Drei-Säulen-Modell des Airline Revenue Managements (Preise, Konditionen, Kapazitätssteuerung) wird von einigen No-Frills-Airlines und auch zunehmend von den herausgeforderten Konkurrenten verändert. In der Regel werden Oneway-Preise angeboten, d.h. ein Teil der beschriebenen zeitlichen Konditionierungen (Mindestaufenthalte, Samstagsregel) steht somit zur Preisdifferenzierung nicht mehr zur Verfügung. Auch wird auf veröffentlichte Vorausbuchungsfristen verzichtet. Es bleibt für den Kunden intransparent und nicht kalkulierbar, wie lange eine bestimmte Preisstufe noch verkäuflich ist. Drittes Charakteristikum ist in den meisten Fällen das kontinuierliche Ansteigen des Preises mit wachsender Buchungszahl und Näherrücken des Abflugs. Darüber hinaus sind die Preisangebote meistens nicht zu erstatten und nicht oder nur gegen hohe Gebühr umbuchbar. Durch das erwähnte Fehlen von preisdifferenzierenden und yieldschützenden Konditionen wird die Ertragsmaximierung allein durch die Buchungsklassensteuerung gewährleistet. Das Schließen von niedrigen Buchungsklassen/Preisangeboten bei Ansteigen der Buchungen zum richtigen Zeitpunkt ist der Haupterfolgsfaktor für die Umsatzmaximierung. Vorteil dieser Preisstruktur ist i.d.R. eine sehr einfache Abbildbarkeit im Internet oder für Callcenter-Mitarbeiter. Die Preisstruktur ist selbsterklärlich und somit selbstbedienungsfreundlich. Nachteilig ist, dass die unterschiedliche Zahlungsbereitschaft der Zielgruppen (Jugendliche, Wochenendurlauber, Geschäftsreisende etc.) nicht annähernd so differenziert ausgeschöpft werden kann, wie dies durch die Kombination aus Preishöhe, Konditionen und Kapazitätssteuerung gelingt. Bei No-Frills-Airlines gibt es zu einem bestimmten Zeitpunkt auch nur einen einzigen angebotenen Preis für einen bestimmten Flug.

Andreas Krämer - Robert Bongaerts - Armin Weber

Rabattsysteme und Bonusprogramme

1. Der Boom der Kundenbindungsprogramme

Seit der Einführung des ersten Vielfliegerprogramms durch American Airlines im Jahr 1981 sind Bonusprogramme von Fluggesellschaften zum Inbegriff der Kundenbindungsprogramme geworden. Der Einfluss dieses Vielfliegerprogramms auf den amerikanischen Luftverkehrsmarkt war so groß, dass sich alle anderen US-Gesellschaften gezwungen sahen, innerhalb kürzester Zeit nachzuziehen (vgl. Beyhoff, 1994, S. 5). Die weltweite Ausrichtung dieser Programme führte aber auch in anderen Erdteilen zu einer raschen Verbreitung. Verfügten 1996 etwa 80 Fluggesellschaften über ein eigenes Vielfliegerprogramm, so hat heute nahezu jede Fluggesellschaft ein eigenes Programm oder ist zumindest an einem Partnerprogramm beteiligt (vgl. Bhagwanani, 2000, S. 88).

Die Abschaffung von Rabattgesetzen und der verstärkte Wettbewerb haben auch in vielen anderen Branchen zu einer starken Ausdehnung von Kundenbindungsprogrammen geführt (vgl. Dowling/Uncles, 1997, S. 80). Beispielsweise nehmen über 50 % der Kunden des US-amerikanischen Lebensmitteleinzelhandels an Bonusprogrammen teil (vgl. Cigliano et. al., 2000, S. 68). Auch die steigenden Ausgaben für das CRM korrespondieren mit dieser Entwicklung. In den USA wird mit einer Erhöhung von 22 Mrd. US-$ (2001) auf 47 Mrd. US-$ (2006) gerechnet – und dies in einem eher stagnierenden IT-Gesamtmarkt (vgl. Kane, 2002, S. 1).

Kern von Kundenbindungsprogrammen ist i.d.R. eine Rabatt- oder Bonuskomponente (vgl. Lauer, 2002, S. 98). Mit beiden Instrumenten sind jedoch enorme wirtschaftliche Risiken verbunden. Viele Zugeständnisse, die Kunden im Rahmen von Rabattsystemen oder Bonusprogrammen gemacht werden, basieren nicht auf Markterfordernissen und werden aus Gewohnheit oder Tradition vergeben. Übersehen wird allzu leicht, dass die erhofften Erlössteigerungen ausbleiben, wenn z.B. Mengenwirkungen nicht wie erhofft eintreten.

Beispielsweise ist im Fall einer 1 %igen Umsatzrabattierung eine Nachfragesteigerung im gleichen Umfang notwendig, um Umsatzverluste zu vermeiden. Wichtiger sind jedoch die Auswirkungen einer Rabattierung auf den Gewinn. Liegt der Deckungsbeitrag bei 10% des Umsatzes, so ist im Fall einer 1-%igen Rabattierung bereits eine 12-%ige Mengensteigerung notwendig, um den Gewinn auf dem Ursprungsniveau halten zu können.

Es wird deutlich, dass die Wirtschaftlichkeit von Rabattsystemen und Bonusprogrammen entscheidend von den Deckungsbeiträgen eines Unternehmens und auch der Preiselastizität der Nachfrage abhängt. Sie müsste in unserem Beispiel bei einem absoluten Wert von 12 liegen, einer für die meisten Branchen unrealistischen Größenordnung (vgl. Krämer/Keck/Tien, 2001, S. 61). Gerade für die Abschätzung der Kosten-Nutzenbetrachtung von Rabattsystemen und Bonusprogrammen im Rahmen der Kundenbindung ist also eine genaue Risikobetrachtung erforderlich.

Die Gratwanderung zwischen Rabatt- bzw. Bonushöhe und der Wirtschaftlichkeit erklärt, dass eine Vielzahl der eingeführten Kundenbindungsprogramme nicht dauerhaft am Markt etabliert werden konnten. Vor diesem Hintergrund sind in diesem Beitrag folgende Fragen zu beantworten:

- Welche grundsätzlichen Gemeinsamkeiten und Unterschiede kennzeichnen Rabattsysteme und Bonusprogramme? Welche Zielsetzungen werden damit verfolgt?
- Was zeichnet etablierte Kundenbindungsprogramme aus?
- Wie können Kundenbindungsprogramme konzipiert werden, um eine erfolgreiche und dauerhafte Einführung zu gewährleisten? Welche Methodiken können hierbei unterstützen?

2. Definition und Ziele von Rabattsystemen und Bonusprogrammen

In der Praxis fällt eine scharfe Trennung von Rabatt und Bonus aufgrund vielfältiger Ausprägungen oft schwer. Häufig werden beide Begriffe synonym verwendet. Rabattsysteme und Bonusprogramme können jedoch sehr unterschiedlich im Markt wirken. Daher wird im Folgenden eine Abgrenzung vorgenommen, die Gemeinsamkeiten und Unterschiede darstellt.

Rabatte sind das wohl am häufigsten eingesetzte Instrument zur differenzierten (Netto-) Preisgestaltung. Rabatt ist ein Oberbegriff für unterschiedlichste Arten von Preisnachlässen, die im Vergleich zum Normal- oder Listenpreis bei Rechnungsstellung gewährt werden (vgl. Diller, 2000, S. 298). Zu den wichtigsten Rabattformen zählen Mengenrabatte, Barzahlungsrabatte, Handelsrabatte, Sonderrabatte in Form von Einführungs-, Sonderverkaufs- oder Saisonrabatten und Treuerabatte (vgl. Mandel, 1999, S. 154).

Boni stellen Nachlässe, Gutschriften oder sonstige Prämien dar, die nachträglich gewährt werden, wenn in einem vereinbarten Zeitraum bestimmte Voraussetzungen erfüllt wurden (vgl. Küting/Pilhofer, 2002, S. 2059). Im Rahmen von Bonusprogrammen werden Boni als eine Art Treueprämie gewährt und sind im allgemeinen mengen- oder umsatzabhängig (vgl. Diller, 2000, S. 319). Damit integrieren Bonusprogramme Komponenten des Mengen- und Treuerabatts.

Die unterschiedliche Wirkung von Rabattsystemen und Bonusprogrammen ergibt sich aus fünf Dimensionen (erweitert zu Schmengler/Thieme, 1995, S. 131):

- Realisierung von Kundenbindung
- Möglichkeit zur Neukundenakquise
- Sammlung von Marketing-Informationen
- Wettbewerbsabwehr
- Effizienzsteigerung.

Die unterschiedlichen Ausprägungen dieser Dimensionen bei Rabatt- bzw. Bonusprogrammen (vgl. Tabelle 1) werden nachfolgend erläutert. Hierbei wird bewusst eine vereinfachende, idealtypische Betrachtung gewählt.

1. Realisierung von Kundenbindung

Das Ziel von Kundenbindungsmaßnahmen ist es, den Umsatzbeitrag bestehender Kunden zu sichern und auszuweiten (Cross-/Up-Selling). Die Kundenbindungsfunktion resultiert primär aus einer Differenzierung vom Wettbewerb. Mit individualisierten Leistungsangeboten und schwer kopierbaren Zusatzleistungen erlauben vor allem Bonusprogramme eine preis-, produkt- und leistungsprogrammbezogene Differenzierung und liefern damit Ansatzpunkte für die Gestaltung einer langfristigen Kundenbeziehung. Immaterielle Statusleistungen stellen in diesem Zusammenhang einen wichtigen Hebel zur Emotionalisierung dar (vgl. Lauer, 2002, S. 99). Die Bindungswirkung liegt im Gegensatz zu Rabattsystemen nicht mehr vollständig im eindimensionalen ökonomischen Bereich. Ein wichtiger Faktor für die Attraktivität von Bonusprogrammen ist die angebotene Vielfalt an Möglichkeiten, Bonuspunkte zu sammeln und einzulösen.

Die Kundenbindungsfunktion wird aber auch durch eine Beeinflussung der Wechselkosten des Kunden erfüllt. Hohe Wechselkosten entstehen insbesondere bei Bonusprogrammen, wenn der Wert der Bonusleistungen überproportional mit der Höhe der Bonuspunkte steigt. Bei einem Anbieterwechsel ist der Wert des ersten Bonuspunktes bei gleichen Rahmenbedingungen daher vergleichsweise niedriger zu bewerten. Solche Prämiensysteme können die Bindung besonders ertragsstarker Intensivkäufer unterstützen. Eine Anbieterwechsel wird bei sonst gleichen Bedingungen nur dann erfolgen, wenn der Konkurrent zusätzliche Rabatte oder Boni einräumt. Diese müssen die Wechselkosten kompensieren und stellen häufig hohe Anfangsinvestitionen für den Anbieter dar (vgl. Simon et al., 2000, S. 323).

Merkmal	**Rabattsysteme**	**Bonusprogramme**
Definition	▪ Preisnachlass auf Normal- oder Listenpreis (rein monetär) ▪ Vergabe bei Rechnungsstellung ▪ insbesondere mengenbezogene Preisdifferenzierung	▪ Preisnachlass, Gutschrift oder sonstige Prämie (monetär und nicht-monetär) ▪ Vergabe nachträglich (kumuliert)
Kundenbindungsfunktion	▪ rein ökonomische Kundenbindung (eindimensional) mit eher rationalem Charakter ▪ transparentes Anreizsystem ▪ tendenziell eher kurzfristige Bindungsfunktion	▪ ökonomische und emotionale Kundenbindung (mehrdimensional) ▪ preislich intransparentes Anreizsystem ▪ Gestaltung einer langfristigen Kundenbeziehung ▪ Attraktivität des Prämiensystems als wichtiger Faktor ▪ Aufbau von Wechselkosten
Akquisitionsfunktion	▪ tendenzielle Erhöhung der Preissensitivität ▪ Zielgruppe: Preissensible Kunden	▪ Zielgruppe: gesamtes Kundenspektrum, hochwertige Kundengruppe ▪ Möglichkeiten zur Preis-, Produkt- und Leistungsdifferenzierung ▪ neutrale/senkende Wirkung auf Preissensitivität
Marketing-Informationsfunktion	▪ Erfassung von Kundendaten ist keine zwingende Voraussetzung zur Durchführung eines Rabattsystems	▪ systematische Erfassung von Kundendaten als Voraussetzung ▪ Basis für analytisches CRM
Wettbewerbswirkung	▪ aggressives Signalling (Gefahr von Preiskriegen) ▪ geringer, nicht nachhaltiger Wettbewerbsschutz (leicht kopierbar, kurze time-to-market, geringe Komplexität, geringe Implementierungskosten)	▪ sanftes Signalling ▪ Wettbewerbsvorteile durch Partnerintegration (Bonuspunkte als eigene Währung) ▪ proaktiver/nachhaltiger Wettbewerbsschutz bei innovativen Prämiensystemen
Effizienzwirkung	▪ Gewinnsteigerung abhängig von Preiselastizitäten und Deckungsbeiträgen ▪ systematisch gestaltete Konditionensysteme mindern Gefahr historischer Rabatte ▪ geringe Implementierungskosten senken Risiken	▪ Umsatzsteigerungs- und Kostensenkungspotenziale durch Steuerung des Kundenverhaltens ▪ hoher konzeptioneller Aufwand/ hohe Implementierungskosten (IT-Risiken)

Tabelle 1: Gegenüberstellung von Rabattsystemen und Bonusprogrammen

2. Möglichkeit zur Neukundenakquise

Eng verbunden mit der Kundenbindungs- ist die Akquisitionsfunktion von Rabattsystemen und Bonusprogrammen: Primäres Ziel ist die Förderung der Neukundengewinnung. Der Effekt steigt mit der Stärke der Anreizwirkung. Häufig wird unterstellt, dass der entscheidende Stellhebel der Preis sei und gerade „gefährdete Kunden" in starkem Maße preissensibel seien. Aus unterschiedlichen Studien vgl. (vgl. für den Bereich Schienenpersonenverkehr: Krämer/Wilger/Dethlefsen, 2001, S. 7) ist jedoch bekannt, dass dies zumindest für eine relativ große Teilmenge nicht zutrifft. Diesen Kunden kommt es auf andere Leistungsmerkmale wie Schnelligkeit, Freundlichkeit, Lieferservice u.a. an. Ausschließlich auf dem Faktor Preis ausgerichtete Kundenbindungsmaßnahmen werden daher äußerst kritisch bewertet. Diese Ergebnisse gelten auch für den Online-Markt: Wie eine Studie von Jupiter Communications für den Bereich E-Commerce in 2000 feststellte, nehmen etwa 2/3 der Online-Käufer an Kundenbindungsprogrammen teil, nur 22 % der Befragten deklarierten die hiermit verbundenen Vorteile jedoch als kaufentscheidendes Merkmal (vgl. Macaluso, 2000, S. 1). Demgegenüber bewerten 72 % der Online-Käufer den Kundenservice als Key-Factor.

Ein dauerhafter Fokus auf den Preis als primäres Marketinginstrument birgt das Risiko, dass die Wirtschaftlichkeit der Kundenbindungsmaßnahme nicht erreicht werden kann. So weisen Rabattsysteme und Bonusprogramme Unterschiede in ihrer Wirkung auf die Preissensitivität der Kunden auf. Werden über Rabattstaffeln beispielsweise Zusatzumsätze incentiviert, ist davon auszugehen, dass die Preissensitivität der Kunden nicht verringert, sondern eher erhöht wird. Demgegenüber lassen sich mit Bonusprogrammen auch andere Wirkungen erzielen. So Shapiro und Varian (1999, S. 39): „When successful these customer loyalty programs will have the effect of reducing customers′ price sensitivity, permitting the seller to successfully charge higher prices in order to support the cost of awards given, when customers cash in their cumulative benefits."

Die unterschiedliche Wirkung von Rabattsystemen und Bonusprogrammen auf die Preissensitivität wird dadurch deutlich, dass die Vergabe von Rabatten und damit deren Nutzen im Markt transparent ist. Dies ist z.B. bei Coupons der Fall, die selektiv im Wesentlichen durch preissensible Kunden genutzt werden. Bei Bonusprogrammen ist dies anders: Nur ca. 50% der deutschen Bevölkerung ordnen den Wert von Boni im realistischen Bereich von 1-3% ein, etwa ein Viertel kann keine Aussage machen, ein anderes Viertel überschätzt die Rabattwirkung (vgl. Fokus, 40/2002).

3. Sammlung von Marketing-Informationen

Die Steigerung des Share-of-wallet der Kunden setzt eine verbesserte Erfüllung von Kundenerwartungen und das Erzielen einer superioren Kundenzufriedenheit voraus. Dies bedingt, im ersten Schritt die wertvollsten Kunden zu identifizieren, um im zweiten Schritt das Zufriedenheits- und Bindungsniveau der wertvollsten Kunden messen und analysieren zu können. Der Erfüllung der Marketing-Informationsfunktion von Kundenbindungssystemen kommt daher ein hoher Stellenwert zu. Diese Möglichkeit besitzen

Rabattsysteme i.d.R. nicht, da die Sammlung von Kundendaten keine Voraussetzung zur Programmteilnahme (z.B. Couponing) ist. Im Gegensatz hierzu erzwingt die nachträgliche Vergabe der Boni die systematische Kundendatenerfassung, die dann auch zur Verbesserung des „customer insight" zur Verfügung steht. Die verbesserte Informationsbasis ergibt sich aus der Erfassung von Aktionsdaten (z.B. Daten über gekaufte Produkte, angeforderte Informationen, in Anspruch genommene Services, etc.) und deren Zusammenspiel mit den Kundenstammdaten. Solche Informationen lassen sich für die aktive Gestaltung der Nachkaufphase, die Positionierung im Wettbewerb und als Basis für eine Kommunikationspolitik im Sinne des CRM verwenden. Dies kann in hohem Umfang zu einer Reduktion von externen Marktforschungen und zur Senkung von Streuverlusten im Direktmarketing beitragen.

4. Wettbewerbsabwehr

Vor dem Hintergrund einer insgesamt steigenden Wettbewerbsintensität werden Rabattsysteme und Bonusprogramme auch unterschiedlich hinsichtlich ihrer Wettbewerbswirkung bewertet. Rabattsysteme sind in der Regel leicht und schnell kopierbar, ein effektiver Wettbewerbschutz ist nicht möglich, im Gegenteil: Werden Rabatte aggressiv eingesetzt, liegt die Gefahr von reaktiven Preismaßnahmen (bis hin zum Preiskrieg) nahe. Schließlich stellen Rabatte ein Signal in Richtung Markt dar, welches nicht nur durch die Kunden, sondern auch durch die Wettbewerber wahrgenommen wird. Bonusprogramme wirken dagegen eher selektiv und preislich intransparent (vgl. Rao/Bergen/Davis, 2000, S. 108). Auf der einen Seite steigt die ökonomische Bindung eines Kunden an seinen Lieferanten, wenn bei steigender Abnahmemenge der Einkaufspreis sinkt. Gleichzeitig besteht aber eine hohe Gefahr der Abwanderungen, wenn alternative Anbieter mit Kampfpreisen Marktanteile erobern möchten. In diesem Fall kann der Aufbau von Bonusprogrammen als proaktives Wettbewerbsinstrument dienen. Dies gilt insbesondere für umfangreiche Programme, die über Partnerstrukturen und ausgefeilte Prämiensysteme verfügen und nur mit hohem Aufwand kopiert werden können. Die Effizienz von Bonusprogrammen wird in diesen Fällen deutlich höher beurteilt als die einfacher Mengenrabatte: „Mengenrabatte bringen bei weitem nicht so viel wie Kundenpflegeprogramme, sofern sie sorgfältig konzipiert sind. Denn mit ihnen lässt sich gerade die Loyalität derjenigen Kunden stärken, die hohe Umsätze aufweisen" (vgl. Blattberg/Deighton, 1997, S. 29).

Der Erfolg von Kundenbindungsprogrammen hängt aber wesentlich von der Wettbewerbssituation, von unternehmensinternen Faktoren und den Kundenzielgruppen resp. den Kundenpräferenzen ab. Die Differenzierungsmöglichkeiten von Unternehmen durch Kundenbindungsprogramme sind umso geringer, je mehr sich Rabattsysteme oder Bonusprogramme zum Standard innerhalb einer Branche entwickeln. Dies gilt insbesondere im Fall der Airline-Industrie: Alle relevanten Anbieter bieten nahezu deckungsgleiche Programme an. Für 1999 wurde geschätzt, dass die meisten der ca. 45 Mio. Teilnehmer von Vielfliegerprogrammen gleichzeitig an 2 bis 4 miteinander konkurrierenden Programmen teilnahmen. Der vieldiskutierte hohe Beitrag von Vielfliegerprogrammen zur

Wettbewerbsdifferenzierung und Kundenbindung scheint vor diesem Hintergrund fraglich. (vgl. auch Dowling/Uncles, 1997, S. 74)

5. Effizienzsteigerung

Werden bei der Ausgestaltung eines Kundenbindungsprogramms alleine die Präferenzen in den Zielgruppen berücksichtigt, kann dies i.d.R. nur zu Lasten der Effizienz realisiert werden. Zur Vermeidung dieser Zielkonkurrenz bedarf die Entscheidung für einzelne Services, Angebote, etc. einer exakten Betrachtung der Kosten und Nutzen. Darüber hinaus sind weitere Effizienzgewinne möglich, wenn die bestehenden Prozesse im Marketing und Vertrieb verschlankt oder aber die Nachfrage auf kostengünstigere Vertriebskanäle gelenkt werden kann. Gleichzeitig dürfen die höheren Implementierungskosten von Bonusprogrammen bezogen auf die Konzeption sowie IT- Ausgaben und die damit verbundenen teils hohen Risiken nicht übersehen werden.

Eine mögliche Überlegenheit von Bonusprogrammen gegenüber Mengenrabatten besteht neben den stärkeren Hebeln bei Kundenbindung und Akquise darin, dass Bonusprogramme mit der Realisierung von Effizienzgewinnen und der Bereitstellung von Informationen auch wesentlich zur Wertschöpfung beitragen können (vgl. Abbildung 1). Gerade in schnelllebigen wettbewerbsintensiven Märkten, bei denen Marketingentscheidungen häufig erforderlich sind, stellen aktuelle und detaillierte Kundeninformationen einen wichtigen Input zur Entscheidungsunterstützung dar. Dies kann die klassische Marktforschung nicht erfüllen.

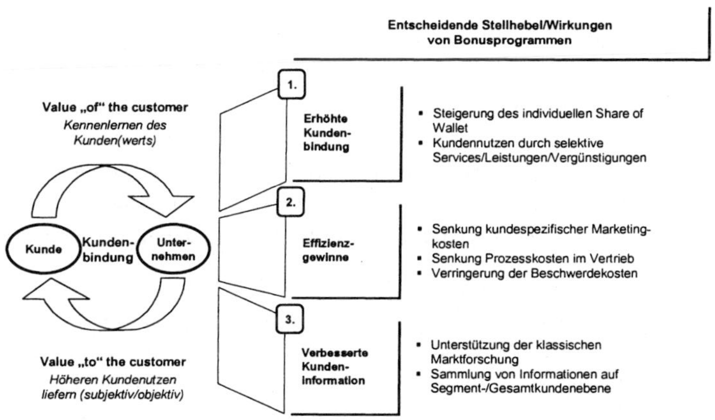

Abbildung 1: Wertschöpfung von Bonusprogrammen

3. Erfolgreiche Rabattsysteme und Bonusprogramme

Aus einer Vielzahl von bestehenden Rabatt- und Bonusprogrammen werden nun zwei prominente Vertreter vorgestellt und unter Berücksichtigung der vorangestellten Ergebnisse beurteilt. Dabei richtet sich der Fokus auf die Logik des Systems, die Kundenbindungswirkung, die bestehenden Defizite und die zukünftigen Weiterentwicklungs-Perspektiven.

3.1 Rabattsysteme am Beispiel der BahnCard

Die BahnCard wird häufig als besonderes erfolgreiches Beispiel für Kundenbindung durch Pricing-Maßnahmen hervorgehoben (vgl. Dolan/Simon, 1996, S. 179 ff, Simon et. al., 2000). Sie wurde 1992 eingeführt und zählt zu den bekanntesten Angeboten der Bahn. Aus Pricing-Gesichtspunkten handelt es sich bei der BahnCard um einen zweigeteilten Tarif, die Jahresgebühr für die Karte und einen Rabatt auf den normalen Fahrpreis. Neben der Standardvariante Classic wurden bis 2002 verbilligte Kartentypen für Teens, Jugendliche (Studenten), Senioren und Familien verkauft. Im alten Preissystem (vor 15.12.2002) wurde der Break-Even des Kunden für den Kauf einer BahnCard-Classic (2. Klasse) erreicht, wenn er mindestens Fahrscheine im Wert von 280 EUR p.a. kaufte (50%-Rabattierung, Jahresgebühr BahnCard Classic 2. Klasse: 140 EUR). Dies entsprach aufgrund der im wesentlichen linearen Preisbildung einer Reiseleistung von ungefähr 1.900 Reisekilometer.

Obwohl die bisherige BahnCard häufig als Erfolgsbeispiel für eine effiziente preispolitische Kundenbindung herausgestellt wird, sind einige Schwachstellen bekannt:

- Die Kundenbindungsfunktion ist eher gering, da die BahnCard als reines Rabattinstrument ohne Emotionalisierung fungiert. Im Fokus steht die 50%ige Rabattierung. Hierbei wird deutlich, dass die Dimensionen Effizienz und Kundenbindung einen Zielkonflikt beinhalten: insbesondere Vielfahrer profitieren von der Höhe der Rabattierung und schöpfen diese aus, dadurch werden Zahlungsbereitschaften verschenkt.
- Die Wettbewerbswirkung/Akquisefunktion wird behindert durch die Höhe des Einstandspreises der BahnCard. Er stellt eine objektive und subjektive Nutzungs- bzw. Kaufbarriere dar, insbesondere für Neukunden und für Reisende, die den Break-Even möglicherweise nicht erreichen (z.B. PKW-Reisende, die die Bahn nur sporadisch nutzen).
- Auch die fehlende durchgehende Kompatibilität zu anderen Angeboten reduziert die Preissicherheit für BahnCard-Inhaber und führt damit zu einer geringeren Kundenbindungsfunktion. Bei einer Reihe von stark rabattierten Angeboten (wie z.B. Guten-Abend-Ticket, Sparpreis, Mitfahrerpreis usw.) fand die BahnCard bisher keine An-

wendung. Die Folge waren zeitintensive Optimierungsrechnungen im Verkauf, die für den Kunden wenig transparent waren.

- An dem – statistisch gesehen – starken Ansteigen der Gesamtmobilität mit zunehmenden Alter (der Peak wird im Alter von 31 – 35 Jahren erreicht) kann die Bahn als Verkehrsmittel nicht anteilig partizipieren: Bis zum Alter von 19 Jahren verfügt die Bahn über einen hohen Anteil von nahezu 50 % an den Gesamtreisen in diesem Segment. Mit zunehmendem Alter nimmt dieser Anteil jedoch ab. Die unter Berücksichtigung der Kundenlebenszyklusentwicklung attraktive Zielgruppe der jungen Erwachsenen kann nicht gebunden werden (vgl. Krämer/ Kuhrt/Uzun, 2002).

Die Funktionalität der BahnCard zeigt sich daher mit der Einführung des neuen Preissystems im Jahr 2002 erheblich modifiziert: Der Einstandspreis der BahnCard (2. Klasse) wird auf 60 EUR abgesenkt. Die Rabattierung beträgt 25 % – allerdings auf alle Preisstufen (BahnCard-Kunden fahren durchgängig ¼ günstiger als Reisende ohne BahnCard, Optimierungsrechnungen fallen nicht mehr an). Ein durchgehender Mitfahrerrabatt von 50 % wird eingeführt, auch bei Nutzung von Sonderpreisen. Die neue BahnCard- Familienregelung zielt auf die Heranführung von Kindern und Jugendlichen an das „System Bahn" ab: Beim Kauf einer BahnCard durch ein Elternteil erhalten sowohl Partner als auch die Kinder bis einschließlich 17 Jahre eine eigene BahnCard (gegen Zahlung einer Gebühr von 5 EUR). Diese Regelung bietet nicht nur attraktive Preise für Familienreisende sondern auch für einzeln reisende Jugendliche (vgl. Wilger/Krämer, 2002, S. 332).

3.2 Bonusprogramme am Beispiel PAYBACK

PAYBACK ist ein unternehmensübergreifendes Bonusprogramm. Entwickelt von der Loyalty Partner GmbH wurde es im März 2000 in den Markt gebracht. Loyalty Partner tritt für die teilnehmenden Unternehmen als Dienstleister auf (Stellung der PAYBACK-Karte, des Konten- und Kommunikationsmanagement inkl. regelmäßigem Versand von Punkteständen). Das Abrechnungsprocedere mit dem Partner erfolgt variabel, d.h. nur wenn mit der Payback-Karte Umsatz generiert wird. Die Cobranding-Karte kann branchen- und medienübergreifend eingesetzt werden. Teilnehmende Partner entstammen dem klassischen Einzelhandelssegment und der Dienstleistungsbranche (AOL, apollo, DEA, dm-drogerie markt, Europcar, Galeria Kaufhof, LH, OBI, Palmers, real, VGM). Durch Kooperation mit VISA/Landesbank Baden-Württemberg ist die Funktionalität der PAYBACK-Karte im Februar 2002 um die Zahlungs-/Kreditkartenfunktion erweitert worden.

Bei Vorlage der Karte im Kauf-/Transaktionsprozess werden dem Kunden Rabattpunkte (Wert des Rabattpunktes: 1 EUR-Cent) mit einer dreijährigen Gültigkeit auf ein Konto gutgeschrieben. Die Höhe der Rabattierung hängt von dem teilnehmenden Unternehmen ab und reicht von ca. 1 bis 3% des Umsatzes, welcher nachträglich gutgeschrieben wird. Ein Einlösen (Burning) der Punkte ist ab einem Punktebestand von 1.500 in spezielle Prämien und Bargeld aber auch als Spende möglich.

Kennzeichen im Einzelhandel sind zunehmender Wettbewerb, erhöhte Transparenz (durch Einsatz neuer Medien) bezogen auf Preis, Verfügbarkeit, Beschaffungsquelle, aber auch eine Veränderung des Konsumverhaltens (Smart-Shopping, abnehmende Markentreue, variety seeking). Handel und Markenanbieter haben zunehmend Probleme, ihre Kunden an ihr Unternehmen zu binden. Vor diesem Hintergrund beruht der Erfolg des Payback- Programms aus Sicht der teilnehmenden Handelspartner auf dem Angebot

- eines effizienten Instruments zur Kundenbindung. Die Effizienz ergibt sich aus der Nutzung von Synergien sowohl auf der Kosten- als auch auf der Erlösseite. Die Aufbau- und Betriebskosten können durch die Verteilung der fixen Kosten auf alle Partner im Vergleich zum Aufbau unternehmensspezifischer Programme gesenkt werden. Dieser Aspekt ist umso wichtiger, wenn man bedenkt, dass viele CRM-Projekte an den hohen Implementierungskosten scheitern.
- zusätzlicher Services. Als Services werden die Bereitstellung des erforderlichen IT-Systems, die Optimierung der Kundenkommunikation (zielgruppenspezifische, kostengünstige direct mailings) sowie der Support zur Erhöhung von „business intelligence"/"customer insight" angeboten.

Auf der anderen Seite ist die schnelle Verbreitung der PAYBACK-Karte in der hohen Akzeptanz beim Endkunden begründet. Das Payback- Programm ist mit 20 Mio. eingesetzten Karten Marktführer unter den deutschen Bonusprogrammen (Stand Nov. 2002). Payback erreicht eine Marktdurchdringung von 23%, die über der von Kreditkarten (16%) liegt (vgl. Bommersheim et al., 2002, S. 187). Dies resultiert - neben dem geldwerten Vorteil des Rabatts - aus der Einhaltung folgender Aspekte:

- Branchenübergreifende Partner: Die Akquisefunktion steigt, je mehr verschiedene, für die Zielgruppe relevante Branchen bzw. Unternehmen innerhalb einer Branche teilnehmen. Verschiedene Unternehmen innerhalb einer Branche sind nur dann sinnvoll, wenn keine direkte Konkurrenzbeziehung herrscht (z.B. beim Angebot auf regional verschiedenen Märkten).
- Renommierte Partner: Starke Marken der Partner steigern die Bekanntheit und die Wertigkeit des Programms und erhöhen die Kundenbindungsfunktion sowie die Wettbewerbswirkung. Gleichzeitig können die Kosten der Einführungskommunikation deutlich verringert werden.
- Hohe Präsenz der Partner im betrachteten Markt: Der Endkunde muss nahezu überall (Abdeckung aller Regionen), zu jeder Zeit (z.B. 24h-Öffnungszeiten von Tankstellen) und über jeden Kaufkanal (Telefon- /www- Verkauf, „multichanneling") einen Sammelpartner finden können.
- Dauerhaft attraktiv: Durch ständige Anreize und neue, zielgruppenspezifische Angebote wird das Produktportfolio der Handelspartner abwechslungsreich und damit dauerhaft interessant gestaltet. Dies fördert die Kundenbindungsfunktion und lenkt von der Rabatthöhe ab.

- Alternative Prämien: Die Programmakzeptanz und damit die Kundenbindungsfunktion steigt mit der Vielfalt der Einlösealternativen. Neben Sachprämien, Barauszahlung/Gutschriften, Spendenmöglichkeiten sollten auch emotional ansprechende Prämien möglich sein.

Durch die Ausgestaltung und sukzessive Weiterentwicklung ist es Payback zunehmend gelungen, nicht den – leicht kopierbaren - geldwerten Vorteil als Kundenbindungselement in den Vordergrund zu stellen, sondern die Bindungswirkung durch Emotionalisierung und Abwechslung zu erreichen. Die nur geringe Rabatthöhe bleibt letztlich intransparent.

Die hohe Anzahl teilnehmender Kunden zeigt zum einen den Erfolg des Programms an, offenbart aber zum anderen eine Schwachstelle: Der Zugang zum Programm ist ungesteuert, eine Berücksichtigung der Kundenwertigkeit erfolgt nicht. Die Gefahr des „sich zu Tode wachsen" besteht, da auch für Kunden, die nur einmalig teilnehmen (Ausprobierer, Mitläufer, kurzfristige Bindung) und nur einen geringen Umsatzbeitrag für die Partner generieren, Ressourcen gebunden werden müssen (Administration, Kartenprocessing, Kontenführung, Kommunikation, IT- Kapazität). Mit jedem weiteren Kunden sinkt der durchschnittliche Kundenwert. Eine Einlöseschwelle von 1.500 Punkten ist offensichtlich kein ausreichender Hebel zur Selbstselektion für die Teilnehmer.

4. Bonusprogramme im CRM-Phasenmodell

Die grundsätzlichen Unterschiede und die vorgestellten Programme zeigen Vorzüge von Bonusprogrammen auf. Der erfolgreiche Aufbau von Bonusprogrammen innerhalb von CRM-Projekten lässt sich anhand des Modells von Bruhn (vgl. dazu allgemein Bruhn, 2000 und bahnspezifisch Krämer/Kuhrt/Uzun, 2002, S. 51) in 5 Phasen untergliedern. Die einzelnen Phasen werden im Folgenden vorgestellt und beispielhaft anhand der Entwicklung des Kundenbindungsprogramms bahn.comfort erläutert: bahn.comfort ist das Serviceprogramm für Vielfahrer der Deutschen Bahn und knüpft an dem Rabattprogramm „BahnCard" an.

4.1 Analyse und Strategieentwicklung

Die Phase 1 des Modells zielt mit der Analyse der Rahmenbedingungen und Ausgangssituation des Unternehmens darauf, die Strategieentwicklung (Phase 2) vorzubereiten. Die Zielkunden sind zu definieren, zu identifizieren und deren Erwartungen sowie Anforderungen zu erkennen („knowing that 60% of your customers are profitable is useless if you don't know, which ones to contact with what level of service", vgl. Reinartz/Kumar, 2002, S.83).

Oftmals fehlt CRM-Projekten ein strategisches Gesamtkonzept, welches sich an den entscheidenden Erfolgsgrößen Kundennutzen ("Value to the Customer") und Kundenwert ("Value of the Customer") orientiert. CRM erfordert hohe Investitionen in Technologien und Geschäftsprozesse. Werden diese strategische Aspekte nicht berücksichtigt und lediglich IT-Systeme implementiert, können entsprechende Projekte zu teueren Fehlinvestitionen führen (vgl. Rigby/Reichheld/Schefter, 2002, S. 101). Unbestritten ist der Erfolg von CRM-Studien davon abhängig, in welcher Quantität und Qualität interne und externe Daten zu Projektbeginn bereitgestellt werden können.

Zunächst wurden bei der Bahn im Rahmen der Analysephase Kundensegmente identifiziert, die über einen signifikanten Anteil von disponiblen Fahrten verfügen. Mit dem Ergebnis, dass in nahezu allen Segmenten - auch im Segment der Vielreisenden - noch disponible Fahrtenpotenziale ausgeschöpft werden können, ist eine entscheidende Voraussetzung für den Erfolg der CRM-Aktivitäten erfüllt: Die Umsatzpotenziale der Zielkunden waren bisher nicht vollends ausgeschöpft (vgl. Krämer/Kuhrt/Uzun, 2002, S. 52). Auch in diesem Segment wurde bei einem signifikanten Anteil von Verkehrsmittelwahlentscheidungen die Bahn in Erwägung gezogen, letztlich jedoch ein anderes Verkehrsmittel genutzt.

Das Vorhandensein von kontinuierlichen Studien im Personenverkehr der Bahn und damit von einer Vielzahl aktueller, empirischer Daten, die bereits die im neuen Preissystem erarbeitete Nutzensegmentierung berücksichtigen, vereinfachte die Analysephase (vgl. Krämer, Wilger, Dethlefsen, 2001). Auf der Grundlage der vorliegenden Marktforschungen ist das Segment der Vielfahrer wie folgt zu charakterisieren:

- Innerhalb des Segments BahnCard vereinigen ca. 5 % der Kunden mit dem höchsten Fahrtenaufkommen etwa 24 % der gesamten Reisen mit BahnCard-Ermäßigung auf sich und weisen darüber hinaus noch unausgeschöpftes Fahrtenpotenzial auf.
- Vielfahrer sind Meinungsführer. Sie zeigen ein hohes Involvement zur Bahn, stehen dem Verkehrsmittel aber nicht unkritisch gegenüber - ein erheblicher Anteil zeigt geringe Wiederkaufabsichten. Hierbei handelt es sich nicht um ein bahnspezifisches Phänomen, wie die Ausführungen von Dowling und Uncles (1997, S. 73) belegen: „The problem for loyalty programs is that the „best“ 20 percent are not necessarily loyal buyers ...“
- Die Zielgruppe ist geprägt durch einen verhältnismäßig hohen Anteil an Geschäftsreisenden und ist weniger preissensibel. Dafür haben diese Reisenden eine hohe Wertschätzung für besseren Service und eine Minimierung der Reisezeit. Die Messung der Kundenpräferenzen erfolgte mittels Conjoint Measurement. Aber auch die Verwendung einer Konstantsummenskala mit Ankermerkmalen (vgl. hierzu Krämer/Wilger/Dethlefsen, 2001, S. 78) bestätigt diese Erkenntnisse.

4.2 Konzeption und Implementierung

Phase 3 beinhaltet die Konzeption von CRM-Projekten und ihre Einführung in den Markt (Phase 4). Zunächst ist danach zu fragen, welche Leistungen aus Sicht des Kunden relevant sind und einen signifikanten Nutzenbeitrag leisten. Bei der Gewährung von Boni ist die erforderliche Höhe des geldwerten Vorteils zu hinterfragen, bei Serviceprogrammen liegt die besondere Herausforderung in der Identifikation der optimalen Servicelevels, um die gewünschte Kundenbindung zu erhalten.

Anschließend müssen die Erlöse aus Kundenbindungswirkung den anfallenden Kosten der Servicebereitstellung gegenübergestellt werden (vgl. Gierl, 2000, S. 16 und Butscher, 1998, S. 102 ff.). Die Kosten variieren unbestreitbar in Abhängigkeit von der Programmausgestaltung und mit dem Umfang der Leistungen. Kosten in Höhe von 30 Mio. $ für den Aufbau und 5- 10 Mio. $ für den laufenden Betrieb am Beispiel einer nationalen Handelskette geben hier eine allgemeine Größenordnung an (vgl. Cigliano et. al., 2000, S. 73). Für Vielfliegerprogramme werden die operativen Kosten auf 3 – 6 % der Umsätze geschätzt (vgl. Dowling/Uncles, 1997, S. 78). Insgesamt ist dabei ein positiver Saldo aus dem Nutzen (Umsatzwirkung, Informationsgewinn etc.) und den Kosten (Aufbaukosten der Systeme und variable Kosten der Leistungsbereitstellung) zu erzielen.

Auf Basis der Ergebnisse der Phase 2 entschied sich die Bahn für die Einführung eines reinen Serviceprogramms für Vielfahrer. Aus der nachfolgenden Graphik (Abbildung 2) sind die Abhängigkeiten bei der Konzeption des Vielfahrerprogramms ersichtlich. Die Attraktivität des Programms aus Sicht der Kunden bestimmt im wesentlichen die Teilnahmebereitschaft. Kunden, die in den Genuss exklusiver Services kommen möchten, müssen in einer „Sammelphase" Umsätze registrieren lassen. Dies ist notwendig, um den Jahresumsatz des Reisenden (und damit den Kundenwert) quantifizieren zu können. Reisende mit einer BahnCard entscheiden bei jedem Fahrscheinkauf, ob eine Umsatzerfassung erfolgen soll oder nicht (Prinzip der Selbstselektion). Die Teilnahmebereitschaft wirkt sich wiederum auf die Anzahl der aktiven „Sammelkunden" aus (mind. 1 mal Umsätze erfasst), aus denen Kunden mit „Vielfahrerstatus" rekrutiert werden. Nur wenn bahn.comfort einen nachhaltigen Kundennutzen generiert, ist dieser Kreislauf selbsterhaltend. Zur Ermittlung der Service-Bestandteile von bahn.comfort wurde eine detaillierte Conjoint Measurement-Untersuchung durchgeführt: Im Rahmen von persönlichen Interviews (n=700) wurde ein spezielles hierarchisches Conjoint-Modell eingesetzt (vgl. Krämer/Keck/Tien, 2001, vgl. weiterführend auch Simmons/Esser, 2000, S. 67). So konnten Kundennutzen und Zahlungsbereitschaften für einzelne Serviceleistungen quantifiziert werden. Der Erarbeitung dieses Designs diente ein mehrstufiger Screening-Prozess, bei dem zunächst denkbare Zusatzleistungen identifiziert und danach im Hinblick auf die Dimensionen Kundennutzen, Kosten und Durchführbarkeit bewertet wurden (intern), bevor sie in reduzierter Form innerhalb von Fokusgruppen diskutiert und reflektiert wurden. Diese Vorgehensweise ermöglichte eine Reduzierung der ursprünglich über 50 auf 9 Leistungen, die als Merkmale Eingang in das

50 auf 9 Leistungen, die als Merkmale Eingang in das Conjoint-Design fanden (vgl. Abbildung 3).

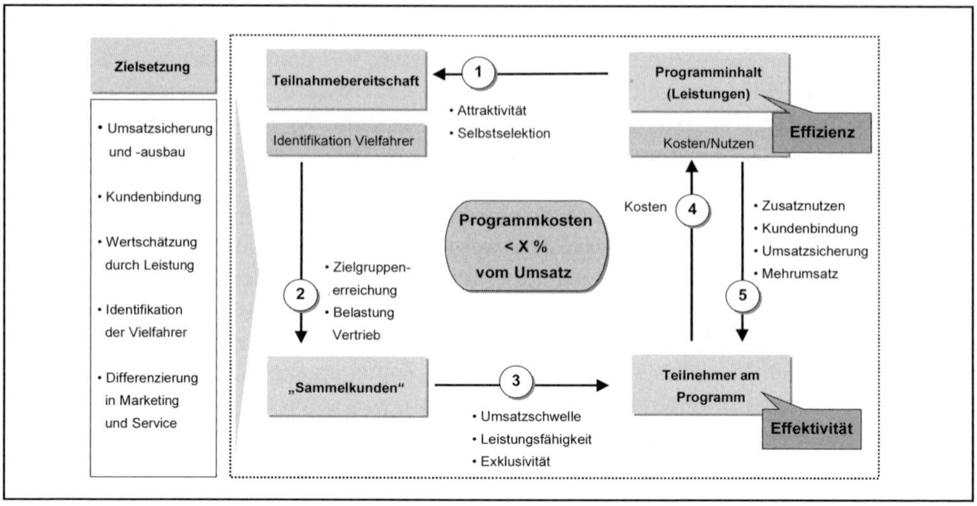

Abbildung 2: Wirkungszusammenhänge bei der Entwicklung von bahn.comfort

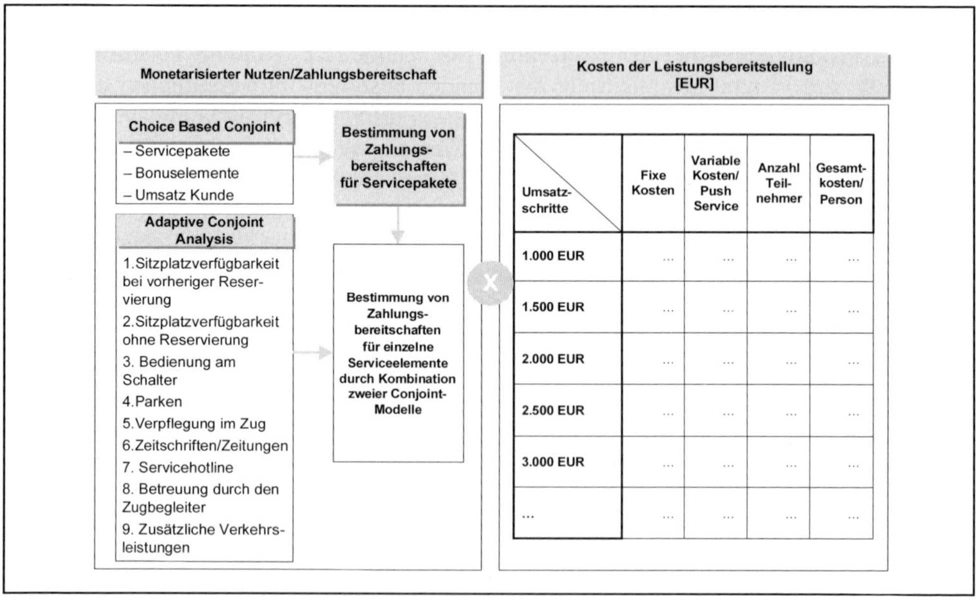

Abbildung 3: Schema der Nutzen- und Kostenberechnung bahn.comfort

Im nächsten Schritt wurden ähnlich dem Target-Pricing-Ansatz Optimierungsrechnungen durchgeführt, um ein Serviceprogramm unter Einhaltung mehrerer Restriktionen sowie der Einbeziehung von Kosten der Leistungserstellung zu konzipieren. Als Ergebnis dieser Simulationen wurden optimierte Servicepakete in Abhängigkeit von unterschiedlichen Größenordnungen des Vielfahrerprogramms vorgestellt und auf Durchführbarkeit getestet:

- Kunden ab einem Umsatz von über 2.000 EUR p.a. können sich qualifizieren, wenn sie ihre Umsätze erfassen lassen (1 EUR Umsatz = 1 Punkt). Besitzer von Kundenkarten mit Jahresbindung und einer Anschaffungsinvestition über dem Schwellenwert (z.B. NetzCard- oder JahresCard-Kunden) sind automatisch qualifiziert.
- Das Servicepaket „bahn.comfort" besteht aus den Leistungen (1) exklusiver Sitzplatzbereich und (2) zusätzliche Sitzplatzreservierungskontingente: Damit erhalten qualifizierte Kunden kostenlosen Zugang zur - insbesondere in stark nachgefragten Zügen - kritischen Ressource Sitzplatz, (3) exklusives Servicetelefon: zentraler Anspracheweg bezogen auf alle Info-, Service- und Produktangebote der DB sowie ausgewählter Drittleistungen, (4) verbesserter Zugang zu Parkplatzreservierungen, (5) Nutzung der Lounge, (6) Bereitstellung eigener Service-Counter und (7) Vergünstigungen im Ausland durch Nutzung von RAILPLUS.
- Wesentliche Punkte für die Durchführbarkeit sind gegeben: Neben dem Vorhandensein eines bisher ungenutzten Fahrtenpotenzials in der Zielgruppe (s.o.) sprechen auch psychologische Faktoren wie die grundsätzlich positive Einstellung zu einer bevorzugten Behandlung und die Bereitschaft zur Erfassung von Fahrscheinumsätzen (s. Abbildung 4) für die Einführung eines reinen Serviceprogramms.

4.3 Erfolgskontrolle und Wirtschaftlichkeit

Die letzte Phase des Modells umfasst die Erfolgskontrolle und Wirtschaftlichkeitsprüfung der CRM-Aktivitäten. Auf Bonusprogramme bezogen bedeutet dies, dass im Rahmen einer Wirtschaftlichkeitsanalyse die Programmkosten dem Programmnutzen gegenübergestellt werden. Erfolgskontrolle heißt dabei in erster Linie Einflussnahme, Umsetzung und Weiterentwicklung des strategischen Ansatzes.

Kundenbindungsprogramme bedeuten immer ein langfristiges Commitment den Kunden und auch dem Unternehmen gegenüber. Langfristig, da Kunden gewonnene Vorteile nur ungern wieder aufgeben und sich die meist hohen Anfangsinvestitionen erst mittelfristig rechnen. Ergebnisse empirischer Studien, die den positiven Zusammenhang zwischen Kundenbindungsmanagement, Kundenbindung und ökonomischen Erfolg nachweisen, sind jedoch nicht allgemeingültig (vgl. Reichheld/Sasser, 1991; Blattberg/Deighton, 1997).

Daher ist es unabdingbar, Kosten und Nutzen der Programmaktivitäten zu überprüfen und alle Maßnahmen unter Investitionsgesichtspunkten zu bewerten. Programmkosten ergeben sich aus dem bewerteten Güterverzehr, der aus den programmbezogenen Aktivitäten resultiert. Dabei können Implementierungskosten (z.B. für IT-Systeme) von den laufenden Kosten (z.B. für die Bereitstellung von Serviceleistungen) unterschieden werden. Diese lassen sich weiter nach fixen, intervallfixen und variablen Kosten differenzieren.

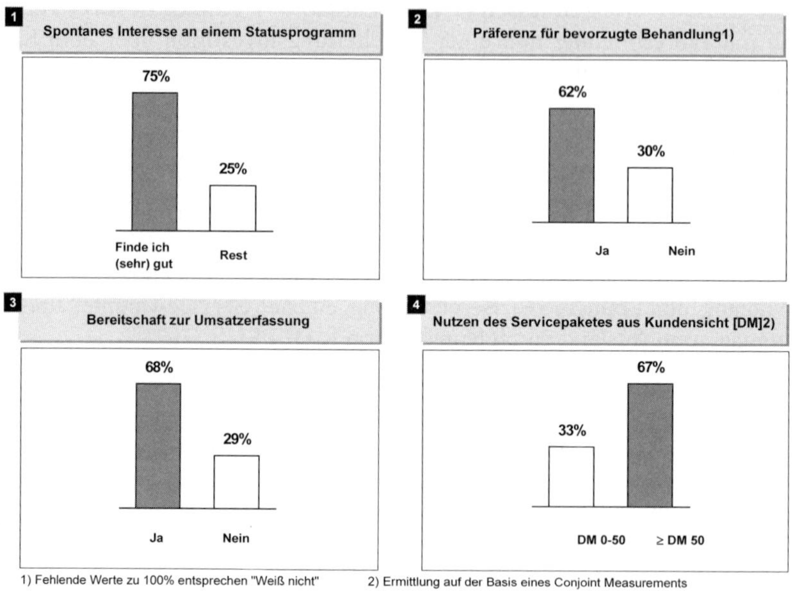

Abbildung 4: Ausgangssituation für die Einführung von bahn.comfort (Ergebnisse der Vorstudie)

Der Programmnutzen leitet sich aus einer monetären Bewertung des Erreichens der Programmziele ab. Bei dieser Bewertung sind jedoch zwei grundlegende und häufig mit Problemen behaftete Aspekte der Erfolgsmessung von Kundenbindungsprogrammen zu beachten (vgl. Weber, 2001, S. 56). Einerseits existieren Defizite und Unsicherheiten hinsichtlich messtechnischer Fragen, andererseits erschwert die periodengebundene Ausrichtung der üblichen Kosten- und Erlösrechnung die Erfolgsmessung.

Aus messtechnischer Sicht sind zwei Fragen zu klären: Wie kann die Programmwirkung isoliert werden und anhand welcher Zielgrößen/Merkmale wird der Erfolg bzw. die Zielerreichung gemessen? Zur Isolierung der „echten“ Auswirkungen von Kundenbindungsprogrammen ist es notwendig, erstens den „Selektionseffekt“ solcher Programme zu bestimmen und zweitens externe Einflüsse (wie z.B. gleichzeitige Produktverbesserungen oder Konkurrenzaktivitäten) zu kontrollieren. Dazu sind die Veränderungen der relevanten Merkmalsausprägungen bei Programmteilnehmern und merkmalsidentischen Nichtteilnehmern zu erheben und gegenüberzustellen. Der Vergleich der Ausprägung einzelner Zielgrößen mit einer Kontrollgruppe aus dem gleichen Kundensegment bereits zu Programmbeginn erlaubt, Effekte einer Selbstselektion zu kontrollieren. Es kann jedoch nicht davon ausgegangen werden, dass der Selektionseffekt über alle Teilnehmer im Zeitablauf hinweg konstant bleibt.

Die Erhebung von Veränderungen der Zielgrößen im Zeitablauf und deren Vergleich mit einer Kontrollgruppe ermöglicht die Isolierung externer Einflüsse. Dabei darf nicht vernachlässigt werden, dass sich Größen wie Kundenbindung erst mittel- bis langfristig aufbauen. Da die Teilnehmer in dieser Zeit neben den Programmaktivitäten einer Vielzahl anderer Einflüsse ausgesetzt sind, ist es schwer, den Wertbeitrag einzelner Aktivitäten für bestimmte Effekte zu quantifizieren.

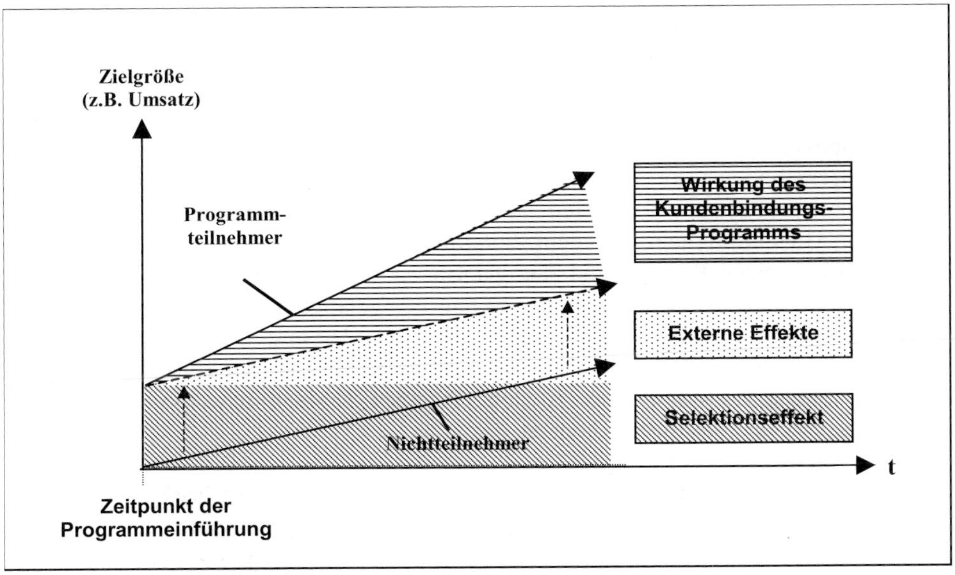

Abbildung 5: Messung der Wirkung von Kundenbindungsprogrammen

Die Erfassung sämtlicher Kosten und Erträge von Bonusprogrammen zur Erfolgsmessung ist nicht möglich, da nicht alle Konsequenzen der getroffenen Entscheidungen überblickt werden können (sekundäre Effekte, langfristige Auswirkungen) und aufgrund der Zurechnungsproblematik nicht alle Kosten- und Erlöswirkungen direkt ermittelbar sind (z.B. Personalkosten). Daher ist es sinnvoll, ein aufgabenbezogenes Controlling zu schaffen, das die Erreichung der Zielgrößen mit Hilfe von Kennzahlen überwacht. Kennzahlen sollten folgende Bedingungen erfüllen (vgl. Dittrich, 2000, S. 200):

- Kennzahlen leiten sich aus den Programmzielen ab, ergänzen sich gegenseitig und sind überschneidungsfrei.
- Im Vordergrund stehen Messgrößen, die helfen, Wettbewerbsvorteile zu erreichen / zu erhalten.
- Kennzahlen sollten nicht nur vergangenheitsbezogen und zumindest langfristig durch das Programm beeinflussbar sein.
- Relative Kennzahlen mit Bezug zur Konkurrenz sind vorzugsweise zu verwenden, absolute, durchschnittliche oder gewichtete Größen sollten Periodenvergleiche erlauben.
- Kennzahlen müssen einfach zu messen und überprüfbar sein.
- Die Operationalisierung sollte eine Datenerhebung über mehrere Zeitperioden mit den gleichen Messinstrumenten erlauben, um Periodenvergleiche zu ermöglichen.

Neben den zuvor behandelten messtechnischen Problemen wird eine konsequente Erfolgsmessung von Bonusprogrammen auch durch die Periodengebundenheit üblicher Kosten- und Erlösrechnungen in der Praxis erschwert. Investitionen in die Kundenbindung beziehen sich jedoch schon definitionsgemäß auf mehrere Transaktionen bzw. Perioden. Demnach ist eine transaktions- und zeitraumübergreifende (Kunden-) Deckungsbeitragsrechnung notwendig, die die kumulativen Auftragsdeckungsbeiträge der Kunden erfasst und zeitlich fortschreitend kumulativ den Investitionsauszahlungen gegenüberstellt. Dies ermöglicht zu jedem Zeitpunkt eine Gegenüberstellung der Gesamtdeckungsbeiträge eines Kunden und der geleisteten Investitionen. Die Erfassung der Höhe und die verursachungsgerechte Zuordnung der getätigten Investitionen ist insbesondere bei sekundären Aktivitäten (z.B. im Beschwerde- und Qualitätsmanagement) schwierig, die einen Gemeinkostencharakter aufweisen. Hier ist der Einsatz einer Prozesskostenrechnung notwendig, um Kosten einzelnen Kunden bzw. Kundengruppen verursachungsgerecht zuordnen zu können.

Im Fall des Vielfahrerprogramms bahn.comfort hängt, wie zuvor beschrieben, die Wirtschaftlichkeit maßgeblich von der Ausschöpfung zusätzlicher Fahrtenpotenziale im Vielfahrersegment ab. Die Ausnutzung dieser Potenziale korreliert stark mit dem Programmnutzen. Eine zentrale Aufgabe des Programmcontrollings stellt daher die Messung und Überwachung des Nutzenbeitrags sowie hierauf aufbauend die Weiterentwicklung der Serviceleistungen dar. In analoger Vorgehensweise zur Konzeptionsphase wird dazu mit regelmäßigen Befragungen der Programmteilnehmer die Zahlungsbereitschaft für die jeweiligen Services ermittelt. Parallel erhobene Indexwerte zur Kundenzufriedenheit und Kundenbindung können mit Kontrollgruppen verglichen werden und ermöglichen so eine Isolierung der Programmeffekte.

Gleichzeitig ermöglicht das CRM-System der Bahn ein umfangreiches Reporting. Um den Erfolg des Programms messen zu können, wurden in der Planungsphase Kennziffern aus den Programmzielen abgeleitet, die Soll-Ist-Vergleiche und Vergleiche mit Kontrollgruppen ermöglichen. Das CRM-System bereitet die erfassten Kundendaten in Form von Standardberichten so auf, dass die entsprechenden Vergleiche auch im Zeitablauf vorgenommen werden können. Beispielsweise wird zur Betrachtung der Programmwirkung auf die Umsatzsicherung und -steigerung u.a. die Kundenfluktuation innerhalb bestimmter Umsatzklassen und der durchschnittliche Fahrscheinwert bei Programmteilnehmern und Nicht-Teilnehmern herangezogen. Unterschiedliche Nutzungsraten der einzelnen Vertriebskanäle geben Aufschluss darüber, inwiefern nachhaltige Verlagerungen auf kostengünstige Vertriebskanäle durch bahn.comfort möglich sind. Responseauswertungen des CRM-Systems erlauben Aussagen über die Wirtschaftlichkeit erfolgter Direktmarketingmaßnahmen und liefern Informationen zur Optimierung zukünftiger Maßnahmen.

Zur Bestimmung der Programmeffizienz werden schließlich die anfallenden laufenden Kosten für das Programmmanagement und die Bereitstellung der Serviceleistungen dem ermittelten Programmnutzen gegenübergestellt. Dabei wird auch das Kosten-Nutzen-Verhältnis für jede Serviceleistung betrachtet. Diese Werte sind die Basis für die Weiterentwicklung des Serviceangebots und die Identifizierung neuer Leistungen, denn die Erfolgsmessung ist Ausgangspunkt einer erneuten Analysephase, in der neue Anforderungen oder externe Einflüsse berücksichtigt werden. Damit wird durch Anwendung des CRM-Phasenmodells die ständige Optimierung des Kundenbindungsmanagements gewährleistet.

5. Zusammenfassung und Ausblick

Kundenbindungsprogramme in Form von Rabattsystemen und Bonusprogrammen erleben zur Zeit einen Boom. Allerdings sind nur wenige erfolgreich und könnten sich am Markt etablieren. Exemplarisch wurden zwei erfolgreiche Programme in Deutschland - BahnCard und PAYBACK - vorgestellt. Die Analyse zeigt die Vorteilhaftigkeit von Bonusprogrammen gegenüber Rabattsystemen auf:

- Bonussysteme sind tendenziell wirtschaftlicher und fördern eine nachhaltige Kundenbindung. Rabattsysteme fokussieren die Rabatthöhe: Dies erhöht die Preissensitivität der Kunden und kann kurzfristig erfolgreich preissensible Kunden binden. Eine langfristige Kundenbindung birgt jedoch die Gefahr eines hohen wirtschaftlichen Risikos, da eine dauerhafte Attraktivität nur durch eine Erhöhung des Rabattes zu gewährleisten wäre. Bonusprogramme sind bezogen auf die tatsächliche Rabatthöhe vergleichsweise intransparent und überlagern den Preisvorteil durch andere in der Kundengruppe relevante Motive, Services und Leistungen. Bonusprogramme berücksichtigen, dass Kundenbindung aus einem Bündel unterschiedlicher Motive und Ursachen resultiert.

- Bonusprogramme besitzen eine stärkere, nachhaltige Wettbewerbswirkung: Sie sind aufgrund ihrer Komplexität und ggf. erforderlicher Investitionen nicht einfach zu kopieren. Hingegen muss aufgrund der hohen Transparenz und der Signalwirkung von Rabatten mit Reaktionen der Wettbewerber wie z.B. Preisanpassungen gerechnet werden, die die Kundenbindungswirkung verpuffen lassen.
- Bonusprogramme fügen sich in die CRM-Strategie eines Unternehmens ein, indem gezielt Programme nur für die wertigen Kundengruppen angeboten werden. Je nach Ausgestaltung ist die Sammlung von Kundeninformation möglich, um das Produkt- und Leistungsangebot fortlaufend anhand der Kundendaten zu optimieren.

Eine erfolgreiche Einführung kann durch das CRM-Phasenmodell sichergestellt werden. Am Beispiel der Implementierung des Serviceprogramms bahn.comfort für Vielfahrer der Deutschen Bahn wird das CRM-Phasenmodell exemplarisch aufgezeigt. Es wird gezeigt, dass eine datengetriebene Strategie- und Konzeptentwicklung Voraussetzung für die erfolgreiche Implementierung von CRM-Projekten ist. Dies setzt neben umfassenden Detailkenntnissen der unternehmensspezifischen Daten ein analytisches Vorgehen voraus.

6. Literatur

BHAGWANANI, R., 2000, Keeping the high fliers, in: Airline Business, S. 88 – 92.

BEYHOFF, S., 1994, Vielfliegerprogramme und der Wettbewerb im Luftverkehr, in: DLR Mitteilung, Nr. 2, Köln.

BLATTBERG, C./DEIGHTON, J., 1997, Aus rentablen Kunden vollen Nutzen ziehen, in: Harvard Business Manager, S. 24 – 32.

BOMMERSHEIM, M. ET AL., 2002, Gute Karten für Rabattjäger, in: FOCUS, Heft 40, S. 187 – 190.

BRUHN, M., 2001, Relationship Marketing, München.

BUTSCHER, S.A., 1998, Customer Clubs and Loyalty Programmes – A practical guide., Brookfield.

CIGLIANO, J. ET AL., 2000, The Price of Loyalty, in: The McKinsey Quarterly, S. 68 - 77.

DILLER, H., 2000, Preispolitik, 3. Aufl., Stuttgart.

DITTRICH, S., 2000, Kundenbindung als Kernaufgabe im Marketing – Kundenpotentiale langfristig ausschöpfen, St. Gallen.

DOWLING, G.R./UNCLES, M., 1997, Do Customer Loyality Programm Really Work?, in: Sloan Management Review, S. 71 – 82.

FAẞNACHT, M., 1996, Preisdifferenzierung bei Dienstleistungen: Implementationsformen und Determinanten, Wiesbaden.

GIERL, H., 2000, Kundenbindungsaktivitäten im Vergleich – Eine Fallstudie am Beispiel der Automobilindustrie, in: Database Marketing, S. 14 – 17.

KANE, M., 2002, Study: CRM services expected to boom. ZDNet News v. 9.April 2002.

KRÄMER, A./KECK, C./TIEN, M., 2001, Preisreduktion oder Serviceverbesserung?, in: planung&analyse, S. 56 – 62.

KRÄMER A./KUHRT, S./UZUN, U., 2002, Kundenbindung durch besseren Service- Erfolgsbeitrag der Marktforschung für CRM, in: planung&analyse, S. 50 – 55.

KRÄMER, A./WILGER, G./DETHLEFSEN, H.A., 2001, Es muss nicht immer Conjoint sein! – Kundensegmentierung als Basis des neuen Preissystems der Deutschen Bahn, in: planung&analyse, S. 74-79.

LAUER, T., 2002, Bonusprogramme richtig gestalten, in: Harvard Business Manager, S. 98 – 106.

MACALUSO, N., 2000, Study: E-shoppers Not Swayed by Loyalty Programs. http://ecommercetimes.com/perl/ v. 19.5.2002.

MANDEL, S., 1999, Handbuch der Buchführung und Jahresabschlussaufstellung, Wien.

RAO, A.R./BERGEN, M.E/DAVIS, S., 2000, How to Fight a Price War, in: Harvard Business Review, S. 107-116.

REINARTZ, W./KUMAR, V., 2002, The Mismanagement of Customer Loyalty, in: Harvard Business Review, S. 86-94.

RIGBY, D.K./REICHHELD, F.F./SCHEFTER, P., 2002, Avoid the four perils of CRM, in: Harvard Business Review, S. 101 – 109.

SCHMENGLER, H.J./THIEME, M., 1995, Die Bedeutung eines Bonusprogramms im Marketing einer Luftverkehrsgesellschaft, in: Marketing ZFP, S. 130 – 135.

SHAPIRO, C./VARIAN, H.R., 1999, Information Rules – A Strategic Guide to the Network Economy, Boston.

SIMMONS, S./ESSER, M., 2000, Developing Business Solutions from Conjoint Analysis, in: GUSTAFSON, A./HERRMANN, A./HUBER, F. (Hrsg.): Conjoint Measurement – Methods and Applications, S. 67 – 96, Berlin.

SIMON, H./DOLAN, R., 1997, Profit durch Power Pricing – Strategien aktiver Preispolitik, Frankfurt.

SIMON, H., 1995, Preispolitik, in: TIETZ, B./KÖHLER, R./ZENTES, J. (Hrsg.), Handwörterbuch des Marketing, 2. Aufl., Sp. 2068 – 2085, Stuttgart.

SIMON, H. ET AL., 2000, Kundenbindung durch Preispolitik, in: BRUHN, M./HOMBURG, CH. (Hrsg.), Handbuch Kundenbindungsmanagement. Grundlagen – Konzepte – Erfahrungen, 3. Aufl., S. 319 – 335, Wiesbaden.

WEBER, A., 2001, Erfolgsmessung von Kundenbindungsprogrammen – Am Beispiel des Top-Kunden Programms von Lufthansa Miles&More, Diplomarbeit, Lehrstuhl für Wirtschaftspsychologie, Universität Mannheim.

WILGER, G./KRÄMER, A., 2002, Familien als besondere Zielgruppe im neuen Preissystem der Deutschen Bahn AG, in: Glasers Annalen / ZEV rail, S. 332 - 337.

Hartwig Steffenhagen

Konditionensysteme

1. Begriff der Konditionen und des Konditionensystems

In den verschiedenen Geschäftsbeziehungen eines Lieferanten im B2B-Sektor werden keineswegs immer in Art und Umfang homogene Leistungen des Lieferanten durch ebenso homogene Gegenleistungen seiner Kunden abgegolten. Vielmehr weisen die im Rahmen der verschiedenen Geschäftsbeziehungen ausgetauschten Leistungen des Lieferanten und die Gegenleistungen der Kunden eine hohe Varietät auf: Während manche Kunden während eines Geschäftsjahres beim Lieferanten ein „normales" Geschäftsvolumen in einer „normalen" Auftragsstruktur mit „normalen" Services des Lieferanten abwickeln und dafür „normale" Preise entrichten, weichen diese Geschäftsbeziehungsmerkmale von jenen des Geschäfts mit anderen Kunden dieses Lieferanten deutlich ab.

Solche Abweichungen sind auf das Gewähren bzw. Fordern von Konditionen zurückzuführen. *Konditionen* sind zwischen Lieferant und Kunde vereinbarte, an besondere Umstände gekoppelte kundenspezifische Modifikationen der sonst üblichen (Standard-) Bemessung von Lieferanten-Leistungen und/oder von Kunden-Gegenleistungen im Rahmen von Markttransaktionen bzw. dauerhaften Geschäftsbeziehungen. In der Konditionengewährung eines Lieferanten bzw. Konditionenforderung eines Kunden tritt somit die lieferantenseitig differenzierte Bearbeitung von Kunden bzw. kundenseitig differenzierte Bearbeitung von Lieferanten zu Tage. Im folgenden sei der Einfachheit halber durchgängig der Blickwinkel des Lieferanten gewählt, ohne bei den jeweils zu behandelnden Sachverhalten auch konsequent die analoge Perspektive des Kunden abzuarbeiten.

Kundenspezifische Modifikationen der Standard-Lieferantenleistung erfolgen etwa bei der Einräumung spezieller Rechte für den Kunden (z.B. Umtausch- oder Rückgaberecht, Garantierechte), der kundengerichteten Gewährung spezieller Sach- oder Geldzuwendungen (z.B. Produktproben, Werbekostenzuschüsse) oder der Übernahme spezieller Kommissionier- oder Logistikleistungen für den Kunden seitens des Lieferanten. Modifikationen der Standard-Gegenleistung eines Kunden bestehen z.B. in der Entrichtung gewisser Aufschläge auf den Listenpreis bzw. in der Inanspruchnahme gewisser Abschläge vom Listenpreis (Preismodifikationen), in der Nutzung besonders langer Zahlungsziele oder in der Übernahme gewisser Logistikleistungen (z.B. Selbstabholung). Die jeweiligen Standards bezüglich der Lieferanten- und Kundenleistungen spiegeln sich in den Listenpreisen wider und ergeben sich aus Allgemeinen Geschäftsbedingungen oder Branchenusancen.

Abweichungen vom Standard können sowohl für die Lieferanten- als auch die Kundenseite „nach oben" oder „nach unten" vereinbart werden. Im Rahmen z.B. der Preismodifikationen führt dies entweder zu Preisaufschlägen (z.B. Mindermengenzuschlägen, Transportkostenzuschlägen) oder Preisabschlägen (z.B. Rabatten). *Monetär* präzisierbare

Bestandteile der Konditionengewährung werden durch Rechnungsaufschlag bzw. -abzug oder durch separate Geldzahlungen abgerechnet. Neben monetäre Konditionen treten *nicht-monetäre* Konditionen insbesondere in Form kundenspezifisch erbrachter Dienstleistungen oder kundenspezifischer Einräumung von Rechten bzw. Übernahme von Pflichten durch den Lieferanten einerseits, andererseits in Form lieferantenspezifisch erbrachter Dienstleistungen/Eigenleistungen oder der lieferantengerichteten Einräumung von Rechten bzw. Übernahme von Pflichten durch den Kunden. Die Konditionenpolitik ist somit in ihrer monetären Erscheinungsform nicht nur eng mit der Preispolitik verbunden, sondern durchzieht – abgesehen vom Instrument der beeinflussenden Kommunikation – mit ihren nicht-monetären Erscheinungsformen das gesamte absatzpolitische Instrumentarium eines Lieferanten und analog das gesamte beschaffungspolitische Instrumentarium eines Kunden (vgl. Steffenhagen, 2000, S. 154 ff.). Der Versuch traditioneller Lehrbuch-Gliederungen, die Konditionenpolitik mittels des eigenständigen absatzpolitischen Instruments „Lieferbedingungen" zu erfassen, erscheint deshalb als verfehlt.

Die Konditionenpolitik eines Herstellers oder Großhändlers ist im B2B-Sektor entweder auf gewerbliche Abnehmer als Weiterverarbeiter gelieferter Produkte oder aber auf Handelskunden gerichtet. Gerade in der Hersteller-Handel-Beziehung haben sich in der Vergangenheit feingliedrig ausgeformte, in mehrerer Hinsicht vielseitig gestufte Konditionensysteme entwickelt. Im *Konditionensystem* eines Lieferanten wird von diesem festgelegt, unter welchen Voraussetzungen welche Konditionen in welcher Form und Höhe an welchen Kunden gewährt werden sollen. Das Konditionensystem ist somit ein Regelwerk, auf dessen Grundlage Kunden *regelbasiert-konsistent* differenziert bearbeitet werden, im Gegensatz zu einer improvisatorisch-willkürlichen Differenzierung, etwa entsprechend der durch den Kunden ausgeübten Nachfragemacht.

Die folgenden Ausführungen konzentrieren sich auf die *monetäre* Konditionenpolitik und entsprechende Systeme. Ein Konditionensystem ist stets durch ein beim jeweiligen Lieferanten in seiner grundsätzlichen Struktur festliegendes *Abrechnungsschema* gekennzeichnet, durch *Konditionenstaffelungen* sowie einen dem Schema zugeordneten *Geltungsbereich.* Abbildung 1 gibt ein derartiges (keineswegs als mustergültig zu bezeichnendes) Abrechnungsschema eines FMCG-Markenartikelherstellers für seine Handelskunden wieder. Es zeigt die grundsätzlich vorgesehenen Konditionenarten sowie deren Abzugsreihenfolge im Abrechnungsschema; sowohl rechnungswirksame als auch nicht-rechnungswirksame Konditionenarten sind vorgesehen. Abbildung 2 legt dagegen einen differenzierten Adressatenkreis frei sowie die im System vorgesehenen Konditionenarten und zugeordneten Konditionenhöhen. Insbesondere die Abzugsreihenfolge und Bezugsbasen der Prozentsätze bleiben allerdings im Dunkeln.

	Brutto-Umsatz (Menge x Fabrikabgabepreis)
./.	Grundrabatt
./.	Aktionskonditionen
./.	Logistikrabatt
=	**Fakturierter Umsatz/Warenwert**
./.	Basisrabatte in % vom fakturierten Umsatz
	- Bonus - Partnerschaftsprämie - Kernsortimentsvergütungen - vorg. Steigerungs-Rabatt - Absatzförderungsrabatt/Werbekostenzuschuß (WKZ)
=	**Rechnungsbetrag unskontiert**
./.	Skonto in % vom Rechnungsbetrag
=	**Rechnungsendwert skontiert**
./.	nachschüssige Vergütungen in % vom fakturierten Umsatz
	- WKZ gegen Rechnung - Bonus am Jahresende - Steigerungsrabatte
./.	Pauschalabsprachen in Euro
	- WKZ - Börsenbeteiligungen
./.	Zentralkonditionen in % vom Rechnungsbetrag
	- Delkredere - Sonstige Zentralkonditionen

Abbildung 1: Konditionen-Abrechnungsschema eines FMCG-Markenherstellers (FMCG = Fast Moving Consumer Goods)

Rabattart	Händlerkategorie		
	A	**B**	**C**
Normaler Händlerrabatt	21 - 25 %	18 - 21 %	15 - 17 %
Mengenrabatt	ab 100.000 DM 2 %, ab 200.000 DM 3 %		–
Aktionsbezogener Sonderrabatt	3 - 5 % abhängig von Dauer und Volumen der Aktion		–
Einzelrabatte, die durch Außendienst vergeben werden	4 - 5 %	3 %	–
Bonus für Erreichung des Steigerungsziels (Basis: Absatz des Vorjahres)	mind. 20prozentige Absatzsteigerung: 7 %* mind. 15prozentige Absatzsteigerung: 6 %* mind. 10prozentige Absatzsteigerung: 5 %*		
Treuebonus	4 - 5 %	3 %	–
Werbekostenzuschuß	bis zu 50 % der nachgewiesenen Kosten	bis zu 30 % der nachgewiesenen Kosten	–
Exklusivitätsbonus	5 %	4 %	–
Bonus für Unterstützung bei Neuprodukteinführungen	2 - 3 %, (Basis: Umsatz mit dem neuen Produkt)		–

* bezogen auf die Steigerung gegenüber Vorjahr

(Quelle: Homburg/Daum, (1997), S. 100)

(Die Händlerklassifikation ergibt sich aus dem Vorjahresumsatz, Lagerhaltung des Herstellersortiments, Bereitschaft zur Werbekooperation und einem Mindestauftragswert.)

Abbildung 2: Konditionensystem eines Herstellers technischer Gebrauchsgüter

Beide Abbildungen lassen nachvollziehen, dass bei der Konzipierung eines (monetären) Konditionensystems folgende *systembildende Gestaltungsentscheidungen* zu treffen sind:

- *Geltungsbereich* des Systems: Für gewisse Sortimentsteile, für gewisse Kundentypen als Adressaten, für gewisse Regionen;
- Vorzusehende *Konditionenarten* je nach Anlass einer Konditionengewährung;
- *Form der Konditionengewährung*: Geld oder Naturalien;
- *Höhe* und *Dimension der Konditionengewährung*: Als Prozentsatz einer Bezugsbasis oder als absoluter Geldbetrag;
- *Bezugsbasen* einer prozentualen Konditionengewährung: Listenpreis oder in spezifischer Abzugsreihenfolge gestaffelte Bezugsbasen;

- *Vergütungsweise* und *Zeitpunkt* der Konditionenabrechnung: Per Rechnungsabzug oder per separater Geldzahlung; bei jedem Auftrag oder z.B. tertialweise bzw. am Jahresende.

Sind in einem Konditionensystem zu all diesen Gestaltungsvariablen eindeutige Regeln vorgesehen, läßt ein in diesem Sinne *geschlossenes System* den kundenspezifischen Vertriebsmanagern keine Freiheitsgrade für die Kundenbehandlung. Die Stärke einer derart systemgestützten Gleichbehandlung aller Kunden – nicht mit Gleichmacherei zu verwechseln! – liegt in der geringen Fehleranfälligkeit der Konditionenabrechnung beim Lieferanten, im Schutz vor dem denkbaren Diskriminierungsvorwurf und in der Stärkung des Vertrauens der Kunden in den Lieferanten, so lange keine Systemverletzungen bekannt werden. *Offene Systeme*, die z.B. in der Stringenz der Konditionenhöhe vage bleiben, weisen diese Stärken nicht auf, lassen jedoch den Verkaufsrepräsentanten Spielräume, um der „Lust am Handeln" gewisser Einkäufer entgegen zu kommen, oder um in eigenen „schwachen Momenten" einlenken zu können (vgl. Lange, 1990, S. 102). Diese Aspekte leiten bereits zu den Zielen bzw. Effekten von Konditionensystemen über, wobei sich das Folgende auf *handelsgerichtete Konditionensysteme* von *Herstellern* konzentriert.

2. Ziele bzw. Effekte von Konditionensystemen

Mit der Gestaltung und dem Einsatz von Konditionensystemen wird i.a. eine ganze Reihe von für den Lieferanten wünschenswerten Wirkungen angestrebt. Dieses sind vor allem:

- Erleichterung der *Sachorientierung in Preisverhandlungen* bzw. Jahresgesprächen. Mittels der Preis- bzw. Konditionenverhandlung wird der jeder Hersteller-Handel-Beziehung innewohnende Verteilungskonflikt bezüglich eines möglichst hohen individuellen Anteils am sog. Channel-Profit ausgetragen, was die Gemüter bekanntlich erhitzt. Die Kopplung gewisser Preisbestandteile an sachliche Kriterien hilft, die Argumentation zu strukturieren und beugt somit einer übermäßigen Emotionalisierung der Verhandlungen vor.
- Kundenbezogene *preispolitische Feinsteuerung*. Konditionensysteme zielen in evidenter Form auf eine kunden- und ggf. auch eine produktlinienbezogene Preisdifferenzierung mit den daraus resultierenden Erlös- und Gewinnkonsequenzen ab.
- *Leistungsmotivation des Handelspartners* bezüglich einer Übernahme von Wertschöpfungsaufgaben, insbesondere hinsichtlich der aktiven Vermarktung der Produkte des jeweiligen Lieferanten. Der Gedanke der Leistungsorientierung von Konditionensystemen durchzieht die Behandlung dieses Themas in Praxis und Wissenschaft (vgl. z.B. Keller, 1991; Steffenhagen, 1995; Härdtl, 1995; Oversohl, 2002, sowie die in diesen Arbeiten zitierte Praktikerliteratur). Mit „Leistung" wird dabei sowohl auf für den Lieferanten günstige Resultate der Arbeit des Handelspart-

ners (wie z.B. Abverkäufe, Umsätze, Kosteneinsparungen etc.) abgestellt als auch auf die zu solchen Resultaten führenden Aktivitäten des Handelspartners (wie z.B. zeitliche Auftragsbündelung, Logistikvorkehrungen, Zweitplatzierungen, Instore-Werbung etc.).

- *Kundenbindung* infolge des mit einer speziellen Konditionenart (sog. Umsatzbonus) honorierten Geschäftsvolumens, welches ein Handelspartner bei dem Lieferanten abwickelt.
- *Sortimentsbezogene Umsatzstrukturförderung* beim Lieferanten mittels einer Konditionenart, die auf die Struktur des mit einem Handelspartner realisierten Geschäftsvolumens abhebt (sog. Sortimentsvergütung).
- *Positive Preisgünstigkeitsbeurteilung* durch die Handelspartner, die infolge der Entbündelung (= Separierung) einzelner Rabatte bzw. Vergütungen einem prospect-theoretisch erklärbaren (Netto-)Preisbeurteilungseffekt unterliegen (Herrmann/Bauer, 1996; von Nitzsch, 1998; Diller, 2000, S. 130 ff.). Insbesondere aus diesem Blickwinkel ist ein Listenpreis-plus-Konditionen-System einem Netto-Preissystem überlegen.

Zusammenfassend beziehen sich alle genannten Effekte auf eine möglichst gute Erfüllung des *Gewinn-, Umsatz-, Kostenwirtschaftlichkeits-, Sicherheits- und Liquiditätsstrebens* beim Lieferanten. Auf diese Unternehmensziele werden Konditionensysteme letztlich ausgerichtet.

3. Struktur und Gestaltung von Konditionensystemen

3.1 Anforderungen an ein Konditionensystem

Neben den Zielen bzw. Effekten, die mit einem Konditionensystem erreicht werden sollen, muss sich ein solches System weiteren, insbesondere von der Praxis postulierten Anforderungen stellen. Dazu zählen (vgl. Steffenhagen, 1995, S. 19 ff.; Oversohl, 2002, S. 104 ff.):

Leistungsbezogenheit aller Systembestandteile

Alle Bestandteile eines Konditionensystems sind zwecks Begründbarkeit und angestrebter Sachorientierung darauf auszurichten, dass sie mit Blick auf den Wertschöpfungsprozess die spezifische Teilung von Hersteller- und Handelsleistungen widerspiegeln. Die im System vorgesehenen Konditionenarten müssen die vom Standard abweichenden *Sonder*leistungen des Handelspartners abbilden (siehe obige Definition der Konditionen). Folglich gilt es, im Listenpreis alle Herstellerleistungen sowie die Standardleistungen des

Handels im jeweiligen Sortimentsbereich zu berücksichtigen. Die Abgrenzung der Sonderleistungen von Standardleistungen wirft besondere Fragen und Probleme auf, denen an dieser Stelle nicht weiter nachgegangen sei (vgl. dazu Steffenhagen/Härdtl, 1992; Steffenhagen, 1995; S. 79 ff.; Oversohl, 2002, S. 56 ff.).

Transparenz
Diese Anforderung beinhaltet mehrere Aspekte: Zum einen wird damit auf die „Einfachheit" eines Systems abgestellt, welche sich in der (geringen) Anzahl der vorgesehenen Konditionenarten und in der leichten Durchschaubarkeit des Abrechnungsschemas niederschlägt. Zum anderen geht es auch um die Rechnungswirksamkeit gewählter Konditionen (vgl. Oversohl, 2002, S. 110): Wenn alle Konditionenarten auf einer Rechnung erscheinen, mit welcher ein Warengeschäft abgerechnet wird, lassen sich vom Handel leicht Netto-Netto-Preise ermitteln und miteinander vergleichen. Diese Forderung steht allerdings z.T. in Konflikt mit der strikten Leistungsorientierung gewährter Konditionen; denn nicht jede Konditionengewährung hat etwas mit einem speziellen Warengeschäft zu tun (z.B. Jahresbonus, Werbevergütungen) und die „gewaltsame" Verquickung einer solchen Konditionenabrechnung mit einer auftragsbezogenen Rechnung führt – wie sich in der Praxis zeigt – leicht zu leistungswidrigen Effekten (z.B. wenn eine Platzierungsvergütung in Prozent vom Rechnungswert abgerechnet wird; vgl. dazu Steffenhagen, 1995, S. 243ff.).

Erhaltung von Flexibilität
Ein gestaltetes Konditionensystem muss es z.B. erlauben, auf unterschiedlich strukturierte Handelsorganisationen einzugehen, unterschiedliche und ggf. später hinzutretende oder wegfallende Sortimentsteile differenziert zu behandeln, auf marktstrukturell bedingte Veränderungen prinzipieller Handelsleistungen zu reagieren oder auf differierende Usancen in unterschiedlichen Ländern (Inland versus Ausland) einzugehen.

Rechtliche Unbedenklichkeit
Diese bezieht sich vor allem auf die in einem Konditionensystem antreffbare Spreizung zwischen geringster und höchster Konditionengewährung. Hohe Spreizung weckt die Vermutung sachlich ungerechtfertigter, nicht leistungsorientierter Kundenbehandlung, was – wie die Erfahrung lehrt – leicht zu Eingriffen der Kartellbehörde führen kann (vgl. Böger, 1990).

3.2 Konditionenarten

Da ein Konditionensystem die zwischen Hersteller und Händler spezifische Aufteilung zu erbringender Leistungen und deren Kompensation durch den jeweiligen Partner regelt, sind die für ein solches System im Einzelfall relevanten Konditionenarten aus den vom Hersteller und Händler in der jeweiligen Branche typischerweise zu bewältigenden Marktprozessen bzw. Wertschöpfungsaktivitäten abzuleiten. Mit jeder Konditionenart ist dann eine bestimmte Teilleistung zu verbinden, die im Einzelfall der jeweiligen Geschäftsbeziehung vom jeweiligen Kunden in einem höheren oder niedrigeren Ausmaß übernommen wird.

Gestützt auf eine generalisierende Marktprozess- bzw. Wertschöpfungsanalyse lassen sich als branchenübergreifend grundsätzlich in Betracht zu ziehende *Kategorien von Konditionenarten*

- Zahlungskonditionen,
- Logistikkonditionen,
- Kaufvolumenkonditionen,
- Marktbearbeitungskonditionen und
- Marktinformationskonditionen

ausmachen (vgl. zur Herleitung Steffenhagen/Keller, 1989; Steffenhagen, 1995; Oversohl, 2002).

In die Kategorie der monetären *Zahlungskonditionen* fallen die Skontogewährung, die Inkasso- und die Delkrederevergütung. (Die Einräumung eines verlängerten Zahlungsziels als sog. Valutavereinbarung sei als nicht-monetäre Finanzdienstleistung hier ausgeklammert.) Die Inkasso- und Delkrederevergütung werden häufig als *Vergütung für Zentralregulierung* zusammengefasst. Beim *Skonto* liegt die Sonderleistung des Kunden in der – im Vergleich zu einem Standard-Zahlungsziel – vorzeitigen Bezahlung einer Rechnung. Die *Inkassovergütung* honoriert die handelszentralseitige Übernahme des Abrechnungsverkehrs mit den angeschlossenen Einzelabnehmern. Mit der *Delkrederevergütung* wird die handelszentralseitige Übernahme und Absicherung des Zahlungsausfallrisikos auf Ebene der ihr angeschlossenen Einzelabnehmer ausgeglichen.

In die Kategorie der *Logistikkonditionen* lassen sich mehrere Konditionenarten einordnen. Grundsätzlich geht es hierbei um die Honorierung von Effizienz in allen Sphären der physischen Bewegung von Ware, einschließlich der die Warenbewegung begleitenden Informationsvorgänge. *Auftrags(mengen)vergütungen* (auch: *Frachtvergütungen*) honorieren Aufträge, aufgrund derer für den Hersteller logistikgünstig eine bestimmte Menge in einer besonderen Struktur (Sortenreinheit) an einen bestimmten Liefer- bzw. Bezugspunkt des Kunden zu liefern ist. Diese drei Dimensionen werden gelegentlich auch separat „verkonditioniert", z.B. mittels einer Auftragsvolumenstaffel, einer Sortenreinheitskondition (z.B. sog. Palettenrabatt) und einem Bezugspunktrabatt, wobei die Separierung jedoch der Interdepedenz der mit diesen drei Dimensionen verbundenen Kosteneffekte nur unzureichend Rechnung trägt. Eine *Entladekondition* knüpft an kurze Wartezeiten am Bezugs- und Entladepunkt des Kunden an. Konditionenarten, die sich auf einen besonders frühen Bestellzeitpunkt einerseits bzw. einen besonders frühen Zeitpunkt für die physische Übernahme von Saisonware andererseits beziehen, sind die *Vordispositionsvergütung* bzw. die *Frühbezugsvergütung*. Schließlich haben sich *Auftragsbearbeitungskonditionen* eingebürgert, die sich an die effiziente, elektronische

Datenübermittlung ankoppeln, welche von der Auftragserteilung bis zum Zahlungsavis reichen.

Kaufvolumenkonditionen decken als Kategorie die verschiedenen Erscheinungsformen des *Bonus* ab, der an Kundenleistungen wie absolutes (mengen- oder wertmäßiges) Gesamtgeschäftsvolumen, Volumensteigerung, Potentialausschöpfung, Einhaltung einer Zielvereinbarung o.ä. anknüpft. *Marktbearbeitungskonditionen* honorieren die besonderen, herstellerspezifischen Leistungen eines Handelspartners bei der Beeinflussung der Konsumenten. Sie lassen sich in zwei Gruppen gliedern:

Konditionen für die dauerhaft-besondere Marktbearbeitung des Handelspartners zugunsten eines Herstellers. Dazu gehören z.B. die *Listungsvergütung* und *Sortimentsvergütung*. Listungsvergütungen werden i.a. als einmalige Zahlungen für das Führen eines Herstellerartikels im Sortiment des Handelspartners gewährt. Eine Sortimentsvergütung erhalten darüber hinaus jene Kunden, die das komplette Herstellersortiment einer Warengruppe führen und aktiv vermarkten. Mit einer *Distributionsvergütung* honoriert der Hersteller die kontinuierliche physische Präsenz seiner Artikel in der Vielzahl der Outlets des Handelspartners, eine Leistung, die deutlich über die Listung eines Artikels (= Aufnahme in den Ordersatz der Handelsorganisation) hinausgeht. *Regalmieten* (Stammplatzierungsvergütungen) sind schließlich ebenso in diese Gruppe einzureihen wie etwa auch *Beratungsvergütungen* für Aktivitäten in der Konsumentenberatung.

Anstatt das Ausmaß der Aktivitäten zum Ausgangspunkt der Konditionengewährung zu machen, kann auch das Resultat aller Händleraktivitäten im Urteil der Konsumenten aufgegriffen werden, indem die *Konsumentenzufriedenheit* mit der jeweiligen Handelsorganisation honoriert wird (wie z.B. im Automobilsektor; vgl. dazu Chu/Desai, 1995; o.V., 1996). Konditionen für eine zeitlich befristete, vorübergehend speziell gestaltete Marktbearbeitung des Handelspartners zugunsten eines Herstellers im Rahmen von Verkaufsförderungsaktionen (*Aktionskonditionen*). Dazu gehören z.B. *Werbevergütungen*, *Sonderplatzierungsvergütungen*, *Sonderpreisvergütungen*, aber auch die *Börsen-* bzw. *Messevergütung* eines Herstellers bei Teilnahme an einer Börse bzw. Messe eines Handelspartners. Schließlich seien die *Marktinformationskonditionen* erläutert: Diese knüpfen an die Bereitstellung oder den Austausch von Marktinformationen zwischen Hersteller und Handelspartner an.

Für jede einzelne Konditionenart ist im jeweiligen System festzulegen, wie die betreffenden Leistungen im Ausmaß ihrer Erfüllung durch den Partner zu erfassen (= zu messen) sind, und welche Vergütungshöhe den abgestuft erfüllten Leistungshöhen zugeordnet werden sollen. Dieses ist die Aufgabe der Gestaltung von Vergütungsstaffeln.

3.3 Gestaltung von Vergütungsstaffeln

Eine Vergütungsstaffel beinhaltet die Zuordnung alternativer Vergütungshöhen zu alternativ hohen Ausprägungen einer Kundenleistung für den Lieferanten. Die Tabellen 1 bis 3 bieten hierzu jeweils ein Beispiel für eine Kaufvolumen-, eine Regalplatz- und eine Frachtvergütungs-Vergütungsstaffel.

Jahresumsatz (Mio.)	Vergütung (%)
0,5 -1,5	1,5
1,5 -2,0	1,8
2,0 - 2,5	2,1
2,5 - 3,0	2,4
3,0 - 3,5	2,7
3,5 - 4,0	3,0
4,0 - 5,0	3,3
5,0 - 6,0	3,6
6,0 - 7,0	3,8
7,0 - 8,0	4,0
8,0 - 9,5	4,1
9,5 - 11,0	4,2
11,0 - 13,0	4,3
13,0 - 16,0	4,4
16,0 - 20,0	4,5

Tabelle 1: Kaufvolumen - Vergütungsstaffel für LEH-Kunden (Modifizierter Praxisfall: Körperpflegeprodukte)

	Platzierungsleistung (in Regalmetern)		
	Stufe I	Stufe II	Stufe III
Supermarkt	2,0	2,1 - 3,0	3,1 - 4,0
Kleiner VM	2,0 - 3,0	3,1 - 4,0	4,1 - 5,0
Großer VM	3,0 - 4,0	4,1 - 5,0	5,1 - 7,0
SB-Warenhaus	3,0 - 5,0	5,1 - 7,0	7,1 - 9,0
C+C	4,0 - 6,0	6,1 - 8,0	8,1 - 9,0
Maximale Vergütungshöhe	0,5 %	1,5 %	3,0 %

Tabelle 2: Regalplatz-Vergütungsstaffel für LEH-Kunden (Modifizierter Praxisfall: Snackprodukte)

Marke	Staffel A >30 Lagen .... >2.000 kg 17,50 DM/100 kg	Staffel B >50 Lagen inkl. 6 Vollpal. >3.330 kg 22,00 DM/100 kg	Staffel C >150 Lagen inkl. 12 Vollpal. >10.000 kg 25,00 DM/100 kg	Staffel D >250 Lagen inkl. 15 Vollpal. >20.000 kg 29,00 DM/100 kg
	Frachtvergütung in DM/Stck.			
Natreen	0,03	0,04	0,05	0,06
Delial	0,04	0,06	0,07	0,08
Duschdas	0,05	0,07	0,08	0,09
Badedas	0,08	0,10	0,12	0,14
Satina	0,03	0,04	0,05	0,06
Autan	0,02	0,03	0,04	0,05
Baygon	0,02	0,03	0,04	0,05
Ambi Pur	0,02	0,03	0,04	0,05

Tabelle 3: Beispiel einer Frachtvergütungsstaffel auf Artikelebene

Die Konstruktion einer Vergütungsstaffel für eine bestimmte Konditionenart erfordert dreierlei Festlegungen:

Die mit der jeweiligen Konditionenart korrespondierende *Leistung* des Kunden ist *operational in messbaren Größen zu definieren*. Erst auf dieser Grundlage ist es möglich, das Ausmaß einer vom Kunden erbrachten Leistung zu erfassen. Wenn z.B. von „Jahresumsatz" gesprochen wird, muss geklärt sein, ob der Brutto- oder Nettoumsatz einschließlich oder ausschließlich Retouren, fakturiert oder bezahlt, einschließlich oder ausschließlich Umsatzsteuer usw. gemeint ist. Bei den Logistikkonditionen sind zumindest die o.g. Dimensionen Menge, Sortenreinheit und Lieferpunkt zu beachten. Marktbearbeitungskonditionen weisen neben der sachlichen Art der Absatzförderung eine räumliche (Anzahl aktiver EH-Outlets) und eine zeitliche Dimension auf, die in Leistungsdefinitionen nicht vergessen werden dürfen. Wenn z.B. beklagt wird, dass nach Zahlung einer Listungsvergütung kurze Zeit später vom Kunden eine „Auslistungsverhinderungsgebühr" verlangt wird, dann ist offenbar vom Lieferanten der Zeitbezug der erkauften Listung nicht hinreichend klar definiert worden.

Die genaue Definition konditionenrelevanter Leistungen zeigt auf, ob Leistungen in ihrem Ausmaß auf einer Leistungsskala lediglich *dichotome Ausprägungen* aufweisen können („wird erbracht/wird nicht erbracht", „vorhanden/nicht vorhanden" o.ä.) – wie z.B. bei der Listung eines Artikels – oder ob Leistungen in ihrem Ausmaß – wie z.B. das Kaufvolumen – prinzipiell *kontinuierlich skalierbar* sind.

Aus Gründen der Praktikabilität (z.B. Unschärfen bei der Leistungsmessung mögen zu kleinlichen Streitereien führen) sind für kontinuierlich skalierbare Leistungen „gewaltsam" *abgestufte Leistungszonen* festzulegen (vgl. Tabellen 1 bis 3; in Tabelle 3 müsste besser von Staffelzone anstatt von „Staffel" gesprochen werden, da die gesamte Tabelle die Staffelung abbildet). Diese Festlegung entscheidet über die *Leistungssensitivität der resultierenden Staffel*. Sehr grobe Staffelungen widersprechen der zu fordernden Leistungsorientierung, sehr feine Staffelungen vermindern die Transparenz eines Systems (vgl. Abschnitt 3.1). Ideal wäre es, die Staffelung der Leistungszonen an im jeweiligen Fall erkennbare, auf der Kundenseite typischerweise praktizierte Leistungsabstufungen anzupassen.

Den Leistungszonen sind gestaffelte *Vergütungshöhen* für die jeweilige Konditionenart zuzuordnen. Die Tabellen 1 und 3 sind Beispiele für offenkundig *geschlossene* Konditionenstaffeln. In Tabelle 2 wird aus dem Vermerk „maximale Vergütungshöhe" erkennbar, dass hier keine feste Zuordnungsregel, sondern lediglich eine obere Schranke existiert; es handelt sich somit um eine Spielraum lassende *offene* Staffel.

Von den drei Festlegungen ist die dritte, die *Bemessung der Vergütungshöhe* alternativ hoher Kundenleistungen, die kritischste Entscheidung. Hierbei gilt es zwei Effekte zu antizipieren, nämlich den je nach Inanspruchnahme einer Staffel resultierenden Nettonutzen für den Kunden und den daraus zugleich resultierenden Nettonutzen für den Lieferanten.

Ein resultierender *Nettonutzen für den Kunden* ist sicherzustellen, weil das Konditionensystem nicht nur die Geschäftsbeziehung zum jeweiligen Lieferanten attraktiv machen, sondern auch den Kunden zur Übernahme von Leistungen motivieren soll. Der infolgedessen vom Kunden empfundene Nettonutzen ergibt sich aus dem ihm voraussichtlich entstehenden Transaktionsnutzen des zu realisierenden Geschäftsvolumens mit dem Lieferanten und aus den damit verbundenen (Transaktions-) Kosten. Dieser Saldo fällt bei alternativ hohen Geschäftsvolumina mit dem Lieferanten und alternativ hohen Leistungsübernahmen für diesen Lieferanten aus Sicht des Kunden unterschiedlich hoch aus. Einen derartigen Saldo wird der Kunde mit sich anderweitig bietenden Möglichkeiten vergleichen. Da bei diesem Vergleich des Kunden lediglich solche konkurrierenden Lieferanten-Alternativen betrachtet werden, die als „echte" Alternativen einen äquivalenten „Verkaufsnutzen" infolge vergleichbarer Markenstärke, Preislage u.ä. repräsentieren, konzentriert sich die Nettonutzenbeurteilung des Kunden auf die resultierende *Günstigkeit des Wareneinstandspreises* des betrachteten Lieferanten in Verbindung mit den in Arbeitsteilung mit ihm *zu übernehmenden Geschäftsprozesskosten*. Letztere stehen im Mittelpunkt einer Beurteilung insbesondere der Leistungsübernahme bzw. der Konditionenhöhe in den Bereichen Inkasso und Delkredere, Logistik sowie konsumentengerichtete Marktbearbeitung.

Die Referenzmaßstäbe, an welchen der Kunde die Attraktivität von Konditionenstaffeln beurteilt, sind deshalb die für den Kunden leistungsübernahmebedingt entstehenden Kosten bzw. die ihm entstehenden Opportunitätskosten, wie z.B. entgehende Gewinne bei anderweitiger Nutzung von Verkaufsflächen bzw. Regalmetern oder bei anderweitigem Einsatz eigener Werbeetats bzw. eigenen Verkaufspersonals für die Konsumentenbeeinflussung. Eine vom Lieferanten angebotene Konditionenstaffel muss in ihrer Attraktivität – wenn sie die vom Lieferanten gewünschten Leistungseffekte haben soll – jedenfalls die sich dem Kunden bietenden Alternativen übertreffen, was infolge der für den Lieferanten mangelnden Transparenz kundenseitiger Kosten und kundenseitig relevanter Alternativen ein schwieriges Abwägungsproblem aufwirft.

Bei der Bewältigung dieses Problems ist jedoch auch der zweite Effekt zu beachten, nämlich die zu fordernde *Vorteilhaftigkeit einer Konditionenstaffel für den Lieferanten*, bei dem bei spezifischer Inanspruchnahme einer Konditionenstaffel durch die Kunden ebenfalls ein positiver Nettonutzen entstehen muss; anderenfalls wäre es ein Fehler, eine solche Staffel anzubieten. Auch für den Lieferanten stellt sich dabei die Frage nach entstehenden Kosten und Opportunitätskosten (z.B. entgangene Gewinne des „Selbermachens“ in der Logistik oder staffelbedingt erzielbare Zusatzerlöse, z.B. aus verstärkter konsumentengerichteter Marktbearbeitung des Handelspartners).

Es wird ersichtlich, dass Kondionenstaffeln so zu gestalten sind, dass sich den Marktpartnern, d.h. dem Lieferanten und seinen heterogenen Handelspartnern, trotz der *standardisierten* Konditionenstaffeln des Lieferanten mittels der Staffelung *alternative* Win-Win-Konstellationen eröffnen, in die sich einzelne Handelspartner je nach individueller Struktur „einklinken“ können. Die Staffelungen sind mit den jeweiligen Leistungszonen und Vergütungshöhen folglich so auszurichten, dass mit den staffelbedingten Leistungs-Gegenleistungszuschnitten realisierbare Effektivitäts- (= Wirksamkeits-) und/oder Effizienz- (= Wirtschaftlichkeits-)potentiale in der Hersteller-Händler-Konsumenten-Interaktion verbunden sind. Dieser dem ECR-Ansatz zugrunde liegende Grundgedanke ist zwar nicht neu, wird aber im Zusammenhang mit der Strukturierung von Konditionensystemen bislang zu wenig betont erörtert (vgl. jedoch Zentes, 1996).

Da offenbar bei der Konstruktion von Konditionenstaffeln nicht nur mehrere Ziele gleichzeitig verfolgt werden (vgl. Abschnitt 2.), sondern auch Unsicherheit zu handhaben ist, wirft diese Aufgabe eine Reihe nur schwierig zu bewältigender *Bewertungsprobleme* auf. Das bisher verfügbare Angebot an diesbezüglicher methodischer Unterstützung kann trotz vorhandener, die relevanten Kernfragen freilegender Überlegungen (vgl. Steffenhagen, 1995; Tunder, 2000; Oversohl, 2002) keineswegs als zufriedenstellend bezeichnet werden. Die von Oversohl (2002, S. 231 ff., S. 234 ff. und S. 248 ff.) dazu vorgeschlagenen Punktbewertungsverfahren bieten zwar eine Hilfestellung für die Einordnung eines Kunden in gewisse Leistungszonen, verschleiern jedoch mit ihrer vermeintlich quantitativen Ermittlung passender Vergütungshöhen das sich hier stellende Grundsatzproblem und führen keineswegs zu einer effizienz- bzw. effektivitätsorientierten Staffelung der Vergütungshöhen.

4. Umstellung eines Konditionensystems

Die anhaltende Diskussion über sach- bzw. leistungsorientierte Konditionensysteme führt zunehmend dazu, dass Hersteller ihr etabliertes System auf den Prüfstand stellen und eine Umstrukturierung vornehmen. Ein Beispiel hierzu bietet der folgende Kasten.

Praxisbeispiel zur Umstellung eines Konditionensystems:

Die Vivadent Dental GmbH vertreibt Produkte und Verfahren zur konservierenden und präventiven Zahnbehandlung über den einschlägigen Fachgroßhandel bzw. Versandhandel an Zahnärzte. Das Konditionensystem sah Funktionsrabatte für folgende Leistungen vor: Außendienstbetreuung der Zahnärzte durch den Vertragsgroßhändler, dessen gezielter herstellerbezogener Produkteinsatz, Ausstellung der Vertragsprodukte in den Ausstellungsräumen des Großhändlers, werbeunterstützende Maßnahmen sowie technische Serviceleistungen.

Trotz des auf dem Papier eingängigen Systems waren die ursprünglich als Leistungsrabatte definierten Konditionen in den letzten Jahren zum Standard geworden und somit kein Anreiz mehr für Leistungssteigerungen.

Das neue System sollte nicht nur die strategische Forcierung einzelner Produktgruppen und eine faire Standardleistungshonorierung des Fachgroßhandels/Versandhandels sicherstellen, sondern auch besondere Leistungen belohnen können.

Folgende Systemelemente wurden als Kriterien für die Gewährung von Leistungsboni festgelegt:

Grundleistung: umsatzbezogenes Element, um die Funktion des Großhandels zu honorieren.
Schulung: Prämie für die Teilnahme von Handelsmitarbeitern an den ganztägigen Schulungen des Unternehmens.
Verkaufsförderung: Bonifikation der Bereitschaft des Handels zur Durchführung gemeinsam geplanter Verkaufsförderungsmaßnahmen im Jahresverlauf.
Startpaket-, Vivacare-, Vermarktungsleistung: produktbezogene Elemente, die die Forcierung von Sortimentspaketen honorieren.

Die Leistungskriterien für sämtliche Elemente sind so definiert, daß jeder Großhändler ein Minimum an Bonus erreichen kann, den sog. Leistungsbonus-Standard. In jedem Bonus-Bereich sind darauf aufbauend z.T. quantitative, z.T. qualitative Anforderungen an den Handel gestellt, bei deren Erfüllung es jeweils ein sog. Leistungsbonus-Plus gibt.

Zwei Beispiele:

- Der Grundleistungsbonus-Standard honoriert gemäß einer Umsatzstaffel die Umsatzbedeutung des Händlers. Das Grundleistungsbonus-Plus wird gewährt, wenn der Händler mit Vivadent zumindest das normale Marktwachstum schafft. Darüber hinaus gibt es ein Grundleistungsbonus-Plus 2. Stufe, der einen über das normale Marktwachstum hinausgehenden Umsatzzuwachs mit dem Unternehmen honoriert.
- Der Schulungs-Leistungsbonus-Standard wird gewährt, wenn eine von der Kundengröße abhängige Anzahl von Mitarbeitern an dem Schulungsangebot des Unternehmens einmal pro Jahr teilnimmt, bei zweimaliger Teilnahme pro Jahr kommt das Schulungs-Leistungsbonus-Plus zum Tragen.

Innerhalb des Konditionenmodells kann auf Ausnahmeregelungen, Gewährung von Sonderleistungen etc. verzichtet werden, da die einzelnen Systemelemente die Steuerung von Leistungen und Gegenleistungen vornehmen. Das System ermöglicht zudem eine klare, vom Handel geforderte Differenzierung zwischen Großhandel und Versender. Die jeweiligen Funktionen werden deutlich voneinander abgesetzt und honoriert.

Die Erarbeitung des Systems erforderte einen Zeitraum von über einem halben Jahr, in dem sämtliche Aspekte von allen Seiten beleuchtet und untersucht wurden. Die Einführung des Systems bei den Jahresgesprächen für 1996 zeigte, daß der Handel den Überlegungen der Leistungsdifferenzierung positiv gegenübersteht und auch deutlich honoriert, daß Konditionen nicht mit der Gießkanne verteilt werden, sondern auf Leistungen des Lieferanten und Gegenleistungen des Handels zugeschnitten sind.

(Quelle: Große, 1996, S. 78-80)

4.1 Prozesskonzept zur Umstellung eines Konditionensystems

Für das Vorgehen bei der Umstellung eines Konditionensystems sind unterschiedliche *Prozesskonzepte* vorgeschlagen worden (Steffenhagen, 1996; Fiesser/Schneider, 2000; Oversohl, 2002, S. 152 ff.). Gemeinsam sind allen Vorschlägen zumindest die folgenden Schritte:

1. *Diagnose der Ausgangssituation:* Die bislang im System enthaltenen Konditionenarten und deren Leistungsbezug, die den unterschiedlichen Kunden gewährten Konditionenhöhen und die dabei realisierten Netto-Netto-Preise, die Art der Konditionenabrechnung, die Einheitlichkeit der Systemanwendung, die Transparenz des Systems u.a.m. gilt es freizulegen.
2. *Strategische Fundierung*: Jegliche Konditionengewährung muss in die Marketing- bzw. Vertriebsstrategie des Herstellers eingebettet sein. Deshalb ist vor weiteren Schritten klarzustellen, welche Sortimentsbereiche, Markenfamilien und/oder Ver-

triebsschienen im Handel mit welcher Priorität bearbeitet werden sollen. Darauf ist das Konditionensystem auszurichten.

3. *Präzisierung der einzubeziehenden Konditionenarten und korrespondierenden Leistungsmaße*: Hiermit wird festgelegt, welche Art von Leistungen des Lieferanten und welche Art von Eigen- bzw. Gegenleistungen des Kunden explizit zum Gegenstand einer optimierten Aufteilung zwischen Hersteller und Händler gemacht werden sollen – und auch, worin ausdrücklich *keine* honorierungswürdige (Sonder-)Leistung gesehen wird. Zu allen Konditionenarten müssen operationale Leistungsstaffeln präzisiert werden. Dabei muss der Geltungsbereich des Systems (z.B. für gewisse Sortimentsbereiche und Vertriebsschienen) im Auge behalten werden.

4. *Festlegung des Konditionen-Abrechnungsschemas*: Die Vergütungsweise (z.B. Rechnungsabzug oder separate Geldzahlung), die Vergütungszeitpunkte, die Vergütungsdimension (absoluter Geldbetrag oder Prozentsatz einer Bezugsbasis), die relevanten Bezugsbasen sowie die Adressaten der Abrechnung (Zentralen, Einzelabnehmer) sind für alle Konditionenarten zu verankern (zu Näherem vgl. Steffenhagen, 1995, S. 227 ff.).

5. *Überprüfung und ggf. Neujustierung der Listenpreise*: Bei der Umstellung eines Konditionensystems auf ausschließlich leistungsorientierte Konditionenarten entfallen sog. „Scheinkonditionen", d.h. Abzüge, die allen Kunden gleichermaßen gewährt werden. Listenpreise können deshalb gesenkt werden, ohne die Kunden mit dem angestrebten neuen System schlechter als zuvor zu stellen. Die Transparenz des Systems wird gleichzeitig erhöht.

6. *Neustaffelung der Vergütungshöhen je Konditionenart*: In diesem Schritt sind die in Abschnitt 3.3 angesprochenen Bewertungsprobleme zu lösen. Als Grundlage der Staffelungen sind mit Blick auf Effizienzgewinne gründliche Kostenanalysen (z.B. bezüglich logistischer Einzelheiten), aber auch, mit Blick auf Effektivitätsgewinne, subtile Wirkungsanalysen vorzunehmen (z.B. bezüglich der Wirkung verstärkter konsumentengerichteter Marktbearbeitung durch den Handelspartner). Auf Details kann an dieser Stelle nicht eingegangen werden (zu Näherem vgl. Steffenhagen, 1995, S. 143 ff.; Oversohl, 2002, S. 174 ff.). Wichtig ist es, die Neustaffelung der Konditionen mit der Neujustierung der Listenpreise einzelner Artikel sinnvoll zu verbinden: Als eine Nebenbedingung für die neue Struktur muss sich nämlich ein für jeden Kunden unveränderter Netto-Netto-Einstandspreis ergeben (sog. „Besitzstandswahrung"), entweder bei jedem Artikel oder nach Aggregation aller Artikel desselben Lieferanten, sofern die Kunden nach Umstellung des Systems ihr bisheriges Leistungsspektrum und -niveau beibehalten würden.
In diesem Schritt stellt sich ein prinzipiell komplexes Optimierungsproblem: Die neue Systemstruktur soll mit ihrer Mehrzahl von Entscheidungsvariablen (Konditionenarten und deren gestaffelte Vergütungshöhen sowie die Listenpreishöhe) bei vorab festgelegtem Abrechnungsschema einerseits die erforderlichen Win-Win-Bedingungen (vgl. Abschnitt 3.3), andererseits die Besitzstandsnebenbedingung erfüllen – und dies

angesichts der Unsicherheit des Systemgestalters über die aktuellen Prozesskosten des Kunden sowie über dessen zukünftiges, staffelbedingtes Verhalten. Rechnergestützte, iterative Probierverfahren lassen jedoch zumindest eine tragfähige Basislösung finden, sofern die Kunden mit ihrer bisherigen Leistungs- und Geschäftsstruktur in einer Datenbasis abgebildet werden können (vgl. Oversohl, 2002, S. 261). Retrospektive Simulationsrechnungen zeigen dann u.a. auf, bei welcher Variation der Basislösung welche Kunden aus welchem Grund bzw. unter welchen Leistungsbedingungen in einen „Unverträglichkeitsbereich" geraten: Entweder wird die Besitzstandsbedingung nicht erfüllt, oder Kunden werden „überraschend" deutlich besser gestellt als mit dem alten System, was den Lieferanten in Erklärungsnöte bringt.

7. *Schrittweise Systemeinführung*: Das entworfene System ist schließlich an Pilotkunden zu testen, ggf. zu modifizieren und anschließend im Markt „auszurollen". Diesem Schritt sei abschließend nähere Aufmerksamkeit gewidmet.

4.2 Markteinführungsmaßnahmen

Jede Umstellung eines Konditionensystems wird auf Akzeptanzbarrieren stoßen, sowohl außerhalb als auch innerhalb des Lieferantenunternehmens.

Interne Akzeptanzprobleme sind zu erwarten, da ein höheres Maß an Systematik die bisherigen Freiräume für Improvisationen einengt und somit die Handlungsspielräume der Kundenmanager – z.B. beim elastischen Reagieren auf die vom Kunden ausgespielte Nachfragemacht – drastisch einschränkt.

Externe Akzeptanzbarrieren sind zu erwarten, wenn

- die Schlüssigkeit des neuen Systems nicht überzeugend erläutert werden kann,
- die Einkäufer auf der Kundenseite an „Konditionenprozenten" anstatt an Netto-Netto-Preisen orientiert sind,
- die Besitzstandswahrung mit dem neuen System nicht durchgängig gesichert werden kann,
- die Einkäufer deutlich weniger Spielraum erkennen, mittels Verhandlungsgeschick beim Lieferanten „im Trüben zu fischen".

Die externen Barrieren können allein dadurch überwunden werden, dass

- dem Kunden anhand individueller Beispielrechnungen die Chance auf Umstellungsgewinne vor Augen geführt wird,
- die auch vom Handel vielbeschworenen Effizienz- und Effektivitätspotentiale mittels der Beispielrechnungen greifbar gemacht werden, und
- der Zuwachs an Transparenz und Sachorientiertheit betont wird.

Die für einzelne Kunden u.U. nicht bewältigte Besitzstandswahrung mittels eines „Sonderfonds“ auszugleichen in der Hoffnung, sich als Lieferant davon im Laufe der Zeit befreien zu können (vgl. Oversohl, 2002, S. 280 f.), erscheint auf den ersten Blick zwar als kurzfristig pragmatische Lösung. Davon ist jedoch streng abzuraten: Der Kunde wird sich in Zukunft auf diese „weiche Stelle“ konzentrieren, was bei vorhandener Nachfragemacht äußerst bequem ist, anstatt sich um mögliche Besserstellungen durch Ausschöpfung der vom Konditionensystem eröffneten Potentiale zu bemühen, was weit mühseliger sein mag.

Die Erfahrung aus der Praxis zeigt, dass es in den letzten Jahren Markenartikelherstellern gelungen ist, trotz zunächst spürbarer Widerstände der Handelspartner erfolgreich das bisherige System umzustellen, aber auch, dass es anderen nicht gelungen ist, Umstellungen im angestrebten Sinn zu verwirklichen (vgl. Fiesser/Schneider, 2000, S. 44). Dieser Befund ist nicht überraschend: Selbstverständlich ist es nicht nur die Hersteller-Position im Markt, die eine Umstellung begünstigt oder erschwert, sondern auch die Intelligenz der jeweiligen Systemstrukturierung sowie das Überzeugungsgeschick bei der Markteinführung des Konditionensystems. Die Realisierbarkeit konsequent leistungsorientierter Konditionensysteme, die die Marktpartner – wie aufgezeigt – in eine Win-Win-Situation zu führen vermögen, mit dem Argument der zu hohen Handelsmacht abzutun, zeugt zumindest nicht von besonders hoher kreativ-analytischer Energie der Verantwortlichen bei der konsequenten Auseinandersetzung mit diesem komplexen Thema.

5. Literatur

BAUMGARTNER, T./SCHÖLLING, M., 2000, Die Konditionenspreizung der Hersteller gegenüber dem Handel – gesehen als Principal-Agent-Problem, in: Der Markt, S. 3-17.

BERTHOLD, J., 1998, Die Erfolgswirksamkeit von Push- und Pullstrategien in Konsumgütermärkten. Eine simulationsgestützte Untersuchung langfristiger Gewinnkonsequenzen, Aachen.

BÖGER, R., 1990, Konditionenspreizung der Hersteller gegenüber dem Lebensmittelhandel, Göttingen.

CHU, W./DESAI, P. S., 1995, Channel Coordination Mechanisms for Customer Satisfaction, in: Marketing Science, S. 343-359.

DILLER, H., 2000, Preispolitik, 4. Aufl., Stuttgart usw.

FIESSER, G./SCHNEIDER, W., 2000, Konditionswachstum ohne Ende?, in: Markenartikel, S. 38-44.

GROßE, H.-E., 1996, Konditionierter Anreiz, in: Absatzwirtschaft, S. 78-80.

HÄRDTL, G., 1995, Informationsgrundlagen zur leistungsbezogenen Konditionengewährung: Leistungsindikatoren, Meßmöglichkeiten und Informationssysteme, Wiesbaden.

HERRMANN, A./BAUER, H.H., 1996, Ein Ansatz zur Preisbündelung auf der Basis der „prospect"-Theorie, in: Zeitschrift für betriebswirtschaftliche Forschung, S. 675-694.

HOMBURG, C./DAUM, D., 1997, Auf der Suche nach den entgangenen Erlösen, in: Absatzwirtschaft, S. 96-101.

KELLER, D., 1991, Herstellerkonditionen und Handelsleistungen. Theoretische Grundlagen und Ansatzpunkte einer Systemgestaltung, Frankfurt a.M.

LANGE, M., 1990, Die Conditio ohne die nichts geht, in: Lebensmittelzeitung Nr. 42, S. J 98 – J 103.

O.V., 1996, Rückwärtsgang, in: Manager Magazin, August, S. 22 f.

OVERSOHL, G., 2002, Gestaltung von leistungsorientierten Konditionensystemen in der Konsumgüterindustrie, Aachen.

STEFFENHAGEN, H., 1995, Konditionengestaltung zwischen Industrie und Handel – leistungsbezogen, systematisch, professionell, Wien.

STEFFENHAGEN, H., 1996, 10 Schritte zum leistungsorientierten Konditionensystem, in: Markenartikel, S. 42-47.

STEFFENHAGEN, H., 2000, Eine austauschtheoretische Konzeption des Marketing-Instrumentariums als Beitrag zu einer allgemeinen Marketing-Theorie, in: BACKHAUS, K. (Hrsg.), Deutschsprachige Marketingforschung: Bestandsaufnahme und Perspektiven, Stuttgart.

STEFFENHAGEN, H., 2001, Stichwortgruppe "Konditionenpolitik", in: DILLER, H. (Hrsg.), Vahlens Großes Marketinglexikon, 2. Aufl., München 2001, (mit den Stichwörtern "Konditionenpolitik" S. 797 - 798, "Konditionenspreizung" S. 798 - 799, "Rabatte" S. 1459 - 1460, "Marktbearbeitungskonditionen" S. 1038, "Zahlungskonditionen" S. 1925, "Logistikkonditionen" S. 921 - 922, "Konditionensysteme" S. 799 - 800, "Listenpreis" S. 917).

STEFFENHAGEN, H./HÄRDTL, G., 1992, Umfrage zu Standardleistungen/Konditionen: Nicht immer der richtige Durchblick, in: Lebensmittel-Praxis, Nr. 9, S. 28-34.

STEFFENHAGEN, H./KELLER, D., 1989, Herstellerkonditionen und Handelsleistungen, in: Trommsdorff, V. (Hrsg.), Handelsforschung 1989: Grundsatzfragen, Wiesbaden, S. 77-89.

TUNDER, R., 2000, Der Transaktionswert der Hersteller-Handel-Beziehung: Hintergründe, Konzeptualisierung und Implikationen auf Basis der Neuen Institutionenökonomik, Wiesbaden.

VON NITZSCH, R., 1998, Prospect Theory und Käuferverhalten, in: Die Betriebswirtschaft, S. 622-634.

ZENTES, J., 1996, Von Pull- und Push-Strategien zum kooperativen Wertschöpfungsmanagement, in: Markenartikel, S. 162-165.

Karen Gedenk

Preis-Promotions

1. Einführung

Preis-Promotions sind aus dem Konsumgütermarketing nicht wegzudenken. Als Konsumenten kennen wir alle Sonderangebote und die sie begleitende Kommunikation: ‚Normalerweise 3,99 €, diese Woche im Angebot für 2,99 €!'. Solche zeitlich befristeten Preissenkungen haben in Deutschland lange Zeit eine zentrale Rolle im POS-Marketing gespielt, während der Einsatz anderer Formen von Preis-Promotions durch das Rabattgesetz stark eingeschränkt war. Seit dem Fall dieses Gesetzes im Juli 2001 sind jedoch auch weitere Formen von Preis-Promotions rechtlich zulässig, und Hersteller und Handel haben mit ihrem Einsatz begonnen. Besonders prominent sind dabei Coupons, die sich inzwischen im Internet (z. B. bei ‚www.couponweb.de'), im Handel (z. B. in Schlecker-Drogeriemärkten), in Printmedien (z. B. in der Beilage zur Bild am Sonntag ‚Cent Plus') oder in der Post (z. B. Kaufhof-Coupons für Payback-Kunden) finden.

Aber ist der Einsatz von Preis-Promotions in Form von Sonderangeboten und/oder Coupons für Hersteller und Handel wirklich sinnvoll? Zwar bieten Preis-Promotions die Möglichkeit, den Absatz kurzfristig zu steigern, aber steigt dabei auch der Gewinn von Herstellern und Händlern? Und haben Preis-Promotions nicht möglicherweise langfristig schädliche Wirkungen, indem sie Marken- und Geschäftstreue untergraben? Während im Lebensmitteleinzelhandel der Preiskampf in vollem Schwung ist, wird gleichzeitig vor einer übertriebenen Aktionitis gewarnt. McKinsey stellt bei der Untersuchung von 5.000 Promotions in 6 europäischen Ländern gar fest, dass nur 40 % der untersuchten Aktionen für Konsumgüterhersteller profitabel sind (vgl. Ballin/Braun/Kopka, 2002).

Herstellern und Händlern, die wissen möchten, in welchen Situationen und in welcher Form der Einsatz von Preis-Promotions sinnvoll ist, stellen sich vor allem zwei Fragen:

- Wie lässt sich der Erfolg einer Preis-Promotion bestimmen?
- Was weiß man über den Erfolg unterschiedlicher Preis-Promotions?

Dieser Beitrag möchte einen Überblick darüber geben, welche Antworten die Forschung auf beide Fragen gibt. Mit dem Erfolg von Preis-Promotions haben sich zahlreiche theoretische und empirische Arbeiten befasst, so dass inzwischen eine Fülle von Erkenntnissen sowohl methodischer als auch inhaltlicher Natur vorliegt. Der Großteil der empirischen Befunde stammt dabei aus den USA. In Deutschland ist verschiedentlich der Erfolg von Sonderangeboten untersucht worden, derjenige von Coupons aufgrund der Neuheit dieses Instrumentes für Deutschland dagegen noch kaum. Der Beitrag wird jedoch darstellen, was man in den USA in vielen Jahren ihres Einsatzes über Coupons gelernt hat. 76 % aller Konsumenten nutzen dort Coupons (vgl. NCH Marketing Services, 2002, S. 42). Für deutsche Unternehmen bietet sich somit die Gelegenheit, von den dortigen Erfahrungen zu profitieren.

Der Beitrag beginnt nach dieser Einführung mit einer Vorstellung verschiedener Formen von Preis-Promotions (Kapitel 2). In Kapitel 3 wird anschließend dargestellt, wie Hersteller und Händler den Erfolg von Preis-Promotions bestimmen können, wobei es zum einen um Komponenten des Erfolgs (Abschnitt 3.1) und zum anderen um Daten und Modelle für seine Messung (Abschnitt 3.2) geht. Erkenntnisse zum Erfolg von Preis-Promotions werden in Kapitel 4 berichtet. Abschnitt 4.1 fasst zusammen, was man über Sonderangebote weiß, und Abschnitt 4.2 befasst sich näher mit Coupons. Der Beitrag endet mit einem Fazit in Kapitel 5.

2. Arten von Preis-Promotions

Von ‚Preis-Promotions' spricht man, wenn für einen begrenzten Zeitraum im Rahmen einer ‚Aktion' der Preis gesenkt wird (vgl. Gedenk, 2002, S. 11 ff.). Dabei ist zu beachten, dass sich Preis-Promotions – wie alle Verkaufsförderungsmaßnahmen – im Spannungsfeld von Herstellern und Handel bewegen und somit Maßnahmen auf unterschiedlichen Ebenen umfassen. So gewährt ein Hersteller Rabatte an Händler. Diese geben die Preissenkung teilweise, z. B. in Form von Sonderangeboten, an die Konsumenten weiter. Und schließlich kann sich ein Hersteller auch direkt an Konsumenten wenden, z. B. indem er ihnen einen Coupon schickt. Im Folgenden sollen die beiden letztgenannten Ebenen der Verkaufsförderung im Vordergrund stehen. Betrachtet werden also konsumentengerichtete Preis-Promotions, d. h. zeitlich befristete Senkungen des Endabgabepreises von Produkten oder Dienstleistungen. Zu Rabatten an den Handel sei dagegen auf Steffenhagen, 2003, und Gedenk, 2002, verwiesen.

Konsumentengerichtete Preis-Promotions treten insbesondere in Form von Sonderangeboten und Coupons auf. Darüber hinaus sind jedoch auch weitere Formen denkbar (vgl. Gedenk, 2002, S. 18 ff.), von denen hier nur einige genannt seien. So kann – statt den Preis für ein Produkt zu senken – seine Packung vergrößert, ein Mars-Riegel also beispielsweise 20 % länger gemacht werden. Des Weiteren können Preissenkungen an den Kauf mehrerer Einheiten gebunden werden: in Form von Treuerabatten, bei denen man Punkte sammeln muss, um in den Genuss eines Preisnachlasses zu gelangen, oder von Mehrfachpackungen, z. B. einem 3er-Pack Tennissocken zum Sonderpreis. Seit Fall des Rabattgesetzes ist auch das Anbieten eines freien Zusatzproduktes bei Kauf einer bestimmten Anzahl von Produkteinheiten zulässig. In den USA spricht man bei dem Angebot ‚Kaufen Sie eins – bekommen Sie eins umsonst' beispielsweise von einem ‚BOGO' (für ‚Buy one – get one free'). Im Folgenden sollen jedoch Sonderangebote und Coupons im Vordergrund stehen.

Sonderangebote unterscheiden sich im Zeitpunkt ihres Einsatzes, ihrer Dauer und vor allem in der Höhe der Preissenkung. Häufig werden sie von Handelswerbung in Form von Handzetteln, Zeitungsbeilagen oder Zeitungsinseraten begleitet (im englischen ‚Features'). Auch Zweitplatzierungen, d. h. die Präsentation des Aktionsproduktes an einer anderen als der üblichen Stelle im Geschäft (meist in einem besonderen Display) und Hinweisschilder, werden oft eingesetzt, um die Aufmerksamkeit im Geschäft auf die Aktion zu lenken.

Coupons können zum einen von Herstellern ausgegeben und von Konsumenten im Handel eingelöst werden. Zum anderen können Händler aber auch selbst Coupons herausgeben oder sich an eine Aktion des Herstellers anhängen, indem sie Konsumenten bei Einlösung eines Hersteller-Coupons in ihrem Geschäft eine Verdopplung des Preisnachlasses versprechen (sogenannte ‚Double Coupons'). In den USA dominieren eindeutig Hersteller-Coupons, während man in Deutschland bislang vor allem Händler-Coupons beobachtet. Dies dürfte daran liegen, dass Händlern der Einsatz von Coupons zunächst leichter fällt, da sie nicht auf Kooperationen mit Herstellern angewiesen sind, während umgekehrt Hersteller sicherstellen müssen, dass ihre Coupons auch im Handel eingelöst werden.

Coupons können über verschiedene Medien distribuiert werden (vgl. Blattberg/Neslin, 1990, S. 265 ff.). Tabelle 1 zeigt, wie oft diese 2001 in den USA eingesetzt wurden. Die Daten stammen von Nielsen Clearing House (NCH), dem weltweit größten Unternehmen, das im Handel eingelöste Coupons sammelt, sortiert, kontrolliert und die Zahlungen der Hersteller an den Handel abwickelt.

Am häufigsten werden Coupons in Zeitungsbeilagen (sogenannten ‚Free Standing Inserts' bzw. ‚FSIs') der Sonntagszeitung beigefügt, wobei die Coupons oft in ganzseitige Werbeanzeigen eingebettet sind. Des Weiteren können Coupons direkt in der Zeitung abgedruckt, mit Zeitschriften verteilt oder per Direct Mail an die Haushalte gesendet werden. Alternativ können sie in oder auf der Produktverpackung enthalten sein (‚In-Pack' bzw. ‚On-Pack'. Der Begriff ‚Handout' bezieht sich auf eine persönliche oder elektronische Verteilung, beispielsweise durch Promotoren im Geschäft oder durch Aufdruck auf den Kassenbon. Schließlich werden Coupons zunehmend über das Internet verteilt, und die Kategorie ‚Sonstiges' umfasst unter anderem Coupons, die am Regal angebracht sind (‚On-Shelf') und dort abgerissen und an der Kasse eingelöst werden können. Bei den genannten Distributionsmedien wird deutlich, dass die Einlösung von Coupons typischerweise einen gewissen Aufwand von den Konsumenten erfordert und zeitverzögert erfolgt. Coupons müssen zu Hause gesammelt und ins Geschäft gebracht werden. Nur On-Pack-Coupons, die nicht ausgeschnitten werden müssen, sondern sich von der Packung abziehen lassen (sogenannte ‚Peel-Offs'), und On-Shelf-Coupons, die am Regal bereit gestellt werden, können sofort eingelöst werden.

Weitere wichtige Unterscheidungsmerkmale von Coupons sind ihr Wert und die Dauer ihrer Gültigkeit. Tabelle 2 zeigt auch hierzu einige Daten von NCH aus den USA.

Man erkennt, dass der Wert der verteilten Coupons seit Mitte der 80er-Jahre kontinuierlich gestiegen ist: von 38 Cents in 1986 auf durchschnittlich 83 Cents in 2001, d. h. mit einer durchschnittlichen Wachstumsrate von 5,3 % pro Jahr. Dies liegt deutlich über der Inflationsrate für den vergleichbaren Zeitraum von durchschnittlich 3,3 % (Consumer Price Index des Bureau of Labor Statistics). Gleichzeitig ist die durchschnittliche Gültigkeitsdauer, während derer die Coupons eingelöst werden können, von 5,3 Monaten in 1989 auf 3,2 Monate in 2001 zurückgegangen.

Distributionsmedium	Anteil an den verteilten Coupons
Zeitungsbeilage (FSI)	84,0 %
Zeitung	1,3 %
Zeitschrift	2,0 %
Direct Mail	2,1 %
In-/On-Pack	2,4 %
Handout	7,5 %
Internet	0,3 %
Sonstige	0,4 %

Tabelle. 1: Distributionsmedien von Coupons in den USA (2001) (Quelle: NCH Marketing Services, 2002, S. 14)

	1986	1989	1992	1995	1998	2001
Durchschnittlicher Wert (Cents)	38	47	58	68	70	83
Durchschnittliche Gültigkeitsdauer (Monate)		5,3	4,0	3,3	3,3	3,2
Anzahl verteilter Coupons (Mrd. Stück)	225	268	310	292	249	239
Anteil eingelöster Coupons (Prozent)	3,2	2,6	2,5	2,0	1,9	1,7

Tabelle 2: Coupon-Trends in den USA (Quelle: NCH, Schultz/Robinson/Petrison, 1998, S. 38 ff., NCH Marketing Services, 2002)

Tabelle 2 zeigt auch die Anzahl der verteilten Coupons und den Anteil an diesen, der von Konsumenten eingelöst wurde. Es wird deutlich, dass die Einlöserate seit Mitte der 80er-Jahre zurückgegangen ist: von 3,2 % in 1986 auf nur noch 1,7 % in 2001. Aus Sicht der Hersteller, die Coupons gleichzeitig mit einem steigenden Wert versehen haben, macht dies das Instrument immer weniger attraktiv. Tatsächlich haben sie Mitte der 90er Jahre auf diese Trends reagiert und die Zahl der verteilten Coupons reduziert. Nach der Spitze von 310 Mrd. verteilten Coupons in 1992 und ebenfalls 310 Mrd. in 1994 ist die Zahl kontinuierlich gesunken. Allerdings ist es nicht unbedingt einfach, ein Marketing-Instrument vom Markt zurückzuziehen, an das sich Konsumenten über Jahrzehnte gewöhnt haben, wie das Beispiel von Procter & Gamble zeigt. Das Unternehmen startete

Anfang 1996 in drei Städten im Bundesstaat New York ein Feldexperiment, indem es dort auf den Einsatz von Coupons verzichtete. Das Experiment musste im April 1997 nach heftigen Bürgerprotesten abgebrochen werden. Beispielsweise erhielt das Unternehmen über 20.000 Protestbriefe, und mit dem Slogan ‚Save our coupons' wurde zum Boykott von P&G-Produkten aufgerufen (vgl. Narisetti, 1997).

3. Bestimmung des Erfolgs von Preis-Promotions

3.1 Erfolgskomponenten

Mit dem Erfolg von Preis-Promotions befassen sich verschiedene Theorien (für einen Überblick siehe Gedenk, 2002, S. 48 ff.). Zum einen setzen sich Ökonomen mit der Frage auseinander, warum Unternehmen Preis-Promotions einsetzen, obwohl es doch administrativ und logistisch so viel einfacher wäre, einen konstanten Preis beizubehalten im Sinne einer Dauerniedrigpreis-Strategie. Eine zentrale Antwort lautet dabei unter anderem, dass Preis-Promotions ein Instrument der Preisdifferenzierung sein können, mit dem die Heterogenität der Konsumenten ausgenutzt wird, um mehr von deren Konsumentenrente abzuschöpfen (vgl. Farris/Quelch, 1987). Beispielsweise können Coupons differenzieren zwischen Konsumenten mit einer hohen Preissensitivität und geringen Transaktionskosten (für das Ausschneiden und Einlösen von Coupons) und solchen mit geringer Preissensitivität und hohen Transaktionskosten. Während das erste Segment Coupons nutzt und dadurch zum Kauf des Aktionsproduktes animiert wird, das ihnen sonst zu teuer gewesen wäre, zahlt das zweite Segment den vollen Preis (vgl. Narasimhan 1984).

Zum anderen befassen sich verhaltenswissenschaftliche Theorien mit der Reaktion von Konsumenten auf Preis-Promotions. Sie stellen beispielsweise fest, dass der Nutzen von Sonderangeboten und Coupons nicht nur in der Ersparnis durch die Preissenkung (Akquisitionsnutzen) liegen, sondern auch in dem Gefühl, ein ‚Smart Shopper' zu sein oder weniger zu zahlen als andere (Transaktionsnutzen) (vgl. Thaler, 1985).

Auf Basis dieser und anderer Theorien sowie konzeptioneller Überlegungen lassen sich Komponenten des Erfolgs von Preis-Promotions systematisieren. Zentral sind dabei zunächst die in Abbildung 1 wieder gegebenen Wirkungen auf den Absatz.

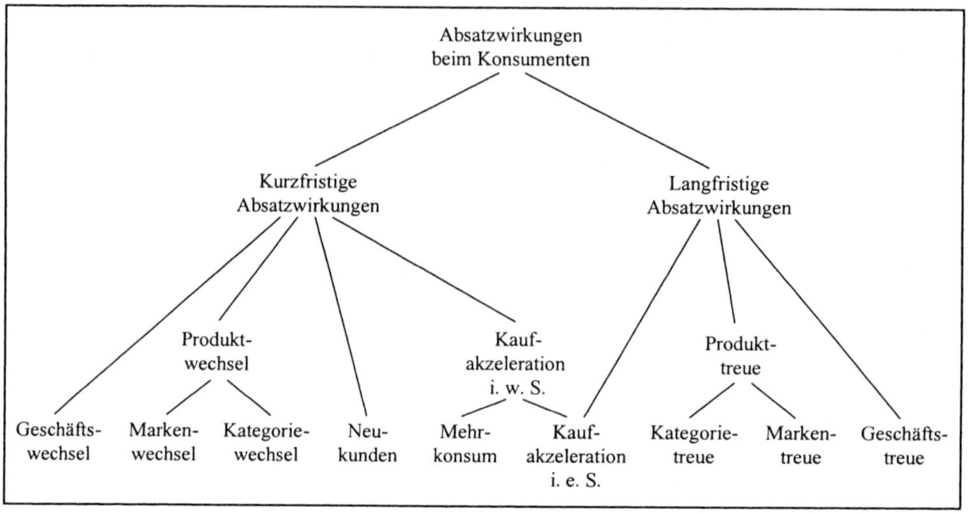

Abbildung 1: Absatzwirkungen von Preis-Promotions (Quelle: Gedenk, 2002, S. 104)

Kurzfristig führen Preis-Promotions typischerweise zu einem deutlichen Absatzanstieg. Bei Coupons resultiert dieser zum einen aus Coupons, die eingelöst werden. Es handelt es sich also um den Anteil an den Einlösungen, der nicht von Konsumenten stammt, die das Produkt auch ohne Coupon gekauft hätten. Darüber hinaus können Coupons aber auch, ohne eingelöst zu werden, einen Werbeeffekt entfalten und so den Absatz steigern.

Interessant ist kurzfristig nicht nur der Mehrabsatz, sondern auch seine Dekomposition in unterschiedliche Quellen. Ist beispielsweise Milka-Schokolade bei Tengelmann im Angebot, so können zusätzliche Käufe dadurch entstehen, dass Konsumenten das Geschäft wechseln (bei Tengelmann kaufen statt bei Real), die Marke wechseln (Milka statt Ritter Sport), die Kategorie wechseln (Schokolade statt Gummibärchen), als neue Kunden gewonnen werden oder ihre Käufe vorverlagern. Letzteres wird als ‚Kaufakzeleration i. w. S.' bezeichnet und beinhaltet, dass Konsumenten früher kaufen als ohne die Aktion oder aber größere Mengen des Aktionsproduktes erwerben. Kaufakzeleration i. w. S. kann zwei Konsequenzen haben: Entweder konsumieren die Käufer die zusätzlich gekaufte Menge des Produktes auch zusätzlich (bei Schokolade nicht unwahrscheinlich), oder sie kaufen später weniger, betreiben also Lagerhaltung bzw. Kaufakzeleration i.e. S.

Darüber hinaus können Preis-Promotions auch langfristig den Absatz des Aktionsproduktes beeinflussen. Die bereits geschilderte Kaufakzeleration i. e. S. führt zu einer Absatzeinbuße nach der Aktion. Und auch die Marken- und Geschäftstreue können durch Preis-Promotions beeinflusst werden, wobei meistens die Befürchtung lautet, dass beide durch zu häufige Aktionen untergraben werden.

Die geschilderten Absatzwirkungen gilt es unter anderen deswegen separat zu messen, weil sie für Hersteller und Händler z. T. unterschiedlich vorteilhaft sind. So erhöhen Produktwechsel und eine Steigerung der Produkttreue zwar den Absatz des Herstellers, nicht aber denjenigen des Händlers. Umgekehrtes gilt für Geschäftswechsel und Geschäftstreue. Neukundengewinnung und Mehrkonsum sind dagegen für beide Parteien vorteilhaft, während Kaufakzeleration i. e. S. für beide nur eine Vorverlagerung von Käufen, aber keine echte Absatzsteigerung bedeutet. Dabei ist zu berücksichtigen, dass eine Verschiebung des Absatzes von einer Periode in eine andere absatzneutral ist, aber den Deckungsbeitrag mindert, da Absatz zu voller Marge durch Absatz zum reduzierten Preis ersetzt wird. Gleiches gilt, wenn Absatz aus Sicht des Herstellers nur von einem Geschäft in ein anderes bzw. aus Sicht des Händlers nur von einer Marke zu einer anderen verschoben wird.

Bislang ging es um die Wirkungen von Preis-Promotions auf den Absatz des Aktionsproduktes in einem Geschäft. Für einen Händler ist es darüber hinaus wichtig zu wissen, welche Absatzveränderungen bei anderen Produkten in seinem Geschäft auftreten (vgl. Gedenk, 2002, S. 109 ff.). Neben den bereits erwähnten Substitutionseffekten im Rahmen des Markenwechsels ist die Hoffnung, dass Verbundeffekte ausgelöst werden, dass also mit Sonderangeboten Kunden in das Geschäft gezogen werden können, die dann auch andere Produkte dort kaufen. Für die Erfolgsrechnung des Herstellers gilt es bei Sonderangeboten des Weiteren zu berücksichtigen, dass er selbst nur Rabatte an den Handel gewährt, während letzterer über die Senkung des Endverbraucherpreises entscheidet. Der Hersteller muss also feststellen, inwieweit der Handel seine Rabatte in Form von Sonderangeboten an den Konsumenten durchreicht (‚Pass-Through') oder nur seine Lager aufstockt, um später weniger beim Hersteller einzukaufen (‚Forward-Buying') (vgl. Gedenk, 2002, S. 93 ff.).

Schließlich sind für den Erfolg von Preis-Promotions selbstverständlich nicht nur deren Absatzwirkungen entscheidend. So sind darüber hinaus zum einen Kosten zu berücksichtigen, beispielsweise für die Preisauszeichnung, die Verteilung von Coupons und die Abwicklung der Coupon-Einlösung. Zum anderen treten durch den gesenkten Preis Erlösschmälerungen auf. Dabei ist zu beachten, dass nicht nur der zusätzliche kurzfristige Absatz zu einem geringeren Preis getätigt wird, sondern dass auch solche Kunden in den Genuss des Preisnachlasses gelangen, die das Produkt ohnehin gekauft hätten. Sowohl bei Sonderangeboten als auch bei Coupons gilt es daher unter den Nutzern möglichst viele Kunden zu haben, die durch die Aktion zum Kauf veranlasst wurden.

3.2 Daten und Modelle für die Erfolgsmessung

Abbildung 2 gibt einen Überblick über Daten, die für die Messung des Erfolgs von Preis-Promotions verwendet werden können. Dabei sind in den Feldern als Beispiele einige der in später in Kapitel 4 vorgestellten Studien angegeben.

	Nicht-Experimentell	**Experiment** Feldexperiment Laborexperiment
Beobachtung Aggregierte Kaufdaten ▪ Abverkaufszahlen des Handels ▪ Scanner-Handelspanels Disaggregierte Kaufdaten ▪ Verbraucherpanel ▪ Single-Source-Daten Logfiles	z. B. Ailawadi/Lehmann/ Neslin, 2001, Nijs et al. 2001, Bell/Chiang/Padmanabhan, 1999	z. B. Hoch/Drèze/Purk, 1994, Wansink/Kent/Hoch, 1998
Befragung Urteile, Verhaltensursachen Image Kaufabsicht	z. B. Bauer/Görtz/Dünnhaupt, 2002	z. B. Zhang/Krishna/Dhar, 2000

Abbildung 2: Daten für die Erfolgsmessung

Im Zentrum der Erfolgsmessung stehen Marktdaten, insbesondere Scanner-Panels, deren Verfügbarkeit in den letzten 20 Jahren für einen großen Schub in der Verkaufsförderungsforschung gesorgt hat. Van Heerde/Leeflang/Wittink, 2002 (S. 202) sprechen in diesem Zusammenhang gar von der ‚Scannerdaten-Revolution'. Der Großteil der bislang durchgeführten Arbeiten bewegt sich damit im linken oberen Feld von Abbildung 2. Zentral ist hier eine Unterscheidung nach dem Aggregationsniveau der Daten (vgl. Gedenk 2002, S. 145 ff.). Unter ‚aggregierten' Daten des Kaufverhaltens werden solche verstanden, die auf dem Niveau von Geschäften vorliegen. So wissen Handelsunternehmen, wann sie wie viel von welchem Produkt zu welchem Preis verkauft haben, und stellen diese Daten teilweise auch Herstellern, mit denen sie eng zusammenarbeiten, zur Verfügung. Des Weiteren können Unternehmen aggregierte Daten in Form von Handelspanels bei Marktforschungsgesellschaften wie der GfK und A.C. Nielsen kaufen. Dabei sind traditionelle Panels aufgrund der langen Erhebungsintervalle von einem oder zwei Monaten für die Analyse von Preis-Promotions wenig geeignet, da letztere häufig nur für eine oder wenige Wochen im Einsatz sind und daher bei der Paneldatenerhebung nur zum Teil erfasst werden. Aussagekräftig sind vielmehr Scannerpanels wie InfoScan von der GfK oder Scantrack von Nielsen (vgl. Günther/Vossebein/Wildner, 1998). Sie erfassen in einigen hundert Verbrauchermärkten, Supermärkten und Drogerien über Scannerkassen Absatz und Preise aller verkauften Artikel. In den USA wird zudem die Einlösung von Coupons an der Kasse registriert. Darüber hinaus erheben Mitarbeiter der Marktforschungsgesellschaften den Einsatz von Handzetteln/Beilagen/Inseraten und Zweitplatzierungen. Das Ergebnis ist eine Zeitreihe von Promotions und Absatzzahlen für einzelne Artikel.

Mit Hilfe von aggregierten Kaufdaten lässt sich modellieren, wie stark Preis-Promotions kurzfristig den Absatz verändern. Einen Ansatz dafür bieten sogenannte ‚Baseline-Analysen'. Die Baseline ist der Absatz, der ohne eine Preis-Promotion erzielt worden wäre. Der Absatzeffekt der Aktion ergibt sich dann als Differenz von tatsächlichem Absatz und Baseline. Die Herausforderung besteht bei diesem Ansatz natürlich in der korrekten Bestimmung der Baseline, da anhand der Daten nur geschätzt werden kann, was gewesen wäre, hätte es keine Aktion gegeben. Die einfachste Möglichkeit besteht in der Verwendung des Absatzes vor der Aktion als Baseline (vgl. Blattberg/Neslin, 1990, S. 323 f.). Eine wesentlich reliablere Methoden entwickeln Abraham/Lodish, 1993 mit ihrem PROMOTIONSCAN-Modell, das von Information Resources Inc. (IRI) vermarktet und von zahlreichen Konsumgüterunternehmen eingesetzt wird. Die Baseline basiert dabei auf dem Absatz in Perioden, die nicht von Promotions beeinflusst sind, unter Berücksichtigung des Einflusses von Trend und Saison.

Ein anderes bekanntes Modell, SCAN*PRO von Wittink et al. 1987, modelliert den Absatz direkt als Funktion von Preis und Promotions. Das von A.C. Nielsen vermarktete Modell und seine Weiterentwicklungen sind in über 3.000 kommerziellen Anwendungen eingesetzt worden (vgl. van Heerde/Leeflang/Wittink, 2002). Die Weiterentwicklungen umfassen dabei beispielsweise die Dekomposition des kurzfristigen Mehrabsatzes und die Erfassung langfristiger Effekte von Promotions.

Obwohl es sich bei diesen Weiterentwicklungen von SCAN*PRO um ausgesprochen vielversprechende Ansätze handelt, bleibt es dennoch schwierig, mit aggregierten Daten einzelne Absatzeffekte wie Markenwechsel, Mehrkonsum und Lagerhaltung zu isolieren und langfristige Auswirkungen auf Marken- und Geschäftstreue zu erfassen. Neslin/Schneider Stone, 1996 zeigen dies am Beispiel der Lagerhaltung, wo auffällig ist, dass Modelle auf der Basis aggregierter Daten häufig keinen ‚Post-Promotion-Dip' in den Absatzzahlen finden, während Studien auf Grundlage disaggregierter Daten deutliche Lagerhaltungseffekte nachweisen. Die Autoren führen hierfür eine Reihe von Begründungen an, u. a. dass Konsumenten unterschiedliche Wiederkaufzyklen haben, so dass bei manchen das Ausbleiben des Wiederkaufs nach einer Woche auftritt, bei anderen dagegen erst nach zwei oder drei Wochen. Dies ist in Daten auf der Geschäftsebene nicht erkennbar, in Daten auf der Ebene einzelner Haushalte dagegen schon.

Viele Ansätze zur Messung der Absatzwirkungen von Preis-Promotions basieren daher auf disaggregierten Daten, d. h. auf Daten zum Kaufverhalten, die auf dem Niveau einzelner Haushalte erhoben werden (vgl. Günther/Vossebein/Wildner, 1998). Hier stehen zunächst Verbraucherpanels zur Verfügung, in denen Haushalte (oder in einigen Produktkategorien Individuen) ihre Einkäufe aufzeichnen und dabei auch vermerken, ob die gekauften Produkte im Angebot waren. In den USA geben sie des Weiteren an, ob sie einen Coupon eingelöst haben. Problematisch ist hier vor allem die ungenaue Erfassung von Verkaufsförderungsaktionen zu denen obendrein nur Information bezüglich des gekauften Produktes vorliegen, nicht aber zu Konkurrenzprodukten. Wesentlich ergiebiger für die Promotion-Forschung sind daher sogenannte ‚Single-Source-Panels', die eine Kombination von Verbraucher- und Handelspanel bieten und in Deutschland insbesondere von der GfK in Form des BehaviorScan angeboten werden. Hier liegen Daten sowohl zu den in einzelnen Geschäften eingesetzten Promotions als auch zur Kaufhistorie einer großen Zahl von Haushalten in diesen Geschäften vor.

Auf der Basis von Single-Source-Paneldaten werden typischerweise nicht Modelle des Absatzes bzw. Marktanteils geschätzt wie mit aggregierten Daten. Vielmehr nutzt man das niedrigere Aggregationsniveau, um einzelne Entscheidungen der Haushalte zu modellieren: Die Geschäftswahl, die Entscheidung über einen Kauf in der betrachteten Produktkategorie, die Markenwahl und die Entscheidung über die gekaufte Menge. Zu den im Einzelnen verwendeten Modellen sei auf Gedenk, 2002, und die dort zitierte Literatur verwiesen.

Trotz der ‚Revolution', die Scanner-Panels zweifellos ausgelöst haben, verbleiben jedoch grundsätzliche Probleme dieser Daten und setzen Grenzen für die Messung des Promotion-Erfolgs. Speziell bezogen auf Coupons ergibt sich die Schwierigkeit, dass in Panels nur deren Einlösung erfasst wird, man jedoch nicht weiß, welcher Haushalt einen Coupon erhalten hatte (siehe z. B. Erdem/Keane/Sun, 1999). Darüber hinaus gilt, dass im realen Marktumfeld meist gleichzeitig oder überlappend viele Verkaufsförderungsinstrumente von verschiedenen Unternehmen, für verschiedene Produkte in verschiedenen Kombinationen eingesetzt werden, so dass sich in diesem ‚Aktionsdickicht' kausale Wirkungen einzelner Instrumente nur schwer isolieren lassen. Schließlich lässt sich in Panels Verhalten von Konsumenten beobachten, aber die Ursachen dieses Verhaltens können nicht direkt erfasst werden.

Um die genannten Probleme ganz oder teilweise zu vermeiden, bieten sich als weitere Forschungsansätze die Durchführung von Experimenten und/oder Befragungen an. Erstere erlauben den gezielten Einsatz von Coupons sowie die Isolierung der Wirkungen von Preis-Promotions. Letztere geben insbesondere Auskunft über Verhaltensmotive und Einstellungen von Konsumenten. Experimente und Befragungen sind dabei nicht als Ersatz für Scannerdaten-Untersuchungen zu verstehen, sondern vielmehr als ausgesprochen wertvolle Ergänzungen.

Schließlich sei darauf hingewiesen, dass sich auch im Internet der Erfolg von Preis-Promotions über Beobachtungen oder Befragungen messen lässt. Bei den Beobachtungs-Daten bieten insbesondere Logfiles interessante Analysemöglichkeiten, da sie im Unterschied zu Paneldaten aus dem Offline-Bereich nicht nur das Kaufverhalten erfassen, sondern auch protokollieren, wie Konsumenten sich auf einer Webseite bewegen und informieren (vgl. Lutzky/Teichmann, 2002).

Auf Basis der geschilderten Analyseverfahren sind inzwischen zahlreiche Erkenntnisse zu Wirkungen von Preis-Promotions gewonnen worden, welche das folgende Kapitel zusammenfasst.

4. Erkenntnisse zum Erfolg von Preis-Promotions

4.1 Sonderangebote

Eindeutig ist zunächst, dass mit Sonderangeboten der Absatz kurzfristig deutlich erhöht werden kann. Absatzsteigerungen von mehreren hundert Prozent sind dabei keine Seltenheit (für einen Überblick über die empirischen Studien siehe Gedenk, 2002, S. 213 ff.). Auch sind Sonderangebots-Elastizitäten deutlich höher als reguläre Preis-Elastizitäten. Dies liegt unter anderem an der häufigen Unterstützung von Sonderangeboten durch Displays und Handzettel/Beilagen/Inserate. Tabelle 3 zeigt die Effekte solcher Kombinationen von Promotion-Instrumenten, wie sie Information Resources, Inc. als Durchschnitt über 164 Produktkategorien gemessen hat.

Promotion	Absatzsteigerung (Durchschnitt über 164 Produktkategorien)
Preissenkung 15 %	35 %
Preissenkung 15 % + Inserat	173 %
Preissenkung 15 % + Display	279 %
Preissenkung 15 % + Inserat + Display	545 %

Tabelle 3: Unterstützung von Sonderangeboten durch Nicht-Preis-Promotions (Quelle: P-O-P-Times, 1991, zitiert nach Neslin, 2002)

In den Daten erkennt man zudem eine positive Interaktion zwischen Inserat und Display – die Gesamtwirkung ist stärker als die Summe der Einzelwirkungen. Dieser Befund ist jedoch nicht generalisierbar: Andere Studien finden keine oder negative Interaktionen (für einen Überblick siehe Gedenk, 2002, S. 219 f.).

Angefangen mit Gupta, 1988, haben zahlreiche Studien den kurzfristigen Mehrabsatz in seine Komponenten zerlegt. Typisch ist dabei eine Unterscheidung in ‚Markenwechsel' und ‚Kaufakzeleration i. w. S.' auf der Grundlage von Single-Source-Paneldaten (für einen Überblick siehe Gedenk, 2002, S. 222 ff.). Im Ergebnis liegt der Anteil des Markenwechsels zwischen 49 und 98 % und macht somit in aller Regel den deutlich größeren Teil des Absatzzuwachses aus. In der mit 13 Produktkategorien umfassendsten Studie von Bell/Chiang/Padmanabhan, 1999, beträgt er im Durchschnitt 75 %.

Die genannten und andere Studien zeigen dabei, dass Sonderangebote Kaufakzeleration i. W. S. sowohl in der Form hervor rufen, dass größere Mengen gekauft werden, als auch in Form einer Vorverlegung von Käufen (für einen Überblick siehe Gedenk, 2002, S. 237 ff.). Während man lange davon ausgegangen ist, dass Kaufakzeleration i. w. S. ausschließlich auf Lagerhaltung zurückzuführen ist, befassen sich einige neuere Studien auch mit Konsumeffekten (für einen Überblick siehe Gedenk, 2002, S. 243 ff.). Insbesondere finden Nijs et al. 2001 auf der Basis von Scanner-Handelspanels aus 560 Produktkategorien, dass Preis-Promotions in 58 % dieser Kategorien den Konsum erhöhen und dass dieser Effekt durchschnittlich 10 Wochen anhält. Auf der Grundlage von Single-Source-Paneldaten, welche die Isolierung von Konsumeffekten – wie oben beschrieben – noch wesentlich besser ermöglichen, zeigen Ailawadi/Neslin, 1998, dass bei Joghurt 35 % des kurzfristigen Mehrabsatzes auf Mehrkonsum nach der Aktion zurück zu führen sind, während dies bei Ketchup nur 12 % sind.

Die Wirkung von Sonderangeboten auf den Geschäftswechsel ist bislang meist mit aggregierten Handelsdaten untersucht worden (für einen Überblick siehe Gedenk, 2002, S. 228 ff.). Dabei zeigen sich häufig keine oder nur geringe Effekte. Zwar können während der Aktion die Zahl der Kunden und der Geschäftsumsatz gesteigert werden (z. B. Diller/Brielmaier, 1993; Lam et al. 2001), aber dies mag zum Teil auf Kaufakzeleration zurück zu führen sein und nicht auf Geschäftswechsel. Deutlich ist der Geschäftswechsel insbesondere zwischen räumlich nahe beieinanderliegenden Geschäften. Zudem zeichnet sich ab, dass der Effekt bei langlebigen Gebrauchsgütern stärker auftritt als bei Verbrauchsgütern des täglichen Bedarfs. Dies ist plausibel – kann doch beispielsweise jeder beobachten, wie sich bei Aldi schon früh morgens lange Schlange bilden, wenn wieder einmal PCs im Angebot sind, während nur wenige Konsumenten für ein Margarine-Sonderangebot zusätzliche Wege auf sich nehmen dürften. Zu beachten ist aber auch, dass sich Geschäftswechsel in aggregierten Daten vermutlich nur schwer isolieren und nachweisen lässt. Besonders interessant ist daher die Studie von Bucklin/Lattin, 1992, auf der Basis von Single-Source-Daten. Die Autoren zeigen für die Waschmittelkategorie, dass Geschäftswechsel weniger direkt als vielmehr indirekt auftritt. Direkter Geschäftswechsel in dem Sinne, dass Konsumenten sich zu Hause z. B. in Zeitungsbeilagen über Angebote informieren und dann gezielt ein Geschäft aufsuchen, liegt nicht in signifikantem Umfang vor. Es finden sich jedoch Hinweise auf indirekten Geschäftswechsel, welcher entsteht, wenn Konsumenten ohnehin mehrere Geschäfte aufsuchen und aufgrund einer Promotion das Aktionsprodukt im Aktionsgeschäft und nicht – wie sonst – im Konkurrenzgeschäft kaufen.

Was langfristige Effekte von Sonderangeboten betrifft, so finden Zeitreihenanalysen keine dauerhafte Wirkung auf Marktanteile und Absatz der Produktkategorie (vgl. Dekimpe/Hanssens/Silva-Risso, 1999, Nijs et al., 2001). Dabei ist allerdings zum einen zu beachten, dass diese Effekte in den verwendeten aggregierten Handelspanel-Daten nur schwer nachzuweisen sind. Zum anderen ist es jedoch auch nicht wirklich überraschend, dass einzelne Sonderangebote nicht noch viele Monate nach ihrem Einsatz den Absatz beeinflussen. Für einige Wochen bzw. wenige Monate nach der Aktion finden die genannten Studien durchaus Wirkungen, die es bei der Erfolgsrechnung zu berücksichtigen gilt. In diesem Sinne zeigen auch zahlreiche Studien auf der Basis dissagregierter Daten, dass Sonderangebote die Marken- und Geschäftstreue untergraben können. Die Markentreue wird dabei unter anderem über Referenzpreiseffekte beeinflusst. Referenzpreise sind Ankerpreise, welche die Konsumenten im Kopf haben und mit denen sie einen Preis, den sie im Geschäft vorfinden, vergleichen, um seine Günstigkeit zu bestimmen. Für Preis-Promotions sind Referenzpreise in zweierlei Hinsicht relevant. Zum einen lassen sie die Aktion besonders attraktiv erscheinen, da der Referenzpreis unter anderen durch den regulären Preis eines Produktes bestimmt wird und der Angebotspreis im Vergleich besonders günstig erscheint. Zum anderen besteht jedoch die Gefahr, dass Sonderangebote den Referenzpreis senken, so dass bei folgenden Kaufgelegenheiten eine geringere Kaufwahrscheinlichkeit besteht, als wenn es die Aktion nicht gegeben hätte. Zahlreiche Studien zeigen, dass Preis-Promotions in der Tat den Referenzpreis und darüber die Markentreue senken (für einen Überblick siehe Gedenk, 2002, S. 246 ff.; Hruschka/Fettes/Probst, 2002). Auch wenn Chang/Siddarth/Weinberg, 1999, darauf hinweisen, dass die Befunde teilweise durch die unzureichende Berücksichtigung von Heterogenität der Konsumenten verzerrt sind, bleiben doch starke Belege für die Existenz von Referenzpreiseffekten. Und auch Studien, welche Markentreue anders als über Referenzpreise modellieren, finden, dass Sonderangebote die Markentreue senken bzw. die Preissensitivität erhöhen können (für einen Überblick siehe Gedenk, 2002, S. 252 ff.). Goerdt, 1999, zeigt schließlich, dass Gleiches für die Geschäftstreue gilt.

Die diskutierten Absatzwirkungen sind natürlich nicht für jedes Sonderangebot gleich. Vielmehr zeigen zahlreiche empirische Studien, dass Charakteristika der Aktion starken Einfluss auf deren Wirkung nehmen (für einen Überblick siehe Gedenk, 2002, S. 260 ff.). Beispielhaft sei hier der Einfluss des sogenannten ‚Framing' von Sonderangeboten erwähnt (für einen Überblick siehe Gedenk, 2002, S. 267 ff.). Der Begriff des ‚Framing' bezieht sich darauf, dass die Wirkung eines Sonderangebotes – wie bei einem Bild – durch seinen Rahmen unterstützt werden kann. Einen solchen Frame können insbesondere Hinweisschilder mit Vergleichspreisen liefern (z. B. ‚Normalerweise 3,99 – heute nur 2,99'). Labor- und Feldexperimente zeigen, dass externe Vergleichspreise den Absatz deutlich steigern können. Auch Mengen- und Zeitbegrenzungen können vorteilhaft wirken. Obwohl man in Folge von Restriktionen eigentlich einen Absatzrückgang erwarten würde, finden Inman/Peter/Raghubir, 1997, und Wansink/Kent/Hoch, 1998, den umgekehrten Effekt. Tabelle 4 zeigt beispielhaft die Befunde von Wansink/Kent/Hoch, 1998.

Markt	Preisnachlass	Schild	Durchschnittliche Kaufmenge (pro Person)
1	12 %	‚Sale'	3,3
2	12 %	‚Sale – Limit of 4 per person'	3,5
3	12 %	'Sale – Limit of 12 per person'	7,0

Tabelle 4: Wirkung einer Mengenrestriktion (Quelle: in Anlehnung an Wansink/Kent/Hoch, 1998)

Die Autoren erfassen in einem Feldexperiment den Absatz von Campbell's Soup in drei Supermärkten. In allen drei Märkten wird der Preis um 12 % gesenkt. Während jedoch in einem Markt nur ein Schild mit dem Hinweis ‚Sonderangebot' auf die Aktion aufmerksam macht, werden in den anderen beiden Märkten Mengenrestriktionen ausgesprochen. Die Konsumenten dürfen dort pro Person maximal 4 bzw. 12 Dosen Suppe kaufen. Bei rationalen Konsumenten würde man einen Absatzrückgang erwarten, da Haushalte, die sonst eine große Zahl von Dosen kaufen würden, daran gehindert werden. Interessanterweise steigern die Restriktionen jedoch den Absatz von 3,3 auf 3,5 bzw. sogar 7,0 Dosen pro Person. Möglicherweise tritt ein ‚Anchoring & Adjustment-Effekt auf, indem sich die Konsumenten bei ihrer Einkaufsentscheidung an der angegebenen Menge orientieren. Oder die Einkaufenden werten die Mengenrestriktion als Signal für ein besonders attraktives Angebot.

Als Zwischenfazit lässt sich somit festhalten, dass Sonderangebote kurzfristig den Absatz erheblich steigern, was im wesentlichen auf Markenwechsel, aber auch auf Kaufakzeleration, Mehrkonsum und Geschäftswechsel zurückzuführen sein kann. Langfristig scheinen Sonderangebote den Absatz eher negativ zu beeinflussen, indem sie die Marken- und Geschäftstreue senken. Und die Wirkung von Sonderangeboten kann durch ein geeignetes Framing erheblich verstärkt werden.

Wie schlagen sich nun diese diversen Absatzeffekte im Gewinn nieder? Zur Profitabilität von Sonderangeboten liegen vergleichsweise wenig Informationen vor, da Forschern meist die entsprechenden Daten zu Kosten und zu Rabatten der Hersteller an den Handel fehlen. Die wenigen veröffentlichten Befunden sind jedoch wenig ermutigend. Abraham/Lodish, 1990 stellen bei der Anwendung eines Vorläufers ihres Baseline-Ansatzes PROMOTIONSCAN in 65 Produktkategorien fest, dass nur 16 % der betrachteten Promotions für Hersteller profitabel sind. Nun mag man denken, dies gelte nur für die USA, wo die Promotion-Intensität besonders hoch ist, und Unternehmen hätten zudem seit 1990 dazugelernt. In 2002 berichtet McKinsey jedoch von einer Untersuchung von 5.000 Promotions in 6 europäischen Ländern, die auf ähnlichen Baseline-Analysen basiert (vgl. Ballin/Braun/Kopka, 2002). Auch hier sind nur 40 % der untersuchten Aktionen für Hersteller profitabel.

Warum diese ernüchternden Ergebnisse? Auf methodische Verzerrungen kann man sich kaum berufen, da Baseline-Verfahren eher dazu neigen, die Profitabilität zu über- als zu unterschätzen (siehe Gedenk, 2002, S. 136 ff.). Vielleicht gilt also für Verkaufsförderung wie für die Werbung der oft zitierte Grundsatz, dass die Hälfte der Anstrengungen vergeblich sei – man wisse nur nicht welche Hälfte. Auszuschließen ist auch nicht, dass Manager durch ungeeignete Anreiz- und Kontrollsysteme zu einem zu starken Einsatz von Preis-Promotions motiviert werden. So sind Manager verschiedentlich stärker an Marktanteils- als an Gewinnzielen interessiert, und Promotions sind ein geeignetes Instrument, um Marktanteile kurzfristig zu steigern. Bevor man allerdings Sonderangebote vorschnell verdammt, sei darauf hingewiesen, dass Baseline-Analysen und die darauf basierenden Deckungsbeitragsrechnungen nur operative Aspekte des Erfolgs analysieren und strategische Überlegungen unberücksichtigt lassen. So können von Herstellern initiierte Promotions wichtig sein, um im Handel die Listung von Produkten zu sichern und weitere Unterstützung zu gewinnen. Auch Wettbewerbseffekte können eine Rolle spielen sowie der Markenaufbau bei neuen Produkten. Schließlich untersuchen die oben genannten Analysen einzelne Aktionen und nicht was passiert, wenn ein Unternehmen völlig auf den Einsatz von Sonderangeboten verzichtet.

Der letztgenannten Frage gehen zwei andere empirische Studien nach, indem sie die Wahl zwischen einer Sonderangebots- und einer Dauerniedrigpreis-Strategie betrachten. Hoch/Drèze/Purk, 1994 führen ein Feldexperiment in 86 amerikanischen Supermärkten durch, wobei über 16 Wochen die Preise in 26 Produktkategorien systematisch variiert werden. Während in einer Kontrollgruppe die Preise wie bisher bleiben, wird der reguläre Preis für einige Produkte in einer ersten Testgruppe um 10 % erhöht (Sonderangebots-Strategie) und in einer zweiten Testgruppe um 10 % gesenkt (Dauerniedrigpreis-Strategie). In allen drei Gruppen werden Sonderangebote eingesetzt, wobei der Sonderangebotspreis immer gleich ist, die Preis*senkung* also bei der Sonderangebots-Strategie am stärksten. Hoch/Drèze/Purk stellen fest, dass der Deckungsbeitrag bei der Dauerniedrigpreis-Strategie im Vergleich zur Kontrollgruppe um 18 % sinkt, wohingegen er bei der Sonderangebotsstrategie um 17 % steigt.

Ailawadi/Lehmann/Neslin, 2001 untersuchen den Strategiewechsel von Procter & Gamble in den USA in 1991. Das Unternehmen hat damals Preis-Promotions deutlich zurückgefahren, sich also in Richtung auf eine Dauerniedrigpreis-Politik bewegt. Vergleicht man Durchschnittswerte über 24 Produktkategorien in 1996 mit denen in 1990, so ist das Werbebudget um 20 % gestiegen, die Häufigkeit von Sonderangeboten dagegen um 16 % und der Einsatz von Coupons sogar um 50 % zurückgegangen. Das Ergebnis war ein Marktanteilsrückgang um 18 % bzw. 5 Prozentpunkten.

Lässt sich aus diesen Befunden nun folgern, dass eine Sonderangebots- einer Dauerniedrigpreis-Strategie vorzuziehen ist? Wohl kaum. Hoch/Drèze/Purk, 1994 untersuchen nur einen Zeitraum von 16 Wochen, und die ‚Strategie'-Änderungen werden nicht durch Kommunikation begleitet. Eine tatsächliche Dauerniedrigpreis-Politik würde somit möglicherweise vorteilhafter wirken. Ailawadi/Lehmann/Neslin, 2001, stellen zwar einen Marktanteilsrückgang fest. Es bleibt jedoch unklar, wie sich dies im Gewinn niederschlägt. Welche Strategie vorzuziehen ist, lässt sich auf Basis der vorliegenden empirischen Befunde also nicht sagen. Vermutlich dürfte es auch keine pauschale Antwort auf diese Frage geben. Vielmehr zeigen spieltheoretische Modelle von Lattin/Ortmeyer, 1991, und Lal/Rao, 1997, dass im Gleichgewicht beide Strategien nebeneinander Bestand haben, einige Händler also Sonderangebote einsetzen, während andere eine Dauerniedrigpreis-Strategie verfolgen. Dies ist deswegen sinnvoll, da die beiden Strategien jeweils unterschiedliche Segmente von Konsumenten ansprechen.

4.2 Coupons

Erkenntnisse zum Erfolg von Coupons liegen bisher vor allem aus den USA vor. In Deutschland haben lediglich Bauer/Görtz/Dünnhaupt, 2002, gut 500 Verbraucher zur Nutzung und Beurteilung von Coupons befragt. Die Autoren stellen fest, dass 75 % der Befragten bereits Coupons genutzt haben – ein erstaunlich hoher Wert, der möglicherweise mit der Zusammensetzung des Convenience-Samples zusammen hängt. Hindernisse bei der Couponnutzung liegen gemäß der Befragung weniger darin, dass Konsumenten die Marke bzw. das Geschäft wechseln müssen, um einen Coupons zu nutzen, als vielmehr im Aufwand für das Sammeln und Einlösen von Coupons, beispielsweise durch den Kauf einer zusätzlichen Zeitung.

Aus den USA, wo Coupons seit langem eingesetzt werden, gibt es zunächst Informationen zur Einlöserate. Tabelle 2 hat bereits gezeigt, dass diese im Durchschnitt über alle Coupons in den USA rückläufig ist. Einlöseraten für verschiedene Distributionsmedien im Jahr 2001 werden in Tabelle 5 wieder gegeben.

Man erkennt deutliche Unterschiede zwischen den Distributionsarten. Die besonders kostengünstige Verteilung über Medien (Zeitung, Zeitungsbeilage, Zeitschrift) schneidet am schlechtesten ab. Am häufigsten eingelöst werden dagegen sofort einlösbare On-Pack-Coupons, vermutlich da dies für die Konsumenten mit einem vergleichsweise geringen Aufwand verbunden ist.

Obwohl die Erfolgsmessung in der Praxis verschiedentlich bei der Analyse von Einlöseraten stehen bleibt, ist darüber hinaus natürlich von elementarem Interesse, ob durch einen Coupon zusätzlicher Absatz generiert wird. Anders gefragt: Wird der Coupon nur für Käufe eingelöst, die ohnehin getätigt worden wären, oder steigt der Absatz – sei es durch die Gewinnung neuer Kunden oder durch Zusatzkäufe existierender Kunden? Shoemaker/Tibrewala, 1985, und Bawa/Shoemaker, 1987, zeigen in diesem Zusammenhang, dass die Wahrscheinlichkeit, einen Coupon einzulösen, um so höher ist, je häufiger ein Haushalt das Aktionsprodukt in der Vergangenheit bereits gekauft hat. Dies spricht dafür, dass Coupons vor allem von Konsumenten eingelöst werden, die das Produkt ohnehin gekauft hätten. Neslin, 1990, stellt auf der Basis von Handelspanel-Daten fest, dass bei über die Zeitung distribuierten Coupons im Median über 7 Kaffeemarken 44 % der Einlösungen zusätzlichen Absatz darstellen. Dies ist zwar nicht unerheblich, aber möglicherweise nicht ausreichend, um Coupons profitabel zu machen, wie Neslin in einer beispielhaften Profitabilitätsrechnung zeigt.

Distributionsmedium	Einlöserate (Prozent)	
	Lebensmittel	Gesundheit und Schönheitspflege
Zeitungsbeilage (FSI)	1,3	0,8
Zeitung	0,8	0,4
Zeitschrift	1,0	0,6
Direct-Mail	3,2	3,5
In-Pack (normal)	6,3	2,7
On-Pack (normal)	8,4	13,7
On-Pack (sofort einlösbar)	18,1	40,8
In-Pack Cross-Ruff	4,7	8,4
On-Pack Cross-Ruff	5,8	6,2
On-Pack (sofort einlösbar, Cross-Ruff)	5,3	4,9
Handout (elektronisch)	7,2	4,8
Handout (andere im Geschäft)	3,3	4,4
Handout (außerhalb Geschäft)	4,0	4,2
On-Shelf	8,3	5,8

Tabelle 5: Einlöseraten verschiedener Coupons in 2001 (USA) (Quelle: NCH Marketing Services, 2002, S. 52 f.)

Interessant ist, dass zusätzlicher Absatz nicht nur durch Coupon-Einlösungen generiert wird. Vielmehr deuten die Studien von Bawa/Shoemaker, 1989, und Srinivasan/Leone/Mulhern, 1995, darauf hin, dass Anzeigen in der Zeitung bzw. in Zeitungsbeilagen einen Werbeeffekt entfalten, der auch Konsumenten, die den darin enthaltenen Coupon nicht ausschneiden und einlösen, zum Kauf bewegen.

Befunde zur Profitabilität von Coupons sind sehr spärlich. Dass in den USA – wie in Tabelle 2 gezeigt – steigende Couponwerte mit sinkenden Einlöseraten zusammenfallen, deutet allerdings auf eine sinkende Profitabilität hin. Dies würde auch erklären, warum die Zahl der verteilten Coupons dort seit Mitte der 90er Jahre zurück gegangen ist. Natürlich sind nicht alle Coupon-Promotions unprofitabel, was einzelne Experimente belegen. So steigt im Feldexperiment von Chapman, 1986, der Deckungsbeitrag eines Pizza-Imbisses um 5,2 % durch einen Direct Mail-Coupon. Und im Feldexperiment von Dhar/Hoch, 1996, steigern On Shelf-Coupons den Deckungsbeitrag eines Händlers beim Aktionsprodukt um 235 % und in der Produktkategorie um 34 %. Sonderangebote bewirken demgegenüber nur eine Deckungsbeitragsteigerung um 113 % bzw. 18 %. Der

Unterschied zwischen den beiden Formen der Preis-Promotions entsteht dabei im wesentlichen dadurch, dass die Coupons nur von 55 % der Käufer des Aktionsproduktes eingelöst werden, während das Sonderangebot für jeden Käufer an der Kasse einen Preisnachlass nach sich zieht, selbst wenn ein Konsument das Angebot gar nicht bemerkt hat.

Insgesamt ziehen viele Unternehmen in den USA aus den bislang geschilderten Befunden die Konsequenz, Coupons nicht mehr mit der Gießkanne zu streuen, sondern sie zielgerichtet einzusetzen. Dies ist z. B. möglich, wenn Coupons an der Kasse auf den Bon gedruckt werden. Die Catalina Marketing Corporation bietet ein entsprechendes System an, mit dem dann beispielsweise Käufer einer bestimmten Marke an der Kasse einen Coupon für ein Konkurrenzprodukt erhalten können (‚www.catmktg.com'). Auch das Internet bietet gute Möglichkeiten, den Versand von Coupons zu personalisieren. Und im Offline-Bereich können Daten aus Bonusprogrammen genutzt werden, um Coupons gezielt zu verteilen. Als Segmentierungskriterien bietet sich dabei neben Demographie und Psychographie unter anderem die bisherige Nutzung eines Produktes an. So sind vermutlich Konsumenten mit einer mittleren Markentreue besonders attraktive Adressaten, da sehr markentreue Kunden das Produkt ohnehin kaufen würden und Konsumenten mit sehr geringer Markentreue nur sehr schwer gewonnen werden können.

Unabhängig davon, ob Coupons breit oder gezielt eingesetzt werden, spielt natürlich ihre Gestaltung eine entscheidende Rolle für den Erfolg. Unterschiede zwischen Distributionsmedien sind bereits bei den Einlöseraten deutlich geworden. Hier seien darüber hinaus einige Befunde zur Profitabilität berichtet. So finden Dhar/Morrison/Raju, 1996, im Vergleich verschiedener Packungs-Coupons, dass On-Packs, die ausgeschnitten und beim nächsten Einkauf eingelöst werden müssen, in der Regel profitabler sind als Peel-Offs und In-Packs. Die Begründung liegt darin, dass On-Packs einen zweifachen Absatz-Effekt auslösen. Während Peel-Offs sofort den Absatz steigern, aber beim Folgekauf keine Wirkung mehr zeigen, und In-Packs beim ersten Kauf für den Konsumenten nicht erkennbar sind, dann aber beim Folgekauf den Absatz steigern, vereinigen On-Packs beides. Sie ziehen kurzfristig Kunden an, die dann beim Folgekauf, um den Coupon einzulösen, noch einmal das Aktionsprodukt kaufen. Die Autoren zeigen analytisch und in Feldexperimenten, dass nur für kleine Marken Peel-Offs vorteilhafter sein können als On-Pack-Coupons. Einen ähnlichen Vergleich stellen Zhang/Krishna/Dhar, 2000, an, wenn sie Coupons, die sofort eingelöst werden können (z. B. FSI oder Peel-Off), mit solchen vergleichen, die zunächst nicht erkennbar sind und erst für den Folgekauf gelten (In-Pack). Auf Basis eines analytischen Modells, eines Laborexperimentes und Daten zum Einsatz von Preis-Promotions in verschiedenen Produktkategorien folgern die Autoren, dass sofort einlösbare Coupons dann profitabler sind, wenn Konsumenten eine hohe Markentreue aufweisen, wohingegen später einlösbare Coupons dann zu einem höheren Gewinn führen, wenn das Variety-Seeking stark ausgeprägt ist. Schließlich betrachten Dhar/Raju, 1998, den Sonderfall der Cross-Ruff-Coupons, d. h. von Coupons, die auf der Packung eines Produktes angebracht sind (‚Trägerprodukt') und beim nächsten Kauf einen Preisnachlass auf ein *anderes* Produkt (‚Zielprodukt') versprechen. Dies ist besonders interessant für Mehrproduktunternehmen, da beispielsweise Coca Cola durch Coupons auf Coke-Flaschen den Absatz von Sprite fördern kann. Die Autoren zeigen analytisch, dass Cross-Ruff-Coupons unter bestimmten Bedingungen vorteilhafter sein können als normale On-Packs, da sie flexibel eingesetzt werden können, um den Absatz von Träger- *und* Zielprodukt steigern. Ob Marken mit kleinem oder großem Marktanteil als Träger- bzw. Zielprodukt gewählt werden sollten, hängt dabei davon ab, ob die beiden Produkte aus substitutiven, komplementären oder unabhängigen Produktkategorien stammen.

Darüber hinaus müssen Entscheidungen zum Wert von Coupons getroffen werden. Während die Einlöserate und der Absatz mit zunehmendem Coupon-Wert steigen, sinkt auch die Marge auf die Einheiten, die mit Coupon verkauft werden, so dass sich ein optimaler Coupon-Wert ergibt, bei dem der Gewinn maximal ist. Leone/Srinivasan, 1996, zeigen die Bestimmung dieses optimalen Couponwertes beispielhaft für eine Produktkategorie.

Schließlich weisen die meisten Coupons heutzutage ein Verfallsdatum auf. Wie in Tabelle 2 gezeigt, ist die Gültigkeitsdauer von Coupons in den USA von 1989 bis 2001 von 5,3 auf 3,2 Monate zurückgegangen. Kürzere Laufzeiten erleichtern zum einen die Administration der Couponeinlösung und -verrechnung. Zum anderen sind kürzere Gültigkeitsdauern insofern vorteilhaft, als Neslin, 1990, zeigt, dass frühe Einlösungen mit höherer Wahrscheinlichkeit zu Zusatzabsatz führen als späte. Krishna/Zhang, 1999, leiten darüber hinaus analytisch her, dass Produkte mit hohem Marktanteil kürzere Laufzeiten wählen sollten als solche mit geringem Marktanteil, um jeweils den Gewinn zu maximieren.

5. Fazit

Die wesentlichen Erkenntnisse zu Sonderangeboten und Coupons lassen sich wie folgt zusammenfassen:

- Sonderangebote und Coupons sind Instrumente zur Preisdifferenzierung.
- Sonderangebote steigern den Absatz kurzfristig erheblich.
- Displays und Handzettel/Beilagen/Inserate können diesen Effekt unterstützen.
- Der überwiegende Teil des kurzfristigen Mehrabsatzes stammt aus Markenwechsel.
- Konsumenten betreiben auch Kaufakzeleration i. w. S., was zu Lagerhaltung führt, in einigen Kategorien aber auch zu Mehrkonsum.
- Es gibt Hinweise auf Geschäftswechseleffekte, die Befunde zu deren Stärke sind jedoch nicht eindeutig.
- Sonderangebote senken die Marken- und Geschäftstreue.
- Sonderangebote sind wie Bilder – der richtige Rahmen steigert die Wirkung.

- Sonderangebots- und Dauerniedrigpreis-Strategien sprechen unterschiedliche Segmente an.
- Coupons weisen in den USA steigende Preisnachlässe, aber trotzdem sinkende Einlöseraten auf.
- Coupons werden zu einem erheblichen Teil von Konsumenten eingelöst, die das Aktionsprodukt ohnehin gekauft hätten.
- Das Distributionsmedium, die Höhe des Preisnachlasses und die Gültigkeitsdauer sind entscheidend für die Profitabilität von Coupons.

Aus einer Vielzahl von theoretischen und empirischen Arbeiten liegen somit zahlreiche verallgemeinerbare Erkenntnisse vor. Dennoch lassen sich auf die Frage der Vorteilhaftigkeit von Sonderangeboten und Coupons für Hersteller und Händler keine pauschalen Antworten geben. Dies liegt unter anderem daran, dass im Marktgleichgewicht unterschiedliche Preis-Strategien nebeneinander existieren können. Es liegt aber auch entscheidend daran, dass sich die Wirkungen von Preis-Promotions über unterschiedlich gestaltete Aktionen, Produktkategorien, Marken, Konsumenten und Geschäfte zum Teil stark unterscheiden.

Für Unternehmen ist es daher entscheidend, die Absatzeffekte ihrer Preis-Promotions regelmäßig zu messen und die Planung ihres Einsatzes entsprechend anzupassen. Das Instrumentarium dafür steht bereit. Ganz besonders für den Bereich des Lebensmitteleinzelhandels, aber auch für andere Produkte gibt es umfassende Daten und zahlreiche Ansätze, um sie sinnvoll zu analysieren. Mögen Unternehmen diese nutzen!

6. Literatur

ABRAHAM, M. M./LODISH, L. M., 1990, Getting the Most out of Advertising and Promotion, in: Harvard Business Review, S. 51 - 60.

ABRAHAM, M. M./LODISH, L. M., 1993, An Implemented System for Improving Promotion Productivity Using Store Scanner Data, in: Marketing Science, S. 248 - 269.

AILAWADI, K. L./LEHMANN, D. R./NESLIN, S. A., 2001, Market Response to a Major Policy Change in the Marketing Mix, Learning from Procter & Gamble's Value Pricing Strategy, in: Journal of Marketing, S. 44 - 61.

AILAWADI, K. L./NESLIN, S. A., 1998, The Effect of Promotion on Consumption, Buying More and Consuming it Faster, in: Journal of Marketing Research, S. 390 - 398.

BALLIN, C./BRAUN, M./KOPKA, U., 2002, Promotions - Fass ohne Boden?, Lebensmittelzeitung, o. Jg. (14.05.), S. 36 - 38.

BAUER, H. H./GÖRTZ, G./DÜNNHAUPT, L., 2002, Der Einzug von Coupons in Deutschland. Formen, Eigenschaften und Nutzungsabsicht der Konsumenten, Arbeitspapier, Universität Mannheim.

BAWA, K./SHOEMAKER, R. W., 1987, The Effects of a Direct Mail Coupon on Brand Choice Behavior, in: Journal of Marketing Research, S. 370 - 376.

BAWA, K./SHOEMAKER, R. W., 1989, Analyzing Incremental Sales From a Direct Mail Coupon Promotion, in: Journal of Marketing, S. 66 - 78.

BELL, D. R./CHIANG, J./PADMANABHAN, V., 1999, The Decompostion of Promotional Response, An Empirical Generalization, in: Marketing Science, S. 504 - 526.

BLATTBERG, R. C./NESLIN, S. A., 1990, Sales Promotion. Concepts, Methods, and Strategies, Englewood Cliffs.

BUCKLIN, R. E./LATTIN, J. M., 1992, A Model of Product Category Competition Among Grocery Retailers, in: Journal of Retailing, S. 271 - 293.

CHANG, K./SIDDARTH, S./WEINBERG, C. B., 1999, The Impact of Heterogeneity in Purchase Timing and Price Responsiveness on Estimates of Sticker Shock Effects, in: Marketing Science, 178 - 192.

CHAPMAN, R. G., 1986, Assessing the Profitability of Retailer Couponing with a Low-Cost Field Experiment, in: Journal of Retailing, S. 19 - 40.

DEKIMPE, M. G./HANSSENS, D. M./SILVA-RISSO, J. M., 1999, Long-Run Effects of Price Promotions in Scanner Markets, in: Journal of Econometrics, S. 269 - 291.

DHAR, S. K./MORRISON, D. G./RAJU, J. S., 1996, The Effect of Package Coupons on Brand Choice, An Epilogue on Profits, in: Marketing Science, S. 192 - 203.

DHAR, S. K./HOCH, S. J., 1996, Price Discrimination Using In-Store Merchandising, in: Journal of Marketing, S. 17 - 30.

DHAR, S. K./RAJU, J. S., 1998, The Effects of Cross-Ruff Coupons on Sales and Profits, in: Management Science, S. 1501 - 1516.

DILLER, H./BRIELMAIER, A., 1993, Die Wirksamkeit von Verkaufsförderungsaktionen - Ein Marktexperiment, Arbeitspapier, Universität Erlangen-Nürnberg.

ERDEM, T./KEANE, M. P./SUN, B., 1999, Missing Price and Coupon Availability Data in Scanner Panels, Correcting for the Self-Selection Bias in Choice Model Parameters, in: Journal of Econometrics, S. 177 - 196.

FARRIS, P. W./QUELCH, J. A., 1987, Defense of Price Promotion, in: Sloan Management Review, S. 63 - 69.

GEDENK, K., 2002, Verkaufsförderung, München.

GOERDT, T., 1999, Die Marken- und Einkaufsstättentreue der Konsumenten als Bestimmungsfaktoren des vertikalen Beziehungsmarketing, Nürnberg.

GÜNTHER, M./VOSSEBEIN, U./WILDNER, R., 1998, Marktforschung mit Panels. Arten - Erhebung - Analyse - Anwendung, Wiesbaden.

GUPTA, S., 1988, Impact of Sales Promotions on When, What, and How Much to Buy, in: Journal of Marketing Research, S. 342 - 355.

HOCH, S. J./DRÈZE, X./PURK, M. E., 1994, EDLP, Hi-Lo, and Margin Arithmetic, in: Journal of Marketing, S. 16 - 27.

HRUSCHKA, H./FETTES, W./PROBST, M., 2002, Die Bewährung von Ankerpreismodellen bei der Erklärung der Markenwahl, in: Zeitschrift für betriebswirtschaftliche Forschung, S. 426 - 441.

INMAN, J. J./PETER, A. C./RAGHUBIR, P., 1997, Framing the Deal, The Role of Restrictions in Accentuating Deal Value, in: Journal of Consumer Research, S. 68 - 79.

KRISHNA, A./ZHANG, Z. J., 1999, Short- or Long-Duration Coupons, The Effect of the Expiration Date on the Profitability of Coupon Promotions, in: Management Science, S. 1041 - 1056.

LAL, R./RAO, R., 1997, Supermarket Competition, The Case of Every Day Low Pricing, in: Marketing Science, S. 60 - 80.

LAM, S. Y. ET AL., 2001, Evaluating Promotions in Shopping Environments, Decomposing Sales Response into Attraction, Conversion, and Spending Effects, in: Marketing Science, S. 194 - 215.

LATTIN, J. M./ORTMEYER, G., 1991, A Theoretical Rationale for Everyday Low Pricing by Grocery Retailers, Arbeitspapier, Stanford University.

LEONE, R. P./SRINIVASAN, S. S., 1996, Coupon Face Value, Its Impact on Coupon Redemptions, Brand Sales, and Brand Profitability, in: Journal of Retailing, S. 273 - 289.

LUTZKY, C./TEICHMANN, M.-H., 2002, Logfiles in der Marktforschung, Gestaltungsoptionen für Analysezwecke, in: Jahrbuch für Absatz- und Verbrauchsforschung.

NARASIMHAN, C., 1984, A Price Discrimination Theory of Coupons, in: Marketing Science, S. 128 - 146.

NARISETTI, R., 1997, Down the Drain. Move to Drop Coupons Puts Procter & Gamble, in: Sticky PR Situation, in: Wall Street Journal, o. Jg. (17.04.), S. A1 + A10.

NCH MARKETING SERVICES (HRSG.), 2002, NCH 2002 Trend Report, Lincolnshire.

NESLIN, S. A., 1990, A Market Response Model for Coupon Promotions, in: Marketing Science, S. 125 - 145.

NESLIN, S. A., 2002, Sales Promotion, in: WENSLEY, ROBIN/WEITZ/BARTON (Hrsg.), Handbook of Marketing.

NESLIN, S. A./SCHNEIDER STONE, L. G., 1996, Consumer Inventory Sensitivity and the Postpromotion Dip, in: Marketing Letters, S. 77 - 94.

NIJS, V. R. ET AL., 2001, The Category Demand Effects of Price Promotions, Marketing Science, S. 1 - 22.

SCHULTZ, D. E./ROBINSON, W. A./PETRISON, L. A., 1998, Sales Promotion Essentials. The 10 Basic Sales Promotion Techniques ... And How to Use Them, 3. Aufl., Lincolnwood.

SHOEMAKER, R. W./TIBREWALA, V., 1985, Relating Coupon Redemption Rates to Past Purchasing of the Brand, Journal of Advertising Research, S. 40 - 47.

SRINIVASAN, S. S./LEONE, R. P./MULHERN, F. J., 1995, The Advertising Exposure Effect of Free Standing Inserts, in: Journal of Advertising, S. 29 - 40.

STEFFENHAGEN, H., 2003, Konditionensysteme, in: DILLER, H./HERRMANN, A. (Hrsg.), Handbuch Preismanagement, Wiesbaden.

THALER, R., 1985, Mental Accounting and Consumer Choice, Marketing Science, S. 199 - 214.

VAN HEERDE, H. J./LEEFLANG, P. S. H./WITTINK, D. R., 2002, How Promotions Work, Scan*Pro-Based Evolutionary Model Building, in: Business Review, S. 198 - 220.

WANSINK, B./KENT, R. J./HOCH, S. J., 1998, An Anchoring and Adjustment Model of Purchase Quantity Decisions, in: Journal of Marketing Research, S. 71 - 81.

WITTINK, D. R. ET AL., 1987, Scan*Pro, A Model to Measure Short-Term Effects for Promotional Activities on Brand Sales, Based on Store-Level Scanner Data, Arbeitspapier, Cornell University.

ZHANG, Z. J./KRISHNA, A./DHAR, S. K., 2000, The Optimal Choice of Promotional Vehicles, Front-Loaded or Rear-Loaded Incentives?, in: Management Science, S. 348 - 362.

Bernd Skiera - Martin Spann

Auktionen

1. Problemstellung

Das Internet hat zu einer starken Verbreitung von Auktionen geführt. Während Auktionen bis Mitte der 90er Jahre nahezu ausschließlich für hochwertige oder seltene Produkte eingesetzt worden sind, erfolgen mittlerweile alleine auf der Auktionsplattform eBay (www.ebay.com) jede Sekunde 20 verschiedene Gebote und ein jährlicher Umschlag von Produkten in Höhe von 2,25 Mrd. USD (vgl. Ockenfels, 2002a, S. 1). Diese zunehmende Verbreitung ist vor allem auf die durch den Einsatz des Internets verbundenen Einsparungen an Transaktionskosten zurückzuführen. So ist ein Zusammentreffen von Personen an einem Ort ebenso wenig notwendig wie das aufwendige Erstellen und Drucken eines Auktionskatalogs. Vielmehr reicht es, wenn der Verkäufer eines Produkts dies in multimedial geeigneter Form auf einer Auktionsplattform darstellt und ein virtuelles Auktionshaus eine geeignete Infrastruktur für das Durchführen einer solchen Auktion zur Verfügung stellt. Gerade das Verlagern von traditionell bei Auktionshäusern selbst anfallenden Arbeiten wie die der Beschreibung eines Produktes auf den Verkäufer hat dazu geführt, dass heute Auktionshäuser auch niedrigpreisige Produkte profitabel versteigern können. Dazu kommt, dass der Anonymität des Internets und den damit verbundenen Möglichkeiten des Betrugs durch geeignete Reputationsverfahren entgegengewirkt werden kann (für einen Überblick vgl. Zacharia/Moukas/Maes, 1999, oder Ockenfels, 2002b).

Auktionen weisen dabei im Vergleich zu Festpreisen oder Preisverhandlungen den Vorteil auf, dass dynamisch und gleichzeitig kostengünstig eine Anpassung der Nachfrage an das Angebot erfolgt (vgl. Mester, 1988). So ist gerade bei Festpreisen nachteilig, dass der Preis zeitlich vor dem Aufeinandertreffen mit der Nachfrage festgelegt werden muss und daher sowohl zu hoch als auch zu niedrig sein kann. Preisverhandlungen können sich dagegen als sehr kostspielig und zeitaufwendig erweisen, da die verschiedenen Angebote und Gegenangebote sequentiell bearbeitet werden müssen.

Aufgrund der zunehmenden Verbreitung von Auktionen ist das Ziel dieses Beitrags, einen Überblick über die Einsatz- und Gestaltungsmöglichkeiten von Auktionen zu geben. Dabei wird insbesondere erörtert, warum weniger die Wahl einzelner Aspekte einer Auktion, z.B. die Auktionsform selbst oder die Höhe eines Mindestgebots, sondern vielmehr das gesamte Design einer Auktion im Vordergrund stehen sollte. Anhand einzelner Beispiele wird verdeutlicht, dass ein geschickt gestaltetes Design in vielen Fällen eine erhebliche Steigerung der mit einer Auktion verbundenen Gewinne zulässt. Darüber hinaus soll außerdem deutlich werden, welche Geschäftsmodelle sich im Rahmen von Auktionen ergeben können. Der Aufbau des Beitrags ist daher wie folgt: In Abschnitt 2 werden zunächst die bei Auktionen beteiligten Parteien sowie die Einsatzgebiete von Auktionen dargestellt. Abschnitt 3 gibt einen Überblick über die unterschiedlichen Auktionsformen und Abschnitt 4 erläutert die möglichen Ziele, die mit dem Einsatz von Auktionen verfolgt werden können. Die Ausgestaltung von Auktionen steht im Mittelpunkt von Abschnitt 5. Dabei werden die verschiedenen Aspekte und Optionen des Auktionsdesigns erläutert. Abschnitt 6 stellt die Besonderheiten von Einkaufsauktionen dar, bevor Abschnitt 7 diesen Beitrag mit einem Fazit schließt.

2. Beteiligte Parteien und Einsatzgebiete von Auktionen

2.1 Beteiligte Parteien

Abbildung 1 verdeutlicht, dass im Kern drei verschiedene Parteien an einer Auktion beteiligt sind: Käufer, Verkäufer und ein Auktionshaus.

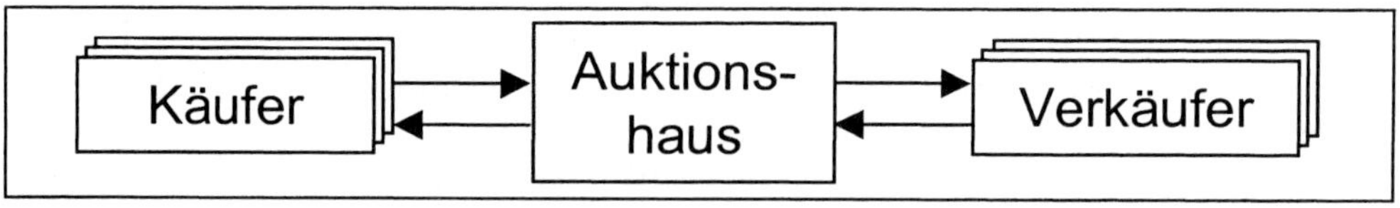

Abbildung 1: Beteiligte Parteien an einer Auktion

Je nach Auktionsform können Käufer oder Verkäufer Gebote abgeben. Während die Gebotsabgabe von Käufern bei Verkaufsauktionen den üblichen Fall darstellt, geben bei Einkaufsauktionen die Verkäufer Gebote über den von ihnen verlangten Verkaufspreis ab (siehe hierzu Abschnitt 6). Können sowohl Käufer als auch Verkäufer gleichzeitig Gebote abgeben, führt dies zu Handelsmechanismen, die z.B. auf Finanzmärkten verwendet werden. Bei diesen speziellen Auktionstypen (z.B. die so genannte "Doppelte Auktion") können im allgemeinen Fall beide Transaktionsparteien gleichzeitig als Käufer und als Verkäufer auftreten und den Preis beeinflussen (zur Funktionsweise von auf Finanzmärkten verwendeten Handelsmechanismen siehe beispielsweise Spann, 2002, Madhavan, 1992, oder Gjerstad/Dickhaut, 1998).

Eine Analyse kann sich auf jede der drei Parteien fokussieren: Ein Auktionshaus stellt letztlich die Infrastruktur zur Verfügung, die für eine ordnungsgemäße Abwicklung der Auktion verantwortlich ist. Dies betrifft den genauen Ablauf bzw. das Design der Auktion selbst (z.B. Dauer, Auktionsform, Beschreibung der Produkte), aber auch Maßnahmen zur Bildung von Vertrauen in die beteiligten Käufer und Verkäufer durch entsprechende Reputationsmechanismen und das Vermitteln von Versicherungen für den ordnungsgemäßen Erwerb von Produkten und Zahlung. Aufgrund der wechselseitigen Beziehungen zwischen Verkäufern und Käufern - mehr Käufer ziehen mehr Verkäufer an, mehr Verkäufer ziehen mehr Käufer an - unterliegen Auktionshäuser erheblichen Netzeffekten (zu Netzeffekten vgl. Shapiro/Varian, 1998, bzw. zu den Grenzen von

Netzeffekten vgl. Liebowitz, 2002). Diese Netzeffekte sind letztlich mit dafür verantwortlich, dass sich das (virtuelle) Auktionshaus eBay (www.ebay.com), das in vielen Ländern sehr früh und aggressiv am Markt war, in diesen Ländern und insbesondere den USA als unumstrittener Marktführer durchsetzen konnte. Das Erlösmodell der Auktionshäuser sieht vielfach so aus, dass die Teilnahme als Käufer an einer Auktion kostenlos ist, moderate Kosten für das Anbieten von Produkten auf der Auktionsplattform anfallen und letztlich im Falle eines erfolgreichen Verkaufs eines Produktes eine Provision für das Auktionshaus anfällt. Je nach Auktionswert fallen bei eBay in den USA eine Einstellgebühr von 0,30 – 3,30 USD und eine Provision von 1,25% - 5% an (vgl. Ockenfels, 2002a). Bei eBay Deutschland beträgt beispielsweise die Einstellgebühr zwischen 0,25 € und 2,40 € und die Provision zwischen 1,5% und 4%.

Für die Käufer und Verkäufer ist neben der Wahl des Auktionshauses vor allem die aus ihrer Sicht optimale Gestaltung der Auktion von Interesse. So steht bei Verkäufen über das Auktionshaus eBay vor allem die Frage nach der angemessenen Beschreibung des Produkts im Mittelpunkt. Die Ausführungen in Kapitel 5 werden aber zeigen, dass bei Auktionen, die ein weniger starr vom Auktionshaus vorgegebenes Design ermöglichen, durch situationsbedingte Anpassungen erhebliche Steigerungen der Gewinne für den Verkäufer möglich sind. Darüber hinaus stellt sich für immer mehr Anbieter die Frage, ob Auktionshäuser nicht als ein weiterer Absatzkanal im Sinne eines Multi-Kanal-Managements genutzt werden. So weist beispielsweise Ockenfels (2002a), völlig korrekt darauf hin, dass sich auf der für den Handel zwischen Konsumenten eigentlich konzipierten Auktionsplattform eBay immer mehr kommerzielle Anbieter wiederfinden.

Für den Käufer stellt sich primär die Frage nach seiner optimalen Bietstrategie (vgl. hierzu die theoretisch geprägten Ausführungen in Milgrom/Weber, 1982, S. 1090 ff.; Wolfstetter, 1996, S. 371 ff., Kagel, 1995, McAfee/McMillan, 1987, S. 707 ff.). Die Ausführungen von Roth/Ockenfels (2002) zeigen dabei, dass bei bestimmten Auktionsdesigns erst in den allerletzten Minuten eine größere Aktivität zu beobachten ist. Auf diese Aktivitäten kann das Auktionshaus auch durch das Anbieten von Auktionsagenten einen erheblichen Einfluss nehmen (vgl. Ockenfels, 2002a, S. 13). Diese Auktionsagenten übernehmen nach den entsprechenden Vorgaben des Käufers das Bieten für diesen Käufer. Interessant ist dabei zu beobachten, dass, sofern das Auktionshaus selbst nicht ein entsprechend adäquates Angebot unterbreitet, derartige Agenten auch mitunter von dritten Dienstleistern wie Esnipe (www.esnipe.com: siehe auch Ockenfels, 2002a, S. 13) angeboten werden.

2.2 Einsatzgebiete

Die Einsatzgebiete können dahingehend unterschieden werden, ob Käufer oder Verkäufer Konsumenten (Consumer), Unternehmen (Business) oder die öffentliche Verwaltung (Administration) sind (siehe SEQARABIC).

Käufer \ Verkäufer	**Administration (öffentliche Verwaltung)**	**Business (Unternehmen)**	**Consumer (Konsumenten)**
Administration (öffentliche Verwaltung)	Nutzung von Büroflächen (raumboerse .de)	Öffentliche Beschaffungen (z.B. Portum, econia)	Arbeitskräfte versteigern sich selbst (z.B. Monster. com)
Business (Unternehmen)	UMTS-Lizenzen	Einkaufsauktionen (z.B. Portum, Newtron)	Arbeitskräfte versteigern sich selbst (z.B. Monster. com)
Consumer (Konsumenten)	Nachlass-versteigerungen	Neuprodukte (z.B. ricardo .de)	Gebraucht-gegenstände (z.B. ebay .de)

Abbildung 2: Einsatzgebiete von Auktionen

Eine Auktion, bei der Käufer wie auch Verkäufer dem Bereich der öffentlichen Verwaltung zuzuordnen sind, kann beispielsweise zu dem Ziel der effizienteren Nutzung von Büroflächen durchgeführt werden. Dabei kann eine Behörde leerstehenden Büroraum haben und anderen Behörden zur Miete überlassen, wobei die Höhe des Mietpreises Gegenstand einer Auktion sein kann (z.B. www.raumboerse.de). Der Einkauf von Unternehmen, ebenso wie von öffentlichen Verwaltungen, kann im Rahmen von Einkaufsauktionen organisiert werden. Anbieter von solchen Business-to-Business- und Business-to-Administration-Auktionsplattformen im Internet sind beispielsweise Portum (www.portum.de), Freemarkets (www.freemarkets.com), econia (www.econia.de) oder Newtron (www.newtron.de). Die Versteigerung von Neuprodukten an Konsumenten stellt ein von dem Auktionshaus ricardo.de (www.ricarod.de) etabliertes Geschäftsmodell dar, während sich der Anbieter eBay (www.ebay.de) frühzeitig auf den Bereich der Auktionen zwischen Konsumenten ("Consumer-to-Consumer") spezialisiert hatte. SEQARABIC gibt einen Überblick und jeweils ein Beispiel für die neun möglichen Kombinationen.

3. Auktionsformen

Unterschiedliche Auktionsformen können dahingehend unterschieden werden, wie Gebote abgegeben und der Transaktionspreis bestimmt wird. Anhand dieser Kriterien können die folgenden vier Auktionsformen unterschieden werden: die Englische Auktion, die

Holländische Auktion, die Höchstpreisauktion und die nach ihrem "Erfinder", dem Nobelpreisträger William Vickrey, benannte Vickrey- oder "second price"-Auktion (vgl. McAfee/McMillan, 1987, S. 702). Bei der Englischen Auktion, die sowohl die bekannteste als auch gebräuchlichste traditionelle und Online-Auktionsform darstellt (vgl. Beckmann/Kräkel/Schauenberg, 1997, S. 43 und 49; Wolfstetter, 1996, S. 370; Chui/Zwick, 1999, S. 9), werden sukzessiv höhere Gebote in offener Form so lange genannt, bis nur noch ein Bieter übrig bleibt. Dieser Bieter erhält dann den Zuschlag zum Preis seines zuletzt genannten Gebotes. Bei der Holländischen Auktion wird ein vom Verkäufer festgesetzter Höchstpreis so lange gesenkt, bis der erste Bieter den gerade aktuellen Preis akzeptiert und somit den Zuschlag erhält. Bei der Höchstpreis- und der Vickrey-Auktion gibt dagegen jeder Bieter sein Gebot verdeckt ab. Der Bieter mit dem höchsten Gebot erhält dann den Zuschlag. Bei der Höchstpreisauktion entspricht der Kaufpreis seinem (d.h. dem höchsten) Gebot, während bei der Vickrey-Auktion der Kaufpreis dem zweithöchsten Gebot entspricht (vgl. Kräkel, 1992, McAfee/McMillan, 1987). Bei diesen beiden Auktionsformen können auch gleichzeitig mehrere Einheiten eines gleichen Produkts versteigert werden. Es erhalten dann bei n Produkten die n-höchsten Gebote den Zuschlag, wobei bei der Höchstpreis-Auktion der Preis dem n-höchsten und bei der Vickrey-Auktion dem n+1-höchsten, also dem ersten abgelehnten Gebot entspricht.

4. Ziele von Auktionen

Skiera/Lambrecht (2000) zeigen in ihrem Beitrag zu Erlösmodellen im Internet, dass drei verschiedene Erlösquellen, nämlich der "Verkauf von Produkten selbst", die "Vermittlung von Kontakten" und das "Sammeln von Informationen", unterschieden werden können. Diesen drei Erlösquellen können auch die Ziele von Auktionen zugeordnet werden.

4.1 Abwicklung von Transaktionen

Der "Verkauf von Produkten", also die Abwicklung von Transaktionen, ist gegenwärtig zweifelsohne das primäre Ziel von Auktionen. Auktionen werden in diesem Fall mit dem Zweck der Ermittlung der optimalen Transaktionsbedingungen und dabei insbesondere des Preises eingesetzt (vgl. McAfee/McMillan, 1987, S. 700). Aus Sicht des Verkäufers bedeutet dies in der Regel, dass ein maximaler Gewinn, häufig gleichbedeutend mit einem maximalen Erlös erzielt werden soll. Die Verwirklichung dieses Ziels erfordert dabei ein auf die Situation abgestimmtes Auktionsdesign. Das Design einer Auktion ist von überragender Bedeutung, da bereits kleine Details des Designs zwischen Erfolg und Misserfolg einer Auktion entscheiden können (vgl. Rothkopf/Park, 2001, S. 91). Aus diesem Grund werden Aspekte des Auktionsdesigns in Abschnitt 5 detailliert diskutiert.

4.2 Durchführung von Marktforschung

Auf die Möglichkeit des "Sammelns von Informationen" mit Hilfe von Vickrey-Auktionen ist von Hoffmann et al. (1993), Skiera/Revenstorff (1999) und Skiera/Schäfers (2001) hingewiesen worden. Die Überlegung besteht dabei darin, dass Vickrey-Auktionen Gebote von allen Teilnehmern einer Auktion erheben und dass es für alle Teilnehmer die beste Strategie ist, wenn sie Gebote genau in Höhe ihrer Zahlungsbereitschaft abgeben (vgl. Vickrey, 1961, S. 20 ff.; Kräkel, 1992, S. 19 ff.). Diese Eigenschaft, auch als Anreizkompatibilität bezeichnet (vgl. McAfee/McMillan, 1987, S. 712; Wolfstetter, 1996, S. 394), wird dadurch erreicht, dass der Preis des Auktionsgegenstands nicht von den Gewinnern der Auktion selbst, sondern von dem "ersten Verlierer", d.h. dem ersten abgewiesenen Gebot, festgelegt wird. Wenn Teilnehmer ihre Gebote also in Höhe ihrer tatsächlichen Zahlungsbereitschaft abgeben, erhalten sie entweder den Zuschlag und zahlen einen Preis, der höchstens ihrer Zahlungsbereitschaft entspricht, oder sie erhalten den Zuschlag nicht. Ein kleines Beispiel verdeutlicht dies. Angenommen ein Bieter habe eine Zahlungsbereitschaft in Höhe von 100 €. Gäbe er ein Gebot unterhalb seiner Zahlungsbereitschaft ab (zum Beispiel 95 €), so erhielte er den Zuschlag nicht, wenn das höchste Gebot eines anderen Bieters 96 € wäre. Gewänne er die Auktion nach Abgabe eines Gebotes oberhalb seiner Zahlungsbereitschaft (zum Beispiel 105 €), so bestünde die Möglichkeit, dass das höchste Gebot eines anderen Bieters und damit der Preis seine Zahlungsbereitschaft ebenfalls übersteigt (zum Beispiel 104 €). Hätte er in Höhe seiner tatsächlichen Zahlungsbereitschaft geboten, so hätte er aber den Zuschlag im ersten Fall zum Preis von 96 € erhalten und damit einen um 4 € niedrigeren Preis als seine Zahlungsbereitschaft bezahlt. Im zweiten Fall hätte er den Zuschlag nicht erhalten, da der Preis von 104 € des anderen Bieters über seiner Zahlungsbereitschaft liegt.

Neben dem Vorteil der Anreizkompatibilität weisen Vickrey-Auktionen den Vorteil auf, dass gleichzeitig Gebote für mehrere Produktvarianten erhoben werden können. Dadurch können insbesondere auch die Zahlungsbereitschaften für Produktkomponenten ermittelt und so ähnliche Ergebnisse wie bei einer Conjoint-Analyse erzielt werden. Skiera/Revenstorff (1999) und Skiera (1999) zeigen beispielsweise für die Versteigerung von unterschiedlichen Mobilfunktarifen mit Hilfe von Vickrey-Auktionen wie damit auch Preis-Absatz-Funktionen für einzelne Produkte und Zahlungsbereitschaftsfunktionen für einzelne Konsumenten geschätzt werden können.

Der großflächige Einsatz von Vickrey-Auktionen in der Praxis ist zweifelsohne noch nicht gegeben. Dies hängt unter anderem damit zusammen, dass den Teilnehmern der Ablauf einer Vickrey-Auktion wenig vertraut ist und die Gefahr des Missbrauchs seitens des Verkäufers durch das Einstreuen von zusätzlichen (zweithöchsten) Geboten besteht (vgl. Rothkopf/Teisberg/Kahn, 1990). Interessant ist daher die Anmerkung von Ockenfels (2002a, S. 3), der den Einsatz von Bietagenten in Englischen Auktionen als Vickrey-Auktion interpretiert. Dies wird damit begründet, dass die Teilnehmer dem Bietagenten letztlich den Preis nennen, den sie maximal zu zahlen bereit sind. Der Bietagent wird aber nur so lange mitbieten, wie ein Gebot eines anderen Teilnahme zu überbieten ist. Dieses Gebot soll so wenig wie möglich überboten werden, wobei dies letztlich von der vorgegebenen minimalen Erhöhung (das so genannte "Inkrement") des Auktionshauses abhängig ist. Diese Vorgehensweise kann dann aber, so Ockenfels (2002a), als Vickrey-Auktion interpretiert werden, da auf diese Weise der erfolgreiche Bieter bei Verwendung des Agenten einen Preis genau in Höhe des zweithöchsten Gebots zuzüglich der minimalen Erhöhung zahlt. Da derartige Bietagenten mittlerweile vielfach eingesetzt werden, spricht Ockenfels (2002a, S. 4) mittlerweile sogar davon, dass Vickrey-Auktionen die englische Auktion als prominenteste Auktionsform abgelöst haben. Dies ist insofern außerordentlich interessant, da dadurch den Überlegungen von Skiera/Revenstorff (1999) letztlich auch nachgekommen werden könnte, nur in einer von Skiera/Revenstorff (1999) eigentlich nicht vorgesehenen Art und Weise.

4.3 Unterstützung der Kommunikationspolitik

Die Überlegung des "Vermittelns von Kontakten" kann dadurch verfolgt werden, dass Auktionen gezielt zur Unterstützung der Kommunikationspolitik eines Unternehmens eingesetzt werden. So berichten Skiera/Schäfers (2001) beispielsweise, dass die DaimlerChrysler-Tochter MCC Smart die europaweite Markteinführung ihres Smart Cabrios im Frühjahr 2000 durch die Versteigerung von fünf Exemplaren einer Limited Edition in Zusammenarbeit mit dem Auktionshaus ricardo.de unterstützte. Dabei nutzte der Automobilhersteller nicht nur seine eigene Website www.smart.com als Kommunikationsmedium, in dem er sich eine dem Smart-Auftritt angepasste Auktion einrichten ließ, sondern versteigerte auch einiger der Unikate über die Seiten des Plattformbetreibers ricardo.de, um dort die Vielzahl der Kunden und Besucher auf das neue Modell aufmerksam zu machen. Ähnliche Überlegungen verfolgt auch die Lufthansa, die regelmäßig Flüge in begrenztem Umfang über ihre Webseite (www.lufthansa.com) versteigert.

5. Gestaltung von Auktionen

In diesem Abschnitt werden die wichtigsten Aspekte für das Design von Auktionen diskutiert. Wie bereits in Abschnitt 4.1 erläutert wurde, ist das Design einer Auktion von überragender Bedeutung für deren Erfolg. Daher raten Rothkopf/Park (2001), das Hauptaugenmerk bei einer Entscheidung über die Durchführung von Auktionen hierauf zu lenken (vgl. Rothkopf/Park, 2001, S. 91). Nachfolgend wird zunächst von der Versteigerung einer Mengeneinheit eines Produkts ausgegangen bevor in Abschnitt 5.5 die Versteigerung multipler Einheiten diskutiert wird.

5.1 Auktionsgegenstand

Bezüglich des Auktionsgegenstandes gelten prinzipiell keine Einschränkungen, d.h. Auktionen können für faktisch jeden beliebigen Gegenstand eingesetzt werden. In der Offline-Welt wurden Auktionen allerdings traditionell eher für die Versteigerung von Seltenheitsprodukten eingesetzt. Seltenheitsprodukte können neben wirklich einmaligen Produkten (z.B. ein Gemälde von van Gogh) auch sogenannte "Limited-Editions" sein, die bewusst nur in einer geringen Stückzahl gefertigt werden und denen damit ein exklusiver Charakter zukommt. Dies können beispielsweise Kunstwerke, aber auch Porzellane oder Autos sein. Dem gegenüber werden im Internet überwiegend reproduzierbare Produkte versteigert, die in einer Vielzahl von Mengeneinheiten vorliegen (zur Unterscheidung zwischen reproduzierbaren Produkten und Seltenheitsprodukten vgl. Beckmann/Kräkel/Schauenberg, 1997, S. 45).

5.1.1 Beschreibung des Auktionsgegenstandes

Zunächst muss bei einer Auktion festgelegt werden, was genau versteigert werden soll. Dieser Aspekt mag zwar trivial anmuten, ist aber selbst bei der Versteigerung physischer Produkte nicht immer klar umrissen. Beispielsweise kann ein Autohaus überlegen, ob es ein Fahrzeug mit oder ohne kostenlose Inspektionen in den nächsten zwei Jahren versteigern möchte. Wird Wohneigentum aus einem Nachlass versteigert, so kann dies mit oder ohne der sich darin befindlichen Möbel geschehen. Eine größere Flexibilität ergibt sich für den Verkäufer, wenn nicht physische Produkte, sondern Rechte zur Versteigerung angeboten werden. Werden Nutzungsrechte für bestimmte rohstoffreiche Gebiete oder einen spezifischen Frequenzbereich für mobile Telephonie versteigert, muss die Aufteilung des gesamten Gebiets bzw. Frequenzbandes in einzelne zu versteigernde Parzellen oder Frequenzblöcke entschieden werden. Beispielsweise wurden bei der in Deutschland durchgeführten UMTS Auktion jeweils Frequenzblöcke zu je 10 MHz versteigert, wobei ein Unternehmen zur Erlangung einer Lizenz mindestens zwei dieser Frequenzblöcke ersteigern musste (vgl. www.regtp.de). Es konnten aber auch pro Unternehmen bis zu drei Frequenzblöcke zu je 10 MHz ersteigert werden, so dass durch diese Option der Wettbewerb zwischen den Bietern verstärkt wurde.

5.1.2 Festlegung der Gebotsvariablen

Bei der Gebotsvariablen handelt es sich um den Preis, zu dem ein physisches Produkt bzw. ein Recht erworben wird. Dabei ist allerdings zu entscheiden, ob es sich bei der Gebotsvariablen um einen einmaligen Preis, eine monatliche Gebühr oder beispielsweise um einen Provisionssatz handelt. Alternativ zur Versteigerung der UMTS Lizenzen zu einem einmaligen Preis hätten die Mobilfunkunternehmen um eine monatliche Nutzungsgebühr, ggf. zuzüglich einem a priori festgelegten Grundpreis, bieten können. Bei der Versteigerung von Nutzungsrechten für Bodenschätze ist z.B. die Wahl eines Provisionssatzes statt eines einmaligen Preises als Gebotsvariable denkbar. Auf diese Weise übernimmt zwar der Anbieter des Nutzungsrechtes einen Teil des ökonomischen Risikos, andererseits kann dies aber erforderlich sein, um eine ausreichende Anzahl an Bietern und einen hinreichend hohen Preis für das Nutzungsrecht zu bekommen.

5.1.3 Versteigerung von Optionen

Eine für die Gestaltung von Auktionen interessante Alternative ist die Gestaltung der Versteigerung eines physischen Produkts als Auktion eines Rechtes bzw. einer Option. Rothkopf/Park (2001) berichten hierzu ein interessantes Beispiel für die Versteigerung von Eigentumswohnungen in einen Apartmenthaus (vgl. Rothkopf/Park, 2001, S. 84 f.). Anstatt jede Wohnung einzeln zu versteigern, wurde das Recht zur freien Auswahl aus den jeweils noch vorhandenen Wohnungen versteigert. Diese Auktionsgestaltung hatte somit für den Anbieter der Wohnungen den wünschenswerten Effekt, dass auch Bieter, die sich für unterschiedliche Wohnungen interessierten, nun im Wettbewerb standen. Womöglich konnte der Anbieter der Wohnungen auf diese Weise durch die höhere Anzahl potenzieller Bieter auch höhere Preise realisieren. Folglich ist die Festlegung des Auktionsgegenstandes eine Entscheidung, die wesentlichen Einfluss auf den Verlauf einer Auktion ausüben kann.

Folgendes Beispiel soll das Potential zur Gewinnsteigerung durch die Versteigerung von Optionen verdeutlichen: In einem neu gebauten Haus sind zwei Wohnungen mit Gartenzugang sowie zwei Dachwohnungen zu versteigern, wobei die Präferenzen der Bieter für die einzelnen Wohnungen sehr unterschiedlich sind. Tabelle 1 stellt die Zahlungsbereitschaften der fünf Bieter für Dach- und Gartenwohnungen dar.

Bieter	**Dachwohnung**	**Gartenwohnung**
Bieter A1	95 GE	60 GE
Bieter A2	95 GE	60 GE
Bieter B1	60 GE	90 GE
Bieter B2	60 GE	90 GE
Bieter C	70 GE	70 GE

Tabelle 1: Zahlungsbereitschaften der Bieter für Dach- und Gartenwohnungen

Werden die Wohnungen ohne Wahlrecht sukzessive versteigert, beträgt der Auktionserlös für die 1. Dachwohnung 95 GE (Bieter A1 im Wettbewerb mit A2), für die 2. Dachwohnung 70 GE (Bieter A2 im Wettbewerb mit C), für die 1. Gartenwohnung 90 GE (Bieter B1 im Wettbewerb mit B2) und für die 2. Gartenwohnung 70 GE (Bieter B1 im Wettbewerb mit C). Der Gesamterlös der Auktion beträgt somit 325 GE. Werden die Wohnungen hingegen mit Wahlrecht versteigert, erhöht sich der Auktionserlös um 20 GE auf 345 GE, da die Auktionserlöse nunmehr für die 1. Dachwohnung 95 GE (Bieter A1 im Wettbewerb mit A2), für die 2. Dachwohnung 90 GE (Bieter A2 im Wettbewerb mit B1/B2), für die 1. Gartenwohnung 90 GE (Bieter B1 im Wettbewerb mit B2) und für die 2. Gartenwohnung 70 GE (Bieter B2 im Wettbewerb mit C) betragen.

5.2 Auktionsteilnahme

Mit der Entscheidung über die Rahmenbedingungen der Auktionsteilnahme kann der Veranstalter einer Auktion insbesondere die Anzahl der Bieter beeinflussen. Dabei sollte eine große Anzahl an Bietern im Interesse des Auktionsveranstalters liegen, da dies tendenziell zu stärkerem Wettbewerb unter den Bietern und folglich höheren Auktionspreisen führt.

5.2.1 Auktionsteilnehmer

Trotz der oben getroffenen Feststellung der Vorteilhaftigkeit einer hohen Bieterzahl kann es für einen Auktionsveranstalter gute Gründe für eine Beschränkung des Bieterkreises geben. Beispielsweise kann die Teilnahme an einer Auktion an gewisse Bonitätskriterien gebunden sein, damit nicht nach Abschluss der Auktion das Risiko besteht, dass der Käufer aufgrund von Zahlungsschwierigkeiten ausfällt und daher u.U. die Auktion wiederholt werden muss. Eine Beschränkung der Auktionsteilnahme kann auch aus Gründen des Haftungsausschlusses erfolgen. Beispielsweise veranstalten DaimlerChrysler Niederlassungen regelmäßig Gebrauchtwagenauktion zu denen nur Kfz-Händler mit ordnungsgemäßer Gewerbeanmeldung zugelassen sind. Obwohl auf diese Weise die Anzahl potentieller Bieter reduziert wird, kann diese Beschränkung zur Vermeidung der Gewährleistungsbestimmungen des Verkaufs an Endverbraucher, Kannibalisierung zu anderen Absatzkanälen und Imagegründen erfolgen. Eine weitere Entscheidung betrifft die Frage, ob Konsortien oder Zusammenschlüsse von Konkurrenten als Teilnehmer zugelassen sind. Aus Sicht des Veranstalters einer Auktion wird die Anzahl der möglichen Bieter durch solche Zusammenschlüsse reduziert und ist daher tendenziell unerwünscht.

5.2.2 Teilnahmegebühr

Verlangt der Veranstalter eine Gebühr für die Teilnahme an einer Auktion, so stellt diese eine zusätzliche Einnahmequelle dar. Allerdings erscheint eine Teilnahmegebühr nur sinnvoll, wenn aus der Auktionsteilnahme selbst ein Nutzen für Bieter entsteht. Dies kann beispielsweise der Fall sein, falls die Auktion sehr unterhaltsam ist oder falls die Teilnahme an einer Benefizauktion zu Ansehen verhilft oder zu interessanten persönlichen Kontakten führen kann. Dabei ist zu bedenken, dass eine Teilnahmegebühr tendenziell negativ auf die Anzahl der Bieter und somit auf den zu erwartenden Auktionserlös wirkt. Aus diesem Grund kann es auch in bestimmten Situationen sinnvoll sein, eine Teilnahmegratifikation zu zahlen. Dies ist insbesondere erforderlich und vorteilhaft, falls die Auktionsvorbereitung für potentielle Bieter kostspielig ist und die Teilnehmer den Wert des zu versteigernden Objekts zunächst einmal eher unterschätzen. Beispielsweise kann bei öffentlichen Großaufträgen eine Teilnahmegratifikation gezahlt werden, damit teilnehmende Unternehmen für die Kalkulation ihrer Projektkosten entschädigt werden.

Durch Zahlung der Teilnahmegratifikation soll somit eine ausreichende Anzahl an Bietern zur Telnahme an der Auktion bewegt werden.

5.3 Dauer der Auktion

Die Dauer einer Auktion hängt unter anderem von der Wahl der Auktionsform ab. Handelt es sich um eine verdeckte Auktion, so bestimmt die Dauer den Zeitraum, in dem verdeckte Gebote eingehen können und ist relativ flexibel wählbar. Dem gegenüber ist bei offenen Auktionen mit mehreren Gebotsrunden zu unterscheiden, ob die Bieter simultan im gleichen physischen Raum anwesend sein müssen, oder ob die Auktion über das Internet durchgeführt wird. Im ersteren Fall ist die Dauer der Auktion vermutlich auf eine dem Wert des Auktionsgegenstandes entsprechende und den Bietern zumutbare Dauer beschränkt (Kunstauktionen können zwischen wenigen Minuten und einigen Stunden dauern, während sich die UMTS Auktion in Deutschland über viele Tage erstreckte). Erfolgt der Zugang zu einer Auktion über das Internet, so ist auch eine längere Dauer bei Englischen Auktionen angemessen, da Bieter durch Verwendung von so genannten Bietagenten nicht zu jedem Zeitpunkt der Auktion selbst online sein müssen (vgl. Ockenfels, 2002a, S. 6). Der Bietagent überbietet dabei bis zu dem vom Auktionsteilnehmer vorgegebenen Höchstpreis alle Konkurrenzgebote. Bei der Entscheidung über die Dauer der Auktion ist in solchen Fällen die Abwägung zu treffen, dass mit zunehmender Dauer zusätzliche potentielle Käufer auf die Auktion aufmerksam werden und als Bieter auftreten, allerdings die Wartezeit für Bieter auch zunimmt. Beispielsweise beträgt die Dauer von Auktionen bei eBay (www.ebay.de) in der Regel eine Woche.

Im Falle der über das Internet durchgeführten Englischen Auktionen ist vermutlich weniger die genaue Dauer der Auktion von Bedeutung, sondern ob ein fixes oder variables Auktionsende gewählt wird. Ein fixes Auktionsende bedeutet dabei, dass die Auktion zu einem genau vorher festgelegten Zeitpunkt, z.B. am 1.11.2002 um 16:30:00 Uhr, beendet wird (diese Vorgehensweise wird z.B. von eBay angewendet). Demgegenüber verlängert sich eine Auktion bei variablem Ende über den geplanten Endzeitpunkt hinaus, falls innerhalb eines bestimmten Zeitraums vor dem geplanten Auktionsende (z.B. 10 Minuten) mindestens ein weiteres Gebot eingegangen ist. In diesem Fall endet eine Auktion mit variablem Ende erst, wenn für die Dauer dieses Zeitraums, d.h. z.B. 10 Minuten, kein Gebot mehr eingegangen ist (eine solche Vorgehensweise wurde bei dem Auktionsangebot von Amazon angewendet). Dabei führt erstere Vorgehensweise dazu, dass Auktionsteilnehmer erst in den letzten Sekunden der Auktionsdauer ein Gebot abgeben, damit dieses dann nicht mehr von anderen Teilnehmern überboten werden kann. Diese Verhaltensweise ist Ausdruck der Strategie, dass durch Zurückhalten eines Gebots bis kurz vor Ende der Auktion die eigene Wertschätzung bzw. Zahlungsbereitschaft vor Konkurrenten verschleiert werden soll (vgl. Ockenfels, 2002a, S. 10). In ihrer Untersuchung der Auktionsmechanismen von eBay und Amazon weisen Roth/Ockenfels (2002) dabei nach, dass dieses Phänomen bei Auktionen von Computern und Antiquitäten bei eBay in 40% der Auktionen und bei Amazon nur in 3% der Fälle zu Geboten in den letzten 5 Minuten

Auktionen und bei Amazon nur in 3% der Fälle zu Geboten in den letzten 5 Minuten führt (vgl. Roth/Ockenfels, 2002, S. 11).

5.4 Rahmenbedingungen

Mit der Entscheidung über Mindestpreise, die Flexibilität der Auktionsregeln sowie die Verbindlichkeit der Gebote sind Rahmenbedingungen einer Auktion festzulegen, die einen starken Einfluss auf das Risiko des Auktionsveranstalters sowie das Verhalten der Bieter ausüben können.

5.4.1 Festlegung von Mindestpreisen

Ein öffentlicher Mindestpreis bedeutet, dass nur gleich hohe oder höhere Gebote als der Mindestpreis abgegeben werden können. Dabei entspricht der Mindestpreis dem Startgebot bei einer Englischen Auktion. Eine andere Alternative stellt ein geheimer Mindestpreises dar. In diesem Fall kommt die Transaktion nur zustande, wenn der Zuschlagspreis der Auktion größer oder gleich dem Mindestpreis ist. Da dieser geheime Mindestpreis den Bietern während der Auktion unbekannt ist, stellt dieser eine zusätzliche Unsicherheit für die Bieter dar. Aus diesem Grund wird ein geheimer Mindestpreis (dessen Existenz aber bekannt sein muss) tendenziell zu einer Reduktion der Teilnehmer an einer Auktion führen. Das Gleiche gilt für einen öffentlichen Mindestpreis, da dieser oberhalb der Zahlungsbereitschaft potentieller Bieter liegen kann. Der Vorteil eines Mindestpreises für den Veranstalter einer Auktion liegt darin, dass das Risiko eines Verkaufs zu einem unerwünscht niedrigen Preis auf diese Weise ausgeschlossen wird. Andererseits ist bei Antizipation eines starken Bieterwettbewerbs ("Bietfieber") der Verzicht auf einen Mindestpreis vorzuziehen.

Eine weitere Festlegung betrifft die Höhe des minimalen Inkrements bzw. der minimalen Erhöhung, die ein Gebot gegenüber dem bestehenden Höchstgebot bei einer Englischen Auktion mindestens aufweisen muss. Mit der Höhe des minimalen Inkrements wird die Auktionsdynamik beeinflusst, da auf diese Weise beispielsweise ausgeschlossen werden kann, dass sich Auktionsteilnehmer jeweils nur um einen Eurocent überbieten. Andererseits kann ein zu hohes minimales Inkrement dazu führen, dass Auktionsteilnehmer frühzeitig ausscheiden, da das aktuelle Höchstgebot zuzüglich des minimalen Inkrements über ihrer Zahlungsbereitschaft liegt.

5.4.2 Flexibilität der Auktionsregeln

Die Flexibilität der Auktionsregeln betrifft die Entscheidung, ob der Auktionator von im Vorfeld angekündigten Auktionsregeln abweichen kann. Zur Bestimmung dieser Frage ist eine Abwägung zwischen dem Bedürfnis der Auktionsteilnehmer nach Berechenbarkeit und der Flexibilität des Auktionsveranstalters bei unerwarteten Ereignissen zu treffen. Beispielsweise kann es passieren, dass Auktionsteilnehmer nach Abschluss der Auktion behaupten, dass ihnen bei der Gebotsabgabe ein Fehler unterlaufen ist (siehe auch folgenden Abschnitt). Laut Rothkopf/Park (2001, S. 89) ist die Entscheidung über die Flexibilität der Auktionsregeln eine heikle Angelegenheit ohne eindeutige Empfehlungen.

5.4.3 Verbindlichkeit der Gebote

Mit der Verbindlichkeit der Gebote soll das Problem ausgeschlossen werden, dass Auktionsteilnehmer über "Strohmänner" bei einer verdeckten Höchstpreis oder Vickrey-Auktion mehrere Gebote platzieren und am Auktionsende ggf. zu hohe Gebote wieder zurückziehen können. Dabei ist zu entscheiden, ob die Zahlung auf jeden Fall erfolgen muss oder ob eine Strafe (z.B. in Höhe einer am Auktionsbeginn hinterlegten Kaution) zu entrichten ist. Außerdem ist beim Zurückziehen von Geboten zu klären, ob dann das nächst höchste Gebot gilt oder die Auktion wiederholt werden muss.

5.5 Verkauf mehrerer Einheiten eines Produktes

Die Gestaltungsoptionen zur Versteigerung mehrerer Einheiten von Produkten erfordern eine Unterscheidung dahingehend, ob es sich um mehrere Einheiten eines identischen Produkts oder verschiedener Produkte handelt. Prinzipiell kann der Veranstalter mehrere Einheiten von Produkten entweder simultan in einer Auktion oder sequenziell in mehreren aufeinander folgenden Auktionen versteigern. Handelt es sich um verschiedene Produkte, die womöglich von Käufern gemeinsam benötigt werden, kann die Reihenfolge der Versteigerung dieser Produkte das Bietverhalten von Auktionsteilnehmern stark beeinflussen (vgl. Rothkopf/Park, 2001, S. 89). Beispielsweise kann ein Unternehmen eine Produktionsanlage nur erwerben wollen, falls es vorher bereits den ebenfalls separat zum Verkauf stehenden Markennamen ersteigert hat. Falls nun z.B. die Produktionsanlage vor dem Markennamen versteigert wird, kann der Wert der Anlage für das Unternehmen unsicher sein.

Im Fall der Versteigerung mehrerer Einheiten identischer Produkte, die auf mehrere Käufer aufgeteilt werden können, ist zu entscheiden, ob jeder einen Preis in Höhe seines individuellen Höchstgebots bezahlt oder alle erfolgreichen Bieter den Preis des letzten noch berücksichtigten Gebots zahlen. Die Europäischen Zentralbank verwendet beide Vorgehensweisen bei ihren befristeten Refinanzierungsgeschäften mit Geschäftsbanken im Rahmen des sogenannten Zinstenders. Dabei erfolgt im Rahmen des so genannten "amerikanischen Verfahrens" die Zuteilung anhand der jeweils durch die Geschäftsbanken individuell gebotenen Zinssätze während beim so genannten "holländischen Verfahren" die Zuteilung zu dem einheitlichen Zinssatz, bei dem der gesamte Zuteilungsbetrag genau ausgeschöpft wird, erfolgt (Europäische Zentralbank, 2002, S. 33). Tabelle 2 gibt einen Überblick über die einzelnen Entscheidungen bei der Auktionsgestaltung.

Designaspekt	Entscheidungen
Auktionsgegenstand	Beschreibung des Auktionsgegenstandes Festlegung der Gebotsvariablen Versteigerung von Optionen
Auktionsteilnahme	Beschränkte oder offene Auktionsteilnahme Erhebung einer Teilnahmegebühr bzw. Gewährung einer Teilnahmegratifikation
Dauer der Auktion	Gesamtdauer der Auktion Fixes oder variables Auktionsende
Rahmenbedingungen	Festlegung von Mindestpreisen und mindest Inkrementen Flexibilität der Auktionsregeln Verbindlichkeit der Gebote
Verkauf mehrerer Einheiten eines Produktes	Simultane oder sequenzielle Versteigerung Einheitlicher oder individueller Zuschlagspreis bei mehreren Einheiten identischer Produkte

Tabelle 2: Überblick über Entscheidungen bei der Auktionsgestaltung

6. Besonderheiten von Einkaufsauktionen

Im Unterschied zu Verkaufsauktionen mit sich gegenseitig überbietenden Käufern zeichnen sich Einkaufsauktionen durch sich gegenseitig unterbietende Verkäufer aus. Folglich stellen Einkaufsauktionen eine im Vergleich zu traditionellen Verkaufsauktionen genau umgekehrte Situation dar und werden daher auch als "reverse auctions" bezeichnet. Veranstalter einer Einkaufsauktion ist dabei ein Einkäufer, z.B. ein Unternehmen mit einem Beschaffungswunsch. Teilnehmer sind dann potenzielle Lieferenten und die Gebotsvariable ist im einfachsten Fall der Verkaufspreis des Lieferanten. Den Zuschlag erhält dann im Normalfall der Lieferant mit dem niedrigsten Gebot. Der Teilnehmerkreis ist bei Einkaufsauktionen üblicherweise auf Lieferanten beschränkt, die aus Sicht des Einkäufers über eine akzeptable Produktqualität und Liefertermintreue verfügen. Eine weitere Besonderheit von Einkaufsauktionen liegt darin, dass sich verschiedene Lieferanten beispielsweise hinsichtlich der Produktqualität unterscheiden können. In diesem Fall ist es nicht erforderlich, dass der Verkäufer mit dem niedrigsten Preis auch den Zuschlag erhält, falls der Einkäufer einen anderen Lieferanten mit höherem Gebot aber auch höherer Qualität bevorzugt. Folglich müssen in diesem Fall die Auktionsregeln dem Veranstalter der Einkaufsauktion einen flexiblen Spielraum zur Bestimmung des den Zuschlag erhaltenden Lieferanten einräumen. Außerdem ist es in diesem Fall ausreichend, wenn Auktionsteilnehmer nur ihr eigenes, nicht aber das niedrigste Gebot bei einer erneuten Gebotsabgabe unterbieten müssen.

Das Problem des Vergleichs verschiedener Gebote wird komplexer, falls eine Einkaufsauktion mehrere Gebotsvariablen umfasst. Beispielsweise können bei einem Bauprojekt neben dem Gesamtpreis auch noch die Bauzeit, unterschiedlich starke Grade des Innenausbaus und Qualitätsniveaus bei den Baustoffen als Gebotsvariablen fungieren. In diesem Fall kann eine Möglichkeit wiederum in der flexiblen bzw. freien Auswahl des Lieferanten durch den Einkäufer liegen. Andererseits können Lieferenten eine stärkere Transparenz und Formalisierung zur Bedingung für ihre Teilnahme machen. Zu diesem Zweck kann der Veranstalter im Vorwege der Auktion eine Scoring-Regel festlegen, mit der die einzelnen Gebotsvariablen bewertet und zu einem Gesamtwert kombiniert werden. Beispielsweise können die prozentuale Unterschreitung eines Referenzpreises zu 40%, jede Woche Unterschreitung einer Richtbauzeit zu 30%, sowie unterschiedliche und vorher definierte Grade für Innenausbau und Qualität zu je 15% in einen Score einfließen. Der Lieferant mit dem höchsten Score würde danach den Zuschlag erhalten. Allerdings ist mit der Verwendung einer Scoring-Regel die große Gefahr einer Fehlgestaltung gegeben, da Bieter etwaige Mängel in einer Scoring-Regel entdecken und zu ihren Gunsten ausnutzen werden. Folglich kann eine fehlerhaft gestaltete Scoring-Regel zu schlechten, d.h. vom Einkäufer gänzlich unerwünschten Ergebnissen führen. Daher sollte der Einsatz von Scoring-Regeln sehr zurückhalten und nur nach eingehender Prüfung erfolgen.

7. Fazit

Dieser Beitrag gab einen Überblick über die verschiedenen Einsatzgebiete, Ziele und Gestaltungsmöglichkeiten von Auktionen. Auktionen sind ein Instrument, mit dem nicht nur der Preis von Produkten in Einkaufs- und Verkaufssituationen ermittelt werden kann, sondern eignen sich ebenso zu Anwendungen für Marktforschungs- und kommunikationspolitische Zwecke. Insbesondere die Durchführung von Auktionen zur Erhebung von Zahlungsbereitschaften sowie die Gestaltung optimaler Auktionsdesigns sind Felder, die noch erheblichen Forschungsbedarf und Anwendungspotenzial aufweisen. Der größte Einsatzbereich von Auktionen wird aber nach wie vor im Rahmen der Abwicklung von Transaktionen liegen. Hierbei verdeutlichen die Ausführungen dieses Beitrags, dass die Gestaltung von Auktionen ein sehr bedeutender und vielfach unterschätzter Aspekt bei deren Durchführung darstellt. Ein fehlerhaftes Design wird in der Regel zu einem unerwünschten Ergebnis für den Veranstalter einer Auktion führen. Daher sollte die Entscheidung zur Durchführung einer Auktion immer auch mit einer umfassenden Analyse der möglichen Designalternativen verbunden sein.

8. Literatur

BECKMANN, M./KRÄKEL, M./SCHAUENBERG, M., 1997, Der deutsche Auktionsmarkt: Ergebnisse einer empirischen Studie, in: Zeitschrift für Betriebswirtschaft, S. 41-66.

CHUI, K./ZWICK, R., 1999, Auction on the Internet - A Preliminary Study, Working Paper, Hong Kong University of Science and Technology, Hong Kong.

EUROPÄISCHE ZENTRALBANK, 2002, Die einheitliche Geldpolitik im Euro-Währungsgebiet, Frankfurt am Main.

GJERSTAD, S./DICKHAUT, J., 1998, Price Formation in Double Auctions, Games and Economic Behavior, S. 1-29.

HOFFMANN, E./MENKHAUS, D.J./CHAKRAVARTI, R.A.F./WHIPPLE, G.D., 1993, Using Laboratory Experimental Auctions in Marketing Research. A Case Study of New Packaging for Fresh Beef, in: Marketing Science, S. 318-338.

KAGEL, J.H., 1995, Auctions: A Survey of Experimental Research, in: KAGEL, J.H. / ROTH, A.E. (Hrsg.), The Handbook of Experimental Economics, Princeton, S. 501-585.

KRÄKEL, M., 1992, Auktionen und interner Beteiligungsmarkt, Wiesbaden.

LIEBOWITZ, S., 2002, Re-Thinking the Network Economy: The True Forces That Drive the Digital Marketplace, New York.

MADHAVAN, A., 1992, Trading Mechanisms in Securities Markets, in: Journal of Finance, S. 607-641.

MCAFEE, R.P. / MCMILLAN, J., 1987, Auctions and Bidding, in: Journal of Economic Literature, S. 699-728.

MESTER, L.J., 1988, Going, Going, Gone: Setting Prices with Auctions, Federal Reserve Bank of Philadelphia Business Review, S. 3-13.

MILGROM, P.R./WEBER, R.J., 1982, A Theory of Auctions and Competitive Bidding, in: Econometrica, S. 1089-1122.

OCKENFELS, A., 2002A, New Institutional Structures on the Internet: The Economic Design of Online Auctions, in: HOLLER, M.J./KLIEMT, H./SCHMIDTCHEN, D./STREIT, M. (Hrsg.), in: Jahrbuch für Neue Politische Ökonomie, Tübingen.

OCKENFELS, A., 2002B, Reputationsmechanismen auf Internet-Marktplattformen. Theorie und Empirie, Working Paper, Max-Planck-Institut zur Erforschung von Wirtschaftssystemen, Jena.

ROTH, A.E./OCKENFELS, A., 2002, Last-Minute Bidding and the Rules for Ending Second-Price Auctions: Evidence from eBay and Amazon on the Internet, in: American Economic Review, S. 482-509.

ROTHKOPF, M.H./PARK, S., 2001, An Elementary Introduction to Auctions, in: Interfaces, S. 83-97.

ROTHKOPF, M.H./TEISBERG, T.J./KAHN, E.P., 1990, Why Are Vickrey Auctions Rare? in: Journal of Political Economy, S. 98, 94-109.

SHAPIRO, C./VARIAN, H.R., 1998, Information Rules: A Strategic Guide to the Network Economy, Boston (Mass.).

SKIERA, B., 1999, Mengenbezogene Preisdifferenzierung bei Dienstleistungen, Wiesbaden.

SKIERA, B./LAMBRECHT, A., 2000, Erlösmodelle im Internet, in: ALBERS, S./HERRMANN, A. (Hrsg.), Handbuch Produktmanagement, Wiesbaden, S. 813-831.

SKIERA, B. / REVENSTORFF, I., 1999, Auktionen als Instrument zur Erhebung von Zahlungsbereitschaften, in: Zeitschrift für betriebswirtschaftliche Forschung, S. 224-242.

SKIERA, B./SCHÄFERS, B., 2001, Online-Auktionen, in: ALBERS, S./CLEMENT, M./PETERS, K./SKIERA, B. (Hrsg.), Marketing mit Interaktiven Medien. Strategien zum Markterfolg, Frankfurt am Main, S. 306-324.

SPANN, M., 2002, Virtuelle Börsen als Instrument zur Marktforschung, Wiesbaden.

VICKREY, W., 1961, Counter Speculation, Auctions and Competitive Sealed Tenders, in: Journal of Finance, S. 8-37.

WOLFSTETTER, E., 1996, Auctions: An Introduction, in: Journal of Economic Surveys, S. 367-420.

ZACHARIA, G./MOUKAS, A./MAES, P., 1999, Collaborative Reputation Mechanisms in Electronic Marketplaces, Proceedings of Electronic Commerce Technology Minitrack, HICSS-32, Wailea Maui, Hawaii.

Thomas Capune - Joachim Crones

Preisverhandlungen

1. Inhalte von Preisverhandlungen zwischen Industrie und Handel

Preisverhandlungen gehören in der Konsumgüterindustrie – sei es Food oder Non Food – zu den härtesten Auseinandersetzungen zwischen Industrie und Handel mit einem sehr hohen Einfluss auf das Gesamtergebnis der Unternehmen. Dabei geht es im Kern nicht um den Endverbraucherpreis, der allein in der Hoheit des Handels liegt, sondern um den Netto/Netto-Preis (Verkaufspreis der Industrie bzw. Einkaufspreis des Handels), der die realen Einnahmen der Industrie darstellt und Basis für die Handelsmarge (Differenz zwischen Einkaufs- und Verkaufspreis) ist. Darüber hinaus werden die Leistungen für eine optimale Vermarktung sowie zur Verbesserung der gemeinsamen Geschäftsprozesse definiert und mit Gegenleistungen in Form von Konditionen hinterlegt. Die Art der Leistungen sowie die Höhe der Konditionen (Leistungs-/Gegenleistungs-Katalog) stellen die eigentliche Verhandlungsmasse dar, Verhandlungsergebnis ist der Netto/Netto Preis.

1.1 Rahmenbedingungen Food / Non Food

Der Verlauf und die Schärfe von Verhandlungen in den Jahresgesprächen der Konsumgüterindustrie wird entscheidend durch das zu verhandelnde Gut (Food oder Non-Food) geprägt.

Verhandlungen bei Non-Food-Produkten konzentrieren sich tendenziell auf die Eigenschaften und Leistungsfähigkeit des Produktes an sich (z. B. technische Features, Design-Aspekte, wie Form, Farbe, Haptik, etc.). Verhandlungen zwischen Industrie und Handel erfolgen häufig im Sinne einer partnerschaftlichen Maximierung der gemeinsamen Wertschöpfung, um ein Produkt mit einem maximalen Nutzen für den Endverbraucher zu verkaufen. Dabei wird ein marktadäquater Endverbraucherpreis definiert und ein üblicher Spannenabschlag für den Händler kalkuliert, um den Netto/Netto-Einkaufspreis zu ermitteln. Die Aufteilung der Wertschöpfung erfolgt nicht ohne Konflikt, aber in der Regel in einem vernünftigen partnerschaftlichen Rahmen.

Anders stellt sich die Situation im umkämpften Food-Markt dar: Verhandlungen zwischen Industrie und Handel reduzieren sich in der Regel heute auf Netto/Netto-Preisverhandlungen, und es sind häufig einzelne Konditionenpunkte, welche die Verhandlungen zwischen Industrie und Handel scheitern lassen. Dies führt fast schon rituell zu einem Abbruch der Jahresgespräche und wiederholtem Zusammenkommen über mehrere Termine hinweg. Dabei liegen zwischen den Forderungen des Lebensmittelhandels und der Markenartikelindustrie meist „tiefe Gräben", Unterschiede von 5 - 10 Prozentpunkten sind an der Tagesordnung. Ist dann eine Einigung erzielt, werden häufig unterjährig neue Forderungen gestellt, um kurzfristig auftretende Umsatz- und Ergebnisrückgänge auszugleichen, nicht zuletzt um den extremen Preiskampf um die Gunst des Endverbrauchers im Wettbewerb mit anderen Handelsunternehmen zu gewinnen. Hierbei ist das Key Account Management der Industrie den zum Teil sehr harten Forderungen der Einkäufer des Handels nicht selten ohne Kompromiss ausgeliefert. Es besteht die Wahl zwischen Zahlung weiterer Konditionen oder Auslistung einzelner Produkte bzw. abgeschwächten Sanktionen des Handels, wie Aussetzung einzelner Aktionen, etc.

Aber auch die Industrie strebt nach einer Steigerung der eigenen Profits, indem in regelmäßigen Abständen Preiserhöhungen angesetzt werden, die für den Handel nicht immer auf die Endverbraucherpreise im Markt übertragbar sind und damit auch zum Teil zu Margenverluste im Handel führen.

Diese Verhandlungssituation im Food-Markt ist nicht zuletzt auf ein strukturelles Problem der Branche zurückzuführen. Der Lebensmittelhandel in Deutschland ist gekennzeichnet durch extremen Ertragsdruck, Überkapazitäten (Verkaufsflächen-Überhang) und Renditen von zum Teil weniger als 1%. Wachstum erfolgt lediglich durch Verdrängung oder Zukauf. Aktuell bestimmen 5 große TOP – Key Player die Handelslandschaft (Metro, Rewe, Edeka, Spar, Tengelmann). Darüber hinaus gibt es kleinere Handelsunternehmen, die in Einkaufsgemeinschaften (z.B. Markant) zusammengeschlossen sind, um ähnliche Einkaufsvolumina wie ihre großen Wettbewerber zu realisieren. Dies führt zu einer extremen Konzentration auf Handelsseite, der auf Herstellerseite diverse Markenartikelunternehmen der unterschiedlichsten Größe und Couleur gegenüberstehen (globale Konzerne, wie z.B. Coca Cola, Procter & Gamble; europäische Unternehmen, wie z. B. Ferrero, Schöller sowie mittelständisch geprägte Unternehmen mit Kerngeschäft in Deutschland, z.B. regionale Brauereien, wie Licher, Mineralquellen wie Hassia, etc.), die nicht alle über die gleiche Marktmacht verfügen.

1.2 Determinanten der Verhandlungsposition

Ausgangspunkt der Verhandlungen zwischen Industrie und Handel ist die Verhandlungsposition beider Parteien, die durch verschiedene Einflussfaktoren geprägt ist und letztendlich die Verhandlungsmacht der Kontrahenten bestimmt. Je nach Ausprägung der Determinanten der Verhandlungsposition ist die Verteilung der Kräfte in den Preisverhandlungen unterschiedlich.

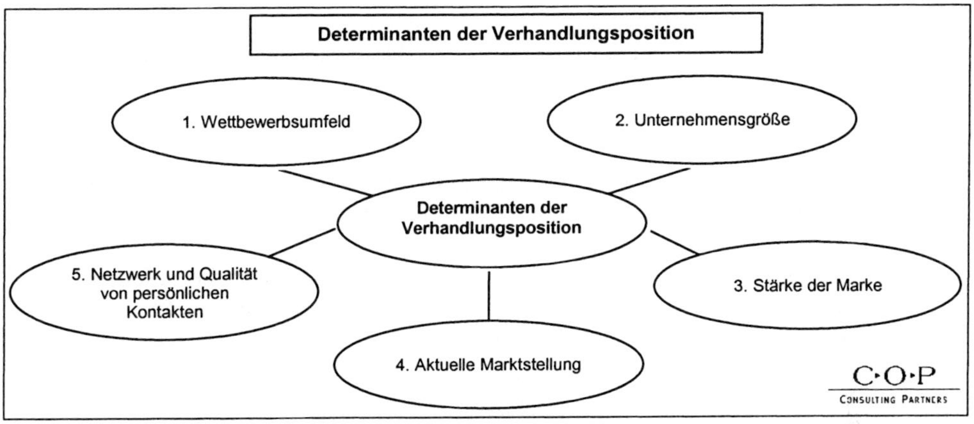

Abbildung 1: Determinanten der Verhandlungsposition

1.2.1 Wettbewerbsumfeld

- Industrie: Je stärker der Wettbewerb in einer bestimmten Warengruppe, desto härter ist der Kampf um Sortimente in der begrenzten Regal-Platzierung des Handels. Markenartikel sind in einem Umfeld hoher Wettbewerbsintensität austauschbar für den Handel, da vielfältige Optionen einer Substitution durch einen anderen Hersteller bzw. eine andere Marke bestehen.

- Handel: Auf der anderen Seite ist natürlich auch die Anzahl der Verhandlungspartner auf Handelsseite von entscheidender Bedeutung. In konzentrierten Märkten mit wenigen Handelsunternehmen (Oligopole) gibt es für die Industrie kaum Alternativen in der Vermarktung ihrer Produkte, was die Abhängigkeit von einem einzelnen Handelspartner wesentlich erhöht. Die Situation im deutschen Food-Markt ist nicht zuletzt wegen der starken Konzentration im Handel (Situation 2000: 5 Handelsunternehmen stehen für über 60% des Umsatzes) durch eine einseitige Nachfragemacht des Handels bestimmt, die erheblichen Einfluss auf den Verlauf und Ausgang von Verhandlungen hat.

1.2.2 Die Unternehmensgröße

- Industrie: Globale Unternehmen (z.B. Unilever-Bestfoods) mit einem breiten Produktportfolio in unterschiedlichsten Waren-Kategorien sind für den Handel weniger ersetzbar als nationale Markenartikler mit einem sehr spitzen, schmalen Sortiment.

- Handel: Große Handelsunternehmen (z.B. Metro, Rewe) mit einer Vielzahl an Distributionspunkten in den unterschiedlichsten Vertriebsschienen (z.B. SB-Warenhaus, Verbrauchermarkt, Supermarkt, Cash & Carry, etc.) haben für den Lieferanten auf

Industrieseite eine erheblich höhere Umsatzbedeutung. Auslistungen und damit Umsatzverluste wiegen wesentlich schwerer als bei kleineren Handelsunternehmen.

1.2.3 Die Stärke der Marke

- Industrie: Die Stärke einer Absendermarke (z.B. Langnese) oder einer Produktmarke (z.B. Mars) in der Wahrnehmung des Konsumenten, u.a. erreichbar durch hohes Investment in Werbung, ist entscheidend für die Bedeutung im Marken-/Sortiments-Portfolio des Handels. Eine starke Marke mit Innovationskraft und Alleinstellungsmerkmalen schafft ein starkes Bewusstsein beim Endverbraucher. Starke Marken sind für den Handel ein abverkaufsstarker Baustein in seinem Sortiment, kaum ersetzbar und wichtig für sein Image als kompetenter Anbieter am Markt. Daher ist die Markenstärke das wichtigste „Vermögen" von Markenartikel-Unternehmen gegenüber dem Handel.

- Handel: Auf der anderen Seite versucht der Handel über die Einführung eigener Marken (Handelsmarken) zu einem Niedrigpreis - bei heute kaum noch wahrnehmbaren Qualitätsunterschieden zur Herstellermarke - seine eigene Markenstärke bewusst in bestimmten Kategorien zu erhöhen und das Geschäft mit seinen eigenen Produkten zu forcieren. In einem solchen Umfeld von zunehmend erfolgreichen Handelsmarken ist es auch für starke Marken sehr schwer zu bestehen, insbesondere wenn der Handel die Distribution der Markenartikel gar nicht mehr zulässt (Beispiel: Zigaretten bei Lidl Discount).

1.2.4 Die aktuelle Marktstellung

- Industrie: Abhängig vom momentanen Markterfolg wird die Stärke des Verhandlungspartners unterschiedlich eingeschätzt. Ein erfolgreiches Unternehmen mit erfolgreichen Marken-Produkten und wachsenden Umsätzen geht stärker in Jahresgespräche und ist für den Handel ein bedeutenderer Vermarktungspartner als ein Unternehmen mit rückläufigen Umsätzen. Aus Erfahrung haben die markt-führenden 3 Unternehmen einer Kategorie eine gute Ausgangsposition für Preisverhandlungen, danach wird der Austausch mit eigenen Marken des Handels zunehmend relevant.

- Handel: Gleiches gilt für den Handel: Als z.B. Tengelmann vor wenigen Jahren erhebliche Probleme mit dem profitablen Betrieb seines Filialnetzes hatte und ein nicht unerheblicher Anteil der Märkte zur Verkaufsdisposition stand, hatte dies Einfluss auf den Verlauf der Jahresgespräche. Nach einer profitablen Bereinigung des Ladennetzes und einer erfolgreichen Phase der Restrukturierung ist Tengelmann heute wieder ein eben so starker Verhandlungspartner wie vorher.

1.2.5 Netzwerk und Qualität von persönlichen Kontakten

Nicht zu unterschätzen sind die persönlichen Beziehungen und gelebten Vertrauensbeweise zwischen Einkäufern und Lieferanten, die Schwächen in der Verhandlungsposition, insbesondere von kleinen mittelständischen Unternehmen (aufgrund geringer Größe, schwächerer Marktstellung und weniger Investment in Werbung, etc.) ausgleichen können. Eine über Jahre gelebte vertrauensvolle Zusammenarbeit schweißt zusammen und ermöglicht gemeinsame Markterfolge, die letztendlich Verkäufer wie Einkäufer brauchen.

Aufbauend auf der Verhandlungsposition verfolgen Industrie und Handel in den Jahresgesprächen gemeinsame sowie konträre Interessen. Die gemeinsamen Interessen liegen theoretisch in einer auf Kooperation ausgerichteten Geschäftsbeziehung, in der die Maximierung der Wertschöpfung aus der Vermarktung zum Endverbraucher (Category Management) sowie die Minimierung der Kosten der Zusammenarbeit insbesondere durch Ausschöpfen von Effizienzen im Warenfluss (Supply Chain Management) und Zahlungsfluss (Payment Management) im Vordergrund stehen sollte. Die konträren Interesse bestehen natürlich in der Aufteilung der Wertschöpfungssteigerung bzw. Kosteneinsparung zwischen den Verhandlungspartnern; jeder will seinen Gewinn maximieren, sozusagen ein sportlicher Wettkampf.

Unter dem Arbeitsbegriff Efficient Consumer Response (ECR) wird seit den 90´er Jahren eine Zusammenarbeit verfolgt, die das Erreichen der gemeinsamen Interessen vor dem Hintergrund der Berücksichtigung der Konsumenten-Bedürfnisse sicherstellen soll. Die bisherige Erfahrung hat gezeigt, dass Handel und Industrie es insbesondere in Deutschland nicht ausreichend geschafft haben, gemeinschaftlich diese Interessen anzustreben. Unter dem Damoklesschwert des hohen Ertragsdrucks wurde stets zuerst über Einsparungen und deren Aufteilung gesprochen, bevor überhaupt Klarheit über die Höhe bestand. Dabei folgt die Industrie grundsätzlich dem Credo: „Einsparungen bleiben dort, wo sie anfallen“, während der Handel häufig versucht, im Vorfeld Preisnachlässe für die Bereitschaft zur effizienten Zusammenarbeit zu verhandeln. Die Industrie sieht dabei natürlich primär ihre Interessen, während der Handel naturgemäß die unterschiedlichsten Hersteller unter einen Hut bringen muss, das heißt eine Optimierung der Wertschöpfung (Maximierung der Wertschöpfung sowie Minimierung der Kosten) aus Sicht der Industrie ist nicht zwangsläufig optimal für den Handel.

Die Folge ist, dass aufgrund der Dominanz gegensätzlicher Interessen nach wie vor hauptsächlich Effektivität und Effizienz in den eigenen Systemen erreicht werden. Die Summe gemeinsamer Optimierungen aber bleibt auf der Strecke.

2. Der strategische Ansatz zu erfolgreichen Preis-Verhandlungen

Unabhängig von der aktuellen Verhandlungsposition ist es für die Industrie notwendig, eine klare Strategie zu erarbeiten, um sich bei Preisverhandlungen erfolgreich durchzusetzen und letztendlich im Ergebnis die eigenen bzw. gemeinsamen Vorteile aus einer Wertschöpfungssteigerung bzw. Kostenminimierung der Zusammenarbeit zu realisieren. Zu einer in sich geschlossenen Strategie der Industrie gehören im wesentlichen 3 Elemente:

1. Definition einer klaren Verhandlungsstrategie mit messbaren Verhandlungszielen sowie Festlegung von Maßnahmen zur Zielerreichung
2. Einsatz eines wirksamem Konditionensystems als strategisches Tool für die Durchsetzung der Ziele sowie zur Kontrolle und Sanktionierung der Umsetzung von Maßnahmen
3. Planung von verhandlungstaktischen Maßnahmen zur Vorbereitung der Jahresgespräche sowie zur erfolgreichen Führung der Preisverhandlungen

2.1 Verhandlungsstrategie und -ziele der Industrie

Grundlage der Formulierung einer Verhandlungsstrategie im Unternehmen ist eine klar definierte und einheitlich abgestimmte Vertriebsstrategie, die Inhalte der Unternehmens-, Marketing-, Logistik- und Paymentstrategie aufnimmt. In einem TOP-DOWN Prozess wird die Vertriebsstrategie auf der Ebene der Vertriebsleitung gemeinsam mit der Geschäftsführung verabschiedet und anschließend durch die verantwortlichen Key Account Manager auf Kundenstrategien heruntergebrochen. Hier werden nach den Vorgaben der Vertriebsleitung die individuellen Kundenziele festgelegt. Danach werden diese Kundenziele wieder BOTTOM-UP zusammengeführt und erneut mit den Zielen der Vertriebsstrategie überprüft. Für die definierten Kundenziele sind 3 wesentliche Grundsätze zu berücksichtigen:

1. Die Ziele sind klar und einfach formuliert
2. Die Ziele sind messbar und kontrollierbar
3. Die Ziele bilden einen transparenten Entscheidungsrahmen für alle Beteiligten im Unternehmen.

Darüber hinaus ist es entscheidend, für die Gespräche mit dem Handel eindeutige „Crash-Szenarien" festzulegen, die dem Key Account Manager in Abstimmung mit der

Vertriebsleitung einen Handlungsrahmen geben, wenn im Verhandlungsverlauf bestimmte Ziele nicht erreicht werden.

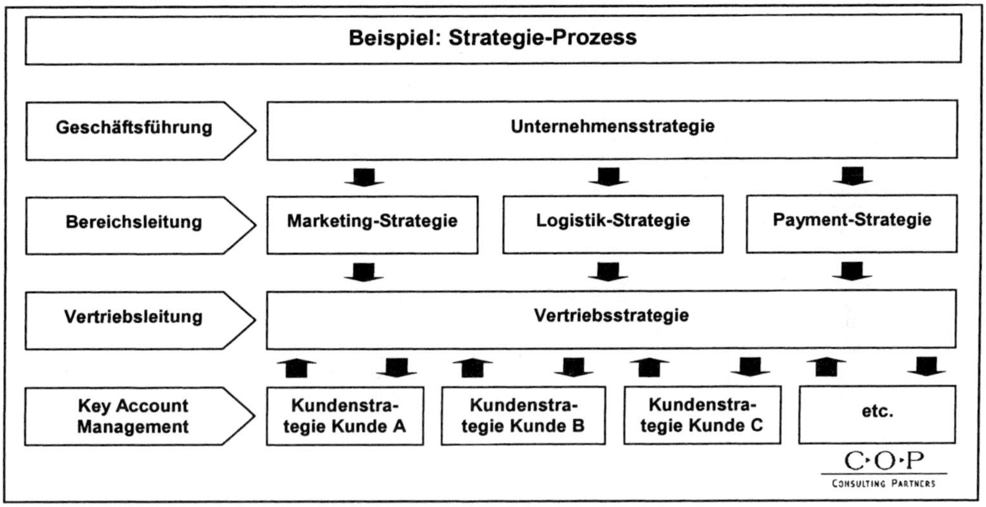

Abbildung 2: Beispiel – Strategie-Prozess

Immer wieder zeigt sich, dass Unternehmen, die Misserfolge in den Verhandlungen gegenüber dem Handel erfahren müssen, schon diesen grundsätzlichen Strategieprozess nicht bzw. nur unzureichend durchlaufen haben. Für eine erfolgreiche Verhandlung unerlässlich sind die klar formulierten Kundenziele, um dem Gegenüber in den Jahresgesprächen auf einer einfach verständlichen Basis den Status-Quo und die zukünftigen Ziele der Geschäftsbeziehung zu verdeutlichen.

Wesentliches Instrument der Planung der Kundenziele ist die Kunden-Deckungsbeitragsrechnung, die eine Umsatz-, Konditionen- und Kostenplanung beinhaltet. Hierbei werden ausschließlich solche Kosten berücksichtigt, die verursachungsgerecht auf den Einzelkunden zurechenbar sind (z.B. Herstellkosten, Logistikkosten, Vertriebskosten, etc.). Ausgehend von einer Absatzplanung wird über Listen-Verkaufspreise ein Brutto-Umsatz errechnet, der um einen Konditionen-Faktor (Ergebnis der Konditionenplanung: Konditionen-Status + Konditionen-Wachstum) gekürzt wird. Dieser Plan-Netto/Netto-Umsatz (Basis: Netto/Netto-Preis) bildet die Grundlage für weitere Kostenabzüge zur Ermittlung des Kunden-Deckungsbeitrags. Zur Erreichung der Umsatz- und Kostenziele werden weitere operationale Ziele in Form von Maßnahmen definiert. Für den Bereich Kostensenkung ist das der Einsatz von Efficiency Drivern aus Logistik und Zahlungsfluss, für den Bereich der Umsatzsteigerung ist das der Einsatz von Business Buildern in der Vermarktung. Entscheidende Anforderung ist - wie schon beschrieben -, dass die formulierten Ziele messbar, kontrollierbar und letztendlich für den Handelspartner transparent und erreichbar sind.

Efficiency Driver		Business Driver	
Logistik	**Zahlung**	**Vermarktung sell-out**	**Vermarktung sell-in**
■ Festsetzen von Mindest-Bestellmengen ■ Bestellung in sortenreinen Paletten ■ Elektronische Übermittlung von Auftrags- / Lieferschein und Rechnungs-Daten ■ Maximale Wartezeit an der Rampe des Handelskunden bei Anlieferung von 2 Std. ■ Definierte Vorlaufzeiten zwischen Bestellung und Belieferung ■ etc.	■ Zahlung innerhalb von 14 Tagen ■ Übernahme des Inkasso der angeschlossenen Mitglieder / Outlets durch den Handel ■ Übernahme des Zahlungsausfallrisikos der angeschlossenen Mitglieder / Outlets durch den Handel ■ etc.	■ Listung eines Basis- + Zusatzsortiments ■ 100% Distribution des Basissortiments sowie des Zusatzsortiments in den größten 20% der führenden Geschäfte ■ Einführung von 10 Neu-Produkten mit Umsetzung spezieller Einführungsaktionen (definiert im Aktionsplan) ■ Stammplatzierung der Marke A belegt 40% des Regals in der Waren-Kategorie ■ Durchführung von 15 Aktionen mit Preisabsenkung, Zweitplatzierung und Handzetteln	■ Umsatzwachstum + 10% ■ Erreichen eines Ziel-Umsatzes ■ etc.

Abbildung 3: Beispiele für operative Kundenziele

Hierbei ist seitens der Industrie besondere Aufmerksamkeit den Business Buildern zuzuwenden, die maßgeblich den Geschäftserfolg im Handel in Form des Abverkaufs an den Endverbraucher (sell-out) bzw. Hineinverkaufs an den Handel (sell-in) bestimmen.

2.2 Konditionensystem als strategisches Tool der Industrie zur erfolgreichen Durchsetzung der Verhandlungsziele

Die aufgestellten Ziele müssen im nächsten Schritt in einen Leistungskatalog für den Handel eingebunden werden und mit effektiven Gegenleistungen (Konditionen) hinterlegt werden, um dem Handel einen Anreiz für die Umsetzung der gewünschten Leistungen anzubieten (Konditionensystem = Leistungs-/Gegenleistungskatalog).

Grundsätzlich sind unterschiedliche Philosophien in der Gestaltung von Konditionensystemen denkbar (vgl. hierzu auch den Beitrag von *H. Steffenhagen* in diesem Band). Drei Beispiele – neben diversen weiteren Varianten - heute eingesetzter Konditionenmodelle sind:

1. Historisch gewachsenes Individualmodell (ca. 95 % der Markenartikel-Unternehmen)
2. Reines Umsatzsteigerungssystem (Beispiel: Ferrero, Jägermeister)

3. Differenziertes Leitungs-/Gegenleistungssystem (Beispiel: Procter & Gamble, Effem, Unilever, Henkel, etc.)

2.2.1 Historisch gewachsenes Individualmodell

Heute verwenden die wenigsten Unternehmen ein klar auf Leistung / Gegenleistung ausgerichtetes Konditionensystem. Die überwiegende Anzahl der Markenartikel-Unternehmen verfügen über individuelle Konditionensysteme, die historisch gewachsen sind und sich durch eine Vielzahl von intransparenten Einzelkonditionen auszeichnen. Entstanden sind solche Systeme über die Jahre, weil wiederholt die Entscheidung getroffen wurde: „Umsatz durch zusätzliche Konditionen zu kaufen", ohne dafür eine klar definierte, kontrollierbare und sanktionierbare Gegenleistung vom Handel zu bekommen. In der Konsequenz haben sich Besitzstände gebildet, die insbesondere in umsatzschwachen Zeiten den Profit erheblich belasten. Daher ist ein hoher Anteil der Konditionen an Pauschalabsprachen vergangener Jahre gebunden, die hinsichtlich ihrer Leistung nur noch pro forma bzw. gar nicht mehr eingefordert werden und nicht mehr den aktuellen Stand der Geschäftsbeziehung widerspiegeln. Solche Modelle lassen ein hohes Maß an Verhandlungsspielraum zu und sind daher gegenüber Forderungen des Handels sehr angreifbar. Neben Leistung / Gegenleistung vernachlässigen solche Konditionenmodelle auch das Gleichheitsprinzip, nach dem gleiche Leistungen idealerweise mit gleichen Konditionen vergütet werden. Im Falle von Fusionen / Zusammenschlüssen zwischen Handelsunternehmen ergeben sich hier erhebliche Risiken, wenn kleine Handelskunden zum Teil höhere Konditionen erhalten als die großen Top-Key Accounts.

Daneben gibt es aber durchaus leistungsbezogene Konditionenmodelle, die ihrem Anspruch als System auch gerecht werden, wie beispielsweise ein reines Umsatzsteigerungssystem oder ein differenziertes Leistungs-/Gegenleistungssystem.

2.2.2 Reines Umsatzsteigerungssystem

Ein derartiges Konditionensystem vergütet konsequent und ausschließlich eine individuell definierte Umsatzleistung, z.B. Umsatzwachstum oder Zielumsatz (Sell-in Komponente). Ein solches System ist für Industrie und Handel vollständig transparent und lässt aufgrund des klaren Leistungskatalogs „Umsatzsteigerung" keinen Verhandlungsspielraum zu. Allerdings ist ein so gestaltetes System nur über die Jahre durchzuhalten, wenn ein Unternehmen über die entsprechende Verhandlungsposition und Verhandlungsmacht verfügt, Umsatzwachstum als einzige Leistungs-Komponente gegenüber dem Handel erfolgreich zu vertreten und andere Konditionenforderungen in den Verhandlungen konsequent abschmettern zu können. Gefahr eines solchen Systems ist eine Schaukelpolitik des Handels, der im Jahr 1 extreme Umsatzsteigerungen ausnutzt, um die höchsten Wachstumsstaffeln zu realisieren und im Folgejahr 2 auf einen vergleichbaren anderen Hersteller ausweicht, während im Jahr 3 wiederum die gleiche Strategie aus Jahr 1 verfolgt wird. Darüber hinaus wird der Handel motiviert, viel einzukaufen (sell-in) und damit Lagerbestand aufzubauen, um bestimmte Ziel-Konditionen zu erreichen, ohne Sicherheit für den entsprechenden Abverkauf am POS (sell-out) zu haben.

2.2.3 Konsequentes Leistungs-/Gegenleistungssystem

Ein anderes System, das in seiner Struktur Best Practice für fast alle neu entwickelten Konditionensysteme darstellt, ist ein konsequentes Leistungs- /Gegenleistungsmodell, das auf 3 Säulen aufbaut, welche die schon angesprochenen Ziele der Geschäftsbeziehung mit dem Handel widerspiegeln. Dieses Modell setzt auf die inhaltlichen Aspekte in Vermarktung (Business Builder) und Logistik / Payment (Efficiency Driver) der Vertriebs- und letztendlich der Kundenstrategie. Im Vergleich zu dem historisch gewachsenen Individualmodell und dem Umsatzsteigerungssystem wird eine nahezu vollständige Transparenz in Vermarktung und Logistik erreicht sowie der Verhandlungsspielraum komplett ausgeschlossen (Efficieny Driver: Logistik, Payment), teilweise ausgeschlossen (Headquarter: Zentralleistungen) und zum Teil bewusst zugelassen (Business Builder: Vermarktung). Hier erfolgt die Honorierung von Handelsleistungen nach den Regeln einer an den Kosteneinsparungen orientierten Vergütung bei Efficiency Drivern und einer an den Umsatzpotentialen orientierten Vergütung bei Business Buildern (vgl. dazu auch den Beitrag von Steffenhagen).

(1) Efficiency Driver – Logistik / Payment
Basis zur Bestimmung der Höhe der Konditionen ist eine kundengenaue Aufstellung der Kosten der gesamten Supply Chain (angefangen im Lager des Herstellers über das Zentrallager im Handel bis hin zum Regal im Outlet). Hierfür wird mit dem Instrument Prozesskostenrechnung (ABC = Activity Based Costing) gearbeitet, das inhaltlich mit kundenspezifischen Supply Chain Daten hinterlegt wird. Diese Methodik unterstützt die Analyse der wesentlichen Kostentreiber in der Supply Chain, bei denen sich letztendlich durch gemeinsame Prozess-Verbesserungen Kosten einsparen lassen. Für Optimierungen im Supply Chain Prozess wird ein Leistungskatalog, beispielsweise für das Bestellverhalten des Kunden, aufgestellt und eine Verhaltensänderung des Kunden mit an den Kosteneinsparungen orientierten Konditionen (cost related) honoriert.

Diese Art der cost related Vergütung von Logistik-Leistungen ist selbst in dem beschriebenen schwierigen Verhandlungsumfeld der Food-Branche häufig erfolgreich durchsetzbar. Aus der vielfältigen Projekterfahrung sowie aus Gesprächen mit Einkäufern im Handel können die Autoren bestätigen, dass derartige Konditionen in den Verhandlungen auf beiden Seiten eine hohe Akzeptanz finden, da die Grundlage anhand der Kosten durch beide Verhandlungspartner objektiv nachvollziehbar ist. Voraussetzung ist allerdings, dass Einigkeit über die richtige Zuordnung und Höhe der Kosten besteht.

Bei den Zahlungskonditionen kommt theoretisch das gleiche Vergütungsprinzip zum Einsatz. Dies bedeutet z.B., dass sich die Höhe einer Delcredere-Kondition für eine Handelsleistung bei Zahlungsausfall an den Kosten einer vergleichbaren Kondition am Markt orientiert. Die Praxis zeigt allerdings, dass der Handel Delcredere / Inkasso-Leistungen häufig schon in seinen Systemen der Zentralabrechnung zu einem festen „Preis" über eine feste Kondition anbietet. Dieser Forderungskatalog des Handels ist in diesem Bereich dann schwer zu unterlaufen, da der Handel schlichtweg die Abwicklung von Delcredere /Inkasso über seine eigenen Systeme fordert. Ähnlich verhält es sich bei Skonto.

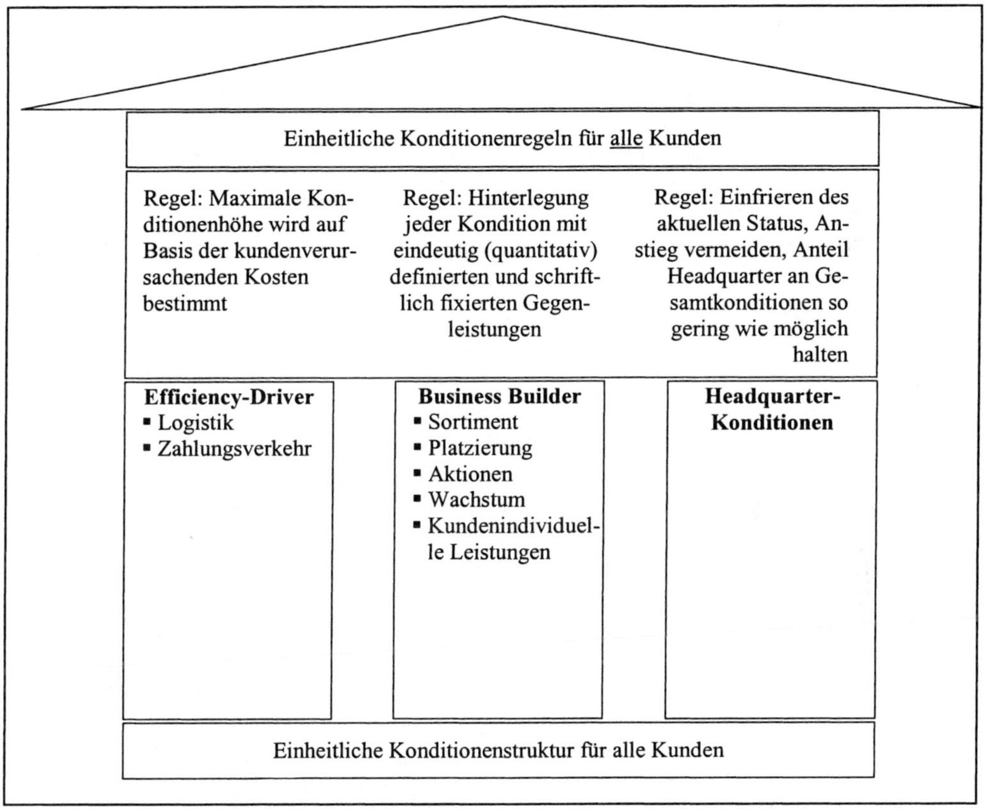

Abbildung 4: Konsequentes Leistungs-/Gegenleistungsmodell

(2) Business Builder – Vermarktung

Diese Leistungen lassen sich nicht mehr so objektiv handhaben wie Effizienz-Leistungen. Es ist durchaus möglich, dass ein kleines Handelsunternehmen aufgrund einer exzellenten Vermarktungsunterstützung von einem Hersteller eine höhere Kondition erhält als ein großes Handelsunternehmen, das diesen Hersteller / Marke kaum fördert. Hier können also durchaus Konditionenunterschiede / -spreizungen entstehen, die sich nicht mehr allein durch die Größe erklären lassen.

Bei der Formulierung der für den Handel zu erbringenden Vermarktungsleistungen ist der schon angesprochene Prozess der Erarbeitung von Vertriebs- und Kundenstrategie (z.B. mit dem Instrument eines Kundenplans) von eminenter Bedeutung. Aufbauend auf der aktuellen Situation werden Vermarktungsziele mit operativen Maßnahmen pro Kunde bzw. Vertriebskanal formuliert und dem Handel entsprechende Konditionen für die Erfüllung der Leistungen angeboten, die sich an der Höhe der erreichbaren Umsatzpotentiale bemessen. Im Kern sind hierbei 5 Fragen zu beantworten:

1. Was sind die entscheidenden Vermarktungsleistungen, die der Handel erbringen soll und welchen Nutzen bringen sie für beide Partner?
2. Welches Ziel soll für definierte Vermarktungsleistungen erreicht werden?
3. Wie lassen sich entsprechende Vermarktungsleistungen messen?
4. Welche Handelsleistungen sollen wie vergütet werden und was sind diese Leistungen wert?
5. Welche Handelsleistungen lassen sich durchsetzen und bei Nichterbringung sanktionieren?

Erfolgsentscheidend für die Umsetzung im Handel ist daher, dass dieser die aufgezeigten Potentiale nachvollziehen kann und die abgeleiteten Maßnahmen in sein Vermarktungskonzept passen. Des weiteren müssen die Leistungen einfach verständlich und klar messbar sein, um eine Kontrolle und ggf. Sanktionierung durch die Industrie zu ermöglichen. Die Praxis zeigt immer wieder, dass Leistungskataloge in der Vermarktung sehr komplex, intransparent und somit für den Kunden kaum nachvollziehbar sind. Ein solcher Leistungs-/Gegenleistungs-Katalog steht dann auf dem Papier, hat aber seine Wirkung als Anreizinstrument für den Handel verfehlt.

Wesentlich ist darüber hinaus natürlich das Wissen über mögliche Umsatzpotentiale und deren Maßnahmen zur Erreichung (Potentialausschöpfung). Hierbei kommt es insbesondere darauf an, dass ein Unternehmen die Performance-Treiber für sein individuelles Geschäft und eine effektive Vermarktung im Handel kennt. Aus Erfahrung wissen heute nur die wenigsten Unternehmen, welche Vermarktungsmaßnahmen in welcher Konstellation den größten Markterfolg liefern, geschweige denn, dass sich noch unerschlossene Marktpotentiale quantifizieren lassen.

Hier trennt sich in der Regel die Spreu vom Weizen, da es durchaus einige Unternehmen gibt, die über tiefes inhaltliches Know How bestimmter Trade Marketing Maßnahmen und deren Wirkweisen verfügen. In den Best Practice-Unternehmen beschäftigt sich eine eigene Abteilung (Trade Marketing / Customer Marketing, etc.) mit nichts anderem als der Evaluierung der besten Kombination an Vermarktungsmaßnahmen für eine optimale Sell-out Performance. Aus dem Wissen über das Einkaufsverhalten des Konsumenten und der Wirkung verschiedener POS-Kommunikations-Maßnahmen werden Regeln der optimalen Vermarktung abgeleitet. Markttests mit ausgewählten Handelspartnern liefern

Praxiserfahrungen und quantifizierbare Ergebnisse aus neuen Vermarktungsansätzen, die wiederum als Referenzwerte für andere Handelsunternehmen dienen. Solche Category Management / Trade Marketing Studien liefern die inhaltliche Basis für ein Konditionensystem und letztendlich für Verhandlungen über eine effektive und effiziente Vermarktung mit dem Handel.

(3) Headquarter – Zentralleistungen

Vorhandene Zentralkonditionen ohne direkt messbare Vorteile für die Industrie lassen sich auch in einem reinen Leistungs-/ Gegenleistungssystem nicht komplett bereinigen, weil es in der Strategie des Handelspartners liegt, qua seiner Macht bestimmte (Zentral-) Leistungen vergütet zu bekommen. Hier werden häufig keine rationalen Argumente mehr verfolgt, sondern im Rahmen von Preisverhandlungen lediglich bestimmte Töpfe gefüllt, um definierte Handels-Zentralleistungen zu finanzieren, unabhängig vom Nutzen für das einzelne Industrie-Unternehmen. Ziel muss natürlich aus Sicht der Industrie sein, diese Konditionen einzufrieren bzw. deren Anstieg so gering wie möglich zu halten, wenngleich eine Vermeidung dieser Zahlungen kaum möglich ist. Werden relevante Zentralleistungen inklusive einer Vergütung bei der Entwicklung von neuen Konditionensystemen nicht berücksichtigt, kommt aus Erfahrung später deren Zahlung on top, was dann letztendlich eine Verminderung der Profite bedeutet.

2.3 Taktiken der Verhandlungsführung der Industrie

Auch ein konsequentes Leistungs-/Gegenleistungssystem kann nur so konsequent sein, wie es der Handel aufgrund seiner Verhandlungsmacht zulässt bzw. wie die Industrie bereit ist, es konsequent in Preisverhandlungen umzusetzen und gegebenenfalls Umsatzverluste in Kauf zu nehmen. Daher ist es Illusion zu glauben, dass ein Konditionensystem ausschließlich nach dem Prinzip „Gibst Du mir was, gebe ich Dir was" funktioniert. Ziel ist natürlich, für gezahlte Konditionen so viel Gegenleistung wie möglich zu erhalten. In den Verhandlungen ist dann aber trotzdem ein deutliches Maß an Realismus und Kompromissbereitschaft gefragt.

Problem in den Verhandlungen mit dem Lebensmittelhandel ist das eingangs beschriebene schwierige Umfeld, in dem sich die Jahresgespräche zwischen Handel und Industrie seit Jahren sehr stark auf die Verhandlungen von Konditionen und Preisen reduzieren und hier mit allen Mitteln auf beiden Seiten darauf hingearbeitet wird, den Preis noch stärker zu drücken bzw. möglichst wenig Konditionen zu zahlen. Hinzu kommt häufig ein scharfer Umgangston, der alles andere als eine vertrauensvolle Zusammenarbeit widerspiegelt, sowie Machtspiele untereinander, in denen Termine verlegt oder abgesagt werden und immer natürlich als letztes Mittel die Androhung von Auslistung großer Umsätze.

Aus Gesprächen mit dem Handel kommt aber auch immer wieder die Kritik heraus, dass das Verhältnis der Zusammenarbeit seitens der Industrie bei weitem nicht mehr so geführt wird wie vor einigen Jahren. Die alte Generation der Geschäftsführer mittelständisch geprägter, inhabergeführter Markenartikel-Unternehmen hat den Kontakt zum Handel noch intensiver auf einer persönlichen Basis gepflegt. Dort hat man sich auch einfach mal informell auf einen Kaffee getroffen und über das Geschäft ausgetauscht, gemeinsam über Erfolge geredet aber auch gemeinsam Misserfolge durchlitten. Der Handel fühlte sich natürlich auch geschmeichelt, wenn ein Allein-Unternehmer mit entsprechender Reputation im Markt zu einem Austausch zu Besuch kam und gewährte dann auch ohne weiteres Einlass, ohne vorher Termine abgestimmt zu haben. Heute unterhalten nahezu alle Markenartikel-Unternehmen Key Account Management-Organisationen mit exzellent ausgebildeten Kaufleuten, die ihre Kunden primär nach betriebswirtschaftlichen Kriterien steuern. Die Geschäftsführung überlässt ihren Kundenbetreuern, ausgestattet mit weitreichenden Kompetenzen, die ganzheitliche Kundenführung und schaltet sich allenfalls bei äußerst kritischen Verhandlungssituationen kurz vor einem „Crash" ein. Ansonsten wird der Kundenkontakt durch die Kundenbetreuer geführt, was den Handel schon mal zu der Äußerung hinreißen lässt, „was denn die Geschäftsführung in ihren Elfenbeintürmen ohne direkten Kundenkontakt den ganzen Tag arbeitet".

Aber die Situation ist nun einmal so, wie sie ist, charismatische Inhaber-Geschäftsführer sind im Ruhestand, das Geschäft ist viel komplexer geworden und auch im Handel vollzieht sich ein Generationswechsel.

Dennoch, wenn eine gute Vorbereitung der Jahresgespräche im Rahmen des vorgestellten Strategieprozesses mit eindeutig formulierten Zielen geleistet wird und ein Leistungs-Gegenleistungs-Katalog mit inhaltlich attraktiven Anreizen für den Handel vorliegt, dann sind die Chancen für eine Durchsetzung der eigenen Ziele erheblich höher. Zudem kommt noch entscheidend dazu, wie gut der Key Account Manager seine Vermarktungsziele in den Verhandlungen dem Kunden „verkauft" und inwieweit er in der Lage ist, kritische Verhandlungssituationen erfolgreich für das eigene Unternehmen zu beeinflussen. Hier gibt es wichtige zu beachtende Verhaltensregeln:

(1) Gute Vorbereitung und Eruierung der eigenen Verhandlungsposition

Wesentliche Aufgabe vor der Verhandlung ist das Sammeln von Informationen über die Gegenseite und der von ihr beauftragten Personen. Die aktuelle Geschäftsentwicklung des Kunden (gesamthaft in allen Warenkategorien), die Marktentwicklung und Preisbeobachtung gehören ebenso dazu wie der Austausch mit Kollegen, die mit diesem Partner in Person bereits verhandelt haben. Entscheidend ist dabei auch, die Fragen zu beantworten, welche Relevanz das eigene Unternehmen / Marken / Sortimente aktuell in dem Vermarktungs-Portfolio des Handels spielen und welche Kategorien und Sortimente des Produkt-Portfolios durch Wettbewerber ersetzt werden können.

(2) Informelle Vorgespräche führen, um Forderungen vorab aufzunehmen
Es hat sich in der Praxis bewährt – insbesondere aufgrund der Kritik des Handels an fehlendem Kontakt mit der Geschäftsführung – rechtzeitig vor den eigentlichen Jahresgesprächen strategische Gespräche zwischen Geschäftsführung und Key Account Manager und dem Einkäufer bei den wichtigsten Kunden zu führen, um die Eckpfeiler des Vermarktungskonzepts abzutasten und eventuelle Konditionen-Forderungen aufzunehmen.

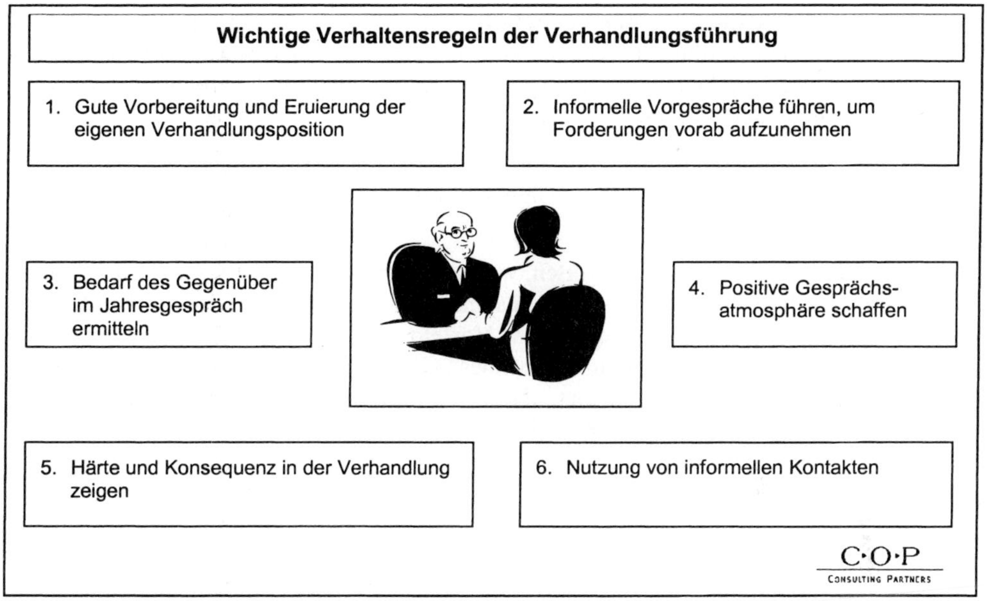

Abbildung 5: Wichtige Verhaltensregeln der Verhandlungsführung

(3) Bedarf des Gegenüber im Jahresgespräch ermitteln
Insbesondere in der Eröffnungsphase gilt es, durch aufmerksames Zuhören und gezieltes Fragen die Ziele der Gegenseite zu eruieren, um Angebote zu unterbreiten, welche eine für beide Seiten gewinnbringende Lösung darstellen. Nicht zielführend ist von Beginn der Verhandlung an die eigenen Ziele argumentativ „durchboxen" zu wollen.

(4) Positive Gesprächsatmosphäre schaffen
Gut verhandeln lässt sich nur in einer positiven Atmosphäre. Dazu gehören genauso ein Raum ohne Störfaktoren (z.B. blendende Sonne) wie eine kultivierte Gesprächsführung. Drohungen, Aggression und provokative Körpersprache können zwar gelegentlich die beabsichtigte Wirkung beim Gegenüber erzielen, sind aber kontraproduktiv für eine langfristige und erfolgreiche Zusammenarbeit.

Da die Jahresgespräche in der Regel in den Räumen des Handels stattfinden, kann es schon mal bewusst gewollt sein, eine vom Umfeld störende Gesprächsatmosphäre zu erzeugen, um Unsicherheit des Gesprächspartners zu bewirken. Hier kommt es darauf an, einen kühlen Kopf zu bewahren und über den Gesprächsverlauf eine bessere Gesprächsatmosphäre herzustellen, was natürlich ohne gelernte Rhetorikmaßnahmen kaum zu bewältigen ist. Gerade deshalb ist Rhetoriktraining von Key Account Managern mindestens genauso wichtig wie die Beherrschung der kaufmännischen und persönlichen Elemente der Kundenbetreuung.

(5) Härte und Konsequenz in der Verhandlung zeigen

Der Erfolg von Verhandlungen wird an den Ergebnissen gemessen. Deswegen ist es notwendig, die Verhandlungsführung zielführend zu gestalten und Ergebnisse herauszuarbeiten. Dies bedeutet konkret:

- Wenn sich Zwischenergebnisse ergeben, werden diese sofort festgehalten
- Das Erreichte, auf das sich beide Seiten geeinigt haben, muss unmissverständlich klar formuliert werden

Ergebnisse sind dann positiv zu bewerten, wenn die gesetzten Ziele erreicht worden sind. Um ein unbefriedigendes, ergebnisloses Auseinandergehen zwischen den Verhandlungspartnern zu vermeiden, sollte man sich im Vorfeld der Verhandlung auch über Rückzugsziele, sogenannte „Verhandlungs-Deadlines" Gedanken machen. Rückzugsziele sind Konsequenzen, wenn sich abzeichnet, dass die eigentlichen Verhandlungsziele nicht erreicht werden können. Beispiel für Rückzugsziele sind:

- Auslistung wird bei einem Angebot über einer bestimmten Konditionenforderung in Kauf genommen
- Bei einem Angebot unter einem bestimmten Betrag wird noch einmal Rücksprache gehalten

Rückzugsziele stellen auch sicher, dass vorgegeben Ziele konsequent verfolgt werden, d.h. im Zweifel bei Überschreitung der Rückzugsziele durch den Handelspartner das Gespräch bestimmend zu vertagen, um eine neue Strategie zu entwickeln. Nichts wiegt schwerer als sich durch den Verlauf des Gesprächs in eine Ecke drängen zu lassen, in der am Ende Profitverluste für das eigene Unternehmen stehen.

(6) Nutzung von informellen Kontakten

Wir haben bereits auf diese Form des Beziehungsmanagements hingewiesen, weil gerade in der heutigen Zeit persönliche Kontakte Defizite an anderer Stelle (z.B. Unternehmensgröße, Markenstärke, Investment in Werbung, etc.) zum Teil ausgleichen können. Auch in der durch erbarmungslose Preisverhandlungen geprägten Food-Branche ist man sich durchaus bewusst, dass eine gemeinsame, für beide Verhandlungspartner befriedigende Koexistenz nach dem Motto „Leben und leben lassen" notwendig ist. Häufig können informelle Kontakte dazu dienen, abseits von dem „Feilschen" um einzelne Konditionenpunkte eine Einigung zu finden. Insofern sind Key Account Manager mit gutem persönlichen Kontakt-Netzwerk im Handel sicherlich die besseren Kundenbetreuer.

3. Zusätzliche Aspekte zu Preis-Verhandlungen in Europa

Ähnliche Verhandlungsszenarien, wie sie in Deutschland beschrieben wurden, finden wir mittlerweile in Europa vor, mit dem Unterschied, dass die Komplexität der Auseinandersetzung aufgrund der vielfältigen Unterschiede in den Ländern natürlich weitaus größer ist.

3.1 Europäische Rahmenbedingungen

Die Internationalisierung des Handels in Europa hat in den letzten Jahren erhebliche Fortschritte gemacht. Es sind vornehmlich französische, deutsche und britische Händler (TOP 15 Handelsunternehmen), die mittlerweile schon 50 Prozent des Gesamtumsatzes im europäischen Lebensmittelhandel erwirtschaften. Allein die fünf größten Handelsunternehmen (Carrefour / Promodès, Metro, Intermarché, Rewe und Auchan) stehen bereits für 25% des Marktanteils in Europa, die TOP 15 erwirtschaften bereits 50% des Europa-Umsatzes.

Ähnlich wie im deutschen Lebensmittelmarkt sind große Teile des internationalen Handels durch den Preis geprägt. Dies gilt sowohl für den Wettbewerb der einzelnen Handelsunternehmen um den Kunden als auch für die Verhandlungen zwischen Industrie und Handel. Hintergrund für die hohe Relevanz des Preises in der europäischen Einzelhandelslandschaft sind unter anderem folgende Gründe:

- Überkapazitäten im europäischen Food Markt
- Starke Verhandlungsposition des Handels (Keyplayer mit großem Marktanteil) und Austauschbarkeit der Sortimente und Produkte. Die Industrie kann sich gegenüber dem Handel hauptsächlich über den Preis profilieren.
- Zunehmende Bedeutung von Discountern in vielen europäischen Ländern sowie die Tendenz, sich über preisgünstige Eigenmarken zu profilieren
- Export der „preisgeprägten Verhandlungskultur" durch französische und deutsche Handelsunternehmen. Es lässt sich feststellen, dass die Verhandlungskultur schwerpunktmäßig durch die beteiligen Unternehmen geprägt wird und weniger durch die nationalen Märkte.

Aus diesem Internationalisierungs- und Konzentrationsprozess des Handels ergeben sich über die nationalen Preis- und Konditionenforderungen hinaus diverse europäische Risiken in Preisverhandlungen für die Industrie.

Die internationalen Handelsunternehmen sind heute systemtechnisch so ausgerüstet, dass europäische Preis- und Konditionenabgleiche auf Knopfdruck möglich sind. Erfahrungsgemäß kommen hierbei nicht selten erhebliche Unterschiede in Preisen / Konditionen von 10 – 100% heraus.

Im Einzelnen besteht die Gefahr, mit folgenden Forderungen konfrontiert zu werden, die in der Praxis auch schon so gestellt worden sind:

1. Forderung von Europa-Konditionen für europäisches Geschäft (z.B. Zentral-Konditionen einer Handels-Europa-Zentrale)
2. Konditionen-Abgleiche zwischen den Ländern
   - ⇨ Gesamtkonditionen: Vergleich der Konditionenhöhen zwischen 2 Ländern und Forderung der höchsten Kondition für beide Länder
   - ⇨ Einzelkonditionen: „Cherry-Picking" einzelner Konditionenarten und Forderung der höchsten Einzelkondition in allen Ländern Europas
3. Abgleich der Netto/Netto-Preise und Forderung des niedrigsten Netto/Netto-Preises in Europa

Gerade in einem Abgleich der Netto/Netto-Preise liegt extremer „Sprengstoff" für die Industrie, da es schwierig ist, Preisunterschiede von bis zu 100 % für exakt das gleiche Produkt zu verargumentieren. Die Region Osteuropa, in der aktuell naturgemäß die größten Spreizungen vorliegen, kann dabei zur Zeit noch bedingt ausgeschlossen werden, da hier noch andere volkswirtschaftliche Rahmenbedingungen gelten (Unterschiede durch Zölle, Währungsdifferenzen, Inflationsraten, Einkommen, Kaufkraft, Handelsspannen, etc.). Im Rahmen der Osterweiterung der Europäischen Union werden diese Unterschiede jedoch in naher Zukunft schlagartig aufgehoben.

3.2 Strategische Aufgaben für eine erfolgreiche europäische Verhandlungsführung

Auch wenn Preis-Verhandlungen heute in der Food-Branche noch schwerpunktmäßig national geführt werden, so wird erwartet, dass mit zunehmender Internationalisierung im Handel in wenigen Jahren die Konditionen-Gespräche und damit auch die Forderungen zunehmend auf europäischer Ebene gestellt werden. Die Markenartikel-Industrie ist darauf jedoch heute noch in keinster Weise vorbereitet (Ausnahme: Globale Unternehmen, die bereits erste Maßnahmen der Preis- und Konditionen-Harmonisierung unternommen haben).

Für die Internationalisierung / Europäisierung der Preis- und Konditionenpolitik sind im Kern sechs strategische Aufgaben hin zu einem professionellen europäischen Vertrieb zu bewältigen:

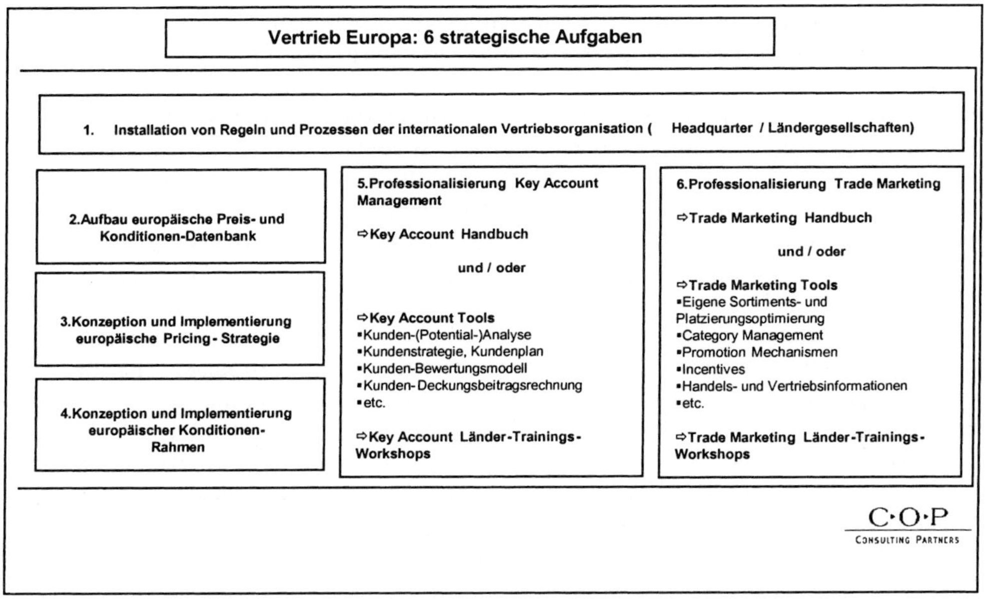

Abbildung 6: Vertrieb Europa - 6 strategische Aufgaben

(1) Installation von Regeln und Prozessen der internationalen Vertriebsorganisation (Headquarter / Länder)

Die Erfahrung im Austausch mit der Industrie hat gezeigt, dass die wenigsten Unternehmen heute klare Regelungen haben, wer in letzter Konsequenz verantwortlich für die internationale Betreuung eines Key Accounts ist. Häufig erfolgt die Betreuung noch ausschließlich in den nationalen Märkten, manchmal wird das „Lead-Country" Prinzip (Hoheit liegt bei dem Kundebetreuer im Mutterland des Kunden) angewendet. In der Regel konzentriert sich die internationale Kundenbetreuung heute auf einen Informationsaustausch der Länder-Key Account Manager untereinander. Ein europäisches Key Account Management mit entsprechend ausgestatteten Kompetenzen existiert nur in Ansätzen.

(2) Aufbau einer europäischen Preis- und Konditionen-Datenbank

Die Voraussetzung für eine Verhandlung von europäischen Preisen und Konditionen bzw. für eine Abwehr entsprechender Handelsforderungen ist zuerst, dass diese im Unternehmen bekannt sind. Hier geht es vor allem darum, erst einmal eine einheitliche Ordnung der Begriffe und der Kalkulationsgrundlagen sicherzustellen, so dass jeder Mitarbeiter eines europäischen Unternehmens unter Netto/Netto-Preis das gleiche versteht und diesen nach einheitlichem Schema berechnet. Daraufhin ist es natürlich wichtig, die Preise und Konditionen pro Land pro Kunde und pro Artikel in einer internationalen Preis- und Konditionen-Datenbank sauber abzubilden. Dies ist sicherlich eine Fleißarbeit, die erfahrungsgemäß einen Zeitrahmen von mindestens sechs Monaten beansprucht, aber von entscheidender Relevanz für die Verhandlungen ist. Für die Pflege und Kontrolle der Daten ist die Institutionalisierung eines europäischen Vertriebs-Controllings erforderlich.

(3) Konzeption und Implementierung einer europäischen Pricing-Strategie
Um die aufgezeigten Preis-Risiken zu umgehen, ist so bald wie möglich eine Harmonisierung der Netto/Netto-Preise in einen definierten Preis-Korridor anzustreben (z.B. +/- 5 %), um Preisunterschiede und Arbitragegewinne durch Kauf in einem Land und Transport sowie Verkauf der Produkte in einem anderen Land zu vermeiden. Dies lässt sich in einem stufenweise mehrjährigen Prozess erreichen, da Spreizungen ohne gravierende Umsatzverluste nicht ad hoc, sondern nur sukzessiv abgebaut werden können. Entscheidende Voraussetzung ist, dass europäische Interessen klar vor nationalen Interessen stehen müssen, um ein Ergebnis im Sinne des Gesamt-Konzerns zu erreichen. Hierfür ist es in der Regel notwendig, die Vergütung der Vertriebs-Führungskräfte vom Umsatz zu entkoppeln, um die Bereitschaft zur Umsetzung bei allen Beteiligten zu erreichen, da eine solche Harmonisierung nicht ganz ohne Umsatzeinbußen in Hochpreis-Ländern bewältigt werden kann. Der Erfolg der Umsetzung liegt hierbei weniger in einer ausgetüftelten Konzeption als vielmehr in einer konsequenten Umsetzung der Preis-Harmonisierung

(4) Konzeption und Implementierung eines europäischen Konditionen-Rahmens
Darauf aufbauend sollte ein inhaltlicher europäischer Konditionenrahmen entwickelt werden, der sich mit einem Leistungs-Gegenleistungs-Katalog, wie schon vorgestellt, an den wichtigen Parametern der Geschäftsbeziehung orientiert (Business Builder, Efficiency Driver).
Dabei ist der Rahmen an sich für alle Länder gleich. Die inhaltliche Ausgestaltung sowie die Höhe der Vergütung kann länderspezifisch durchaus unterschiedlich sein. Entscheidend ist, dass die gesetzten Netto/Netto-Preis-Korridore eingehalten werden.

(5) Professionalisierung Key Account Management (Definition von Standards und Training)
Bei europaweit vertretenen Handelsunternehmen aus Deutschland, Frankreich, Großbritannien, Benelux ist auch die Art der Preisverhandlungen und Forderungen in Jahresgesprächen zunehmend ähnlich, so dass sich die Industrie in den wichtigsten Ländern Europas mit einem Key Account Management vergleichbarer Qualität aufstellen muss. Aus Erfahrung gibt es hier noch erhebliche Defizite, insbesondere in den Märkten Osteuropas, in denen das Geschäft über Distributeure aufgebaut wurde und Key-Account Organisationen erst seit wenigen Jahren aktiv sind. Wichtig ist die Bereitstellung europaweiter Standards und Tools sowie der regelmäßige Austausch an Informationen der Kundenbetreuer untereinander.

(6)Professionalisierung Trade Marketing (Definition von Standards und Training)
Gleiches gilt für das Trade Marketing, das über Point of Sale-Studien und innovative Abverkaufskonzepte (Efficient Assortment, Efficient Promotions, Efficient Product

Introduction, etc.) die Inhalte für die Argumentation im Vertrieb im Rahmen von Preis- und Konditionenverhandlungen liefert. Hier ist es wichtig, das Know-how der führenden Länder analog mit europäischen Standards und Tools zu übertragen. Sicherlich hat jedes Land seine eigenen Gesetzmäßigkeiten am Point of Sale, nicht zuletzt aufgrund von Unterschieden in der Sortimentsstruktur und in Vermarktungskonzepten. Dennoch lassen sich erfahrungsgemäß mit geringfügigen Modifikationen viele Inhalte auf nationale Märkte übertragen.

Der Prozess hin zu einem europäischen Vertrieb in der Food-Branche ist noch weitaus facettenreicher als in diesem Rahmen darstellbar. Im Kern sind aus Erfahrung der Autoren, die schon in diversen europäischen Projekten erfolgreich europäische Vertriebsorganisationen neu ausgerichtet haben, die aufgezeigten sechs strategischen Aufgaben primär zu verfolgen, um eine abgestimmte europäische Vertriebspolitik zu erreichen. Die Notwendigkeit, diesen Weg hin zu einem europäischen Vertrieb zu gehen ist unumstritten, da der Handel und der Markt sich eindeutig in Richtung Europa entwickeln. Es ist nur noch eine Frage der Zeit, wann Preise und Konditionen in der Food-Branche letztendlich europäisch verhandelt werden.

Entscheidend ist für Markenartikel-Unternehmen den Prozess so bald wie möglich zu starten, da die Reorganisation des Europa-Vertriebs entsprechende Vorlaufzeiten von mindestens 2-3 Jahren benötigt.

Georg Wübker - Hermann Simon

Mehr-Personen-Preisbildung

1. Die Bedeutung der Mehr-Personen-Preisbildung

Eine bislang in der Literatur kaum behandelte Form der Preisdifferenzierung ist die *Mehr-Personen-Preisbildung* (vgl. Faßnacht, 1996, Wübker, 1998, Simon/Wübker 2000, Simon/Wübker 2001). Hierunter verstehen wir im Folgenden eine in Abhängigkeit von der Anzahl der Personen differenzierende Preissetzung. Für eine bestimmte Anzahl von Personen werden reduzierte Preise bzw. ein Gesamtpreis für eine Leistung verlangt. Der Durchschnittspreis pro Person liegt dabei in der Regel niedriger als der Preis, den eine einzelne Person für diese Leistung zahlen muss. Die Mehr-Personen-Preisbildung wird häufig bei Dienstleistungen eingesetzt, weil hier Konsum und Produktion der Leistung simultan erfolgen und dadurch die Gefahr einer Arbitrage zwischen Personen ausgeschlossen werden kann (vgl. hierzu auch Simon, 1992a). Einige Beispiele sollen die Vielfalt dieser Preisbildungsform in der Praxis verdeutlichen:

- Die *Deutsche Bahn AG* setzt die Mehr-Personen-Preisbildung in verschiedenen Formen ein. Das sogenannte "Schöne-Wochenende-Ticket" ermöglicht einer Gruppe von bis zu fünf Personen, für € 28 am Wochenende in Zügen des Nahverkehrs in der zweiten Klasse ohne Kilometerbegrenzung innerhalb Deutschlands zu fahren. Mit dem sogenannten "ICE-Familien-Sparpreis" kann eine Familie (beide Eltern- oder Großelternteile einschließlich aller eigenen Kinder bzw. Enkel bis 17 Jahren) zu einem Pauschalpreis von € 152 (ohne BahnCard € 202) das ICE-Angebot der *Deutschen Bahn AG* für eine Hin- und Rückfahrt nutzen. Auch die BahnCard Familie ist eine Form der Multi-Personen-Preisbildung. Familienmitglieder zahlen nur 50% (Kinder zwischen sechs und elf Jahren sogar nur noch 25%) des normalen Fahrpreises der 2. Klasse (Stand: August 2002).
- Ein Plakat im Stuttgarter Bahnhof wirbt mit dem Werbespruch: "Super-Einstiegspreis: Drei Personen zum Preis von einer." Diese Form ähnelt stark der in den USA häufig praktizierten Preispolitik "buy three for the price of one".
- Heizöl-Lieferanten geben Rabatte, wenn mehrere Personen (Haushalte) ihre Bestellung gemeinsam tätigen. Hier handelt es sich um eine Art versteckten Mengenrabattes.
- Das *ABC Hotel* in Berlin offeriert Familien folgendes Angebot: 33% Familien-Rabatt für ein 3-Zimmer-Appartment außerhalb von Event- und Messeterminen (Stand: August 2002).
- Viele Fluggesellschaften wenden die Mehr-Personen-Preisbildung an. *Southwest Airlines* bietet z.B. ein "Friends fly free"-Programm an, das einem Kunden erlaubt, eine zweite Person kostenlos mitzunehmen. Das Programm ist jedoch nur gültig,

wenn Spezialangebote über den Online-Dienst swavacations.com gebucht werden (Stand: August 2002).

- Ein Restaurantbetreiber in Osnabrück setzt die Mehr-Personen-Preisbildung für ein Menü in folgender Form ein: Die erste Person zahlt den vollen Preis, die zweite, dritte und vierte Person zahlt den halben Preis, jede weitere Person zahlt nichts.
- Ein weiteres Beispiel der Mehr-Personen-Preisbildung sind Urlaubsreisen. So offeriert das Touristikunternehmen TUI unter dem Namen XXS-Kinderfestpreis folgendes Familienangebot: Kinder zahlen in Begleitung von zwei vollzahlenden Erwachsenen nur € 99 (gilt für ausgewählte Destinationen; Stand: August 2002).

Die dargestellten Beispiele stellen nur eine kleine Auswahl dieser immer häufiger zu beobachtenden Preisbildungsform dar. Alle Beispiele haben eine Gemeinsamkeit: Der Durchschnittspreis nimmt mit steigender Personenzahl ab, d.h. der zu zahlende Gesamtpreis ist bezogen auf die Personenzahl nichtlinear. Es handelt sich um eine Form der Preisdifferenzierung, die anhand der Personenzahl erfolgt. Bevor wir die Zielsetzungen der Mehr-Personen-Preisbildung darstellen, ordnen wir zunächst die Thematik in einen größeren Rahmen ein und definieren den Begriff der Mehr-Personen-Preisbildung. Der vorliegende Beitrag soll im weiteren Verlauf folgende Fragestellungen beantworten:

- Welche Ziele verfolgt der Anbieter mit der Anwendung der Mehr-Personen-Preisbildung?
- Warum und unter welchen Umständen ist die Mehr-Personen-Preisbildung vorteilhaft?
- Welche Aspekte sollte der Anbieter bei der praktischen Anwendung der Mehr-Personen-Preisbildung beachten?

2. Einordnung und Definition der Mehr-Personen-Preisbildung

Ziel dieses Abschnittes ist es, die Mehr-Personen-Preisbildung in den Rahmen der Preisdifferenzierung einzuordnen. Mit der Thematik der Preisdifferenzierung haben sich zahlreiche volks- und betriebswirtschaftliche Arbeiten auseinandergesetzt (vgl. hierzu die ausführliche Darstellung von Fassnacht, 1996). Aus der fundierten Begriffsanalyse erarbeitet Faßnacht (1996) zwei Bedingungen für das Vorliegen von Preisdifferenzierung:

Preisdifferenzierung liegt vor,

1. wenn ein Anbieter Einheiten eines Produktes, die hinsichtlich der Dimensionen Raum, Zeit, Leistung und Menge identisch sind, zu unterschiedlichen Preisen verkauft oder

2. wenn ein Anbieter Varianten eines Produktes, die sich zumindest in einer der vier Dimensionen unterscheiden, ohne dass dabei andere Produkte entstehen, zu unterschiedlichen Preisen verkauft.

Anhand dieser zwei Bedingungen lassen sich die jeweiligen Definitionen der verschiedenen Formen der Preisdifferenzierung ableiten (vgl. hierzu ausführlich Fassnacht, 1996, S. 55-82). Die Mehr-Personen-Preisbildung hat gemäß Faßnacht (1996) Berührungspunkte zur Preisbündelung und zur mengenbezogenen Preisdifferenzierung. Dolan und Simon (1996, 183 f.) ordnen die Mehr-Personen-Preisbildung ("multi-person-pricing") als Spezialfall der nichtlinearen Preisbildung ein, bei der die zweite Person usw. einen geringeren Preis für ein Produkt zu entrichten hat als die erste Person. Dies begründen die Autoren mit der geringeren Zahlungsbereitschaft der zweiten Person gegenüber der ersten. Als Beispiel nennen Dolan und Simon (1996) den gemeinsamen Flug eines Ehepaares, bei dem der Ehemann, der geschäftlich fliegt, eine höhere Zahlungsbereitschaft hat als seine Ehefrau, die ihn privat begleitet. Im folgenden wird die Mehr-Personen-Preisbildung als eigenständige Form der Preisdifferenzierung aufgefasst, weil die Art der Preisdifferenzierung weder nach heterogenen Produkten (wie bei der Preisbündelung) noch nach der Anzahl der Einheiten eines Produktes (wie bei der nichtlinearen Preisbildung), sondern nach der Anzahl der Personen erfolgt. Da es nach unserer Kenntnis keine Definition der Mehr-Personen-Preisbildung gibt, schlagen wir anhand der obigen zwei Bedingungen der Preisdifferenzierung folgende Definition vor:

1. Mehr-Personen-Preisbildung ist gegeben, wenn ein Anbieter den durchschnittlichen Preis pro Einheit eines Produktes, die hinsichtlich der Dimension Raum, Zeit, Leistung und Menge identisch ist, von der Anzahl der Personen abhängig macht.

2. Mehr-Personen-Preisbildung ist gegeben, wenn ein Anbieter den durchschnittlichen Preis pro Einheit von Varianten eines Produktes, die sich zumindest in einer der vier Dimensionen unterscheiden, ohne dass dabei andere Produkte entstehen, von der Anzahl der Personen abhängig macht.

Die Mehr-Personen-Preisbildung fällt in der Regel unter Variante 1. Dies verdeutlichen die zahlreichen oben dargestellten Praxisbeispiele. Aber es gibt auch Formen, die durch Variante 2 erfasst werden. Im Vergleich zu Variante 1 unterscheidet sich das Produkt in Variante 2 hinsichtlich der Dimension Leistung. Folgendes Beispiel soll diesen Unterschied verdeutlichen. Wir betrachten dazu ein reisendes Paar: Der Geschäftsreisende bezahlt den vollen Preis und fliegt in der Business Class; der Partner fliegt ebenfalls Business Class und bezahlt die Hälfte des Preises. In diesem Fall trifft die Variante 1 der obigen Definition zu, weil beide Personen Business Class fliegen und das Produkt hinsichtlich der Dimension Leistung, Zeit etc. identisch ist. Fliegt der Partner jedoch in der Economy Class und zahlt dafür die Hälfte des Economy-Normalpreises, so handelt es sich um die Variante 2 der Definition, da sich die beiden Flugreisen in der Leistung (Business vs. Economy) unterscheiden. Tabelle 1 verdeutlicht die Unterschiede der beiden Varianten.

	Definition Mehr-Personen-Preisbildung (Variante 1)	Definition Mehr-Personen-Preisbildung (Variante 2)
Person 1	Business Class voller Preis	Business Class voller Preis
Person 2	Business Class halber Preis	Economy Class halber Preis

Tabelle 1: Unterschied zwischen der Variante 1 und Variante 2 der Definition der Mehr-Personen-Preisbildung anhand eines Beispiels

3. Theorie der Mehr-Personen-Preisbildung

3.1 Zielsetzungen des Anbieters

Im folgenden Abschnitt gehen wir auf die Ziele der Mehr-Personen-Preisbildung aus Anbietersicht und damit auf die Beantwortung der in Abschnitt 1 formulierten ersten Fragestellung ein. Tabelle 2 zeigt die verschiedenen Zielsetzungen im Überblick. Hierzu zählen Gewinn- und Umsatzziele, Kostenziele, Wettbewerbsziele sowie Kundenziele.

Wie bei allen Formen der Preisdifferenzierung ist auch bei der Mehr-Personen-Preisbildung die Gewinnsteigerung das zentrale Ziel des Anbieters (vgl. u.a. auch Nagle, 1987, Monroe, 1990, Simon, 1992a, Fassnacht, 1996, Wübker, 1998, Simon/Wübker, 2000, Simon/Wübker, 2001). Die ökonomische Erklärung für die Erhöhung des Gewinns durch Anwendung der Mehr-Personen-Preisbildung liegt darin, dass es dem Anbieter gelingt, die *Konsumentenrente* (definiert als Differenz zwischen maximaler Preisbereitschaft und tatsächlich zu zahlendem Preis) heterogener Nachfrager besser *abzuschöpfen* als beim Verkauf zu Einzelpreisen. Zur Verdeutlichung dieses Sachverhaltes betrachten wir folgendes Beispiel, bei dem wir zur Vereinfachung Grenzkosten und Fixkosten von Null annehmen (die Gültigkeit der Argumentation bleibt davon unberührt).

Ein Ehemann plant eine Geschäftsreise, seine Ehefrau möchte ihn privat begleiten. Die maximale Preisbereitschaft („Maximalpreis“) des Ehemanns für einen Business-Flug betrage € 3000, der Maximalpreis der Ehefrau € 1800. Bei einem Einheitspreis (”uniform pricing”) kann die Fluggesellschaft entweder einen Preis von € 3000 fordern, nur der Ehegatte fliegt und es resultiert ein Gewinn von € 3000, oder einen Preis von € 1800 verlangen, bei dem beide Personen mitfliegen und ein Gewinn von € 3600 (= 2 * 1800) erzielt wird. Beide Formen des Einheitspreises schöpfen die Preisbereitschaft nicht optimal ab (siehe Abbildung 1). Wenn die Fluggesellschaft hingegen einen Mehr-Personen-Preis derart setzt, dass die erste Person € 3000 bezahlt und die zweite Person € 1800, so wird ein Gewinn von € 4800 erzielt. Dies entspricht einer Gewinnsteigerung um 33 Prozent gegenüber der optimalen Einheitspreissetzung. Die Überlegenheit der Mehr-Personen-Preisbildung gründet darin, dass die Zahlungsbereitschaft der zweiten Person niedriger ausfällt als die Zahlungsbereitschaft der ersten Person. Daher kann die Konsumentenrente ähnlich abgeschöpft werden wie bei der nichtlinearen Preisbildung, bei der die Zahlungsbereitschaft für die erste Mengeneinheit höher ist als für die zweite Mengeneinheit. Die theoretische Grundlage für die nichtlineare Preisbildung bildet das *Erste Gossensche Gesetz*, welches besagt, dass der Grenznutzen oder zusätzliche Nutzen eines Gutes mit zunehmender Menge sinkt (vgl. hierzu auch Tacke, 1989). Bei mehreren Personen gibt es häufig ein ähnliches Phänomen. Der Nutzen für die erste Person ist höher als der Nutzen für die zweite Person usw. Damit nehmen auch die Preisbereitschaften von Person zu Person ab. Eine solche Struktur der Nutzen bzw. Preisbereitschaften lässt sich nicht mit einem Einheitspreis pro Person abschöpfen, vielmehr braucht man dazu eine Mehr-Personen-Preisstruktur. Abbildung 1 verdeutlicht das für unser fliegendes Ehepaar. Äquivalent zu der Preisstruktur „1. Person € 3000 und 2. Person € 1800" wäre in diesem Fall ein „Zwei-Personen-Preis von € 4800".

Ziele des Anbieters	Argumente für die Zielerreichung
Gewinnziel	Gewinnsteigerung durch Abschöpfung bzw. Übertragung von Konsumentenrente (unausgeschöpfter Preisbereitschaft)
Umsatzziel (Kapazitätsauslastung)	Steigerung des Umsatzes durch Mehrabsatz und Neukundenakquisition
Kostenziel	Reduktion der Transaktions- und Informationskosten
(Kostenreduktion)	"Economies of scale"
Wettbewerbsziel	Anpassung der Preisstruktur an diejenige der Konkurrenz
	Erhöhung der Wechselkosten
	Aufbau von Markteintrittsschranken
Kundenziel	Preisnachlass
(Steigerung der Kunden-	Bequemlichkeitsaspekte
zufriedenheit/Loyalität)	Kosten- und Zeitersparnis
	Kundenbindung

Tabelle 2: Ziele des Anbieters und Argumente für die Zielerreichung bei Anwendung der Mehr-Personen-Preisbildung.

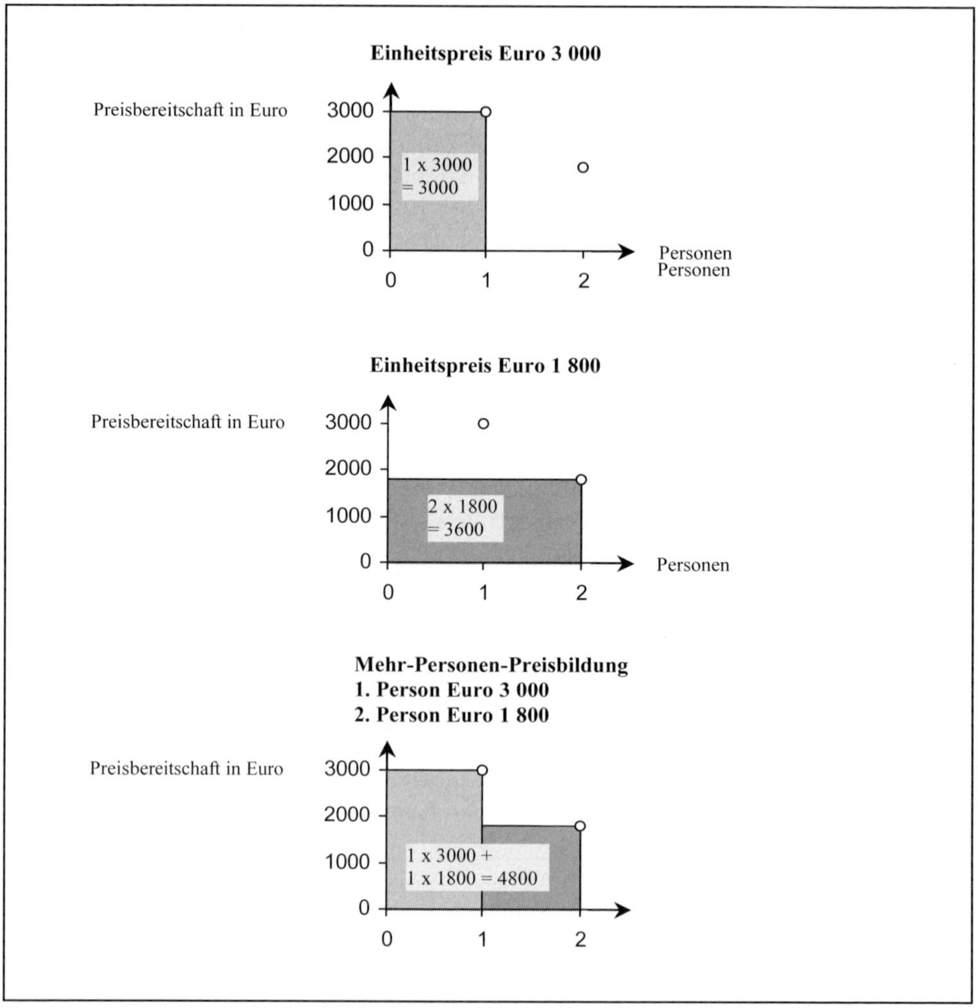

Abbildung 1: Ein Vergleich von Einheitspreisbildung und Mehr-Personen-Preisbildung.

Eine weitere Erklärung für die Vorteilhaftigkeit der Mehr-Personen-Preisbildung gegenüber der Einheitspreissetzung besteht darin, dass Konsumentenrente von einer Person auf die andere Person übertragen wird. Diese Erklärung ist strukturell der Preisbündelung vergleichbar (vgl. hierzu auch Stigler, 1963, Adams/Yellen, 1976, Simon/Dolan, 1997, Wübker, 1998). Bei der Preisbündelung (Paketpreisbildung) wird nämlich Preisbereitschaft, die bei dem einen Produkt nicht ausgeschöpft wird, auf ein anderes Produkt übertragen. Kostet eine Flasche Wein € 10 und eine Portion Käse € 8, so würde ein Verbraucher mit Preisbereitschaften von jeweils € 9 für Käse und für Wein einzeln nur den Käse kaufen, nicht jedoch den Wein. Bietet man beide zu einem Bündelpreis von € 18 an, so kauft er beides. Die überschüssige Preisbereitschaft von € 1 bei Käse wurde durch die Bündelung auf den Wein übertragen. Eine ähnliche Übertragung von Preisbereitschaft findet bei der Mehr-Personen-Preisbildung statt. Wir zeigen dies anhand einer Abwandlung des obigen Beispiels.

Der Maximalpreis des Ehemanns sei jetzt € 2900, derjenige der Ehefrau € 1900. Jetzt würde der Ehemann nicht mehr alleine zu € 3000 fliegen. Beide zusammen würden aber für einen Gesamtpreis von € 4800 reisen. Weiterhin nehmen wir an, dass die Fluggesellschaft - infolge der Berücksichtigung der Kundenanforderungen und des Wettbewerbs - folgende optimale Mehr-Personen-Preisbildung durchführt: Die erste Person zahlt € 3000, die zweite Person € 1800 (siehe obige Zwei-Personen-Preisstruktur). Auch bei diesen Preisen würde das Ehepaar mit der Fluggesellschaft fliegen, weil ihre kombinierte Preisbereitschaft diesen Preis abdeckt. Anders argumentiert: Die Ehefrau überträgt ihre Konsumentenrente von € 100 (= 1900 - 1800) auf den Ehemann, dessen Maximalpreis (€ 2900) um € 100 geringer ist als der optimale Preis für die erste Person (€ 3000).

Das Beispiel zeigt zum einen auf, wie bei der Mehr-Personen-Preisbildung Konsumentenrente abgeschöpft wird; zum anderen verdeutlicht es, dass die Mehr-Personen-Preisbildung je nach Betrachtungsweise strukturelle Ähnlichkeit mit der nichtlinearen Preisbildung bzw. der Preisbündelung aufweist.

Wie aus Tabelle 2 ersichtlich, stellt die Umsatzsteigerung ein Ziel dar, welches der Anbieter mit der Mehr-Personen-Preisbildung verfolgt. Dienstleistungsunternehmen wie Hotels oder Fluggesellschaften (vgl. die Beispiele in Abschnitt A) versuchen durch Anwendung der Mehr-Personen-Preisbildung die Nachfrage in nachfrageschwachen Zeiten anzuregen und auf diese Weise eine höhere Kapazitätsauslastung zu erzielen. Unter diesen Gesichtspunkten kann man die Mehr-Personen-Preisbildung dem sogenannten "Yield Management" zurechnen, dessen Ziel in der Lenkung der Nachfrage zur Optimierung der Kapazitätsauslastung besteht (vgl. Daudel/Vialle, 1992, Simon, 1992a, S. 582 ff.). Gehen wir wieder von unserem obigen Beispiel aus, so kann die Erhöhung der Kapazitätsauslastung durch zwei Nachfrageeffekte erklärt werden: zum einen durch den Mehrabsatz, d.h. Nachfrager, die vor Anwendung der Mehr-Personen-Preisbildung alleine nachgefragt hätten, kaufen jetzt zu dem im Vergleich zur Summe der Einzelpreise günstigeren Mehr-Personen-Preis und erhöhen damit den Absatz. Dieser Effekt ist strukturell ähnlich dem "cross-selling"-Effekt bei der Preisbündelung (vgl. hierzu Guiltinan, 1987, Wübker, 1998, S. 23). Zum zweiten erhöht sich die Nachfrage durch die Akquisition von Neukunden, die sich aufgrund des attraktiven Mehr-Personen-Preises für das Angebot entscheiden, ansonsten jedoch ein anderes Produkt, im Beispiel ein anderes Verkehrsmittel, gewählt hätten. Dieser zweite Nachfrageeffekt ist besonders wichtig bei Konkurrenz von Bahn oder Flugzeug mit dem Auto. Abbildung 2 verdeutlicht diesen Sachverhalt.

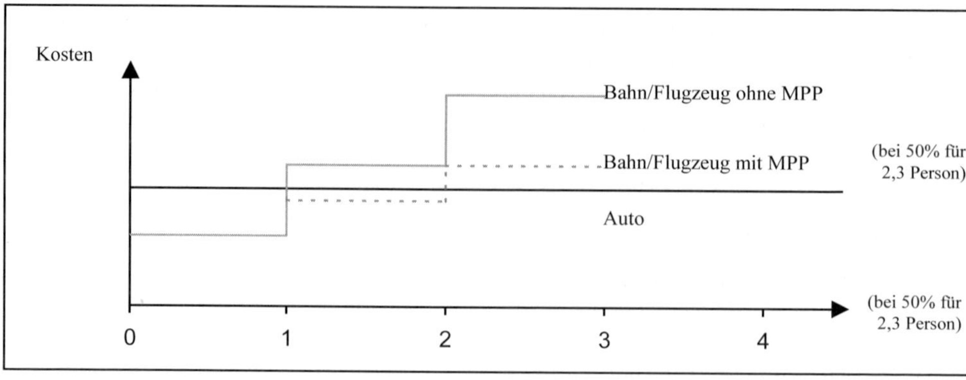

Abbildung 2: Kosten in Abhängigkeit von der Personenzahl beim Auto sowie bei Bahn/Flugzeug ohne bzw. mit Mehr-Personen-Preisbildung (MPP)

Gemäß Abbildung 2 gehen wir davon aus, dass die Kosten für das Auto bis zur vierten Person konstant sind. Die Kosten für die Benutzung Bahn/Flugzeug steigen hingegen mit jeder Person proportional an. Ohne Mehr-Personen-Preisbildung liegen die Kosten von Bahn/Flugzeug bereits ab der zweiten Person oberhalb der Kosten eines Autos. Jede weitere Person erhöht die Kostendifferenz zwischen Bahn/Flugzeug und Auto (siehe Abbildung 2). Setzt die Bahn/Flugzeug jetzt die Mehr-Personen-Preisbildung derart ein, dass ab der zweiten Person 50 Prozent Preisnachlass gewährt wird, so verändert diese neue Preisstruktur die Konkurrenzsituation gegenüber dem Auto gravierend. Durch die Anwendung der Mehr-Personen-Preisbildung passt die Bahn ihre Preisstruktur an diejenige der Konkurrenz (Auto) an, was in Abbildung 2 deutlich wird. Um noch wettbewerbsfähiger zu werden, kann der Anbieter von Bahn/Flugzeug seine neue Preisstruktur derart festlegen, dass die 2. Person einen Rabatt von X% und die 3. Person einen Rabatt von (X+Y)% erhält. Dieses Beispiel zeigt, dass ein Anbieter durch einen attraktiven Mehr-Personen-Preis Neukunden hinzugewinnen kann.

Neben den beiden gerade skizzierten Nachfrageeffekten (Mehrabsatz und Neukundenakquisition) reduziert sich auf der anderen Seite der Umsatz bei den Nachfragern, die auch ohne Mehr-Personen-Angebot beide den normalen Preis bezahlt hätten. Die Umsatzreduktion (sogenannter Kannibalisierungseffekt) ergibt sich dadurch, dass der Mehr-Personen-Preis geringer ist als die Summe der Einzelpreise. Folglich hängt die mögliche Gewinnsteigerung durch Mehr-Personen-Preisbildung davon ab, ob der Nettoeffekt aus Umsatzsteigerung (durch "Mehrabsatz" und "Neukundenakquisition") und Umsatzreduktion (durch Kannibalisierung) positiv ist.

Ein weiteres Motiv für die Mehr-Personen-Preisbildung ergibt sich aus *Transaktionskosteneinsparungen*, die der Anbieter z.B. aus einer geringeren Interaktionsfrequenz mit den Nachfragern realisiert (vgl. auch Coase, 1937, 1960, Crowther, 1964, Demsetz, 1968). Ein Beispiel soll dies verdeutlichen. Angenommen fünf Nachfrager wollen mit der Bahn von A nach B fahren. Jeder Nachfrager geht individuell zum Schalter, informiert sich dort über Preis und günstigste Anbindung, um dann den Einzelfahrschein zu kaufen. Bietet die Bahn nun ein "Fünf-Personen-Ticket" an, so können sich diese fünf Personen zusammenschließen und in einer Transaktion den obigen Ablauf realisieren, was sowohl für den Anbieter als auch für die Nachfrager zu wesentlichen *Kostenersparnissen* führen kann. Neben der Transaktionskostenreduktion kann der Anbieter aufgrund des Mehrabsatzes "economies of scale" oder *Erfahrungskurveneffekte realisieren.*

Die Mehr-Personen-Preisbildung kann auch als *Kundenbindungsinstrument* eingesetzt werden. Für bestimmte Gruppen wie z.B. Familien werden durch die z.T. sehr hohen Rabatte (gegenüber der Summe der Einzelpreise) Anreize geschaffen, dem "Mehr-Personen-Preis-Anbieter" loyal zu bleiben (vgl. Simon/Tacke/Woscidlo, 1998). Ähnlich wie bei der Preisbündelung kann der Anbieter mit der Mehr-Personen-Preisbildung strategische Ziele wie *Wettbewerbsdifferenzierung* oder Aufbau von *Markteintrittsbarrieren* verfolgen (vgl. Porter, 1986, Simon, 1992b). Die Mitglieder einer Familie, die zum Beispiel zusammen in einer Krankenversicherung versichert sind und einen günstigen Familientarif erhalten, werden weniger leicht abzuwerben sein als Einzelversicherte.

Der Anbieter kann mit Anwendung der Mehr-Personen-Preisbildung auch Kundenziele berücksichtigen und dadurch z.B. die Kundenzufriedenheit bzw. die Kaufbereitschaft erhöhen. So wird den Kunden durch den Preisnachlass des Mehr-Personen-Angebotes (gegenüber der Summe der Einzelpreise) ein Nutzen gestiftet. In der einschlägigen Literatur spricht man von Transaktionsnutzen (vgl. Thaler, 1985), der in diesem Zusammenhang als Differenz zwischen der Summe der Einzelpreise und dem Mehr-Personen-Preis definiert wird. Gemäß der Transaktionsnutzentheorie von Thaler (1985) wird der Nutzen einer Transaktion um so höher (niedriger), je niedriger (höher) der Mehr-Personen-Preis gegenüber der Summe der Einzelpreise ist. Empirische Studien belegen (vgl. z.B. Yadav/Monroe, 1993, Wübker, 1998), dass mit zunehmendem Transaktionsnutzen eines Produktes auch die Kaufbereitschaft für dieses Produkt steigt. Das Streben nach Bequemlichkeit, alles aus einer Hand zu beziehen, wird mit dem Mehr-Personen-Angebot realisiert und von dem Kunden (z.B. einer Familie) positiv bewertet, weil sich der Transaktionsaufwand reduziert. Der Kunde muss nur eine Transaktion durchführen (one-stop-shopping), was zu einer Kosten- und Zeitersparnis führt.

3.2 Zur Optimalität der Mehr-Personen-Preisbildung

Warum und unter welchen Umständen ist die Mehr-Personen-Preisbildung optimal? Um diese Frage zu beantworten, betrachten wir wieder ein konkretes Zahlenbeispiel. Der Gesamtmarkt bestehe aus vier Segmenten (z.B. Ehepaare), deren Maximalpreise für einen Flug in Tabelle 3 dargestellt sind.

Gemäß Tabelle 3 ist z.B. im Segment 1 die Person A bereit, für einen Flug maximal € 600 und die Person B maximal € 350 zu zahlen. Zur Vereinfachung, aber ohne Einschränkung der Allgemeingültigkeit, nehmen wir Grenzkosten und Fixkosten von Null an. Die Struktur und Gültigkeit unserer Argumentation bleibt davon unberührt. Weiterhin wird angenommen, dass sich die Maximalpreise der Personen A und B addieren, so dass z.B. im Segment 1 A und B zusammen für die beiden Flüge maximal € 950 zu zahlen bereit sind.

	Maximalpreise (in €)		
Segment	Person A	Person B	Beide Personen A+B
1	600	350	950
2	500	400	900
3	550	150	700
4	500	150	650

Tabelle 3: Maximalpreise für Person A, Person B und beide Personen A+B

Die Zielsetzung des Anbieters ist Gewinnmaximierung. Bei welchen Preisen erzielt der Anbieter sein Gewinnmaximum? Ähnlich wie bei der Preisbündelung hat der Anbieter folgende drei Preisstrategien zur Auswahl:

Einzel-Personen-Preisbildung:
Hier wird kein Mehr-Personen-Angebot offeriert, sondern für jede Person der gleiche Preis gefordert. Bei Anwendung der Einzel-Personen-Preisbildung ergibt sich bei den in Tabelle 3 dargestellten Maximalpreisverteilungen ein optimaler Einzelpreis von $p^* = 350$ €. Dies ist leicht nachvollziehbar. Bei diesem Preis kaufen die Personen A und B der Segmente 1 und 2 sowie jeweils die Person A aus den Segmenten 3 und 4 das Produkt, weil die jeweiligen Maximalpreise dieser Personen größer oder gleich dem geforderten Preis sind. Somit ergibt sich bei der Einzel-Personen-Preisbildung ein Absatz von 6 Einheiten; es resultiert ein Gesamtgewinn von $G^* = 6 \cdot 350 = 2100$ €.

Reine Mehr-Personen-Preisbildung:
Es wird ausschließlich das Mehr-Personen-Angebot offeriert, d.h. ein einzelner Nachfrager kann das Produkt nicht erwerben. Dies entspricht dem Prinzip der reinen Preisbündelung (vgl. Wübker 1998). Bezogen auf unser obiges Zahlenbeispiel errechnet sich bei Anwendung der reinen Mehr-Personen-Preisbildung ein optimaler Zwei-Personen-Preis von $p^* = 650$ €. Bei diesem Preis erwerben alle vier Segmente das Zwei-Personen-Angebot. Der optimale Gesamtgewinn beträgt $G^* = 4 \cdot 650 = 2600$ € und übertrifft den Gewinn bei Einzel-Personen-Preisbildung um etwa 24 Prozent. Die Ursache der Gewinnsteigerung von 2100 auf 2600 besteht darin, dass durch die Mehr-Personen-Preisbildung zusätzlich Preisbereitschaft abgeschöpft wird. Der Anbieter setzt den Mehr-Personen-Preis derart, dass die „überschüssige" Preisbereitschaft von einer Person auf die andere Person übertragen wird. Im Fall der Einzel-Personen-Preisbildung realisiert z.B. die Person A des Segmentes 4 aus dem Zahlenbeispiel eine Konsumentenrente von 150 (= 500 – 350), während bei Person B der Maximalpreis um 200 zu niedrig ist. Demnach „verschenkt" der Anbieter bei Segment 4 eine Konsumentenrente von 300 (150 von

Person A und 150 von Person B), wenn er statt der reinen Mehr-Personen-Preisbildung die Einzel-Personen-Preisbildung anwendet. Die durch die reine Mehr-Personen-Preisbildung bewerkstelligte Summierung der Maximalpreise der Personen A und B in Verbindung mit der Reduktion des Mehr-Personen-Preises (650 €) gegenüber dem zweifachen des Einzel-Personen-Preises (700 €) bewirkt, dass Person B des Segmentes 4 auch das Produkt erwirbt. Insgesamt wird mit Hilfe der reinen Mehr-Personen-Preisbildung eine zusätzliche Konsumentenrente von 500 abgeschöpft.

Gemischte Mehr-Personen-Preisbildung:
Hier werden sowohl ein Einzel-Personen-Preis als auch ein Mehr-Personen-Preis festgelegt. Dementsprechend ist diese Preisstrategie mit der gemischten Preisbündelung vergleichbar. In dem obigen Beispiel errechnen sich ein optimaler Einzel-Personen-Preis von $p^* = 550$ € sowie ein optimaler Zwei-Personen-Preis von $p^* = 900$ €. Aus der Tabelle 3 ist ersichtlich, dass bei diesen Preisen die Segmente 1 und 2 das Zwei-Personen-Angebot und jeweils die Person A aus Segment 3 bzw. 4 das Produkt kauft. Folglich beläuft sich der Gesamtgewinn des Anbieters auf $G^* = 2 \cdot 900 + 2 \cdot 500 = 2800$ €. Der Gewinn bei Einzel-Personen-Preisbildung wird um über 33 Prozent, derjenige bei reiner Mehr-Personen-Preisbildung um etwa 8 Prozent übertroffen. Die gemischte Mehr-Personen-Preisbildung ist in diesem Zahlenbeispiel die profitabelste Preisstrategie.

Das Beispiel verdeutlicht, dass eine wesentliche Voraussetzung für die Mehr-Personen-Preisbildung in der Kenntnis der individuellen Maximalpreise liegt. Ähnlich wie bei der Preisbündelung ist jedoch auch die genaue Kenntnis der Kostenstruktur erforderlich (vgl. Simon, 1992b, Wübker, 1998). Insgesamt halten wir fest, dass die Entscheidung des Anbieters über die optimale Preisstruktur nur anhand sehr detaillierter Informationen (kundenspezifische Maximalpreise, Nachfrageverbund zwischen Kunden, Einfluß des Zusammenverkaufs auf Stückkosten, genaue Segmentgröße usw.) getroffen werden kann. Folglich kommt der zuverlässigen und validen Ermittlung dieser detaillierten Informationen eine zentrale Bedeutung zu. Auf diesen wichtigen Umsetzungsaspekt gehen wir in Abschnitt E tiefer ein.

4. Praktische Anwendungen

4.1 Anwendung in der Gastronomie

In der folgenden praktischen Anwendung wurde ein Menü (Vorspeise, Hauptgang und Dessert) für eine und zwei Personen betrachtet. Der Restaurantbetreiber stand vor dem Problem, ob er zwei Menüs zu einem Zwei-Personen-Preis anbieten sollte. Es ging darum, die Preise so festzulegen, dass der Gesamtgewinn maximal wurde.

Zur Ermittlung der Maximalpreise wurden Kunden (Paare) im Restaurant befragt. Die Abfrage der Maximalpreise erfolgte direkt. Mit Hilfe einer Clusteranalyse wurden die Kunden in vier Segmente eingeteilt. Die Größe der Segmente, die Mittelwerte der Maximalpreise sowie die Grenzkosten des Menüs sind in Tabelle 4 dargestellt (Werte sind gerundet worden).

Segment Nr.	Segmentgröße (%)	Maximalpreise für das Menü (in €)		
		Person A	Person B	Personen A+B
1	39	30	18	48
2	22	26	22	48
3	27	28	9	37
4	12	25	10	35
Grenzkosten		9	9	18

Tabelle 4: Maximalpreise der Personen A, B für das Menü

Bei welchen Preisen erzielt der Restaurantbetreiber sein Gewinnmaximum? Gemäß unseren obigen Ausführungen hat der Restaurantbetreiber folgende drei Preisstrategien zur Auswahl:

Bei Anwendung der Einzel-Personen-Preisbildung errechnet sich ein optimaler Einzelpreis von $p^* = 25$ €. Bei diesem Preis kauft jeweils die Person A sämtlicher Segmente und es ergeben sich folgende Optimalwerte:

Absatzindex = 100; Gewinnindex = $(25 - 9) \cdot 100 = 1600$.

Es resultiert ein Gesamtgewinn von $G^* = 1600$.

Setzt der Restaurantbetreiber die reine Mehr-Personen-Preisbildung ein, so errechnet sich ein optimaler Zwei-Personen-Preis von $p^* = 35$ €. Bei diesem Preis kaufen alle vier Segmente das Zwei-Personen-Angebot. Es ergibt sich ein optimaler Gesamtgewinn von $G^* = (35 - 18) \cdot 100 = 1700$. Dieser übertrifft den Gewinn bei Einzel-Personen-Preisbildung um 100 (etwa 6 Prozent). Das ist keine wesentliche Verbesserung.

Bei Anwendung der gemischten Mehr-Personen-Preisbildung errechnen sich ein optimaler Einzel-Personen-Preis von $p^* = 25$ € und ein optimaler Zwei-Personen-Preis von $p^* = 48$ €. Bei diesen Preisen kaufen die Person A der Segmente 3 und 4 sowie die Personen A und B der Segmente 1 und 2 das Menü. Folglich liegt der optimale Gesamtgewinn des Restaurantbetreibers bei $G^* = (25 - 9) \cdot 39 + (48 - 18) \cdot 61 = 2454$ €, der den Gewinn der Einzel-Personen-Preisbildung um 53 Prozent und den Gewinn der reinen Mehr-Personen-Preisbildung um 44 Prozent übersteigt. Die gemischte Mehr-Personen-Preisbildung führt zu dem mit Abstand höchsten Gewinn.

4.2 Anwendung im Tourismus

Die folgende Anwendung umfasst eine Pauschalreise (bestehend aus Flug und Hotelunterkunft) für mehrere Personen. Der Tourismusanbieter stand vor dem Problem, welche Preisstruktur er für Familien/Gruppen mit 4 Personen anbieten sollte. Zur Ermittlung der Maximalpreise wurden Familien/Gruppen mit 4 Personen im Reisebüro befragt. Die Maximalpreise für die Pauschalreise wurden direkt ermittelt. Es konnten drei Segmente mittels einer Clusteranalyse identifiziert werden. Die Größe der Segmente, die Mittelwerte der Maximalpreise sowie die Grenzkosten der Pauschalreise sind in Tabelle 5 wiedergegeben.

Segment Nr.	Segment-größe (in%)	Maximalpreis für die Pauschalreise (in €)				Summe
		Person A	Person B	Person C	Person D	
1	25	1850	1650	1050	900	5450
2	55	1420	1375	950	850	4595
3	20	1500	1450	1000	875	4825
Grenzkosten		700	700	700	700	2800

Tabelle 5: Maximalpreise der Personen A, B, C und D für die Pauschalreise

Bei Anwendung der Einzel-Personen-Preisbildung ergeben sich folgende Optimalwerte:

p* = 1375 €, Absatzindex = 200, Gewinnindex = (1375 – 700) $\cdot$ 200 = 135000.

Bei (reiner) Mehr-Personen-Preisbildung ist ein Vier-Personen-Preis von p* = 4595 € optimal. Jetzt kaufen alle drei Segmente die Pauschalreise. Es resultiert ein Gewinn von G* = (4595 – 2800) $\cdot$ 100 = 179500. Die Mehr-Personen-Preisbildung führt also gegenüber der Einzel-Personen-Preisbildung zu einer Gewinnsteigerung von etwa 33 Prozent.

Der Tourismusanbieter kann auch eine Mehr-Personen-Preisstruktur derart gestalten, dass für die erste, zweite usw. Person unterschiedliche Preise festgelegt werden. In diesem Fall liegt der optimale Preis für Person A bei p* = 1420 €, für Person B bei p* = 1375 €, für Person C bei p* = 950 € sowie für Person D bei p* = 850 €. Diese Preisstruktur führt zu einem Gesamtgewinn von G* = (1420 – 700) $\cdot$ 100 + (1375 – 700) $\cdot$ 100 + (950 – 700) $\cdot$ 100 + (850 – 700) $\cdot$ 100 = 179500, der dem Gewinn bei reiner Mehr-Personen-Preisbildung entspricht. Der Vorteil dieser „nichtlinearen" Mehr-Personen-Preisstruktur liegt in ihrer besseren Kommunizierbarkeit als bei der reinen Mehr-Personen-Preisbildung. Die erste Person zahlt einen etwas höheren Preis als die zweite Person. Die dritte Person bekommt einen deutlichen Rabatt auf den Normalpreis (Preis der ersten Person), der bei etwa 33 Prozent liegt. Bei der vierten Person ist der Rabatt sogar noch größer (über 40 Prozent). Auf diese Weise bekommt der Kunde einen immer größeren Anreiz, die Pauschalreise auch für die zweite, dritte usw. Person zu kaufen.

Diese stark verkürzt dargestellten Anwendungen unterstreichen, dass in der Praxis durch die Mehr-Personen-Preisbildung erhebliche Gewinnsteigerungen realisiert werden können.

5. Umsetzungsprobleme bei der Mehr-Personen-Preisbildung

Im Folgenden werden einige Umsetzungsprobleme der Mehr-Personen-Preisbildung behandelt. Dabei geht es um Probleme der Übertragbarkeit von Leistungen (Trittbrettfahrerproblem), um Mess- und Optimierungsprobleme sowie wettbewerbsrechtliche Probleme.

5.1 Problem der Übertragbarkeit auf andere Personen

Die Mehr-Personen-Preisbildung wird schwerpunktmäßig in der Dienstleistungsbranche angewandt. Dies hat verschiedene Gründe, die sich aus den Eigenschaften der Dienstleistungen ergeben: Zum einen handelt es sich bei Dienstleistungen um *nichtlagerbare Leistungen*, d.h. Konsum und Produktion fallen zeitgleich an. Als preispolitische Konsequenz ergibt sich daraus, dass die Kapazitäten entsprechend dem zeitlichen Spitzenbedarf ausgelegt werden müssen. Zum zweiten wird durch die simultane Nutzung und Erstellung einer Dienstleistung die *Nichtübertragbarkeit* von einer Person auf eine andere Person unterbunden oder zumindest eingeschränkt. Da der Nachfrager der Dienstleistung selbst präsent sein muss, ist eine Identifikation einfach. Auf diese Weise kann der Absatz der Dienstleistung leicht überwacht und kontrolliert werden, so dass ein *Trittbrettfahrerproblem*, d.h. die Inanspruchnahme einer Leistung ohne den intendierten Preis dafür zu entrichten, größtenteils vermieden wird. Bei Produkten hingegen ist diese Überwachung und Kontrolle nicht so einfach möglich. In diesem Fall kann die Vorteilhaftigkeit der Mehr-Personen-Preisbildung durch den Wiederverkauf der in einer Gruppe günstiger eingekauften Mengeneinheiten ad absurdum geführt werden. Es muss daher abgeschätzt werden, ob die durch die Mehr-Personen-Preisbildung zusätzlich abgeschöpfte Konsumentenrente und der damit erzielte Mehrgewinn größer ist als der durch den Wiederverkauf entstandene Verlust.

5.2 Mess- und Optimierungsprobleme

Die Ausführungen der vorherigen Abschnitte haben gezeigt, dass die Entscheidung des Anbieters über eine optimale Mehr-Personen-Preisstruktur erst anhand sehr detaillierter Informationen gefällt werden kann. Die Informationsanforderungen sind also ähnlich hoch wie bei der nichtlinearen Preisbildung, bei der der Anbieter die kundenspezifischen Maximalpreise für jede Mengeneinheit benötigt, bzw. wie bei der Preisbündelung, bei der die möglichst präzise Kenntnis der kundenspezifischen Maximalpreise sowohl für die Einzelprodukte als auch für die Produktbündel erforderlich ist. Wie die praktischen Anwendungen in Abschnitt 4 belegen, kann der Anbieter mit Hilfe der Mehr-Personen-Preisbildung beträchtliche Gewinnsteigerungen realisieren. Die Ausschöpfung dieser erheblichen Gewinnpotentiale gelingt jedoch nicht ohne einen höheren Informations- und Analyseaufwand. Aus der Abbildung 3 wird deutlich, dass die Informationsbeschaffung zur Optimierung der Mehr-Personen-Preisbildung schwierig ist. Während die Kosteninformationen relativ problemlos unternehmensintern von den Finanzwesen- und Controllingabteilungen zur Verfügung gestellt werden können, sind die notwendigen Marktinformationen nicht einfach zugänglich. Für die Messung der benötigten Informationen kommen mehrere Methoden in Frage (vgl. dazu Simon, 1992a, Wübker, 1998).

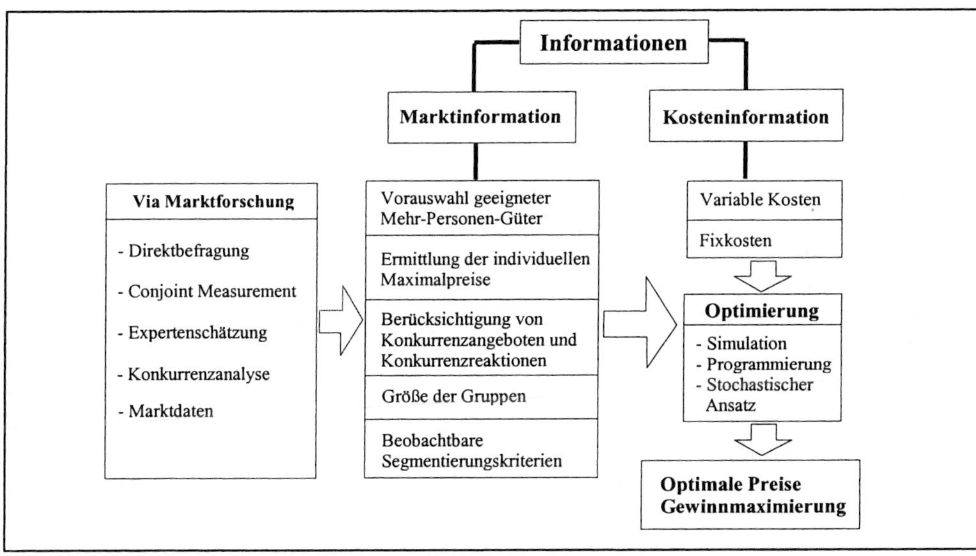

Abbildung 3: Inhalte einer umfassenden Informationsbeschaffung zur Optimierung bei der Mehr-Personen-Preisbildung

Die einfachste Methode ist die sogenannte direkte Kundenbefragung. Hier fragt man die Kunden direkt nach ihren Maximalpreisen. Diese Meßmethode wurde auch in unseren beiden Anwendungen eingesetzt. Die direkte Kundenbefragung zeichnet sich einerseits durch ihre Einfachheit, Kostengünstigkeit und Zeiteffizienz aus (vgl. auch Monroe, 1990, Simon, 1992a), andererseits ist sie unter Reliabilitäts- und Validitätsaspekten nicht unbedenklich, weil die Aufmerksamkeit des Befragten zu stark auf den Preis gelenkt und damit ein atypisch hohes Preisbewusstsein induziert wird (vgl. auch Monroe, 1990, Nessim/Dodge, 1995, Schmalen, 1995, Wübker, 1998). Dieses Problem lässt sich durch die Anwendung des Conjoint Measurements beheben. Das Conjoint Measurement hat sich in der einschlägigen Literatur als reliable und valide Meßmethode etabliert (vgl. z.B. Green/Srinivasan, 1978 bzw. 1990). Tacke (1989) bzw. Wübker (1998) haben aufgezeigt, wie kundenspezifische Maximalpreise für mehrere Einheiten eines Produktes bzw. für Produktbündel gemessen werden können. Übertragen wir die Erkenntnisse aus diesen beiden Ansätzen auf unser Messproblem, so sind bei Anwendung für die Mehr-Personen-Preisbildung Einzelprodukte, mehrere Einheiten eines Produktes sowie „nichtlineare" Preisstrukturen in die Paarvergleiche einzubeziehen. Abbildung 4 zeigt exemplarisch eine Bewertungsaufgabe beim Paarvergleich.

Welche der beiden Optionen bevorzugen Sie?

Wählen Sie auf der unten abgebildeten Ratingskala die Stärke ihrer Bevorzugung aus.

Pauschalreise für 1 Person		Pauschalreise für 2 Personen
Preis: Euro 1500	ODER	Preis: Euro 2700

1 ------ 2 ------ 3 ------ 4 ------ 5 ------ 6 ------ 7 ------ 8 -----9

Bevorzuge stark linke Option	gleichwertig	Bevorzuge stark rechte Option

Abbildung 4: Exemplarische Bewertungsaufgabe beim Paarverleich

Die kundenspezifischen Maximalpreise werden auf der Basis von Präferenzurteilen indirekt berechnet (vgl. hierzu Tacke, 1989, Wübker, 1998). Zwei Probleme, die man beim Einsatz des Conjoint Measurements beachten muss, sind zum einen die Komplexitätsbewältigung durch die befragten Kunden, zum anderen die Erstellung des Conjoint Designs, welches sehr kompliziert ist, da nur bestimmte Merkmale miteinander kombiniert werden dürfen. Praktische Erfahrungen mit dem Einsatz des Conjoint Measurements für diesen Zweck sind uns nicht bekannt.

5.3 Wettbewerbsrechtliche Probleme

Die Mehr-Personen-Preisbildung ist dann unzulässig, wenn sie unlauteren Wettbewerb darstellt (vgl. auch Jansen, 1968, Baumbach/Hefermehl, 1993). Das deutsche Wettbewerbsrecht wird durch zwei wesentliche Rechtsgrundlagen bestimmt:

Zum einen durch das Gesetz gegen den unlauteren Wettbewerb von 1909 (UWG), das den einzelnen Unternehmer vor unlauteren und unerlaubten Handlungen seiner Wettbewerber schützt. Hier sind im Zusammenhang mit der Mehr-Personen-Preisbildung vor allem die §§ 1 (Verstoß gegen die guten Sitten) und 3 (Irreführende Werbung) sowie als Nebengesetze des UWG die Zugabeverordnung von 1932 (ZugVO) und das Rabattgesetz von 1933 (RabattG) zu nennen. So weist Daniel (1994, 40) darauf hin, dass ein Anbieter gemäß den Vorschriften des UWG bei einer Heizöl-Sammelbestellung nicht der Gruppe einen Gesamtrabatt auf die kumulierte abgenommene Menge, sondern nur jeder Einzelperson einen Rabatt auf die individuelle Abnahmemenge gewähren darf. Auch die typisch amerikanischen Mehr-Personen-Preisstrategien der amerikanischen Fluggesellschaften wie "Friends fly free"-Programme verstoßen in Deutschland gegen die Zugabeverordnung. So wurde in dem sogenannten "One for Two"-Urteil von 1991, die von einem Restaurant durchgeführte und beworbene Aktion "Zwei Essen zum Preis von einem Essen" vom Gericht untersagt. Als Begründung wurde eine Verstoß gegen § 1 der Zugabeverordnung genannt (vgl. Wettbewerb in Recht und Praxis, 1991, 648).

Zum anderen gibt es das Gesetz gegen Wettbewerbsbeschränkungen (GWB), das wettbewerbsbeschränkende Absprachen zwischen Unternehmen verbietet und die Konzentration großer Marktmacht zu verhindern sucht. Demnach kann die Mehr-Personen-Preisbildung zu wettbewerbsrechtlichen Problemen führen, wenn der Anbieter dadurch seine marktbeherrschende Stellung ausnutzt oder gar ausweitet. Vor der Einführung von Mehr-Personen-Preisstrukturen sollten die rechtlichen Beschränkungen also möglichst früh geprüft werden.

6. Literatur

ADAMS, W.J./J.L. YELLEN, 1976, Commodity Bundling and the Burden of Monopoly, Quarterly Journal of Economics, S. 475-498.

BAUMBACH, A./W. HEFERMEHL, 1993, Wettbewerbsrecht, 17. Aufl., München.

COASE, R.H., 1937, The Nature of the Firm, Economica, S. 386-405.

COASE, R.H., 1960, The Problem of Social Cost, The Journal of Law & Economics, S. 1-44.

CROWTHER, J., 1964, Rationale of Quantity Discounts, Harvard Business Review, S. 121-127.

DANIEL, J., 1994, Mehr-Personen-Preisbildung, Diplomarbeit, Johannes Gutenberg-Universität Mainz.

DAUDEL, S./VIALLE G., 1992, Yield-Management: Erträge optimieren durch nachfrageorientierte Angebotssteuerung, Frankfurt.

DEMSETZ, H., 1968, The Cost of Transacting, Quarterly Journal of Economics, S. 33-53.

DOLAN, R.J./H. SIMON, 1996, Power Pricing - Managing Price to Transform the Bottom Line, New York: The Free Press.

FAßNACHT, M., 1996, Preisdifferenzierung bei Dienstleistungen - Implementationsformen und Determinanten, Wiesbaden.

FÜRDERER, R., 1996, Option and Component Bundling under Demand Risk, Wiesbaden.

GREEN, P.E./ SRINIVASAN V., 1978, Conjoint Analysis in Consumer Research: Issues and Outlook, Journal of Consumer Research, S. 103-123.

GREEN, P.E./SRINIVASAN V. (1990), Conjoint Analysis in Marketing: New Developments With Implications for Research and Practice, Journal of Marketing, S. 3-19.

GUILTINAN, J.P., 1987, The Price Bundling of Services: A Normative Framework, Journal of Marketing, S. 74-85.

HANSON, W.A./MARTIN K.R., 1990, Optimal Bundle Pricing, Management Science, S. 155-174.

JANSEN, U., 1968, Die Koppelungsverträge im Recht der Wettbewerbsbeschränkungen - Eine rechtstatsächliche und rechtsvergleichende Untersuchung zum amerikanischen, deutschen und europäischen Recht.

MÖSCHEL, W., 1981, Umsatzbonussysteme und der Missbrauch marktbeherrschender Stellungen, Marketing ZFP, S. 225-232.

MONROE, K.B., 1990, Pricing: Making Profitable Decisions, 2. Aufl., New York.

MORTON, J., 1989, The Economics of Price, in: SEYMOUR, D.T. (Hrsg.), The Pricing Decision - A Strategic Planner for Marketing Professionals, Chicago, S. 55-76.

NAGLE, T.T., 1987, The Strategy and Tactics of Pricing - A Guide to Profitable Decision Making, Englewood Cliffs.

NESSIM, H./DODGE R., 1995, Pricing - Policies and Procedures, London.

PORTER, M.E., 1986, Wettbewerbsvorteile - Spitzenleistungen erreichen und behaupten, Wiesbaden.

SIMON, H., 1992, Preismanagement - Analyse, Strategie, Umsetzung, 2. Aufl., Wiesbaden.

SIMON, H., 1992, Preisbündelung, Zeitschrift für Betriebswirtschaft, S. 1213-1235.

SIMON, H/DOLAN R., 1997, Profit durch Power Pricing, Frankfurt.

SIMON, H./TACKE G./WOSCIDLO B., 1998, Mit einfallsreicher Preispolitik die Kunden binden, Harvard Business manager , S. 94-103.

SIMON, H./WÜBKER, G., 2001, Mehr-Personen-Preisbildung, in: DILLER H. (Hrsg.), Vahlens Großes Marketing Lexikon, S. 1109-1111.

STIGLER, G.J., 1963, United States vs. Loew's Inc.: A Note on Block Booking, in: KURLAND, P. (Hrsg.), The Supreme Court Review, Chicago, S. 152-157.

TACKE, G., 1989, Nichtlineare Preisbildung: Theorie, Messung und Anwendung, Wiesbaden.

THALER, R., 1985, Mental Accounting and Consumer Choice, Marketing Science, S. 199-214.

WÜBKER, G., 1998, Preisbündelung: Formen, Theorie, Messung und Umsetzung, Wiesbaden.

YADAV, M.S./MONROE K.B., 1993, How Buyers Perceive Savings in a Bundle Price: An Examination of a Bundle's Transaction Value, Journal of Marketing Research, S. 350-358.

Fünfter Teil

Ausgewählte Aspekte des Preismanagements

Kai-Ingo Voigt

Preisbildung für neue Produkte und Dienstleistungen

1. Einführung und Überblick

Die herausragende Bedeutung von Produkt- und Dienstleistungsinnovationen für das Überleben und den Erfolg von Unternehmen lässt sich heutzutage kaum mehr bestreiten. Die Ergebnisse zahlreicher theoretischer und empirischer Untersuchungen stützen diese These: Die Fähigkeit des Unternehmens, neue Produkte und Leistungen entwickeln und erfolgreich auf dem Markt positionieren zu können, dient dem Aufbau von Wettbewerbsvorteilen, erhöht die Überlebenswahrscheinlichkeit, ist aber zugleich eine der wichtigsten Kernkompetenzen und kann sogar als Katalysator für notwendige Veränderungsprozesse im Unternehmen dienen.

Ein Blick auf statistische Zahlen legt den Schluss nahe, dass die Innovationsdynamik in Deutschland ungebrochen ist: Von 1991 bis 1998 stiegen die FuE-Gesamtaufwendungen von 28,8 auf 39,3 Mrd. €, von 4,8 auf 8,9 € je Beschäftigten, von 3,8 auf 4,2 % vom Umsatz. Allein von 1995 bis 1999 erhöhte sich der Umsatzanteil der Produkte mit einem „Lebensalter“ von weniger als 5 Jahren um rund 2 Prozentpunkte auf 56,6 % (vgl. Institut der deutschen Wirtschaft, 2002, S. 94).

Neue oder veränderte Produkte und Leistungen stellen die Unternehmen vor die Aufgabe, über neue bzw. veränderte Preisforderungen zu entscheiden, gewöhnlich im Kontext einer mehrere Perioden bzw. Jahre umspannenden Preisstrategie. Die besondere *Schwierigkeit dieser Aufgabe* liegt – abgesehen von der Prognoseproblematik, die allen langfristig-strategischen Planungen eigen ist (vgl. Voigt, 1992) – vor allem darin begründet, dass gerade bei Produkten bzw. Dienstleistungen mit hohem (noch zu definierendem) Innovationsgrad immer weniger auf bisherige (Preis-)Erfahrungen, z.B. aus Vergangenheitsdaten ermittelten Preisabsatzfunktionen, zurückgegriffen werden kann, es aber auch den potenziellen Käufern oft nicht möglich ist, den subjektiven Nutzen der Innovation ex ante abzuschätzen (vgl. Lange, 1972, S. 31 ff.; Diller, 2000, S. 257).

Dass die Aufgabe des Preismanagements für neue Produkte und Leistungen im Rahmen des Marketing bzw. der Absatzpolitik dennoch an Bedeutung gewinnt, ist u.a. auf die folgenden vier Trends zurückzuführen:

- den Trend zum *Zeitwettbewerb* (vgl. Voigt 1998): Sofern Unternehmen versuchen, durch eine weitere Verkürzung der Entwicklungs- und Marktzyklen ihrer Produkte (Pionier-)Vorteile zu erlangen, erhöht sich auch die Zahl der pro Periode zu fällenden Preis(änderungs)entscheidungen;
- den Trend zur *„Tertiärisierung“ der Wirtschaft*: Mit der Verlagerung der wirtschaftlichen Dynamik vom primären und sekundären auf den tertiären (eventuell auch quartiären) Sektor wächst neben der allgemeinen Bedeutung der Dienstleistungen

auch die Notwendigkeit und Häufigkeit dienstleistungsbezogener Preisentscheidungen;

- den Trend zu vermehrten *Unternehmensneugründungen* („Gründerwelle"), der in dreifacher Hinsicht zu obiger Problematik beiträgt, da die Gründungsintensitäten sowohl bei innovativen Produkten als auch bei Dienstleistungen besonders hoch sind (vgl. Egeln, 2000), die Gründer aber oft über wenig Markt- und damit auch Preissetzungserfahrung verfügen, und
- den Trend zu neuen Angebotsformen in Gestalt von Produkt- bzw. Produkt-Leistungs-Bündeln mit dem Erfordernis zur Bestimmung optimaler Preispakete („Preisbündelung", vgl. Simon/Dolan, 1997, S. 247 ff.).

Ausgangspunkt der folgenden Überlegungen sei ein gewinnmaximierendes Unternehmen, das vor der Aufgabe steht, die Preishöhe für ein neues Produkt bzw. eine neue Leistung so festzulegen, dass die Innovation einen möglichst hohen Wertbeitrag erbringt. Der zum höchsten Wertbeitrag führende Preis ist im Wesentlichen von drei Einflussfaktoren abhängig (siehe Abbildung 1).

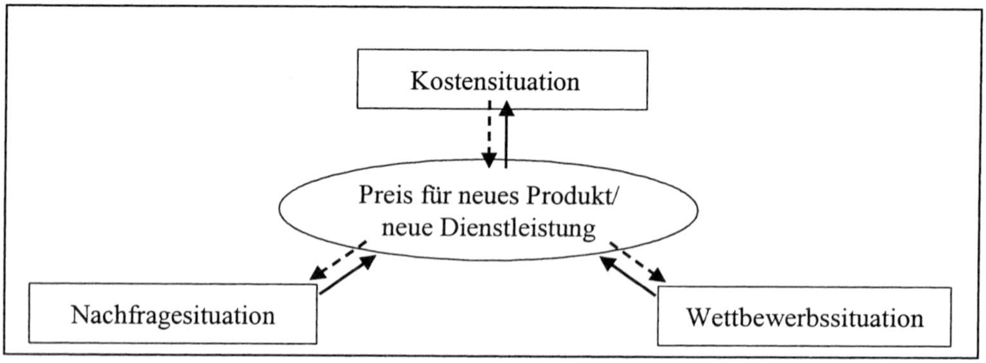

Abbildung 1: Determinanten des Preises für eine Innovation

Schon die Beziehung zwischen dem *Preis* und den *Stückkosten* eines Produkts bzw. einer Leistung erweist sich als komplex, da der zum höchsten Wertbeitrag führende Preis (auch) von den Stückkosten abhängt, diese jedoch in ihrer weiteren Entwicklung (Erfahrungskurveneffekt) wiederum maßgeblich vom Einführungspreis beeinflusst werden. Auch im Konzept des *Target Costing* ergibt sich letztlich eine „Rückwirkung" vom Zielpreis auf die Stückkosten eines Neuprodukts (vgl. Seidenschwarz 1993), und zwar schon in der Phase der Produktentstehung (vgl. dazu den Beitrag von *Horváth/Möller* in diesem Band).

Die *Wettbewerbssituation*, mit der sich das Unternehmen bei dieser Innovation konfrontiert sieht, hängt – wie im nächstfolgenden Abschnitt 2 näher ausgeführt wird – maßgeblich vom Innovationsgrad des Produktes bzw. der Leistung ab. Im Extremfall schafft sich das Unternehmen eine (z.B. durch ein Patent abgesicherte) *Monopolstellung* und kann für eine bestimmte Zeit preispolitisch autonom, d.h. unabhängig von anderen Wettbewerbern, agieren. Andererseits hat die Preisforderung für das Neuprodukt aber auch Einfluss auf die künftige Wettbewerbssituation – hohe Preise und Gewinnspannen locken weitere Anbieter an, ein bewusst niedriger Einführungspreis wirkt dagegen als Markteintrittsbarriere für potenzielle Nachahmer bzw. „Folger".

Ähnlich vielschichtig zeigt sich die Beziehung zwischen der Preisforderung für die Innovation und den Reaktionen der *Nachfrager*. Elementar ist die Erkenntnis, dass der Preis eines neuen bzw. verbesserten Produkts nur „... höchstens so weit von dem Preis des Vorproduktes abweichen [darf], als diese Abweichung dem ‚Wert' der Verbesserung entspricht" (Jacob 1985, S. 183). Dementsprechend muss man „... den bestehenden Zusammenhang zwischen Preis und Wertschätzung des Kunden kennen und berücksichtigen" (Simon/Dolan, 1997, S. 344). Mit der Conjoint-Analyse (CA) steht eine leistungsfähige Methode bereit, diesen Zusammenhang aufzudecken. Jedoch sind die Nutzenvorstellungen der Kunden nicht unabhängig von der Preisforderung, da der Preis in vielen Fällen zugleich als Qualitätsindikator für das Produkt dient.

Zusätzliche Komplexität erhält die Entscheidungssituation durch die Tatsache, dass die Preissetzungsentscheidungen verschiedener Perioden nicht unabhängig voneinander gefällt werden können, sondern *interdependent* sind, da der Einführungspreis auch die Absatzmöglichkeiten und den Preissetzungsspielraum künftiger Perioden beeinflusst, die bewusste Gestaltung künftiger Absatzmöglichkeiten im Sinne der Wertbeitragsmaximierung wiederum auf den Einführungspreis zurückwirkt. Um diese Interdependenzen zu erfassen, ist ein „dynamisches", mehrperiodiges Optimierungsmodell erforderlich (vgl. z.B. Hilke 1978), im Grunde sogar ein Modell mit variablen Zeitpunkten für künftige Preisänderungen (vgl. Mura, 1990). In jedem Fall dient die Einbeziehung künftiger Perioden in die Optimierung *nicht* dazu, die gesamte Preisstrategie für die Innovation bereits zu Beginn verbindlich festzulegen, sondern allein dem Zweck, die *Rückwirkungen* („zeitlich-vertikalen Interdependenzen") künftiger Maßnahmen auf die „jetzt" anstehende Preisentscheidung – bei Innovationen also die Entscheidungen über den *Einführungspreis* – möglichst vollständig zu erfassen. Insofern ist es ausreichend, die Betrachtung nur so weit in die Zukunft auszudehnen, als noch „spürbare" Rückwirkungen dieser immer „ferner" werdenden Planungsperioden auf den *Einführungspreis* festgestellt werden können.

Ein Planungsansatz, der alle in Abbildung 1 angedeuteten Einflussgrößen und Wechselbeziehungen bei der Preisfindung für neue Produkte und Dienstleistungen integriert und simultan erfasst, ist derzeit noch nicht in Sicht. Es existieren jedoch zahlreiche, auf bestimmte Einflussgrößen und Abhängigkeiten fokussierte Entscheidungshilfen, die hier näher betrachtet werden sollen. In *Abschnitt 3* werden wir die dynamische Problematik zunächst ausblenden und uns auf die Darstellung „statischer" Methoden zur Bestimmung des Einführungspreises konzentrieren. Im *Abschnitt 4* kommen wir dann auf einige Optimierungsansätze zu sprechen, die es erlauben, sich dem „strategischen" Problem der zeitlich-vertikalen Interdependenzen analytisch zu nähern. Gleichwohl wurden parallel zu diesen modelltheoretischen Überlegungen preispolitische „Normstrategien" – vor allem die erstmals bei *Joel Dean* (1951) erwähnten Skimming- und Penetration-Strategien - vorgeschlagen, die auf ihre Einsatzbedingungen und Konsequenzen hin untersucht und zudem auch empirisch hinterfragt werden sollen.

In den bis hier angestellten Überlegungen wird primär von neuen bzw. verbesserten *Produkten* ausgegangen. Die auf neue bzw. verbesserte *Dienstleistungen* abzielenden Innovationsprozesse sind in der Wissenschaft lange vernachlässigt worden und erst seit kurzem Gegenstand eingehender Untersuchungen (vgl. z.B. Hipp, 2000). Im Abschnitt 5 versuchen wir eine Zusammenfassung der Spezifika, die bei der Preisfestsetzung für Dienstleistungen im Allgemeinen und für innovative Dienstleistungen im Besonderen gelten.

Im folgenden Abschnitt 2 wird zunächst gezeigt, wie der *Innovationsgrad* den Preissetzungsspielraum in der Einführungsphase und in späteren Perioden beeinflusst

2. Der Innovationsgrad und seine Auswirkung auf den Einführungspreis

Der Innovationsgrad eines Neuprodukts (vgl. Schlaak, 1999; Garcia/Calantone, 2002) ist entscheidend dafür verantwortlich, ob und in welchem Ausmaß das Unternehmen über einen *preispolitischen Spielraum* in der Einführungsphase verfügt. Zur Illustration dieses Zusammenhangs sei auf das schon von *Gutenberg* vorgeschlagene Modell der doppelt-geknickten Preisabsatzkurve zurückgegriffen (siehe Abbildung 2).

Bei der inkrementalen Innovation hat sich das innovierende Unternehmen durch die (wenn auch nur geringfügige) Produktverbesserung einen kleinen „monopolistischen Bereich" bzw. ein „Intervall preispolitischer Autonomie" (Gutenberg, 1984, S. 293) mit deutlich geringerer Preiselastizität der Nachfrage geschaffen. Überschreitet das Unternehmen jedoch den oberen Grenzpreis dieses Bereichs, reagiert die Nachfrage deutlich elastischer – nicht zuletzt deshalb, weil derartige Preishöhen nur Produkten mit entsprechend hohen Qualitätsanforderungen vorbehalten sind, die das betrachtete Erzeugnis jedoch – wie die Käufer wissen oder bald feststellen – offensichtlich nicht erfüllt (vgl. auch Jacob, 1973, S. 136 f.). Bei Unterschreitung des unteren Grenzpreises ist das Produkt, in Relation zu seiner Qualität, „zu billig", so dass es zu hohen Nachfragesteigerungen kommen kann (durchgezogene Linie), jedoch nicht in jedem Fall kommen muss - z.B. dann nicht, wenn der Preis als Qualitätsindikator (miss-)verstanden wird und die Käufer nur verhalten positiv (gestrichelte Linie) oder gar negativ (Strich-Punkt-Linie) auf die Preissenkung reagieren. Im letzten Fall könnte man, als Variante des altbekannten „Snob-Effekts" (je höher der Preis, desto höher die Nachfrage), von einem „Trash-Effekt" sprechen (je niedriger der Preis, desto niedriger die Nachfrage), der um so stärker wirkt, je weniger „sonstige" Informationen über die Innovation verfügbar sind (vgl. auch Sattler/Schrader, 1995, Sp. 1005).

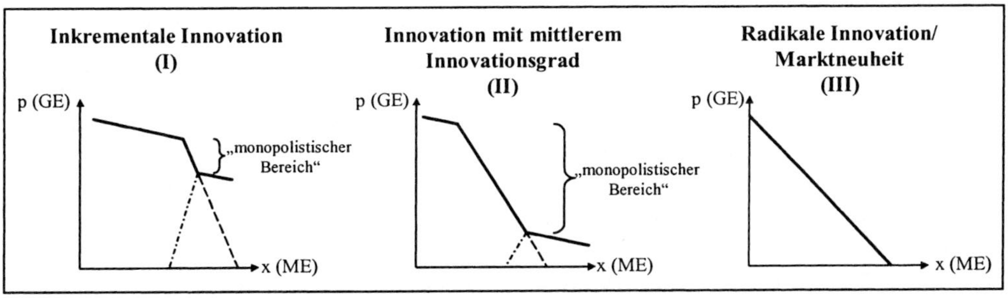

Abbildung 2: Einfluss des Innovationsgrades auf den preispolitischen Spielraum in der Einführungsphase (Quelle: in Anlehnung an Gutenberg 1984, S. 247; Jacob 1985, S. 5)

Bei Innovationen mit höherem (nicht nur inkrementalen) Innovationsgrad (Abbildung 2, II) erweitert sich der monopolistische Bereich, bei radikalen Innovationen (Markt- oder Weltneuheit) ist das Unternehmen – zumindest bis zum Eintritt eines „Folgers" – tatsächlich Monopolist (Abbildung 2, III) und profitiert u.U. auch davon, dass sich im Bewusstsein bzw. Verhalten der Käufer noch keine festen Qualitäts-Preis-Klassen und keine Vorstellungen über einen „fairen" Preis herausgebildet haben.

An dieser Stelle wird deutlich, dass der Innovationsgrad des Produkts mit dem *Heterogenitätsgrad* des Marktes korreliert. Ein Polypol beim Angebot homogener Güter bietet keine Möglichkeit für Produktveränderungen bzw. -verbesserungen und insofern auch keinen Spielraum für aktive Preispolitik – es gilt der „Marktpreis". Sind Innovationen dagegen möglich, führt dies zu einem Polypol bzw. mehr oder weniger engen Oligopol beim Angebot heterogener Güter, im Extremfall sogar zu völlig neuen, angebotsseitig (zunächst) monopolistisch strukturierten Märkten. Wie *Jacob* in seiner umfangreichen empirischen Studie zum Thema „Preisbildung und Preiswettbewerb in der Industriewirtschaft" gezeigt hat, unterliegt die Intensität des Wettbewerbs oft oszillativen Schwankungen, die auch – in vielen Branchen sogar überwiegend – in Veränderungen der Innovationsdynamik begründet liegen (vgl. Jacob, 1985, S. 183 ff.).

Zu beachten ist, dass die in Abbildung 2 aufgezeigten Wirkungen streng genommen nur für solche Produktinnovationen gelten, die auch *für den Markt* eine gewisse Neuheit darstellen. Imitationen oder Me-too-Produkte, die lediglich für das betreffende Unternehmen „neu" sind (die Fachliteratur subsumiert auch diese unter den Begriff „Produktinnovation", vgl. Hauschildt, 1997, S. 19), begründen kaum irgendwelche „monopolistischen" Preisbereiche.

Anzumerken ist schließlich, dass die „inkrementale" Innovation im hier definierten Sinne die *Produktdifferenzierung*, also das Angebot zusätzlicher Varianten (z.B. Sondermodelle oder Varianten mit kundenindividuellen Ausstattungsmerkmalen), einschließt. Die Frage der Preisbildung mündet in diesem Fall ein in die Aufgabe der *Preisdifferenzierung* (vgl. Diller, 2000, S. 300 ff.).

Kommen wir damit zur Diskussion einiger Methoden zur Bestimmung des Einführungspreises für neue Produkte bzw. Dienstleistungen, die jedoch jeweils nur einige der in Abb. 1 dargestellten Einflussgrößen berücksichtigen: die kostenorientierten Verfahren (Abschnitt 3.1), die Conjoint-Analyse als Methode zur Bestimmung des Einführungspreises in Abhängigkeit des Kundennutzens (Abschnitt 3.2) sowie marginalanalytische Modelle, die verschiedene Wettbewerbssituationen abbilden (Abschnitt 3.2). Dabei werden wir uns jedoch zunächst auf eine statische Betrachtung beschränken und von zeitlich-vertikalen Interdependenzen zwischen dem Einführungspreis und den Preisforderungen späterer Perioden abstrahieren.

3. Methoden zur Bestimmung des Einführungspreises (statische Betrachtung)

3.1 Kostenorientierte Verfahren

Ein in der Praxis weithin gebräuchliches Verfahren ist die Preiskalkulation auf Vollkostenbasis durch Aufschlag eines prozentualen Gewinnzuschlags g auf die im Rahmen der Kostenträgerrechnung ermittelten Stück- oder Selbstkosten k_i (i.d.R. Plankosten) eines Produktes i. Die Preisforderung ergibt sich somit wie folgt:

$$(1)\quad p_i = k_i\left(1+\frac{g}{100}\right)$$

Auf die verschiedenen Varianten der Kostenträgerrechnung zur Ermittlung der Selbstkosten, z.B. durch Zuschlagskalkulation, kann hier aus Platzgründen nicht eingegangen werden (vgl. dazu z.B. Dörrie/Preißler, 2002).

Zu den *Vorteilen* dieser „Kosten-Plus-Kalkulation" aus praktischer Sicht zählen die einfache Handhabung, die Beschränkung des Informationsbedarfs auf interne (Kosten-) Daten, aber auch die nach wie vor weit verbreitete moralische Legitimierung derartiger „kostengebundener" Preise (vgl. Diller, 1993, Sp. 3280), die jedoch nicht immer mit einer leichten Durchsetzbarkeit solcher Preise einhergeht. Als *Nachteile* einer streng (voll-)kostenorientierten Preisbestimmung sind zu nennen (vgl. Diller, 1993, Sp. 3281; Diller, 2000, S. 221 ff.; Männel, 2001, S. 1323):

- die problematische Belastung der neuen Produkte mit Gemeinkosten anhand mehr oder weniger genauer Kostenschlüssel,
- die Vernachlässigung der Preisabhängigkeit des Absatzes und damit die Gefahr, sich aus dem Markt „hinauszukalkulieren",
- die bei Verwendung der Vollkostenrechnung drohende Gefahr, neue Produkte mit positivem Deckungsbeitrag abzulehnen, und vor allem
- der Verzicht auf eine aktive nachfrage- und konkurrenzorientierte Preispolitik, da der Preis der Innovation weder im Rahmen eines kurzfristig gewinnmaximierenden Kalküls noch im Rahmen einer langfristigen Preisstrategie (vgl. Abschnitt 4) bestimmt wird. Bei inkrementalen Innovationen besteht z.B. die Gefahr, mit der kostenorientiert bestimmten Preisforderung den Marktpreis deutlich zu übersteigen, bei radikalen Innovationen bleibt der in Abb. 2 dargestellte, meist erhebliche Preisspielraum hingegen völlig ungenutzt.

Im Anlagenbau wird zur Bestimmung der Kosten – gerade wenn auf andere Vergangenheitswerte nicht zurückgegriffen werden kann – die sogenannte *Kilokostenmethode* verwendet, bei der Kosten-Erfahrungswerte anderer Anlagen je Kilogramm (ggf. auch je Volumen-, Flächen- oder Kapazitätseinheit) proportionalisiert werden und so auf die Selbstkosten der neuen Anlage schließen lassen (vgl. Backhaus, 1995, Sp. 69). Dies dürfte jedoch nur bei Anlagen mit geringem bis mittlerem Innovationsgrad empfehlenswert sein. Bei Anlagegütern mit mehrjähriger Herstellungsdauer findet die *„mitlaufende Kalkulation"* Anwendung, bei lediglich inkrementalen Verbesserungen von Gebrauchsgütern können Methoden der *Variantenkalkulation* hilfreich sein (vgl. Diller, 2000, S. 258).

Eine interessante Variante der „Kosten-plus-Kalkulation" ist das sogenannte *„Target Return Pricing"*, bei dem der Preis so kalkuliert wird, dass eine bestimmte Rendite R auf das von jedem Produkt i beanspruchte Kapital C_i erreicht wird (vgl. Tucker, 1966). Wenn x_i die in der Planungsperiode hergestellte und abgesetzte Menge bezeichnet, errechnet sich der Angebotspreis nach:

$$(2) \quad p_i = k_i + R\frac{C_i}{x_i}$$

Dieses Verfahren verbindet die Preisbildung zwar stärker mit der renditeorientierten Unternehmensführung, zeigt jedoch alle Nachteile der „Kosten-Plus-Kalkulation" und stellt den Anwender zudem vor das Problem der Bestimmung des anteiligen Kapitaleinsatzes.

Schon hier sei gesagt, dass die „Kosten-Plus-Kalkulation“ auch für Dienstleistungen anwendbar ist. Aufgrund des prozessualen Charakters der Dienstleistungserstellung eignet sich jedoch zur Ermittlung der Selbstkosten – insbesondere bei personalintensiven Dienstleistungen mit hohem Fixkostenanteil – ehe die Methode der *Prozesskostenrechnung* (vgl. Männel, 1995; Kaplan/Cooper, 1999).

Im schon erwähnten Konzept des *Target Costing* steht nicht die Ermittlung des Preises im Vordergrund. Dieser hat vielmehr den Charakter einer Zielgröße, aus der retrograd bestimmte Kostenziele abgeleitet werden („allowable costs“), die bei negativer Abweichung von den derzeit zu erwartenden Kosten für das Neuprodukt bestimmte Anpassungsmaßnahmen nahe legen. Eine interessante Variante dieses Ansatzes ist die *Technologiekostenanalyse*, die konkret auf die in einem (Neu-)Produkt enthaltenen Technologien Bezug nimmt (vgl. Hartmann et al., 1997). Bei der Ermittlung des *Zielpreises* greifen beide Methoden jedoch auf die im nächsten Abschnitt 3.2 skizzierte Conjoint-Analyse zurück.

Halten wir fest: Kosteninformationen sind bei der Preisfindung für neue Produkte und Leistungen unverzichtbar, geben z.B. Auskunft über kurz- und langfristige *Preisuntergrenzen*. Die Preisfindung sollte sich jedoch nach Möglichkeit nicht auf die „Kosten-Plus-Kalkulation“ beschränken. Gerade bei radikalen Innovationen, die sich einer Nutzenabschätzung durch potenzielle Käufer (noch) weitgehend entziehen bzw. für die (noch) keine Preisabsatzfunktionen geschätzt werden können, ist diese Methode aber oft der einzig praktikable Weg der Preisfindung.

Kommen wir damit zur Erläuterung der in Abbildung 1 dargestellten Wechselbeziehung zwischen *Preis und Nachfragesituation*. Wichtige Determinante der Nachfrage ist der *Kundennutzen* des Neuprodukts. Bei Investitionsgütern – vor allem solchen mit nur geringem oder mittlerem Innovationsgrad – lässt sich der Mehrnutzen im Vergleich zu möglichen Vorgängerprodukten bzw. bisherigen Problemlösungen oft in Form von *Kosteneinsparungen* in der laufenden Nutzung quantitativ erfassen. Der Barwert der über die durchschnittliche Lebensdauer des Investitionsguts zu erwartenden Kosteneinsparungen determiniert hier die maximale Preisprämie. Bei Verbrauchs- oder Gebrauchsgütern ist der Kundennutzen jedoch im Wesentlichen subjektiv bestimmt und darum schwerer abschätzbar (vgl. Jacob, 1985, S. 183). Im Folgenden wird der Frage nachgegangen, ob in solchen Fällen der Kundennutzen mit Hilfe der Conjoint-Analyse empirisch ermittelt werden kann.

3.2 Conjoint-Analyse

Bei diesem Analyseverfahren wird so vorgegangen, dass einem potenziellen Käufer – später erfolgt die Aggregation über alle Befragten – alternative Produktkonzepte, die sich in bestimmten Produktmerkmalen oder Eigenschaftsausprägungen unterscheiden, einschließlich der Preisforderung vorgestellt werden mit der Bitte, diese in eine persönliche

Präferenzrangfolge zu bringen. Dabei wird bewusst *nicht* nach der Wichtigkeit oder der Präferenz einzelner Produktmerkmale oder -eigenschaften gefragt, sondern – in Analogie zur tatsächlichen Kaufentscheidung – nur nach Gesamtprodukten bzw. -konzepten, in denen die Produktmerkmale „im Verbund" (conjoint) enthalten sind. In einem zweiten Schritt wird nun versucht, im Rahmen eines dekompositionellen Verfahrens unter Anwendung statistischer Methoden die *Teilnutzenwerte der einzelnen Eigenschaftsausprägungen* zu berechnen, und zwar unter der Vorgabe, dass die so ermittelten Teilnutzenwerte insgesamt – bei der meistens unterstellten linear-additiven Kombination der Teilnutzen zum Gesamtnutzen des Produkts also in der Summe – mit dem von dem (den) Befragten geäußerten Präferenzrang möglichst weitgehend übereinstimmen (vgl. im Einzelnen bei Green/Srinivasan, 1978; Kucher/Simon, 1987). Die Anwendung der Methode wird in dem Beitrag von *Balderjahn* in diesem Handbuch ausführlich dargestellt.

Im Rahmen des weiterführenden „Conjoint+Cost-Ansatz" (vgl. Herrmann, 1998, S. 347 ff.) lassen sich zudem auch Marktanteile für bestimmte Produktkonzepte bestimmen, durch Multiplikation mit dem Marktvolumen auch Perioden-Absatzmengen und – unter Bezugnahme auf verschiedene Preise – Preis-Mengen-Kombinationen, die zur Schätzung von *Preisabsatzfunktionen* herangezogen werden können. Durch Bewertung der Grundprodukte und zusätzlichen Merkmalsausprägungen mit variablen Stückkosten lässt sich letztlich das *gewinnmaximale Produktkonzept* ermitteln (vgl. Herrmann, 1998, S. 352 f.).

Den offensichtlichen Vorteilen der Conjoint-Analyse stehen jedoch einige *Nachteile oder Probleme* gegenüber, die hier nicht unerwähnt bleiben sollen und z.T. schon zu methodischen Verbesserungen bzw. neuen Modellansätzen geführt haben: So lässt sich die u.U. problematische Annahme der linear-additiven Kombination der Teilnutzen (= additiv-kompensatorisches Modell) mittlerweile durch nicht-kompensatorische und nicht-lineare Modelle umgehen. Das Problem der großen, von dem Befragten nicht mehr überschaubaren Alternativenmenge lässt sich durch „unvollständige" Alternativenmengen („Orthogonale Felder") und Interpolation der Teilnutzenfunktionen über fehlende Merkmalsausprägungen lösen (vgl. Diller, 2000, S. 205). Interessant erscheint auch der Vorschlag, die variierten Merkmalsausprägungen unter Bezugnahme auf das „Kano-Modell" der Kundenzufriedenheit (vgl. Kano, 1984) auf die Leistungs- und (soweit von den Befragten einschätzbar) die Begeisterungsanforderungen zu beschränken und auf diese Weise die Alternativenmenge zu begrenzen. Neuere Untersuchungen haben zudem gezeigt, dass die experimentelle Grundkonzeption, die Stimuli-Gestaltung und der Antworttyp das Antwortverhalten der Befragten beeinflussen und zu Verzerrungen führen können, dass andererseits aber auch die traditionellen Auswertungsverfahren deutliche Grenzen in ihrer Aussagekraft aufweisen (vgl. Teichert, 1998; Albers 2001, S. 88 ff.).

Unabhängig von dieser methoden- bzw. verfahrensorientierten Kritik stellt sich jedoch ganz allgemein die Frage, inwieweit die Conjoint-Analyse zur *Beurteilung radikaler Innovationen,* die auch für die Nachfrager bzw. „den Markt" einen hohen Neuheitsgrad besitzen, geeignet ist, zumal diese Innovationen lediglich als Konzepte vorgestellt werden. So kann angenommen werden, dass potenziellen Nutzern der radikalen Innovation „Internet“ noch Ende der 80er Jahre des 20. Jahrhunderts im Falle einer Befragung die Phantasie zur Einschätzung der Nutzeneffekte dieses neuen Mediums gefehlt hätte. Auch die „Motorkutsche“, die am Beginn der äußerst erfolgreichen Automobilentwicklung stand, wurde anfangs eher belächelt. Die Nutzeffekte derartig gravierender Neuerungen scheinen sich erst im Rahmen eines mehr oder weniger zeitaufwendigen *Lernprozesses* im Bewusstsein der Käufer bzw. Nutzer zu verfestigen – vor allem durch konkrete Anwendung des Produkts bzw. Nutzung der entsprechenden Dienstleistung.

Damit wird deutlich: Die Conjoint-Analyse ist eher für Produkte und Leistungen mit geringem bis mittleren Neuheitsgrad geeignet, stellt in ihrer Verknüpfung von Preis- und Produktpolitik und in ihrer konsequenten Ausrichtung auf den empirisch erhobenen Kundennutzen aber eine äußerst wertvolle Hilfe bei der Preisfindung für neue Produkte und Leistungen dar, was durch eine hohe Wertschätzung und weite Verbreitung dieser Methode in der Praxis unterstrichen wird.

3.3 Marktorientierte Optimierungsmodelle

Für den Fall, dass die Preisabsatzfunktion der Innovation – z.B. auf Basis von Conjoint-Analysen oder Markttests – hinreichend genau abgeschätzt werden kann, eignen sich marginalanalytische Optimierungsmodelle zur Preisbestimmung (vgl. Jacob, 1990; Simon, 1992; Jacob, 1993). Stellt das neue Produkt bzw. die neue Leistung eine derart radikale Innovation dar, dass das Unternehmen im Betrachtungszeitraum eine *Monopolstellung* inne hat (vgl. Abbildung 2, III), ergibt sich auf Grundlage der „monopolistischen“ Preisabsatzfunktion

$$(3) \quad p(x) = \alpha - \beta x$$

und unter der Annahme der linearen Gesamtkostenfunktion

$$(4) \quad K = F + kx$$

der gewinnmaximale („Cournotsche“) Preis

$$(5) \quad p_C = \frac{\alpha + k}{2}$$

bei der gewinnmaximalen („Cournotschen“) Menge

$$(6) \quad x_C = \frac{\alpha - k}{2\beta}.$$

Die Preisforderung für die Innovation sollte also dann „relativ hoch“ sein, wenn der Prohibitivpreis α die variablen Stückkosten k deutlich übersteigt und umgekehrt. Die erzielte Absatzmenge und damit auch der Periodengewinn sind ceteris paribus um so höher, je geringer die Steigerung β der Preisabsatzfunktion (PAF) ausfällt.

Innovationen mit mittlerem oder geringem Neuheitsgrad konstituieren, wie bereits erläutert, nur einen mehr oder weniger kleinen „monopolistischen Bereich" in der PAF, der durch einen oberen und unteren Grenzpreis markiert wird (s. Abbildung 2, I und II). Die in dieser Situation geltenden Zusammenhänge bei der Preisbildung verdeutlicht Abbildung 3.

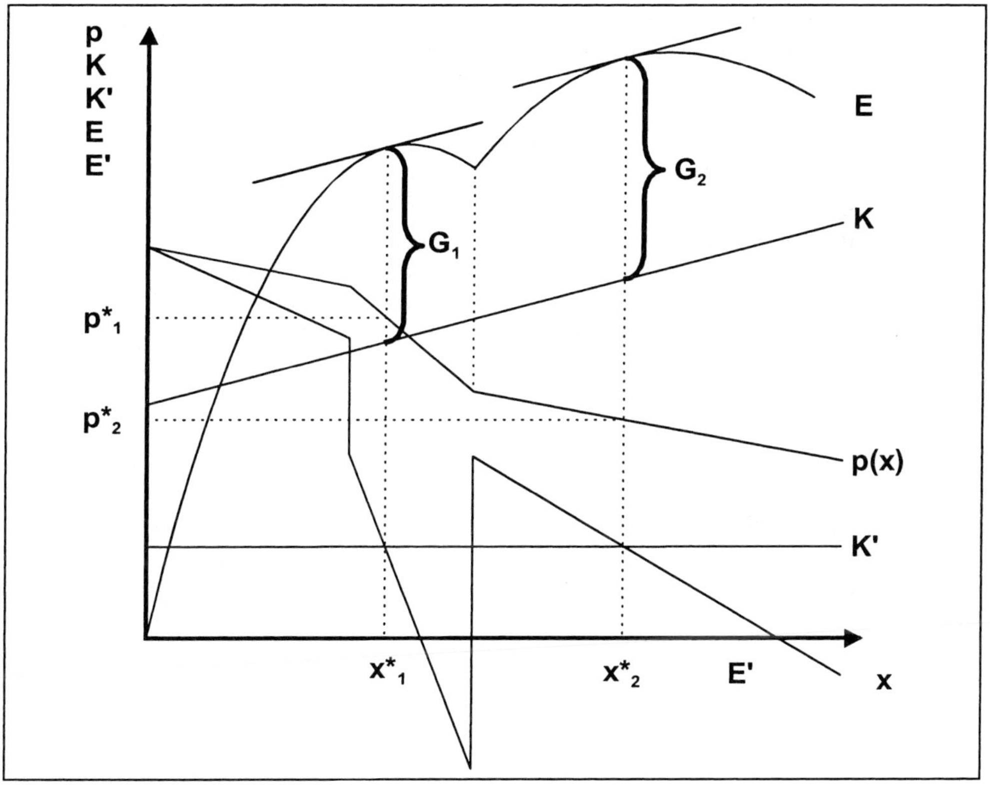

Abbildung 3: Preisbildung für Innovationen mit geringem bis mittlerem Neuigkeitsgrad (Quelle: in Anlehnung an Gutenberg 1984, S. 257)

In dem hier betrachteten Fall gibt es drei Schnittpunkte der Grenzerlöskurve E' mit der Grenzkostenkurve K', wobei der mittlere Schnittpunkt ein lokales Gewinnminimum anzeigt und deshalb nicht weiter berücksichtigt wird. Es verbleiben zwei Schnittpunkte, einer bei der Menge x^*_1, der zu der im „monopolistischen" Bereich befindlichen Preisforderung p^*_1 und zu dem Gewinn G_1 führt, und ein Schnittpunkt bei der Menge x^*_2 mit dem Preis p^*_2 und dem *absoluten Gewinnmaximum* G_2.

Aus *praktischer Sicht* ist zu bedenken, dass – ausgehend von der Kombination p^*_1/x^*_1 im „monopolistischen" Bereich – zunächst eine Gewinn*minderung* eintritt, die eine Art

Barriere darstellt, „... die erst übersprungen werden muss, wenn Unternehmen mit Hilfe von Preissenkungen ihre Gewinnsituation verbessern wollen“ (Gutenberg, 1984, S. 271). Diese und andere Argumente – z.B. mangelnde Erfahrung hinsichtlich der Preiselastizitäten im unteren Preisbereich oder Kapazitätsgrenzen – lassen es verständlich erscheinen, wenn Unternehmen sich mit der Preissetzung p^*_1 und der G_1-Situation „begnügen“ und den Versuch scheuen, mit einer Preissenkung auf p^*_2 ihren Erfolg noch steigern zu wollen. Wie aus Abbildung 3 leicht ersichtlich ist, führen relativ hohe bzw. steigende Grenzkosten – wie bei Innovationen nicht unüblich – eher zu einer optimalen Lösung im „monopolistischen Bereich“.

Die in Abbildung 3 gezeigten Zusammenhänge gelten streng genommen nur für die Marktform des Polypols beim Angebot heterogener Güter. Reale Märkte sind jedoch oftmals oligopolistisch strukturiert (vgl. Jacob, 1985). Während im Fall eines *Oligopols beim Angebot homogener Güter* – Innovationen sind hier entweder nicht möglich oder nur marginaler Natur bzw. werden sofort nachgeahmt – auf die Dauer nur *ein* Preis gelten kann, so dass sich eine aktive Preispolitik weitgehend verbietet, besteht im Fall des *Oligopols beim Angebot heterogener Güter* ein oft erheblicher Preissetzungsspielraum und damit die Notwendigkeit weiterführender Überlegungen zur Preisfindung.

Betrachten wir der Einfachheit halber den Fall des *Dyopols*, bestehend aus dem innovierenden und preispolitisch agierenden Unternehmen A und dem (noch) nicht innovierenden, preispolitisch reagierenden Unternehmen B (dieses kann als „virtueller“ Anbieter auch die durchschnittliche Reaktion aller übrigen Wettbewerber – „der Konkurrenz“ – repräsentieren). Kennzeichnend für das Dyopol ist nun die *Interdependenz der Wettbewerber*, die z.B. in der PAF des Anbieters A (eine entsprechende Funktion gilt auch für B)

$$(7)\quad x_A = x_A\big(p_A, p_B(p_A)\big)$$

oder im Fall einer linearen Preisabsatzfunktion (auch nicht-lineare Verläufe sind denkbar, siehe Simon 1992, S. 100 ff.) in der konkreten Form

$$(8)\quad x_A = a - b_{P_A} + cp_B(p_A)$$

zum Ausdruck kommt, wobei $p_B(p_A)$ die *Reaktionsfunktion* des B auf die Preissetzung bzw. -änderung des A darstellt. Von den verschiedenen in der Preistheorie diskutierten Reaktionsfunktionen bzw. -konstellationen (vgl. z.B. Krelle, 1976) sei hier – obwohl angesichts der Vielfalt preispolitischer Ziele in der Praxis nicht unproblematisch – die gewinnmaximale Reaktion des B auf die (für ihn) gegebene Preisforderung des A näher betrachtet. Diese Reaktion antizipiert Innovator A in seiner Gewinnfunktion

$$(9)\quad G_A = \big(a - b_{P_A} + cp_B(p_A)\big)\cdot\big(p_A - k_A\big) - F_A\,,$$

die nach Differentiation und Nullsetzung der ersten Ableitung zur folgenden *gewinnoptimalen Preisforderung* für das Neuprodukt von A führt:

$$(10) \quad p_{A,opt} = \frac{a + cp_B(p_A) + k_A\left(b - c\dfrac{dp_B}{dp_A}\right)}{2b - c\dfrac{dp_B}{dp_A}}$$

Um die Auswirkung einer Fehleinschätzung der Reaktion des B besser abschätzen zu können, schlägt *Jacob* vor, in Gleichung (9) den Ausdruck $p_B(p_A)$ durch p_{0B}+ p_B zu ersetzen (vgl. Jacob, 1993, Sp. 3301), wobei p_{0B} den Preis der Vorperiode und p_B die geschätzte – auch von der Preisänderung des A abhängige – Preisänderung des B angibt. Setzt man p_B zudem konstant, vereinfacht sich die Gleichung (10) zu:

$$(11) \quad p_{A,opt} = \frac{a + cp_{0B} + bk_A}{2b} + \frac{c}{2b}\Delta p_B \,.$$

Aus Preisgleichung (11) ist beispielsweise ersichtlich, warum es allein aufgrund der Tatsache des Wettbewerbs zu einer Begrenzung des Preises von A „nach oben" kommt. Da i.d.R. b > c ist, ist es für A gewinnoptimal, die erwartete Preisreaktion des B mit weniger als der Hälfte in die eigene Preisforderung eingehen zu lassen, denn aus (11) folgt:

$$(12) \quad \left|\Delta p_{A,opt}\right| < \tfrac{1}{2}\left|\Delta p_B\right|$$

Interessant ist nun die Frage, wie sich die Tatsache, dass A mit einer *Innovation* auf den Markt kommt, im Kontext des Dyopols auf die „optimale" Preisforderung des A auswirkt. Zunächst ist festzustellen, dass sich der Koeffizient c in der Preisabsatzfunktion (8) verringert, je stärker sich das Neuprodukt A vom Produkt des B unterscheidet, je größer also der Innovationsgrad des Produkts von A ist. Im Extremfall begründet die Innovation einen völlig neuen Markt und damit eine *Monopolstellung* des A. In der Preisabsatzfunktion (8) erhält der Koeffizient c dann den Wert Null, als optimaler Preis des A ergibt sich nach (10) somit der Ausdruck:

$$(13) \quad p_{A,opt} = \frac{a + bk_A}{2b} \,.$$

Da für die Koeffizienten die Beziehung $a = \alpha/\beta$ und $b = 1/\beta$ gilt, ist Ausdruck (13) mit Ausdruck (5) identisch – Innovator A fordert also den „Cournotschen Preis". Allerdings ist zu berücksichtigen, dass sich durch die Tatsache der Neuprodukteinführung je nach Innovationsgrad auch die Koeffizienten a und b der PAF (8) verändern: Die Größe a repräsentiert im Monopolfall die Sättigungsmenge. Spricht die Innovation dank ihrer Neuheit auch bisherige Nicht-Käufer an, steigt a in Ausdruck (8), was einer Parallelverschiebung der (monopolistischen) PAF nach „rechts oben" entspricht. Dankbar ist auch eine Verminderung des Koeffizienten b, wenn die Innovation auf eine weniger preiselastische Nachfrage stößt als das Vorgängerprodukt.

Halten wir fest: Die Preisgleichungen (10) bzw. (11) erlauben es, abzuschätzen, inwieweit sich die durch die Innovation induzierten Veränderungen im Nachfrage- und Wettbewerbsverhalten auf die „optimale" Preisforderung des Innovators A auswirken. Allerdings dürfte in der praktischen Anwendung schon die PAF (8) schwer zu quantifizieren sein – um von dem Fall höherer Oligopole und nicht-linearer Preisabsatz- und Kostenfunktionen gar nicht erst zu sprechen. Als problematisch erweisen sich auch die de facto bestehenden zeitlich-vertikalen Interdependenzen zwischen dem Einführungspreis und den Preisforderungen künftiger Perioden, die methodisch „eigentlich" einen dynamischen Planungsansatz erfordern. Wir wollen uns diesem Problem nun etwas eingehender zuwenden.

4. Bestimmung des Einführungspreises im Kontext der Preisstrategie (dynamische Betrachtung)

4.1 Modelle der dynamischen Preistheorie

Dass der Einführungspreis für ein neues Produkt bzw. eine neue Dienstleistung nicht unabhängig von den Preissetzungen und den Absatz-, Markt und Wettbewerbsbedingungen der künftigen Perioden bestimmt werden kann, liegt vor allem in den folgenden Tatbeständen begründet (vgl. auch Simon, 1992, S. 239 ff.):

- *Carryover-Effekte*: Hierunter versteht man die vom Absatz einer Periode t ausgehenden Wirkungen auf den Absatz einer späteren Periode t+n. Ursachen sind z.B. das Wiederkaufverhalten, das von den Erfahrungen im Rahmen des Erstkaufs beeinflusst wird, aber auch die Beeinflussung des Kaufverhaltens Dritter durch „Mundpropaganda" und gewollte oder ungewollte Demonstrationseffekte. Hohe Absatzmengen in t können den Absatz in t+n aber auch negativ beeinflussen (z.B. bei „Wunsch nach Abwechslung" oder bei insgesamt begrenzten Absatzpotenzialen).
- *Preisänderungswirkungen*: Diese erfassen die Tatsache, dass eine Preissenkung als solche den Absatz stimuliert. Unter diesem Gesichtspunkt erscheint eine „Pulsationsstrategie" als zyklische Abfolge von größeren Preissenkungen und (mehreren) kleinen Preiserhöhungen besonders interessant.
- *Obsoleszenzwirkung und Lebenszykluseffekte*: Die Preispolitik in der Einführungsphase hat auch Einfluss auf den weiteren Verlauf des Lebenszyklus und auf die Obsoleszensrate, d.h. das Ausmaß, in dem das Nachfragepotenzial für ein neues Produkt wieder „verfällt".
- *Größen- und Erfahrungskurveneffekte*: Mit der Preispolitik der Einführungsphase beeinflusst das Unternehmen auch den zeitlichen Verlauf der Stückkostenkurve mit möglichen Rückwirkungen auf den preispolitischen Spielraum späterer Perioden.

Rasch erzielte Absatzerfolge und Stückkostensenkungen erlauben Preissenkungen (als Eintrittsbarriere für nachfolgende Unternehmen), ohne Reduktion der Gewinnspanne (vgl. Henderson, 1974).

Um diese zeitübergreifenden Effekte und Wirkungen bei der Bestimmung des Einführungspreises zu erfassen, ist ein *dynamischer Planungsansatz* erforderlich, der Variablen enthält, der sich *nicht* alle auf den gleichen Zeitpunkt oder Zeitraum beziehen (vgl. Hilke, 1976). Grundlage zur Bestimmung der Preisstrategie ist die dynamische Preisabsatzfunktion

$$(14) \quad x_t = x_t\left(p_t, p_{t-1}, \ldots, p_{t-n}\right),$$

die wir hier vereinfachen wollen zu

$$(15) \quad x_t = x_t\left(p_t, p_{t-1}\right)$$

Die *optimale Preisstrategie* – und damit der optimale Einführungspreis – ergeben sich durch partielle Ableitung der Gewinnfunktion

$$(16) \quad G = \sum_{t=1}^{n} \left[x_t \cdot p_t - K_t\left(x_t\right)\right] \cdot q_t$$

nach p_t und Nullsetzen der Ableitungen (q_t ist der Abzinsungsfaktor $1/(1+i)^t$). Betrachten wir z.B. die dynamische PAF eines Monopolisten

$$(17) \quad x_t = 100 - 1p_t - 0{,}4p_{t-1}$$

im Zusammenhang mit der Kostenfunktion $K_t = 20x_t$, einem Ausgangspreis von $p_0 = 30$ € und einem Kalkulationszinsfuß von 10% (i = 0,1), dann ergeben sich die in Tabelle 1 zusammengefassten „optimalen" Preisstrategien im Falle eines zwei- bzw. dreiperiodigen Planungszeitraums, die hier noch den besten sukzessiv-statisch ermittelten Preisstrategien gegenübergestellt sind (vgl. im einzelnen bei Hilke, 1979).

Die mit dem dynamischen Modell bestimmte Preisstrategie führt zwar *insgesamt* zum höchsten Gewinn, jedoch in der ersten Periode – wie sich leicht errechnen lässt – zunächst zu Gewinneinbußen gegenüber der statisch ermittelten Preisforderung. Damit steht das Unternehmen vor der Entscheidung, ob es bereit ist, sich mit einem Verzicht auf mögliche Gewinne in der (den) ersten Periode(n) höhere, aber mit größerer Unsicherheit behaftete Gewinne in späteren Perioden zu „erkaufen" (vgl. Jacob, 1993, Sp. 3295 f.). Wir kommen auf dieses Problem im Abschnitt 4.2 noch zu sprechen.

Gehen wir nun wieder der Frage nach, wie sich die Tatsache, dass das Unternehmen eine *Innovation* auf den Markt bringt, auf die Parameter der dynamischen PAF und damit auf die Preisstrategie auswirkt. Wir greifen zu diesem Zweck auf die PAF (17) in der allgemeinen Form

$$(18)\quad x_t = a - bp_t - cp_{t-1}$$

zurück. Die „optimalen" Preisstrategien bei alternativen Koeffizienten a, b und c (alle übrigen Daten unseres Beispiels gelten unverändert) sind in Abbildung 4 veranschaulicht.

2-periodiger Planungszeitraum			3-periodiger Planungszeitraum		
	sukzessiv-statisch	dynamisch		sukzessiv-statisch	dynamisch
Periode 1	$p_1 = 54,–$	$p_1 = 48,49$	Periode 1	$p_1 = 54,–$	$p_1 = 49,56$
	$x_1 = 34$	$x_1 = 39,5$		$x_1 = 34$	$x_1 = 38,4$
Periode 2	$p_2 = 49,20$	$p_2 = 50,30$	Periode 2	$p_2 = 49,20$	$p_2 = 44,43$
	$x_2 = 29,2$	$x_2 = 30,3$		$x_2 = 29,2$	$x_2 = 35,7$
			Periode 3	$p_3 = 50,16$	$p_3 = 51,11$
				$x_3 = 30,2$	$x_3 = 31,1$
Gewinn-potenzial	1755,57 €	1782,06 €	Gewinn-potenzial	2438,99 €	2495,74 €

Tabelle 1: Optimale Preisstrategien für zwei- bzw. dreiperiodigen Planungszeitraums

Es zeigt sich: Innovationen mit relativ hohem *Marktpotenzial* (a = 100) werden hochpreisig eingeführt, in der 2. Periode im Preis gesenkt, in der 3. Periode preislich wieder angehoben. Bei Innovationen mit geringem Marktpotenzial (a = 5) verhält es sich – allerdings auf insgesamt deutlich niedrigerem Preisniveau – umgekehrt. Hat die Innovation eine geringe *Preiselastizität* (und damit einen relativ kleinen b-Wert) zur Folge, führt dies zu einer Preisstrategie auf höherem Preisniveau, aber auch zu tendenziell größeren Preisveränderungen im Zeitablauf, da die „direkte Preiswirkung" des Preises p_t auf die Menge x_t sinkt und die „indirekte Preiswirkung" des Vorpreises p_{t-1} steigt. Absolut genommen kleine Werte des Koeffizienten c (= schwache Wirkung des Vorpreises) führen dagegen zu einer Nivellierung der Preisstrategie – negative c-Werte bringen hier die Erwartung der Konsumenten auf Umkehr des Preistrends zum Ausdruck (vgl. Krelle, 1976, S. 113) und haben ein „gespiegeltes" Aktionsmuster zur Folge (siehe Abbildung 4 rechts).

Besondere Aufmerksamkeit verdient in diesem Zusammenhang noch die Bestimmung und Wirkung des *Ausgangspreises* p_0. Für die PAF (18) mit den Koeffizienten a = 100, b = 1, c = -0,5 sowie die Werte K = $20x_t$ und i = 0,1 ergeben sich die in Abbildung 5 dargestellten optimalen Preisstrategien für die Ausgangspreise p_0 = 15,7 € bzw. p_0 = 75,7 €.

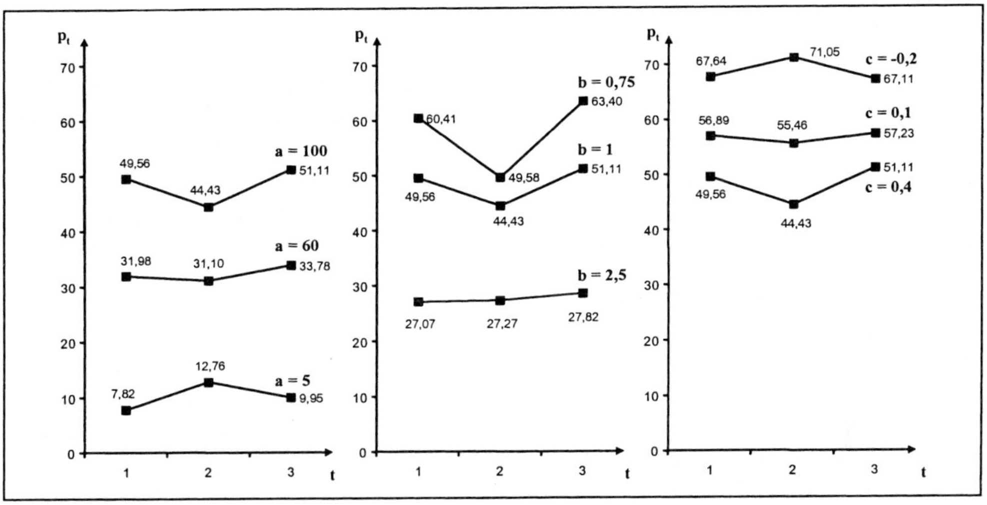

Abbildung 4: Optimale Preisstrategien bei alternativen Koeffizienten der dynamischen PAF (Quelle: in Anlehnung an Thomée 1983, S. 54 ff.)

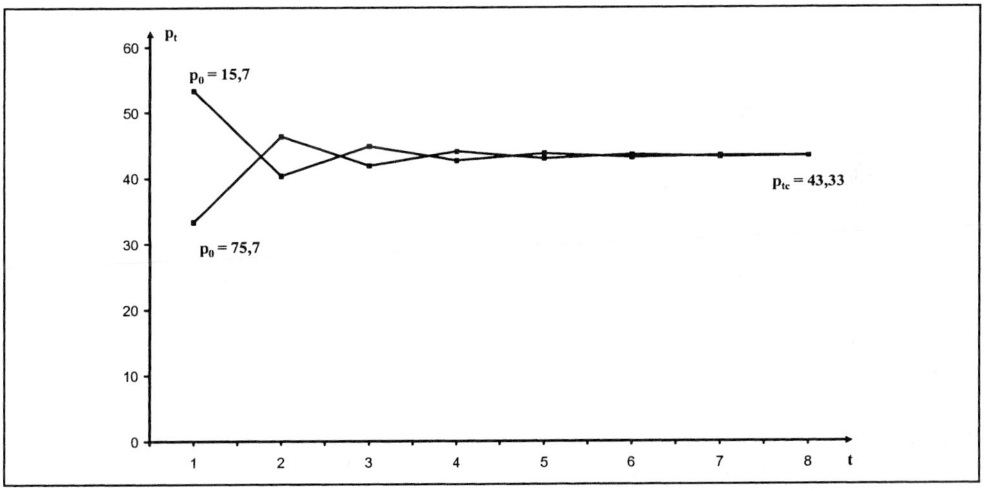

Abbildung 5: Preisstrategien bei Variation des Ausgangspreises p_0 (Quelle: in Anlehnung an Thomée, 1983, S. 90)

Bei *Neuprodukten mit geringem Innovationsgrad* (Varianten-, Weiterentwicklung, „Modellpflege") ist als p_0 die letzte Preisforderung des vorherigen Produkts anzusetzen. Hier empfiehlt der dynamische Modellansatz also – im Sinne der schon erwähnten „Pulsationsstrategie" – einen von p_0 deutlich abweichenden Einführungspreis. Bei *radikalen Innovationen*, die entweder keine „Produktvorgänger" haben oder sich von diesem drastisch unterscheiden, stellt p_0 selbst den Einführungspreis der Innovation dar, der jedoch mit Hilfe des dynamischen Ansatzes in seiner Wirkung auf die künftige Preisstrategie besser eingeschätzt werden kann als ohne diesen. So lassen sich je nach Wahl des Ausgangspreises p_0 Preisstrategien „erzeugen", die entweder den Charakter einer Skimming- oder einer Penetration-Strategie aufweisen (siehe Abschnitt 4.2), *ohne* auf das Optimalitätskriterium zu verzichten (vgl. Thomée, 1983, S. 164 ff.). Jedoch ist gleichfalls festzustellen, dass die Preisstrategien ohne „Anstoß" durch veränderte Daten relativ schnell gegen den Gleichgewichtspreis p_{tc} konvergieren – gerade für Innovationen mit relativ langer Lebensdauer ist die Frage des „richtigen" Einführungspreises, wie aus Abbildung 5 ersichtlich, damit vergleichsweise unbedeutend.

Als *Fazit* ist festzuhalten, das der dynamisch-optimale Einführungspreis um so mehr von dem statisch-optimalen abweicht, „... je höher die zukünftigen Gewinnwirkungen der gegenwärtigen Preismaßnahme sind" (Simon, 1992, S. 303). Angesichts der Modellkomplexität, die notwendig ist, um realitätsnahe Entscheidungssituationen abzubilden – etwa durch Modellierung von Nachfragezuströmen und -abströmen über die Zeit (vgl. Jacob, 1973) oder von oligopolistischen Wettbewerbssituationen (vgl. Hilke, 1973) –, erscheint es mehr als verständlich, dass die Praxis ihr Heil eher in der Entscheidung zwischen wenigen preispolitischen „Normstrategien" gesucht hat.

4.2 Preispolitische Normstrategien

Verdichtet man die preisstrategischen Möglichkeiten auf einige, sich möglichst deutlich unterscheidende Alternativen, dann kommen die in Abbildung 6 dargestellten „Normstrategien" in Betracht, wobei eine bestimmte Ausgangspreissetzung oft noch verschiedene Entwicklungsrichtungen in sich birgt.

Die drei *„linearen" Preisstrategien* (Premium-, Medium-, Discountpreis-Strategie) bieten sich insbesondere dann an, wenn anzunehmen ist, dass sich die in der Einführungsphase geltenden Kosten-, Markt- und Wettbewerbsbedingungen in Zukunft nicht wesentlich verändern, so dass der kurzfristig-optimale Preis auch in künftigen Perioden zieladäquat ist. Die Preisunterschiede zwischen den Strategien korrelieren mit den (im Zeitablauf konstanten) Nutzendifferenzen aus Sicht der Käufer – der „Boxster" von Porsche wird selbst viele Jahre nach Markteinführung nicht auf das Preisniveau des japanischen Konkurrenzfahrzeugs „abrutschen", das unter einer Handelsmarke vertriebene Waschmittel nicht in die Preishöhe der Premiummarke „Persil" aufsteigen. Neben den offensichtlichen Vorteilen der linearen Preisstrategien im Hinblick auf Konsistenz und Preiszuverlässigkeit (vgl. Diller, 2000, S. 185) bergen diese jedoch auch spezifische Risiken, z.B. die besondere Verwundbarkeit bei Qualitätsproblemen oder beim Auftritt preisaggressiver Konkurrenten im Fall der Premiumpreis-Strategie sowie der langsame Kapitalrückfluss und ein möglicher „Trash-Effekt" im Fall der Discountpreis-Strategie (vgl. auch Pepels, 1998, S. 80 ff.).

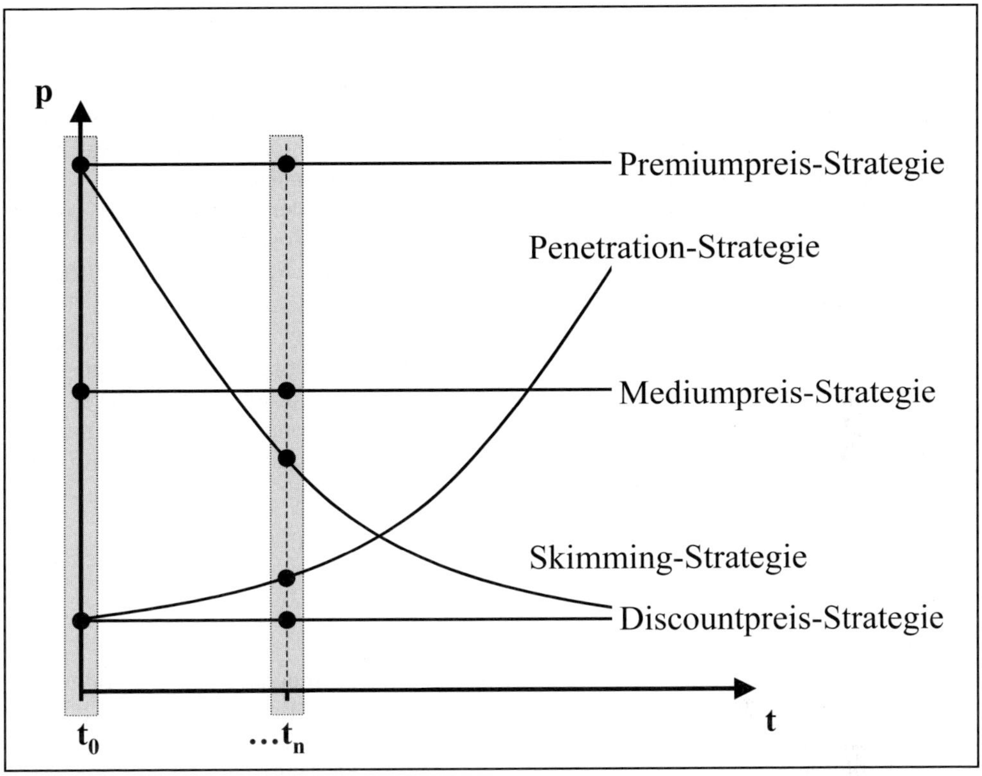

Abbildung 6: Preispolitische Normstrategien (Quelle: in Anlehnung an Simon, 1992, S. 293; Pepels, 1998, S. 80)

Im Gegensatz zu den „linearen" Preisstrategien sehen sowohl die *Skimming*- als auch die *Penetration-Strategie* (vgl. Dean, 1951) bewusste Abweichungen des Einführungspreises vom kurzfristig-gewinnmaximalen (Cournotschen) Preis und damit einen *Gewinnverzicht* in den ersten zugunsten höherer Gewinne in späteren Perioden des Lebenszyklus vor, wenn auch mit recht unterschiedlicher Begründung: Bei der Skimming-Strategie wird Konsumentenrente abgeschöpft – in der Hoffnung, dass die (zunächst) nicht befriedigte Nachfrage unangefochten von Konkurrenzprodukten und ohne Verärgerung der Kunden auf „spätere" Perioden verlagert werden kann. Bei der Penetration-Strategie dient der niedrige Einführungspreis der raschen Ausweitung des Markanteils, eventuell auch der Erzielung von Kostensenkungen – beides Vorteile, die bei späteren Preiserhöhungen zu hohen Periodengewinnen führen (sollen). Die wichtigsten für die Skimming- und Penetration-Strategie sprechenden Argumente sind in Tabelle 2 zusammengefasst.

Skimming-Strategie	Penetration-Strategie
Markt und Wettbewerb ▪ Abschöpfung der Konsumentenrente/zeitliche Preisdifferenzierung ▪ Vermeidung späterer Preiserhöhungen ▪ Preisspielraum nach unten (positive Preisänderungswirkung möglich) ▪ Positive Image- und Qualitätsindikation des hohen Preises ▪ Gewinnrealisation in der „monopolistischen Phase“ des Zeitwettbewerbs ▪ Gewinnrealisation in frühen Lebenszyklusphasen (Reduktion des Obsoleszenzrisikos) ▪ Ausnutzung niedriger kurzfristiger Preiselastizität („monopolistischer Bereich“)	**Markt und Wettbewerb** ▪ Schnelle Durchsetzung und Verbreitung der Innovation (kurzfristige Marktanteilsausweitung) ▪ Festigung der Pionier-Position im Zeitwettbewerb ▪ Ausnutzung von Carryover-Effekten und einer hohen kurzfristigen Preiselastizität zum Aufbau einer langfristig starken und überlegenen Marktposition ▪ Konkurrenzvorteil durch schwer einholbare Kostenvorteile (Erfahrungskurve), evtl. auch als Markteintrittsbarriere wirksam
Unternehmen ▪ Realisierung höherer kurzfristiger Gewinne als bei Penetration-Strategie, die zudem der von Diskontierung wenig getroffen werden ▪ Geringes Konkurrenzrisiko durch schnelle Amortisation des F&E-Aufwands ▪ „Langsamer“ Kapazitätsaufbau, damit Schonung der finanziellen Ressourcen und Liquiditätsreserven	**Unternehmen** ▪ Rasche Ausnutzung von Economies of Scale und Erfahrungskurveneffekten zur Kostensenkung ▪ Mittel- bis langfristig höhere Gewinne als bei Skimming-Strategie wegen hoher Absatzmenge und evtl. steigender Stückdeckungsbeiträge ▪ Reduzierung des Fehlschlagrisikos, da niedriger Einführungspreis mit geringer Flopwahrscheinlichkeit verbunden

Tabelle 2: Argumente für die Skimming- und Penetration-Strategie (Quellen: Dean, 1951; Simon, 1992, S. 293)

Während die Skimming-Strategie im Bereich der längerlebigen Investitions- und Gebrauchsgüter – vor allem bei technologiebasierten Innovationen – nicht selten zu beobachten ist (z.B. bei Taschenrechnern, PCs, Geräten der Unterhaltungselektronik, Digitalkameras usw.), scheint die Penetration-Strategie vorrangig dann eingesetzt zu werden, wenn „Kaufwiderstände“ zu überwinden sind. Dies kann sowohl bei *inkrementalen Innovationen im Konsumgüterbereich* der Fall sein (Einführung einer neuen Zahnpasta, Zigarettenmarke, Programmzeitschrift etc.), bei denen der niedrige Einführungspreis der Überwindung bisheriger Markentreue und Kaufgewohnheiten dient, als auch bei *radika-*

len Innovationen, bei denen der niedrige Einführungspreis mögliche Produktwechselkosten („product switching costs“) kompensieren und dem Käufer die Gewinnung von Erfahrungen mit dem Neuprodukt ermöglichen bzw. erleichtern soll (vgl. dazu auch Choffray/Lilien, 1984). Allerdings stellt die spätere Anhebung des Preises in beiden Fällen ein Problem dar, da der Kunde erfahrungsgemäß nichts so ungern (bereitwillig) akzeptiert wie eine Preiserhöhung (-senkung). Interessant ist jedoch der Aspekt, die Penetration-Strategie offensiv gegenüber dem Handelspartner einzusetzen und auf diese Weise die „Listungsproblematik“ zu entschärfen (vgl. Nagle/Holden, 1995, S. 172).

Ganz allgemein scheinen in der Praxis jedoch noch Defizite im „strategischen“ Pricing zu bestehen, z.B. in der Automobilindustrie (vgl. Tacke, 1997). *Jacob* konnte in seiner umfangreichen empirischen Untersuchung zum Preissetzungsverhalten in verschiedenen Branchen (Maschinenbau, Erdölprodukte, PKW, Haushalts- und Körperpflegemittel, Damenoberbekleidung) lediglich den Einsatz der *Skimming-Strategie* beobachten, und auch dies nur bei längerlebigen Gebrauchs- und Investitionsgütern. „Eine dynamische Preisstrategie, die darin zum Ausdruck kommt, dass in der ersten Periode (oder den ersten Perioden) Preise verlangt werden, die einen bewussten Gewinnverzicht heute zugunsten dadurch erreichbarer höherer Gewinne in späteren Perioden zur Folge haben, konnte bei Verbrauchsgütern – auch wenn sie eine Innovation darstellen – nicht beobachtet werden“ (Jacob, 1985, S. 183).

In diesem Zusammenhang ist interessant, dass empirische Studien aus dem US-amerikanischen Bereich neben der Skimming-Strategie eine weitere nicht-lineare Preisstrategie, die zunächst für einen eng begrenzten Zeitraum eine Preiserhöhung und dann eine deutliche Preissenkung vorzieht, als „typisch“ identifiziert haben (vgl. Dolan/Jeuland, 1981; Krishnan/Bass/Jain, 1999). Darüber hinaus ist auch der Zusammenhang zwischen *Preis- und Qualitätsveränderungen* im Verlauf des Lebenszyklus zu beachten. *Teng* und *Thompson* kommen diesbezüglich zu dem Schluss, dass drei Strategievarianten abzuwägen sind: parallele Preis- und Qualitätsreduzierung bzw. -erhöhung und die Kombination aus Preissenkung und Qualitätserhöhung (vgl. Teng/Thompson, 1996, S. 485) – wobei die letztgenannte Alternative, sofern sie nicht zur Gewinneinbußen führen soll, die Verfolgung so genannter „hybrider Strategien“ (simultane Erzielung von Differenzierungs- und Kostenvorteilen) nahe legt (vgl. Proff/Proff, 1997).

Kommen wir damit abschließend zur Betrachtung einiger Besonderheiten bei der Preisbildung für (neue) Dienstleistungen.

5. Besonderheiten der Preisfindung für neue Dienstleistungen

Dienstleistungen weisen – im Unterschied zu Produkten – folgende Eigenheiten auf, die sich auch auf den Prozess der Preisbildung auswirken (vgl. Simon 1995, S. 183 ff.):

- **Intangibilität**
  Dienstleistungen sind immateriell und können von den Käufern in ihrer Qualität ex ante schlecht oder gar nicht eingeschätzt werden, woraus dem Dienstleistungsanbieter jedoch oft erhebliche Preisspielräume erwachsen.
- **Nichtlagerbarkeit**
  Dienstleistungserstellung und -konsum erfolgen meist simultan (eine „Emanzipation" der Produktion vom Absatz verbietet sich) mit der Folge, dass die Kapazitäten auf den Spitzenbedarf ausgelegt werden müssen. Insofern gewinnt die Steuerung der Kapazitätsauslastung mittels der Preispolitik eine hohe Bedeutung („Yield Management"). Nicht genutzte Kapazität kann nicht anderweitig genutzt oder zeitlich übertragen werden und ist unwiederbringlich „verloren".
- **Nichtübertragbarkeit von Person zu Person**
  Eine Dienstleistung ist oft nicht oder nur eingeschränkt auf eine andere Person übertragbar, zumal wenn sie „an" der Person (Haarschnitt) oder „mit" ihr (Beratungsgespräch) oder „für" sie (Reinigung) vorgenommen wird. Aus der „Individualität" der Dienstleistung resultieren für den Anbieter jedoch weit größere Potenziale für die Preisdifferenzierung als bei Sachgütern.

Aufgrund dieser Besonderheiten ist im Preismanagement für Dienstleistungen z.B. zu entscheiden, ob ein *Festpreis* oder ein *fallspezifischer Preis* (z.B. je nach tatsächlichem Arbeits- oder Zeitaufwand) gefordert werden soll. Im erstgenannten Fall hat der Kunde kein Preis-, dafür aber ein Qualitätsrisiko, im zweiten Fall verhält es sich umgekehrt. Anbietern von Dienstleistungen stellt sich – wie angedeutet – auch verstärkt die Frage nach zeitlicher, räumlicher, personen- und mengenbezogener *Preisdifferenzierung* (vgl. Simon 1995, S. 187 ff.).

Auch bei der Preisfindung für neue Dienstleistungen gilt der bereits erwähnte Grundsatz, dass sich der Preis an den *Nutzenvorstellungen* der potenziellen Kunden orientieren muss – was z.B. wieder durch den Einsatz der Conjoint-Analyse sichergestellt werden kann. Jedoch ist der Einsatzbereich dieser Methode aufgrund der geringen Preis- und Nutzentransparenz vieler Dienstleistungen hier noch beschränkter als bei Produkten. Im Preismanagement für neue Dienstleistungen sind daher die folgenden vier Aspekte von besonderer Bedeutung (vgl. auch Berry/Yadav, 1997; Friege, 1997):

- **Sicherheitsorientierte Aspekte**
  Gerade neue, noch „unbekannte" Dienstleistungen sind ex ante in ihrer Qualität und Wertigkeit von potenziellen Käufern schwer einschätzbar. Leistungsgarantien und Pauschalpreise können helfen, das auf Kundenseite subjektiv empfundene Risiko zu begrenzen.

- **Nutzungsorientierte Aspekte**
  Zur engeren Verkoppelung von Preis und Kundennutzen wird vorgeschlagen, den Preis der Dienstleistung an bestimmten messbaren Erfolgskriterien oder Verbesserungen bzw. – soweit möglich – an den (Opportunitäts-)Kosten der Auftraggeber auszurichten.

- **Beziehungsorientierte Aspekte**
  Gerade ein Dienstleistungsanbieter – sei es ein Reiseveranstalter, Arzt, Anwalt oder Handwerker – ist an langfristigen Kundenbeziehungen interessiert. Langfristverträge, Bonusprogramme, aber auch eine Leistungs- und Preisbündelung („Komplett-Problemlösung") können diesem Ziel dienen.

- **Kostenorientierte Aspekte**
  Besonders in der Einführungsphase einer neuen Dienstleistung ist die Kapazitätsauslastung ein vordringliches Problem, das durch auslastungsorientierte Preisdifferenzierung auf Basis des Yield Managements gelöst werden kann. Auch sind die Dienstleistungen auf mögliche Kostensenkungspotenziale hin zu untersuchen. So zählt z.B. das so genannte „Billigfliegerkonzept" – Nutzung wenig gefragter und damit „billiger" Flughäfen, Verzicht auf Platzkarten und Verpflegung an Bord, Buchung über Internet, Verringerung der Bodenzeiten der Flugzeuge – zu den bedeutenden Dienstleistungsinnovationen der letzten Jahre, die mehr und mehr auch von „etablierten" Fluggesellschaften adaptiert wird.

Gerade in der Preissetzung für neue Dienstleistungen kommt es darauf an, dass die Preise (und die Leistungen) leicht zu verstehen sind, den „wirklichen" Wert der Leistung widerspiegeln, das Vertrauen der Kunden in das Unternehmen stärken, diese zum Wiederholungskauf und zur Kundentreue motivieren und den Kunden die mit der Kaufentscheidung verbundene Unsicherheit nehmen (vgl. Berry/Yadav, 1997, S. 67), was den offensiven Einsatz einer Penetration-Strategie zum „Kennen lernen" der neuen Dienstleistung durchaus einschließt.

6. Literatur

ALBERS, S.,2001, Marktdurchsetzung von Innovationen, in: ALBERS, S./BROCKHOFF, K./ HAUSCHILDT, J. (Hrsg.), Technologie- und Innovationsmanagement, Wiesbaden, S. 79-116.

BACKHAUS, K., 1995, Anlagenmarketing, in: TIETZ, B. ET AL. (Hrsg.), Handwörterbuch des Marketing, 2. Aufl., Stuttgart, Sp. 63-74.

BERRY, L. L./YADAV, M. S., 1997, Oft falsch bewertet und verwirrend – die Preise für Dienstleistungen, in: Harvard Business Manager, S. 57-67.

CHOFFRAY, J. M./LILIEN, G. L., 1984, Strategies behind the successful industrial product launch, in: Business Marketing, S. 82-95.

DEAN, J., 1951, Pricing Policies for New Products, in: Harvard Business Reviews, S. 45-96.

DILLER, H., 1993, Preis- und Konditionenpolitik, in: WITTMANN, W. ET AL. (Hrsg.), in: Handwörterbuch der Betriebswirtschaft, 5. Aufl., Stuttgart, Sp. 3274-3292.

DILLER, H., 2000, Preispolitik, 3. Aufl., Stuttgart, Berlin, Köln.

DÖRRIE, U./PREIßLER, 2002, Grundlagen Kosten- und Leistungsrechnung, 7. Aufl., München, Wien.

DOLAN, R. J./JEULAND, A. P., 1981, Experience curves and dynamic demand models: Implications for optimal pricing strategies, in: Journal of Marketing, S. 52-62.

EGELN, J., 2000, Die volkswirtschaftliche Bedeutung junger Unternehmen, in: BUTTLER, G./HERRMANN, H., SCHEFFLER, W./VOIGT, K.-I. (Hrsg.): Existenzgründung, Heidelberg, S. 3-32.

FRIEGE, CHR., 1997, Preispolitik für Dienstleistungen, in: Thexis, S. 9-14.

GARCIA, R./CALANTONE, R., 2002, A critical look at technological innovation typology and innovativeness terminology: a literature review, in: The Journal of Product Innovation Management, S. 110-132.

GREEN, P. E./SRINIVASAN, V., 1978, Conjoint Analysis in Consumer Research: Issues and Outlook, in: Journal of Consumer Research, S. 103-123.

GUTENBERG, E., 1984, Grundlagen der Betriebswirtschaftslehre, Bd. 2: Der Absatz, 17. Aufl., Berlin, Heidelberg, New York.

HARTMANN, M./MILD, TH./SASSE, A., 1997, Technologiekostenanalyse als Instrument des Innovationskostenmanagements, in: Kostenrechnungspraxis, S. 312-318.

HAUSCHILDT, J., 1997, Innovationsmanagement, 2. Aufl., München.

HENDERSON, B. D., 1974, Die Erfahrungskurve in der Unternehmensstrategie, Frankfurt/Main.

HERRMANN, A., 1998, Conjoint-Analysen zur Produkt- und Preisplanung, in: DILLER, H. (Hrsg.), Marketingplanung, 2. Aufl., München, S. 339-358.

HILKE, W., 1976, Einführung in die dynamische Preistheorie, in: Wirtschaftswissenschaftliches Studium, S. 355 – 359.

HILKE, W., 1978, Dynamische Preispolitik, Wiesbaden.

HILKE, W., 1979, Mehr-periodige Preispolitik im Monopol bei dynamischer Preis-Absatz-Funktion vom Typ I, in: Wirtschaftswissenschaftliches Studium, S. 174-179.

HIPP, CHR., 2000, Innovationsprozesse im Dienstleistungssektor, Heidelberg.

INSTITUT DER DEUTSCHEN WIRTSCHAFT, 2002, Deutschland in Zahlen, Ausgabe 2002, Köln.

JACOB, H., 1973, Preispolitik bei der Einführung neuer Erzeugnisse unter besonderer Beachtung dynamischer Aspekte, in: KOCH, H. (Hrsg.), Zur Theorie des Absatzes, Erich Gutenberg zum 75. Geburtstag, Wiesbaden, S. 131-173.

JACOB, H., 1985, Preisbildung und Preiswettbewerb in der Industriewirtschaft, Köln, Berlin, Bonn, München.

JACOB, H., 1990, Pricing Policy, in: GROCHLA, E. ET AL. (Hrsg.), Handbook of German Business Management, Stuttgart etc., Sp. 1799-1815.

JACOB, H., 1993, Preistheorie, in: WITTMANN, W. ET AL. (Hrsg.), Handwörterbuch der Betriebswirtschaft, 5. Aufl., Sp. 3293-3308.

KANO, N., 1984, Attractive Quality and Must-be Quality, in: Hinshitsu: The Journal of the Japanese Society for Quality Control, S. 39-48.

KAPLAN, R./COOPER, R., 1999, Prozesskostenrechnung als Managementinstrument, Frankfurt am Main.

KRELLE, W., 1976, Preistheorie, in 2 Bänden, 2. Aufl., Tübingen.

KRISHNAN, T. V./BASS, F. M./JAIN, D. C., 1999, Optimal Pricing Strategy for New Products, in: Management Science, S. 1650-1663.

KUCHER, E./SIMON, H., 1987, Conjoint Measurement – Durchbruch bei der Preisentscheidung, in: Harvard Manager, S. 28-36.

LANGE, M., 1972, Preisbildung bei neuen Produkten, Berlin.

MÄNNEL, W. (Hrsg.), 1995, Prozesskostenrechnung, Wiesbaden.

MÄNNEL, W., 2001, Preiskalkulation, in: DILLER, H. (Hrsg.), Vahlens Großes Marketinglexikon, 2. Aufl., München, S. 1322-1325.

MURA, CHR., 1990, Optimale Zeitpunkte für Preisänderungen, Wiesbaden.

NAGLE, TH. T./HOLDEN, R. K., 1995, The Strategy and Tactics of Pricing, 2. Aufl., Englewood Cliffs, N.J.

PEPELS, W., 1998, Einführung in das Preismanagement, München, Wien.

PROFF, H./PROFF, H. V., 1997, Möglichkeiten und Grenzen hybrider Strategien – dargestellt am Beispiel der deutschen Automobilindustrie, in: Die Betriebswirtschaft, S. 796-809.

SATTLER, H./SCHRADER, ST., 1995, Innovationsmarketing, in: TIETZ, B. ET AL. (Hrsg.), Handwörterbuch des Marketing, 2. Aufl., Stuttgart, Sp. 996-1008.

SCHLAAK, TH. M., 1999, Der Innovationsgrad als Schlüsselvariable, Wiesbaden.

SEIDENSCHWARZ, W., 1993, Target Costing – Marktorientiertes Zielkostenmanagement, München.

SIMON, H., 1992, Preismanagement, 2. Aufl., Wiesbaden.

SIMON, H., 1995, Preismanagement kompakt, Wiesbaden.

SIMON, H./DOLAN, R. J., 1997, Profit durch Power Pricing, Frankfurt/Main, New York.

STEINER, W. J., 1999, Optimale Neuproduktplanung, Wiesbaden.

TACKE, G., 1997, Strategisches Pricing – Herausforderung für die Automobilindustrie, in: Zeitschrift für betriebswirtschaftliche Forschung, S. 993-1010.

TEICHERT, T., 1998, Schätzgenauigkeit von Conjoint-Analysen, in: Zeitschrift für Betriebswirtschaft, S. 1245-1266.

TENG, J.-T./THOMPSON, G. L., 1996, Optimal strategies for general price-quality decision models of new products with learning production costs, in: European Journal of Operational Research, S. 476-489.

THOMÉE, F. M., 1983, Dynamische Preisbildungsprozesse im Monopol, Wiesbaden.

TUCKER, S. A., 1966, Pricing for Higher Profit, New York etc.

VOIGT, K.-I., 1992, Strategische Planung und Unsicherheit, Wiesbaden.

VOIGT, K.-I., 1998, Strategien im Zeitwettbewerb – Optionen für Technologiemanagement und Marketing, Wiesbaden.

Hans Herrmann

Preisbildung für Low-Involvement-Produkte

1. Einführung

Die Bedeutung des Preises als Marketinginstrument nimmt weiter zu; es kann sogar behauptet werden, dass er für den Verbraucher in seinem Kaufentscheidungsverhalten eine überragende Stellung eingenommen hat. Eine wesentliche Ursache liegt in der Stagnation des verfügbaren Einkommens der privaten Haushalte während der letzten Jahre. Mit einer Besserung kann im Hinblick auf die angespannte Lage der öffentlichen Haushalte und der anhaltend hohen Arbeitslosenzahl in den nächsten Jahren nicht gerechnet werden.

Ganz besonders trifft die Preissensitivität auf Produktgattungen zu, welche schwach ausgeprägte Markenbilder aufweisen. In diesem Fall ist das Interesse der Verbraucher an Werbung relativ gering; man spricht dann auch von Low-Involvement-Produkte. Diese Produkte sind für den Konsumenten nur wenig wichtig (in finanzieller, sozialer und psychologischer Hinsicht). Sie führen daher nur zu begrenzten Entscheidungsprozessen und damit auch zu einem geringen Informationsbedürfnis. Beispiele für diese Produkte:

- Haushaltswaren (langlebige Konsumgüter)
- Nahrungsmittel
- Kfz-Ersatzteile, wie Batterien oder Reifen

Im Folgenden soll an Hand der Produktgattung „Reifen" die Preisbildung für Low-Involvement-Produkte behandelt werden. Die Ausführungen werden weniger preistheoretischer Natur sein, sondern fallbeispielhaft die praktische Preisbildung darstellen.

Wie wenig ausgeprägt das Interesse der Autofahrer allgemein an Reifenmarken ist, belegen aktuelle Marktforschungsergebnisse zum Reifenkaufverhalten. Im Rahmen des CAR TRACKERS, durchgeführt von 3hm Automotive im Auftrag von Reifenherstellern, werden monatlich Autofahrer u.a. zu ihrem Reifenkaufverhalten befragt. Die Ergebnisse zeigen, dass selbst nach erfolgtem Kauf ein großer Teil der Endverbraucher nicht weiß, welche Reifenmarke auf die Räder montiert wurden. Dabei konnten sich 16,6% der Sommerreifen-Käufer und sogar 41,7% der Winterreifen-Käufer nicht mehr an die gekaufte Reifenmarke erinnern. Fragt man die Autofahrer nach den Gründen für ihr Nichtwissen zur gekauften Reifenmarke, so wird maßgeblich das Desinteresse am Produkt bzw. die Preisorientierung genannt.

2. Markt

2.1 Allgemein

Es handelt sich bei Reifen um ein „Angebots-Oligopol“, d.h. wenige (wichtige) Anbieter (Hersteller) stehen viele Nachfrager gegenüber. Die Nachfrage verläuft somit zweistufig: über den Handel an Endverbraucher. Die Reifenindustrie bezeichnet des halb ihren Absatz als „Sell In“ und das Einzelhandelsgeschäft des Handels als „Sell Out“.

2.2 Handel

Die Distributionsstruktur „Industrie an Handel“ stellt sich wie folgt dar:

- Großhandel,
- Einzelhändler mit Wiederverkäuferfunktion,
- Einzelhändler.

Der bedeutendste Distributionskanal sind die „Einkaufskooperationen“ mit einem Anteil von über einem Drittel des Marktvolumens zu Lasten der unabhängigen Reifenfachhändler mit lediglich noch 6%. Eine steigende Bedeutung weisen die Kanäle „Vertragswerkstätten“ mit 12% sowie die sog. „Autocenter/Fachmärkte“ auf. Die wachsende Einkaufskonzentration verdeutlicht Abbildung 1.

Die unabhängigen, lokalen Reifenhändler mutieren mehr und mehr zu einer Minderheit, wobei insbesondere die kleinen Betriebe in sehr starkem Maße durch den Reifengroßhandel beliefert werden.

Neben den im Inland ansässigen Händlern gibt es eine Reihe von Unternehmen im Ausland, und hier vor allem traditionell aus den Benelux-Ländern, welche sich die unterschiedlichen Preislevels in Europa, aber auch weltweit, zunutze machen und deshalb ihr Angebot den deutschen Händlern übermitteln. Dieser sogenannte Parallel-Markt tritt quasi in Konkurrenz zum Angebot der nationalen Vertriebsgesellschaften der Reifenhersteller auf. Diese kommen unter Konditionsdruck insbesondere bei kleinen und mittleren Händlern, da für jene das Angebot der europäischen „Jobber“ besonders preislich attraktiv ist.

Insgesamt existiert also ein sehr heterogenes System von Distributionskanälen, durchzogen von unterschiedlichen Groß- und Einzelhandelsanteilen, welches sowohl von einer wachsenden Zahl von Verkaufsstellen als auch von einer steigenden Konzentrationsmacht des Handels gekennzeichnet ist. Diese Einkaufsballung führt auch gleichzeitig zu einer „Sozialisierung“ der Einkaufskonditionen, d.h. selbst kleinere Betriebe erhalten die für eine Einkaufskooperation vereinbarte Preisgestaltung und zwar unabhängig von dem Auftragsvolumen für den Lieferanten.

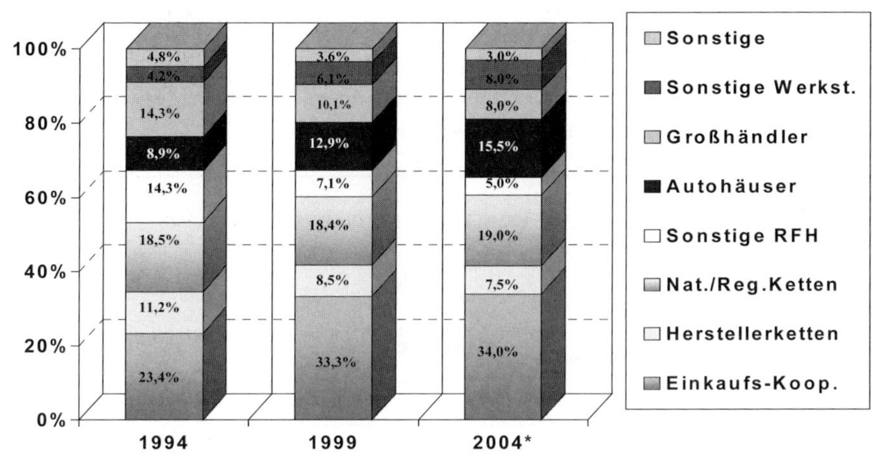

Abbildung 1: Konzentration der großen Handelsgruppen (Quelle: Pirelli)

2.3 Endverbraucher

Die Nachfrageseite teilt sich auf in zwei Gruppen:

- Großverbraucher bzw. Flotten
- Privatpersonen bzw. Privathaushalte

Analog zur Fahrzeugindustrie erfolgt seit einiger Zeit eine direkte Betreuung der Flotten durch die Reifenhersteller; sie sind ein wichtiger Faktor, da sie Intensivverbraucher sind und die Einkaufsentscheidung für die zu verwendete Marke vermehrt in der Zentrale getroffen wird. Es versteht sich daher, dass im Rahmen einer Absprache die Einräumung von Prämien bzw. Gutschriften notwendig ist. Relevant dazu sind erst Unternehmen mit mindestens 100 PKW im Bestand; dabei handelt es sich um rund 1,2 Mio. Flotten mit einem PKW-Bestand von fast 500.000 Fahrzeugen.

Die Privathaushalte decken gut 90% der Nachfrage ab, sind aber aufgrund des niedrigen Involvements sehr schwer vom Reifenhersteller zu beeinflussen. Hier kommt deshalb dem Absatzmittler eine überragende Stellung zu: fast 50% der Reifenkäufer informieren sich erst am Point of Sale bzw. folgen der Empfehlung des Händlers.

2.4 Wettbewerb

Das Potenzial für PKW-Reifen in Deutschland umfasst ein Volumen von 45 Millionen Stück mit einem Wertumsatz von 1,8 Mrd. € und stellt mit einem Anteil von einem Viertel das mit Abstand größte Absatzgebiet in Europa für die Reifenhersteller dar. Dies hat dazu geführt, dass eine fast unüberschaubare Anzahl von Reifenlabels den Markt überschwemmt hat. Wenige wichtige Anbieter stehen über 70 Labels gegenüber, die vor allem die unteren Preissegmente abdecken (Abbildung 2).

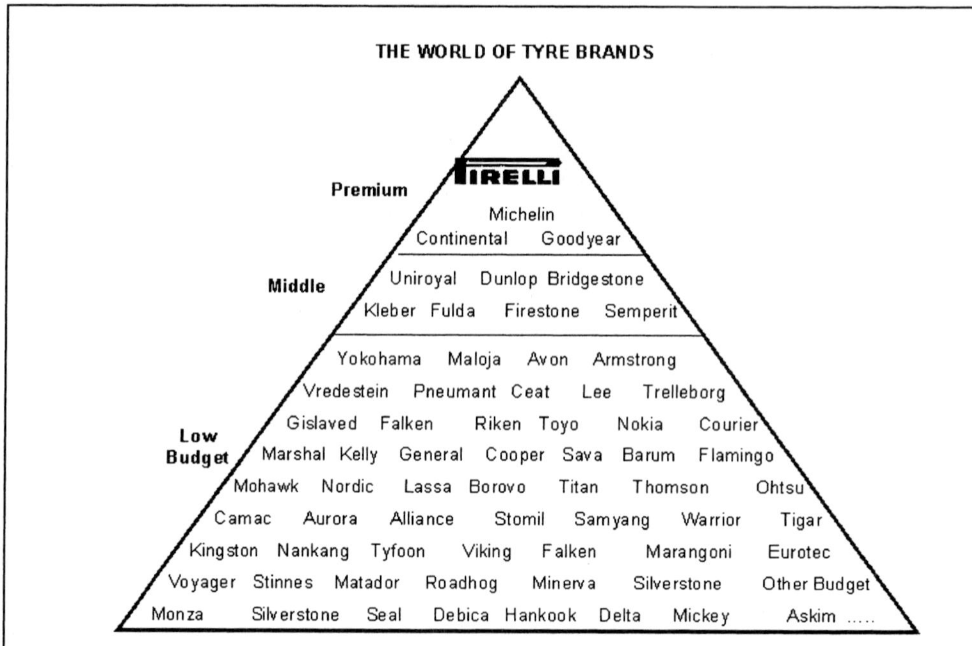

Abbildung 2: The world of tyre brands (Quelle: Pirelli)

Es ist deshalb für eine Reifenmarke im Rahmen der Positionierung erforderlich festzustellen, welches die direkten Wettbewerber in dem gewählten Preis-Segment sind und welches Potenzial diese aufweisen. Beispielhaft zeigt Abbildung 3 eine Segmentierung in fünf Klassen auf, wobei die preisführende Marke als Index = 100 gesetzt wurde. Demnach erreicht das Premium-Segment bei Sommerreifen einen Anteil von nur 18%, obwohl hierin die führenden Marken, wie Michelin, Goodyear, Continental, Pirelli, enthalten sind. Dies ist für diese Hersteller auch in soweit problematisch, da sie alle Erstausrüstungslieferanten sind und sie im Ersatzmarkt die notwendigen Erträge erwirtschaften müssen. Bei dieser Gesamtbetrachtung ist zu berücksichtigen, dass die Preis-Segmentierung auch für die einzelnen Produkt-Segmente vorzunehmen ist. Dabei ist festzustellen, dass die Premium-Anbieter ihren Anteil im High-Performance-Bereich annähernd verdoppeln können, während die sogenannten Budget-Brands ihre höchste Bedeutung im „Commodity"-Bereich des Reifen-Angebots haben.

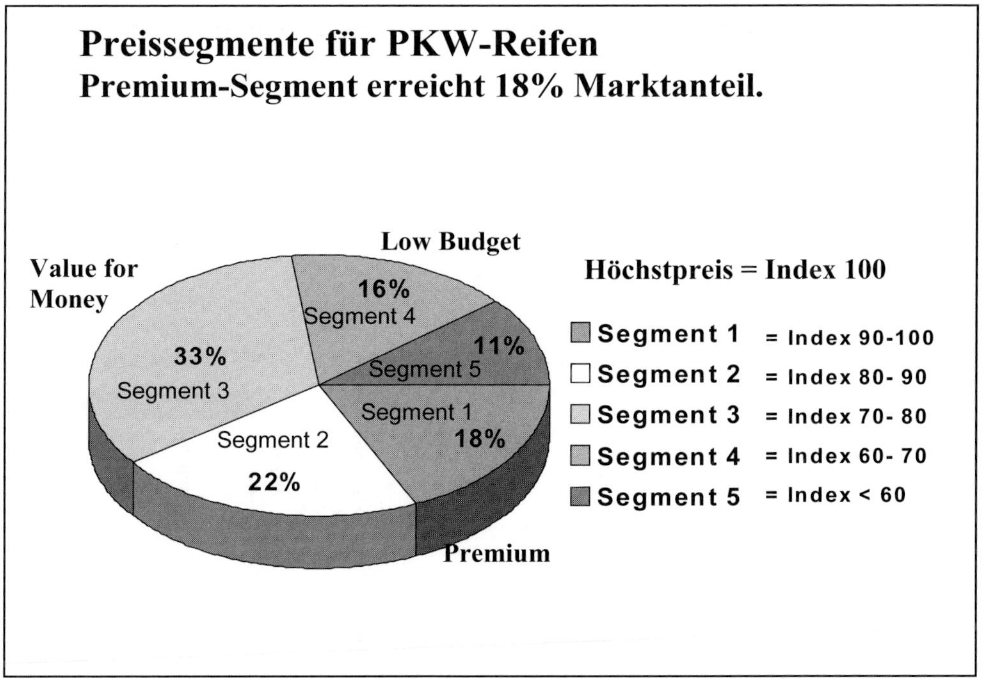

Abbildung 3: Preissegmente für PKW-Reifen (Quelle: 3hm Automotive)

2.5 Kaufverhalten

Die Betrachtungen zum Kaufverhalten bzw. zur Kaufentscheidung werden sich ausschließlich auf den Handel beziehen, da dieser der Kunde der Reifenindustrie ist. Ein direkter Absatz zum Endverbraucher findet üblicherweise nicht statt.

2.5.1 Kaufentscheidungskriterien

Laut einer Befragung des Reifenfachhandels im Frühjahr 2002 über die Zusammenarbeit mit den Reifenherstellern sieht der Handel die Verfügbarkeit im Rahmen des Lieferverhaltens als wichtigstes Kriterium, gleichauf mit den Einkaufskonditionen. Mit einem größerem Abstand folgen die übrigen Grundnutzenelemente im Rahmen einer Kunden-

Lieferantenbeziehung (Abbildung 4). Weiche Faktoren, wie Außendienst und Verkaufsunterstützung, die aber stark zur Kundenbindung beitragen, werden vom Handel rational nur gering wahrgenommen.

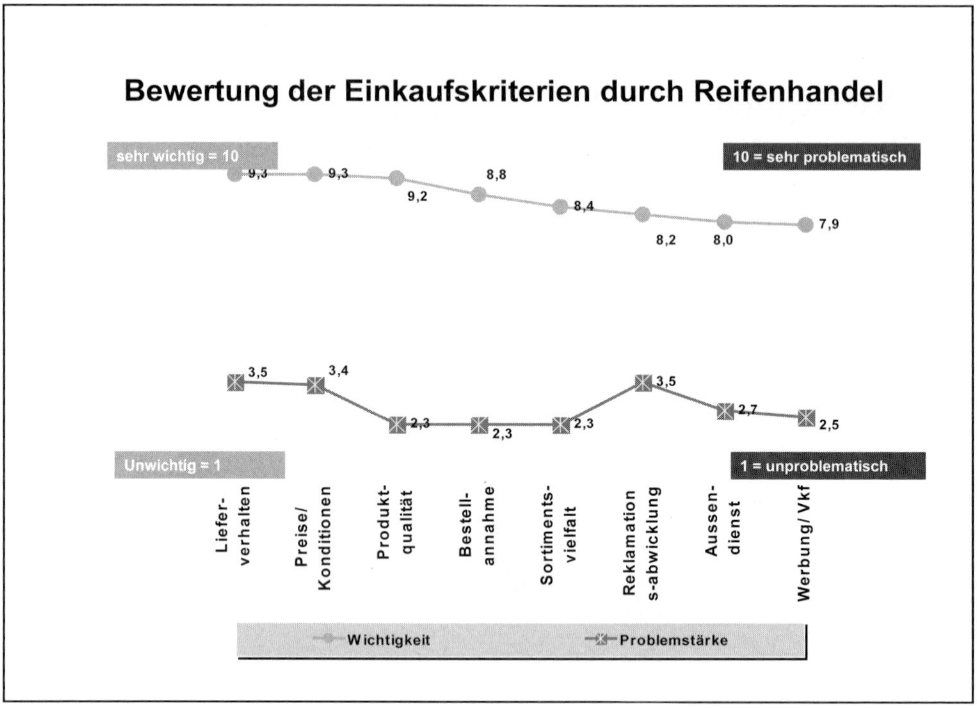

Abbildung 4: Bewertung der Einkaufskriterien durch Reifenhandel (Quelle: BBE, 2002)

2.5.2 Entscheidungsverhalten

Üblicherweise werden zu Anfang eines jeden Jahres Gespräche mit dem Handel über Art und Umfang der Zusammenarbeit für die folgenden 12 Monate geführt. Dabei umfasst das Kauf-Entscheidungsverhalten folgende Stufen:

- Auswahl des Markensets im Rahmen der Positionierung: z.B. mindestens drei Marken je Preissegment
- Markennachfrage durch Endverbraucher
- Produktgruppenentscheidung: Vollsortimentanbieter versus „Nischen"-Produzent
- Basis-Preispositionierung im Vergleich zu Wettbewerbsmarken im Relevant Set

Ist die Entscheidung nach der Basis-Betrachtung der oben aufgezeigten Stufen positiv ausgefallen, müssen weitere, und zwar operationale Entscheidungsalternativen herangezogen werden.

- Rohertragsentscheidung: Auf der einen Seite verlangt der Handel einen Niedrigsteinstandspreis, um möglichst wettbewerbsfähiger als sein Konkurrent zu sein, andererseits benötigt der Hersteller für die Marke einen adäquaten Abverkaufspreis an den Endverbraucher im Rahmen der Markenpositionierung. Dies hilft dem Handel wiederum zur Erreichung eines ausreichenden Rohertrages. Im Rahmen einer fortschreitenden Preiserosion bei den Nettopreisen für den Handel kommen Maßnahmen zur Stabilisierung der Verkaufspreise an den Konsumenten eine überragende Bedeutung zu. Eine Reifenmarke, welche ein Markenmanagement mit einem konsequenten und unverwechselbaren Auftritt betreibt, um damit auch eine Nachfrage beim Autofahrer zu erzeugen, erfüllt somit eine wichtige Voraussetzung für die Kaufentscheidung des Handels. Da bei einem Low-Involvement-Produkt die Markenentscheidung durch den Endverbraucher zu mehr als 50% erst am Point-of-Sale fällt, nimmt der Auftritt des Handelsbetriebes und des dortigen Verkäufers eine elementare Stellung ein. Es ist deshalb notwendig, dass der Reifenhersteller seine Handelskunden sowohl mit Produktargumentationen als auch mit entsprechenden Informationen über das mögliche Kaufverhalten der Endverbraucher schult.

2.5.3 Preistests

Welcher Preis ist nach Empfinden der Verbraucher optimal bzw. bei welchem Preis ist der größte Gewinn zu erwarten? Eine Möglichkeit, die Akzeptanz des Produktpreises zu bestimmen, ist die Ermittlung einer Kaufbereitschaft mit und ohne Kenntnis des Produktpreises. Der Vergleich der Antworten der Befragten in beiden Fällen ermöglicht die Beurteilung des intendierten Marktpreises.

Gemeinsam ist allen statischen Preistests, dass immer nur Aussagen über die Akzeptanz eines festen Preis getroffen werden können. Im Unterschied dazu können bei einem dynamischen Preistest Aussagen darüber gemacht werden, wie sich das Wahl bzw. Kaufverhalten der Befragten bei unterschiedlichen Preisen ändert. Der dynamische Preistest ermöglicht es, eine Preis-Absatzfunktion zu erstellen, anhand derer wichtige Faktoren wie Preiselastizität und Preisschwellen näher bestimmt werden können. Eine gute Möglichkeit mit konkurrierenden Marken die Preisentscheidungen der Verbraucher in Erfahrung zu bringen, ist die Methode „Brand-Price-Trade-Off". Dem Befragten werden dabei das zu testende Produkt und die relevanten Konkurrenzprodukte vorgelegt. Jedes Produkt ist mit einem Preis ausgezeichnet. Der Befragte wird nun gebeten, sich zu entscheiden, welche Marke er bei dieser Preiskonstellation wählen würde. Wählt er Marke A, so wird der Preis für diese Marke erhöht und die Frage erneut gestellt, welche Marke er kaufen würde. Für jeden Euro gibt es eine feste Anzahl von Preisstufen, die um den Marktpreis bzw. den intendierenden Preis der Marke variieren. Bei der Auswertung besteht im nach hinein die Möglichkeit, alle im Test eingeschlossenen Preisszenarien zu simulieren und so festzustellen, wie bei dem jeweiligen Szenario die Wahlanteile aussehen würden. Es ist also möglich, für jede der berücksichtigten Marken eine Preis-Absatzfunktion zu erstellen.

Ein Preistest mit der Methode „Preis-Brand-Trade-Off eignet sich hervorragend für die Produktgattung „Reifen". Da die Reifen auf die Fahrzeuge ausgerichtet sind, bietet es sich an, mindestens vier Segmente für die jeweiligen Autofahrer einzurichten:

- Kompaktklasse
- Untere Mittelklasse
- Mittelklasse
- Obere Mittelklasse/Oberklasse

Für die Marke Pirelli ergibt sich beispielsweise in der Kompaktklasse eine Preiselastizität, die eine hohe Kaufbereitschaft unterhalb des erwarteten Durchschnitts-Preises zeigt, aber andererseits auch Möglichkeiten für ein Potenzial bei einer Verbesserung der Preispositionierung erkennen lässt (Abbildung 5).

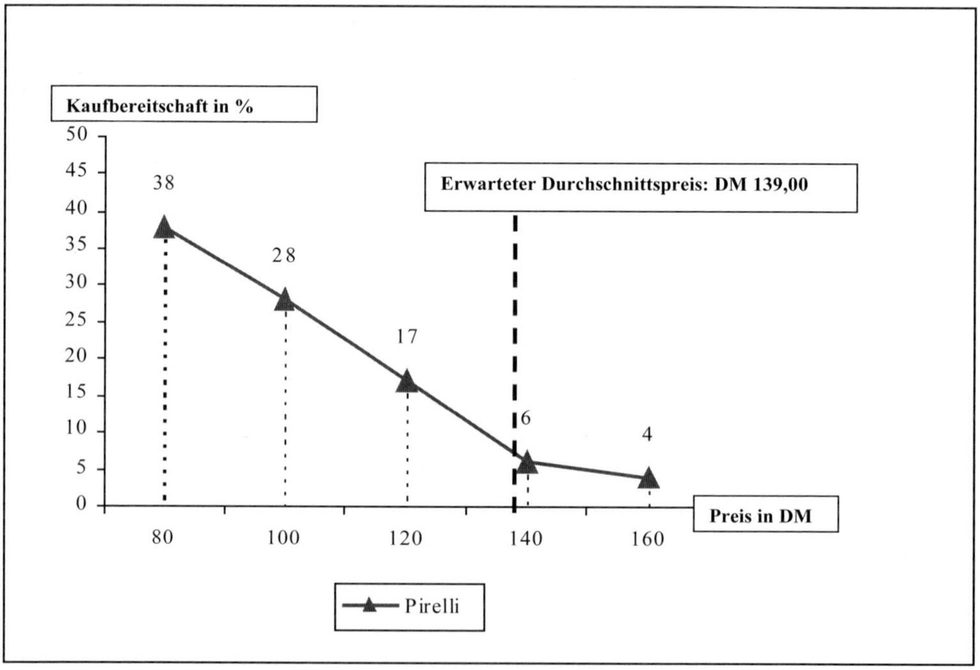

Abbildung 5: Preiselastizität und Kaufbereitschaft für Reifen von Kompaktklasse-Pkws (Quelle: Brand Track)

Ein weiteres Beispiel für eine Analyse dieses Preistests zeigt die Abbildung 6 mit einem Vergleich von drei konkurrierenden Reifenmarken im Fahrzeugsegment der Mittelklasse: Die Marke Pirelli, im realen Reifenmarkt nur Price-Follower, wird hier seitens der Verbraucher eine Preiselastizität eingeräumt, der es ihr ermöglichen würde, die Preisführerschaft zu übernehmen. Diese Erkenntnisse eigen sich hervorragend, um den Handel von einer adäquaten Preispositionierung für die Reifenmarke zu überzeugen, die ihm aber auch letztlich dazu verhelfen, einen wettbewerbsfähigen Rohertrag zu erzielen. Dieses Vorgehen zu einer Win-Win-Situation für beide Seiten trägt entscheidend zu einer hohen Kundenzufriedenheit bei.

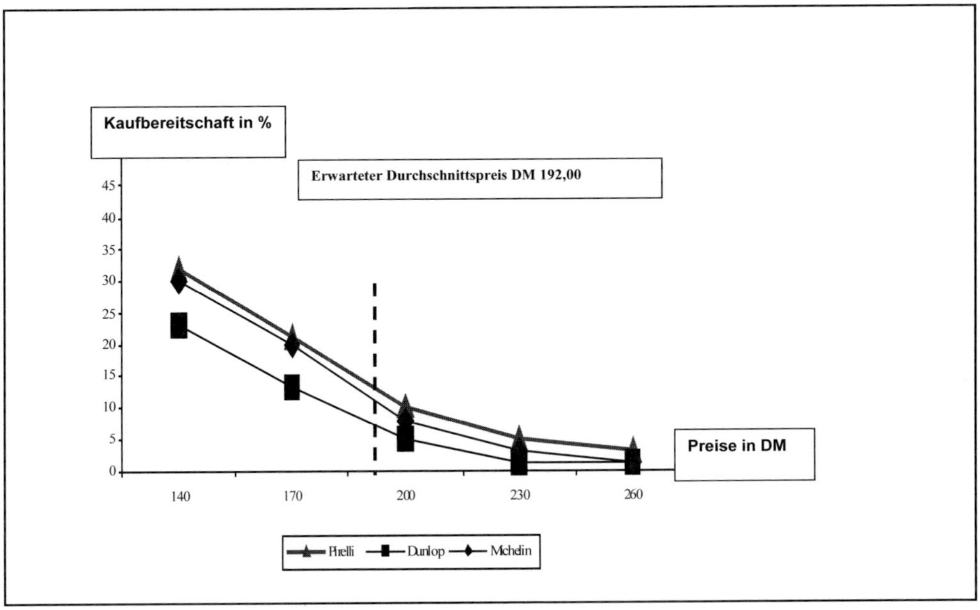

Abbildung 6: Preiselastizität und Kaufbereitschaft für Reifen von Mittelklasse-Pkws (Quelle: Pirelli)

Eine der großen Sorgen des Handels ist die Unsicherheit über sein Preisangebot im Vergleich zu seinen unmittelbaren Wettbewerbern. Da er in den meisten Fällen geneigt ist, eher mit Niedrigstpreisen zu operieren, ist es für den Reifenhersteller sinnvoll, ihn mit unverbindlichen Verkaufspreisen zu unterstützen. Diese sollten sich auf repräsentative Preiserhebungen stützen, worauf im weiteren Verlauf dieses Beitrages noch eingegangen werden wird.

3. Preisgestaltung

Bei Low-Involvement-Produkten spielt die Orientierung an Wettbewerbspreisen eine elementare Rolle. Für den Autofahrer sind in den meisten Fällen Produktunterschiede nicht erlebbar, so dass bei mangelnder Markenkenntnis eine Austauschbarkeit des Angebots gegeben ist. Der Abgabepreis kann unter den Gesichtspunkten der Wettbewerbsorientierung entweder unterhalb des Preisniveaus der Hauptkonkurrenten, oberhalb deren

Preisniveaus oder gerade auf deren Preisniveaus justiert werden. Zusätzlich ist dabei die Frage des individuellen Preisabstands relevant (vgl. Pepels, 1998, S.71).

3.1 Preisermittlung

Bevor ein Preisangebot an den Kunden erstellt wird, muss die Preispositionierung der Marke gegenüber den unmittelbaren Wettbewerbern festgestellt werden, da der Händler dieses mit dem Angebot des Konkurrenten vergleichen wird. Die Preisermittlung gestaltet sich besonders schwierig, da aus verständlichen Gründen die Abgabepreise an den Handel äußerst vertraulich behandelt werden.

3.1.1 Einkaufspreise des Handels (Sell In)

Zur Beschaffung der Preisinformationen ist eine kontinuierliche und systematische Marktbeobachtung unerlässlich. In erster Linie kann hier der Außendienst des Reifenherstellers herangezogen werden, da er den unmittelbaren Kundenkontakt hat und täglich mit den Preisforderungen konfrontiert wird. Weitere Informationsquellen sind Großhandelspreislisten, Preisangebote im Internet und Printmedien sowie Verkaufspreiserhebungen. Alle beobachtbaren Maßnahmen der relevanten Wettbewerber werden für die wichtigsten Indikatoren, wie

- Kundengruppen
- Produkte (z.B. Sommerreifen in der Reifengröße 205/55 R16W)

registriert, analysiert und daraus eine IST-Preispositionierung gegenüber den Konkurrenzmarken ermittelt. Aufgrund einer unvollkommenen Informationsbasis, muss die Positionierung mit dem Kunden noch verifiziert werden.

3.1.2 Verkaufspreise des Handels (Sell Out)

Eine auf repräsentativer Basis durchgeführte Verkaufspreiserhebung bietet mit dem Ergebnis ein realistisches Bild zur Preispositionierung aus Endverbrauchersicht und dient sowohl der Orientierungshilfe für den Handel als auch zur Berechnung des Rohertrages. Die Durchführung der Verkaufspreisermittlung kann aus praktischen Gründen per Telefon in Form eines Mystery Shoppings durchgeführt werden, um möglichst realitätsnah die Preise zu erfassen. Das Sample sollte der Distributionsstruktur des Marktes entsprechen, und die Quotierung sollte bei der Analyse eine Detailbetrachtung für Kundengruppen ermöglichen. Wie eine Analyse aussehen kann, zeigt beispielhaft Abbildung 7. Für eine Winterreifengröße 195/65R15T erzielt der Markt- und Preisführer einen Verkaufspreis von € 110,00 und einen Rohertrag von € 25,00 aufgrund eines ermittelten Nettopreises für den Kunden in Höhe von € 85,00. Dagegen kommt der Konkurrent C auf einen Rohertrag von € 54,00 trotz eines um fast 20% geringeren Verkaufspreises. Es ist ferner ersichtlich, dass der Wettbewerber D ein erhebliches Rohertragsproblem hat: Er muss sowohl seinen Nettopreis gegenüber dem Handel senken, als auch zusammen mit seinem Kunden versuchen, mit geeigneten Maßnahmen den Endverbraucherpreis anzuheben.

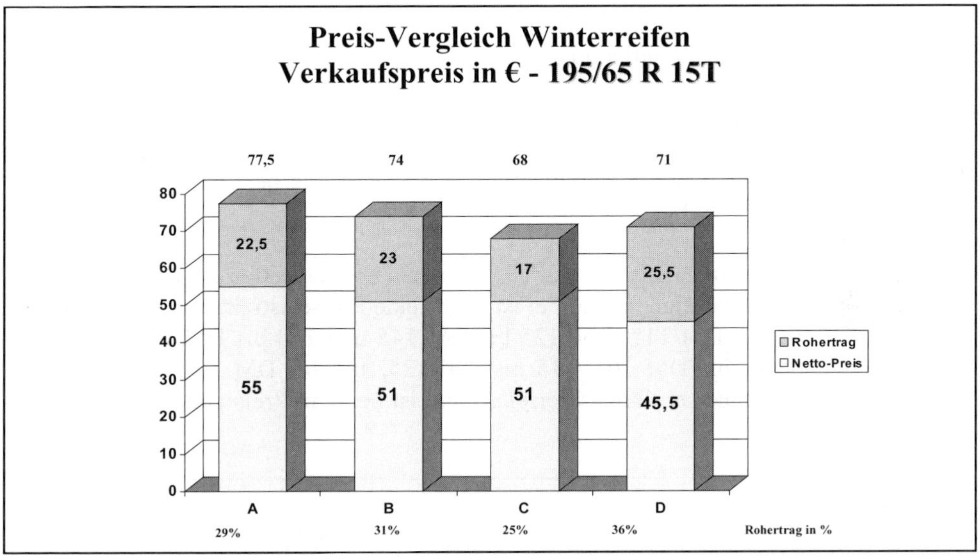

Abbildung 7: Preisvergleich Winterreifen (Quelle: Pirelli)

3.2 Preiselastizität

Die Preiselastizität beschreibt das Ausmaß der Auswirkungen einer relativen Preisänderung auf andere Größen, wie die Nachfrage, das Angebot und das Einkommen. Die (direkte) Preiselastizität der Nachfrage gibt an, wie sich die Nachfrage nach einem Produkt bei Anhebung oder Senkung dessen Preises verändert, d.h. die relative Mengenänderung wird der diese verursachenden relativen Preisänderung gegenübergestellt. Die Nachfrage wird elastisch, wenn eine kleine Preiserhöhung bereits zu überproportionalem Nachfragerückgang führt (und umgekehrt). Die Nachfrage ist weitgehend starr, wenn selbst eine große Preiserhöhung zu unterproportionalem Nachfragerückgang führt (und umgekehrt) (vgl. Pepels, 1998, S. 74).

Wie ausgeführt, liegen zur Ermittlung der Wettbewerbs-Einkaufspreise des Reifen-Handels nur unvollkommene Informationen vor. Deshalb ist eine Schätzung von Preis-Absatzfunktionen zur Abschätzung des Verlaufs der Preiselastizitäten hilfreich. Die Schwierigkeit bei der Schätzung von Preis-Absatzfunktionen besteht in der korrekten Auswahl und Schätzung der Einflussgrößen aus dem vorhandenen Datenmaterial. Die Einflussgrößen können wiederum statischen oder dynamischen Charakter haben.

Die nachfolgenden Preis-Absatzfunktionen haben statischen Charakter und berücksichtigen u.a. nicht die Faktoren Preise der Konkurrenten, Handelsmarketing, Anteil im Reifenersatzmarkt der Vorperioden (Carry-Over Effekte). Die geschätzten Preis-Absatzfunktionen wurden aus den Markt-Gewichten, dem durchschnittlichen Marktanteil des Herstellers A in dem jeweiligen Marktsegment und den durchschnittlichen Aufschlägen der Reifenhändler auf ihre Händlereinstandspreise geschätzt. Die Preise stellen somit die geschätzten Endverkaufspreise der Reifenhändler dar. Ausgehend von der geschätzten Absatzmenge der Reifenmarke A in einer speziellen Reifendimension und des geschätzten Preises (dieser wird als Maximalpreis einer speziellen Käufergruppe interpretiert) wird die Preisabsatzkurve durch Kumulation der Absatzmenge bei sinkendem Preis ermittelt (vgl. Bayer, 1995 S.142).

Als Beispiel soll die Berechnung für das TR-Segment (Sommerreifen für eine Höchstgeschwindigkeit < 180km/h) dienen. Hierbei ist die direkte Preiselastizität in den Bereichen 65 bis DM 85, 105 bis DM 115, DM 125 bis DM 145 und 160 bis DM 190 gering. In den Preisbereichen 85 bis DM 105, 115 bis DM 125, 145 bis DM 160 ist die direkte Preiselastizität hoch. Eine sehr hohe Preiselastizität ist bei dem Preis von DM 120 anzutreffen.

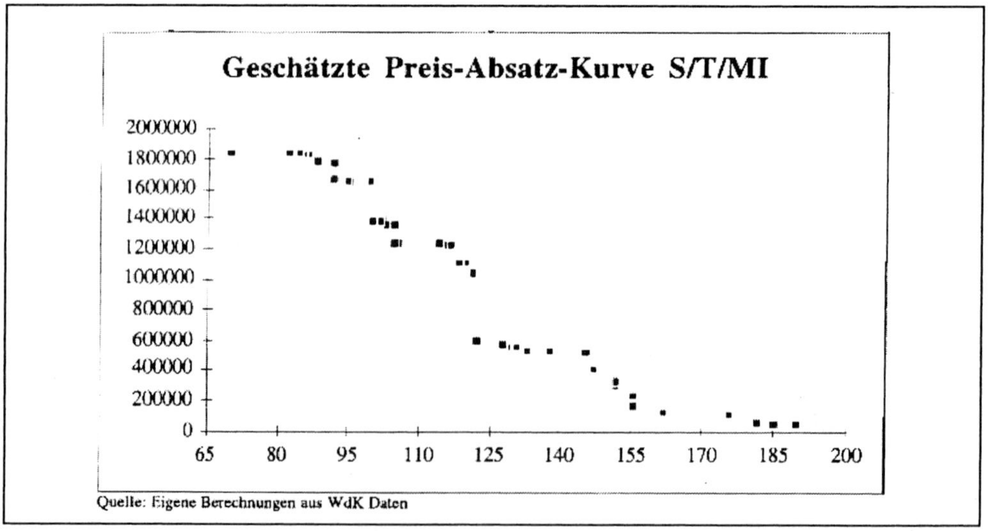

Abbildung 8: Geschätzte Preis-Absatz-Kurve S/T/MI (Quelle: Pirelli)

3.3 Preisfestsetzung

Der Marktpreis innerhalb der Preisermittlung ergibt sich für gewöhnlich aus dem durchschnittlichen Verkaufspreis national bzw. regional für eine Produktkategorie.

Ein Reifenhersteller muss nicht nur die Zwischenglieder der Absatzkette bei der Preisbildung berücksichtigen, sondern auch die Endkunden. Überwiegend vereinbaren die Reifenhersteller einen Preis für die Verteiler und lassen zu, dass letztere den Endpreis nach eigenem Gutdünken bestimmen. Dies geschieht, weil angenommen wird, dass jeder Händler selbst am besten in der Lage ist, und dies auch will, zu entscheiden, welcher Preis angesichts der am Verkaufsort herrschenden Bedingungen angemessen erscheint, und dass er den Preis hoch genug setzen wird, um einen ausreichenden Verkaufsanreiz zu bieten. Der Nachteil dieses Verfahrens liegt darin, dass der Händler sowohl die vom Hersteller geplante Preispositionierung nicht markenadäquat umsetzt, als auch möglicherweise seine herausragenden Einkaufsbedingungen nutzt, um marktstörend für den Hersteller zu agieren.

3.3.1 Die kostenorientierte Preisbildung

In den seltenen Fällen, wo noch kein Marktpreis für ein Produkt vorhanden ist, wird es notwendig sein, sich an den Grenzkosten zu orientieren. Üblicherweise erfolgen dazu die Deckungsbeitragsaufschläge analog der Durchschnitte der entsprechenden Produktkategorien. Diese Art der Preisbildung ist eng mit dem Lebenszyklus des Produktes verbunden. Bei der Skimming-Strategie wird das Produkt zu einem vergleichsweise hohen Preis eingeführt, der im Verlauf des Lebenszyklus bzw. mit dem Eintritt von Konkurrenten in der Regel absinkt. Es ist aber darauf zu achten, dass bei der Realisierung hoher kurzfristiger Gewinne die Marktdurchdringung für das neue Produkt nicht behindert wird.

3.3.2 Die marktorientierte Preisbildung

Folgender Verhandlungsmechanismus ist im Reifenersatzgeschäft anzutreffen: Vor Beginn des Sommer- bzw. Winter-Hineinverkaufs werden die Reifenhändler durch die Verkäufer der Reifenhersteller besucht. Es werden Preis-Mengen Angebote gemacht. Die Händler warten den Besuch aller relevanten Reifenanbieter ab, um auf Kenntnis der aktuellen Preislage ihrerseits Preisforderungen zu stellen. Dabei gibt es Rückkoppelungen, und insbesondere versuchen die Reifenhändler die Preise mit tatsächlichen oder auch fiktiven Billigangeboten der Konkurrenz zu drücken. Die Reifenhersteller stehen dabei unter einem doppelten Druck. Zum einen läuft die Zeit gegen sie. Sind sie nicht bereit, preislich nachzugeben, laufen sie Gefahr, dass sich der Handel für die Saison anderweitig eindeckt. Eine zu späte Preissenkung hat negativere Auswirkungen als keiner Preissenkung und führt dazu, dass geringe Mengen zu niedrigen Preisen verkauft werden. Darüber hinaus werden sich die Bedingungen für die nächsten Preisverhandlungen verschlechtern. Zum zweiten müssen die bereits produzierten Reifen auch in dieser Saison verkauft werden. Je schlechter die Gesamtbilanz bei den Verkaufsgesprächen mit dem Handel verläuft, desto stärker gerät der Reifenhersteller unter Druck, seine Reifen durch „Kampfpreise" in den Markt zu geben. Auf Grund dessen muss der Reifenhersteller alles daransetzen, unter Einsatz eines ausgefeilten Konditionskonzeptes, den Nettopreis so markt- und kundengerecht wie möglich auszurichten und dies nicht isoliert, sondern eingebettet in ein kundenindividuelles Trade-Marketing-Konzept.

3.3.3 Die unverbindliche Preisempfehlung

Eine unverbindliche Preisempfehlung liegt vor, wenn der Anbieter einer Ware deren Abnehmern eine Orientierungshilfe für die Preisstellung gibt. Wie bereits ausgeführt, besteht eine große Unsicherheit im Handel über die realen Wettbewerbspreise. Er ist geneigt, bei einem vollen Lager und bei Preisaktionen der Hersteller diese wiederum in seinen Verkaufsaktivitäten auszunutzen. Eine Preisempfehlung des Reifenherstellers muss das Ziel haben, in einem beiderseitigen Verständnis preisstabilisierend zu wirken: z.B. durch Vorgabe letztlich eines Preiskorridors, um auch dem lokalem Wettbewerbsumfeld des Händlers entsprechen zu können.

4. Konditionsgestaltung

Die Konditionsgestaltung ist das wichtigste Element zur Darstellung der Nettopreise. Dazu gehören ferner alle Liefervertragsbestandteile, welche sich gegenüber dem Kunden monetär auswirken (z.B. Overhead, Listungsfee, etc.). Trade Marketing-Leistungen sind dabei nicht enthalten.

4.1 Konditionsbestandteile

Die Konditionsgestaltung hat sich nach den Kundengruppen bzw. Distributionskanälen auszurichten. Großhändler und nationale Filialisten verlangen generell ein adäquates Nettopreisangebot, Einkaufskooperationen benötigen sowohl ein Konzept unter Berücksichtigung der zentralen Einkaufsbelange, als auch Nettopreise für Aktionen des Handels, wogegen für kleinere, mittlere unabhängige Händler eine leistungsabhängige Konditionsgestaltung erforderlich ist. Prinzipiell bevorzugt der Reifenhandel Nettopreise, da er hier eine hohe Transparenz und gute Überprüfbarkeit vorfindet, jedoch benötigt er für Wiederverkaufsgeschäfte Konditionen zur eigenen Kalkulation.

4.1.1 Rabattierung

Grundlage für die Rabattierung ist der Listenpreis und dieser sollte bereits die beabsichtigte Preispositionierung beinhalten. Auf dieser Kalkulationsbasis findet als Erstes der

Grundrabatt oder Produktrabatt Berücksichtigung. Danach können beispielsweise die im Folgenden dargestellten Konditionsbestandteile zur Anwendung kommen.

Konditionsbestandteil	Maßnahme
Volumenbonus	abhängig vom Gesamtabsatz/-umsatz
Strategiebonus	Extra zur Verbesserung der Wettbewerbspositionierung
Marktanteilsrabatt	oder Partnerschaftsbonus, abhängig vom Grad der Zusammenarbeit
Dispositionsrabatt	oder Bevorratungsrabatt, abhängig von der Bereitschaft des Handels frühzeitig vor Saisonbeginn (Frühjahr/Herbst) bestimmte Mengen einzulagern
Produktextra	zur Produkteinführung oder Verbesserung der Preisposiitonierung
Aktionsrabatt	temporärer Bestandteil zur Stimulanz einer Aktion. Darunter fällt auch die Gewährung einer Stückprämie, welche normalerweise produktdifferenziert angeboten wird
Zentralbonus	oder Overhead als Extra für zentralen Einkauf
Listungsfee	Zur Erlangung eines A-Lieferanten budgetärer Beitrag für die Einkaufszentrale des Kunden

Tabelle 1: Maßnahmen im Überblick (I)

4.1.2 Erlösschmälerungen

Je nach Vereinbarung mit dem Kunden werden Konditionsbestandteile sofort oder erst am Jahresende berechnet. Neben den vorstehend genannten nettopreisbildenden Bestandteilen gibt es noch weitere Maßnahmen, welche die Erlöse des Reifenherstellers schmälern.

Kondition	Maßnahme
Skonto	Je nach Bonität des Kunden werden unterschiedliche Zahlungsziele eingeräumt. Auf der einen Seite ist die Finanzabteilung des Reifenherstellers daran interessiert, zur Verbesserung des Cash-Flow einen geringen Forderungsbestand auszuweisen und auf der and
Kreditzinsenzuschuss	Beitrag des Herstellers für Investitionen des Händlers
Marketingzuschuss	a) Aktionsbezogener Beitrag (Bei Erteilung einer bestimmten Auftragshöhe erfolgt monetärer Werbekostenzuschuss b) Beteiligung an Marketingmaßnahmen des Kunden

Tabelle 2: Maßnahmen im Überblick (II)

4.2 Preismanagement

Die Komplexität der vorstehend geschilderten Preis- und Konditionsgestaltung macht es dringend erforderlich innerhalb der Vertriebs- und Marketingorganisation ein Preismanagement zu installieren. Aufgabe des Preismanagements ist es, die gemäß der Zielsetzung des Unternehmens optimale Preisstrategie zu bestimmen und in die Praxis umzusetzen (Simon, 1982). Preissicherheit bzw. Preiszuverlässigkeit ist für den Kunden ein elementarer Bestandteil für eine vertrauensvolle Zusammenarbeit. Deshalb ist eine systematische und strategische Vorgehensweise eine wesentliche Voraussetzung für ein erfolgreiches Preismanagement.

Im Hinblick auf die Wichtigkeit der Aufgabe muss der Preismanager direkt an den Vertriebsleiter berichten. Er muss in soweit mit Kompetenzen ausgestattet sein, dass er sowohl im Rahmen der festgelegten Preispolitik als auch bei notwendigen Preisanpassungen intern die notwendigen Maßnahmen für den Verkauf bzw. dem Key-Account-Management treffen kann.

Hauptaufgaben für den Preismanager sind u.a.

- Beobachtung des Marktes hinsichtlich der Netto- und Verkaufspreise des Handels
- Entwicklung von Strategien zur Planung und Umsetzung der Preispositionierung
- Entwicklung von Konditionskonzepten
- Permanente Kontrolle und Steuerung der Preis- und Konditionsentwicklung auf Produkt und Kundenebene
- Managen von Preis- und Konditionsforderungen

Es ist darauf zu achten, dass ein Informationssystem etabliert wird, welches eine ausreichende Transparenz über das vorhandene Pricing liefert und auch sicherstellt, dass eine hohe Spreizung der Preis- und Konditionsgestaltung gegenüber den verschiedenen Kundengruppen vermieden wird.

5. Zusammenfassung

Aufgrund der besonderen Problematik bei Low-Involvement-Produkten ist eine hohe Aufmerksamkeit für die Preisbildung dringend erforderlich. Hier rächt sich umso mehr, je weniger Beachtung für die Stärkung der Marke geschenkt wurde. Im Vergleich dazu kann eine vermeintliche Preisabsenkung sehr teuer werden: so bedeutet beispielsweise eine Konditionsausweitung von 2% bei einem Listenpreisumsatz von 500 Mio. € eine Erlösschmälerung von € 10 Mio.! Dazu kommt noch, dass diese Nettopreisreduzierung im Markt nicht mehr rückgängig gemacht werden kann, ohne große Mengenverluste hinzunehmen.

Was ist deshalb zu tun, um eine Marke zu bilden bzw. diese stark zu machen? Die Marke als Vorstellungsbild im Kopf eines Konsumenten beeinflusst nur dann das Kaufverhalten positiv, wenn sie mit einem „added value“ verbunden ist. Der wahrgenommene Zusatznutzen einer Marke muss in einem unverwechselbaren Vorstellungsbild bestehen, damit ein Markenwert aus Verbrauchersicht hergestellt werden kann. Sofern ein solches Markenbild geschaffen ist, ist durch eine Kontinuität der Kommunikation mit einem ausreichenden Werbedruck ein Markenguthaben zu erreichen. Der Markenwert führt zu einer Kaufverhaltensrelevanz beim Verbraucher, die sich in einer entsprechenden Nachfrage und Preisbereitschaft beim Handel ausdrückt. Low-Involvement-Produkte stehen unter einem ganz besonderen Wettbewerbsdruck und Hersteller, die nicht unmittelbar die Kostenführerschaft übernommen haben, müssen sich als Marke profilieren, um als eigenständiges Unternehmen eine Überlebenschance zu haben. Die Preisbildung ist ein Teil der Markenführung, weshalb auch eine adäquate Preispositionierung im Markt erreicht und diese entsprechend verteidigt werden muss. Bedeutung und Aufmerksamkeit für ein professionelles Preismanagement können im Unternehmen nicht hoch genug bemessen werden. Für Low-Involvement-Produkte wird sich deshalb der Aufwand immer lohnen.

6. Literatur

ALBERS/HERRMANN, 2000, Handbuch Produktmanagement, Wiesbaden.

BAYER, CHR., 1995, Spieltheoretische Analyse von Wettbewerbsstrategien im westeuropäischen PKW-Reifenmarkt, Karlsruhe.

DILLER, H., 1991, Vahlens Großes Marketing Lexikon, München.

PEPELS, W., 1998, Einführung in das Preismanagement, Oldenburg.

SIMON, H., 1991, Preismanagement, 2.Auflage, Wiesbaden.

Georg Wübker - Dirk Schmidt-Gallas

Pricing-Strategien für Banken

1. Steigender Stellenwert des Pricing und der Pricing-Prozesse bei Banken

Während sich Finanzdienstleister in den neunziger Jahren stark mit Kostenfragen und -themen (Reengineering, Prozessoptimierung etc.) auseinandergesetzt haben, so gilt es heute, mit Hilfe von innovativen, am Kundenbedürfnis ausgerichteten Preisstrategien, dem sogenannten Value-Pricing, Umsatz- und Ertragssteigerungen zu erzielen. Auf der Marketing-Mix-Ebene deuten neue Angebote mit einer innovativen und im Vergleich zur Vergangenheit weitaus differenzierteren Preisgestaltung sowie verstärkte Kommunikationsaktivitäten der Institute (z.B. Postbank, DiBa) die Marktveränderungen an.

Hinzu kommt eine Renaissance des Geschäfts mit den privaten Bankkunden. Galt noch bis vor einiger Zeit das Investmentbanking als die Königsdisziplin des Banking, hat sich das Blatt mittlerweile gewendet. So war kürzlich über die Deutsche Bank zu lesen: „Getragen vom Personal Banking hat die Säule Privatkunden und Vermögensverwaltung (PCAM) im dritten Quartal [...] seit mehreren Jahren wieder mehr verdient als die Firmenkunden- und Investmentbankingsparte. Die Eigenkapitalrendite lag mit 19 % deutlich über der des Investmentbanking mit minus sechs Prozent" (o. V., 2002, S. 23).

Marktstudien haben gezeigt, dass die Preisgestaltung für Finanzdienstleistungen zu den wichtigsten Anforderungen der Kunden gehört – mit steigender Tendenz. Verstärkt wird diese Entwicklung durch die Entpersonalisierung des Finanzdienstleistungsgeschäftes, was nicht zuletzt auf die neuen Möglichkeiten des Online- und Telebanking zurückzuführen ist (Stichwort: Multi-Kanal). Der Kunde bedient sich selbst, verzichtet auf eine persönliche Betreuung und erwartet dafür eine Gegenleistung. Diese neue Situation stellt das Pricing für Finanzprodukte vor neue Herausforderungen.

Drei Hauptursachen sind für die Veränderungen im Finanzdienstleistungsbereich und damit für den gestiegenen Stellenwert des Pricing auszumachen:

1. *Neue Medien und Verbreitung von PC- und Internetnutzung:* Durch die Verbreitung der Internetnutzung und durch die fortschreitende Entwicklung der Informationstechnologie eröffnen sich sowohl neue Distributions- und Angebotsmöglichkeiten als auch Kostensenkungspotenziale für die Anbieter. Die Ausstattung der Kunden mit PCs und Internetzugang führt zu einer Nutzung dieser neuen Möglichkeiten durch ein großes Kundensegment. Die Zahl der Online-Konten hat sich nach Angaben der Gesellschaft für Bankpublizität (Köln) von 3,5 Mio. (1998) auf über 20 Mio. Konten (2002) fast versechsfacht.

2. *Neue Wettbewerber:* Im Privatkundengeschäft sind neben die traditionellen Institute Direktbanken sowie Non- und Near-Banks getreten. Dazu gehören Industrie- oder Handelsunternehmen, die Bankdienstleistungen i. d. R. über Banktöchter anbieten (z.B. BMW Financial Services). Direktbanken haben inzwischen einen beachtlichen Kundenstamm. So hat die Comdirect etwa 620.000 Kunden (Stand: Januar 2003). Die anfängliche Skepsis gegenüber den filiallosen Instituten hat sich inzwischen zu einer guten Akzeptanz in der Zielgruppe gewandelt. Das ist u. a. auf die Verbreitung von Informationen und die persönliche Mundpropaganda der Direktbank-„Pionierkunden“ zurückzuführen. Allerdings stehen die Direktbanken auf Grund der lang anhaltenden Baisse zur Zeit unter enormen Preisdruck, u.a. auch durch ein falsches Pricing in der Vergangenheit. Eine weitere Verschärfung der Wettbewerbssituation bewirkt das Internet durch die Verbreitung von Informationen über Finanzdienstleister, mit denen die Kunden Geschäftsbeziehungen aufbauen können (z.B. inländische, evtl. kleinere, Institute oder ausländische Banken).

3. *Veränderung der Kundenanforderungen*: Die Anforderungen der Zielgruppe haben sich enorm gewandelt. Von den Filialbanken beispielsweise waren die Kunden eine persönliche Betreuung gewohnt. Im Zuge der Elektronisierung des Banking und der Offenheit der Kunden gegenüber neuen Banking-Formen wird die persönliche Beziehung zur Bank weniger wichtig (zumindest bezogen auf Standardprodukte). Direktbanken stellen die vorläufige Spitze dieser Entwicklung dar. Die mit dem Selfservice durch die Kunden einhergehende Kosteneinsparung wiegt den Verzicht auf eine persönliche Betreuung auf.

4. *Fehlen eines systematischen Pricing-Prozesses innerhalb der Organisation:* Viele Banken haben keinen systematischen Pricing-Prozess. Was ist nun ein Pricing-Prozess? Simon und Sebastian (2002) verstehen darunter einen Satz von organisatorischen Regeln, Strukturen und Maßnahmen, die dazu dienen, Preise festzulegen und zu implementieren. Pricing-Prozesse umfassen folgende Aspekte: A. Informationen, Methoden, Modelle, Entscheidungsregeln, Qualifikationen, Verantwortlichkeiten, Anreizsysteme, Zeitpunkte. B. Phasen: Analyse, Entscheidung, Umsetzung, Kontrolle/Monitoring sowie C. Subjektive (z.B. Schätzungen, Erfahrung) und objektive (z.B. Markt-, Wettbewerbsdaten) Komponenten. Pricing-Prozesse sind immer dann entscheidend, wenn ein Unternehmen – wie Finanzdienstleistungsunternehmen – viele Produkte hat oder die Preise für jede Transaktion spezifisch festgelegt werden, etwa durch Verhandlungen. In all diesen Fällen kann nicht sehr viel Zeit und Mühe auf die einzelne Preisentscheidung verwandt werden, sondern man braucht genau definierte Prozesse, die zur erfolgreichen Value Extraction und damit zu auskömmlichen Umsatzrenditen führen.

Entscheidend für das Überleben der Finanzdienstleister unter den neuen Bedingungen ist die Anpassung des gesamten Marketing-Mix: Produkt, Preis (inkl. Preis-Prozesse), Kommunikation und Distribution. Die Basis bilden marktorientierte Leistungsangebote und entsprechende Preissysteme. Ein Fehler wäre es bei den oben skizzierten neuen Rahmenbedingungen bloße Preissenkungen vorzunehmen, statt eine kombinierte Anpassung des Marketing-Mix zu forcieren. Es gibt viele Beispiele für Branchen, die auf eine Verschärfung des Wettbewerbs mit Preiskriegen reagiert und sich damit selbst das Geschäft zerstört haben. Einen Schlüsselfaktor bei der Marketing-Mix-Gestaltung stellt daher das Pricing (Optimierung und Prozesse) dar.

2. Kenntnis der Kundenreaktionen auf Preisänderungen als Grundvoraussetzung professionellen Pricings

Es gibt vielfältige Möglichkeiten zur intelligenten Preisgestaltung. Am erfolgversprechendsten sind auf die Kunden bzw. einzelne Kundensegmente zugeschnittene Produkte und Preissysteme. Man spricht in diesem Zusammenhang auch von (Price) Customization. Der Effekt der Price Customization ist eine Vergrößerung der Angebotsalternativen für die Kunden, aus denen jeder Kunde das für ihn passende Angebot auswählen kann.

So hoch die Ertragschancen durch ein professionelles Pricing einerseits sind, so groß sind andererseits die Risiken falscher Preismaßnahmen. Die unten dargestellte Ertrags-Risiko-Matrix soll dies verdeutlichen. Die Matrix umfasst die Dimensionen Erlösbeitrag (hoch vs. niedrig) sowie Risiko (hoch vs. niedrig). So besteht ein hohes Risiko bei Preismaßnahmen, wenn Kunden extrem preissensitiv sind. Eine Untersuchung verschiedener Preismaßnahmen bei einer Bank ergab, dass zum einen die Höhe der Kontoführungsgebühr einen erheblichen Impact auf den Erlös hat, zum anderen aber die Kunden sehr sensibel auf diese Preiskomponente reagieren (High Risk und High Impact, siehe Abbildung). Der Grund: Die Kontoführungsgebühr steht sehr stark im Fokus der Kommunikation und wird damit sehr stark von den Kunden wahrgenommen. Die systematische Einordnung der zahlreichen Preiskomponenten in diese Matrix gibt wertvolle Hinweise zur Priorisierung der umzusetzenden Preismaßnahmen. So ergab die systematische Untersuchung ausgewählter Preiskomponenten, dass eine Senkung des Guthabenzinses von den Kunden kaum wahrgenommen wird, jedoch zu einer deutlichen Erlössteigerung führt (Manager's Dream).

Bankmanager kennen vor allem nicht die Auswirkungen von Preisänderungen auf das Volumen (Risikodimension). Insbesondere die Unkenntnis von Preis-Mengen-Zusammenhängen, Preiselastizitäten, lässt die „Preis-Mengen-Falle" immer wieder zuschnappen. Ausschlaggebende Bedeutung für den Erfolg einer differenzierten Produkt-/Preisstrategie besitzt die richtige Informationsbasis. Nur bei Kenntnis der Nutzenvorstellungen der Zielgruppe, vorhandener Zahlungsbereitschaften sowie des Preis-Volumen-Zusammenhanges (Preiselastizitäten) können in idealer Weise die optimalen segmentspezifischen Produkte entwickelt und bepreist werden.

Folgendes Beispiel demonstriert die Notwendigkeit detaillierter Kenntnisse der Kundenreaktionen auf Maßnahmen des Preismanagements: Ausgehend von Deckungsbeiträgen je Leistungseinheit von 20 % bedarf es bei einer Preissenkung um 5 % einer um 33 % steigenden Menge, soll der gesamte Deckungsbeitrag nicht gefährdet werden. Andererseits darf die Menge um 20 % sinken, wenn der Preis um 10 % erhöht wird. Die Bedeutung detaillierter Kenntnisse über die Reaktionen der Absatzmengen bei Änderung der Preise sind offensichtlich zentral für die Beurteilung preispolitischer Maßnahmen.

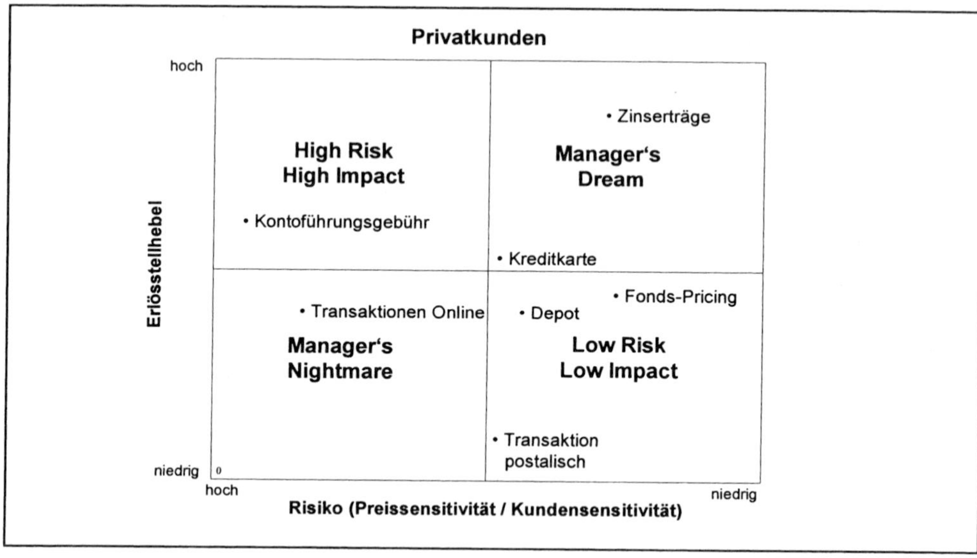

Abbildung 1: Die Erlös-Risiko-Matrix

In der Praxis haben sich insbesondere drei Vorgehensweisen zur Bestimmung des Zusammenhangs zwischen Preis- und Mengenänderungen als sinnvoll erwiesen. Erstens lassen sich mit Hilfe von Sensitivitätsindikatoren Schätzgrößen für die Reaktion der Kunden auf geänderte Preise ermitteln. Zweitens lassen sich Expertenurteile mit Hilfe eines Decision Support-Modells zur Beurteilung der Wirkung von Preisänderungen heranziehen. Drittens hat sich das statistische Verfahren des Conjoint Measurement bei der Berechnung funktionaler Zusammenhänge zwischen Preisen und Mengen bewährt.

Abbildung 2 zeigt ein Beispiel für ein Indikatorensystem zur Beurteilung der Preissensitivität von Bankkunden. Mitarbeiter des Instituts können dabei aufgefordert werden, eine repräsentative Stichprobe ihrer Kunden hinsichtlich der einzelnen Indikatoren einzustufen. Die Aggregation dieser einzelnen Bewertungen kann sodann dazu herangezogen werden, zu einer Gesamteinschätzung der Preissensitivität des Kunden zu gelangen. Als Vorteil dieser Vorgehensweise erweist sich ihre einfache und schnelle Durchführbarkeit. Allerdings ist sie eher geeignet, einen ersten Eindruck über die Preisreaktionen der Kunden zu liefern. Die Quantifizierung des Zusammenhangs zwischen Preisen und Mengen ist so nicht ohne Weiteres möglich.

Indikatoren	Preissensitivität Niedrig	Hoch
1.) Hoher Konkurrenzdruck auf Seiten der Anbieter*		•
2.) Hoher Konkurrenzdruck auf Seiten der Kunden		•
3.) Geringes Know-how der Kunden bzgl. Services	•	
4.) Hohe Bedeutung der Marke	•	
5.) One-stop-shopping / Bequeme Kunden	•	
6.) Kauf von Problemlösungen	•	
7.) Nachfrage nach Extraserviceleistungen	•	
8.) Hohes Vertrauen des Kunden	•	
9.) Qualitätsbewusste Kunden	•	
10.) Komplexe Produkte / hohe Komplexität des Prozesses	•	
11.) Hohes Auftragsvolumen		•
12.) Gute Erfahrungen mit anderen Instituten		•

** Lesebeispiel: Je höher der Konkurrenzdruck auf Seiten der Anbieter, desto höher ist die Preissensitivität.*

Abbildung 2: Indikatorensystem zur Abschätzung der Preissensitivität von Bankkunden

Ein Decision Support-Modell, das sich zur Beurteilung von Maßnahmen des Preismanagements bewährt hat, ist das PRICESTRAT-Konzept. Mit seiner Hilfe lassen sich nicht nur die Reaktionen von Kunden auf Preisänderungen abbilden, sondern auch die Reaktionen der Wettbewerber auf die eigenen Preismaßnahmen in das Kalkül miteinbeziehen. Zu diesem Zweck werden unternehmensinterne Experten gebeten, die Reaktionen der Kunden auf Änderungen der Preise des eigenen Instituts zu beurteilen. Dabei werden die Preise solange systematisch variiert und die Experten um ihre Einschätzung bezüglich der Mengenänderung gebeten, bis der gesamte relevante Preisbereich umfassend beleuchtet ist. Danach werden die Experten um ihre Einschätzung von Wettbewerbsreaktionen gebeten. Hierbei gilt es, für jeden der relevanten Wettbewerber zu bestimmen, ob und wenn ja in welchem Umfang sich dessen Preise als Reaktion auf die Aktivitäten des eigenen Preismanagements ändern würden. Ein Algorithmus verdichtet diese Einzelinformationen zu quantifizierten Aussagen über die gesuchten Preis-Mengen-Zusammenhänge. Mit Hilfe dieses Tools wurde in U.K. der Preis für ein Girokonto-Paket von ursprünglich beabsichtigten drei Pfund pro Monat auf acht Pfund pro Monat (=erlösoptimale Preis) erhöht, ohne dass dies zu signifikanten Absatzeinbußen geführt hätte.

Das Conjoint Measurement als dritte und zugleich aufschlussreichste, aber auch aufwendigste Methode zur Ermittlung von Preis-Volumen-Zusammenhängen hat seinen Ursprung in der mathematischen Psychologie. Ihm liegen zwei wesentliche Ideen zugrunde. Zum einen nutzt es den Umstand, dass sich Bankdienstleistungen aus Sicht des Kunden in verschiedene Merkmale aufteilen lassen. So stellen die Marke des Instituts, der Kreditkartentyp und die Guthabenverzinsung neben dem Preis typische Komponenten eines Girokontos dar. Zum anderen zwingt die Befragungssystematik des Conjoint Measurement die Kunden zum Abwägen zwischen verschiedenen Leistungen und erzielt so äußerst zuverlässige Ergebnisse. Ausgehend von diesen Komponenten würden Kunden nach ihren Präferenzen über alternative Preis-Leistungs-Kombinationen befragt. So hätten die Kunden bei diesem Vorgehen offen zu legen, ob sie bspw. ein Girokonto vorziehen würden, das ihnen zwar nur eine Standard-Kreditkarte bietet und sieben Euro pro Monat an Kontoführungsgebühren verursacht, dafür aber eine Guthabenverzinsung von 2 % offeriert, oder aber ob sie sich für ein Girokonto entscheiden würden, das ihnen eine goldene Kreditkarte zur Verfügung stellt und nur fünf Euro pro Monat an Gebühren verursacht, dafür aber keine Verzinsung des Guthabens aufweist. Durch systematische Variationen der einzelnen Merkmale lassen sich so die Präferenzen für die verschiedenen Preisstellungen und die einzelnen Leistungsmerkmale zuverlässig ermitteln. Abbildung 3 demonstriert diese Sachverhalte mit Hilfe eines Beispiels.

3. Bildung von Kundensegmenten für maßgeschneidertes Preismanagement

Die Praxis zeigt: Für jeden einzelnen Kunden individuelle Preis-Leistungs-Pakete zu offerieren, ist oft nur schwer durchführbar und selten für die Bank profitabel. Selbst im Private Banking bietet es sich statt dessen an, auf Leistungs-Module zurückzugreifen, um die Komplexitätskosten zu begrenzen. Andererseits zielen Angebote, die sich auf die gesamte Masse der Kunden richten, oft an den Präferenzen des Einzelnen vorbei. Zu sehr unterscheiden sich seine Bedürfnisse von denen des „Durchschnittskunden", der meist ohnehin nicht existiert. Daher bietet es sich an Kundengruppen, Segmente, zu bilden, die sich hinsichtlich ihrer Präferenzen relativ stark ähneln. Für diese Segmente lassen sich dann Leistungen und Preise gezielt anpassen.

Der Ablauf einer solchen Kundensegmentierung lässt sich durch die Bildung von drei Phasen systematisieren. Zunächst gilt es, die individuellen Nutzenvorstellungen und Preisbereitschaften der einzelnen Kunden zu ermitteln. Sodann sind hieraus Kundengruppen zu ermitteln, deren Präferenzen innerhalb der jeweiligen Gruppe möglichst ähnlich und von denen anderer Gruppen möglichst verschieden sein sollen. Schließlich sind diese Segmente anhand leicht identifizierbarer und beobachtbarer Kriterien zu beschreiben.

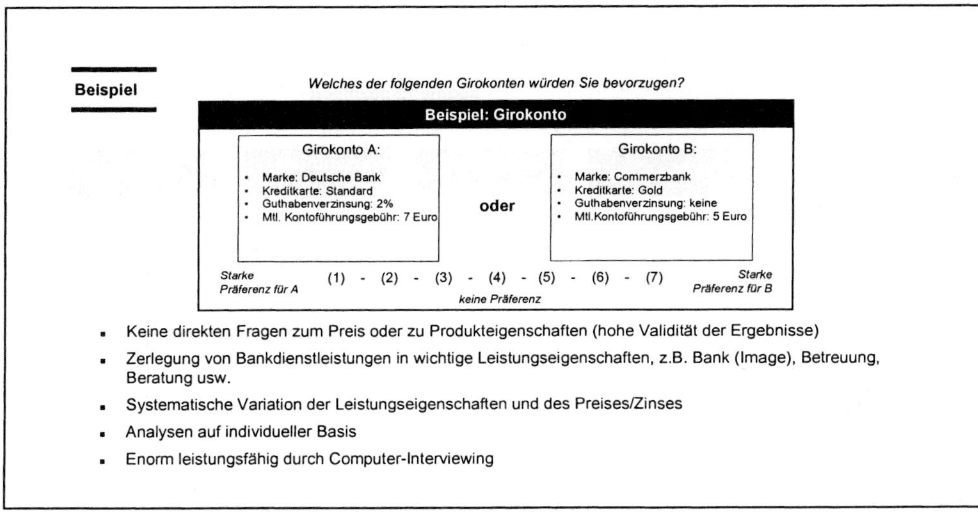

Abbildung 3: Das Conjoint Measurement am Beispiel für ein Girokonto

Als optimale Basis für die Segmentierung erweist sich das bereits oben skizzierte Conjoint Measurement. Mit seiner Hilfe werden für jede Komponente der Bankdienstleistung einschließlich des Preises Nutzenwerte ermittelt, mit deren Hilfe sich die Kunden optimal gruppieren lassen. Hierzu bilden diese Nutzenwerte den Input für Verfahren der Clusteranalyse, einer Gruppe statistischer Verfahren, die es sich zum Ziel machen, Kunden derart zu gruppieren, dass die Mitglieder einer Gruppe möglichst ähnliche Nutzenwerte aufweisen, die sich möglichst stark von denen der Mitglieder anderer Gruppen unterscheiden. Mit Hilfe eines weiteren statistischen Verfahrens, der Diskriminanzanalyse, gelingt es sodann, die gebildeten Gruppen mit sie beschreibenden Charakteristika in Verbindung zu bringen. So liesse sich bspw. ermitteln, dass die Kunden des einen Segments vorwiegend besserverdienende Kunden mittleren Alters mit einer Hochschulausbildung sind, während eine zweite Gruppe jüngere Kunden in Ausbildungsberufen mit mittleren Einkommen vereinigt. Bereits die Kenntnis dieser relativ leicht beobachtbaren Kenngrößen würde es dem Bankmitarbeiter im täglichen Geschäft vor Ort erlauben, einen Kunden einer der Gruppen zuzuordnen und so Rückschlüsse auf dessen Präferenzen zu ziehen. Abbildung 4 zeigt die Bildung von Segmenten am Beispiel eines Girokontos.

Mit Hilfe dieser Informationen lassen sich die Aktionen des Preismanagements maßschneidern. Ein Simulationsmodell erlaubt die Abschätzung der Wirkungen der jeweiligen Maßnahmen bei der Leistungs- und Preisgestaltung für die einzelnen Segmente und ermöglicht so die Optimierung des Angebots. Abbildung 5 zeigt ein solches Simulationsmodell.

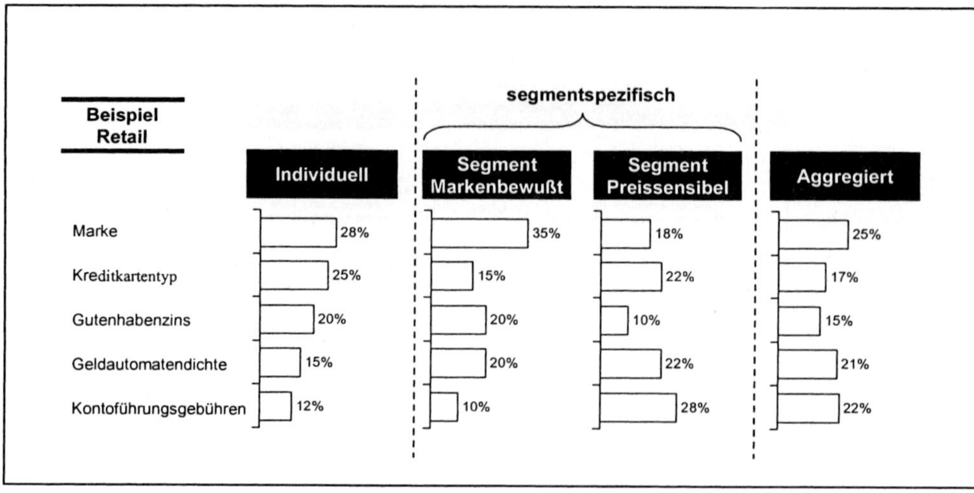

Abbildung 4: Beispiele für Kundensegmente beim Erwerb von Girokonten

Ausgehend von den bislang gewonnenen Erkenntnissen, der Reaktion der Kunden auf Preisänderungen und der Bildung von Kundensegmenten hinsichtlich ihrer Leistungs- und Preispräferenzen, zeigen wir im Folgenden einige Handlungsfelder intelligenten Preismanagements für Banken auf. Wir widmen uns dabei der Preisdifferenzierung und der Preisbündelung sowie einigen Maßnahmen zur Kundenbindung, die aktives Preismanagement stets nicht nur zu begleiten, sondern aktiv zu untermauern haben. Sie alle dienen der optimalen Abschöpfung von Zahlungsbereitschaften über die gesamte Lebensdauer eines Kunden und entfalten gerade bei kombiniertem Einsatz ihre optimale Wirkung. Schließlich geben wir einen Ausblick auf ausgewählte Aspekte der Preisumsetzung.

4. Preisdifferenzierung

Die Preisdifferenzierung zielt darauf ab, unterschiedliche Zahlungsbereitschaften für die Bankleistung möglichst optimal abzuschöpfen und so den Gewinn des Instituts zu optimieren. Zunächst verdeutlichen wir den Grundgedanken der Preisdifferenzierung. Sodann erläutern wir einige Möglichkeiten zu ihrem Management (vgl. dazu auch den Beitrag von Fassnacht).

4.1 Der Grundgedanke der Preisdifferenzierung

Die Preisdifferenzierung nutzt den Umstand, dass verschiedene Kunden in einem Markt typischerweise unterschiedlich hohe Zahlungsbereitschaften für das gleiche Produkt aufweisen. So mag ein Kunde bereit sein, für Wertpapiertransaktionen 1% des Transaktionsvolumens als Gebühr zu entrichten. Ein weiterer Kunde mag sogar willens sein, 1,5% zu bezahlen, während die Zahlungsbereitschaft eines dritten Kunden evtl. nur 0,5% beträgt. In einer solchen Transaktion nur einen einzigen Preis zu verlangen, ist aus Sicht der Bank nicht optimal. Wird etwa eine Gebühr in Höhe von 1% veranschlagt, ist nur die Zahlungsbereitschaft des ersten Kunden exakt getroffen. Der zweite Kunde wäre bereit gewesen, mehr zu bezahlen. Diese zusätzlichen 0,5% an Gebühren gehen der Bank verloren. Der dritte Kunde schließlich würde keine Transaktionen mit der Bank tätigen. Auch bei ihm gehen 0,5% an Gebühren verloren. Diesmal, weil der Kunde seine Geschäfte mit einer anderen Bank tätigt. Ideal wäre daher ein Pricing, das jedem einzelnen Kunden genau seine Zahlungsbereitschaft abverlangt. So gäbe es in diesem Beispiel im Idealfall drei Gebührensätze: 0,5%, 1,0% und 1,5%. Jeder der Kunden würde (unter sonst gleichen Umständen) seine Transaktionen mit der Bank tätigen und es gingen keine Gebühren verloren.

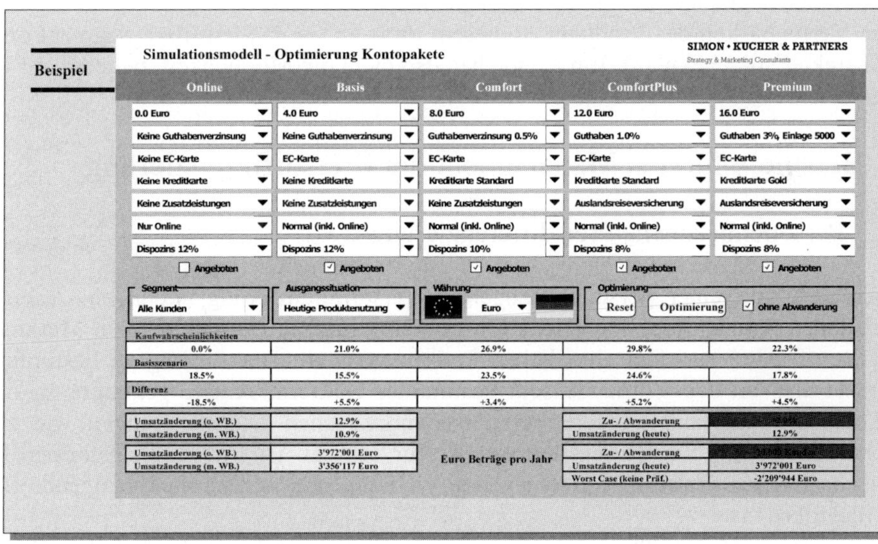

Abbildung 5: Ein Simulationsmodell zur Optimierung des Angebots von Girokonten

Wie lässt sich dies bewerkstelligen, ohne dass für jeden Kunden ein eigener Preis ausgehandelt werden muss? Zunächst ist entscheidend, die Kunden anhand ihrer Zahlungsbereitschaft in Gruppen zusammenzufassen. In der Realität ist zu beobachten, dass trotz großer Zahlen von Kunden nur wenige unterschiedliche Zahlungsbereitschaften in einem Markt vorhanden sind. Die Anzahl verschiedener Preise, die für eine effektive Preisdifferenzierung nötig sind, ist folglich begrenzt. Danach erweist sich als eine wichtige Voraussetzung für die Preisdifferenzierung, die Kunden getrennt anzusprechen, um ihnen tatsächlich auch unterschiedliche Preise abzuverlangen. Schließlich werden unterschiedliche Preise für das im Kern gleiche Produkt verlangt. Hieran anknüpfend lassen sich drei Typen der Preisdifferenzierung unterscheiden.

Beim ersten Typ ist der Anbieter in der Lage, jedem Kunden genau den Preis abzuverlangen, der seiner Zahlungsbereitschaft entspricht. Dieses Prinzip hat auch eingangs zur Illustration der Preisdifferenzierung gedient. Beim zweiten Typ der Preisdifferenzierung werden im Wesentlichen identische Produkte zu unterschiedlichen Preisen angeboten und die Preisunterschiede durch nur geringfügige Änderungen des Produkts flankiert. Wesentliches Merkmal dieses Typus differenzierter Preissetzung ist die self-selection des Kunden, die Möglichkeit zur freien Wahl zwischen den unterschiedlich bepreisten Alternativen, aus denen der Kunden gemäß seinen Präferenzen wählt. Gerade diese Wahlmöglichkeit wird beim dritten Typus der Preisdifferenzierung aufgehoben oder zumindest eingeschränkt. Ziel dieser Form differenzierter Preissetzung ist die Bildung voneinander abgeschotteter Segmente. Für jedes der Segmente wird hierzu der optimale Preis gesetzt und die Verfügbarkeit des Produkts zu diesem Preis an für das jeweilige Segment originäre Charakteristika geknüpft. Ein Kunde hat also nicht die Möglichkeit, beliebig aus den verschiedenen Angeboten zu wählen.

4.2 Beispiele für das Management der Preisdifferenzierung

4.2.1 Personenbezogene Preisdifferenzierung

Wir sprechen von einer personenbezogenen Preisdifferenzierung, wenn ein Anbieter verschiedenen Kunden eine identische Leistung aufgrund ihrer individuellen Merkmale (Alter, Beruf usw.) zu unterschiedlichen Preisen verkauft. Der Zugang zu bestimmten Preisen ist also an das Vorhandensein bestimmter Käufermerkmale geknüpft, so dass eine Segmentierung insbesondere bei personenbezogenen Dienstleistungen wie z.B. Versicherungen oder Finanzdienstleistungen sehr effektiv ist. Anwendungsformen der personenbezogenen Preisdifferenzierung sind vielfältig und werden durch folgende Beispiele illustriert:

- Die Deutsche Bank gewährt Kunden, die in einer Ausbildung stehen, wie z.B. Schülern oder Auszubildenden, mit ihrem Produkt „Das Junge Konto“ eine kostenlose Kontoführung in Verbindung mit Zinsen wie bei einem normalen Sparkonto. In diesem Fall rechnet die Deutsche Bank damit, dass diese Kunden nach ihrer Ausbildung der Deutschen Bank treu bleiben, obwohl dann die Kontoführung nicht mehr kostenlos ist. Ziel einer solchen Konstruktion ist es, durch die im Laufe der Ausbildungszeit eingerichteten Kontobeziehungen wie etwa mit dem Ausbildungsbetrieb, dem Vermieter oder den Finanzbehörden Wechselbarrieren zu errichten. Auf diese Weise versucht der Anbieter, die Auszubildenden frühzeitig durch intelligentes Pricing an sich zu binden.

- Die Direktbank 1822direkt – ein Tochterunternehmen der Frankfurter Sparkasse 1822 - bietet Studenten eine kostenlose EC- und Kreditkarte im Zusammenhang mit einem ebenfalls kostenlosen Girokonto an. Auch hier ist ein zentrales Ziel, die Kunden näher an das Unternehmen heranzuführen, um langfristig eine profitable Kundenbeziehung aufzubauen.

Bei der personenbezogenen Preisdifferenzierung gelingt eine Marktsegmentierung sehr gut, da die Kunden anhand bestimmter beobachtbarer und ansprechbarer Merkmale identifiziert und somit ihren Segmenten leicht zuzuordnen sind. Die personenbezogene Preisdifferenzierung ist daher dem dritten Typ der Preisdifferenzierung zuzurechnen. Die insgesamt hohe Effektivität der Segmentierung nach überprüfbaren Kriterien ist allerdings mit Kontrollkosten, wie z.B. der laufenden Überprüfung des Studentenstatus, verbunden.

5. Bundling

Unter Bundling verstehen wir Angebote, bei denen verschiedene Produkte in einem Paket zu einem Gesamtpreis offeriert werden. In der Praxis setzen Banken zunehmend auf diese Angebotsstrategie, wie die folgenden Beispiele zeigen. Dabei wird zunächst die Systematisierung von Bundles dargestellt.

5.1 Systematisierung von Bündeln bei Bankprodukten

Während früher Kunden lediglich Einzelleistungen offeriert wurden, und sie diese auch separat bezahlen mussten, bieten heutzutage viele Kreditinstitute Bündel von Bankprodukten an. Dabei verbindet man in der Regel ein Einstiegsprodukt wie Girokonto oder Sparbuch mit zusätzlichen Leistungen wie Kreditkarte, Wertpapierdepot oder Baufinanzierung. Neben diesen weit verbreiteten Paketen finden sich zunehmend Kombinationen aus Fonds und Bausparverträgen (z.B. 4P von Schwäbisch Hall und Union Investment) oder Bündel aus Girokonto und Zinsboni bei Geldanlage bzw. Krediten. Aber auch das Girokonto an sich kann als Bündel einer Vielzahl unterschiedlicher Leistungen wie Kontoführung, Nutzung von Geldautomaten, Bereitstellung von Dispositionskrediten, Daueraufträgen und Überweisungen verstanden werden. Während noch vor wenigen Jahren diese Leistungen über einen zweiteiligen Tarif, bestehend aus einer Gebühr für die Kontoführung und Einzelpreisen der jeweiligen Transaktionen, abgerechnet wurden, haben sich mittlerweile Bündel durchgesetzt.

5.2 Bundling von Bank-, Versicherungs- und Zusatzprodukten

Neben der Kombination bankbezogener Basiselemente kommen im Zuge der Renaissance des Allfinanzgedankens immer mehr um Versicherungsleistungen erweiterte Pakete auf den Markt. Bereits die Kombination von Zahlungsfunktionen einer Kreditkarte mit Versicherungsleistungen stellt einen Anwendungsfall des Bundling-Prinzips dar. Einen großen Schritt weiter geht die CreditSuisse, die das gesamte Bedürfnis Wohneigentum durch ein Angebot aus Hypotheken, Lebens- und Sachversicherungen abdecken möchte. Bedingt durch Fusionen und Kooperationen von Banken und Versicherungsunternehmen ist zu erwarten, dass immer mehr umfassende Financial Service-Pakete entstehen.

Häufig ergänzt man darüber hinaus solche Pakete um Zusatzleistungen, die nicht in unmittelbarem Bezug zur Basisleistung stehen. Da die Kernprodukte im Bankbereich recht homogen sind, stellen Zusatzleistungen Stellgrößen zur Profilierung gegenüber der Konkurrenz dar. So offerierte die comdirect Bank ihren Kunden ein Produktbündel aus Wertpapierdepot, einer Telekom-Aktie, 12 Ausgaben der Zeitschrift Börse Online sowie einem T-Online Zugang, der sechs Monate von der Grundgebühr befreit war. Im Rahmen bankfremder Zusatzleistungen bieten sich vor allem Elemente aus dem Bereich Service, Fun, Reise und Freizeit an.

Doch warum ist Bundling für die Banken vorteilhaft? Im Folgenden werden die Gründe für die Vorteilhaftigkeit des Bundling aufgezeigt.

5.3 Vorteile der Bündelung

Gewinnsteigerung durch besseres Abschöpfen der Zahlungsbereitschaften:
Durch Bundling wird ungenutzte Zahlungsbereitschaft von einem Produkt auf ein anderes übertragen. Ein einfaches Praxisbeispiel aus dem Bankenbereich soll dies verdeutlichen. Eine Bank wollte ihr Girokonto um weitere Dienstleistungen wie Online-Banking und Kreditkarte erweitern. Zu entscheiden war über den Preis dieser Zusatzleistungen. Mittels einer nutzenbasierten Clusteranalyse wurden vier etwa gleich große Segmente identifiziert. Während für Segment 1 das Online-Banking einen großen Nutzen hat, stiftet die Kreditkarte Segment 4 einen hohen Nutzen. Bei Einzelpreisstellung betragen die optimalen monatlichen Preise: 4 Euro für das Online-Banking bzw. 6,5 Euro für die goldene Kreditkarte. Bei diesen Preisen kaufen jeweils zwei Segmente, so dass sich der monatliche Umsatz bzw. – bei vernachlässigbaren Kosten – der Gewinn auf 21 Euro beläuft. Beim Bundling ist der optimale Bündelpreis 7,5 Euro pro Monat. Bei diesem Preis kaufen alle vier Segmente und der monatliche Umsatz bzw. Gewinn beträgt 30 Euro – eine Gewinnsteigerung gegenüber der Einzelpreisstellung von 42 Prozent, und das, obwohl der optimale Bündelpreis (7,5 Euro) um 28 Prozent günstiger ist als die Summe der optimalen Einzelpreise (10,5 Euro). Doch Vorsicht: Bundling ist nicht immer gewinnoptimal. Entscheidend ist die Kenntnis über die Verteilung der Zahlungsbereitschaften, die Größe der jeweiligen Segmente sowie über die Kosten.

Gewinnsteigerung durch Mehrabsatz und Cross-Selling:
Wie im obigen Praxisbeispiel verdeutlicht, führt Bundling zu höherem Cross-Selling und damit zu Absatzsteigerungen. Anstelle von vier Service-Einheiten werden acht Einheiten abgesetzt. Ein sehr gutes Praxisbeispiel für erfolgreiches Cross-Selling mittels Bundling liefert Microsoft: Die Marktanteile von Word, Excel, Powerpoint und Access konnten durch Bundling sehr stark ausgebaut werden. Dies war das wichtigste Erfolgselement der Microsoft-Strategie. Die Bündelung verschiedener Leistungen bewirkt folglich eine Absatzsteigerung geringer nachgefragter Produkte. Gerade im Bankenbereich ist dieses Motiv von zentraler Relevanz. Durch das Aufkommen von Direktbanken hat sich der Wettbewerb und damit der Preisdruck stark erhöht. Dies gilt insbesondere für Schlüsselprodukte wie Girokonto oder Sparbuchverzinsung. Da diese im Fokus des Kundeninteresses stehen, müssen sie günstig oder gar kostenlos angeboten werden und sind daher oft wenig profitabel. Bündelt man sie hingegen mit anderen Leistungen, so steigt die Bereitschaft der Kunden, dafür zu bezahlen. Von der Bündelung mit margenstärkeren Leistungen erhofft man sich deshalb eine Verbesserung der finanziellen Situation.

Vermeiden der Preisfalle:
Durch Bundling gelingt es dem Anbieter, sich der Preisvergleichbarkeit zu entziehen, da er verstärkt als Problemlöser auftritt. Das Kundeninteresse wird auf den Wert des Paketes umgelenkt. Ein weiterer Grund für das Vermeiden der Preisfalle ist, dass der Wettbewerb sich von der Einzelprodukt- auf die Systemebene verlagert. Hierdurch wird die Anzahl der Wettbewerber reduziert, was letztlich ebenfalls zu am Markt höher durchsetzbaren Preisen führt.

Reduktion der Kosten:
Die Reduktion von Produktions- und Komplexitätskosten kann aus der Kombination von Produkten zu einem Paket resultieren. Der Anbieter realisiert durch die Bündelung Synergieeffekte, die er z.T. in Form von Preisnachlässen an die Kunden weiterleiten kann. So verringerte beispielsweise der Automobilhersteller Chrysler in den 80er Jahren durch Bundling die Anzahl der Kombinationsmöglichkeiten von Sonderausstattungskomponenten für seine Modelle Dodge Omni und Plymouth Horizon von über acht Millionen auf lediglich 42. Die damit verbundenen Kosteneinsparungen in der Produktion ermöglichten einen Preisnachlass auf die jeweiligen Modelle von circa zehn Prozent. Dies führte zu einer Erschließung neuer Marktsegmente. Beachtliche Umsatz- und Gewinnsteigerungen waren die Folge. Ähnliche Synergien können Banken realisieren. Darüber hinaus zielt die Bündelung auf eine Einsparung von Distributions- und Kommunikationskosten bzw. die Steigerung der Effizienz, vor allem im administrativen Bereich, ab. Da verschiedene Leistungen auf ein Mal statt in mehreren Etappen verkauft werden, lassen sich Synergieeffekte nutzen und Personal- und Transaktionskosten einsparen. Schließlich hat sich in empirischen Studien gezeigt, dass die Wechselneigung von Kunden mit zunehmender Zahl der Produkte, die sie von einem Unternehmen abgenommen haben, sinkt. Deshalb sollen durch den Aufbau emotionaler und ökonomischer Wechselbarrieren die Kunden an das Unternehmen gebunden werden.

Kundenziele:
Durch die Bildung von Angebotsbündeln können sich für Kunden verschiedene Vorteile ergeben. Zum einen erhält der Abnehmer alle Leistungen aus einer Hand und hat damit auch nur einen Ansprechpartner (Bequemlichkeitsaspekt). Dies führt zu mehr Komfort, spart Transaktionskosten, reduziert die Komplexität und schafft größere Übersichtlichkeit. Zum anderen erwirbt der Kunde das Paket i.d.R. zu einem erheblich günstigeren Preis. Dies führt letztlich auch zu einer Steigerung der Kundenzufriedenheit und damit zu einer höheren Kundenbindung.

5.4 Erfolgsfaktoren der Bündelungsstrategie

Dass Bundling trotz der oben aufgezeigten Vorteile gelegentlich scheitert, liegt unserer Erfahrung nach meist an folgenden Faktoren:

Erfolgsfaktor 1: Zusammenstellung der Pakete
Allergrößte Bedeutung für den Erfolg des Vorhabens kommt der optimalen Zusammenstellung der Pakete zu. Dabei kann man sich dieser Aufgabe von zwei Seiten nähern: aus der Unternehmens- und aus der Kundensicht. Beide Seiten sind in Einklang zu bringen, will die Bank von der Bündelung profitieren. Aus Unternehmenssicht ist es empfehlenswert, attraktive Mussprodukte durch weniger interessante Elemente zu ergänzen, um so deren Absatz zu steigern. Neben dem bereits angeführten Beispiel des Microsoft Office-Paketes reflektieren auch die McDonald's-Menüs dieses Prinzip.

Die Einnahme der rein unternehmensorientierten Sichtweise bei der Paketbildung läuft jedoch Gefahr, an den Kundenbedürfnissen vorbei zu gehen und damit den Absatz des Bundles zu gefährden. Enthält dieses zu viele unattraktive Leistungen, so werden viele Kunden nicht das Paket, sondern das Zugpferdprodukt separat erwerben. Deshalb bedarf es zwingend der Ergänzung um die nachfragerorientierte Perspektive. Hierzu benötigt man zunächst eine klare Definition des Zielkundensegments. Um die so abgegrenzten Teilsegmente optimal anzusprechen, sollten mehrere Bündel gestrickt werden. In diesem Fall bietet man Pakete in verschiedenen Varianten mit unterschiedlichem Leistungsumfang zu differenzierten Preisen an.

Erfolgsfaktor 2: Mehrstufiger Evaluierungsprozess der geeigneten Paketleistungen
Letztlich bedarf es für eine zielführende und fundierte Zusammenstellung der Produkte zu einem attraktiven Bündel eines mehrstufigen Prozesses: In einem ersten Schritt müssen sämtliche interessanten Produkte aufgelistet werden. Hierzu eignet sich ein Brainstorming mit den zuständigen Produktmanagern. Anschließend gilt es, aus der Vielzahl der so generierten Ideen die aus interner Sicht relevanten Produkte auszuwählen. Dabei ist auf ein ausgewogenes Verhältnis aus der Kombination von Zugpferdprodukten mit schwächer nachgefragten Produkten und der Orientierung an den Kundenbedürfnissen zu achten. Eine nachgelagerte Grobanalyse auf der Basis von Fokusgruppen erlaubt eine erste Abschätzung der Marktadäquanz der Pakete. Unbedingt zu empfehlen ist der Ab-

schluss des Prozesses durch eine Feinanalyse auf der Basis einer fundierten Marktforschung. Hierzu eignet sich beispielsweise das bereits vorgestellte Conjoint Measurement.

Erfolgsfaktor 3: Preisgestaltung der Pakete (optimale Preisstruktur und Preise)
Von zentraler Relevanz für den Erfolg der Bündelung ist darüber hinaus das Pricing. Dabei gilt es zunächst, die geeignete Preisstruktur festzulegen, bevor in einem zweiten Schritt über das Preisniveau entschieden wird. Hinsichtlich der Preisstruktur unterscheidet man zwei Optionen: Zum einen kann für das Bündel lediglich ein einziger Preis, der Paketpreis, verlangt werden, durch den dann alle Komponenten des Bundles abgedeckt sind. Zum anderen besteht die Möglichkeit, sogenannte Preisbaukästen zu entwickeln, bei denen sich der Preis je nach Art und Anzahl der abgenommenen Leistungen stufenweise zusammensetzt. Welche dieser beiden Optionen empfehlenswert ist, hängt von verschiedenen Parametern ab wie Zielsetzungen des Unternehmens, Kundenwünschen, rechtlichen Fragestellungen etc.

Nach der Festlegung der Preisstruktur ist anschließend das optimale Preisniveau zu bestimmen. Um einen Anreiz zum Kauf des Bündels zu geben, wird dieses in der Regel zu einem Preis angeboten, der günstiger ist als der Erwerb der Einzelleistungen. Erfahrungen auch aus anderen Branchen zeigen, dass der Bündelrabatt in der Regel zwischen 5 und 15 Prozent liegt und zumeist von der Anzahl der abgenommenen Komponenten abhängt. Alternativ zur skizzierten Vorgehensweise kann man auf die Nachlassgewährung verzichten und statt dessen höhere Leistungen (z.B. Zinsboni) anbieten. In jedem Fall ist es von großer Bedeutung, Preisschwellen zu berücksichtigen.

Empirische Studien haben darüber hinaus gezeigt, dass eine gemischte Preisbündelung, bei der neben dem Paket auch die Einzelleistungen erworben werden können, unter Gewinnoptimierungsaspekten sinnvoller ist als das reine Bundling, bei dem man die Leistungen nur im Paket und nicht einzeln offeriert. Dieses beinhaltet die Gefahr, dass manche Kunden gar nicht gewonnen werden können, da sie an bestimmten Bündelelementen nicht interessiert sind. Dabei ist eine Preisdifferenzierung nach der Anzahl der abgenommenen Produkte, d.h. nach dem Umfang des Paketes gang und gäbe.

Erfolgsfaktor 4: Berücksichtigung rechtlicher Schranken
Neben der Preisgestaltung und der Paketzusammensetzung gilt es für den Erfolg der Bündelstrategie wettbewerbsrechtliche Grenzen zu berücksichtigen. Von der Aufhebung des Rabattgesetzes und der Zugabeverordnung ist ein erheblicher Schub für das Bundling zu erwarten. Dennoch beschränken weiterhin die Bestimmungen des UWG (insbesondere §1: Verstoß gegen die guten Sitten und §3: Irreführende Werbung) die Gestaltungsfreiheit. Nicht wenige Bündel wurden auf der Grundlage dieser Rechtsvorschriften von deutschen Gerichten als unzulässig erklärt. In diesem Zusammenhang sind vor allem sogenannte „Vorspannangebote", bei denen ein Hauptprodukt mit einem „Lockprodukt" gekoppelt ist, das den Absatz der Hauptleistung fördern soll, problematisch. Mit der gemischten Form des Bundling lässt sich dieses Problem allerdings meist umgehen, da

der Kunde die Wahl zwischen Einzelprodukten und Bündelangebot hat. Hinzu kommen Vorschriften des GWB, sofern ein Unternehmen seine marktbeherrschende Stellung ausnutzt oder bestimmte Abnehmer diskriminiert.

Erfolgsfaktor 5: Schaffung der internen Voraussetzungen
Bündel bestehen häufig aus Produkten, die verschiedenen Profit Centern oder Organisationssparten im Unternehmen zugeordnet sind. Da der Paketpreis in der Regel unter der Summe der Einzelpreise liegt, muss diese Differenz von mehreren Profit Centern getragen werden. Über die Aufteilung entstehen bei einer derartigen Organisationsstruktur häufig Konflikte. Man muss daher zunächst eine geeignete Struktur schaffen, um zu verhindern, dass die Bündelstrategie in der Praxis an solchen Problemen scheitert. Um dies zu umgehen, eignet sich beispielsweise eine Organisation nach Kundengruppen. Zur Gewährleistung einer kompetenten Beratung der Kunden ist darüber hinaus eine umfassende Schulung des Personals hinsichtlich aller im Paket enthaltenen Leistungen zwingend notwendig. Insbesondere wenn das Bündel um Versicherungsleistungen ergänzt wird, genügt die herkömmliche Ausbildung zumeist nicht den Anforderungen, die der Kunde an ein umfassendes Informationsgespräch stellt. Des weiteren bedarf es eines geeigneten Incentive-Systems für die Vertriebsmitarbeiter. Besondere Bedeutung kommt der Incentive-Gestaltung zu, wenn die Bündel aus Bank- und Versicherungsprodukten bestehen, um die gedankliche Fokussierung der Mitarbeiter auf einen der beiden Bereiche zu unterbinden und so das Silodenken zu verhindern.

Erfolgsfaktor 6: Steuerung des komplexen Bundling-Prozesses
Insgesamt erweist sich damit die Bündelung verschiedener Bankleistungen zu einem attraktiven Paket in der Praxis als anspruchsvolles Vorhaben. Aus unseren vielfältigen Erfahrungen wissen wir, dass den Unternehmen das Know-how zur Steuerung des komplexen Bundlingprozesses oft fehlt (Auswahl der Produkte und rechtliche Prüfung, Ermittlung der Zahlungsbereitschaften und Segmentgrößen, Simulation und Optimierung der relevanten Kombinationen etc.). Für den Erfolg bedarf es daher eines durchdachten Konzeptes, um Kunden nicht durch die Kombination uninteressanter Produkte oder eine falsche Preisgestaltung abzuschrecken.

6. Maßnahmen zur Kundenbindung

Unter Kundenbindung versteht man sämtliche Maßnahmen eines Unternehmens, die darauf abzielen, das Verhalten eines Kunden gegenüber einem Anbieter oder dessen Leistungen positiv zu gestalten, um die zukünftige Kundenbeziehung zu stabilisieren bzw. auszuweiten (vgl. u.a. Meyer/Oevermann 1995, Sp. 1340). Hauptziel ist der Aufbau einer langfristigen profitablen Beziehung zu den Kunden. Kundenbindungsprogramme werden daher eine immer wichtigere Rolle im Rahmen der Unternehmensstrategie haben. Neben direkten Instrumenten zur Kundenbindung wie Kundenkarten, -clubs und Bonusprogrammen kann der Anbieter auch Services als wirkungsvolle Marketinginstrumente zur Steuerung einer Erhöhung der Kundenbindung einsetzen. Abbildung 6 verdeutlicht diesen Sachverhalt. Eine wesentliche Voraussetzung für den Erfolg dieser Werkzeuge ist, dass sie dem Kunden einen echten wahrgenommenen Zusatznutzen stiften. Dieser kann zum Beispiel durch einen schnelleren Service oder durch einen Preisvorteil erzielt werden. Mit Hilfe der Instrumente lässt sich eine emotionale Beziehung aufbauen, die zu einer höheren Identifikation mit dem Unternehmen und zu einer stärkeren Kundenbindung führt.

Kundenkarte:
Hierbei handelt es sich um eine Karte, die den Kunden berechtigt, bei dem Emittenten (und seinen Vertragspartnern) spezielle Leistungen (z.B. drei Prozent Rabatt auf den beim Anbieter getätigten Umsatz) zu beziehen. Die offerierten Leistungen müssen aus Kundensicht einen hohen Nutzen stiften. In Deutschland gehen immer mehr Unternehmen (z.B. Karstadt, Porsche oder BMW) dazu über, die Bindung ihrer Kunden über die Herausgabe einer eigenen Karte zu stärken. Die mit der Kundenkarte verbundenen wesentlichen Ziele sind: Verringerung der Kundenabwanderung, Erhöhung des Cross-Selling durch Verlagerung von bisherigen Einkäufen beim Wettbewerb auf das eigene Unternehmen, eine stärkere Kundenidentifikation mit der Marke sowie Steigerung der Markenbekanntheit. Auch Banken haben den Trend zur Kundenkarte erkannt. So bietet die Berliner Volksbank die „Hertha BSC BankCard“ sowie „Eisern Union BankCard“ an. Beide Karten sind für die Fans von Hertha BSC bzw. Eisern Union Berlin zugeschnitten und mit einigen Benefits gekoppelt (günstigere Ticketpreise und Fanartikel etc.). Auf diese Weise werden „nüchternde“ Produkte stark emotionalisiert, und damit die Marke Berliner Volksbank positiv aufgeladen.

Kundenclub:
Er vereinigt Nutzer und Anwender bestimmter Produkte und Dienstleistungen einzelner Unternehmen. Im allgemeinen werden diese Clubs von einem Unternehmen initiiert und betrieben, um mit den Mitgliedern in regelmäßigem, direktem Kontakt zu stehen und ihnen ein Leistungspaket mit hohem wahrnehmbarem Nutzen zu offerieren (vgl. Butscher 1998, S. 103). Der Club dient dazu, treue Kunden zu belohnen, Daten über Kunden, ihre Bedürfnisse und Wahrnehmungen zu erhalten, den Dialog mit den Kunden zu führen, emotionale Bindungen aufzubauen, den Aufbau einer Marke zu fördern und letztendlich die gewünschte Kundenbindung herzustellen. Ein ähnliches Konzept verfolgt die UBS mit dem sogenannten KeyClub, der wie folgt funktioniert: Der Kunde wird gratis Mitglied und sammelt automatisch wertvolle Bonuspunkte. Denn ob er zum Beispiel Geld einzahlt, in Anlagefonds investiert oder mit der UBS Kreditkarte bezahlt, er punktet automatisch. Die gesammelten Punkte kann der Kunde dann in Prämien einlösen, welche laufend ergänzt werden. Der Erfolg: Die UBS hat bereits mehr als 900.000 zufriedene KeyClub Kunden (Stand: November 2002).

Bonusprogramme:
Sie berechtigen den Kunden, beim Emittenten und ausgewählten Partnerunternehmen Bonuspunkte zu sammeln, die er dann gegen Prämien (Sach- und Geldprämien) eintauschen kann. Bekannte Beispiele hierfür sind Miles & More – das Bonusprogramm der Lufthansa – oder Payback – das Bindungsinstrument von Loyalty Partner. Payback ist eines der Bonusprogramme in Deutschland. Seit dem Start im März 2000 hat es mehr als zwölf Millionen Kunden gewinnen können (Stand: September 2002). Diese können bei ausgewählten Partnern wie OBI, Ricardo, Kaufhof, Real, Dea, AOL, dm Drogeriemarkt oder Consors Payback-Punkte sammeln und gegen Prämien einlösen. Letztlich sind bei der möglichen Einführung von Bonusprogrammen klare Ziele (Mehrerlös, Reduktion der Wechselrate, Imageeffekte etc.) zu definieren, deren Realisierung dann fundiert geprüft werden sollte.

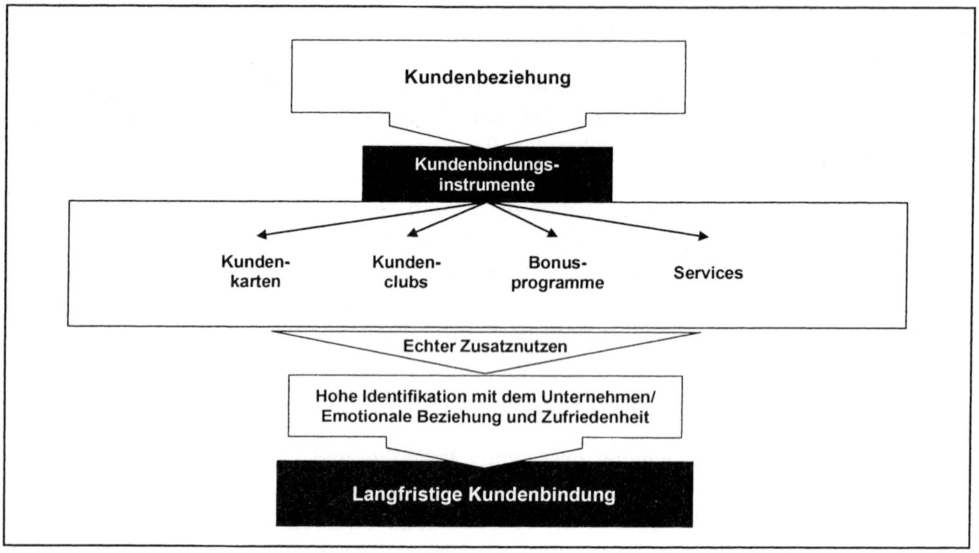

Abbildung 6: Instrumente der Kundenbindung

Add-on Services:
Hierunter verstehen wir Leistungen, die der Anbieter seinen Kunden zusätzlich zu seinem Kernprodukt anbietet. So offerieren Automobilhändler solche Add-on Services, wie z.B. Probefahrten mit neuen Vorführmodellen. Dies führt zu einer Steigerung der Kundenzufriedenheit und einer höheren Kundenbindung.

Bei der Implementierung dieser Maßnahmen gilt es zunächst die Rahmenbedingungen zu klären, innerhalb derer sich das Kundenbindungsmanagement zu bewegen hat. Hierzu gehört die Frage, ob ein komplett eigenes Kundenbindungsprogramm entwickelt werden soll oder an bestehenden Systemen eines Drittanbieters teilgenommen wird ebenso wie die exakte Definition der verfolgten Ziele. Danach gilt es, die in Frage kommenden

Komponenten zu selektieren und auf ihre Wirtschaftlichkeit hin zu untersuchen, bevor Machbarkeitsaspekte der Umsetzung und des Monitoring im Vordergrund stehen.

7. Ausgewählte Umsetzungsaspekte des Preismanagements

Den Rahmen für die Umsetzung sollten exakt definierte Pricing-Grundsätze bilden – eine Disziplin, die bei deutschen Banken derzeit nur selten praktiziert wird. Basierend auf den strategischen Zielsetzungen des Instituts im jeweiligen Geschäftsbereich gilt es, die Leitplanke zu spezifizieren, innerhalb derer sich das Preismanagement zu bewegen hat. Dies ist Aufgabe des Top-Mangements. Nur so ist gewährleistet, dass die strategische Gesamtausrichtung des Instituts durch das Pricing optimal untermauert und nicht konterkariert wird. Bspw. sollten bei einer traditionsreichen Privatbank Pricing-Grundsätze existieren, die es dem operativen Pricing untersagen, in ruinösen Preiswettbewerb um Marktanteile einzusteigen und so die bestehende exklusive Klientel zu verprellen.

Bei der Implementierung eines zentral vorgedachten Preismanagements spielen Anreizsysteme für die Vertriebsmannschaft/die Kundenbetreuer eine entscheidende Rolle. Nur so lässt sich ein „Unterlaufen" der zentral vorgedachten Preispositionierung verhindern.

Das Ziel eines solchen Anreizsystems besteht darin, das Zielsystem der Bank und das der Kundenbetreuer weitestgehend zur Deckung zu bringen. Dabei hat es sich als sinnvoll erwiesen, den Erfolg des Kundenbetreuers nicht nur über das Volumen (z.B. Anzahl erfolgreich abgeschlossener Verträge oder Höhe des Anlagevolumens), sondern auch über die erzielten Erträge zu definieren. Letztlich sichern nur diese das langfristige Überleben der Bank am Markt.

Um Motivation dafür zu schaffen, dem Preisdruck durch den Kunden und den Wettbewerb standzuhalten, muss in das Anreizsystem eine zusätzliche variable Komponente integriert werden, die deckungsbeitragsabhängig ist. Diese sensibilisiert den Kundenbetreuer für die Auswirkung von Preisnachlässen auf Deckungsbeiträge. Eine derartige Komponente könnte etwa – wie in Abbildung 7 skizziert - in Form einen Preisprämie in das aktuell existierende Incentivesystem integriert werden.

Die Einführung systematischer Pricing-Prozesse kann helfen, die Rendite nachhaltig zu steigern. Im Privatkundengeschäft einer großen Bank lag der Hebel zur Ertragsverbesserung in einer gezielteren Differenzierung der Kundengruppen. Es wurde festgestellt, dass eine bestimmte Stammkundengruppe sehr stark auf eine Veränderung der Konditionen reagierte, während ein anderes Segment und Neukunden keine Reaktion auf die gleiche Maßnahme zeigten. Die bessere Koordination von Pricing, Segmentierung, Angebotsdifferenzierung und Kommunikationspolitik führte zu deutlich erhöhter Marketing- und Preiseffizienz. Eine zentrale Rolle – insbesondere für das Cross Selling - spielte die Bündelung bestimmter Leistungen und Preise zu Paketen. Die Verbesserung der Rendite erreichte etwa zwei Prozentpunkte. Banken sollten sich deshalb an dem unten dargestellten Pricing-Prozess orientieren.

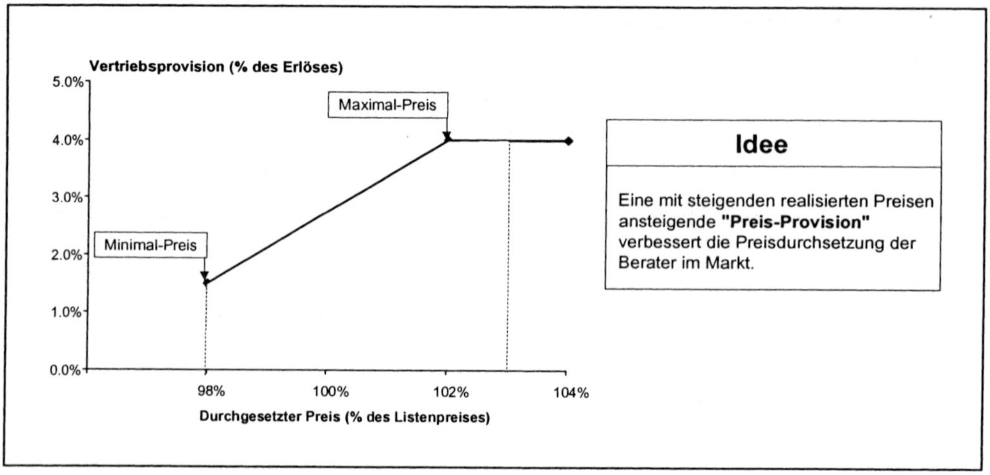

Abbildung 7: Anreizsysteme zur Umsetzung der Preismaßnahmen

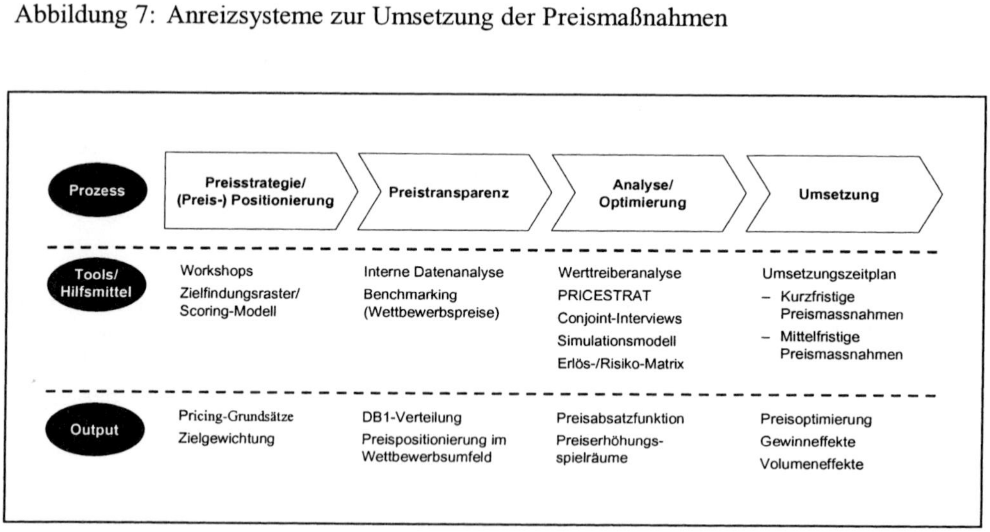

Abbildung 8: Pricing-Prozess, Tools/Hilfsmittel und Output

8. Literatur

BUTSCHER, S., 1998, Handbuch Kundenbindungsprogramme und Kundenclubs, Ettlingen.

FAßNACHT, M., 1996, Preisdifferenzierung bei Dienstleistungen - Implementationsformen und Determinanten, Wiesbaden, Gabler.

MEYER, A./OEVERMANN, D., 1995, Kundenbindung, in: TIETZ, B./KÖHLER, R./ZENTES, J. (Hrsg.), Handwörterbuch des Marketing, 2. Auflage, Stuttgart, Sp. 1340-1351.

O.V., 2002, Deutsche Bank stockt Risikovorsorge auf, Handelsblatt, o.Jg., Nr. 211, S. 23.

SIMON, H., 1992, Preismanagement - Analyse, Strategie, Umsetzung, 2. Auflage, Wiesbaden: Gabler.

SIMON, H./SEBASTIAN, K.-H., 2002, Ertragssteigerung – eine Herausforderung für Top-Manager, Wie man durch effektivere Pricing-Prozesse die Umsatzrendite massiv verbessert, FAZ, Oktober 2002.

SIMON, H./WÜBKER, G., 2000, Mehr-Personen-Preisbildung, Ein neue Form der Preisdifferenzierung mit beachtlichem Gewinnsteigerungspotential, in: Zeitschrift für Betriebswirtschaft, S. 729-746.

Anna Brunotte - Andreas Krämer

Das neue Preissystem der Bahn

1. Vorüberlegungen zum neuen Preissystem der Bahn

Seit Beginn des Jahres 1999 arbeitet die Bahn an der Neukonzeption eines Preissystems, welches die Schwächen des alten Systems beseitigen und die Bahn einen Schritt weiter in Richtung Wettbewerbsfähigkeit und Zukunftssicherheit bringen soll. Anfang Juli 2001 stellte die Deutsche Bahn AG erstmals die Grundzüge des neuen Preissystems und Erlösmanagements im Personenverkehr (PEP) vor. Die konkreten Preishöhen mit Gültigkeit ab dem 15. Dezember 2002 wurden der Öffentlichkeit am 9. Oktober 2002 vorgestellt. Ziel dieses Beitrages ist eine chronologische Darstellung der wichtigsten Projektphasen mit den jeweiligen Zielsetzungen, Herausforderungen und Ergebnissen (vgl. Abbildung 1):

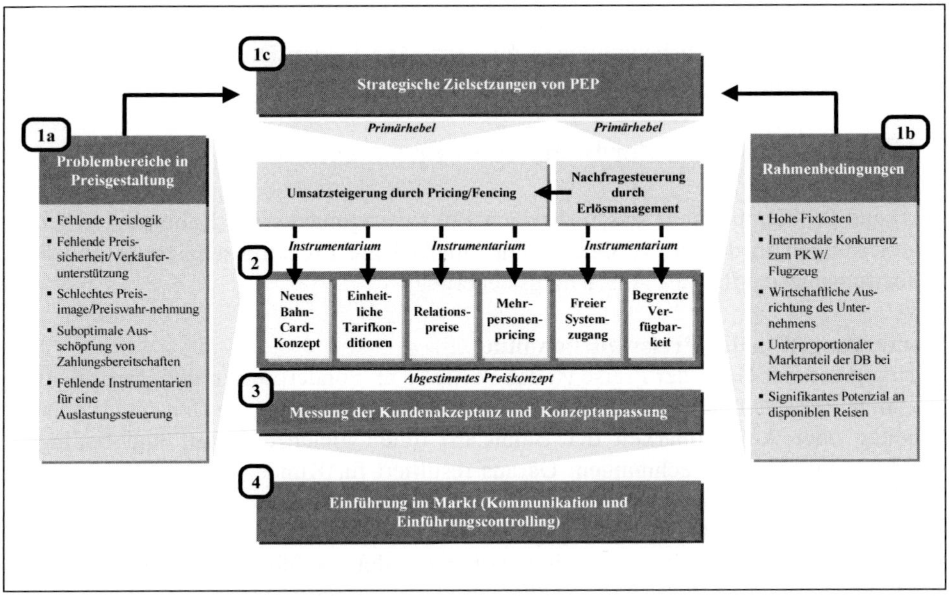

Abbildung 1: Rahmenbedingungen, Zielsetzung und Konzeption des neuen Preissystems

- Phase 1: Bestandsaufnahme der Rahmenbedingungen. Hierbei stellt sich insbesondere die Frage, welche Faktoren für die PEP-Entwicklung bestimmend sind.
- Phase 2: Entwicklung der Grobkonzeption des neuen Preissystems. Diese beinhaltet u.a. das Aufsetzen empirischer Studien und Erlös- und Mengensimulationen zu unterschiedlichen Preisszenarios.

- Phase 3: Messung der Kundenakzeptanz und Konzeptanpassungen. Neben der Optimierung des Preissystems mit der Zielsetzung der Fahrten- und Erlösmaximierung stellt sich auch die Frage, ob die Kunden die neue Preislogik verstehen und positiv bewerten.
- Phase 4: Einführung im Markt. Diese Phase beinhaltet die vertriebstechnische Umsetzung, die kommunikative Einführung und das Monitoring nach Marktstart.

2. Erste Phase: Bestandsaufnahme

Die Rahmenbedingungen für die Ausgestaltung des neuen Preissystems lassen sich einerseits in bestehende Probleme der Bahn mit dem bisherigen Preissystem und andererseits in Markt- und Wettbewerbsbedingungen gliedern. Aus beiden Dimensionen leiten sich die Zielsetzungen für das Projekt ab (vgl. Abbildung 1).

2.1 Problembereiche der bisherigen Preisgestaltung

Wesentliche Problembereiche des bisherigen Preismanagements der Bahn sind erhebliche Verzerrungen in der Preiswahrnehmung, ineffiziente Preisdifferenzierung und fehlende Instrumentarien für eine Auslastungssteuerung.

1. Verzerrungen in der Preiswahrnehmung
Unabhängig von der Höhe der Preise ist das Portfolio an Sonderpreisen und Preisrabatten in der „alten Preiswelt" unabgestimmt. Tarifkonditionen wie Alter, Zeitfenster, Wochenendbindung oder Anwendbarkeit der BahnCard treten gleichzeitig auf und bedingen aufwendige Optimierungsrechnungen. Daraus resultiert für Kunden und Verkäufer gleichermaßen sowohl eine objektive als auch eine subjektive Preisunsicherheit, zumal eine adäquate Systemunterstützung nicht gegeben ist. Nicht verwunderlich ist daher, dass beispielsweise bei von Verbraucherschutzverbänden durchgeführten Testkäufen immer wieder Fehlberatung und Zahlung überhöhter Preise konstatiert werden.

Auch die Nutzung der BahnCard, dem klassischen Vielfahrerangebot, führt nicht automatisch zum günstigsten Preis. Gerade auf mittleren Strecken (300 – 500 km) bietet die Bahn kaum attraktive Preise, um Reisende zu einem Wechsel vom Pkw auf die Bahn zu bewegen. Für potenzielle Reisende, die nicht über eine BahnCard verfügen, bleibt der Kauf des Grundpreises eine gerade für preissensible Kunden inakzeptable Option. Diese Faktoren führen im Markt u.a. zu einer verzerrten Preiswahrnehmung und zu einem ungünstigen „Frame of Reference": Die Bahn wird als teures Verkehrsmittel empfunden. So zeigen Untersuchungen, dass über 50 % der Kunden den Grundpreis deutlich höher wahrnehmen als dieser tatsächlich liegt. 67 % der Kunden bewerten die Höhe der Fahrpreise der Bahn als zu hoch (Schulnote 4 und schlechter). Selbst in der Gruppe der

BahnCard-Besitzer sind dies noch 51 %. Verstärkt wird dieser Aspekt durch eine verzerrte Kostenwahrnehmung in bezug auf den Wettbewerb, insbesondere den Pkw. So ziehen Pkw-Reisende häufig die Benzinkosten als Vergleichsmaßstab für die Bahnpreise heran, obwohl diese die tatsächlichen Kosten des Verkehrsmittels nicht abdecken (vgl. Schneider, 2000, S. 141). In einer aktuellen Studie konnte nachgewiesen werden, dass die Wahrnehmungslücke zwischen dem als günstig empfundenen Bahnpreis und dem geschätzten Preis des Bahnfahrens mit der Anzahl der Reisenden in der Gruppe zunimmt (vgl. Wilger/Krämer, 2002a, S. 335).

Insgesamt stellen die Schwächen des bisherigen Preissystems das zentrale Hemmnis für eine verstärkte Nutzung der Bahn dar. Hierbei stehen Höhe der Fahrscheinpreise und die Preisgestaltung im Vordergrund (vgl. Wilger/Krämer, 2002b, S. 285). Diese Ergebnisse sind über alle relevanten Zielgruppen der Bahn sehr stabil. Um die systematischen Schwächen zu verringern, war eine vollständige Überarbeitung des Preissystems die einzig sinnvolle Maßnahme.

2. Ineffiziente Preisdifferenzierung.

Das bisherigen Preissystem ist zwar durch eine Vielzahl von Elementen der Preisdifferenzierung gekennzeichnet, allerdings werden die Preisbereitschaften der Kundengruppen nicht genau getroffen. Dies betrifft u.a. Preiselemente wie die BahnCard, die unabhängig von der konkreten Preisbereitschaft einen Rabatt von 50 % auf den Normalpreis gewährte, oder das Guten-Abend-Ticket (GAT), welches Bahnreisen ab 19:00 Uhr für einen Pauschalpreis von 30 EUR ermöglicht.

Neben einer ungenauen Abbildung von Zahlungsbereitschaften stellt die unzureichende Preisdifferenzierung eine weitere wesentliche Barriere für Neuverkehr dar. So gelang es der Bahn bisher nicht, durch extrem günstige Preise Nachfrage – insbesondere im Bereich von Mehrpersonenreisen - auf die Bahn zu verlagern (vgl. zu den Wettbewerbsnachteilen der Bahn gegenüber dem Pkw auch Friedrich, 2002, S. 264). Als Argument gegen eine nach „unten geöffnete Preisgestaltung“ wurde dabei eine Kannibalisierung höherwertiger Nachfrage ins Feld geführt. D.h. es gelang nicht, Kundengruppen entsprechend ihrer Zahlungsbereitschaften voneinander zu „trennen“. Gleichzeitig war es bisher bei günstigen Sonderangeboten nicht möglich, die Nachfrage zu begrenzen, so dass preisaggressive Angebote Opfer ihres eigenen Erfolges wurden (Bsp.: Einführung des Schönes-Wochenende-Ticket (SWT) zu 15 DM).

3. Fehlende Instrumentarien für eine effiziente Auslastungssteuerung

Häufiger Kritikpunkt an der Bahn ist die Überfüllung von Zügen, ein Faktor, der unmittelbar zu Unzufriedenheit der Kunden führt. Tatsächlich handelt es sich bei dem Problem der Übersetzung von Zugabschnitten um ein punktuelles Problem, welches in Abhängigkeit von Tageszeit, Wochentag, Zugtyp, Wagenklasse und vom Streckenabschnitt unterschiedlich stark auftritt (nur 10 % aller Zugabschnitte im Fernverkehr haben zur Zeit eine kritische Auslastung, die über 90 % liegt). Bisher wurde versucht, dieses Problem außer durch kurzfristige Kapazitätsanpassungen über eine Zeitfenstersteuerung (Peak-Pricing) zu lösen - hervorgehoben wird in der Literatur häufig das Beispiel Guten-Abend-Ticket (vgl. Simon/Dolan, 1997, S. 287). Diese Form der Preisdifferenzierung und Nachfragesteuerung kann aber bei der Deutschen Bahn aus mehreren Gründen nicht effizient eingesetzt werden (vgl. Krämer/Luhm, 2002, S. 19 ff.). Gründe hierfür sind die geringe Kundenakzeptanz und die hohe Komplexität im Verkauf, zum anderen ist die Auslastung der Fernverkehrszüge sehr heterogen. Selbst in „klassischen Peakzeiten“, wie dem oft zitierten Freitag Nachmittag, ist ein erheblicher Teil der Halteabschnitte schwach bis sehr schwach ausgelastet. Durch einen undifferenzierten, vom Zeitfenster abhängigen Preisaufschlag, würde sich diese Unterauslastung noch verstärken.

Abbildung 2 zeigt, dass die Zielsetzungen einer sowohl hohen Problemabdeckung (im Idealfall liegen alle überbesetzten Zugabschnitte innerhalb des Peakzeitfensters) als auch einer hohen Trefferquote (der Anteil der überbesetzten Abschnitte an allen Abschnitten im definierten Zeitfenster ist hoch) unabhängig vom definierten Zeitfenster beim DB-Fernverkehr nicht kompatibel sind.

2.2 Markt- und Wettbewerbsbedingungen

Da es sich bei der Verkehrsdienstleistung Bahnreise wie auch beim Flug um eine „leicht verderbliche“ Dienstleistung handelt, die gleichzeitig durch hohe Fixkosten in der Produktion gekennzeichnet ist, wird einer intelligenten Preisdifferenzierung eine hohe Bedeutung beigemessen. Bei vernachlässigbar geringen Grenzkosten sind auch bei extrem niedrigen Preisen positive Deckungsbeiträge für einen Transportdienstleister möglich, falls dadurch zusätzliche Nachfrage gewonnen wird. So der Marketing- und Vertriebsvorstand Hans G. Koch: „Ein leerer Sitz im Zug ist wie verdorbenes Gemüse“. Da bei niedrigen Preisen jedoch auch eine hohe Kannibalisierungsgefahr in nicht-preissensiblen Nachfragesegmenten besteht, ist die „Trennung“ der Kundengruppen nach deren Preissensitivität durch entsprechende Tarifkonditionen die entscheidende Voraussetzung für eine effiziente Preisdifferenzierung.

Besonderheit der Bahn ist, dass die Auslastung der Kapazität deutlich unter 50 % liegt. Damit ist die Mobilisierung von Mehrverkehr angesichts ausreichender Sitzplatzkapazität – sei es durch die Induktion von Neuverkehr oder das Abziehen vom Pkw- oder Flugverkehr – der wesentliche Hebel zur Steigerung der Wirtschaftlichkeit im Schienen-Personenverkehr.

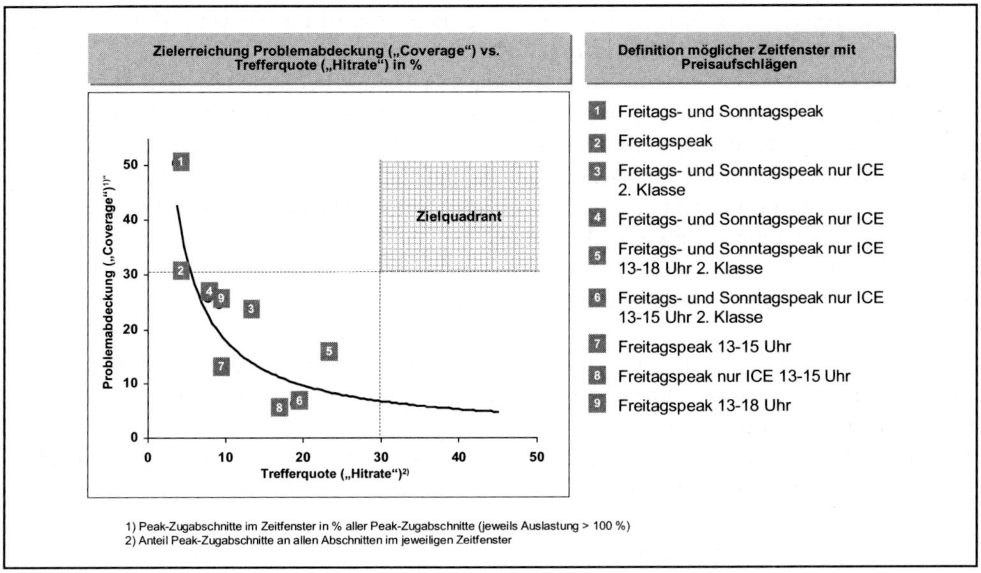

Abbildung 2: Fehlende Leistungsfähigkeit einer Zeitfenster-Steuerung (nach Krämer/Luhm, 2002)

Die Voraussetzungen hierfür sind unzweifelhaft gegeben: Insbesondere für das Marktsegment der Mehrpersonenreisen treten deutliche unausgeschöpfte Fahrtenpotenziale für die Bahn zu Tage. So verhält sich die Bedeutung der Mehrpersonenreisen (68 % aller Fernreisen) - über alle Verkehrsmittel betrachtet - diametral zur Bedeutung der Mehrpersonenreisen bei der Bahn (40 % der Fernreisen). Die Nichtausnutzung dieses Potenzials ist in starkem Maße durch den Wettbewerb mit dem Pkw bestimmt. Derzeit reflektiert die Preisbildung der Bahn nur unzureichend die Pro-Kopf-Kosten des Autofahrens (vgl. Wilger/Krämer, 2002b, S. 285). Gerade für Familien kommt Bahnfahren kaum in Frage – zu einem erheblichen Teil aus Kostengründen. Insbesondere vor dem Hintergrund eines sich verschärfenden Wettbewerbs kommt der Ausnutzung bisher nicht mobilisierter Marktpotenziale eine große Bedeutung zu. Die zukünftigen Wettbewerbsbedingungen sind im wesentlichen durch drei Entwicklungstendenzen bestimmt:

- Angebot preisaggressiver Tarife durch die Airlines
- Zunehmender Wettbewerb auf der Schiene
- Steigende Kosten der PKW-Nutzung.

2.3 Strategische Zielsetzungen von PEP

Die wesentlichen Herausforderungen für das Projekt PEP lassen sich auf wenige – jedoch anspruchsvolle - Ziele reduzieren. Die Konzeption sollte folgendes gewährleisten:

1. Beseitigung des derzeitigen Tarifdschungels und Aufbau einer einheitlichen und leicht verständlichen Preisbildungslogik

Wie die Problemanalyse gezeigt hat, bestehen im Markt erhebliche psychologische Barrieren für eine verstärkte Nachfrage nach Transportleistung im Personenverkehr, die teilweise einer objektiven Begründung entbehren. Damit setzt ein wesentliches Teilziel von PEP daran an, dem Kunden Transparenz bei der Preisgestaltung und –findung zu geben. Hierbei erhält insbesondere die Preissicherheit einen hohen Stellenwert, da sie das Preisimage der Bahn wesentlich mitbestimmt.

2. Optimierung der Preisdifferenzierung zur simultanen Nachfrage- und Erlössteigerung

Vor dem Hintergrund einer bisher unzureichenden und ineffizienten Preisdifferenzierung bei gleichzeitig großen unausgeschöpften Potenzialen besteht tatsächlich die Möglichkeit der Generierung von Mehrverkehr in Verbindung mit einer Umsatzsteigerung für den Personenverkehr. Dieses Ziel ist dann erreichbar, wenn es gelingt, Kundengruppen mit unterschiedlichen Zahlungsbereitschaften zu identifizieren und diesen jeweils spezifische Preise anzubieten, die die Preisbereitschaften möglichst genau treffen (vgl. Hunkel, 2001, S. 4). Hierbei stellt sich die Frage, wie die optimale Preisdifferenzierung für ein Bahn-Preissystem aussehen kann. In der Pricing-Theorie werden die Wirkungen einer Preisdifferenzierung meist sehr vereinfacht dargestellt.

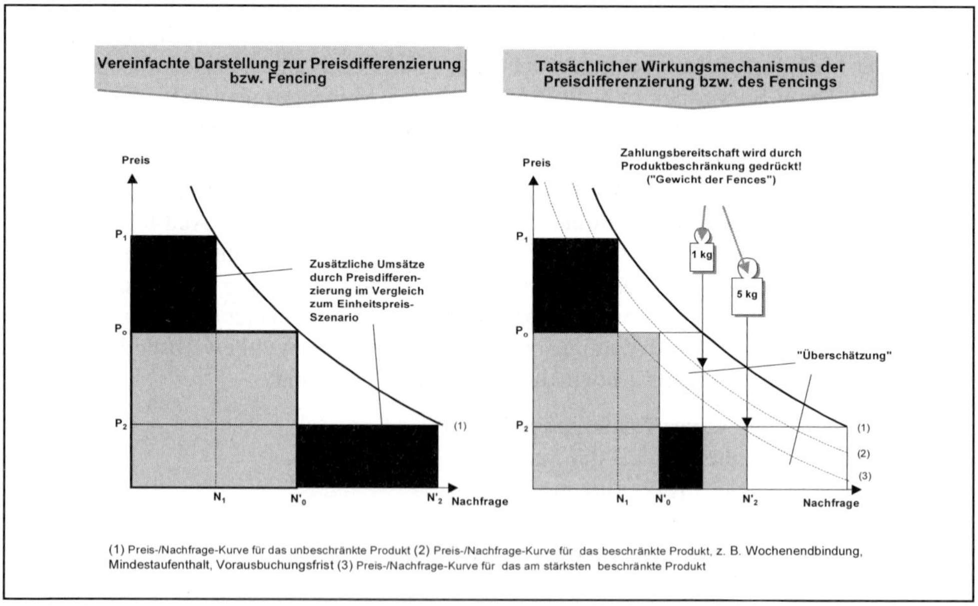

Abbildung 3: Theoretische und praktische Wirkung einer Preisdifferenzierung

Gegenüber einem Einheitspreis-Szenario (P_0) schafft das Setzen von mehreren Preispunkten auf den ersten Blick zusätzliche Umsätze (Abbildung 3, linker Teil). Aus diesen Überlegungen heraus wurde teilweise sogar die Forderung abgeleitet, für Airlines wäre es optimal, mehrere Tausend Tarife anzubieten (1:1 Pricing). So der ehemalige CEO von American Airlines, Robert L. Crandell: „If I have 2000 customers on a given route and 400 different prices, I am obviously short 1600 prices". Diese Zusatzeffekte sind als dunkle Flächen darstellt (vgl. Simon/Dolan, 1997, S. 139). Tatsächlich unterschlägt diese Sicht einen wichtigen Aspekt: Um die Preisbereitschaften optimal abzuschöpfen, muss das Produkt verändert werden (hoher Preis für das Produkt mit den besten Eigenschaften – geringster Preis für das Produkt mit stärksten Einschränkungen). Mit dieser Preis- und Produktdifferenzierung geht eine Verschiebung der Nachfragefunktion einher, welche die Umsatzeffekte schmälert – im schlechtesten Fall können diese sogar negativ sein. Umsatzrückgänge sind in der rechten Abbildung durch die weißen Flächen verdeutlicht (vgl. Scheidler/Krämer, 2000, S. 9; Hunkel, 2000, S. 4).

Daher sind auch Preisszenarien möglich, die zu einer Verschlechterung des Ergebnisses führen. Hierbei ergeben sich dann als zentrale Fragen: „Wie viele Preispunkte sind sinnvoll?", „Sind die Preispunkte optimal gesetzt?" oder „Sind die richtigen Restriktionen gefunden (Produktvariation)?". Diese Fragestellungen können beantwortet werden, wenn es gelingt, Marktsegmente zu identifizieren, die sich hinsichtlich ihrer Preissensitivität und Akzeptanz von Tarifrestriktionen unterscheiden. Darauf aufbauend lassen sich durch Marktsimulationen die Einflüsse unterschiedlicher Preisszenarien auf die Nachfrage prognostizieren (vgl. Hunkel, 2001, S. 190 ff).

3. Gleichmäßigere Auslastung durch Steuerung der Nachfrage (Erlösmanagement)
Ein Nachfragezuwachs würde bei gleichzeitigem Verzicht auf eine Mengensteuerung unweigerlich zu einer Verschärfung der Überbesetzungsproblematik führen. Erlösmanagement setzt im Gegensatz zum Pricing „an der Mengenachse" an, mit dem Ziel, bei gegebener Kapazität den Umsatz zu maximieren. Dies erfolgt, indem preisreduzierte Fahrscheine verstärkt für schwach ausgelastete Zügen angeboten werden, nicht jedoch in überfüllten Zügen. Damit wird die Überauslastung der Züge verhindert und der Reisekomfort verbessert. Voraussetzungen sind eine zugabschnittsgenaue Prognose der Auslastung und des Fahrschein-Mixes sowie eine Systemunterstützung zur Bewertung von Preisverfügbarkeiten.

3. Zweite Phase: Entwicklung der Grobkonzeption

Die nachfolgenden Darstellungen beziehen sich auf die wesentlichen Instrumentarien zur Erzielung von Umsatzsteigerung und Nachfragesteuerung. Marktforschungsstudien haben gezeigt, dass es der Bahn bislang im Unterschied z.B. zur Lufthansa nicht gelungen ist, Kunden mit preisreduzierten Fahrscheinen auf unterausgelastete Züge zu lenken. Dies ist Problem und Chance zugleich.

3.1 Kundenbefragungen und Nutzenmessung

Bereits 1996 fand eine Untersuchung zur Nutzensegmentierung im Fernverkehr statt, welche erste Anhaltspunkte hinsichtlich zentraler Nutzendimensionen aus Kundensicht lieferte: Drei Segmente mit der Beschreibung Preis-, Zeit- und Komfortorientierung (vgl. Perrey, 2001, S. 84) Dass dem Faktor Preis eine besonders hohe Bedeutung für die Entscheidung zukommt, haben bereits andere Studien belegt: Auch die Analyse von Huber/Herrmann/Braunstein kommt auf Basis einer Conjoint Measurement-Untersuchung, der eine Means-End-Analyse vorausgegangen ist, zum Ergebnis, dass „Preis und Fahrzeit die wichtigsten Kriterien der Verkehrsmittelwahl darstellen" (vgl. Huber/Herrmann/ Braunstein, 1998, S. 33). Diese Erkenntnisse fanden aber nur in geringem Maße Eingang in die Marketingentscheidungen. Bei den Voranalysen zum neuen Preissystem wurde ein hierarchischer Untersuchungsansatz genutzt (vgl. speziell dazu auch Krämer/Wilger, 1999, S. 76 und zur allgemeinen Argumentation Bauer/Huber, 2000, S. 721). Auf der Basis eines relationsspezifischen Designs wurde ein traditionelles Conjoint Measurement durchgeführt (Ranking von Vollprofil-Karten, telefonische Interviews mit vorherigem Zusenden der Conjoint-Karten, hierarchischer Aufbau des Conjoints). Um die Nichtwahl der angebotenen Optionen bei der Vollprofilmethode realistisch abzubilden, kam hierbei der Limit-Conjoint-Ansatz zum Einsatz (vgl. Voeth/Hahn, 2002, S. 130).

Ausschlaggebender Grund für die Wahl dieses Design war neben forschungsökonomischen Gesichtspunkten die Anforderung, einheitliche Rahmenbedingungen für eine Segmentierung zu bieten sowie individuelle Nutzenwerte berechnen zu können. Die gekoppelten Anforderungen, über individuelle Teilnutzenwerte eine Basis für die Segmentierung zu schaffen und gleichzeitig das Merkmal „Tarifkonditionen" in das Conjoint-Design aufzunehmen, stellen eine methodische Herausforderung dar (Abbildung 4).

In 2001 fand eine Aktualisierung dieser Studie statt, bei der als Conjoint-Instrumentarium die mittlerweile stärker verbreitete Choice-Based-Conjoint-Software (CBC) eingesetzt wurde. Diese erlaubt einerseits mittels einer neuen Hierarchical Bayes-Schätzprozedur auch die Berechnung individueller Nutzenwerte, anderseits ist die Abbildung die Kaufsituation sehr realistisch (zur Verwendung unterschiedlicher Conjoint-Instrumente siehe Hartmann/Sattler, 2002, S. 11).

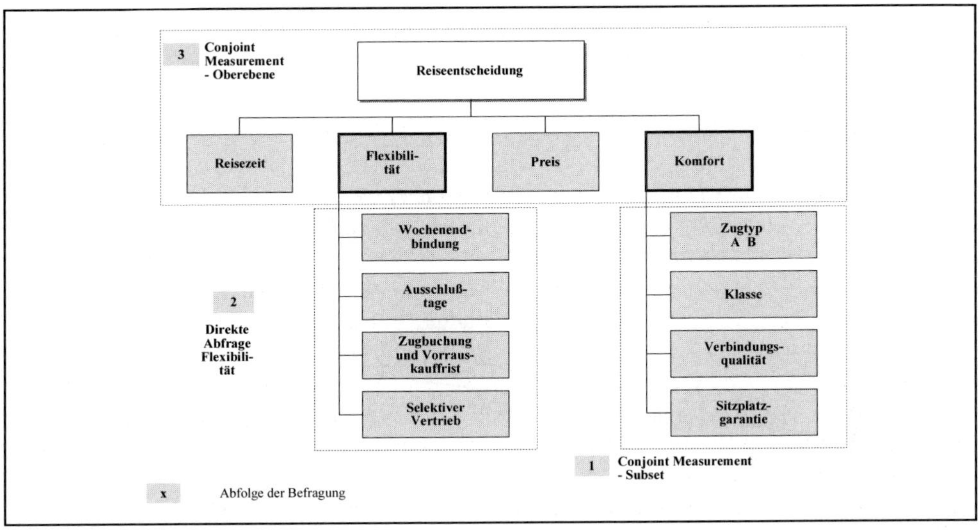

Abbildung 4: Hierarchischer Aufbau des Conjoint-Measurements

Durch dieses Vorgehen konnten für den Fernverkehr stabile Kundengruppen mit einheitlichen Präferenzstrukturen identifiziert werden. Die Reliabilität der Ergebnisse wurde durch unterschiedliche Prüfverfahren sichergestellt (vgl. Hunkel, 2001, S. 177). Diese Segmentierung stellt eine Erweiterung der bestehenden drei Kernsegmente (Preis-, Zeit- und Komfortorientierung) um das Merkmal Flexibilität dar. Eine weitere Zielsetzung bestand darin, diese Segmente auch in zukünftigen Studien des Personenverkehrs zu reproduzieren. Da bei diesen Studien sowohl aus Kostengründen als auch aufgrund methodischer Restriktionen (die Durchführung von Conjoint Measurement am Telefon ist kritisch zu bewerten) kein Conjoint Measurement zum Einsatz kommen konnte, wurden weniger anspruchsvolle Instrumente zur Reproduktion der Nutzensegmente getestet. Dabei stellte sich heraus, dass ein Konstantsummen-Verfahren mit konkreten Merkmalsausprägungen eine vergleichsweise hohe Validität erreichen kann (vgl. Krämer/Wilger/Dethlefsen, 2001, S. 78).

3.2 Simulation von Erlös- und Mengenveränderungen

Um möglichst konkrete Aussagen bezüglich der Effizienz unterschiedlicher Preisszenarios machen zu können, reichen in einem hochkomplexen Markt, wie dem für Verkehrsdienstleistungen, Schätzungen der durchschnittlichen Preis-Elastizitäten der Nachfrage oder Kreuzpreiselastizitäten nicht aus (vgl. Cerwenka, 2002, S. 32). Daher wurde ein Simulationsmodell entwickelt, welches einerseits die Kundenpräferenzen, andererseits das Angebot an Verkehrdienstleistung abbildet und somit zur Prognose von Verkehrsmittelwahlentscheidungen geeignet ist (vgl. Hunkel, 2001, S. 151 und allgemein zu Nested-Logit-Modells vgl. Ben-Akiva/Lerman, 1985, S. 295).

Im Rahmen der Optimierungsrechnungen wurden mehrere Hundert Preisszenarios auf ihre Erlös- und Fahrteneffekte hin untersucht und mit dem bestehenden Preissystem (als „Bezugsfall“) verglichen.

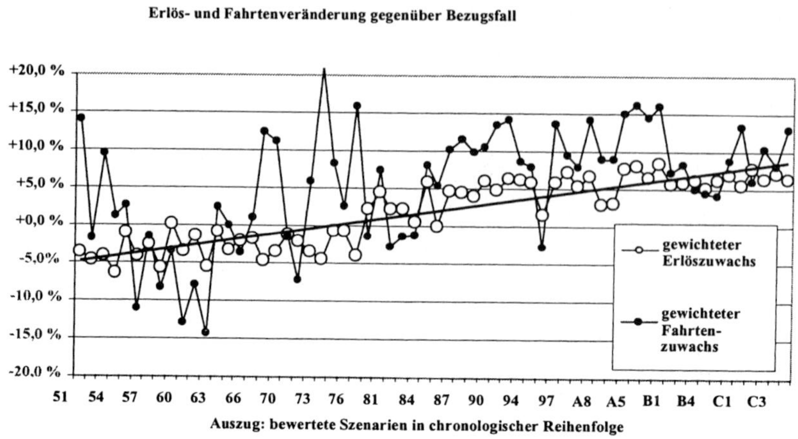

Abbildung 5: Umsatz- und Mengensteigerung als teilweise konkurrierende Zielgrößen

Bei der Analyse der Simulationsergebnisse ist zu erkennen, dass es sich bei den Zielgrößen Umsatz- und Nachfragesteigerung häufig um konkurrierende Dimensionen handelt. Dies betrifft zumindest eine Vielzahl von denkbaren Preisszenarien, die aus wirtschaftlichen Überlegungen für eine Konzeptionsgrundlage nicht in Frage kommen. Abbildung 5 zeigt beispielhaft Abschätzungen von Erlös- und Mengenwirkungen alternativer Preisszenarien. Für eine Vielzahl von möglichen Preissystematiken gilt, dass gegenüber dem derzeitigen Preissystem keine Nachfrage- oder Erlössteigerungen zu erzielen sind und daher für weitere Optimierungsschritte auszuschließen sind. Daher konnten diese für weitere Optimierungsrechnungen nicht genutzt werden.

3.3 Kernelemente des Pricings/Fencings

Um eine signifikante Steigerung der Erlöse und Fahrten zu gewährleisten, ist eine vollständige Überarbeitung des Preissystems erforderlich. Im Ergebnis spielen im neuen Preissystem unterschiedliche Preisbildungsfaktoren eine Rolle: Die neue BahnCard, Plan&Spar-Preise mit Zugbindung, degressive Relationspreise und Mitfahrerrabatte.
In der nachfolgenden Abbildung 6 sind die Grundzüge des Neuen Preissystems skizziert:

		Rabatt auf Normalpreis	Mitfahrer-Rabatt	BahnCard-Rabatt	Zug-bindung	Vor-Kauf	Fahrt-möglichkeit	Mindest-preis [2]	Umtausch/ Erstattung
Volle Flexibilität	Normal-preis	0%	50%	25%	—	—	einfache Fahrt	—	kostenlos
Verkauf solange Vorrat reicht	Plan& Spar 10	10%	50%	25%	Zugbindung	1 Tag	einfache Fahrt	15.- € [2]	gegen Gebühr
	Plan& Spar 25	25%	50%	25%	Zugbindung	3 Tage	Hin- und Rückfahrt	15.- € [2]	gegen Gebühr
	Plan& Spar 40	40%	50%	25%	Zugbindung	7 Tage	Hin- und Rückfahrt, Wochenende[1]	15.- € [2]	gegen Gebühr

[1] Wochenende = zwischen der Hin- und Rückfahrt muss die Nacht von Samstag auf Sonntag liegen

[2] 2. Klasse pro Richtung, 1. Klasse 22,60 € pro Richtung

Abbildung 6: Aufbau der PEP-Preislogik

1. Neue BahnCard

Die neue BahnCard wird im Einstandspreis gesenkt und gewährt einen einheitlichen Rabatt von 25 %, und zwar sowohl auf den Normalpreis als auch auf die Plan&Spar-Preise des Fernverkehrs. Damit ist sichergestellt, dass ein BahnCard-Kunde immer um ¼ günstiger fährt als ein Kunde ohne BahnCard (Preissicherheit für BahnCard-Kunden). Aus Gründen der Kundenorientierung wird die bisherige BahnCard nach Einführung des Neuen Preissystems maximal noch ein Jahr lang nutzbar sein – allerdings ist sie in ihrer Anwendung auf die Normalpreise beschränkt. Diese Maßnahme kostet die Bahn einen hohen zweistelligen Millionen-Eurobetrag. Die Senkung der Jahresgebühr der neuen BahnCard führt zu einer höheren Attraktivität dieses Kundenbindungsinstrumentariums insbesondere für Kunden, die bisher den Break-Even der BahnCard nicht erreicht haben. Unterstützt wird dies durch eine großzügige Familienkomponente: Beim Kauf der Bahn-Card durch ein Elternteil können sowohl das andere Elternteil als auch alle Kinder bis 17 Jahre eine BahnCard für 5 EUR erwerben. Für Vielfahrer der Deutschen Bahn wurde zusätzlich das Serviceprogramm bahn.comfort entwickelt, bei dem Kunden, die einen bestimmten Jahresumsatz (derzeit 2.000 EUR) erreichen, einen verbesserten Service in Anspruch nehmen können (u.a. verbesserte Sitzplatzverfügbarkeit und -reservierungsmöglichkeiten, eigene Hotline zur umfassenden Betreuung). Das Konzept sichert eine bessere Bindung dieser für die Bahn wichtigen Zielgruppe und ist ein grundlegender Schritt für die Etablierung eines Customer Relationship Managements der Bahn (vgl. Krämer/Kuhrt/ Uzun, 2002, S. 54).

2. Zugbuchung und Vorauskauffrist als Konditionen bei Plan&Spar-Preisen

Die Plan&Spar-Preise sind prozentual abgeleitet vom Normalpreis und basieren auf dem Vorauskauf des Tickets sowie der Bindung auf einen bestimmten Zug. Hierbei gilt: Je stärker die Restriktion, desto stärker der Preisnachlass. Die stärkste Restriktion gilt für den Plan&Spar40: Eine Rabattierung von 40 % ist an eine Zugfestlegung auf Hin- und Rückreise (mit Wochenendbindung) und den Kauf des Fahrscheins 7 Tage vor dem 1. Gültigkeitstag gebunden. Dieser Fahrschein kann wie alle anderen Plan&Sparpreise gegen Zahlung einer Stornogebühr bis zum 1. Gültigkeitstag zurückgegeben werden.

3. Degressive Relationspreise

Durch die bisher lineare Preisbildung wird von vielen Reisenden dem Pkw gerade auf mittleren bis längeren Strecken Vorrang gegenüber der Bahn gewährt. Zukünftig werden die Preise der Bahn für einzelne Relationen wettbewerbsspezifisch gesetzt: Sie steigen bei den Produkten des Fernverkehrs (ICE, EC, IC) auf kurzen Entfernungen um bis zu 10 %, sinken jedoch ab ca. 180 km Entfernung, d.h. der Preis pro km wird reduziert. Dies führt zu Vergünstigungen von mehr als 25 % auf langen Strecken. Gerade für Nutzer des Normalpreises stellt dies einen erheblichen Vorteil dar: Ein Kunde, der die Bahn ein mal pro Jahr nutzt und der alleine beispielsweise von Frankfurt nach Berlin unterwegs ist, zahlte bisher 106,40 EUR und zukünftig 86,40 EUR (-19 %).

4. Durchgehende Rabatte für Mehrpersonenreisende

Ein durchgängigem Mitfahrerrabatt von 50 % stellt sicher, dass sich die Bahnpreise an den effektiven Preisen bzw. Kosten des Pkw als Hauptwettbewerber orientieren. Entscheidender Vorteil des Kunden ist die Kombination der Rabattlogik; die Rabattsätze werden aufeinander angerechnet, d.h. multiplikativ verknüpft. Die Anhebung der Kinderaltersgrenze auf 14 Jahre (Kinder bis 14 Jahre fahren in Begleitung ihrer Eltern oder Großeltern kostenlos) stellt eine weitere Begünstigung von Familien dar. Durch die neue, durchgehende Rabattkumulation anstelle der bisherigen Pauschalpreise kann eine effiziente und schnittstellenfreie Preisdifferenzierung erreicht werden. Damit ist eine wesentliche Voraussetzung für hohe Preistransparenz und -sicherheit für Kunden und Verkäufer geschaffen (Abbildung 7).

PEP wird durch zusätzliche Elemente, die auf die Bedürfnisse der jeweiligen Zielgruppe zugeschnitten sind, ergänzt:

- Familien, Kinder, Jugendliche: Für Familien stellt die Bahn mit ihrem bisherigen Angebot kaum ein attraktives Verkehrsmittel dar. Derzeitige Preisreduzierungen führen nur zu einer geringen Mobilisierung von Nachfrage in diesem Segment. Hartmut Mehdorn charakterisiert das Problem folgendermaßen: „Eine oder zwei Generationen haben überhaupt nicht Bahnfahren gelernt. Die sind immer bei Papa oder Mama hinten im Auto dringesessen." Neben einer vergünstigten BahnCard für die Familienmitglieder, der kostenlosen Mitnahme von Kinder bis 14 Jahre und der Anwendbarkeit der Mitfahrerregelung erreichen Familien ab 15.12.2002 bei Zugbuchung und Einhaltung der Vorauskauffrist ein Preisniveau, welches das bisherige

Preissystem nicht bieten kann. Die BahnCard-Familienregelung führt zu einem vergünstigten Reisen nicht nur für Familien, sondern auch bei einzelreisenden Eltern oder Kindern (bis 18 Jahre). Gleichzeitig wird damit auch der psychologische Zugang zur Bahn erleichtert.

- Pendler: Nutzer von Streckenzeitkarten sind nicht durch Preissteigerungen betroffen. Da etwa 80 % der Pendler im Nahverkehr über eine Streckenzeitkarte verfügen, bedeutet dies gerade für den Nahverkehr in starkem Maße Preissicherheit. Weiterhin bietet die Bahn mit den angebotenen Zeitkarten eine sinnvolle Alternative für Kunden, die mit der BahnCard mehrmals pro Woche pendeln und sich möglicherweise durch die Neue BahnCard benachteiligt fühlen.
- Firmenkunden: Zukünftig wird Großkunden der Bahn ein umsatzabhängiger Rabatt auf den Normalpreis angeboten, der zwischen 5 % und 10 % liegt. Damit erhalten die Firmenreisenden der Key-Accounts einen Mengenrabatt bei voller Reiseflexibilität. Für Firmenreisende ist auch die Kumulation von Rabatten anwendbar (BahnCard, Plan&Spar-Preise und Mitfahrerrabatt).

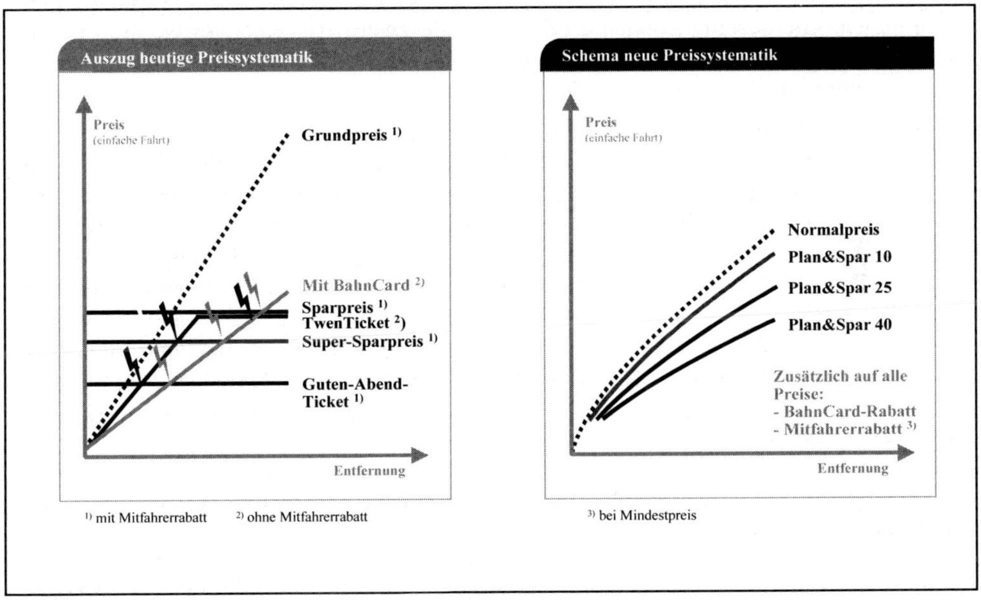

Abbildung 7: Von der alten zur neuen Preislogik

4. Kernelemente des Erlösmanagements

1. Offener Systemzugang als Wettbewerbsvorteil der Bahn

Wesentlicher Vorteil des neuen Preissystems gegenüber geschlossenen Systemen wie bei Airlines oder Hotels wird die Möglichkeit sein, dass Kunden die Bahn auch bei kurzfristiger Entscheidung für das Verkehrsmittel nutzen werden können. Dies betrifft alle Preiskategorien, die nicht in die Plan&Spar-Preise fallen. Spontanreisende haben damit nach wie vor volle Flexibilität hinsichtlich des Zugangs zu einem beliebigen Zug – allerdings nicht zu stark reduzierten Preisen. Dies entspricht auch der Zielsetzung, die segmentspezifischen Zahlungsbereitschaften zu treffen. Die PEP zugrunde liegenden Marktforschungen zeigen unabhängig voneinander eine starke Korrelation zwischen der Zahlungsbereitschaft und dem Flexibilitätsanspruch der Reisenden (vgl. Hunkel, 2000, S. 176). Da sich Kunden mit hohem Flexibilitätsanspruch durch eine hohe Preisbereitschaft auszeichnen, wäre es kontraproduktiv, wie von Erhardt vorgeschlagen (vgl. Erhardt, 2002, S. 26), preisliche Anreize für Kurzentschlossene (insbesondere in Schwachlastzeiten) zu geben. Gleichzeitig können an dieser Stelle zwei Missverständnisse zum neuen Preissystem aufgeklärt werden. Zum einen wird behauptet, „flexibles Reisen würde teurer“, zum anderem, die Bahn hätte das „System der Airlines kopiert“. Auch mit dem neuen Preissystem bleibt die Bahn im Fernverkehr ein offenes System. Durchgehende Rabattinstrumente wie die BahnCard und eine 50%ige Mitfahrerrabattierung kennen Airlines nicht (vgl. Kremer, 2002, S. 80). Der im Vergleich zum Luftverkehr höhere Anteil der Spontanreisenden resultiert aus dem freien Systemzugang der Bahn. Die Anzahl der Kunden, die sich tatsächlich spontan für eine Bahnreise entscheidet, wird allerdings in der Öffentlichkeit häufig überschätzt. So kamen eigenen Kundenbefragungen zum Ergebnis, dass ca. 71 % der Bahnreisenden bereit wären, sich einige Tage vor Fahrtantritt auf einen konkreten Zug festzulegen. Diese Ergebnisse wurden durch eine Befragung im Auftrag des SPIEGEL im September 2002 nahezu punktgenau bestätigt.

2. Begrenzte Verfügbarkeit von Plan&Spar-Preisen

Um Überbesetzungen von Zügen zu vermeiden, ist bei gegebener Anzahl von Sitzplätzen die Verfügbarkeit der Plan&Spar-Preise dann zu reduzieren, wenn die Nachfrage auf dem entsprechenden Zug größer ist als die Kapazität. Damit erhalten die Plan&Spar-Preise die zusätzliche Restriktion „solange der Vorrat reicht“. Es ist davon auszugehen, dass die Kunden diese Preislogik verstehen und akzeptieren. Gerade Reisende, die verstärkt eine Nutzung von Plan&Spar-Preisen für sich in Anspruch nehmen würden, akzeptieren eine Verfügbarkeitsbeschränkung („ausverkauft“). Schließlich handelt es sich um Instrumentarien, die in anderen Bereichen wie Flug- und Hotelbuchungen bereits gelernt sind.

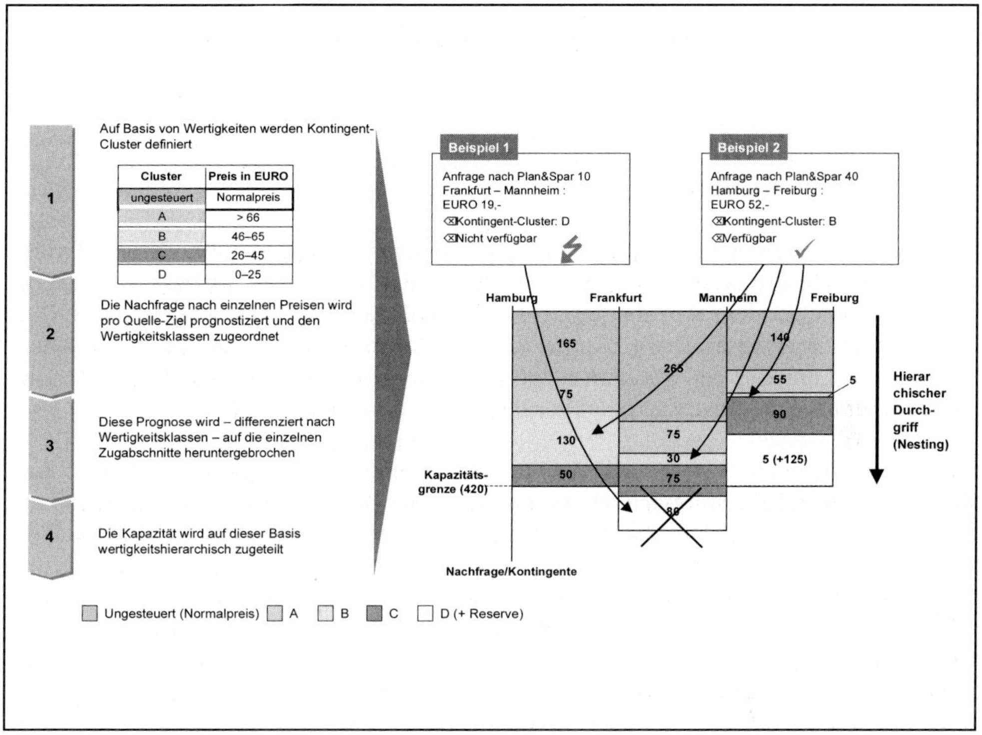

Abbildung 8: Wirkungsweise des Erlösmanagements bei der Deutschen Bahn (konzeptionell)

Wie Abbildung 8 konzeptionell zeigt, erfolgt eine zugabschnittsgenaue Prognose der Nachfrage im ungesteuerten Normalpreissegment. Die Differenz zwischen ungesteuerter Nachfrage und der Kapazität wird für Plan&Spar-Preise freigegeben und dann erlösmaximierend verteilt. Damit kann auch die Kritik (vgl. Erhardt, 2002, S. 26) aufgelöst werden, das Erlösmanagement sei augrund der unveränderlichen Normalpreise „unflexibel in der Preissteuerung“, weil bei hoher Nachfrage (zum Beispiel bei besonderen Anlässen) keine höheren Preise erzielt werden könnten. Tatsächlich werden die Normalpreise nicht abhängig von der Nachfrage angepasst – dies würde das Ziel der Preissicherheit konterkarieren. Im Durchschnitt wird der bei hoher Nachfrage erzielbare Erlös allerdings ansteigen, weil weniger Plan&Spar-Preise verfügbar sind. Damit wird deutlich, dass die Durchschnittserlöse sehr wohl mit der Auslastung bzw. der Nachfrage korreliert sind.

Um den Vorbehalt zu entkräften, günstige Plan&Spar-Preise würden zu nachfragestarken Zeit nicht verfügbar sein, kommuniziert die Bahn offensiv, dass zu jeder Zeit mindestens 10 % der Nachfrage kontingentierte Sonderpreise erhalten kann. Im Durchschnitt ist dieser Anteil jedoch aufgrund der insgesamt noch geringen Auslastung sehr viel höher.

5. Dritte Phase: Messung der Kundenakzeptanz und Konzeptanpassungen

5.1 Kundenbefragungen

Neben der reinen Preisoptimierung mittels Simulationsrechnungen stellt sich die Frage, ob die Logik des Preissystems logisch und verständlich ist. Dies betrifft das Spannungsverhältnis zwischen der rationalen betriebswirtschaftlichen Sicht des homo oeconomicus und der verhaltenswissenschaftlichen Sicht der beschränkten Rationalität. Nach Bauer (2001, S. 8) „umfasst der Preis zwei logisch voneinander unabhängige Aspekte: Die Preisstruktur als qualitativen und die Preishöhe als quantitativen Aspekt."

Demzufolge ist nicht automatisch davon auszugehen, dass ein „Best Scenario" des Marktsimulationsmodells tatsächlich die im Markt überlegene Konzeption darstellt. Um die psychologischen Effekte des Preissystems zu bewerten, wurden bis zur Markteinführung insgesamt fünf umfangreiche Untersuchungen durchgeführt, bei denen PEP vorgestellt und von Kunden im Detail bewertet wurde. Einzelne Schritte dieser Studien waren (1) die Bewertung des aktuellen Preissystems und die Erfahrungen des Befragten mit der Bahn, (2) eine Kurzvorstellung von PEP (2 DIN-A-4-Seiten Informationsblatt) und Spontanbewertung, (3) eine Detaildiskussion der Einzelelemente, (4) teilweise Simulation eines Fahrscheinkaufes für einen konkreten Reisewunsch und (5) eine abschließende Bewertung nach 30-minütiger Diskussion. Die entscheidenden Ergebnisse können wie folgt zusammengefasst werden:

- Die Kunden sind in der Lage, das Preissystem auf Grundlage weniger Informationen zu verstehen und sich schnell eine Meinung zu bilden. Sicherlich ist davon auszugehen, dass auch bei der Bewertung von PEP Urteilsheuristiken greifen, weil den Konsumenten nicht alle relevanten Informationen vorliegen. Diese Urteilsheuristiken zeigen aber deutlich positive Ausprägungen, die auf eine gute Kommunizierbarkeit des Systems schließen lassen.

- Es besteht eine eindeutig positive Bewertung von PEP aus Kundensicht; nahezu 50 % der Befragten äußern sich spontan positiv. Außerdem wird PEP deutlich besser beurteilt als das derzeitige Preissystem, und zwar in allen abgefragten Items zur Preiswahrnehmung (vgl. Abbildung 9). Da gerade der Aspekt der Preisfairness der Tarifkonditionen ein entscheidender Hebel für langfristige Ertragssteigerungen darstellt (vgl. Kimes/Wirtz, 2002, S. 33), sind die Imageverbesserungen besonders positiv zu werten.

- Mehrere, voneinander unabhängige Marktforschungen kommen zu vergleichsweise sehr stabilen Ergebnissen hinsichtlich der PEP-Akzeptanz. Dies spricht für eine hohe Konvergenzvalidität der Ergebnisse. Mehrpersonenreisende zeichnen sich durchgehend durch eine besonders hohe Akzeptanz aus (sieh hierzu detailliert Wilger, 2003).

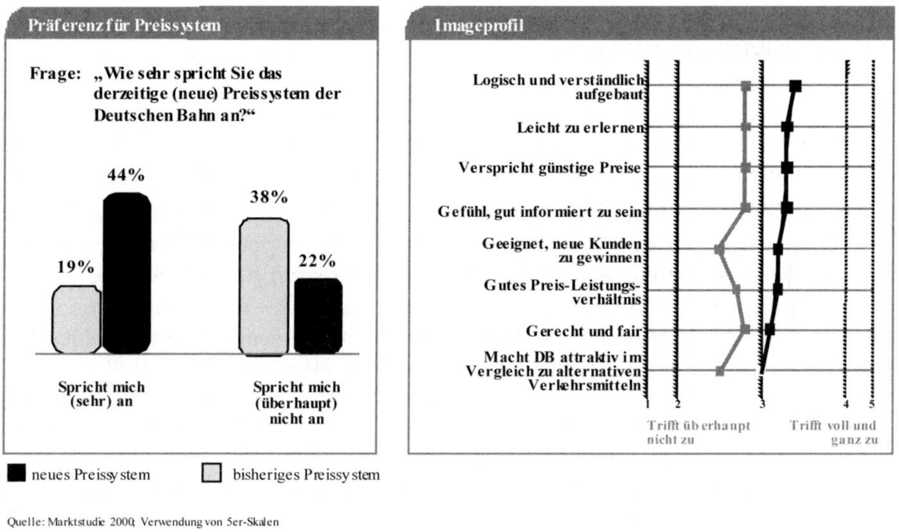

Abbildung 9: Bewertung des Neuen Preissystems aus Sicht der (potenziellen) Kunden

Neben der Bestätigung der guten Kommunzierbarkeit des Preissystems fand eine Anpassung der ursprünglichen Konzeption bei zwei zentralen Themen statt: Die Ausgestaltung der Familienregelungen und die Migrationsregelungen für die alte BahnCard demonstrieren ein hohes Maß an Kundenorientierung.

5.2 Praxistest der neuen Preissystematik

Bereits im Oktober 1999 erweiterte die Bahn ihr Angebotsspektrum um ein spezielles Internet-Ticket: Surf&Rail basiert auf einer kontingentbasierten Verfügbarkeitssteuerung, die es ermöglicht, eine nur begrenzte, an der spezifischen Auslastung der Züge orientierte Anzahl an Surf&Rail-Tickets für einen bestimmten Zug zu verkaufen. Surf&Rail wurde in der Pilotphase zunächst auf 111 Relationen (ausschließlich Direktverbindungen) zwischen 25 Großstädten in vier Preisstufen angeboten (mittlerweile deutlich ausgeweitet) und ermöglicht Preisvorteile bis ca. 65 % auf den Normalpreis.

Die frühe Markteinführung dieses Internetangebotes und das genaue Marktmonitoring ergaben eine Reihe von Punkten, aus denen sich eine Bestätigung der PEP-Logik antizipieren lässt (vgl. Luhm/Marchl/Krämer, 2000):

- Durch intelligentes Fencing und starke Preisdifferenzierung ist eine gleichzeitige Steigerung des Umsatzes und der Nachfrage möglich. Erreicht wird dies durch eine hohe Neuverkehrsquote bei gleichzeitig geringer Kannibalisierung von Erlösen (nur 8 % der Käufer sind Geschäftsreisende).
- Kunden akzeptieren eine Vorauskauffrist in Kombination mit einer Zugbuchung und Wochenendbindung sowie die stringente Stornoregelung, wenn günstige Preise angeboten werden.
- Die Verfügbarkeitsteuerung trifft auf Kundenakzeptanz und lässt eine Lenkung der Nachfrage zu.

Weitere Einführungen von PEP-Teilmodulen fanden durch die Steuerung des Guten-Abend-Tickets und mit den verfügbarkeitsgesteuerten Gruppenpreisen im Januar 2001 statt. Hierbei konnte bereits nachgewiesen werden, dass ein Abbau von Überbestzungen der Züge durch eine Verfügbarkeitsbeschränkung greift. Die Erfahrungen aus diese beiden Angeboten auch in Hinblick auf die Stornokonditionen weisen ebenfalls klar auf eine Akzeptanz der grundlegenden Systematik des neuen Preissystems hin.

6. Vierte Phase: Einführung im Markt

6.1 Vertriebstechnische Aspekte der Markteinführung

Aufgrund der Umgestaltung der gesamten Preislogik ergeben sich zum einen erforderliche Anpassungen des Vertriebssystems, zum anderen Schulungen der Mitarbeiter:

- Vertriebssystem: Die Abbildung des neuen Preissystems im bestehenden Vetriebssystem der DB erforderte sehr starke Veränderungen der IT-Architektur. Der neue Verkaufsprozess beinhaltet im Gegensatz zum bisherigen die Eingabe eines Kundenprofils, welches automatisch zum bestmöglichen Angebot für einen bestimmten Reisewunsch führt. Dies löst die bis dato komplexen Vergleichsrechnungen ab, die durch den Verkäufer ohne Systemunterstützung getätigt wurden und führt zu mehr Preissicherheit.
- Mitarbeiter/Verkäufer: Systemtechnische Veränderungen führen nur dann zur vollen Ausschöpfung ihres Nutzenpotenzials, wenn auch der Faktor Mensch entsprechend berücksichtig wird. Für die DB mit ihren ca. 7.000 Reisezentren bedeutet dies die Schulung von rund 24.000 Mitarbeitern (zuzüglich 20.000 Reisebüromitarbeiter), die im direkten Kontakt mit dem Kunden stehen. Einsichtig ist, dass die Akzeptanz des Preissystems beim Kunden direkt davon abhängig ist, wie sehr die Mitarbeiter des Unternehmens selbst von den Vorteilen überzeugt sind. Die Tatsache, dass die Bahn neben den Reisezentren noch 7 weitere Vertriebswege nutzt, lässt die Größenordnung dieser Herausforderung erahnen. Vorbehalte hinsichtlich eines zu vermu-

tenden verlängerten Verkaufsprozesses konnten im Rahmen eines „Live-Tests" entkräftet werden. Hierbei wurden vor Einführung des Preissystems im September 2002 mit etwa 300 Kunden in Reisezentren „echte Fahrscheinkäufe" simuliert. Die anschließende Bewertung des Verkaufsprozesses durch die Kunden war durchgehend positiv.

6.2 Präsentation von PEP in der Öffentlichkeit

Wie stark die Effekte einer kritischen Medienberichterstattung bzw. einer aggressiven Preiskommunikation auf die Akzeptanz des Preissystems sind, konnte im Rahmen von Feldexperimenten nachgewiesen werden, die als Ergänzung zu den Akzeptanztests durchgeführt wurden. Gegenüber einer Kontrollgruppe, bei der das Preissystem mittels Informationsbroschüre vorgestellt wurde, erhielten mehrere strukturgleiche Experimentalgruppen eine jeweils variierte Information. Dabei zeigte sich, dass

- eine zusätzliche Information in Form von neutral bis kritischen Zeitungsberichten eine Senkung der Akzeptanz (top-2-Werte „spricht mich an") gegenüber der Kontrollgruppe (47 %) auf 40 % bewirkte. Handelte es sich jedoch um rein kritische Zeitungsberichte, sanken die Werte sogar auf nur 22 %. Tatsächlich war dieser Effekt in der Realität zu beobachten, als die Stiftung Warentest und einige Fernsehjournale im November 2002 einseitig kritische Beiträge zu PEP publik machten und damit eine starke Öffentlichskeitswirkung erzielten.

- die Kombination von kritischer Presse und Preisbeispielen als Ergänzung zur PEP-Informationsbroschüre zu einem Anstieg der Akzeptanz auf 40 % führte. Dies belegt die Wirkung von Referenzpreisen bei Urteils- und Wahrnehmungsprozessen der Kunden und verdeutlicht die Chancen einer Kommunikation günstiger Preise, insbesondere während der Einführungskampagne (vgl. bezüglich objektiver und subjektiver Preisverzerrungen Schindler, 1998, S. 159 ff.). So zielte die Präsentation des neuen Preissystems auf der Pressekonferenz am 9.10.2002 auch auf die neuen Normalpreise und auf günstigste Preise für unterschiedliche Kundenprofile. Die Medienberichterstattung orientierte sich hieran und urteilte am Beispiel Köln – Berlin: „In Zukunft dürften aber BahnCard-Inhaber bei Nutzung des günstigsten Spartarifs von 40 % an die billigsten Flugticket-Preise herankommen. Unschlagbar billig wird die Bahn bei dieser Konstellation, wenn auch noch der Mitfahrerrabatt genutzt wird" (Handelsblatt v. 9.10.2002, S. 2).

Die kommunikative Herausforderung des neuen Preissystems beschreibt Dr. Christoph Franz, Vorstand des Unternehmensbereichs Personenverkehr, wie folgt: „Über eine intensive Öffentlichkeitsarbeit, umfangreiche Werbe- und Verkaufförderungsmaßnahmen informieren wir unsere Kunden. Wir müssen sie aufklären und überzeugen. Denn Bahnfahren wird in Zukunft ganz anders aussehen als heute" (Franz, 2002, S. 1). Um das neue Preissystem einem breiten Publikum vorzustellen, entwickelte die Bahn eine Kampagne, die „zu den zweifellos größten Werbeoffensiven im Konjunkturjahr 2002 gehört" (Unckrich, 2002, S. 22). Das Kommunikationspaket mit dem Claim „Neue Preise. Mit

System“ beinhaltet neben TV- und Printwerbung mehre Dutzend aufeinander abgestimmte Maßnahmen.

Abbildung 10: Anzeige zur PEP-Einführung

In der ersten Kommunikationsphase (Teaserphase) bestand das Ziel darin, die elementare Neuerung des Preissystems nicht nur Kunden, sondern auch potenziellen Bahnreisenden mit einer einfachen und verständlichen Botschaft zugänglich zu machen: „Seit 1835 machen wir die Preise fürs Bahnfahren. Ab dem 15. Dezember sind Sie dran.“ Inhalte der „Beweisephase“ sind konkrete Preis wichtiger Relationen, differenziert nach unterschiedlichen Kundengruppen.

6.3 Monitoring der Markteinführung

Mit der Pressekonferenz und der Veröffentlichung der neuen Bahnpreise richtete sich das Einführungsmonitoring darauf, anhand messbarer Indikatoren die Erreichung der mit PEP verbundenen Ziele zu überprüfen. In der Einführungsphase umfasste dies im wesentlichen die Reaktion der Öffentlichkeit und der Kunden auf die Kommunikation der Bahn. Die Messung erfolgte einerseits durch kontinuierliche Kundenbefragungen zum Mobilitätsverhalten und zur Bekanntheit und Bewertung des neuen Preissystem, andererseits durch eine Strukturanalyse und inhaltliche Auswertung der Kundenkontakte (Kundenresonanz über die speziell eingerichtete Kundenhotline, Beschwerdefälle etc.) und der Presseberichte. So konnte beispielsweise gemessen werden, dass die Awareness des neuen Preissystem in der Bevölkerung von ca. 22 % vor der Pressekonferenz (9.10.2002) auf knapp 70 % am Tag und dem darauffolgenden Tag der Preisveröffentlichung anstieg. Obwohl zu diesem Zeitpunkt nur eine unvollständige Information der Kunden bestanden hat, waren über 50 % der Fernverkehrskunden der Meinung, dass das neue System besser als das alte sei (nur 24 % waren gegenteiliger Meinung). Mit dem Verkauf von „PEP-Fahrscheinen" rückte dann zusätzlich die Messung der Erlös- und Fahrtenwirkung in den Fokus des Monitoring, begleitet durch Analysen zum veränderten Preisimage der Bahn.

7. Ausblick: Höhere Wettbewerbsfähigkeit und Wirtschaftlichkeit mit PEP

Die Einführung des neuen Preissystems ist ein wesentlicher Schritt für eine höhere Wirtschaftlichkeit der Bahn. PEP ist nicht in der Lage, alle Probleme der Bahn auf einen Schlag zu beseitigen – gleichermaßen kann PEP aber nur erfolgreich sein, wenn mit dem neuen Preissystem auch die Produktdimensionen Pünktlichkeit, Taktung, Service, Sauberkeit usw. eine Verbesserung erfahren. Wesentliche Vorteile des neuen Preissystems aus Kundensicht können abschließend in folgenden Punkten festgehalten werden:

- Preistransparenz: Das neue Preissystem lichtet den Tarifdschungel: Die neuen Preise sind im Gegensatz zum bisherigen System logisch aufeinander abgestimmt! Erreicht wird dies durch die vom Normalpreis abgeleiteten Plan&Spar-Preise und die Kumulation von Rabatten. Empirische Studien haben unabhängig voneinander gezeigt, dass die Bahnkunden hier eindeutig Vorteile sehen und sich das Preisimage der Bahn verbessert.
- Preissicherheit und -fairness: Der Kunde hat das Gefühl, einen fairen und nachvollziehbaren Preis zu erhalten, weil er den Preis durch sein individuelles Reiseverhalten mitbestimmen kann.
- Preisgünstigkeit: Durch die Kumulation von Rabatten erreicht die Bahn ein Preisniveau, welches gegenüber dem PKW als wichtigstem Wettbewerber konkurrenzfähig ist. Das neue Preissystem ist extrem familienfreundlich und zielt darauf ab, Kunden über den gesamten Lebenszyklus an die Bahn zu binden. Hierzu dienen der durchgängige Mitfahrer-Rabatt, die BahnCard-Regelung für Familien und die Anhebung der Kinderaltersgrenze auf 14 Jahre.
- Reisekomfort: Die Überfüllung der Züge wird reduziert und damit der Reisekomfort für alle Reisenden erhöht Durch eine zuggenaue Prognose der Nachfrage innerhalb des Normalpreises können zielgerichtet Plan&Spar-Preise verkauft werden. Gleich-

zeit wird den besten Kunden der Bahn mit bahn.comfort ein besonderes Servicepaket kostenlos zur Verfügung gestellt.

Gleichzeitig wirkt das Preissystem als Wettbewerbsinstrument, weil es durch eine selektive Preisdifferenzierung für preissensible Kunden sowohl Pkw-Reisende anspricht als aucheine Markteintrittshürde für Fernverkehranbieter auf der Schiene darstellt.

Zusammenfassend lässt sich sagen, dass mit der Einführung des neuen Preissystems wesentliche Schwächen des bisherigen Systems beseitigt, neue Kunden für die Bahn (und damit Erlöse) gewonnen sowie deutlich positive Imageeffekte für die Bahn erzielt werden können.

8. Literatur

BAUER, F., 2000, Die Psychologie der Preisstruktur: Entwicklung der Entscheidungspsychogischen Preisstrukturgestaltung zur Erklärung und Vorhersage nicht-normativer Einflüsse der Preisstruktur auf die Kaufentscheidung. Dissertation, Darmstadt.

BAUER, H.H./HUBER, F., 2000, Nutzenorientierte Produktgestaltung. In: HERRMANN, A., HOMBURG, C. (Hrsg.), Marktforschung – Methoden, Anwendungen, Praxisbeispiele, S. 709 – 738.

BEN-AKIVA, M./LERMAN, S.R., 1985, Discrete Choice Analysis – Theory and Application to Travel Demand. The MIT Press, Cambridge.

CERWENKA, P., 2002, Glanz und Elend der Elastizität – eine ingenieurdidaktische Handreichung, in: Der Nahverkehr, S. 28 – 33.

DILLER, H., 1999, Entwicklungslinien in Preistheorie und –management, in: Marketing ZFP, S. 39 – 60.

FRIEDRICH, F., 2002, Rasterfahndung: Wie geht es weiter mit den Bahnen. Glasers Annalen / ZEV rail, 126, S. 262 – 269.

ERHARDT. R.(2002, Das neue Preissystem im Personenverkehr der DB AG. Internationales Verkehrswesen, S. 23 - 27.

HARTMANN, A./SATTLER, H., 2002, Commercial Use of Conjoint Analysis in Germany, Austria and Switzerland. Research Papers on Marketing and Retailing, No. 6, University of Hamburg.

HERRMANN, A./WRICKE, M./HUBER, F., 2000, Kundenzufriedenheit durch Preisfairneß, in: Marketing ZFP, S. 131 – 143.

HUBER, F./HERRMANN, A./BRAUNSTEIN, C., 1998, Interkulturelle Werteforschung zur Gestaltung von Dienstleistungen im Schienenfernverkehr, in: Marketing ZFP, S. 25 – 36.

HUNKEL, M., 2001, Segmentorientierte Preisdifferenzierung für Verkehrsdienstleistungen – Der Weg zum optimalen Fencing, Darmstadt.

KIMES, S.E./WIRTZ, J., 2002, Perceived Fairness of Demand-based Pricing for Restaurants, in: Cornell Hotel and Restaurant Administration Quarterly, S. 31 – 37.

KRÄMER, A./LUHM, H.J, 2002, Peak-Pricing oder Yield-Management? Zur Anwendbarkeit eines Erlösmanagement-Systems bei der Deutschen Bahn, in: Internationales Verkehrswesen, S. 19 – 23.

KRÄMER A./KUHRT, S./UZUN, U., 2002, Kundenbindung durch besseren Service- Erfolgsbeitrag der Marktforschung für CRM. planung&analyse, S. 50 – 55.

KRÄMER, A./WILGER, G./DETHLEFSEN, H.A., 2001, Es muss nicht immer Conjoint sein! – Kundensegmentierung als Basis des neuen Preissystems der Deutschen Bahn, in: planung&analyse, S. 74-79.

KRÄMER A./WILGER G., 1991, Messung von vielschichtigen Kundenpräferenzen mittels Conjoint Measurement, in: planung&analyse, S. 50-56.

KRÄMER, A., 2002, Mehrpersonen-Preisdifferenzierung im Verkehrsdienstleistungsbereich. Dipl., Darmstadt.

LUHM, H.J., MARCHL, B., KRÄMER, A., 2000, Innovatives Preiscontrolling auf der Basis einer kontinuierlichen Online-Marktforschung, in: planung&analyse, S. 30-34.

MEFFERT, H., HRSG., 2000, Verkehrsdienstleistungsmarketing. Wiesbaden.

N.N., 2002, Meist schneller und billiger: Flugzeug schlägt Zug. Handelsblatt vom 9.10.2002, S. 2.

SCHEIDLER, M./KRÄMER A., 2000, Value Pricing und Yield Management im Luftverkehrsmarkt. IQPC Yield Management Konferenz, Wiesbaden 20.6.2000.

SCHINDLER, H., 1998, Marktorientiertes Preismanagement – eine Methodik zur Verbesserung des Preisimages am Beispiel des Elektronik- und Sportfachhandels, Dissertation, St. Gallen.

SIMON, H./DOLAN, R., 1997, Profit durch Power Pricing – Strategien aktiver Preispolitik, Frankfurt.

WILGER, G., 2003, Mehrpersonen-Preisdifferenzierung, Dissertation, bisher unveröffentlicht, Köln.

WILGER, G./KRÄMER A., 2002A, Familien als besondere Zielgruppe im neuen Preissystem der Deutschen Bahn AG Glasers Annalen / ZEV rail, S. 332 - 337.

WILGER, G./KRÄMER, A., 2002B, Mit attraktiven Preisen zu Mehrverkehr - Das neue Preissystem und Erlösmanagement der Deutschen Bahn. Glasers Annalen / ZEV rail, S. 284 – 289.

UNKRICH, B., 2002, Bahn will mehr Verkehr auf die Schienen. Horizont vom 11.10.2002, S. 22.

VOETH, M./HAHN , C., 1990, Limit Conjoint-Analyse; in: Marketing ZFP, S. 119-132.

Sechster Teil

Makroaspekte im Preismanagement

Hans-Otto Schenk

Preisvergleiche

1. Zur Phänomenologie des Preisvergleichs

Planvolles Wirtschaften ist ohne Vergleichen nicht möglich. Produzenten, Händler, Konsumenten und der Staat - sie alle müssen permanent die tatsächlichen und sich ändernden Marktgüter (Waren und Dienste) und ihre Produktions-, Absatz- und Beschaffungsmöglichkeiten vergleichen. Alles Planen für Produktion, Handel und privaten wie öffentlichen Konsum benötigt *komparative Informationen für möglichst optimale Entscheidungen.* Im produktiven gewerblichen Bereich müssen sämtliche Leistungsfaktoren des Inputs (Werkstoffe, Betriebsmittel, Raum, Personal, Organisation) und ihre Preise für Produktionsentscheidungen ebenso aufgrund von Vergleichen optimiert werden, wie die Verkaufspreise für Absatzentscheidungen aufgrund von Vergleichen (mit Konkurrenzpreisen und Marktmöglichkeiten) möglichst optimal kalkuliert werden. Im distributiven Bereich werden seit langem Konkurrenzpreise für identische Produkte, namentlich für Herstellermarken, systematisch beobachtet und verglichen. Systemunternehmen und Filialbetriebe des Handels arbeiten nicht selten mit *komparativen Preistests*, etwa dergestalt, dass ein Artikel in mehreren Filialen und/oder über einen längeren Zeitraum mit unterschiedlichen Verkaufspreisen angeboten wird. Aus den unterschiedlichen Absatzwerten lassen sich dann leicht Rückschlüsse auf den zeitlich und örtlich jeweils optimalen Verkaufspreis ziehen. Im konsumtiven Bereich werden vor allem Beschaffungspreise für gleiche Waren und Dienste von verschiedenen Anbietern verglichen. Je genauer und umfangreicher alternative Preise zur Verfügung stehen, desto zuverlässiger werden rationale Produktions-, Absatz- und Beschaffungsentscheidungen begründet und werden entsprechende *Preisrisiken minimiert.* (Dass es nicht darauf ankommt, alle Preise aller Marktbeteiligten zu kennen - genauso wenig wie die Kenntnis aller Wettbewerbsparameter aller Marktbeteiligten und dass funktionierende Märkte immer begrenzte, unvollständige Transparenz voraussetzen, hat Oskar Morgenstern, 1935 schon in seinem berühmt gewordenen Aufsatz „Vollkommene Voraussicht und wirtschaftliches Gleichgewicht" in Heft 6 der Zeitschrift für Nationalökonomie nachgewiesen.) Der für alles wirtschaftliche Handeln grundlegende Tatbestand des Vergleichens hat in Theorie und Praxis immer eine Rolle gespielt. Der Ansatz des Vergleichens gipfelt in dem immer weiter ausgebauten, heute besonders im Handel als wertvolles Controllinginstrument eingesetzten *Betriebsvergleich* mit seinem umfangreichen Kennzahlensystem und seinen diversen Ausgestaltungsmöglichkeiten als Zeitvergleich, Soll-Ist-Vergleich und inner- oder zwischenbetrieblicher Vergleich (vgl. Müller-Hagedorn/Erdmann, 1995, Sp. 271 f.). Allerdings wird ausgerechnet das *Vergleichen von Preisen* für identische Waren und Dienste in der ökonomischen Fachliteratur zu Preistheorie, Preispolitik, Preismanagement, Marktforschung und Controlling kaum beachtet.

1.1 Marktwirtschaft, Preis und Preisvergleich

Das wesentliche Charakteristikum einer funktionierenden Marktwirtschaft ist der permanente Abstimmungsprozess zwischen Preisforderungen und Preisgeboten der Marktpartner für jede Marktleistung (Ware oder Dienstleistung). Allgemein ist der Preis (P) Ausdruck des monetären Gegenwerts (G) für eine Marktleistung (L). Er kann als Quotient dargestellt werden:

$$P = \frac{\text{Entgelt G}}{\text{Leistungsumfang L}}$$

In der Marktwirtschaft ist die Preisbildung dem freien Spiel zwischen den jeweils beteiligten Marktpartnern überlassen (freie Kalkulation). Die je nach Angebots- und Nachfragesituation wechselnden Preiskonstellationen für gleiche Waren oder Dienste sind systemimmanent. Es gehört zu den wirtschaftspolitischen Grundsätzen der Sozialen Marktwirtschaft, jeder Beeinträchtigung der freien Preisbildung, z.B. durch Absprachen (Preiskartelle), sittenwidrige oder irreführende Preisstellung, entgegenzuwirken. Die Quotientendarstellung verdeutlicht, dass *Preisänderungen für eine Marktleistung* auf verschiedene Weise entstehen können. So kann eine Preissteigerung 1. durch Steigerung des Geldbetrags im Zähler bei gleichbleibender Leistung im Nenner, 2. durch stärkere Steigerung des Geldbetrags als Steigerung der Leistung, 3. durch Reduzierung des Leistungsumfangs bei gleichbleibendem Geldbetrag und 4. durch stärkere Leistungsreduzierung als Anhebung des Geldbetrags erzielt werden. Entsprechend gibt es vier Möglichkeiten der Preissenkung: Preiszählerpolitik, Preisnennerpolitik (indirekte Preissenkung) und zwei Fälle der kombinierten Preiszähler- und -nennerpolitik. Dabei stellt der freie marktwirtschaftliche Preis immer eine Resultante dar: Er ist das Ergebnis der Einigung zwischen der Preisforderung des Anbieters einer Leistung und des Preisgebots des Nachfragers nach dieser Leistung (vgl. Schenk, 1991, S. 224 f.). Kaufleuten ist dieser freie Preisbildungsvorgang mit all seinen situations- und machtspezifischen Einflüssen der dynamischen „Marktseitenverhältnisse" aus täglicher Übung vertraut. Den meisten Konsumenten ist er jedoch nicht (mehr) bewusst, da sie im Regelfall nicht über die effektive Preishöhe verhandeln, sondern stillschweigend - juristisch: durch konkludentes Handeln - in die Preisforderung des Anbieters einwilligen und die Ware zum geforderten Preis erwerben bzw. die Dienstleistung zum geforderten Preis nutzen. Aber auch hier gilt: Erst die tatsächlich vereinbarte bzw. gezahlte Geldsumme, der realisierte monetäre Gegenwert ist der Preis für die betreffende Leistung.

Bis zur Einigung der Marktpartner fungieren der „Verkaufspreis" nur als Preisforderung und der „Einkaufspreis" nur als Preisgebot. Deutlich wird dieser Zusammenhang bei den börsenmäßig geregelten Preisbestimmungen an Wertpapier-, Devisen- und Warenbörsen, noch deutlicher bei den Marktveranstaltungen, bei denen Waren im traditionellen Bieteverfahren verkauft werden, wie z.B. bei den offenen Versteigerungen (Auktionen, Veilings), bei den verdeckten Versteigerungsformen der Einschreibungen oder Ausschreibungen (Submissionen, „competitive bidding") (vgl. Seyffert, 1972, S. 491-495, und Simon, 1995, S. 179) sowie bei den virtuellen Versteigerungen über das Internet.

Neben den frei kalkulierten Marktpreisen existieren zahlreiche Formen gebundener Preise. Sie können – entsprechende gesetzliche Normierung vorausgesetzt – auf *vertraglicher* Vereinbarung beruhen, wie z.B. die vertikale Preisbindung der ersten und/oder zweiten Hand (in Deutschland nur für Verlagserzeugnisse erlaubt). Nicht frei vereinbarte Preise können auch als *staatlich administrierte Preise* auf hoheitlichem Akt von öffentlich-rechtlichen Körperschaften mit „Preisautonomie" beruhen, wie z.B. Beiträge, Gebühren, Tarife oder Taxen. Schließlich können Preise unmittelbar *gesetzlich* festgelegt sein, wie z.B. die im Tabaksteuergesetz geregelten Einzelabgabepreise für Tabakwaren. (Die Besonderheiten der Faktorpreisbildung für menschliche Arbeitskraft oder Grund und Boden seien hier ausgeblendet.)

Es ist unmittelbar einsichtig, dass in Anbetracht einer Unzahl von Preisen, die dazu ständig wechseln, jedes Wirtschaftssubjekt für rationale Entscheidungen eine *Übersicht über mehrere Preise* für dieselbe, die gleiche oder vergleichbare Marktleistungen benötigt. Je stärker zielgerichtet, d.h. zweckmäßiger und umfangreicher ein Vergleich von Preisen ausfällt, desto stärker wird das Risiko von Fehlverkäufen oder Fehleinkäufen gemindert. Obwohl der Vergleich von Preisen dem marktorientierten Wirtschaftsweise inhärent ist, wird das Vergleichen von Preisen für Waren und Dienste (anders als das Vergleichen von Faktorpreisen = Kosten) in der nationalökonomischen Literatur so gut wie nie behandelt und in der betriebswirtschaftlichen Literatur allenfalls am Rande berührt.

1.2 Begriffsbestimmung und Typologie des Preisvergleichs

Das bloße (auch das permanente) Vergleichen von Preisen ist nicht identisch mit dem Preisvergleich. Das Vergleichen von Preisen ist ein Prozess des ziel- und zweckgerichteten Ermittelns von Preisen, gleichgültig ob sie noch nicht realisiert sind, wie im Falle der Kalkulation, oder ob sie tatsächlich empirisch vorgefunden werden. Hingegen ist der Preisvergleich das Ergebnis des Prozesses einer systematischen, ziel- und zweckgerichteten Ermittlung von geforderten, gebotenen oder realisierten Preisen. Er ist eine Gegenüberstellung von zwei oder mehreren Preisen für identische Waren oder gleichartige Dienstleistungen verschiedener Anbieter oder Nachfrager für denselben Zweck (Produktions-, Absatz- oder Beschaffungszweck). Auch zum Preisvergleich in diesem engeren Sinn findet man kaum Definitionsversuche in der Fachliteratur - für die deutschsprachige Literatur kein überraschender Befund, da Preisvergleiche als Sonderfall vergleichender Werbung jahrzehntelang dem grundsätzlichen Verbot gem. § 1 UWG unterlagen. Und wenn Preisvergleichen definitorische Abgrenzungsversuche gewidmet werden, dann fallen diese entweder sehr abstrakt aus oder werden nur aus verbraucherpolitischer Sicht verstanden als „Instrument der Verbraucherinformation, das Transparenz über Preisstrukturen, insbesondere auf der Einzelhandelsebene, schaffen soll“ (vgl. Hansen/Algermissen, 1979, S. 303). Indes gibt es „den“ einheitlichen Preisvergleich nicht, sondern eine große Zahl unterschiedlich ausgestalteter Preisvergleiche.

Daher sei das Begriffsbestimmungsproblem typologisch angegangen. Da ein Typus – ein Idealtypus wie ein Realtypus – durch die Kombination von Merkmalen und Merkmalsausprägungen charakterisiert wird, liegt es nahe, möglichst alle typenbildenden Merkmale und Merkmalsausprägungen zusammenzustellen, die für Preisvergleiche relevant sind. (Abbildung 1) Aus beliebigen Kombinationen von Merkmalsausprägungen können dann konkrete Preisvergleich-Typen festgelegt werden. Wie immer bei Typen können diese definiert werden sowohl durch Kombination mehrerer konstitutiver Merkmalsausprägungen als auch durch Kombination einer konstitutiven Merkmalsausprägung mit einer oder mehreren akzessorischen Merkmalsausprägungen.

Merkmal	**Merkmalsausprägungen**			
Vergleichsgegenstand	Ware(n)	Dienstleistung(en)		
Gegenstandsauswahl	Einzelgut	Mehrgüter		
Wettbewerberauswahl	einer	einige	alle	
Nutzungszweck	Beschaffung (Einkauf)	Absatz (Verkauf)		
Nutzerkreis	makroökonomisch	mesoökonomisch	mikroökonomisch	
Erhebungsverfahren	offen	verdeckt		
Träger	staatlich	halbstaatlich	privat	
Kommunikationsart	real	virtuell		
Adressatenkreis	Verbraucher	Unternehmen	Behörden	
räumlicher Geltungskreis	lokal	regional	national	übernational
zeitlicher Bezug	einmal	mehrfach		
namentlicher Bezug	mit Anbieternennung	ohne Anbieternennung		
Auftragsmodalitäten	ohne Suchauftrag	mit Suchauftrag		
Abgabemodalitäten	unentgeltlich	entgeltlich		
Wettbewerbsrecht	mit Wettbewerbsabsicht	ohne Wettbewerbsabsicht		

Abbildung 1: Typologische Elemente der Preisvergleiche

Die Merkmalszusammenstellung macht deutlich, dass es sich bei den Ende der 70er Jahre erstellten (jedoch längst wieder eingestellten) Preisvergleichen von Verbraucherorganisationen, die meist als Beispiel genannt werden, nur um einen *besonderen Typus* handelt. Dieser Typus ist gekennzeichnet durch die Kombination folgender konstitutiver Merkmalsausprägungen: eine Ware, einige Wettbewerber (nur die preisgünstigen), prinzipiell makroökonomische Beschaffungsinformation, offene Erhebung, halbstaatliche Trägerschaft, reale Kommunikation (gedruckte Listen), Verbraucher als primäre Adressaten, lokale Geltung, Einmalerhebung mit Anbieternennung, ohne Suchauftrag und Wettbewerbsabsicht sowie unentgeltliche Abgabe. Andere Preisvergleiche sind durch andere Kombinationen von Merkmalsausprägungen gekennzeichnet. So werden die von der *Stiftung Warentest* mitgeteilten, empirisch ermittelten Durchschnittspreise (Mediane) oder Preisspannweiten (höchster – niedrigster ermittelter Marktpreis) je Testprodukt innerhalb einer Testbatterie in der Regel ohne Anbieternennung veröffentlicht. Bei einem

Preisvergleich eines Industrieunternehmens, den etwa die Marktforschungsabteilung über die Konkurrenzpreise für vergleichbare Produkte/Dienste zusammenstellt - und zwar zum Zwecke der *eigenen Verkaufspreisbestimmung* -, zählen zu den konstitutiven Merkmalsausprägungen: Mehrgüter, einige (relevante) Mitbewerber, Verkaufspreise, mikroökonomische, verdeckte, private und reale Erhebung mit Anbieternennung und Suchauftrag und ohne Wettbewerbsabsicht; als akzessorisch könnten die Merkmalsausprägungen nationaler Geltungskreis und Mehrfacherhebung in Betracht kommen. Der zum Zwecke der Ermittlung des günstigsten *Einkaufspreises* erstellte Preisvergleich eines Industrie- oder sonstigen produzierenden Unternehmens wird durch eine andere Kombination von Merkmalsausprägungen gekennzeichnet sein, bei der dann der offene Ausweis der Einkaufspreise und die Anbieternennung konstitutiv sind. Für den Preisvergleich eines Handelsunternehmens, den etwa der Zentraleinkauf oder die Controllingabteilung erstellt, können die Konkurrenzpreise für einen Artikel ebenso gut konstitutiv sein wie für mehrere Artikel (Warenkorbanalyse). Im *Einzelhandel* stellt der Vergleich des eigenen Verkaufspreises für einen Artikel mit dem Verkaufspreis eines Mitbewerbers für denselben Artikel den wichtigsten Preisvergleich dar. Für diesen Preisvergleich sind folgende Merkmalsausprägungen konstitutiv: eine einzelne Ware, ein Wettbewerber, Wettbewerbsabsicht beim Verkauf, reale und unentgeltliche Kommunikation mit Verbrauchern mit Anbieternennung. Dieser Preisvergleich ist streng abzugrenzen von den beiden Fällen der (erlaubten) Preisgegenüberstellung:

1. Gegenüberstellung der unverbindlichen Preisempfehlung des Herstellers mit der eigenen, niedrigeren Preisforderung und
2. Gegenüberstellung des eigenen „alten" mit dem eigenen niedrigeren „neuen" Verkaufspreis für denselben Artikel.

Letztere ist erlaubt, sofern der „alte" Preis tatsächlich für einen gewissen Zeitraum gegolten hat, also nicht fiktiv ist. Für den Internet-Preisvergleich im B-to-C-Geschäft, d.h. für den im Internet angebotenen kommerziellen Vergleich von Preisen verschiedener Anbieter für eine gesuchte Ware oder Dienstleistung, sind hingegen die Merkmalsausprägungen virtuelle Kommunikation, Anbieternennung, Suchauftrag und entgeltliche Abgabe konstitutiv. Als makroökonomische Preisvergleiche können die von staatlichen Stellen erhobenen und zusammengestellten Preise für identische oder vergleichbare Waren und/oder Dienste gelten, die in der Regel zu Durchschnittswerten weiter aufbereitet werden. Sie können entweder als *internes*, nicht veröffentlichtes Informationsmaterial, z.B. für einzelne Regierungsressorts, dienen oder als *externe* preisvergleichende Informationen für die Öffentlichkeit über wirtschaftspolitische Entwicklungen konzipiert sein. Als Beispiele für den letztgenannten Zweck sind die kommunalen und landesweiten *Marktberichte* und die bundesweiten *Indizes der Lebenshaltungskosten* des Statistischen Bundesamts zu nennen. Letztere sind selbst zwar keine Preisvergleiche, aber die für die Indexberechnung benötigten Einzelwerte des „Warenkorbs" stellen für die statistischen Ämter das Ausgangsmaterial dar; ihre Preisvergleiche fungieren als Vorstufe zur Indexberechnung. Schließlich sind mesoökonomische Preisvergleiche ein sinnvolles Informations- und Orientierungsinstrument für Unternehmensvereinigungen, einzelne Branchen, bestimmte Betriebsformen oder abgegrenzte Wirtschaftsräume. Die Übersicht über ausgehandelte Einkaufspreise (und Konditionen und Abwicklungsmodalitäten), die ein Einkaufsverband des Handwerks, des Großhandels oder des Einzelhandels seinen Mitgliedsfirmen zur Verfügung stellt, ist im Prinzip nichts anderes als ein Preisvergleich. Vor allem hat das Internet neue Möglichkeiten der verbundgruppen-internen Preisinformationen eröffnet: Intranet-Preisvergleiche im B-to-B-Geschäft. Dass die systematische Sammlung von Preisangeboten (Preisforderungen) der potenziellen Lieferanten über Extranets längst mit übernationalem, globalem Geltungskreis stattfindet und zu Extranet-Preisvergleichen im B-to-B-Geschäft geführt hat, zeigen z.B. die erfolgreichen elektronischen Marktplätze des Fruchthandels: Easy Fruit, Efoodmanager, Foodtrader, Fruitline, Fruit-2-Trade, Frutis, Greentrade, Produce Online, United Nature X, vfm.net und World Fruit Trade Center (zusammengestellt von Alfred Schwemin, Forschungsprojekt Fruchthandel der Universität Duisburg).

2. Preistheorie und Preisvergleich

Die Beurteilung der Angemessenheit, der Richtigkeit oder der Gerechtigkeit von Preisen für Waren oder Dienste stellt seit Alters her ein zentrales Problem für die Wirtschaftstheorie dar. Philosophen und Theologen haben sich durch Jahrhunderte hindurch vorwiegend mit der normativen Frage des „iustum pretium“ auseinandergesetzt, lange bevor Nationalökonomen und Betriebswirte die verschiedensten Erklärungsmodelle der Preisbildung entwickelten. In makroökonomischer Betrachtungsweise wurden Preiserklärungsansätze sowohl auf der Grundlage der *objektiven Wertlehre* entwickelt, die den materiellen Werteverzehr als preisbestimmend, als auch auf der Grundlage der *subjektiven Wertlehre*, die die subjektive Nutzenschätzung als preisbestimmend ansieht. Beide Ansätze wurden von der Neoklassik als jeweils dominierende Bestimmungsgröße für die Angebots- und für die Nachfragekurven zusammengeführt. Speziell zur Erklärung der *Preisbildung im Handel* wurden eine ganze Reihe von Theorien entwickelt: die Kalkulationstheorie, die Konkurrenztheorie, die Richtungsflügeltheorie (Julius Hirsch), die Grenzkostentheorie (Adolf Lampe), die Grenzproduktivitätstheorie, die Theorie der branchenüblichen Kalkulation und die Funktionstheorie. Die meisten dieser Erklärungsansätze beziehen den Vergleich von (Verkaufs-)Preisen - so die Konkurrenztheorie, die Richtungsflügeltheorie und die Theorie der branchenüblichen Kalkulation - oder von Faktorpreisen - so die Grenzkostentheorie und die Grenzproduktivitätstheorie - implizit mit ein. Die Hauptschwäche dieser Preistheorien liegt jedoch in ihrem monistischen Charakter. Auch haben sie alle den Nachteil, weder die Beschaffungspreisbildung zu erfassen noch die vielfältigen Einflussfaktoren wie Preiselastizität, Preisbildung in Vertriebssystemen und Verbundgruppen, wechselnde Marktkonstellationen, machtbedingte Einflussnahmen usw. (vgl. Schenk, 1991, S. 233). Den größten Einfluss sowohl auf die Preistheorie als auch auf die Preispolitik der Unternehmen hat jedoch die Entwicklung verschiedener Preis-Absatz-Funktionen für verschiedene Marktformen gehabt. Abgesehen von „anomalen" Fällen – Snob-Effekt, Bandwagon-Effekt und Veblen-Effekt –, geht es bei den „normalen" Preis-Absatz-Funktionen stets um ein *Optimierungsproblem*: denjenigen Preis zu finden, bei dem das Produkt aus Absatzmenge und Preis den höchsten Wert annimmt. Die älteren stärker betriebswirtschaftlich ausgerichteten Erklärungsansätze verweisen auf die ausschließliche oder dominierende Orientierung der Preisfestsetzung an den Selbstkosten (Kalkulationstheorie), an den Preisen der Mitbewerber für vergleichbare Waren (Konkurrenztheorie) oder den Kunden (Markt- oder Tragfähigkeitstheorie). In der neueren Betriebswirtschaftslehre gilt Preispolitik im Rahmen der Entgeltpolitik als bedeutendes *Instrument der Absatzpolitik bzw. des Marketings*, das in zahlreichen Ausprägungen strategisch und taktisch eingesetzt werden kann: Einführungspreis, Preisdifferenzierung, Preisdynamik, Preiskonstanz usw.

Wenig beachtet geblieben ist der gerade für die Analyse von Preisvergleichen fruchtbare Ansatz der psychologischen Preisforschung. Sie hat darauf aufmerksam gemacht, dass zwischen Preisfestsetzung eines Marktpartners und Preisverhalten eines anderen Marktpartners viele kognitive und affektive Prozesse in allen Phasen eines Regelkreises ablaufen (Abbildung 2).

„Preiswahrnehmung und Preisbeachtung sind Wahrnehmungskonstrukte, Preisbewusstsein eine (situationsabhängige) Einstellungsvariable, Preisbeurteilung kennzeichnet den kognitiven Prozess der Ausdeutung (Interpretation, Attribution), das Preisverhalten impliziert Responses wie: Kauf, Nicht-Kauf, Mindermengen-Kauf, Aufschub etc." (Wiswede, 1991, S. 289) Die Möglichkeiten, Preise wahrzunehmen, hängen zunächst direkt von den Informationen ab, auf welche die Marktteilnehmer zurückgreifen können, wie z.B. Handzettel, Preislisten, Preisetiketten und Preisschilder. Preiswahrnehmung und Preisbeachtung werden aber auch durch situative und psychologische Faktoren beeinflusst. So ist z.B. festgestellt worden, dass der subjektive Wahrnehmungseindruck nur proportional steigt, wenn der Reiz (steigende Preise) überproportional zunimmt (*Weber-Fechnersches Gesetz*). Der Kommunikation von Preisinformationen gelten besonders im Einzelhandel viele Bemühungen der psychostrategischen Preispräsentation (Preisoptik). Namentlich in der kognitiven Phase der Preisbeurteilung spielt aber nicht nur die Kenntnis der Leistungen und Preise eines Marktpartners, sondern vor allem die *Kenntnis alternativer Leistungen und Preise* verschiedener Marktpartner eine große Rolle - mithin das Vergleichen von Preisen (vgl. dazu den Beitrag von Diller über Preiswahrnehmung in diesem Buch).

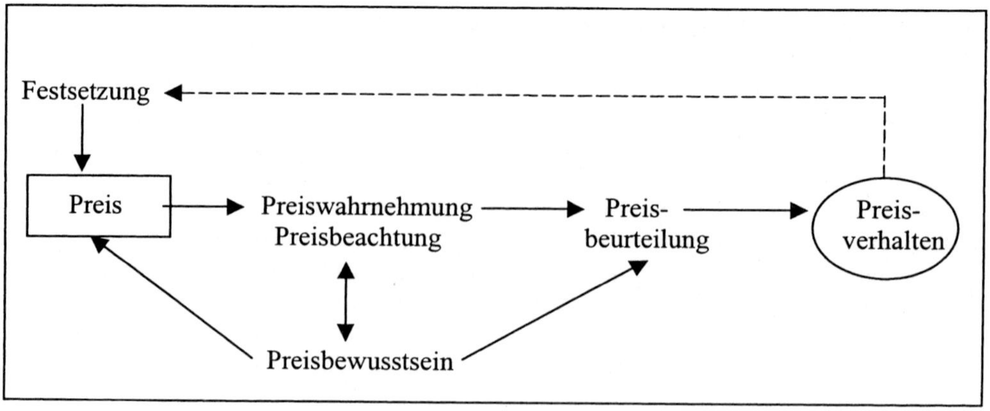

Abbildung 2: Kognitionen preisorientierten Verhaltens (Quelle: Wiswede, 1991, S. 289)

Wird im Rahmen der Preisbeurteilung bei Einkaufsentscheidungen der Preis auf den vom Produkt oder der Dienstleistung erwarteten Nutzen bezogen, liegt ein Preiswürdigkeitsurteil vor. Wird der Preis hingegen mit Preisen für identische Güter von konkurrierenden Anbietern verglichen, liegt ein Preisgünstigkeitsurteil vor (vgl. Liebmann/Zentes, 2001, S. 507). Diller hat darauf aufmerksam gemacht, Preisgünstigkeitsurteile seien insbesondere „angebracht, wenn es um die Preisbeurteilung von (nahezu) identischen Produkten (konstanter Preisnenner) geht, die in verschiedenen Einkaufsstätten zu unterschiedlichen Preisen angeboten werden" (vgl. Diller, 2000, S. 153). Es ist allerdings kaum möglich allgemein zu bestimmen, welche Preisfaktoren für subjektive Urteile über die Preisgünstigkeit eines Artikels entscheidend sind: bisherige Preiskenntnisse und -erfahrungen, Referenzpreise, einem Wirtschaftssubjekt bekannte extreme Preise oder der zuletzt gezahlte Preis (vgl. Müller-Hagedorn, 1998, S. 455). Bei Kenntnis verschiedener Preise für die gleiche Ware oder für vergleichbare Dienstleistungen, juristisch: bei „Funktionsidentität" der Marktleistung, werden Konsumenten jedenfalls in der Regel das „preisgünstigste" Angebot wählen. Darin liegt auch die grundsätzliche Eignung von Preisvergleichen zur Kundeninformation - unter Umständen sogar zur Kundenbindung - begründet. Die rationale „Regelentscheidung" wird jedoch im Einzelfall leicht durch mancherlei andere Variablen überlagert oder durchkreuzt: durch motivationale Faktoren (z.B. Involvement, Sparsamkeit, Gewohnheit, Bequemlichkeit), durch kognitive Faktoren (z.B. Fähigkeit zur Qualitätsbeurteilung, Preiskenntnis, Preisvergleich, Erfahrung, Markentreue) und durch situative Faktoren (z.B. Art der Preisdarbietung, Präferenzen, Zeitdruck, Liquidität, Preisimage des Anbieters). Alles in allem genommen, liefert die Preistheorie weder für Anbieter noch für Nachfrager eine einheitliche, allgemein gültige ökonomische Preisentscheidungsregel.

3. Preispolitik und Preisvergleich

Preispolitik als die aktive Gestaltung von Einzelpreisen und Preisniveaus findet durch verschiedene Akteure auf drei Ebenen statt, 1. durch staatliche, gesamtwirtschaftliche Instanzen (S), 2. durch überbetriebliche Instanzen wie Unternehmensverbände und kooperative Gruppierungen von Wirtschaftssubjekten (V) sowie 3. durch die einzelnen Unternehmen bzw. auf die Preisbildung Einfluss nehmende Wirtschaftssubjekte (E). Da sich die preispolitische Einflussnahme sowohl auf Beschaffungs- als auch auf Absatzpreise beziehen kann, resultieren sechs preispolitische Aktivitätenfelder (Abbildung 3).

	Staat	**Verbundgruppen**	**Unternehmen/Personen**
Beschaffungspreise	1 EK-Preispolitik S	2 EK-Preispolitik V	3 EK-Preispolitik E
Absatzpreise	4 VK-Preispolitik S	5 VK-Preispolitik V	6 VK-Preispolitik E

Abbildung 3: Die Aktivitätenfelder der Preispolitik

Für jedes preispolitische Aktivitätenfeld sind Preisvergleiche als Informationsinstrumente einsetzbar. Bund, Länder, Kommunen und sonstige öffentlich-rechtliche Körperschaften wählen Preisvergleiche regelmäßig bei der Beschaffung von Sachgütern (Ausrüstung, Verwaltungsmaterial, Betriebsmittel) und Dienstleistungen, um den günstigsten Anbieter zu ermitteln. Dabei bedienen sie sich vorzüglich des Instruments der Submission. Unternehmensverbände, vor allem Verbundgruppen des Handels, verschaffen sich ebenfalls preisvergleichend eine Übersicht über die Marktpreise verschiedener potenzieller Lieferanten. Sie bedienen sich dazu zunehmend der Internet-basierten Informationstechnik (Intra- und Extranets). Einzelunternehmen und Konsumenten sind ihrerseits an (wiederholten, möglichst permanenten) Übersichten über die aktuellen Verkaufspreise von potenziellen Lieferanten interessiert. Gleich ob es sich um die traditionelle Einholung von schriftlichen, mündlichen oder fernmündlichen Preis-Auskünften handelt oder um moderne Formen (Fax-Anfrage, Internet- oder Extranet-Anfrage) - sobald Preisforderungen zu einem Artikel oder einer Dienstleistung von mehreren potenziellen Anbietern zusammengestellt sind, liegt ein EK-Preisvergleich vor. Entsprechend können alle drei Akteursgruppen Preisvergleiche beim Absatz von Sachgütern und Dienstleistungen einsetzen, und zwar sowohl für Zwecke der Kalkulation der eigenen VK-Preise als auch für Marketing-Zwecke als Informationsinstrument für die potenziellen Kunden. Bei der Festlegung von Verkaufspreisen der Internet-Anbieter gehört die Einholung von Konkurrenzpreisen zum *E-pricing*.

Ein einzelner isolierter Preis für eine Ware oder Dienstleistung hätte weder für den Anbieter noch für den Nachfrager hinreichende Informationsstärke, um eine Verkaufs- oder Einkaufsentscheidung zu begründen. Zunehmend genaue Kosten- und Marktkenntnisse, fremd bestimmte oder selbst entwickelte Präferenzen und - vor allem - mannigfache Konsumerfahrungen, über welche die mündigen Marktteilnehmer heute verfügen, verschleiern die Tatsache, dass eine *Preisbeurteilung gar nicht möglich* ist *ohne Vergleichen*. Für rationale Entscheidungen müssen nicht nur die verschiedenen Marktleistungen und ihre (zu fordernden, zu kalkulierenden bzw. zu gewährenden) monetären Entgelte verglichen werden, sondern auch die Preisbereitschaft und Preisreagibilität der Anbieter und Nachfrager bzw. die Preise für gleiche Marktleistungen von verschiedenen Anbietern und Nachfragern. Durch den Vergleich der eigenen Preise mit den Preisen der Konkurrenten für gleiche Leistungen wird aus Anbietersicht die Absatzpolitik ebenso abgesichert wie aus Nachfragersicht die Einkaufsentscheidung durch den Vergleich der Preise für eine homogene Massenware (z.B. „Markenartikel") oder für Alternativwaren bei verschiedenen Anbietern. Bei stark spekulativ bestimmten Preisen wie Wertpapierverkaufs- und -kaufkursen werden sogar die mutmaßliche zukünftige Leistungskraft und Kursentwicklung der Emittenten vergleichend berücksichtigt. Ohne Zweifel signalisiert das große Preisinteresse bei den Verbrauchern ihren Wunsch nach Preisinformationen über Konsumgüter (vgl. Froböse/Kaapke, 2000, S. 218). Und Preisinformationen werden als umso nützlicher empfunden, je besser sie Vergleiche zwischen den Anbietern und Leistungen ermöglichen.

4. Preisrecht und Preisvergleich

Gesetzgeber und Rechtsprechung haben eine Fülle von Rechtsnormen und Grundsätzen entwickelt, die die Wettbewerbsadäquanz der Marktpreise und die Lauterkeit der Preisbildung gewährleisten sollen (Preisrecht). So haben Regelungen zu „Wucherpreisen" ins *Bürgerliche Gesetzbuch* und ins *Strafgesetzbuch* Eingang gefunden. So schreibt die *Verordnung über Preisangaben* vor, dass im Einzelhandel die Waren mit Bruttopreisen (VK-Preise einschl. MWSt) auszuzeichnen sind, sobald sie der Allgemeinheit präsentiert werden, etwa in Schaufenstern, Katalogen, Werbezetteln und Anzeigen. Ferner sind Preiskartelle nach deutschem Wettbewerbsrecht generell verboten, während das *Gesetz gegen Wettbewerbsbeschränkungen (GWB)* für alle anderen Kartellformen Freistellungen vorsieht. An Verbraucher gerichtete Hersteller-Preisempfehlungen, „Mondpreise" und „Untereinstandspreise" werden ebenfalls vom GWB erfasst und unterliegen der behördlichen Missbrauchsaufsicht. „Irreführende Preisangaben", „Preisschleuderei", „Preisbündelung" und manch andere Preisausprägung werden dem *Gesetz gegen den unlauteren Wettbewerb (UWG)* vom 7.6.1909 subsumiert und unterliegen der richterlichen Entscheidung. Über vielfältige und immer neue (von klagenden Vereinigungen als unlauter empfundene und beanstandete) Erscheinungsformen der Preisstellung oder -präsentation entscheiden die Gerichte nach § 1 UWG (Sittenwidrigkeit) oder nach § 3 UWG (Irreführung). Hierzu zählten Jahrzehnte lang auch *Preisvergleiche* von Unternehmen und Unternehmensvereinigungen. *Als Anwendungsfall für vergleichende Werbung* galten sie als verpönt und wurden von der Rechtsprechung grundsätzlich als sittenwidrig angesehen.

Eine *Trendwende im deutschen Wettbewerbsrecht* wurde eingeleitet mit der am 6.10.1997 vom Europäischen Parlament und dem Rat der Europäischen Gemeinschaft erlassenen Richtlinie 97/55/EG zur Änderung der Richtlinie 84/450/EWG über irreführende Werbung zwecks Einbeziehung der vergleichenden Werbung. Artikel 3a dieser Richtlinie erlaubt die vergleichende Werbung unter dort näher geregelten Voraussetzungen. Noch vor Ablauf der Umsetzungsfrist hatte der Bundesgerichtshof die europäische Entwicklung aufgegriffen und der richtlinienkonformen Auslegung des § 1 UWG Geltung verschafft. Damit war das bisher in Deutschland geltende Verbots- und Ausnahmeverhältnis dem Erlaubnisprinzip mit Missbrauchsvorbehalt gewichen (vgl. Müller-Bidinger/Geimer, 2001, S. 1). Der deutsche Gesetzgeber hat schließlich mit dem „*Gesetz zur vergleichenden Werbung und zur Änderung wettbewerbsrechtlicher Vorschriften*" vom 1.9.2000 (BGBl., 2000 I, 1374) die europäischen Vorgaben in nationales Recht umgesetzt. Damit wurde der vormalige § 2 UWG (vergleichende Werbung) neu aktiviert und der § 3 UWG erweitert: Satz 2 erstreckt ergänzend das Irreführungsverbot auf „Angaben im Rahmen vergleichender Werbung". Für die Frage, ob ein Preisvergleich unter die Irreführungsregelung des neuen § 2 UWG fällt, ist allein maßgeblich, ob er zum Zwecke des Wettbewerbs, d.h. objektiv und subjektiv zur Förderung eigenen oder fremden Wettbewerbs, veröffentlicht wurde. Bei neutralen makroökonomisch konzipierten Waren- und Preistests, wie sie von Verbraucherverbänden, Zeitschriftenverlagen oder von der Stiftung Warentest veröffentlicht werden (bzw. wurden), ist § 2 UWG nicht anwendbar. Ist jedoch eine Wettbewerbsabsicht vorhanden, dann unterliegen Preisvergleiche immer der Vorschrift des § 2 UWG, sogar solche von Drittanbietern, deren Leistungen der Werbende nur vermittelt, wie z.B. Tarifvergleiche durch einen Versicherungsagenten.

Die Konsequenzen des neu gestalteten und „europäisierten" Preis- und Wettbewerbsrechts sind *ambivalent*. Einerseits ist der Preisvergleich wie die gesamte vergleichende Werbung „salonfähig" geworden. In Wettbewerbsabsicht erstellte Preisvergleiche können nunmehr grundsätzlich als Marketinginstrument eingesetzt werden. Namentlich Kreditinstitute und der Telekommunikationsmarkt haben von den neuen Möglichkeiten sehr bald Gebrauch gemacht. Andererseits müssen Unternehmen und Unternehmensverbände, die ihre Produkte/Artikel und Produkt-/Artikelpreise unmittelbar mit denen der Konkurrenz vergleichen, nach wie vor aufmerksam die Rechtsprechung verfolgen und – vor allem – die Zulässigkeitsvoraussetzungen der §§ 2 Abs. 2, 3 UWG beachten:

1. das Gebot der Funktionsidentität der verglichenen Waren und Leistungen,
2. das Gebot der objektiv nachprüfbaren Eigenschaften,
3. das Verwechslungsverbot,
4. das Verbot der unlauteren Rufausnutzung,
5. das Verbot der Verunglimpfung,
6. das Nachahmungsverbot und

7. das Irreführungsverbot (bei Eignung des Vergleichs zur Täuschung).

Diese konkreten gesetzlichen Vorgaben sind sicher ein Fortschritt in Richtung auf größere Rechtssicherheit. Auch zeigt die jüngere höchstrichterliche Rechtsprechung ein großzügigeres Verständnis für Preisvergleiche, die ja per se keine Wettbewerbsbeschränkung, sondern eine Wettbewerbsförderung auslösen sollen. In seinem Urteil vom 12.7.2001 (Az.: IZR 89/99) hat der Bundesgerichtshof z.B. keine unzulässige Herabsetzung oder Verunglimpfung in folgendem Fall mehr gesehen: Ein Einzelhändler hatte die vergrößerte Kopie der Anzeige eines Mitbewerbers „PC Sonderaktion – Solange der Vorrat reicht" (mit der Preisangabe DM 1.999,--) in sein Schaufenster gehängt und mit dem handschriftlichen Zusatz versehen „Dieser PC wird bei uns normal für DM 1.850,-- verkauft". Der BGH erkannte zwar die dieser Ankündigung innewohnende gewisse Ironie. Die Art und Weise, wie die gewählte Darstellung (Kopie mit höchster Authentizität und Ausschluss von Fehlinterpretationen) die Ironie sichtbar mache, sei jedoch nicht wettbewerbswidrig. Werbung lebe überdies zu einem nicht unerheblichen Teil von Humor und Ironie (Wettbewerbsberater, 2001, S. 1).

Schließlich bleibt darauf hinzuweisen, dass Preisvergleiche nicht nur dem Wettbewerbsrecht unterliegen. Vielmehr kann gegen fehlerhafte Preisvergleiche mit dem Deliktrecht des BGB vorgegangen werden, und zwar unter dem Gesichtspunkt des Eingriffs in den eingerichteten und ausgeübten Gewerbebetrieb. In diesem Falle besteht ein Schadensersatzanspruch nach § 823 I BGB oder ein Beseitigungs- und Unterlassungsanspruch nach § 1004 BGB. Bei unwahren Behauptungen kommen ggf. Ansprüche nach §§ 824 und 823 II BGB in Verbindung mit § 187 StGB in Betracht.

5. Praktische Anwendungsfälle des Preisvergleichs

Makroökonomische Preisvergleiche sind rechtlich unbedenklich, sofern sie konkrete und tatsächlich geforderte Preise von verschiedenen anonymisierten Anbietern zusammenstellen. Die damalige Hauptgemeinschaft des Deutschen Einzelhandels hatte schon Mitte der 70er Jahre darauf bestanden, dass Preisvergleiche für identische Waren – wenn sie schon trotz der inhärenten Diskriminierungsgefahr (durch unberücksichtigte Leistungsunterschiede, Sonderangebote u.ä.) im Einzelhandel zulässig sein sollen – unbedingt anonym durchgeführt werden müssen; denn nicht-anonyme Preiserhebungen verleiten im Einzelhandel geradezu zur Preismanipulation und/oder zur Angabe fiktiver Preise. Aber selbst wenn Preisvergleiche die verschiedenen Anbieter namentlich ausweisen und die veröffentlichende Stelle selbst keine Wettbewerbsabsicht hat, sind sie nicht ganz frei von preis- oder wettbewerbsrechtlichen Problemen. Daher ist darauf zu achten, dass sie ausschließlich und diskriminierungsfrei der Herstellung oder Erhöhung der Marktpreistransparenz dienen. Nach wie vor nützliche Empfehlungen enthalten die „Mindestanforderungen an Preisvergleiche" des DIHT vom 4.6.1976:

- Erhebung nach objektiven und nachprüfbaren Methoden;
- fachliche Qualifikation der mit der Durchführung beauftragten Personen;
- Homogenität, Vergleichbarkeit der einbezogenen Waren und Dienstleistungen;
- Nichtberücksichtigung (oder besondere Kennzeichnung) von Sonderangeboten;
- nach Möglichkeit Vollerhebung, bei Teilerhebung Auswahl nach statistischen Grundsätzen der Repräsentativität und
- Erhebung innerhalb einer kurz bemessenen Zeitspanne wegen möglicher Produktions-, Sortiments-, Qualitäts- und Preisschwankungen (vgl. Schenk, 2001, S. 1375).

Die von der Verbraucher-Zentrale Nordrhein-Westfalen, 1977-1979 durchgeführten Preisvergleiche für ausgewählte Markenwaren in einzelnen Großstädten - teure Fehlversuche! – wurden bald wieder eingestellt. Ihre Einstellung war gewiss auch eine Konsequenz der vernichtenden Expertise des Verfassers: In seiner Untersuchung konnte nachgewiesen werden, dass dieser Typ des Preisvergleichs wegen seiner negativen hersteller-, händler- und verbraucherbezogenen Konsequenzen sowie seiner methodischen, wettbewerbspolitischen und rechtlichen Implikationen in jeder Hinsicht fehlerhaft war. Insbesondere ist die Annahme einer Wirkungsanalogie von vergleichendem Warentest (für gleiche und gleichbleibende Warenqualitäten) und Preisvergleich (mit seinen lokal unterschiedlichen, dabei permanenten Änderungen für gleiche Waren unterliegenden Preisen) irrig. Auch führen die aufwendige Einmalerhebung, Einmalauswertung und Ergebnisverteilung zur Diskriminierung der (zufällig) teuersten Anbieter: Wenn diese - durch den Preisvergleich veranlasst - ihre VK-Preise senken, setzen sie nicht mehr, sondern weniger ab, da die Preisänderungen durch (wiederum aufwendige) Nachuntersuchungen nicht erfasst werden und die Konsumenten sich an dem einen (obsolet gewordenen) Preisvergleich orientieren – eine Perversion an sich gewünschter Wettbewerbsprozesse (vgl. Schenk, 1981, S. 61).

Mithin ist bei der Veröffentlichung von Preisvergleichen grundsätzlich mit Umsicht vorzugehen. Als Beispiel für einen ausgesprochen kundenorientierten, dabei individualisierten Preis- bzw. Kostenvergleich mit Anbieternennung sind die vom Internationalen Wirtschaftsforum Regenerierbare Energien (IWR) veröffentlichten Tarif-Informationen im Internet erwähnenswert. Jeder Interessent kann nach eigenen gewerblichen oder privaten Anforderungen z.B. die Stromtarife der „Top 50 für Standardverbräuche" herunterladen – ein geradezu perfekter Preisvergleich, der nicht nur über die Monats- und Jahreskosten der jeweiligen Stromlieferanten, sondern auch über Modalitäten wie Mindestabnahmezeitraum, Kündigungsfrist oder den Energiemix informiert. Zu beachten ist freilich die mitgeteilte Vorsichtsmaßnahme: „Diese Übersicht versteht sich als reine Information und stellt keine Empfehlung seitens stromtarife.de dar".

Mikro- und mesoökonomische Preisvergleiche, also von Unternehmen und Unternehmensverbänden erstellte Preisvergleiche, sind bei Einhaltung der Zulässigkeitsvoraussetzungen auf allen vier Märkten, die der Vf. als kennzeichnend für das moderne Handelsmarketing herausgestellt hat, anwendbar: auf Absatzmärkte, auf Beschaffungsmärkte, auf Konkurrenzmärkte und auf den internen Markt (das „Innenleben" eines Handelsunternehmens oder eines Handelsverbunds) (vgl. Schenk, 2000, S. 463).

Der wichtigste Anwendungsfall sind die auf den Absatzmarkt gerichteten Preisvergleiche, die den potenziellen Kunden die eigene Preisgünstigkeit verdeutlichen sollen. Wem es gelingt, mit Hilfe von Preisvergleichen bei seinen Kunden Preisgünstigkeitsurteile zu verankern, der hat beste Voraussetzungen für einen bedeutsamen Imagebaustein geschaffen: ein positives *Preisimage* für sein Geschäft (vgl. Diller, 2000, S. 469). Wie dargelegt, dürfen durch die Neufassung der §§ 2 und 3 UWG nunmehr Preise miteinander verglichen und darf die Konkurrenz beim Namen genannt werden – besonders für das Preismanagement von Handelsunternehmen ein verlockendes, wenngleich immer noch nicht ganz problemloses Marketinginstrument! Gleichgültig, ob ein alter mit einem neuen eigenen Preis, ob der eigene Preis mit dem vom Hersteller empfohlenen Preis oder ob der eigene mit einem oder mehreren Konkurrenzpreisen verglichen wird, immer sind die o.g. sieben *Zulässigkeitsvoraussetzungen* der §§ 2 Abs. 2, 3 UWG zu beachten! Bei Waren ist die geforderte Identität der Vergleichsgüter regelmäßig unproblematisch. Anders bei Dienstleistungen; sie sind in der Regel nicht völlig identisch, sondern allenfalls für den gleichen Bedarf oder dieselbe Zweckbestimmung vorgesehen. Bei *verbalen Zusätzen* zu den verglichenen Preisen darf kein Interpretationsspielraum entstehen, wie z.B. bei „bei uns am preiswertesten". Und die Gesetzeswendung „nachprüfbare Eigenschaften" verlangt, dass nur beweisbare Tatsachen und keine Werturteile verglichen werden dürfen, wie z.B. „unser Service ist freundlicher". Werden Preisvergleiche im *stationären Einzelhandel* noch zurückhaltend eingesetzt, so hat sich das Internet als ideales Medium für Preisvergleiche herausgestellt. Beim E-Commerce sind es weniger die „echten" Internet-Händler – ausschließlich oder zusätzlich über das Internet anbietende Handelsunternehmen – als vielmehr die *Internet-Agenten*, die diese neue Kommunikationstechnologie zur kommerziellen Erstellung und Abgabe von Preisvergleichen für bestimmte Waren oder Dienste nutzen. Führte die Eingabe des Suchworts „Preisvergleich" in die Suchmaschine Google im deutschsprachigen Raum im August, 1999 zu 1975 Dokumenten, so wurden Ende Juni, 2002 bereits rd. 441.000 Dokumente ausgewiesen. Ein Großteil davon entfällt auf Preisvergleich-Agenturen wie www.ciao.com, www.geizhals.at, www.guenstiger.de, www.gutgekauft.de, www.idealo.de, www.opodo.de, www.preisfinder.de, www. preistrend.de oder www.preisvergleich.de, um nur einige zu nennen. Auf den Beschaffungsmarkt gerichtete Preisvergleiche (in Verbindung mit Waren- und Konditionenvergleichen) sind vor allem für Verbundgruppen des Handels, des Handwerks und der Gastronomie interessant. Die traditionellen *EK-Preislisten* der Einkaufsverbände werden mehr und mehr durch *Internet- bzw. Intranet-Lösungen* ersetzt. Erwähnenswert ist das frühe Beispiel „Concept: Infoline" der Interfunk eG, Ditzingen, aus dem Jahre 1996. Sie hatte 800 ihrer Anschlusskunden mit einheitlicher PC-Hard- und Software ausgestattet, die seitdem täglich über ISDN aktuelle Angebote mit vergleichenden Produkt- und Preisinformationen abrufen konnten. Die nahe liegende technische Weiterentwicklung zu einem Rechnerverbund von Zentralrechner und Warenwirtschaftssystemen der Anschlusshäuser geht inzwischen weit über einen Austausch von Preisinformationen hinaus: Im Rahmen von geschlossenen Warenwirtschaftskreisläufen kann die Zentrale den Mitgliedsfirmen optimierte Beschaffungsleistungen bieten: optimale Nachliefermengen, Entlastung von Bestandsführung, Bestellwesen usw. (vgl. Zentes/Swoboda, 1998, S. 236 f.). Einzelunternehmen können ihrerseits systematisch Beschaffungspreise für identische Einzelgüter von verschiedenen potenziellen Lieferanten entweder selbst beschaffen oder durch Preisagenturen beschaffen und zusammenstellen lassen. Für die vergleichende Preisübersicht über mehrere Waren und/oder Leistungen können sie sich dabei der nachfolgend beschriebenen Warenkorbanalyse bedienen.

Ein anschauliches Beispiel für die Anwendung eines Preisvergleichs auf dem Konkurrenzmarkt stellt die folgende Warenkorbanalyse für eine Großhandlung dar. Wenigstens halbjährlich sollte sich eine Großhandlung gezielt Informationen über die Preispolitik der wichtigsten Konkurrenten beschaffen. Dazu werden die Konkurrenzpreise für eine Auswahl von etwa 50 Artikeln gesammelt (z.B. aus Anzeigen von Konkurrenten in Fachzeitschriften, durch Anschlussfirmen oder durch eigene Anfragen). Für jeden einzelnen Artikel und für jeden Konkurrenten werden die Preisabweichungen vom eigenen VK-Preis ermittelt. Aus allen Preisabweichungen wird sodann für jeden Artikel die durchschnittliche Abweichung vom eigenen Preis berechnet. Schließlich wird über alle Artikel jedes Konkurrenten der Mittelwert der prozentualen Abweichungen gebildet. Dieser Mittelwert gibt die durchschnittliche Abweichung vom Preisniveau des Konkurrenten zu erkennen. Betragen beispielsweise die Preisabweichungen des Untersuchungsbetriebs in Bezug auf den Konkurrenten A für die Artikel a_1 bis a_4

a_1	a_2	a_3	a_4
+ 25 %	+40%	-10%	0%,

dann zeigt das arithmetische Mittel, dass der Untersuchungsbetrieb bei den vier analysierten Artikeln um 13,7% teurer ist als der Konkurrent A. Aus den durchschnittlichen Abweichungen von den Preisniveaus der einzelnen Konkurrenten wird erneut der Mittelwert gebildet. Dieser Wert ist dann die durchschnittliche Abweichung des Untersuchungsbetriebs vom Gesamtpreisniveau aller erfassten Konkurrenten:

Konkurrent	Mittelwert (M)
A	13,7
B	12,4
C	2,3

$M_{gesamt} = 9{,}5\%.$

Somit ist der Untersuchungsbetrieb in Bezug auf die drei analysierten Konkurrenten im Durchschnitt für die untersuchten Artikel um 9,5 % teurer (vgl. Falk/Wolf, 1992, S. 191 f.).

Als Beispiel für die Anwendung eines Preisvergleichs auf dem internen Markt sei die Berechnung von Nachfrageelastizitäten (η) in bezug auf den (VK-)Preis in einem *Filialunternehmen des Einzelhandels* mit fünf Filialen vorgestellt. (Abbildung 4)

Filiale	**P_0 €**	**X_0 Stück**	**P_1 €**	**X_1 Stück**	**ΔP €**	**ΔX Stück**	**η**
A	45	20	40	25	-5	+5	-1
B	45	18	42	28	-3	+10	-3,33
C	49	20	45	22	-4	+2	-0,5
D	49	20	45	20	-4	0	0
E	46	20	48	25	+2	+5	+2,5

Abbildung 4: Interner Preisvergleich und Preiselastizitäten für einen Artikel

Im Beispiel werden in allen fünf Filialen im Ausgangszeitraum t_0 (z.B. eine Woche) die VK-Preise P_0 und die abgesetzte Menge X_0 des untersuchten Artikels mit seinen geänderten VK-Preisen P_1 und Absatzmengen X_1 im Zeitraum t_1 (z.B. die Folgewoche) gegenübergestellt. Die Preiselastizität der Nachfrage entspricht dem Quotienten aus Mengenänderung und Preisänderung. Im Beispiel werden dazu die Differenzen verwendet. (Rechnerisch wäre auch die Differentialrechnung anwendbar). Bei der Auswertung ist auf die Vorzeichen zu achten. Nur bei negativen Vorzeichen liegt die „normale" Nachfragereaktion vor. Wie man erkennt, sind die Preiselastizitäten für den Untersuchungsartikel in den fünf Filialen recht unterschiedlich, ausgeprägt in Filiale B und überraschend in Filiale E. Das Preismanagement kann daraus wertvolle Aufschlüsse für eine räumlich differenzierte und optimierte (VK-)Preispolitik gewinnen und ggf. den Filialleitern einen gewissen Preisspielraum gewähren – übrigens ohne die das unterschiedliche Käuferverhalten steuernden Gründe zu kennen. Es versteht sich, dass die Standorte der fünf Filialen weit genug auseinander liegen müssen, um den Teil der Kunden, der zu höheren Preisen einkauft (und dies wahrnimmt), nicht zu verprellen. Dieses Verfahren der internen Handelsmarktforschung ist auf vielfältige Weise *übertragbar*, u.a. auf die Mitgliedsbetriebe eines Handelsverbunds, auf Systembetriebe anderer Wirtschaftsstufen und -zweige, etwa auf die Franchisenehmerbetriebe eines Franchisesystems, und auch auf einen Preis(reaktions)vergleich für mehrere Artikel. Im übrigen kann gleichermaßen die Ermittlung von *Kreuzpreiselastizitäten* zwischen zwei Artikeln am gleichen Standort oder an zwei verschiedenen Standorten untersucht werden.

Am Ende zeigt sich, dass Preisvergleiche aller Art bzw. jedes Typs ein interessantes, zukunftsträchtiges, aber auch empfindliches Instrument des Preismanagements zur Informationsverbesserung in Bezug auf Preisforderungen und/oder Preisgebote sind, und zwar sowohl zur internen Nutzung als auch zur externen Erhöhung der Preistransparenz für Marktpartner. Wegen der preis- und wettbewerbsrechtlichen Normierungen sind externe Preisvergleiche in Deutschland mit größter Sorgfalt einzusetzen. Insbesondere sind bei mikro- und mesoökonomischen Preisvergleichen, die von Unternehmen und Unternehmensverbänden *in Wettbewerbsabsicht* veröffentlicht werden und Anbieternamen nennen, die in den §§ 1 - 3 UWG implizierten, im Abschnitt 4. genannten Zulässigkeitsvoraussetzungen unbedingt zu beachten. Auf keinen Fall darf die in einem externen Preisvergleich fast zwangsläufig enthaltene Kritik verallgemeinernd oder herabsetzend wirken. Schließlich sei geraten, die aktuelle Rechtsprechung zu diesen Vorschriften aufmerksam zu verfolgen.

6. Literatur

DILLER, H., 2000, Preispolitik, 3. Aufl., Stuttgart-Berlin-Köln.

FALK, B.R./WOLF, J., 1992, Handelsbetriebslehre, 11. Aufl., Landsberg.

FROBÖSE, M./KAAPKE, A., 2000, Marketing. Eine praxisorientierte Einführung mit Fallbeispielen, Frankfurt a.M.

HANSEN, U./ALGERMISSEN, J., 1979, Handelsbetriebslehre 2. Taschenlexikon, Göttingen.

LIEBMANN, H.-P./ZENTES, J., 2001, Handelsmanagement, München.

MÜLLER-BIDINGER, R./GEIMER, G., 2001, Vergleichende Werbung – eine rechtliche Bestandsaufnahme ein Jahr nach Inkrafttreten des neuen Rechts, in: Internet-Adresse: www.der-syndikus.de/briefings/gr/gr_013.htm

MÜLLER-HAGEDORN, L., 1998, Der Handel, Stuttgart.

MÜLLER-HAGEDORN, L./ERDMANN, B., 1995, Betriebsvergleich, in: TIETZ, B./KÖHLER, R./ ZENTES, J. (Hrsg.), Handwörterbuch des Marketing (HWM), 2. Aufl., Stuttgart, S. 274-286.

SCHENK, H.-O., 1981, Der Preisvergleich, Stuttgart.

SCHENK, H.-O., 1991, Marktwirtschaftslehre des Handels, Wiesbaden.

SCHENK, H.-O., 2000: Der Vier-Märkte-Ansatz als Heuristik für ein differenziertes Marketing von KMU, in: BRAUCHLIN, E./PICHLER, J.H. (Hrsg.), Unternehmer und Unternehmensperspektiven für Klein- und Mittelunternehmen. Festschrift für Hans Jobst Pleitner, Berlin, S. 461-476.

SCHENK, H.-O., 2001, Preisvergleich, in: DILLER, H. (Hrsg.), Vahlens Großes Marketing-Lexikon, 2. Aufl., München, S. 1373-1375.

SIMON, H., 1995, Preismanagement kompakt, Wiesbaden.

WISWEDE, G., 1991, Einführung in die Wirtschaftspsychologie, München.

WWW.WETTBEWERBSBERATER.DE/STIWO/PREISVERGLEICH.HTM
(letzte Änderung: 15.11.2001)

ZENTES, J./SWOBODA, B., 1998, Die Verbundgruppen auf dem Wege zum Informationsverbund, in: OLESCH, G. (Hrsg.), Kooperation im Wandel, Frankfurt a.M., S. 221-244.

Alexander Lauer - Michael Lingenfelder

Preisagenten und Preisagenturen

1. Die Bedeutung von Preisinformationen im Marktprozess

1.1 Preisagenturen als Informationsanbieter

Als Mitte der 90er Jahre die Zahl sogenannter Preisagenturen in Deutschland sprunghaft anstieg, drängte sich die Frage auf, welchen Einfluss diese Dienstleistungsunternehmen auf Marktprozesse, Informationsasymmetrien und letztlich die Preisstruktur auszuüben vermögen. Die Funktionsweise von Informationen auf Märkten sowie die Konsequenzen einer unterschiedlichen Informationsausstattung der Marktakteure, die bereits seit langem Gegenstand ökonomischer Abhandlungen darstellen, boten seinerzeit breiten Raum für eine Diskussion von Preisagenturen (vgl. Lingenfelder/Lauer, 1995a, S. 50f. sowie 1996, S. 801 ff.).

Einhergehend mit dem Aufkommen der Internet-Technologie erschien die zu erwartende Konsequenz einer quantensprungartigen Erhöhung der Markttransparenz offenkundig. Die signifikante Reduktion von Transaktionskosten und ein weitgehend standortunabhängiges Internet-Medium ließen den Begriff der sogenannten „Internet-Ökonomie" entstehen, die dem neoklassischen Ideal des vollkommenen Marktes nahekomme (vgl. Meffert, 2000, S. 2 ff.).

Informationsanbieter (Portale, Suchmaschinen) und Intermediäre (Preisrecherche-Seiten, Marktplätze) sollten demzufolge die Informationstransparenz steigern, Angebot und Nachfrage gleichsam auf „einen Click" zusammenführen, Anbieter zu einer raschen und ernsthaften Reaktion auf Kundenanfragen und -reklamationen zwingen und schließlich dem Nachfrager eine risikolose und – ganz dem Convencience-Trend folgende – einfache Auswahl von Produkten und Dienstleistungen ermöglichen.

Doch sowohl das bis dato Ausbleiben eines flächendeckenden Erfolgs von Preisagenturen als auch die vielfach nicht eingetretenen Prognosen hinsichtlich der Nutzung von Internet-Angeboten lassen Zweifel an der postulierten Steigerung der Markttransparenz aufkommen. Die Erkenntnisse, dass

- auch durch sophistizierte Informationsbereitsstellungs-Leistungen (sei es durch Internet oder Informationsbroker) eine nur begrenzten Informationsaufnahme-Kapazität von Konsumenten gegenübersteht,

- Nachfrager sich mit den neuen, unbekannten Geschäftsmodellen erst sukzessive und über einen vergleichsweise langfristigen, über den üblichen Zeithorizont von Business-Plänen hinausgehenden Zeitraum, vertraut machen müssen,

sprechen dafür, dass eine Verbreitung von (mitunter Internet-gestützten) Preisagenten zwar grundsätzlich die Möglichkeiten zum Abbau von Informationsasymmetrien bietet, aber insgesamt einen nur begrenzten positiven Effekt auf die Markttransparenz ausübt (vgl. exemplarisch Schröder, 2001, S. 1).

So verwundert es nicht, dass die Analyse von Preisen bei verschiedenen Konsumgütern und Dienstleistungen eine deutliche Streuung zeigt (vgl. Tabelle 1). Dass ein Konsument mitunter 39% mehr für das gleiche Tintenstrahldrucker-Modell ausgibt, als er im günstigsten Falle bezahlt, zeigt die bei diesem Produkt existierende Preisheterogenität. Dagegen weichen Benzinpreise, trotz der gelegentlich stärker wahrgenommenen Streuung, nur geringfügig voneinander ab.

	Tintenstrahl-drucker	**Digital-kamera**	**DVD-Spielfilm**	**Kabellose Computer-Maus**	**KfZ-Ver-sicherung**	**Benzin**
Relative Preisstreuung (Standardabweichung in % des Mittelwertes)	11,4%	9,0%	9,8%	7,0%	4,8%	0,3%
Preisrisiko (Maximum-Preis in % des Minimum-Preises)	139%	131%	129%	122%	117%	102%
Emprische Basis	6 Modelle; 15 Anbieter	5 Modelle; 14 Anbieter	5 Filme; 9 Anbieter	4 Modelle; 13 Anbieter	1 Modellberechnung; 7 Anbieter	2 Sorten; 36 Anbieter

Tabelle 1: Preisheterogenität bei ausgewählten Produkten und Dienstleistungen (Quellen: Eigene Berechnungen auf Basis von Preisrecherchen in ZDNet, Focus-Online, 9/2002)

Mithin erscheint nach wie vor das grundsätzliche Marktpotenzial für Informationsdienstleistungen aller Couleur vorhanden. Allerdings zeigen die Ergebnisse einer explorativen Charakter tragenden Studie auf Basis von 40 Telefoninterviews, in denen zufällig ausgewählte Personen nach Kenntnis von Preisagenturen, tatsächlicher/potenzieller Nutzung sowie entsprechender Gründe befragt wurden, dass sich seit den Anfängen von Preisagenturen in Deutschland kaum eine gestiegene Bekanntheit konstatieren lässt. Abbildung 1 verdeutlicht, dass 60% aller Auskunftspersonen keinerlei Kenntnisse über Preisagenturen hatten, auch nicht, nachdem der Interviewer ausführlich das Geschäftsmodell erläutert und beispielhaft Anbieter genannt hatte. Lediglich 10% wussten auf Anhieb, was Preisagenturen machen. 20% hatten lediglich eine vage Vorstellung von dem zugrundeliegenden Geschäftsmodell.

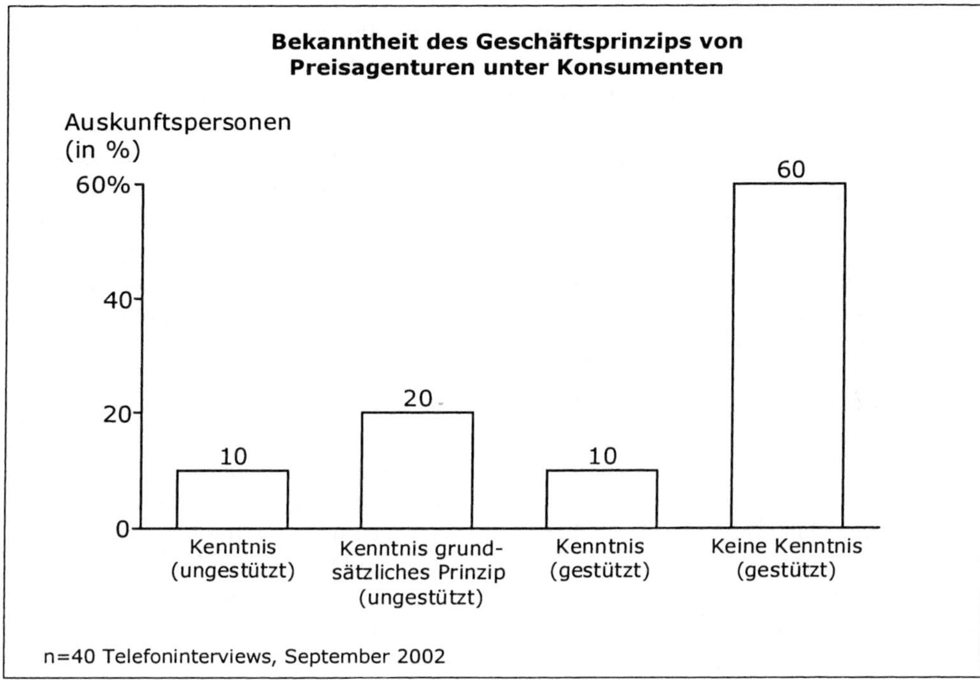

Abbildung 1: Bekanntheitsgrad von Preisagenturen
Anmerkungen: „Kenntnis grundsätzliches Prinzip" bedeutet, dass die Auskunftspersonen die entgeltliche Preisrecherche als Prinzip kannten, ohne aber Details zur Abwicklung nennen zu können. „Kenntnis (gestützt)" bedeutet, dass Konsumenten erst nach der Beschreibung von Preisagenturen durch den Interviewer artikulierten, dass sie von Preisagenturen bereits gehört hätten.

Dieser Befund muss insofern überraschen, als in einer Studie von Lingenfelder/Lauer aus dem Jahre 1995 (1995b, S. 11 f.) eine (gestützte) Bekanntheit in Höhe von 56% ermittelt wurde und insofern die Bekanntheit in den letzten 7 Jahren abgenommen zu haben scheint. Wenngleich sowohl die frühere als auch die aktuelle Studie als nicht repräsentativ gelten können, drängt sich die Vermutung auf, dass der ausbleibende Markterfolg von Preisagenturen in Verbindung mit dem nachlassenden Interesse von Wirtschaftsmagazinen, Tageszeitungen und anderen Medien an dieser seinerzeit neuen Geschäftsidee zu einer geringeren Kenntnis geführt haben. Alles in allem wirft dieser Befund ein eher negatives Licht auf den bisherigen Erfolg von Preisagenturen.

1.2 Preisinformationen im Lichte theoretischer Ansätze

Die Bedeutung von Preisinformationen verkörperte in der wissenschaftlichen Literatur bereits seit langem einen zentralen Gegenstand. So stellte beispielsweise die vollkommene Transparenz der von Anbietern geforderten Preise in den neoklassischen Marktmodellen eine zentrale Prämisse dar, die erst die analytisch elegante, aber realitätsferne Ableitung von Marktgleichgewichten ermöglichte. Nur so lässt sich das dauerhafte Einschwingen des Marktpreises auf einem Gleichgewichtsniveau erklären; denn existierte keine Preistransparenz, so bestünde die Möglichkeit, dass ein Käufer einem Verkäufer A einen höheren Preis in Unkenntnis der Tatsache zahlt, dass er das gleiche Gut von Verkäufer B zu einem niedrigeren Preis erhalten könnte.

Die Informationsökonomie geht dagegen ganz bewusst von Unsicherheit und unvollkommener Information der Marktakteure aus und überwindet insofern die restriktiven Prämissen der Neoklassik. Sie untersucht „[...] Rahmenbedingungen und Voraussetzungen für Art und Ausmaß von Informationsproblemen auf Märkten, die Möglichkeiten ihrer Überwindung durch markterhaltende Mechanismen und Institutionen und die Auswirkungen der Informationsasymmetrie auf die Marktstruktur, auf den Marktprozess und auf das Marktergebnis [...]" (Kaas, 1995, Sp. 973). Von besonderer Relevanz für die Diskussion von Preisagenturen erscheint die Arbeit von Stigler (1961, S. 216), der das Informationsbeschaffungsverhalten von Konsumenten in Bezug auf Preise von homogenen Gütern modelliert. Dabei besteht das Kernproblem darin, bei Kenntnis der einzelnen Anbieter auf einem Markt sowie der Wahrscheinlichkeitsverteilung der Preise (also der Preisstreuung) sowie bei vorgegebenen Kosten einer Preisermittlung den optimalen Suchumfang n, d.h. die Anzahl unterschiedlicher Anbieter, die ein Nachfrager im Zuge seiner Informationsbeschaffung aufsucht, zu ermitteln.

Die Lösung dieses Problems erfolgt durch das aus der Neoklassik bekannte Marginalprinzip, indem ein Wirtschaftssubjekt die Suche solange fortsetzt, bis die Grenzkosten dem Grenznutzen gerade entsprechen. Letzterer resultiert aus der möglichen Verringerung des zu zahlenden Preises für ein Gut. Dabei fällt die Preisreduktion desto größer aus, je höher die Preisdispersion ist. Daraus leitet sich zunächst die Basis-Hypothese ab, dass Preisagenturen insbesondere für jene Warengruppen überdurchschnittlich viele Rechercheaufträge abzuwickeln haben, in denen eine verhältnismäßig hohe Preisdispersion existiert.

Darüber hinaus lässt sich aus dem Theoriegebäude der Informationsökonomie auch ableiten, dass unterhalb einer absoluten Wertgrenze für ein Produkt, der Konsument sowohl auf eigene Recherche als auch auf den Koordinationsaufwand im Zuge der Inanspruchnahme von Preisagenturen verzichtet. Vielmehr treten an die Stelle der Suche objektiver Preisinformationen das Preisimage sowie das Preisvertrauen gegenüber einem Anbieter (vgl. Diller, 1997, S. 17). Gerade bei Fast Moving Consumer Goods (FMCG) steht für Konsumenten der Informationsaufwand für eine vollständig rationale Entscheidung –

gleich ob durch eigene oder extern bezogene Rechercheleistungen - in keinem Verhältnis zum Nutzen. Konsumenten wählen beispielsweise den Einkauf bei Aldi in der Überzeugung, dort zu günstigsten Preisen einkaufen zu können.

Aus konsequent verhaltenswissenschaftlicher Perspektive beleuchtet die Theorie des wahrgenommen Kaufrisikos das Informationsverhalten von Konsumenten. Die Basishypothese dieses Ansatzes lautet, dass je höher das Risiko vor dem Kauf eines Gutes durch Konsumenten wahrgenommen wird, desto intensiver fallen die Aktivitäten zur Informationsbeschaffung aus. Um das Risiko eines Fehlkaufes zu reduzieren, schlägt ein (insbes. risikoaverser) Konsument eine Strategie der extensiven Informationsbeschaffung ein.

Trotz der unmittelbaren Einsichtigkeit dieses Ansatzes ist der Zusammenhang zwischen wahrgenommenem Risiko und Informationssuche in seiner allgemeinen Form weitaus geringer, als man noch vor Jahren glaubte (vgl. Kuhlmann, 1978, S. 137 ff.). Die Formulierung eines positiven Zusammenhangs zwischen empfundenem Risiko und aktiver Informationssuche ist so nicht haltbar, da einerseits das empfundene Risiko ein individuelles Niveau (Risikoneigung) überschreiten muss, um verhaltenswirksam zu werden, und andererseits eine aktive Informationssuche nicht die einzige Strategie zur Risikoreduktion darstellt. Daher gehen jüngere Publikationen von der Existenz einer Toleranzschwelle aus, die überschritten werden muss, bevor Konsumenten Risikoreduktionsmechanismen ergreifen. Im Hinblick auf die Nutzung von Preisagenturen bedeutet der risikotheoretische Ansatz, dass Konsumenten v.a. dann Preisagenturen beauftragen, wenn

1. die Angebote erfahrungsgemäß einer hohen Preisdispersion unterliegen,
2. das finanzielle Risiko aufgrund der absoluten Höhe des Preises als virulent betrachtet wird sowie
3. kein Anbieter im Evoked Set des Konsumenten existiert, dem dieser ein ausgeprägtes Preisvertrauen entgegenbringt.

2. Preisagenten und Preisagenturen: Typen, Konzeption und Arbeitsweise

2.1 Begriffliche Annäherung an Preisagenten und Preisagenturen

Preisagenturen stellen spezialisierte Dienstleistungsunternehmen dar, die für private und/oder gewerbliche Kunden Preisvergleiche durchführen und diese kommerziell, d.h. gegen Entgelt oder eine andere Gegenleistung, auf dem Markt anbieten. Die Anbieter bezeichnen sich selbst als Preisagentur (in abgewandelter Form Preis Agentur), Preisdetektei, Preisbörse, Büro für professionelle Preisvergleiche und dergleichen mehr. Als Bezeichnung für die Branche hat sich der Begriff „Preisagentur“ durchgesetzt.

Preisagenten bilden vor diesem Hintergrund diejenigen Akteure, welche die einschlägigen Tätigkeiten verrichten. Dies geschieht in der Regel innerhalb einer Preisagentur. Allerdings sind auch Fälle denkbar, bei denen Preisagenten als Mitarbeiter von Organisationen tätig werden, die nicht als Preisagentur im eigentlichen Sinne zu bezeichnen sind (z.B. auf bestimmte Sektoren spezialisierte Dienstleistungsunternehmen, die neben systematischen Preisvergleichen, auch Benchmarking-Projekte, statistische Branchenberichte, Fachpublikationen etc. anbieten, aber auch Anbieter, für die systematisch recherchierte Preisinformationen für die eigene Vermarktungskonzeption elementar wichtig sind). Allerdings sollen nachfolgend derartige Einrichtungen und Funktionsträger aus der Betrachtung ausgeschlossen werden, weil sie diese Leistungen als Mitglied einer Organisation erbringen (z.B. Beschaffungsabteilung, Marktforschung, Yield-Management/Revenue Management) und nicht auf dem Markt für Preisinformationen vermarkten.

Unter Preisagenten sind nicht nur natürliche Personen zu verstehen; denn gerade im Bereich des Electronic Commerce hat sich eine kaum mehr zu überschauende Vielzahl von Softwareagenten-Systemen herausgebildet, die mittlerweile mit unterschiedlichen Geschäftsmodellen in dem Markt für Preisinformationen tätig sind. Schaut man sich das Phänomen Preisagenturen im Internet genauer an, besteht zur realen Welt der zentrale Unterschied in dem Einsatz von spezieller Software, die es erlaubt, in elektronischen Märkten (z.B. in elektronischen Katalogen) automatisch nach Preisinformationen für ex ante genau spezifizierte Leistungen zu suchen. Internetbasierte Preisagenturen lassen sich demzufolge danach differenzieren, ob der Preisvergleich innerhalb eines einzigen Online-Shops oder über mehrere Online-Shops hinweg erfolgt. Im ersten Fall wird in der Regel nur dann von Preisagenturen gemäß der o.g. Definition zu sprechen sein, wenn in diesem Online-Shop bezüglich der Produktspezifikationen identische Leistungen angeboten werden. Sollte dieses nicht der Fall sein, greift der Softwareagent auch in die Produktspezifikation des Nutzers ein und verlässt somit den Bereich der reinen Preisrecherche.

In der Realität existiert eine Vielzahl von Geschäftsmodellen, die auf dem Kontinuum zwischen „reiner Preisrecherche“ auf der einen Seite und „Mithilfe bei der Bedarfsspezifikation und Preisrecherche“ angesiedelt werden können. Zahlreiche Anbieter versuchen dabei durch adäquate Abfragen, Collaborative Filtering, Personalizing etc. den Prozess der Bedarfsspezifikation zu unterstützen und teilweise zu steuern.

Eine weitere Systematisierungsmöglichkeit besteht in der Art und Weise der eingesetzten Technik. Denkbar ist es beispielsweise, dass die Internet-Preisagentur auf eine eigens erstellte und permanent gepflegte Datenbank zugreift und dort die Preisrecherche durchführt. Ökonomisch zweckmäßiger dürfte jedoch der Echtzeit-Zugriff auf die Datenbanken der Online-Anbieter der Produkte/Dienstleistungen sein, für die der Nutzer die Preisinformation nachfragt. Dem Vorteil der aktuellen Preisinformation stehen aber bei einer derartigen technischen Lösung Nachteile gegenüber (Verweigerung des Datenzugriffs, hohe Komplexität der Software etc.), die bewältigt werden müssen.

Im folgenden wird durchgängig der Begriff „Preisagentur" Verwendung finden, wobei darunter ein Dienstleistungsunternehmen verstanden wird, welches im Auftrage eines privaten oder gewerblichen Kunden den günstigsten einer bestimmten Anzahl von Anbietern für ein exakt spezifiziertes Gut oder eine exakt spezifizierbare Dienstleistung innerhalb einer vom Auftraggeber festgelegten Region (und gegebenenfalls Zeitspanne) ermittelt. Der Umfang der Preisrecherchetätigkeit wird u.a. durch die Art des Gutes oder der Dienstleistung sowie die Region, innerhalb derer diese stattfindet, determiniert.

2.2 Marktpartner und Ablauf des Transaktionsprozesses zwischen Anbietern von und Nachfrager nach Preisinformationen

2.2.1 Marktpartner

Als Marktpartner von Preisagenturen sind folgende Akteure grundsätzlich relevant:

1. Private Konsumenten:
Das Problem bei der Akquisition privater Konsumenten bildet einerseits der Bekanntheitsgrad, andererseits eine aus Sicht der Preisagenturen mangelhafte Disziplin des Kunden bei der Auftragsabwicklung. In der Praxis lässt sich nämlich nicht selten opportunistisches Verhalten von Kunden beobachten. Fraglos hängt dessen Evidenz auch damit zusammen, dass das Entgelt für die Tätigkeit einer Preisagentur in der Regel erst dann fällig wird, wenn der Verbraucher den recherchierten Preis akzeptiert und zugleich von der Agentur die Adresse des betreffenden Anbieter erhält.
Ein aus der Sicht von Preisagenturen unliebsames Nachfragerverhalten besteht insbesondere in folgendem Agieren:

- Der Konsument gibt nur einen sog. Schnupperauftrag ab, d.h. er hat keine ernsthafte Kaufabsicht.
- Der Konsument beauftragt mehrere Preisagenturen und entscheidet sich letztendlich für diejenige, die ihm das günstigste Angebot präsentiert.
- Dem Konsumenten ist der gefundene Preis immer noch zu hoch.
- Die Kenntnis, dass ein niedrigerer Preis existiert, verwendet er, um den von ihm selbst ermittelten Anbieter unter Druck zu setzen und selber einen noch günstigeren Preis herauszufeilschen.

2. Gewerbliche Kunden:
Da Aufträge von gewerblichen Kunden in der Regel lukrativer sind, da sie meist ein größeres Wertvolumen besitzen als Rechercheaufträge für private Verbraucher, dürfte

diese Zielgruppe für Preisagenturen besonders wichtig sein. Zu den Aufgaben, die von Preisagenturen für gewerbliche Kunden übernehmen können, zählen:

- Preisermittlung für Einmal- oder Nebenbedarf, wie Kopierpapier oder Kantinenzubehör
- Anbahnung von Einkaufskontakten im Ausland
- Entlastung von Einkaufsabteilungen im Zuge von Outsourcing-Strategien

Mit diesen Beispielen wird zugleich deutlich, dass traditionell agierende Preisagenturen in diesem Kundensegment in Gestalt von elektronischen Marktplätzen, die häufig ebenfalls solche und weitere Features anbieten, in direkter Konkurrenz stehen.

3. Einzelhandel:
Hatte der Einzelhandel zu Beginn der Preisagenturentwicklung erhebliche Bedenken gegenüber der neuen Branche, so ist - gemäß der Aussage von Preisagenturvertretern - derzeit eine von niedrigem Niveau ausgehende steigende Akzeptanz und Kooperationswilligkeit zu konstatieren. Die Vertreter der Preisagenturen sind überzeugt, dass der Einzelhandel erkannt hat, welche Vorteile eine Zusammenarbeit mit Preisagenturen bietet. Diese Vorteile bestehen vor allem in der kostenlosen Werbe- und Absatzmöglichkeit, Ausweitung des Kundenstamms und damit verbunden Steigerung des Umsatzes. Verfügt ein Einzelhandelsgeschäft nur über eine schwach frequentierte Geschäftslage, so kann durch die Kooperation mit einer Preisagentur der Umsatz gesteigert werden.

Gleichwohl sind - laut Vertreter von Preisagenturen - keine Tendenzen der Art festzustellen, dass bestimmte Einzelhandelsunternehmen oder Betriebstypen aufgeschlossener als andere gegenüber Preisagenturen sind. Häufig hängt die Kooperationsbereitschaft vom jeweiligen Marktleiter ab. Es gibt gleichwohl Einzelhändler, die sich gegen eine Zusammenarbeit sperren und vollkommen auf unternehmensindividuelle oder unternehmensübergreifende Bonusprogramme setzen. Verantwortlich dafür ist die Befürchtung, dass durch eine breite Diffusion von Preisagenturen das gesamte Preisgefüge transparenter wird und damit die Preise sinken. Darüber hinaus vermutet man, dass sich Konsumenten in Fachgeschäften beraten lassen, dann aber über eine Preisagentur kaufen.

2.2.2 Der Ablauf des Informationsbeschaffungsprozesses

Ein Recherchevorgang läuft (bei privaten Kunden) i.d.R. wie folgt ab: Ein Kunde möchte, dass die Preisagentur eine Preisrecherche für ein langlebiges Gut durchführt, über das er sich zuvor informiert hat. Seine Entscheidung bezüglich Hersteller, Produkt, Typ etc. muss er bereits getroffen haben. Er nennt den Preis für dieses Produkt, den er in einer Einkaufsstätte gesehen bzw. ermittelt hat. Da dieser Vorgabepreis der späteren Provisionsberechnung dient, neigen Kunden hierbei zur bewussten Untertreibung. Weiterhin muss der Kunde angeben, ob die Agentur regional (also z.B. im Stadtgebiet) oder überregional (z.B. Bundesgebiet) recherchieren soll.

Die eigentliche Recherche verläuft im Regelfall automatisiert. Nachdem der eigens entwickelten Software die Angaben zum Auftraggeber und zum Produkt mitgeteilt wurden, versendet diese eine Nachricht an gespeicherte Anbieter des gewählten Gebietes, wobei die Auswahl der in Frage kommenden Anbieter aufgrund festgelegter Kriterien durch die Software vorgenommen wird. Wegen der nicht immer vorhandenen Automatisierung des Recherchevorgangs durch die Software werden computergestützte Recherchen vorzugsweise bei überregionalen Preisvergleichen für exklusive Güter (i.d.R. gewerbliche Kunden) und/oder bei Verfügbarkeit hinreichend vieler einschlägiger Online-Anbieter durchgeführt. Regionale Anbieter werden dagegen telefonisch, per email oder per Fax kontaktiert. Es versteht sich von selbst, dass die Dauer der Recherche abhängt von Produkt, Recherchegebiet und Automatisierungsgrad des Recherchevorgangs.

Nach Abschluss der Preisrecherche wird dem Auftraggeber der zutage geförderte Preis genannt. Er hat nun die Entlohnung der Recherchetätigkeit zu leisten, indem er die Provision bezahlt. Bei privaten Konsumenten richtet sich diese Provision nach der Differenz zwischen Vorgabepreis und ermitteltem Preis. Dabei wird meist ein degressiver Provisionssatz zugrundegelegt, d.h. je größer die Preisdifferenz, umso kleiner der vom Konsumenten abzutretende Prozentsatz (häufig zwischen 30% und 45%; Beispiel: Bei einer Differenz von 1000,- € behält die Preisagentur 30 %, also 300,- € ein). Ist die Provision entrichtet, so wird dem Kunden der Anbieter mit dem entsprechenden Angebot mitgeteilt. Recherchen für gewerbliche Kunden verlaufen im Prinzip ähnlich. Es wird allerdings eine andere Provisionsgrundlage (zumeist Auftragswert) und der Provisionssatz in der Regel individuell vereinbart.

3. Wirkungen von Preisagenten und Preisagenturen

3.1 Chancen und Risiken für Konsumenten

Dass sich der Anteil jener Konsumenten, der eine Inanspruchnahme von Preisagenturen grundsätzlich ablehnt, bei 62% liegt, wirft ein eher negatives Licht auf Reputation und Akzeptanz von Preisagenturen (vgl. Abbildung 2). Offenkundig stehen den Vorteilen für Konsumenten Nachteile gegenüber, die per Saldo in den letzten Jahren eine flächendeckende Verbreitung der Branche entgegenstanden; denn nur so lässt sich erklären, wieso der Anteil jener Konsumenten, für die eine Preisagentur-Nutzung grundsätzlich nicht in Frage kommt, 1995 lediglich bei 45% lag. Das Für und Wider der Inanspruchnahme soll im folgenden skizziert werden.

Grundsätzlich verspricht eine Erhöhung der Markttransparenz und der Preisklarheit dem Konsumenten, zu einem günstigeren Preis zu kaufen, als er es im Falle der eigenen Preisrecherche getan hätte (vgl. Tabelle 2). Letztlich erzielt der Konsument – bei fixierter

Produktspezifikation - eine günstigere Qualitäts/Preis-Relation und damit eine Ersparnis. Befunde früherer Studien zeigen, dass der von Preisagenturen recherchierte Preis zwischen 10 und 24% unter dem vom Konsumenten genannten Referenzpreis liegt (vgl. Lingenfelder/Lauer, 1995a, S. 50f.). Ob allerdings mit der Nennung eines Anbieters, bei dem der Konsument im konkreten Fall das günstigste Angebot erhält, die Markttransparenz auf Seiten des Konsumenten nachhaltig erhöht, ist hingegen fraglich. Dies wäre nur der Fall, würde dem Konsumenten eine Liste mit allen zur Recherche hinzugezogenen Anbietern übergeben werden, die in einem folgenden Kaufakt (Wiederholungskauf) in die Kaufentscheidung einfließen könnte. Unter informationsökonomischen Gesichtspunkten ergibt sich folglich für den Konsumenten keinerlei Abbau von Marktintransparenz.

Bei der Bewertung einer etwaigen Senkung von Transaktionskosten (insbesondere von Suchkosten) darf nicht übersehen werden, dass der Konsument durch Preisagenturen nicht von jeglichen Maßnahmen der Informationsbeschaffung befreit wird. Er muss sich zuvor für Marke, Typ und andere Charakteristika entschieden haben, was ein nicht unerhebliches Maß an Informationsbeschaffung und -verarbeitung bedingt. Darüber hinaus besteht gerade in der Suche passender Konsumoptionen (z.B. das Probefahren von Autos, das Anprobieren von Kleidung, das Aussuchen einer Hifi-Anlage) ein mit einem Kauferlebnis verbundener Prozessschritt, von dem nicht unbedingt auszugehen ist, das Konsumenten ihn an Dritte delegieren. Die bereits in Abschnitt 1 skizzierte Studie zeigt, dass der Wunsch nach eigener Suche im Rahmen von Kaufprozessen der dominierende Grund dafür ist, dass Kunden die Inanspruchnahme einer Preisagentur ablehnen (vgl. Abbildung 2). Hierin materialisiert sich die in Theorie und Praxis verbreitete Erkenntnis, dass das Kaufen bestimmter Produkte bzw. Leistungen selber einen Wert für Konsumenten bietet und nicht bloß eine lästige Notwendigkeit verkörpert.

Als Risiko für Konsumenten gilt herauszustreichen, dass der Preis zum dominierenden, wenn nicht alleinigen Kriterium für den Kauf erhoben wird. Gerade jene informationsökonomischen Ansätze, die sich im Gegensatz zu den frühen Arbeiten nicht mit der Preis- sondern der Qualitätsdispersion auseinandersetzen, verdeutlichten das mögliche Marktversagen aufgrund asymmetrischer Informationen über Qualitäten. Akerlof wies nach, dass Märkte, auf denen die Möglichkeit der Informationsübertragung zwischen den Marktakteuren nicht existiert, zusammenbrechen können. Im wesentlichen geschieht dies dadurch, dass Produkte mit guter Qualität aufgrund des höheren Preises vom Markt verdrängt werden und letztlich der Marktprozess zum erliegen kommt (Prinzip der adversen Selektion; vgl. Akerlof, 1970, S. 489 f.).

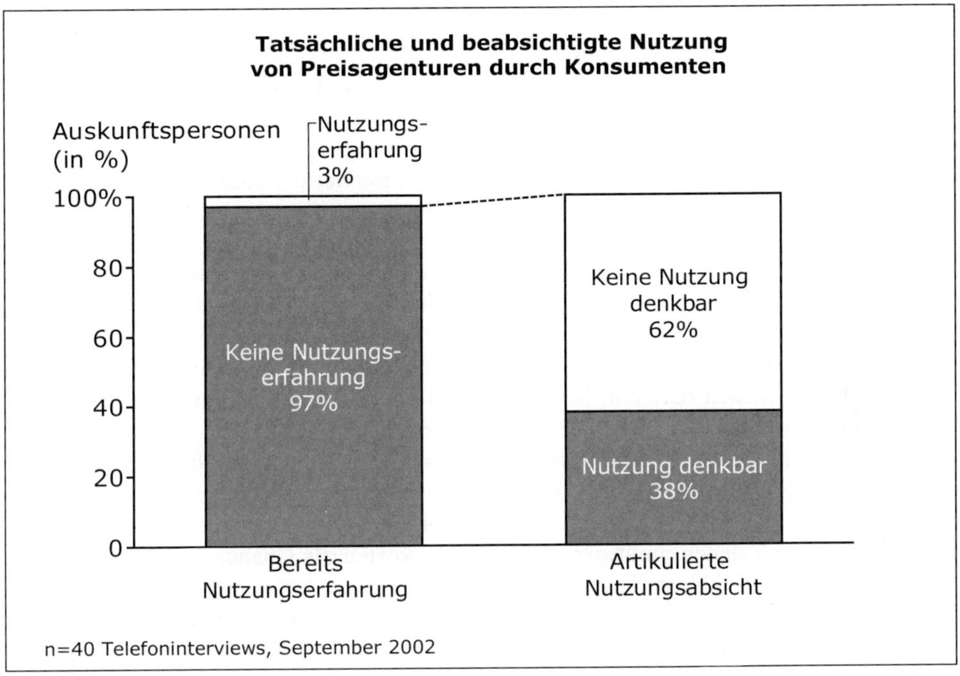

Abbildung 2: Nutzungserfahrung und grundsätzliche Bereitschaft zur Nutzung von Preisagenturen

Warengruppe	Anteil an analysierten Recherchen (in %)	Differenz zwischen Vorgabe- und Recherchepreis (in %)
Auto und Autozubehör	27	24
Unterhaltungselektronik	30	15
Haushaltsgeräte	9	19
Sonstiges (inkl. Computer, Möbel, Touristik)	33	10

Tabelle 2: Rechercheergebnisse in ausgewählten Warengruppen, Basis: 33 Rechercheergebnisse (Quelle: Lingenfelder/Lauer, 1995b, S. 12.)

Allerdings wird die Gefahr einer Verstärkung des Effektes der Fehlauswahl durch Preisagenturen insofern gebremst, als der Kunde im Moment der Konsultation einer Preisagentur die das Produkt eindeutig charakterisierenden Merkmale kennen muss. Ergo ist davon auszugehen, dass er im Rahmen der vorherigen Informationsbeschaffung auch Informationen über Qualität, Garantieleistungen etc. erhalten hat. Als Risiko bleibt die Unkenntnis über den Anbieter, der ihm von der Preisagentur genannt wurde und dessen Leistungen, die als Erfahrungsgut zu kennzeichnen sind, er i.d.R. noch nicht kennt.
Dass der Konsument sich im Fachgeschäft beraten lässt, um dann ein Produkt mit Hilfe einer Preisagentur in einem Discounter zu erwerben, erscheint als plausible Hypothese.

Preisagenturen förderten – so die Kritiker - die Ausbeutung von Beratung bietenden Absatzmittlern. Dieser Argumentation kann man sich insbesondere dann nicht verschließen, wenn der Preisunterschied zwischen den Anbietern eklatant ist, was im Vergleich von Fachgeschäften mit discountierenden Betriebstypen des Einzelhandels unbestritten sein dürfte. Daraus jedoch eine grundsätzliche Abneigung gegenüber Preisagenturen abzuleiten, wäre eine primär wirtschaftspolitisch motivierte Schlussfolgerung, die an dieser Stelle keiner weiter Kommentierung unterzogen werden soll.

Das zentrale Gegenargument, mit dem sich die Nachteiligkeit einer Preisagentur begründen lässt und das Konsumenten als wichtigen Grund für eine Ablehnung der Inanspruchnahme von Preisagenturen vorbringen, verkörpert die entsprechende Provision. Inwieweit der Saldo aus eingesparten Suchkosten und Recherchehonorar einen positiven Ertrag für Konsumenten darstellt, lässt sich nicht abschließend beantworten. Allerdings zeigen die Telefoninterviews, das 12% der Auskunftspersonen keine Bereitschaft zum Zahlen einer Prämie zeigen und alleine vor diesem Hintergrund eine Nutzung von Preisagenturen ablehnen (vgl. Abbildung 3). Dass die Evaluation allerdings subjektabhängig ist, belegen nicht nur die von Lauer/Lingenfelder bereits 1995a (S. 323) zitierten Expertenmeinungen, nach denen niedrigere Transaktionskosten als Chance für Kunden und – in gleichem Umfang – höhere Transaktionskosten aufgrund der zu entrichtenden Provision als Nachteil gesehen werden. Auch die aktuelle Studie auf Basis der Telefoninterviews schürfte zutage, dass die grundsätzliche Bereitschaft zur Nutzung von Preisagenturen in erster Linie durch die direkte Preiseinsparung begründet wird. Anderen Gründen, z.B. das Einsparen von Suchkosten, kommt dagegen keine Bedeutung zu.

3.2 Die Relevanz für das Marketing von betroffenen Unternehmen

Grundsätzlich ergeben sich folgende Handlungsoptionen für Unternehmen, die sich hinsichtlich ihrer Preispolitik von den Aktivitäten der Preisagenturen berührt sehen:

- Zunächst wäre zu überlegen, ob man Preisagenturen die für eine Preisrecherche erforderliche Preisinformation überhaupt bereitstellt bzw. ob man den Aufwand für das Einholen von Preisinformationen versucht zu erhöhen.
- Weiterhin ist daran zu denken, einen Preisvergleich durch die systematische Nicht-Vergleichbarmachung von Leistungen (durch Angebot von Leistungsbundles, spezieller Preissysteme (wie z.B. im Mobilfunksektor)) zu torpedieren.
- Unter Umständen könnte auch die konsequente Realisierung von hohem Preisvertrauen durch hohe Preisehrlichkeit in Verbindung mit EDLP-Programmen und Preisgarantien die Abnehmer von vornhinein davon abhalten, die Leistungen von Preisagenturen in Anspruch zu nehmen.

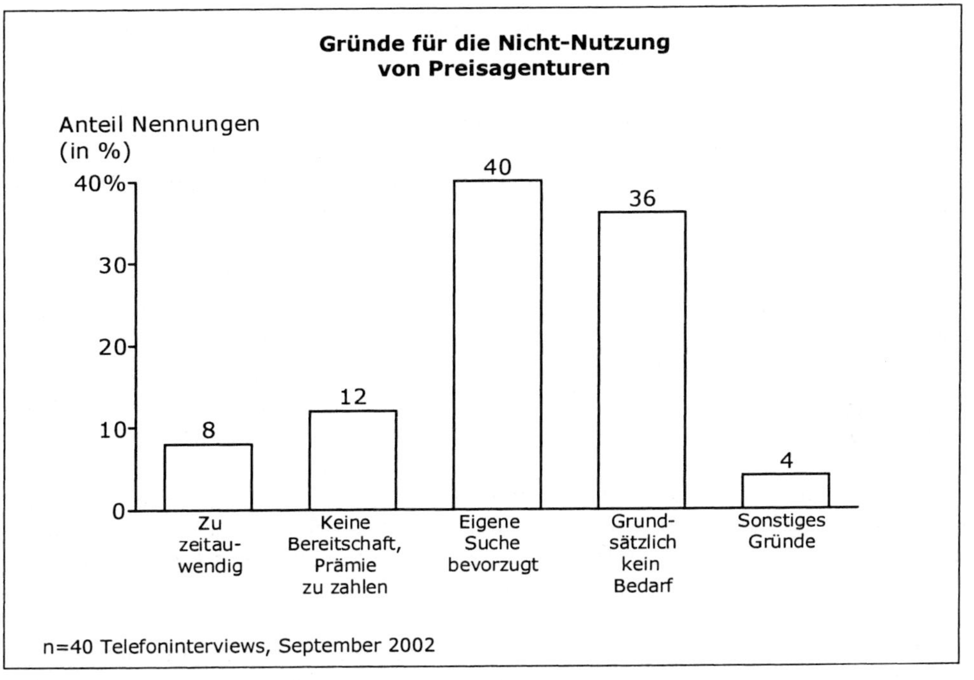

Abbildung 3: Gründe für eine Ablehnung von Preisagenturen

Es leuchtet unmittelbar ein, dass die Auswahl oben nur angedeuteter Handlungsoptionen von dem Befund einer Betroffenheitsanalyse abhängt. Vorliegende Erfahrungen sprechen in diesem Zusammenhang dafür, dass man dabei unbedingt die Charakteristik der zugrundeliegenden Produktkategorie (z.B. Wertigkeit, Involvement, Beurteilbarkeit von Leistungskomponenten) und das Informations- sowie Kaufverhaltensprofil der fokussierten Zielgruppe (z.B. Relevanz von Kaufmotiven, Wahrnehmung von Preisdispersion bzw. Preissensitivität) berücksichtigen sollte.

4. Die künftige Entwicklung von Preisagenturen

In der Studie von 1995 artikulierten 55% der befragten Personen die grundsätzliche Bereitschaft, Preisagenturen zu beauftragen. In Verbindung mit den analysierten Rechercheergebnisse, die beispielsweise bei Kfz- bzw. Kfz-Zubehör in einer Preisreduktion von 24% (bezogen auf den Referenzpreis) resultieren, mündete die schlussfolgernde Analyse in der Erkenntnis, dass die Kfz-/Kfz-Zubehör-Branche (auf Basis der vom Statistischen Bundesamt errechneten Umsatzzahlen für 1992) 30,7 Mrd. DM ihres Gesamtumsatzes von 120,8 Mrd. DM in 1992 aufgrund mangelnder Preiskenntnis bei den Konsumenten erzielte (Lingenfelder/Lauer, 1995a, S. 50f.).

Im Hinblick auf eine Einschätzung der künftigen Entwicklung spielten bereits 1995 zwei Faktoren eine bedeutende Rolle: Zum einen musste in der Ausweitung der Bekanntheit und der Verbreitung der Geschäftsidee unter Konsumenten eine zentrale Voraussetzung für den Erfolg von Preisagenturen gesehen werden. Dass die Zunahme der Kenntnis unter Nachfragern nicht stattgefunden hat, mag ein wichtiger Grund für den ausgebliebenen Erfolg sein. Zum anderen determiniert das Ausmaß der Preisintransparenz den Nutzen, den Preisagenturen zu stiften in der Lage sind. Wie bereits im einleitenden Anschnitt erläutert wurde, offeriert das Internet mittlerweile eine Vielzahl von Rechercheoptionen, die den Nutzer bei der eigenen Recherche von Preisen unterstützen. So kommt auch die Stiftung Warentest (2000, S. 29), die insgesamt 10 Preisagenturen einer Leistungsprüfung für die Recherche von Kfz-Versicherungen unterzog, zu der Erkenntnis:

„Eine Anfrage ist also nur dann unproblematisch, wenn der Verbraucher sich vorher gut informiert hat und sich über seine Versicherungsziele im Klaren ist. Doch dann hat er schon fast das, wofür die Preisagentur ein Honorar verlangt: einen Versicherungsvergleich, der am einfachsten im Internet zu haben ist."

Der Kernnutzen von Preisagenturen wurde insofern von der Internet-Entwicklung seit Mitte der 90er Jahre konterkarriert.

Dass viele Preisagenturen mittlerweile wieder vom Markt verschwunden sind oder ihr Geschäftsmodell umfänglich geändert haben (z.B. Fokussierung auf Business-to-Business), zeigt die nach wie vor fehlende Akzeptanz auf Seiten privater Verbraucher. Zum gegenwärtigen Zeitpunkt gibt es keine Anzeichen dafür, dass sich daran kurz- bis mittelfristig etwas ändert. Die Zukunft wird zeigen, ob der häufig proklamierte Information-Overload, dem Konsumenten zunehmend ausgesetzt zu sein scheinen, langfristig ein Marktpotential für Information-Broker wie z.B. Preisagenturen bieten wird.

5. Literatur

AKERLOF, G.A., 1970, The Market for „Lemons": Quality Uncertainty and the Market Mechanism, in: Quarterly Journal of Economics, S. 488-500.

DILLER, H, 1997, Preisehrlichkeit – Eine neue Zielgröße im Preismanagement des Einzelhandels, in: Thexis, S. 16-21.

KAAS, K.P., 1995, Informationsökonomik, in: TIETZ, B./KÖHLER, R./ZENTES, J. (Hrsg.), Handwörterbuch des Marketing, 2., vollst. überarb. Auflage, Stuttgart, Sp. 971-981.

KUHLMANN, E., 1978, Effizienz und Risiko der Konsumentenentscheidung, Stuttgart.

LINGENFELDER, M./LAUER, A., 1995a, Preisagenturen als Anbieter von Informationen - Situationsanalyse der Branche sowie Chancen und Risiken einer Nutzung durch Konsumenten, in: Jahrbuch der Absatz- und Verbrauchsforschung, S. 310-325.

LINGENFELDER, M./LAUER, A., 1995b, Nutzung von Preisagenturen und Informationsverhalten von Konsumenten – Eine empirische Untersuchung der Interdependenz, unveröffentlichtes Manuskript, Marburg .

LINGENFELDER, M./LAUER, A., 1996, Preisagenturen, in: Die Betriebswirtschaft, S. 801-803.

MEFFERT, H., Neue Herausforderungen für das Marketing durch interaktive elektronische Medien - auf dem Weg zur Internet-Ökonomie, Institut für Wirtschaftswissenschaften der Universität Klagenfurt (Hrsg.), Reihe BWL aktuell, Nr. 6, Klagenfurt.

SCHRÖDER, H., 2001, Intransparenz und Kaufrisiken beim Electronic Shopping – Was E-Retailer über die Kunden im B2C-Bereich wissen sollten, Arbeitspapier Nr. 9 des Lehrstuhls für Marketing und Handel an der Universität Essen, Essen.

STIFTUNG WARENTEST (HRSG.), 2000, Selber suchen, in Finanztest, o.Jg., Nr. 1, S. 28-29.

STIGLER, G., 1961, The Economics of Information, in: The Journal of Political Economy, S. 213-225.

Stichwortverzeichnis

I

K

Konzepte für das neue Jahrtausend

Pressestimmen

„Insgesamt betrachtet legen die Herausgeber (...) einen Band vor, der sowohl für den Einsatz in der Praxis als auch in der theoretischen Bearbeitung des Aufgabengebietes des Produktmanagement ein geeignetes Kompendium darstellt. Zudem handelt es sich momentan um eine der wenigen verfügbaren Aufsatzsammlungen zu diesem Thema und schließt deshalb eine echte Lücke."

Die Lebensmittelzeitung

„Die marktorientierte Gestaltung der Audi-Fahrzeuge gehört zu den zentralen Aufgaben unseres Unternehmens und ist Basis für unseren Erfolg. Dieses Buch liefert wichtige Anregungen, um einer solchen Aufgabe gerecht zu werden."

Peter Abele, Vorstand der Audi AG, Ingolstadt

„Es gibt wohl gegenwärtig kein anwendungsbezogenes wissenschaftliches Werk, welches das immer wichtiger werdende Produktmanagement so kompetent, differenziert und modern vermittelt."

Univ.-Prof. Dr. Arnold Picot, Institut für Organisation, Ludwig-Maximilians-Universität, München

„Dieses Handbuch bietet einen kompletten Überblick über alle Aspekte des Produktmarketings mit einem hervorragenden Mix zwischen theoretischen Konzepten und praktischen Anwendungsbeispielen."

Hajo Riesenbeck, Direktor McKinsey & Company, Düsseldorf

„Kundenorientierte Produktgestaltung wird immer wichtiger. Technik verkauft sich nicht von selbst. Das vorliegende Buch vermittelt Top-Informationen zu Entwicklung, Produktion und Vermarktung von Produkten."

Hermann Simon, CEO, Simon, Kucher & Partners, Bonn

„Die zunehmende Individualisierung der Endprodukte bei gleichzeitig steigendem Standardisierungsdruck auf Baugruppen und -komponentenebene führt zu neuen Herausforderungen für das Produktmanagement. Vor diesem Hintergrund stellen die Autoren Werkzeuge und Methoden zur Bewältigung dieses Zielkonflikts bereit, deren Wirkungsweise durch Praxisbeispiele verdeutlicht wird. Ein für Praktiker und Studierende sehr lesenswertes Buch."

Univ.-Prof. Dr. Horst Wildemann, TU München

Sönke Albers/
Andreas Herrmann (Hrsg.)
Handbuch Produktmanagement
Strategieentwicklung – Produktplanung – Organisation – Kontrolle
2., überarb. u. erw. Aufl. 2002,
XX, 1114 Seiten, Geb. mit SU
€ 99,00
ISBN 3-409-21595-6

Änderungen vorbehalten.
Stand: Juni 2003.

Gabler Verlag · Abraham-Lincoln-Str. 46 · 65189 Wiesbaden · www.gabler.de

GABLER

Konzepte für das neue Jahrtausend

Managementorientiertes Preismanagement

Strategische Rahmenbedingungen des Preismanagements – Analysephase – Entscheidungsphase – Umsetzungsphase – Preis-Controlling (Preis-Monitoring) – Branchenspezifisches Preismanagement

Die 3. Auflage des Klassikers „Preismanagement" von Hermann Simon erscheint als Lehrbuch in völlig neuem Konzept. Aktuelle Entwicklungen im Preismanagement, wie z. B. die neue Bedeutung von Preisorganisation und von Pricing-Prozessen, werden aufgegriffen. Verhaltenswissenschaftliche Aspekte werden stärker berücksichtigt. Zur Veranschaulichung tragen zahlreiche Praxisbeispiele bei.

Prof. Dr. Hermann Simon, CEO, Simon, Kucher & Partners, Bonn.

Prof. Dr. Martin Fassnacht ist Inhaber des Lehrstuhls für Betriebswirtschaftslehre, insbesondere Marketing, an der Wissenschaftlichen Hochschule für Unternehmensführung (WHU), Vallendar.

Hermann Simon/
Martin Fassnacht
Preismanagement
Analyse – Strategie – Umsetzung
3., vollst. neubearb. Aufl. 2004,
ca. 450 Seiten, Br.
ca. € 39,00
ISBN 3-409-39142-8

Änderungen vorbehalten.
Stand: Juni 2003.

Gabler Verlag · Abraham-Lincoln-Str. 46 · 65189 Wiesbaden · www.gabler.de

GABLER